개정 프랑스채권법 해제

Commentaire du nouveau droit des obligations français

한불민사법학회

박영사

머 리 말

프랑스민법전은 근대민법의 출발이다. 프랑스민법전은 1804년 제정된 이래 많은 부분이 개정되어 왔다. 인법, 가족법, 담보법, 회사법(상사회사법 제외), 공유법 등의 경우가 그러하다. 유독 채권법과 계약법의 많은 부분은 거의 개정이 되지 않았다. 마침내 프랑스민법전 제정 200여 년 만인 2016. 2. 10.자로 채권관계의 발생연원(제3권 제3편), 채권의 일반적 법률관계(제4편)와 그 증거법(제4편의乙) 부분(이하 프랑스채권법)의 개정이 단행되었다.

한불민사법학회는 법무부로부터 2017년과 2018년 2년에 걸쳐 개정 프랑스채권법의 해제 용역을 수행하게 된 것을 계기로 2020년 프랑스채권법해제집을 출간하게 되었다. 그런데 2017년과 2018년에 수행한 법무부용역은 프랑스채권법의 개정에 대한 기본적 이해는 가능하지만, 개정의 전모를 파악하기에는 부족한 것이었다. 이에 우리 학회는 2020년 법무부용역을 대폭 보완하여 프랑스채권법해제집을 출간하기로 하였다. 회원들은 각자 2020년 5월까지 종전의 해제를 보완한 후 3주에 걸쳐 발표회를 가졌고, 그 후 3주 동안의 추가 보완을 실행한 후 8월 중순 경에 최종적으로 해제를 완료하였다. 이렇게 완료된 해제는 법무부의 용역결과와 비교하여 질과 양에서 대폭 개선된 것이다.

개정 프랑스채권법이 해제를 위해서 프랑스채권법의 개정만을 다루는 문헌과 개정내용을 반영한 채권법교과서를 참조하였다. 상세한 해제가 필요한 부분은 주제별로 주석서인 Jurisclasseur와 Répertoire를 참조하였다. 또 개정의 과정을 밝힐 필요가 있는 경우에는 까딸라(Catala)초안과 떼레(Terré)초안도 참조하였다. 이상의 문헌 중 개정만을 다루는 G. Chantepie et M. Latina의 문헌과 O. Deshayes, Th. Genicon et Y.-M. Laithier의 문헌을 주요참고문헌으로 삼았다. 두 문헌의 2018년 개정판이 출판되었기에 이것이 2020년 프랑스채권법해제를 보완하여 출판하게 된 하나의 계기가 되었다.

개정 프랑스채권법의 해제에는 많은 어려움이 있었다. 우선 법률용어의 번역에 따른 어려움이다. 하나의 법률용어가 다의적이고 또 여러 법률용어가 하나의 의미를 갖는 경우가 비일비재하여, 심사숙고하지 않을 수 없었다. 대표적인 예로, mise en demeure는 단순히 통지의 의미를 갖기도 하고 또 채무불이행과 관련하여서는 최고(催告)와 최고에 의한 지체(遲滯)의 의미도 동시에 갖기 때문에, 상황에 따라 달리 번역하지 않을 수 없었다. 또 sommation은 흔히 알고 있는 바와는 달리 최고가 아니라 집행관최고로 번역하게 되었다. 한편 개정된 프랑스채권법은 종전과 다른 부분이 많았다. 우선 개정 프랑스채권법은 포괄적인 계약의 개념을 채용하였다. 채권의 발생뿐 아니라 그 변경, 이전과 소멸에 관하여 계약이라는 개념을 사용하고 있다. 그리고 소유권 또는 기타 권리의 양도를 목적으로 하는 계약의 경우 계약의 체결시에 이전적 효력이 발생한다고 하여, 물권계약과 준물권계약의 개념을 인정하지 않는다. 또한 계약과는 달리 합의(convention)의 개념은 종전과 달리 좁게 인정하고 있다. 또 프랑스채권법은 전자계약과 부합계약(contrat d'adhésion)을 수용하고 또 기본계약(contrat cadre)과 집행계약(contrat d'application)의 구별을 인정한다. 또한 우리 채권법과는 달리 채무양도(cession de dette), 제3자행위의 담보계약(porte-fort), 채무참가(délégation), 계약양도 등을 두고 있다. 제3자행위의 담보계약은 계약의 제3자에 대한 효력으로서 인정되는바 이는 제3자를 위한 계약(stipulation pour autrui)과는 구별된다. 변제자대위(paiement avec subrogation)에서 약정대위는 우리 채권법상의 임의대위와는 많은 점에서 다르다.

　　프랑스채권법의 개정과 관련하여 프랑스정부가 했던 역할은 우리에게 시사하는 바가 매우 크다. 프랑스헌법 제38조에 의하면, 의회(하원)가 정부에 법제정에 관한 임무를 부여하는 수권법을 제정하면, 이 수권법에 기초하여 정부는 입법사항을 정하는 오르도낭스를 제정하고, 이 오르도낭스를 의회에 제출하여 승인을 받으면 법률의 효력을 가지게 된다. 200여년만의 프랑스채권법의 개정은 이러한 입법과정에 따른 것이었다. 상원은 프랑스채권법의 개정은 의회가 맡는 것이 타당하다고 하여 하원의 수권법의 제정에 반대하였지만, 헌법위원회는 하원이 수권법을 제정하는 결정을 내렸다. 우리나라의 경우 2004년과 2014년 두 차례에 걸쳐 정부에 의한 민법(재산법) 개정안이 국회에 제출되었지만, 국회가 폐회되어 결실을 맺지 못하였다. 물론 입법에 대한 헌법상의 체계가 다르다는 점은 인정하지만, 민법의 개정이 늦어지고 있는 우리로서는 프랑스의 개정과정이 그저 부러울 따름이다.

　　우리 학회에서 프랑스채권법의 해제집을 출간하게 된 것은 우리 민법학계에 비교법에 관한 좋은 자료를 제공하기 위한 것이다. 장차 있을 우리 민법의 개정을 위하여 프랑스채권법해제집이 좋은 비교법자료가 되었으면 하는 바람이다. 이것이 한불민사법학회가 존재하는 중요한 목적이기도 하다. 프랑스채권법해제집 출간은 모든 회원들이 기울인 노력과 고생의 결실이다. 향후 프랑스물권법, 프랑스가족법과 프랑스채권각론의 해제집도 출간할 수 있으면 하는 바람이다. 이제 법무부의 도움을 받아 5년에 걸쳐 계속된 프랑스민법전의 번역작업이 2021년에 완료되면, 프랑스민법전의 번역본을 법무부와 한불민사법학회 공동으로 출간할 예정이다.

마지막으로 2017년과 2018년 2년에 걸쳐 프랑스채권법의 해제용역을 수행하게 하여 준 법무부에 감사의 말씀을 드린다. 그리고 Covid-19가 초래한 어려운 사업환경에도 불구하고 재정지원을 아끼지 않으신 ㈜자양트레이딩 서원호 회장께도 진심으로 감사의 말씀을 드리는 바이다.

2021. 1. 15.
남효순 교수
한불민사법학회 회장

차 례

Titre Ⅲ   Des sources d'obligations   11
제3편   채권관계의 발생연원

Sous-Titre Ⅰ Le contrat 18
제1부속편   계약

Titre Ⅳ Du régime général des obligations 433
제4편 채권관계의 일반적 규율

프랑스민법전(제3권 제3편, 제4편 및 제4편의乙)의 개정과정

프랑스민법전(제3권 제3편, 제4편 및 제4편의乙, 이하 프랑스채권법)을 개정하는 핵심은 채권관계의 발생연원(실질적으로 계약법총칙에 해당하는 것이다), 채권의 일반적 법률관계(채권법총론에 해당하는 것이다)과 증거법을 현대화하고, 간소화하고 또 가독성과 접근성을 제고하여 법적 안정과 규범의 실효성을 보장하는 데에 있다.

1. 채권법 개정의 배경

프랑스채권법은 1804년 제정된 이래 사회의 변화에 따라 그에 적응하기 위해서 적지 않은 변화를 거쳐 왔다. 프랑스채권법은 200여 년 동안 극히 일부분 개정되었다.[1] 이는 유럽연합의 지침을 수용하기 위한 것이었다. 그동안 프랑스 사회는 농업사회에서 서비스산업사회로 전환되었고, 프랑스의 경제는 엄청난 발전을 이룩하였다. 또 풍속과 거래현상도 많이 변했고 과학기술도 발전하였다. 이런 발전과 변화에 따라 판례는 프랑스채권법의 의미를 보완하여 왔으나, 이에는 한계가 있었다. 판례는 문제된 사안에 따라 유동적이고 또 명확하지 않아서 시민들은 이해하기 어려웠다. 시민들은 이제 프랑스민법전을 읽는 것만으로는 명확하고 정확한 이해가 곤란하게 되었다. 프랑스민법전 제정 당시 추구하

---

[1] 2007. 2. 20.자 법률 제2007-212호에 의하여 담보법과 2008. 6. 17.자 법률 제2008-561호에 의하여 시효법이 개정되었다.

였던 가독성과 접근성은 더 이상 찾을 수 없게 되었다.

프랑스민법전의 영향을 받아 제정되었던 포르투갈, 네덜란드, 퀘백, 독일 등 많은 나라들의 민법전도 개정되었다. 한편 최근 30년 동안에 유럽을 중심으로 계약의 현대화에 관한 많은 법원칙들이 제정되었다. 1994년에 공포되고 2004년에 보완된 UNIDROIT의 국제상사계약원칙(Principles of International Commercial Contracts, PICC), 유럽계약법위원회(Commission LANDO)가 1995년과 2003년에 공포한 유럽계약법원칙(Principles of European Contract Law, PECL), 2000년에 발간된 GANDOLFI 유럽계약법전초안, 2008년의 공동참조기준초안(Draft Common Frame of Reference, DCFR), 2008년 2월의 비교입법학회(Société de législation comparée)와 앙리까삐땅학회(Association Henri-Capitant)가 공동으로 작성한 일반계약원칙(Principles contractuels communs, PCC) 등이 그것이다. 프랑스는 이러한 국내의 요청과 국제적 흐름을 수용하여 프랑스채권법의 개정을 단행하게 된 것이다.

2. 채권법초안 작성

프랑스민법전 제정 200주년을 앞두고 법실무계와 법학계로부터 프랑스채권법 개정의 필요성이 주장되었다. 프랑스의 앙리까삐땅학회도 같은 주장을 하였다.[2] J. Chirac 대통령은 2004. 3. 11. 파리 소르본느대학교에서 있었던 프랑스민법전 제정 200주년 기념식에서 P. Catala 교수에게 공식적으로 프랑스채권법을 개정하는 임무를 부여하였다. 그리하여 프랑스채권법의 개정을 위한 채권법초안 작업이 시작되었다.

Catala 교수의 주도 하에 Catala 초안(Avant-projet de réforme du droit des obligations et de la prescription, 이하 '까딸라초안')이 작성되어, 2005. 9. 22. 법무부장관에게 제출되었다. 그리고 2006년에는 F. Terré 교수의 주도하에 2008년 계약법초안, 2011년 책임법초안 그리고 2013년에 채권일반법과 시효법의 초안으로 구성된 Terré초안(Avant-projet de Terré, 이하 '떼레초안')이 법무부장관에게 제출되었다. 한편 2012년 초안의 작성에 관여한 법학자들이 이러한 초안들을 참조하여 법무부장관에게 법무부의 초안을 만들 것을 건의하자, 법무부는 이를

---

2) Ph. Dupichot, Regards(Bienveillants) sur le Projet de réforme du Droit français des contrats, *Droit de Réforme du Droit des contrat: Regards croisés*, Dossier, Droit & Patrimoine, n° 247, mai 2015, p. 33.

수용하여 떼레초안을 기본으로 하고 까딸라초안을 참조하여, 2013. 10. 23. 계약법초안(Avant-projet des contrats), 책임법초안(Avant-projet de la responsabilité)과 채권법초안(Avant-projet du régime des obligations)으로 구성된 법무부초안(Avant-projet de Chancellerie)을 작성하기에 이르렀다.

3. 2015. 2. 16.자 수권법(제8조)

프랑스채권법 개정은 첫째, 정부에 프랑스채권법을 개정할 권한을 부여하는 수권법이 제정되고, 둘째, 수권법에 기초하여 정부가 개정할 내용을 정하는 오르도낭스가 제정되어 의회의 승인을 받아 이루어졌다. 이는 프랑스헌법이 마련하고 있는 고유한 절차로서, 프랑스채권법을 개정하는 오르도낭스를 의회가 승인하면, 이를 법률과 같은 효력을 갖게 하여 정부가 예외적으로 입법에 관여할 수 있도록 하려는 것이다.

(1) 수권법 제정 과정

법무부장관은 2013. 11. 27. 의회의 상원과 하원에 정부가 프랑스채권법을 개정하는 오르도낭스를 제정할 수 있도록 권한을 부여하는 수권법을 제정하여 줄 것을 요청하였다. 이 수권법은 헌법 제38조에 근거를 두고 있다. 헌법 제38조에 의하면, 정부는 의회의 승인을 받아 오르도낭스를 제정하여 통상적으로 법률의 영역에 속하는 조치를 취할 수 있다(제38조 제1항).[3] 정부가 국사원(Conseil d'Etat)의 의견을 들은 후 오르도낭스를 제정하면(같은 조 제2항 제1문), 그것은 공포된 날로부터 효력을 갖는다(같은 항 제2문). 정부는 수권법이 정하는 기한 내에 의회에 오르도낭스를 제출하여 의회의 승인을 받아야 한다(같은 항 제3문).

상원은 2014. 1. 13. 프랑스채권법의 개정과 같이 중요한 입법을 오르도낭스를 제정하는 방법으로 할 수 없다면서 수권법의 제정에 대하여 부정적인 입장을 취하였다. 반대로 하원은 2014. 4. 16. 수권법의 제정을 승인하였다. 그러

---

3) 프랑스헌법 제34조는 입법사항을 열거하고 있는데, 그중 하나로 소유권, 물권법과 민사 및 상사에 관한 채권법의 기본원리가 입법사항에 속한다. 그리고 국적, 사람의 신분과 능력, 부부재산제, 상속과 무상양여도 입법사항으로 열거되고 있다.

자 상원은 2015. 1. 22. 재차 수권법의 제정을 거부하는 결정을 하였다. 이렇게 상원과 하원의 태도가 상반되자, 정부는 헌법 제45조에 의하여 하원에 최종적인 결정을 요청하였고, 하원은 다시 승인결정을 하였다. 이 하원의 결정은 헌법재판소에 회부되었고, 헌법재판소는 2015. 2. 12.자로 프랑스채권법개정에 관한 수권법의 제정은 위헌이 아니라고 선언하였다.

하원은 정부에 오르도낭스를 제정할 수 있는 권한을 수여하는 수권법(2015. 2. 16. 법률 제2015-177호)을 제정하였다. 이 수권법(제8조)에 의하면, 정부는 수권법이 관보에 기재된 2015. 2. 17. 이후 12월 이내, 즉 2016. 2. 16.까지 오르도낭스를 제정하여야 하였다. 프랑스 정부는 2015. 2. 25.부터 2013. 10. 23. 작성된 법무부초안을 내용으로 하는 오르도낭스안(projet d'ordonnance)에 대하여 의견을 수렴하기 시작하여, 2015. 4. 30. 법조실무계, 법학계와 경제계의 의견 수렴을 마쳤고 또 국사원의 의견도 수렴하였다. 마침내 프랑스 정부는 프랑스채권법의 개정에 관한 2016. 2. 10.자 오르도낭스를 제정하여 의회의 승인을 받았다.

(2) 2015. 2. 16.자 수권법 제8조의 내용

2015. 2. 16.자 수권법(제8조)은 정부에 프랑스채권법의 개정에 관한 13가지의 임무를 부여하였다.[4]

1) 신의칙과 계약자유와 같은 계약법의 일반원칙을 명확히 드러나게 한다. 또 계약의 중요한 종류를 열거하고 이에 대하여 정의를 내린다. 그리고 전자계약을 포함하여 계약의 체결과정을 상세하게 규정한다. 이를 통하여 협상, 청약, 승낙에 적용되는 규정들을 명확히 하고, 특히 체결의 시간과 장소, 계약의 예약과 우선협정을 규정한다.

2) 계약의 유효요건에 관한 규정을 간략하게 한다. 예를 들면, 특히 정보제공의무와 권리남용조항 또 상대방의 열악한 지위를 남용하는 당사자의 행위에 제재를 가하는 규정을 인정하여, 의사표시, 능력, 대리와 계약의 내용에 관한 규정들을 포함하는 계약의 유효요건에 관한 규정을 단순화한다.

3) 계약의 형식에 관한 중요한 규정을 적시하여 의사주의 원칙과 예외를 명확히 드러나게 한다.

---

4) 이하 각호는 수권법(제8조)의 각호를 가리킨다.

4) 계약의 유효요건과 형식요건의 제재인 무효와 실효에 관한 규정을 명확히 한다.

5) 계약의 해석에 관한 규정을 명확히 하고 부합계약에 특유한 규정을 명확히 한다.

6) 계약의 당사자 사이의 효력과 제3자에 대한 효력에 관하여 상세하게 규정하고, 당사자들로 하여금 사정변경에 따라 계약변경의 가능성을 인정한다.

7) 계약의 기간에 관한 규정을 명확히 한다.

8) 계약의 불이행에 관한 규정을 한 곳으로 통합하고 통지를 수반하는 일방적 해지의 가능성을 인정한다.

9) 사무관리, 비채변제에 관한 규정을 현대화하고 부당이득의 개념을 인정한다.

10) 채권에 관한 일반법을 도입하고 그에 관한 규정을 명확히 하고 또 현대화한다. 특히 채권의 여러 태양에 관한 규정을 상세히 하고, 조건부채무, 기한부채무, 경합채무, 선택채무, 임의채무, 연대채무, 불가분채무를 구분하여 규정한다. 변제에 관한 규정을 조화롭게 하고 그 밖에 채무면제, 상계와 혼동으로 인한 채권의 소멸에 관한 규정을 명확히 한다.

11) 채권관계를 변경시키려는 법률행위 전반을 통합한다. 채권자의 주요소권 가운데 법률로 변제를 위한 직접소권을 인정한다. 또 채권양도, 경개와 채무참가에 관한 규정을 현대화한다. 또 채무양도와 계약양도를 인정하고 마지막으로 반환 특히 계약의 좌절로 인한 반환에 관한 규정을 상세하게 한다.

12) 채권의 증거에 관한 규정을 상세하게 하고 간략하게 한다. 그에 따라 우선 증명, 법정추정, 기판력과 증거에 관한 협약과 증거의 인정에 관한 규정을 열거한다. 사실상의 증거와 법률행위에 의한 증거의 방법의 인정요건에 관한 규정을 상세하게 한다. 마지막으로 다양한 증명방법에 적용될 법리를 상세하게 한다.

13) 1) 내지 12)에 의한 변경을 실행하고 그 결과를 도출하는 데에 필요한 모든 법령상의 규정을 개정하고 변경한다.

4. 2016. 2. 10.자 오르도낭스에 의한 프랑스채권법의 개정의 주요내용

프랑스정부는 2016. 2. 10.자 계약법, 채권법의 일반과 채권의 증거에 관한 오르도낭스 제2016-131호(Ordonnance n° 2016-131 du 10 février 2016 portant réforme du droit des contrats, du régime général et de la preuve des obligations)를 제정하였다. 그 주요내용을 살펴보면 다음과 같다.5)

첫째, 프랑스채권법 개정의 가장 중요한 목표는 법적 안정이다. 이를 위하여 계약법, 채권법일반과 증거법을 일반 국민이 쉽게 읽을 수 있고 또 접근하기 용이하도록 하였다. 프랑스채권법은 1804년 이래 거의 변하지 않았기 때문에, 그 문언의 의미에 있어서 현재의 법적 상태를 반영하지 못하고 있기 때문이다.

둘째, 프랑스채권법의 문체에 관한 개정이다. 프랑스채권법의 제정 당시 그 문체는 그 유려함에 대하여 이론의 여지가 없지만 이제는 일반 국민들은 이해하기 어렵게 되었고, 몇몇 표현은 시대에 뒤떨어진 것이 되었다. 그리하여 정부는 개정을 통하여 프랑스채권법의 특징인 정확성과 간결성은 유지하면서, 현대적인 단어와 간결하고 명확한 표현을 사용하여 프랑스채권법의 접근성을 용이하게 하였다.

셋째. 프랑스채권법의 체계에 관한 개정이다. 교육적인 편제를 채택하여 체계를 단순화하였다. 각 편의 목차는 제정 당시부터 논란이 있는 구별에 기초하고 있는데, 각 편에 분명하고 명확한 적용범위를 부여하기 위하여 목차를 재구성하였다. 그 결과 제3편 "채권관계의 발생연원"(Des sources d'obligations), 제4편 "채권관계의 일반체계"(Du régime général des obligations) 그리고 제4편의乙 "채권관계의 증거"(De la preuve des obligations)로 개정되었다.

넷째, 법률용어와 관련된 개정이다. 프랑스민법전에서 사용되고 있지만 명확히 정의되지 않고 또 그 법리가 명확하지 않으면서도 프랑스민법전에 고착화되어 오랫동안 사용되고 있는 법적 개념들을 폐기하였다. 예를 들면, 주는 채무(l'obligation de donner), 하는 채무(l'obligation de faire)와 부작위채무(l'obligation de ne pas faire)의 개념을 폐기하였다. 또 개정을 통하여 실무자들에게 중요한 법적 개념들을 새로 도입하였다. 예를 들면, 청약과 일방예약(promesse unilatérale)이 여기에 해당한다. 현행 프랑스채권법은 청약과 승낙에 대하여 아무런 규정을 두고 있지 않

---

5) 이하의 내용은 Rapport au Président de la République relatif à l'ordonnance n° 2016-131 du 10 février 2016 portant réforme du droit des contrats, du régime général et de la preuve des obligations, *Journal Officiel de la République Française* n° 0035 du février 2016(이하 각주에서는 'Rapport au Président de la République,' 본문에서는 '대통령에게 제출한 보고서')의 개정목표(Objectifs de la réforme) 부분을 참고한 것이다.

지만, 이에 대한 상세한 규정(제1113조 내지 제1122조)을 두었다.

다섯째, 판례의 수용이다. 법적 안정을 위해서는 프랑스민법전이 제정된 이래 2세기 동안 형성되어 온 판례를 반영할 필요가 있었다. 프랑스채권법의 규정만으로는 현재의 법적 상황을 정확히 이해할 수 없게 되었다. 그 이해를 위해서 법원의 판례가 필요하였고 또 법학자들의 도움이 필요한 규정들이 많다. 이러한 이유에서 오르도낭스는 판례상의 중요한 해결원칙들을 수용하여 이를 법조문화하였다.

여섯째, 프랑스채권법의 또 하나의 목표는 정치, 문화 및 경제적 차원에서 프랑스채권법의 역할을 강화하는 것이다. 법적 안정이란 경제적 거래의 초석이 되는 것인데, 이는 국제거래에서도 추구되어야 한다. 이러한 이유에서 많은 논란이 되었던 원인(cause, 이하 '꼬즈')이라는 용어를 민법전에서 삭제하였다. 개정 전 제1108조는 계약의 유효요건의 하나로 적법한 꼬즈(cause licite)를 요구하였고, 제1131조는 꼬즈가 없거나, 허위이거나 또는 부적법한 경우 채권은 효력을 발생할 수 없게 하였고, 제1132조는 꼬즈가 없는 합의의 효력을 부인하였고 또 제1133조는 부적법한 꼬즈의 의미를 규정하였다. 개정 프랑스민법전은 제1128조에서 계약의 유효요건으로 당사자의 합의, 계약체결능력, 적법하고 확정적인 계약의 목적을 요구하고 있을 뿐, 더 이상 원인을 요구하지 않는다. 또 원인에 관하여 규정한 개정 전 제1131조와 제1132조를 삭제함으로써 꼬즈이론은 폐기되었다. 물론 프랑스채권법에서 원인(cause)이라는 용어 자체는 완전히 사라지지 않았다. 그렇다고 하더라도 결코 이는 종전과 같은 의미로 사용되지는 않는다. 그 결과 꼬즈의 개념을 인정하지 않는 다른 대륙법계 국가들과 보조를 맞출 수 있게 되었다. 그러나 꼬즈의 개념은 폐기되었지만, 그것이 수행해왔던 여러 기능은 유지되고 있다고 할 수 있다. 이를 두고 꼬즈를 '타버린 재 속에서 다시 살아난 불사조'로 비유하기도 한다.[6] 예를 들면, 대가가 터무니없는 유상계약을 무효로 하는 제1169조, 채무자가 부담하는 본질적인 채무에서 그 실질성을 상실하게 하는 조항은 기재되지 않은 것으로 한다는 제1170조 등에서 종래 꼬즈가 담당하였던 불균형에 대한 제재 또는 계약의 균형회복이라는 기능은 그대로 유지되고 있다.[7]

---

6) Ph. Dupichot, *op. cit.*, p. 44.
7) Ph. Dupichot, *op. cit.*, p. 45.

일곱째, 프랑스채권법은 실무에서 새로 발생한 법적 메커니즘을 수용하였다. 예를 들면, 채권양도 이외에 계약양도(cession de contrat), 채무양도(cession de dette)와 채무참가(délégation)에 관한 규정을 신설하였다. 채무참가는 채무자가 자신의 채권자에게 다른 채무자로 하여금 채무를 부담하도록 하는 제도를 말하는데, 채권자가 채무참가를 행한 채무자를 면책시킨다는 명시적 의사표시를 하지 않는 경우를 불완전채무참가, 채권자의 의사에 의하여 채무자가 채무를 면한 경우를 완전참가라 한다. 또 프랑스채권법은 규정을 간소화하여 관련제도를 잘 이용할 수 있도록 하였다. 예를 들면, 채권양도(cession de créance)의 대항요건 절차를 간소화하였다. 그리고 프랑스채권법은 계약이 불명확한 상태로 존속하는 것을 종료시키는 혁신적인 수단을 도입하였는데, 우선약정(pacte de préférence)과 일방예약(promesse unilatérale)의 존재여부, 대리권한의 범위, 계약의 무효화소권의 행사여부 등을 문의할 수 있는 소권을 인정하였다.

여덟째, 프랑스채권법은 법의 경제적 관점에서 효율성을 높였다. 프랑스채권법은 당사자들이 법원에 가지 않고서도 분쟁을 예방하고 해결할 수 있는 권리들에 관한 규정들을 두었다. 예를 들면, 통지를 요건으로 하는 일방적 해지권, 동시이행의 항변권, 대금감액이 따르는 불완전한 이행의 수령권을 인정하였다. 우선 제1224조 내지 제1230조에서 해제조항과 해제권을 인정하면서도 재판상 해제도 인정하며, 제1228조는 종래에 인정되어 오던 법원의 재량권을 그대로 유지하고 있다. 또 해제의 효과와 관련하여, 제1229조(제1항)는 계약의 종료를 규정하고, 계약은 해제조항이 정하는 조건, 채권자가 채무자에게 통지하는 날 또는 법원이 정하는 시일과 그 시일이 없으면 소환일(assignation, 집행관에 의한 소장 송달일)에 해제의 효과가 발생함을 규정하고 있다. 한편 제1229조 제3항은 반환이 필요 없는 경우 해제는 소급효를 갖지 않는다고 규정하여 해지라는 용어도 그대로 사용하고 있는데, 굳이 해지란 용어를 사용한 것은 그동안 친숙하게 사용되어 왔기 때문인 것이고 이로 인하여 해제의 단일성(conception unitaire)이 손상되는 것은 아니라고 한다. 그리고 제1217조 제1항은 채무불이행이 있으면 해제(제5호)와 더불어 손해배상(제6호)을 청구할 수 있음을 규정하여, 손해배상과 해제의 경합을 인정하고 있다.[8] 또 제1219조와 제1222조는 동시이

---

8) 프랑스채권법이 해제의 효과로서 계약의 소멸이 아니라 종료를 규정함으로써 전통적으로 학설과 판례가 해제의 효과로서 인정하여 오던 소급효(rétroactivité)를 폐기하였다

행의 항변권을 규정하고 있다. 동시이행항변권에 관하여 명문의 규정을 두지 않았었지만 학설과 판례는 이를 인정하였던 것인데, 프랑스채권법은 이를 명문으로 인정하게 된 것이다. 그리고 제1223조는 채권자의 불완전급부의 수령권에 대하여 규정하고 있다. 제1223조에 의하면, 채권자는 채무자를 지체에 빠지게 한 후 불완전한 급부를 수령하는 대신 그 비율로 감액을 청구할 수 있고 또 채권자가 자신의 채무를 아직 변제하지 않은 경우에는 대금을 감액하는 결정을 채무자에게 신속하게 통지할 수 있도록 규정하고 있다.

아홉째, 프랑스채권법은 계약 당사자들 사이에 권리와 의무의 균형을 이루기 위한 규정들을 마련하였다. 프랑스채권법은 계약의 통칙에서 계약의 일반원리인 계약자유의 원칙(제1102조), 계약구속력의 원칙(제1103조)과 신의성실의 원칙(제1104조)을 규정하고 있다. 또 제1110조는 부합계약에 대한 새로운 규정을 두고 있고, 경제적 약자인 소비자를 보호하기 위하여 부합계약의 권한남용조항 또는 강박과 동일시할 수 있는 의존남용조항(l'abus de dépendance)을 무효로 하고 있다(제1171조). 이렇게 함으로써 비로소 프랑스채권법은 유사한 규정을 두고 있는 다른 유럽국가들의 민법과 보조를 맞추게 되었다.

5. 2018. 4. 20.자 개정법률에 의한 프랑스채권법의 재개정

2016. 2. 10. 개정된 프랑스채권법을 보충 및 변경하기 위하여, 2018. 4. 20자 계약법, 채권법의 일반과 채권의 증거에 관한 오르도낭스를 개정하기 위한 법률 제2018-287호(Loi n° 2018-287 du 20 avril 2018 ratifiant l'ordonnance n° 2016 131 du 10 février 2016 portant réforme du droit des contrats, du régime général et de la preuve des obligations, 이하 '2018년 변경법률')가 제정되었다. 헌법 제38조(제3항)에 따르면 오르도낭스가 정하는 입법사항은 법률로서만 개정이 가능하다. 그 결과 2018. 4. 20자 법률에 의하여 프랑스채권법 제1110조, 제1112조, 제1117조, 제1137조, 제1143조, 제1145조, 제1161조, 제1165조, 제1171조, 제1216-3조, 제1217조, 제1221조, 제1223조, 제1304-4조, 제1305-5조, 제1327조, 제1327-1조, 제1328-1조, 제1343-3조, 제1347-6조와 제1352-4조가 개정되었

고 보고 있다.

다.9)

　2018년 개정법률은 프랑스채권법을 보충하거나 변경하는 것이었다. 전자는 용어를 변경하거나, 단어를 추가하거나 또는 불분명한 부분의 표현을 바꿈으로써 기존의 조문(제1110조, 제1112조, 제1117조 제1항, 제1143조, 제1171조 제1항)의 내용을 명확히 보충하고자 하였다. 후자는 항을 신설하거나(제1137조 제3항, 제1165조 제2항) 또는 조문을 개정하는 것인바(제1223조, 제1343-3조, 제1347-6조), 이는 프랑스채권법 개정 후 학자들로부터 제기된 비판을 수용하여 조문의 개정에 이르게 된 것이었다.

[남 효 순]

---

9) 그리고 프랑스채권법과 관련된 프랑스통화금융법전(Code de monétaire et financier)의 규정도 일부 개정되었다.

Titre Ⅲ Des sources d'obligations
제3편 채권관계의 발생연원

[해제] 프랑스민법전은 채권관계의 발생연원(Des sources d'obligations)을 법률행위, 법적사실 및 법률로 3분하고 있다(제1100조).[1] 따라서 채권관계의 발생연원에 관한 본편은 제1부속편 계약(Le contrat), 제2부속편 계약외책임 (La reponsabilité extracontractuelle) 및 제3부속편 기타 채권관계의 발생연원(Les autres sources d'obligations)으로 구성되어 있다.

법률행위에는 단독행위도 포함되지만(제1100-1조), 단독행위에 대하여는 일반규정을 두지 않는다. 계약에 대하여만 제1부속편을 할애함으로써, 계약을 법률행위의 중심개념으로 삼고 있다. 또 제2부속편은 제1장 일반 계약외책임(La reponsabilité extracontractuelle en général)과 제2장 제조물책임(La responsabilité du fait des produits), 제3장 생태손해에 대한 배상(La réparation du préjudice éco-logique)을 규율하고 있다.[2] 한편 제3부속편은 기타 채권관계의 발생연원으로 제1장 사무관리(La géstion d'affaires), 제2장 비채변제(Le paiement de l'indu) 및 제3장 부당이득(L'enrichissement injustifié)을 규정하고 있는데, 이는 개정 전 제4 편 제1장의 준계약(Des quasi-délits)에 해당하는 것이다.

---

1) 제3편의 obligation은 문맥에 따라 채권관계 또는 채무를 가리킨다. 채권과 채무를 포함하는 개념의 사용이 불가피한 경우에만 채권관계로 번역하기로 한다. 한편 물권에 대응하는 채권을 지칭하는 단어로는 별도로 créance라는 용어가 사용된다.

2) 제2부속편 제1장은 개정 전 제4편 제2장 고의와 과실에 의한 불법행위책임(Des délité et des quasi-délits), 제2장은 개정 전 제4편의乙 제조물책임에 해당한다.

> Article 1100 Les obligations naissent d'actes juridiques, de faits juridiques ou de l'autorité seule de la loi.
> Elles peuvent naître de l'exécution volontaire ou de la promesse d'exécution d'un devoir de conscience envers autrui.
> 제1100조 ① 채권관계는 법률행위, 법적사실 또는 법률의 권위만으로 발생한다.
> ② 채권관계는 타인에 대한 도의적 의무의 자발적 이행 또는 이행의 약속에 의하여 발생할 수 있다.

[해제] 본조 제1항은 학설상 여전히 논쟁은 있지만, 학설과 판례에 의하여 널리 인정되고 있는 바를 수용하여, 채권관계의 발생연원을 법률행위, 법적사실과 법률로 3분하고 있다.3) 본항은 개정 전 제1370조에 비하여 법률행위와 법적사실의 구분을 명확히 하고 있다는 점에서 개선되었다고 볼 수 있다. 본항에 기초하여 법률행위에 관한 제1100-1조와 법적사실에 관한 제1100-2조가 마련되었다.

그런데 이러한 3분법은 실제로는 지켜지지 않고 있다. 이는 채권발생 연원을 법률행위, 법률사실과 법으로 구분한다는 것과, 각 발생연원이 차지하는 비중은 다르기 때문이다.4) 그 결과 제1부속편은 법률행위 대신에 계약만을 규율하고 있고, 법적사실은 다시 제2부속편 계약외책임(불법행위)과 제3부속편 기타 법적사실로 나누어 규율하고 있다. 한편 채권관계의 발생연원으로 법률을 언급한 것은 개정 전 제1370조 제3항에 근거하고 있다. 개정 전 제1370조 제3항은 인지소유자의 의무, 친권자의 의무와 기타 개인이 그 수임을 거절할 수 없는 관리자의 의무를 규정하였다. 이들 의무는 법률행위와 법적사실이 구분이 명확하지 않던 시대의 것으로 피상적인 것이었을 뿐이다. 본항에 의하여 이들 채무는 모두 법률에 의하여 발생하는 것으로 본 것이다.

본조 제2항은 자연채무(obligation naturelle)에 대한 규정이다. 본항은 개정 전 제1235조 제2항과 제1302조 제2항상의 자연채무라는 용어를 '타인에 대한 도덕적 의무(devoir de conscience envers autrui)'로 대체하였다.5) 본항은 도덕적

---

3) 본항은 계약에 의한 채권관계의 발생을 규정하던 개정 전 제1101조와 법적사실과 법률에 의한 채권의 발생을 규정하던 개정 전 제1370조를 통합한 규정이다.

4) G. Chantepie et M. Latina, *La réforme du droit des obligations*, Dalloz, 2018, n° 63, p. 63.

의무가 법적 채무로 전환되는 것에 관한 오래된 판례를 수용한 것이다.[6] 이러한 점에서는 본항은 독창적인 규정은 아니다. 첫째, 도덕적 의무의 자발적 이행에 의하여 법적 채무로 전환될 수 있다. 이는 그 반환이 인정되지 않는 근거로서 자연채무의 이행으로 법적 채무가 성립하였음을 밝히고 있는 것이다. 둘째, 도덕적 의무는 그 이행의 약속에 의하여도 법적 채무가 될 수 있다. 이행의 준비도 이행의 약속에 해당하는지는 명확하지 않다.

　본항은 그 의미가 불분명한 점이 있다. 첫째, 채무가 발생한다는 것은 채무가 존재하지 않는다는 것을 전제로 한다. 자발적 이행에 의해서는 반환이 인정되지 않을 뿐 법적 채무가 발생하는 것은 아니다. 이러한 점에서 본항은 제1항과는 달리 채무의 발생연원에 관한 규정이 아니라고 하는 견해가 있다.[7] 둘째, 이행의 약속이 단독행위인지 아니면 합의인지가 명확하지 않다. 단독행위는 예외적으로만 채무의 발생연원이 된다. 본항이 바로 이러한 규정에 해당한다고 볼 수 있다.[8]

Article 1100-1 Les actes juridiques sont des manifestations de volonté destinées à produire des effets de droit. Ils peuvent être conventionnels ou unilatéraux. Ils obéissent, en tant que de raison, pour leur validité et leurs effets, aux règles qui gouvernent les contrats.

제1100-1조 ① 법률행위란 법률효과의 발생을 목적으로 하는 의사표시를 말한다. 법률행위는 합의에 의하거나 또는 일방적일 수 있다.

② 법률행위는, 합리적인 한, 그 유효성과 효력은 계약을 지배하는 규정에 따른다.

　[해제] 본조는 법률행위에 대하여 정의를 내리고, 또 계약에 관한 규정으로 법률행위를 규율할 것을 정하고 있다. 본조 제1항 제1문은 법률행위에 대한 정의규정이다. 개정 전 프랑스민법전에는 법률행위에 대한 정의규정이 존재하지 않았다. 본조는 일반적으로 인정되고 있는 법률행위에 대한 법학자들의 정의를

---

5) 본조 제2항은 변제에 관한 절(제5장 제1절)에서 자연채무를 규율하던 개정 전 제1235조 제2항과 제1302조 제2항에 기초하고 있다.

6) Civ., 14. janv. 1952, *D*. 1952. 177.

7) O. Deshayes, Th. Genicon et Y.-M. Laithier, *Réforme du droit des contrats, du régime général et de la preuve des obligations*, LexisNexis, 2018, pp. 44-5.

8) G. Chantepie et M. Latina, *op. cit.*, n° 66, p. 67.

수용한 것이다.9) 본항 제2문은 법률행위는 합의에 의하여(예를 들면, 계약) 또는 일방적으로(단독행위) 발생할 수 있음을 규정하고 있다.

본항(제1문)은 법률행위의 구성요소로 의사표시(manifestation de volonté), 법률효과(des effets de droit)와 목적(destination)을 들고 있다. 법률효과는 법률행위뿐 아니라 법적사실(제1100-2조 제1항)의 구성요소가 되기도 한다. 법률효과에는 창설적(créatif), 선언적(déclaratif), 변경적(modicatif) 또는 소멸적(extinctif)인 효과가 있다. 의사표시란 외부에 표출된(extériorisé) 의사로서 묵시적이든 명시적이든 이를 불문한다. 그리고 의사표시와 법률효과를 연결하는 요소로서 법률효과를 발생시키려 하는 '목적(destiné)'이 있다.

본항(제2문)은 법률행위가 형성되는 모습(structure)에 따라 "합의에 의한(conventionnels)"것과 "일방적인(unilatéraux)"것이 있음을 밝히고 있다. 합의에는 계약뿐만 아니라 합동행위(acte collectif)도 포함된다고 보는 것이 일반적이다.10) 투표행위가 이에 해당한다. 그러나 투표행위를 집단성보다는 공동의 이익이라는 기준을 적용하여 일방적 행위라고 보아야 한다는 학설도 있다. 또 "합의에 의한 법률행위"에는 제1101조상의 계약뿐만 아니라 그 밖에 합의(convention)도 있다.11) 법률행위의 종류는 매우 다양하다. 우선 그 성질(nature)에 따라 재산적 행위와 비재산적 행위, 실체적 행위와 절차적 행위, 민사행위와 상사행위로 구분된다. 또 그 중대성(gravité)에 따라 보존행위, 관리행위와 처분행위로 구분된다.12)

본조 제2항은 법률행위의 유효성과 효력에 대하여는 계약에 관한 규정이 적용됨을 규정하고 있다. 즉, 본항은 계약법이 법률행위법의 일반법이 된다는 것을 전제로 합동행위와 단독행위에 대하여 각각 별도로 규율을 하지 않고, 계약에 관한 규정을 합리적인 범위 내에서 합동행위와 단독행위에 적용하고 있는 것이다. 그런데 본항이 말하는 유효성에 관한 규정은 제1장 제2절(La validité du contrat)에 있고, 효력에 관한 규정은 제4장(Les effets du contrats)에 있다. 그러나

---

9) 법률행위라는 용어는 제3편과 제4편의乙에서 4회(제1301조, 제1359조, 제1364조 및 제1367조) 사용되고 있다.

10) 까딸라초안에는 합동행위를 "단체의 구성원에 의한 집단적 결정(la décision prise collégialement par les membres d'une collectivité)"이라고 규정하였었다.

11) 이에 대해서는 제1001조의 해제를 참조.

12) O. Deshayes, Th. Genicon et Y.-M. Laithier, *op. cit.*, p. 47.

이들 규정뿐만 아니라 제1부속편(Le contrat) 이하의 계약에 관한 모든 규정이 합리적인 범위에서는 적용된다고 한다.[13]

Article 1100-2 Les faits juridiques sont des agissements ou des événements auxquels la loi attache des effets de droit.

Les obligations qui naissent d'un fait juridique sont régies, selon le cas, par le sous-titre relatif à la responsabilité extracontractuelle ou le sous-titre relatif aux autres sources d'obligations.

제1100-2조 ① 법적사실이란 법률이 법률효과를 부여하는 행위 또는 사건을 말한다.
② 법적사실로부터 발생하는 채무는, 경우에 따라, 비계약책임에 관한 부속편 또는 기타 채무의 발생연원에 관한 부속편에 의하여 규율된다.

[해제] 본조는 법적사실에 대한 정의를 내리고 또 각 법적 사실에 적용될 규정을 정하고 있다.[14]

본조 제1항은 개정 전과는 달리 적극적으로 법적사실에 대한 정의를 내리고 있다.[15] 법적사실이란 소극적으로는 법률행위가 아닌 것으로 정의 내릴 수도 있다. 그러나 본항은 적극적으로 법적사실을 법률이 법적인 효과를 부여하는 행위 또는 사건으로 정의하고 있다. 본항의 법적 행위로는 사무관리, 비채변제와 부당이득이 있고,[16] 법적 사건으로는 불법행위가 있다. 본항은 법적사실의 정의를 내림에 있어 두 가지 요소를 고려하고 있다. 첫째, 법적사실이란 행위와 사건으로 구성된다는 것이다. 행위와 사건은 거의 공통점이 없지만, 본항은 이를 법적사실이라는 종류개념에 포섭시키고 있다. agissement은 acte(행위)와 같은 의미이다. 그리고 사건에는 시간의 경과, 질병의 발생, 태풍의 발생 등

---

13) G. Chantepie et M. Latina, *op. cit.* n° 70, p. 70; O. Deshayes, Th. Genicon et Y.-M. Laithier, *op. cit.*, p. 49.
14) 프랑스민법전상 법적사실(faits juridiques)이란 용어는 우리 민법의 경우 강학상의 용어가 아니다. 법적사실이란 우리 민법상의 사무관리, 비채변제, 부당이득과 불법행위를 포함하는 개념이다.
15) 본조 제1항은 법적사실에 대한 개정 전 제1370조 제4항의 문구를 대폭 수정한 것이다.
16) 프랑스민법전상 비채변제와 부당이득은 채권관계의 발생원인으로서는 같이 다루어지지만, 그 효과에 있어서는 양자는 전혀 별개로 다루어지고 있다. 비채변제의 효과는 계약의 무효, 실효, 해제 등의 급부반환관계와 함께 반환관계에 속하지만, 부당이득의 효과는 반환관계와는 다른 법률체계에 속한다.

과 같이 인간의 행위가 전혀 관련되지 않는 것도 있고, 반대로 폭동, 출생 등과 같이 인간의 행위가 관련되는 것도 있다. 이러한 점에서 본항이 행위와 사건을 구분하려고 하는 것은 무의미하고, 반대로 행위와 사건을 하나의 법적사실로 묶으려는 것도 무의미하다.17) 더군다나 본항에 의하면 적법행위인 사무관리, 위법행위인 불법행위, 동거와 같은 자발적인 행위 또 사망과 같은 비자발적인 것을 다 포함하고 있어서 그렇다는 것이다. 둘째, 행위와 사건은 법에 의하여 법률효과가 부여된다는 점에서 일체를 구성할 수 있다. 즉, 법률효과가 양자의 일체성을 부여하는 요소가 된다. 이러한 점에서 본조는 제1100-1조에 비추어서 그 의미를 찾아야 한다고 한다. 즉, 법적사실의 개념은 법률행위의 개념과 비교할 때 그 의미가 드러난다. 법률행위의 법률효과는 의사에 의한 것이고, 법적사실의 법률효과는 법률에 의한 것이라는 것이다. 법적사실은 그것이 행위이든 사건이든 관련된 당사자의 의사와는 관계없이 법률효과가 부여된다는 것이다. 예를 들면, 계약 또는 법률행위의 위법한 파기는 설령 의도적인 것이었다고 하더라도 행위자의 의사가 아니라 법률에 의하여 일률적으로 효과가 주어진다는 데에 법적사실이 되는 것이다.

본조 제2항은 법적사실 중 법률효과로서 채무가 발생하는 경우를 예정하고 있다.18) 본항은 법적사실로부터 발생하는 채무는 경우에 따라 계약외책임에 관한 부속편(제2부속편) 또는 "기타 채무의 발생연원"에 관한 부속편(제3부속편)의 규율을 받는다는 것을 규정하고 있다. 제2부속편은 불법행위와 제조물책임에 관한 것이고, 제3부속편은 사무관리, 비채변제와 부당이득에 관한 것이다. 본항과 관련하여 다음 두 가지 사항을 언급할 필요가 있다. 첫째, 본항은 불법행위 손해배상책임이 계약상 손해배상책임과 본질적으로 다르기 때문에 구별하려는 것이 아니다. 계약상 손해배상책임이 계약에 속하는 것이기 때문에 불법행위 책임과 구별하려는 것도 아니고 또 불법행위책임이 민사책임(la responsabilité civile)에 속하지 않기 때문도 아니다. 계약상 손해배상책임을 제2부속편이 아닌 제1부속편 계약에서 다루는 것은 계약의 불이행으로 인한 것이라는 부수적인 이유에서일 뿐이다. 그런데 대통령에게 제출한 보고서19)를 보면 불법행위와 채

---

17) O. Deshayes, Th. Genicon et Y.-M. Laithier, *op. cit.*, p. 50.
18) 사망에 의하여 사망자의 재산권이 이전되는 것은 본부속편이 규율할 대상이 아니다.
19) Rapport au Président de la République, *JORF* n° 0035 du 11 février 2016, p. 23.

무불이행을 포함하여 민사책임 일반에 대하여 개정안이 나올 예정이라고 한다. 둘째, 본항은 법적사실에 의한 채무와 법률행위에 의한 채무를 구분하여 규정하고 있지만, 채무가 각각 어떻게 다른지에 대하여는 규정하지 않는다. 제2부속편과 제3부속편이 제1부속편과 구분되는 것은 의무의 발생연원이 다르다는 것일 뿐이고, 그 의무의 법적 성질이 다르기 때문이 아니다.

Sous-Titre I Le contrat
제1부속편 계약

[해제] 본부속편은 계약을 규율하고 있다. 개정 전에는 채무를 발생시키는 것만을 계약이라고 하였으나, 제1101조는 채무의 발생뿐만 아니라 채무의 변경, 이전과 소멸시키는 합의도 계약으로 포섭함으로써, 현행법상 계약은 훨씬 포괄적인 개념이 되었다. 본부속편은 제1장 통칙에 이어서 제2장 계약의 체결, 제3장 계약의 해석과 제4장 계약의 효력으로 나뉘어져 있다.

Chapitre I Dispositions liminaires
제1장 통칙

[해제] 본장은 계약의 정의(제1101조), 계약의 기본원칙(제1102조-제1105조) 및 계약의 종류와 그에 대한 정의(제1106조-제1111-1조)에 관한 부분으로 구분된다.

우선 본장은 계약의 일반법으로서 계약자유의 원칙(제1102조), 계약의 법적 지위(제1103조) 및 신의성실의 원칙(제1104조)을 규정하고 있다.[1]

또 본장은 제정 시에 두었던 쌍무계약·편무계약, 유상계약·무상계약, 비사행계약·사행계약(제1106조-제1108조)에 대해서뿐만 아니라, 종래 학설상 인정되어 오던 낙성계약·요식계약·요물계약(제1109조)과 일시적 이행계약·계속적 이행계약(제1111-1조)에 대하여도 명시적인 규정을 두고 있다. 그리고 본장은 근래 거래계에서 새로 등장한 교섭계약·부합계약(제1110조)과 기본계약·실행계약(제1111조)도 수용하여 별도의 규정을 두고 있다. 이들은 모든 계약에 관련된 기본적인 계약으로서 통칙에서 규정되고 있는 것이다.

---

1) G. Chantepie et M. Latina, *op. cit.*, n° 99, p. 96.

Article 1101 Le contrat est un accord de volontés entre deux ou plusieurs personnes destiné à créer, modifier, transmettre ou éteindre des obligations.
제1101조 계약이란 채권관계를 발생, 변경, 이전 또는 소멸시키는 것을 목적으로 하는 2인 또는 수인 사이의 의사합치를 말한다.

[해제] 본조는 계약에 대한 정의규정이다. 본조는 계약에 대하여 새로운 정의를 내리고 있다. 본조에 의하면 계약은 두 가지 요소로 구성된다. 하나는 2인 또는 수인의 의사의 합치, 즉 합의이다. 이는 전통적인 요소이다. 계약은 그것이 체결되는 모습과 분리될 수 없다. 즉, 계약은 일방적 행위 내지는 단독행위와 구분된다. 또 합의는 2인 또는 수인의 당사자를 요구한다. 다수당사자가 결합하는(conjonctif) 합의도 계약이다. 따라서 일인회사를 설립하는 행위는 계약이 될 수 없다. 다른 하나는 합의가 갖는 법률효과이다. 이는 개정에 의하여 수정된 요소이다. 본조는 채권·채무(이하 채권)의 발생, 변경, 이전, 또는 소멸의 법률효과를 목적으로 하는 합의이다. 즉, 채권의 발생뿐만 아니라 채권의 변경, 이전과 소멸에 관한 합의도 계약이라고 규정하고 있다. 개정 전 제1101조 제1항은 "계약이란 1인 또는 수인이 1인 또는 수인에 대하여 주는 채무(l'obligation de donner), 하는 채무(l'obligation de faire) 또는 부작위채무(l'obligation de ne pas faire)를 발생시키는 합의(convention)"라고 규정하였었다. 따라서 개정 전에는 계약이란 채권을 발생시키는 합의, 즉 채권계약만을 가리켰고, 그 밖에 채권의 변경(기한의 변경, 화해), 채권의 이전(채권양도) 또는 소멸(채무면제)을 목적으로 하는 합의는 계약이라 부르지 않고 합의(convention)라고 불렀다. 즉, 계약은 합의 중의 하나에 불과하였다. 그러나 개정 제1101조는 이러한 합의도 모두 계약에 포섭시킴으로써, 개정 전의 계약에 대한 정의와 결별하고 확장되었다.[2] 계약의 정의에 대한 이러한 변경은 제1134조 제1항을 개정한 제1103조에서도 잘 드러난다. 개정 전 제1134조 제1항에 의하면 적법하게 체결된 합의는 이를 행한 자에게 법률을 대신한다고 규정하였다. 그런데 개정 제1103조는 합의를 계약이라는 용어로 대체하였다. 그렇다면 개정 프랑스민법전에서는 계약과 합의의 구분은 존재하지 않는지 의문이 들 수 있다. 그러나 개정 프랑스민법전에서도 여전히 합의가 완전히 사라진 것은 아니고, 단지 합의의 범위가 좁아졌을 뿐

---

2) 우리 민법에서는 이들 계약은 모두 준물권계약으로 본다.

이다.[3] 채권의 발생, 변경, 이전, 또는 소멸 이외의 법률효과를 목적으로 하는 법률행위는 여전히 합의라고 보아야 하기 때문이다. "이외의 법률효과"로서 법인의 창설, 물권의 설정, 권한의 부여(collation du pouvoir) 등이 있다.[4] 제1100-1조(제1항 제2문)의 "합의에 의한(conventionnel)" 법률행위에는 "계약(le contrat)"과 "합의(la convention)"가 포함된다. 다만, 계약과 합의의 구분은 개정 프랑스민법전 아래에서는 실익이 없다. 즉, 제1100-1조는 합의적 법률행위는 계약에 관한 규정이 합리적인 한 적용이 된다고 하기 때문에, 구분의 실익이 사라진다.

채권·채무의 이전을 목적으로 하는 계약으로 채권양도(제1321조), 채무양도(제1327조), 채권·채무의 이전을 목적으로 하는 합의로 대위합의(subrogation conventionnelle)(제1346-1조)가 있고, 개정 후 신설된 것으로 계약양도(제1216조)와 채권·채무의 소멸을 목적으로 하는 합의로 상계합의(compensation convention-nelle)(제1348-2조)가 있다.[5] 또 채권·채무의 소멸을 목적으로 하는 계약으로 경개(제1329조), 채무참가(제1336조)와 채무면제(제1350조)가 있다.

본조의 계약에 대한 정의의 변경에 대해서는 두 가지의 언급이 필요하다. 첫째, 계약의 효력 중에서 가장 일반적인 것은 채권을 발생시키는 계약이라는 점이다. 둘째, 본조는 전술한 바와 같이 개정 전 제1101조 제1항 등이 채무를 주는 채무, 하는 채무와 부작위채무로 구분하던 채무의 3분법을 폐기하였지만, 이러한 구분이 결코 완전히 사라진 것은 아니라는 것이다. 이를 폐기한 것은 3분법에 포함되지 않은 채무가 있고 또 학설상 논란이 많았기 때문이었다. 그러나 이러한 3분법은 다른 용어로 대체되고 있을 뿐 사라진 것은 아니라고 한다. 즉, 주는 채무는 "소유권 기타 권리를 이전하는 채무", 하는 채무는 용역의 급부의무(제1165조), 부작위채무는 경업금지의무(제1230조) 또는 비밀유지의무(제1230조) 등으로 대체되었다고 한다.[6]

---

3) O. Deshayes, Th. Genicon et Y.-M. Laithier, *op. cit.*, pp. 57-8.
4) G. Chantepie et M. Latina, *op. cit.*, n° 75, p. 77.
5) 프랑스민법전은 대위합의(subrogation conventionnelle)와 상계합의(compensation con-ventionnelle)에서 보듯이 2016년 개정 후에도 여전히 계약이라는 용어 대신에 합의라는 용어를 사용하고 있다.
6) B. Mercadal, *Réforme du droit des contats*, Dossier Pratique, Francis Lefebvre, 2016, n° 114, p. 39.

한편 본조의 계약에 대한 정의를 정확히 알기 위해서는 본조 이외에 계약의 이전적 효력(effet translatif)을 규율하는 제1196조 제1항도 함께 살펴보아야 한다. 제1196조 제1항은 "소유권 또는 기타 권리의 양도를 목적으로 하는 계약에서 권리의 이전은 계약의 체결시에 이루어진다."고 규정하고 있다. 제1196조 제1항은 계약의 정의규정이 아니라 계약의 효력 중 이전적 효력에 대하여 규정하고 있다. 따라서 본조 제1항의 "소유권 또는 기타 권리의 양도를 목적으로 하는 계약"이란 제1101조에 열거된 계약 중에서 소유권 또는 기타 권리를 이전할 "채무를 발생"시키는 계약에 해당한다. 이러한 계약으로 매매, 현물지분(apport en nature)의 이전, 교환, 증여 등을 들 수 있다. 종래부터 프랑스민법전은 물권을 이전하는 계약이라는 개념의 독립성을 인정할 필요가 없다고 보았다. 즉, 물권을 이전하는 계약은 물권을 이전할 채무를 발생시키는 계약과 일체로써 하나로 행하여진다고 보았다. 그런데 제1196조 제1항의 "소유권 또는 기타 권리의 양도를 목적으로 하는 계약"은 권리의 양도가 계약의 체결시에 이루어진다고 규정하고 있는 것이다. 그 결과 "소유권을 이전할 채무를 발생시키는 계약"과 "소유권 자체를 이전하는 물권계약"의 구별이 필요 없게 되었다. 달리 말하면, 물권을 이전하는 효력은 계약의 "이전적 효력"에 의하여 바로 발생하게 되는 것이다. 즉, 이전적 효력은 계약의 직접적 효력인 것이고, 주는 채무가 발생함과 동시에 이행되었기 때문은 아니다.[7] 따라서 개정 프랑스민법전에서는 물권계약 및 준물권계약과 그 원인인 채권계약의 구분이 부정되어 계약이라는 단일 개념만 인정되는 것이다.

Article 1102 Chacun est libre de contracter ou de ne pas contracter, de choisir son cocontractant et de déterminer le contenu et la forme du contrat dans les limites fixées par la loi.

La liberté contractuelle ne permet pas de déroger aux règles qui intéressent l'ordre public.

제1102조 ① 누구나 자유롭게 법률이 정하는 범위 내에서 계약을 체결하거나 하지 않고, 자신의 상대방을 선택하고 그리고 계약의 내용과 방식을 정할 수 있다.
② 계약의 자유는 공적 질서에 관한 규정에 위반하는 것을 허용하지 않는다.

---

7) 이것이 프랑스민법전이 채택한 떼레초안을 작성한 학자들의 의사였다고 한다.

[해제] 본조는 프랑스민법전 제6조에서 간접적으로 인정하고 있는 계약자유의 원칙(le principe de la liberté contractuelle)을 직접적으로 규정한다. 즉, 제6조는 계약자유의 원칙의 한계를 규정함으로써 간접적으로 계약자유의 원칙을 인정하였는데, 본조는 그 한계의 전제가 되는 계약자유의 원칙을 직접적으로 규정하게 된 것이다. 이러한 의미에서 계약자유의 원칙은 프랑스민법전에 직접적으로 규정되고는 있지만 진정한 의미의 개혁은 아니라고 한다.[8] 본조의 계약자유의 원칙은 계약의 구속력에 관한 규정(제1103조) 다음에 그리고 신의칙에 관한 규정(제1104조)과 함께 규정되고 있다. 그러나 이들 원칙이 프랑스민법의 지도원리가 되지는 않는다고 한다.[9] 계약자유의 원칙을 계약의 규범력(제1103조)과 신의칙(제1104조)과 함께 규정함으로써 계약의 해석, 효력 등에 관한 규정들보다는 상위의 계약의 일반법이라고 할 수 있다.[10] 이 점에서 개정이 갖는 상징적 의미가 있다고 할 것이다.

본조의 계약자유의 원칙이 갖는 헌법상 제한과 한계는 여전히 그대로이다. 계약자유의 원칙은 프랑스민법의 지도원리(principe directeur)가 아니라, 계약의 통칙(제1장)에 규정되는 계약의 일반법(le droit commun du contrat)으로서의 원칙일 뿐이다. 계약자유의 원칙이 계약법의 첫째 자리를 차지한다는 것은 입법자가 이념적 선택으로서 법적 가치의 서열을 정한 것이라고 볼 수 있다.[11] 우선 계약자유의 원칙은 헌법의 하위법상의 규범이다. 헌법위원회는 여러 차례에 걸쳐 계약자유의 원칙이 헌법상의 원칙인 지위를 부여하는 것을 부정하면서, 적법하게 체결된 합의와 계약에 대해서는 "인간과 시민의 권리선언 제4조"로부터 도출되는 자유를 명시적으로 부정할 정도의 침해가 금지된다고 하였다.[12][13] 그 후 헌법위원회는 "입법자는 인간과 시민의 권리선언 제4조에서 나오는 기업의

---

8) G. Chantepie et M. Latina, *op. cit.*, n° 85, p. 84.

9) G. Chantepie et M. Latina, *op. cit.*, n° 99, p. 95.

10) G. Chantepie et M. Latina, *op. cit.*, n° 96, p. 99.

11) O. Deshayes, Th. Genicon et Y.-M. Laithier, *op. cit.*, p. 59.

12) Art 4. La liberté consiste à pouvoir faire tout ce qui ne nuit pas à autrui : ainsi, l'exercice des droits naturels de chaque homme n'a de bornes que celles qui assurent aux autres Membres de la Société la jouissance de ces mêmes droits. Ces bornes ne peuvent être déterminées que par la Loi(자유는 타인에게 해롭지 않은 모든 것을 할 수 있다는 것이다. 따라서 각자의 자연권의 행사는 사회의 다른 구성원에게 같은 권리의 향유를 보장하여야 하는 제약만을 갖는다. 그 제약은 법률에 의해서만 정할 수 있다).

13) Cons. const., 10 juin 1998.

자유와 계약의 자유에 대하여 헌법상의 요구와 일반이익에 의하여 정당화될 수 있는 제한을 가할 수는 있으나, 법률의 추구하는 목적과 비례하지 않는 제한이 되어서는 안 된다."고 하여 계약자유의 원칙을 강화하였다.[14] 이처럼 계약자유의 원칙이 본조에 규정되었다고 해서 규범적 서열(hiérarchie normative)상의 계약자유의 원칙의 지위에는 전혀 변함이 없다. 다만, 계약자가 개인 사이의 거래에서 자유를 행사하기 위해 원용하는 법조가 달라졌다는 상징적인 의미를 갖는다.[15]

본조의 계약자유의 원칙에는 중대한 제한이 있다. 이는 계약자유의 원칙이 예외가 있는 원칙이라거나 또는 한계가 있는 원칙이라고 말하는 것이 아니다. 우선 계약자유의 원칙은 법률이 인정하는 범위에서만 보호되는 원칙이라는 점에서 법률이란 계약자유의 원칙에 대한 통상적이고 영속적인 제한이 된다. 또한 계약자유의 원칙에는 공적질서에 따르는 제한이 있다. 정리하면 법률과 공적질서는 계약자유의 원칙에 대한 수직적 제한이 된다.

본조 제1항은 법률이 정하는 범위 내에서 계약을 체결하거나 하지 않고, 자신의 상대방을 선택하고 그리고 계약의 내용과 방식을 정할 수 있음을 규정하고 있다. 본항은 누구나 계약의 자유가 있다고 일반적으로 규정하지 않고, 문언은 계약체결여부, 상대방 선택 및 계약의 내용과 방식을 정할 수 있음을 열거적으로 규정하고 있다. 그러나 본항은 예시적인 규정이라고 보아야 한다. 다만, 일반적인 학설상의 설명을 수용하여 계약자유의 원칙에 세 가지의 법적 의미를 부여하고 있다.[16] 첫째, 계약체결여부의 자유이다. 이는 의사의 합치를 계약의 중심개념으로 하고 있다는 사실의 논리적 연장이다. 또 이는 부합계약에도 그대로 적용이 된다. 예를 들면, 일반조건(les conditions générales)을 협상하지 않는다는 것은 이 자유를 행사한 것을 의미하지 그 자유가 박탈당한다는 의미는 아니다. 둘째, 상대방을 선택하는 자유이다. 셋째, 계약의 내용과 방식의 자유이다. 이는 계약의 개념 자체에는 포함되어 있지 않기 때문에 그에 대한 자유는 정책적 방향을 제시한 중요한 의미를 갖는다. 본항은 열거적 규정이 아니라 예시적인 규정이므로, 계약의 자유는 3방면에서만 인정되는 것이 아니다. 따라서

---

14) Cons. const., 13 juin 2013.
15) G. Chantepie et M. Latina, *op. cit.*, n° 87, p. 88.
16) O. Deshayes, Th. Genicon et Y.-M. Laithier, *op. cit.*, p. 59.

당사자들은 계약의 형식도 자유롭게 정할 수 있는 것이다.17) 한편 전술한 바와 같이, 본항의 계약자유의 원칙은 "법률의 정하는 범위 내"에서 인정된다. 법률에 의하여 계약의 체결이 강제되거나(예, 자동차보험), 상대방이 결정되거나(예, 계약의 갱신권 또는 선매권), 내용이 결정되거나(예, 부수적 정보의무의 부과, 남용규정의 배제) 또는 특별한 형식과 절차가 요구될 수 있다는 것을 말한다. 다른 한편 본조 제1항의 계약자유의 원칙의 일반원칙에 대하여는 개별원칙이 인정되고 있다. 제1145조는 자연인의 계약체결의 자유를 규정하고 있는 것이 그러하다.

본조 제2항은 계약자유의 원칙에 대한 제한으로서 공적질서를 규정하고 있다. 본항은 공적질서를 규정하고 있는 것이 제6조와 유사하다. 그렇다면 본항의 신설에도 불구하고 제6조가 존치되는 이유가 있는지 문제된다. 우선 본항은 계약에 대하여 규정하는 반면에 제6조는 합의에 대하여 규정한다는 점에서 차이가 있다고 볼 수도 있다. 그러나 제1101조에 의하여 계약이 일정한 범위의 합의도 포섭하게 되었고 또 제1100-1조(제2항)에 의하여 계약에 포섭되지 않는 합의에 대해서도 계약에 관한 규정이 적용된다는 점에서 결국 이러한 차이는 무의미하다. 다음으로 본항은 양속(bonnes mouers)에 위반할 수 없음을 규정하고 있지 않지만, 제6조는 이를 규정하고 있다는 점에서 차이가 있다고 볼 수도 있다. 그러나 양속은 공적 질서에 당연히 포함되는 것이므로, 이 또한 본항과 제6조는 다를 바가 없다. 다만, 본항은 공적 질서에 관한 "규정(règles)"에 위반할 수 없다고 규정하고 있지만, 제6조는 공적 질서에 관한 법률, 즉 형식적 의미의 법률에 위반할 수 없음을 규정하고 있다는 점에서 차이가 있다. 여기서 본항의 규정이란 형식적 의미의 법률이 아니라 그 하위의 법률과 판례를 포함하는 것이다.18) 마지막의 사항과 관련하여 본항과 제6조 사이에는 차이가 있지만, 본항을 신설한 입법자의 의도는 충분히 실현되었다고 볼 수 없다고 한다.19)

한편 공적 질서에 "기본적 권리와 자유(droits et libertés fondamentaux)"도 포함되는지가 문제이다. 초안에는 계약자유의 원칙은 사인 간의 관계에 적용되는 법에 의하여 인정되는 기본적 권리와 자유를 침해할 수 없다고 규정하였지만,

---

17) G. Chantepie et M. Latina, *op. cit.*, n° 88, p. 89.
18) G. Chantepie et M. Latina, *op. cit.*, n° 95, p. 91.
19) G. Chantepie et M. Latina, *op. cit.*, n° 98, p. 87.

다음과 같은 이유에서 최종 민법전에는 규정하지 않았다고 한다.[20] 첫째, 공적 질서란 그 기능과 관련해서 본다면, 계약자유의 원칙의 한계를 구성하는 것인 바 사인 간의 기본적 권리와 자유는 그 한계를 구성하여 당사자가 이를 배제하는 것을 금지하여야 하고, 둘째, 공적질서란 그 내용과 관련해서 본다면, 사인의 기본적 권리와 자유는 공적 질서의 실질적 내용에 해당하기 때문이다.

Article 1103 Les contrats légalement formés tiennent lieu de loi à ceux qui les ont faits.
제1103조 적법하게 성립한 계약은 이를 행한 당사자들에 대하여 법률의 지위를 갖는다.

[해제] 본조는 개정 전 채권(또는 채무)의 효력에 관한 장에 있던 규정(개정 전 제1134조 제1항)을 계약 통칙(제1부속절 제1장)으로 이동하여 규정하고 있다. 본조는 개정 전 제1134조 제1항상의 합의가 계약으로 대체되고 있다는 것만 제외하고는 동일한 규정이다. 합의를 계약으로 대체한 것은 제1101조에 의하여 계약의 개념이 넓어진 것에 대응하는 것이다. 그럼에도 불구하고 계약에 포함되지 않는 합의가 여전히 존재한다는 것에는 변함이 없고, 이러한 합의에 대해서도 본조의 효력은 인정된다. 한편 개정 전 제1134조에서 계약의 불가침성에 관한 제2항은 계약의 효력에 관한 절의 제1193조로 이동되었고 또 합의사항 이외에도 구속력을 인정하는 개정 전 제1135조는 역시 동일한 절의 제1194조로 이동되어 규정되고 있다. 이는 본조가 이들 규정과는 함께 규정되어서는 안 되고 또 이들 규정과는 다른 의미를 갖는다는 것을 암시하는 것이라고 할 수 있다. 즉, 본조는 계약이 법, 규칙 등과 같은 규범으로서 갖는 규범력(effet normative)을 규정함에 반하여, 제1193조와 제1194조는 계약에 의하여 채권이 발생하는 효력(effet obligationnel)을 규정하고 있는 것이다.[21] 이러한 견해와는 달리 본조의 위치의 이동은 계약의 규범력에 있어서 아무런 차이가 없다는 견해도 있다.[22]

본조는 계약의 규범력(force normative)에 대하여 규정하고 있다. 규범의 서열에서는 계약은 법, 규칙 등에 열후한 지위를 갖지만, 본조에 의하여 계약도

---

20) O. Deshayes, Th. Genicon et Y.-M. Laithier, *op. cit.*, p. 60.
21) G. Chantepie et M. Latina, *op. cit.*, n° 101, p. 97.
22) O. Deshayes, Th. Genicon et Y.-M. Laithier, *op. cit.*, p. 61.

규범으로서의 지위가 인정된다. 계약자가 입법자가 되는 것은 아니지만, 입법자에 준하는 지위가 허용되는 것이다. 그리고 계약의 규범으로서의 효력을 구속력(force obligatoire)이라고 한다. 그러나 이러한 의미의 구속력은 "계약내용의 채권발생적 효력"(contenu obligationaire)과는 구별하여야 한다.[23] 채권을 발생시키지 않는 계약도 얼마든지 구속력이 있기 때문이다. 계약에는 채권의 발생 이외에도 변경, 이전과 소멸을 목적으로 하는 계약도 있다. 즉, 계약의 효력에는 채권을 이전하는 이전적 효력(effet translatif)과 채권을 소멸시키는 소멸적 효력(effet extinctif)도 인정된다는 점에서 계약의 구속력은 계약의 효력 이상이라는 것이다. 바로 이러한 이유에서 개정으로 본조를 계약의 효력(effet du contrat)의 장과는 별도로 계약의 통칙(제1부속편 제1장)으로 이동하여 규정하고 있는 것이다. 그런데 이런 개정 취지는 충분히 실현되지 못하고 있는데, 개정 후에도 채권발생적효력(effet obligationnel)을 규정함에 있어서 "구속력(force obligatoire)"(제4장, 제1절, 제1부속절)이라는 표제를 사용하고 있기 때문이다. 채권이 발생하는 효력은 "force obligatoire"가 아니라 "effet obligationnel"이라는 표제를 사용하는 것이 타당하다는 견해가 있다.[24] 이에 반하여 개정에도 불구하고 계약의 구속력을 여전히 채권발생적 효력과 동일하게 보는 견해도 있다. 이 견해에 의하면 계약의 구속력은 계약의 불가침성(l'intangibilité)과도 연관이 된다.[25]

　　본조의 계약의 구속력은 현실적 이행의 강제(exécution forcée en nature)와도 연결이 된다.[26] 현실적 이행의 강제란 당사자가 계약을 이행하지 않을 때에는 그 이행을 강제당한다는 것을 말한다. 그런데 본조는 명시적으로 언급하고 있지 않지만, 개정 전과 비교하여 두 가지 점에서 변화가 있다.[27] 첫째, 사정이 변경된 경우에는 계약을 변경하거나 종료시킬 수 있는 권한을 법원이 갖는다는 사정변경의 원칙이 인정된다는 점이다(제1195조). 둘째, 채무자의 이행비용과 채권자의 이익 사이에 현저한 불균형이 있을 때에는 계약의 현실적 이행이 인정되지 않는다는 점이다(제1221조).

　　법의 규범력은 규범 자체에서 나오는 것이다. 계약의 구속력의 정당화의

---

23) G. Chantepie et M. Latina, *op. cit.*, n° 100, p. 96.
24) G. Chantepie et M. Latina, *op. cit.*, n° 101, p. 97.
25) O. Deshayes, Th. Genicon et Y.-M. Laithier, *op. cit.*, p. 61.
26) O. Deshayes, Th. Genicon et Y.-M. Laithier, *ibid*.
27) O. Deshayes, Th. Genicon et Y.-M. Laithier, *ibid*.

근거가 법인가 아니면 의사인가에 대해서는 이론적 논쟁이 계속되고 있다. 만일 정당화의 근거를 의사에서 찾는다면, 규범력은 당사자들이 서로 교환하여 계약을 구성하는 의사에 있는 것이다. 이와 달리 정당화의 근거를 법에서 찾는다면 의사에 대하여 구속력을 인정하는 법 자체에서 나오는 것이다.

　본조는 계약의 구속력의 전제로서 계약의 적법성을 요구한다. 본조가 적법하게 성립한 계약을 당사자 사이에서 법률을 대신한다고 하는 것은 적법한 법을 준수하듯이 적법한 계약도 준수하여야 한다는 것을 말하는 것이다. 달리 말하면, 본조는 유효성의 요건(제1128조)을 갖추어 적법하게 성립한 계약만이 법률에 준하여 당사자들을 구속한다는 것을 말한다. 또 계약이 구속력을 갖는 것은 의사를 표시한 당사자에 한하는 것이다. 계약을 체결하지 않은 제3자에 대하여는 계약은 구속력을 가질 수 없다.

Article 1104 Les contrats doivent être négociés, formés et exécutés de bonne foi. Cette disposition est d'ordre public.
제1104조 ① 계약은 신의성실에 좇아 협상되고, 성립되고 또 이행되어야 한다.
② 이 규정은 공적 질서에 속한다.

　[해제] 본조는 신의칙에 관한 규정이다. 본조는 개정 전 제1134조 제3항과 비교하여, 그 적용범위가 계약의 이행단계뿐 아니라 협상 및 성립 단계로 확대되었고(제1항), 신의칙이 공적질서에 속한다고 규정하여(제2항), 신의칙의 지위가 종전보다 더 확고해졌다고 한다.[28] 또 본조 역시 개정 전 채무의 효력의 장에 있던 규정을 계약의 통칙에 관한 장으로 이동하여 규정하여 변화를 주고 있다. 종전에는 신의칙은 계약구속력의 원칙(개정 전 제1134조 제1항)에 부수적으로 규정되었다(개정 전 제1134조 제3항). 그 결과 개정 전에는 신의칙은 계약구속력의 원칙을 제한하는 조정자 역할을 가질 뿐이었다. 그런데 판례는 더 나아가 신의칙에 계약구속력의 원칙과 대등한 지위를 부여하였고, 본조는 이를 수용하여 계약구속력의 원칙과 별도의 조문으로 규율하게 된 것이다. 나아가 프랑스민법전은 신의칙을 계약자유의 원칙과 계약의 구속력의 원칙 다음에서 규정함으로써, 신의칙을 계약법의 일반원칙으로 격상시켰다.

---

28) G. Chantepie et M. Latina, *op. cit.*, n° 102, p. 100.

프랑스민법상 신의라는 용어는 다의적인 개념이었다. 신의라는 개념이 어떠한 의미를 갖는지에 대해서는 여전히 논쟁이 많은데, 프랑스민법전에서 신의는 대체로 세 가지의 의미를 갖는다고 한다.[29] 첫째, 신의는 해석의 기준이 된다. 신의해석은 엄격해석의 반대개념으로, 이는 로마법상의 신의계약과 엄격계약의 대립에 기원하는 것이다. 신의해석에 따라 법원은 개정 전 제1135조에 의거하여, 계약에서 표시된 것뿐만 아니라 형평, 관행 또는 법률이 채무에 부여하는 모든 사항에 대하여도 의무를 부과하였다. 둘째, 신의는 법적 상황에 대한 잘못된 인식(croyance erronée)인 선의를 의미한다. 이는 물권법에서도 사용되고, 개정 후에도 계약법에 등장한다. 예를 들면, 제1198조에서 "2인이 동일한 유체동산에 대하여 동일한 사람으로부터 권리를 이중으로 취득하는 경우, 유체동산을 먼저 점유한 자는 선의인 경우에는 그의 권리가 시기에 있어서 나중일지라도 우선한다."고 하는 것이 그러하다. 셋째, 신의는 계약자의 도덕적 자질(qualité morale)과 관련이 있다. 20세기 중반에 이르러 신의는 계약자의 행위에 적용되어 성실한 행위를 의미하였다. 개정 전 제1134조 제3항이 계약은 신의에 따라 이행되어야 한다고 한 것은 이러한 의미이다.

본조 제1항은 신의칙을 개정 전과 달리 계약의 이행단계뿐만 아니라 계약의 교섭단계와 체결단계에까지 확대하고 있다. 신의칙은 계약의 종류, 채무자와 채권자의 신분을 구별하지 않고 적용된다. 판례는 우선 계약의 성립단계에도 신의칙을 적용하였고,[30] 협상단계에도 적용하였다.[31] 본항은 이러한 판례를 수용하여 신의칙을 계약의 교섭단계와 체결단계에까지 확대하고 있는 것이다. 한편 판례는 계약의 소멸단계에도 신의칙을 적용하였다.[32] 또 본항은 계약이 소급적으로 소멸하는 경우뿐만 아니라 계약이 소멸한 후의 단계(période postcontractuelle)에도 적용된다고 한다. 이처럼 신의칙은 계약의 모든 단계에 확대되어 적용된다.[33] 한편 프랑스법상 채무(obligation)와 의무(devoir)는 구분되어 왔다. 채무란 계약에 의하여 발생하는 것인 반면, 의무란 개인이 준수하여야 하

---

29) G. Chantepie et M. Latina, *op. cit.*, n° 102, p. 99.

30) Civ. 1re, 21 jan. 1981, n° 79-15.443.

31) Com., 26 nov. 2003, n° 00-105.243.

32) Civ. 3^{e}, 18 mai 2011, n° 10-11.721.

33) G. Chantepie et M. Latina, *op. cit.*, n° 106, p. 103; O. Deshayes, Th. Genicon et Y.-M. Laithier, *op. cit.*, p. 62.

는 일반적이고 추상적인 주의의무를 말한다. 채무의 불이행은 계약법의 영역이지만, 의무의 불이행은 불법행위의 영역이다. 따라서 종래 의무는 계약이 체결되기 전의 단계와 계약이 체결된 후의 단계에서 인정되었다. 그러나 본항에 의하여 신의칙이 계약의 성립 전 단계와 계약의 소멸 후의 단계에도 적용됨으로써, 신의칙에서는 채무와 의무의 구분이 무의미하게 되었다고 한다.[34]

본항은 신의칙의 의미에 대하여 정의를 내리지 않고 있다. 이는 한편으로 신의칙의 개념에 탄력성을 부여하기 위한 것이고, 다른 한편으로 법원의 해석에 대하여 제한을 가하지 않으려는 것이다.[35] 신의칙은 여러 단계의 의미를 갖는다.[36] 우선 계약당사자들은 자신의 채무를 성실하고 공정하게 이행해야 하므로 거짓이 없고 해악의 의사를 가져서는 안 된다. 그리고 엄격하게는 계약당사자들의 공동의 이익을 추구할 경우 협력하고, 이행을 용이하게 하고, 상대방의 이익을 해쳐서는 안 된다. 이처럼 신의칙에 의하여 당사자들은 충실의무(devoir de loyauté), 협력의무(devoir de coopération), 일관성의무(devoir de cohérence)를 부담한다. 또 계약당사자들은 정보제공의무도 부담한다. 전술한 바와 같이, 이러한 의무의 위반은 불법행위가 아니라 계약불이행의 영역에 속하게 된다.

본항의 신의칙은 일반원칙으로서 개별규정에도 적용된다. 우선 제1112조는 교섭단계에서 신의칙의 강제에 대하여 규정하고 있다. 본조와 제1112조에 의하여 교섭단계에서의 신의칙은 계약과 밀접 불가분의 관계를 가지게 되었다. 즉, 다른 나라에서 신의칙이 계약외적 성질을 갖는 행위규범인 것과 달리, 프랑스에서 신의칙은 계약의 체결에 이르는 절차단계에서도 계약상의 의무로 인정되는 것이다. 또 계약체결단계에서 정보제공의무의 준수(제1121-1조), 기망적 침묵에 의한 계약의 무효(제1137조), 대리인의 권한남용금지(제1161조), 기본계약의 금액의 결정에 있어서 권리남용의 금지(제1164조, 제1165조), 사정변경에 의한 계약의 재협상의무(제1195조) 등은 신의칙을 적용한 규정이라고 볼 수 있다. 이러한 규정이 있는 경우에 굳이 본조의 신의칙을 원용한다는 것은 무의미하다. 따라서 신의칙은 이러한 특별규정이 없는 경우에 당사자들의 성실의무의 준수를

34) G. Chantepie et M. Latina, *op. cit.*, n° 108, p. 104.
35) G. Chantepie et M. Latina, *op. cit.*, n° 103, p. 101; O. Deshayes, Th. Genicon et Y.-M. Laithier, *op. cit.*, p. 62.
36) O. Deshayes, Th. Genicon et Y.-M. Laithier, *op. cit.*, p. 63.

통제할 권한을 법원에 부여하는 규정이 된다는 점에서 그 의미가 있다.

본조 제2항은 신설된 항으로서 신의성실의 원칙이 공적 질서에 관한 규정임을 명시적으로 밝히고 있다. 다시 말하면, 이는 신의칙이 강제규정임을 말하는 것이다. 당사자들은 정직한 행위를 하고 또 사회적 도의를 지켜야 한다. 따라서 신의칙을 약정으로 배제할 수 없다. 즉, 당사자들은 신의칙에 반하는 조항을 둘 수 없고 또 법원이 신의칙의 준수 여부를 판단하는 역할을 배제할 정도의 조항을 둘 수가 없다. 한편 본항은 신의칙을 위반하는 경우 어떠한 효과가 초래되는지에 대하여는 명시적인 규정을 두고 있지 않다. 위반 효과로서 손해배상책임 또는 계약의 무효(제1112-1조 제6항)가 인정될 수 있다.

Article 1105 Les contrats, qu'ils aient ou non une dénomination propre, sont soumis à des règles générales, qui sont l'objet du présent sous-titre.

Les règles particulières à certains contrats sont établies dans les dispositions propres à chacun d'eux.

Les règles générales s'appliquent sous réserve de ces règles particulières.

제1105조 ① 계약은 고유한 명칭을 갖든 그렇지 않든 본 부속편의 대상인 일반규정에 따른다.

② 일정한 계약에 관한 특별규정은 그 계약들 각각에 고유한 규정에서 정한다.

③ 일반규정은 특별규정의 유보하에 적용된다.

[해제] 본조 제1항과 제2항은 개정 전 제1107조와 근본적으로 동일한 내용을 담고 있다. 본조 제3항은 신설된 항이다.

본조 제1항은 제1부속편 계약에 관한 규정(제1101조 내지 제1231-7조)들을 일반규정(règles générales)이라 하여 계약의 일반법(le droit commun)으로서의 지위를 부여하고 있다.[37) 본항은 일반규정은 계약의 종류와 명칭을 불문하고 모든 계약에 적용되는 규정임을 밝히고 있다. 또 이는 유명계약(les contrat nommé)이든 무명계약(le contrat innomé)이든 불문한다.

본조 제2항은 일정한 계약들에 적용되는 특별한 규정은 그 계약들 중 각각에 고유한 규정으로 정한다고 하여 전형계약에 관한 특별규정을 예정하고 있다. 본항에 의하여, 특별규정은 해당 전형계약에만 적용되는 특별법(le droit

---

37) O. Deshayes, Th. Genicon et Y.-M. Laithier, *op. cit.*, p. 65.

spécial)으로서의 지위를 갖는다. 본항의 전형계약의 의미와 범위에 대하여는 종래 학설상 논쟁이 있었지만, 그 계약에 고유한 규정으로서 프랑스민법전의 전형계약에 관한 특별규정(droit des contrats spéciaux)뿐만 아니라 민법전 이외의 프랑스소비법전, 프랑스노동법전, 프랑스상법전상의 특별규정과, 법전화되지 않은 특별규정들도 포함한다.

본조 제3항은 신설된 조항이다. 본항은 개정 전 제1107조가 침묵하였던 것과 달리 특별규정과 일반규정이 충돌하는 경우에 대하여 명확한 해결책을 규정하고 있다. 본항은 "특별한 것은 일반적인 것에 우선한다(*specialia generalibus derogant*)."는 해석원칙(le maxime interprétation)에 규범적인 효력을 부여하고 있다. 본항에 의하여, 일반규정은 특별규정의 유보 하에 적용된다. 그러나 특별규정과 일반규정과의 관계가 대립의 모순관계만 있는 것은 아니라는 점에서 본항의 문언이 명확하지 않은 점이 있다. 따라서 첫째, 특별규정이 일반규정과 모순되는 경우에는 일반규정이 배제되고 특별규정이 적용된다. 본항은 일반규정과 특별규정이 충돌하는 경우에 비로소 의미가 있는 것이다. 둘째, 특별규정이 일반규정을 보완하는 경우에는 양자가 경합적으로 적용된다. 즉, 전형계약에 일반규정도 적용되고 또 일반규정이 정하지 않은 사항에 대해서는 특별규정이 중첩적으로(culmulativement) 적용되는 것이다.

Article 1106 Le contrat est synallagmatique lorsque les contractants s'obligent réciproquement les uns envers les autres.

Il est unilatéral lorsqu'une ou plusieurs personnes s'obligent envers une ou plusieurs autres sans qu'il y ait d'engagement réciproque de celles-ci.

제1106조 ① 쌍무계약이란 계약당사사들이 서로에 내하여 상호석으로 의무를 부담하는 계약을 말한다.

② 일방계약이란 일인 또는 수인이 다른 일인 또는 수인에 대하여는 의무를 부담하지만 후자는 상호적인 의무를 부담하지 않는 계약을 말한다.

[해제] 본조는 쌍무계약에 관한 개정 전 제1102조와 편무계약에 관한 개정 전 제1103조를 통합한 규정으로서, 본조 제1항은 쌍무계약에 대하여, 본조 제2항은 편무계약에 대하여 규정하고 있다. 본조는 개정 전과 본질적으로 동일한 규정이지만, 쌍무계약의 경우 용어의 사용이 변경되었고 편무계약의 경우 그

의미를 명확하게 하였다.

개정 전 제1102조 제1항은 쌍무계약을 규율하면서 쌍방계약(le contrat bi-latéral)이라는 용어를 함께 사용하였다. 그런데 본조 제1항은 쌍무계약을 규율하면서 더 이상 쌍방계약이라는 용어는 사용하지 않고 있다. 이는 쌍방계약이 반드시 쌍무계약이 아닐 수 있기 때문이다. 이에 반하여 본조 제2항은 일방계약(le contrat unilatéral)이라는 용어를 그대로 사용하고 있다. 그런데 개정 전 제1103조가 일방계약이란 "상대방에게는 의무가 없는" 계약이라고 규정한 것을 본조 제2항은 "상호적인 의무를 부담하지 않는" 계약이라고 변경하였다. 일방계약이란 상대방이 의무를 부담하지 않는 경우뿐만 아니라, 상대방이 의무를 부담하더라도 상호적이 아닌 경우까지를 포함하게 되었다. 본조 제1항과 관련하여 본조 제2항의 일방계약이란 예전처럼 편무계약을 의미한다.

본조 제1항은 쌍무계약이란 "계약당사자들이 서로에 대하여 상호적으로 의무를 부담하는" 계약을 말한다. 여기서 의무의 상호성(réciprocité)이 무엇을 말하는지에 대하여는 견해가 대립하고 있다. 상호성이란 당사자 쌍방의 의무가 상호 의존성이 있다는 것을 말한다는 견해와[38] 상호성이란 쌍방이 의무를 부담한다는 것을 말할 뿐 상관성(corrélativité)을 말하는 것은 아니라고 하는 견해가 있다.[39] 따라서 쌍무계약이 성립하기 위해서는 상호성이 있는 것으로 불충분하고 상관성(corrélativité)이 있어야 한다고 한다. 그러나 어느 견해에 의하든 당사자 쌍방이 서로에 대하여 의무를 부담하고 있다는 것만으로는 부족하고, 쌍방의 의무가 서로 의존적이어야 쌍무계약이 성립한다.

본조 제2항은 편무계약이란 "일인 또는 수인이 다른 일인 또는 수인에 대하여는 의무를 부담하지만 후자는 상호적인 의무를 부담하지 않는" 계약을 말한다. 전술한 바와 같이, 쌍방계약도 포함된다. 예를 들면, 편무계약인 임치(제1917조)의 경우 계약 당시에는 수치인은 수취의무를 부담하지만 임치인은 아무런 의무를 부담하지 않아서 무상계약이 성립하지만, 임치인은 수치인이 임치물을 보관하기 위하여 들인 비용이나 임치물로 인하여 수치인이 입은 손해를 배상하여야 한다. 이 경우 임치인이 부담하는 비용지급의무나 손해배상의무는 수치인의 수취의무와 의존적인 관계에 있지 않기 때문에 무상계약성을 상실시키

---

38) O. Deshayes, Th. Genicon et Y.-M. Laithier, *op. cit.*, p. 68.
39) G. Chantepie et M. Latina, *op. cit.*, n° 119, p. 114, n° 122, pp. 115-6.

지 않는다. 이러한 편무계약을 학설은 "불완전쌍무계약(le conrat synallagmatique imparfait)"이라고 부르기도 한다.[40] 한편 본항이 명시하는 바와 같이, 편무계약의 각 당사자는 수인이어도 상관이 없다. 수인의 대주가 1인의 차주에게, 1인의 대주가 수인이 차주에게, 또는 수인의 대주가 수인의 차주에게 한 개 또는 수개의 물건을 빌려주는 경우에도 편무계약인 대차계약이 성립한다. 각 당사자가 수인이어도 상관이 없다는 것은 쌍무계약의 경우도 마찬가지이다.

프랑스민법전상 쌍무계약과 편무계약을 구분할 실익은 그리 많지 않다.[41] 우선 명시적으로 쌍무계약의 적용만을 언급한 유일한 규정으로 제1168조가 있다. 본조에 의하면, 쌍무계약의 경우 급부의 등가성의 결여는 법률이 다르게 정하지 않는 한 계약의 무효 사유가 되지 않는다. 이는 쌍무계약에서의 급부불균형에 관한 특별규정이라고 할 것인바, 무효를 제한적으로만 적용하고 있다고 할 것이다. 법률이 달리 정하는 경우로서 피보호성년자가 체결한 계약(제435조, 제465조, 제494-9조)은 "단순한 급부불균형(pour simple lésion)"만으로 무효가 된다. 또 부동산 매매의 경우(제1174조) 7/12 이상의 급부불균형이 있는 경우에 무효가 된다. 한편, 계약불이행의 효과 중 동시이행의 항변권과 해제가 쌍무계약에만 적용되는 것이 아닌가 하는 의문이 있다. 우선 해제는 개정 후에는 편무계약에서도 인정된다. 또 동시이행의 항변권은 쌍무계약에서 인정됨에는 의문이 없지만, 이른바 불완전쌍무계약인 편무계약에서도 항변권이 인정된다. 다른 한편, 쌍무계약과 편무계약을 구분할 실익은 증거법에서도 드러나는데, 이는 사서증서의 증거와 관련이 있다. 프랑스민법 제1375조에 의하면, 쌍무계약의 경우 사서증서는 당사자 수만큼의 원본으로 작성되어야만 증거의 효력이 인정된다. 또 제1137조에 의하면, 쌍무계약이든 편무계약이든 금전을 빌려주거나 종류물을 인도하는 계약에는 당사자가 완전한 문자로 금액과 수량을 기재하여야 사서증서의 증거로서의 효력이 인정된다.

Article 1107 Le contrat est à titre onéreux lorsque chacune des parties reçoit de l'autre un avantage en contrepartie de celui qu'elle procure.

---

40) G. Chantepie et M. Latina, *op. cit.*, n° 119, p. 114; O. Deshayes, Th. Genicon et Y.-M. Laithier, *op. cit.*, p. 69.
41) O. Deshayes, Th. Genicon et Y.-M. Laithier, *op. cit.*, p. 68.

> Il est à titre gratuit lorsque l'une des parties procure à l'autre un avantage sans attendre ni recevoir de contrepartie.
> 제1107조 ① 유상계약이란 각 당사자가 제공하는 이익의 대가로서 상대방으로부터 이익을 받는 계약을 말한다.
> ② 무상계약이란 당사자의 일방이 대가를 기대하거나 받지 않고 상대방에게 이익을 제공하는 계약을 말한다.

[해제] 본조는 유상계약에 관한 개정 전 제1106조와 무상계약에 관한 개정 전 제1105조를 통합한 규정으로서, 본조 제1항은 유상계약에 대하여, 본조 제2항은 무상계약에 대하여 규정하고 있다. 그러나 개정 전과 다른 점은 다음과 같다. 첫째, 개정 전 제1106조는 주는 채무와 하는 채무에 한하여 유상계약이란 각자가 상대방에게 주거나 또는 하는 계약이라고 규정하였다. 그러나 본조 제1항은 유상계약을 채무의 종류를 구분하지 않고 또 일방이 상대방에게 "제공하는 이익의 대가(對價, la contrepartie)"로 상대방으로부터 이익을 받는 계약이라고 규정하고 있다. 둘째, 개정 전 제1105조의 "순전히 무상으로(purement gratuit)"이라는 문언을 본조 제2항은 "대가를 기대하거나 받음이 없이"라고 명확하게 규정하고 있다. 셋째, 개정 전 제1105조는 무상계약의 의미로 "은혜계약(contrat de bienfaisance)"이라는 용어를 사용했으나, 본조 제2항은 이를 "무상계약(contrat à titre gratuit)"으로 변경하였다.

본조 제1항은 유상계약을 "각 당사자가 제공하는 이익의 대가로서 상대방으로부터 이익을 받는" 계약이라고 정의하고 있다. 개정 전 제1105조는 구속하다(assoujetir)라는 용어를 사용하여 마치 "채무"의 대가관계가 있어야 하는 것처럼 규정하였으나, 본항은 명시적으로 "이익(l'avantage)"의 대가관계라고 규정함으로써 유상계약에 대한 정의가 보다 명확하게 되었다.[42] 본항은 일방이 다방으로부터 이익을 받을 뿐만 아니라 그 일방이 받은 이익이 상대방에게 제공하는 이익의 대가여야 한다고 규정하여, 이익의 대가성(commutativité) 또는 대가관계(en contrepartie)에 따라 유상계약의 여부를 결정하고 있다. 이 점에서 유상계약의 "이익의 대가성"은 쌍무계약의 "의무의 상호성"과는 구분이 된다. 쌍무계약은 언제나 유상계약이지만, 쌍무계약이 아니더라도 유상계약은 될 수 있다.

---

42) O. Deshayes, Th. Genicon et Y.-M. Laithier, *op. cit.*, p. 70.

예를 들면, 요물계약인 이자부대차(le prêt à intérêt)는 편무계약지만 유상계약이
다. 즉, 이자부대차의 대주는 차주에 대하여 의무를 부담하지 않는 편무계약이
지만, 차주는 계약의 성립시기에 이익을 받았기 때문에 유상계약이 되는 것이
다. 즉, 대가성은 계약의 성립단계에서도 인정될 수 있는 것이다. 이러한 계약
을 학자에 따라서는 "유상의 편무계약"(contrat unilatéral à titre onéreux)이라고 부
르기도 한다.43) 한편 본항은 대가관계가 금전적이냐 비금전적이냐는 묻지 않는
다. 또 본항은 대가성은 대가가 가지고 있는 가치를 고려하지 않는다. 본항은
유상계약에 있어 대가관계의 유상성을 추정하지는 않는다.

　　본조 제2항은 무상계약을 "일방이 대가를 기대하거나 받지 않고 상대방에
게 이익을 제공하는" 계약으로 규정하고 있다. 본항은 무상계약에서 이익의 객
관적인 면을 고려하고 정신적인 이익은 무상계약의 개념에는 들어가지 않는다.
본항은 대가를 "기대하지 않고" 체결하는 계약도 무상계약이라고 정의하고 있
다. 학자에 따라서는 이에 대하여 의미를 부여하지 않기도 하지만,44) 반대로 주
관적인 요소를 도입한 Catala와 Terré의 초안의 영향을 받은 것이라고 의미를
부여하는 견해도 있다.45) 무상계약은 이익의 대가성의 유무뿐만 아니라 그 의
도도 기준이 된다.46) 한편 무상계약은 무상양여(liberalité)와는 구별된다. 무상양
여는 생전증여(donation entre vif)와 유증(donation par testament)을 말하는데(제893
조 제2항), 이에는 단독행위도 포함된다는 점에서 무상계약과는 구분된다. 또 무
상양여의 경우 상대방에게 이익을 부여한다는 의사 외에 상호 부당이득을 얻고
손실을 입는다는 것을 전제로 하여 이것이 무상양여의 무효 사유에 영향을 미치
게 된다. 그러나 무이자부대차, 위임, 임치 또는 대가 없는 보증계약과 같은 무
상계약인 경우 의무자는 간접적으로라도 대가관계를 기대하지도 받지도 않는
점에서 무상양여와는 구별된다.47) 본항의 무상계약에 대해서는 법이 한편으로
엄격하기도 하고 다른 한편 관대한 경우가 있다. 전자로는 형식의 요건을 갖추
지 못하면 무효로 하거나 동기의 착오가 인정되는 경우를 들 수 있고, 후자로는

---

43) G. Chantepie et M. Latina, *op. cit.*, n° 127, p. 119.
44) O. Deshayes, Th. Genicon et Y.-M. Laithier, *op. cit.*, p. 70.
45) 까딸라초안과 떼레초안은 "대가를 받으려고 의도한(intenter, entrendre)" 경우가 무상
　　계약이 된다고 정의하였다.
46) G. Chantepie et M. Latina, *op. cit.*, n° 126, p. 118.
47) O. Deshayes, Th. Genicon et Y.-M. Laithier, *op. cit.*, p. 71.

채무불이행의 책임이 경감되거나 과책의 평가가 완화되는 경우를 들 수 있다.

유상계약과 무상계약을 구별하는 실익은 개정 전과 동일하다. 무상계약에만 적용되는 규정으로, 우선 착오에 관한 규정이 있다. 무상양여에서 동기의 착오는 무효의 사유가 된다(제1135조 제2항). 다음으로, 무상계약은 당사자뿐 아니라 그의 포괄승계인에게도 위험한 계약이기 때문에 요식계약을 요구하는 경우가 있는바, 공정증서의 작성을 요하는 증여계약(제931조)이 그러하다. 또 증여자에게는 하자담보책임과 추탈담보책임이 발생하지 않는다. 그리고 무상계약의 경우 채무자의 과책에 대한 평가가 유상계약의 경우보다 엄격하지 않다. 예를 들면, 제1992조는 무상의 위임은 유상의 위임보다 수임인의 과책이 덜 엄격하게 평가된다고 명시적으로 규정하고 있다. 이는 누구나 법 앞에 평등하다는 원칙에 반하는 것이 아니고, 당사자들이 놓인 법적 상황의 객관적 차이를 인정하는 것이다.[48] 반대로, 유상계약에만 적용되는 규정으로, 우선 사해소권이 있다. 유상계약에서 사해소권은 상대방인 제3자가 사해의 의사를 알고 있어야 인정된다(제1341-2조). 또 유상의 채권양도의 양도인은 채권의 존재를 담보한다(제1326조). 그리고 유상계약의 경우 반대급부의 대가성에 대한 무효규정이 있어서, 유상계약의 성립시 반대급부가 미미하거나 하찮은 경우에는 무효가 된다(제1169조).

Article 1108 Le contrat est commutatif lorsque chacune des parties s'engage à procurer à l'autre un avantage qui est regardé comme l'équivalent de celui qu'elle reçoit.

Il est aléatoire lorsque les parties acceptent de faire dépendre les effets du contrat, quant aux avantages et aux pertes qui en résulteront, d'un événement incertain.

제1108조 ① 비사행계약이란 당사자 각자가 받는 이익의 등가로 간주되는 이익을 상대방에게 제공할 의무를 부담하는 계약을 말한다.

② 사행계약이란 당사자들이 계약으로부터 발생할 이익과 손실에 관한 계약의 효력을 불확실한 사건에 종속시키는 것을 수락하는 계약을 말한다.

[해제] 본조는 개정 전의 비사행계약과 사행계약에 관한 규정을 일부 수정하여 규정하고 있다.

본조 제1항은 개정 전 제1104조 제1항이 주는 채무와 하는 채무에 대하여

---

48) G. Chantepie et M. Latina, *op. cit.*, n° 130, p. 120.

등가성을 기준으로 비사행계약을 규정하는 데에 반하여, 제공하는 이익을 기준으로 비사행계약을 규정하고 있다. 즉, 각 당사자가 받는 이익이 서로 등가성이 있는 경우에 비사행계약을 인정하고 있다. 다만, 후술하는 바와 같이, 등가성이 불확실한 사건에 종속되지 않은 점이 다르다. 여기서 이익의 등가성이 인정되기 위해서 객관적으로 균형이 있어야 하는 것은 아니다. 본항에 의하면, 당사자가 서로 제공하는 이익이 동등할 필요는 없고 "등가로 간주되는 것(regardé comme l'équivalent)"이라고 규정함으로써, 등가성의 주관성(commutativité sub-jective)을 수용하고 있다. 다시 말하면, 비사행계약의 경우 서로에게 제공되는 이익이 객관적으로는 등가를 이루지 못하더라도 당사자들이 그렇게 보는 것으로 족하다. 자신의 이익을 스스로 정하는 당사자들이 이익의 등가성에 대해서도 자유롭게 정할 수 있는 것이다. 이러한 이유에서 비사행계약에 해당하는 쌍무계약의 경우 급부의 등가성의 결여는 계약의 무효사유가 되지 않는다(제1168조). 비사행계약에 해당하는 쌍무계약의 경우 교환되는 이익의 등가성은 계약의 성립시기에 존재하는 것으로 족하다.

본조 제2항은 개정 전 제1104조 제2항보다는 제1196조에 더 가까운 규정이다. 즉, 개정 전 사행계약에 관한 규정으로 제1104조 제2항과 제1196조가 있었는데, 본항은 후자에 기초하고 있다. 본항에 의하면 사행계약은 계약으로부터 발생할 이익과 손실을 불확실한 사건(événement incertain)에 종속시키는 것을 받아들이는 경우에 성립한다. 첫째, 단순히 불확실한 사건이 존재한다는 것만으로는 사행계약이 인정되지 않는다. 조건부계약 또는 수임사무에 비례하여 보수가 정해지는 위임계약은 불확실한 사건이 존재하지만 사행계약이 되지 못한다. 둘째, 이익과 손실을 불확실한 사건에 의존하여야 사행계약이 성립한다. 불확실한 사건의 발생으로 인하여 일방에게는 유리하고 타방에게는 불리하여야 한다. 또 불확실한 사건이 발생으로 일방이 확정적인 대가를 부담하다는 것만으로도 사행계약이 될 수 있다. 예를 들면, 진품의 여부가 불명확한 미술품을 매수하는 매매계약도 사행계약이 될 수 있다.

본조 제2항은 개정 전 제1196조와 달리 "계약으로부터 발생하는 이익과 손실(quant aux avantages et aux pertes qui en résulteront)'을 계약의 효력(les effets du contrat)으로 규정하고 있다. 여기서 이익이란 "이득의 실현(gain espéré)"을, 손실이란 "손실의 위험(risque de perte)"을 의미한다. 이익과 손실은 단순히 존재하는 것만으로는 부족하고, 양자가 상관관계에 있어야 한다. 양자가 상관관계가 있다는 것은 불확실한 사건이 실현되면 일방은 유리하게 되고 타방은 불리하게 된다는 것을 말한다.[49] 예를 들면, 사행계약으로 보험계약, 도박계약, 종신계약 등이 있다.

　　본조 제2항의 사행계약의 경우도 당사자들이 교환되는 이익의 등가성은 인정된다. 예를 들면, 보험계약의 경우 보험자와 보험가입자 보험료와 보험급여가 등가관계를 갖는다고 보는 것이다. 다만, 사행계약에서는 이익의 등가성의 실현은 불확실한 사건의 발생여부에 의존하게 된다. 불확실한 사건이 실제로 일어나는 경우에는 보험자는 보험가입자에게 보험급여를 제공하게 된다. 반대의 경우에는 보험자는 대가를 받지 못하게 되어 손실을 입게 되는 것이다. 즉, 보험가입자는 대가의 비등가성의 위험을 안게 되는 것이다. 사행계약의 경우 위험의 실제 여부는 법관이 통제한다. 예를 들면, 고령의 매도인이 용익권을 유보하여 부동산을 매도하는 경우 매도인의 고령을 고려하면 용익권의 유보는 하찮은 것이기 때문에 매수인은 위험을 인수하지 않은 것이 된다. 따라서 법관은 이 부동산매매를 불균형계약으로 무효로 통제할 수 있다.

Article 1109 Le contrat est consensuel lorsqu'il se forme par le seul échange des consentements quel qu'en soit le mode d'expression.

Le contrat est solennel lorsque sa validité est subordonnée à des formes déterminées par la loi.

Le contrat est réel lorsque sa formation est subordonnée à la remise d'une chose.

제1109조 ① 낙성계약이란 표현방식이 어떠하든 의사의 교환만으로 성립하는 계약을 말한다.

② 요식계약이란 그 유효성이 법률이 정하는 형식에 따라야 하는 계약을 말한다.

③ 요물계약이란 그 성립에 물건의 교부가 있어야 하는 계약을 말한다.

　　[해제] 본조는 낙성계약, 요식계약 및 요물계약의 정의에 대한 규정이다. 본조는 개정 전에는 없었던 규정으로 신설된 조문이다. 그리고 본조는 의사가 표현되는 방식의 구분에 관한 규정이기도 하다. 이러한 구분은 프랑스민법전이

---

49) O. Deshayes, Th. Genicon et Y.-M. Laithier, *op. cit.*, p. 73.

제3편 채권관계의 발생연원 39

제정되기 전부터 학설상 인정되어 오던 것이다. 또 본조는 각 계약에 대하여 정의를 내리고 있는 것일 뿐이지, 본조가 낙성계약을 제일 먼저 규정하고 있다고 해서 낙성계약이 계약성립의 기본원칙이라는 것까지를 말하는 것은 아니다.[50) 낙성계약의 원칙은 제1172조 제1항이 규정하고 있다. 제1172조는 낙성계약, 요식계약과 요물계약을 계약의 형식이라는 측면에서 구분하는 규정이다.[51]

본조 제1항의 낙성계약이란 "표현방식(mode d'expression)이 어떠하든 의사의 교환만으로 성립하는 계약"을 말한다. 즉 여기서 성립을 위해서란 유효한 성립을 위해서라는 의미이다. 표현된 의사란 의사가 외부로 표시되는 것(extériorisation)을 말한다. 표현방식에는 문서뿐만 아니라 구두, 몸짓, 경우에 따라서는 침묵도 있다. 문서에는 일반우편, 등기우편, 사서증서 또는 공정증서 등이 있다. 그런데 낙성계약은 일정한 형식의 완성과 반드시 양립할 수 없는 것은 아니다. 이는 형식에 법률이 어떠한 역할을 부여하는가에 달려있다고 할 것이다. 제1173조가 대항력 또는 증거방식을 위하여 일정한 형식을 요구하는 경우에는 계약의 유효성에 아무런 영향을 미치지 않는다고 규정하고 있으므로, 얼마든지 낙성계약이 성립할 수 있다. 예를 들면, 보험계약은 서면으로 작성되는 것이 요구되지만(프랑스보험법전 제L.112-3조), 이 경우 서면은 법이 증거방식으로서 요구하는 것이기 때문에 보험계약은 낙성계약으로서의 성질을 잃지 않는다. 한편 본항의 취지는 낙성계약이 당사자의 능력, 행위자의 권한 또는 계약의 내용에 관한 법정조건에 따라 무효가 되는 것을 방해하지 않는다.

본조 제2항의 요식계약이란 "유효성이 법률이 정하는 형식에 따라야 하는 계약"을 말한다. 법정 형식을 갖추지 못한 요식계약도 성립 자체는 인정된다는 점에서, 형식을 갖추지 못하면 성립 자체가 인정되지 않는 요물계약과 구분된다.[52] 요식계약을 두는 입법취지는 당사자를 위하여 의사표시의 내용을 용이하게 알 수 있도록 하거나 또는 제3자를 보호하기 위한 것이다. 예를 들면, 서면에 의하지 않은 채권양도를 무효로 하는 제1322조는 제3자의 이익을 보호하기 위한 규정이다. 요식계약으로 가장 잘 알려진 것은 공정증서에 의한 증여계약(제931조), 혼인계약(제1394조), 저당권설정계약(제2416조)이 있다. 이 밖에 반

---

50) O. Deshayes, Th. Genicon et Y.-M. Laithier, *op. cit.*, p. 75.
51) 본조는 계약의 형식에 관한 제1172조와는 구분된다.
52) O. Deshayes, Th. Genicon et Y.-M. Laithier, *op. cit.*, p. 357.

드시 공정증서를 요하지는 않는 계약도 있는데, 사서증서에 의한 영업양도계약(프랑스상법전 제L.141-1조), 기간의 정함이 있는 근로계약(프랑스노동법전 제L.1242-12조), 신탁계약(제2018조), 주택임대차계약(1989. 7. 6자 법률 제89-462호 제3조), 변호사연서가 있는 사서증서에 의한 이혼협약(제229-1조), 소비신용계약(프랑스소비법전 제L.312-87조), 계약양도계약(제1216조 제4항), 채권양도계약(제1322조), 채무양도계약(제1327조 제2항) 등이 있다.

　　본항의 요식계약에 관하여는 세 가지 주의를 요한다.[53] 첫째, 본항은 요식계약이 형식을 갖추지 못하였을 경우 그 제재로서 무효를 선언하고 있다. 물론 프랑스민법전의 개정시에 제시되었던 여러 법안과 비교하여 볼 때, 본항이 명시적으로 무효를 규정하고 있지 않다고도 볼 수 있다. 그러나 계약의 형식에 관한 제1172조 제2항이 요식계약의 경우 형식의 흠결은 무효로 한다고 것에 비추어 볼 때, 형식의 흠결에 대한 제재는 무효라 할 것이다. 다만, 이 경우 무효가 절대적 무효가 되는지 상대적 무효가 되는지의 문제가 남는다. 이는 형식을 요구하는 것이 개인적 이익을 보호하는 데에 있느냐 아니면 제3자의 이익(일반적 이익)을 보호하는 데에 있느냐에 따라 달라진다는 무효의 일반법리(제1179조)에 따른다고 할 것이다. 둘째, 법이 계약의 성립을 위하여 일정한 형식을 요구하는 경우에만 요식계약이 인정된다. 본항은 일응 계약의 형식을 마음대로 정할 수 있음을 선언하는 계약자유의 원칙(제1102조 제1항)에 반하는 것처럼 보인다. 그러나 본항은 당사자의 약정에 의하여 일정한 형식을 갖추지 못한 계약을 무효로 할 수 있는바, 이는 계약자유의 원칙상 당연한 것이다. 다만, 이 경우 그것은 당사자의 의사에 의한 요식계약이지, 본항이 말하는 요식계약은 아니다. 셋째, 요식계약을 예약하는 경우 낙성계약으로 유효한 예약을 체결할 수 있는지가 문제이다. 이는 입법 취지에 따라 달라지겠는바, 일반적으로 예약이 무효가 되거나 또는 예약은 유효이지만 손해배상의 청구만이 허용된다고 한다.[54]

　　본조 제3항의 요물계약이란 "그 성립이 물건의 교부가 있어야 하는 계약"을 말한다. 요물계약이란 물건의 교부라는 물질적 행위가 계약의 성립에 필요한 계약을 말한다. 물건의 교부가 없을 경우 요물계약은 성립하지 않는다. 요물계약에는 사용대차(제1875조), 소비대차(제1892조)와 임치(제1915조)가 있다. 본항

---

53) O. Deshayes, Th. Genicon et Y.-M. Laithier, *op. cit.*, p. 76.
54) 자세한 사항은 제1172조의 해제에서 다룬다.

은 이러한 계약의 실질적 근거가 되는 규정이다. 요물계약의 입법취지는 요식계약의 입법취지와 동일하다. 입법취지는 사용대차의 경우 계약의 무상성, 현물증여의 경우 계약의 편무성과 권리이전성을 고려하는 것이다. 요물계약으로 판례는 현실증여계약(don manuel)을 인정하고 있다.[55] 증여계약은 원래 공정증서에 의하여 작성되어야 하지만, 증여물을 현실인도를 하는 경우에는 증여계약의 성립을 인정하는 예외를 인정하는 것이다. 한편 본항에 대하여는 거래에서 요물계약이 점차 줄어들고 있는 현대적 흐름에 반하는 것이라는 비판이 제기되어 왔다. 이러한 비판을 수용하여 요물계약성이 완화되었는바, 우선 동산질권의 설정계약은 문서의 작성만으로 성립하는 요식계약(제2336조)으로 변경되었다. 또 판례는 특정인 사이의 소비대차계약만을 요물계약으로 하고,[56] 금융기관에 의한 소비대차계약은 낙성계약이라고 한다.[57]

본조 제3항은 요물계약의 물건의 교부가 현실적 교부(une tradition in corporel)이어야 하는지에 대해서는 언급하고 있지 않다. 현실적 교부의 효과를 갖는 간이인도에 의해서도 요물계약이 성립된다고 한다. 또 명의이전을 하는 경우에도 현실인도에 의한 요물계약이 성립하는 것으로 본다.[58] 그러나 현실교부에 의하지 않고 문서나 구두만으로는 요물계약이 성립하지 않고 사전계약(avant-contrat)으로서의 효력만 인정된다. 사전계약을 불이행하는 경우 상대방에 대한 손해배상을 발생시킬 뿐 아니라 또 상대방에 의한 현실적 이행의 강제에 의하여 요물계약의 성립이 강제된다. 한편 본항은 요물계약이 경우 부동산이냐 동산이냐를 구분하지 않고 또 후자의 경우 유형동산이냐 무형동산이냐를 구분하지 않는다.

Article 1110 Le contrat de gré à gré est celui dont les stipulations sont négociables entre les parties.

Le contrat d'adhésion est celui qui comporte un ensemble de clauses non négociables, déterminées à l'avance par l'une des parties

제1110조 ① 교섭계약이란 그 조항들이 당사자들 사이에 협상될 수 있는 계약을 말

---

55) Civ. 1re, 11 juill. 1960 : *Bull. civ.* I , n° 382.
56) Civ. 1re, 7 mars. 2006, n° 02-20.374.
57) Civ. 1re, 28 mars. 2000, n° 097-21.422.
58) O. Deshayes, Th. Genicon et Y.-M. Laithier, *op. cit.*, p. 77.

> 한다.
> ② 부합계약이란 협상할 수 없어 당사자 일방에 의하여 사전에 정해진 집단조항을 포함하는 계약을 말한다.

[해제] 본조는 교섭계약과 부합계약에 대한 신설규정이다. 본조는 학설상 인정되어 오던 교섭계약과 부합계약을 프랑스민법전 안으로 수용한 것이다. 부합계약은 Salleilles가 인정한 후 1세기가 지나서 프랑스민법전 안으로 수용되었다.[59] 부합계약의 규율은 계약의 통칙 중에서 가장 중요한 개정에 해당한다고 한다.[60]

프랑스민법전은 경제적, 사회적 지위가 동등한 당사자 사이에 자유로운 교섭에 의하여 성립하는 교섭계약을 전제로 하였다. 따라서 프랑스민법전은 보험계약, 운송계약, 전기·가스공급계약과 같이 당사자 사이에 힘의 균형의 상실로 인하여 사업자가 일방적으로 계약의 내용을 정하는 부합계약에는 적합하지 않았다. 20세기에 들어오면서 이러한 부합계약을 어떻게 규율할 것인지가 문제되었다. 첫째 단계로서, 개별적인 부합계약에 대하여 약자를 보호하는 특별법이 제정되었다. 프랑스보험법전, 프랑스노동법전 등이 그것이다. 가장 최근의 것으로 1993 7. 26.자 법률 제93-939호인 프랑스소비법전이 제정되었다. 둘째 단계로서, 본조가 이들 개별계약을 포함하는 부합계약 일반에 대하여 규율하게 되었다. 교섭계약과 부합계약의 구분은 쌍무계약과 편무계약의 구분 등과 같이 사법상의 계약의 중요한 구분(*summa divisio*)에 해당하게 되었다.

본조에 대해서는 교섭계약과 부합계약의 정의, 특히 부합계약에 대한 정의가 정확하지 않다는 비판이 제기되었다. 이에 2018년 변경법률에 의하여 재개정이 이루어졌다. 재개정에 의하여 본조는 2018. 10. 1자부터 체결된 계약에 대하여 적용되고, 2016. 10. 1자부터 2018, 9. 30자에 걸쳐 체결된 계약에는 그 전의 조문이 적용된다.

본조 제1항에 의하면, 교섭계약이란 그 조항들이 당사자들 사이에 협상될 수 있는 계약을 말한다. 첫째, 협상될 수 있는 조항들의 성질은 무관하다. 조항들의 목적과 그 중요성은 고려되지 않는다. 둘째, 조항들은 계약의 성립시에 협

---

59) G. Chantepie et M. Latina, *op. cit.*, n° 145, p. 132.
60) O. Deshayes, Th. Genicon et Y.-M. Laithier, *op. cit.*, p. 78.

상될 수 있어야 한다. 따라서 성립한 계약의 소수당사자가 추후 계약의 내용을 변경할 수 없다고 하더라도 부합계약은 되지 않고 교섭계약이 됨에는 변함이 없다. 예를 들면, 회사 또는 단체가 성립한 후 구성원이 된 자가 이미 체결된 계약을 변경할 수 없다고 해서 부합계약이 되는 것은 아니다. 셋째, 조항들은 협상될 수 있어야 하는 협상성(négotiabilité)이 존재하여야 한다. 이것이 결정적인 기준이다. 일방이 협상력을 가진 결과 상대방의 제안을 변경할 수 있었어야 한다. 따라서 계약 체결시에 조항들을 협상할 수 있었으나, 실제로 협상하지 않은 경우는 교섭계약이 된다.[61] 협상될 수 있는 것과(négotiable) 협상되었다는 것 (négotié)을 혼동해서는 안 된다.

본조 제2항에 의하면, 부합계약이란 협상될 수 없어 당사자 일방에 의하여 사전에 결정된 집단조항(ensemble de clauses)을 포함하는 계약을 말한다. 재개정 시에 일반조건(conditions générales)을 집단조항(ensemble de clauses)으로 수정하였다. 일반조건이란 어느 전형계약이 성립하는 데에 필요한 일체의 조건을 말한다. 일반조건은 계약의 중요조건에 해당하는 본질적 조건(conditions essentielles)과는 구별되는바, 부수적 조건도 전형계약의 일반조건이 될 수 있다. 일반조건을 포함하는 계약을 표준계약(contrat-type, contrat standardisé)이라고 한다. 본항이 일반조건을 집단조항으로 수정한 것은 다음과 같은 비판을 고려하였다. 첫째, 일반조건은 전문가(professionnel)와 계약을 체결할 때에만 주어지고 사인간의 거래에서는 제안되지 않는다. 따라서 일반조건을 고집할 경우 부합계약이 성립하는 범위가 줄어들게 된다. 둘째, 일반조건의 일부만 협상된 경우에도 부합계약을 인정할 수 있는가이다. 재개정 전의 문언에만 따르자면 부합계약이 될 수 없다.

본조 제2항의 부합계약이 성립하기 위해서는 네 가지 요건을 충족시켜야 한다.[62] 첫째, 부합계약은 집단조항을 포함하는 계약이어야 한다. 집단조항이란 조항들을 전체적으로 고려한 것이다. 일부의 조항이 아니라 집단적이라고 볼 수 있는 집단성의 본질(essentiel des stipulations)을 갖는 조항들을 말한

---

61) 이러한 이유에서 재개정 시에 제1항의 "그 조항들이 자유롭게 협상된 계약"(contrat dont les stipulations sont librement négociés)의 문구를 "그 조항들이 협상될 수 있는 계약"(contrat dont les stipulations sont négociables)이라는 문구로 수정하여 교섭계약의 정의를 명확히 하게 되었다.

62) O. Deshayes, Th. Genicon et Y.-M. Laithier, *op. cit.*, pp. 82-90.

다. 하나 또는 수개의 조항이 협상될 수 있었더라도 부합계약이 성립하는 데에는 장애가 되지 않는다.[63] 반대로 하나 또는 수개의 조항만 강제된 경우에는 부합계약이 성립할 수 없다. 집단성도 단순히 양적인 기준이 아니라 질적인 기준이 된다. 조항의 내용이 주요하든(princial), 부차적이든(secondaire), 결정적이든(déterminant) 또는 종속적이든(accessoire) 이를 묻지 않는다. 집단조항은 본질적인 조항(stipulations essentielles)을 말하는 것이 아니다. 둘째, 집단조항들은 협상할 수(non négotiable) 없는 것이어야 한다. 일방이 애초부터 협상력(négotiabilité)이 없어야 한다.[64] 협상력의 존재여부가 교섭계약과 부합계약을 구별하는 기준이 된다. 당사자 사이의 "힘의 불균형(déséquilibre du rapport de force)"이 있어야 할 뿐만 아니라 실제로 협상이 불가능한 것을 말한다. 예를 들면, 전기사용계약을 들 수 있다. 협상력의 결여는 정보력의 부재를 말하는 것도 아니다. 셋째, 집단조항들은 사전에 정해져야 한다. 집단조항을 협상할 수 있었으나 일방이 이를 수용하여 사전에 일방에 의해서 정해진 경우에는 부합계약이 아니다. 전술한 바와 같이 일방이 상대방이 제안한 일반조건을 수용하여 표준계약을 체결한 경우에는 부합계약이 아니다. 넷째, 집단조항들은 일방에 의하여 결정되어야 한다. 당사자 일방의 우월성에 의하여 의사가 일방적으로 행사되는 의사의 일방성(unilatéralisme)의 요건이 요구된다.[65] 당사자 일방이 집단조항을 결정한 것은 통상적으로 이를 작성하는 것을 의미한다. 그러나 제3자에 의하여 작성되었으나 실질적으로 일방에 의하여 결정된 경우도 부합계약이 된다. 일방이 일방적으로 결정하였다는 것과 제3자가 작성하였다는 것은 구분하여야 한다. 의사의 일방성이 인정되면, 부합계약은 당사자가 소비자와 사업자 또 보험자와 보험가입자 등의 자격을 가질 필요가 없다. 이러한 점에서 부합계약은 대등한 힘을 가진 사인 사이의 거래에서도 얼마든지 성립할 수 있다. 이는 민법전이 일반인 사인 간을 전제로 하는 계약이라는 성격에도 부합하는 것이다. 또 부합계약은 강제성, 종속성 또는 궁박성의 여부를 묻지 않는다. 부합계약은 당사자의 합의에 의해서 일방적으로 정해질 수 있다. 그러나 양자의 구분은 사실상의 힘의 불균

---

63) G. Chantepie et M. Latina, *op. cit.*, 2018, n° 147, p. 135; O. Deshayes, Th. Genicon et Y.-M. Laithier, *op. cit.*, p. 82.

64) 재개정시 "협상에서 제외되어(soustraites à la libre discussion)"라는 문구를 삭제하였지만, 큰 의미는 없다.

65) G. Chantepie et M. Latina, *op. cit.*, n° 147, p. 134.

형의 존재여부에 달려 있는 경우가 많다.

　프랑스민법전은 부합계약에 적용되는 특별규정들을 두고 있다. 하나는 부
합계약의 불균형조항은 기재되지 않은 것으로 본다는 규정이다(제1171조 제1항).
다른 하나는 부합계약의 해석원칙으로 작성자불리해석의 원칙에 따른다는 규정
이다(제1190조).

Article 1111 Le contrat cadre est un accord par lequel les parties conviennent
des caractéristiques générales de leurs relations contractuelles futures. Des
contrats d'application en précisent les modalités d'exécution.
제1111조 기본계약이란 당사자들이 장래의 계약관계의 일반적 특성을 합의하는 계약
을 말한다. 기본계약의 실행계약은 이행의 태양을 상세하게 정한다.

　[해제] 본조는 거래계에 널리 실행되고 있는 실제를 고려하여 이제까지 프
랑스민법전이 알지 못하던 계약유형을 인정하고 있다. 기본계약(condrat cadre)
과 실행계약(contrats d'application)의 구분이다.[66]

　거래의 실제를 보면 어떤 계약은 계약의 일반적 특성에 대하여 대강만을
정하는 합의를 먼저 한 후, 나중에 실행단계에 이르러 세부적인 사항을 정하는
합의를 하게 된다. 또 세부적인 실행합의는 일반적 특성에 반하지 않는 범위에
서 수차례에 걸쳐 이루어지기도 한다. 이러한 경우 계약이 최초의 합의만으로
체결되었다고 단정하기 어렵고 또 실행에 관한 합의에 의하여 비로소 체결되었
다고 보기도 어렵다. 이에 본조는 최초의 합의를 기본계약이라 하여 그것에 계
약의 지위를 인정하여 당사자에게 구속력을 인정하고자 하는 것이다. 그리고
본조는 실행계약을 기본계약의 후속적인 계약으로서 기본계약에 포함시키고자
하는 것이다.[67] 이러한 관행에는 대부분 기본계약과 수개의 실행계약이 집단
계약(groupe des contrats)을 형성한다.[68] 따라서 기본계약 · 실행계약의 구분은
쌍무 · 편무계약, 유상 · 무상계약, 낙성 · 요물계약 등의 구분과 같이 반대의 개
념인 두 계약의 구분에 해당하는 것이 아니다.[69] 또 본조가 규정하는 기본계약

---

66) 기본계약은 기본적인 틀을 짠다는 의미에서 틀계약이라고도 번역할 수 있다.
67) O. Deshayes, Th. Genicon et Y.-M. Laithier, *op. cit.*, p. 91.
68) G. Chantepie et M. Latina, *op. cit.*, n° 154, p. 145.
69) O. Deshayes, Th. Genicon et Y.-M. Laithier, *op. cit.*, p. 91.

은 계속적·일시적 이행계약(제1111-1조)과도 구분된다. 본조가 예정하는 관행은 장기계약(contrat de longue durée)에서 흔히 볼 수 있다. 따라서 본조는 계약의 통칙에서 장기계약에 관한 유일한 규정이다. 기본계약과 실행계약의 관행은 20세기 후반에 발달하였는바, 프랜차이즈계약(contrat de distribution)의 경우가 그러하다.[70]

본조는 기본계약과 실행계약의 관계를 명확히 규정하지 않고 있다. 실행계약은 기본계약에 대하여 종된 계약이라고 볼 수 있다. 양자 사이에는 서열이 존재하여, 실행계약은 기본계약에 종속되고 이를 보충하는 계약에 해당한다.[71] 그러나 금전소비대차계약·담보권설정계약의 관계와 기본계약·실행계약의 관계는 다르다. 전자의 경우는 담보권설정계약은 금전소비대차계약의 종된 계약이지만, 금전소비대차계약에 대하여 독립성이 인정된다. 그러나 후자의 경우는 그렇지 않다. 한편 기본계약은 사전계약(avant-contrat) 또는 예약(promesse)과도 구별된다. 사전계약과 예약은 본계약을 준비하기 위한 것으로 본계약의 체결을 위한 계약이다. 예를 들면, 매매의 경우 매매대금과 같은 급부의 목적을 사전계약으로 정할 수 있다. 그러나 사전계약과 예약의 경우 본계약이 체결되지 않지만, 기본계약의 경우는 기본계약이라는 본계약 자체가 체결되게 된다. 그러나 거래의 실재에서는 기본계약, 사전계약 또는 예약을 구분하기는 쉽지 않다.

본조는 당사자들이 장래의 계약관계의 일반적 특성을 합의하면 기본계약을 인정한다. 기본계약을 단순한 협상단계의 현상으로 보는 것이 아니라, 하나의 계약의 체결을 인정하는 것이다. 따라서 기본계약은 의도적으로 실행계약의 보충을 요하는 계약이고, 기본계약에 의하여 장래에 체결될 실행계약을 예견할 수 있다.[72] 실행계약은 기본계약에서 정한 여러 사항 또는 의무에 대한 세부계약이 된다. 실행계약을 체결하는 것은 기본계약상의 의무를 실행하는 것이기는 하지만, 이를 강제하는 것은 아니다. 실행계약의 체결을 위해서는 당사자 사이의 별개의 합의가 있어야 한다. 예를 들면, 프랜차이즈계약의 경우 상품의 공급, 거래의 수량, 증거방법, 계약 기간, 소유권의 이전 시기에 관한 계약을 실행계약으로 정할 수 있다. 또 급부의 가격, 이행의 일과 장소, 급부의 양과 질과

---

70) G. Chantepie et M. Latina, *op. cit.*, n° 151, p. 143.
71) G. Chantepie et M. Latina, *op. cit.*, n° 152, p. 144.
72) G. Chantepie et M. Latina, *ibid.*

같이 기본계약의 실행에 관한 사항을 정할 수 있다. 이처럼 기본계약은 실행계약에 의하여 보충을 받게 된다. 실행계약은 기본계약과 별도로 체결되지만, 기본계약을 구성하는 계약이 된다.

  프랑스민법전은 기본계약에 대하여 특별한 규정(제1164조)을 두고 있다. 이는 1995년 12월 1일에 내려진 파기원의 4개의 전원합의체 판결을 수용한 것이다.73) 첫째, 기본계약으로 대금을 당사자 일방이 일방적으로 정한다고 합의할 수 있으나, 이의가 있을 경우 당사자 일방이 그 가액이 적정함을 증명하여야 한다(제1164조 제1항). 둘째, 대금결정에 남용이 있을 경우 법원에 손해배상을 청구할 수 있고 필요하다면 계약의 해제를 구하는 소가 제기될 수 있다(제1164조 제2항)

Article 1111-1 Le contrat à exécution instantanée est celui dont les obligations peuvent s'exécuter en une prestation unique.
Le contrat à exécution successive est celui dont les obligations d'au moins une partie s'exécutent en plusieurs prestations échelonnées dans le temps.
제1111-1조 ① 일시적 이행계약이란 그 의무들이 던일한 급부로 이행될 수 있는 계약을 말한다.
② 계속적 이행계약이란 적어도 그 일방의 채무들이 시간적 간격이 있는 다수의 분할된 급부로 이행되는 계약을 말한다.

  [해제] 본조는 일시적 이행계약과 계속적 이행계약에 대한 학설상의 구분을 일반규정으로 신설한 것이다. 본조의 구분은 기간의 정함이 있는 계약(contrat à durée déterminée)과 기간의 정함이 없는 계약(contrat à durée indéter-minée)의 구분과는 다른 것이다. 제정 프랑스민법전은 일시적 이행계약과 계속적 이행계약의 구분을 알지 못하였고, 19세기 후 학설들이 이 구분을 사용하였다.74)

  본조의 일시적 이행계약과 계속적 이행계약의 구분에 대하여는 학설의 대립이 심하였다. 우선, 이행의 일시성(exécution instanée)과 이행의 연속성(exécution de durée)을 기준으로 구분하는 견해가 있다. 이에 따르면 권리이전을 내용

---

73) Ass. plén., 1er déc. 1995, n° 91-15.578; 91-19.653; 91-15.999; 93-18.638.
74) G. Chantepie et M. Latina, *op. cit.*, n° 157, p. 146.

을 하는 양도계약은 일시적 이행계약이 되고, 그 밖에 하는 채무와 부작위채무를 내용으로 하는 계약과 같이 일정한 기간이 경과하여야 이행이 되면 계속적 이행계약이 된다. 그러나 어느 정도의 기간을 기준으로 구별할 것인지가 명확하지 않다는 비판이 있었다. 이에 반하여, 질적 기준(critère qualitatif) 또는 양적 기준(critère quantitatif)을 적용하여 구분하는 견해가 있다. 우선 전자는 급부의 이행이 "일정한 시각(un certain temps)"에 이루어지느냐 아니면 "연속된 시간(un trait de temps)"에 이루어지느냐에 따른 구분이다. 이는 앞서 살펴본 이행의 일시성과 연속성이론과 동일한 문제가 있다. 본조는 의무들이 하나의 단일한 급부에 의하여 이행(exécution d'une prestation unique) 되는 계약을 일시적 이행계약이라 규정하고(제1항), 반대로 적어도 그 일방의 의무들이 분할적 급부에 의하여 이행(exécution des prestations échoulonnées)되는 계약을 계속적 이행계약으로 규정하고 있다(제2항). 즉, 본조는 급부의 수에 기초하여, 이행의 기간이 어떠하든 단일한(unique) 급부로 이행이 이루어지는 계약을 일시적 이행계약으로, 그렇지 않은 경우를 계속적 이행계약이라고 정의한다. 따라서 본조는 양적 기준을 채택하였다.[75] 본조에 의하면 급부의 이행에 일정한 시간이 요구되더라도 그 급부가 단일한 급부로서 이행되는 경우에는 일시적 이행계약이 된다. 그런데 급부가 과연 단일한 것인지의 여부를 구체적으로 결정하는 데에는 많은 어려움이 따르고 또 해석론도 갈리고 있다. 일반적으로 임대계약의 경우 임대인의 의무도 임차인의 의무도 계속적 이행이 필요하다고 본다. 그러나 도급계약의 경우 건물을 건축하는 것은 계속적 이행계약의 요소가 되지만, 자동차바퀴를 바꾸거나 수리하는 도급계약은 일시적 이행이라고 볼 수 있다. 그리고 임대인의 의무가 과연 계속적 이행에 해당하는지 아니면 단일한 급부의 이행에 해당하는지에 대하여도 견해가 대립하고 있다. 이러한 이유에서 본조의 폐지 여부와 관련하여 그래도 본조는 의미가 있다는 견해,[76] 장차 구분의 기준을 어떻게 적용할지는 학설과 판례의 발전을 보아야 한다는 견해,[77] 본조는 마땅히 삭제되어야 한다는 견해 등 다양한 견해가 제시되고 있다.[78]

---

75) G. Chantepie et M. Latina, *op. cit.*, n° 159, p. 147; O. Deshayes, Th. Genicon et Y.-M. Laithier, *op. cit.*, p. 93.

76) G. Chantepie et M. Latina, *op. cit.*, n° 160, p. 136.

77) O. Deshayes, Th. Genicon et Y.-M. Laithier, *op. cit.*, p. 93.

78) F. Chénedé, *Le nouveau droit des obligations et des contrats*, Dalloz, 2016, n° 21.64, p. 26.

본조 제2항은 분할적 급부의 이행이 요구되는 계속적 이행계약에는 급부가 반복적(répétitif)으로 이루어지는 경우뿐만 아니라 연속적(continuité)으로 이루어지는 경우도 포함된다. 예를 들면, 수급인의 건축의무와 수리의무, 수임인의 수임의무, 예술품의 일시적 전시에 대한 보험상의 의무는 단일한 급부에 의하여 이행되므로 일시적 이행계약이 된다. 이에 반하여 계속적 공급의무, 노무제공의무, 종신정기금 채무자의 의무는 계속적 이행계약이 된다. 한편 본항은 "적어도 그 일방"이라고 하여 계약 전체를 기준으로 하지 않고 각 계약의 일방 당사자를 기준으로 일시적 계약인지 계속적 계약인지가 결정됨을 인정하고 있다. 따라서 매수인이 할부로 또는 종신정기금으로 대금을 지급하기로 하는 경우 매매계약은 계속적 이행계약이 되는 것이다.[79]

종전 일시적 이행계약과 계속적 이행계약을 구분하는 실익은 해제의 인정 여부에 있었다.[80] 종래 통설은 해제의 소급효는 일시적 이행계약의 경우에만 인정되고, 계속적 이행계약의 경우에는 해제는 장래에 대하여만 효력을 갖는다고 보았다. 그런데 개정 프랑스민법은 상환(제1352조 이하의 규정)과 계약의 해제(제1229조와 제1230조)에서 이를 전혀 고려하지 않고 있다. 예를 들면, 개정 제1229조 제3항에 의하면, 이행된 급부라고 할지라도 완전한 이행이 있기 전에는 그 효용성이 없을 경우 이행된 급부는 소급하여 반환된다고 하여, 계속적 이행계약의 해제의 경우에도 소급효를 인정하고 있다. 반대로 이행된 급부가 완전한 이행이 있기 전이라도 그 효용성이 인정되는 계속적 이행계약의 경우 소급효가 없는 장래의 해지가 인정된다. 이처럼 계속적 이행계약의 경우에도 해지와 해제가 인정되어 실정법상 구분 실익도 사라졌다는 점에서 본조의 의미는 감소된다.

[남 효 순]

---

79) 우리 민법에서 임대차계약은 계속적 이행계약이지만, 프랑스의 경우 임대인의 의무는 일시적 의무이고 임차인이 임료를 매월 납입하는 경우는 계속적 이행이 되어, 이 경우 임대차계약은 계속적 이행계약이 된다.

80) G. Chantepie et M. Latina, *op. cit.*, n° 162, p. 149.

Chapitre II La formation du contrat
제2장 계약의 성립

[해제] 계약의 성립에 관한 본장은 2016년 민법전 개정 작업에서 가장 두드러진 부분 중 하나이다. 개정 전 프랑스민법전은 계약의 개념에 관하여 어떠한 명시적 규정도 두지 않은 상태에서 계약의 성립이나 효력 등에 관한 모든 것을 판례에 의존하여왔다. 그러나 프랑스민법전은 제3권 제3편 제1부속편에 '계약의 성립'에 관한 본장을 신설하여 이를 명문화하였다. 본장은 4개의 절(Section)로 구성되어 있는데, 제1절은 '계약의 체결', 제2절은 '계약의 유효성', 제3절은 '계약의 형식', 제4절은 '제재'에 관하여 규정하고 있다.

프랑스 입법자가 '계약의 체결'과 '계약의 유효성'을 별개의 절(제1절 및 제2절)로 대조시킨 것은 '의사의 교환 과정'(의사의 합치)과 이러한 '의사 합치의 합법성'을 구분한 전통적 입장에 따른 것이다. 제3절의 '계약의 형식'은 '의사주의 원칙'을 재확인하고 유효요건과 대항요건을 구분하고 있다. 제재에 관한 제4절은 절대적 무효와 상대적 무효를 규정하고 '실효'(caducité)의 개념을 민법전에 도입하였다.

Section 1 La conclusion du contrat
제1절 계약의 체결

[해제] 계약의 체결에 관한 본절은 모두 4개의 부속절(sous-section)로 구성되어 있는데, 제1부속절은 '협상', 제2부속절은 '청약과 승낙', 제3부속절은 '우선교섭협약과 일방예약', 제4부속절은 '전자계약'에 관하여 규정하고 있다. 제1부속절에서 제3부속절까지의 규정은 과거에 판례에 의해 형성되어 왔던 규율들을 2016년 개정을 통해 입법화한 것이다. 제4부속절인 '전자계약'은 지난 2000년[1]과 2005년[2] 입법을 통해 민법전에 수용된 것을 2016년 개정 민법전에 재편

성한 것이다.

본절은 1804년 프랑스민법전에는 아무런 규정이 없었던 계약 전(前) 단계에 관한 사항을 체계적으로 입법화하였다는 데에 그 의의가 있다. 실제로 계약체결은 즉각적이기보다는 일정 기간의 협상이나 단계적인 의사 교환을 거쳐 이루어지는 경우가 많고, 이러한 계약체결 전(前) 단계에서도 계약 이행 단계에 못지않게 분쟁이 많다는 점에서, 이 부분에 대한 입법적 보충은 2016년 프랑스민법전 개정에서 매우 중요한 작업이었다.

Sous-section 1 Les négociations

제1부속절 협상

[해제] 본부속절에서 다루고 있는 협상(négociations)은 종래 판례를 통해 인정되었던 계약체결 전의 협상 단계에서 당사자에게 부과되는 의무를 민법전에 명문으로 규정한 것이다. 즉 이는, 사전적인 협상이 불가능한 부합계약(contrat d'adhésion)의 경우를 제외하고, 대부분의 계약에는 체결 전에 당사자 사이에 계약적 내용에 관한 협상 과정이 있음을 고려한 입법이며, 그 과정에서 신의성실의 원칙, 정보제공의무와 비밀유지의무를 당사자가 준수해야 함을 명시하고 있다.

Article 1112 L'initiative, le déroulement et la rupture des négociations pré-contractuelles sont libres. Ils doivent impérativement satisfaire aux exigences de la bonne foi.

En cas de faute commise dans les négociations, la réparation du préjudice qui en résulte ne peut avoir pour objet de compenser ni la perte des avantages attendus du contrat non conclu, ni la perte de chance d'obtenir ces avantages.

제1112조 ① 계약 전 협상의 개시와 진행 및 결렬은 자유롭게 행해질 수 있다. 이는 신의성실의 요구를 반드시 충족시켜야 한다.

---

1) "정보기술에의 증명법의 적합화 및 전자서명에 관한 2000년 3월 13일 법률 제2000-230호"(Loi n° 2000-230 du 13 mars 2000 portant adaptation du droit de la preuve aux technologies de l'information et relative à la signature électronique).

2) 이는 2004년에 "디지털 경제와 통신법에서의 신뢰를 위한 2004년 6월 21일 법률 제2004-575호"(La loi n° 2004-575 du 21 juin 2004 pour la confiance dans l'économie numérique et le droit de la communication)와 이를 보충한 "2005년 6월 16일 법률명령 제2005-674호"(Ordonnance n° 2005-674, 2005-06-16)에 의한 것이다.

> ② 협상에서 과책이 있었던 경우, 이로 인해 발생한 손해의 배상은 체결되지 못한 계
> 약에서 기대되었던 이득의 상실 및 이러한 이득을 취할 기회의 상실에 대한 보상을
> 대상으로 할 수 없다.

[해제] 본조는 종래의 판례를 통해 인정되어왔던 계약 전 협상에 관한 기본원칙을 규정하고 있다.

본조 제1항 전문은 계약 자유의 원칙에 기초하여 협상의 개시와 진행 및 결렬에 이르기까지 협상 자유의 원칙을 선언하고 있으나, 제1항 후문은 이러한 협상 행위가 신의성실의 원칙을 준수해야 함을 요구하고 있다. 즉 협상은 신의성실의 원칙 준수의 한도 내에서 자유롭게 행해지거나 결렬될 수 있다는 것이다.

협상의 '자유로운 개시'는 어느 누구도 타인과의 협상에 임해야 하는 의무를 지지 않는다는 원칙을 상기시킨다. 이는 '계약 체결 또는 불체결의 자유', '당사자 선택의 자유'를 선언한 제1102조와 맥락을 같이하는 것이다. 물론 이에는 예외가 있다. 즉 '우선협약'(pacte de préférence)[3])과 같이 사전의 약정에 의하거나 법정선취권(droits légaux de préemption)[4])과 같이 법률에 의한 경우, 미리 정해진 상대방과 협상에 임해야 한다. '협상 개시의 자유'는 반대로 어느 한 사람이 계약 체결을 목적으로 다른 사람과 협상에 임하는 것을 금지할 수 없다는 의미도 포함한다. 달리 말해서, 배타적 협상 조항이 있는 경우를 제외하고, 이미 어떤 사람과 협상 중에 있는 어느 한 사람이 동시에 다른 제3자와 또 다른 협상을 진행하는 것이 원칙적으로 금지되지 않는다는 의미도 된다.[5])

협상의 '자유로운 진행'은 각자가 자신에게 유리해 보이는 방식으로 논의를 이끌 수 있고 또한 자신에게 적합하다고 판단되는 제안을 할 수 있다는 의미이다. 그러나 협상 당사자들은 그들이 달성하고자 하는 목적과 논의의 범위는 물론, 비밀유지나 협상의 배타성 또는 기간과 같이, 그들이 준수해야 하는 의무도 사전적 합의로써 정할 수 있다.

협상의 '자유로운 결렬'은 협상의 당사자들은 교섭에 임하였다는 구실로

---

3) 제1123조.
4) 일례로, 프랑스는 주택임차인에게 해당 주택의 매도 시에 선취권을 부여하고 있다 (2006년 6월 13일 법률 제2006-685호).
5) O. Deshayes, Th. Genicon et Y.-M. Laithier, *op. cit.*, p. 98.

합의에 도달해야 하는 부담을 가질 필요가 없다는 의미이다. 즉 각 당사자는 자신이 원한다면 전적으로 협상을 파기할 수 있다는 것이다. 그러나 위와 같은 협상의 자유로운 개시와 진행 또는 결렬은 신의성실의 원칙에 부합하는 방식으로 행해져야 한다. 그런데 제1항은 신의성실의 원칙만을 제시할 뿐, 그 판단 기준을 명시하지 않은 채, 협상 과정에서의 신의성실의 원칙 위반 여부를 법원의 판단에 맡기고 있다. 이는 본 조항이 종래의 판례 규범을 명문화 한 것이기 때문에, 그 구체적인 판단도 법원에 일임한 것이다. 이에 관한 종래의 판례를 보면, 우선 협상의 개시와 관련하여, 예상되는 계약을 체결할 의사 없이 협상을 제안한 자[6], 다음으로 협상의 진행과 관련하여, 협상을 진전을 방해하면서 계약체결에 중요한 정보의 제공의 거절하는 자,[7] 그리고 협상의 결렬과 관련하여, 협상이 거의 완료될 시점에 합당한 사유를 제시하지 않고 협상을 일방적으로 결렬하는 자[8] 등은 신의성실의 원칙을 위반한 것이라 하고 있다.

본조 제2항은 협상에서 과책을 범한 자가 부담해야 하는 책임을 규정하고 있다. 그런데 본 조항은 이 책임의 법적 성격에 관해 명시하지 않고 있다. 이는 협상에서의 책임의 범위를 폭넓게 인정하려는 입법자의 의도에 의한 것이다. 제2항은, "협상에서 과책이 있었던 경우"라는 포괄적인 표현을 함으로써, 협상 당사자들이 협상의 시작에 앞서 '협상에 관한 합의'(un accord de négociations)를 하는 경우도 예정한 것이다. 이 경우에 '협상에 관한 합의' 위반시, 계약외책임이 아닌[9], 계약책임을 부담하게 된다. 그러나 협상에서의 과책은 주로 신의성실의 원칙을 위반하는 것이기 때문에, 그 성격은 원칙적으로 계약외책임이다.

그리고 제2항은 협상에서 과책이 있었던 경우, '기대되었던 이득의 상실 및 이러한 이득을 취할 기회의 상실'은 배상 가능한 손해에 포함되지 않는다고 하고 있다. 따라서 손해배상의 대상은 주로 계약체결을 목적으로 협상 과정에서 지출한 제반 비용이 될 것이다. 이 제2항은 2003년의 Manoukian 판결[10] 이후 프랑스 법원이 꾸준히 유지해 온 입장을 채택한 것이다. 해당 판결을 통해 파기

---

6) Com., 18 juin 2002, n° 99-16.488.

7) Com., 26 nov. 2003, n° 00-10.243.

8) Civ. 1re, 6 janv. 1998, n° 95-19.199.

9) 협상에서의 신의성실의 원칙 위반시의 책임을 종래 판례는 계약외책임으로 보고 있다. Com., 20 mars 1972, n° 70-14.154.

10) Com., 26 nov. 2003, n° 00-10.243.

원은 "계약 전 협상의 일방적 결렬권의 행사에서 범해진 과책을 구성하는 사정들은 계약체결을 통해 기대할 수 있었던 '이득을 실현하는 기회의 상실'이라는 손해의 원인이 아니다."라고 하였다. 2016년 개정시 제2항은 '기대 이득의 상실'만을 배상에서 제외되는 것으로 하였을 뿐, '기회의 상실'을 별도로 언급하지 않았다. 이는 마치 기회의 상실은 손해배상 청구의 대상이 될 수 있는 것으로 해석될 수 있는데, 이는 파기원의 일관된 입장과는 맞지 않는 것이다. 따라서 프랑스 입법자는 2018년 변경법률을 통해 제2항에 '기회의 상실'을 추가하였다.[11] 그렇지만 제2항은 '기대 이득과 기회의 상실'을 제외한 다른 모든 손해의 배상가능성을 열어 둠으로써, 결렬로 인해 조성된 제반 상황에서 비롯된 상당한 이미지의 손상[12] 등과 같은 정신적 손해도 청구할 수 있도록 하였다.

Article 1112-1 Celle des parties qui connaît une information dont l'importance est déterminante pour le consentement de l'autre doit l'en informer dès lors que, légitimement, cette dernière ignore cette information ou fait confiance à son cocontractant.

Néanmoins, ce devoir d'information ne porte pas sur l'estimation de la valeur de la prestation.

Ont une importance déterminante les informations qui ont un lien direct et nécessaire avec le contenu du contrat ou la qualité des parties.

Il incombe à celui qui prétend qu'une information lui était due de prouver que l'autre partie la lui devait, à charge pour cette autre partie de prouver qu'elle l'a fournie.

Les parties ne peuvent ni limiter, ni exclure ce devoir.

Outre la responsabilité de celui qui en était tenu, le manquement à ce devoir d'information peut entraîner l'annulation du contrat dans les conditions prévues aux articles 1130 et suivants.

제1112-1조 ① 타방 당사자의 의사표시에 결정적인 중요성을 가진 정보를 알고 있는 일방 당사자는, 타방 당사자가 정당한 사유로 이를 모르고 있거나 그의 상대방을 신뢰하고 있는 때에, 해당 정보를 그에게 알려야 한다.

---

11) 프랑스민법전은 본조 하단에 주석(note)을 달아, 본 제2항의 개정은 해석상의 명확화를 도모하기 위한 것이므로 2016년 개정시부터 그 효력을 가짐을 명시하고 있다.

12) Paris, 12 mars 2008, Juris-Data n° 2008-357913.

② 그러나 이 정보제공의무는 급부의 가치평가를 대상으로 하지 아니한다.
③ 계약의 내용이나 계약 당사자의 특성에 직접적이고 필연적인 연관성이 있는 정보는 결정적인 중요성을 가진다.
④ 자신에게 필요한 정보라고 주장하는 자는 상대방이 자신에게 해당 정보를 제공했어야 함을 증명하여야 하고, 반대로 그 상대방은 해당 정보를 제공하였음을 증명하여야 한다.
⑤ 당사자는 이 정보제공의무를 제한하거나 배제할 수 없다.
⑥ 이 정보제공의무의 불이행은, 이를 부담한 자의 책임과는 별도로, 제1130조 이하에 정해진 요건에 따라 계약은 무효화될 수 있다.

[해제] 본조는 종래 판례를 통해 인정되어 왔던 계약 전 정보제공의무를 민법전에 도입한 것이다. 계약 전 정보제공의무는 특히 소비자 보호를 목적으로 하는 소비자법 분야에서 전개되어 왔으며, 일반 민사 분야에서도 '의도적 침묵'(réticence dolosive)의 법리로 전개되어 왔다. 프랑스민법전에 도입된 계약 전 정보제공의무는, 제1104조의 신의성실의 원칙에서 파생된 의무로서, 일종의 '공적 질서'(ordre public)에 해당하는 강행법규이다.

계약의 진행 과정에서 부담하는 '계약상 정보제공의무'도 이 의무에 포함되는가에 관하여 의문이 있을 수 있으나, 본조 제1항에서 "타방 당사자의 의사표시에 결정적인" 중요성을 가진 정보라고 함으로써 계약 체결 전인 협상단계에서 필요한 정보임을 명시하였기 때문에, '계약상 정보제공의무'는 본조의 적용대상이 아니다. 이러한 이유에서 이 정보제공의무를 협상에 관한 제1112조 다음에 배치한 것이라고 한다. 따라서 '계약 전 정보제공의무'위반시의 책임은 '계약외책임'에 해당한다.[13]

본조 제1항에서 제3항까지는 계약 체결에 앞서 협상 과정에서 제공되어야 할 정보의 조건을 정하고 있고, 제4항에서 제6항은 증명책임, '공적 질서'로서의 본 의무의 성격, 그리고 위반 시의 제재에 관하여 규정하고 있다.

제1항에서 제3항이 제시한 '제공되어야 할 정보의 조건'은 다음과 같다. 첫째, 모든 정보가 반드시 제공되어야 하는 것은 아니며, 상대방의 의사표시에 '결정적인 중요성'(importance déterminante)을 가진 정보만이 본조의 적용 대상이

---

13) G. Chantepie et M. Latina, *op. cit.*, n° 180, p. 162; O. Deshayes, Th. Genicon et Y.-M. Laithier, *op. cit.*, p. 103.

된다. 계약과 관련된 모든 정보를 제공하게 하는 것은 제공의무자에게 지나친 부담일 뿐 아니라, 과다한 정보는 정보의 수혜자로 하여금 진정으로 중요한 정보를 식별하기 어렵게 한다는 점에서, '결정적인 중요성'을 가진 정보로 제한한 것이라 한다.[14] '결정적인 중요성을 가진 정보'의 기준은 제3항에 정의되어 있다. 즉《계약의 내용이나 계약 당사자의 특성에 직접적이고 필연적인 연관성이 있는 정보》가 이에 해당한다. 여기에서 계약의 내용에 관한 정보는 계약의 목적물, 반대급부(대금), 합법성 등에 관한 정보를 들 수 있다. 당사자의 특성에 관한 정보는, 주로 당사자의 인적 성향이 중시되는 계약에서, 성명, 건강 및 정신적 상태, 신분, 지위나 자격 등에 관한 정보를 들 수 있다. 그러나 제2항은 '급부의 가치'에 관한 정보는 제공의무의 대상이 되지 아니함을 분명히 하고 있다. 이는 '의도적 침묵'에 관한 Baldus 판결[15]에서 "매수인은 구매물건의 경제적 가치에 관한 정보를 제공해야 할 어떠한 의무도 부담하지 않는다."고 한 파기원의 입장을 반영한 것이다.[16]

둘째, 정보제공 의무자가 알고 있는 정보이어야 한다. 의무자의 정보 인식과 관련하여, 원래 시안은《정보를 알았어야 할 자》라고 하여 '정보 인식의 일반의무'를 설정하고자 하였으나, 이 시안은 포기되고《정보를 알고 있는 자》로 최종 확정되었다. 이는 '인식의 추정' 내지 '정보 제공을 위해 정보를 조사해야 할 의무' 등과 같은 부담을 의무자에게 일반적으로 부과하지 않는 판례의 입장[17]을 존중한 것이다.

셋째, 정보제공의무가 부과되기 위해서는, 정보제공의 상대방이 해당 정보를 몰랐다는 것만으로는 부족하고, 해당 정보를 몰랐다는 데에 정당한 사유가 있어야 한다. 즉 각 당사자는 스스로 관련된 기본 정보를 확인해야 하는 의무를 부담한다는 것이다. 종래의 판례에 의하면, 다음의 두 경우를 '정당한 사유'에 해당한다고 하고 있다. 하나는 당사자가 관련 정보를 스스로 확인하기가 불가능한 상태에 있었어야 한다는 것인데, 이것은 절대적 불가능을 의미하는 것은 아니며, 일반적으로 기대되는 성의(誠意)를 넘는 상당한 조사를 하여야만이 알

---

14) O. Deshayes, Th. Genicon et Y.-M. Laithier, *op. cit.*, p. 104.
15) Civ. 1re, 3 mai 2000, n° 98-11.381.
16) G. Chantepie et M. Latina, *op. cit.*, n° 183, pp. 164-165.
17) Civ. 1re, 1re mars 2005, n° 04-10.063.

아낼 수 있는 정보라면 불가능의 요건을 충족한다고 한다.[18] 다른 하나는 상대
방과 일정한 신뢰관계를 유지하고 있었던 당사자는 자신의 상대방이 먼저 관련
정보를 줄 것이라는 정당한 희망을 가질 수 있다는 것이다.[19]

본조 제4항은 증명책임에 관하여 규정하고 있다. 제1353조의 전통적인 분
담원칙에 따라, 본항은 "자신에게 필요한 정보라고 주장하는 자는 상대방이 자
신에게 해당 정보를 제공했어야 함을 증명하여야 하고, 반대로 그 상대방은 해
당 정보를 제공하였음을 증명하여야 한다."고 규정하고 있다. 즉 정보제공의무
의 권리자로 주장하는 사람은 제1항에서 요구되는 모든 조건을 증명해야 하고,
이러한 증명이 완료되면, 반대로 의무자는 해당 정보를 제공하였음을 증명하여
야 한다.[20]

본조 제5항은 "당사자는 이 정보제공의무를 제한하거나 배제할 수 없다."
고 함으로써, 본 정보제공의무가 '공적 질서'에 해당하는 강행규정임을 명시하
고 있다.

본조 제6항은 정보제공의무의 불이행에 대한 두 가지 제재를 규정하고 있
다. 하나는 민사책임이고 다른 하나는 계약의 무효화인데, 이 두 제재는 서로
경합할 수 있다. 계약의 무효화는 '합의의 하자'(les vices de consentement), 즉 착
오, 사기, 강박 등에 관한 제1130조 이하에 정해진 바에 따르도록 명시하고 있
다. 정보제공이 결여된 때에는 주로 착오나 사기가 문제되는데, 정보제공의 결
여를 이유로 계약을 무효화하기 위해서는 착오(제1132조)나 사기(제1137조)의 요
건을 충족시켜야 할 것이다.[21] 요건을 충족하지 않아 계약의 무효화가 가능하
지 않은 경우에도 민사책임은 추궁할 수 있다. 이 때 권리자는 정보제공을 받지
못해 입은 손해를 증명해야 하는데, 이 때의 난점은 권리자가 주장할 수 있는
손해 항목들을 판별하는 일이다. 이에 대하여 계약이 유지되느냐의 여부에 따
라 해결책이 다를 수 있다는 견해[22]가 있다. 즉 계약의 무효화도 함께 청구되는

---

18) 예를 들어, 널리 알려진 정보의 무지(無知)는 정당한 사유가 아니라고 한다. Com., 17
Juill. 2001, n° 97-17.259.
19) 예를 들어, 위임이나 조합원 관계 등과 같이 당사자들이 특별한 관계에 있거나, 보다
일반적으로, 경쟁보다는 상호이익이 일치되는 관계에 있음이 대화를 통해 드러난 경
우를 들 수 있다. Civ. 3ᵉ, 9 oct. 2012, n° 11-23.869.
20) Civ. 1ʳᵉ, 25 fév. 1997, n° 94-19.685.
21) G. Chantepie et M. Latina, *op. cit.*, n° 190, pp. 171-172; O. Deshayes, Th. Genicon et
Y.-M. Laithier, *op. cit.*, p. 109.

경우에는 손해의 배상만이 유일한 해결책이지만, 계약이 유지된다면, 대금감액도 한 방안이라는 것이다. 그러나 이에 관하여 본조는 아무런 언급이 없다.

Article 1112-2 Celui qui utilise ou divulgue sans autorisation une information confidentielle obtenue à l'occasion des négociations engage sa responsabilité dans les conditions du droit commun.

제1112-2조 협상 과정에서 취득한 비밀 정보를 허락 없이 사용하거나 누설한 자는 일반법상의 요건에 따른 책임을 부담한다.

[해제] 본조는 협상 단계에서의 비밀유지의무를 명문으로 규정하고 있다. 즉 협상 과정에서 취득하게 된 상대방의 사적인 비밀 정보를 허락 없이 사용하거나 제3자에게 누설해서는 안 된다는 것이다. 비밀유지의무를 위반한 자는 일반법상의 책임을 부담한다. 그러나 본 조항은 정보의 비밀유지성에 대한 어떠한 기준도 제시하지 않고 있다.

여기에서 먼저 문제되는 것은, 누가 비밀유지의무를 부담하는가이다. 협상의 당사자들이 이 의무를 부담함은 물론이다. 그러나 변호사나 공증인 등과 같이 협상과정에 참여한 일체의 제3자도 비밀유지의무를 부담한다고 하고 있다.

다음으로, 비밀이 유지되어야 할 정보의 범위가 문제된다. 즉 협상 과정에서 서로 주고받는 수많은 정보들 중에서 보호되어야 할 정보를 어떻게 정하느냐이다. 이에 대하여 가장 널리 활용되는 방안이 협상에 앞서 상호 합의를 통해 비밀이 유지되어야 할 문서나 사항들의 지정 및 비밀 유지 방식 등을 정하는 것이라 한다. 이렇게 하는 것이 가장 단순하고 명확한 방법이지만, 그렇지 않은 경우, 다음 두 가지 의문점이 있다. 첫째, 협상 자체가 비밀유지의 대상이 되는가이다. 협상 전 상호 합의를 통해 이를 포함시킨다면 분명해지지만, 그렇지 않은 경우, 본조의 해석으로 이를 비밀 유지의 대상으로 삼을 수 있는가는 보장되지 않다고 한다. 즉 본조의 문구는 "협상 과정에서 취득한 비밀 정보"를 대상으로 하기 때문이다. 둘째, 어떤 정보의 비밀유지 필요성에 대한 판단은 어떻게 하는가이다. 한 기업이 가지고 있는 여러 '영업상 또는 기술상 정보'(know-how), 한 개인의 사생활이나 인격에 관련된 정보 등이 대표적인 비밀유지의 대상이 되는

---

22) O. Deshayes, Th. Genicon et Y.-M. Laithier, *op. cit.*, p. 109.

정보의 예이다. 그러나 이러한 성질의 정보를 제외한다면, 어떠한 정보의 비밀유지 필요성을 판단할 수 있는 객관적 기준을 제시하기란 매우 어렵다. 이는 결국 당사자들의 특성과 정보의 성질에 달렸다고 할 수 있기 때문에, 각 계약의 특성을 고려하여 개별적으로 판단할 수밖에 없다고 한다. 즉 정보유출로 인해 피해를 입었다고 주장하는 당사자는 손해배상청구를 위해 해당 손해를 증명해야 하고, 이를 기초로 한 구체적인 판단은 법원이 하게 된다는 것이다.[23]

이러한 비밀유지의무를 위반한 당사자는 일반법상 요건에 따른 책임을 부담한다. 즉 계약이 체결되어 비밀유지조항이 있는 경우에는 계약책임에 기초하여, 그렇지 않은 경우에는 계약외책임에 기초한 손해배상을 하여야 한다. 그런데 이로 인해 발생한 손해는 주로 '명성의 상실'(perte de notoriété), '수익성 있는 사업을 이룰 기회의 상실'(perte de chance de conclure une affaire rentable), 어느 재산이나 급부에 대한 평판의 하락'(dévalorisation de l'image d'un bien ou d'une prestation) 등인데, 이러한 손해를 산정하기가 어렵다는 문제가 있다. 그리고 손해배상은 전부배상의 원칙에 의해야 하지만, 비밀유지의무의 위반으로 인한 손해는 결국 금전으로 평가된 불완전한 배상일 수밖에 없다. 이와 관련하여 프랑스상법전 제L.152-6조가 제시한 기준을 참조할 수 있다고 한다. 이에 의하면 "실제로 입은 손해의 배상을 위한 손해배상금을 정함에 있어서, 법원은 다음의 3가지를 개별적으로 고려해야 한다. : 1. 영업비밀의 침해로 인한 경제상의 부정적인 결과로, 기회의 상실을 포함하여 피해당사자가 입은 수익의 결여와 상실; 2. 피해당사자가 입은 정신적 손해; 3. 영업비밀의 침해자가 실현한 이득으로, 침해자가 침해를 통해 취한 지적(intellectuels), 물질적(matériels), 판촉적(promotionnels) 투자이익을 포함함."[24][25]

---

23) G. Chantepie et M. Latina, *op. cit.*, n° 193, pp. 174-175; O. Deshayes, Th. Genicon et Y.-M. Laithier, *op. cit.*, pp. 110-111.

24) 프랑스상법전 제L.152-6조 : "Pour fixer les dommages et intérêts dus en réparation du préjudice effectivement subi, la juridiction prend en considération distinctement :
    1° Les conséquences économiques négatives de l'atteinte au secret des affaires, dont le manque à gagner et la perte subie par la partie lésée, y compris la perte de chance ;
    2° Le préjudice moral causé à la partie lésée ;
    3° Les bénéfices réalisés par l'auteur de l'atteinte au secret des affaires, y compris les économies
    d'investissements intellectuels, matériels et promotionnels que celui-ci a retirées de l'atteinte.

Sous-section 2 L'offre et l'acceptation

제2부속절 청약과 승낙

[해제] 프랑스민법전은 1804년 제정 당시에 계약의 성립과정에 관한 규정을 두지 않았다. 일단 성립한 계약만이 입법자의 관심사였다. 물론 합의의 하자(착오나 강박)에 관한 규정들을 통해서 소급적으로 계약 체결 전의 단계를 통제할 수는 있었다. 하지만 당사자들이 의사를 교환하는 단계는 여전히 민법전의 규율대상에서 제외되어 있었다.

이제 특별히 합의의 교환과정을 대상으로 하는 본부속절을 도입함으로써 그동안의 흠결이 보충되었다. 본부속절은 종래의 판례를 기초로 하여 청약과 승낙에 관한 법리를 규정하고 있다. 즉 청약은 자유로이 철회될 수 있는가(제1115조), 과책 있는 철회는 계약의 성립에 장애가 되는가(제1116조), 격지자 간에 체결된 계약의 성립일은 언제인가(제1121조) 등에 관한 문제에 대한 분명한 답을 제시하고 있다.[26]

Article 1113 Le contrat est formé par la rencontre d'une offre et d'une acceptation par lesquelles les parties manifestent leur volonté de s'engager.

Cette volonté peut résulter d'une déclaration ou d'un comportement non équivoque de son auteur.

제1113조 ① 계약은, 당사자들이 의무를 부담하기로 하는 자신들의 의사를 표시하는, 청약과 승낙의 합치로 성립된다.

② 이러한 의사는 표의자의 모호하지 않은 언명(言明)이나 태도에 의해서 표시될 수 있다.

La juridiction peut, à titre d'alternative et sur demande de la partie lésée, allouer à titre de dommages et intérêts une somme forfaitaire qui tient notamment compte des droits qui auraient été dus si l'auteur de l'atteinte avait demandé l'autorisation d'utiliser le secret des affaires en question. Cette somme n'est pas exclusive de l'indemnisation du préjudice moral causé à la partie lésée."

25) G. Chantepie et M. Latina, op. cit., n° 195, pp. 175-176; O. Deshayes, Th. Genicon et Y.-M. Laithier, op. cit., p. 111.
26) G. Chantepie et M. Latina, op. cit., n° 196, p. 177.

[해제] 본조는 계약은 청약과 승낙이라는 두 의사표시의 합치를 통해 성립 된다는 계약 성립의 기본원칙을 선언하고 있다. 즉 제1101조가 계약을 정의(定 義)하였다면, 본조는 계약의 성립 요건을 제시하고 있다. 그리고 계약의 유효성 에 관한 제1128조와도 구분된다.

본조 제1항은 첫째, 계약은 청약과 승낙의 합치에 의하여 성립한다고 선언 하였고, 둘째, 청약과 승낙은 "의무를 부담하기로 하는 당사자들의 의사표시"라 고 함으로써 상호 구속력을 그 핵심으로 제시하고 있다. '청약과 승낙의 합치' 는 제1101조에서의 "의사의 합치"를 보다 구체적으로 설명한 것이고, 이의 '상 호구속력'을 언급한 것은 계약의 법적 효력을 강조한 것이라고 할 수 있다.[27]

그런데 제1항은 '청약과 승낙의 합치'만을 언급할 뿐, 합치의 내용이나 대 상이 무엇인지에 관하여는 침묵하고 있다. 이는 어느 범위와 단계까지 합치가 되어야 계약이 성립된 것으로 인정할 수 있는가를 판단하는 데 어려움으로 작 용할 수 있다. 그러나 제1114조가 "청약은 계약의 본질적 요소를 포함하여야" 한다고 함으로써 계약 성립의 기준을 제시한다고 할 수 있다. 즉 '계약의 본질 적 요소'에 관한 합치만 이루어지면, 비록 계약의 부수적 요소에 관한 합치에는 이르지 못했을지라도, 계약은 성립된 것으로 보는 것이 프랑스 판례의 전통적 인 입장이다.[28][29] 다음으로 본항은, 계약이 성립하기 위하여, 두 당사자가 서로 의무를 부담하기로 하는 의사를 '표시하는'(manifester)이라고 함으로써, 각 당사 자의 의사가 외부로 드러나야 함을 요구하고 있다. 즉 내적인 의사 자체만으로 는 계약의 성립을 충족시키지 못하며, 그 의사를 타인(즉 상대방)이 인식할 수 있을 정도는 되어야 한다는 것이다.

이 기준을 제시한 것이 본조 제2항이다. 즉 제2항은 "의사는 당사자의 모호 하지 않은 언명이나 태도에 의해서 표시될 수 있다."고 함으로써 명시적은 물론 묵시적으로도 청약과 승낙의 의사표시가 기능한다고 하고 있다.[30] 또한 청약과 승낙이라는 의사의 합치는 진지해야 한다. 본 법조문이 "의무를 부담하기로 하 는 자신들의 의사의 표시"로 표현된 것은 바로 이 진지성(sériosité)을 요구한 것

---

27) G. Chantepie et M. Latina, *op. cit.*, n° 198, p. 179.
28) Req., 1ᵉʳ déc. 1885 : *GAJ civ.*, t. 2, n° 145, p. 19; Civ. 3ᵉ, 28 oct. 2009, n° 08-20.224; Civ. 3ᵉ, 23 juin 2010, n° 09-15.963.
29) O. Deshayes, Th. Genicon et Y.-M. Laithier, *op. cit.*, p. 115.
30) O. Deshayes, Th. Genicon et Y.-M. Laithier, *op. cit.*, p. 112.

이라고 한다. 따라서 자신의 행위의 핵심을 제대로 인식하지 않은 사람이 체결한 계약이나, 진정으로 구속될 의사 없이 표시된 가공적인(fantastique) 언명에 의한 합치는 계약으로서의 효력을 상실한다. 따라서 법원은, 계약서를 작성한 언어를 말하지도 못하고 읽지도 못하는 사람이 동의한 것과 같이, 일방 당사자의 불이해가 명백한(실제의 진지한 의사가 결여된) 계약의 무효를 선언할 수 있다. 그리고 온전히 예의 또는 배려에 의한 저녁식사 초대에 대한 합의와 같이 법적 구속의사가 전혀 없는 경우에도 계약으로 인정되지 못할 것이다.[31]

일반적으로, 승낙의 의사표시는 '단순해야' 한다고 하는 반면에, 청약의 의사표시는 '확고하고 명확해야' 한다고 하고 있다. 이러한 청약의 확고함과 명확성의 요건은 본조에는 드러나 있지 않지만, 이와 관련된 내용을 제1114조가 다루고 있다.[32]

Article 1114 L'offre, faite à personne déterminée ou indéterminée, comprend les éléments essentiels du contrat envisagé et exprime la volonté de son auteur d'être lié en cas d'acceptation. A défaut, il y a seulement invitation à entrer en négociation.
제1114조 특정인 또는 불특정인을 상대로 한 청약은 예정된 계약의 본질적 요소를 포함하고 승낙이 행해지면 청약자가 이에 구속된다는 의사가 표시되어야 한다. 그렇지 않은 경우, 협상에 들어가고자 하는 유인에 불과하다.

[해제] 본조는 청약에 관한 정의(定義)를 하고 있다. 즉 청약은 체결하고자 하는 계약의 본질적인 요소를 제시하는 명확하고 확고한 의사의 일방적인 표시이며, 이에 대한 단순한 승낙만으로 계약이 결정적이고 돌이킬 수 없을 정도로 성립되어야 한다는 것이다. 우선 본조는 청약이 특정인은 물론 일반 대중을 대상으로 할 수 있음을 선언하고 있다. 다음으로 본조는 청약의 '명확성'과 '확고함'이라는 두 요건을 제시하고 있다. 즉 청약은 계약의 본질적 요소를 포함하여야 하고(명확성), 승낙 시 이에 구속된다고 하는 의사가 표시되어야 한다(확고함). 그리고 이 명확성이나 확고함의 요건을 갖추지 않은 청약은 청약의 유인에 불과하다고 하고 있다.

---

31) O. Deshayes, Th. Genicon et Y.-M. Laithier, *op. cit.*, p. 113.
32) G. Chantepie et M. Latina, *op. cit.*, n° 198, p. 179.

'청약의 명확성'(précision de l'offre)은 "예정된 계약의 본질적 요소를 포함하고"라는 문구에서 드러난다. 그리고 후문에서 이어지는 "그렇지 않은 경우, '협상에 들어가고자 하는 유인'에 불과하다."라는 문구에서 더욱 분명해진다. 따라서 청약으로 인정되기 위해서는, 타인(상대방)의 단순한 동의만으로도 계약이 성립될 수 있을 정도로 그 내용이 충분히 설명되어야 한다. 계약의 본질적 요소는 체결될 계약의 특성에 따라 다양하게 구성될 수 있지만, 예를 들어 매매의 경우, 매도물의 충분한 설명과 가격이 결정될 수 있는 기준이 확정적이라면 명확성의 요건을 갖추고 있다고 한다. 그리고 목적물의 인도에 있어서 일정한 시간과 비용을 요하는 경우라면 인도장소와 운반비용의 부담 또는 필요에 따라 운반 수단의 결정 등도 계약의 본질적 요소를 구성할 수 있다. 사업자가 소비자에게 제시하는 청약의 경우, 특히 정보의 제공과 관련하여, 형식이나 내용상의 여러 요구에 부응해야 한다. 즉, 사업자의 청약에는, 제공되는 목적물이나 용역의 가격이나 특성 등과 같은 제시된 계약의 본질적 요소뿐 아니라, 소비자보호와 관련된 부수적인 일련의 정보들도 제공하여야 한다.[33]

'청약의 확고함'(fermeté de l'offre)은 "승낙이 행해지면 청약자가 이에 구속될" 것이라는 문구에서 드러난다. 즉 이에 구속될 것이라는 의사의 표시로서 청약에 포함된 내용을 준수하겠다는 확고부동한 의지를 나타낸 것이라 한다. 따라서 유보가 있는 제안과 같이, 확실히 "구속될 것"이라는 의사의 표시가 없는한, 이 또한 단순한 '협상에의 유인'에 불과하게 된다. 달리 말해서, 청약에 해당하는지 아니면 단순한 '협상에의 유인'에 불과한지의 여부는 의사표시의 당사자가 상대방의 단순한 동의만으로 이에 구속되겠다는 의지의 존부에 달렸다고 할 수 있다.[34]

그 밖에 본조는 청약이 특정인에 대하여 또는 불특정인을 상대로도 행해질 수 있다고 하고 있다. 따라서 일인 또는 수인의 지정된 상대방에게 하는 청약도 가능하고, 불특정 다수, 즉 일반 대중을 상대로 한 청약도 가능함을 나타내고 있다. 청약이 특정인을 대상으로 하든 불특정 다수를 대상으로 하든, 그에 대한

---

33) O. Deshayes, Th. Genicon et Y.-M. Laithier, *op. cit.*, pp. 117-118; G. Chantepie et M. Latina, *op. cit.*, n° 199, pp. 179-180.

34) O. Deshayes, Th. Genicon et Y.-M. Laithier, *op. cit.*, p. 118; G. Chantepie et M. Latina, *op. cit.*, n° 200, p. 180.

실정법적 규율이나 효과가 다르지는 않다. 즉 청약의 철회에 과책이 있는 경우에도, 상대방의 특정 여부에 따라 그 법적 제재가 상이한 것은 아니다.[35]

그리고 청약의 두 요건인 '명확성'과 '확고함'을 갖추지 못한 경우, '협상에의 유인'에 불과하다고 하는데, 프랑스 민법전은 '협상에의 유인'에 특별한 정의 규정을 두지 않고 있다. 다만 청약의 법적 요건을 갖추지 않은 의사표시는 모두 '협상에의 유인'으로 보고 있다.[36]

Article 1115 Elle peut être librement rétractée tant qu'elle n'est pas parvenue à son destinataire.

제1115조 상대방에게 도달하지 않은 한, 청약은 자유로이 철회될 수 있다.

[해제] 본조는 청약의 의사표시가 상대방에게 도달하지 않은 한도 내에서 청약 철회의 자유를 인정하고 있다. 이와 관련하여, 민법 개정안을 마련할 당시에, 철회 가능 기준 시점을 '상대방의 인식(connaissance) 전'으로 할 것인가 아니면 '상대방에의 도달 전'으로 할 것인가에 관하여 논의가 있었으나, 인식 여부의 증명이 까다로울 수 있다는 점을 들어 '상대방에의 도달 전'으로 확정되었다고 한다. 즉 청약자는 청약의 의사표시가 상대방에게 도달하기 전까지는 언제든지 의사를 되돌릴 수 있는 것으로 하였다.[37]

이러한 입법은 프랑스에서 법리적으로 모호했던 문제에 대한 해결책을 제시한 것이라 할 수 있다. 이는 어느 한 사람의 의사표시가 상대방에 의해 전혀 수리되지 않았음에도 청약이라는 법적 효과를 유지해야 하는가에 관한 문제이다. 즉 표의자가 진정으로 어떠한 의사표시를 한 것이, 상대방에게 전달되지 않았음에도, 제1113조의 "구속되고자 하는 의지를 표시한 것"으로 보아야 하는지가 확실하지 않다는 것이다. 이 문제에 대하여, 일방적 법률행위(l'acte juridique unilatéral)[38]를 인정하고 있는 국가에서는 '일방적 법률행위'를 상대방이 수령해야 그 효과가 발생하는 행위이며, 그렇지 않으면 그 효과가 없는 것으로 보고

---

35) O. Deshayes, Th. Genicon et Y.-M. Laithier, *op. cit.*, p. 119.

36) O. Deshayes, Th. Genicon et Y.-M. Laithier, *op. cit.*, p. 120.

37) O. Deshayes, Th. Genicon et Y.-M. Laithier, *op. cit.*, p. 121.

38) 불어 원문에 충실하기 위하여 《l'acte juridique unilatéral》을 '일방적 법률행위'로 번역하였으나, 본래의 의미상 이는 '상대방 있는 단독행위'에 해당한다.

있다. 그런데 프랑스 민법전은 이러한 '일방적 법률행위' 개념을 규정하지 않고 있기 때문에, 이와 같은 분명한 입장을 취하지 못하였는데, 본조가 이를 명확히 한 것이다.[39)]

청약 철회의 유효성에 관하여 다음의 두 가지 해석상의 어려움이 있다. 하나는 청약의 자유로운 철회가 가능한 시점에 관한 해석상 어려움이다. 즉 예를 들어서 그 의사표시가 상대방에게 도달하기 전에 청약은 철회되었지만, 청약이 상대방에게 도달된 후에 그 철회의 의사표시가 도달된 경우, 이 철회가 유효한가에 관한 문제이다. 이에 대하여 본조는 명확한 해답을 제시하지 못하고 있다. 이와는 대조적으로 승낙의 철회에 관한 제1118조 제2항은 "승낙이 청약자에게 도달되지 않은 한, 승낙은 자유로이 철회될 수 있으나, 철회가 승낙보다 청약자에게 먼저 도달되어야 한다."고 함으로써, 철회의 의사표시가 먼저 도달해야 함을 명시하고 있다. 이러한 이유에서, 본조도 제1118조의 기준에 따라, 청약 철회가 청약보다 상대방에게 먼저 도달해야 한다는 논거와 본조가 제1118조보다 앞서기 때문에 제1118조의 기준을 본조에 적용할 수 없으므로 청약의 철회는 승낙의 철회와 별개로 論해야 한다는 논거도 있을 수 있다.[40)] 그러나 일부 학자는 본조가 청약이 상대방에게 도달하기 전만을 청약의 철회 가능한 시점으로 제시하기 때문에, 이 조건만 충족된다면, 철회의 의사표시의 도달이 청약의 의사표시의 도달 전이냐의 여부는 그리 중요하지 않다고 한다.[41)] 그리고 제1121조가 "계약은 승낙이 청약자에게 도달한 때부터 체결된다."고 하였기 때문에, 승낙자의 입장에서는 자신의 승낙의 의사표시가 청약자에게 도달하기 전에는 계약이 성립되지 않았음을 알고 있으며, 따라서 비록 청약의 의사표시를 수취한 후에 청약 철회가 도달하였을지라도, 이차피 계약 체결 전의 상황이므로, 청약 철회의 유효성을 주장하는 것이 승낙자에게 그리 부당한 결과는 아니라고 볼 수 있다고 한다.[42)]

다른 하나는 청약이 불특정 다수인 대중에게 행해진 경우의 철회가능성이다. 즉 상대방이 정해져 있다면, 청약의 상대방에의 도달 시점을 확인할 수 있

---

39) O. Deshayes, Th. Genicon et Y.-M. Laithier, *op. cit.*, p. 122.

40) O. Deshayes, Th. Genicon et Y.-M. Laithier, *op. cit.*, pp. 122-123.

41) G. Chantepie et M. Latina, *op. cit.*, n° 206, p. 185

42) O. Deshayes, Th. Genicon et Y.-M. Laithier, *op. cit.*, p. 123.

으나, 상대방이 불특정 다수인 경우에는 그 시점을 확인하기가 매우 어렵거나 불가능하다는 것이다. 이 문제에 관하여도 본조는 명확한 해결책을 제시하지 못하고 있다. 만약 광고를 통해 대중에게 청약이 제시되었다면, 본조에 의한 경우, 청약의 철회는 불가능하다고 판단할 수도 있다.[43] 따라서 청약이 불특정 다수에게 행해진 경우에는 제1116조를 적용하여 합리적 기간 내에 청약을 철회할 수 있는 기회를 부여해야 한다는 견해도 있다.[44]

Article 1116 Elle ne peut être rétractée avant l'expiration du délai fixé par son auteur ou, à défaut, l'issue d'un délai raisonnable.

La rétractation de l'offre en violation de cette interdiction empêche la conclusion du contrat.

Elle engage la responsabilité extracontractuelle de son auteur dans les conditions du droit commun sans l'obliger à compenser la perte des avantages attendus du contrat.

제1116조 ① 청약자가 정한 기간의 만료 전 또는, 기간의 정함이 없는 경우, 합리적 기간의 만료 전에 청약은 철회될 수 없다.

② 이러한 금지를 위반하여 청약이 철회되었더라도 계약은 체결되지 못한다.

③ 금지를 위반한 청약의 철회는 계약에서 기대되었던 이익의 손실을 보상할 의무는 아니지만 일반법상의 요건에 따른 계약외책임을 철회자에게 부과한다.

[해제] 제1115조가 청약의 의사표시가 상대방에게 도달하기 전에의 청약 철회의 자유를 규정하였다면, 본조는 청약의 의사표시가 상대방에게 도달한 경우에 청약자가 정한 기간 또는 합리적 기간 동안의 청약의 철회불가성에 관하여 규정하고, 이의 위반에 대한 제재를 다루고 있다.

본조 제1항은 '정해진 기간' 또는 '합리적 기간' 내에는 청약을 철회할 수 없음을 선언하고 있다. 과거에 프랑스 법원은 청약 철회의 자유를 원칙으로 하여, "청약은 그 자체만으로는 청약자를 구속시키기에 부족하며, 언어로서 승낙되지 않은 한, 일반적으로 철회될 수 있다."[45]고 하였으나, 2000년대 이후에는, "일정한 기간이 부여되지 않은 청약일지라도 이에는 합리적인 기간이 필연적으

---

43) O. Deshayes, Th. Genicon et Y.-M. Laithier, *op. cit.*, p. 123.
44) G. Chantepie et M. Latina, *op. cit.*, n° 207, pp. 185-186.
45) Civ., 3 févr. 1919 : *DP* 1923, 1.

로 포함된다."[46]고 하여 프랑스 법원은 그 입장을 바꾸었다. 즉 청약자가 일정 기간을 명시하였다면 그 기간 동안, 그렇지 않은 경우에는 합리적 기간 동안에 는 청약을 철회할 수 없고, 그 기간을 도과한 후에야 철회가 가능하다고 하였 다. 본조는 이러한 최근의 판례를 반영하여 명문화한 것이다. 결과적으로 청약 철회의 자유는 어느 정도 제한되면서 유지되고 있다고 볼 수 있다. 따라서 청약 자가 청약을 변경하려 할 경우에도 위의 기간은 존중되어야 할 것이다.

이 규정은 상대방의 이익을 위함임은 물론이다. 즉 일정 기간 동안, 상대방 은 고정된 내용의 청약의 승낙 여부를 숙고할 수 있기 때문이다. 그러나 청약자 에게 이 규정은 엄격하다 할 수 있다. 즉 청약자가 상대방에게 기간의 부여 없 이 즉각적인 답변을 요구하는 청약을 할 수 있는지가 의문이다. 이에 대하여, 일반적으로 청약 철회의 금지는, 청약이 상대방에게 도달한 경우, 즉각적인 또 는 지나치게 빠른 철회를 금지하는 것을 내용으로 하므로, 기간이 없는 청약이 합법적으로 즉시 수정되거나 철회될 수 있으리라는 가정은 할 수 없다고 한 다.[47]

여기에서 일정한 기간을 정하는 것은 청약자의 자유로운 의사에 달렸다고 할 수 있다. 그리고 청약자에 의한 기간의 제시가 없는 경우에 '합리적 기간'이 부여된다. '청약자에 의한 기간 제시'가 없는 경우에 한하여 합리적인 기간이 부여되기 때문에, 청약자는 법원에서 비합리적이라 평가될 수 있는 기간도 정 할 수 있다고 한다. 반대로 먼저 청약자가 기간 없는 청약을 하고, 상대방이 이 를 인식한 후에, 갑자기 그에게 일정 기간을 알린 경우에는 어떻게 하느냐가 문 제될 수 있다. 이러한 경우에는 청약자가 일단 기간의 정함 없이 청약을 하였기 때문에, 상대방에게는 법에 기초한 합리적인 기간이 부여되는 것이 타당하다고 한다. 즉 청약자가 후에 한 기간의 정함은 고려되지 않는다.

그 밖에 묵시적으로 기간을 정하는 것도 인정할 수 있는가 하는 의문도 있 다. 예를 들어, 특성상 정기적으로 일정한 시기에만 거래되는 물건에 관한 계약 의 경우, 매번 기간을 정하지 않더라도, 객관적으로 그 기간이 인식될 수 있다 면 기간을 정한 것으로 볼 수 있는가이다. 이 문제에 대하여 개정 민법전은 이 를 금하지 않고 있으며, 더욱이 2015년 개정안에서의 "명시적으로 정해진 기

---

46) Civ. 3ᵉ, 7 mai 2008, n° 07-11.690; Civ. 3ᵉ, 20 mai 2009, n° 08-13.230.
47) O. Deshayes, Th. Genicon et Y.-M. Laithier, *op. cit.*, pp. 125-126.

간"(délai expressément prévu)이라는 문구도 "청약자가 정한 기간"(délai fixé par son auteur)으로 수정되었기 때문에, 묵시적인 기간 설정도 해석상 가능하다고 보고 있다.

마지막으로 합리적인 기간은 구체적으로 어떻게 부여하느냐에 의문이 있을 수 있으나, 이는 결국 법률이 법원에 위임한 것이라 한다. 즉 법원이 각 구체적인 상황을 객관적으로 평가하여 그 기간을 정해야 한다는 것이다. 그리고 이 기간을 정하는 일반 기준으로서 "청약을 제안 받은 당사자가 그 제안 내용을 숙고하고 이에 응하는데 필요한 기간"[48]을 들고 있다. 즉 제안 내용을 숙지하고, 예비적 조치를 고려하며, 심사숙고하여 그에 답하는데 충분한 기간을 부여하고자 함이라고 한다.[49]

제1항의 규정을 위반하여 청약이 철회된 경우, 그 법적 효과와 제재가 문제 된다. 이에 대하여, 종래 판례는 명확한 태도를 보이지 않았다. 일부 판결은 계약의 강제 성립을 허용한 경우도 있지만[50], 이러한 결정은 일방예약(promesse unilatérale)의 철회에 대해 손해배상만을 인정한 프랑스 파기원의 입장[51]과는 양립하기 어려웠다. 프랑스민법전은 결국 계약 체결의 자유와 유연성을 위하여 후자의 입장을 택하였고, 이는 본조 제2항과 제3항에 반영되었다. 즉 제1항을 위반하여 청약을 철회한 때에는 계약이 체결되지 않는다고 함으로써(제2항), 청약 철회의 유효성은 인정하는 대신에 계약외책임에 기초한 손해배상책임을 부과하였다. 그런데 이에 관한 제3항은 '철회자가 부담하는 손해배상의 범위에 계약이 정상적으로 체결되었을 경우에 발생하는 이행이익이 포함되지 않음'을 명시할 뿐, 배상되어야 할 손해를 적극적으로 제시하지 않고 있다. 즉 일반법상의 요건에 따른 계약외책임에 기초하여 산정해야 되는데, 이를 위해서는, 청약자가 위법한 청약 철회를 함으로 인하여 상대방이 잃은 것이 무엇인가를 추론해야 한다. 여기에서 '이행 이익'을 제외한다면, 상대방이 청구 가능한 손해로 고려할 수 있는 부분은 결국 계약을 체결할 수 있는 기회의 상실이다. 따라서 이는, 과책이 있는 협상의 결렬(제1112조)의 경우와 마찬가지로, 상대방이 계약의 체결

---

48) Paris, 12 juin 1869 : *DP* 1870, 2, p. 6.
49) O. Deshayes, Th. Genicon et Y.-M. Laithier, *op. cit.*, pp. 126-127.
50) Civ. 3e, 7 mai 2008, n° 07-11.690.
51) Civ. 3e, 15 déc. 1993, n° 91-10.199; Civ. 3e, 11 mai 2011, n° 10-12.875.

을 기대하며 지출한 제반 비용에 한하게 된다.[52]

Article 1117 L'offre est caduque à l'expiration du délai fixé par son auteur ou, à défaut, à l'issue d'un délai raisonnable.

Elle l'est également en cas d'incapacité ou de décès de son auteur, ou de décès de son destinataire.

제1117조 ① 청약자가 정한 기간의 만료 후 또는, 기간의 정함이 없는 경우, 합리적 기간의 만료 후에 청약은 실효된다.

② 청약자가 능력을 상실하거나 사망한 경우, 또는 그의 상대방이 사망한 경우, 청약은 실효된다.

[해제] 본조는 청약의 실효에 관하여 규정하고 있다. 본조가 예정한 청약의 실효에는 두 경우가 있다. 하나는 기간의 경과로 인한 실효이고(제1항), 다른 하나는 청약자의 능력상실이나 사망 또는 상대방의 사망으로 인한 실효이다(제2항).

본조 제1항은 기간의 경과로 인하여 청약이 실효되는 경우를 예정하고 있다. 즉 일정한 기간이 경과하여도 상대방으로부터 아무 응답이 없다면, 계약이 실현될 개연성이 낮아지게 되어 청약의 법적·현실적 의미가 상실되기 때문에 청약을 실효시키는 것이다. 이 기간은 청약자에 의해 정해지거나, 그렇지 않으면 합리적인 기간으로 하고 있다. 이러한 기간이 경과하여도 상대방의 승낙이 도달하지 않았다면, 청약은 실효된다. 실효(caducité)의 법적 의미는 유일하게 제1186조에 '계약의 실효'에 관하여 규정되어 있는 것을 참조할 수 있다. 이에 의하면 실효는 '계약을 종료시키는 것'(mettre fin au contrat)을 의미한다. 따라서 청약의 경우, 청약의 법적 효과의 '종료' 또는 '상실'로 이해할 수 있다.

본조에 규정된 기간은 제1116조에 규정된 기간과는 구별되어야 한다. 즉 본조의 기간은 '유효기간'(la durée d'efficacité)으로서, 이 기간까지 청약자는 승낙으로 계약이 성립되는 것에 동의한다는 의미를 내포하고 있다. 제1116조의 기간은 '철회불가기간'으로서, 이 기간 동안 청약자는 청약을 철회하지 못한다는 의미를 가진다. 통상적으로 이 두 기간은 서로 겹치는 경우가 많다. 그렇지만 청약자가 원한다면, 이를 분리할 수도 있다고 한다. 예를 들어,《일정량의 곡식을 매도하는 청약을 6개월의 기간 내에 승낙할 수 있다고 하면서, 동시에, 해

---

52) O. Deshayes, Th. Genicon et Y.-M. Laithier, *op. cit.*, pp. 129-130.

당 청약은 3개월 안에는 철회하지 않을 것》임을 명시한 경우가 그러하다고 한다. 즉, 처음 3개월의 철회불가 기간이 경료한 후의 잔여 3개월 동안에는 청약자는 승낙의 의사표시가 도달하기 전에는 철회할 수 있다는 것이다. 그리고 법원에 의해 부여되는 합리적 기간의 경우, 그 구분은 더욱 분명해진다. 즉 제1116조의 '합리적인 철회불가기간'은 청약자의 행동을 고려해야 하고, 본조의 '합리적인 유효기간'은 청약 상대방의 행동을 고려해야 한다. 따라서 '합리적 철회불가기간'의 경우, 법원은 청약자가 상대방으로 하여금 청약에 대해 숙고하고 응하는 데 충분한 기간을 남겨두지 않는 불성실한 태도나 과책을 범하였는지의 여부를 판단기준으로 하여 조급한 철회를 제재한다. 반면에 '합리적 유효기간'의 경우, 법원은 청약의 상대방이 청약을 받기 위해 충분히 부지런하였는지 또는 그가 청약을 받기에 난관에 처하지는 않았는지 등을 판단기준으로 삼아야 한다. 이러한 고려 대상의 차이로, 실제로 제1116조의 '합리적 철회불가기간'이 본조의 '합리적 유효기간'보다 짧게 결정되는 경우가 많다고 한다. 즉 법관은 청약자가 철회할 수 있도록 하는 데보다 상대방이 결정할 수 있도록 하는 데 더 많은 기간을 부여한다.[53]

본조 제2항은 청약자의 능력상실이나 사망 또는 상대방의 사망으로 인한 실효를 규정하고 있다. 2016년 개정 전에 이에 관한 명문 규정이 없는 상태에서 프랑스 파기원은 일관된 태도를 유지하지 못하였고, 청약자가 사망한 경우에는 기간의 정함 유무에 따라서 그 효과를 달리하기도 하였다. 즉 기간의 정함이 있는 경우에 청약은 망자의 승계인에게 이전되고,[54] 기간의 정함이 없는 경우에 청약은 실효된다고[55] 하였다. 그러나 이렇게 구별하는 태도에 대하여, 기간의 정해진 경우라도 청약자가 사망했음에도 청약이 독자적으로 생존할 수 있는가 하는 의문이 제기되어왔다. 결국 2016년 개정 프랑스민법전은, "청약자가 능력을 상실하거나 사망한 경우"에 청약은 실효되는 것으로 하여 단순하고 명확한 해결책을 제시하였다.

그리고 2018년 변경법률을 통해 "그의 상대방이 사망한 경우"에도 청약이

---

53) O. Deshayes, Th. Genicon et Y.-M. Laithier, *op. cit.*, pp. 134-135; G. Chantepie et M. Latina, *op. cit.*, n° 215, p. 189.
54) Civ. 3ᵉ, 10 déc. 1997, n° 95-16.461.
55) Civ. 1ʳᵉ, 25 juin 2014, n° 13-16.529.

실효되는 것으로 명문화하였다.[56] 이는 청약은 상대방의 상속인들에게 이전될 수 없다고 한 2008년의 판결[57]을 도입한 것이다. 그런데 이 판결에 대하여 다수의 학자들은 계약당사자의 인격성이 계약에 결정적인가의 여부에 따라 구분했더라면 보다 정확했을 것이라 하고 있다. 즉 계약이 일신 전속적 성격을 지닌다면 청약은 실효될 것이고, 그렇지 않다면 계약은 망자(상대방)의 상속인들과 흠결 없이 체결될 수 있다는 것이다. 이 쟁점은 2018년 변경법률의 논의 시에 법무부장관에 의해 제시되었으나, 실무상으로 이를 구별하기가 어려우며 법적 안정성에도 도움이 되지 않는다는 이유로, 상원에서 이를 거부하였다.[58]

사망이나 능력상실을 청약의 실효사유로 하는 경우, 그 실효의 효과가 발생하는 시점을 정하는 것은 매우 중요하다. 왜냐하면 이 시점 전에 청약에 대한 승낙이 행해졌다면 계약은 성립되고, 승낙이 이후에 행해졌다면 계약은 성립되지 않기 때문이다. 그런데 본 조항은 이에 대해 침묵하고 있다. 여기에서 제기되는 문제는 청약의 실효시기를 사망이나 무능력이 발생한 시점을 기준으로 하느냐, 아니면 청약의 상대방이 이를 인식한 시점을 기준으로 하느냐이다. 이와 관련하여 제1121조는 "계약은 승낙이 청약자에 도달한 때부터 체결된다."고 하기 때문에, 청약자의 사망 사실이 인지되기 전이지만 그의 사망 후에 승낙이 도달하였다면 계약은 성립되지 않은 것으로 추정할 수 있다. 실제로도 승낙은 망자나 능력상실자에게 도달될 것이기 때문이다.[59]

Article 1118 L'acceptation est la manifestation de volonté de son auteur d'être lié dans les termes de l'offre.

Tant que l'acceptation n'est pas parvenue à l'offrant, elle peut être librement rétractée, pourvu que la rétractation parvienne à l'offrant avant l'acceptation.

L'acceptation non conforme à l'offre est dépourvue d'effet, sauf à constituer une offre nouvelle.

제1118조 ① 승낙은 청약의 내용에 구속되고자 하는 표의자의 의사표시이다.

② 승낙이 청약자에게 도달되지 않은 한, 승낙은 자유로이 철회될 수 있으나, 철회가

---

56) 이는 2018년 10월 1일부터 체결되거나 행해진 법률행위에만 적용된다.

57) Civ. 1re, 5 nov. 2008, n° 07-16.505.

58) O. Deshayes, Th. Genicon et Y.-M. Laithier, *op. cit.*, p. 138.

59) O. Deshayes, Th. Genicon et Y.-M. Laithier, *op. cit.*, p. 137.

승낙에 앞서 청약자에게 도달되어야 한다.

③ 청약에 부합하지 않는 승낙은, 새로운 청약을 구성하는 경우를 제외하고, 효력이 없다.

[해제] 본조는 승낙에 관하여 규정하고 있다. 승낙을 통해 계약은 확정적으로 성립된다. 따라서 승낙은 계약의 성립 단계에서 최종적인 의사의 표시이다.

본조 제1항은 승낙은 청약에 구속된다고 하는 확정적 의사표시에 의해야 한다고 하고 있다. 계약을 성립시키는 최종적인 의사표시이기 때문에, 승낙은 "청약의 내용에 구속"되겠다는 의사가 명확하게 표현되어야 한다. 비록 본문에는 없지만, 승낙의 의사표시가 반드시 명시적일 필요는 없다. 즉 제1113조 제2항에 의거하여, 명시적 언명(déclaration)에 의하든 묵시적 행태(comportement)에 의하든, 그 의사가 명확히 표현되면 된다. 따라서 단순한 침묵은 승낙으로 인정되기 어렵지만(제1120조), 청약자의 가격 제시에 머리를 끄덕이는 행동은 승낙으로 인정될 수 있다.[60] 청약과 승낙이 공존해야 함은 물론이다. 즉 계약은 이 두 의사표시의 융합이기 때문이다. 이것이 철회된 청약에 승낙이 행해진 경우에 계약이 성립되지 않는 이유이다.[61]

본조 제2항은 승낙의 의사표시가 청약자에게 도달하지 않은 한도 내에서 승낙의 철회가능성을 인정하고 있다. 이는 철회의 원칙에 있어서 청약과 동일한 기준을 택한 것이다. 그러나 이에 덧붙여서 승낙의 의사표시와 철회의 의사표시가 모두 청약자에게 도달한 경우에, 승낙 철회의 의사표시가 먼저 도달할 것을 조건으로 철회가 유효함을 명시하고 있다. 이는 전술한 바와 같이, 이러한 상황에 대한 판단 기준을 청약의 경우에는 제시하지 않고 있는 것과 다르다. 이 두 번째 조건은 제1121조와 맥락을 같이하는 것으로서 도달주의 원칙을 채택하고 있다.[62]

본조 제3항은 승낙은 청약에 부합하여야 하며, 그렇지 않으면, 새로운 청약에 불과하거나 그 효력이 없는 것으로 하고 있다. 본 항은 청약에 부합하지 않

---

60) G. Chantepie et M. Latina, *op. cit.*, n°s 221-222, pp. 194-195.

61) O. Deshayes, Th. Genicon et Y.-M. Laithier, *op. cit.*, p. 142.

62) O. Deshayes, Th. Genicon et Y.-M. Laithier, *op. cit.*, pp. 142-143; G. Chantepie et M. Latina, *op. cit.*, n° 227, pp. 197-198.

는 승낙의 효과에 관한 규정이다. 이는 청약의 내용 중 일부를 변경하거나 새로운 내용을 추가하는 의사표시를 예정한 것이다. 이러한 승낙은 새로운 청약을 구성하거나 효력이 없다는 것이다. 여기에서 새로운 청약을 구성하는 것과 효력을 상실하는 것의 구별 기준이 본 항에서는 명확히 드러나 있지 않다. 이에 대하여, 그 구별은 청약자의 의사에 달렸다고 한다. 즉 청약자가 승낙자가 제시한 변경 사항을 받아 계약을 체결하고자 한다면 이는 새로운 청약이 될 것이고, 청약자가 승낙자의 요구를 거부하고 계약을 체결할 의사가 없다면 승낙자의 그러한 의사표시는 자연스럽게 효력을 상실하게 된다고 한다.[63]

그런데 본조는 승낙의 의사표시의 발송과 수신 사이에 승낙자가 사망한 경우에 승낙의 효과에 관하여는 언급이 없다. 이에 대하여, 제1117조 제2항의 청약의 경우를 유추하여, 청약자가 승낙을 수신하기 전에 승낙자가 능력을 상실하거나 사망한 경우, 승낙은 효력을 상실하는 것으로 보아야 한다고 한다.[64]

Article 1119 Les conditions générales invoquées par une partie n'ont effet à l'égard de l'autre que si elles ont été portées à la connaissance de celle-ci et si elle les a acceptées.

En cas de discordance entre des conditions générales invoquées par l'une et l'autre des parties, les clauses incompatibles sont sans effet.

En cas de discordance entre des conditions générales et des conditions particulières, les secondes l'emportent sur les premières.

제1119조 ① 당사자 일방이 원용한 일반조건은, 상대방이 이를 인식하고 동의한 경우에 한하여, 상대방에게 효력이 있다.

② 당사자 일방과 상대방이 각자 원용한 일반조건 사이에 불일치가 있는 경우, 양립할 수 없는 조항은 효력이 없다.

③ 일반소선과 특별소선 사이에 불일치가 있는 경우, 특별조선이 우선한다.

[해제] 본조는 프랑스상법전이나 프랑스소비법전과 같은 특별법에서 인용되어 왔던 '일반조건'(conditions générales)과 '특별조건'(conditions particulières)을 프랑스민법전에 도입하고 있다. 본조는 '일반조건'에 관한 아무런 정의(定義)도 하지 않은 채, 3가지 기본적인 원칙만을 언급하고 있다.

---

63) G. Chantepie et M. Latina, *op. cit.*, n° 225, pp. 196-197.
64) cf. O. Deshayes, Th. Genicon et Y.-M. Laithier, *op. cit.*, p. 143.

'일반조건'은 실거래에서 나온 용어로서 당사자 일방이 장래에 그 내용이 유사한 다수의 계약을 각기 다른 상대방들과 체결할 목적으로 동원한, 사전에 작성되었고 반복적으로 활용되는, 일체의 조항들을 칭한다. 이 '일반조건'은, 급부의 구체적 내용과 같이 사전에 미리 마련될 수 없는 '특별조건'으로 보충되어, 계약의 일부분을 구성할 수 있다. '일반조건'은 제1110조 제2항의 '부합계약'(contrat d'adhésion)을 구성하는 핵심적 요소이긴 하지만, 일반조건에 관한 본조의 적용을 부합계약에만 한정시킬 필요는 없다. 왜냐하면 '일반조건'을 활용한다고 해서 협상 자체가 불가능한 것은 아니기 때문이다. 즉 대기업들도 각자가 준비한 일반조건을 가지고 서로 협상하는 경우도 많다는 것이다. 또한 일방 당사자가 사전에 작성한 '일반조건'에 한하여 본조를 적용할 필요도 없다. 왜냐하면 '일반조건'은 이를 원용하고자 하는 일방 당사자가 직접 작성할 수도 있지만, 시중에 널리 활용되고 있거나 타인이 작성한 것을 당사자 일방이 원용할 수도 있기 때문이다.[65]

본조 제1항은 이 일반조건을 당사자 일방만이 원용한 경우를 예정한 것이다. 즉 이는 장래의 계약 당사자가 될 잠정적 상대방들의 의사와 무관하게 마련되었기 때문에, 본 항은 상대방이 이를 인식하고 동의한 경우에 한하여 그 효력을 인정하고 있다. 여기에서 요구되는 것이 일반조건의 가독성(lisibilité)이다. 즉 문장이 눈에 잘 띄고 이해하기 쉽게 작성되어야 한다는 것이다. 따라서 이에는 문체의 크기나 색, 그리고 문장의 장단 여부도 가독성 판단의 중요한 기준이 된다고 한다. 그리고 일반조건은 통상 문서로 작성되기 때문에, 이에 대한 승낙은 서명으로 행해진다.[66] 여기에서 또한 주의해야 할 사항으로, 상대방이 동의한 것은 계약 전체가 아닌, 계약을 구성하는 개별적 조건(조항)들이라는 점이다. 또한 본 항은 모든 계약 조항이 아닌 '일반조건'만을 그 적용 대상으로 한다는 점이다.

본 규정의 직접적이고 분명한 결과는 일방 당사자의 일반조건은 타방 당사자가 이를 인식한 상태에서 승낙한 때에만 그에게 대항력을 가질 수 있다는 것이다. 여기에서 우선 다음의 두 가지 소극적인 규칙이 파생된다. 첫째, 승낙이 부여되지 않은 일반조건의 단순한 전달은 그 일반조건에 포함되는 조항들에 강제력을 부여하기에 충분하지 않다는 것이다. 둘째, 일방 당사자가 타방의 일반

---

65) O. Deshayes, Th. Genicon et Y.-M. Laithier, *op. cit.*, pp. 146-147.
66) G. Chantepie et M. Latina, *op. cit.*, n°s 231-232, pp. 201-202.

조건을 승낙하는 시점에 그 내용을 인식하지 못한 상태에서의 형식적인 승낙도 마찬가지로 해당 조항들에 강제력을 부여하기에 충분하지 못하다는 것이다. 다음으로 적극적인 면에서, 부속문서에 포함된 일반조건은 다음의 두 요건을 갖춘 경우에만 대항력을 가진다. 하나는 구속력을 확정짓는 증서에는 명시적으로 부속문서를 참조하였고 이 부속문서를 승인한다는 선언이 있어야 한다는 것이고, 다른 하나는 부속문서가 승낙 전에 통지되었어야 한다는 것이다. 이 마지막 요건은 계약상대방이 승낙하기 전에 일반조건을 인식하고 있었던 때부터 충족된다.[67] 그리고 일반조건을 원용하는 자가 이 두 요건의 충족을 증명하여야 한다. 이러한 방식은 상대방이 해당 조항들을 잘 인식할 수 있도록 필요한 성의를 다하였음을 증명해야 하는 일반조건 원용자의 적극적 행동을 전제로 한다. 그렇다고 해서 그 이상의 많은 것이 요구되는 것은 아니다. 누군가에게 무엇을 알게 하는 것은 상대방의 실제 인식을 보장하는 데 있지 않다. 일반적으로 상대방에게 일반조건을 인식시켜야 하는 자는 상대방이 이를 인식할 수 있도록 필요한 조치를 취하는 것(즉 그 내용에 접근할 수 있게 하는 것)으로 족하다.[68]

본조 제2항은 양 당사자 모두 각자 개별적으로 일반조건을 원용한 경우를 예정한 것이다. 계약의 각 조항들은 상호 부합하여 모두 적용되어야 하므로, 본항은 계약 당사자들이 각자 제시한 일반조건들 사이에 불일치가 있는 경우에, 서로 양립할 수 없는 조항은 그 효력이 없는 것으로 한 것이다. 이 제2항은 제1항과 긴밀한 관계에 있다. 왜냐하면 제1항도 상대방이 동의하지 않은 일반조건의 조항들은 그 효력이 없는 것으로 하기 때문이다. 그리고 제2항에 의하면, 서로 양립할 수 있는 조항들만을 계약관계에 적용가능하고, 양립할 수 없는 조항들은 동의 받지 못한 것으로 간주된다. 그렇다고 하여, 서로 양립할 수 없는 모든 조항들이 자동적으로 그 효력을 상실하는 것은 아니다. 즉 일방 당사자가 자신이 원용한 일반조건들을 포기하고 상대방이 원용한 일반조건들을 받아들이는 경우가 이에 해당한다.

일반조건들 사이의 불일치를 해결한다는 것은 관련 계약이 체결되는 것을 전제로 한다. 즉 계약의 본질적 요소에 관한 합의가 이루어졌음을 뜻한다. 그런데 불일치 관계에 있는 일반조건들이 계약의 본질적 요소에 해당하는 경우에는

---

67) Com., 28 avril 1998 : *RTD civ.* 1999, p. 81.
68) O. Deshayes, Th. Genicon et Y.-M. Laithier, *op. cit.*, pp. 147-148.

계약의 존재 자체가 문제될 수 있다. 이런 경우에, 당사자 중 일방이 본질적 요소에 관한 합의가 이루어지지 않았음을 주장하면서 계약의 성립을 부정할 수 있다. 그런데 이러한 문제에는 본조가 아닌 제1113조가 적용된다. 결국 본조가 적용되는 영역은 계약의 보조적 요소에 관한 일반조항들의 충돌에 한할 것이다.[69]

본조 제3항은 당사자들의 합의에 의해 마련한 특별조건과 일반조건 사이에 불일치가 있는 경우, 특별조건이 우선함을 명시하고 있다. 따라서 일반조건에 속하는 조항들과 특별조건에 속하는 조항들이 있는 경우, 먼저 이들 조항 사이에 양립가능성이 있는지를 검토하고,[70] 부조화가 있는 경우에 한하여 특별조건에 해당하는 조항을 유효로 보아야 할 것이다.[71]

Article 1120 Le silence ne vaut pas acceptation, à moins qu'il n'en résulte autrement de la loi, des usages, des relations d'affaires ou de circonstances particulières.

제1120조 법률, 관행, 업무관계 또는 특별한 상황에 의해 달리 평가되지 않는 한, 침묵은 승낙이 아니다.

[해제] 승낙 의사도 묵시적으로 표현될 수 있음은 물론이다(제1113조 제2항). 그런데 단순한 침묵(silence)에 의한 승낙도 인정될 수 있는가가 문제된다. 이에 대하여 본조는 단순한 침묵은 승낙에 해당하지 않는다는 원칙을 확인하고, 침묵이 승낙으로 인정될 수 있는 경우로 '법률, 관행, 업무관계 또는 특별한 상황'이라는 4 가지의 예외를 들고 있다. 이들은 모두 전통적으로 주로 판례를 통해 인정되어 왔던 것을 2016년 민법 개정을 통해 명문화한 것이다. 그중에서 특별한 상황은 2000년대 들어 그 인정범위가 확대되었다.

우선 전통적으로 인정되었던 예외는 다음 세 가지이다.[72] 첫째, 법률은, "등기 우편으로 한 계약의 연장이나 수정 (…) 등의 제안에 대하여, 수령 후 10

---

69) G. Chantepie et M. Latina, *op. cit.*, n° 236, pp. 203-204; O. Deshayes, Th. Genicon et Y.-M. Laithier, *op. cit.*, pp. 150-152.

70) Civ. 1re, 9 févr. 1999, n° 96-22.399.

71) G. Chantepie et M. Latina, *op. cit.*, n° 237, p. 204.

72) G. Chantepie et M. Latina, *op. cit.*, n°s 238-240, pp. 205-206; O. Deshayes, Th. Genicon et Y.-M. Laithier, *op. cit.*, p. 153.

일 이내에, 상대방이 거절의 의사표시를 하지 않으면 승낙으로 간주된다."고 한 프랑스보험법전 제L.112-2조 제5항과 같은 특별법상의 규정을 고려하여 명시한 것이다. 둘째, 당사자들이 속한 직업의 관행을 예외로 인정하였다. 즉 청약에 대한 무응답의 관행이 승낙에 갈음한다는 것으로, 특정 직업군에서는 신속한 상거래를 위하여 침묵의 유지가 묵시적 동의로 인정되는 거래관행이 있는 경우가 이에 해당한다.[73] 셋째, 업무관계는 반복적으로 계약을 체결하여 왔던 두 당사자 사이에서 행해졌던 관례를 예외로 인정한 것이다.[74]

2000년대에 들어 새롭게 인정범위가 확대된 것이 '특별한 상황'이다. 이에는 첫째로 전통적으로 인정되어 왔던 것으로,《청약의 내용이 상대방에게 배타적인 이익에 해당되어 침묵이 승낙으로 인정될 수 있는 특별한 상황》이 있다. 불리한 점이나 비중 있는 반대급부 없이 어느 일방당사자가 일정한 이득이나 혜택을 받는 계약이 주로 이에 해당한다.[75] 이것이 인정되었던 것은 청약의 상대방이 이를 거절할 아무 이익도 없기 때문에 필연적으로 승낙할 것이라는 추론에서였다. 둘째, 위의 배타적 이익에 기초한 특별한 상황 외에, 2000년대 들어 법원이 새로운 기준을 제시하였다. 이는 2005년 5월 24일 파기원의 판결 이후 지속적으로 인정되었는데, 해당 판결에 의하면 "침묵이 그 자체만으로 승낙에 해당하지 않을지라도, 상황이 이 침묵에 승낙의 의미를 부여한다면 달라진다."[76]는 것이다. 이러한 기준은 '특별한 상황'이 인정될 수 있는 범위를 지나치게 넓게 하고, 그 기준 또한 모호하다는 비판이 있다. 즉 입법을 통해 묵시적 승낙으로 인정될 수 있는 '특별한 상황'을 명문화시킨 것은 필요한 작업이었지만, 특별한 상황으로 인정될 수 있는 논리적 가이드라인(ligne directrice)을 규정함이 보다 바람직하다는 것이다.[77]

Article 1121 Le contrat est conclu dès que l'acceptation parvient à l'offrant. Il est réputé l'être au lieu où l'acceptation est parvenue.

---

73) Com., 9 janv. 1956 : *Bull. civ.* 1956, Ⅳ, n° 17.
74) Civ. 1ʳᵉ, 18 juin 2002, n° 01-00.050; Com., 15 mars 2011, n° 10-16.422.
75) 이는 주로 자원봉사협약의 성립을 정당화하는 데 활용되었다고 한다. Civ. 1ʳᵉ, 1ᵉʳ déc. 1969 : *JCP* 1970, Ⅱ, 16445.
76) Civ. 1ʳᵉ, 24 mai 2005, n° 02-15.188.
77) O. Deshayes, Th. Genicon et Y.-M. Laithier, *op. cit.*, p. 154.

> **제1121조** 계약은 승낙이 청약자에 도달한 때부터 체결된다. 계약은 승낙이 도달된 곳
> 에서 체결된 것으로 본다.

[해제] 본조는 '격지자간 계약'(contrat à distance)의 체결 시기와 장소에 관한 규정이다. 개정 전 프랑스민법전은 이에 관한 일반규정을 두지 않았기 때문에, 프랑스 법원도 이를 발송주의 또는 도달주의에 의할지에 관하여 일관된 입장을 보이지 못하다가, 1981년 판결을 통해 발송주의를 택하였다.[78] 그러나 1980년 물품매매에 관한 비엔나 협약(제18조), UNIDROIT의 국제상사계약원칙(제2.6조), 유럽계약법원칙(제2:203조) 등이 도달주의를 택하는 등 국제적인 경향을 고려하였고, 2014년 9월 17일 판결[79]을 통해 파기원이 도달주의를 채택한 것을 계기로, 본조는 도달주의를 공식적으로 선언하였다.[80]

본문에서 "승낙이 청약자에 도달한 때부터"라는 표현을 사용한 것에 비추어 볼 때, 청약자가 도달된 메시지의 내용을 실제로 인식할 필요까지는 없으며, 그 내용이 청약자에게 알려졌는지의 여부와 무관하게, 메시지를 수령한 것 자체만으로 충분하다고 한다. '내용을 인식할 것을 요구하는 것'은 그 증명에 있어서 많은 어려움을 야기한다는 단점이 있고, 메시지의 객관적인 수령을 기준으로 하게 되면, 도달 시점, 즉 계약 체결 시점을 매우 간명하게 정할 수 있다는 점에서 유리하다는 것이다. 이와 관련하여 통상적으로 승낙이 청약자의 주소에 도달한 순간을 연상할 수 있으나, 전자적 방식과 같이 현대사회의 다양한 송수신 절차를 고려할 필요가 있다고 한다. 즉《계약은 승낙의 메시지가 청약자의 영향력이 미치는 범위에 들어간 때부터 성립한다》고 한다면 전자적 수신 방식까지 포섭할 수 있다는 것이다.[81]

본조가 "계약은 승낙이 청약자에 도달한 때부터 체결된다."고 한 것은 일반법상의 원칙을 선언한 것이다. 즉 제1127-2조의 전자적 방식에 의한 계약의 체결과 같이 별도의 특별한 절차가 계약에 필요한 경우도 있다. 그리고 당사자의 합의를 통해 도달주의가 배제될 수도 있음은 물론이다.[82]

---

78) Com., 7 janv. 1981, n° 79-13.499.
79) Civ. 3ᵉ, 17 sept. 2014, n° 13-21.824.
80) G. Chantepie et M. Latina, *op. cit.*, nᵒˢ 242-243, pp. 207-208.
81) G. Chantepie et M. Latina, *op. cit.*, n° 244, p. 209; O. Deshayes, Th. Genicon et Y.-M. Laithier, *op. cit.*, pp. 158-159.

Article 1122 La loi ou le contrat peuvent prévoir un délai de réflexion, qui est le délai avant l'expiration duquel le destinataire de l'offre ne peut manifester son acceptation ou un délai de rétractation, qui est le délai avant l'expiration duquel son bénéficiaire peut rétracter son consentement.

제1122조 법률이나 계약에는, 만료 전에 청약의 상대방이 승낙의사를 표시할 수 없는 기간인 숙려기간과, 만료 전에 그 수혜자가 자신의 의사표시를 철회할 수 있는 기간인 철회기간을 둘 수 있다.

[해제] 본조는 '숙려기간'과 '철회기간'이라는 소비자보호 수단을 일반 계약법에 도입하였다. 그러나 이러한 기간은 이미 프랑스소비법전에 도입되어 일반적으로 적용되고 있기 때문에, 대부분의 개정 민법 주석서는 본조를 실효성 있기보다는 상징적이고 교육적 의미만을 지닌 규정이라 평가하고 있다. 즉 특별법에 규정된 수단도 일반 계약에 도입하여 활용할 수 있음을 환기시키기 위함이라는 것이다.

숙려기간(délai de réflexion)은 주로 소비자법에서 특별입법을 통해 적용되고 있다. 이러한 기간의 적용 목적은 소비자가 감상적 또는 즉흥적인 판단으로 계약에 구속되는 것을 예방하기 위함이다. 예를 들어, 부동산취득용 대출계약(crédit immobilier)에서 취득-대출자는 10일의 기간이 경과한 후에야 승낙할 수 있다(프랑스소비법전 제L.313-19조). 본조는 이 기간에 관하여 개념적인 정의(定義)만을 하고 있을 뿐이고 어떠한 특별한 적용원칙도 제시하지 않고 있다는 점에서 계약의 성립 과정에 숙려기간을 도입할 경우의 결과를 설명하는 데 그칠 뿐이라는 비판도 받는다. 즉 계약의 체결에 숙려기간이 도입될 경우, 이 기간이 신행되는 동안에는 청약의 상대방은 승낙의 의사를 표시할 수 없다는 것이다.

본조는 숙려기간이 법률(특별법)이나 당사자들의 의사(계약)에 의해서 원용될 수 있다고 하고 있다. 법률에 의함은 이미 프랑스소비법전에 특별규정들이 있기 때문에 별 의미가 없고, 당사자들의 의사에 기하여 이 기간을 도입하는 것은 이해가 잘 안 되는 부분이라고 한다. 즉 프랑스소비법전상의 숙려기간은 소비자보호를 위한 강행규정이기 때문에 소비자는 자신의 숙려기간을 포기할 수

82) O. Deshayes, Th. Genicon et Y.-M. Laithier, *op. cit.*, pp. 159-160.

없는 것이 당연하다. 그러나 당사자들의 의사에 의해 이 기간이 도입될 경우에는 이 기간의 혜택을 받는 당사자라 할지라도, 계약 체결 상 우려되는 부분이 잘 해결된다면, 이 기간을 포기할 수 있도록 해야 한다는 것이다. 즉 당사자들이 자발적으로 이 기간을 도입해야 할 동기가 모호하다고 한다.[83]

철회기간(délai de rétractation)을 민법전에 규정하는 것도 숙려기간의 규정과 유사한 문제를 지니고 있다고 한다. 즉 본조는 철회기간의 메커니즘을 설명하는 데 족해야 한다는 것이다. 더욱이 본조는 종래부터 문제되어 온 철회기간의 법적 성질에 관하여 아무런 답변을 주지 못하고 있다고 한다. 즉 본조는 철회기간의 수혜자는 자신의 의사표시를 철회할 수 있다고만 할 뿐, 이 철회가 이미 성립된 계약의 일방적인 소멸을 의미하는지, 아니면 계약의 단계적 성립 절차에 영향을 미친다는 의미인지가 불분명하다는 것이다.[84]

[남궁 술]

Sous-section 3 Le pacte de préférence et la promesse unilatérale
제3부속절 우선협약과 일방예약

[해제] 본절은 제1123조와 제1124조로 구성되어 있다. 이 규정들은 계약체결 전단계를 규율하는 중요한 규정들인데, 그 이유는 계약의 일방예약과 우선협약 위반에 대한 제재와 관련하여 광범위한 사항들을 규정하고 있기 때문이다. 그리고 이는 두 가지 상이한 방향으로 이루어지고 있다. 즉, 제1123조는 프랑스법원의 궤적을 따르고 있지만, 제1124조는 판례에서의 해결방안을 역행하는 태도를 취하고 있다. 아무튼, 법개정에 잠여한 입법자들도 이러한 어려움을 극복하지 못하였다는 점이 유감스럽다는 평가도 있다.

본절은 이 두 전계약(avant-contrat)의 성립, 유효기간, 효력 등과 같은 사항에 관해서는 침묵하고 있다. 그리고 우선협약이든 일방예약이든 다소 그 기원

83) G. Chantepie et M. Latina, op. cit., n°s 247-248, pp. 211-212; O. Deshayes, Th. Genicon et Y.-M. Laithier, op. cit., pp. 161-163.
84) G. Chantepie et M. Latina, op. cit., n° 249, p. 213; O. Deshayes, Th. Genicon et Y.-M. Laithier, op. cit., pp. 161-162.

이 오래된 이 두 전계약의 법리는 본질적으로는 판례법에 기초하고 있다.[85]

Article 1123 Le pacte de préférence est le contrat par lequel une partie s'engage à proposer prioritairement à son bénéficiaire de traiter avec lui pour le cas où elle déciderait de contracter.

Lorsqu'un contrat est conclu avec un tiers en violation d'un pacte de préférence, le bénéficiaire peut obtenir la réparation du préjudice subi. Lorsque le tiers connaissait l'existence du pacte et l'intention du bénéficiaire de s'en prévaloir, ce dernier peut également agir en nullité ou demander au juge de le substituer au tiers dans le contrat conclu.

Le tiers peut demander par écrit au bénéficiaire de confirmer dans un délai qu'il fixe et qui doit être raisonnable, l'existence d'un pacte de préférence et s'il entend s'en prévaloir.

L'écrit mentionne qu'à défaut de réponse dans ce délai, le bénéficiaire du pacte ne pourra plus solliciter sa substitution au contrat conclu avec le tiers ou la nullité du contrat.

제1123조 ① 우선협약이란 일방 당사자가 계약을 체결하기로 결정할 경우, 자신과 계약을 체결할 것을 그 수혜자에게 우선적으로 제안할 의무를 부담하는 계약이다.
② 우선협약을 위반하여 제3자와 계약이 체결된 경우, 수혜자는 그가 입은 손해의 배상을 받을 수 있다. 제3자가 우선협약의 존재 및 수혜자가 협약을 원용하고자 하는 의사를 알았던 경우, 수혜자는 체결된 계약의 무효를 주장하거나 그가 제3자를 대위할 것을 법원에 청구할 수 있다.
③ 제3자는 합리적인 기간을 정하여 그 기간 내에 우선협약의 존재 및 협약의 원용여부를 확정할 것을 수혜자에게 서면으로 청구할 수 있다.
④ 서면에는 그 기간 내에 응답이 없을 때에는 협약의 수혜자가 더 이상 제3자와 체결된 계약의 대위 또는 그 계약의 무효를 주장할 수 없다는 내용이 기재되어야 한다.

[해제] 본조는 우선협약에 대해 규정하고 있다. 본조는 전통적으로 전계약의 하나로 분류되어 왔던 우선협약에 대해 명문으로 규정하게 되었다는 점에서 의미가 있다. 특히, 최근 20년간 우선협약과 관련한 분쟁들이 상당히 노정되어 왔으며 우선협약 위반에 관한 판례의 태도 또한 변경되었다는 점을 고려할 때, 이와 같은 명문규정을 두게 된 것은 시의적절한 조치라고 평가된다. 다만, 본조

---

85) O. Deshayes, Th. Genicon et Y.-M. Laithier, *op. cit.*, p. 164.

에서는 당사자들에 의한 우선협약의 내용변경과 관련하여서는 특별한 언급을 하고 있지 않으므로, 본조의 유용성도 협약으로 인한 분쟁이 발생한 경우에만 확인할 수 있는 정도이다. 아울러, 본조는 우선협약의 수혜자가 어떤 방식으로 악의의 제3자의 권리를 대체하는지에 대하여 구체적으로 규정하고 있다는 점에서 그간의 판례의 진화를 반영하고 있는 것으로 평가된다.[86]

본조의 내용을 개관하면 우선, 제1항은 우선협약의 의의를, 제2항은 동 협약 위반시의 제재를 구체적으로 규정하고 있다. 제2항은 특히 우선협약 위반에 대해서도 자연배상(en nature)이 가능하다는 취지의 수년 전 프랑스법원의 진화과정을 반영하고 있다. 제3항 및 제4항은 우선협약을 위반할 우려가 있는 계약을 체결함으로써 침해될 수 있는 제3자의 이익을 예방적으로 보호하기 위한 차원에서 제3자에게 우선협약의 수혜자에 대한 최고권 내지 '질의권(action interrogatoire)'을 규정한다. 그런데, 이러한 태도는 제3자의 질의권을 배척하였던 종래의 파기원 판결[87]과는 상치되는 내용이다.

본조 제1항은 우선협약의 개념을 "일방 당사자가 계약을 체결하기로 결정할 경우, 자신과 계약을 체결할 것을 그 수혜자에게 우선적으로 제안할 의무를 부담하는 계약"이라고 정의한다. 따라서 우선협약은 일방당사자인 예약자가 "계약을 체결하기로 결정한 경우에만" 의무를 발생시킨다. 그러므로 예약자가 계약을 체결하기로 마음을 굳히지 않는다면 우선협약은 잠재적으로 휴면상태에 놓이게 된다. 왜냐하면, 예약자의 일방적인 의사결정에 의하여 계약을 체결하기로 한 경우에만 "우선적으로 수혜자에게 계약체결을 제안하여야 할" 예약자의 의무가 발생하기 때문이다. '우선적으로(prioritairement)'라는 표현은 당사자의 약정에 의한 '우선권(préférence)'이라든가 법률의 규정에 의한 '선매권(préemption)'과 같은 용례들의 모호함을 피하고자 두 용례와는 다른 표현을 의도적으로 선택한 것이다. 예약자는 수혜자에게 우선적으로 제안을 하여야 하는데, 이는 적극적 의무이기는 하나 다른 한편으로는 제3자와 계약을 체결하지 않아야 하는 '하지 않을 채무'이기도 하다. 그런데 본조 제1항은 우선협약을 예약자가 수혜자에게 '자신과 체결할(traiter avec lui)' 것을 제안할 의무를 부담하는 계약이라고 규정하는데, 여기서 '체결할' 것을 제안할 의무가 언제나 수혜자와 '계약을

---

86) G. Chantepie et M. Latina, *op. cit.*, n° 252, p. 217.
87) Civ. 3ᵉ, 29 juin 2010, n° 09-68.110.

체결할' 의무로 이해하여야 하는지 의문이라는 지적도 있다. 왜냐하면, 본조에서 말하는 예약자의 제안이 제1114조에서 말하는 '청약'과 반드시 일치하지 않을 수 있기 때문이다. 물론, 우선협약에서 향후 체결될 계약의 성립요건을 분명히 하고 있다면 문제가 없을 것이며, 이 경우 대개는 예약자의 제안이 청약에 해당할 것이다. 그러나 우선협약에서 향후 체결할 계약의 본질적인 내용(예컨대, 대금 등)에 대해 언급하지 않는 경우, 예약자가 수혜자로 하여금 협상장에 나오도록 초대하는 것으로 의무를 다한 것으로 볼 수 있을 것인지 의문이라는 것이다. 학설로는 예약자가 수혜자에게 계약의 체결을 제안할 경우에만 자신의 의무를 다한 것으로 보아야 한다는 견해가 있으며, 종래 프랑스법원도 우선협약의 이행으로서의 청약에 대한 승낙이 있으면 계약이 성립된다고 판단하였다.[88] 정리하면, 본조의 운용에 있어서 계약자유의 원칙이 훼손되어서는 안 될 것이며, 당사자가 향후 체결될 계약에서의 본질적 요소를 약정하지 않았다고 하여 우선협약의 효력을 문제로 삼을 것은 아니라고 한다. 그럼에도 불구하고 본조의 내용 중에는 여전히 다음과 같은 흠결이 발견된다는 지적도 있다. 즉, 계약의 일방예약에서와 마찬가지로 본조 제1항에서는 우선협약의 개념정의부터 시작하고 있으나, 개념정의가 가지는 협약의 구체적 법리에 대한 영향이 명확하지 않으므로 그 내용을 추론하기가 어렵다는 것이다. 이로 인하여 협약위반의 제재와 관련한 사항 이외의 것에 대해서는 기존의 학설과 판례의 태도를 참조하지 않을 수 없다고 한다. 그리고 위에서 언급한 바와 같이, 우선협약의 유효성 여부는 향후 체결될 계약의 본질적 요소가 확정되어 있는지 여부에 구속되지 않으므로 우선협약이 유효하기 위해서는 협약의 대상이 되는 계약의 유형이 무엇인지만 확정할 수 있으면 족하다고 할 것이나(제1128조 참조), 본주 제1항에서의 개념 정의가 너무 광범위하여 포섭될 수 있는 계약의 유형이 지나치게 다양할 수 있다는 지적이 있다. 아울러, 우선협약의 유효기간을 정하지 않은 경우, 그와 같은 우선협약의 유효성 또한 의문일 수 있다. 학설상으로는 수혜자의 권리행사 기간을 제한하고자 하는 견해가 있기는 하나, 계약자유의 원칙에 비추어 볼 때 우선협약의 유효기간 유무는 우선협약의 효력에 영향을 미치지 않는다는 것이 일반적인 이해의 태도라고 한다. 다만, 우선협약의 기간을 정하지

---

88) Civ. 3^e, 22 sept. 2004, n° 02-21.441.

않은 경우, 수혜자의 권리가 영구적 권리인지 시효소멸하는 권리인지 여부에 대해서는 여전히 의문이 제기되고 있다. 따라서 현행법의 규정하에서도 민법 개정 이전과 마찬가지로 당사자가 미리 협약의 유효기간에 대해 규정해 둘 필요가 있다고 한다.[89]

본조 제2항에서는 우선협약 위반의 상황에 대한 설명 없이 위반시의 제재에 대해 규정하고 있다. 대체로 우선협약 위반의 상황은 예약자가 수혜자에게 사전에 아무런 제안도 하지 않고 제3자와 계약을 체결하거나 아니면 수혜자에게 제안한 조건보다 유리한 조건으로 제3자와 계약을 체결하는 경우라고 할 것이다. 그리고 수혜자에게 일정한 가격을 제시하여 거절을 당한 뒤 그보다 낮은 가격으로 제3자에게 권리를 이전하는 경우 협약위반이 성립할 수 있다.[90] 우선협약 위반시 제재는, 우선 수혜자에 대한 '손해배상'을 들 수 있다. 수혜자에 대한 예약자의 손해배상은 채무불이행책임에 근거할 것이며, 비록 그 요건과 관련하여 법문상으로는 침묵하고 있으나 우선협약 위반에 협력하거나 공모한 제3자의 수혜자에 대한 손해배상은 '계약외책임(extracontractuelle)', 즉 불법행위책임에 근거하게 될 것이다. 그러나 제3자에 대한 손해배상책임의 추궁에 있어서 아무런 요건이 요구되지 않는지 여부는 의문이다. 판례에 의하면, 계약불이행에 있어서 제3자가 공모하였다는 것을 주장하는 자는 그 제3자가 계약의 존재 및 내용에 대해 악의였다는 것을 증명하여야 한다.[91] 그런데 본조 제3항에서는 질의권에 대해 규정하고 있으므로, 제3자가 수혜자에게 질의를 하지 않았다는 사정만으로도 예약자와 마찬가지의 책임을 지게 될 것이라고 해석될 여지도 있다. 다만, 우선협약의 존재에 대해 선의인 제3자에 대해서는 책임을 물을 수 없다고 할 것이다. 따라서 악의의 제3자에 대해서는 손해배상책임을 물을 수 있는 것으로 명시하는 것이 바람직하였다는 주장도 있다.[92]

다음으로, 우선협약 위반에 대한 또 다른 제재로서 그 계약이 무효임을 천명하고 있다. 즉, 우선협약의 존재와 우선협약을 원용하고자 하는 수혜자의 의사를 제3자가 알았던 경우, 수혜자는 예약자와 제3자 사이에 체결된 계약의 무

---

89) O. Deshayes, Th. Genicon et Y.-M. Laithier, *op. cit.*, p. 165.

90) G. Chantepie et M. Latina, *op. cit.*, n° 255, p. 219.

91) Com., 12 mars 1963 : *Bull. civ.*, n° 152.

92) G. Chantepie et M. Latina, *op. cit.*, n° 256, p. 220.

효를 주장하거나 수혜자가 제3자의 권리를 대위할 수 있도록 법원에 청구할 수 있다. 그리고 이러한 규정태도는 "우선협약의 수혜자는 자신의 권리를 무시하고 제3자와 체결된 계약을 무효화하고 그 제3자를 대위할 권리가 있으나 그 요건은 제3자가 우선협약의 존재와 우선협약을 원용하고자 하는 수혜자의 의사에 대해 악의여야 한다."고 판단한 파기원의 태도[93]를 그대로 반영한 것이다. 한편, 우선협약에 대한 제3자의 악의를 확정하는 것이 용이하지는 않다. 대체로 수혜자는 우선협약에 반하는 계약이 체결되는 것을 알기 어려우며, 그와 같은 계약이 체결된 이후에 자신의 권리를 행사하게 될 것이다. 그런데 프랑스 파기원은 우선협약의 존재 및 우선협약을 원용하고자 하는 수혜자의 의사에 대한 제3자의 선·악여부는 우선협약 위반의 계약체결일, 더 나아가 그 계약의 예약체결을 기준으로 판단하여야 하며, 그와 같은 계약이 공정증서에 의해 작성되는 날짜를 기준으로 판단할 것이 아니라고 판시하면서 엄격한 태도를 취하고 있다.[94]

　　본조 제3항 및 제4항은 우선협약의 존재에 대해 악의인 제3자에게 '질의권 (action interrogatoire)'을 인정한다. 그러나 위에서 언급한 바와 같이 종래 프랑스 파기원은 우선협약의 존재를 제3자가 알고 있다고 하더라도 수혜자에게 우선협약을 원용할 의사가 있는지에 대해서는 제3자가 이를 조사하거나 확인할 필요가 없다고 하였다.[95] 그러나 프랑스민법은 이러한 파기원의 태도와는 달리 제3자로 하여금 서면으로 상당한 기간을 정하여 수혜자에게 우선협약에 대한 원용의사가 있는지를 최고할 수 있도록 하는 한편, 그 서면에는 제3자가 정한 상당한 기간 내에 수혜자 측에서 확답을 주지 않을 경우 더 이상 수혜자가 자신을 대체하거나 예약자와 자신이 체결한 계약의 무효를 주장할 수 없음을 명시하도록 하고 있다는 점에서 의미가 있다. 다만, 본조의 규정은 2016년 10월 1일 이후에 체결되는 계약에 대해 적용되며, 아울러 제3자가 우선협약의 존재에 대해 선의인 경우에도 그 적용의 여지가 없다. 한편, 우선협약의 존재에 대해 악의인 제3자의 경우에는 질의권이 인정된다고는 하지만, 그와 같은 악의의 제3자가 수혜자에게 우선협약을 원용할 의사가 있는지를 잘 알지 못하는 상태에서 그와

---

93) Ch. mixte, 26 mai 2006 : *Bull. ch. mixte*, n° 4.
94) Civ. 3ᵉ, 25 mars 2009, n° 07-22.027.
95) Civ. 3ᵉ, 29 juin 2010, n° 09-68.110.

같은 수혜자의 의사에 대해 '질의할 의무(obligation d'interroger)'를 부담하는 것인지 아니면 제3자의 질의권은 말 그대로 제3자에게 주어진 권리에 해당하는 것인지 여부가 여전히 의문으로 남는다. 이와 관련하여 법문상의 표현은 중립적이기는 하나, 법원은 객관적인 관점에서 제3자의 악의를 평가할 수 있을 것이다. 예컨대, 임차인에게 우선매수권과 함께 상가를 임대한 경우라면 제3자는 우선협약의 존재에 대해 알거나 알 수 있었다고 할 수 있을 것이다. 다른 한편, 본조의 규정은 제3자로 하여금 자신이 체결하고자 하는 계약에 대해 차후에 문제가 생기는 것을 방지하기 위하여 수혜자에게 질의를 하도록 함으로써 거래의 안전을 중시하는 방향으로 운용되어야 할 것이라는 평가도 있다.[96]

　　나아가 본조 제3항과 제4항은 증거의 문제와 관련하여 특별한 방식을 요구한다. 즉, 질의권의 행사는 서면으로 이루어져야 하며, 동 서면에는 제3자가 정한 합리적인 확답기간을 기재하여야 한다. 확답기간이 합리적인 것으로 평가되기 위해서는 수혜자가 서면을 확인하고 그에 대해 확답을 할 수 있는 정도의 기간이어야 하며, 그 기간을 도과하여 연착된 확답은 합리적인 기간 내에 확답이 없는 것과 마찬가지로 다루어야 할 것이다. 한편, 주식양도 우선협약에서 빈번히 확인되는 바와 같이, 우선협약 내에서 비밀유지 약정을 둔 경우, 이를 어떻게 처리할 것인지 의문이다. 이와 관련하여 본조에서는 부분적으로 그와 같은 약정의 처리방안을 다루고 있다고 평가된다. 즉, 수혜자는 그와 같은 약정의 존재와 원용의사를 밝혀야 하는 것으로 해석할 수 있다.[97] 본조는 우선협약의 수혜자가 제3자를 대위하는 방식에 대해서도 분명히 하고 있다는 점에서 의미가 크다. 그러나 실무적인 관점에서 볼 때, 본조의 실효성에 대해서는 여전히 의문의 제기가 가능하다. 즉, 우선협약의 존재에 대해서는 알고 있지만 수혜자의 원용의사에 대해서는 알지 못하는 제3자의 입장에서는 의도적으로 수혜자의 의사를 확인하려 들지 않을 수도 있다. 왜냐하면 법문의 규정을 고려할 때, 그렇게 한다고 하여 수혜자의 권리를 제3자가 곧바로 대위할 수 있는 것은 아니며, 프랑스 파기원이 기존의 입장을 바꾸어 우선협약에 대해 악의인 제3자에게 수혜자를 상대로 질의권을 행사하도록 하지 않는 한, 제3자의 입장에서는 기껏해야 계약외책임을 지는 것에 그칠 것이기 때문이다. 그러나 역설적이게도 질의권의

---

96) G. Chantepie et M. Latina, *op. cit.*, n° 258, p. 223.
97) G. Chantepie et M. Latina, *op. cit.*, n° 258, p. 223.

행사로 인한 이점은 예약자에게 돌아갈 수도 있는데, 그 이유는 제3자를 매개로 하여 수혜자의 원용의사를 시험해 볼 수 있기 때문이다. 질의권이 행사된다고 하더라도 예약자가 완전히 자유롭게 되는 것은 아니라고 할 것이며, 예약자는 여전히 수혜자에게 계약체결 여부를 제안하고 그에 대한 수혜자의 거부의사가 확인된 경우에 비로소 제3자와 계약을 체결할 수 있을 것이다.[98]

> Article 1124 La promesse unilatérale est le contrat par lequel une partie, le promettant, accorde à l'autre, le bénéficiaire, le droit d'opter pour la conclusion d'un contrat dont les éléments essentiels sont déterminés, et pour la formation duquel ne manque que le consentement du bénéficiaire.
> La révocation de la promesse pendant le temps laissé au bénéficiaire pour opter n'empêche pas la formation du contrat promis.
> Le contrat conclu en violation de la promesse unilatérale avec un tiers qui en connaissait l'existence est nul.
> 제1124조 ① 일방예약은 예약자인 일방 당사자가 수혜자인 타방 당사자에게 본질적인 내용이 확정되어 있는 계약의 체결을 위한 선택권과 함께 수혜자의 동의만이 결여되어 있는 계약의 성립을 위한 선택권을 부여하는 계약이다.
> ② 수혜자에게 선택을 위하여 주어진 기간 동안의 예약철회는 약속된 계약의 성립에 장애가 되지 않는다.
> ③ 일방예약의 존재를 이를 알고 있었던 제3자와 체결한 일방예약 위반의 계약은 무효이다.

　　[해제] 본조는 예약자가 일방예약을 위반한 경우에 대한 제재를 주로 다루고 있다. 즉, 본조 제1항은 일방예약의 개념을 정의한 뒤, 제2항과 제3항은 예약위반의 태양 및 그 효과를 규정한다. 예약위반의 태양으로는 본조 제2항에서 상정하는 '예약의 철회' 이외에도 본조 제3항에서 상정하는 '제3자와의 계약체결'이라는 모습을 들 수 있다. 그리고 그에 대한 제재로서, 본조 제2항은 예약을 철회하더라도 약정한 계약의 성립을 방해하지 않으며, 본조 제3항은 제3자가 일방예약의 존재에 대해 악의인 경우에는 그와 같은 제3자와 체결한 일방예약 위반의 계약이 무효임을 천명한다.

　　본조 제1항은 일방예약의 개념을 정의한다. 그러나 본조 제1항의 개념정의

---

98) O. Deshayes, Th. Genicon et Y.-M. Laithier, *op. cit.*, p. 174.

와 관련하여 학설상 주장되어 온 개념정의가 받아들여지지 않았다거나 입법자는 개념정의까지 해서는 안 된다는 등의 이유로 비판이 제기된다. 한편, 동 개념정의는 예약자를 먼저 언급하고 있으나 수혜자와 그에게 부여된 계약체결을 위한 '선택권(droit d'option)'에 방점을 두고 있다. 그리고 이러한 규정태도는 수혜자에게 계약체결을 위한 '독점권(exclusivité)'을 인정함으로써 계약당사자들의 사적자치를 지나치게 제한하였던 종전의 개정시안에서의 그것보다는 더 합리적인 태도라는 분석도 있다.[99] 종전의 개정시안은 수혜자에게 어떠한 지위가 인정되는지가 분명하지 않았다. 반면, 본조가 예약자가 수혜자에게 부여하는 선택권은 그 내용이 분명한데, 이는 물권이 아니기 때문에 수혜자에게 물건에 대한 직접적인 권리가 인정되지 않으며, 채무자에 대한 고유한 의미에서의 채권도 아니다. 즉, 수혜자의 선택권은 일종의 '형성권(droit potestatif)'으로서 권리자가 고유의 일방적 활동을 통하여 기존의 법적 상황을 변경, 소멸시키거나 새로운 법적 상황을 발생시키는 권리이다. 환언하면, 수혜자의 선택권은 예약자가 이미 승낙한 상태에서 수혜자의 일방적 의사표시에 의해 약정된 계약을 성립시킬 수 있는 권한을 가리킨다. 본조 제1항과 관련하여 또 다른 의문점은 선택권의 행사기간이 존재하는지의 여부이다. 즉, 무기한의 일방예약은 무효인지 아니면 유효한 것인지 입법자의 태도가 분명하지 않다는 것이다. 그러나 이와 관련하여 두 가지 해법이 제시되고 있다. 우선 청약과 관련하여 합리적 기간 내에 승낙적격을 인정하도록 규정하고 있는 민법 제1116조의 규정태도를 고려할 때, 비록 기한 없는 일방예약이 유효할 수는 있다고 하더라도 그 존속기간은 합리적인 기간으로 제한된다고 해석할 필요가 있다. 무기한의 일방예약에서의 선택권은 적어도 합리적인 기간 내에 행사되어야 한다는 것이다. 다음으로, 선택권이 합리적인 기간 내에 행사되지 않으면 시효소멸한다고 이론구성할 수도 있다.[100] 다른 한편, 수혜자에 의한 선택권의 행사가 있으면 단순청약에 대한 승낙의 경우와 마찬가지로 계약은 성립한다. 이러한 사정으로 인하여 일방예약에서는 청약의 경우와 마찬가지로 약정한 계약의 '본질적 내용(éléments essentiels)'이 확정되어 있어야 한다. 즉, 본조 제1항에서 규정하는 바와 같이, 계약의 성립을 위한 요소 중 수혜자의 동의만 결여된 상태여야 한다. 예컨대, 매매의 일방예약은 매

---

99) G. Chantepie et M. Latina, *op. cit.*, n° 260, p. 225.
100) G. Chantepie et M. Latina, *op. cit.*, n° 261, p. 227.

수인의 승낙만 기다리는 절반쯤 성립된 계약이다. 환언하면, 일방예약의 목적은 실제로 예약자의 승낙을 고착화하여 더 이상 철회할 수 없게 하는 것이다.

　본조 제2항과 제3항은 일방예약 위반의 효과를 다루고 있다. 그런데 본조 제2항과 제3항의 규정으로 인하여 기존의 Cruz 판결101)의 해법은 개정민법을 통하여 포기된 것으로 평가된다. 즉, Cruz 판결에서는 일방예약의 수혜자에게 주어진 선택기간 동안 예약자가 예약을 철회하더라도 수혜자에 대한 손해배상의 문제만을 남기는 것으로 해석하였다. 이는 프랑스파기원이 오랫동안 예약자의 지위는 '하는 채무'에서의 채무자의 그것에 해당한다는 입장을 견지하여 왔음을 반증한다. 따라서 이러한 '하는 채무'의 위반이 있게 되면 그와 같은 '하는 채무'는 개정 전 프랑스민법 제1142조에 근거하여 손해배상채무로 전환되므로, 예약자가 일방예약을 철회하더라도 예약자는 그에 대한 제재로서 수혜자에 대해 금전에 의한 손해배상책임만을 진다고 추론하여 왔던 것이다. 그러나 이와 같은 프랑스파기원의 태도는 학설상 비판의 대상이 되어 왔다. 즉, 예약자가 '하는 채무'를 부담한다고 하더라도 그와 같은 사정이 '강제이행(exécution forcée)'이라는 제재의 성립을 방해하지 않았다. 그리고 예약자가 자신의 승낙을 유지하여야 한다고 하더라도 이는 의무론적 분석에 기초하여 그가 '하는 채무(obligation de faire)' 또는 '하지 않을 채무(obligation de ne pas faire)'를 부담하기 때문이 아니라 일방예약에서의 계약의 구속력 때문에 그러한 것이다. 따라서 예약의 수혜자가 선택권을 행사하기 전에 예약자가 예약을 철회한다고 하더라도 그와 같은 철회는 존재하지 않는 것으로 고려되어야 한다. 프랑스파기원은 우선협약에서 이와 같이 의무론적 분석(analyse obligationnelle)을 포기한 뒤102) 일방예약에서도 마찬가지로 그와 같은 분석태도를 포기하였다.103) 다만, 프랑스파기원은 그럼에도 불구하고 예약자가 예약철회를 하더라도 그 효력을 부인하는 것은 지속적으로 반대하였다. 즉, 수혜자의 선택권 행사 이전에 예약자의 예약철회가 있으면 약속된 계약의 청약과 승낙의 합치에 의한 성립을 방해한다는 태도를 유지하였다. 그런데 프랑스민법 제1124조 제2항은 이러한 Cruz 판결의 태도와는 정반대로 "수혜자에게 선택을 위하여 주어진 기간 동안

---

101) Civ. 3ᵉ, 15 déc. 1993, n° 91-10.199.
102) Ch. mixte, 26 mai 2006 : *Bull. ch. mixte*, n° 4.
103) Civ. 3ᵉ, 11 mai 2011, n° 10-12.875.

의 예약철회는 약속된 계약의 성립에 장애가 되지 않는다."고 규정하고 있다. 그리하여 2016년 2월 10일의 오르도낭스에 대한 경과규정에 따라 2016년 10월 1일 이전에 체결된 일방예약은 Cruz 판결에 구속되나 2016년 10월 1일 이후에 체결된 일방예약은 제1124조에 의해 규율될 것이다.

문제는 본조 제2항과 제3항의 규정에도 불구하고, 프랑스파기원이 위에서 언급한 기존의 Cruz 판결의 태도를 포기하고 개정민법의 해법을 따를 것인지의 여부인데, 2017년 파기원 사회부의 판결[104]은 2016년 10월 1일 이전에 체결된 '고용예약(promesse d'embauche)'의 효력과 관련하여 제1124조의 해결방안을 따랐다. 그러나 프랑스파기원 사회부의 이와 같은 태도를 일반화하여 파기원의 태도변화가 임박했다고 예단하는 것은 신중하지 못하며, 적어도 파기원 민사부의 판결을 기다릴 필요가 있다.[105]

일방예약은 약정한 계약과는 구별되어야 한다. 그러나 예약자는 일방예약에 대해 승낙함으로써 약정한 계약에 대해서도 승낙한 것으로 해석하여야 하는데, 그 이유는 일방예약으로 인하여 약정한 계약에서는 수혜자의 승낙만이 결여되어 있기 때문이다. 그리고 계약의 구속력으로 인하여 예약자는 예약을 철회할 수 없게 된다는 것이다. 이러한 사정으로 인하여 견해에 따라서는 일방예약을 그 자체로서 하나의 계약이며 그에 대한 불이행은 제재의 대상이기도 하지만 더 나아가 문언적으로도 불가능한 것이라고 평가된다. 즉, 입법자가 이미 예약자의 예약철회에 해당하는 불이행을 금지하고 있기 때문에 일방예약의 불이행에 대한 제재를 상정할 필요조차 없으며, 예약철회의 무효(inefficacité)는 제재의 일종이 아니라 예약위반을 저지하기 위한 예방조치에 해당한다는 것이다.[106] 개정 민법이 시행되기 전까지 예약자는 수혜자와의 예약을 위반하더라도 계약을 체결한 제3자에 대해서만 구속되었으며, 예약자와 제3자는 수혜자에 대해 손해배상책임만을 부담하였다. 그리고 그 근거로서 예약자에 대해서는 채무불이행책임을 그리고 제3자에 대해서는 불법행위책임을 들 수 있었다. 그러나 여기서 의문은 청약에도 구속력이 인정되는데, 청약보다 더 예약으로 약정한 계약에 가까운 상태에 있다고 할 수 있는 일방예약이 예약자를 구속하지 않

---

104) Soc., 21 sept. 2017, n° 16-20.103.

105) G. Chantepie et M. Latina, *op. cit.*, n° 259, p. 224.

106) G. Chantepie et M. Latina, *op. cit.*, n° 265, p. 230 참조.

는 것으로 보인다는 것이다. 즉, 일방예약에 의해 체결되는 계약은 예약, 선택권행사 그리고 계약의 성립이라는 3단계를 거치는 것이 아니라 예약 이전의 청약이라는 4단계의 과정을 거쳐서 성립된다. 그리고 통상적으로 법원은 계약 위반에 대한 제재로서 손해배상과 강제이행만을 선고할 수 있는데, 그렇다면 일방예약 위반에 대해서도 각 단계에 따라 마찬가지의 제재를 가할 수 있을 것이다. 그런데 계약체결 전단계에는 손해배상만을 인정하고 계약체결의 단계에는 강제이행을 명하는 것이 바람직할 수 있다. 이럴 경우, 매매의 일방예약은 단순한 청약의 수준이 아니라 이미 절반 정도 체결된 매매계약이라는 점을 고려할 때, 매매계약과 마찬가지로 강제이행을 할 수 있을 것이다.107) 그러나 입법자들은 예약의 철회를 금지하고 예약철회의 효력을 인정하지 않는 방안을 채택하였다. 이는 법적 안정성을 함께 고려한 처사라고 평가될 수 있다. 사실 이론적으로는 금전에 의한 손해배상을 통하여 관련 당사자들의 이해관계가 조정될 수 있다고 주장할 수 있을 것이나, 금전에 의한 배상으로도 회복되지 않는 손해가 있을 수 있다. 즉, 금전배상을 받은 수혜자가 그 배상금으로 약정한 계약을 통하여 취득할 수 있었던 대상과 유사한 대상을 취득할 수 있다고 누가 장담할 수 있느냐는 것이다. 아울러, 입법자들은 선의의 제3자의 이익을 수혜자의 이익을 위하여 희생시키지 않고자 하였다고 할 수 있다. 즉, 일방예약에 반하는 계약을 체결한 제3자가 일방예약의 존재에 대해 선의인 경우에는 일방예약이 철회되더라도 예약의 수혜자는 예약위반의 계약의 무효를 더 이상 주장할 수 없으며, 예약자에 대한 손해배상으로 만족할 수밖에 없다. 따라서 예약의 철회가 그 효력이 없다고는 하나, 이러한 결과는 종국적으로는 예약자와 제3자가 계약을 체결하지 않은 경우에만 의미가 있다. 만약 예약자가 예약을 철회하지 않고, 제3자와 계약을 체결함에 있어서는 일방예약이 존재하는 것을 알리지 않는다면 본조제2항은 그 규정의미를 살피기 어렵다. 그러므로 기술적인 측면에서는 일방예약의 체결시에 예약위반을 이유로 한 손해배상액의 예정에 관한 규정을 두는 것이 더 바람직할 수 있다. 만약 그와 같은 약정이 없다면 법원으로 하여금 예약위반에 대한 엄두를 내지 못할 정도의 손해배상을 명하게 하는 것도 일방예약 위반을 억제할 수 있는 방안이다.108)

---

107) G. Chantepie et M. Latina, *op. cit.*, n° 265, p. 231.
108) G. Chantepie et M. Latina, *op. cit.*, n° 267, p. 232.

본조 제3항은 예약의 존재에 대해 악의인 제3자와 예약자가 예약위반의 계약을 체결한 경우 그 계약이 무효임을 천명한다. 본항의 적용과 관련하여, 제3자와 예약자가 예약위반에 대해 공모하거나 통정하였을 필요는 없으며, 단지 제3자가 일방예약의 '존재(existence)'에 대해 악의이면 족하다. 더 나아가 수혜자가 일방예약을 원용하고자 하였는지 여부 또한 문제가 되지 않는다. 다만, 수혜자가 일방예약의 존재에 대해 제3자가 알고 있었다는 점을 증명하지 못하는 한, 예약자와 제3자 사이의 계약은 무효로 다루어지지 않는다. 따라서 예약자와 제3자 사이의 계약이 무효화되지 않는다면, 예약자와 수혜자 사이에서 예약철회의 무효를 이유로 체결된 계약의 이행 또한 불가능하게 될 것이라는 점이다. 한편, 예약자와 악의의 제3자 사이에서 체결된 계약은 수혜자에게 대항할 수 없을 뿐만 아니라 근본적으로 무효이다. 그런데 본조 제3항의 규정에 대해, 예약자와 악의의 제3자 사이에서 체결된 계약은 무효화할 수 있는 것으로 규정하는 편이 더 나았다고 주장하면서, 다소의 아쉬움이 있다는 견해도 있다. 즉, 수혜자가 손해배상을 선호하였기에 예약자와 제3자의 계약이 무효라는 주장을 하지 않았다면 이 계약은 무효임에도 불구하고 정상적으로 이행되게 되는데, 이러한 결과는 개정 민법 제1179조 이하에서 규정하고 있는 절대적 무효와 상대적 무효에 관한 규정내용과도 배치되기 때문이다. 개인의 이익에 대한 침해는 상대적 무효로 제재하고(민법 제1179조 제2항) 공익이나 일반적 이익(intérêts général)에 반하는 행위는 절대적 무효로 다루면서(민법 제1179조 제1항), 상대적 무효는 수혜자만이(민법 제1181조), 절대적 무효는 예약자와 제3자를 포함하여 이해관계 있는 모든 자가 무효를 주장할 수 있다(민법 제1180조). 이러한 점을 고려할 때, 일방예약에 반하는 계약으로서 예약자와 제3자 사이에 체결된 계약은 상대적 무효로 다루어야 한다.[109]

[박 수 곤]

---

109) G. Chantepie et M. Latina, *op. cit.*, n° 269, p. 233.

Sous-section 4 Dispositions propres au contrat conclu par voie électronique

제4부속절 전자적 수단에 의해 체결된 계약에 적용되는 규정

[해제] 본부속절은 전자적 방식에 의해 체결되는 계약에 관하여 규정하고 있다. 전자계약에 관한 규정은 이미 2000년과 2005년에 민법전에 도입되었으나, 2016년 민법전 개정 시에 일부의 수정을 거쳐 본부속절에 재편되었다.

Article 1125 La voie électronique peut être utilisée pour mettre à disposition des stipulations contractuelles ou des informations sur des biens ou services.
제1125조 재화 또는 용역에 관한 정보나 계약적 조항의 제시를 위하여 전자적 수단을 이용할 수 있다.

[해제] 본조는 장래 체결될 수 있는 '계약에 관한 법적 정보'를 잠정적 상대방에게 전자적 수단으로 제시할 수 있도록 한 것이다. 이러한 규정을 둔 이유로, "이러한 징보의 제시는 진자적 수딘 이외에 종이와 같은 디른 전달수단에 의해서도 물론 가능하나, '계약에 관한 법적 정보'는 매우 중요한 정보이기 때문에, 계약 체결 전에 이러한 정보를 전자적 수단으로 제시하는 경우, '다른 전달 수단'에 대한 '전자적 수단'의 등가성(等價性)을 법이 보장하기 위한 것"이라 하고 있다. 적용범위와 관련하여, 본조는 체결될 계약에 관련된 법적 정보(계약적 조항)와 그 대상이 되는 재화나 용역에 관한 기술적 정보의 제시를 목적으로 하고 있다. 여기에서 '계약적 조항(stipulations contractuelles)'이라는 용어를 쓴 이유는 이를 정약(offre)이나 일반조건(conditions générales) 등과 구별하기 위함이다. 이러한 정보를 제시함에 있어서 전자적 수단을 활용하지 말아야 할 아무런 이유가 없기 때문에, 본조는 종이와 같은 전통적인 제시 수단과 전자적 수단을 동일하게 평가하고 이를 법적으로 보장한 것이다.[110]

Article 1126 Les informations qui sont demandées en vue de la conclusion d'un contrat ou celles qui sont adressées au cours de son exécution peuvent être

---

110) G. Chantepie et M. Latina, *op. cit.*, n° 272, pp. 236-237.

> transmises par courrier électronique si leur destinataire a accepté l'usage de ce moyen.
>
> 제1126조 계약 체결을 목적으로 요구되거나 계약의 이행 중 전달되는 정보는, 수신자가 전자우편의 사용을 동의한 경우에, 전자우편으로 송신될 수 있다.

[해제] 계약 체결에 앞서 또는 계약의 이행 과정에서 상대방이 일정한 정보의 제공을 요청하는 경우가 있다. 이러한 정보의 제공이 전자우편에 의해 행해지는 경우를 위하여 프랑스민법전은 본조와 제1127조를 두었다. 여기에서 대상으로 하는 정보의 범위는 제1225조의 정보보다 그 범위가 훨씬 넓다. 즉 협상 단계나 계약체결 후 이행 단계에서 당사자들의 요구에 의해 제공되는 여러 부수적 정보까지 이에 포함된다. 그런데 제1125조가 포괄적인 의미에서 '전자적 수단'에 의함을 예정함에 비해, 이 두 조항은 '전자우편'에 의한 정보제공을 예정하고 있다.

본조는 계약의 체결이나 이행에서 전자우편의 사용에 관한 규정이다. 본조에 의하면, 전자우편의 사용에 관한 수신자의 동의가 없는 경우, 전자우편에 의한 정보의 제공은 송신의 효력이 없게 된다. 이는, 수신인의 동의를 요건으로 하여, 수신인이 해당 정보가 전자우편주소로 송신될 것이라는 점을 예정할 수 있도록 한 것이다.[111]

> Article 1127 Les informations destinées à un professionnel peuvent lui être adressées par courrier électronique, dès lors qu'il a communiqué son adresse électronique.
>
> Si ces informations doivent être portées sur un formulaire, celui-ci est mis, par voie électronique, à la disposition de la personne qui doit le remplir.
>
> 제1127조 ① 사업자에게 제공되어야 할 정보는 그가 자신의 전자 주소를 알려준 때부터 그에게 전자우편으로 전달될 수 있다.
>
> ② 이러한 정보가 서식을 갖추어야 하는 경우, 이 서식은 이를 기입할 자에게 전자적 수단으로 제시된다.

[해제] 본조는 계약의 일방 당사자가 사업자일 경우에, 전자우편의 사용에

---

111) G. Chantepie et M. Latina, *op. cit.*, n° 273, p. 238.

서 요구되는 요건을 제시한 것이다. 구체적으로는 프랑스소비법전 제L.111-1조
는, 계약 체결에 앞서서, 사업자로 하여금 소비자에게 자신의 주소와 전화번호
및 전자우편주소를 알리도록 하고 있다.

본조 제1항은 전자우편의 수신자가 사업자일 경우, 사업자가 송신인에게
자신의 전자우편 주소를 알려준 때부터, 그의 동의를 받을 필요가 없이 송신할
수 있게 하고 있다.

본조 제2항은 서식을 갖춘 정보의 경우, 이 서식이 전자적 수단에 의해 제
시되어야 한다고 하고 있다. 이는 일반적으로 사업자와 소비자와의 관계에서,
사업자는 상시적으로 자신의 관련정보를 전자적 수단으로 제시하여야 하고, 소
비자는 이를 통해 본인이 원하는 거래를 위해 자신의 정보를 제공하기 때문이
다. 그리고 소비자가 사업자에게 제공하는 정보는 통상 일정한 서식을 갖추는
경우가 많기 때문에, 이러한 서식도 사업자에 의해 전자적 수단으로 제시되어
야 함을 명시한 것이다.[112]

Article 1127-1 Quiconque propose à titre professionnel, par voie électronique,
la fourniture de biens ou la prestation de services, met à disposition les sti-
pulations contractuelles applicables d'une manière qui permette leur conservation
et leur reproduction.

L'auteur d'une offre reste engagé par elle tant qu'elle est accessible par voie
électronique de son fait.

L'offre énonce en outre :

1° Les différentes étapes à suivre pour conclure le contrat par voie électronique ;
2° Les moyens techniques permettant au destinataire de l'offre, avant la
conclusion du contrat, d'identifier d'éventuelles erreurs commises dans la
saisie des données et de les corriger ;
3° Les langues proposées pour la conclusion du contrat au nombre desquelles
doit figurer la langue française ;
4° Le cas échéant, les modalités d'archivage du contrat par l'auteur de l'offre et
les conditions d'accès au contrat archivé ;
5° Les moyens de consulter par voie électronique les règles professionnelles et

112) G. Chantepie et M. Latina, *op. cit.*, n° 274, p. 238.

commerciales auxquelles l'auteur de l'offre entend, le cas échéant, se sou-
mettre.

제1127-1조 ① 사업자로서 전자적 수단에 의해 재화의 공급이나 용역의 제공을 제안
한 자는 누구든지 이에 적용될 계약 조건을 보존과 재생이 가능한 방식으로 제시하여
야 한다.

② 청약이 청약자가 제시한 전자적 수단을 통해 접근될 수 있는 한, 청약자는 청약에
구속된다.

③ 그 밖에 청약에는 다음의 사항이 명시되어야 한다. :

1. 전자적 수단으로 계약을 체결하기 위해 거쳐야 할 각 단계;
2. 계약의 체결 전에, 청약의 상대방이 데이터 입력상의 오류를 발견하고 이를 수
   정할 수 있는 기술적 방법;
3. 계약 체결을 위해, 불어를 반드시 포함하여, 제안된 언어;
4. 필요한 경우, 청약자에 의한 계약서의 보관 형식과 보관된 계약서에의 접근 조건;
5. 필요한 경우, 청약자가 준수하기로 한 직업상 내지 거래상의 규칙을 전자적 수
   단으로 열람할 수 있는 방법.

[해제] 본조는, 청약이나 청약의 유인이 전자적 수단에 의해 행해지는 경
우, 주로 소비자인 그 상대방의 보호를 위해 마련된 규정이다.

본조 제1항은, 청약자가 사업자인 경우, 전문 지식이 상대적으로 부족한 소
비자는 전자적 수단에 의한 계약 체결 과정에서 그 내용을 정확히 인식하지 못
한 상태에서 계약을 체결할 수 있기 때문에, 청약자인 사업자에게 "계약 조건을
보존과 재생이 가능한 방식으로 제시"해야 하는 특별 의무를 부과하고 있다. 즉
사업자는 자신이 제시한 계약 조건을 소비자가 다운받아 보존하거나 출력할 수
있도록 하여야 한다는 것이다.[113]

본조 제2항은 "청약이 청약자가 제시한 전자적 수단을 통해 접근될 수 있
는 한, 청약자는 청약에 구속된다."고 함으로써, 전자적 수단에 의해 제시된 청
약의 구속력을 특별히 명시하고 있다. 일반 대중을 대상으로 청약이 제시되는
경우, 우려되는 사항 중에 하나는 청약자가 자신이 행한 청약을 철회할 가능성
이 있다는 점이다. 따라서 본조는 사업자에 의한 '전자적 청약'의 경우 일반적
으로 인정되는 청약의 철회가능성을 접근가능성을 조건으로 배제함으로써, 일

---

113) G. Chantepie et M. Latina, *op. cit.*, n° 276, p. 240.

반 대중을 대상으로 한 '전자적 청약'에 대한 상대방(주로 소비자)의 신뢰를 보호한다.114)

본조 제3항은 사업자에 의한 청약에 필수적으로 명시되어야 할 사항을 제시하고 있다. 이들 사항은 대부분 전자적 방식에 의해 계약을 체결함에 있어서 거쳐야 할 단계별 절차와 청약자의 의무 등에 관한 것이다. 전자적 방식이기 때문에 그 절차도 상당히 기술적이며 일정한 지식을 요한다. 따라서 이 규정은 전자적 수단에 의한 사업자의 청약에 대응하는 소비자의 승낙 절차에 관하여 사업자가 부담하는 설명의무와 명시의무를 강화함으로써 소비자가 일으킬 수 있는 착오나 오류를 예방하고 나아가 소비자의 이익을 보호한다.115)

Article 1127-2 Le contrat n'est valablement conclu que si le destinataire de l'offre a eu la possibilité de vérifier le détail de sa commande et son prix total et de corriger d'éventuelles erreurs avant de confirmer celle-ci pour exprimer son acceptation définitive.

L'auteur de l'offre doit accuser réception sans délai injustifié, par voie électronique, de la commande qui lui a été adressée.

La commande, la confirmation de l'acceptation de l'offre et l'accusé de réception sont considérés comme reçus lorsque les parties auxquelles ils sont adressés peuvent y avoir accès.

제1127-2조 ① 최종 승낙을 표시하기 위한 주문의 확정에 앞서, 청약의 상대방이 주문명세서와 그 대금총액을 확인하고 발생할 수 있는 오류를 수정할 수 있었던 경우에 한하여, 계약은 유효하게 체결된다.

② 청약자는, 정당한 사유가 없는 한 지체 없이, 자신에게 전달된 주문의 수신확인을 전자적 수단으로 통지하여야 한다.

③ 주문, 청약의 승낙 확정 및 수신확인통지는 전달받을 당사자가 이에 접근할 수 있을 때에 수신된 것으로 본다.

[해제] 본조는 전자적 수단에 의한 승낙의 양태에 관하여 규정하고 있다.

본조 제1항은 전자계약이 매우 기술적이고, 체결 과정에서 많은 오류 및 착오가 발생할 수 있음을 고려하여, 주문의 최종 확정에 앞서, 먼저 주문 내용

---

114) G. Chantepie et M. Latina, *op. cit.*, n° 277, p. 241.
115) G. Chantepie et M. Latina, *op. cit.*, n° 276, p. 240.

을 확인하고 오류 부분을 수정할 수 있는 과정(제1단계 click)을 반드시 마련하여야 한다고 규정한다. 이 '1단계 click'을 거친 후에 주문을 최종적으로 확정하는 '제2단계 click' 절차를 거쳐야만 계약이 유효하게 체결될 수 있다. 이러한 조치는 계약당사자로 하여금 전자적 방식의 사용으로 인해 발생할 수 있는 오류를 수정할 수 있을 뿐 아니라 그 과정에서 자신의 의사를 바꿀 수 있는 기회를 제공한다는 점에서 의미가 있다. 이 'double-click'의 원칙은 주문확정의 효력요건이기 때문에, 이를 위반하여 체결된 계약은 무효이다.[116]

본조 제2항은 확정된 주문의 '수신확인통지'(accusé de réception) 의무를 청약자에게 부과하고 있다. 그리고 제3항은 "주문, 청약의 승낙 확정 및 수신확인통지는 전달받을 당사자가 이에 접근할 수 있을 때에 수신된 것으로 본다."고함으로써, 의사표시의 효력 발생 시기를 "당사자가 이에 접근할 수 있을 때"로확정하였다. 이는 결국 프랑스가 격지자간 계약 성립에 도달주의 원칙을 채택한 것(제1121조)과 일치시켜 전자계약의 경우에도 도달주의 원칙을 채택하였음을 의미한다. 'double-click'의 원칙만을 보면, 'double-click'이 실행된 순간 계약이 체결되는 것처럼 보이기 때문에, 전자계약의 성립 시기가 '발송시'로 여겨질 수 있으나, 전술한 바와 같이 청약자의 청약에 대한 주문(승낙의 의사표시)의수신확인통지를 청약자는 즉시 상대방(승낙자)에게 하여야 하고(제2항), 이에 상대방(승낙자)이 접근할 수 있을 때 그 통지가 수신된 것으로 보기 때문에(제3항), 결과적으로 전자계약의 성립 시기는 상대방(승낙자)의 '수신확인통지의 수취시'(즉 도달시)로 보는 것이 합리적이다.[117]

Article 1127-3 Il est fait exception aux obligations visées aux 1° à 5° de l'article 1127-1 et aux deux premiers alinéas de l'article 1127-2 pour les contrats de fourniture de biens ou de prestation de services qui sont conclus exclusivement par échange de courriers électroniques.

Il peut, en outre, être dérogé aux dispositions des 1° à 5° de l'article 1127-1 et de l'article 1127-2 dans les contrats conclus entre professionnels.

제1127-3조 ① 전자우편의 교환에 의해서만 체결된 재화의 공급이나 용역의 제공 계

---

116) G. Chantepie et M. Latina, *op. cit.*, n° 279, p. 243.
117) F. Terré et Ph. Simler et Y. Lequette, *Droit civil – Les obligations*, Dalloz, 11ᵉ éd., 2013, n° 172-1, pp. 192-193; G. Chantepie et M. Latina, *op. cit.*, n° 280, pp. 243-244.

약은 제1127-1조 제1호에서 제5호 그리고 제1127-2조 제1항과 제2항에 규정된 의무에서 제외된다.

② 그 밖에, 사업자 간에 체결된 계약에는 제1127-1조 제1호에서 제5호 그리고 제1127-2조의 규정을 적용하지 않을 수 있다.

[해제] 본조는 전자적 방식에 의한 계약체결 시에 청약자에게 요구되는 특별 의무(전자적 승낙에 필요한 각 기술적 절차의 설명과 고지의무, 수신확인통지의무)의 적용을 배제하는 경우에 관한 규정이다.

본조 제1항은 "전자우편의 교환에 의해서만 체결된 재화의 공급이나 용역의 제공 계약"의 경우에 그 적용이 배제된다고 규정한다. 전자우편에 의한 계약체결에는, 송·수신만 전자적 수단에 의할 뿐이며 실제로는 일반 서신에 의한 계약 체결과 거의 유사하기 때문에, 별도의 전자 기술적 절차가 불필요하고 보기 때문이다.

본조 제2항은 사업자 간의 계약의 경우에도 그 적용을 배제할 수 있다고 규정한다. 이는, 사업자들은 일반적으로 전자적 수단에 의한 계약 체결 방식에 관한 정보와 절차를 숙지하고 있기 때문에, 굳이 사업자들 간의 계약에 특별의무를 부과할 필요가 없기 때문이다.

Article 1127-4 Hors les cas prévus aux articles 1125 et 1126, la remise d'un écrit électronique est effective lorsque le destinataire, après avoir pu en prendre connaissance, en a accusé réception.

Si une disposition prévoit que l'écrit doit être lu au destinataire, la remise d'un écrit électronique à l'intéressé dans les conditions prévues au premier alinéa vaut lecture.

제1127-4조 ① 제1125조와 제1126조의 경우를 제외하고, 전자문서의 교부는 수신인이, 이를 인식할 수 있었던 후, 그 수신확인을 통지한 경우에 유효하다.

② 수신인이 문서를 열람할 것을 정한 조항이 있는 경우, 전항의 조건에 따른 전자문서의 이해관계인에게의 교부는 열람에 갈음한다.

[해제] 계약의 성립은 물론 이행에 있어서도, 당사자 간의 필요 문서의 교부가 필요할 경우가 많다. 이를 위해 본조는 전자문서에도 종이문서와 같은 교

부의 법적 효과를 인정하고 있다.

그러나 전자문서이기 때문에, 제1항은 수신인이, 이를 인식할 수 있었던 후, 그 수신확인통지를 한 경우에, 교부가 유효한 것으로 하고 있다. 문서의 열람을 요건으로 하는 경우에 대비하여, 제2항은 제1항에서 정한 조건에 따라 이해관계인이 수신확인통지를 하면 열람이 된 것으로 하고 있다. 이러한 내용을 볼 때, 본조는 채권관계의 증거에 관한 제4편의乙에 위치되어야 하는 것이 아닌가 하는 비판[118]도 있다.

[남궁 술]

Section 2 La validité du contrat
제2절 계약의 유효성

[해제] 본절에서는 제1절에서 정한 절차에 따라 성립한 계약이 유효하기 위한 요건을 규율한다. 제1부속절은 '합의', 제2부속절은 '행위능력과 대리', 제3부속절은 '계약의 내용'에 관한 규정을 두고 있다.

Article 1128 Sont nécessaires à la validité d'un contrat :
 1° Le consentement des parties ;
 2° Leur capacité de contracter ;
 3° Un contenu licite et certain.
제1128조 계약이 유효하기 위해서는 다음 각 호의 요건을 갖추어야 한다.
 1. 당사자의 합의
 2. 당사자의 계약체결능력
 3. 적법하고 확정적인 내용

[해제] 본조는 계약의 유효요건을 개관하는 조문이다. 본조가 정하는 세 요건이 모두 갖추어져야만 계약이 유효하다. 본조에서 정한 "유효요건을 갖추지

---

118) G. Chantepie et M. Latina, *op. cit.*, n° 278, pp. 241-242.

못한 계약은 무효이다"(제1178조 제1항 제1문).

개정 전 제1108조가 합의의 유효요건으로서 네 개의 요건, 즉 채무를 부담하는 당사자의 합의(제1호), 당사자의 계약체결능력(제2호), 채무의 내용을 이루는 확정적 객체(제3호), 채무관계에 있어서의 적법한 꼬즈(제4호)를 규정한 것과 비교하면, 마지막 두 요건(제3호와 제4호)을 합하여 하나의 요건(제3호)으로 만들었다. 세 요건 각각과 관련된 상세한 내용은 본절의 각 부속절에서 다루어진다.

개정 전 제1108조 제1호는 '채무를 부담하는 당사자의 합의'를 계약의 유효요건으로 요구하였으나, 편무계약일지라도 양 당사자의 합의가 있어야만 계약이 체결되는 것이므로 잘못된 것이었다. 그래서 본조 제1호는 '당사자의 합의'를 유효요건으로 규정한다.

개정 전 제1108조는 객체(objet)는 확정적일 것을 요구하고(제3호) 꼬즈는 적법할 것을 요구하였다(제4호). 이 '객체'와 '꼬즈'를 본조 제3호는 '내용'으로 대체하였는데, '객체'와 '꼬즈'란 개념이 사라진 것에 대한 평가는 매우 다양하다. 그러나 적어도 '내용'이란 개념에 대해서는 비판적인 견해가 많은데, 그 개념이나 기능이 모두 모호하기 때문이다.[119] 만일 '계약의 내용'이 '계약이 규정하는 바'를 의미한다면, 어떤 계약이 유효하게 효과(effets)를 발생시키기 위해서는 계약은 효과(effets)를 가져야 한다는 동어반복에 그치게 될 것이다.[120] 결국 제3호에서 말하는 '적법하고 확정적인 내용'이란, 본조 제1호와 제2호에서 규정한 당사자의 합의 및 계약체결능력을 제외한 모든 유효요건을 뭉뚱그려 표현한 것에 불과하다고 한다. 어쨌든 본조 제3호가 의미하는 바는 제3부속절(제1162조 이하의 규정)을 통해서 알 수밖에 없다. 그러나 법관이 계약이 무효인 근거를 반드시 제1162조 이하에서 찾아야 할 의무는 없다. 따라서 법관이 계약의 무효를 선언함에 있어서 바로 본조 제3호에 의거하는 것도 가능할 것이다. 그동안 꼬즈는 법관이 계약을 통제할 수 있는 권한을 증가시켜 조작의 위험마저 있다고 비난받았는데, 그러한 위험은 개정 프랑스민법전 하에서도 여전히 남아있다고 한다.[121]

---

119) O. Deshayes, T. Genicon, Y.-M. Laithier, *op. cit.*, p. 197.
120) O. Deshayes, T. Genicon, Y.-M. Laithier, *op. cit.*, p. 198.
121) O. Deshayes, T. Genicon, Y.-M. Laithier, *op. cit.*, p. 199.

Sous-section 1 Le consentement
제1부속절 합의

[해제] 합의에 관한 본부속절은 두 관으로 나뉘어 있다. 이 중 "합의의 존재"에 관한 제1관은 적어도 형식적인 측면에서는 새로운 것이다. 계약이 유효하기 위해서는 당사자의 합의가 필요하다고 하는 제1128조 제1호에 상응하여 '합의의 존재'에 관한 제1관을 둔 것이다. "합의의 하자"에 관한 제2관은 착오, 사기, 강박을 다루는데, 대부분 판례를 수용한 조문들을 담고 있다. 새롭다고 할 수 있는 규정은, 강박의 개념을 확장한 제1143조이다.

본부속절에는, 개정 전 프랑스민법전과는 달리, 급부불균형(lésion), 제3자를 위한 계약(stipulation pour autrui), 제3자의 행위담보계약(porte-fort)에 관한 규정들이 포함되어 있지 않다. 급부불균형은 이제 계약의 내용에 관한 제3부속절에서 다루고(제1168조) 제3자를 위한 계약과 제3자의 행위담보계약은 계약의 제3자효에 관한 제4장 제2절(제1204조 이하)에서 다룬다.

Paragraphe 1 L'existence du consentement
제1관 합의의 존재

[해제] 본관에는 제1129조 한 조문만이 있다. 입법자가 제1129조를 '합의의 존재'에 관한 제1관에 둔 것[122]의 의미에 관하여는 견해가 나뉜다. 우선, 의사능력의 결여를 합의의 부존재(défaut de consentement)와 연관시킨 것이라고 볼 수 있다는 견해[123]에 따르면 의사무능력은 제2관에서 규율하는, 단순한 합의의 하자(vice de consentement)와는 구별되어야 한다.[124] 반면 어차피 본관이 계약의 '체결'에 관한 제1절이 아닌 계약의 '유효성'에 관한 제2절에 속해 있기 때문에, 의사무능력의 경우에도 계약은 성립하여 존재하지만 유효하지 않다는 견해[125]에 따르면 본관의 제목은 잘못 붙인 것으로 무시하여야 하며 의사무능력은 오

---

122) 반면 제901조는 생전증여나 유증에 의한 처분을 하거나 수령을 할 수 있는 능력(capacité)에 관한 장(제3권 제2편 제1장)에 위치한다.

123) G. Chantepie & M. Latina, *op. cit.*, n° 288, p. 249.

124) G. Chantepie & M. Latina, *op. cit.*, n° 290, p. 249.

125) O. Deshayes, T. Genicon, Y.-M. Laithier, *op. cit.*, p. 203.

히려 '합의의 하자'의 문제라고 한다.126)

Article 1129 Conformément à l'article 414-1, il faut être sain d'esprit pour consentir valablement à un contrat.

제1129조 제414-1조에 따라서, 계약의 유효한 합의를 위해서는 의사능력이 있어야 한다.

[해제] 본조는 의사능력이 있는 사람이 한 합의만이 유효하다고 규정하는 바, 이를 반대해석하면 정신장애 상태에서는 유효한 합의를 할 수 없다. 보호조치를 받고 있는지와 상관 없이, 자기 약속의 현실적 의미를 평가할 수 없는 상태에 있는 사람이 있을 수 있다. 계약을 체결한다는 것은 결정을 내리는 것인데, 이는 이해하고 의욕하는 것이다. 정신장애는 뭔가를 이해하고 의욕하는 데 영향을 미친다. 그래서 프랑스민법전은 유상계약이든 무상계약이든 계약 체결 당시의 정신장애는 계약을 무효로 만드는 사유임을 이미 규정하고 있었다. 즉 "유효한 행위를 하기 위해서는 온전한 정신상태에 있어야 한다."는 일반규정(제414 1조)과, 무상양여를 하기 위해서는 온전한 정신상태에 있어야 함을 규정하는 특별규정(제901조)을 두고 있었다. 본조는 이제 제414-1조가 이미 규정하고 있는 일반원칙을 계약법에 받아들여, 계약을 성립시키기 위한 유효한 합의(consentement)를 하려면 당사자에게 의사능력이 있어야 한다는 점을 규정하였다. 그런데 합의는 모든 법률행위(acte juridique)에 필요한 요소이므로(제1100-1조) 본조는 계약뿐 아니라 모든 법률행위에 필요한 합의의 유효요건을 규정한 것이라고 할 수 있다.127) 하지만 본조를 적용함에 있어서는 의사무능력을 이유로 한 합의의 결여를 규율하는 다른 조문들을 함께 고려히어야 한다.

당사자들의 합의는 계약이 유효하기 위한 요건(제1128조 제1호)이기 때문에 의사무능력은 계약의 무효를 가져온다. 의사무능력을 이유로 하는 무효는 온전하지 않은 당사자의 이익을 보호하고자 하는 것으로 상대적 무효이다(제1179조). 즉 무효화소권은 계약당사자가 행사하여야 하고 포기할 수도 있다. 무효화소권은 제414-2조에서 정한 절차를 따라 행사하여야 한다. 따라서 행위자가 생존하는 중에는 행위자만이 의사무능력을 이유로 한 무효화소송을 제기할 수 있

---

126) O. Deshayes, T. Genicon, Y.-M. Laithier, *op. cit.*, p. 204.
127) G. Chantepie & M. Latina, *op. cit.*, n° 289, p. 249 et n° 292, p. 251.

다(제414-2조 제1항). 만약 행위자가 사망한 후라면, 유상계약을 체결한 자의 상속인이 무효화소송을 제기하기 위해서는 당해 법률행위 자체가 정신장애의 증거를 담고 있어야 하고(같은 조 제2항 제1호), 그렇지 않으면 첫째, 행위자가 사법보호(sauvegarde de justice)를 받는 기간 중에 행위가 이루어진 경우(동조 동항 제2호)이거나, 둘째, 행위자의 사망 전에 보좌 또는 후견의 개시를 목적으로 하는 소가 제기되었거나 또는 장래보호위임계약이 효력을 발생한 경우(동조 동항 제3호)이어야 한다. 하지만 망인이 한 행위가 무상양여인 때에는 그 상속인이 무효화소송을 제기함에 있어 위와 같은 제한을 받지 않는다(동조 동항).

본조나 본조와 관련이 있는 다른 조문들도 의사무능력(insanité d'esprit)에 대하여 정의하고 있지 않지만, 의사무능력은 정신능력의 손상으로 분별력이 악화되어 계약당사자가 인식이나 의지를 갖지 못하게 된 것을 말한다. 의사무능력의 인정 여부는 사실심 법원의 전권에 속한다.[128] 실무에서는 심각한 정신장애가 있으면 그것이 지속적이든 일시적이든간에 의사무능력이 인정될 수 있다. 하지만 우울증(dépression)은, 자살을 초래하기도 하지만, 의사무능력을 인정하기에는 충분하지 않다.

제414-1조가 정신장애를 이유로 무효의 소를 제기하는 사람은 행위 당시에 그 사유가 존재했음을 증명하여야 함을 명시하고 있는 데 반해, 본조는 증명책임에 관하여 아무런 언급이 없다. 원칙적으로 정신적 장애의 존재를 원용하는 자가 이를 증명하여야 한다. 법률에 의해 제한능력자로 선언되지 않은 자연인은 계약을 체결할 능력이 있고(제1145조), 행위능력자는 의사능력이 있다고 추정되기 때문이다. 본조도 이 원칙에 따른다고 해석된다. 나아가 어떤 자가 보호조치를 받고 있다는 사실만으로써 그가 계약을 체결할 당시 정신장애가 존재하였다는 것이 증명되는 것도 아니다.[129] 그런데 행위자의 상속인이 제기한 무효화소송에서 판례는 오히려 망인의 의사무능력을 추정하기도 한다. 즉 원고는 망인이 계약을 체결할 당시 정신이 온전하지 않은 상시적 상태(état habituel)에 있었음을 증명하기만 하면 되고 피고가 망인이 계약체결시만큼은 명료기(intervalle lucide)에 들어 있었음을 증명하도록 하는 경우가 있다.[130] 이와 같은

---

128) Civ. 1re, 23 oct. 1985, n° 83-11.125 : *Bull. civ.* I, n° 125.
129) Civ. 1re, 25 mai 2004, n° 01-03.629.
130) Civ. 1re, 6 mars 2013, n° 12-17.360 : *Bull. civ.* I, n° 39.

판례의 태도는 특히 무상양여의 사안에서 수긍할 만한 것이라고 평가된다. 무상양여에 의사능력이 요구된다는 규정인 제901조가, 제414-1조와는 달리, 의사무능력의 증명책임에 관하여 아무런 언급을 하지 않고 있다는 점도 이를 뒷받침한다.[131]

사법보호(제435조) 또는 보좌나 후견(제440조 이하)을 받는 성년자의 의사표시는 제한능력을 이유로 무효가 될 수 있다. 그러나 이들 피보호성년자도 단독으로 유효한 행위를 할 수 있는 분야가 있고,[132] 이러한 행위에 대해서는 행위자가 제한능력을 이유로 하는 무효를 주장할 수 없다. 하지만 그렇다고 해서 정신장애를 이유로 한 무효를 주장할 수 없는 것은 아니다. 가령 피후견인이 후견법관의 판결에 의거하여 단독으로 한 행위는 그 행위가 행해진 시점에 정신적장애상태에 있었다는 이유로 무효화될 여지가 있다. 두 무효화소권은 별개이다.

Paragraphe 2 Les vices du consentement
제2관 합의의 하자

[해제] 개정 전 프랑스민법전은 합의의 하자의 유형을 착오, 강박, 사기 순으로 규정하였지만, 프랑스민법전은 착오, 사기, 강박 순으로 규정한다. 이는 심각성이 덜한 하자로부터 중한 하자의 순서로 배치한 것이고, 착오와 사기의 연관성을 더 부각시키는 장점이 있다고 한다.[133] 사기는 엄밀히 말하면 합의의 하자가 아니라 하자의 원인이다. 사기가 피해자에게 착오를 발생시켜서 그의 의사표시에는 착오라는 하자가 있게 된다. 따라서 착오에 관한 조문 다음에 사기에 관한 조문을 두었다고 한다. 제1132조부터 제1136조까지가 "자발적 착오"를 규율한다면 제1137조부터 제1139조는 "유발된 착오"를 규율하는 것이다. 제

---

131) G. Chantepie & M. Latina, *op. cit.*, n° 291, p. 250.

132) 가령 피보좌인(majeur en curatelle)은, 보존행위와 관리행위를 보좌인(curateur)의 원조 없이도 할 수 있다. 피후견인은 자신의 신상에 관한 결정을 단독으로 할 수 있다(제459조 제1항). 특히 극히 일신전속적인 합의를 포함하는 성질의 행위는, 특별한 법률규정이 없는 한, 피후견인 자신만이 할 수 있다(제458조 제1항). 재산과 관련하여 법률이나 관습이 피후견인이 단독으로 할 수 있는 것으로 허용하는 행위는 피후견인이 단독으로 할 수 있다(제473조 제1항). 또한 후견법관이 후견개시의 심판시 또는 그 후에 피후견인 단독으로 혹은 후견인의 동의를 얻어 할 수 있다고 정한 행위는 그에 따라 법률행위를 할 수 있다(제473조 제2항).

133) G. Chantepie & M. Latina, *op. cit.*, n° 321, p. 276.

1139조는 "사기로 인한 착오는 언제나 무효주장이 허용된다."고 하고 바로 이 착오가 "무효원인"임을 규정함으로써 이 점을 분명히 하고 있다.

　　내용에 있어서 프랑스민법전은 판례가 정립한 원칙을 세심하고 충실하게 받아들였다. 새롭다고 할 수 있는 규정은, 강박의 개념을 확장한 제1143조이다. 제1143조는 2016년에 처음 만들어질 당시에는 문언상 부정확한 면이 있었는데 2018년 변경법률에 의해 개정되었다.

Article 1130 L'erreur, le dol et la violence vicient le consentement lorsqu'ils sont de telle nature que, sans eux, l'une des parties n'aurait pas contracté à des conditions substantiellement différentes.

Leur caractère déterminant s'apprécie eu égard aux personnes et aux circonstances dans lesquelles le consentement a été donné.

제1130조 ① 착오, 사기 및 강박은 그것이 없었더라면 당사자 중 일방이 계약을 체결하지 않았을 것이거나 현저히 다른 조건으로 계약을 체결하였을 경우에는 합의의 하자를 구성한다.

② 전항의 착오, 사기 및 강박의 결정적인 성격은 계약당사자 및 합의가 행해진 상황을 고려하여 판단한다.

　　[해제] 본조는 개정 전 제1109조를 대체하는 조문이다. 개정 전 제1109조는 합의의 하자에는 세 가지가 있다는 점을 규정하였을 뿐, 어떠한 합의의 하자가 무효사유가 될 수 있는지에 관한 기준은 각 하자에 관한 조문에서 달리 표현하고 있었다.[134)135)] 반면 본조는 합의의 하자에 착오, 사기, 강박이 있다는 것을 정하는 데 그치지 않고 그 셋에 공통되는 원칙, 즉 결정적 성격을 지녀야 한다는 점을 정하고 있다.[136)] 결정적 성격의 것이어야만 하자에 해당한다고 규정한 것은 착오에 관한 유명한 판결[137)]을 본받은 것인데, 거래의 안전을 보호하기 위한 요건이다.[138)] 즉 당사자가 계약 체결을 결정함에 있어서 아무런 영향을 주지

---

134) O. Deshayes, T. Genicon, Y.-M. Laithier, *op. cit.*, p. 206.

135) 개정 전 프랑스민법전에서는 사기에 관하여서만 '결정적 성격'일 것을 명시하였다. 즉 개정 전 제1116조는 기망행위가 없었다면 피해자가 계약을 "체결하지 않았을 것"임이 증명된 때에만 합의의 무효사유가 된다고 규정하였다.

136) 이는 계약법 떼레초안 제36조를 따른 것이다.

137) Civ., 28 janv. 1913, *S.* 1913, 1, 487.

138) O. Deshayes, T. Genicon, Y.-M. Laithier, *op. cit.*, p. 206.

않았던 착오나 강요인데도 불구하고 자신이 후회하는 계약을 되물릴 생각으로 착오나 강요를 핑계삼는 것을 막으려는 것이다.[139]

그런데 본조가 종래의 주된 사기/부수적 사기의 구별을 포기한 것인지 여부에 관하여 다툼이 있다. 개정 전 프랑스민법전 하에서는 제1116조를 근거로 하여 주된 사기와 부수적 사기를 구별하였다. 즉 해당 사기가 없었더라면 피해자가 계약을 체결하지 않았을 것은 아니지만 다른 조건으로 계약을 체결했을 것임이 증명된다면 그 계약을 무효화할 수 없고 피해자는 손해배상을 청구하는 데 만족하여야 한다는 것이다. 그리하여 피해자가 해당 계약을 아예 체결하지 않았을 경우의 사기는 주된 사기(dol principal)이고, 피해자가 계약을 체결하기는 하였겠으나 다른 조건으로 체결하였을(가령 매수인이 덜 비싸게 샀을) 경우의 사기는 부수적 사기(dol incident)라고 하였다. 하지만 최근의 학설은 이에 대해 비판적이었다. 계약체결 여부에 대한 의사와 특정한 조건(특히 가격)으로 계약을 체결하고자 하는 의사를 구분하는 것은 인위적이기 때문이다.[140] 판례도 이 구별을 받아들인 적이 있으나[141] 후에는 이를 폐기하였다.[142] 이에 일부 학자들은, 본조는 피해자가 계약을 아예 체결하지 않았을 경우뿐만 아니라 실질적으로 다른 조건으로 계약을 체결하였을 경우에도 계약의 무효를 주장할 수 있다고 규정함으로써, 주된 사기와 부수적 사기를 구별하지 않음을 확인하였다고 주장한다.[143] 물론 계약조건이 "실질적으로" 다르지 않으면 계약의 무효를 주장할 수 없지만, 피해자는 손해배상을 청구할 수 있다. 이 때 피해자는 제1240조에 근거하여 계약체결시 상대방이 범한 과책으로 인하여 손해를 입었음을 증명하면 될 것이고, 부수적 사기의 개념은 필요하지 않을 것이라고 한다. 반면 다른 학자들은, 본조는 오히려 주된 하자와 부수적 하자의 구별을 요구하고 있다고 한다.[144] 일방 당사자가 "실질적으로 다른 조건으로 계약을 체결하였을 경우"에 한하여 그가 계약을 진혀 체결하지 않았을 경우와 마찬가지로 무효를 주

---

139) G. Chantepie & M. Latina, *op. cit.*, n° 295, p. 253.

140) M. Fabre-Magnan, *Droit des obligations, t. 1, Contrat et engagement unilatéral*, 4ᵉ éd., PUF, 2016, n° 368.

141) Civ. 3ᵉ, 5 avr. 1968 : *Bull. civ.* Ⅰ, n° 156; Com., 23 nov. 1982, n° 81-10.802.

142) Civ. 3ᵉ, 22 juin 2005, n° 04-10.415 : *Bull. civ.* Ⅲ, n° 137; *RDC* 2005. 1025, obs. PH. Stoffel-Munck; *CCC* 2005, comm. 186, obs. L. Leveneur.

143) N. Dissaux et Ch. Jamin, obs. ss art. 1130 du projet d'ordonnance.

144) O. Deshayes, T. Genicon, Y.-M. Laithier, *op. cit.*, p. 208.

장할 수 있다고 규정하고 있으므로 약간 다른 조건으로 계약을 체결했을 경우에는 계약이 무효화될 수 없기 때문이다.

착오, 사기나 강박이 결정적 성격의 것임을 증명하는 일은 당해 하자의 성립요건들을 증명함으로써 이루어지는 경우가 많다.145) 가령 어떤 착오가 결정적 성격(caractère déterminant)을 가짐을 증명하는 일은, 급부 또는 계약상대방이 갖추지 못한 어떤 성질(qualité)이 본질적 성격(caractère essentiel)을 가짐을 증명하는 것으로 이루어진다. 본질적인 성질(qualité essentielle)에 관한 착오이면 합의에 있어서 결정적인 착오인 것이다. 강박의 경우에도 마찬가지이다. 강박의 피해자는 자신이 "중대한 해"를 입을 것이라는 두려움 때문에 합의하였다는 점을 증명해야 하는데(제1140조), 이러한 공포가 증명되면 곧 강박의 '결정적 성질'은 증명된 것이다. 본조가 규정하는 '결정적 성격'이 독자적인 요건이라고 할 수 있는 하자는 사실 사기(dol)뿐이다. 사기에 있어서는 사기의 성립에 필요한 객관적 요건과 주관적 요건을 모두 증명하는 것으로 부족하고, 기망에 의해 유발된 착오가 결정적 성격을 가진다는 점을 증명하여야 한다.

과연 문제되는 착오, 사기나 강박이 결정적인 것이었는지 여부는, 계약당사자의 나이, 지능, 직업 및 합의가 행해진 상황을 고려하여, 즉 구체적으로(in concreto) 판단하여야 한다(제2항). 착오의 경우 급부나 상대방이 갖추지 못한 성질이 본질적 성질인지 여부를 판단함에 있어서 사안의 상황과 착오자의 정신적 능력을 고려하여 판단한다. 이는 개정 전과 다를 바 없다. 본항이 파급력을 갖는 것은 강박의 경우이다. 개정 전 제1112조는 강박으로 야기된 공포가 피해자의 합의를 손상시킨 성질의 것이었는지를 판단함에 있어서 "합리적 인간"이 가졌을 느낌을 기준으로 한다고 규정하고 있었다. 이는 한 조문 안에 구체적 판단과 추상적 판단이 섞여 있다는 점에서 모순적이었다.146) 이제 본조는 하자의 종류가 무엇이든 간에 그 결정적 성격의 판단은 구체적으로 행해져야 함을 규정한다. 따라서 무지한 사람, 나약한 사람, 순진한 사람은 자신의 능력에 걸맞는 보호를 바랄 수 있다. 하지만 이들에 대해서도 용인될 수 없는 하자(제1132조)가 있을 수 있다.

145) G. Chantepie & M. Latina, op. cit., n° 295, p. 254.
146) G. Chantepie & M. Latina, op. cit., n° 297, p. 256.

> Article 1131 Les vices du consentement sont une cause de nullité relative du contrat.
> 제1131조 합의의 하자는 계약의 상대적 무효원인이 된다.

[해제] 본조는 합의의 하자가 상대적 무효원인임을 규정한다. 이는 종래의 판례와 합치하며 프랑스민법전이 무효에 관한 현대이론을 채택한 것에도 부응한다.[147] 하자 없는 합의를 요구하는 것은 무엇보다 계약당사자인 피해자를 보호하기 위한 것이다. 따라서 이때의 무효는 상대적 무효이다.[148]

그런데 제1142조는 강박을 행한 자가 계약당사자인지 제3자인지를 불문하고 계약의 무효를 인정한다. 이는 사기의 경우 원칙적으로 기망자가 계약상대방일 때에만 무효원인이 되는 것과 다르다. 따라서 강박에 관한 법규정은 계약당사자의 이익 보호보다는 강박을 사용하지 못하게 함으로써 일반적 이익을 보호하고자 하는 목적을 가진다고 생각할 수도 있다. 사실 법규정이 보호하고자 하는 이익이 '개인적 이익'이냐 '일반적 이익'이냐를 가지고 언제나 상대적 무효와 절대적 무효를 가려낼 수는 없다. 어쨌든 강박에 관하여 위와 같은 논란은 없을 것이다. 본조가 합의의 하자는 상대적 무효원인임을 명시하고 있기 때문이다. 하지만 제1124조 제3항이나 제1172조 제2항에서의 무효는 과연 상대적 무효인지 아니면 절대적 무효인지에 관하여 아무런 언급이 없기 때문에 논란의 여지가 있다.[149]

"합의의 하자"에 대한 제재로서 무효를 선택한 것은, 입법자가 법관에게 당사자의 합의를 개정할 권한을 주지 않으려 했음을 암시한다. 유럽계약법원칙은 공통착오의 경우(제7:203조)와 의존적 상황의 남용의 경우(제7:207조)에 법관에게 그러한 권한을 부여한다. 그러나 이는 당사자의 합의를 중시하는 프랑스의 관념과는 거리가 있는 것이다. 무효화소권은 착오나 사기를 당한 자, 강박을 당한 자가 행사할 수 있다.

---

147) G. Chantepie & M. Latina, *op. cit.*, n° 298, p. 256.
148) Civ. 3ᵉ, 26 juin 2013, n° 12-20.934.
149) G. Chantepie & M. Latina, *op. cit.*, n° 298. p. 257.

> Article 1132 L'erreur de droit ou de fait, à moins qu'elle ne soit inexcusable, est
> une cause de nullité du contrat lorsqu'elle porte sur les qualités essentielles de
> la prestation due ou sur celles du cocontractant.
> 제1132조 법률 또는 사실의 착오는, 용인할 수 없는 것이 아닌 한, 이행해야 할 급부
> 또는 계약상대방의 본질적 성질에 관한 것인 경우에는 무효원인이 된다.

[해제] 본조는 개정 전 제1110조의 "목적물의 본질(substance) 자체에 관한
착오"를 확장 해석한 판례를 수용한 것이다. 본조는 다음 두 가지 면에서 개정
전 제1110조보다 개선된 문언을 가지고 있다고 평가된다.150) 첫째, 계약의 목적
이 물건이 아닌 용역인 경우를 포괄할 수 있다. 둘째, 모호한 개념인 본질에 관
해 논쟁하는 대신 급부나 계약상대방에게 기대되는 성질을 분석하면 된다. "본
질적 성질(qualité essentielle)"이란 표현은 제180조151)에도 있는 표현으로서 법전
안에서의 정합성에도 도움이 된다.152)

착오는 "진실에 반하는 의견"이다. 일방 당사자가 거짓인 것을 사실이라고
믿었거나 사실인 것을 거짓이라고 믿었을 때에 착오가 존재한다. 개정 전 프랑
스민법전은 당사자가 진정으로 원하지 않는 계약에 구속되어서는 안 된다고 하
는 계약정의의 요구와 일정한 안정성을 유지하여야 한다는 법적 안정성의 요구
를 절충하기 위해, 계약무효원인으로 인정되는 착오의 범위를 제한하였다. 이는
착오의 성질(nature)에 따라 무효 인정 여부를 결정하는 것이었다. 그러나 유럽
계약법통일안들은 다른 입장을 채택하여, 착오의 성질에 따라서가 아니라 착오
의 발생연원에 따라서 무효원인 여부를 결정하고 있다.153) 계약법통일안들에서
는 공통착오를 제외하고는, 상대방이 야기한 착오만이 무효원인이므로, 착오와
사기를 구별하는 유일한 기준은 속이려는 의도가 있었는지 여부이다. 프랑스
학자들은 프랑스민법전이 통일안들의 입장에 가담하지 않은 것에 대해 환영한
다.154)

본조는 착오에 관한 첫 조문으로서, 그 뒤를 잇는 제1133조, 제1134조, 제

---

150) O. Deshayes, T. Genicon, Y.-M. Laithier, *op. cit.* p. 213.
151) 제180조 제2항은 "사람의 본질적 성질"에 관한 착오는 혼인의 무효사유임을 규정한다.
152) G. Chantepie & M. Latina, *op. cit.* n° 304, p. 261.
153) 공동참조기준초안(DCFR) 제7.201조, 유럽계약법원칙(PECL) 제4:103조.
154) G. Chantepie & M. Latina, *op. cit.*, n° 302. p. 259.

1135조, 제1136조를 거느리고 있다. 본조는 착오에 관한 기본원칙들을 제시하며 일종의 안내판과 같은 기능을 하고 있다. 그에 따르면 첫째, 급부 또는 계약상 대방의 본질적 성질에 관한 것이면, 법률의 착오이든 사실의 착오이든 무효원인이 된다. 개정 전 프랑스민법에서도 법률의 착오와 사실의 착오는 동등한 취급을 받았다. 사실 '누구도 법을 모르는 것으로 추정되지 않는다'는 법언은, 공법관계에서 시민이 자신에게 법이 적용되는 것을 막으려고 법에 대한 무지를 핑계대지 못한다는 것이다. 따라서 사인들 간의 관계에서 일방 당사자가 법을 몰라서 계약을 체결하였다고 주장하는 경우에는 위 법언은 아무런 관련이 없다.155) 법률의 착오에 대한 주장은, 자신이 법률상 계약을 체결할 의무가 있다고 잘못 생각했다는 주장이 많다. 가령 소유자가 자신의 물건을 팔 때 임차인에게 우선매수권이 있다고 잘못 생각해서 임차인에게 매도한 경우가 그러하다.156)

둘째, 착오는 용인될 수 없는 것이 아니어야 한다. 개정 전 제1110조는 착오를 이유로 계약의 무효를 주장하기 위해서 표의자에게 과책이 없을 것을 요구히지 않았다. 그러나 형평의 원칙 또는 신의성실에 원칙에 비추어 판례는 표의자의 착오가 용인될 수 없을 정도의 과도한 경솔함이나 과실에서 발생하였을 때에는 무효를 주장할 수 없다고 하였다. 본조는 이러한 판례를 수용하여 착오가 용인될 수 없는 것이 아닐 것을 요구한다. 그런데 착오를 주장하는 자(errans)가 자신의 착오가 용인될 수 있는 성격의 것임을 증명하여야 하는 것이 아니라, 그 상대방이 해당 착오는 용인될 수 없는 성격의 것임을 증명하여야 한다.157)

셋째, 본질적 성질에 관한 (그리고 제1130조에 따라서, 결정적인) 착오만이 무효원인이 될 수 있다. 본조는 일건 무효원인이 될 수 있는 착오의 범위를 그게 확장한 것처럼 보인다. 특히 사람에 관한 착오에 관하여 아무런 제한을 두고 있지 않고 있기 때문이다. 하지만 제1134조가 "계약상대방이 본질적 성질에 관한 착오는, 그 개인을 고려하여 체결된 계약에서만 무효원인이 된다."고 규정하고 있음에 유의해야 한다. 즉 본조의 영역은 뒤에 나오는 조문들에 의해 한정된

---

155) G. Chantepie & M. Latina, *op. cit.*, n° 311, p. 266.
156) Civ. 3ᵉ, 24 mai 2000, n° 98-16.132 : *Defrénois* 2000, 1377, obs. D. Mazeaud; Civ. 1ʳᵉ, 20 nov. 1990 : *Bull. civ.* I, n° 250; RTD civ. 1992. 99, obs. J. Mestre.
157) O. Deshayes, T. Genicon, Y.-M. Laithier, *op. cit.* p. 215.

다.158) 다시 말하자면 올바른 법적용을 위해서는 제1132조부터 제1136조까지의 조문을 반드시 함께 읽어야 한다.

Article 1133 Les qualités essentielles de la prestation sont celles qui ont été expressément ou tacitement convenues et en considération desquelles les parties ont contracté.

L'erreur est une cause de nullité qu'elle porte sur la prestation de l'une ou de l'autre partie.

L'acceptation d'un aléa sur une qualité de la prestation exclut l'erreur relative à cette qualité.

제1133조 ① 급부의 본질적 성질이란 명시적 또는 묵시적으로 합의된 것으로서, 당사자들이 이를 고려하여 계약을 체결한 성질을 말한다.

② 계약당사자 일방 또는 타방의 급부에 관한 착오는 무효원인이 된다.

③ 급부의 성질에 관한 사행성을 감수한 때에는 급부의 성질에 관한 착오가 배제된다.

[해제] 본조 제1항은, 제1132조에서 무효원인으로 언급한 급부의 본질적 성질에 관한 착오에 해당하기 위해서는 두 가지 요건을 충족해야 함을 규정하고 있다. 첫째, 당해 성질은 명시적으로 또는 묵시적으로 합의된 것이어야 한다. 둘째, 양 당사자가 당해 성질을 고려하여 계약을 체결하였어야 한다. 예를 들어 은촛대라고 믿고 산 촛대가 은을 입힌 동으로 만들어져 있다면 매수인은 착오를 이유로 계약의 무효를 주장할 수 있다. 당사자들이 촛대가 은으로 만들어진 것을 고려하여 계약을 체결하였기 때문이다. 첫 번째 요건, 즉 "명시적 또는 묵시적으로 합의된 것으로서"라는 규정의 목적은, 계약 당사자 일방이 계약의 구속력으로부터 벗어나기 위해서, 자신이 본질적이라고 생각하는 어떤 성질을 염두에 두었다고 사후적으로 주장하는 것을 막기 위한 것이다. 묵시적으로라도 합의된 성질일 것을 요건으로 하기 때문에 무효원인으로 인정되는 착오를 객관적으로 한정할 수 있다. 두 번째 요건에 대해서는 착오의 범위를 경솔하게 제한하였다는 비판이 있다.159) 까딸라초안(제1112-1조)과 떼레초안(제38조)은

---

158) O. Deshayes, T. Genicon, Y.-M. Laithier, *op. cit.* p. 213.
159) G. Chantepie & M. Latina, *op. cit.*, n° 306, p. 262.

모두 당사자 일방만 합의된 성질을 고려하여 계약을 체결하였더라도 상대방이
그 점을 알았다면 착오에 기한 무효 주장을 허용하였는데, 이러한 입장이 더 타
당하다는 것이다.

　　본조 제2항은, 착오자가 받은 급부에 관하여 착오가 있었는지 아니면 준
급부에 관하여 착오가 있었는지는 불문한다는 점을 규정한다. 사실 수령한 급
부의 성질에 관하여가 아니라 자신이 제공한 급부에 관하여 착오를 하는 것도
가능한데, 개정 전 프랑스민법전은 이에 관하여 아무런 규정을 두지 않았다. 일
찍이 Demolombe는 "착오는 쌍무계약이든 편무계약이든 어느 계약에서나 존재
하므로 모든 계약에 적용되어야 한다."고 주장하였다. 프랑스민법전이 착오자
자신의 급부에 관한 착오를 배제하고 있지는 않기 때문에, 판례는 착오자가 제
공한 급부에 관하여든 수령한 급부에 관하여든 착오가 있으면 이를 이유로 하
는 무효를 인정하기에 이르렀다.160) 가령 뿌생사건(affaire Poussin)161)의 원고는
상속받은 미술작품을 매각하기 앞서 전문감정인에게 감정을 의뢰하였는데, 자
신이 그동안 믿었던 것과 달리 뿌생의 작품이 아니라는 감정을 받았다. 원고는
그 감정결과에 따라 그림을 루브르박물관에 헐값에 팔았다. 그런데 몇 주 뒤 루
브르박물관은 자신들이 뿌생의 작품을 보유하게 되었다는 기사를 내보냈다. 이
사실을 알게 된 원고는 루브르박물관을 상대로 매매계약의 무효를 주장하는 소
송을 제기하여 결국 작품을 반환받았다. 이러한 판례에 대해서는 아는 것
(connaissance)에 제재를 가하는 것이라거나 지적인 노력을 하지 말라는 것이라
거나, 목적물의 숨은 성질로부터 매도인을 보호할 의무를 매수인에게 지우는
것이라는 비판이 있었다. 그러나 이러한 비판은 계약당사자의 정보제공의무나
침묵에 의한 사기와 관련해서는 타당한 면이 있지만, 직이도 칙오자 자신이 제
공한 급부의 성질에 대한 착오에 관해서는 타당하지 않다는 것이 최근의 학설
이다.162) 기실 기기 물건에 대한 무관심이가 기저인 게으름으로 인한 차오이 경
우, 법관은 용인될 수 없는 착오(erreur inexcusable)라고 판단하여 계약의 무효
선언을 거부할 수 있을 것이다.

---

160) Civ. 1ʳᵉ, 22 févr. 1978, n° 76-11.551 : Bull. civ. I, n° 74, D. 1978. 601, note Ph.
　　Malinvaud; Civ. 1ʳᵉ, 13 déc. 1983, n° 82-12.237 : D. 1984. 340, note J.-L. Aubert; Civ.
　　1ʳᵉ, 17 sept. 2003, n° 01-15.306.
161) Civ. 1ʳᵉ, 22 févr. 1978, Bull. civ. I, n° 74.
162) G. Chantepie & M. Latina, op. cit., n° 307, p. 263.

본조 제3항은 "사행성은 착오를 내쫓는다."는 원칙을 규정한다. 목적물이 갖추어야 할 성질 가운데 하나, 가령 진품인지 여부가 불확실하다는 점을 당사자들이 알고 있었다면, 그 불확실성이 해소된 후에 착오가 있었다는 주장을 할 수 없다. 이럴 수도 저럴 수도 있다는 것을 당사자들이 이미 고려할 수 있었다면, 운 없이 실망스런 결과가 나온 것을 착오 주장으로 해결할 수는 없는 법이다. 프라고나르 사건(affaire *Fragonard*)[163]에서 파기원은 이 점을 분명히 판시하였다. 이 사건 원고들의 피상속인은 자신이 소지하고 있던 그림을 프라고나르의 작품으로 소개하여 매각하였는데, 그 후 그 작품이 진품임이 밝혀졌다. 이에 원고들이 착오를 이유로 매매계약의 무효를 주장하는 소송을 제기하였으나 파기원은 위와 같은 이유로 원고들의 주장을 배척하였다. 본조는 이를 받아들인 것이다. 어떤 성질이 불확실하다 해도 본질적인 성질일 수는 있다.[164]

Article 1134 L'erreur sur les qualités essentielles du cocontractant n'est une cause de nullité que dans les contrats conclus en considération de la personne.
제1134조 계약상대방의 본질적 성질에 관한 착오는, 그 개인을 고려하여 체결된 계약에서만 무효원인이 된다.

[해제] 본조는, 제1132조에서 무효원인으로 언급한 계약상대방의 본질적 성질에 관한 착오에 관하여 규정하고 있다. 개정 전 프랑스민법 제1110조 제2항은 상대방의 '동일성'에 관한 착오는 그 상대방 당사자가 합의의 주된 원인이 되지 않는 한 무효원인이 되지 않는다고 규정하였다. 그러나 상대방의 '동일성'에 관한 착오뿐 아니라 상대방의 신분, 자격 등 상대방이 갖추어야 할 중요한 성질에 관한 착오도 계약의 무효원인이 되는 것으로 확장 해석되었다.[165] 본조는 이를 수용한 것이다. 무상계약은 언제나 상대방의 인격을 고려하여 체결된다. 유상계약도 상대방의 인격을 고려하여 체결될 수 있다. 위임계약, 도급계약, 근로계약 등이 그러하다. 이처럼 상대방의 개인적 성질을 고려하여 체결된 계약에서는 계약상대방의 본질적 성질에 관한 착오는 무효원인이 된다.

---

163) Civ. 1re, 24 mars 1987, *Bull. civ.* I, n° 105.
164) G. Chantepie & M. Latina, *op. cit.*, n° 308, p. 264.
165) Com., 16 juill. 1964 : *Bull.* n° 375(중재인의 객관적 공정성에 관한 착오).

  그런데 본조는 계약상대방의 '동일성'에 관한 착오에 대해서는 아무런 언급을 하지 않는다. 이는 개정 전 제1110조와 정반대이다. 물론 동일성에 관하여 착오가 있는 때에는 당연히 본질적 성질에 관한 착오가 있다고 할 수도 있을 것이다. 하지만 동일성에 관한 착오는 이제 계약의 무효원인(erreur-nullité)이 아닌 계약의 불성립사유(erreur-obstacle)가 된 것은 아닐까 하는 생각도 가능하다. 합의(consentement)의 하자가 있으려면 일단 합의가 존재하여야 한다. 따라서 계약당사자 일방은 빌려준다고 생각하고 상대방은 산다고 생각하였다든가, 일방은 이 물건을 산다고 생각했는데 타방은 다른 물건을 판다고 생각했다면, 이 때는 합의의 하자가 아니라 합의의 부존재가 문제된다. 즉 계약이 무효인 것이 아니라 성립하지 않는다. 상대방에 관한 착오는 계약의 성질이나 객체에 관한 착오 못지않게 중대한 착오이므로 이 역시 계약의 불성립사유가 된다고 할 수 있을 것이다. 하지만 판례는 합의의 하자가 아닌 합의의 불성립사유로서의 착오를 인정하기를 주저하여 왔다. 즉 이 역시 상대적 무효로 처리하였다. 계약불성립사유로서의 착오 개념의 독자성을 주장하는 학자들은 개정 민법 하에서 판례의 변경이 있기를 기대하고 있다.[166] 그 이유는 개정민법이 계약의 성립요건과 유효요건을 구분하고, 무효는 오로지 유효요건의 결여에 대한 제재로 규정하였기 때문이다.

Article 1135 L'erreur sur un simple motif, étranger aux qualités essentielles de la prestation due ou du cocontractant, n'est pas une cause de nullité, à moins que les parties n'en aient fait expressément un élément déterminant de leur consentement.

Néanmoins l'erreur sur le motif d'une libéralité, en l'absence duquel son auteur n'aurait pas disposé, est une cause de nullité.

제1135조 ① 이행해아 힐 급부 또는 계약상대방의 **본질**적 성질에 관한 것이 아닌, 단순한 동기에 관한 착오는, 당사자들이 명시적으로 그 동기를 자신들의 합의의 결정적 요소로 한 경우가 아닌 한, 무효원인이 되지 않는다.

② 그러나 무상양여의 동기에 관한 착오는, 그 동기가 없었더라면 무상양여를 하지 않았을 경우, 무효원인이 된다.

---

166) G. Chantepie & M. Latina, *op. cit.*, n° 310, p. 266.

[해제] 본조와 제1136조는 계약의 무효원인이 되지 않는 착오에 관하여 규정한다. 즉 단순한 동기에 관한 착오(본조)와 가치에 관한 착오(제1136조)는 무효원인이 되지 않는다는 점을 규정한다. 이는 개정 전 프랑스민법전에서도 마찬가지였다.[167]

본조 제1항 전단은 단순한 동기에 관한 착오는 원칙적으로 고려되지 않음을 선언한다. 동기라는 것은 아주 다양하기 때문에 계약영역의 밖에 위치하며 원칙적으로 계약의 운명에 영향을 미칠 수 없다. 가령 어떤 공무원이 장래에 어떤 도시로 발령날 것을 기대하고 그 곳에서 거주하기 위한 집을 샀는데, 만약 발령이 나지 않았다면 착오를 이유로 계약의 무효를 주장할 수 없다. 이는 거래 상대방의 신뢰보호와 법적 안정성을 위한 것이다.

하지만 양 당사자가 명시적으로 그 동기를 합의의 결정적 요소로 삼은 때에는 그러하지 아니하다(본조 제1항 후단). 이는 종래의 판례를 수용한 것인데, 제1132조에서 규정한, 본질적 성질에 관한 착오가 아니더라도 무효원인이 될 수 있는 것이다. 그러나 동기에 대한 착오를 본질적 성질에 관한 착오와 구분한다는 게 쉬운 일이 아니다. 이에 대해서는 입법자가 잘못된 판례를 수용하여 착오이론을 복잡하게 만들었다는 비판이 있다.[168] 정지조건을 활용하여 계약당사자의 동기가 실현되는 때에 계약이 효력을 갖게 하거나, 해제조건을 활용하여 계약당사자의 동기가 더 이상 유지되지 않는 때에는 계약이 효력을 갖지 않도록 하면 되었을 것이라고 한다.

생전증여나 유증과 같은 무상양여(libéralité)에 있어서는 동기에 관한 착오도 계약의 무효원인이다(본조 제2항). 무상양여에 있어서 양여자의 동기가 없을 경우 꼬즈의 부재를 이유로 계약을 무효로 하였던 꼬즈의 기능을 조문화한 것이다.[169] 무상양여에는 반대급부가 없기 때문에 학설은 양여자의 의사(intention libérale)가 꼬즈라고 보았다. 그런데 이렇게 추상적인 꼬즈로서는 처분자를 보호하기에 충분하지 않았다. 그래서 판례는 동기가 위법한 경우뿐 아니라 동기가 없는 때에도 무상양여를 무효로 보았다. 사실 무상계약에서는 유상계약에서보다 법적 안정성의 요구가 덜하기 때문에 학설은 이러한 판례에 대해 비판적이

167) G. Chantepie & M. Latina, *op. cit.*, n° 315, p. 269.
168) G. Chantepie & M. Latina, *op. cit.*, n° 317, p. 270.
169) 까딸라초안 제1125-4조 제2항 참조.

지 않았다.[170) 하지만 판례를 수용한 제2항에 대해서는 너무 쉽게 무효를 인정할 위험성이 있다는 비판이 있다.[171) 특히 수유자나 수증자가 무상양여자의 동기를 알았을 것을 요건으로 부가하여야 한다고 주장한다.

Article 1136 L'erreur sur la valeur par laquelle, sans se tromper sur les qualités essentielles de la prestation, un contractant fait seulement de celle-ci une appréciation économique inexacte, n'est pas une cause de nullité.

제1136조 계약당사자가 급부의 본질적 성질에 관하여 오해함이 없이 단지 급부의 경제적 평가를 잘못한 경우에, 가치에 대한 착오는 무효원인이 되지 않는다.

[해제] 종래 프랑스의 판례[172)와 학설은 모두 표의자가 목적물의 경제적 가치에 대해 착오를 일으킨 것을 이유로 계약을 무효로 할 수 없다는 입장이었다. 다만 경제적 가치에 관한 착오가 목적물의 중요한 성질에 관한 착오에 기인한 경우에는 착오를 이유로 계약을 무효로 할 수 있다고 하였다. 가령 원고가 별장을 임차하는 계약을 체결하였는데, 그 별장의 상태가 고액의 차임으로부터 기대했던 것과 도저히 균형이 맞지 않았다. 즉 침구기 형편없이 낡았고 문짝도 허술하고 벽이 벗겨지는 등 당초 임대인의 설명과 판이하게 달랐고 인근에 있는 건축공사장 때문에 소음이 심했다. 이에 임차인은 임대인에게 착오를 이유로 계약의 무효를 주장하였는데, 파기원은 임차인의 착오에 기한 계약의 무효를 인정하였다.[173) 본조는 이러한 판례와 학설을 수용한 것이다.

가치에 대한 착오를 무효원인으로 인정하지 않는 근거는 다음 두 가지이다. 첫째, 급부불균형은 무효원인이 되지 않는다는 것이다. 계약의 유효요건의 하나인 내용의 적법성(제1128조 제3호)과 관련하여 제1168조는 "급부의 등가성의 결여는~계약의 무효원인이 되지 않는다."고 규정하는데, 본조는 또 다른 유효요건인 당사자의 합의(제1128조 제1호)에 있어서도 급부불균형의 문제가 배제된다는 점을 규정하는 것이다.[174) 시장경제에서는 "재미(bonne affaire)"를

---

170) G. Chantepie & M. Latina, *op. cit.*, n° 318, p. 272.
171) G. Chantepie & M. Latina, *op. cit.*, n° 318, p. 272.
172) Req., 17 mai 1832 : *S.* 1832. 1. 849; *DP* 1832. 1. 326; Req., 1re mars 1876 : *S.* 1876. 1. 318; Civ., 16 mai 1939 : *S.* 1939. 1. 260; Civ. 1re, 5 avr. 1993, n° 91-11.576 : *CCC* 1993, n° 146, obs. Leveneur.
173) Civ. 3^{e}, 29 nov. 1968 : *Gaz. Pal.*, 1969, I, 63.

볼 가능성을 열어둘 필요가 있다. 그런데 재미를 보는 사람의 상대방은 손해 (mauvaise affaire)를 보게 된다. 이 손해가 목적물의 성질에 관한 착오 때문이 아 니라 목적물의 가치에 관한 경제적 평가를 잘못한 데서 기인한 것이라면 그 손 해는 착오자가 스스로 부담하여야 한다.[175] 둘째, 목적물이나 급부의 성질을 알 면서도 그 시장가치를 알고자 하는 노력을 하지 않은 사람은 용인될 수 없는 착 오(제1132조)를 범한 것이다.

하지만 가치에 대한 착오가 목적물의 본질적 성질에 관한 착오에 기인하거 나(본조) 사기에 기인한 때(제1139조)에는 예외적으로 무효원인이 된다. 가령 거 장의 그림이 진품인 줄 모르고 매도한 사람이 나중에야 그 사실을 알고 매도가 격이 너무 저렴했다는 이유로 계약의 무효를 주장한다고 하자. 그 매도인이 그 림에 대한 경제적 평가를 잘못한 것은 그 그림의 본질적 성질에 관하여 알지 못 한 데서 비롯된 것이다. 그렇다면 그 매도인의 가치에 대한 착오는 본질적 성질 에 관한 착오에 기인한 것이므로 무효원인이 된다.

계약으로써 행한 거래가 경제적으로 이득인지에 관하여 착오를 한 자는, 그 착오가 목적물이나 급부의 본질적 성질에 관한 오해에 기인한 것이 아닌 한, 당연히 자신이 범한 착오를 감당하여야 한다.[176]

Article 1137 Le dol est le fait pour un contractant d'obtenir le consentement de l'autre par des manoeuvres ou des mensongess.

Constitue également un dol la dissimulation intentionnelle par l'un des con- tractants d'une information dont il sait le caractère déterminant pour l'autre partie.

Néanmoins, ne constitue pas un dol le fait pour une partie de ne pas révéler à son cocontractant son estimation de la valeur de la prestation.

제1137조 ① 사기는 계약낭사사 일방이 속임수나 거짓말에 의하여 타방 당사자의 합 의를 얻어내는 행위이다.

② 계약의 일방 당사자가, 타방 당사자에게 결정적 성질을 갖는 정보임을 알면서 이 를 의도적으로 은폐하는 것도 사기에 해당한다.

---

174) G. Chantepie & M. Latina, *op. cit.*, n° 315, p. 269.

175) G. Chantepie & M. Latina, *op. cit.*, n° 319, p. 273.

176) Civ. 3^e, 31 mars 2005, n° 03-20.096 : *Bull. civ.* Ⅲ, n° 81; *RDC* 2005. 1025, obs. Ph. S. Stoffel-Munck; *JCP* 2005. Ⅰ. 194, obs. Y-M. Serinet.

③ 그러나 급부의 가치에 대한 자신의 평가를 계약상대방에게 드러내지 않는 행위는 사기에 해당하지 않는다.

[해제] 본조와 제1138조는 사기에 대한 정의를 담고 있고, 제1139조는 그 효과를 규정한다.

본조 제1항[177]의 반대해석에 따르면 제3자의 사기는 원칙적으로 계약의 무효를 가져오지 않는다. 설령 그 사기가 피해자의 의사표시에 결정적인 착오를 불러일으켰다 해도 마찬가지이다.[178] 계약정의를 위해서는 착오가 없었다면 계약을 체결하지 않았을 피해자를 계약의 구속으로부터 해방시키는 것이 옳고, 법적 안정성을 위해서는 아무런 잘못이 없는 계약상대방의 이익이 희생되지 않도록 계약을 유지하는 것이 옳은데, 프랑스법은 오래전부터 법적 안정성 쪽을 선택하였다.[179] 하지만 이에는 예외(제1138조)가 있을 뿐 아니라 착오규정의 적용으로 무효화가 가능한 경우가 있다. 즉 제3자에 의해 유발된 착오가 급부의 본질적 성질에 관한 착오이거나 계약상대방의 본질적 성질에 관한 착오라면 표의자는 착오규정에 의거하여 계약의 무효를 주장할 수 있다.[180] 하지만 제1135조와 제1136조에서 규정하는 바와 같은 착오인 경우에는 계약의 무효를 주장할 수 없고 계약을 이행해야만 한다. 이 경우에 표의자는 계약의 이행으로 말미암은 손해의 배상을 기망자인 제3자에게 청구할 수 있다.[181]

개정 전 제1116조는 기망의 실질적 요소로서 속임수(manoeuvres)만을 규정하였다. 하지만 파기원은 "외형적 행위가 행해지지 않은" 단순한 거짓말도 기망이 될 수 있음을 인정하였고,[182] "상대방이 알았다면 계약을 체결하지 않았을 만한 사실을 상대방에게 알려주지 않는 침묵도 기망"이 될 수 있다고 하였다.[183] 본조는 이와 같은 판례를 수용하여 '속임수'와 '거짓말', '은폐'를 사기의 세 가지 유형으로 명시하였다. 당사자 일방이 상대방의 합의에 있어 결정적인

---

177) 본조 제1항이 계약당사자(contractant)란 용어를 사용한 것은 적절치 않다는 비판이 있다. 왜냐하면 사기가 행해지는 시점에는 아직 계약이 체결되지 않았기 때문이라고 한다.

178) Com., 1er avr. 1952 : *D.* 1952. 380 et 685; Com., 22 juill. 1986, n° 85-12.392.

179) G. Chantepie & M. Latina, *op. cit.*, n° 323, p. 277.

180) Civ. 1re, 3 juill. 1996, n° 94-15.729 : *Bull. civ.* I, n° 288.

181) G. Chantepie & M. Latina, *op. cit.*, n° 324, p. 278.

182) Civ. 3^{e}, 6 nov. 1970, n° 69-11.665 : *Bull. civ.* III, n° 587.

183) Civ. 3^{e}, 15 janv. 1971, n° 69-12.180 : *Bull. civ.* III, n° 38.

중요성을 갖는 정보를 아는 경우, 상대방이 과책 없이 그 정보를 알지 못하거나 계약상대방을 신뢰한다면, 그는 상대방에게 그 정보를 고지하여야 한다. 본조 제2항은 그러한 정보의 '의도적 은폐'는 사기에 해당한다고 함으로써 침묵에 의한 사기를 명문으로 인정하였다. 이는 그동안 판례와 학설을 중심으로 논의되어 온 정보제공의무(devoir d'information)를 받아들인 제1112-1조와 상응하는 것이다.

그러나 상대방에게 결정적인 정보를 알려주지 않았으나 그것이 의도적인 것이 아니고 과실에 기인한 때에는 사기에 해당하지 않는다. 사기는 기망자가 상대방을 기망하고자 하는 의도를 가졌을 때에만 성립한다. 개정 전 제1109조는 "의사표시는~사기에 의해 받아낸(surpris) 것인 때에는 그 효력을 상실한다." 고 규정함으로써 이를 표현하였다. 본조 제1항은 그에 비하면 완화된 '얻어내는(obtenir)'이란 표현을 사용하였다. 사기에는 기망하고자 하는 의도가 필요하다는 점이 분명히 표현된 법문은 본조 제2항이다. 거기에서는 기망적 침묵을 "의도적 은폐"라고 정의하고 있다.

기망적 침묵과 사기를 동일시하는 논리를 관철하게 되면, 사기를 주장하는 자가 스스로 충분히 알아보지 않은 과실이 있다고 해서, 상대방이 착오자에게 고의로 잘못을 일깨워주지 않은 과실이 없다고 할 수는 없다. 하지만 2000년에 파기원은 침묵에 의한 사기가 목적물의 경제적 가치에 관한 것이라면 이를 이유로 계약을 무효화할 수 없다는 판결(Baldus 판결)[184]을 선고했다. 이 사건에서 사진 한 묶음을 구매하게 된 매수인은 매도인에게 해당 사진이 Baldus라는 유명 사진가의 작품이며 매매가보다 훨씬 가치가 있다는 사실을 알려주지 않았다. 이에 매도인이 침묵에 의한 사기를 이유로 계약을 취소하려 했으나, 파기원은 매수인은 어떤 정보제공의무도 부담하지 않기 때문에 침묵에 의한 사기를 이유로 계약을 무효화할 수 없다고 판결했다. 제1112-1조 제2항과 함께 본조 제3항은 이를 명문화한 것이다. 본조 제3항은 2016년 오르도낭스에는 없었으나 2018년 변경법률에 의해 추가되었다. 따라서 2016년 10월 1일과 2018년 10월 1일 사이에 체결된 계약에 대해서는 제3항이 적용되지 않는다.

---

184) Civ. 1re, 3 mai 2000, n° 98-11.381.

Article 1138 Le dol est également constitué s'il émane du représentant, gérant d'affaires, préposé ou porte-fort du contractant.

Il l'est encore lorsqu'il émane d'un tiers de connivence.

제1138조 ① 사기가 계약당사자의 대리인이나 사무관리자, 피용자, 제3자행위의 담보 계약자에 의해 행해진 경우에도 사기가 성립한다.

② 사기가 공모자인 제3자에 의해 행해진 경우에도 사기가 성립한다.

[해제] 개정 전 프랑스민법전은 계약 당사자에 의한 사기만을 규정하였으나, 본조는 제3자에 의한 사기를 명문으로 규정하면서, 계약당사자가 책임을 져야 하는 제3자(제1항)와 그 밖의 제3자(제2항)가 기망행위를 한 경우를 구별한다. 본조는 제3자의 사기는 무효원인이 되지 않는다는 원칙에 대한 예외를 규정하는 조문이다. 엄밀히 말하면 제3자의 사기가 무효원인이 되지 않는다는 원칙을 적극적으로 규정한 조문은 어디에도 존재하지 않는다. 그러나 본조 제2항의 반대해석을 통해 그러한 원칙이 도출된다.[185] 그런데 이러한 원칙에 대해서는 일찍이 의문이 제기된 바 있고 최근의 입법 가운데는 계약당사자의 기망과 제3사의 기망을 구별하시 않는 입법도 있다(아르헨비나 민법 세2/4조). 프랑스민밉전도 강박에 관하여는 강박자가 계약당사자인지 제3자인지를 구별하지 않는데(제1142조), 사기에 관하여는 구별을 유지하였다. 그 이유는 계약당사자는 아무런 잘못이 있고 해당 계약에 대해 정당한 기대를 가졌다는 것이다. 이는 곧 위 원칙에 대한 예외를 허용해야 하는 이유이기도 하다.[186] 달리 말하면 계약당사자 일방이 제3자를 개입시키는 선택을 하는 데 과실이 있거나 그 제3자를 잘못 선택 또는 감독하였다면 상대방의 착오는 계약을 무효화할 수 있는 자격이 인정되어야 한다.

종전의 판례는 제3자가 계약 당사자의 대리인[187]이거나 제3자행위의 담보 계약자[188]이거나 사무관리자[189]인 경우 그의 사기를 이유로 계약을 무효화하는 것을 허용하였다. 본조 제1항은 여기에 계약당사자의 피용자를 추가하였다. 대

185) O. Deshayes, T. Genicon, Y.-M. Laithier, *op. cit.*, p. 240.
186) O. Deshayes, T. Genicon, Y.-M. Laithier, *op. cit.*, p. 243.
187) Com., 13 juin 1995, n° 93-17.409.
188) Com., 27 févr. 1996, n° 94-11.241.
189) Civ. 1re, 7 juill. 1960 : *Bull. civ.* I, n° 371.

리인의 기망행위로 인하여 계약이 무효화된 경우 본인은 그 무효화로 인하여 입은 손해의 배상을 대리인에게 청구할 수 있을 것이다.[190]

본조 제2항은 공모자인 제3자에 의한 사기도 계약의 무효원인임을 규정한다.[191] 그런데 제2항에 쓰인 connivence라는 단어는 '묵인'이라는 뜻도 가지고 있기 때문에 계약당사자가 제3자의 기망행위를 알고 있기만 해도 공모에 해당하는지가 문제된다. 이에 대해서는, 민법개정초안에서 계약당사자가 알고 있기만 해도 충분하다고 규정하였다가 결국 이를 채택하지 않았으므로 그러한 해석은 무리하다는 견해[192]가 있다. 하지만 제3자의 사기와 관련하여 학설에서 널리 사용되던 "공모(complice)"라는 단어를 프랑스민법전이 사용하지 않았다는 점에서, 계약당사자와 제3자 간의 묵시적 합의(accord tacite)만으로 충분하다고 한다.[193] 계약당사자가 피해자에게 그 사실을 알려줄 수 있었음에도 일부러 하지 않은 것은 명백한 배신행위(déloyauté)이므로 공모에 해당한다는 견해[194]도 있다.

Article 1139 L'erreur qui résulte d'un dol est toujours excusable ; elle est une cause de nullité alors même qu'elle porterait sur la valeur de la prestation ou sur un simple motif du contrat.
제1139조 사기로 인한 착오는 언제나 무효주장이 허용된다. 사기로 인한 착오가 급부의 가치에 관한 것이거나 계약의 단순한 동기에 관한 것일지라도 이는 무효원인이 된다.

[해제] 본조는 전통적으로 무효원인으로 인정되지 않았던 세 가지 착오가 사기에 의해 유발된 때에는 무효원인이 된다는 점을 규정한다. 제1132조에 따르면 착오는 그것이 용인될 수 없는 것이 아니어야만 무효원인이 되지만, 사기로 인한 착오의 경우에는 언제나 무효주장이 허용된다. 즉 표의자에게 중대한 과책이 인정되더라도 무효를 주장할 수 있다.[195] 또한 급부의 가치에 관한 착오

---

190) G. Chantepie & M. Latina, *op. cit.*, n° 325, p. 278.
191) 종전의 판례도 계약상대방과 제3자가 공모한 경우에는 계약의 유효를 주장하는 제3자에 대하여 사기에 의한 계약임을 이유로 계약의 무효를 주장할 수 있다고 하였다.
192) O. Deshayes, T. Genicon, Y.-M. Laithier, *op. cit.*, p. 241.
193) O. Deshayes, T. Genicon, Y.-M. Laithier, *op. cit.*, p. 241.
194) G. Chantepie & M. Latina, *op. cit.*, n° 325, p. 278.
195) Civ. 3ᵉ, 21 févr. 2001 : *D.* 2001 p. 2702 : 호텔로 사용되는 건물과 영업재산을 매수한

(제1136조)와 동기에 관한 착오(제1135조)는 원칙적으로 무효원인이 아니지만 그것이 사기로 인한 착오라면 무효원인이 된다. 그런데 회계서류를 조작한다든가 하는 적극적 행위를 통해 급부의 가치를 속이는 것은 본조의 적용범위에 속하지만, 급부의 가치에 관하여 기망적으로 침묵하는 행위에 대해서는 앞서 본 제1137조 제3항이 적용된다.[196]

착오자는 계약의 무효를 주장하는 데 여러 어려움이 있다. 본질적 성질에 관한 착오를 주장하는 자는 그 성질이 합의된 성질임을 증명하여야 하고(제1133조), 동기에 관한 착오를 주장하는 자는 동기에 관한 명시적 약정이 있었음을 증명하여야 한다(제1135조). 그러나 사기에 있어서는 이런 증명을 하지 않아도 된다. 상대방이 고의로 착오를 야기하였다는 점만 증명되면 무효가 인정되며, 합의된 성질에 관한 것이라든가 동기에 관한 명시적 약정이 있었다든가 하는 점을 증명할 필요가 없다.[197]

본조가 재차 규정하고 있지는 않지만, 사기로 인한 착오는, 적어도 표의자의 의사표시에 결정적인 것이었어야 한다.[198] 이는 제1130조에 따른 것인데, 사기로 인한 착오가 무효원인이 되기 위한 유일한 요건이라고 할 수 있다.[199]

Article 1140 Il y a violence lorsqu'une partie s'engage sous la pression d'une contrainte qui lui inspire la crainte d'exposer sa personne, sa fortune ou celles de ses proches à un mal considérable.

제1140조 강박이란, 당사자 일방이 자신의 신체나 재산, 또는 자기 친족의 신체나 재산에 중대한 해를 입을 것이라는 공포감을 주는 강요를 당한 상태에서 합의한 경우를 말한다.

[해제] 프랑스민법전에서 착오와 사기에 관한 조문이 상세해진 것과 달리,

매수인이 사기를 이유로 매매계약의 무효를 주장하였다. 원심판결은 법률행위의 전문적 성격을 고려해서 매수인에게 스스로 알아보아야 할 의무가 인정되므로 매수인의 착오는 용인할 수 없는 착오이므로 무효가 인정되지 않는다고 판단했다. 그러나 파기원 제3민사부는 침묵에 의한 사기가 인정되면 그로 인한 착오는 용인할 수 있는 착오라고 함으로써 계약의 무효를 인정했다.

196) O. Deshayes, T. Genicon, Y.-M. Laithier, *op. cit.*, p. 245.
197) O. Deshayes, T. Genicon, Y.-M. Laithier, *op. cit.*, p. 244.
198) Com., 7 juin 2011, n° 10-13.622 : *Bull. civ.* IV, n° 91.
199) O. Deshayes, T. Genicon, Y.-M. Laithier, *op. cit.*, p. 244.

강박에 관한 조문은 단순해졌다. 본조부터 제1142조까지는 고전적 의미의 강박, 즉 사람으로부터 발생한 강박(violence personnelle)에 관하여 규정하고, 제1143조는 상황적 강박(violence contextuelle)의 문제를 규율한다.[200]

　　본조는 개정 전 제1111조부터 제1113조까지를 통합하여 강박의 요건을 규정하였다. 강박은 표의자에게 상당한 불행에 관한 공포심(crainte)을 일으키는 강요(contrainte)를 통해 표의자로 하여금 어쩔 수 없이 합의하도록 하는 것이다. 사기를 당한 표의자가 착오에 빠지는 것처럼, 강박을 당한 표의자는 공포심에 빠지게 된다. 따라서 강박에서의 공포심은 사기에서의 착오와 같은 것이다.

　　착오, 사기, 강박에 공통적으로 적용되는 제1130조에 따르면, 강박이 무효원인이 되기 위해서는 결정적인 성격(caractère déterminant)을 지녀야 한다. 개정 전 제1112조는 강박으로 야기된 공포가 피해자의 합의에 결정적인 성격의 것이었는지에 대한 판단기준으로서 추상적 기준(제1항)과 구체적 기준(제2항)을 모두 제시하여 일관성이 없었다. 그래서 판례는 구체적 기준을 취하였는데, 개정민법도 이에 따랐다. 즉 어떤 의사결정이 과연 중대한 해를 입을 거라는 공포감 때문에 이루어졌는지는 "계약당사자 및 합의가 행해진 상황을 고려하여" 판단한다(제1130조 제2항). 그렇다고 해서 법관이 피해자의 심리만을 기준으로 판단한다는 말은 아니다. 법관은 강박행위가 피해자의 의사표시에 미친 영향과 더불어 강박행위 자체의 경중을 고려할 것이다.[201] 사실 절대적으로 자유로운 의사표시란 거의 없다. 따라서 일반적인 강요와 사회적으로 허용되는 강요를 구별하여야 한다. 그래서 본조는 "중대한 해"를 입을 것이라는 공포감을 주는 강요일 것을 요구한다.

　　강요의 상대방은 계약상대방에 한정되지 않으며 계약상대방의 친족에게 이루어져도 상관없다. 개정 전 프랑스민법에서는 피강박자를 배우자, 존속, 비속에 한정한 반면(제1113조), 본조는 "친족"이라고 규정함으로써 그 범위를 늘렸다. 이는 개정 전 조문에 명시된 자에 한하지 않는다는 학설과 판례를 따른 것이며[202] 가족관계의 변화를 반영한 측면도 있다.

---

200) G. Chantepie & M. Latina, *op. cit.*, n° 332, p. 286.
201) O. Deshayes, T. Genicon, Y.-M. Laithier, *op. cit.*, p. 248.
202) O. Deshayes, T. Genicon, Y.-M. Laithier, *op. cit.*, p. 249.

그런데 누군가의 손에 붙들려 억지로 서명을 했다면 이는 강박에 의한 의사표시가 아니라 의사표시 자체가 존재하지 않는 것이다.

Article 1141 La menace d'une voie de droit ne constitue pas une violence. Il en va autrement lorsque la voie de droit est détournée de son but ou lorsqu'elle est invoquée ou exercée pour obtenir un avantage manifestement excessif.
제1141조 법적 수단에 의한 위협은 강박을 구성하지 않는다. 그렇지만 법적 수단이 그 목적에서 벗어나거나 또는 명백하게 과도한 이익을 얻기 위해 사용되거나 행하여진 경우에는 그러하지 않다.

[해제] 본조는 '위협'이라는 단어를 사용하는데, 이는 제1140조에서 사용된 '강요'라는 단어에 비해, 사람에 의한 강박에 더 적절한 용어라는 견해[203]가 있다. Pothier는 강박은 '위법'해야 하고 '법적 수단'을 강박으로 볼 수는 없다고 하였다. 그러나 개정 전 제1112조 이하에는 위협이 위법해야만 강박을 구성한다는 언급이 전혀 없었다. 하지만 판례는 사실심 법원은 위협이 어떤 점에서 위법한지를 밝혀야 한다고 판시하거나,[204] "법적 수단을 사용하겠다는 위협이 강박을 구성하는 것은, 법적 수단이 그 목적에서 벗어나거나 과도한 이익을 얻기 위해 남용되는 경우에 한한다."고 함[205]으로써 위법성을 요구하였다. 본조는 이러한 판례를 받아들여 법적 수단에 의한 위협(menace)은 강박을 구성하지 않는다고 규정하였다.

프랑스민법전 역시 위법성을 강박의 구성요소로 명시하지는 않았지만 본조로부터 위법성 요건을 추론할 수 있다. 사실 폭력(voie de fait)을 사용하겠다고 하는 위협이 위법하다는 것은 명백하다. 따라서 상대방에게 표시한 직대직인 의도가 우리 법체계가 권리를 주장할 수 있도록 마련해 놓은 법적 절차의 틀 안에 있다면 이는 잠재적으로 저법하다. 가령 금전을 유용하여 회사에 손실을 입힌 자에게 회사가 제소하겠다고 위협하자 범인이 자신의 집을 회사에 매각한 경우 그 매매계약은 무효가 아니다. 하지만 회사가 명백하게 과도한 이익을 얻게 된다면 그 위협이 강박행위에 해당하여 매매계약이 무효가 된다.[206]

---

203) G. Chantepie & M. Latina, *op. cit.*, n° 333, p. 286.
204) Com., 20 mai 1980, n° 78-10.833 : *Bull. civ.* Ⅳ, n° 212
205) Civ. 3ᵉ, 17 janv. 1984, n° 82-15.753 : *Bull. civ.* Ⅲ, n° 13.

Article 1142 La violence est une cause de nullité qu'elle ait été exercée par une partie ou par un tiers.
제1142조 강박은 당사자가 행한 것이든 제3자가 행한 것이든 무효원인이 된다.

[해제] 본조는 개정 전 제1111조를 거의 그대로 승계한 것인데, 개정 전 제1111조는 "계약체결 당사자에 대한 강박은, 그것이 그의 이익을 위해 합의가 행해진 자 이외의 제3자에 의한 경우에도 무효원인이 된다."고 규정하고 있었다.

이는 사기의 경우 원칙적으로 계약 상대방의 속임수나 거짓말, 침묵에 의한 사기일 때에만 무효원인이 되는 것과 다르다. 왜 이러한 차이를 두는지에 관한 설명은 여러 가지이다. 그중 하나는 강박의 피해지와는 달리 사기의 피해자는 그 자신에게 어느 정도 과실이 있다는 것이다. 또 다른 설명은 사회적 관점에서 보았을 때 사기보다 강박이 더 위험하다는 것이다.[207] 그에 따르면 제3자의 기망이 있었음에도 그 계약을 유지하는 것은, 기망행위에 관여하지 않은 계약상대방의 이익을 지키기 위해, 나아가 법적 안정성을 위해서이다. 하지만 제3자의 강박이 있었던 경우에는 법적 안정성보다 계약정의가 더 중요하다.[208]

Artlcle 1143 Il y a également violence lorsqu'une partie, abusant de l'état de dépendance dans lequel se trouve son cocontractant à son égard, obtient de lui un engagement qu'il n'aurait pas souscrit en l'absence d'une telle contrainte et en tire un avantage manifestement excessif.
제1143조 일방 당사자가, 타방 당사자가 처한 자신에 대한 종속상태를 남용하여, 그 타방 당사자로 하여금 이러한 강요상태가 없었더라면 부담하지 않았을 의무를 부담하게 하고 그 의무부담으로부터 명백히 과도한 이익을 얻은 경우에도 강박이 인정된다.

[해제] 2016년 오르도낭스에서 본조는 종속상태라고 규정할 뿐 누구에게 종속한 상태에 있어야 하는지는 규정하지 않았다. 그리하여 계약 당사자가 계약상대방이 아닌 제3자에게 종속된 상태에 있더라도 본조가 적용될 수 있는가 하는 문제가 제기되었다. 2018년 변경법률을 제정하면서 '자신에 대한'이란 문

---

206) Civ. 3^e, 17 janv. 1984, n° 82-15.753 : *Bull. civ.* Ⅲ, n° 13.
207) G. Chantepie & M. Latina, *op. cit.*, n° 331, p. 285.
208) G. Chantepie & M. Latina, *op. cit.*, n° 334, p. 287.

구를 추가함으로써 계약상대방에 대한 종속상태라는 점이 명시되었다. 이 개정은, 2018년 변경법률 제16조에 의하면 "해석적 성격"의 개정이다. 따라서 2016년 10월 1일부터 이 문구가 들어있는 것으로 간주된다.

제1140조가 강박에 관한 표준적 조문이라면, 본조는 강박의 새로운 종류를 도입하는 조문이다. 이 강박의 특징은, 당사자 일방이 종속상태에 처한 상대방이 그러한 상황에 처하지 않았다면 하지 않을 합의를 받아내기 위해서 그 상태를 악용한다는 데 있다.

어떤 의미에서 본조는 개정 전 프랑스민법전과 비교해 새로운 조문이라고 할 수 있다. 당사자들이 합의한 바를 문제삼는다고 해서, 2015년 오르도낭스안이 발표된 직후 가장 주목을 받고 또한 가장 명시적인 신중론이 제기되었던 조문들 가운데 하나이다.[209] 모호한 개념을 사용해 마련한 대책이란 것이 유익할 수도 있겠으나 불편함(대책이 오히려 공갈의 수단으로 남용될 위험과 예견불가능성)도 있었다. 이러한 염려를 수용하여 마련된 본조는 결국 혁신적 성격이 많이 감소되었다. 그 이유는 다음 세 가지이다. 첫째, 본조가 규정하는 강요는 합의의 하자로서의 성질을 갖는다. 본조는 왜곡된 합의에 대한 제재를 규정할 뿐 급부불균형(lésion)을 제재하는 것이 아니다. 개정 전 조문(제1111조 이하) 하에서도 파기원은 이미 경제적 강박은 합의를 무효화할 수 있다고 판시한 바 있다.[210] 즉 본조는 판례상 이미 인정된 것을 수용한 조문이다. 둘째, 본조가 규정하는 합의의 하자는 새로운 종류의 하자가 아니다.[211] 제1140조가 정의하고 있는 강박의 한 유형일 뿐이다. 그 결과 본조에서 정하는 강박도 제1140조가 요구하는 요건을 충족하여야 한다.[212] 셋째, 본조가 규정하는 법리는 파기원이 2002년 4월 3일 Larousse Bordas 판결[213]에서 판시한 내용과 매우 비슷하다. 그 판결에서 파기원은 강박이 성립하기 위해서는, 계약 당사자가, 상대방의 정당한 이익

---

209) 함께 주목을 받은 조문은 제1171조(과도한 조항에 대한 제재)와 제1195조("예견불가능"의 도입)이다.

210) Civ. 1re, 30 mai 2000, n° 98-15.242, *Bull. civ.* Ⅰ, n° 169 : 화재보험을 든 원고가 화재사고 이후 보험회사의 손해액 확정을 위한 합의서에 서명한 후 그 효력을 다툰 사안.

211) 착오, 사기, 강박 외에 '약함(faiblesse)'이라는 네 번째 하자가 도입된 것이 아니다.

212) O. Deshayes, T. Genicon, Y.-M. Laithier, *op. cit.*, p. 253.

213) Civ. 1re, 3 avr. 2002, n° 00-12.932, *Bull. civ.* Ⅰ, n° 108 : 노동자가 해고의 위험을 두려워해서, 해고를 걱정하지 않았더라면 동의하지 않았을 조건으로 자신의 편집자로서의 권리를 사용자에게 양도한 후 그 효력을 다툰 사안.

을 직접적으로 위협하는 재난의 공포로부터 이득을 얻고자, 상대방의 경제적 종속상태를 악용하였어야 한다고 판시하였기 때문이다. 달리 말하면 그 요건이 상당히 엄격하다.

본조가 규율하는 문제는 다른 법규정들이 규율하는 문제와 다소 겹친다. 그렇다고 이들 법규정의 적용영역이나 법리가 같지는 않기 때문에 법규정들 상호간의 관계가 문제된다. 먼저 프랑스민법전 내에서 문제되는 조문은 제1140조와 제1171조이다. 우선 제1140조와의 관계를 살펴보면, 제1140조가 본조에 비해 그 적용범위가 더 넓다. 따라서 본조를 주장할 수 있는 원고는 제1140조를 선택할 수도 있으나 그 효과(제재의 종류 및 소멸시효 기산점)가 동일하지 않다. 요건은 대부분 겹친다. 차이는 본조에서의 '종속상태'가 이미 존재하는 것인 반면 제1140조에서의 '강요당하는 상태'는 강박자의 행위에 기인한다는 것이지만 현실에서 이 차이는 별로 중요하지 않다. 중요한 차이는 제3자가 행한 강박이 무효원인이 되는지 여부와 강박의 결정적 성격이 인정되기 위한 요건에 있다. 결국 원고는 이 차이에 비추어 자신이 주장할 근거조문을 선택하게 될 것이다.

다음으로 제1171조와의 관계를 살펴본다. 제1171조는 부합계약에 한정된 조문이기는 하나, 본조와 마찬가지로, 힘 있는 일방이 남용을 범하여 상대방을 해하지 못하게 하는 것을 목적으로 한다. 두 조문 모두 계약내용에 대한 법원의 통제를 허용한다는 점이 같다. 하지만 본질적인 차이가 있다. 첫째, 본조에서의 강박은 계약의 성립과 관련된 것으로서 합의의 하자 법리에 따른다. 반면 제1171조는 계약의 이행과 관련된 것으로서 중대한 불균형이 계약체결 이후에 등장했다고 해도 제1171조가 적용되지 말라는 법은 없다. 둘째, 계약의 주된 목적이나 급부 대금의 적절성은 제1171조에 기한 통제에서 배제되는데, 본조에는 이러한 제한이 없다. 셋째, 본조에서의 강박은 무효와 손해배상책임이란 제재를 받는 반면, 제1171조는 중대한 불균형을 가져오는 조항을 기재되지 않은 것으로 본다. 이처럼 채권법 총칙에 있는 두 조문은 그 대상이 다르다.

프랑스민법전 밖의 법규정으로서 문제되는 조문은 프랑스소비법전 제L.121-8조 내지 제L.121-10조와 프랑스상법전 제L.442-6조이다. 먼저 프랑스소비법전 제L.121-8조 내지 제L.121-10조와의 관계를 살펴본다. 이 조문들에서 규정하는 남용, 의무부담, 강요상태는 본조의 강박개념과 비슷하다. 소비법전의 조문들과 본조의 또 다른 공통점은 그런 상황에서 체결된 계약은 무효라는 점이다(프랑스소비법전 제L.132-13조). 하지만 소비법전이 소비자에게만 적용된다는 점을 차치하고도, 소비법전에서 규정하는 약함의 남용과 본조의 강박 사이에는 중요한 차이가 있다. 약함(faiblesse)은 개인에 고유한 성질이지만 종속성 자체는 계약상대방의 명민함을 손상시키는 것이 아니다. 따라서 소비법전에서 말하는 약함의 남용은 종속상태의 남용에 의한 강박과 혼동되어서는 안 된다. 소비법전의 위 조문들과 본조는 보완관계에 있으므로(제1105조 제3항), 계약상대방이 박약자의 상태에 있다고 해서 민법전에서 제공하는 보호를 박탈하여서는 안 된다.[214]

다음으로 프랑스상법전 제L.442-6조 I과의 관계를 살펴본다. 이 조문은 "실제로는 전혀 제공되지 않은 거짓 서비스의 대가를 요구하거나 제공된 서비스의 가치에 명백하게 어긋난 이익을 거래상대방으로부터 취득하거나 취득하려고 하는" 행위(제1호), "당사자들의 권리와 의무 간에 있어서 심각한 불균형을 초래하는 사항을 거래상대방이 받아들이도록 하거나 받아들이게 하려는" 행위(제2호), "거래관계를 갑자기 전부 또는 일부 단절하겠다고 위협하여, 가격이나 변제기, 매매의 양태, 매매계약상의 채무와 관련이 없는 용역에 관하여 명백하게 남용적인 조건을 취득하거나 취득하려고 하는" 행위(제4호)를 한 자는 손해배상책임을 진다고 규정한다. 본조가 종속상태의 남용자가 실제로 "명백하게 과도한 이익"을 취득하였을 것을 요구하는 것과 달리, 프랑스상법전 제L.442-6조는 취득 "하려고 한" 행위를 취득한 행위와 같은 차원에서 다룬다. 특별규정인 프랑스상법전 제L.442-6조는 일반규정인 본조와 모순되는 것이다. 따라서 일반규정인 본조가 배제되고 특별규정인 프랑스상법전 제L.442-6조가 적용된다(제1105조 제3항).[215]

본조의 적용범위는 매우 넓은데, 다음 두 가지 차원에서 그러하다. 첫째, 당사자의 지격에 대해 아무런 구분을 하지 않는다. 사실 민법전은 법규정에 '특정한 역할의 사람'이 들어가지 않는 것이 특징이다. 종속상태의 남용에 의한 강박이 당연히 (나이, 질병, 장애, 소수자 등을 이유로 하는) 약자에게 적용되지만, 조문에서 이를 요건으로 하고 있지는 않다. 더욱이 2015년 오르도낭스안에는 "약자로서의 상황"이라는 문구가 있었지만 삭제되었다. 따라서 대기업도 강박을

---

214) O. Deshayes, T. Genicon, Y.-M. Laithier, *op. cit.*, p. 255.
215) O. Deshayes, T. Genicon, Y.-M. Laithier, *op. cit.*, p. 256.

주장할 수 있고[216) 회사법 전문변호사도 자신의 근로계약의 합의해지와 관련하여 강박을 주장할 수 있다.[217) 둘째, 본조는 제1101조가 의미하는 계약이기만 하면 모든 계약에 적용된다. 채권관계를 발생시키는 계약뿐 아니라 채권관계를 변경하는 계약(기한의 변경, 화해 등)에도 적용된다. 특히 계약수정(modification conventionnelle)과 관련하여 종래 꼬즈에 근거하여 행해졌던 통제가 사라져 본조의 역할이 중요하게 되었다.[218) 채권관계를 소멸시키는 것을 목적으로 하는 계약(채무면제 등)도 종속상태의 남용에 의한 강박을 이유로 무효화할 수 있다.[219)

본조가 규정하는 요건은 누적적 요건이다. 법정 추정이 언급된 바 없기 때문에 강박을 주장하는 자는 다음의 다섯 요건에 대해 증명책임을 진다. 첫째, 종속상태를 남용한 자는 계약당사자이어야 한다. 2016년 오르도낭스에서는 그 점이 불분명하였는데, 2018년 변경법률에서 '자신에 대한'이라는 문구를 추가함으로써 이를 분명히 하였다.[220) 하지만 제3자에게의 종속상태라고 해도 그 종속상태를 계약당사자에 대한 종속상태로 평가할 수 있다면 본조가 적용될 수 있을 것이다.[221) 또한 '진정한' 제3자와 '가짜' 제3자를 구별하여야 한다. 가령 자회사가 모회사의 상대방의 종속상태를 남용하였다면, 계약당사자인 모회사와 상대방 사이에 종속상태가 존재하는 경우 본조가 적용될 수 있다.

둘째, "상대방이 종속상태에 처해 있"어야 한다. 이는 의사표시자의 보호필요성에 관련된 요건인데, 이 요건이야말로 본조가 제1140조와 구별되는 점이다. 본조는 종속의 성질에 관하여 규정하지 않지만, 대통령에게 제출한 보고서에 따르면 "종속적인 모든 경우를 대상으로 한다." 따라서 불리한 의사표시를 한 당사자가 반드시 '경제적' 종속상태에 있어야 하는 것은 아니며 심리적 또는 감정적 종속상태에 있더라도 본조가 적용될 수 있다. 따라서 의사능력과 행위능력이 있는 자, 무상행위에 적용되는 특별규정(제909조와 사회보장가족법전 제 L.116-4조)의 보호를 받을 수 없는 자도 본조에 의해 보호받을 수 있다.[222)

---

216) Civ. 1re, 4 févr. 2015, n° 14-10.920 : *RDC* 2015, p. 445, obs. E. Savaux
217) Soc., 23 mai 2013, n° 12-13.865 : *Bull. civ.* 2013, V, n° 128.
218) O. Deshayes, T. Genicon, Y.-M. Laithier, *op. cit.*, p. 256.
219) Soc., 19 nov. 2014, n° 13-21.517; Soc., 23 mai 2013, n° 12-13.865.
220) 하지만 이 문구를 추가한 데에 대해서는 비판적인 견해를 표시하는 학자들이 존재한다.
221) O. Deshayes, T. Genicon, Y.-M. Laithier, *op. cit.*, p. 257.

셋째, 종속상태의 존재가 증명되면 원고는 피고가 이를 남용하였다는 점을 증명하여야 한다. 기존 판례도 계약의 무효를 주장하는 자의 계약상대방이 과도한 이익을 얻기 위해 의사표시자의 종속상태를 이용할 것을 요구했다.223) 그런데 개정 민법하에서 계약상대방이 명백히 과도한 이익을 얻었고 의사표시자가 종속상태에 있었다면 강박이 인정된다는 견해도 있으나 다수의 법학자들은 계약상대방이 의사표시자의 종속상태를 악용하여 이익을 얻어야 한다는 견해를 취하고 있다.

넷째, 종속상태를 남용당한 상대방이 "그러한 강요가 없었더라면 하지 않았을 의무부담"을 했어야 한다. 이 요건이 규정하는 바는 종속상태에 있는 사람이 한 의무부담과 그에게 행해진 압력 사이에 인과관계가 있어야 한다는 것이다. 강박이 결정적 성격의 것인지에 대한 판단은 사실문제이지만, 다른 요건들과 구별하여 판단하기가 쉽지 않다.224) 특히 대안이 없어서 종속상태에 있는 경우에 그러하다. 다른 해결책이 없고 자신에게 "중대한 해"가 일어날 수 있다는 두려움을 겪고 있는 자가 의무부담을 하지 않는 편을 선택한다는 것은 가능하지 않기 때문이다. 그런데 제1130조와 비교하여 보면 본조는 더 엄격한 요건을 가지고 있다. 아무런 의무부담을 하지 않았을 것임을 증명한다는 것은 힘든 일이다. 그러나 본조가 '의무부담(engagement)'이라는 단어를 사용한다는 점에 주목하면 두 조문의 차이를 극복할 수 있다. 본조에서의 engagement은 계약(contrat)의 동의어가 아니고 채무(obligation)의 동의어이다.225) 그러므로 원고는 피고가 종속상태를 남용하지 않았더라도 자신이 계약을 체결하기는 하였을 것이나 다른 의무부담을 하였을 것이라고, 즉 계약내용이 달라졌을 것임을 증명하여도 된다. 이러한 해석론을 취하는 경우 본조에서도 제1130조에서와 같은 구별이 가능하다. 즉 피고가 종속상태를 남용하지 않았으면 하였을 다른 의무부담이 이미 한 의무부담과 현저히 다른 것이면 합의의 하자에 해당하여 계약의 무효가 인정된다. 반면 현저히 다른 것이 아니면 무효는 인정되지 않는다. 파기원은 이 문제에 대해 결정을 내려야 할 것이다.

---

222) O. Deshayes, T. Genicon, Y.-M. Laithier, *op. cit.*, p. 258.
223) Civ. 1ʳᵉ, 3 avril 2002, n° 00-12.932.
224) O. Deshayes, T. Genicon, Y.-M. Laithier, *op. cit.*, p. 261.
225) O. Deshayes, T. Genicon, Y.-M. Laithier, *op. cit.*, p. 261.

다섯째, 상대방의 종속상태를 남용한 자가 종속상태에 있는 상대방의 의무 부담으로부터 "명백히 과도한 이익"을 얻어야 한다. 2015년 오르도낭스안(projet de l'ordonnance)에는 "명백하게 과도한 이익"을 증명하여야 한다는 요건이 들어 있지 않았음을 고려할 때, 이는 본조의 적용을 억제하려는 목적으로 추가되었 다.226) 앞서 본 세 번째 요건인 '남용'만으로는 법적 안정성에 대한 충분한 보장 이 되지 않는다고 본 것이다. 이익이 어떤 성질의 것인지에 관하여는 본조가 아 무런 언급을 하지 않지만, 아무래도 경제적 성질의 이익, 특히 가격이 많이 주 장될 것으로 보인다.227)

본조는 이익이 과도한 정도가 '명백'할 것을 요구하고 있다. 과연 무엇을 기 준으로 과도한지 여부를 판단할지에 대해서 본조는 침묵하고 있지만, 무엇보다 반대급부가 기준이 될 수 있을 것이다. 가령 자동차부품 공급업자가 자동차 제 조업자와의 계약을 변경할 목적으로, 그 부품업자만이 유일하게 생산하는 부품 을 갑자기 공급하지 않겠다고 하여 자동차 생산공정이 완전히 멈출 위험에 처했 다고 하자. 자동차제조업자는 달리 해결책이 없고 생산이 멈추면 중대한 결과가 발생하기 때문에 부품업자의 금전적 요구를 모두 수용하였다고 하자. 이 때 부 품업자가 그 대가로 아무런 의무부담을 한 것이 없다면, 즉 종전의 계약에 기해 부담하던 채무만 이행하면 된다면, 새로운 (변경) 계약은 본조에 기해 무효화될 수 있다. 그러나 과도한 이익을 얻었는지를 판단함에 있어 계약내용이 유일한 기준은 아니다. 해당 분야에서의 관행 같은 요소들도 고려될 수 있다.228)

본조는 효과에 대해서는 아무런 규정을 하지 않으므로 효과를 결정하려면 다른 규정들에 의거하여야 한다. 첫째, 제1131조를 적용하면 본조의 강박은 계 약의 무효원인이다.229) 둘째, 강박은 과책에 해당하므로 손해를 입은 당사자는

---

226) Rapport au Président de la République의 제1143조에 대한 해설 참조.
227) O. Deshayes, T. Genicon, Y.-M. Laithier, *op. cit.*, p. 262.
228) O. Deshayes, T. Genicon, Y.-M. Laithier, *op. cit.*, p. 263.
229) 일찍이 Demolombe는 공포와 절망 속에서 행해진 의사표시는 제대로 된 의사표시가 아 니기 때문에 합의가 무효화되어야 한다고 하면서도 상대방이 합의를 이행하였다면 법관 으로서는 형평의 원칙상 그에 대한 정당한 보상이 이루어지도록 배려하여야 한다고 주 장하였다. 그 영향으로 파기원은 불공정한 해난구조합의이지만 함장이 치명적인 급박한 위험을 피하기 위해 서명할 수밖에 없었던 합의를 무효화하였다(Req., 27 avr. 1887 : DP. 1888, 1, p. 263). 그 결과 이러한 해결을 받아들인 해난사고법이 1916년에 제정되었 고 현재는 프랑스교통법전에서 강박상황에서의 계약을 규율하고 있다(제L.5132-6조).

계약외책임에 근거한 손해배상을 청구할 수 있다(제1178조 제4항). 셋째, 만일 본조에 근거하여 부수적 강박(즉 강박이 없었다고 해도 피해자가 계약을 체결하였을 것이지만 다른 조건으로 체결하였을 강박)을 인정한다면, 손해배상청구만 할 수 있다. 넷째, 법관은, 직권으로든 피해 당사자의 청구에 의해서든, 일방의 명백하게 과도한 이익을 없애는 방식으로 계약을 수정할 수 없다. 사실 19세기 민법학자들 사이에서는, 외부적 요소로부터 강요를 받아 성립한 합의가 과도한 때에는 법관에게 그 채무를 감경할 수 있는 권한을 인정해야 한다고 주장하는 견해와 "법관이 채무를 감경한다면 이는 계약법을 정면으로 침해하는 것이며 그 판결은 결국 파기원에서 파기될 것"이라고 주장하는 견해가 있었다. 프랑스민법전은 본조의 강박에 대한 제재로서 계약의 무효만을 취하고 계약의 수정은 배척하였다.

Article 1144 Le délai de l'action en nullité ne court, en cas d'erreur ou de dol, que du jour où ils ont été découverts et, en cas de violence, que du jour où elle a cessé.

제1144조 무효화소권의 행사기간은, 착오나 사기의 경우에는 착오나 사기가 드러난 날부터, 강박의 경우에는 강박이 종료한 날부터 진행한다.

    [해제] 본조는 합의의 하자로 인한 무효화소권의 법리를 다룬다. 하지만 본조만으로는 그 법리 전체를 파악하기에 충분하지 않고 제1131조를 같이 보아야 한다. 그래서 이 두 조문은 가까이에 배치하거나 한 조문에 규정하는 것이 좋았을 것이라는 견해[230]도 있다.

    합의의 하자에 기인한 무효화소권은 기산일로부터 5년 내에 행사되어야 한다(제2224조). 기산일은 착오나 사기의 경우에는 착오나 사기가 드러난 날, 강박의 경우에는 강박이 종료한 날이다(본조). 기산점은 아무리 늦추어진다 해도 무효화소권이 발생한 때로부터 20년을 초과하여 소멸시효기간을 연장하는 것은 불가능하다(제2232조 제1항). '무효화소권이 발생한 때'는, 합의의 하자로 인한 무효화소권에 있어서는, 계약체결일이다.[231]

---

230) O. Deshayes, T. Genicon, Y.-M. Laithier, *op. cit.*, p. 264.
231) O. Deshayes, T. Genicon, Y.-M. Laithier, *op. cit.*, p. 264.

Sous-section 2 La capacité et la représentation

제2부속절 행위능력과 대리

[해제] 본부속절에서는 제1128조 제2호에서 계약의 유효요건의 하나로 규정하는 행위능력(capacité)과 함께 대리(représentation)에 관하여 규정한다.

Paragraphe 1 La capacité

제1관 행위능력

[해제] 본관은 행위능력에 관하여 규정한다. 프랑스민법전상 행위능력에 관한 조문들은 별달리 새로운 게 없다. 대통령에게 제출한 보고서에 따르면 "행위능력에 관한 제1관은 개정 전 프랑스민법전에 있던 행위능력에 관한 조문들과 급부불균형으로 인한 무효화소권에 관한 조문을 한데 모은 것이며 가독성을 높이기 위해 문언을 다듬었을" 뿐인데, 왜냐하면 위 보고서에 따르면 "행위능력의 문제는 인(人)에 관한 제1권에서 더 엄밀하게 다루어지는데 제1권은 채권법 개정의 대상이 아니기 때문"이다.

이처럼 행위능력은 계약법에 한정된 문제가 아니고 법인격과 관련된 문제이기도 하므로, 과연 행위능력에 관한 규정을 계약법에 두는 것이 옳은지에 관하여 논란이 있었다. 까딸라초안과 떼레초안은 이에 관하여 상반된 입장을 취하였다. 즉 까딸라초안은 행위능력에 관한 조문을 여럿 두었던 반면, 떼레초안은 간략한 언급에 그쳤다. 개정민법은 떼레초안 쪽을 택하였다.

본관의 조문들(제1145조부터 제1152조까지)은 대부분 개정 전 프랑스민법전의 내용을 그대로 채택하되 문체를 현대화하고 단순화하였다. 그리고 쓸모없게 된 조문(개정 전 제1125조[232] 등)은 삭제하고 어떤 조문(개정 전 제1125-1조[233])은

---

232) 개정 전 제1125조는 "행위능력이 있는 계약당사자는 상대방의 행위 무능력을 원용하지 못한다."고 규정하고 있었는데, 이는 현행 프랑스민법전에서도 마찬가지이다. 즉 제1147조는 "계약체결에 대한 무능력은 상대적 무효원인이다."고 규정하고 제1181조 제1항은 "상대적 무효는 당해 법률이 보호하고자 하는 자만이 주장할 수 있다."고 규정하기 때문이다.

233) 개정 전 제1125-1조는 연로자 수용시설이나 정신병자 요양시설에서 일하는 사람들은 특정한 계약을 체결할 수 없다(incapacité spéciale de jouissance)는 조문인데, 이에 관한 규

민법전 밖으로 이동시켰다. 개정 전 프랑스민법전과 비교해 크게 달라진 점은 다음 다섯 가지이다. 첫째, 법인의 행위능력에 관한 조문을 신설하였다(제1145조 제2항). 둘째, 미성년자나 피보호성년자가 "법률이나 관습에 의해 허용되는 일상적인 행위"를 단독으로 할 수 있도록 하였다(제1148조). 셋째, 미성년자가 행한 일상적 행위는 단순한 급부불균형을 이유로 무효화할 수 있도록 하였다(제1149조 제1항). 넷째, 제한능력자의 계약상대방이 무효화소송에서 "유용성 항변"과 "이득의 항변"을 할 수 있도록 하였다(제1151조 제1항). 다섯째, 개정 전 제1312조는 계약의 무효에 따른 원상회복과 관련하여, 무능력자의 급부반환의무를 제한하는 내용을 담고 있었는데, 이 조문이 삭제되었다. 이제 급부반환의 문제는 본관이 아니라 급부반환에 관한 제4편 제5장에 속한 제1352-4조에서 규율된다. 제1352-4조에 따르면, 미성년자와 피보호성년자의 반환의무는 무효화된 행위로부터 얻은 이익을 한도로 감축된다.

Article 1145 Toute personne physique peut contracter sauf en cas d'incapacité prévue par la loi.
La capacité des personnes morales est limitée par les règles applicables à chacune d'entre elles.
제1145조 ① 모든 자연인은, 법률이 정한 제한능력의 경우를 제외하고, 계약을 체결할 수 있다.
② 법인의 행위능력은 각 법인에게 적용되는 법규에 의해 제한된다.

[해제] 본조는 각 항에서 자연인과 법인의 행위능력에 관하여 규정한다. 제1128조는 계약이 유효하기 위해서는 당시지의 행위능력이 필요하다고 규정하지만, 자연인에 관한 본조 제1항에 따르면 행위능력이 원칙이고 행위무능력은 예외이다. 따라서 자연인의 행위능력은 계약이 유효하기 위한 적극적 요건이라기보다 소극적 요건이다.

개정 전 제1123조는 "누구든지(toute personne) 법률의 규정에 의하여 무능력으로 선언되지 아니하는 한 계약을 체결할 수 있다."고 규정하면서, 법인의 행위능력을 따로이 규정하는 조문은 존재하지 않았다. 본조 제2항은 2016년 10

정들은 프랑스사회보장가족법전과 프랑스공중위생법전으로 이동되었다. 더구나 이 규정들이 사회연대협약 당사자와 사실혼 배우자에게까지 적용되게 되었다.

월에 처음 시행될 때에는 훨씬 긴 문언을 가지고 있었다. 즉 "법인의 행위능력은, 당해 법인에 적용되는 원칙들을 준수하여, 법인의 정관에서 정한 목적을 실현하는 데 유용한 행위와 그에 부수하는 행위에 한정된다."고 정하고 있었다. 그 문언만 보면 법인이 체결한 계약은 유용성이 없다는 이유로 그 효력이 문제될 수 있었다. 이 때문에 유용성이란 모호한 개념의 경계선을 어떻게 그을 것인가 하는 문제가 제기되었다. 그리하여 결국 2018년 변경법률에 의해 본조 제2항이 개정되면서 "법인의 정관에서 정한 목적을 실현하는 데 유용한 행위"에 한정된다는 내용이 삭제되었다. 학자들은 이로써 2016년 전의 법 상태로 되돌아갔다고 평가한다.[234] 즉 법인의 행위능력에 관한 고전적인 제한인 "당해 법인에 적용되는 법규"에 비추어 판단하면 된다는 것이다.

프랑스법상 법인에는 사단법인과 재단법인이 있다. 사단법인은 수익이나 경제적 목적을 추구하는가의 여부에 따라 회사와 비영리사단법인으로 나뉜다. 프랑스민법전 제1832조 제1항에 의하면 회사란 '이윤을 분배하거나 절약을 도모하기 위한' 목적으로 존재한다. 상사회사는 상행위를 하거나 또는 상행위는 하지 않지만 상사회사의 형태로 설립된 회사를 말한다(프랑스상법전 제L.210-1조). 민사회사는 상사회사의 형태로 설립되지 않고 또 민사행위를 그 목적으로 하는 회사를 가리킨다(프랑스민법전 제1845조 제2항). 민사행위란 프랑스상법전 제L.632조, 제L.633조에 규정된 상행위 이외의 행위를 말한다. 비영리사단이 법인격을 취득하기 위해서는 반드시 설립자가 비영리사단을 신고하여야 한다(1901년법 제5조 제1항). 비영리사단법인 가운데 국사원의 명령에 의하여 공익성이 인정된 법인은 공익성이 인정된 비영리사단법인이라고 한다(1901년법 제10조). 재단법인은 '공익성이 인정된 재단'과 '기업재단'으로 나뉜다. 법인격 인정의 가장 핵심적인 효과는 행위능력이다. 그런데 본조는 자연인만 완전한 행위능력을 갖는다고 하고(제1항) 법인의 행위능력은 당해 법인에게 적용되는 법규에 의해 제한된다고 한다(제2항). 달리 말하면 법인은 법률에서 부여된 행위능력을 가질 뿐, 일반적인 행위능력을 갖지 않는다.

민사회사는 이윤을 실현하거나 절약을 도모하기 위해 설립되었으므로 무상처분을 할 수 없다. 민사회사의 이사는 제3자와의 관계에서 회사의 목적에 포

---

234) O. Deshayes, T. Genicon, Y.-M. Laithier, *op. cit.*, p. 270.

함되는 행위를 함으로써 민사회사를 구속한다(프랑스민법전 제1849조 제1항). 상사회사도 원칙적으로 회사의 목적을 벗어나서 행해진 행위는 회사를 구속하지 않는다(프랑스상법전 제L.221-5조). 그러나 유한책임회사와 주식회사의 경우 제3자에 대한 관계에서는 회사의 목적 범위에 속하지 아니한 업무집행자의 행위에 대하여도 책임을 진다. 그러나 그 행위가 목적 범위를 넘는다는 것을 제3자가 알았거나 그 당시의 상황으로 보아 알 수 있었음을 회사가 증명한 때에는 그러하지 아니하다. 그러한 증명은 정관에 공시되어 있다는 것만으로 되지 않는다(프랑스상법전 제L.223-18조 제5항, 제L.225-35조 제2항).

신고된 비영리사단은 법률이 정하는 범위 내에서만 행위능력이 인정되는데, 다음과 같은 행위를 할 수 있다(1901년법 제6조). 첫째, 소송에 참가할 수 있다. 둘째, 현실증여를 받을 수 있다. 셋째, 공공기관으로부터 증여를 받을 수 있다. 넷째, 국가, 지방자치단체 또는 이들이 운영하는 시설로부터 보조금을 수령할 수 있다. 다섯째, 사원으로부터 분담금을 받을 수 있다. 여섯째, 사원의 모임을 위한 장소를 취득하거나 사단법인의 목적 달성에 긴요한 부동산을 취득하여 보유하고 관리할 수 있다. 반면 공익성이 인정된 비영리사단법인은, 정관에 금지되지 않는 한, 사법상의 모든 행위를 할 수 있다(1901년법 제11조). 다만 부동산의 취득만은 목적에 긴요한 한도 내에서 할 수 있다.

Article 1146 Sont incapables de contracter, dans la mesure définie par la loi :
 1° Les mineurs non émancipés ;
 2° Les majeurs protégés au sens de l'article 425.
제1146조 다음 각 호의 자는, 법률이 정하는 한도에서, 계약을 체결할 능력이 없다.
 1. 성년해방되지 않은 미성년자
 2. 제425조에서 정하는 피보호성년자

[**해제**] 본조가 정하는 두 종류의 제한능력자는 성년해방되지 않은 미성년자(제1호)와 피보호성년자(제2호)이다. 이들은 다른 사람과 동일한 권리를 가지고 있다 해도 이들을 대리하거나 원조하는 타인의 보조 없이는 자신의 권리를 행사할 수 없다. 법은 경험이나 자질이 없는 이들이 경솔하게 계약을 체결하는 것을 막아 이들을 보호하고자 하는 것이다.

프랑스민법전상 18세 미만으로서 성년해방이 되지 않은 자는 제한능력자이다. 18세에 이르지 못한 자는 연령에 의한 제한능력자이지만, 18세가 되면, 성년보호조치가 내려지지 않은 한, 자신이 향유하는 권리를 행사할 수 있다(제414조). 그런데 미성년자라고 하여도 성년해방이 되면 행위능력을 갖는다(제413-6조 제1항). 성년해방에는 법률규정에 의한 해방과 사법결정에 의한 해방이 있다. 미성년자가 혼인하면 당연히 해방되는 것을(제413-1조) 법률규정에 의한 성년해방이라고 하고, 16세 이상인 자에 대해 그 친권자나 친족회가 성년해방을 청구하여 후견법관이 해방을 선고하는 것을(제413-2조, 제413-3조) 사법결정에 의한 해방이라고 한다.

제425조가 정하는 사유에 해당하여 법률이 정하는 한도에서 계약을 체결할 수 없는 성년자들은 피후견인과 피보좌인이다. 피후견인(majeur en tutelle)은 후견인(tuteur)이 그의 법정대리인으로서 그를 대리하여 법률행위를 하여야 한다. 이러한 피후견인의 제한능력을 완화하는 법률규정은, 피후견인의 신상에 관련된 것과 재산에 관련된 것으로 나누어 볼 수 있다.

피후견인은 자신의 신상에 관한 결정을 단독으로 할 수 있다(제459조 제1항). 피후견인의 상태가 신상에 관하여 분별있는 결정을 단독으로 할 수 있는 상태가 아닌 때에는 후견법관(또는 친족회)은 피후견인의 신상에 관한 모든 행위 또는 그중에서 열거한 일부의 행위에 대해 후견인의 원조를 받을 수 있는 것으로 정할 수 있다. 이러한 원조가 충분하지 않은 때에는 법관은 후견인이 제한능력자를 대리하는 것을 허가할 수 있다(제459조 제2항). 그러나 극히 일신전속적인 합의를 포함하는 성질의 행위는, 특별한 법률규정이 없는 한, 피후견인 자신만이 할 수 있다(제458조 제1항). 자녀의 출생신고, 자녀의 인지, 자녀의 신상에 관한 친권행사, 자녀의 성씨의 선택 또는 변경의 신고, 자기 자신의 입양에 관한 합의, 자녀의 입양에 관한 합의는 극히 일신전속적인 합의를 포함하는 성질의 행위에 속하는 것으로 본다(제458조 제2항).

재산과 관련하여 법률이나 관습이 피후견인이 단독으로 할 수 있는 것으로 허용하는 행위는 피후견인이 단독으로 할 수 있다(제473조 제1항). 일상적인 행위의 경우 피후견인이 단독으로 유효한 행위를 할 수 있다(제1148조). 관습에 의해 허용되는 일상행위는 유상행위일 수도 있고 무상행위일 수도 있다. 유상행위는 일상행위에 필요한 사소한 금액을 치르는 행위이어야 한다. 무상행위는 특히 관행상의 선물로서, 선물을 약속한 일시를 기준으로 처분자의 재산을 고려하여 평가하였을 때 저렴한 것이어야 한다(제852조 제2항). 또한 후견법관이 후견개시의 심판시 또는 그 후에 피후견인 단독으로 혹은 후견인의 동의를 얻어 할 수 있다고 정한 행위는 그에 따라 법률행위를 할 수 있다(제473조 제2항).

피보좌인(majeur en curatelle)은, 피후견인과는 달리, 보존행위와 관리행위는 보좌인(curateur)의 원조 없이도 할 수 있다. 그러나 일정한 행위의 경우 피보좌인은 보좌인의 원조가 있어야 유효한 법률행위를 할 수 있다. 즉 후견의 경우 후견법관의 허가(또는 친족회의 동의)를 요할 행위를 함에 있어서 피보좌인은 보좌인의 원조를 받아야 한다(제467조 제1항). 그러한 행위를 피보좌인이 보좌인의 원조를 받지 않은 채 단독으로 행한 경우에는 피보좌인이나 보좌인은 당해 법률행위가 피보호성년자에게 손해를 가함을 증명함으로써 무효화할 수 있다(제465조 제1항 제2호, 제2항과 제3항).

Article 1147 L'incapacité de contracter est une cause de nullité relative.
제1147조 계약체결에 대한 무능력은 상대적 무효원인이다.

[해제] 본조부터 제1150조까지는 제한능력자가 행한 행위에 대한 두 가지의 제재를 규정한다. 먼저 본조에서 원칙적 제재로서 무효를 선언하고, 단순한 급부불균형을 이유로 하는 무효화소권은 제한적으로 인정한다(제1149조).

본조는 계약체결에 대한 무능력은 상대적 무효의 원인이 됨을 규정한다. 이는 명문 규정이 없는 상황에서도 인정되어 오던 바이다.[235] 제한능력제도는 제한능력자를 보호하고자 하는 것이기 때문이다. 그러므로 미성년자나 피보호성녀자, 그 대리인마이 제한능력자가 체결한 계약의 무효를 주장하는 소를 제기할 수 있다. 그 상대방은 자신과 계약을 체결한 자에게 행위능력이 없음을 이유로 계약의 무효를 주장할 수 없다.

본조에는 법인이 등장하지 않는다. 그래도 행위무능력은 법인의 경우에도 상대적 무효라고 생각된다. 따라서 회사의 행위능력을 벗어난 행위에 대해 회사의 수임인이 무효를 주장할 수 있고 회사의 계약상대방은 회사의 행위무능력

---

235) Civ. 1re, 20 mars 1989 : *Bull. civ.* I, n° 132; Civ. 1re, 31 janv. 1995 : *Bull. civ.* I, n° 60.

을 주장할 수 없다.

Article 1148 Toute personne incapable de contracter peut néanmoins accomplir seule les actes courants autorisés par la loi ou l'usage, pourvu qu'ils soient conclus à des conditions normales.

제1148조 제한능력자라 할지라도 법률이나 관습에 의해 허용되는 일상적인 행위는 보통의 조건에서 체결된다면 단독으로 할 수 있다.

[해제] 무효는 제한능력자를 보호하기 위한 장치이나 법적 안정성을 해하는 면이 있다. 그리고 제한능력자 자신에게도 그 독립성을 제한하는 측면이 있다. 그래서 본조는 제한능력자가 한 법률행위 중 특정 범주에 속하는 행위는 유효임을 규정한다.[236] 즉 본조는 미성년자나 피보호성년자는 "법률이나 관습에 의해 허용되는 일상적인 행위"를 단독으로 할 수 있다는 원칙을 규정한다. 이는 (피보호성년자에 관한) 제473조 제1항과 (미성년자에 관한) 제388-1-1조에 이미 규정되어 있는 바를 일반원칙의 형태로서 규정한 것이다. 하지만 그 두 조문에서는 "법률이나 관습이 허용하는" 행위만을 언급하는 데 반해, 제1148조는 그 행위가 "보통의 조건에서 체결되기만 하면" 유효하다고 덧붙이고 있다. 이 문구는 필시 프랑스 회사법으로부터 도입되었을 것이라고 한다.[237] 프랑스상법전에는 주식회사의 집행임원이 회사와 계약을 체결하는 경우에 이를 금지하거나 이사회의 사전 허가를 받도록 하는 규정(제L.225-38조)이 있는데, 그 계약이 주식회사의 일상거래에 관하여 정상적 조건으로 체결된 것이면 이사회의 사전 허가를 받지 않아도 된다는 예외(제L.225-39조)를 두고 있기 때문이다.

　　본조가 "보통의 조건에서 체결된다면"이라는 문언을 둔 것에 대한 해석은 두 가지가 가능하다. 첫째, '보통의 조건'이란 주된 급부에 대한 대가의 적정성과 함께 계약조항의 '일상성'을 의미한다고 보는 견해가 가능하다. 이로써 법관은 제한능력자의 이익을 충분히 존중하지 않는 것으로 보이는 행위를 무효화할 수 있는 재량을 갖는다고 보는 것이다. 둘째, 이 문언은 별다른 의미가 없으며 단지 본조와 제1149조를 대비시키는 기능을 갖는 문구라는 견해가 가능하다.

---

236) G. Chantepie & M. Latina, *op. cit.*, n° 354, p. 307.
237) O. Deshayes, T. Genicon, Y.-M. Laithier, *op. cit.*, p. 270.

동조에서 말하는 "보통의 조건"이란 단지 급부불균형이 없는 상태를 말한다고 보는 것이다.[238]

Article 1149 Les actes courants accomplis par le mineur peuvent être annulés pour simple lésion. Toutefois, la nullité n'est pas encourue lorsque la lésion résulte d'un événement imprévisible.

La simple déclaration de majorité faite par le mineur ne fait pas obstacle à l'annulation.

Le mineur ne peut se soustraire aux engagements qu'il a pris dans l'exercice de sa profession.

제1149조 ① 미성년자가 행한 일상적 행위는 단순한 급부불균형을 이유로 무효화할 수 있다. 그러나 그 급부불균형이 예측할 수 없었던 사건으로 말미암은 때에는 무효를 주장할 수 없다.

② 미성년자가 단지 성년자라고 하였다고 해서 무효화에 장애가 되지 않는다.

③ 미성년자가 자신의 직업을 수행함에 있어서 한 의무부담에 대해서는 책임을 면할 수 없다.

[해제] 제1148조에 따르면 미성년자가 단독으로 할 수 있는 일상적 행위는 제한능력자가 한 행위라는 이유로 무효가 되지 않는다. 하지만 본조는 미성년자가 행한 일상적 행위가 급부불균형을 이유로 하여서는 무효화될 수 있음을 규정한다. 개정 전 프랑스민법전 하에서 미성년자가 한 행위의 효력은 제1305조 이하에 의해 규율되었으나 법조문이 상당히 모호하였기 때문에 판례와 학설에 의존하였다. 당시의 판례와 학설은, 법정대리인이 대리하는 경우 친족회 등의 동의를 필요로 하는 행위(처분행위)를 미성년자가 단독으로 하였다면 당연히 무효이고, 보존행위나 관리행위를 미성년자가 단독으로 한 경우에는 급부불균형을 이유로 하는 무효가 가능하다고 보았다. 하지만 미성년자의 일상적 행위도 급부불균형을 이유로 무효화될 수 있는지가 불분명하였는데, 이제 분명하게 되었다.

본조는 미성년자만을 대상으로 하고 피보호성년자에 관하여는 아무런 언급이 없는데, 피보호성년자가 행한 행위의 효력에 관하여는 따로이 엄밀하게

---

238) O. Deshayes, T. Genicon, Y.-M. Laithier, *op. cit.*, p. 271에 따르면, 프랑스상법전 제 L.225-39조의 '보통의 조건'에 대한 해석도 이와 마찬가지로 행해진다고 한다.

규정하는 조문들이 있기 때문에 그렇게 한 것이다.[239] 즉 피보호성년자의 행위가 아무런 조건 없이 무효인 경우, 손해가 증명된 경우에 무효인 경우, 급부불균형을 이유로 무효이거나 감축되는 경우에 관한 조문들이 따로 있으며 그리하여 제1150조는 피보호성년자의 행위를 이들 조문에 따라 규율할 것을 지시하고 있다.

본조 제1항은 급부불균형을 이유로 한 무효는 미성년자의 "일상적 행위"만 가능함을 규정한다. 이는 제1148조의 "법률이나 관습에 의해 허용되는 일상적인 행위"를 가리킨다.[240] 일상적 행위만이 급부불균형 무효의 대상이므로 그 밖의 미성년자의 행위는 아무런 조건 없이 무효화가 가능하다. 즉 미성년자의 처분행위뿐 아니라 관리행위[241]도 급부불균형이 없어도 무효화가 가능한 것이다.[242] 일상적 행위와 관리행위는 서로 구분되는 개념이기 때문이다. 하지만 제1151조가 무효화소송의 피고에게 새로이 두 가지 항변(유용성 항변과 이득의 항변)을 부여하기 때문에 그에 의해 관리행위의 무효화가 가로막힐 수 있다.[243]

급부불균형은 계약에 기한 급부 간의 경제적 불균형을 의미하는 반면(제1168조), '단순한 급부불균형'은 그보다 넓은 개념이다. 왜냐하면 '단순한 급부불균형'을 판단함에 있어서는 해당 계약이 미성년자에게 유용한지 여부, 미성년자의 재산규모에 비추어 지출이 과도한지 여부가 고려되기 때문이다. 본조는 단순한 급부불균형을 이유로 한 무효화소권에 대해 두 가지의 제한을 가하고 있다. 첫째, 법률행위 성립 후 경제적 사정 등의 변경으로 인해 급부불균형이 일어난 때에는 무효화소송을 제기할 수 없다(제1항 단서). 둘째, 미성년자가 자신의 직업을 수행하면서 부담한 의무를 벗어나기 위한 무효화소송은 배제된다(제3항). (고용계약과 같이) 미성년자가 직업생활을 시작하기 위한 법률행위는 여전히 법정대리인의 동의가 있어야 하지만, 그 직업생활에 있어서 행하는 법률행위는 미성년자 혼자서 할 수 있다.

무효화소송에서 행위능력이 있는 당사자는 자신의 상대방이 제한능력자임

239) O. Deshayes, T. Genicon, Y.-M. Laithier, *op. cit.*, p 271.
240) Rapport au Président de la République에서 제1148조를 가리켜 "일상적 행위(actes courants)"라고 말하는 데서 알 수 있다.
241) 정확히 말하면 만일 법정대리인이 하는 경우에는 법정대리인이 단독으로 할 수 있는 행위.
242) O. Deshayes, T. Genicon, Y.-M. Laithier, *op. cit.*, p 271.
243) O. Deshayes, T. Genicon, Y.-M. Laithier, *op. cit.*, p 272.

을 몰랐다는 항변을 할 수 있는가? 원칙적으로 그의 선의는 중요하지 않다. 본
조 제2항은 이 점을 강조한다. 사실 이 조문은 개정 전 제1307조와 동일하다.
개정 전 제1307조에 관하여 판례는 모든 제한능력자에게 적용되는 것으로 보았
다.[244] 하지만 본조 제2항은 피보호성년자에 관한 제1150조에 등장하지 않으므
로, 이제는 달리 볼 여지가 있다.

Article 1150 Les actes accomplis par les majeurs protégés sont régis par les
articles 435, 465 et 494-9 sans préjudice des articles 1148, 1151 et 1352-4.
제1150조 피보호성년자가 한 행위는 제435조, 제465조, 제494-9조에 따라 규율하되
제1148조, 제1151조, 제1352-4조의 적용을 배제하지 않는다.

[해제] 본조는 피보호성년자에 관하여는 피사법보호인, 피보좌인, 피후견
인, 가족권한수여의 대상이 된 자에 관한 법규정들을 각각 적용한다는 점을 언
급하고 있다. 여기에서 언급되는 법조문들을 간략히 설명한다.

사법보호를 받는 자는 행위능력자이다. 그러나 피사법보호인에게도 급부불
균형을 이유로 무효를 주장하거나 과잉부분에 대한 감액청구를 할 수 있는 권
리가 인정된다(제435조 제2항). 이 경우 법원에 넓은 재량권이 인정되어 법원은
피보호성년자의 재산상태, 거래상대방의 선악 여부 및 거래의 유용성 여부를
고려하여야 한다.

피보좌인은, 피후견인과는 달리 보존행위와 관리행위를 보좌인의 원조 없
이도 할 수 있다. 하지만 그 행위가 급부불균형을 이유로 무효화되거나 과잉을
이유로 감축될 여지가 있다. 보좌인은 후견법관의 허가를 얻어 무효화소권이나
감축소권을 행사할 수 있다(제465조 제1항 제1호, 제2항과 제3항). 그 청구의 인용
여부를 판단함에 있어서 법관은 당해 행위의 유용성 여부, 피보호성년자의 재
산의 규모나 구성, 계약상대방의 선의 여부를 고려해야 한다. 피후견인이 후견
법관의 판결에 의거하여 단독으로 한 행위는, 그 행위가 후견법관이 명시적으
로 허가한 행위가 아닌 한, 과잉을 이유로 한 감축소송이나 급부불균형을 이유

---

244) Civ., 13 mars 1900 : *DP* 1900. 1. 580; *S*. 1903. 1. 26; Paris, 20 mars 1956 : *JCP* 1956 Ⅱ,
  9410, note Mazeaud; *RTd civ*. 1956. 709, obs. H. Desbois; Daury-Fauveau, La faute de
  l'aliéné et le contrat, *JCP* 1998, Ⅰ, 160.

로 한 무효화소송이 제기될 수 있다(제465조 제1항 제1호). 피보호성년자가 원조를 요하는 행위를 단독으로 하였다면 피보호성년자에게 손해가 발생하였다는 사실이 증명된 때에만 무효로 할 수 있다(제465조 제1항 제2호). 피보호자가 후견인이 대리하여야 하는 행위를 단독으로 하였다면 그 행위는 손해의 발생을 증명할 필요 없이 당연히 무효이다(같은 조 같은 항 제3호). 이러한 무효의 소 내지 감액청구의 소는 피보호자의 생존중에는 후견개시를 청구할 수 있는 자이면 누구나 제기할 수 있으나 피보호자의 사망 후에는 그의 상속인만이 소를 제기할 수 있고 이러한 소권은 5년이 경과하면 소멸한다.

가족권한수여의 대상이 된 자가 대리권자에게 위임된 행위를 단독으로 하였다면, 그 행위는 당연히 무효이다. 무효를 주장하는 데 있어서 손해의 발생을 증명할 필요가 없다(제494-9조 제1항). 가족권한수여조치가 선고되기 전 2년 내에 그 대상자가 한 행위로 부담한 의무는 제464조에 규정된 요건에 따라 감축되거나 무효화될 수 있다(같은 조 제2항). 가족권한수여의 대상이 된 자는 후견법관의 허가를 얻어 위와 같은 행위의 무효화나 감축을 위한 소송을 단독으로 제기할 수 있다(같은 조 제3항). 가족권한수여의 대상이 된 자가 자신에게 허용된 범위에 속하지 않는 행위 또는 법관의 허가를 받아서만 할 수 있는 행위를 단독으로 한 경우에는 그 행위는 당연히 무효이고 손해를 증명할 필요가 없다(같은 조 제4항). 이 모든 경우에 무효화소권이나 감액소권은 제2224조에 규정된 5년 내에 행사하여야 한다(같은 조 제5항). 위 기간 내에 가족권한수여조치가 유효한 한, 후견법관의 허가를 얻어 계쟁행위를 추인할 수 있다(같은 조 제6항).

제1352-4조는, 성년해방되지 않은 미성년자 또는 피보호성년자가 부담하는 반환의무는 그가 무효인 계약으로 인하여 얻은 이익을 한도로 한다고 규정한다. 이 조문은 사실 개정 전 제1312조를 단순화한 것이며, 그 보호를 후견이나 보좌를 받는 성인에게까지 미치게 한 것이다.

Article 1151 Le contractant capable peut faire obstacle à l'action en nullité engagée contre lui en établissant que l'acte était utile à la personne protégée et exempt de lésion ou qu'il a profité à celle-ci.

Il peut aussi opposer à l'action en nullité la confirmation de l'acte par son cocontractant devenu ou redevenu capable.

제1151조 ① 행위능력이 있는 계약당사자는 무효화소송에서 당해 행위가 피보호자에게 유용하고 급부불균형이 없다는 점 또는 당해 행위가 피보호자에게 이득이 되었다는 점을 증명함으로써 대항할 수 있다.
② 전항의 자는 무효화소송에서 상대방이 행위능력자가 되거나 다시 된 후 당해 행위를 추인하였음을 항변할 수 있다.

[해제] 프랑스민법전은 제1178조 이하에서 무효화소권을 규정하고 있는데, 제한능력을 이유로 한 무효화소권의 행사에 관하여는 따로이 두 개의 조문(본조와 제1152조)을 두고 있다. 본조는 제한능력자와 계약을 체결한 상대방이 무효화소송에서 제기할 수 있는 두 가지 항변을 규정한다. 하나는 제한능력자의 무효화소권에 특유한 것이고(제1항), 다른 하나는 추인의 법리와 결합된 것이다(제2항).

제한능력자의 상대방이 무효에 대항하기 위해서는 당해 행위에 급부불균형이 없고 유용하다는 점 또는 이득이라는 점을 증명하여야 한다. 본조 제1항 전단에 따르면 제한능력자가 제기한 무효화청구는 그 행위가 피보호자에게 유용하고 급부불균형이 없다면 기각될 수 있다. 당해 행위에 급부불균형이 없다는 것만으로는 충분하지 않고 피보호자에게 유용하여야 한다. 따라서 제한능력자에게 불필요한 물건을 (적절한 가격에) 사도록 한 계약에 대해서는 피고가 '유용성 항변'을 할 수 없다. 그 행위로부터 피보호자가 이득을 얻었음이 밝혀진 때에도 무효화청구가 기각될 수 있다(제1항 후단). 이는 피보호자에게 유용하지 않은 행위라고 해도 종국적으로 이득을 주는 행위를 말한다.[245] 앞서 본 제1149조에 따라 미성년자가 급부불균형 무효를 주장하는 때에는 미성년자측에서 급부불균형을 증명할 책임을 진다. 그 경우 계약상대방이 무효에 대항하기 위해 "유용성 항변"을 할 수는 없으나 "이득 항변"은 할 수 있을 것이다. 급부불균형은 행위시를 기준으로 판단되지만 이득 여부의 판단은 사후적으로도 판단될 수 있기 때문이다.[246]

본항에 대하여는 제한능력을 이유로 한 무효화소권의 목적을 무시하는 규정이라는 비판이 있다. 행위능력을 계약의 유효요건으로 하는 이유는 계약상 형평을 보장하기 위해서가 아니라 합의 자체를 보호하기 위해서라는 것이다.

---

245) O. Deshayes, T. Genicon, Y.-M. Laithier, *op. cit.*, p 272.
246) O. Deshayes, T. Genicon, Y.-M. Laithier, *op. cit.*, p 273, 각주 420.

그렇다면 제한능력자에 대한 보호는 더 이상 예방적이고 추상적인 보호가 아닌, 사후적이고 구체적인 보호의 모습을 갖게 되었다고 할 수 있을 것인가?[247] 본조 제1항은 일반규정이므로 이를 적용함에 있어서는 피보호성년자가 행한 행위의 효력에 관한 특별규정들을 함께 고려하여야 한다. 가령 제465조 제1항에는 피보호성년자가 행한 행위의 유형에 따라서 아무런 조건 없는 무효(제3호), 손해가 발생하였다는 조건 하의 무효(제2호),[248] 급부불균형을 이유로 하는 무효(제1호)가 규정되어 있다. 제한능력자의 계약상대방이 그 행위가 유용하고 급부불균형이 존재하지 않음을 증명하든가 제한능력자에게 이득이 됨을 증명하면 그 행위의 무효를 막을 수 있다는 문언은 존재하지 않는다. 하지만 제1150조는 본조의 적용을 배제하지 않음을 명시하고 있다. 그럼에도 불구하고 본조 제1항은 미성년자의 관리행위에 한정하여 적용되어야 한다는 견해[249]가 있다.

추인이란 무효를 주장할 권리를 포기함으로써 당해 계약의 효력을 더 이상 다툴 수 없게 되는 것을 말한다(제1182조 제1항). 추인이 이루어진 계약은 객관적으로는 하자를 가지고 있지만 더 이상 문제삼을 수 없게 된다. 본조 제2항은 피보호자가 행위능력자가 된 후 행위를 추인할 수 있음을 규정한다. 개정 전 제1311조도 미성년자에 관하여 이 점을 규정하였고, 까딸라초안은 이를 행위무능력자 전체에 관하여 규정하고자 하였는바, 개정민법은 추인의 원칙을 모든 피보호자에게 적용한다.

Article 1152 La prescription de l'action court :

1° A l'égard des actes faits par un mineur, du jour de la majorité ou de l'émancipation ;

2° A l'égard des actes faits par un majeur protégé, du jour où il en a eu connaissance alors qu'il était en situation de les refaire valablement ;

3° A l'égard des héritiers de la personne en tutelle ou en curatelle ou de la personne faisant l'objet d'une habilitation familiale, du jour du décès si elle

---

247) O. Deshayes, T. Genicon, Y.-M. Laithier, *op. cit.*, p. 273.

248) 피보좌인(majeur en curatelle)은, 일정한 행위의 경우 보좌인의 원조가 있어야 유효한 법률행위를 할 수 있다. 그러한 행위를 피보좌인이 보좌인의 원조를 받지 않은 채 단독으로 행한 경우에는 피보좌인이나 보좌인은 당해 법률행위가 피보호자에게 손해를 가함을 증명함으로써 무효화할 수 있다(제465조 제1항 제2호, 제2항과 제3항).

249) O. Deshayes, T. Genicon, Y.-M. Laithier, *op. cit.*, p. 274.

> n'a commencé à courir auparavant.
>
> 제1152조 무효화소권의 소멸시효는
>
> 1. 미성년자가 행한 행위의 경우 성년이 된 날 또는 해방된 날부터 기산한다.
> 2. 피보호성년자가 행한 행위의 경우, 그가 그 행위를 다시 유효하게 할 수 있는 상 태에 있으면서 무효소권을 인식한 날부터 기산한다.
> 3. 피후견인이나 피보좌인 또는 가족권한수여의 대상이 된 자의 상속인의 경우에는 피 상속인의 생전에 시효가 진행하지 않았다면, 피상속인이 사망한 날부터 기산한다.

[해제] 본조는 제한능력을 이유로 한 무효화소권의 소멸시효 기산점을 규 정한다. 개정 전 제1304조에는 무효화소권의 소멸시효에 관한 규율이 대부분 담겨있었던 데 비해, 본조는 소멸시효편에 위치한 제2224조 이하의 규정과의 연관 속에서 적용된다.[250] 소멸시효편의 일반규정에 따르면, 소멸시효기간은 권리자가 그 권리의 행사가 가능한 사실을 알거나 또는 알 수 있었던 때로부 터 진행된다(제2224조). 그러므로 성년해방되지 않은 미성년자와 피후견성년자 에 대해서는, 일정한 소권을 제외하고는, 소멸시효가 진행하지 않거나 정지된 다(제2235조).

본조는 세 가지 경우를 구별하여 규정한다. 그중 첫 번째 상황은 미성년자 가 행한 행위인데 이에 대한 규율은 일반규정인 제2235조가 정하는 바와 합치 한다. 즉 미성년자의 무효화소권은 그가 성년이 된 날 또는 성년해방이 된 날부 터 시효가 진행한다(본조 제1호).

두 번째는 피보호성년자가 행한 행위인데, 이는 '피후견성년자'의 행위만을 대상으로 하는 제2235조보다 더 넓은 범위를 규율하는 것이다. 피보호성년자는 제한능력이나 단순한 급부불균형을 이유로 하는 무효화소권을 갖는데 이들 무 효화소권은, 피보호성년자가 행위능력을 회복하여 자신이 보호상태에 있는 동 안 했던 행위를 인식하게 된 때로부터 시효가 진행한다(본조 제2호). 이는 제 2235조와는 다른 기산점을 정한 것인데, 그렇다고 해도 제2232조가 정하는 상 한기간이 도과하면 소권은 소멸한다.

세 번째는 피후견인, 피보좌인 또는 가족권한수여의 대상이 된 자의 상속 인이 무효화소권을 행사하는 상황이다. 이 때에는 피후견인 등의 생전에 아직

---

250) G. Chantepie & M. Latina, *op. cit.*, n° 370, p. 319.

시효가 진행하지 않았다면, 피후견인 등이 사망한 날부터 소멸시효가 진행한다 (본조 제3호). 상속인이 그 행위에 존재하는 하자(특히 의사무능력)를 인식하였는 지는 불문하는 것이다.251) 상속인들이 심지어 법률행위의 존재를 모르더라도 소멸시효가 진행한다.

[이 은 희]

Paragraphe 2   La représentation
제2관   대리

[해제] 이미 중세시대부터 대리는 위임의 본질(essence)로 이해되어 왔다. 프랑스민법전 제1984조는 위임은 '위임인을 위해 그의 이름으로 어떤 일을 할 수 있는 권한'이라고 규정하면서 위임이 대리에 의한다는 것을 나타내고 있다. 위임은, 위임인이 대리인 자격으로 법률행위를 할 권한을, 이를 승낙하는 수임 인에게 부여하는 계약이다.252) 나폴레옹 프랑스민법전의 편찬자들은 위임계약 제도가 법정대리와 재판상 대리에 관한 흠결을 보충할 수 있다고 생각하여 대 리에 관한 규정을 두지 않았다. 그러나 최근 대리에 관해 규정하고 있는 외국 입법, 유럽사법규정, 국제사법규정 등의 영향을 받아 프랑스민법전은 대리에 관 한 규정을 신설하였다.

본관은 법정대리, 재판상 대리, 약정대리 등 모든 종류의 대리에 적용할 수 있는 일반법을 제시하고 있다. 즉, 하나의 획일적인 대리제도를 만드는 것을 목 적으로 하는 것이 아니라 공통적인 규칙을 정하고 특별 규정의 흠결을 메우는 것을 목적으로 한다. 이를 바탕으로 대리의 일반 이론을 구성할 수 있게 된다. 특별 규정과 일반법의 규정이 일치하지 않는 경우에는 특별법이 일반법에 우선 한다는 원칙에 따라야 한다. 특별 대리에 대한 기존 규정이 후에 생긴 일반법과 일치하지 않는다고 하여 그 일반법에 의해 폐기되지 않는다.253)

---

251) Civ. 1re, 29 janv. 2014, n° 12-35.341 : *Bull. civ.* I , n° 15(무상행위의 무효).
252) *Répertoire de droit civil*, Mandat. n° 1-4.
253) G. Chantepie et M. Latina, *op. cit.*, n° 373.

대리는 2인(대리인과 본인)이 참여하여 법률작용(opération juridique)을 실현하는 방법이다. 프랑스민법전은 대리를 정의하고 있지 않기 때문에 각 조문을 검토하기 전에 대리의 유효요건을 대리행위, 대리인, 본인별로 살펴볼 필요가 있다.254)

먼저, 대리는 법률행위(acte juridique)에 대한 것이며, 사실행위(acte matériel)나 법적사실(fait juridique)에 대한 것은 아니다. 대리인은 본인의 권한을 행사하여 법률행위를 하고 본인은 이러한 행위의 효과에 구속된다. 원칙적으로 모든 법률행위에 대해 대리행위를 할 수 있다. 그러나 예외적으로 법률행위시에 그 효과에 구속되는 사람이 반드시 참석해야 하는 것으로 법이 정하고 있는 경우에는 그에 대한 대리를 할 수 없다. 예를 들면, 혼인, 유언, 선서 등은 대리에 의해 할 수 없다. 그러나 권리의 일신전속적인 성격이 덜 강조되는 경우, 권한을 사용할 것인지는 권리자가 결정하지만 그 행사는 제3자에게 대리하게 할 수 있다. 이혼 소송, 연금 관련 소송, 위자료 소송 등은 무능력자, 부재자, 위임인의 이름으로 제기할 수 있다. 대리인이 임무를 수행하면서 부수적으로 사실행위나 법적사실을 행할 수 있다(예를 들어, 물건의 매도를 위임받은 수임인은 이동하고, 물건을 관리하고, 방문하는 등의 행위를 한다). 그러나 이러한 행위는 계약의 목적이 아니며, 수임인의 이름으로 행해지고 수임인만이 그 효과에 구속된다.

대리인은 대리권이 있어야 한다. 대리권은 본인의 이름과 계산으로 행동할 수 있는 능력을 부여받은 대리인의 권한이다. 법률, 재판, 또는 약정에 의해 대리권을 부여할 수 있다. 법정대리는 사무관리자, 미성년자의 법정대리인인 부모, 성년후견인 등이다. 재판상 대리는 부재자의 대리인, 법의 보호를 받는 성년에 대한 재판상 위임인 등이 있다. 약정대리가 가장 흔하며, 위인에서 중요하기 때문에 가장 많이 연구된다. 미성년자나 무능력자는 혼자 법률행위를 할 수 없지만, 자신의 행위의 의미를 이해하고 의사를 표시할 수 있으면 타인을 대리할 수 있다. 제1990조는 친권이 해제되지 않은 미성년자는 수임인으로 선택될 수 있다고 규정하고 있다. 미성년자가 대리인으로서 한 행위는 하자 있는 행위가 아니다.

법률행위를 할 때 대리인은 그 행위를 한다는 의사와 타인을 대리한다는

---

254) *JurisClasseur Civil Code*, Art. 1153 à 1161, *Répertoire de droit civil*, Représantation. n° 18-122.

의사를 표시하여야 한다. 대리인의 의사표시는 자유롭고 하자가 없으며 구체적이어야 한다. 대리인이 계약체결시에 실수를 하거나 사기의 피해자가 되는 경우 계약은 취소될 수 있다. 무능력자가 대리인으로 인정되는 경우, 그는 행위를 할 때 충분한 분별력을 가지고 있어야 한다. 그렇지 않은 경우 계약이 무효가 될 수 있다. 이런 이유 때문에 무능력자인 성년에게 대리권을 부여하는 경우는 실제 별로 없다. 대리인이 타인을 대리할 의사를 가져야 하는 것은 아니다. 사무관리의 경우에만 타인을 대리한다는 의사가 필요하고, 이것이 사무관리와 부당이득을 구별하게 한다. 대리인은, 합리적인 사람을 기준으로, 자신의 이익이 아닌 대리인의 이익을 위해 행위해야 할 성실의무(devoir de diligence)를 부담한다. 대리인은 자신의 임무를 보고해야 하고, 대리인이 본인의 이름으로 한 행위가 무효의 원인이 되는 경우와 같이, 대리권을 행사하면서 과실을 범한 경우 대리인은 그에 대해 책임을 진다. 또한 대리인은 본인에 대한 충실의무(devoir de loyauté)를 진다.

본인은 존재해야 하고, 자연인이나 법인격이 있어야 하며 행사할 권한의 소지자여야 한다. 물건, 동물, 법인격이 없는 존재의 이름으로 법률행위를 할 수 없다. 이와 관련하여, 사망한 자나 태아에 대한 대리가 가능한지 문제된다. 위임인의 사망으로 위임계약이 항상 종료하는 것이 아니라면 사자의 이름으로 수임인이 행위할 수 있는 경우도 있을 것이다. 제2003조는 위임인이나 수임인의 사망으로 위임이 종료된다고 규정하고 있지만 이 조문은 강행규정이 아니다. 당사자들은 명시적 혹은 묵시적으로 위임인이나 수임인의 사망으로 위임계약이 종료되지 않는다고 약정할 수 있다. 이러한 경우, 수임인은 위임인이 사망한 경우에도 대리권을 보유한다. 위임인이 수임인에게 자신의 사망 후에도 자신의 은행계좌를 관리할 권한을 주는 경우가 대표적이다. 한편, 사자의 이름으로 제기된 소는 무효이거나 당사자 적격이 없다. 이에 대해서는 예외가 없다. 자연인은 출생시부터, 법인은 법인격을 취득한 때부터 권한능력이 있다. 회사 설립 준비 중에 회사의 이름으로 한 행위는 회사에 대항할 수 없다. 회사가 법인격을 취득한 후 출자계약을 인수하면 처음부터 회사가 계약한 것으로 본다. 태아의 이익이 문제되는 경우에는 태아는 출생시가 아니라 포태시로부터 권리의 주체가 될 수 있다.

본관은 9개의 조문으로 구성되어 있는데, 법정대리, 약정대리, 재판상 대리

를 다룬다(제1153조). 대리를, 대리인이 본인의 이름과 계약으로 행위하는 완전
대리와, 본인의 계산으로 그러나 대리인의 이름으로 행위하는 불완전대리로 나
눈다(제1154조). 일반 위임과 특별 위임의 한계를 정하고(제1155조), 무권대리와
월권대리의 효과와 추인 가능성(제1156조) 및 권한남용의 효과(제1157조)를 규정
한다. 대리인이 자신이나 다른 사람의 계산으로 체결한 행위는 법률에 의해 허
용되거나 본인이 추인하지 않는 한 무효이다. 새로 규정된 제1158조는 대리권
의 범위에 대해 의심을 가지는 제3자에게 최고권을 부여하고 있다. 또한, 대리
권의 발생 후 본인의 권한행사가 가능한지 여부(제1159조), 대리권의 소멸(제
1160조), 다수대리와 자기계약 금지(제1161조)를 규정한다.

Article 1153 Le représentant légal, judiciaire ou conventionnel n'est fondé à agir
que dans la limite des pouvoirs qui lui ont été conférés.
제1153조 법정대리인, 재판상 대리인 또는 약정대리인은 자신에게 부여된 권한의 범
위 내에서만 행위할 자격이 있다.

[해제] 본조는 대리의 발생 원인으로 법률, 재판, 약정을 들고 있다. 먼저
법정대리에 대하여 보면, 의사를 표현할 능력이 없는 자를 위해서 법률이 그를
대리할 권한을 가진 자를 지정하는 경우가 많다. 법인, 특히 회사의 경우 대표
자 등이 회사를 대리한다. 미성년자의 경우 그 부모가 법률에 의해 정해진(légal)
재산관리의 범위 내에서 미성년자를 대리한다(제389-3조). 다음으로, 법원이 대
리권을 부여하는 경우를 재판상 대리라고 한다. 법정대리와 재판상 대리의 경
계가 명확하지는 않다. 피보호성년자의 대리는 법률에 의해 대리인의 권한 범
위가 자세히 정해지기 때문에 법정대리로 분류되기도 한다. 그러나 보호 방법은
판사의 명령으로 정해져야 하기 때문에(제440조) 피보호성년자를 위한 대리는 재
판상 대리라고 보아야 할 것이다. 그 외 재판상 대리의 예는 다음과 같다 : 법원
은 부재자에 대한 대리인으로 부모 중 일방 또는 부모 공동을 지정할 수 있고
(제113조), 부부 중 1인이 의사를 표시할 수 없는 상태에 있을 때 법원은 배우자
에게 그를 대리할 권한을 부여할 수 있으며(제219조), 공유자 중 1인이 의사를
표시할 수 없는 상태에 있을 경우 법원은 다른 공유자에게 대리권을 부여할 수
있다(제815-4조).[255]

　마지막으로 약정대리에 대하여 보면, 본인이 직접 법률행위를 할 수 없는 경우 자신을 대신하여 행동할 것을 승낙한 사람에게 법률행위를 대신하여 할 수 있는 권한을 자발적으로 부여할 수 있다. 의사의 합치로 의무가 발생하기 때문에 이것은 계약이다. 위 계약은 제1984조 이하 조문에 규정된 위임계약을 의미한다. 위임계약은 위임인이 수임인에게 자신의 이름과 계산으로 행동할 권한을 부여하는 것이라는 데에 이견은 없지만, 일부 학자들은 대리가 위임의 핵심은 아니라고 생각한다. 즉 대리 없는 위임도 충분히 가능하다는 것이다. 프랑스 상법전상 '위탁계약(contrat de commission)'에서 위탁중개인(commissionnaire)은 자기의 이름으로 그러나 위탁자의 계산으로 행동하는 자이고, 소유자의 이름과 계산으로 매매계약을 체결할 권한이 없는 부동산 중개인(agent immobilier)은 '중개위임(mandat d'entremise)'에 의해 장래의 계약자를 물색하면서 매매를 준비할 임무를 얻게 되는데, 이러한 상법상 위탁계약과 중개위임은 특별한 위임계약이다. 달리 말하면, 이러한 계약을 위임계약이라고 할 수 있는지 또는 엄격한 의미의 대리가 아닌 다른 일을 할 권한을 부여한 것인지를 판단해야 한다. 계약 일반법의 개정이 이러한 논쟁을 해결하지는 못하였기 때문에 아직도 논쟁이 격렬하다. 위임계약의 범위를 더 명확히 알기 위해서는 계약법각칙(droit des contrats spéciaux)의 개정을 기다려야 할 것이다.256)

Article 1154 Lorsque le représentant agit dans la limite de ses pouvoirs au nom et pour le compte du représenté, celui-ci est seul tenu de l'engagement ainsi contracté.

Lorsque le représentant déclare agir pour le compte d'autrui mais contracte en son propre nom, il est seul engagé à l'égard du cocontractant.

제1154조 ① 대리인이 자신의 권한 범위 내에서 본인의 이름 및 계산으로 행위를 하는 때에는 본인만이 그와 같이 약정된 의무를 부담한다.

② 대리인이 타인의 계산으로 행위하는 것을 표시하면서 자신의 이름으로 계약한 때에는 대리인만이 계약 상대방에 대하여 의무를 부담한다.

　[해제] 본조는, 대리인이 본인의 이름과 계산으로 행위를 하는 경우(제1항)

---

255) G. Chantepie et M. Latina, *op. cit.*, n° 374-375.
256) G. Chantepie et M. Latina, *op. cit.*, n° 376.

와, 본인의 계산으로 행위한다고 표시하고 대리인의 이름으로 계약하는 경우(제2항)를 구분하고 있는데, 제1항은 완전대리(représentation parfaite), 제2항은 불완전대리(représentation imparfaite)를 규정한다. 두 형태 모두 잘 알려져 있지만, 일반적으로 불완전대리는 진정한 대리에 포함되지 않는 것으로 본다. 본조가 불완전대리를 완전대리와 같이 규정하고 있어 대리의 개념을 모호하게 한다는 비판이 있다.[257)]

본조 제1항은 완전 대리의 요건을 규정한다. 대리인이 '자신의 권한 범위 내에서 본인의 이름 및 계산으로' 행위하여야 한다. 제2항처럼 표시가 아니라 '행위'라는 대리인의 행동을 요건으로 하는 점이 아쉽다. 대리인이 자신을 위해 행위할 수도 있으므로 명확히 하기 위해 계약 상대방에게 자신의 개인적인 이름이 아니라 타인의 이름과 계산으로 행동한다고 알려야 한다. 따라서 계약의 효과가 본인과 계약 상대방 사이에서 바로 발생하기를 원한다면 대리인은 타인의 이름과 계산으로 행동한다고 '표시'하여야 한다. 한편, 제1156조는 무권대리나 월권대리에 대한 재제를 규정하고 있기 때문에 대리인은 판사, 입법자 또는 위임인이 정한 기준 내에서 행동해야 한다.[258)]

완전대리의 조건이 모두 갖추어지면 본인만이 체결한 계약에 대한 의무를 부담한다. 다수가 같은 의무를 부담하는 연대와는 이러한 점에서 구별된다. 완전 대리의 주요한 효과는 대리인을 투명(transparent)하게 하는 것이다. 즉, 대리인이 합의하고 계약서에 서명을 하였어도, 대리인은 계약의 당사자가 아니다. 대리인에 의해 본인과 계약자인 제3자 사이에 계약의 효과가 직접 발생하고, 대리인은 자신이 만든 계약 관계에서 여전히 이방인이 된다. 이처럼 행위를 한 사람과 행위의 효과를 얻는 사람이 같은 사람이 아니게 되는, '예외적인 책임 전가 장치(mécanisme d'imputation dérogatoire)'가 완전대리의 특징이다.[259)] 최종 수익자에게 행위의 효과를 미치게 하기 위해 어떠한 다른 표시가 있어야 하는 경우는 완전대리가 아니다. 따라서 명의대여(prête-nom) 계약이나 낙찰 의사표시(déclaration de command)는 대리의 개념에 포함되지 않는다. 본조는 권한 내에서 대리인이 한 부정행위를 본인에게 책임지울 수 있는지에 대해서는 규정하고 있

---

257) O. Deshayes, Th. Genicon et Y.-M. Laithier, op. cit., p. 277.
258) G. Chantepie et M. Latina, op. cit., n° 378.
259) O. Deshayes, Th. Genicon et Y.-M. Laithier, op. cit., p. 277.

지 않다. 위 문제는 불법행위법에서 다루어질 것이다.[260) 대리인이 행위를 한 때와 장소가 당해 행위의 일시와 장소가 된다.

본인과 대리인 관계의 정확한 성격은 대리의 형태와 발생 근거에 따라 다르겠지만 대리인이 자신에게 부여된 권한을 행사할 때에 '성실의무(devoir de diligence)'를 부담하는 것은 분명하다. 대리의 일반법을 규정하는 데에 모델이 된 위임에 관한 조항에 이러한 규정이 있다. 제1992조는 '수임인은 사기뿐 아니라 사무관리 중 자신이 저지른 과실에 대해 책임이 있다'고 규정하고 있다. 까딸라초안은, 체결된 계약이 대리인의 과실로 무효가 된 경우 대리인은 본인이나 계약자인 제3자에 대해 책임이 있다고 규정할 것을 제안하였으나 프랑스민법전은 그러한 규정을 하지 않았다.[261)

본조 제2항은 불완전대리를 규정하고 있다. 프랑스상법전상 위탁계약(contrat de commission)을 생각해 보면, 위탁중개인은 자신의 이름으로, 그러나 타인의 계산으로 행위한다. 본항은 대리인의 '표시'를 언급하고 있기 때문에 명의대여(prête-nom)에는 적용되지 않는다. 명의대여는 타인의 계산으로 행위 하지만 계약상대방에게 알리지 않기 때문에, 계약상대방은 법률행위의 최종 수익자가 자신과 계약한 사람이 아닌 다른 사람이라는 사실을 알지 못한다. 따라서 명의대여계약은 제1154조 제2항에 의한 대리가 아니다. 명의대여계약은 제1201조 이하 조문과 더 관련이 있다.[262)

대리인이 자신의 이름으로 행동하기 때문에 대리인만이 계약상대방에 대해 책임을 진다. 본인은 대리인이 체결한 계약에 전혀 구속되지 않고 어떤 경우에도 계약의 효과로 인해 직접 이득을 얻거나 손해를 보지 않는다. 계약상대방도 본인에게 아무런 청구를 할 수 없다. 법률행위의 효과는 본인이 아닌 대리인의 재산에만 미치기 때문에 대리인은 본인과 제3자를 차단하게 되고, 대리인은 본인에게, 취득한 재산의 소유권을 이전하거나, 판매할 책임이 있는 재산의 판매로 얻은 돈을 지급할 의무를 질 뿐이다.[263) 프랑스민법전은 불완전 대리로 대리인이 취득한 권리를 본인에게 이전하는 방법에 대해서는 규정하고 있지 않기

---

260) G. Chantepie et M. Latina, *op. cit.*, n° 379.
261) G. Chantepie et M. Latina, *op. cit.*, n° 380.
262) G. Chantepie et M. Latina, *op. cit.*, n° 381.
263) G. Chantepie et M. Latina, *op. cit.*, n° 382.

때문에, 대리인은 채권양도, 채무양도 또는 계약양도 등 채권법의 일반제도를 이용해야 할 것이다.

불완전 대리는 본인에게 직접 책임을 전가하지 않기 때문에 대리라고 할 수 없고, 이러한 개념을 완전 대리와 함께 규정하는 것은 적절치 않다는 비판이 있다. 본조에서 완전 대리와 불완전 대리를 함께 다루고 있지만 대리 규정은 주로 완전 대리를 대상으로 하기 때문에 제1153조 이하의 조문을 불완전 대리에 그대로 적용할 수는 없다. 선별적으로 조문을 적용해야 하는지, 그렇다면 그 기준은 무엇인지 의문이다.264)

Article 1155 Lorsque le pouvoir du représentant est défini en termes généraux, il ne couvre que les actes conservatoires et d'administration.

Lorsque le pouvoir est spécialement déterminé, le représentant ne peut accomplir que les actes pour lesquels il est habilité et ceux qui en sont l'accessoire.

제1155조 ① 대리인의 권한이 일반조항으로 정해진 경우에는 그 권한은 보존행위 및 관리행위만을 포함한다.

② 권한이 특정하여 정해진 경우에는 대리인은 권한을 부여받은 행위와 그에 부수적인 행위만을 할 수 있다.

[해제] 본조는 위임에 관한 제1987조 및 제1988조에 규정된 원칙을 종합하여 대리의 범위를 규정하고 있다. 제1987조는 수임인이 위임인의 모든 사무를 관리할 수 있는 일반위임(mandat général)과, 특정하여 정해진 법률행위의 체결에 관해서만 권한을 부여받은 특별위임(mandat spécial)을 구분한다. 제1988조는 관리행위만을 할 권한이 있는 일반조항으로 정해진 위임(mandat conçu en termes généraux)과 처분행위를 할 권한을 가진 특정위임(mandat exprès)을 구분한다. 대리에서는 나누어 규정하지 않고 본조에 위와 같은 내용을 모두 규정하였다.265)

본조 제1항은 제1988조 제1항(일반조항으로 체결된 위임은 관리행위만을 포함한다)과 동일하다. 반대로 해석하면, 일반조항으로 정해진 대리는 처분행위를 할 권한이 없다는 것이다. 본인이 사무를 관리할 일반적인 권한을 부여한 경우, 처분권한은 부여하지 않은 것으로 추정된다. 처분권한의 부여는 명시적이어야

---

264) O. Deshayes, Th. Genicon et Y.-M. Laithier, *op. cit.*, pp. 278-279.

265) G. Chantepie et M. Latina, *op. cit.*, n° 383.

한다. 위 규정은 본인의 이익을 보호하기 위한 것이며, 계약하는 제3자로 하여금 대리인의 권한이 일반조항으로 정해졌을 때에는 신중할 것을 요구한다. 이러한 경우 대리인이 처분행위를 하면 제3자는 월권행위의 위험을 예상해야 한다. 이러한 사정은 제1156조의 의미에서 표현위임(mandat apparent)이 성립하는지를 판단하는 데에 영향을 줄 것이다. 따라서 제3자는 필요한 경우 제1158조에 규정된 최고권을 행사해야 할 것이다.266)

　　본조 제2항은, 제1987조와는 다르게 권한의 성질에 따라 구분하지 않고, 대리인이 위임받은 사무의 목적에 따라 구분한다. 제1987조는 "위임에는, 하나 또는 여러 개의 사무를 위한 특정위임과, 모든 사무에 관한 일반위임이 있다."고 규정하고 있다. 위 규정은 다소 추상적이어서 본조 제2항이 더 유용하다. 본조는 권한이 특정하게 정해진 경우에 초과하지 않아야 할 권한 범위가 정해진다고 규정하고 있다. 그렇게 보면, 위 규정은 제1153조와 중복되어 보인다. 유용한 부분은 문장의 끝부분이다. 대리인은, 특별위임으로 권한을 부여받은 행위의 부수적인 행위를 할 수 있다고 첨가되어 있기 때문이다. 주목할 만한 권한의 확장이다. 임무 수행을 위해 반드시 필요한 부속행위만을 대상으로 하는 것이 아니라, 모든 부속 행위들을 대상으로 하고 있는 점은 아쉽다. 권한을 초과할 위험이 있다고 일부 학자들은 비판한다. 특정 행위를 할 수 있는 권한을 부여받은 대리인은 제1155조 제2항에 의해 그 특정행위에 부수적인 모든 행위도 할 수 있는 권한을 가지게 된다. 그러나 대리인은 부수적이라고 판단한 행위를 본인은 권한 없이 한 행위라고 판단할 수 있기 때문에 본조는 분쟁의 소지가 될 수 있다. 본조는 강행규정이 아니므로, 약정대리의 경우에는 대리인이 어떤 부수적인 행위를 할 수 있는지를 명확히 정하거나 허가 없이는 부수적인 행위를 하지 않도록 약정할 수 있다.267)

Article 1156 L'acte accompli par un représentant sans pouvoir ou au-delà de ses pouvoirs est inopposable au représenté, sauf si le tiers contractant a légitimement cru en la réalité des pouvoirs du représentant, notamment en raison

---

266) O. Deshayes, Th. Genicon et Y.-M. Laithier, *op. cit.*, p. 280.
267) G. Chantepie et M. Latina, *op. cit.*, n° 384.

du comportement ou des déclarations du représenté.

Lorsqu'il ignorait que l'acte était accompli par un représentant sans pouvoir ou au-delà de ses pouvoirs, le tiers contractant peut en invoquer la nullité.

L'inopposabilité comme la nullité de l'acte ne peuvent plus être invoquées dès lors que le représenté l'a ratifié.

제1156조 ① 대리인이 권한 없이 또는 그 권한을 넘어서 한 행위는 본인에게 대항할 수 없으나, 계약자인 제3자가 특히 본인의 행동 또는 표시로 인하여 대리인에게 권한 이 있다고 정당하게 믿은 때에는 그러하지 아니하다.

② 계약자인 제3자는 대리인의 행위가 권한 없이 또는 그 권한을 넘어서 행하여진 것 을 알지 못한 경우에 그 무효를 원용할 수 있다.

③ 본인이 행위를 추인한 때부터는 대항불능 및 행위의 무효를 더 이상 원용할 수 없다.

[해제] 본조는 무권대리와 월권대리에 대한 두 개의 제재(대항불가와 무효), 표현대리, 본인의 추인 효과 등에 대해 규정하고 있다. 제1153조부터 제1155조 까지가 대리의 개념을 다루었다면, 제1156조와 제1157조는 대리인이 권한을 초 과하여 한 행위와 권한을 남용하여 한 행위의 운명을 다루고 있다. 월권과 권한 남용을 동일하게 다루어야 할지, 그에 대한 제재는 대항불가로 충분한지, 무효 의 원용도 필요한지 등에 대해 판례와 학설이 나뉘어져 있었는데, 프랑스민법 전의 이 규정들이 그에 대한 답을 주고 있다.

권한을 초과하였는지는 객관적으로 평가한다. 일반조항으로 약정된 권한만 을 가진 대리인이 처분행위를 하거나, 특별 권한(pouvoir spécial)을 가진 대리인 이 그 범위 내에 포함되지 않은 행위를 하거나 그에 부속되지 않은 행위를 하는 경우 대리인은 그 행위를 할 권한이 없는 것이다.

본조 제1항은 본인에 대한 효과를 규정하고 있다. 표현대리의 경우 이외에 는 '대리인이 권한 없이 또는 그 권한을 넘어서 한 행위는 본인에게 대항할 수 없다.' 대항불가는 이를 이용하는 사람이 자신 모르게 체결된 행위를 무시하고 그 결과를 부인할 수 있도록 해 준다. 계약자인 제3자가 본인에게 어떠한 청구 도 할 수 없을 뿐 아니라, 본인에 대해서는 문제된 법률행위가 존재하지 않기 때문에 본인은 그 행위가 전혀 체결되지 않은 것처럼 행동할 수 있다. 본인이 무효를 주장할 수 있는 것으로 규정되었다면, 본인이 무효주장을 하여야 하고 소멸시효에 의해 법률행위가 확정될 위험성이 있었을 것이다(다만 제1185조에 규정된 것처럼 무효의 항변은 계속 가능할 수 있다). 그러나 대항불가는 그러한 제한이 없다. 사실상 필요에 의해(예를 들어 부당하게 매도된 재산을 회복하기 위해) 본인이 법원에 소를 제기해야 하는 경우도 있겠지만, 문제된 행위를 본인에게 대항할 수 없다는 것을 확인하는 소송에 불과하다.[268] 무권이나 월권의 경우, 대항불가는 제재라기보다는, 본인이 동의하지 않았고 대리인에게 본인의 이름으로 동의할 권한을 부여하지 않았기 때문에 대리인과 계약자인 제3자 사이에 체결된 행위는 본인을 구속하지 않는다는 사실을 확인하는 것이다. 본조 제1항 하에서도, 월권대리의 경우 본인은 권한에 따라 행해진 부분에 대해서는 책임이 있다는 판례[269]가 유지될 수 있다. 예를 들어, 대리인이 특정 권한에 의해 정해진 행위를 체결하면서 부속적인 행위라고 잘못 생각하고 다른 행위도 하였다면, 본인은 잘못 부속된 행위를 제외한 주요 행위에 구속될 것이다. 그러나 무권 또는 월권으로 체결된 행위의 무효에 관한 2005. 11. 2. 판결[270]은 파기되었다. 위 사건에서 파기원은 월권에 대한 제재가 무효이고 본인만이 무효를 주장할 수 있다고 판단하였다.[271]

본인이 무권대리나 월권대리에 의한 행위의 무효를 주장할 수 없는 점은 의아하다. 대리인과 계약자인 제3자 사이에 체결된 계약을 그대로 둘 이익은 별로 없다. 이 계약은 대리인과 계약자인 제3자를 구속하는 것이 아니기 때문에 본인에 대해 대항할 수 없고 계약의 당사자가 될 의도가 아니었던 대리인에게도 효과가 발생하지 않는다. 당사자인 제3자가 대리인의 무권이나 월권을 알고 계약을 체결한 경우 그 계약은 유효하고 당사자인 제3자나 본인 모두 무효를 주장할 수 없다. 그러나 본인은 추인한 경우에만 위 계약에 구속된다. 이는 제3자 행위담보계약(porte-fort)의 경우와 유사하다.[272]

본조 제2항은 계약자인 제3자에 대한 효과를 규정하고 있다. 계약자인 제3자가 월권이나 무권임을 몰랐을 경우 그 행위의 무효를 주장할 수 있다. '몰랐을 경우'라고 규정하고 있기 때문에 계약자인 제3자가 과실로 알지 못했던 경우에도 무효를 주장할 수 있다. 그러나 본조 제3항에 의해 본인은 법률행위를 추

---

268) O. Deshayes, Th. Genicon et Y.-M. Laithier, *op. cit.*, 2e éd., p. 283.
269) Civ. 1re, 26 janv. 1999, n° 96-21.192.
270) Civ. 1re, 2 nov. 2005, n° 02-14.614.
271) G. Chantepie et M. Latina, *op. cit.*, n° 387.
272) G. Chantepie et M. Latina, *op. cit.*, n° 388.

인함으로써 그 행위가 무효가 되지 않게 할 수 있다. 본인은 언제까지, 즉 계약
자인 제3자가 무효를 원용할 때까지, 혹은 무효라는 판결이 선고될 때까지 추인
을 할 수 있는지 문제된다. 판결 선고시까지 추인할 수 있다고 볼 것이다. 계약
자인 제3자가 대리인의 월권을 알았다면 무효를 주장할 수 없다. 절대적 무효라
면 본인도 무효를 주장할 수 있어야 하는데, 계약자인 제3자가 월권임을 몰랐던
경우에만 무효를 원용할 수 있기 때문에, 본조의 무효는 상대적 무효이다. 따라
서 위 규정은, 계약의 유지를 위해서 본인이 추인하기를 기대하며 무효를 주장
하지 않는 계약자인 제3자를 보호하는 것이다. 계약자인 제3자가 무권이나 월
권대리임을 몰랐던 경우에는 대리인이 위법행위를 한 것이다. 무효나 대항불가
로 계약자인 제3자나 본인이 입은 손해가 모두 배상되지 않으면 대리인에게 무
권대리나 월권대리로 인한 손해배상을 청구할 수 있을 것이다.[273]

　　본조 제1항 후문은 표현대리에 대해 규정하고 있다. 표현대리 이론은 오래
전부터 판례로 인정되어 왔다. 파기원은 1962년 12월 13일 전원합의체 판결에
서 "위임의 권한 범위에 대한 제3자의 신뢰가 정당하고, 제3자가 위 권한의 정
확한 범위를 확인할 필요가 없는 상황이었다면, 위임자에게 비난할 수 있는 과
실이 없었다고 하더라도 표현대리에 기초하여 위임자가 책임을 질 수 있다."
고 판시하였다.[274] 표현대리가 문제되는 상황에서는, 계약에 구속되지 않으려
는 본인의 이해관계와, 계약의 이행을 요구하는 계약자인 제3자의 이해관계가
첨예하게 대립하게 된다. 계약자인 제3자는 자신의 신뢰가 정당하다는 것을 입
증해야 한다. 본항은 '특히 본인의 행동과 표시'에 비추어 외관을 평가해야 한
다고 규정하고 있다. 본인의 행동과 표시가 외관의 창출에 기여한 경우 표현대
리가 인정되기 더 쉽겠지만, 본인의 잘못이 없는 경우에도 표현대리가 성립될
수 있다. 판례도 계약자인 제3자의 신뢰가 정당하였는지를 판단하기 위해 계약
이 체결된 상황을 고려한다.[275] 대리인과 계약자인 제3자가 전문가인지 일반인
인지, 또는 거래의 중요성도 계약자인 제3자의 신뢰가 정당한지를 판단하는 기
준이 된다. 본항의 '특히'라는 단어 덕분에 법관은 모든 적절한 요소들을 근거
로 표현대리 성립 여부를 판단할 수 있다.[276] 계약자인 제3자의 최고권(action

273) G. Chantepie et M. Latina, *op. cit.*, n° 389.
274) Ass. plén., 13 déc. 1962, n° 57-11.569.
275) Civ. 1re, 28 juin. 2005, n° 03-15.385.

interrogatoire)이 제1158조에 새로 규정되어 최고권 행사 여부가 외관의 정당성을 평가하는 데 영향을 주는지 의문을 가질 수 있다. 계약자인 제3자가 수임자의 권한범위를 확인할 필요가 없는 상황인 경우에는 그 외관의 신뢰가 정당하다고 판단되기 때문에, 계약자인 제3자가 최고권을 행사해야 할 상황이었는지에 따라 달라질 것이다.277)

본조 제3항은 본인의 추인에 대해 규정하고 있다. 추인에 의해 법률행위의 하자가 치유되고, 본인은 대리인이 무권이나 월권으로 한 행위에 대한 책임을 진다. 이로 인해 계약자인 제3자는 무효를 주장할 수 없고, 계약의 당사자가 된 본인도 대항불가를 원용할 수 없다. 본인과 계약자인 제3자는 유효하게 체결된 계약의 의무에 구속된다. 추인은 본인의 의사에 달려있기 때문에 계약자인 제3자는 본인의 선택을 기다려야 한다. 계약자인 제3자는 법률행위에 관한 불확실성을 제거하기 위해 제1158조에 의해 도입된 최고권을 행사할 필요가 있다. 제1158조 제3항은 최고권 행사를 법률행위 체결을 준비하는 경우(à l'occasion d'un acte qu'il s'apprête à conclure)에 한정하여 규정하고 있다. 그러나 추인의 경우에도 최고권 행사가 가능하다고 해석해야 할 것이다. 무효행위의 추인(confirmation d'un acte nul)에 관한 제1183조에 규정된 최고권을 유추적용할 수도 있다.278)

추인의 방법에 대해서는 본조에 아무런 규정이 없다. 명시적 또는 묵시적으로 추인할 수 있다고 규정하고 있는 위임에 관한 제1998조와 마찬가지로 명시적 또는 묵시적으로 추인할 수 있다. 추인은 행위 전체에 대해 하여야 하며 계약의 일부 조항에 대해서만 추인할 수는 없다. 그러나 여러 행위 중 일부 행위에 대해서만 추인하는 것은 가능하다.

추인의 소급효에 대해서도 본조에는 아무런 규정이 없지만, 월권행위를 추인하는 본인의 상황이 제3자 행위담보계약(porte-fort)을 추인하는 사람의 상황과 매우 비슷하기 때문에 추인의 소급효에 관한 제1204조 제3항을 유추적용할 수 있다. 제1204조 제3항은 "제3자의 행위담보계약이 계약의 추인을 목적으로 하는 경우, 위 계약은 행위담보가 체결된 날로 소급해서 효력이 있다."고 규정하고 있다. 이 경우 소급효로 인한 제3자의 권리 침해와 관련하여, 제1182조 제

---

276) G. Chantepie et M. Latina, *op. cit.*, n° 391.
277) O. Deshayes, Th. Genicon et Y.-M. Laithier, *op. cit.*, p. 284.
278) O. Deshayes, Th. Genicon et Y.-M. Laithier, *op. cit.*, p. 286.

4항이 무효행위의 추인(confirmation)은 제3자의 권리를 해하지 않는다고 규정하고 있는 것과 달리, 제1156조 제3항이나 제1204조 제3항에는 제3자의 운명에 대해 아무런 언급이 없기 때문에, 계약자인 제3자의 이익을 침해하여 소급효가 발생할 수 있는지가 문제된다. 월권행위의 추인이 무효행위의 추인보다 더 강력한 효과를 가지고 있어서 제3자에게 피해를 줄 수 있는 것인지, 무효행위의 추인 규정을 유추적용하여 월권행위의 추인의 경우에도 선의의 제3자에게는 피해를 줄 수 없는 것인지는 앞으로 판례에 의해 해결되어야 할 부분이다.[279]

Article 1157 Lorsque le représentant détourne ses pouvoirs au détriment du représenté, ce dernier peut invoquer la nullité de l'acte accompli si le tiers avait connaissance du détournement ou ne pouvait l'ignorer.

제1157조 대리인이 그 권한을 남용하여 본인을 해한 경우, 제3자가 그 남용을 알았거나 알 수 있었던 때에는 본인은 대리인이 한 행위의 무효를 원용할 수 있다.

[해제] 본조는 권한을 남용한 대리에 대한 제재를 규정하고 있다. 무권대리와 월권대리는 객관적으로 판단되지만 권한의 남용은 주관적으로 판단된다. 대리인이 권한 범위 내에서 행동하지만 본인의 이익이 아니라 대리인 자신이나 제3자의 이익을 위해 그 권한을 이용하는 것이다. 무권대리나 월권대리에 대한 제재와는 달리, 권한 남용에 대해 제재는 본조가 규정하는 무효뿐이다. 즉, 본인은 계약의 효력이 자신에 대해 발생하지 못하게 할 뿐 아니라 그 계약의 완전한 소멸을 청구할 수 있다. 본조는 대리인과 계약자인 제3자 사이에 사기 공모가 있을 것을 요하지 않는다. 제3자가 권한 남용을 객관적으로 알았거나, 알지 못한 데에 경솔함이 있는 것으로 족하다. 계약자인 제3자의 대리권에 대한 정당한 신뢰는 대항불가를 막을 수 있지만, 권한 남용에 대한 정당한 부지는 계약의 무효를 막을 수 있다. 월권행위에서와 마찬가지로 외관이 문제가 된다.[280] 사익의 보호를 목적으로 하기 때문에 본조의 무효는 본인만이 원용할 수 있는 상대적 무효이다. 본조의 무효를 원용하기 위해서는 두 가지 요건을 충족해야 한다. 권한 남용으로 본인에게 손해가 발생해야 하고(au détriment du représenté) 계약

---

279) G. Chantepie et M. Latina, *op. cit.*, n° 392; O. Deshayes, Th. Genicon et Y.-M. Laithier, *op. cit.*, pp. 286-287.

280) G. Chantepie et M. Latina, *op. cit.*, n° 393.

자인 제3자가 권한 남용을 알았거나 알 수 있었어야 한다. 이는 사기 공모의 요 건보다 완화된 것이다. 제3자가 선의인 경우 본인은 법률행위에 구속되지만 대 리인에게 그 책임을 물을 수 있다.[281] 본조에는 제1156조 제3항과 같은 추인에 대한 규정이 없다. 그러나 제1182조에 의해 무효행위에 대한 추인(confirmation) 을 할 수 있다.

Article 1158 Le tiers qui doute de l'étendue du pouvoir du représentant conventionnel à l'occasion d'un acte qu'il s'apprête à conclure, peut demander par écrit au représenté de lui confirmer, dans un délai qu'il fixe et qui doit être raisonnable, que le représentant est habilité à conclure cet acte.

L'écrit mentionne qu'à défaut de réponse dans ce délai, le représentant est réputé habilité à conclure cet acte.

제1158조 ① 체결을 준비하는 행위의 경우 약정대리인의 권한 범위에 의심을 가지는 제3자는, 그가 정하는 합리적인 기간 내에, 대리인이 그 행위를 체결할 권한이 있는지 여부를 확인하여 줄 것을 본인에게 서면으로 요구할 수 있다.

② 서면에는 위 기간 내에 답변이 없으면 대리인은 그 행위를 체결할 권한을 부여 받은 것으로 본다는 뜻을 기재한다.

[해제] 본조는 계약자인 제3자의 최고권을 규정하고 있다. 프랑스민법전은 3개의 최고권을 새로 규정하였다. 본조 외에 우선협약(pacte de préférence)에서 의 최고(제1123조 제3, 4항), 무효에 관한 최고(제1183조)가 있다.

본조 제1항에 규정된 최고권 행사를 위한 조건은 엄격하지 않다. 계약자인 제3자가 대리인의 권한에 의심을 가지는 것만으로 충분하다. 최고권은 계약자 인 제3자만의 권리이고 대리인은 최고권이 없다. 본인의 답변이 없으면 대리 인의 권한이 결과적으로 확장되므로, 대리인이 이를 부당하게 취득할 가능성 을 허용할 수 없기 때문이다. 그러나 제1156조 및 제1157조 해제에서 본 것처 럼, 본조는 계약자인 제3자가 '계약의 체결을 준비하는' 경우만을 대상으로 하 고 있다. 엄밀히 말하면, 제3자가 이미 계약을 체결한 때에는 최고권을 행사할 수 없지만 계약당사자는 월권대리의 경우에도 본인의 추인 여부를 알고 싶을 것이다. 따라서 계약의 체결 준비 과정에만 국한하여 본조를 해석할 것은 아니

---

281) O. Deshayes, Th. Genicon et Y.-M. Laithier, *op. cit.*, p. 285.

다.[282]

최고권 행사는 계약자인 제3자의 의심이 본인의 행위나 객관적인 상황으로 인해 발생할 것을 요하지 않는다. 이러한 의심은 완전히 주관적이다. 계약자인 제3자는 본인에게 최고할 권한을 가졌을 뿐 아니라 본인이 침묵을 지킬 경우 일방적으로 권리를 발생하게 할 수 있는 절차를 시작할 권리를 가진 것이다. 따라서 최고권 행사 요건을 좀 더 신중하게 판단해야 한다. 즉, 제3자가 자신에게 현명한 수임인에 대해 합리적 의심을 가질 수 있었는지를 고려해야 한다. 또한 권한의 '범위'에 대해 의심을 갖는 경우만을 규정하고 있으므로 권한의 '존재' 자체에 대해 의심을 가지는 경우에 본조를 적용하는 데에는 신중해야 한다. 본조는 무권대리를 대상으로 하지 않을 뿐 아니라, 본인이 전혀 모르는 사람이 한, 전혀 모르는 행위에 의해 책임을 지게 되는 것은 월권행위의 경우보다 본인에게 더 가혹하다.

본조 제1항은 최고권의 적용범위를 '약정 대리(représentant conventionnel)'로 제한하고 있다. 법률이나 판사에 의해 정해진 보호적인 성격의 대리권은 공적 질서(ordre public)인데, 최고로 인해 위 대리권이 수정될 위험이 있기 때문에, 법정대리 또는 재판상 대리에는 적용될 수 없다.[283] '합리적인' 기간과 관련하여서는, 최대한 빨리 사건을 마무리 하고자 하는 계약자인 제3자의 이익과, 문제된 기간이 경과하면 원하지 않았던 법률행위에 구속될 위험에 처하게 되는 본인의 이익을 고려해야 한다. 본인의 입장을 고려하면, 본인이 사건을 파악하고 결정을 내리기에 필요한 시간을 본인에게 주어야 할 것이다. 본인이 대리인에게 권한이 있다고 생각하는 경우는 즉시 추인할 것이기 때문에 거의 문제가 되지 않는다. 문제가 되는 것은 대리인이 그 권한을 초과하는 경우이다. 본인은 계약의 청약을 받은 것과 같은 상황에 놓이게 된다. 제1116조의 청약의 합리적인 기간과 관련하여 검토해야 할 것이다. 제1117조와 제1116조에 규정된 청약 제도 전체가 이 경우에 적용될 수 있는지는 더 검토가 필요하다.[284]

본조 제2항은 본인의 답변이 없는 경우에 권한부여와 같은 효력이 발생한다고 규정하고 있다. 계약당사자는 계약의 무효를 주장할 수 있는 당사자의 선

---

282) O. Deshayes, Th. Genicon et Y.-M. Laithier, *op. cit.*, p. 288.
283) O. Deshayes, Th. Genicon et Y.-M. Laithier, *op. cit.*, p. 289.
284) O. Deshayes, Th. Genicon et Y.-M. Laithier, *op. cit.*, pp. 289-290.

택을 기다리며 소멸시효 기간 동안 기다리고 싶지는 않을 것이다. 계약당사자는 계약을 이행해야 하기 때문에 소멸시효 기간보다 짧은 기간 내에 자신의 운명을 정하고 싶을 것이다. 그러나 제1158조는 체결된 계약을 대상으로 하고 있지 않기 때문에 계약자인 제3자는 의무가 없고, 대리권에 의심이 있으면 보다 확실한 조건의 다른 계약을 체결하면 되며, 침묵이 동의가 될 수는 없다는 이유로 제2항의 규정은 적절하지 않다는 비판이 있다.[285]

계약자인 제3자가 본조의 요건을 모두 충족한 경우, 그 효과를 다음과 같이 4가지 경우로 나누어 생각해 볼 수 있다.

첫째로, 대리인이 내세우는 권한을 본인이 부인하는 경우이다. 대리인의 행위는 본인을 구속할 수 없고, 제1156조 제1항이 바로 적용될 것이다. 본인이 제3자에게 한 답변을 입증할 자료를 준비해야 하는 것은 당연하다.

둘째로, 본인이 수임인의 권한을 확인해 주는 경우이다. 대리인의 행위는 본인을 구속한다. 본인이 인정하는 권한의 정확한 범위에 대해서도 최고할 수 있다. "약정대리는 본인도 자신의 권리를 행사할 수 있다."고 규정하고 있는 제1159조 제2항에 비추어, 본인의 답변이 바로 문제된 법률행위에 대한 직접적인 승낙이 될 수 있는지 생각해 볼 수 있다. 이해관계가 있는 두 당사자가 즉시 법률행위를 체결하는 것이기 때문에 대리인과 대리가 사라지게 한다. 법률행위일의 결정(본인의 답변시 또는 대리인의 법률행위시)과 대리인이 자신의 직무에 대해 보수를 요구할 권리가 있는지 등과 같은 문제가 생길 수 있다. 반대의 의사가 명시적으로 표시되지 않는 한 제1159조 제2항을 적용할 것이다.

셋째로, 본인이 최고에 답변하였지만 내용이 모호하여 계약자인 제3자가 대리인에게 부여된 권한 범위를 명확히 알 수 없는 경우이다. 이러한 경우 제3자는 처음과 마찬가지 경우에 놓인다. 대리인의 권한에 계속 의심을 가지고 있으므로 본조가 다시 적용될 것이고 계약자인 제3자는, 필요한 경우에는 질문을 더 상세히 하면서, 새로운 최고를 하게 될 것이다.

넷째로, 본인이 아무런 대답 없이 자신에게 주어진 합리적인 기간을 경과하게 두는 경우이다. 본조 제2항은, 대리인은 이러한 경우 "그 행위를 체결할 권한을 부여받은 것으로 본다."고 규정하고 있다. 본인은 제1156조 제1항에 의

---

285) G. Chantepie et M. Latina, *op. cit.*, n° 395.

해서 더 이상 보호받지 못하게 된다. 계약자인 제3자가 당해 행위를 체결할 의
사를 고집한다면, 본인이 명시적으로 대리인에게 권한을 부여한 것과 정확히
동일하게 본인은 대리인이 체결한 법률행위에 구속될 것이다. 본조 제2항은 어
떤 유보조항도 두고 있지 않기 때문에 매우 중대한 결과를 가져온다. 계약자인
제3자에 의해 일방적으로 부과된 일종의 사적 규정의 효과로, 본인은 단지 자신
의 나태함으로 인해 의무를 지게 된다. 본인에게 부과된 기간을 정해진 기간으
로 취급하지 않고, "법률, 합의 또는 불가항력으로 인한 장애로 행동할 수 없는
자에 대해서는 시효가 진행되지 않거나 중지된다."라고 규정하고 있는 제2234
조를 유추 적용해야 한다. 또한, 본조 제2항에서 규정하고 있는 권한의 추정이
거부할 수 없는 추정(présomption irréfragable)인지 또는 본인이 반대 증거를 제시
할 수 있는 추정인지에 대한 검토가 필요하다. 새로운 제도의 유용성을 해치게
되기 때문에, 본인이 대리인에게 권한이 없음을 입증할 수는 없을 것이다. 그러
나 여러 가지 상황에 비추어 볼 때, 계약자인 제3자가 대리인에게 권한이 없음
을 알 수 있었던 경우에는, 본인의 침묵이 권한의 추인으로 합리적으로 해석될
수 없다는 점을 본인이 입증할 수 있을 것이다. 또한 권한의 부정은 묵시적으로
할 수도 있을 것이다.

　대리인과 본인이 계약자인 제3자로부터 최고권을 박탈할 수는 없다. 그러
나 본인과 장래의 계약자가 될 제3자와 사이에 그 제3자가 최고권을 행사하지
않기로 사전에 약정하는 것은 가능할 것이다.[286]

Article 1159 L'établissement d'une représentation légale ou judiciaire dessaisit
pendant sa durée le représenté des pouvoirs transférés au représentant.
La représentation conventionnelle laisse au représenté l'exercice de ses droits.
제1159조 ① 법정대리 또는 재판상 대리의 성립에 의하여 그 기간 동안 대리인에게
이전된 권한은 본인으로부터 박탈된다.
② 약정대리의 경우에는 본인도 자신의 권리를 행사할 수 있다.

　[해제] 본조는 대리권의 발생이 본인의 권한에 미치는 영향을 다루고 있다.
이전부터 해석에 의해 인정되던 것을 프랑스민법전에서 규정한 것이다.

---

286) O. Deshayes, Th. Genicon et Y.-M. Laithier, *op. cit.*, pp. 290-292.

본조 제1항은 법정대리 또는 재판상 대리의 경우 대리의 목적이 된 권한은 본인으로부터 박탈된다고 규정한다. 법정대리나 재판상 대리는, 법인처럼 본인이 자신의 의사가 없기 때문에, 또는 부재, 미성숙 또는 심신미약 등으로 인해 본인이 의사를 표현할 능력이 없기 때문에, 본인을 대신해서 의사를 표시하는 것을 목적으로 한다. 따라서 대리는 장애 상태를 극복하거나 스스로 계약을 체결하기에 적절치 않은 자를 보호하기 위한 것이다. 본인이 혼자 행동할 수 있다면 그의 이익이 위협을 받을 수 있기 때문에 본인이나 제3자를 보호하기 위해 본인으로부터 권한을 박탈할 필요가 있다. 대리인을 위해 본인의 권한이 포기되기 때문에 진정한 권한의 이전이 있게 된다.[287]

본조 제2항은 약정대리의 경우 본인도 자신의 권리를 행사할 수 있다고 규정한다. 여기서의 대리는 본인의 재산 관리의 편의를 위한 것일 뿐이고, 권리의 주체인 본인이 자신의 권리를 향유하는 방법이다. 따라서 본인이 원하면 직접 권한을 행사할 수 있는 것이 당연하다. 대리인의 행위와 동시에, 본인이 계약자인 제3자와 직접 교섭하고 계약을 체결할 수도 있다. 그러나 위임에 독점 규정이나 철회불가능 규정이 있거나 결정된 행위를 목적으로 하는 경우에, 본인이 자신의 권리를 행사하는 것은 위임의 철회로 해석될 수 있다. 제2004조는 언제든지(*ad nutum*) 위임을 해지할 수 있다고 규정하고 있지만, 판례는 권한의 남용이나 공동 이익의 위임(mandat d'intérêt commun) 이론에 의해 그 범위를 축소시킨다. 이로 인해 제1159조 제2항의 규정이 상대화되었다.[288] 한편, 사후 위임(mandat à effet posthume)의 경우는 원래 약정에 의한 대리이므로 상속인들이 행위할 수 있는 권한을 보유하게 된다. 이러한 점 때문에 사후 위임의 이익은 크지 않다.

Article 1160 Les pouvoirs du représentant cessent s'il est atteint d'une incapacité ou frappé d'une interdiction.

제1160조 대리인이 능력을 상실한 때 또는 권한행사가 금지된 때에 대리인의 권한은 소멸한다.

[해제] 본조는 대리권의 소멸에 관한 규정이다. 본조는 "위임은 위임자나

---

287) G. Chantepie et M. Latina, *op. cit.*, n° 396.
288) O. Deshayes, Th. Genicon et Y.-M. Laithier, *op. cit.*, p. 293.

수임자의 사망, 성년후견, 파산으로 종료한다."고 규정하고 있는 위임에 관한 제2003조 제3항을 본 받은 규정이다. 본조는 대리인의 소멸 사유를 '능력을 상실한 때'와 '권한행사가 금지된 때'로 규정하고 있어서, 위임 종료 사유를 대리에도 적용할 수 있을 뿐 아니라, 어떤 이유로든 대리인이 능력을 상실하면 대리권이 소멸되는 것으로 해석할 수 있다. 대리권은 상속되지 않는데 대리인의 사망이나 해임을 본조에 규정하지 않은 점, 나아가 대리권 소멸의 효과를 규정하지 않은 점을 비판하는 견해도 있다. 그러나 제2003조 제3항을 유추하여 사망도 '대리인이 능력을 상실한 때'에 해당한다고 해석해야 할 것이다.[289]

대리인이 능력을 상실한 때에 대리권이 자동적으로 소멸한다면 대리권을 부여할 때 대리인에게 반드시 능력이 있어야 하는지 의문을 가질 수 있다. 완전대리의 경우, 대리인은 본인과 계약자인 제3자 사이의 계약관계에서는 제3자일 뿐이므로, 반드시 대리인에게 체결할 권한이 부여된 행위를 할 능력이 있어야 하는 것이 아니라 수임인의 자격으로 계약을 체결할 권한이 있으면 되므로, 대리권을 부여할 때 대리인에게 능력이 있어야 한다면 새로운 이론이 될 것이다. 그러나 본인이 대리인으로 선택한 사람이 무능력이 되는 것(본인이 무능력한 사람을 선택한 것은 아니다)과 일종의 자신의 위험부담으로 원래부터 무능력한 사람을 대리인으로 선택하는 것은 다른 문제이다. 대리권 수여 후에 대리인이 무능력이 되는 것은 본인에게는 중요한 상황변화이다. 그 일을 할 능력이 있다고 평가한 사람의 수중에 자신의 일 처리와 직접적으로 그에게 의무를 부담시킬 권한을 주었기 때문에 그 사람이 이러한 능력을 상실하였다면 본인은 더 이상 대리인에 의존하지 않을 것이다. 대리권 부여 후 대리인이 무능력이 되면 대리권이 바로 소멸한다고 해도 그러한 사실을 모르는 제3자에 대해서는 표현대리가 적용될 수 있다. 본조가 위임인은 무능력한 미성년자를 수임인으로 자유로이 선택할 수 있다는 제1990조에 반하는 규정은 아니다.[290]

Article 1161 En matière de représentation des personnes physiques, un représentant ne peut agir pour le compte de plusieurs parties au contrat en opposition d'intérêts ni contracter pour son propre compte avec le représenté.

289) O. Deshayes, Th. Genicon et Y.-M. Laithier, *op. cit.*, p. 294.
290) G. Chantepie et M. Latina, *op. cit.*, n° 397.

En ces cas, l'acte accompli est nul à moins que la loi ne l'autorise ou que le représenté ne l'ait autorisé ou ratifié.
제1161조 ① 자연인에 대한 대리의 경우, 대리인은 이해가 대립되는 계약의 여러 당사자의 계산으로 행위할 수 없고, 자신의 계산으로 본인과 계약할 수 없다.
② 이러한 경우 대리인이 한 행위는 무효이지만, 법률이 그것을 허용하는 때 또는 본인이 허가하거나 추인한 때에는 그러하지 아니하다.

[해제] 본조는 다수대리와 자기계약을 금지하고 그에 대한 효력을 규정하고 있다. 대리인이 대리권에 의해 법률행위를 체결할 때 본인의 이익보다 자신의 이익을 우선하지 않을까 염려될 수 있다. 그러나 본인, 판사, 또는 법률이 신임한 대리인은 본인의 이익을 보호할 충실의무(devoir de loyauté)가 있다. 한 사람이 계약의 모든 당사자를 대리하는 경우 그 대리인이 어떤 사람의 이익을 더 우선하고 다른 사람에게 손해를 줄 위험성이 크다. 이러한 경우에 대리인이 공정한지 알기 어렵다. 이러한 이유로 입법자는 대리인의 성실성이나 공정함이 문제가 될 수 있는 상황을 만들지 않음으로써 이익충돌을 방지하고자 하였다.[291]

본조 제1항은 다수대리와 자기계약(contrat avec soi-même)을 금지하고 있다. 2016년 오르도낭스 제1161조와 달리 본조는 그 적용범위를 자연인에 대한 경우로 제한하고 있다. 이는 2018년 변경 법률에 의해 개정된 것이다. 2018. 10. 1. 이후 체결된 법률행위부터 위 규정이 적용된다. 2016. 10. 1.부터 2018. 9. 30. 까지 사이에 체결된 계약은 2016년 오르도낭스에서의 제1161조 제1항, 즉 "대리인은 계약의 양 당사자의 계산으로 행위할 수 없고, 자신의 계산으로 본인과 계약할 수 없다."는 규정의 적용을 받는다.

오래전부터 자기계약에 대한 논의가 있었다. 자기계약은 대리인이 하나의 행위로 두 당사자를 대리할 수 있는지의 문제이다. 학설은 자기계약을 금지하는 규정(예를 들어, 후견인은 미성년자나 피후견인의 재산을 매수할 수 없고, 수임인은 매도할 책임이 있는 재산의 낙찰인이 될 수 없다)에서 자기계약의 유효성을 도출하였다. 즉, 이러한 금지가 없는 경우에 자기계약의 유효성은 문제되지 않았다. 단지 대리인은 본인에게 두 사람을 대리하고 있다는 사실을 알려야 한다고

---

291) G. Chantepie et M. Latina, *op. cit.*, n° 398.

하였다.

　　회사법에는 이익충돌을 막기 위한 규정들이 많다. 이러한 특별한 규정이 없는 경우에 회사와 대표자 사이에 체결된 계약은 유효한 것으로 해석되었다. 인가절차[292]에서의 규제계약(convention réglementée)뿐 아니라 인가 면제 계약과 자유 계약[293] 또는 주식회사(SA)나 주식합자회사(SCA)가 100프로 자회사와 체결한 계약에 2018년 개정 전 제1161조가 적용되지 않는다는 것은 명백했다. 그러나 회사법에 규정이 없는 경우에는 2018년 개정 전 제1161조가 적용되게 되었다. 이에 파리금융업 법률최고위원회(Le Haut comité juridique de la place financière de Paris)는 회사법에 특별규정이 없을 때 제1161조를 적용하게 되면 일관성이 없게 된다고 지적하였다. 회사법에 특별규정이 없다고 하여 다수대리나 자기계약을 규제계약(convention réglementée)보다 더 엄격한 제도에 속하게 하는 것은 모순이라고 주장하였다. 제1161조에 따르면 이익충돌의 금지를 모르고 행해진 행위는 무효가 되지만, 회사법의 규제계약(convention réglementée) 법리는 그보다 덜 엄격하다. 2018년 변경법률로 본조에서 법인이 제외되었고, 이 기회에 입법자는 '양 당사자'를 '이해가 대립되는 여러 당사자'로 수정하였다.[294]

　　위와 같은 개정으로 인해 다음 세 가지가 문제된다. 첫째, 본조는 '자연인에 대한 대리의 경우'라고만 규정하고 있어서, 수임인이 자연인과 법인을 함께 대리할 때에 대해서는 본조의 적용 여부가 명확하지 않다. 본인이 모두 자연인인 경우에만 적용되는지, 한 당사자가 자연인이기만 하면 다른 당사자는 법인이든 자연인이든 상관이 없는 것인지 문제된다. 한 당사자가 자연인인 경우 본조가 적용된다고 하면, 자연인과 법인이 함께 본인이 되는 계약은 모두 무효가 될 것이다. 대리인이 자연인과 법인을 동시에 대리하는 경우, 법인이 한편으로는 본인의 자격으로, 한편으로는 자연인의 대리인으로 계약을 체결하는 경우, 법인을 대표하는 자연인을 대리하는 경우가 그렇다. 이 문제는 이익충돌로 피해를 입는 자연인을 가장 보호하는 방향으로 해결해야 한다. 즉 자연인이 이익충돌의 피해를 받는 경우에, 무효는 상대적이므로, 그 자연인에 대해서는 무효

---

292) 프랑스상법전 제L.223-19조, 제L.225-38조, 제L.225-86조, 제L.226-10조, 제L.227-10조.
293) 프랑스상법전 제L.223-20조, 제L.225-39조, 제L.225-87조, 제L.226-10조, 제L.227-11조.
294) G. Chantepie et M. Latina, *op. cit.*, n° 398-1.

이고 법인에 대해서는 그렇지 않다고 해석해야 한다.[295)

둘째, 헌법과 유럽법의 견지에서 볼 때, 이렇게 자연인과 법인을 구별하여 다룰 이유가 있는지 의문이다. 회사법이 규정하지 않는 경우에 이익충돌의 위험이 자연인에 대한 경우보다 적은 것은 아니기 때문이다.

셋째, 본조가 자연인에 대해서도 적절한 규정인지 하는 의문이 제기된다. 실제로, 한 명의 수임인에게 두 명의 다른 사람을 위해 하나의 행위를 대리하도록 권한을 부여하는 경우가 꽤 흔하다. 부동산중개인의 경우 이중 위임을 받을 수 있다고 판단한 파기원의 판결[296)은 여전히 유효하다. 출자인이나 조합원이 될 두 명의 자연인이 조합계약 등의 체결을 위해 한 명의 수임인에게 위임하는 경우나, 재산 분여(donation-partage)를 하면서 한 명의 공증인이 두 명의 자녀를 대리하도록 하는 경우에도 그 유효성이 문제된다. 본조 제2항이 규정하고 있는 예외에 의해 해결할 수 있을 것이다.[297)

본조 제1항에 의하면, 본인들의 '이해가 상반되는 경우'에만 이중 위임이 금지된다. 반대해석에 의하면, 본인들의 이해가 상반되지 않는 경우에 한 명의 대리인이 여러 사람을 대리할 수 있다. 계약의 두 당사자가 같은 이해관계를 가지는 것은 실제로는 계약의 당사자가 하나이고, 이러한 경우는 본조의 적용대상이 아니라는 이유로 위와 같은 표현을 비판하는 학자들도 있다. 그러나 완전히 이해가 상반되는 경우와 이해가 완전히 일치하는 경우의 중간에 해당하는, 이해관계가 다르지만 일치하거나 이해관계가 서로 무관한 경우가 있다. 조합이나 회사의 설립계약을 생각해 볼 수 있다. 권한이 부여된 행위의 성격도 고려되어야 한다. 이해가 상반되는 복잡한 행위를 하면서 하는 이차적인 행위는 이해 상반과 크게 관계가 없을 수 있다. 매도인과 매수인이 한 명의 동일한 공증인에게 위임한 경우, 매매 자체는 이해가 상반되는 경우이지만 매매를 광고하는 것은 그러하지 않다. 즉, 이익의 충돌은 위임의 목적인 행위를 고려해서 판단해야 한다. 그러나 이해가 완전히 상반되지도, 완전히 일치하지도 않는 경우를 어떻게 다루어야 하는지도 문제이다. 판례가 권한 남용을 판단하는 기준을 제시하기를 기대한다.[298)

---

295) O. Deshayes, Th. Genicon et Y.-M. Laithier, *op. cit.*, pp. 296-297.
296) Civ. 1[re, 13 mai 1998, n° 96-17.374.
297) O. Deshayes, Th. Genicon et Y.-M. Laithier, *op. cit.*, pp. 297-298.

본조 제2항은 다수대리와 자기계약의 효력을 규정하고 있다. 다수대리와 자기계약은 원칙적으로 무효이다. 본조가 명확히 하고 있지는 않지만 대리인의 보호를 목적으로 하기 때문에 무효는 상대적이다. 다수대리의 경우, 각 당사자는 대리로 인해 손해를 입었음을 입증할 필요없이 무효를 주장할 수 있다. 무효에 대해 두 가지 예외가 있다. 첫째는, 법률이나 본인에 의해 사전에 허가된 경우이다. 제2항은 법률과 본인의 허가만을 규정하고 있으므로 판사는 자기계약을 허가할 수 없다. 그러나 사전에 허가를 받았다고 하더라도 권한 남용이나 월권대리의 경우 대리인은 그에 대한 제재를 받게 된다. 둘째는 본인에 의해 행위가 사후에 추인된 경우이다. 그러나 '추인'이라는 표현은 적절하지 않다. 이 경우는 대리인이 자신의 권한 내에서 체결한 계약이 무효가 되는 것이다. 따라서 본인은 무권대리나 월권대리에 의해 체결된 행위에서처럼 추인을 하는 것이 아니라, 제1182조의 무효행위의 추인처럼 다수대리와 자기계약을 추인(confirmer)해야 한다.[299]

[정 윤 아]

Sous-section 3 Le contenu du contrat

제3부속절 계약의 내용

[해제] 계약의 내용이라는 제목이 붙은 본부속절은 개정 전 프랑스민법전상 꼬즈(cause, 이하 '꼬즈'라 함)와 관련이 있다. 계약의 유효요건을 규정하고 있는 제1128조는, 계약의 유효요건의 하나로 "채무의 적법한 꼬즈"를 명시하고 있던 개정 전 제1108조와는 달리, "계약이 유효하기 위해서는, 당사자들의 의사합치, 계약체결능력, 적법하고 확정된 내용이 필요하다."고 하여, '꼬즈'라는 용어 대신 '내용'이라는 용어를 사용하고 있다. 그런데 개정 전 후의 두 조문을 살펴보면, 꼬즈 외에 "확정된 목적"도 사라진 것을 알 수 있다. 즉 계약의 목적(objet)과 채무의 꼬즈(cause)를 현행법에서는 계약의 내용(contenue)이라는 단어로 통합한 것이다.

---

298) O. Deshayes, Th. Genicon et Y.-M. Laithier, *op. cit.*, p. 298.
299) G. Chantepie et M. Latina, *op. cit.*, n° 399.

프랑스민법전에서 꼬즈라는 용어가 삭제된 것은 개정 채권법의 내용 중 가장 획기적인 개혁 가운데 하나로. 이에 대한 평가는 현재 계속 중이다. 개정과정에서의 논의를 보면, 까딸라초안에서는 꼬즈라는 용어가 그대로 살아 있었던 반면, 떼레초안에서는 꼬즈라는 용어를 삭제하였다. 이와 같이 꼬즈라는 용어를 삭제하고 계약의 목적과 함께 계약의 내용으로 통합한 취지는 무엇인가? 대통령에게 제출한 보고서[300]는 다음 두 가지를 제시한다. 첫째, 꼬즈 개념은, 계약의 꼬즈와 채무의 꼬즈, 나아가 판례에 의해 계약의 불균형을 해결하기 위한 당사자의 의도 등 다양한 측면을 포괄하는 개념으로서 명료하게 정의하기 어려워 법적 불안정성을 초래하고 그 결과 프랑스민법전의 매력을 감소시키고 있다는 실무상의 비판에 직면하였다. 이에 꼬즈라는 용어를 삭제하고 꼬즈가 하였던 기능을 개정 민법의 다른 규정에서 구체적으로 구현함으로써, 꼬즈의 개념을 둘러싼 불필요한 논쟁을 피하면서도 기존에 꼬즈가 담당했던 기능을 그대로 재현시키고자 한다. 둘째, 꼬즈 개념은 유럽의 다른 나라법들이 알지 못하는 개념으로, 프랑스법을 고립시켜 유럽의 전체적인 법 통일에 방해가 되고, 나아가 프랑스민법전이 외국 법제에 대한 모델로서의 역할을 어렵게 한다. 반면 계약의 내용이라는 용어는, 유럽계약법권고안이나 유럽계약법전 파비안초안에서 먼저 사용된 것이라는 점에서 유럽법에서 익숙한 용어이기에 이를 선택한 것이다.

그렇다면 프랑스민법전상 꼬즈는 없어졌다고 할 수 있을까? 비록 민법전 조문에서 꼬즈라는 용어는 사라졌지만, 프랑스 계약법이 더 이상 꼬즈의 개념을 알지 못한다고 단언할 수는 없다. 왜냐하면 후술하는 바와 같이, 꼬즈가 담당했던 기능들은 꼬즈라는 용어를 사용하지 않은 채 다른 용어로써 본부속절의 여러 조문에 재현되었기 때문이다. 가령, "계약내용은 공적 질서에 적합하여야 한다(제1162조)."거나, "유상계약에서 급부간에 견련성이 있어야 한다(제1169조)."거나 "계약의 본질적 채무의 핵심적 내용을 박탈하는 조항은 기재되지 않은 것으로 본다(제1170조)."고 규정하는 조문들이 그러하다.

본부속절은 또한 채무의 목적으로서 현재 급부와 장래 급부를 명시하고(제1163조), 계약의 특수성에 따른 대가결정의 방법(제1165조) 및 급부불균형(제1168조)에 대해 규율한다. 나아가 기본 계약에 있어 대가결정의 남용과 그 구제방법

---

300) Rapport au Président de la République에서 개정의 목표(Objectifs de la réforme)에 관한 서술 참조.

(제1164조), 급부가 불확정한 경우 급부의 결정방법(제1166조), 지수에 의해 대가 가 결정되는 경우 지수의 부존재시 대가의 결정방법(제1167조), 부합계약에서의 급부불균형(제1171조)에 대해 규율한다.

Article 1162 Le contrat ne peut déroger à l'ordre public ni par ses stipulations, ni par son but, que ce dernier ait été connu ou non par toutes les parties.
제1162조 계약은 그 조항에 의하여도 공적 질서에 반할 수 없고, 계약당사자들이 그 의도를 인식하였는지 여부와 관계없이 그 목적에 의하여서도 공적 질서에 반할 수 없다.

[해제] 본조는 계약의 불법성에 관하여 규정하고 있다. 본조는 꼬즈가 아닌 '약정조항(stipulation)'과 '의도(but)'가 공적 질서에 반하지 않을 것을 규정하는 데, 두 개념 모두 프랑스민법전상 정의되어 있지 않다.

로마법상 stipulatio는 채권자의 물음에 대해 채무자가 답하는 문답계약을 의미하였는바, 이러한 특성은 프랑스법상 제3자를 위한 계약(stipulation pour autrui)에 그 흔적이 남아 있다. stipulation는 이미 널리 사용되는 용어로, 당사자 사이에 합의된 것으로서, '계약의 조항(clause contractuelle),' '계약에서 약정된 요소,' 나아가 '모든 계약 규정(prévision)'을 의미한다.[301] 그렇다면 공적 질서에 반하는 약정조항의 예는 무엇일까? 손해배상을 예정하면서 법관의 수정 권한을 박탈하는 계약조항은 공적 질서에 반하는 것이고, 따라서 기재되지 않은 것으로 본다.[302] 판례에 따르면, 정당이 출연한 선거비용을 선거후보자로 하여금 정당에 상환하도록 하는 계약조항,[303] 환자의 선택권을 보장하지 않고 의료고객을 양도하는 조항[304]은 공적 질서에 반한다.

한편, 'but'의 개념은 계약의 일반법에 알려진 것이 아니다. 그렇다면 판례가 꼬즈의 불법성을 통제하면서 사용하였던, 계약당사자의 동기(mobile)와 유사한 것인가? 동기는 반대급부의 단순한 탐색을 넘어 계약의 내용에까지 이른 것인 반면, 의도(but)는 당사자들의 반대급부에 의해 궁극적으로 달성하려는 목적

---

301) G. Chantepie et M. Latina, *op. cit.*, n° 402, p. 348.
302) G. Chantepie et M. Latina, *op. cit.*, n° 403, p. 349의 예.
303) Civ. 1re, 3 nov. 2004, n° 02-10.880 : *Bull. civ.* I, n° 237.
304) Civ. 1re, 7 nov. 2000, n° 98-17.731 : *Bull. civ.* I, n° 283.

을 가리키는 것이다.305) 판례에 따르면, 꼬즈의 불법성은 "충동적이고 결정적"
이어야 하는데, 법으로 금지된 점술가의 활동을 위한 신비술(occultisme) 기구의
판매 계약,306) 도박비를 제공할 목적으로 이루어진 금전소비대차계약, 불법이
라고 판단된 사체 전시의 운영을 보장하는 보험계약307)에서 꼬즈는 공적 질서
에 반하는 것이다. 결국 법원은 이제 꼬즈의 변형인 의도가 공적 질서에 반하는
지 검토하게 될 것이다. 그리고 이러한 의도를 상대방이 알았는지 여부는 묻지
않는다.308) 상대방이 공적 질서에 반하는 의도를 몰랐다고 하여도 계약은 무효
이고, 다만 이 경우 무효에 따른 급부반환의 단계에서 *Nemo auditur*가 적용되
어 불법원인급여의 반환이 저지될 뿐이다.

　　본조는 계약의 불법성에 관한 예전의 해결책, 즉 개정 전 제1131조와 제
1133조를 통합하여 조문화한 것으로, 개정 전 제1133조의 선량한 풍속(bonnes
moeurs)이라는 용어를 더 이상 사용하지 않고 공적 질서(l'ordre public)라는 용어
만 남겨 두었다.309) 본조는 "계약의 자유는 공적 질서에 관한 규정에 위배될 수
없다."는 제1102조 제2항을 환기시킨다.

Article 1163 L'obligation a pour objet une prestation présente ou future.
Celle-ci doit être possible et déterminée ou déterminable.
La prestation est déterminable lorsqu'elle peut être déduite du contrat ou par
référence aux usages ou aux relations antérieures des parties, sans qu'un nouvel
accord des parties soit nécessaire.
제1163조 ① 채무는 현재 또는 장래의 급부를 목적으로 한다.
② 장래의 급부는 가능하고, 확정적이거나 확정가능해야 한다.
③ 급부가 계약으로부터 또는 거래의 관행이나 당사자들 간의 기존 관계로부터 추론
될 수 있다면, 새로운 합의가 없더라도 그 급부는 확정가능한 것이다.

---

305) G. Chantepie et M. Latina, *op. cit.*, n° 405, p. 351.
306) Civ. 1re, 12 juill. 1989, n° 88-11.443 : *Bull. civ.* I, n° 293.
307) Civ. 1re, 29 oct. 2014, n° 13-19.729 : *Bull. civ.* I, n° 178.
308) Civ. 1re, 7 oct. 1998 : *D.* 1998. 563 concl. Sainte-Rose; *S.* 1999, 110, obs. Delebecque, chro.
309) 조건부 채무에 관한 제1304-1조도 "조건은 반드시 적법(licite)하여야 한다."고 하면서, 개정 전 제1172조의 선량한 풍속(bonnes moeurs)에 반하지 않아야 한다는 용어를 삭제하고 적법이라는 용어로 통합하였다.

[해제] 본조는 개정 전 제1126조와 제1130조에 분산되어 있던 요건들을 한데 모아서 규정하고 있다.[310] 본조의 특이한 점은 까딸라초안(제1121-2조와 제1121-3조)이나 떼레초안(제60조와 제61조)의 문언을 취하지 않았다는 것이다. 본조의 의미는 다음 두 가지이다. 첫째, 계약상 채무의 목적은 급부임을 처음으로 규정한다. 둘째, 급부의 여러 가지 성격을 설명한다.

제1101조는 채권관계의 발생 등을 목적으로 하는 의사의 합치가 계약임을 규정한다. 계약에는 채권관계를 발생시키는 효력 외에 다른 효력도 있지만, 본조는 계약에 의해 발생, 변경, 이전 또는 소멸되는 채무(obligations)만을 언급하는 정의규정이다. 이는 채무와 관련이 없는 계약내용은 오로지 제1162조에 의해 규율됨을 시사한다.[311]

본조는 채무의 개념을 목적(objet)이란 개념을 사용하여 규정하고 있다. 개정 전 제1126조는 계약의 목적을 당사자 일방이 주기로, 하기로 또는 하지 않기로 약속한 것(chose)이라고 표현했다. 본조 제1항은 것(chose)이라는 표현 대신 급부(prestation)라는 용어를 채택하였다. chose는 주는 채무에 한정된 듯한 용어인 데 반해 급부는 총칭적인 용어이므로 채무의 목적을 더 정확하게 표현할 수 있다.[312]

본조 제1항은 급부를 현재의 급부와 장래의 급부로 대별한다. 현재의 급부란 의사 합치시 계약의 목적인 급부가 존재함을 의미한다. 만약 계약체결시 매매목적물 전부가 멸실된 상태라면 그 매매계약은 무효일 것이다. 반면, 목적물이 인도 전에 멸실된다면 그 계약은 적어도 성립은 한 것이므로 계약의 효력이 문제될 뿐이다.[313] 장래의 급부는, 건축중인 건물의 매매,[314] 수확예정인 농산물의 매매와 같이, 현재에는 존재하지 않으나 장래 반드시 실현될 급부를 말한다.[315] 용역제공계약은 장래에 실현될 급부의 내용을 미리 예정하고 있다.[316] 그러므로 급부의 목적의 장래적 성질은, 장래의 것을 현재의 것으로 만드는 채

---

310) 위 두 조문에 규정되어 있던 사항 가운데 대가(prix)의 문제는 제1164조, 제1165조, 제1167조에서 다룬다.
311) G. Chantepie et M. Latina, *op. cit.*, n° 409, p. 355.
312) G. Chantepie et M. Latina, *op. cit.*, n° 409, p. 355.
313) G. Chantepie et M. Latina, *op. cit.*, n° 411, p. 356.
314) 제1601-1조 내지 제1601-4조 참조.
315) G. Chantepie et M. Latina, *op. cit.*, n° 411, p. 356.
316) G. Chantepie et M. Latina, *op. cit.*, n° 411, p. 356.

무에 의해 보상된다. 물론 급부의 장래성에는 위험이 있다. 채권자로서는 채무자가 자신을 위해 부담하는 채무의 현실성과 범위를 파악하기 어렵기 때문이다. 그리하여 개정 전 제1130조 제2항은 장래 상속할 재산에 대한 계약(pacte sur succession future)을 금지하였으나, 이러한 금지는 더 이상 계약법에 존재하지 않는다. 대신 제722조에서 다음과 같이 규율한다. "상속이 개시되지 않은 상태에서 상속재산의 전부 또는 일부에 대한 권리를 창설하거나 권리를 포기할 목적으로 행해진 합의는 법에 의해 허용된 경우에만 그 효력이 있다." 입법자는 장래의 급부를 목적으로 한 채무의 적법성을 인정하면서도 위 장래 상속재산에 대한 제한 외에도, 지적재산권자에 의한 장래의 작품에 대한 저작권의 전부양도를 금지하여, 이러한 양도는 무효이다.[317]

 본조 제2항은 급부의 유효요건으로 가능성과 확정가능성을 요구한다. 첫째, 급부가 계약체결시 가능하지 않으면 그 계약은 무효이다. 급부의 가능성은 전통적으로 절대적 불능과 상대적 불능으로 나뉘는데, 전자는 '손가락으로 하늘 닿기'와 같이 어떠한 채무자도 이행할 수 없는 것이고, 후자는 '허리를 구부려 손가락으로 엄지발가락 닿기'와 같이 채무자에게 고유한 불능을 의미한다.[318] 둘째, 본질적인 급부가 확정될 수 없다면 이는 계약의 내용이 확정되지 않은 것이므로(제1128조 제3호) 그 계약은 무효이다. 확정가능성이 요구되는 급부는 본질적인 급부이다. 대가를 보충하는 수익의 분배방식,[319] 대가의 지급방식,[320] 용선계약의 구체적 방식[321]과 같은 부수적인 의무에 관한 조항들은 계약체결시 확정적이지 않고 확정가능하지 않다고 하더라도 계약의 효력에 영향을 주지 않는다.

 본조 제3항은 급부의 확정가능성을 넓혀서 계약이나 거래관행, 당사자들 간의 기존 관계로부터 급부, 특히 가액 등이 추론될 수 있다면 그 급부는 확정가능하다고 본다.[322] 문제는 계약당사자 일방이 급부를 일방적으로 결정할 수

---

317) 프랑스지적재산권법 제L.131-1조.
318) G. Chantepie et M. Latina, *op. cit.*, n° 412, p. 357.
319) Civ. 1re, 8 juin 1997, n° 76-11.332 : *Bull. civ.* I, n° 269.
320) Civ. 3^e, 19 mars 1986, n° 84-13.582 : *Bull. civ.* III, n° 36.
321) Ch. arbitrale maritime, 1er avril 1976 : *DMF* 1976. 637.
322) 이 조항은 계약내용에 "형평, 관행, 또는 법률이 부여하는 모든 사항"을 포함시키는 제 1194조를 연상케 한다. 나아가 청약의 상대방의 침묵이 승낙으로서 평가되는 데 필요한 요건들(제1120조)도 연상케 한다.

있는지 여부이다. 급부의 일방적 결정에 대해 과거의 판례는 원칙적으로 부인
하여 왔다. 가령 "착하게 행동"하기로 하는 약속은 채무를 발생시키지 않는다고
하였는데, 그 이유는 채무의 목적이 확정적이거나 확정가능하지 않기 때문이었
다.323) 프랑스민법전은 이러한 해결책을 수정하고 있지 않음이 확실하다.324) 가
격의 일방적 결정에 대하여 제1164조와 제1165조에서 규율하고 있는 것과는 달
리, 급부의 일방적 결정에 대하여 아무런 규정을 두지 않았기 때문이다.

Article 1164 Dans les contrats cadre, il peut être convenu que le prix sera fixé
unilatéralement par l'une des parties, à charge pour elle d'en motiver le montant
en cas de contestation.
En cas d'abus dans la fixation du prix, le juge peut être saisi d'une demande
tendant à obtenir des dommages et intérêts et le cas échéant la résolution du
contrat.
제1164조 ① 기본 계약325)에 있어서, 급부의 대가(代價)가 일방당사자에 의해 일방적
으로 결정된다고 합의할 수 있으나, 이의가 있을 경우 대가를 결정한 당사자가 그 가
액이 적정함을 증명하여야 한다.
② 대가결정에 남용이 있는 경우, 법원에 손해배상 및 필요한 경우 계약의 해제를 구
하는 소가 제기될 수 있다.

[해제] 본조는 기본계약의 대가 결정에 관한 조문이다. 대가의 일방적 결정
은 예외적으로 허용되는데, 계약체결시 대가만 결정될 수 없는 급부일 경우 대
가를 일방이 결정하는 것으로 합의하는 것이다. 급부의 일방적 결정은 대가를
제외하고는 금지된다.
　　본조 제1항은, 종국적 계약의 체결을 예정하고 있는 기본계약에서 대가가
일방적으로 결정된다는 합의의 효력을 인정하였던 파기원 전원합의부의 1995년
판결326)과 상사부의 1996년 판결327)을 조문화한 것이다. 즉 기본계약에서 특정

---

323) Com., 28 févr. 1983, n° 81-14.921 : *Bull. civ.* Ⅳ, n° 86.
324) G. Chantepie et M. Latina, *op. cit.*, n° 414, p. 358; O. Deshayes, Th. Genicon et Y.-M.
　　 Laithier, *op. cit.*, p. 307.
325) 기본계약은 당사자들이 장래의 계약관계의 일반적 특징을 합의하는 계약을 가리키고,
　　 기본계약의 이행방법은 실행계약(contrat d'application)에서 상세하게 정한다(제1111조).
326) Ass. plén., 1ᵉʳ déc. 1995, n° 91-15.578 : *RJDA* 12/96 n° 1459(최초 조건을 수정할 계약의
　　 가능성을 예정하면서 체결된 전화시설 보수 임대차 계약).

조항이 대가의 결정을 계약의 유효요건으로 하지 않는 한 대가의 일방적 결정이 가능하다. 그런데 본조가 명문화되기까지 대가의 일방적 결정 문제는 오랫동안 프랑스 법에서 논란의 대상이었다.[328] 가령 매매의 경우 파기원은 오래전부터 일단 매매계약이 체결된 이상 대가의 결정이 당사자의 일방적 의사에 맡겨질 수 있음을 거부하면서, "매매대금은 계약당사자들에 의하여 결정되고 지정되어야 한다."는 제1591조를 근거로 들었다. 그리하여 당사자들의 의사로부터 독립된 대가의 결정을 예상하지 않는 모든 기본계약은 무효라고 하였다.[329] 특히 장기계약, 가령 정유회사와 주유소업자, 맥주판매업자와 카페주인 사이에 체결된 계약과 같이 본질적으로 주는 급부를 포함하는 계속적 공급계약이 문제되었는바, 이러한 공급에 있어서의 기본계약은 매매와 유사하지 않다는 점이 부각되었다. 그리하여 파기원은 1996년 12월 1일 전원합의부 판결로, 기본계약과 계속적 공급계약에서 대가가 일방적으로 결정될 수 있도록 한 합의의 효력을 인정하였고, 나아가 개정 전 제1129조는 대가의 결정에 적용되지 않는다고 판시하기에 이르렀다.[330] 그런데 실무상 문제된 것은 기본계약과 계속적 이행계약에서의 대가의 일방적 결정이었는데, 본조는 기본계약에 대해서만 언급하고 계속적 이행계약에 대해서는 침묵하고 있어 이에 대한 비판이 있다.[331] 한편, 계약의 내용 중 하나인 대가의 결정을 당사자 일방이 할 수 있다고 함으로써 당사자에 의한 계약내용의 수정가능성을 인정하고 있다.

본조 제2항은 대가 결정의 남용이 있는 경우 법관에게 이를 조정할 역할을 부여하고 있는데, 기존의 판례상 해결책과 일치한다. 그러나 남용의 기준을 명확히 하지 않은 채, 대가 결정의 남용을 상정하면서 대가의 남용적 결정의 피해자는 법원에 그 가액으로 급부를 이행함에 따라 입은 손해의 배상을 청구하거나, 법원에 계약의 재판상 해제를 청구할 수 있도록 하고 있다. 본항에 기해 법

---

327) Com. 11 juin 1996 : *RJDA* 12/96 n° 1459 (양도계약에 따른 계속적 인도계약); Com. 19 oct. 1996, 2 espèces : *RJDA* 3/97 n° 306 (계속적 매매를 제안하는 배타적 공급 조항을 포함하는 관리임대차 계약); Com., 21 janv. 1997 : *RJDA* 5/97 n° 635 (계속적 주문을 예정하는 프랜차이즈 계약).

328) G. Chantepie et M. Latina, *op. cit.*, n° 416, pp. 360-361.

329) Com., 27 avr. 1971, n°ˢ 70-10.752 et 70-10.753 : *Bull. civ.* Ⅳ, n° 107; *D.* 1972. 353. note J. Ghestin; Com., 12 févr. 1974, n° 72-13.969 : *Bull. civ.* Ⅳ, n° 54; *D.* 1974. 414.

330) Ass. plén., 1ᵉʳ déc. 1995, n° 91-15.578.

331) G. Chantepie et M. Latina, *op. cit.*, n° 418, pp. 362-363.

관은 계약에 개입할 권한을 부여받았지만 프랑스의 재판 질서의 전통에 따라 법관은 남용적 대가일지라도 계약의 내용인 대가를 다시 결정할 수는 없다.[332] 남용적일지라도 합의된 대가는 당사자 사이에서는 법이므로 결정된 대가가 지급되어야 하고, 다만 법관은 계약의 내용을 건드리지 않고 손해배상책임을 통해 남용적 대가에 대한 결과를 조정할 수 있을 뿐이다. 즉 대가결정권의 남용이 있다고 인정되면, 법관은 이로 인한 손해배상판결을 내리거나 계약의 중대한 불균형을 이유로 계약해제판결을 내릴 수 있다.

Article 1165 Dans les contrats de prestation de service, à défaut d'accord des parties avant leur exécution, le prix peut être fixé par le créancier, à charge pour lui d'en motiver le montant en cas de contestation.

En cas d'abus dans la fixation du prix, le juge peut être saisi d'une demande tendant à obtenir des dommages et intérêts et le cas échéant la résolution du contrat.

제1165조 ① 용역제공계약에 있어서, 이행 전에 그 대가(代價)에 대한 합의가 없었다면 대가는 채권자가 정하고 이의가 있을 경우 채권자가 그 가액이 적정함을 증명하여야 한다.

② 대가결정에 남용이 있는 경우, 법원에 손해배상 및 필요한 경우 계약의 해제를 구하는 소가 제기될 수 있다.

[해제] 본조는 용역제공계약의 대가 결정에 관한 조문이다.

본조 제1항에 의하면 "용역제공계약"에서는 채권자만이 급부의 대가를 일방적으로 결정할 수 있다. 그리고 기본계약(제1164조)에서와는 달리, 급부의 대가를 일방적으로 결정할 수 있다는 점을 당사자들이 "합의"하지 않아도 된다.[333] 급부가 이행되기 전에 당사자들 사이에 대가에 대한 합의가 이루어지지 않은 때에는 자동적으로 본조가 적용된다. 대가가 사전에 결정되지 않은 경우 법원에 대가를 결정할 권한을 부여하였던 판례[334]와 달리, 본조는 법원의 대가 결정 권한을 박탈하고,[335] 채권자로 하여금 법원의 감독 하에 대가를 결정할 수

---

332) G. Chantepie et M. Latina, *op. cit.*, n° 420, p. 365.
333) G. Chantepie et M. Latina, *op. cit.*, n° 418, pp. 362-363
334) Civ. 1re, 9 fév. 1977, n° 75-11.922 : *Bull. civ.* I, n° 74; Civ. 3e, 17 mars 2004, n° 02-17.681 : *Bull. civ.* III, n° 57.
335) O. Deshayes, Th. Genicon et Y.-M. Laithier, *op. cit.*, p. 318.

있도록 하고 있다. 하지만 채무자가 이에 대해 이의를 제기한 경우 채권자는 대가결정의 적절성을 입증하여야 한다. 본조는 기본계약에서의 대가의 결정에 관한 제1164조와 그 논리가 동일하다. 즉 채권자의 대가의 일방적 결정이라는 특권의 사용에 있어서 남용이 있는 경우에만 제재된다.

본조 제2항은 대가의 남용적 결정의 피해자는 법원에 그 가액으로 급부를 이행함에 따라 입은 손해의 배상을 청구하거나, 법원에 계약의 재판상 해제를 청구할 수 있다고 규정한다. "해제를 청구할 수 있다"는 부분은 2018년 변경법률에 따라 추가되었다. 본항에 기해 법관은 계약에 개입할 권한을 부여받았지만, 계약의 내용인 대가를 다시 결정할 수는 없고, 단지 법관은 손해배상책임을 지게 함으로써 남용적 대가에 대한 결과를 조정하거나 계약을 해제하도록 할 수 있을 뿐이다.

본조가 분명하게 말하고 있지는 않으나, 계약의 어떤 단계에서도(즉 계약 체결시, 체결과 이행 사이, 계약의 이행 후에도) 당사자들의 합의로 대가를 확정하는 것은 가능하다.[336] 당사자들이 채권자에 의한 대가의 일방적 결정 조항을 미리 두는 것도 가능하다.

Article 1166 Lorsque la qualité de la prestation n'est pas déterminée ou déterminable en vertu du contrat, le débiteur doit offrir une prestation de qualité conforme aux attentes légitimes des parties en considération de sa nature, des usages et du montant de la contrepartie.

제1166조 급부의 품질이 계약상 확정되지 않았거나 확정될 수 없는 경우, 채무자는 급부의 성질, 관행, 반대급부의 가액을 고려하여 당사자들의 적법한 기대이익에 부합하는 품질의 급부를 제공하여야 한다.

[해제] 본조는 급부의 품질(qualité)을 계약에서 정하지 않았거나 정할 수 없는 때에 제공해야 할 급부의 품질을 규정한다. 개정 전 프랑스민법전에는 목적이나 원인에 관한 조문에 이런 규정이 존재하지 않았으나,[337] 유럽계약법원칙,[338] 유럽계약법전초안,[339] Unidroit의 국제상사계약원칙,[340] 앙리까삐땅학회

---

336) O. Deshayes, Th. Genicon et Y.-M. Laithier, *op. cit.*, pp. 319-320.
337) 급부의 품질이 정해지지 않은 경우 중등품, 즉 최상도 최하도 아닌 품질의 급부를 제공하면 면책된다고 규정하는 개정 전 제1246조는 변제에 관한 조문이었다.
338) 유럽계약법원칙 제6:108조.

의 일반계약원칙341)은 모두 급부의 품질에 관한 조문을 두고 있었다. 이행해야할 급부의 품질 문제는 급부의 확정과 관계가 있으므로 계약내용에 관한 제3부 속절에 본조를 둔 것은 타당하다고 평가된다. 하지만 제1163조 다음에 두는 것이 더 좋았을 것이라는 견해342)가 있다. 왜냐하면 제1164조, 제1165조, 제1167조는 모두 대가에 관한 조문들이기 때문이다.

채무의 목적인 급부는 계약조항에서 확정되어 있거나 확정될 수 있는 경우가 대부분이므로, 그렇지 않은 경우에만 본조가 적용된다. 채무자는, 급부의 성질, 거래 관행, 반대급부의 가액을 고려하여, 당사자들의 적법한 기대이익에 부합하는 품질의 급부를 제공하여야 한다. 입법자는 유럽입법안에서 가장 흔히 볼 수 있는 기준인 중등품질이란 기준은 채택하지 않았다.343) 본조에서 말하는 '적법한 기대이익'이 무엇인지는 분명하게 정의되어 있지 않으나 다른 법조문에서 찾아볼 수 있다.344) 그런데 본조가 제시하는 기준은 당사자들의 적법한 기대이익만이 아니다. 급부의 성질, 거래관행, 반대급부의 가액도 급부의 품질을 정하는 데 고려하여야 할 요소이다. 가령 저가(低價)세탁소에 세탁을 맡긴 고객에게 최상급 급부를 보장해줄 수는 없을 것이다. 본조에 규정된 고려요소들은 예시적인 것이며 법관은 채권자의 적법한 기대이익을 평가함에 있어 다른 요소들을 고려할 수 있다는 견해345)가 있다.

Article 1167 Lorsque le prix ou tout autre élément du contrat doit être déterminé par référence à un indice qui n'existe pas ou a cessé d'exister ou d'être accessible, celui-ci est remplacé par l'indice qui s'en rapproche le plus.
제1167조 대가나 계약의 다른 요소가 어떠한 지수를 참조하여 확정되어야 함에도 참조하여야 할 지수가 존재하지 않거나 소멸되거나 접근될 수 없는 경우, 그 지수는 이와 가장 근접한 내용의 지수로 대체된다.

---

339) CEC 제3조 제3항.
340) 제5.1.6조.
341) 제6:104조.
342) G. Chantepie et M. Latina, *op. cit.*, n° 421, p. 368.
343) 중등품질이란 기준은 순전히 객관적인 평가이다.
344) 프랑스민법전 제1245-1조, 프랑스소비법전 제L.421-3조.
345) G. Chantepie et M. Latina, *op. cit.*, n° 425, p. 370.

[해제] 본조는 지수의 대체에 관한 조문이다. 본조는 란도 원칙(Lando Principle)으로부터 직접적인 영향을 받은[346] 드문 예 중의 하나인데, 까딸라초안이나 떼레초안에서는 발견되지 않는다.

본조가 적용되는 계약은 주로 지수조항(clause d'indexation)이 있는 계약이다. 지수조항은 객관적 기준인 지수(indice)의 변동에 맞추어 금전채무의 금액을 변경할 수 있도록 하는 조항이다. 따라서 당사자들이 대가를 변경하는 합의를 할 필요 없이 대가가 자동적으로 변경되도록 하는 조항이다. 지수화는 사실 1유로는 언제든지 1유로이어야 한다는 화폐명목가치의 원칙을 공격하는 것이다. 지수화를 통해 채권자는 화폐가치의 하락위험으로부터 보호를 받을 수 있다.[347] 일부 무효이론에 따르면, 지수약정이 당사자들의 합의에 결정적인 요소이었다면 지수약정의 무효는 계약 전체를 무효로 만든다. 그래서 판례는 계약을 보전하기 위해 하자있는 지수를 다른 지수로 대체할 수밖에 없었다. 그런데 이는 계약영역에의 법원 불간섭원칙에 정면으로 반하는 것이어서, 판례는 이를 감추기 위해 당사자들의 의사를 해석한 결과임을 내세우곤 하였다.[348] 본조는 바로 이 문제를 해결하기 위해 도입되었다. 그 결과 프랑스민법전은 법원에 의한 계약 내용에 있어 수정의 최종적인 단계에 도달했다고 평가된다.[349]

한편, 급부를 결정하는 지수가 더 이상 존재하지 않거나 접근할 수 없음을 이유로 이행이 불가능한 경우, 그 계약은 본조에 따라 법원에 의해 직접 보완될 것이다. 본조는 예전의 지수와 가장 근접한 지수를 대체지수로 함으로써, 당사자들의 추정된 의사로부터 벗어나는 정도를 최소화하고자 한다. 이러한 예외적 방식은 계약친화성에 의해 설명될 수 있는데, 이러한 보호가 없다면 당사자들은 계약의 실효(caducité)를 피할 수 없을 것이기 때문이다.[350]

본조에서는 다음 두 가지 점이 문제된다. 첫째, 본조가 공적 질서에 해당하는지 여부가 문제된다. 공적 질서에 해당하지 않는다는 견해[351]에 따르면, 당사

---

346) 유럽계약법원칙 제6:107조는 "대가나 계약의 다른 요소가 어떠한 지수를 참조하여 확정되어야 함에도 참조하여야 할 지수가 존재하지 않거나 소멸되거나 접근될 수 없는 경우, 그 지수는 이와 가장 근접한 내용의 지수로 대체된다."고 규정하고 있다.

347) G. Chantepie et M. Latina, *op. cit.*, n° 426, p. 370.

348) Civ. 3ᵉ, 22 juill. 1987, n° 84-10.548 : *Bull. civ.* 1987, Ⅲ, n° 151.

349) O. Deshayes, Th. Genicon et Y.-M. Laithier, *op. cit.*, p. 324.

350) O. Deshayes, Th. Genicon et Y.-M. Laithier, *op. cit.*, p. 324.

351) O. Deshayes, Th. Genicon et Y.-M. Laithier, *op. cit.*, p. 324

자들은 법원의 계약보전권한에 호소하지 않기로 하고, 선택된 지수의 소멸시 계약도 소멸하는 것으로 미리 합의할 수 있다. 당사자들이 이러한 선택을 하는 것을 금지할 이유가 없다고 한다.

둘째, 지수의 대체는 법원의 의무인지가 문제된다. 본조는 예전의 지수와 가장 근접한 내용의 지수로 "대체된다"고 규정하지 "대체될 수 있다"고 규정하지 않기 때문이다. 하지만 소멸한 지수와 관계 있는 지수를 법원이 전혀 찾을 수 없다면 어떻게 해야 하는가? 법원은 어떻게든 인위적인 방법으로라도 선택된 지수와 관계있는 지수를 찾아내야 하는가? 그로 인해 계약을 훼손하고 당사자들의 의사를 지나치게 거스르게 된다면 법원은 지수의 대체가 불가능하다고 결론지을 수 있어야 할 것이다. "유효하게 성립한 계약도 그 본질적 요소 중 하나가 소멸한 때에는 실효된다."는 제1186조에 따라 계약의 실효를 선언하는 것이 강요된 계약을 유지하는 것보다 더 나은 해결책이 될 것이다.[352]

Article 1168 Dans les contrats synallagmatiques, le défaut d'équivalence des prestations n'est pas une cause de nullité du contrat, à moins que la loi n'en dispose autrement.

제1168조 쌍무계약에서 급부의 등가성의 결여는, 법률이 다르게 정하지 않는 한, 계약의 무효 사유가 되지 않는다.

[해제] 본조는 쌍무계약의 급부의 등가성에 관한 조문이다. 본조는 두 가지 점에서 주목할 필요가 있다.[353] 첫째, 합의된 대가가 주된 급부의 가치에 비해 부적절하다는 점은 계약유형과 관계 없이 문제될 수 있지만, 본조의 대상은 '쌍무계약'에 한한다. 본조는 쌍무계약의 '급부의 등가성'에 초점을 맞춘다.[354] 그런데 급부 사이의 균형을 판단하는 일은 각 계약 당사자가 부담하는 급부가 존재함을 전제로 하기 때문에, 편무계약이나 무상계약은 급부의 등가성 자체가 문제될 수 없다. 따라서 급부의 등가성은 쌍무계약에서만 문제되고 등가성의 판단시기는 계약의 성립시기이다. 나아가 사행계약은 계약당사자들이 급부의

---

352) O. Deshayes, Th. Genicon et Y.-M. Laithier, *op. cit.*, p. 324.

353) G. Chantepie et M. Latina, *op. cit.*, n° 430, p. 374

354) 반면 제1171조는 급부 대가의 적절성에 대한 문제에는 관여하지 않는다. 제1170조와 제1171조에 의해 고려되는 문제는 계약상 권한의 불균형(déséquilibre)이다.

불균형을 인용한 계약이므로 급부불균형이 문제되지 않는다. 계약의 사행성은 급부불균형을 내쫓는다(l'aléa chasse le lésion).

그렇다면 등가계약(contra commutatif)은 어떠한가? 쌍무계약은 "계약당사자들이 서로에 대하여 상호의존적인 의무를 부담하는 계약"인 반면(제1106조 제1항), 등가계약은 "당사자 각자가 받는 이익의 등가로 여겨지는 이익을 상대방에게 제공할 의무를 부담하는 계약"이다(제1108조 제1항). 이러한 점을 고려하여 본조가 쌍무계약이 아니라 등가계약이라고 규정하였어야 한다는 비판이 있다.355) 현실에서 문제되는 것은 급부의 등가성을 넘어 이익의 등가성이라는 것이다. 나아가 당사자들 사이에 경제적 교환이 일어나는 계약(contrat-échange)뿐 아니라 (조합계약이나 회사설립과 같은) 조직계약(contrat-organisation)도 본조의 적용대상이 될 수 있다고 한다.

둘째, 본조는 급부불균형(lésion)이라는 용어를 명시적으로 사용하고 있지는 않지만, 본조에서 급부의 등가성의 결여는 다른 나라 법제나 유럽사법원칙에서 종종 사용되는 급부불균형 개념과 기술적으로 다르지 않다.356) 1804년 프랑스민법전 이래로 쌍무계약의 상호 급부 간의 불균형은 계약의 무효사유가 아니었다. 즉 급부불균형과 관련하여 발생하는 불공정한 법률행위의 문제를 일반조항으로 해결하는 입법례와는 달리, 프랑스민법은 원칙적으로 급부불균형 배제 원칙을 채택하였다. 급부불균형은 프랑스법상 수학적이고 객관적이라고 이해되어왔다.357) 그리하여 개정 전 프랑스민법전은 제1118조에서 "급부불균형은 특정계약 또는 특정인에 대해서만 합의의 유효성에 영향을 준다."고 규정하였었다. 급부불균형인 계약을 유효라고 보는 이유는, 의사자치의 원칙 및 법적안정성에 대한 요구로 설명된다. 나아가 착오, 사기, 강박과 같은 의사표시의 하자와 관련하여 이러한 하자에 해당하지 않는다면 자유로운 의사에 따라 명백하게 표현된 것이라는 견해도 있었으나, 개정 전 제1118조는 법전 내 위치상 '합의의 하자' 부분에 규정되어 있었던 것과 달리, 개정 후에는 '계약의 내용' 부분에 규정되어 있다는 점에서358) 이 견해의 설득력이 덜해졌다. 급부불균형으로

---

355) O. Deshayes, Th. Genicon et Y.-M. Laithier, *op. cit.*, p. 325.
356) G. Chantepie et M. Latina, *op. cit.*, n° 428, p. 372.
357) G. Chantepie et M. Latina, *op. cit.*, n° 430, p. 374
358) O. Deshayes, Th. Genicon et Y.-M. Laithier, *op. cit.*, p. 325.

인한 손해를 인정하지 아니함은 협상과정에서 예정된 급부의 금전적 가치에 대한 정보를 상대방에게 제공할 의무를 부정하거나, 가치에 대한 단순한 착오로 계약을 무효로 하는 것을 거부하거나, 부합계약에서 급부가액의 적절성과 관련하여 급부불균형을 평가함을 거부하는 데서 확인된다. 급부불균형으로 인한 침해는 약속된 급부를 금전적으로 잘못 평가함과 관련된다.[359]

본조는 법률이 급부등가성의 결여를 계약의 무효사유로 하는 경우를 예외로서 인정하는데, 그 예는 다음과 같다. 첫째, 부동산 매매에 관하여 "부동산 매도인이 부동산 가액의 12분의 7을 초과하는 손해를 입은 경우, 매매계약에서 명시적으로 급부불균형을 원인으로 한 무효소권을 포기하였거나 초과가치를 지급할 것이라고 약정하였더라도, 매도인은 매매계약의 무효소권(rescision)을 주장할 수 있다(제1674조)." 이는 매도인에게 부동산 가액의 12분의 7을 초과하는 손해가 인정된다면 법적 안정성보다는 부동산 소유권자를 더 보호하여야 한다는 입법적 결단이다. 등가성의 판단기준인 12분의 7은 대물변제에 기한 부동산의 양도에서도 등장하며, 저작권의 양도에서도 12분의 7 이상의 침해가 있는 경우 그 계약은 무효가 된다(프랑스저작권법 제L.131-5조 제1항).[360]

둘째, 공동상속인이 상속재산분할을 할 때에 공동상속인 중의 1인이 4분의 1을 초과하여 손해를 입은 경우, 그 공동상속인은 급부불균형을 원인으로 한 무효소송을 제기할 수 있다(제886조). 평등은 분할에 있어 핵심적인 요소라는 법언이 상속재산분할에도 적용되어야 하는 점, 가족 간에 이루어지는 상속재산분할에서 가족이라는 미명하에 한 사람이 희생을 감수하는 것은 타당하지 않다는 점에서 급부불균형에 의한 무효가 인정되어야 하는 것이다.[361]

셋째, 미성년자에 의해 행해진 일상적인 법률행위는 단순한 불균형을 이유로 무효가 될 수 있다(제1149조 제1항). 이는 미성년자의 법률행위는 무능력자의 행위라서가 아니라 급부불균형이어서 무효(Restituitur minor non tanquam minorsed tanquam laesus)라는 법언을 반영한 것이다. 이로써 제한능력자인 미성년자의 보호를 강화하고 있다.

넷째, 피보호성년자에 의해 체결된 계약은 급부의 단순한 불균형만으로도

---

359) G. Chantepie et M. Latina, *op. cit.*, n° 428, p. 372.
360) G. Chantepie et M. Latina, *op. cit.*, n° 431, p. 375.
361) Carbonnier, *Droit Civil t. 4, Les Oblgations*, 22e éd., 2000, PUF, n° 78.

그 계약은 무효가 된다. 사법보호(sauveguard de justice)를 받은 사람이 보호기간 내에 체결한 행위 및 약정한 의무는, 단순한 급부불균형을 이유로 무효화소송을 제기하거나 과잉 부분에 대한 감액을 청구할 수 있다(제435조 제2항). 이 조문은 보좌(curatelle)의 경우에도 준용되어, 피보좌인이 보호업무수행자의 보조 또는 대리 없이는 할 수 없는 행위를 단독으로 수행하였다면 그 행위는 단순한 급부불균형을 이유로 한 무효화소송이나 감액청구의 소의 대상이 된다(제465조 제1항 제1호).

그 밖에 특별법상의 예외로, 농지임대차의 경우 소작료가 시가의 10분의 1을 상회하거나 하회하는 경우,[362] 해상 및 지상 구조계약에서 계약 내용에 불균형이 있는 경우,[363] 영업권을 임시적으로 취득한 자가 매수가격의 33%를 초과하는 손해를 보는 경우,[364] 조합계약에서 부동산을 조합원들에게 배당하는 경우 각 조합원에게 부과된 기여분의 4분의 1을 초과하는 채무를 부담하게 하는 경우[365]가 있다.

Article 1169 Un contrat à titre onéreux est nul lorsque, au moment de sa formation, la contrepartie convenue au profit de celui qui s'engage est illusoire ou dérisoire.
제1169조 유상계약은 계약을 체결할 당시에 채무를 부담하는 자의 이익으로 합의된 반대급부가 헛되거나 미미한 경우 무효가 된다.

[해제] 본조는 꼬즈가 갖고 있던 쌍무계약의 성립상의 견련성을 입법화한 것이다. 계약 당사자들의 이익을 보장함에 있어 반대급부가 헛되거나 하찮다면, 그 계약은 소용이 없어 무효가 된다는 것이 바로 '채무의 꼬즈'의 실재였다. 한편, 본조는 급부불균형(lésion)을 일반화하는 조문은 아니다. 급부불균형은 제1168조에 따라 법률이 예정한 경우에만 금지될 뿐이다.

프랑스민법전 조문에서 꼬즈라는 용어는 사라졌지만, 꼬즈가 쌍무계약에 부여했던 전통적인 정의는 결코 사라지지 않았다.[366] 오히려, 꼬즈의 정신을 중

---

362) 프랑스농업법전 제L.411-13조.
363) Loi. n° 67-545 du 7 juill. 1967.
364) Loi du 29 juin 1935, et du 17 juill. 1937.
365) Loi du 16 juill. 1971.
366) O. Deshayes, Th. Genicon et Y.-M. Laithier, *op. cit.*, p. 327.

시한 본조는 반대급부의 유상성을 쌍무계약에서 나아가 유상계약에까지 확대하였다.367) 즉 유상계약은 각 당사자가 상대방으로부터 그가 얻은 것의 반대급부로 이익을 얻는 계약을 의미하는바(제1107조 제1항), 본조는 무상계약을 배제하지만, 반대급부의 조정은 쌍무계약이든 편무계약이든 사행계약이든 모든 유상계약에 적용된다. 특히 법원은 사행계약(contrat aléatoire)에서 우연성이 결여된 합의를 제재하기 위해,368) 연금수령권자가 빨리 사망한 경우 종신정기금계약(contrat de rente viagère)을 제재하기 위해369) 채무의 꼬즈를 활용해 왔는바, 본조는 이러한 해결책의 지속성을 승인하게 된 것이다.

꼬즈에 전통적으로 부여된 기능의 연장선상에서, 실재하지도 중대하지도 않은 반대급부는 헛된(illusoire) 것이다. 그런데 그러한 경우는 비물질적인 급부를 목적으로 하는 계약 또는 사행계약을 제외하면 매우 드물다. 다른 한편, 반대급부가 극히 적어 거의 존재하지 않은 경우 미미한(dérisoire) 것이다. 합의된 반대급부가 헛되거나 미미한지 여부는 '계약성립시'를 기준으로 판단된다. 계약성립시만이 반대급부를 평가하는 기준시점이다. 본조가 문제삼는 것은 합의된 반대급부이지 실제로 실현된 급부가 아니기 때문이다.

합의된 반대급부가 헛되거나 미미한 계약은 무효가 된다. 본조는 그 무효의 성질, 즉 절대적 무효인지 상대적 무효인지는 밝히지 않고 있다. 제1179조에 따르면 위반된 법규정이 보호하고자 하는 이익이 개인적 이익이면 상대적 무효이고 일반적 이익이면 절대적 무효이다. 계약의 경제교환기능이라고 하는 일반적 이익이 침해되었으므로 절대적 무효라고 주장할 수도 있을 것이나, 판례상 꼬즈의 결여는 상대적 무효사유로 분류되어 왔다.370)

Article 1170 Toute clause qui prive de sa substance l'obligation essentielle du débiteur est réputée non écrite.
제1170조 채무자의 본질적 채무의 실질적인 내용을 박탈하게 하는 모든 조항은 기재되지 않은 것으로 본다.

---

367) O. Deshayes, Th. Genicon et Y.-M. Laithier, *op. cit.*, p. 328.
368) 보험계약과 관련하여 Civ. 1re, 27 fév. 1990, n° 88-14.364 : *Bull. civ.* I, n° 52.
369) Req., 29 déc. 1930 : *DH* 1931, 53; *Gaz. Pal.* 1931.1,361.
370) Civ. 1re, 29 sept. 2004, n° 03-10.766 : *Bull. civ.* I, n° 216; Civ. 1re, 9 nov. 1999, n°s 97-16.306 et 97-16.800 : *Bull. civ.* I, n° 293.

[해제] 본조는 지난 20년간 프랑스에서 가장 혁신적인 판례의 하나로 평가되는, 크로노뽀스트(Chronopost) 판결[371]을 입법화한 것이다. 본조는, 앞의 조문들과 마찬가지로, 꼬즈에 관한 조항의 소멸을 대체하기 위한 임시방편으로 이해되는데, 개정 전 조문보다 더욱 꼬즈 이론에 충실하다. 나아가 크로노뽀스트 판결이 손해배상 책임의 제한 또는 면책 조항만을 다루고 있음에 반해, 본조의 적용범위는 "채무자의 본질적 채무의 실질적 내용을 박탈하는 '모든' 조항"을 대상으로 하고 있어 더욱 일반적이다.[372]

유명한 크로노뽀스트 판결에서, X회사는 크로노뽀스트 회사(Y회사)의 익일특급서비스를 이용하였으나 우편물은 그 다음다음 날에 수취인에게 배달되었다. 그런데 위 우편물은 입찰에 응하는 의사표시를 내용으로 하고 있었으므로, 지연배달로 인해 X회사는 위 입찰에 참가하지 못하는 손해를 입게 되었다. 이에 X회사는 Y회사를 상대로 손해배상을 청구하였는바, Y회사는 책임제한 조항을 원용하면서 손해배상을 거부하였다. 책임제한 조항에 따르면, Y회사는 "기간 내에 배달하기 위하여 모든 노력을 기울일 의무를 부담"하지만 "배달기간을 준수하지 못한 경우 비록 손해가 증명되었다고 하더라도 배달요금을 환불해 줄 의무만을 부담할 뿐"이라고 규정하고 있었다. 파기원은 개정 전 "제1131조에 비추어 볼 때, 서비스의 안정성과 신속성을 보장하는 특급운송의 전문가로서, Y회사는 X회사의 서신을 일정한 기한 내에 배달하기로 약속하였음에도, 이러한 본질적인 채무를 위반하였으므로, 스스로 부담한 채무의 효력에 모순되는 책임제한 조항은 기재되지 않은 것으로 보아야 한다."고 하였다.

본조가 규정하는 제재는, 그러한 조항이 "기재되지 않는 것으로 보는" 것이다.[373] 이는 이미 프랑스소비법전이 남용적 조항에 대해 취하고 있는 무력화 기술이다. 문제가 된 조항만을 기재되지 않은 것으로 보는 부분적 무효보다 더 강력한 제재를 주장할 수는 없다. 그런데 채무자의 본질적인 채무의 실질적 내용을 박탈하게 하는 내용이 계약에 기재되어 있다면, 이는 계약 전체의 내용에 문제가 있는 것으로 보아 해당 계약 조항만을 기재되지 않는 것으로 볼 것이 아

---

371) Com., 22 oct. 1996 : *Bull. civ.* Ⅳ, n° 261; *D.* 1997, 121, note A. Sérieux; *S.* 175, obs. Ph. Delebeque; *JCP* 1997. Ⅱ. 22881, note D. Cohen; *Defrénois* 1997. 333, obs. D. Mazeaud; *RTD civ.* 1997, 418, obs. J. Mestre.

372) O. Deshayes, Th. Genicon et Y.-M. Laithier, *op. cit.*, p. 333.

373) O. Deshayes, Th. Genicon et Y.-M. Laithier, *op. cit.*, p. 339.

니라, 계약 전체를 무효로 하는 것이 논리적으로 합당하다고 생각할 수도 있다.[374] 그러나 본조의 취지는 위법한 계약 내용에 대하여 제재를 가함과 동시에 계약의 효력을 유지하는 것이다. 즉 문제된 조항이 합의되지 않았던 것과 같이 계약관계를 취급하여야 한다는 것이다.[375] 따라서 법관이 당해 계약 조항이 본질적 채무의 내용을 박탈하게 한다고 판단하는 경우, 이 조항은 기재되지 않는 것으로 보고, 다음 단계로 임의규정 등을 참조하여 통상 당사자가 체결하였을 내용으로 계약의 내용을 보충하는 과정이 필요할 것이다. 문제된 조항을 기재되지 않는 것으로 볼 경우, 그 공백을 어떠한 조항으로 메꿀 것인가에 대한 논쟁은 앞서 제2차, 제3차 크로노뽀스트 판결에서도 문제가 된 바 있다.

Article 1171 Dans un contrat d'adhésion, toute clause non négociable, dé-terminée à l'avance par l'une des parties, qui crée un déséquilibre significatif entre les droits et obligations des parties au contrat est réputée non écrite.

L'appréciation du déséquilibre significatif ne porte ni sur l'objet principal du contrat ni sur l'adéquation du prix à la prestation.

제1171조 ① 부합계약에서 당사자들의 권리의 의무 시이에 중대한 불균형을 가져오는 조항으로서, 당사자 일방에 의해 미리 정해져 교섭될 수 없는, 모든 조항은 기재되지 않은 것으로 본다.

② 중대한 불균형의 평가는, 계약의 주된 목적이나 급부 대금의 적절성을 대상으로 하지 않는다.

[해제] 본조는 부합계약에서 중대한 불균형을 가져오는 조항의 효력에 관한 조문이다.[376] 본조는 공공 의견조회나 의회의 입법과정에서 가장 논쟁적이고 심한 비판을 받은 조항이었다.[377] 그리하여 본조는 2018년 변경법률에 의해 수정된 조문 가운데 가장 잘 알려진 조문 중 하나가 되었다. 2016년 오르도상스에서는 "당사자들의 권리와 의무 사이에 중대한 불균형을 가져오는 부합계약의 조항"을 본조의 적용대상으로 하였으나, 현재는 이에 더하여 "당사자 일방에 의

---

374) G. Chantepie et M. Latina, *op. cit.*, n° 439, p. 385; O. Deshayes, Th. Genicon et Y.-M. Laithier, *op. cit.*, p. 333.

375) O. Deshayes, Th. Genicon et Y.-M. Laithier, *op. cit.*, p. 339.

376) 개정 전 프랑스민법전 하에서, 사실심 법관들은, 법 규정이 없어도, 꼬즈라는 간접적 수단에 의해 중대한 불균형을 통제할 권한을 갖고 있었다.

377) O. Deshayes, Th. Genicon et Y.-M. Laithier, *op. cit.*, p. 340.

해 미리 정해져 교섭될 수 없는"이라는 조건이 추가되었다.[378]

본조가 적용되기 위해서는 먼저 계약이 "부합계약"으로서의 성질을 지녀야 한다. 부합계약이란 그 일반조건을 자유로운 협상에 의하지 않고 당사자 일방이 정하는 계약이다(제1110조 제2항). "부합계약"이라는 성질은 계약당사자 일방의 특별한 자격과 관련이 있는 성질이 아니다.

본조의 신설에 영향을 미친 프랑스소비법전과 프랑스상법전은 남용 조항(clauses abusives)이라는 이름으로 널리 알려진, 중대한 불균형을 제재하는 규정을 두고 있는데, 이 규정들의 적용범위는 계약당사자의 자격에 의해 결정된다. 먼저 프랑스소비법전 제L.212-1조 이하[379]는 전문가와 소비자 간, 전문가와 비전문가 사이에 체결된 계약으로서 소비자에게 침해를 주면서, 계약 당사자의 권리와 의무 사이의 중대한 불균형을 야기하는 조항은 남용적 조항이라고 규정한다. 그러므로 소비자 또는 비전문가와 전문가 사이에 의해 체결된 계약에는 본조가 적용되지 않는다. 프랑스상법전 제L.442-6조 I, 제2호[380]는 "상인들" 사이에서 적용된다. 여기서 전문가와 소비자 사이에 체결된 계약 또는 상인들 사이에 체결된 계약이 동시에 부합계약이기도 한다면 어느 법조문이 적용되어야 하는가 하는 문제가 제기된다. 이에 특별법우선의 원칙을 규정하는 제1105조 제3항에 따라서, 프랑스상법전 제L.442-6조 I, 제2호 또는 프랑스소비법전 제L.212-1조가 적용될 수 있다면 본조의 적용은 배제된다고 주장하는 견해[381]가 있다.

하지만 프랑스상법전 제L.442-6조 I, 제2호의 적용요건이 갖추어졌다고 해

---

378) 2018년 변경법률은 2018년 10월 1일 체결된 계약부터 적용되므로, 2016년 10월 1일부터 2018년 9월 30일까지 체결된 계약은 2016년 오르도낭스가 적용된다.

379) 프랑스소비법전 제L.212-1조 제1항 전문가와 소비자 간에 체결된 계약에서, 소비자에게 침해를 주면서, 계약 당사자의 권리와 의무 사이의 중대한 불균형을 야기시키는 조항은 남용적이다.[생략]
제L.212-2조 전조의 규정은 전문가와 비전문가 사이에 체결된 계약에도 적용된다.
제L.212-3조 이 장의 조문은 공적 질서에 해당한다.

380) Ordonnance n° 2019-359 du 24 avril 2019 제2조에 의해 현행 프랑스상법전 제L.442-1조 I. 2호로 조문번호가 변경되었지만, 조문의 내용은 그대로이다 : "당사자의 권리와 의무에 중대한 불균형을 야기하는 의무에 거래 상대방을 종속시키거나 종속시키려고 시도하는 행위가 있는 경우, 그 행위자는 상업적 협상 과정에서 생산, 유통 또는 용역에 종사하는 사람이 계약의 체결 또는 실행으로 인해 입은 피해를 복구할 책임을 진다."

381) M. Behar-Touchais, Le déséquilibre significatif dans le Code civil, *JCP* G 2016, n° 14, 391

서 꼭 본조의 적용을 배제할 필요는 없다는 견해[382]도 있다. 이 견해는 상법전에 의한 법원의 통제는 계약의 주된 목적과 대가의 적절성에 대해서만 미친다는 점, 상법전에서의 남용조항에 대한 통제는 무효선언이지 본조처럼 기재되지 않은 것으로 보는 것이 아니라는 점, 본조와 상법전의 제재는 서로 다른 법리에 따른다는 점을 그 근거로 든다. 하지만 이 견해도 프랑스소비법전 제L.212-1조의 적용요건이 갖추어진 때에 본조의 적용을 배제하는 데에는 찬성한다. "중대한 불균형"을 평가하는 방식이 본조와 소비법전이 동일하지는 않지만, 프랑스소비법전 제R.132-1조부터 제R.132-2-2조까지의 목록에 해당되는 계약은 프랑스소비법전의 적용을 받고 본조의 적용을 받지 않는다고 한다.[383]

본조는 '남용 조항'이라는 표현이 아닌, '중대한 불균형'이라는 표현을 사용하고 있다. 법관이 "중대한 불균형"인지 여부를 판단함에 있어서는 위 특별법조항의 해석이 중요한 영향을 줄 것이다.[384] 특히 위 특별법조항에서는 종종 권한의 불균형과 가치의 불균형을 구분하는데 이 구분은 본조의 해석에도 유용할 것이다.

먼저, 권한의 불균형은 계약당사자 일방에게만 특권을 부여함으로써 '상호성을 결여'하는 것이다.[385] 가령 유통업자는 가격 조정 권한을 일방적이고 자동적으로 행사할 수 있는 반면 물품 공급자는 그러한 권한이 없거나 재교섭이라는 복잡한 절차를 거쳐야만 한다면 유통업자와 물품공급자 사이에 권한의 불균형이 존재하는 것이다. 권한의 부여에 있어서 상호성을 결여함에도 불구하고 불균형에 해당하지 않기 위해서는 그로 인해 위태로워진 금전적 형평을 회복시킬 수 있을 만한 반대급부가 있어야 한다. 다음으로, 가치의 불균형은 제1168조에서 규율될 뿐이며, 제1168조는 "쌍무계약에서 급부의 등가성의 결여는, 법률이 다르게 정하지 않는 한, 계약의 무효 사유가 되지 않는다."고 규정한다. 본조 제2항도 중대한 불균형이 판단은 계약의 주된 목적에 대한 것이 아니고, '급부대금의 적절성'도 아니라고 규정한다. 이러한 배제는 프랑스소비법전 제L.212-1조 제3항에서 가져온 것으로, 재판상 통제의 대상은 권한의 불균형이지 경제적

382) O. Deshayes, Th. Genicon et Y.-M. Laithier, *op. cit.*, pp. 343-347.
383) 하지만 그 목록에 해당하지 않는 계약은 본조의 적용을 받을 것이다.
384) G. Chantepie et M. Latina, *op. cit.*, n° 447, p. 396; O. Deshayes, Th. Genicon et Y.-M. Laithier, *op. cit.*, p. 350.
385) 특히 프랑스소비법전 제R.212-1조 제3호와 제8호 참조.

불균형이 아니라는 것이다.386)

그런데 프랑스소비법전 규정이 적용되는 사안에서는 전문가와 계약을 체결하는 소비자가 구조적으로 열등하다는 전형적 지위에 있는 반면, 본조가 적용되는 개인들의 지위는 다층적이라는 차이가 있다. 따라서 중대한 불균형의 판단은, 합의의 하자의 판단과 마찬가지로, 구체적 타당성을 고려하여 개별적으로 이루어져야 할 것이다.387)

본조는 부합계약에서 당사자들의 권리와 의무 사이에 중대한 불균형을 가져오는 모든 조항에 적용되는 것이 아니라, 당사자 일방에 의해 미리 정해져 교섭이 불가능한 조항에만 적용된다. 이는 법관의 권한을 더욱 제한할 목적으로 본조의 적용대상을 좁힌 것이다. 그런데 본조 제1항의 '당사자 일방에 의해 미리 정해져' 있는 조항이라는 표현은 부합계약의 정의가 그러하듯 새로운 내용이 아니다. 그러나 세심하게 선택된 '교섭이 불가능한'이란 문언에 주목해야 하는바, '교섭이 되지 않은'이라고 표현하지 않았다는 것이다. 교섭가능성과 교섭 불가능성에 대한 증명책임과 관련하여, 계약자유의 원칙과 계약의 구속력에 비추어, 계약의 모든 조항은 교섭이 가능한 것으로 보아야 한다. 따라서 불균형인 조항으로부터 벗어나려는 자가 교섭 불가능이란 요건이 충족됨을 증명하여야 한다.388)

본조는 중대한 불균형이 있는 계약조항에 대한 제재로 그 조항은 기재되지 않는 것으로 본다. 즉 계약 전체를 무효로 하는 것이 아니라, 문제가 된 중대한 불균형이 있는 계약조항만을 제외하고 계약을 유지시킨다. 그 조항이 당사자 일방, 특히 그 조항을 만든 당사자에게 본질적이라고 하더라도 전체 계약의 무효가 선언될 수 없다. 제1184조 제2항은 "법률이 어느 조항을 기재되지 않은 것으로 하는 때에는 […] 계약은 유지된다."고 하여 이를 분명히 하고 있다.

소송절차의 면에서, 이 무효화소권은 개인이 행사하는 것임을 강조할 필요가 있다.389) 계약법 사건에서 이러한 해결책이 당연한 것으로 보일 수 있으나,

---

386) O. Deshayes, Th. Genicon et Y.-M. Laithier, *op. cit.*, p. 353.
387) O. Deshayes, Th. Genicon et Y.-M. Laithier, *op. cit.*, p. 351.
388) O. Deshayes, Th. Genicon et Y.-M. Laithier, *op. cit.*, pp. 349-350.
389) G. Chantepie et M. Latina, *op. cit.*, n° 449, p. 397.

이미 존재하는 남용적 조항을 폐기하는 소권은 소비자단체[390]나 행정부[391]가 행사할 수 있다.

[김 현 진]

Section 3 La forme du contrat
제3절 계약의 형식

[해제] 본절은 계약의 형식에 관하여 정한 절이다. 즉 계약이 유효하게 성립하기 위하여 일정한 형식을 갖추어야 하는가에 관한 기본적인 문제를 다루고 있다. 본절은 제1부속절(총칙)과 제2부속절(전자적 방식에 의해 체결된 계약에 적용되는 규정)로 구성되어 있다.

Sous-section 1 Disposition générales
제1부속절 총칙

[해제] 계약의 유효한 성립요건으로서 어떤 특정한 형식이 필요한지에 대해서는 의사주의와 형식주의가 대립한다. 이는 합목적성과 형식성 중 어느 것을 보다 강화할 것인지의 문제인데, 프랑스민법전은 의사주의의 원칙을 취하면서도 다양한 형식을 부과하는 다수의 규정을 두고 있다.[392] 본부속절은 그러한 의사주의의 원칙을 선언하며, 계약의 유효성을 위한 형식과 증명에 관한 형식이 구분된다는 점을 명시한다. 채무의 증거방법에 관한 형식은 본절이 아닌 제1358조 이하에 규정되어 있으며, 전자적 문서에 관하여는 제1174조 이하에 규정되어 있다.

Article 1172 Les contrats sont par principe consensuels.
Par exception, la validité des contrats solennels est subordonnée à l'observation

---

390) 프랑스소비법전 제L.621-2조.
391) 프랑스상법전 제L.442-6조 Ⅲ.
392) G. Chantepie et M. Latina, *op. cit.*, n° 451, p. 398.

> de formes déterminées par la loi à défaut de laquelle le contrat est nul, sauf
> possible régularisation.
> En outre, la loi subordonne la formation de certains contrats à la remise d'une
> chose.
> 제1172조 ① 계약은 낙성계약을 원칙으로 한다.
> ② 예외적으로, 요식계약의 유효성은 법률에 의해 정해진 형식에 의거하며, 추완이
> 가능한 경우를 제외하고, 형식이 결여된 계약은 무효이다.
> ③ 그 밖에, 물건의 교부를 요하는 일정한 계약의 성립은 법률에 의한다.

[해제] 제1109조[393]는 계약을 낙성계약(contrat consensuel), 요식계약(contrat solennel), 요물계약(contrat réel)으로 분류하고 있는데, 제1109조가 각 계약 유형에 대한 단순한 정의를 내리고 있다면, 본조는 나아가 각 계약 유형에 대해 법적인 가치를 부여한다. 즉, 프랑스민법전은 계약의 성립과 관련하여 의사주의를 원칙으로 하고, 형식주의를 예외로 하고 있었는바, 본조와 제1173조는 까딸라초안과 떼레초안에 따라 그러한 의사주의의 원칙과 형식주의의 예외를 선언하는 것이다. 그러나 실제에 있어서는 계약의 성립시에 일정한 형식을 요구하는 경우가 많으므로, 의사주의와 형식주의의 구별의 실익은 크지 않다.[394] 의사주의의 원칙은 계약의 형식에 관한 본절에 규정되어 있으나, 특정한 형식을 갖추어야 유효성이 인정된다는 점에서 계약의 성립(formation du contrat)[395]과도 관련이 있다.[396]

본조 제1항은 의사주의의 원칙을 선언한다. 개정 전 프랑스민법전에서는 제1108조 및 제1108-1조[397]에서 의사주의를 추론할 수 있을 뿐이었으나, 개정된 민법전에서는 이를 실정법으로 명시한 것이다.[398] 본조 제1항 및 제1102

---

393) 제1109조는 낙성계약이란 표현방식이 어떠하든 의사의 교환만으로 성립하는 계약을, 요식계약이란 그 유효성이 법률이 정하는 형식에 따라야 하는 계약을, 요물계약이란 그 성립이 물건의 교부가 있어야 하는 계약을 말한다고 규정하고 있다.

394) G. Chantepie et M. Latina, *op. cit.*, n° 451, p. 398.

395) 이에 대해서는 제1부속편 계약, 제2장 계약의 성립 부분 참조.

396) G. Chantepie et M. Latina, *op. cit.*, n° 451, p. 399.

397) 개정 전 1108조는 합의가 유효하기 위하여는 의무를 부담하는 자의 합의, 계약체결능력, 의무의 내용을 구성하는 확정된 목적물, 채무에 있어서의 적법한 원인을 갖추어야 한다는 내용을 규정하고 있었고, 개정 전 제1108-1조 제1항은 법률행위로서 유효성을 갖추기 위해서 문서가 필요한 경우에 관하여 규정하고 있었다.

398) G. Chantepie et M. Latina, *op. cit.*, n° 452, p. 399.

조,399) 제1109조400)에 의하면 표현방식이 어떠하든 의사의 교환만으로 계약이 성립할 수 있고, 그 의사의 교환 자체는 특별한 형식을 요하지 아니 한다.401)

본조 제2항은 의사주의의 예외인 요식계약에 대해 규정한다. 요식계약은 일정한 형식을 갖추지 못하면 무효가 된다. 형식에는 제1397조402)에 규정된 승인(l'homologation)이나 프랑스상법전 제L.622-7조 Ⅱ에 규정된 법원의 허가(l'autorisation judicaire)403)와 같이 법률행위에 내재된 것이 아닌 형식도 있지만, 그 밖의 경우에는 해당 법률행위에 관한 계약이 직접 문서로 기재될 것을 요한다. 요식계약에는 제1369조에 따른 공정증서(l'acte authentique)404)가 필요한 것과 어떠한 방식이든 관계없이 문서를 필요로 하는 것이 있는데, 전자의 예로는 증여(제931조), 혼인(제1394조), 저당권설정(제2416조), 부동산 매매나 부동산에 관한 권리의 양도[건축 및 주거법전405) 제L.261-10조] 등이 있다. 후자의 예로는 근로계약(프랑스노동법전 제L.1242-12조)부터 계약양도(제1216조 제3항), 채권양도(제1322조), 채무양도(제1327조 제2항), 건축예정인 부동산의 매도(건축 및 주거법전 제L.261-10조), 금융상품의 방문판매(프랑스통화금융법전 제L.341-11조) 등 다수가 있는데, 최근에는 소비자보호법과 같이 약자를 보호하기 위하여 일정한 문서를 요구하는 경우가 많아지고 있다.406) 한편, 형식적 요구사항(les exigences formelles)은 그 형태(modalités)의 다양성과 구분되어야 하며, 형식은 계약 전체부터 조문 한 개, 수기(手記), 문서에 의한 급부 청구 등 매우 다양한 형태를 지

---

399) 제1102조 제1항은 누구나 자유롭게 법률이 정하는 범위 내에서 계약을 체결하거나 하지 않거나, 그의 상대방을 선택하거나 그리고 계약의 내용과 방식을 정할 수 있다고 규정한다.

400) 제1109조 제1항에 의하면 낙성계약은 표현방식과 무관하게 의사의 교환만으로 성립한다.

401) O. Deshayes, Th. Genicon et Y.-M. Laithier, *op. cit.*, p. 357.

402) 제1397조 제4항은 혼인계약(conventions matrimoniales)의 변경에 반대하는 채권자가 있는 경우(혼인계약 변경에 대한) 공증행위(l'acte notarié)에 대해서 부부의 거주지 법원으로부터 승인을 받도록 하고 있다.

403) 프랑스상법전은 경제적 어려움을 겪는 채무자를 위하여 법원의 감독하에 채무조정을 할 수 있는 세이프가드 절차(이는 우리나라의 회생제도와는 요건과 절차 및 효과에서 여러 차이가 있다)를 마련하고 있는데, 제L.622-7조 Ⅱ는 법원의 허가가 있는 경우 변제계획안과 달리 채무를 변제할 수 있도록 하고 있다.

404) 제1369조 제1항에 의하면 공정증서란 문서작성의 권한과 자격을 가진 공무수행자에 의하여 필요한 정식절차를 갖추어 작성된 것을 의미한다.

405) Code de la construction et de l'habitation.

406) G. Chantepie et M. Latina, *op. cit.*, n° 455, p. 402.

닐 수 있다.407)

형식의 준수는 예외적으로 요구되는 것이기 때문에, 명시적인 규정이 있을 때에만 인정된다.408) 이와 관련하여, 당사자 사이의 합의로 요식계약의 유효 요건을 달리 규정할 수 있는지가 문제된다. 예컨대, 증여의 합의를 공정증서로 하도록 하는 대신 사서증서상의 서명(seing privé)이나 일반 우편(lettre) 또는 등기우편(lettre recommendée) 등의 정보 제공 방법으로 대체할 수 있는가? 이 문제에 대해서는 다양한 학설의 논쟁이 제기되어 왔고, 2015년 오르도낭스안에서는 "예외적으로, 계약의 유효성은 법이나 당사자들이 정한 형식의 준수를 따른다."는 규정을 두고 있었다. 그러나 본조 제2항은 당사자들의 합의에 대해서는 명시하지 않고 있으므로, 이를 묵시적으로 부정하는 것으로 봄이 상당하다.409)

요식계약과 관련하여서는 방식의 연계(parallélisme des formes) 문제도 제기된다. 이는 본래 어떠한 행정행위를 수정하거나 폐기하려면 원 행정행위와 동일한 형식에 의하여야 한다는 공법상의 원칙에서 유래한 것이나, 민사에 있어서도 판례상 때때로 인정되어 왔다. 2015년 오르도낭스안(projet de l'ordonnance)은 까딸라초안을 계승하여 그 범위를 일반화하기 위한 규정을 두고 있었으나, 개정 과정에서는 그 내용이 삭제되었다. 따라서 명문의 규정이 없는 이상 원래의 계약을 변경하는 때에도 특정한 형식요건이 필요한지 여부는 판례와 특별규정을 검토하여 해결하되,410) 판례와 특별규정에서도 특별한 요건을 부과하지 않는 이상 그 형식요건은 계약의 유효성과 관련하여서만 부과되는 것으로 해석되어야 할 것이다.411)

본조 제2항은 법률이 요구하는 형식을 갖추지 못한 계약이 무효임을 선언한다. 이는 요물계약은 형식을 갖추었을 때 "성립(formation)"한다는 본조 제3항의 규정과 달리, 형식을 갖추지 않은 경우 계약의 존재 자체는 인정되지만 그 효력을 무효로 한다는 것이다.412) 이 때 무효의 의미와 관련하여서는 본조 제2항이 일반적 이익을 보호하는 목적을 가진 규정인지 개인적 이익을 보호하는

407) G. Chantepie et M. Latina, *op. cit.*, n° 455, p. 402.
408) G. Chantepie et M. Latina, *op. cit.*, n° 455, p. 403.
409) G. Chantepie et M. Latina, *op. cit.*, n° 456, pp. 403, 404.
410) O. Deshayes, Th. Genicon et Y.-M. Laithier, *op. cit.*, p. 361.
411) G. Chantepie et M. Latina, *op. cit.*, n° 457, p. 404.
412) O. Deshayes, Th. Genicon et Y.-M. Laithier, *op. cit.*, p. 357.

목적을 가진 규정인지가 문제된다. 제1179조에 의하면 형식의 흠결은 전자의 경우 절대적 무효사유, 후자의 경우에는 상대적 무효사유가 되고, 상대적 무효일 경우에는 제1181조 내지 제1183조에서 규정하는 바에 따른 추인에 의해 무효가 치유될 수도 있기 때문이다. 최근의 판례는 형식성의 위반을 상대적 무효사유로 보는 경향이 있었다.[413] 판례의 태도에 의하면 형식성의 위반은 상대적 무효사유로서 이해관계 있는 당사자만이 이를 원용할 수 있고, 이해관계 있는 당사자는 제1182조에 따라 추인함으로써 무효 주장을 포기할 수 있다. 입법자는 무효에 관한 최근의 이론에 따라 형식의 준수는 일반적 이익과 개인적 이익을 동시에 보호하는 것으로 본다.[414]

본조 제2항은 떼레초안에 따라 형식이 결여된 경우에도 '추완(régularisation)'이 가능한 경우에는 그에 따라 계약이 체결된 것으로 볼 수 있다고 규정하고 있다. 그런데 '추완'이 무엇인지에 대해서는 별도의 정의 규정이 없고, 모든 경우에 그러한 추완이 허용되는 것인지 혹은 법률에서 별도로 이를 허용하는 경우에만 가능한 것인지, 특별 규정이 정하는 바에 따라 추완이 이루어지는 것인지 또는 법원이 정하는 것인지 등에 대해서도 법은 아무런 규정을 두고 있지 않다.[415] 제931-1조[416]와 같이 명시적으로 추인의 대상이 되지 아니한다는 법률의 규정이 있는 경우에는 추완이 이루어질 수 없음이 당연하지만, 그 외의 경우 '추완'은 무효를 대신하는 다양한 제재를 수용하는 개념으로, 형식을 요구하는 법률규정에 별도로 명시되어 있지 않은 이상, 결국은 법원이 그 의미를 결정하게 될 것이다. 예컨대, 약정이율에 대한 언급이 없는 경우에는 법정이율로 대체한다든지,[417] 근로계약에서 문서로 기간을 명시하지 않은 경우에는 기간의 정함이 없는 것으로 본다든지(프랑스노동법전 제L.1245-1조) 하는 등의 경우가 그리

---

413) 보증인의 이익을 보호하기 위한 프랑스소비법전 제L.341-2조 및 제L.341-3조의 형식 위반은 상대적 무효사유에 해당하므로, 보증인은 무효주장을 포기하고 임의로 이행할 수 있다는 판결로 Com., 5 févr. 2013, n° 12-11.720 : *Bull. civ.* Ⅳ, n° 20 참조.

414) G. Chantepie et M. Latina, *op. cit.*, n 457, p. 404.

415) O. Deshayes, Th. Genicon et Y.-M. Laithier, *op. cit.*, p. 358

416) 제931-1조 제1항은 방식에 하자가 있는 생전증여는 추인(confirmation)의 대상이 될 수 없고, 생전증여는 적법한 방식으로 다시 이루어져야 한다고 규정하고 있다. 다만, 제2항에 의하면 증여자의 사망 후에 그의 법정상속인 또는 승계인에 의한 추인(confirmation) 또는 증여의 자발적 이행은 방식의 하자 또는 다른 모든 무효원인으로 대항하는 것을 포기하는 결과를 가져온다.

417) Civ. 1ʳᵉ, 21 janv. 1992, n° 90-18.120: *Bull. civ.* Ⅰ, n° 22.

한 예이다.[418] 이는 입법자가 가장 극단적인 제재수단인 무효를 규정한 경우에
도 판사가 형식보다 실질을 우선하여 이를 적용하지 않을 수 있도록 한다는 점
에서 형식주의의 역설이라 할 수 있다.[419] 추완이 소급효를 갖는지도 문제될 수
있다. 일응은 소급효를 갖는 것으로 보되, 추인에 관하여 제3자의 권리를 해할
수 없도록 한 제1182조 제4항의 취지와 마찬가지로, 특히 담보권 설정과 같이
제3자의 권리를 보호하기 위해 일정한 형식을 요구하는 경우에는 소급효를 가
질 수 없다고 보아야 할 것이다.[420]

　　본조 제2항과 관련하여, 일정한 형식을 요구하는 계약의 예약(promesse)은
유효한지 여부도 문제될 수 있다. 법에는 이에 대한 명문 규정이 없으나, 예약
은 쌍무적인 것이기 때문에 종래 판례는 형식을 갖추지 않은 증여계약은 무효
로, 저당권 예약은 유효로(다만 형식을 위반함에 따라 계약에 따른 이행을 청구할
수 없고 손해배상만 구할 수 있는 것으로) 판시해 왔고, 이러한 판례의 태도는 유
지될 것으로 보인다.[421] 일정한 형식을 요하는 규정이 계약 당사자를 보호하기
위한 것이라면 형식 위반은 무효사유가 될 것이나, 만일 제3자를 보호하기 위한
것이라면 제3자의 권리와 무관한 경우 계약을 무효로 하여 계약자에게 불리한
결과를 초래할 필요가 없으므로, 계약은 유효로 하되, 그 이행을 구할 수는 없
고 손해배상만 청구할 수 있다고 보아야 할 것이다.[422]

　　본조 제3항은 요물계약에 관한 것으로, 로마법에서 그 연원을 찾을 수 있
다. 요물계약의 예로는 사용대차, 소비대차, 임치 등이 있다. 요물계약은 제3자
와의 관계에 있어서 계약 체결 사실을 증명하고 알릴 수 있는 기능과 채무자가
해당 급부에 대한 이행의무만을 부담하도록 보호하는 기능을 한다.[423] 그러나
요물계약에 요구되는 특정한 형식은 계약의 '성립(formation)'을 위해 요구되는
것일 뿐, '유효성(validité)'을 위하여 요구되는 것이 아니다. 즉, 법률행위가 성립
하기 위해서는 특정 물건의 교부가 필요하지만, 요물계약의 예약(promesse)은
당사자의 합의만으로도 성립할 수 있다.[424] 따라서 사용대차, 금전소비대차, 임

---

418) G. Chantepie et M. Latina, *op. cit.*, n° 458, p. 405.
419) G. Chantepie et M. Latina, *op. cit.*, n° 458, p. 405.
420) O. Deshayes, Th. Genicon et Y.-M. Laithier, *op. cit.*, p. 358.
421) O. Deshayes, Th. Genicon et Y.-M. Laithier, *op. cit.*, p. 360.
422) O. Deshayes, Th. Genicon et Y.-M. Laithier, *op. cit.*, p. 360.
423) G. Chantepie et M. Latina, *op. cit.*, n° 454, p. 401.

치의 예약은 유효하고, 그 위반시 손해배상책임이 발생하지만, 약속한 계약의 체결이 강제될 수는 없다.[425]

Article 1173 Les formes exigées aux fin de preuve ou d'opposabilité sont sans effet sur la validité des contrats.

제1173조 증명이나 대항력을 위하여 요구되는 형식은 계약의 유효성에 영향을 미치지 못한다.

[해제] 본조는 계약이 일단 유효하게 성립한 이상 그 증명이나 대항력을 위하여 요구되는 형식은 계약의 유효성에 영향을 미치지 않는다고 규정한다. 이는 유효성에 관한 형식(*ad validitatem*)과 증명에 관한 형식(*ad probationem*)을 구별하는 것으로, 유효성에 관한 형식은 요식계약을 의미하는 반면, 증명에 관한 형식은 그 형식이 결여되더라도 증명력이 없어서 집행을 할 수 없을 뿐, 계약으로서는 유효하다.[426][427]

프랑스법에서는 강학상 형식이 요구되는 목적(finalité)에 따라 형식(formalité)을 구분한다. 프랑스법상 계약의 절차적 이행(la mise en oeuvre procédure)을 담보하기 위하여 일정한 증명에 필요한 경우의 예로는 계약에 있어서 문서의 작성(다만 그 형식은 문서, 전자문서, 금전채무에 관한 채무자의 수기(手記) 등 다양한 방식이 허용된다)[428]을 들 수 있고, 공시의 목적을 위하여 일정한 형식이 요구되는 경우로는 부동산 공시(publicité foncière)를 들 수 있다.[429] 본조는 계약의 유효성, 증명 또는 공시에 필요한 형식의 구별 문제를 다루고 있지 않지만, 법률에 따라 각 형식이 구별되는 경우가 있다.

프랑스민법전 제1589-2조[430]에 의하면 매매의 일방예약의 등록(enregistre-

---

424) G. Chantepie et M. Latina, *op. cit.*, n° 454, p. 401.
425) Civ. 1re 20 juill, 1981, n° 80-12.529 : *Bull. civ.* I, n° 267.
426) O. Deshayes, Th. Genicon et Y.-M. Laithier, *op. cit.*, p. 358.
427) 예컨대, 제1198조 제2항은 2인이 동일한 부동산을 대상으로 동일한 사람으로부터 권리를 이중으로 취득하는 경우, 공정증서의 형식에 의하여 취득권원을 부동산색인에 먼저 공시한 자는 선의인 경우에는 그의 권리가 시기에 있어 나중일지라도 우선한다고 규정하고 있다.
428) 예컨대, 제1359조는 데크레가 정한 총액을 초과하는 금액이나 가액에 관한 법률행위는 사서증서 또는 공정증서에 의해서만 증명될 수 있다고 규정하고 있다.
429) G. Chantepie et M. Latina, *op. cit.*, n° 453, p. 400.

ment)은 계약의 유효성과 공시 및 과세(fiscalité)에 모두 필요한 형식이며, 프랑스소비법전 제L.221-9조[431])에 의하면 문서의 제공(mise d'un écrit)은 계약이 무효로 되지 않기 위한 요건이다. 그러나 법률상 필요한 형식의 정확한 범위는 주로 법원이 판단하게 되므로, 보다 실질적인 문제는 체결된 계약의 유효성에 관한 문제라고 할 수 있다.[432]) 이에 관해서는 보증계약에 있어서 수기가 계약의 유효성 요건인지와 관련하여 이미 문제된 바 있는데, 파기원은 개정 전 제1326 조가 규정하고 있는 형식은 증명요건일 뿐 유효요건이 아니라고 판시하여 그러한 논란에 종지부를 찍은 바 있다.[433]) 제1172조나 본조는 이에 대해서 명시적으로 규정하고 있지 않지만, 법에 명시적인 규정이 없는 한 의사주의의 원칙상 형식은 증명요건에 불과하다고 보아야 할 것이고, 유효요건으로서의 성질은 예외적인 경우에만 인정해야 할 것이다.[434])

[조 인 영]

Sous-section 2 Dispositions propres au contrat conclu par voie électronique
제2부속절 전자적 수단에 의해 체결된 계약에 적용되는 규정

[해제] 의사주의에 입각한 프랑스는 계약의 형식에 특별한 제한을 두지 않음이 원칙이나, 계약의 특성에 따라(즉 증명력이나 대항력을 갖추기 위하여) 일정한 서식을 요하는 계약이 있다. 특히 프랑스는 부동산 매매계약이나 증여와 같이 비중 있는 재산의 권리변동에 관한 계약은 공증(acte authentique)을 요하고 있다. 이러한 경우, 전자계약에서, 필요한 서식의 효력요건을 어떻게 전자적 방

---

430) 제1589-2조에 의하면, 부동산, 부동산 관한 권리, 영업권, 임대차의 매도의 모든 일방 약정은 수익자가 이를 승낙한 날로부터 10일 이내에 공정증서나 사적 서명에 의하여 확인되고 등록되지 않는 한 무효이고 아무런 효력이 없다.

431) 프랑스소비법전 제L.221-9조에 의하면 전문가는 영업소 밖에서 소비자에게, 당사자의 서명이 기재된 종이나 또는 소비자와의 합의하에 당사자의 명시적 약정을 확인하는 다른 지속가능한 매체의 형식으로, 날짜가 기재된 계약서 사본을 제공한다.

432) G. Chantepie et M. Latina, *op. cit.*, n° 453, p. 400.

433) Civ. 1re, 15 nov. 1989, n° 87-18.003 : *Bull. civ.* I, n° 348.

434) G. Chantepie et M. Latina, *op. cit.*, n° 453, p. 400.

식으로 갖추느냐가 문제된다. 이를 위하여 프랑스민법전은 제1174조에서 제
1177조까지 관련 규정을 마련하였다.

Article 1174 Lorsqu'un écrit est exigé pour la validité d'un contrat, il peut être
établi et conservé sous forme électronique dans les conditions prévues aux articles
1366 et 1367 et, lorsqu'un acte authentique est requis, au deuxième alinéa de
l'article 1369.

Lorsqu'est exigée une mention écrite de la main même de celui qui s'oblige, ce
dernier peut l'apposer sous forme électronique si les conditions de cette
apposition sont de nature à garantir qu'elle ne peut être effectuée que par
lui-même.

제1174조 ① 계약의 유효성을 위해 문서가 요구되는 경우, 제1366조와 제1367조 그
리고, 공증을 요하는 경우, 제1369조 제2항에 제시된 요건 하에서 문서는 전자적 형
식으로 작성 및 보존될 수 있다.

② 작성자의 수기(手記)를 요하는 때에, 작성자는 전자적 형식으로 이를 봉인할 수
있으나, 이 봉인은 본질적으로 작성자에 의해서만 실행될 수 있음을 보장하는 요건을
갖추어야 한디.

[해제] 본조는, 계약의 유효성과 증명력을 위해 일정한 서식이 요구되는 경
우에 대비하여, 이를 전자적 수단으로 실현할 수 있는 요건을 제시하고 있다.

본조 제1항은, 문서를 요하는 경우, 전자문서는 제1366조(생성자의 신원확인
및 무결성)와 제1367조(전자서명)에 요구되는 요건을 갖추어야 종이문서와 동일
한 효력을 가진다고 하고, 공증을 요하는 경우, 제1369조 제2항의 '국사원 데크
레가 정한 요건'에 띠리 작성되고 보존되이야 종이로 된 공징증서와 동일한 효
력을 갖는다고 하고 있다. 본 항에 의기하여 전자적 형식으로도 계약의 존재와
내용을 증명하게 되었을 뿐 아니라, 전통적인 요식계약까지도 전자적 형식으로
체결할 수 있게 되었다.[435]

본조 제2항은, 작성자의 수기(手記)를 요하는 때에, 작성자는 전자적 형식
으로 이를 봉인할 수 있음을 인정하고 있다. 그러나 이 봉인은 본질적으로 작성
자에 의해서만 실행될 수 있음을 보장하는 전자 기술적 요건을 갖추어야 함을

---

435) G. Chantepie et M. Latina, *op. cit.*, n° 460, p. 407.

요건으로 한다. 결과적으로 볼 때, 계약의 유효성과 증명에 있어서, 본조는 전자문서와 전통적인 종이 문서에 동일한 법적 지위를 부여한 것이다.[436)

Article 1175 Il est fait exception aux dispositions de l'article précédent pour :

1° Les actes sous signature privée relatifs au droit de la famille et des successions, sauf les conventions sous signature privée contresignées par avocats en présence des parties et déposées au rang des minutes d'un notaire selon les modalités prévues aux articles 229-1 à 229-4 ou à l'article 298 ;

2° Les actes sous signature privée relatifs à des sûretés personnelles ou réelles, de nature civile ou commerciale, sauf s'ils sont passés par une personne pour les besoins de sa profession.

제1175조 전조의 규정은 다음 각 호의 경우에는 그 적용이 배제된다.

1. 가족 및 상속법에 관련된 사서증서. 다만 당사자들이 출석하고 변호사들에 의해 배서되었으며, 제229-1조에서 제229-4조 또는 제298조에 따라 공증인에게 제출되어 등록된 사서증서에 의한 합의서는 예외로 함 ;

2. 직무상 필요에 따라 작성된 경우를 제외하고, 민사(民事)나 상사(商事)의 인적 또는 물적 담보에 관련된 사서증서.

[해제] 본조는, 제1174조에 의거하여 전자문서가 증명력을 지닐 수 있음에도 불구하고, "1. 가족 및 상속법에 관련된 사서증서; 2. 직무상 필요에 따라 작성된 경우를 제외하고, 민사나 상사의 인적 또는 물적 담보에 관련된 사서증서"의 경우에는 전자문서에 의한 작성을 인정하지 않고 있다. 이는 해당 법률행위가 가족관계나 개인 및 기업의 경제관계에 미치는 영향력이 크므로, 보다 신중한 판단을 요하는 분야이기 때문이다. 다만 2019년 3월 23일 법률에 의해 개정된 본조 제1호는 예외적으로 "당사자들이 출석하고 변호사들에 의해 배서되었으며, 제229-1조에서 제229-4조 또는 제298조에 따라 공증인에게 제출되어 등록된 사서증서에 의한 합의서"인 경우에 전자문서에 의한 작성을 인정하였다. 그러나 해당 증서가, '사서증서(les actes sous signature privé)'가 아닌, '공정증서(les actes authentiques)'인 경우 이를 전자문서로 작성하는 것은 가능하다.[437)

---

436) G. Chantepie et M. Latina, *op. cit.*, n° 460, p. 407.
437) G. Chantepie et M. Latina, *op. cit.*, n° 462, pp. 409-410.

Article 1176 Lorsque l'écrit sur papier est soumis à des conditions particulières de lisibilité ou de présentation, l'écrit électronique doit répondre à des exigences équivalentes.

L'exigence d'un formulaire détachable est satisfaite par un procédé électronique qui permet d'accéder au formulaire et de le renvoyer par la même voie.

제1176조 ① 종이문서가 가독성 또는 설명에 관한 특정 요건을 갖추어야 하는 경우, 전자문서도 동일한 요건에 부합해야 한다.

② 전자적 과정에서 분리 가능한 서식의 요구는 동일한 전자적 수단으로 서식에 접근할 수 있고 이를 반송할 수 있는 경우에 충족된다.

[해제] 본조는, 계약의 특성상 문서에 일정한 요건이 필요한 경우, 전자문서가 이에 부합해야 할 요건을 제시하고 있다.

본조 제1항은, 약관규제법상 약관의 명시의무와 설명의무와 같이, 문서가 가독성과 설명에 관한 특정 요건을 갖추어야 하는 경우, 전자문서도 이와 동일한 요건에 부합해야 한다고 하고 있다. 그 방법으로, 예를 들어, website의 초기 화면에 창의 형식으로 크게 강조하여 게재하거나, Q&A 형태로 자세히 설명하는 방식을 들 수 있을 것이다. 이와 관련하여, 전통적인 문서의 가독성과 동일한 수준으로 전자문서의 가독성을 맞추기란 어렵다는 점에서, 전자문서도 종이문서와 동일한 요건에 부합해야 한다는 원칙만을 선언한 본 항은 불완전한 입법이며, 단지 모니터상의 글자를 매우 선명하게 표시하는 방법이나, 모니터상의 표시를 보다 명확하게 하는 기술적 지원을 받는다거나 등과 같은 제한된 방식에 의존할 수밖에 없다고 한다.[438]

본조 제2항은, 전자적 과정에서 서식의 분리가 요구되는 경우, 동일한 전자적 수단으로 서식에 접근할 수 있고 이를 반송할 수 있는 경우에 충족된다고 하고 있다. 여기에서 '서식의 분리'란 전자문서 전체에서 일정 부분을 분리하여 별개의 문서로 하는 것을 말한다. 따라서 이러한 요구의 충족 요건으로써, "동일한 전자적 수단으로 분리된 서식에 접근할 수 있고 이를 반송할 수 있어야" 함을 들고 있다.

---

438) G. Chantepie et M. Latina, *op. cit.*, n° 461, p. 408.

Article 1177 L'exigence d'un envoi en plusieurs exemplaires est réputée satisfaite par voie électronique si l'écrit peut être imprimé par le destinataire.

제1177조 문서가 수신인에 의해 출력될 수 있으면, 복본(複本)의 발송 요건이 전자적 수단에 의해 충족된 것으로 본다.

[해제] 경우에 따라 복본의 발송이 요구되는 계약이 있다. 본조는 전자적 수단에 의해 문서가 발송될 경우, 문서가 수신인에 의해 출력될 수 있으면 복본의 발송이 이루어진 것으로 하고 있다. 즉 출력이 가능하다는 것은 기술적으로 수차례 반복되어 출력할 수 있으므로, 이는 결국 복본의 발송과 동일한 결과에 이르게 되기 때문이다.[439]

[남궁 술]

Section 4 Les sanctions
제4절 제재

[해제] 본절은 계약의 성립에 관한 제2장의 마지막 절로서, 제2절에서 정한 계약의 유효요건을 갖추지 못한 계약에 대한 제재를 규정한다. '무효란 계약이 법이 추구하는 가치에 반하는 데에 대한 법적 제재'라는 생각은 20세기의 프랑스 법학자들에 의해 주장된 이론(현대적 무효이론)이다. 19세기의 법학자들은 "무효는 계약이라는 유기체의 병리학적 존재를 결정하는 방안이다."고 생각하였다(고전적 무효이론). 본절은 그 제목을 '제재'라고 함으로써 현대적 무효이론을 명시적으로 채택하였다. 요건 결여에 대한 제재로서는 계약의 무효와 실효가 있다. 각각 제1부속절과 제2부속절에 그에 관한 규정을 두고 있다.

무효는 개정 전 프랑스민법전에도 있던 것이지만 개정이 필요한 분야로서 손꼽히는 분야였다. 무효에 관한 규정이 매우 불충분할 뿐 아니라, 무효에 관한 판례와 학설을 모르고서는 규정을 해석할 수 없는 상태였기 때문이다.

---

439) G. Chantepie et M. Latina, *op. cit.*, n° 461, p. 408.

프랑스민법전은 실효를 계약의 유효요건 결여에 대한 제재의 하나로서 계약성립에 관한 장(제2장)에 두었다. 그렇지만 실효는 사실 유효하게 성립한 계약에 대한 제재이다. 무효는 계약성립시에 존재한 하자에 기인하지만, 실효는 계약체결 후에 발생한 사정에 기인하기 때문이다. 그래서 실효는 계약의 효력에 관한 제4장에, 특히 예견불능(imprévision)에 관한 제1195조 근처에 규정하는 것이 타당하였다는 견해[440]가 있다.

까딸라초안은 제재에 관한 절에서 무효와 실효 외에도 대항불가효(inop-posabilité)와 추완(régularisation)을 규정하였으나 본절은 이에 관한 규정을 두지 않았다. 다만 제1173조에서 "대항력(opposabilité)을 위하여 요구되는 형식은 계약의 유효성에 영향을 미치지 못한다."고 규정하고 제1172조 제2항에서 "요식계약의 유효성은 법률에 의해 정해진 형식에 의거하며 추완이 가능한 경우를 제외하고 형식이 결여된 계약은 무효이다."고 규정함으로써 위 두 개념을 은밀하게 인정하고 있다.[441]

Sous-section 1 La nullité
제1부속절 무효

[해제] 무효에 관하여는 프랑스민법전의 형식적 측면과 내용적 측면에서 개선이 이루어졌다. 형식적 측면의 개선은, 계약의 유효요건 결여에 대한 제재에 관한 절에서 무효에 관한 원칙들을 모아 규정하고, 추인에 관한 규정도 계약체결에 관한 장으로 불러들였다는 점이다. 내용적 측면의 개선은, 프랑스민법이 제정된 이래 발전해온 판례를 민법 조문에 명시함으로써 일반 국민이 무효에 관하여 알기 쉽게 하였다는 것이다.

그런데 본부속절에는 절차법적 규정이 대부분을 차지하고 있고 실체법적 규정은 제1178조와 제1184조뿐이다. 제1178조 한 조문에서 무효의 효과를 집중적으로 규정하고 제1184조는 계약조항(clause)의 무효에 관하여 다루고 있다. 나머지 조문들은 무효화소권에 관한 조문들이다. 즉 제1179조부터 제1181조는 무효화소권자, 제1182조는 추인, 제1183조는 최고권, 제1185조는 무효의 항변에

---

440) O. Deshayes, T. Genicon, Y.-M. Laithier, *op. cit.*, p. 362 et p. 392.
441) O. Deshayes, T. Genicon, Y.-M. Laithier, *op. cit.*, p. 362.

관하여 규정하고 있다. 그 결과 무효화소권에 대한 규율은 지나치게 엄격하고
계약무효의 효과에 대한 규율은 답답할 만큼 불명확하다고 한다.[442]

Article 1178 Un contrat qui ne remplit pas les conditions requises pour sa
validité est nul. La nullité doit être prononcée par le juge, à moins que les
parties ne la constatent d'un commun accord.

Le contrat annulé est censé n'avoir jamais existé.

Les prestations exécutées donnent lieu à restitution dans les conditions prévues
aux articles 1352 à 1352-9.

Indépendamment de l'annulation du contrat, la partie lésée peut demander ré-
paration du dommage subi dans les conditions du droit commun de la re-
sponsabilité extracontractuelle.

제1178조 ① 유효요건을 갖추지 않은 계약은 무효이다. 당사자들이 공동의 의사에 의
해 계약의 무효를 확인하지 않은 한, 무효는 법관이 선언하여야 한다.

② 무효화된 계약은 존재하지 않았던 것으로 본다.

③ 이미 이행한 급부는 제1352조 내지 제1352-9조에 규정된 바에 따라 반환하여야
한다.

④ 계약의 무효화와 별도로, 피해자는 계약외책임의 일반요건에 따라 손해배상을 청
구할 수 있다.

[해제] 본조는 무효를 설명하고(제1항 제1문) 그 효과는 무엇인지(제2항 내지
제4항)를 규정함과 아울러, 합의에 의한 무효(nullité conventionnelle)도 가능함(제
1항 제2문)을 규정한다. 한 조문에 담기에는 너무 많은 내용을 담다 보니 이 조
문이 해결하고 있는 문제만큼의 문제를 제기하고 있다.[443]

본조 제1항 제1문은 무효가 "유효요건"을 준수하지 않은 계약에 부과되는
제재임을 명시한다. 계약이 갖추어야 할 세 가지 유효요건을 열거하고 있는 제
1128조는 제1178조 제1항에 의해 실효성이 있게 된다.[444] 물론 계약의 유효요
건을 규정하는 조문은 제1128조만이 아니다. 특별규정에 의해 다른 요건이 부
가될 수 있기 때문이다(가령 제215조 제3항은 가족의 주거를 처분함에는 배우자의

---

442) O. Deshayes, T. Genicon, Y.-M. Laithier, *op. cit.*, p. 363.
443) O. Deshayes, T. Genicon, Y.-M. Laithier, *op. cit.*, p. 364.
444) O. Deshayes, T. Genicon, Y.-M. Laithier, *op. cit.*, p. 364.

동의가 필요함을 규정한다). 이들 요건을 위반하면 당연히 무효라는 제재를 받는다. 특별규정에서 그 요건을 결여하는 계약이 무효임을 명시하지 않았더라도 제1178조가 적용된다.

본조 제1항 제2문은 무효주장의 방법을 규정하고 있다. 무효는 법관이 선언하여야 한다는 점을 분명히 하지만, 당사자들이 계약의 무효를 "공동의 의사에 의해 확인"할 수도 있다고 규정함으로써 "재판외" 무효의 가능성을 열어두었다. 무효를 확인하는 합의는 법적인 측면에서 두 가지 효과를 가지고 있다. 먼저 무효합의가 성립하면 원래의 계약에 관한 당사자들의 무효화소권은 포기된다. 나아가 원래의 계약은 소급적으로 무효가 되므로 당사자들은 더 이상 그 계약을 원용할 수 없다. 사실 제1항 제2문의 본질은, 당사자 일방의 통지에 의한 무효를 도입하지 않는 데 있다. 제1226조는 채권자 일방의 의사표시에 의한 계약해제를 인정하지만, 무효와 관련하여서는 그 모델을 따르지 않는 것이다.

제2항부터는 무효의 효과에 대한 규정이다. 본조 제2항은 무효화된 계약은 전혀 존재하지 않았던 것으로 본다고 규정한다. 하지만 이러한 의제는 지나친 것이며 이로 인해 (무효가 과연 해당 행위의 상태인지 아니면 해당 행위를 문제삼을 권리인지 하는) 해묵은 논쟁이 다시 일어날지도 모른다는 견해[445]가 있다. 아울러 종래 적절한 해결책으로서 이용되어 온 '감축(réduction)에 의한 전환' 등이 위험에 처할 수도 있다고 한다. 그래서 차라리 (제1304-7조가 해제조건의 성취에 관하여 규정하듯이) 계약의 무효화는 소급적 효력을 가짐을 선언하는 편이 나았을 것이라고 한다. 2008년의 법무부개정안 제90조에는 무효가 소급효를 갖는다는 점이 명시되었으나, 2009년의 법무부개정안에서는 사라졌다가 2015년 오르도낭스안에서 다시 나타났다. 그러나 결국 프랑스민법전에는 무효가 소급효를 갖는다는 점이 명시되지 않았다.[446]

무효인 계약에 기한 이행은 비채변제가 된다.[447] 따라서 계약당사자 사이에 급부반환관계(restitution)가 성립한다. 본조 제3항은 "이미 이행한 급부는 제1352조부터 제1352-9조까지에 규정된 바에 따라 반환하여야 한다."고 규정함으로써 이를 분명히 하고 있다.[448] 이로써 무효에 기한 급부반환은 어떤 법리에

---

445) O. Deshayes, T. Genicon, Y.-M. Laithier, *op. cit.*, p. 365.

446) G. Chantepie & M. Latina, *op. cit.*, n° 469, p 418.

447) O. Deshayes, T. Genicon, Y.-M. Laithier, *op. cit.*, p. 365.

의해야 하는지에 관한 논쟁이 끝맺음되었다. 종래 판례는 무효에 관한 독자적인 법리를 세우고자 하였으나[449] 일부 학설은 비채변제의 법리를 적용하기를 원했다. 프랑스민법전은 급부반환관계의 발생원인(무효, 해제, 실효)을 불문하고 모든 급부반환을 제1352조 이하에서 통일적으로 규율하는 방식을 취하였다.

본조 제4항은, 손해를 입은 당사자는, 계약의 무효화와는 별도로, 과실이 있는 당사자에게 계약외 책임으로서의 손해배상을 청구할 권리가 있음을 규정한다. 그런데 사실 손해배상청구소송의 운명은 피해자가 계약의 무효화소송을 제기하였는지 여부에 따라 달라진다.[450] 계약무효화소송이 제기된 경우에는 무효화(로 인한 급부반환으)로써 피해자의 손해 전부를 전보할 수 없는 경우에만 손해배상이 인정된다. 무효화소송이 제기되지 않은 때에는 계약을 더 유리한 조건으로 체결하지 못하였다는 기회의 상실에 대한 배상이 인정될 수 있을 뿐이다.[451]

Article 1179 La nullité est absolue lorsque la règle violée a pour objet la sauvegarde de l'intérêt général.

Elle est relative lorsque la règle violée a pour seul objet la sauvegarde d'un intérêt privé.

제1179조 ① 일반적 이익을 보호하고자 하는 목적을 가진 규정을 위반한 경우 계약의 무효는 절대적이다.

② 개인적 이익을 보호하고자 하는 목적만을 가진 규정을 위반한 경우 계약의 무효는 상대적이다.

[**해제**] 본조부터 제1181조까지에서 프랑스민법전은 무효에 관한 현대이론을 채택하고 있다. 즉 당해 행위에 존재하는 하자(vice)가 얼마나 심각한 것인지에 따라서가 아니라, 무효라는 제재를 부여하는 법규정이 보호하고자 하는 이

---

448) 계약해제에 있어서는 유용하게 된 급부는 반환하지 않아도 되는 것(제1229조 제3항)과 다르다.

449) Civ. 1re, 24 sept. 2002, n° 00-21.278 : *Bull. civ.* 2002, I, n° 218; *Defrénois* 2003, 185, note J.-L. Aubert.

450) G. Chantepie & M. Latina, *op. cit.*, n° 471, p 418.

451) Com., 10 juill. 2012, n° 11-21.954 : *Bull. civ.* IV, n° 149; *D.* 2012. 2772 note M. Caffin-Moi; *RTD civ.* 2012. 725, obs. B. Fages.

익(intérêt)이 무엇인가에 따라서 무효화소권의 법리를 세우고 있다.

개정 전 프랑스민법전에는 절대적 무효와 상대적 무효가 명시되어 있지 않았다. 이에 고전이론에서는 계약을 마치 사람처럼 생각해서, 계약이 병든 정도가 매우 심한 경우에는 절대적 무효이고 병이 경미한 경우에는 상대적 무효라고 보았다. 즉 절대적 무효와 상대적 무효를 구분하는 기준을 하자의 심각성에 두었다.452) 절대적 무효인 계약은 법관의 선고를 통해 비로소 무효화되는 것은 아니며 법관이 그 무효를 확인하는 데 그친다고 하였다. 이는 마치 사망한 환자에 대해 의사가 사망을 확인하는 것과 같다고 하였다. 상대적 무효인 계약은 무효화될 수도 있지만 보전될 수도 있다고 하였다. 이는 마치 의사가 환자를 치료할 수 있는 것과 같다고 하였다. 그러나 이 이론은 어떤 하자가 심각한 것이고 어떤 하자는 경미한 것인지를 가르는 기준이 명확하지 않았다.453) 게다가 절대적 무효와 계약의 부존재를 동일시하는 문제가 있었다. 특히 고전이론의 대표적 학자인 Demolombe는 "합의가 성립하는 데 필수적인 요건 중 하나가 없는 경우에는 합의가 법적으로 존재하지 않는다."고 하면서 그러한 무효는 "누구라도 주장할 수 있고, 추인될 수 없으며 시간이 흐른다고 해서 가려질 수 없다."고 하였다.

20세기에 등장한 현대이론은 계약을 유기체로 보는 시각을 버림으로써 무효를 더 이상 법률행위의 상태(état)로 보지 않게 되었다. 이들은 무효는 계약이 법규정을 위반한 데 대한 제재로서 계약의 효력을 부정하기 위한 비평권이라고 하였다. 무효의 목적은 계약이 위반한 합법성을 회복하는 것이며, 계약이 위반한 법규정이 추구하는 목표가 무엇인가에 따라 그 방식의 급진성은 더하거나 덜할 수 있다고 하였다. 즉 계약이 위반한 법규정이 일반이익(intérêt général)을 보전하기 위한 것이라면 이해관계 있는 모든 사람이 그 계약의 무효를 요구할 수 있어야 하며 그 무효는 절대적이라고 하였다. 반면 계약이 위반한 법규정이 개인적 이익(intérêt privé)을 보호하고자 하는 것이라면 그 보호를 받는 사람만이 무효화를 주장하거나 그 주장을 포기하고 추인할 수 있으며 그 무효는 상대적이라고 하였다. 본조는 현대이론을 받아들여,454) 절대적 무효와 상대적 무효의

---

452) G. Chantepie & M. Latina, *op. cit.*, n° 472, p. 419.
453) G. Chantepie & M. Latina, *op. cit.*, n° 472, p. 420.
454) G. Chantepie & M. Latina, *op. cit.*, n° 472, p. 421.

구별기준은 위반된 법규정이 지키고자 하는 이익이 개인적 이익인지 아니면 일반적 이익인지임을 명시하고 있다.

종전의 판례도 현대이론을 채택하기는 하였으나[455] 파기원은 이따금씩 하자의 심각성을 기준으로 판단하는 판결을 하기도 하였다.[456] 이에 대해 이제 더 이상 그러한 고전적 기준에 의한 판결이 나오지 않기를 기대하는 견해[457]와 프랑스민법전의 이분법에 의해 법관의 실용적 판단이 가로막혀서는 안 된다는 견해[458]가 대립한다. 후자의 입장에서는 보호이익이라는 기준은 너무 단순한 기준이어서 신뢰할 만하지 않다. 합의의 하자가 현저히 중대한 때에는, 문제되는 이익이 개인적 이익뿐이라 해도 절대적 무효를 인정할 수도 있는 것이라고 한다. 프랑스민법전이 정하고 있는 유일한 기준인 보호이익을 뛰어넘기 위해서는, 특별법에 숨어있는 무효를 포함하여, 무효를 전체적으로 검토할 필요가 있다고 한다. 거기에는 여전히 절대적 무효인지 상대적 무효인지 여부가 확실치 않거나(유동적이거나),[459] 무효의 성질이 실용적 고려에 의해 결정되는 경우[460]가 존재한다고 주장한다.

개인적 이익을 보호하고자 하는 목적'만'을 가지는 법규정을 위반한 계약은 상대적 무효이고(제2항),[461] 일반적 이익을 보전하고자 하는 목적을 가지는 법규정을 위반한 계약은 절대적 무효이다(제1항). 제2항의 '만(seul)'이라는 말은 2015년의 오르도낭스안에는 없었다가 추가되었다. 제1항과 제2항의 문언을 비교하여 보면, 절대적 무효라는 범주가 개방적이고 상대적 무효라는 범주는 제한적임을 알 수 있다.[462] 상대적 무효이기 위해서는 해당 법규정의 목적이 오로

---

455) Civ. 3e, 29 mars 2006, n° 05-16.032; *RDC* 2006. 1072, obs. D. Mazeaud; Civ. 1re, 17 déc. 2009, n° 08-12.344.

456) Com., 23 oct. 2007, n° 06-13.979, *RDC* 2008. 234; *D.* 2008. 954, note G. Chantepie; *Defrénois* 2007, 1729, obs. R. Libchaber; *DR. Sociétés* 2007, n° 17, p. 14, obs. H. Lécuyer.

457) G. Chantepie & M. Latina, *op. cit.*, n° 472, p. 421.

458) O. Deshayes, T. Genicon, Y.-M. Laithier, *op. cit.*, p. 374.

459) 권한의 흠결로 인한 무효 또는 법인의 부존재로 인한 무효.

460) 최근 판례는 원인의 부존재로 인한 무효를 상대적 무효로 보기로 결정하였다(Com., 22 mars 2016, n° 14-14.218). 그러나 그 전까지 원인의 부존재로 인한 무효의 성질을 절대적 무효로 보는 경우, 터무니없는 대금으로 계약을 체결하였다고 항의하는 사람까지도 소권을 행사할 수 있는 사람의 범위에 포함시키는 실용적 이점이 있었다고 한다. O. Deshayes, T. Genicon, Y.-M. Laithier, *op. cit.*, p. 374, 각주 136.

461) 우리 민법의 용례와 같이 선의의 제3자에 대해 무효를 주장할 수 없음을 뜻하지 않는다.

지 개인적 이익을 보전하기 위한 것이어야 한다. 만일 해당 법규정이 부수적으로라도 일반적 이익을 보호하는 것이면 상대적 무효가 아니다. 따라서 1차적으로는 개인적 이익을 보호하고 2차적으로는 일반이익을 보호하기 위한 경우의 무효,[463] 또는 보호목적이 불명확한 경우의 무효는 절대적 무효이다. 그렇게 되면 누구나 무효화소권을 행사할 수 있는 경우가 크게 늘어난다. 즉 절대적 무효를 주장하는 소권이 일반적인 것이고 상대적 무효를 주장하는 소권은 예외적인 것이 되게 된다. 그런데 일반적 이익을 보호하고자 하는 규정이 아니고 다수의 개인을 또는 (일반적 이익이 아닌) 비개인적 이익을 보호하고자 하는 규정이 있을 수 있다. 가령 채권자들의 이익을 보호하기 위한 의심기간(période suspecte)의 무효,[464] 가족을 보호하기 위한 가족주거 무단양도의 무효[465]를 생각해볼 수 있다. 이러한 법규정에는 보통 소권을 누가 갖는지 명시되어 있지만,[466] 명시되어 있지 않은 때에는 과연 해당 무효를 상대적 무효로 볼지 절대적 무효로 볼지 결정하기가 쉽지 않다.[467]

Article 1180 La nullité absolue peut être demandée par toute personne justifiant d'un intérêt, ainsi que par le ministère public.

Elle ne peut être couverte par la confirmation du contrat.

제1180조 ① 절대적 무효는 이익을 증명하는 자는 누구든지 주장할 수 있고 검사도 주장할 수 있다.

② 절대적 무효는 계약의 추인으로 치유될 수 없다.

[해제] 상대적 무효와 절대적 무효의 구별이 의미를 갖는 것은 이 두 유형

---

462) O. Deshayes, T. Genicon, Y.-M. Laithier, p. 374.

463) 그 예로는 "당사자들의 권리와 의무 간에 있어서 심각한 불균형을 초래하는 사항을 기계 상대방이 받아들이도록 하거나 받아들이게 하려는" 행위의 무효(프랑스상법전 제L.442-6조 I, 제2호)를 생각할 수 있다.

464) 지급정지시부터 도산절차가 개시될 때까지의 15일간의 기간을 의심기간이라고 하며 이 기간 동안 법이 열거한 거래행위 및 담보제공행위를 하는 경우 무효가 선고될 수 있다 (프랑스상법전 제L.632-1조 I).

465) 프랑스민법전 제215조 제3항은 가족의 주거를 처분함에는 배우자의 동의가 필요함을 규정하며 이 요건을 위반하면 무효이다.

466) 프랑스민법전 제215조 제3항과 프랑스상법전 제L.632-4조.

467) O. Deshayes, T. Genicon, Y.-M. Laithier, op. cit., p. 375.

의 무효의 법리가 서로 다르기 때문이다. 그래서 본조부터 제1182조까지에서 절대적 무효와 상대적 무효의 법리를 정하고 있다. 그런데 이 세 조문에서는 무효화소권자와 추인에 관하여 규정할 뿐 소멸시효에 관하여는 아무런 언급을 하지 않는다. 2008년 6월 17일의 시효법 개정 이래 상대적 무효와 절대적 무효는 같은 시효기간, 즉 5년을 적용받고 있기 때문이다.468)

　　본조는 절대적 무효의 소권자(제1항)와 추인(제2항)에 관하여 규정한다. 절대적 무효는 이익을 증명하는 자는 누구든지 주장할 수 있고 검사도 주장할 수 있다(본조 제1항). 이것이 현실에서 의미하는 바는, 계약 당사자 일방만이 계약의 무효를 주장할 수 있는 것이 아니라, 쌍방 모두 가능하다는 것이다. 종래 어느 경우에 검사가 실제로 무효화소권을 행사할 수 있는지에 관하여 논쟁이 있었다. 그런데 제1항은 문언상, 절대적 무효이기만 하면 무효화소권을 행사할 수 있다고 규정하고 있다. 하지만 검사는 공적 질서(ordre public)가 문제가 되는 때에만 무효화소권을 행사할 수 있다고 생각된다.469) 절대적 무효의 기준인 일반적 이익이 침해되었다고 해서 꼭 공적 질서가 문제되는 것은 아니다. 까딸라초안은 절대적 무효를 법관이 직권으로 인정할 수 있다는 규정을 두었으나(제1129-2조), 프랑스민법전에는 그에 관하여 아무런 규정을 두지 않았다. 그런데 이 문제는 민법의 문제라기보다 민사소송법의 문제이다. 민사소송법에 따르면 법관은 심리된 사실에 의거하고 대심의 원칙을 존중하는 한, 계약의 무효를 직권으로 인정할 수 있다. 그 무효가 절대적 무효인지 상대적 무효인지는 중요하지 않다.470)

　　절대적 무효와 상대적 무효의 구분이 영향을 미치는 두 번째 분야는 추인 가능성이다. 상대적 무효원인이 있는 행위는 예외 없이 추인이 가능한 반면(제1181조 제2항), 절대적 무효는 "계약의 추인으로 치유될 수 없다"(본조 제2항). 그 결과 제1183조에 의해 새로이 도입된 최고권도 문제되지 않는다.

---

468) 절대적 무효와 상대적 무효의 시효기간이 같기는 해도 2016년 채권법 개정 전에는 근거 조문이 서로 달랐다. 즉 절대적 무효화소권의 시효기간은 일반규정인 제2224조에 따른 것인 반면 상대적 무효화소권의 시효기간은 특별규정인 개정 전 제1304조에 따른 것이었다. 이제 상대적 무효화소권의 시효기간을 정하는 규정이 특별히 없으니 두 무효화소권 모두 제2224조에 기해 5년의 소멸시효에 걸린다.

469) O. Deshayes, T. Genicon, Y.-M. Laithier, *op. cit.*, p. 372, 각주 127.

470) G. Chantepie & M. Latina, *op. cit.*, n° 474, p. 423.

Article 1181 La nullité relative ne peut être demandée que par la partie que la loi entend protéger.

Elle peut être couverte par la confirmation.

Si l'action en nullité relative a plusieurs titulaires, la renonciation de l'un n'empêche pas les autres d'agir.

제1181조 ① 상대적 무효는 당해 법률이 보호하고자 하는 자만이 주장할 수 있다.

② 상대적 무효는 추인으로 치유될 수 있다.

③ 상대적 무효를 주장할 수 있는 자가 수인인 경우, 그중 1인의 소권 포기는 다른 권리자의 무효 주장을 방해하지 않는다.

[해제] 본조는 상대적 무효의 소권자와 추인에 관하여 규정한다. 상대적 무효화소권은 위반된 법규정이 보호하고자 하는 자(partie)에게만 주어진다(제1항). 보통은 계약 당사자(contractants) 중 일방에게 주어진다. 가령 하자 있는 의사표시를 한 당사자가 무효의 소를 제기할 수 있다. 하자가 중대한 때에는 무효의 성질을 절대적 무효라고 봄으로써 소권의 제한을 회피하는 것이 더 이상 가능하지 않게 되 법원은 그 경우 계약의 부존재(inexistence du contrat)를 인정함으로써 그 제한을 돌파할 가능성도 있다.[471]

위반된 법규정이 보호하고자 하는 자가 계약당사자가 아닌 제3자인 수가 있다. 그 경우에는 그 제3자만이 무효를 주장할 수 있다. 가령 제595조 제4항에 따르면 점용권자는 허유권자의 협력 없이는 농지 또는 상업용, 공업용, 수공업용의 부동산을 임대할 수 없는데, 이를 위반한 임대차계약은 상대적 무효이며 그 소권자는 허유권자이다.[472] 법규정이 보호하고자 하는 자가 제한능력자인 경우에는 법정대리인이 무효화소권을 행사한다. 위반된 법규정이 보호하고자 하는 자가 사망한 경우에는 상속인과 포괄승계인에게 무효화소권이 인정된다. 그러나 의사무능력을 이유로 한 무효에 관하여는 특별규정이 마련되어 있다(제414-2조).

절대적 무효는 계약의 추인으로 치유될 수 없는 반면(제1180조 제2항), 상대적 무효의 소권자는 그 권리를 포기하고 추인할 수 있다(본조 제2항). 그런데 프랑스민법전이 채택한 이분법은 실제에서 가능하지 않다는 비판이 있다.[473] 제

---

471) O. Deshayes, T. Genicon, Y.-M. Laithier, *op. cit.*, p. 374.

472) Civ. 3ᵉ, 26 janv. 1972, n° 70-12.594.

1304-2조는 이미 절대적 무효도 추인이 가능하다는 것을 전제하고 있으며, 개인적 이익을 보호하기 위한 무효라고 할 수 있는 의심기간(période suspecte)의 무효는 추인이 불가능하기 때문이라고 한다. 이분법에 대해 비판적인 견해는 향후 법원은 추인이 가능한 영역을 구분하기 위해 다양한 사항을 고려할지도 모른다고 전망한다. 가령 하자가 매우 중대한 경우에는 예전처럼 추인을 허용하지 않을 수도 있다고 전망한다.[474]

　　본조 제3항은 추인의 상대적 효력을 규정한다. 추인을 하고 나면 무효화소권자는 소권에 의해서든 항변에 의해서든 무효를 주장할 수 없다. 하지만 상대적 무효를 주장할 수 있는 자가 수인인 경우, 그중 1인의 소권포기는 다른 권리자의 무효 주장을 방해하지 않는다. 이 경우 계약상대방은 제1183조에 의해 새로이 도입된 최고권을 행사할 수 있다.

Article 1182 La confirmation est l'acte par lequel celui qui pourrait se prévaloir de la nullité y renonce. Cet acte mentionne l'objet de l'obligation et le vice affectant le contrat.

La confirmation ne peut intervenir qu'après la conclusion du contrat.

L'exécution volontaire du contrat, en connaissance de la cause de nullité, vaut confirmation. En cas de violence, la confirmation ne peut intervenir qu'après que la violence a cessé.

La confirmation emporte renonciation aux moyens et exceptions qui pouvaient être opposés, sans préjudice néanmoins des droits des tiers.

제1182조 ① 추인은 무효를 주장할 수 있는 자가 무효화소권을 포기하는 행위이다. 추인시에는 채무의 대상 및 계약을 무효화하는 하자를 지적하여야 한다.

② 추인은 계약을 체결한 후에만 할 수 있다.

③ 계약의 무효원인을 알면서 한 계약의 임의이행은 추인에 해당한다. 강박의 경우에는 강박이 종료한 후에만 추인할 수 있다.

④ 추인은 주장할 수 있을 공격방어방법을 포기하는 것으로, 제3자의 권리를 해하지 못한다.

　　[해제] 본조는 무효행위의 추인(confirmation)에 관한 개정 전 제1338조를 수

---

473) O. Deshayes, T. Genicon, Y.-M. Laithier, *op. cit.*, p. 376.

474) O. Deshayes, T. Genicon, Y.-M. Laithier, *op. cit.*, p. 376, 각주 143.

정한 조문이다. 개정 전 제1338조와 제1340조는 confirmation과 ratification을 동의어로 사용하였는데, 본조는 confirmation과 ratification을 구별한다. ratification은 대리(제1156조), 제3자의 행위담보계약(제1204조), 사무관리(제1301-3조), 변제(제1342-2조 제2항)와 관련하여 사용되는 용어인데, 제3자가 어떤 거래를 책임지고 그 법률효과를 받는 것을 수락하는 행위를 의미한다.

종래 고전이론에서는 추인이란 해당 행위를 치유하는 것이라고 하였으나 이는 추완(régularisation)과의 경계를 모호하게 하는 면이 있었다. 그리하여 현대이론에서는 추인은 무효화소권을 포기하는 것이라고 하였는데, 본조는 이를 받아들였다.[475] 즉 개정 전 제1338조에 있던 "흠결을 치유하고자 하는 의도"라는 문구를 버리고, 추인이란 무효를 주장할 수 있는 자가 무효화소권을 포기하는 행위라고 명시하였다(제1항 제1문). 추인은 계약을 추완하는 것이 아니며, 무효화소권 또는 무효를 주장할 권리에 관한 행위이다. 따라서 추인이 소급효를 갖는다고 생각하는 것은 적절하지 않다. 당해 행위는 무효원인이 있는 채로 있는 것이며 추인으로 인해 무효를 주장할 수 없게 되는 것일 뿐이다. 이는 본조 제4항이 명시하고 있는바, 추인은 주장할 수 있을 공격방어방법을 포기하는 것이다. 추인은 무효화소권의 시효 완성을 기다리지 않고 계약의 운명을 결정하는 방법이다.[476] 다음 조문인 제1183조에 규정된 최고권은, 당해 계약이 무효화소권의 시효기간 내내 불확정한 상태에 있지 않도록 무효화소권자의 결정을 재촉하기 위한 것이다. 본조가 추인의 성질에 관하여 취한 위의 입장은 추인의 효과를 설명하는 데 유용하다. 제1181조 제3항에 따르면, 무효를 주장할 수 있는 자가 수인인 경우, 그중 1인의 소권포기는 다른 권리자의 무효 주장을 방해하지 않는데, 이는 추인의 대상이 계약이 아니라 무효주장권임을 보여준다.

제1180조 제2항이 절대적 무효는 "계약의 추인으로 치유될 수 없다."고 규정하고 있으므로 추인은 상대적 무효인 경우에만 기능한다. 또한 제931-1조 제1항에 따르면 생전증여의 방식에 하자가 있는 경우에는 추인(confirmation)을 할 수 없고 적법한 방식으로 다시 생전증여를 하여야 한다. 방식에 하자가 있는 생전증여도 추인을 할 수 있도록 한다면 증여에 요구되는 요식주의를 쉽게 회피할 수 있을 것이기 때문이다. 이 때 새로 행해진 생전증여는 소급효가 없다. 그

---

475) O. Deshayes, T. Genicon, Y.-M. Laithier, *op. cit.*, p. 377.
476) O. Deshayes, T. Genicon, Y.-M. Laithier, *op. cit.*, p. 378.

런데 추인은 소권의 포기이기 때문에, 절대적 무효인 행위의 추인도 반드시 불가능한 것은 아니라고 주장하는 견해[477]도 있다. 그에 따르면 추인의 적용영역을 결정하는 데 있어서 고려해야 할 사항은, 해당 계약이 전체 법질서에 비추어 치유될 만한 가치가 있는지 여부가 아니라, 무효를 주장할 수 있는 권리를 권리자가 처분할 수 있는지 여부이다. 그리고 상대적 무효의 경우에만 무효화소권의 처분이 가능하다고 볼 이유가 없다고 한다.

본조 제2항은 추인은 계약체결 후에만 할 수 있다는 점을 규정한다. 이는 개정 전 제1338조에는 없던 내용이다. 이러한 규정을 둔 이유는, 각 당사자가 "혹시라도 있을 무효원인에 관하여 주장할 권리를 지금부터 포기한다."는 조항을 계약 자체에 둠으로써 무효법리를 손상시킬 수 있기 때문이다. 제2항은 계약이 아직 효력을 발하지 않은 동안에는 무효주장권의 처분이 가능하지 않음을 규정한 것이다. 그런데 이 조문에 대해서는 무효주장권의 자유로운 처분이 언제부터 가능한지까지 규정하지 않은 점이 아쉽다는 견해[478]가 있다. 소비자계약이나 고용계약, 보험계약, 임대차계약과 같이 당사자간에 힘의 불균형이 존재하는 경우에는 계약이 이행되고 있는 동안에 무효주장권을 포기하는 것도 무효의 실효성을 위협할 수 있기 때문이라고 한다. 이들 계약에서의 약자(소비자, 피용자, 피보험자, 임차인)는 계약이 종료하여야 비로소 무효주장권의 자유로운 처분이 가능하게 된다고 할 수 있으며, 이는 계약체결시를 훨씬 지난 시점이라고 한다.

추인의 요건과 효과는 개정 전 제1338조에서와 동일하다. 추인에는 두 가지 요건이 요구된다. 첫째, 무효의 원인을 인식하여야 한다. 따라서 추인시에는 "계약을 무효화하는 하자"와 채무의 대상(objet de l'obligation)을 언급하여야 한다(본조 제1항 제2문). 채무의 대상을 언급하도록 한 것은 (다른 계약과의 혼동을 막고자) 해당 계약을 특정하기 위한 것이다.[479] 둘째, 그 하자를 문제삼지 않을 의사를 표시하여야 한다. 묵시적 추인도 가능하다. 계약의 무효원인을 알면서 한 계약의 임의이행은 추인에 해당한다(본조 제3항 제1문).

본조 제3항 제2문은 계약을 무효화하는 하자가 강박인 경우에 관하여 특별

---

477) O. Deshayes, T. Genicon, Y.-M. Laithier, *op. cit.*, p. 379.
478) O. Deshayes, T. Genicon, Y.-M. Laithier, *op. cit.*, p. 379.
479) O. Deshayes, T. Genicon, Y.-M. Laithier, *op. cit.*, p. 379.

규정을 두고 있다. 추인은 강박이 종료한 후에야 할 수 있다는 것이다. 개정 전 제1338조와 마찬가지로, 추인은 무효주장권을 자유롭게 처분하는 것을 전제로 하는데 아직 공포상태에 있는 사람은 무효주장권을 처분하지 못한다는 생각에 따른 것이다. 나아가 이 조문은, 추인은 계약당사자가 (강제를 당하는 상태가 종료되어) 행동이 완전히 자유롭게 되었음을 전제로 한다고 일반화하여 말할 수 있는 근거가 된다.

무효를 주장할 수 있는 사람이 일단 무효화소권을 포기하면 무효화소송을 제기하거나 무효의 항변을 제기할 수 없다(본조 제4항). 무효화소권의 시효가 완성된 경우에도 무효화소송을 제기할 수 없으나 아무런 이행이 이루어지지 않은 계약에 관한 무효의 항변은 여전히 가능한 것(제1185조)과 차이가 있다. 하지만 계약체결 이후 추인이 있기 전에 제3자가 취득한 권리에는 아무런 영향을 주지 않는다(제4항). 추인은 단지 무효주장권자 개인의 결정일 뿐이므로 추인자 자신에 대해서만 효력을 가지며 타인에게 해를 끼칠 수 없다. 그런데 주의할 점은 추인자의 포괄승계인과 일반채권자에게는 추인의 효력이 미친다는 것이다. 제4항에 의해 보호되는 제3자는 특정승계인이다. 이는 개정 전 제1338조에 대한 해석으로서 확립된 것이었으므로 이를 대체한 개정조문에서도 같은 해석이 적용된다.[480]

Article 1183 Une partie peut demander par écrit à celle qui pourrait se prévaloir de la nullité soit de confirmer le contrat soit d'agir en nullité dans un délai de six mois à peine de forclusion. La cause de la nullité doit avoir cessé.
L'écrit mentionne expressément qu'à défaut d'action en nullité exercée avant l'expiration du délai de six mois, le contrat sera réputé confirmé.
제1183조 ① 일방 당사자는 계약의 무효를 주장할 수 있는 타방 당사자에게 계약을 추인할 것인지 무효화소송을 제기할 것인지 여부를, 6개월 내에 무효화소송을 제기하지 않으면 무효화를 주장할 수 없다는 뜻과 함께 서면으로 최고할 수 있다. 최고는 무효원인이 종료한 후에 하여야 한다.
② 최고서에는 6개월이 종료하기 전에 무효화소권을 행사하지 않으면 계약을 추인한 것으로 간주한다는 점을 명시하여야 한다.

---

480) O. Deshayes, T. Genicon, Y.-M. Laithier, *op. cit.*, p. 380.

[해제] 본조는 무효화소권 상대방의 최고권을 새로이 도입한 조문이다. 무효원인이 존재하는 계약은 불안정하다. 사실 무효화소권자는 소권이 시효로 소멸하지 않는 한 언제든지 계약의 무효화소송을 제기할 수 있다. 그런데 상대방의 입장에서는 그 계약이 무결한 것처럼 계약을 이행해야 한다. 상대방의 입장에서는 그 구속력에 아무런 차이가 없기 때문이다. 이런 상황에서 무효화소권자의 상대방에게 계약의 존속 여부가 불확정한 상태를 끝낼 수 있는 방법을 주는 것이 본조의 목적이다. 하지만 이는 소비자보호 등에 역행할 수 있다고 해서 최고권의 도입을 반대하는 학자들도 있었다.

최고는 서면의 형식을 취하여야 한다(제1항 제1문). 최고서에는 6개월이 종료하기 전에 무효화소권을 행사하지 않으면 계약을 추인한 것으로 간주한다는 점을 "명시"하여야 한다(제2항). 이 두 요건은 최고의 유효요건이다. 즉 이 요건들을 준수하지 않은 때에는 최고로서의 효력이 없다.

최고권은 무효원인이 종료한 후에만 행사할 수 있다(제1항 제2문). 가령 계약당사자 일방이 강박을 당한 경우 강박이 지속되고 있다면 최고를 한다 한들 그 수령자가 자유로이 대답을 할 수 없을 것이기 때문에 상대방의 최고권은 강박이 종료한 때에만 허용된다. 계약당사자 일방의 제한능력이 계속되고 있는 경우에도 마찬가지이다. 최고서에서 묻는 질문에 대해 수령자가 유효한 답변을 할 수 없기 때문이다. 그러나 착오나 사기의 경우에는 상대방이 최고권을 언제라도 행사할 수 있다는 견해와 착오자는 피기망자의 착오 등에 대한 인식이 있으면 비로소 무효원인이 종료한다는 견해[481]로 나뉜다.

최고의 효과는 무효화소권자의 선택에 달려있다. 최고자로부터 계약의 무효화소송과 추인 중에서 선택하라는 질문을 받은 수령자가 무효화소송을 선택하면 계약은 소급적으로 무효가 될 것이고 수령자가 추인을 선택하면 그는 무효화소권을 포기하게 된다(제1182조 제1항).

최고가 있은 날로부터 수령자는 자신의 선택을 행하는 데 6개월이 허용된다. 다른 최고권의 경우에는 최고자가 정한 기간이 만료하면 최고상대방의 침묵에 따른 간주가 일어나는 것(제1123조와 제1158조)과 다르다. 무효화소권자는 당해 계약이 위반한 법규가 보호하고자 하는 자이기 때문에 그가 판단할 수 있

481) G. Chantepie & M. Latina, *op. cit.*, n° 483.

는 충분한 시간을 갖도록 한 것이고, 최고자가 부여한 "합리적인 기간"에 좌우
되지 않도록 한 것이다.[482]

Article 1184 Lorsque la cause de nullité n'affecte qu'une ou plusieurs clauses du
contrat, elle n'emporte nullité de l'acte tout entier que si cette ou ces clauses
ont constitué un élément déterminant de l'engagement des parties ou de l'une
d'elles.
Le contrat est maintenu lorsque la loi répute la clause non écrite, ou lorsque les
fins de la règle méconnue exigent son maintien.
제1184조 ① 무효원인이 하나 또는 수개의 계약조항에만 영향을 미치는 경우에는 당
사자 쌍방 또는 일방의 의무부담에 있어서 해당 조항이 결정적인 요소이었던 때에만
행위 전체를 무효로 한다.
② 법률이 어느 계약조항을 기재되지 않은 것으로 하는 때, 또는 위반된 법규정이 계
약의 유지를 요구하는 때에는 계약은 유지된다.

[해제] 본조는 일부무효론을 받아들인 조문이다. 개정 전 프랑스민법전에는
이에 관한 조문이 없었는데 판례는, 세900조와 개정 선 제1172소의 해석을 통해,
계약의 일부조항만을 무효화할 수 있음을 인정하였다. 즉 무효화된 조항이 결정
적인 경우 그 조항이 제거되면 나머지 계약은 두 당사자의 의사에 부합하지 않
게 되므로 계약 전체가 무효인 반면,[483] 무효화된 조항이 결정적이지 않으면 해
당 조항만이 무효로서 나머지 계약으로부터 분리된다고 하였다. 해당 조항이
계약에서 차지하는 비중에 관한 당사자의 의사가 계약 전체의 무효 여부를 가
리는 기준이었다. 그런데 이러한 판례는 불법적인 조항이 자신의 합의의 결정적
인 요소이었던 당사자에게 너무 유리한 면이 있었다.[484] 그는 불법적인 조항을
계약에 넣었음에도 아무런 대가를 치르지 않아도 되었다. 무효원인이 밝혀지지
않으면 자신이 의도했던 불법적인 방법으로 계약이 이행될 것이고, 무효원인이
밝혀지더라도 계약 자체가 무효가 되므로 계약으로부터 해방되기 때문이다.
    본조는 무효원인이 하나 또는 수개의 계약조항에만 영향을 미치는 경우에

---

482) G. Chantepie & M. Latina, *op. cit.*, n° 483.
483) 예 : 사서증서로써 약정함으로써 무효인 조건이 추가된 정기적 증여는 무효이다(Civ. 1ʳᵉ,
    17 octobre 2007 : *Bull. civ.*, I , n° 322).
484) G. Chantepie & M. Latina, *op. cit.*, n° 486, p. 433.

는 해당 조항이 당사자 쌍방 또는 일방의 의무부담에 있어서 결정적인 요소이었던 때에만 행위 전체를 무효로 한다고 규정함(제1항)으로써, 판례가 취했던 기준을 그대로 받아들였다. 하지만 제2항을 추가함으로써 판례의 부정적인 효과를 교정하였다. 법률이 어느 계약조항을 "기재되지 않은 것"으로 보는 때에는 해당 조항만 무효이고 계약 자체는 유지된다(제2항). 이때에는 해당 계약조항이 당사자 쌍방 또는 일방의 의무부담에 있어서 결정적인 요소이었다 하더라도 그러하다. 어느 계약조항이 법규정을 위반하였는데, 그 법규정이 계약 자체는 유지될 것을 요구하는 때에도 해당 조항만 무효이고 계약이 유지된다(제2항). 그렇게 하는 이유는, 불법적인 계약조항을 계약에 넣지 못하게 하려는 것이다.[485] 사실 계약을 유지시킨다는 것은 불법을 저지르는 계약당사자의 의사에는 반하는 것이다. 그로서는 불법적 계약조항에서 규정한 바와 다른 방식으로 의무를 부담하게 되는 셈인데, 이는 중요하지 않다. 불법적인 계약조항이 표현하고 있는 그의 의사는 비난받아 마땅한 의사이기 때문이다.

본조 제2항으로 인해 입법자는 위법한 약정을 제재하면서도 계약 자체는 건드리지 않는 입법수단을 갖게 되었다. 입법자에게 '기재되지 않은 것으로 봄'이라는 선택지가 없던 시절의 제재규정은 주관적 기준과 객관적 기준을 모두 충족한 경우에 제재가 가능하도록 되어 있어서 법관은 당사자의 의도를 고려하여야 했다. 이제 법률이 어떤 조항을 '기재되지 않은 것으로 보는' 경우에는 법관이 당사자의 의도를 고려할 필요가 없을 뿐 아니라 고려하여서는 아니된다.[486] 또한 본조 제2항은 수년전에 시작된 학설과 판례의 활동, 즉 "기재되지 않음"을 무효와는 구별되는 독자적인 개념으로 정립하고자 하는 움직임을 수용하였다는 의미가 있다.[487] 사실 어떤 계약조항을 기재되지 않은 것으로 보는 것은 무효라기보다는 일부 부존재(inexistence partielle)이다. 따라서 법원의 판결은 그 조항의 부존재를 확인하는 데 그치는 것이므로 당사자는 법원에 제소하지 않고도 해당 조항의 부존재를 주장할 수 있다. 또한 그에 관한 소권은 시효의 대상이 아니며 법관이 직권으로 해당 조항의 부존재를 선언할 수 있다.[488]

---

485) G. Chantepie & M. Latina, *op. cit.*, n° 486.
486) O. Deshayes, T. Genicon, Y.-M. Laithier, *op. cit.*, p. 387.
487) O. Deshayes, T. Genicon, Y.-M. Laithier, *op. cit.*, p. 387.
488) Civ. 1ʳᵉ, 13 mars 2019, n° 17-23.169.

그런데 본조는 일부무효에 관한 일반조항으로서의 지위를 갖지 않는다. 본조는 하나 또는 수개의 계약조항(clause)을 계약에서 없애버리는 것에 관하여 규율하고 있는데, 이는 계약의 일부무효 현상의 한 가지일 뿐이다. 또한 본조는 하나의 계약조항을 무효화하는 것이 가능하다는 것을 전제로 하고 있으나 계약기간이나 금액을 감축한다든가 합의로 정한 소멸시효기간 또는 독점권계약을 감축하는 경우에 있어서 부분적 무효화(invalidation partielle)는 결코 하나의 '조항'을 무효화하는 것이 아니다. 본조는 그런 식의 제재를 대상으로 하는 조문이 아니다. 따라서 본조를 원용함으로써 계약의 효력에 대한 독자적인 제재가 확정될 수는 없다.[489] 사실 그와 같은 제재를 통해 유지되는 계약은 더 이상 본래의 계약이 아니다. 따라서 계약의 무효화라기보다는 오히려 계약을 유효하게 만드는 것(mise en conformité du contrat)이다. 개정민법이 원칙적으로 이를 인정하지 않는다는 점은 확실하다. 2015년 오르도낭스안(projet d'ordonnance)에 착오자의 상대방이 "착오자에게 착오자가 계약을 체결할 당시에 이해하였던 조건으로 계약을 이행하기를 선택할 것을 제안할 수도 있다."는 규정(제1183조 제2항)을 두었다가 결국 이를 삭제한 바 있기 때문이다. 결론적으로 말하면, 프랑스민법상 유효요건을 갖추지 못한 계약은 전부 무효이고, 계약을 다시 하거나(réfaction) 감축(réduction)함으로써 계약을 유효하게 만드는 것은 특별규정이 있을 때에만 가능하다.

Article 1185 L'exception de nullité ne se prescrit pas si elle se rapporte à un contrat qui n'a reçu aucune exécution.
제1185조 어떠한 이행도 행해지지 않은 계약에 관한 무효의 항변은 시효로 소멸하지 않는다.

[해제] 무효화소권은 제2224조에 기해 5년의 소멸시효에 걸린다. 그런데 판례는 무효의 항변에 대해서는 영구성을 인정하여 왔다.[490] 무효의 항변은 그 계약에 대한 무효화소권의 시효가 완성된 후에도 살아남는 것이다. 채권자가

---

489) O. Deshayes, T. Genicon, Y.-M. Laithier, *op. cit.*, p. 388.
490) Civ. 1re, 1er déc. 1998, n° 96-17.761 : *Bull. civ.* I, n° 338, *JCP* 1999, I, n° 171, n° 2, obs. M. Fabre-Magnan; *Défrénois* 1999. 364, obs. J.-L. Aubert; *RTD civ.* 1999.621, obs. J. Mestre; Civ. 1re, 15 jav. 2015, n° 13-25.512 et n° 13-25.513.

무효인 계약의 이행을 요구하는 경우, 채무자는 무효의 항변에 기하여 그 요구를 물리칠 수 있다. 그런데 "소권은 일시적이나 항변은 영구적이다."는 단순한 원칙에서 벗어나 판례가 점점 복잡해지자 이를 폐지해야 한다는 주장이 있었다.[491] 소멸시효의 기산점이나 중지제도를 정비하는 것으로 충분하다는 것이다.[492] 반면 이 원칙이 순수성을 회복할 수 있도록 판례가 덧입힌 괴상한 치장들을 걷어내야 한다는 주장도 있었다.

프랑스민법전은, 까딸라초안과 떼레초안을 좇아, 판례를 조문으로 명시하는 데 그쳤다. 즉 아무런 이행을 하지 않은 계약에 관한 무효의 항변은 시효로 소멸하지 않는다. 그런데 여기서 계약이 이행되지 않았다는 기준을 정립하는 것이 쉬운 일은 아니다.[493]

Sous-section 2　La caducité
제2부속절　실효

[해제] 제1186조는 실효의 개념 및 요건을 규정하고, 제1187조는 실효의 효과를 규정한다.

> **Article 1186** Un contrat valablement formé devient caduc si l'un de ses éléments essentiels disparaît.
> Lorsque l'exécution de plusieurs contrats est nécessaire à la réalisation d'une même opération et que l'un d'eux disparaît, sont caducs les contrats dont l'exécution est rendue impossible par cette disparition et ceux pour lesquels l'exécution du contrat disparu était une condition déterminante du consentement d'une partie.
> La caducité n'intervient toutefois que si le contractant contre lequel elle est invoquée connaissait l'existence de l'opération d'ensemble lorsqu'il a donné son

491) L. Aynès, obs. sous Civ. 3ᵉ, 30 janv. 2002 : D. 2002. 2837; T. Benicon, obs. sous Civ. 1ʳᵉ, 20 mai 2009, *RDC* 2009. 1348.
492) G. Chantepie & M. Latina, *op. cit.*, n° 410.
493) Com., 13 mai 2014, n° 12-29.013 : *RDC* 2014, n° 4, p. 627, obs. M. Latina; Com., 8 avr. 2015, n° 13-14.447 : *LEDC* 2015, n° 6, p. 5, obs. S. Pellet; *JCP* 2015, 652, obs. M. Séjean; *JCP* 2015, 808, n° 9, obs. Y.-M. Serinet.

> consentement.
> **제1186조** ① 유효하게 성립한 계약도 그 본질적 요소 중 하나가 소멸한 때에는 실효된다.
> ② 동일한 거래의 실현을 위해 수개의 계약이 이행될 필요가 있는데 그중 한 계약이 없어진 때에는 그로 말미암아 그 이행이 불가능하게 된 계약들이 실효된다. 그리고 사라진 그 계약을 이행하는 것이 일방 당사자가 다른 계약에 합의한 결정적인 조건이었던 경우에도 다른 계약들이 실효된다.
> ③ 제2항의 경우 다른 계약들이 실효되는 것은, 실효를 주장하는 당사자의 상대방이 합의 당시 수개의 계약이 함께 운용된다는 점을 알았던 때에만 그러하다.

　　[해제] 본조는 실효의 개념 및 요건을 규정한다. 개정 전 프랑스민법전에는 유언자보다 수혜자가 먼저 사망하면 유언에 의한 처분이 실효한다는 규정(제1039조)이 있을 뿐 실효에 대한 개념정의는 없었다. 그런데 1990년대 말에 이르러 실효에 대한 관심이 증가하면서 까딸라초안(제1131조, 제1172조부터 제1172-3조까지)과 떼레초안(제89조)에는 그에 대한 개념 정의가 등장하게 되었다. 본조는 이를 수용한 것이다.

　　본조 제1항은 계약의 본질적 요소가 소멸한 경우에 계약이 실효한다고 규정하고, 제2항은 상호의존적인 수개의 계약 중 한 계약이 소멸한 경우 다른 계약들이 실효한다고 규정한다. 여기서 제1항과 제2항의 관계가 문제된다. 즉 제2항은 제1항이 규정하는 바에 포함되는 한 경우에 불과한 것을 규정하는 것인지 아니면 그와는 다른 특별한 경우를 규정한 것인지가 문제된다. 결국 제1항의 효력 범위가 어디까지인지가 문제인 것이다. 우선 제1항은 법률행위가 소멸하는 일정한 현상을 묘사하는 데 그치며, 그 구체적인 내용은 제2항 이하에 의하여 정해진다는 견해(제1설)가 있을 수 있다. 숙려기간과 철회기간에 관한 제1122조는 민법상의 숙려권이나 철회권을 도입하는 것이 아니라 단지 학술적인 의미만을 지닌 규정이라고 평가되는데, 본조 제1항도 그런 의미를 갖는 조문이라고 보는 것이다. 그렇게 보는 근거는, 대통령에게 제출한 보고서 등에서 실효에 관한 조문을 도입하는 취지는 실무상 이미 행해지고 있는 바를 입법화하는 것이라고 말하고 있기 때문이다.494) 요약하자면 본조는 기존의 현상을 민법전 안에 기입하는 데 그치는 것이며 그 현상을 확대하고자 하는 것이 아니라는 견해이다. 하

---

494) O. Deshayes, T. Genicon, Y.-M. Laithier, *op. cit.*, p. 393.

지만 이와 달리, 제1항은 모든 계약은 그 "본질적 요소" 가운데 하나가 소멸하는 즉시 소멸한다는 일반원칙을 규정한 것이라는 견해(제2설)가 있을 수 있다. 이 견해에 따르면, 모든 계약은 구속력을 유지하기 위해서 그 본질적 요소들을 계속 갖추고 있어야 하며 그렇지 못한 때에는 실효라는 제재를 받게 된다. 계약 성립시에는 유효요건을 갖추어야 하고 구속력을 유지하기 위해서는 본질적 요소를 계속 갖추고 있어야 하는 것이다. 많은 학자들은 제2설을 취하고 있다. 실효는 계약이 실현하고자 하는 경제적 작용의 실효성에 필요한 요소가 사라진 계약에 대한 제재이다.[495] 계약이 유효요건을 결여하였다든가 계약을 이행하는 방식이 잘못되었다고 하여 실효되는 것이 아니라, 계약이 실현하고자 하는 경제적 작용이 아무런 실효성이 없게 되어 계약을 이행하는 것이 불가능하기 때문에 실효되는 것이다. 이는 계약이 단독으로 체결된 경우뿐 아니라 여러 계약이 불가분적으로 결합되어 있는 경우(제2항)에도 문제된다.

제1항에서 말하는 "본질적 요소" 중 하나의 소멸이란 무엇인가를 밝히기 위해 두 가지 방식이 사용되고 있다. 하나는 "본질적 요소"라는 문언이 등장하는 조문들(제1114조, 제1124조)을 모두 살펴보는 것이다. 이는 종래 실효에 대한 설명으로 거론되었던, 목적의 불능(impossibilité de l'objet)을 의미한다는 결론에 이르게 한다. 하지만 목적의 불능은 계약당사자의 과실에 기인할 수가 있으며 이 때에는 계약이 실효된다기보다 제1217조 이하에 따라 처리될 것이다. 물론 이행불능은 불가항력에 의해 일어날 수도 있는데 이 역시 제1218조 제2항(해제)[496]과 제1351조, 제1351-1조에 따라 처리될 것이다. 다른 하나는 계약의 유효요건을 검토하는 것이다. 실효를 규정하는 제2부속절이 속한 제4절이, 계약의 성립에 관한 제2장에 있기 때문에, 본조 제1항에서의 "본질적 요소"라는 개념을 해석함에 있어서 계약의 유효요건에 의거할 수밖에 없다는 것이다.[497] 하지만 "본질적 요소"가 "당사자의 합의"(제1128조 제1호)나 "당사자의 계약체결능력"(제1128조 제2호)일 수는 없으므로 계약내용(제1128조 제3호)만 남는다.[498] 그렇

---

495) G. Chantepie & M. Latina, *op. cit.*, n° 492, p. 438.
496) 불가항력에 의한 이행불능은 종래 계약의 실효가 일어나는 전형적인 상황으로 논하여져 왔으나 이제 제1218조 제2항으로 인하여 그러한 논의는 더 이상 불가능하다.
497) O. Deshayes, T. Genicon, Y.-M. Laithier, *op. cit.*, p. 396.
498) 이 요건을 구체화하는 조문으로는 제1162조(목적), 제1163조부터 제1167조(급부, 대가), 제1169조(반대급부)와 제1170조(본질적 채무의 실질적 내용)가 있다.

다면 계약성립시에는 해당 급부가 합법적이었으나 그 후 불법적이게 되면 해당 계약이 실효한다고 보아야 한다. 가령 어떤 사료를 공급하기로 하는 계약이 체결될 당시 합법적이었으나 후에 위생당국에 의해 해당 사료의 유통이 금지되었다면 그 계약은 실효된다. 이는 종래 꼬즈가 사라졌다고 지칭하던 상황에 실효가 적용되는 결과가 된다.[499]

오래전부터 학설은, 어느 한 사람이 둘 이상의 계약을 서로 다른 상대방과 체결해야 하는 거래가 존재하며 이러한 현실에 계약법이 적절히 대처할 필요가 있음을 주장하여 왔다. 이들은 프랑스소비법전이나 경쟁법에서와 같은 명시적인 법규정이 없는 때에도 계약간의 상호의존적인 관계를 인정하였다. 여러 계약 가운데 하나가 이행되지 않으면 다른 계약은 꼬즈가 사라지거나 적어도 그 계약이 실효성을 갖는 데 필요한 요소가 사라지게 되는데 그렇다면 그 계약은 실효되도록 하는 게 타당하다는 것이다. 파기원은 계약이라는 엄격한 틀을 넘어서기 위해서 계약경제(économie du contrat)라는 개념에 의거하였다가[500] 나중에는 불가분적인 계약결합(ensemble contractuel indivisible)이라는 개념에 의거하였다.[501] 2016년의 민법개정이 있기 직전의 판결들은 개정 전 제1217조의 제1218조를 법적 근거로 활용하였는데,[502] 이들 조문은 사실 불가분채권과 불가분채무에 관한 조문이었다. 이제 본조 제2항은 판례의 해결방안에 대해 적절한 법적 근거를 제공하게 되었다. 상호의존적인 계약들 중 한 계약의 소멸이 다른 계약의 이행을 "불가능"하게 만드는 때(제2항 전단) 또는 상호의존적인 계약들 중에서 소멸한 어느 계약이 "합의의 결정적 조건"이었던 때(제2항 후단)에는 다른 계약의 실효가 일어난다.

계약들 사이의 상호의존성은 당사자의 의사로부터 비롯되는 것인지(주관적 접근) 아니면 경제거래의 실제로부터 비롯되는 것인가(객관적 접근)? 기존의 판례는 여러 개의 합의 사이에 불가분적 관계가 있음을 당사자들이 표시하였다는 점을 중시하였다. 명시적인 약정이 없다 하더라도 여러 사정으로부터 그러한 관계를 도출하기도 하였는데,[503] 특히 증서, 당사자 또는 대리인이 동일하다든

---

499) O. Deshayes, T. Genicon, Y.-M. Laithier, *op. cit.*, p. 396.
500) Com., 15 févr. 2000, n° 97-19.793 : *Bull. civ.* Ⅳ, n° 29.
501) Com., 13 févr. 2007, n° 05-17.407 : *Bull. civ.* Ⅳ, n° 43.
502) Civ. 1ʳᵉ, 10 sept. 2015, n° 14-13.658; Civ. 1ʳᵉ, 22 mars 2012, n° 09-72.792 : *Bull. civ.* Ⅰ, n° 62.

가, 일자가 동일하다든가 채무들 사이에 견련성이 있다든가 경제적 목적이 단일하다든가 하는 사정에 주목하였다. 본조는 절충적 입장을 취한 것으로 보인다.[504] 제2항(그중에서도 전단)만 보면 객관적 접근을 취한 듯이 보이나 제3항을 보면 객관적 접근과 거리를 두고 있기 때문이다.[505]

제2항이 규정하고 있는 상호의존적 상황은 다음 두 가지이다. 하나는 "동일한 거래의 실현을 위해 수개의 계약이 이행될 필요가 있고 그중 한 계약이 없어진 때에는 그로 말미암아 다른 계약의 이행이 불가능하게 되는"경우(제2항 전단)이다. 가령 A의 물건을 B가 매수하면서 그 물건을 보수하는 일을 맡기는 계약을 C와 체결하였다고 하자. 만일 매매계약이 소멸하면 그 물건에 하기로 한 작업은 더 이상 행해질 수 없다(물건이 여전히 A의 소유이거나 A에게 돌아가기 때문이다). 이때의 '불가능'은 객관적 불능인가 아니면 주관적 불능인가? 제2항이 규정하고 있는 두 번째 상호의존적 상황이야말로 주관적 불능에 관한 것이므로 첫 번째 상황은 객관적 불능을 의미한다고 해석된다.[506] 다른 하나는 "사라진 그 계약을 이행하는 것이 일방 당사자가 다른 계약에 합의한 결정적인 조건이었던 경우"(제2항 후단)이다. 가령 A가 B와 매매계약을 체결하면서 그 매매대금을 조달하기 위해 C로부터 금전을 빌렸다고 하자. 이때 매매계약이 소멸하더라도 소비대차계약의 이행이 불가능하게 되지는 않을 것이다. 하지만 중심당사자(contractant-pivot)인 B로서는 소비대차계약의 이행이란 아무 쓸모가 없다. 제2항이 말하는 "합의한 결정적인 조건(condition déterminante du consentement)"이란 바로 문제되는 계약(위 예에서는 소비대차계약)을 통해 달성하고자 한 당사자의 주관적 목적을 의미한다.

제2항에서 '사라짐'은 무효나 해제, 해지권의 행사, 실효 등으로 인하여 계약이 없어지는 것을 말한다. 그런데 어떤 계약이 사라진 원인이 "중심당사자"의 과책에 기한 계약불이행이라면 다른 계약을 실효시키는 것은 타당하지 않다는 견해[507]가 있다. 가령 용역회사 B가 A병원과는 병원 보일러실을 관리하기로 하는 계약(제1계약)을 체결하고 가스공급업자 C하고는 C로부터 일정기간 가스를

---

503) Civ. 1re, 13 mars 2008, n° 06-19.339 : *Bull. civ.* I , n° 72.
504) O. Deshayes, T. Genicon, Y.-M. Laithier, *op. cit.*, p. 401.
505) O. Deshayes, T. Genicon, Y.-M. Laithier, *op. cit.*, p. 403.
506) O. Deshayes, T. Genicon, Y.-M. Laithier, *op. cit.*, p. 402.
507) O. Deshayes, T. Genicon, Y.-M. Laithier, *op. cit.*, p. 400 et p. 403.

공급받기로 하는 계약(제2계약)을 체결하였는데, 용역회사 B의 잘못으로 관리계약(제1계약)이 해제되었다고 하자. 만일 제1계약인 관리계약의 소멸 원인이 무엇이든지 실효가 일어난다고 한다면 본조의 적용에 의해 제2계약인 공급계약이 소멸할 것인데, 이는 부당하다고 한다. 따라서 이때에는 신의성실의 원칙에 따라 악의임을 이유로 중심당사자인 B의 실효주장권을 박탈하는 것이 좋을 것이라고 한다.508)

그런데 결합된 거래임에도 불구하고 당사자들이 그 계약들을 서로 분리하여 취급하기로 명시적인 약정을 한 경우에는 어떻게 할 것인가? 이에 관한 종전의 판례는 통일되어 있지 않았다. 그러한 분리취급약정(clause de divisibilité)은 계약경제에 반한다는 이유로 약정의 효력을 인정하지 않은 판결이 있는가 하면,509) 그러한 약정에도 불구하고 당사자들이 자신들이 맺은 수개의 합의가 서로 불가분적인 관계가 있다고 하는 공통의 의사를 가지고 있었음을 보여주는 사정이 있어야만 분리취급약정의 효력을 부정할 수 있다고 한 판결이 있었다.510) 전자의 판결들은 주로 특별법의 보호규정이 미치지 않는 상황에서 약자를 보호하고자 하는 취지의 판결들이었다.511) 본조가 분리취급약정의 효력에 관하여는 분명한 해결책을 제시하지 않고 있다는 견해512)가 있는 반면, 적어도 전자의 판결들은 더 이상 가능하지 않다는 견해513)가 있다. 분리취급약정이 있음에도 불구하고 수개의 계약이 다 같이 소멸하도록 하는 판결은, 본조 제3항이 당사자의 의사를 고려하는 점에 비추어 볼 때 더 이상 가능하지 않다는 것이다. 더구나 이제 제1171조가 부합계약을 규율하게 되었기 때문에 부합계약 이외의 경우에는 자유로운 약정의 효력을 부정할 이유가 없다고 한다.514)

본조 제3항은 실효의 요건으로서 "실효를 주장하는 당사자의 상대방이 합의 당시 수개의 계약이 함께 운용된다는 점을 알았을 것"을 추가한다. 이는 떼레초안(제89조 제3항)을 그대로 채택한 것인데, 여러 합의가 경제적으로 연관되어 있기만 하면 법적으로 모두 같은 운명에 속하는 것을 피하기 위한 난간

508) O. Deshayes, T. Genicon, Y.-M. Laithier, *op. cit.*, p. 406.
509) Com., 15 févr. 2000, n° 97-19.793 : *Bull. civ.* Ⅳ, n° 29.
510) Com., 18 déc. 2007, n° 06-15.116 : *Bull. civ.* Ⅳ, n° 268.
511) O. Deshayes, T. Genicon, Y.-M. Laithier, *op. cit.*, p. 406.
512) G. Chantepie & M. Latina, *op. cit.*, n° 496, p. 443.
513) O. Deshayes, T. Genicon, Y.-M. Laithier, *op. cit.*, p. 405.
514) O. Deshayes, T. Genicon, Y.-M. Laithier, *op. cit.*, p. 406.

(guarde-fou) 같은 것이다.515) 그 결과 리스계약(location financière)이 포함되어 있기만 하면 무턱대고 상호의존성을 인정하였던 판례516)는 더 이상 유지될 수 없을 것으로 보는 견해517)가 있다. 앞의 예에서 B는 이제 아무 쓸모가 없게 된 소비대차계약의 실효를 주장할 것이나, 소비대주 C가 서로 결합된 거래의 존재를 알지 못했다면 소비대차계약이 실효되지 않는 것이다.518) B가 C와 소비대차계약을 체결한 동기(mobile)는 소비대차계약의 운명에 영향을 미치지 못한다. 하지만 C가 두 계약의 상호의존성을 알았다면 중심당사자(contractant-pivot)인 B가 부담하던 위험이 C에게로 넘어간다. 그런데 이와 같이 C의 승낙(acceptance)이 아닌 C의 인식(connaissance)만으로 계약소멸의 위험이 이전하는 것은 거래의 안전을 위해 바람직하지 않다는 견해519)가 있다. 특히 본조 3항의 태도는, 동기를 상대방이 안 것으로는 충분하지 않다는 입장을 취한 제1135조와 어긋나며, 나아가 상호의존적인 계약들을 하나의 거래에 의거하여 해석하는 것이 허용되는 것은 "당사자 공통의 의사에 비추어 수개의 계약이 동일한 거래를 위하여 공조하는 경우"임을 규정하는 제1189조 제2항과도 어울리지 않는다고 한다.

Article 1187 La caducité met fin au contrat.
Elle peut donner lieu à restitution dans les conditions prévues aux articles 1352 à 1352-9.
제1187조 ① 실효는 당사자 사이에 계약을 종료시킨다.
② 계약이 실효하면 제1352조부터 제1352-9조까지 규정된 바에 따른 급부반환이 일어날 수 있다.

[해제] 본조는 실효의 효과를 규정한다. 제1항은 "실효는 당사자 사이에 계약을 종료시킨다."고 규정하고 있는데, 이는 해제의 효과에 관한 제1229조 제1

---

515) O. Deshayes, T. Genicon, Y.-M. Laithier, *op. cit.*, p. 403

516) Ch. mixte, 17 mai 2013, n° 11-22.768 : *Bull. civ. ch. mixte*, 2013, n° 1; *RDC* 2013, p. 1331, note Y.-M. Laithier; *D.* 2013, p. 1658, note D. Mazeaud, et p. 2487, obs. Le Stanc; *D.* 2014, p. 630, obs. Amrani-Mekki et Mekki; *JCP* G 2013, p. 674, note Seube, et p. 673, note Buy; *RTD civ.* 2013, p. 597, obs. Barbier; *RTD com.* 2013, p. 569, obs. Legeais; *Gaz. Pal.* 4 juill. 2013, n° 185, note D. Houtcieff.

517) O. Deshayes, T. Genicon, Y.-M. Laithier, *op. cit.*, p. 403.

518) 다만 특별한 법규정이 있는 경우에는 달리 규율될 수 있다.

519) O. Deshayes, T. Genicon, Y.-M. Laithier, *op. cit.*, p. 404.

항 및 기간의 정함이 없는 계약의 종료에 관한 제1211조와 동일한 문구를 사용
한 것이다. 하지만 이는 아무런 기술적인 의미가 없는 말이어서 모든 것이 학설
과 판례에 맡겨져 있다.520) 대통령에게 제출한 보고서에도 그러한 취지의 설명
이 보이는데, 그에 따르면 "실효가 일어날 수 있는 다양한 상황들을 고려할 때,
본질적 요소가 사라진 날짜나 계약의 유형에 따라서 실효의 효과는 다양할 수
있다. 따라서 개정민법은 실효는 계약을 종료시킨다고만 규정하고 소급효를 갖
는가하는 문제에 대해서는 결정하지 않았다. 일정한 경우에는 소급효가 배제되
지 않는데, 실효가 급부반환의무를 발생시킬 수 있기 때문이다. 소급효를 부여
하는 것이 적절한지 여부는 법관이 각 사건의 사정을 고려하여 판단하게 된다."
그래도 한 가지 확실해진 점은, 실효가 소급효를 갖는지 여부에 대해 프랑스민
법전이 긍정적인 입장을 취하였다는 것이다.521) 본조 제1항이 "계약을 종료시
킨다"는 문언을 사용하였다고 해서 소급효가 배제된 것은 아니다. 왜냐하면 급
부반환은 필연적으로 소급효를 전제로 하기 때문이다. 이를 제외하고는 실효는
모든 것이 미정이다.522) 해결해야 할 중요한 문제는 다음 두 가지이다. 하나는
실효가 계약을 소멸시키는 효과이고 다른 하나는 소멸효가 어떻게 발생하는가
하는 문제이다.

어떤 면에서는 실효가 해제보다 파급력이 클 수 있다. 개정 전 프랑스민법
전에 의거한, 최근의 두 판결에서 파기원은 계약이 실효되면 그 계약에 있던 계
약조항의 효력을 인정할 수 없다는 입장을 보였다. 즉 한 판결에서 파기원은 종
래의 판례를 변경하여, 공급업자와 렌탈업자 사이의 매매계약이 해제되면 렌탈
계약(crédit-bail)이 "해지"되는 것이 아니라 "실효"된다고 판시하였다.523) 따라
서 해지의 경우에 대비한 계약조항들은 더 이상 적용될 수 없다고 판단하였다.
뒤이은 다른 판결에서는 리스계약(contrat de location financière)이 실효하였다면
계약해지에 대비한 위약금약정과 손해배상액예정도 모두 효력을 잃는다고 판시
하였다.524) 이는 실효와 해제의 차이를 더 벌리는 셈이다. 왜냐하면 제1230조는

---

520) O. Deshayes, T. Genicon, Y.-M. Laithier, *op. cit.*, p. 408.
521) O. Deshayes, T. Genicon, Y.-M. Laithier, *op. cit.*, p. 408.
522) 이처럼 모든 것이 미정이기 때문에 과연 입법자가 계약에 대한 제재로서 실효를 선택한
  것이 맞는지 유감스럽다는 평가도 있다.
523) Ch. mixte, 13 avr. 2018, n°s 16-21.345 et 16-21.947.
524) Com., 6 déc. 2017, n° 16-21.180: *RTd civ.* 2018, p. 109, H. Barbier.

"해제는, 해제에도 불구하고 효력을 갖기로 되어 있는 계약조항들에는 영향을 미치지 않는다."고 규정하기 때문이다. 이에 대해서는 비판적인 견해525)가 존재한다. 해제와 실효를 달리 취급할 이유가 없으며, 제1230조를 실효에 유추적용하는 것도 얼마든지 가능하다고 한다. 또한 종전의 판결들이 모두 실효된 계약에 있는 위약금약정을 적용하는 데 대해 적대적인 것은 아니었음을 상기할 필요가 있다고 한다.526) 만일 파기원이 실효된 계약의 당사자는 부당파기를 당한 셈이므로 손해배상청구를 할 수 있다고 하면서도 당사자들이 바로 이를 대비해서 특별히 정해놓은 위약금약정을 인정하지 않는다면 기이한 일이 될 것이라고 한다.

실효의 법리를 구성함에 있어서 해제조건의 법리를 끌어오자는 견해527)가 있다. 이들이 해제조건 법리의 유추적용이 가능하다고 주장하는 근거는 다음과 같다. 첫째, 계약의 구속력이 장래의 사실, 즉 계약이행단계의 사실에 의존한다는 점이 동일하다. 둘째, 해제조건의 효과는 위 사실이 발생한 날짜와 계약의 성질에 따라서 달라질 수 있는데, 이는 실효도 마찬가지이다. 즉 해제조건은 전부 소급효를 가질 수도 있고 일부 소급효를 가질 수도 있고 소급효가 없을 수도 있다. 이는 제1304-7조가 제1229조 제3항(계약불이행으로 인한 해제의 효과)과 동일한 내용을 담고 있는 데서 알 수 있다. 셋째, 해제조건과 실효 모두에서 계약의 소멸 메커니즘이 문제된다. 즉 계약의 소멸이 반사적으로 일어나는지 아니면 (계약당사자나 법원의) 무효화행위가 있어야 일어나는지가 문제된다. 그런데 사실 이 문제는 해제조건에서도 분명하지가 않다. 그러나 적어도 앞의 두 가지 문제는 해제조건의 법리에 의해 해결될 수 있다고 한다.

실효는 반사적으로 일어나는가(무효에 관한 고전이론의 용어를 빌리자면 실효는 해당 계약의 상태인가) 아니면 무효화행위가 있어야 실효가 일어나는가(무효화행위가 없으면 해당 계약은 효력을 유지하는가)? 실효에 의해 계약이 소멸하는 날에 급부반환채권이 발생하기 때문에 이는 매우 중요한 문제이다. 실효의 효과가 다양하고 유연하다는 점을 고려하면 무효화행위가 있어야 실효가 일어난다고 보는 것이 좋을 것 같으나, 실효라는 개념 자체와 계약이 실효"된다"고 정하고 있는 제1186조 제1항의 문언을 생각한다면, 실효는 반사적으로 일어난다고

---

525) O. Deshayes, T. Genicon, Y.-M. Laithier, *op. cit.*, p. 411.
526) Com., 22 mars 2011, n° 09-16,660; Civ. 3^e, 11 janv. 2011, n° 10-10,038.
527) O. Deshayes, T. Genicon, Y.-M. Laithier, *op. cit.*, p. 409.

보아야 할 것 같다.[528]

본조 제2항은 실효로 인해 생겨나는 급부반환은 제1352조부터 제1352-9조까지의 규정에 따른다고 함으로써 논쟁의 여지를 없앴다.

그러나 실효의 경우에 추가적으로 손해배상이 있을 수 있는지에 관하여는 아무런 언급이 없다. 제3자가 원인이 된 사건으로 말미암아 실효가 발생하여 계약소멸을 당한 사람은 그 제3자에게 계약외책임을 추궁할 수 있다는 것은 확실하다. 문제는 실효를 발생시킬 수 있는 사건의 원인이 계약상대방에게 있는 경우이다. 이 때 계약당사자는 상대방의 과실을 문제삼아 계약불이행으로 인한 해제를 하는 편을 택하지 않을까? 과연 "과책으로 인한 실효"라는 것이 가능한가? 만일 상대방에게 과책이 있는 때에는 반드시 해제에 의하여야 하고 실효는 일어나지 않는다고 한다면, 실효된 계약의 상대방이 손해배상의무를 지는 경우란 있을 수 없다.[529]

상호의존적 계약의 경우를 생각해보면 그 점을 더 잘 알 수 있다. 상호의존적인 두 계약 모두에 당사자로 참여하고 있는 자(contractant-pivot)가 중대한 잘못을 범하여 제1계약이 해제될 수 있는 상황을 생각해보자. 가령 용역회사 B가 A병원과는 병원 보일러실을 관리하기로 하는 계약(제1계약)을 체결하고 가스공급업자 C하고는 C로부터 일정기간 가스를 공급받기로 하는 계약(제2계약)을 체결하였는데, 용역회사 B의 잘못으로 관리계약(제1계약)이 해제되었다고 하자. 만일 제1계약이 소멸한 원인이 무엇이든지 실효가 일어난다고 한다면 본조의 적용에 의해 제2계약이 소멸한다. 이 경우 가스공급업자는 용역회사의 잘못으로 인해 가스공급계약으로부터 얻을 수 있었던 이익을 잃게 된다. 그렇다면 가스공급업자 C는 용역회사 B에게 계약책임을 물을 수 있어야 한다. 만일 이런 경우(계약당사자에게 과실이 있는 경우)에는 실효가 일어나지 않는다고 하더라도 결과는 마찬가지이다. 계약상대방 B의 과실로 인하여 자신의 급부를 이행할 수 없게 된 가스공급업자 C는 계약불이행에 대한 전통적 제재인 해제와 손해배상을 주장할 수 있다.

[이 은 희]

---

528) O. Deshayes, T. Genicon, Y.-M. Laithier, *op. cit.*, p. 409.

529) O. Deshayes, T. Genicon, Y.-M. Laithier, *op. cit.*, p. 410.

Chapitre Ⅲ L'interprétation du contrat
제3장 계약의 해석

[해제] 계약의 유효성에 관한 제2장과 계약의 효력에 관한 제4장 사이에 위치한 본장은 계약의 해석에 관한 지침을 제시한다. 계약의 해석이란 일차적으로는 당사자의 의사를 파악하는 것이다. 그러나 수 세기 동안 법원이 해석이라는 이름으로 당사자들이 원하지 않은 의무를 창설하였다는 비판[1]도 있다. 계약 해석지침의 목적은 계약해석의 근거와 방법을 찾고 한계를 설정하는 것이다.

개정 전 프랑스민법전은 계약의 해석에 관하여 제1156조부터 제1164조까지 모두 9개의 조문을 두었다. 1804년 입법 이래 개정 전 프랑스민법전의 계약해석규정에 대해서는 두 가지 측면에서 비판이 있었다.[2] 첫째, 이 지침이 법원을 구속하는 것은 아니므로 규정이 불필요하다.[3] 둘째, 계약에 '신의성실의 원칙(bon foi)' 내지 '상식'을 적용하여 비슷한 효과를 도출할 수 있고,[4] 지침의 내용이 모호하다.[5]

본장은 계약의 해석에 관하여 제1188조에서 제1192조까지 모두 5개의 조문을 두는데,[6] 계약의 해석에 관한 조항을 현대화 및 명료화하였다고 평가된다.[7] 즉 현대 계약의 특성을 고려하여 그 해석의 기준이 될 수 있는 새로운 지침을 신설하였다. 만일 계약 해석에 관한 본장의 다양한 규정을 하나로 통합할 수 있다면, 계약의 해석이란 "계약을 체결한 당사자의 의사를 감안하여 불명확[8]하거

---

1) Ph. Malurie, L. Aynès et Ph. Stoffel-Munck, Droit des obligations, LGDJ, 2016, p. 417.
2) G. Chantepie et M. Latina, op. cit., n° 504, p. 450.
3) G. Chantepie et M. Latina, op. cit., n° 504, p. 450.
4) 개정 전 제1135조는 "계약은 명시된 사항에 대해서뿐만 아니라 형평 등에 의하여 채무의 성질상 부과되는 모든 사항에 대해서도 의무를 지운다."고 규정하였다. 이는 신의칙이 법률행위 해석의 기본원칙임을 간접적으로 밝히고 있는 것이다.
5) G. Chantepie et M. Latina, op. cit., n° 504, p. 450.
6) 개정 전 제1158조, 제1159조, 제1160조, 제1163조, 제1164조는 삭제되었다.
7) O. Deshayes, Th. Genicon et Y.-M. Laithier, op. cit., p. 417; Th. Douville, La réforme du droit des contrats, du régime général et de la preuve des obligations, Gualino, 2018, p. 169(Aude-Solveig Epstein).
8) 계약 조항이 다의적으로 해석되는 경우가 이에 해당할 것이다(Ph. Malurie, L. Aynès et

나 모순[9]된 계약의 진실된 의미를 식별하는 활동으로, 계약서가 아무런 답 혹은 부정확한 답을 주는 경우에 적용할 수 있는 해결책을 찾는 활동"이다.[10]

계약의 해석에 관한 본장의 규정은 법원의 판단 기준에 불과한가 아니면 법원을 구속하는 법규인가? 이는 계약 해석지침의 법규성에 관한 것으로, 사실심 법원이 계약의 해석지침을 준수하지 않은 경우 이를 이유로 상급심에서 원심 판결을 파기할 수 있는지와 관련된다.[11] 프랑스민법전 개정 전부터 파기원은 이에 대하여 부정적으로 판시하였다.[12] 그러나 이는 확고한 것은 아니다. 당사자의 공통 의사를 제대로 고려하지 않았음을 이유로 원심을 파기한 판례도 있다.[13] 나아가 파기원은 소비자계약의 해석에 관한 프랑스소비법전 제L.211-1조의 구속력을 인정하였다.[14] 해석지침의 규범성 문제는 이번 개정으로 명확한 입법이 이루어지지 아니하였다.[15] 다만, 계약 해석에 관한 본장의 규정을 내용, 목적 등에 따라 분류할 수 있고, 그 범주에 따라 구속력은 차이가 있을 것이다.[16] 다시 말해 본장은 첫째, 법원의 해석 방법을 정하는 제1188조, 제1189조, 둘째, 보호적 해석[17]을 따르도록 하는 제1190조(프랑스소비법전 제L.211-1조 포함), 셋째, 법원에게 계약 이해의 길을 제시하는 제1191조 등으로 나눌 수 있고,[18] 각 범주에 따라 사실심 법원에 대한 구속력에 차이가 있다.[19]

Ph. Stoffel-Munck, *op. cit.* n° 772, p. 417).

9) Ph. Malurie, L. Aynès et Ph. Stoffel-Munck, *op. cit.*, n° 773, p. 419.

10) Th. Douville, *op. cit.*, p. 169(Aude-Solveig Epstein).

11) F. Chénedé, *Le nouveau droit des obligations et des contrats*, Dalloz, 2016, n° 24.61, p. 138; G. Chantepie et M. Latina, *op. cit.*, n° 504, p. 450; O. Deshayes, Th. Genicon et Y.-M. Laithier, *op. cit.*, p. 414. 일반적으로 법률 해석은 영토 내에서 통일적인 해석이 필요하지만, 계약은 당사자에게 제한되어 효력이 발생하는 사적 작용으로(Ph. Malurie, L. Aynès et Ph. Stoffel-Munck, *op. cit.*, p. 417), 법률심인 파기원은 법규 위반만을 파기 사유로 삼는다.

12) Civ. 1re, 17 oct. 1961; Civ. 1re, 19 déc. 1995 등.

13) Civ. 1re, 20 janv. 1970, n° 68-11.420.

14) Civ. 1re, 21 janv. 2003, n° 00-13.342.

15) F. Chénedé, *Le nouveau droit des obligations et des contrats*, Dalloz, 2016, n° 24.11, p. 133; O. Deshayes, Th. Genicon et Y.-M. Laithier, *op. cit.*, p. 414.

16) O. Deshayes, Th. Genicon et Y.-M. Laithier, *op. cit.*, p. 415.

17) O. Deshayes 등은 이를 '편파적 해석'이라 표현한다.

18) F. Chénedé, *op. cit.*, p. 133. F. Chénedé는 이와 달리 일반적 해석 원칙에 해당하는 제1188조, 제1189조, 보호적 해석지침인 제1190조, 기타 보충적 해석지침으로 나눌 수 있다고 표현한다.

계약의 해석에 관한 본장의 규정을 계약이 아닌 다른 법률행위에도 적용할
수 있을까? 제1100-1조 제2항은 "법률행위는 합리적인 한 그 유효성과 효력은
계약에 관한 규정에 따른다."라고 규정한다. 엄밀하게는 계약 해석은 '유효성과
효력'과 구별되나, 제1100-1조 제2항이 규정하는 유효성과 효력이란 계약의 해
석, 유효성, 효력 등을 총괄하는 계약법 전체 체계를 의미한다.[20] 따라서, 본장
의 규정은 계약이 아닌 다른 법률행위를 해석할 때에도 적용될 것이다.

Article 1188 Le contrat s'interprète d'après la commune intention des parties
plutôt qu'en s'arrêtant au sens littéral de ses termes.
Lorsque cette intention ne peut être décelée, le contrat s'interprète selon le sens
que lui donnerait une personne raisonnable placée dans la même situation.
제1188조 ① 계약은 그 문언의 문리적 의미보다는 당사자의 공통의 의사에 따라 해
석된다.
② 이러한 의사가 드러나지 않는 경우, 계약은 동일한 상황에 처한 합리적인 사람이
부여하였을 의미에 따라 해석된다.

[해제] 본조는 계약 해석에 관한 두 방향의 기본 원칙을 제시한다. 첫 번째
원칙은 계약의 문리(文理)적 의미보다는 당사자의 공통 의사에 따라 계약을 해
석하여야 한다는 것이다(제1항). 두 번째 원칙은 이러한 의사를 알아낼 수 없는
경우, 동일한 상황에 처한 합리적인 사람이 부여하였을 의미에 따라 해석하여
야 한다는 것이다(제2항). 제1항과 제2항이 서로 모순되는 것은 아니고,[21] 제1항
이 우선적으로 적용되고 제2항이 보충적으로 적용된다.[22] 즉, 본조 제1, 2항은
중요성에 따라 배치되었다.[23] 본조의 형식은 UNIDROIT의 국제상사계약원칙
제4.1조와 유럽계약법원칙(PECL[24]) 제5:101조이 영향을 받았다고 평가된다.[25]

---

19) O. Deshayes, Th. Genicon et Y.-M. Laithier, *op. cit.*, p. 415.
20) O. Deshayes, Th. Genicon et Y.-M. Laithier, *op. cit.*, p. 416.
21) F. Chénedé, *op. cit.*, n° 24.31, p. 135.
22) F. Chénedé, *op. cit.*, n° 24.31, p. 135(보충적으로 적용된다는 의미는 제1항이 충족되
   지 아니하는 경우 제2항이 적용된다는 의미이다); G. Chantepie et M. Latina, *op. cit.*,
   n° 503, p. 450.
23) O. Deshayes, Th. Genicon et Y.-M. Laithier, *op. cit.*, p. 417.
24) 프랑스에서는 PECL(Principles of european contract law) 대신 PDEC(Principles de droit
   européen des contrats)이라 하나 아래에서는 우리나라에서 흔히 통용되는 PECL이라

본조 제1항은 개정 전 제1156조를 명확히 한 것으로서, 계약의 문리적 해석보다는 당사자 공통의 진정한 의사에 의한 해석이 우선함을 선언한다. 당사자의 진정한 의사를 따른다는 의미에서, 이를 '주관적 해석'(interprétation subjective) 또는 '주관적 지침'(directive subjective)이라고 부른다.26) 전통적으로 프랑스에서 실제 의사는 법률행위에 표시된 의사보다 우선하였다.27)

제1항은 해석을 통하여 계약의 모호함만을 제거하는 것28)이 아니다. 주관적 해석을 통하여 계약서가 침묵하는 사항에 관한 당사자의 공통 의사를 도출하기도 한다.29) 본조 제1항은 유럽계약법원칙(PECL)30)과 달리 공통 의사를 도출하는 방법에 관한 구체적인 요소를 규정하지 않는다.31) 사실심 법원은 예비적 교섭에 고려된 요소,32) 당사자들 사이에 체결된 다른 계약33) 또는 이후의 행태34) 등 모든 요소를 고려하여 당사자의 공통 의사를 파악할 수 있다.35) 관행이 항상 법원을 구속하는 것은 아니지만, 관행에서 당사자의 공통 의사를 도출할 수 있다.36) 다만, 사실심 법원은 제1189조 내지 제1191조가 규정하는 해석

칭한다.

25) G. Chantepie et M. Latina, *op. cit.*, n° 502-503, pp. 448-449; Th. Douville, *op. cit.*, p. 170.

26) G. Chantepie et M. Latina, *op. cit.*, n° 501, p. 448. O. Deshayes, Th. Genicon et Y.-M. Laithier, *op. cit.*, p. 417

27) F. Chénedé, *op. cit.*, n° 24.32, p. 135; G. Chantepie et M. Latina, *op. cit.*, n° 501, p. 448; 유사한 취지로 법률행위의 해석은 표현된 문언의 문자적인 의미에 구애되지 않고 당사자들의 진정한 의사를 탐구하는 것인데, 만일 표시된 문언의 의미와는 다른 '내심적 효과의사'가 입증된다면 이를 당연히 당사자의 진정한 의사로 확정하여야 한다(남효순, *op. cit.*, p. 159)도 있다.

28) 당사자가 무엇을 말하고자 하였는가에 관한 것이다(O. Deshayes, Th. Genicon et Y.-M. Laithier, *op. cit.*, p. 417).

29) 당사자가 무엇을 원하였는가에 관한 것이다(O. Deshayes, Th. Genicon et Y.-M. Laithier, *op. cit.*, p. 417).

30) 유럽계약법원칙(PECL) 제5:102조는 '예비적 교섭을 포함하여 계약이 체결된 상황, 계약이 체결된 후를 포함하여 당사자들의 행태, 계약의 성질과 목적, 당사자들이 유사한 조항에 이미 부여한 해석 및 그들 사이에 성립한 관행, 그 계약조항과 표현에 당해 거래계에서 공통적으로 부여되는 의미 및 유사한 조항에 주어진 해석, 관행, 신의성실과 공정한 거래'를 고려하도록 규정한다.

31) G. Chantepie et M. Latina, *op. cit.*, n° 502, p. 448.

32) Civ. 1re, 18 févr. 1986, n° 84-12.347.

33) 제1189조 제2항.

34) Com., 4 mars 1997, n° 95-10.507; Civ. 1re, 13 déc. 1988, n° 86-19.068.

35) F. Chénedé, *op. cit.*, n° 24.32, p. 135.

지침과 제1192조의 변질 해석 금지라는 두 한계 내에서 당사자의 실제 의사를 확정한다.[37]

그러나 당사자는 각기 다른 의사를 가지기 마련이므로, 당사자 사이의 공통 의사라는 개념은 허상일 수 있다.[38] 특히, 부합계약과 같이 당사자 일방이 혹은 제3자가 기안한 계약서에 의해 계약이 체결되면, 다른 상대방은 계약 조항을 제대로 읽지 않은 채 계약 내용이 정해질 수 있다.[39] 이처럼 본조 제1항이 규정하는 당사자의 공통된 의사를 파악할 수 없는 경우 적용될 수 있는 해석지침을 마련하기 위하여, 본조 제2항이 신설되었다.

본조 제2항이 규정하는 '객관적 해석'(interprétation objective)은 오래도록 재판 실무 관행에서 활용되어, 그 내용이 완전히 새로운 것은 아니다.[40] 개정 전 제1159조는 "의미가 모호한 경우, 계약이 체결된 지역의 관행에 의거하여 해석"하도록 하였다. 현대계약은 지역적 한계를 벗어나 다양한 형태로 출현하므로 위 기준은 시대에 맞지 않는다.[41] 그리하여 본조 제2항은 '합리적 인간'이라는 새로운 객관적 기준을 제시한다. 계약 해석은 법원이 담당하므로, 실질적으로는 '신중한 법원'이 기준이 될 것으로 보인다.[42]

그러나 개정에도 불구하고 여전히 모호한 부분이 있다.[43] 본조 제2항은 "동일한 상황에 처한 합리적인 사람이 부여하였을 의미를 따른다."고 규정하는데, 여기서 '합리적인 사람'이란 누구인가? 근본적으로 '단수형의 사람(une personne)'이 '복수의 당사자(des parties)'가 의사를 교환하여 계약을 체결한 동일한 상황에 처한다는 가정이 성립할 수 있는가 하는 문제가 제기된다.[44] 모호함은 있지만 본조 제2항의 의미는 제1항이 규정하는 일반 원칙으로부터 도출하여야 한다.[45] 즉, 법원은 합리적인 사람의 견해로부터 계약서의 내용상 가능한,

---

36) Cass., 2 févr. 1808 : GAJC, n° 159.
37) G. Chantepie et M. Latina, op. cit., n° 502, p. 448.
38) Th. Douville, op. cit., p. 170-171(Aude-Solveig Epstein).
39) Th. Douville, op. cit., p. 170-171(Aude-Solveig Epstein).
40) O. Deshayes, Th. Genicon et Y.-M. Laithier, op. cit., p. 417.
41) G. Chantepie et M. Latina, op. cit., n° 504, p. 450.
42) F. Chénedé, op. cit., n° 24.33, p. 135
43) G. Chantepie et M. Latina, op. cit., n° 503, p. 450; O. Deshayes, Th. Genicon et Y.-M. Laithier, op. cit., p. 418.
44) O. Deshayes, Th. Genicon et Y.-M. Laithier, op. cit., p. 418.
45) O. Deshayes, Th. Genicon et Y.-M. Laithier, op. cit., p. 418.

당사자가 가장 원했을 만한 것을 찾아야 한다.[46] 본조 제2항은 유럽계약법원칙 (PECL) 제5:101조 및 퀘벡 주 민법 제1426조와 달리 '합리적'을 판단할 만한 요소를 구체화하지 않는다.[47] 경제적 상황, 거래의 특성, 이전 거래의 존부, 계약 당사자의 역량, 교섭 기간 등을 고려하여 '동일한 상황'인지 파악할 수 있을 것이다.[48]

본조는 계약 해석의 일반 원칙으로, 다른 조항에 우선한다.[49] 당사자들이 계약을 체결하였음에도 계약서의 의미가 불분명하다는 이유로 당사자들이 진정으로 바라던 바를 법원이 판단하여 법을 적용할 수 없다면, 제1102조가 규정하는 '계약의 자유'는 무의미해진다.[50] 본조의 우선적 지위는 사적자치원칙에 기반한다.[51]

Article 1189 Toutes les clauses d'un contrat s'interprètent les unes par rapport aux autres, en donnant à chacune le sens qui respecte la cohérence de l'acte tout entier.

Lorsque, dans l'intention commune des parties, plusieurs contrats concourent à une même opération, ils s'interprètent en fonction de celle-ci.

제1189조 ① 모든 계약 조항은 전체 법률행위의 정합성을 존중하는 의미를 각 조항에 부여하면서, 서로 연관되어 해석된다.

② 당사자 공통의 의사에 비추어, 복수의 계약이 동일한 거래에 공조하는 경우 이들 계약은 이 거래에 의거하여 해석된다.

[해제] 본조는 계약 해석의 정합성에 관한 규정이다. 계약은 전체 거래의

---

46) O. Deshayes, Th. Genicon et Y. M. Laithier, *op. cit.*, p. 418.

47) 입법자들이 입법의 필요성이 없었다고 파악한 견해로는 F. Chénedé, *op. cit.*, n° 24.33, p. 135. 다만, 저자는 이러한 요소들이 법원의 어떤 지침이 될 수 있다고 본다.

48) O. Deshayes, Th. Genicon et Y.-M. Laithier, *op. cit.*, p. 418.

49) O. Deshayes, Th. Genicon et Y.-M. Laithier, *op. cit.*, p. 418.

50) O. Deshayes, Th. Genicon et Y.-M. Laithier, *op. cit.*, p. 418.

51) 당사자의 표시행위가 비록 사회적으로 또는 거래상 일정한 객관적 또는 정형적 의미를 가지고 있다고 할지라도, 당사자가 일치하여 그 표시행위를 특별히 다른 의미로 이해하였다고 평가된다면, 그 의미대로 법률행위의 내용을 확정하여야 하는 것이 사적자치원칙의 당연한 요구이다. 나아가 표시행위의 객관적 의미를 통하여 당사자의 의사를 확정하는 규범적 해석에 있어서도 표시행위에 당사자가 표시행위에 부여한 객관적 의미대로 효력을 인정하는 것이므로, 규범적 해석의 근거도 자기결정이자 동시에 자기책임이다.

목적에 비추어 논리적으로 일관되게 해석하여야 한다. 제1항은 개정 전 제1161
조를 보다 그 의미가 명확하도록 수정한 조문이고, 제2항은 신설되었다.

  본조 제1항은 단일 계약을 구성하는 각 조항들 사이의 정합성을 요구한다.
계약을 구성하는 각 조항은 고립된 것이 아니고,[52) 계약은 여러 조항들의 단순
한 묶음도 아니다. 계약은 일정한 목적 달성을 위하여 필요한 구체적인 권리와
의무를 조항의 형태로 구성한 법률행위이다.[53) 계약 안에는 하나의 일관된 논
리가 있으므로, 각 조항은 위 논리와 그로부터 파생된 의미에 기초하여 각 조항
들의 상호연관성 속에서 해석되어야 한다. 이를 계약의 '전체적 해석
(interprétation globale)'이라고 부른다.[54) 사실 이러한 해석 방법은 입법 전부터
판례에서 '변질 해석 금지 원칙'의 형태로 활용되었다.[55) 각 조항을 다른 조항
과 연관하여 해석하여야 한다는 원칙은 특히 보험계약의 일반 및 특약 조건에
서 잘 드러난다.[56) 특약 조건이 일반 조건에 우선한다는 제1119조 제3항은 실
질적인 갈등을 해결하지 못한다.[57)

  본조 제2항은 하나의 큰 거래(opération)를 위하여 수개의 계약이 체결되는
경우, 이들 계약의 해석에 관한 규정이다. 당사자 사이에 체결되는 여러 계약이
모두 하나의 거래를 위한 것이라면, 이들 계약은 당사자들이 의도한 거래에 흐
르는 논리적 정합성을 기반으로 해석되어야 한다. 판례는 민법전 개정 이전부
터 a라는 별개의 계약을 그와 연관된 b계약의 해석 요소로 활용하였다.[58) 특히,
구 프랑스소비법전 제L.132-1조 제5항 후문[59)이 다소 모호하게 전체 거래를 언

---

52) Th. Douville, *op. cit.*, p. 171(Aude-Solveig Epstein).
53) G. Chantepie et M. Latina, *op. cit.*, n° 505, p. 451.
54) O. Deshayes, Th. Genicon et Y.-M. Laithier, *op. cit.*, p. 421; Th. Douville, *op. cit.*, p.
    171(Aude-Solveig Epstein).
55) Civ. 1re, 5 févr. 2002, n° 00-10.250.
56) Civ. 1re, 22 nov. 1988, n° 87-12.320. 우리나라에서 보험약관의 용어풀이와 일반조항
    에 관한 대판 1990. 5. 25. 89다카8290 판결은 이러한 해석 원칙을 취하였다고 한다.
57) G. Chantepie et M. Latina, *op. cit.*, n° 505, p. 451.
58) Civ. 1re, 13 oct. 1965. 별개로 간주되는 1956. 7. 12.자 매매계약이 분명하고 명확하다
    고 보임에도, 1958. 2. 8.자 법률행위와 같은 위 매매계약 후의 약정과 비교하면 모호
    함이 발생한다. 따라서 위 각 법률행위에 사용된 규정으로부터 당사자의 진실된 의사
    를 추출하는 것은 사실심 법원의 임무이다.
59) 현행 프랑스소비법전 제L.212-1조 제2항이 이에 해당한다. 현 조항은 프랑스민법전 개
    정을 반영하고 조문의 표현을 다듬은 외에는 개정 전 프랑스소비법전 제L.132-1조 제
    5항의 내용과 크게 다르지 않다.

급하고 있음에도,[60] 프랑스소비법전 관련 분쟁에서 이러한 해석을 활용하였다.[61]

제2항이 적용되기 위해서는 두 요건이 필요하다. 첫째, 복수의 계약이 '하나의 큰 거래'에 공조하여야 한다. '거래'의 의미는 명확하지 않으나, 법원은 당사자들의 일반적인 경제 활동을 고려할 수 있다. 소비대차계약과 그 변제를 담보하는 담보권설정계약이 그 예이다.[62] 또 다른 예는 피보증채무의 변제기에 관한 조항을 고려하여 그를 위한 보증계약의 기한 조항을 해석하는 것이다.[63] 두 번째 요건은, 당사자에게 복수의 계약을 하나의 큰 거래를 위해 설정한다는 '공통 의사'가 있어야 한다는 것이다.[64] 공통 의사라는 측면에서 본조 제2항은 제1188조와 연결된다.[65] 하나의 큰 거래를 설정한다는 당사자의 공통 의사가 없는 한 본조 제2항은 적용될 수 없다.[66] 다시 말해, 법원은 당사자의 공통 의사보다 계약 전체의 공조를 우선시할 수 없다.[67]

요약하여 말하면, 계약은 전체 거래를 이해하여 해석되어야 하고, 하나의 계약을 이루는 다른 조항 그리고 전체 거래를 구성하는 다른 계약의 다른 조항과 조화롭게 해석되어야 한다.[68]

프랑스소비법전 제L.212-1조 제2항은 "프랑스민법전 제188조, 제1189조, 제1191조 및 제1192조의 적용범위를 침해하지 않는 범위에서, 남용 조항인지는 계약 체결을 둘러싼 모든 상황과 계약의 다른 조항을 고려하여 판단된다. 또한 두 계약이 법률적으로 체결과 실행에 연관되는 경우 다른 계약에 담긴 계약 조항도 고려하여 판단된다."라고 규정한다.

60) O. Deshayes, Th. Genicon et Y.-M. Laithier, *op. cit.*, p. 420; Th. Douville, *op. cit.*, p. 171(Aude-Solveig Epstein).

61) 매매와 신용대출 사이의 상호 연관에 관한 Civ. 1re, 28 oct. 2015, n° 14-11.498.

62) O. Deshayes, Th. Genicon et Y.-M. Laithier, *op. cit.*, p. 420.

63) O. Deshayes, Th. Genicon et Y.-M. Laithier, *op. cit.*, p. 421.

64) O. Deshayes, Th. Genicon et Y.-M. Laithier, *op. cit.*, p. 420.

65) G. Chantepie et M. Latina, *op. cit.*, n° 505, p. 452.

66) O. Deshayes 등의 입장은 조금 상이한데, 동일한 당사자 사이에 복수의 계약이 체결된 경우 당사자들은 그 모든 계약을 고려하는 의사가 있었을 것이라는 점을 강조한다[O. Deshayes, Th. Genicon et Y.-M. Laithier, *op. cit.*, p. 421].

67) O. Deshayes, Th. Genicon et Y.-M. Laithier, *op. cit.*, p. 421.

68) G. Chantepie et M. Laitna, *op. cit.*, n° 505, p. 452.

> Article 1190 Dans le doute, le contrat de gré à gré s'interprète contre le
> créancier et en faveur du débiteur, et le contrat d'adhésion contre celui qui l'a
> proposé.
> 제1190조 의미가 불분명한 경우, 교섭계약은 채권자에게 불리하고 채무자에게 유리하
> 게 해석되어야 하고 부합계약은 제안한 자에게 불리하게 해석되어야 한다.

[해제] 본조는, 계약의 의미가 불분명한 경우, '강자에게 불리, 약자에게
유리'하게 해석해야 한다는 지침을 규정한 것이다.[69] 이 지침은 개정 전 프랑
스민법전에서도 규정되어 있었다. 개정 전 제1162조는 "불분명한 경우, 계약은
조항을 작성한 자에게 불리하고 그 채무를 받아들여 계약을 체결한 자에게 유
리하도록 해석되어야 한다."고 규정하였다.[70] 본조는 이를 현대 계약 체결의
특성에 맞게 수정한 것으로, 캐나다 퀘벡 주 민법전 제1432조의 영향을 받았
다.[71]

오늘날 계약 체결의 모습은 크게 두 가지로 구별된다. 하나는 계약 일반이
론에 따라 당사자들이 자유로운 논의를 거쳐 그 권리(채권)와 의무(채무)를 정하
여 체결하는 것이고, 다른 하나는 일방 당사자가 독자적으로 장래 계약의 내용
에 해당할 수 있는 조항들을 미리 정하고 타방 당사자는 이에 동의하는 형식으
로 계약을 체결하는 것이다.[72] 프랑스에서 전자를 'contrat de gré à gré'(교섭계
약)[73]이라고 하고, 후자를 'contrat d'adhésion'(부합계약)이라고 한다.

쌍무계약에서 당사자는 채권자인 동시에 채무자가 되므로, 개정 전 제1162
조의 '그 채무를 받아들여 계약을 체결한 자에게 유리하게'라는 부분과 '계약을
작성한 자에게 불리하게'라는 부분이 서로 일치하지 않을 수 있다.[74] 특히 에너

---

69) F. Chénedé, *op. cit.*, n° 24.41, p. 135.
70) 개정 전 프랑스민법전의 '작성자불리해석의 원칙'은 로마법에 근거를 두고 있다. 로마
법에서 계약의 체결은 의식에 가까울 정도로 형식에 따라 엄격히 이루어졌다. 채권자
가 약정자(stipulant)로서 채무자에게 질문을 하면 채무자가 응답자(promettant)로서 질
문에 대하여 동일한 문구로 대답을 하는 형식으로 계약이 체결되었다. 채권자가 약정
자로서 지위를 가졌던 관계로 작성자(약정자)불리해석의 원칙으로 불리웠다.
71) G. Chantepie et M. Latina, *op. cit.*, n° 508, p. 453.
72) G. Chantepie et M. Latina, *op. cit.*, n° 507, p. 453; Th. Douville, *op. cit.*, p.
172(Aude-Solveig Epstein).
73) 교섭계약의 정의는 제1110조 제2항 참고.
74) Th. Douville, *op. cit.*, p. 172(Aude-Solveig Epstein).

지공급계약, 통신계약과 같은 부합계약에서 역무를 제공받은 채권자를 계약의 작성자라고 단정할 수도 없어,[75] '계약을 작성한 자=채권자'라는 개정 전 프랑스 민법전이 가정하는 상황은 적용될 수 없다. 이에 프랑스민법전 개정 전부터 법원[76]은 부합계약에서 '작성하였다'는 표현을 현대적 의미의 '제안하였다'는 의미로 해석하였다.[77] 본조는 부합계약에 관한 내용을 추가하고 표현의 모호함을 해소하여, "의미가 모호한 경우, 교섭계약은 채무자에게 유리하게, 부합계약은 이에 동의한 자에게 유리하도록 해석되어야 한다."고 규정한다.

하지만 표현의 차이에도 불구하고 교섭계약의 해석에 관한 내용이 크게 바뀐 바 없다. 따라서 개정 전 제1162조가 사실심 법원을 구속하지 않는다는 파기원의 입장[78]은 본조에서의 교섭계약과 관련하여 계속 유지될 것이다.[79]

이와 달리 부합계약을 해석함에 있어서는 객관적이고 공통적인 해석을 할 필요가 있다. 그 이유는 첫째, 부합계약의 특성상 당사자의 공통된 의사를 도출하기 쉽지 않기 때문이다.[80] 둘째, 행정청의 승인을 받은 전형계약이나 집단적 합의[81]의 경우 통일적 해석을 할 필요도 존재한다.[82] 사건마다 다른 해석이 정당화되는 경우는 당사자들이 자유로이 교섭한 일부 개별 조항이 있을 때뿐이다.[83] 파기원이 사실심 법원의 계약 해석에 관하여 통제하는 경우는 드물다.[84] 그럼에도, 파기원은 "소비자에게 유리하게 해석되어야 한다."는 프랑스소비법전 제L.211-1조를 적용함에 있어, 이 규정이 사실심 법원을 구속한다고 판단하였다.[85] 이를 부합계약에도 적용하면, 본조 후단은 법원에 대한 구속력이 있다고 해석될 수 있다.[86]

---

75) F. Chénedé, *op. cit.*, n° 24.41, p. 13.

76) Civ. 1re, 22 oct. 1974.

77) F. Chénedé, *op. cit.*, n° 24.41, p. 135; O. Deshayes, Th. Genicon et Y.-M. Laithier, *op. cit.*, p. 423; Th. Douville, *op. cit.*, p. 172(Aude-Solveig Epstein).

78) Com., 3 févr. 1987, n° 85 12.570.

79) G. Chantepie et M. Latina, *op. cit.*, n° 508, p. 454.

80) G. Chantepie et M. Latina, *op. cit.*, n° 508, p. 454.

81) Ass. plén., 6. févr. 1976, n° 74-40,223.

82) G. Chantepie et M. Latina, *op. cit.*, n° 508, p. 454.

83) G. Chantepie et M. Latina, *op. cit.*, n° 508, p. 454.

84) Civ. 1re, 22 oct. 1974; 통제하는 경우는 Civ. 1re, 2 mai 1990, n° 87-18.835.

85) Civ. 1re, 21 janv. 2003, n° 00-13.342.

86) G. Chantepie et M. Latina, *op. cit.*, n° 508, p. 454; O. Deshayes, Th. Genicon et Y.-M. Laithier, *op. cit.*, pp. 423-424.

본조가 적용되기 위해서는 '의미가 불분명한 경우'에 해당하여야 한다. 그런데 계약의 해석이 문제되는 경우는 모두 계약 내용의 의미가 불분명한 경우이다. 따라서 계약 해석이 문제되는 모든 경우에 본조를 적용한다고 보면, 이 규정은 본장의 모든 규정에 우선하여 적용된다. 계약 자유의 원칙상 본조를 당사자의 공통 의사보다 우선시하는 것은 부당하다.[87] 오히려 이는 제1188조가 규정하는 계약해석의 일반원칙과 연결하여 이해하여야 한다.[88] 즉, 본조의 '의미가 불분명한 경우'란 당사자의 공통 의사를 파악할 수 없고 합리적인 사람이 부여하였을 의미도 파악할 수도 없는 경우라고 보아야 한다.[89] 이 점에서 본조는 보충적이다.[90]

Article 1191 Lorsqu'une clause est susceptible de deux sens, celui qui lui confère un effet l'emporte sur celui qui ne lui en fait produire aucun.
제1191조 한 조항이 두 가지 의미로 해석될 수 있는 경우, 그 조항에 효력을 부여하는 의미가 그 조항에 아무 효력도 발생시키지 않는 의미에 우선한다.

[해제] 본조는 개정 전 제1157조를 보다 명료하게 수정한 조문이다. "한 조항이 두 가지 의미로 해석될 수 있는 경우, 그 조항에 아무 효력도 발생시키지 않는 의미보다는 그 조항에 효력을 부여하는 의미로 해석하여야 한다."고 규정하던 개정 전 조문에 비해 본조는 직접적인 표현을 사용한다. 그러나 여전히 다음과 같은 의문이 남는다.

첫째, '우선한다'는 문언으로부터 본조가 법원을 구속한다는 결론을 도출할 수 있는가? 이는 본질적으로는 계약 해석지침의 규범성과 연결된다.[91] 본조는 당사자들은 자신들이 합의한 계약조항이 무효가 되기를 원하지 않을 것이라는 측면에서 정당화된다.[92] 그러나 현실에서는 당사자 사이에 교섭되지 않는 계약

87) F. Chénedé, op. cit., n° 24.43, p. 136.
88) O. Deshayes, Th. Genicon et Y.-M. Laithier, op. cit., p. 424.
89) F. Chénedé, op. cit., n° 24.43, p. 137; G. Chantepie et M. Latina, op. cit., n° 508, p. 454; O. Deshayes, Th. Genicon et Y.-M. Laithier, op. cit., p. 424.
90) O. Deshayes, Th. Genicon et Y.-M. Laithier, op. cit., p. 424.
91) O. Deshayes, Th. Genicon et Y.-M. Laithier, op. cit., p. 427.
92) O. Deshayes, Th. Genicon et Y.-M. Laithier, op. cit., p. 427; Th. Douville, op. cit., p. 174(Aude-Solveig Epstein).

조항이 많기에 앞서와 같은 긍정적인 가정은 허상이다. 그러므로 본조는 법원에게 당사자의 의사 해석과 관련한 조언 정도일 뿐이다.[93] 소송당사자 일방이 사실심 법원이 이 지침을 따르지 않았다고 파기원에 상고하여도, 그 주장이 받아들여지기는 힘들 것이다.[94]

둘째, 본조와 다른 조문의 관계가 문제된다.[95] 본조는 다른 조문에 우선할까 아니면 다른 조문이 적용된 후에 적용될까? 앞서 본 바와 같이 본조는 당사자가 그들이 합의한 계약 조항이 무효가 되기를 원하지 않을 것이라는 전제에서 출발하므로, 이러한 전제가 성립할 수 없다면 본조는 적용될 수 없다.[96] 결국, 본조는 계약 해석의 일반지침에 해당하는 제1188조를 적용함에 있어, 당사자의 공통 의사를 파악하는 하나의 방법에 불과하다.[97]

Article 1192 On ne peut interpréter les clauses claires et précises à peine de dénaturation.

제1192조 누구든지 명확하고 정확한 조항을 해석함으로써 그 의미를 변질시켜서는 안 된다.

[해제] 본조는 해석의 한계로서 '변질 해석 금지'(l'interdiction de la dénaturation)를 규정한다. 이는 개정 전 프랑스민법전에는 없었던 해석지침으로서, 1872년 이후의 파기원의 판시[98]에 따라 2016년 개정시에 신설되었다.[99]

변질 해석 금지 원칙이란 의미가 명료한 조항은 문구 그대로 해석하여야 하고 다른 의미로 해석되어서는 아니 된다는 해석지침이다.[100] 이는 계약의 명료하다면 해석이 필요 없다는 점에 근거를 둔다.[101] 계약의 의미가 명확하다면,

---

93) O. Deshayes, Th. Genicon et Y.-M. Laithier, *op. cit.*, p. 427.

94) O. Deshayes, Th. Genicon et Y.-M. Laithier, *op. cit.*, p. 427.

95) G. Chantepie et M. Latina, *op. cit.*, p. 427.

96) G. Chantepie et M. Latina, *op. cit.*, p. 427.

97) G. Chantepie et M. Latina, *op. cit.*, p. 427.

98) Civ., 15. avr. 1872, *DP* 1872, 1, 176.

99) G. Chantepie et M. Latina, *op. cit.*, n° 508, p. 454(G. Chantepie 등은 이를 '판례의 입법화'라 표현한다); Th. Douville, *op. cit.*, p. 174(Aude-Solveig Epstein).

100) G. Chantepie et M. Latina, *op. cit.*, n° 510, p. 456.

101) G. Chantepie et M. Latina, *op. cit.*, n° 510, p. 456. "Interpretation cessat in claris"라는 오래된 법언과 관련이 있다.

법원은 당사자의 의사에 따라야 한다.102) 당사자가 합의한 계약 내용도 법원이 해석이라는 명목으로 왜곡하기도 하나,103) 이는 계약의 구속력을 약화시키는 '변질 해석'이 되어 허용할 수 없다.104) 즉, '그 의미가 불분명하거나 모호한 조항'만이 법원의 계약의 해석 대상이다.105) 그리고 이는 제1188조의 '드러나지 않는,' 제1190조의 '불분명한' 및 제1191조의 '두 가지 의미로 해석될 수 있는 경우'라는 문구와도 일맥상통한다.106)

　　파기원은 그동안 계약 해석은 사실심의 전권 사항이라고 하면서도, '의미가 분명하거나 명료한 조항은 해석의 대상이 아니'라고 함으로써 사실심 법원의 계약 해석을 통제하였다.107) 특히 20세기 이후 파기원은 통일적 해석을 위하여 전형계약 내지 부합계약의 계약 조항을 작성자에게 불리하게 해석하여 왔는데, 학계, 변호사 및 판사들은 파기원의 위와 같은 권한에 의문을 제기하였다.108) 그동안 파기원의 계약 해석 권한의 범위는 명확하지 아니하였으나, 이에 대해서 이번 민법 개정으로 입법이 이루어지지 아니하였다.109) 오히려 프랑스 사법조직법 제L.441-1조를 개정하는 2015. 8. 6.자 법률(일명 마크롱법)에 의하여 중대한 변화가 이루어졌다.110) 위 법률111)은 다수 소송과 관련하여 심각하게 어려움을 야기하는 약정 내지 집단적 합의의 해석에 관하여 사실심 법관이 파기원의 견해를 물을 수 있도록 규정한다.

---

102) Civ., 12. janv. 1938, *DH* 1938. 197.
103) O. Deshayes, Th. Genicon et Y.-M. Laithier, *op. cit.*, p. 428. 우리 대법원의 처분문서의 문언해석을 강조하는 일련의 판례(대판 2002. 2. 26. 2000다48265 등)도 이와 유사하다.
104) F. Chénedé, *op. cit.*, n° 24.21, p. 134; G. Chantepie et M. Latina, *op. cit.*, n° 512, p. 457; O. Deshayes, Th. Genicon et Y.-M. Laithier, *op. cit.*, p. 428.
105) F. Chénedé, *op. cit.*, n° 24.21, p. 134; G. Chantepie et M. Latina, *op. cit.*, n° 511, p. 456.
106) G. Chantepie et M. Latina, *op. cit.*, n° 510, p. 456.
107) G. Chantepie et M. Latina, *op. cit.*, n° 510, p. 456; O. Deshayes, Th. Genicon et Y.-M. Laithier, *op. cit.*, p. 428.
108) F. Chénedé, *op. cit.*, n° 24.21, p. 134; Ph. Malurie, L. Aynès et Ph. Stoffel-Munck, *op. cit.*, n° 773, p. 420(다만 저자는 집단적 합의의 경우에는 파기원의 권한 범위 내라고 주장한다).
109) F. Chénedé, *op. cit.*, n° 24.21, p. 134.
110) F. Chénedé, *op. cit.*, n° 24.21, p. 134.
111) 개정 전 사법조직법 제L.441-1조는 '다수 소송과 관련하여 심각한 어려움을 야기하는 신법(droit nouvelle)과 관련한 문제'에 관한 판단에 앞서 파기원에 의견 조회를 할 수 있을 뿐이었다. 이번 입법으로 하급심은 '법률'뿐 아니라 '계약 해석'에 관한 의견 조회를 할 수 있게 되었다.

근본적으로 계약의 해석지침을 입법화하는 것은 그리 쉬운 문제가 아니다. 앞서 살펴본 바와 같이 계약의 해석지침이 불필요하다는 지적이 있었다. 보다 근본적으로는 당사자와 법원[112] 중 누가 합법적으로 해석할 권한이 있는가 또한 법원이 계약을 해석할 권한이 있다면 그 재량의 범위는 무엇인가. 본조 및 이 장은 침묵한다.[113] 당사자들이 법원이 제시하는 해석과 다른 해석을 채택할 수 없는 근거는 명확하지 않다.[114] 입법자들은 법원의 해석 권한을 제한하는 본조를 당사자의 의사를 우선하는 제1188조 바로 다음에 위치하는 대신 이 장의 마지막에 두어,[115] 이 문제에 대하여 답하지 않았다.[116]

[강 윤 희]

---

112) 나아가 법원 내에서도 사실심 법원과 파기원 중 누구에게 이를 판단할 권한이 있는가와도 관련된다는 견해는 F. Chénedé, *op. cit.*, n° 24.21, p. 134.

113) F. Chénedé, *op. cit.*, n° 24.22, p. 134; G. Chantepie et M. Latina, *op. cit.*, n° 509, p. 455.

114) G. Chantepie et M. Latina, *op. cit.*, n° 509, p. 455.

115) 계약 해석의 범주 및 요건을 설정한다는 측면에서 본조의 위치를 제1188조 앞에 두어야 한다는 견해도 있다(F. Chénedé, *op. cit.*, n° 24.21, p. 133).

116) G. Chantepie et M. Latina, *op. cit.*, n° 509, p. 455.

Chapitre IV Les effets du contrat
제4장 계약의 효력

[해제] 개정 전 프랑스민법전이 채무(obligation)의 효력을 규정한 것에 비해, 본장은 "계약의 효력"을 규정한다. 계약은 "채무를 발생, 변경, 이전 또는 소멸시키는 것을 목적으로 하는 2인 또는 수인 사이의 의사의 합치"(제1101조)이므로 계약의 구속력은 채무 발생에 한정되지 않는다. 그러므로 본장은 계약의 이전적 효력이나 계약의 기간에 관한 조문을 포함하고 있다.

본장에는 49개의 조문이 있는데, 계약의 성립에 관한 제2장이 82개 조문인 것에 비하면 조문 수가 적다. 본장은 계약의 당사자 간의 효력(제1절), 계약의 제3자에 대한 효력(제2절), 계약의 기간(제3절), 계약의 양도(제4절), 계약의 불이행(제5절)을 순서대로 다룬다. 이러한 학술적 구성은 법조문에 대한 접근성과 명료성을 개선하고자 하는 목표에 부합하는 것이다.

Section 1 Les effets du contrat entre les parties
제1절 계약당사자 사이의 효력

[해제] 계약의 당사자 사이의 효력에 관한 본절은 두 부속절로 나뉜다. 제1부속절은 계약의 구속적 효력에 관한 절이며 제2부속절은 계약의 이전적 효력에 관한 절이다. 모든 계약에는 제1부속절이 규정하는 구속적 효력이 있다. 제2부속절의 이전적 효력은, 구속적 효력과는 달리, 특정 계약에만 관련이 있다. 본절에 계약의 채무발생효(effet obligationnel)에 관한 규정을 두지 않은 데 대해 아쉬움을 표하는 견해[1]가 있다.

---

1) G. Chantepie et M. Latina, *op. cit.*, n° 514, p. 460.

Sous-section 1   Force obligatoire

제1부속절   구속적 효력

[해제] 구속적 효력에 관한 본부속절에는 세 개의 조문이 있다. 그런데 엄밀히 말하면, 이 중 어느 조문도 계약의 구속적 효력의 원칙을 선언하는 조문은 아니다. 원칙을 선언하는 조문은 제1장(통칙)에 있는 제1003조인데, 그에 따르면 "적법하게 성립한 계약은 이를 체결한 당사자에 대하여 법률에 갈음한다." 본부속절은 이 원칙에서 파생되는 효과 및 예외를 규정한다.

먼저 계약의 구속적 효력의 결과 계약은 당사자 일방의 의사에 의해 수정되거나 종료될 수 없으며(제1193조) 계약내용은 당사자들의 의사로부터만 도출되는 것이 아니라 법률이나 관행 또는 형평으로부터도 도출된다(제1194조)는 점을 규정한다. 그리고 구속적 효력에 대한 예외로서 사정변경의 원칙(제1195조)을 규정한다.

이 중 제1194조는 차라리 계약의 해석에 관한 제3장에 두는 편이 좋았을 것이라는 견해[2]가 있다. 이 조문에 해당하는 개정 전 조문(제1135조)을 계약의 '창조적 해석'을 가능하게 하는 규정으로 이해한 학자도 있었다는 점에서[3] 이 주장은 설득력이 있다.

Article 1193 Les contrats ne peuvent être modifiés ou révoqués que de leur consentement mutuel des parties, ou pour les causes que la loi autorise.
제1193조 계약은 당사자들의 상호합의 또는 법이 허용하는 사유에 의해서만 수정되거나 종료될 수 있다.

[해제] 본조는 개정 전 제1134조 제2항과 마찬가지로, 계약은 당사자의 상호합의에 의해서만 종료될 수 있음을 규정하고 이어서 계약의 수정도 마찬가지임을 덧붙인다.[4] 여기서 종료란 계약의 해제, 해지 등과 같이 계약을 종료시키

---

2) G. Chantepie et M. Latina, *op. cit.*, n° 515, p. 461.
3) F. Terré, Ph. Simler, et Y. Lequette, *Droit civil, Les obligations*, 11ᵉ éd., Dalloz, 2013, n° 453.
4) 본조는 개정 전 제1134조 제2항의 "합의(convention)"를 "계약(contrat)"으로 대체하였

는 일체의 사유를 말한다. 계약의 수정은 기한의 유예, 가격의 재산정, 인도 장소의 변경 등을 가리킨다. 계약의 불가침성(intangibilité)과 철회불가능성(irrévocabilité)이 있다고 하는 것은 일단 한번 체결된 계약은, 고유의 생명을 이어나감을 의미한다.[5] 계약의 불가침성과 철회불가능성이란 당사자 일방의 의사에 의한 불가침성과 종류불가능성으로 이해된다.[6]

개정 전 프랑스민법전과 비교하여 달라진 점은 다음 두 가지이다. 첫째, 법률이 허용하는 사유에 의한 계약 종료의 적용범위가 변경되었다.[7] 계약의 이행이 여전히 가능함에도 불구하고 사정변경의 경우에 계약을 종료시킬 권한을 법관에게 부여한 점(제1195조 제2항), 일방적 통지에 의한 계약의 해제를 인정한 점(제1224조, 제1226조), 나아가 기간의 정함이 없는 계약을 일방적으로 해지할 수 있도록 한 점(제1211조) 등이 대표적인 변경사항이다.

둘째, 당사자들의 상호합의 또는 법이 허용하는 사유에 의한 수정(modification)은, 개정 전부터 학설에 의하여 인정되던 것을 명문으로 규정한 것이다. 공통의 의사로 만든 것은 공통의 합의로 파기할 수도 있다. 개정 전 조문이 그에 관하여 아무런 언급이 없었으나 당사자들의 합의로 계약을 수정할 수 있음은 결코 의심의 여지가 없었다. 당사자들의 상호합의란 직접 계약을 수정하는 상호합의뿐만 아니라 상호합의에 의하여 일방에게 수정권을 부여하는 경우도 포함한다. 법률이 정한 방식에 따라야만 유효한 요식계약(contrat solennel, 제1109조 제2항)을 수정함에 있어서는, 방식의 일치라는 재판상 규율에 좇아[8] 계약의 성립에 필요한 동일한 방식을 갖추어야 한다. 그런데 채무의 대체에 의한 "경개"와 경개가 아닌 "계약의 수정" 간의 구별이 문제될 수 있다.[9] 법이 허용하는 사유에 의한 계약의 수정으로는, 당사자에 의한 대가의 일방적 결정(제1164조와 제1165조)을 생각할 수 있는데, 이 조문들은 파기원의 판례를 조문화한 것이다.

본조의 의의는 오히려 법관에 대한 계약의 불가침성과 철회불가능성에 있

는데, 이는 현행 제1101조가 계약을 대상으로 하는 것에 일치시키기 위함이다.

5) G. Chantepie et M. Latina, *op. cit.*, n° 517, p. 463.
6) G. Chantepie et M. Latina, *op. cit.*, n° 517, p. 463.
7) O. Deshayes, Th. Genicon et Y.-M. Laithier, *op. cit.*, p. 432.
8) Civ. 1ʳᵉ, 2 juin 1970, n° 68-14.147 : *JCP* G 1972. Ⅱ. 17095 note Dagot.
9) O. Deshayes, Th. Genicon et Y.-M. Laithier, *op. cit.*, p. 381.

다. 즉 법관은 법에서 허용한 사유가 아니면 계약을 수정하거나 종료시킬 수 없다. 전통적으로 프랑스에서는 법관은 계약의 내용에 개입하는 것이 금지되었는데, 2016년 개정시 법관은 일정한 권한을 부여받았다. 그리하여 법관은 남용적 대가를 수정할 수 있고(제1164조, 제1165조), 더 이상 존재하지 않거나 접근될 수 없는 지수를 대체할 수 있으며(제1167조), 부합계약에서 중대한 불균형이 있어 남용적이라고 인정되는 조항을 기재되지 않은 것으로 볼 수 있다(제1171조). 나아가 법관은 일방의 요청에 의해 사정변경에 따른 불균형한 계약을 수정하거나 종료시킬 수 있고(제1195조 제2항), 위약금 조항의 액수를 조정할 수 있고(제1231-5조), 채무의 성질과 당사자의 상황을 고려해서 기한을 확정할 수도 있다(제1305-1조 제2항).

이와 같이 법관에게 부여된 계약의 수정 내지 종료권한이 늘어나기는 하였으나, 계약의 전통적 개념을 고려할 때 법관의 계약에의 개입은 여전히 예외적이다. 계약은 오늘날에도, 개정 전 프랑스민법전 하에서와 마찬가지로, 법률이 명시적으로 허용하는 경우를 제외하고는 법관이 개입할 수 없는 영역이다.10)

Article 1194 Les contrats obligent non seulement à ce qui y est exprimé, mais encore à toutes les suites que leur donnent l'équité, l'usage ou la loi.
제1194조 계약은 표시된 것뿐만 아니라 형평, 관행 또는 법률이 그것에 부여하는 모든 사항에 대하여도 의무를 발생시킨다.

[해제] 본조는 개정 전 제1135조를 계승한 규정이다. 본조의 목적은 법관에게 계약을 변경하는 권능을 인정하는 것이 아니라 계약을 보충할 권능을 부여하는 것이다. 본조는 법관이 계약을 보충할 수 있는 요건을 명확하게 규정하는데, 다음 세 가지이다.

첫째, 계약상 표시된 것과 표시되지 않은 것이 구분되어야 한다. 법관은 계약에 표시되어 있는 사항은 변경하지 못하고, 표시되지 않은 사항에 대해서만 보충할 수 있다.

둘째, 계약내용이 부가되는 근거는 형평, 관행 또는 법률이다. 만약 어떠한 채무의 발생을 근거지울 수 있는 특정한 관행이나 법률이 존재한다면, 그 관행

---

10) G. Chantepie et M. Latina, *op. cit.*, n° 518, p. 438.

이나 법률을 적용하거나 해석하면 되므로 본조에 의한 우회는 불필요할 것이다. 따라서 본조의 실익은 특정한 규범이 결여된 경우 "형평"을 근거로 계약내용을 부가할 수 있다는 것이다.

셋째, 위 규범이 계약에 부여하는 "사항(suites)"을 부가한다. 개정 전 제1135조는 "채무의 성질에 따라 채무에 부여하는"이란 문구를 사용하였는데, 본조는 "그것에(leur) 부여하는"이란 표현을 사용한다. 이로 인한 실질적 변경은 없다는 평가도 있으나,[11] 위 규범이 사항을 채무에 부여하는 것이 아니라 계약에 부여한다는 점을 분명히 하였다고 평가된다.[12] 법관은 당해 계약내용을 고려하여 그 계약 안에서 선험적으로 발견되는 것으로써 계약을 보충한다. 그렇게 보충된 사항으로 유명한 것은 운송인에게 부과되는 안전의무,[13] 대주인 금융기관에게 부과되는 고객에 대한 주의의무,[14] 고지의무, 충고의무, 감독의무가 있다.

본조는 공적 질서에 관하여 아무런 언급을 하고 있지 않지만, 법관에 의해 보충되는 의무는 공적 질서에 해당할 수도 있고 그렇지 않을 수도 있다. 공적 질서에 해당할 경우에는 당사자는 약정으로 이러한 의무를 배제할 수 없다.[15]

본조에 의거하여 법관이 보충하였을지라도, 이러한 의무들은 본래 계약상 채무이다. 그러므로 그 위반시 계약불이행으로 인한 제재가 적용된다.

Article 1195 Si un changement de circonstances imprévisible lors de la conclusion du contrat rend l'exécution excessivement onéreuse pour une partie qui n'avait pas accepté d'en assumer le risque, celle-ci peut demander une renégociation du contrat à son cocontractant. Elle continue à exécuter ses obligations durant la renégociation.

En cas de refus ou d'échec de la renégociation, les parties peuvent convenir de la résolution du contrat, à la date et aux conditions qu'elles déterminent, ou demander d'un commun accord au juge de procéder à l'adaptation du contrat. A défaut d'accord dans un délai raisonnable, le juge peut, à la demande d'une

---

11) G. Chantepie et M. Latina, *op. cit.*, n° 518, p. 438.
12) O. Deshayes, Th. Genicon et Y.-M. Laithier, *op. cit.*, p. 434.
13) Civ., 21 nov. 1911 : *DP* 1911. I. 249.
14) Civ. 1re, 12 juill. 2005 : *Bull. civ.* I, n° 237.
15) G. Chantepie et M. Latina, *op. cit.*, n° 518, p. 438.

partie, réviser le contrat ou y mettre fin, à la date et aux conditions qu'il fixe.

제1195조 ① 계약의 체결 당시에 예견하지 못하였던 사정의 변화로 그 위험을 인수한 적이 없는 일방이 이행에 과도한 부담이 발생하는 경우, 자신의 상대방에게 재교섭을 요구할 수 있다. 그 일방은 재교섭 중에도 자신의 채무는 계속하여 이행하여야 한다.

② 재교섭이 거절되거나 실패한 경우 당사자들은 그들이 정한 날짜와 요건에 따라 계약을 해제할 것을 합의할 수 있고 또는 합의에 의하여 법관에게 계약을 조정하여 줄 것을 요구할 수 있다. 상당한 기간 내에 합의가 없을 경우 법원은 일방의 청구에 의하여 계약을 수정하거나 그가 정하는 날짜와 조건에 따라 계약을 종료시킬 수 있다.

[해제] 계약의 구속력의 원칙에 따르면 당사자는 상호합의가 없는 한 계약의 내용을 변경할 수 없고(제1193조) 법관도 이를 변경할 수 없다. 본조는 그에 대한 예외인 예견불능의 이론(théorie de l'imprévisibilité) 또는 사정변경의 이론을 도입한 규정이다. 본조는 개정 민법전이 이룩한 가장 큰 개혁 중의 하나이다. 이제 계약의 구속력은 끄라뽄 운하 사건에서 선언된 바와 같은 절대적인 불가침성을 의미하지 않는다.[16)]

본조는 계약 이행단계에서 발생한 계약의 중대한 불균형(déséquilibre)을 예견불능의 이론을 통하여 수정하여 계약적 정의(justice contractuelle)를 실현하고자 하는 규정이다. 예견불능의 이론은 만일 사물이 그대로 있었더라면, 즉 계약 체결의 기초가 되는 사정이 그대로라면 계약의 효력이 유지되지만 반대로 사정이 변경된다면 계약의 효력이 그대로 유지될 수 없다는 로마 교회법상의 효력유지약관(Clausula rebus sic stantibus)에 기원을 두고 있으며, 근대 유럽의 많은 나라에서 받아들여졌다. 즉 1794년 프로이센 일반란트법, 1811년 오스트리아민법, 1881년 스위스채무법에 명문화되었다. 프랑스에서는 예견불능이론을 받아들일지 여부에 대하여 찬성론과 반대론이 있었으나, 1804년 나폴레옹민법은 이에 대한 규정을 두지 않았다. 그 결과 프랑스는 유럽국가 중 거래안전의 보호를 이유로 예견불능의 이론을 수용하지 않는 유일한 국가로 남아 있었다.[17)]

---

16) O. Deshayes, Th. Genicon et Y.-M. Laithier, *op. cit.*, p. 436.

17) 다른 유럽국가의 법률에서 사정변경이론을 규정하고 있는 조문으로는, 독일민법 제242조, 이태리민법 제1467조, 네덜란드민법 제6.356조, 포르투갈민법 제437조 및 그리스민법 제388조 참조.

1876년 끄라뽄 운하(Canal de Craponne)의 판결에서, 파기원은 법관에게 계약 변경권을 인정한 하급심판결을 무효화하였다. 이 사건은 1567년, 즉 16세기에 체결된 계약에 의하여 확정되고 관개법에 의하여 지불되어야 할 운하 사용료를 3세기 지나 인상해 줄 것을 운하 소유자가 법원에 청구한 사건이다. 파기원은 계약의 불가침성(l'intangibilité des contrats)을 이유로 "아무리 형평에 부합한다고 할지라도 법원은 당사자들의 계약을 시간과 사정을 고려하여 변경하거나 자유롭게 합의한 조항을 새로운 조항으로 대체할 수 없다"고 판시하였다.[18] 이는 국사원(Conseil d'État)이, 1916년 보르도 가스회사(Gaz de Bordeaux) 판결에서 공역무의 계속성을 위해 예견불능의 이론을 인정한 이래,[19] 여러 사건에서 재정건전성을 이유로 위 이론을 수용한 것과 대비된다.[20]

이후 프랑스는 제1·2차 세계대전을 겪으면서 경제사정의 급격한 변화에 처하였다. 그럼에도 파기원은 근로계약, 가축임대계약에 있어서 석탄가격의 앙등에 따른 예견불능이론의 적용을 거부하는 입장을 고수하였다.[21] 한편, 프랑스 정치체제는 입법자의 전능을 인정하고 이를 금지하는 헌법규정도 존재하지 아니하므로, 법률로써 계약의 구속력을 폐기할 수 있다.[22] 그리하여 프랑스는 계약관계의 변경, 해소 혹은 유예를 규정한 특별법들을 제정하여 경제적 변동에 대처하였다. 가령, 제1차세계대전 후 1918년 제정된 Failliot법은,[23] 1914년 이전에 체결되어 그 이행이 채무자에게 극히 부담을 주는 계약을 해제할 수 있는 권한을 법관에게 부여하였다. 마찬가지로, 1949년 4월 23일 법률은, 1939년 9월 2일 이전에 체결된 계약의 해제를 선언할 권한을 법관에게 부여하였다.

다른 한편, 파기원은 개정 전 제1134조 제3항[24]을 적용하여 사정변경을 허

---

18) Civ., 6 mars 1876 : D. 1876. 1. 193.

19) Cons. d'État, 6 mars 1916 : DP 1916. 3. 25; S. 1916. 3. 17.

20) 행정판례는 일찍부터 예견불능의 이론을 수용하면서, 국사원은 부당한 위치에 놓인 일방 당사자를 보상을 통하여 보호하는 판결을 내렸다.

21) Civ., 4 août 1915 : DP 1916. 1. 22; S. 1916. 1. 17; Civ., 6 juin 1921 : S. 1921. 1. 193; Civ., 15 nov. 1933 : Gaz. Pal. 1934. 1. 68.

22) Henri, Léon et Jean Mazeaud, Leçon de droit civil, t. Ⅱ. Obligations, 9ᵉ éd. Montchrestien, 1998, n° 737, p. 861.

23) 1918년 1월 21일자 법률.

24) 개정 전 제1134조 제3항 : 계약은 신의성실의 원칙에 따라 이행되어야 한다.

용하는 판결을 내놓기 시작하며 변화의 조짐을 보였다. 먼저 1992년 2월 파기원 사회부는 Huard 판결에서, 근로계약에 관하여 "사용자는 근로계약을 성실하게 이행할 의무가 있고 근로관계의 전개에 따라 임금의 변경을 보장할 의무가 있다."고 판시하였고,25) 같은 해 11월 파기원 상사부 역시 "수수료를 변경하지 않은 당사자는 계약을 신의칙에 좇아 이행하는 자가 아니다."고 판시하였다.26) 그러나 2009년 3월 18일 파기원 민사부는 법관에게는 계약을 수정할 권한이 없음을 명시적으로 선언하였다.27)

의회는 2015년 수권법 제8조 제6호를 통하여, 예견불가능한 사정의 변화(le changement de circonstances imprévisible)를 이유로 계약을 적합하게 변경시키는 것을 허용하는 예견불능이론을 프랑스민법전에 도입하도록 하였다. 이로써 프랑스민법전도 유럽의 다른 나라의 민법전 및 유럽계약법원칙의 입장에 동참하여, 예견불능이론을 계약의 구속력을 변경할 수 있는 사유로 받아들이게 된 것이다.

본조는 예견불능이론이 적용되기 위한 요건으로 세 가지를 요구한다. 첫째, 계약 체결시에는 예견하지 못했던 사정의 변경이 발생하고, 둘째, 그로 인하여 일방 당사자의 이행에 과도한 부담이 발생하고, 셋째, 그 일방 당사자가 사정의 변경으로 인한 위험을 인수한 적이 없어야 한다(제1항 제1문). 세 요건을 차례로 설명한다.

첫째, 계약 체결시에는 예견할 수 없었던 사정의 변경이 발생하여야 한다. 계약체결시에 예견할 수 없었던 전쟁의 발생, 생태적 재난이나 지진의 발생, 신법의 적용, 가격의 하락 또는 주식시장의 대폭락, 원자재 가격의 앙등이나 무역장벽설치, 예전 기술의 낙후(신기술의 발전)으로 인해 계약의 운영이 혼란에 빠질 수 있을 것이다.28)

본조의 작용은 촉발시키는 사정은 채무의 이행을 과도한 부담으로 만드는 것인 반면, 불가항력(force majeure)에 해당하는 사건은 이행을 불가능하게 만드는 것(제1218조)이다. 법조문에 나타난 예견불능이론과 불가항력의 요건을 비교

---

25) Soc., 25. févr. 1992, n° 89-41.634 : *D.* 1992. 390.
26) Com., 3. nov. 1992, n° 90-18.547 : *JCP.* Ⅱ. 22164.
27) Civ. 3ᵉ, 18 mars 2009, n° 07-21.260 : *RTD civ.* 2009. 528 s.
28) G. Chantepie et M. Latina, *op. cit.*, n° 524, p. 473.

하면, 본조 제1항이 더욱 엄격한 표현을 사용하고 있다. 예견불능이론과 관련하여서는 "계약 체결시 예견할 수 없는(imprévisible) 사정의 변경"을 요구하는 반면, 불가항력과 관련하여서는 "계약 체결시 합리적으로 예측될(prévu) 수 없었던 사건의 돌발적인 발생"을 요구한다. 계약의 구속력의 예외로서 고안된 예견불능이론은 그 사정이 계약 체결시 "근본적으로" 예견할 수 없는 것인 때에만 적용되고, "합리적으로" 예견할 수 없는 것만으로는 부족하다.

둘째, 사정변경으로 인해 일방 당사자의 이행에 과도한 부담이 발생하여야 한다. 본조가 작용하도록 하는 사정은 이행을 단순히 더 어렵게 만드는 것만으로는 안 된다. 조문은 실제 "과도한"이라는 표현을 덧붙였다. 입법자는 유럽사법규정29)에 의해 고취된 떼레초안의 작성자들처럼, "그 이행이 더욱 부담스럽게 되더라도 그 채무를 이행할 책임이 있다."30)고 명확히 하지는 않았다. 그 결과 채무의 이행이 더욱 부담스러울지라도, 이행되어야 한다. 여기에서 채무의 이행이 과도하게 부담스러운 채무자는 마음대로 선택할 권리를 갖게 된다. 즉 채무자는 본조를 원용하여 불균형의 수정 또는 계약해제를 시도할 수도 있고 채권자가 자신을 상대로 청구한 강제이행에서 제1221조의 "채무자의 비용과 채권자의 이익 사이의 명백한 불균형"을 주장할 수도 있다. 나아가 이행이 불가능하다면, 채무자는 불가항력에 관한 제1218조를 주장할 수도 있다.31)

셋째, 당사자들 중 누구도 사정변경의 위험을 인수하지 않았어야 한다. 당사자 일방이 결과를 약속하는 데 그치지 않고 이를 보증한 경우, 그 계약은 법적으로는 사행계약이 아니라 할지라도 경제적으로는 사행적인 계약이다. 실무상 당사자 일방이 단순히 반대급부로 얻을 이익을 유지할 요량으로 위험을 받아들이는 경우가 종종 있다. 당사자 일방이 사정변경의 위험을 인수하기로 하는 계약조항은 세밀하게 작성되어야만 한다. 그 계약조항은 본조를 원용할 권리를 포기하는 방식을 취할 수도 있을 것이다. 그런데 계약조항이 모호해서 과연 당사자 일방이 위험을 묵시적으로 받아들인 것인지 여부가 문제될 수 있다. 이 때는 계약해석의 임무를 맡은 법관은 계약의 성질, 계약의 기간, 계약의 양태를 고려할 것이다. 더 나아가 부합계약(contrat d'adhésion)의 내용에 있어서는,

---

29) 유럽계약법원칙 제6:111조.
30) 떼레초안 제92조 제1항.
31) G. Chantepie et M. Latina, *op. cit.*, n° 526, p. 476.

상대방이 예견불가능한 위험을 받아들이기로 미리 규정한 조항은 심각한 불균형을 이유로 한 제재를 받을 수 있다.[32]

　이상의 세 요건이 갖추어지면, 일방 당사자는 상대방에게 재교섭을 요구할 수 있다(본조 제1항 제1문). 이 경우 상대방에게는 재교섭의 의무는 없고 재교섭의 자유가 있을 뿐이다. 사정의 변경으로부터 혜택을 얻는 자가 법적으로 재교섭에 응할 의무가 없다는 점은, 까딸라초안 및 떼레초안과 비교할 때, 독창적이다. 본조는 재교섭이 거절될 경우를 예견하면서, 자신의 상대방에게 재교섭을 요구할 수 있음을 분명히 한다. 달리 말하면, 재교섭의 거절은 자유이고, 개정 전 프랑스민법전 하에서 파기원이 종종 판시한 바와는 대조적으로, 그 거절이 어떠한 과책을 구성하지 않는다. 이처럼 재교섭의무를 부과하지 않은 것은 적절한 선택이었다. 만약 사정의 변경으로부터 혜택을 얻는 자가 피해자의 요구에 따라 재교섭에 응할 법정 의무를 부담한다면, 당사자들은 재교섭의 의사가 없을지라도 테이블에 마주 앉을 것이다. 단지 과책을 피하기 위해서 합의에 도달하겠다는 진정한 의사 없이 재교섭 시늉을 하다가 결렬될 것이다. 한편 재교섭 과정에서 당사자들은 신의칙에 따라 재교섭에 임할 의무가 있다는 규정을 두어야 한다는 견해[33]도 있다.

　그런데 계약의 이행을 과도한 부담으로 만드는 예견불가능한 사정이 발생하였어도 계약이 정지되지는 않는다는 점에 유의하여야 한다. 본조 제1항 제2문은 사정의 변경으로 인해 피해를 입는 당사자인 일방은 재교섭 과정 동안, 아무리 과도하게 부담스러울지라도 자신의 채무는 계속하여 이행하여야 함을 명확히 한다. 입법자는 이로써 "이행 지연으로 인한 분쟁"을 저지하고자 하는 것이다.[34] 상대방이 재교섭을 거절하거나 새로운 합의도출이 실패한 순간부터는, 피해자는 합법적으로 채무의 이행을 중단할 수 있다. 그런데 이 조문은 사정의 변경으로 인하여 혜택을 얻는 자의 지연술을 야기할 수 있다. 즉 재교섭을 거절하기보다는, 가능한 한 질질 끌고 오랫동안 계약의 이행으로부터 이익을 얻기 위하여, 재교섭을 승낙하려는 모양새를 취할 수 있다. 본조는, 까딸라초안이 제

---

32) 프랑스민법전 제1171조.
33) R. Cabrillac, 《Débats, Project d'ordonnance portant réforme du droit des contracts, l'article 1196: la porte entrouverte à l'admission de l'imprévision》, Revue des Contracts, 2015/3, p. 711.
34) Rapport au Président de la République의 제1195조에 대한 해설 참조.

안한 바와 같이[35] 계약 전 교섭을 다루고 있는 제1112조를 참조하지는 않는다. 그러나 재교섭과정에서 계약이 정지하지 않음을 이용하기 위해 재교섭을 하는 자는 제1104조의 신의칙에 기해 제재를 받을 것이다. 즉 교섭으로 인한 합리적 인 지연이 초과된다면, 침해된 당사자에 의해 주장된 계약의 재판상 조정의 결 과와는 별도로, 계약상 책임에 근거하여 손해배상책임을 부담할 수 있다.[36]

상대방에게 요청한 재교섭이 무산될 경우, 당사자들은 합의에 의하여 계약 을 종료하거나, 합의에 의하여 법원에 조정을 청구할 수 있다(제2항 제1문). 당 사자의 합의에 의한 요청이 있으면 법관은 계약의 해제뿐만 아니라 가격의 조 정, 기한의 유예 또는 어느 조항을 배제하는 등 조정을 할 수 있다. 그러나 상당 한 기간 내에 당사자의 합의가 없을 경우에는 당사자 일방의 청구만으로 법원 은 계약을 수정하거나 그가 정하는 날짜와 조건에 따라 계약을 종료시킬 수 있 다(본조 제2항 제2문).

본조는 공적 질서에 관한 규정이 아니다. 따라서 당사자가 사정의 변경에 관한 계약조항을 두지 않았을 경우에 보충적으로 적용될 뿐이다.[37] 그런데 2018년 변경법률 제8조는 프랑스통화금융법전 제L.211-40-1조를 신설하여 본 조에 대한 예외를 도입하였다. 이에 따르면, 프랑스통화금융법전 제L.211-1조 I. 에서 Ⅲ.에 언급된 금융계약 및 유가증권에 대한 거래로부터 발생한 채무에는 본조가 적용되지 않는다. 2018년 변경법률은 2018년 10월 1일부터 체결되거나 성립한 법률행위에 적용되므로, 프랑스통화금융법전 제L.211-40-1조의 대상이 되는 계약이라도 2016년 10월 1일부터 2018년 9월 30일 사이에 체결된 계약에 는 본조가 적용된다.[38]

Sous-section 2　Effet translatif
제2부속절　이전적 효력

[해제] 계약의 이전적 효력에 관한 본부속절은 개정 전 프랑스민법전에서 의 주는 채무(obligation de donner)에 관한 절을 대체하는 절이다. 주는 채무는

---

35) 프랑스민법전 제1135-3조.
36) G. Chantepie et M. Latina, *op. cit.*, n° 527, pp. 477-478.
37) O. Deshayes, Th. Genicon et Y.-M. Laithier, *op. cit.*, p. 438.
38) O. Deshayes, Th. Genicon et Y.-M. Laithier, *op. cit.*, p. 436.

의사합치에 의한 재산권이전 원칙과 양립할 수가 없기 때문에 삭제되었다. 이제 재산권의 이전은 계약의 법정 효력이며(제1196조),[39] 채무의 이행과는 아무런 관련이 없다. 주는 채무는 사라졌으나, 계약체결과 동시에 재산권이 이전한다는 원칙은 그대로 유지된다. 재산권이 이전하면 위험도 이전한다는 원칙도 그대로 유지된다. 물건을 인도할 의무를 지는 자는 물건을 보관할 의무도 부담하며(제1197조) 지체에 빠진 때에는 위험을 다시 부담할 수 있다. 끝으로 제1198조는 동산·부동산의 이중양도에서 양수인들 간의 갈등을 규율하는데, 동산을 선의로 먼저 점유한 자와 부동산에 대한 권리취득을 선의로 먼저 공시한 자를 우선시킨다.

Article 1196 Dans les contrats ayant pour objet l'aliénation de la propriété ou la cession d'un autre droit, le transfert s'opère lors de la conclusion du contrat.
Ce transfert peut être différé par la volonté des parties, la nature des choses ou une disposition de la loi.
Le transfert de propriété emporte transfert des risques de la chose. Toutefois le débiteur de l'obligation de délivrer en retrouve la charge à compter de sa mise en demeure, conformément à l'article 1344-2 et sous réserve des règles prévues à l'article 1351-1.
제1196조 ① 소유권 또는 기타 권리의 양도를 목적으로 하는 계약에서 권리의 이전은 계약의 체결시에 이루어진다.
② 권리의 이전은 당사자의 의사, 물건의 성질 또는 법률의 규정에 의하여 유예될 수 있다.
③ 소유권의 이전은 물건의 위험의 이전을 수반한다. 그러나 인도의무의 채무자는 제1344-2조에 따라 그리고 제1351-1조가 정한 규정의 경우를 제외하고 지체에 빠진 날부터 위험을 다시 부담하게 된다.

[해제] 본조는 계약의 이전적 효력과 물건의 위험의 이전에 관하여 규정하고 있다.

본조 제1항의 주요한 혁신은 프랑스민법전에서 주는 채무가 사라졌음을 확인해 주는 것이다. 개정 전 제1138조 제1항은 "물건을 인도할 채무는 계약당사

---

39) 계약의 이전효는 계약법 통칙과 물권법의 유기적 결합의 문제라는 점에서, 매우 중요하다. Pratiques Contractuelles, *Ce que change le réforme du droit des obligations*, Éditions Législatives, 2016. pp. 118 et suiv.

자의 합의만으로 완성된다."고 규정하였다. 이는 물건의 인도가 권리의 이전을 위하여 필요하다는 것을 전제로 하여 물건을 인도할 채무는 당사자의 합의만으로 완성된다고 규정한 것이었다. 그러나 본조 제1항은 물건의 인도의무와는 무관하게 계약의 이전적 효력을 규정하고 있다.[40] 본조 제1항에 의하면, 이전적 효력은 계약을 체결한 때에 이루어진다. 이로써 물건인도의무의 개입이 없는 완전한 '의사주의의 원칙(le principe du consensualisme)' 또는 '의사합치에 의한 권리이전의 원칙(le principe de transfert de propriété *solo consensu*)'이 확립된 것이다. 소유권의 이전은 주는 채무의 이행과는 관계없이 계약 체결시에 이루어지는 것이다. 이제 물건을 인도하는 채무는 물건의 이전과는 무관하게 순수하게 물건을 인도할 채무로 남게 되는 것이다.

나아가 본조 제1항이 있음으로써 제1583조의 의미가 명확하게 드러난다고 한다. "목적물이 아직 인도되지 않았거나 대금이 지급되지 않았더라도, 목적물과 대금에 대해 합의가 있는 경우, 매매는 당사자 사이에 완성되며 목적물의 소유권은 매도인과의 관계에서 매수인에게 이전된다."고 규정한 제1583조는 소유권 이전의 즉시성뿐만 아니라 자동성도 인정한 것이다.[41] 주는 채무는 "이론상 그리고 눈깜짝할 사이에" 발생하여 이행되는 것이 아니라, 엄격히 말해 일단 계약이 체결되면, 소유권이 이전되기 때문에 채무자가 할 일이 없다.

본조 제1항은 이전의 대상을 물건의 인도와 관련이 있는 소유권뿐만 아니라 그 밖의 권리에도 확장하고 있어, 모든 권리의 양도계약에 적용된다. 이와 관련하여 본조의 '소유권 또는 기타 권리의 양도를 목적으로 하는' 합의를 '계약'이라고 부를 수 있는가 하는 의문이 제기될 수 있다. 왜냐하면 제1101조에서 '채무를 발생, 변경, 이전 또는 소멸시키는 것을 목적으로 하는 2인 또는 수인 사이의 의사의 합치'를 계약이라고 했으므로, 이론상 물권의 이전을 목적으로 하는 계약은 제1101조상의 계약에 해당할 수 없기 때문이다. 즉, 이론상 물권의 이전은 '물권의 양도를 목적으로 하는 채무'의 이행의 효과, 즉, 물권계약의 효력이라고 볼 수 있기 때문이다. 그런데 본항은 계약의 체결시에 이전적 효력이

---

40) Rapport au Président de la République의 제1196조에 대한 해설에 따르면, "주는 채무와 작위 또는 부작위 채무의 구별을 폐지한 결과, 소유권의 이전은 합의의 교환에 따른 계약의 법정 효력(l'effet légal du contrat)으로 승격되었다."고 한다.

41) G. Chantepie et M. Latina, *op. cit.*, n° 533, p. 484.

발생한다고 규정하고 있기 때문에, '물권 자체를 이전하는 계약'이 필요 없게 되었다. 다시 말하면, '물권을 이전할 채무를 발생시키는' 계약의 이전적 효력으로 물권 자체가 이전되기 때문이다. 이러한 점은 추후 프랑스민법전 계약각칙의 개정이 있으면 명확하게 드러나게 될 것이다.

본조 1항은 보충적 규정으로서, 당사자에 의해 소유권의 이전 시기가 유예될 수 있다. 가령 대금을 완납하는 때에 소유권을 이전하겠다는 소유권 유보조항(clause de réserve de propriété)이 있다면 소유권의 이전시기는 당사자의 의사에 의해 유예된다. 본조 제2항은 권리이전은 당사자의 의사, 물건의 성질 또는 법률의 규정에 의하여 유예될 수 있음을 규정하고 있기 때문이다. 제2항은 의사주의 원칙에 대한 예외를 인정하는 것이다. 물건의 성질에 의한 유예의 예로는 종류물의 특정 시에 권리가 이전될 수밖에 없는 종류물의 매매를 들 수 있다. 법률규정에 의한 유예의 예로는, 공정증서에 의한 당해 건축물의 준공 확인에 의해 건축물의 소유권이 당연히 매수인에게 이전되는(제1601-2조) 건축중인 부동산의 기한부 매매(vente d'immeubles à construire à terme)를 들 수 있다.[42] 따라서, 소유권의 이전은 소유권유보조항이 있는 경우 대금을 완납하는 매수인의 행위에 의존하고, 종류물 매매의 경우 물건을 특정하는 매도인의 행위에 의존하고, 기한부매매의 경우 두 사람의 공정증서에 의해 건축물의 완성을 확인하는 행위에 의존하며 이 경우 소유권의 이전은 유예된 행위의 완성시에 자동적으로 이루어지는 것이다.[43]

개정 전 조문과 비교하여 보다 정확히 말하면, 이전효는 계약체결시 발생하는 것이지(solo contractu) 별도의 의사의 합치시 발생하는 것은 아니다(non solo con-sensu). 이 차이는 계약의 성립에 요식행위나 물건의 교부가 필요한 요물계약의 경우 잘 드러난다. 낙성계약이 아닌 요식계약이나 요물계약에서는 권리의 이전은 요식행위나 물건의 교부가 있을 때에 발생한다. 요식행위나 물건의 교부가 완성되는 때에 계약이 체결되는 것이므로 역시 의사주의의 원칙이 동일하게 적용되는 것이다. 예를 들면, 채권양도는 요식행위(제1322조)이므로 당사자 사이에서는 문서를 작성한 날 채권이 이전된다(제1323조 제1항). 이전적 효력의 발생을 위하여 공시도 필요 없다. 따라서 이전효는 계약의 법정 효력으로

---

42) G. Chantepie et M. Latina, *op. cit.*, n° 533, p. 484.
43) G. Chantepie et M. Latina, *op. cit.*, n° 533, p. 484.

서, 소유권의 이전은 자동적(automatique)이라고 할 수 있다.

본조 제3항 제1문은 "소유권의 이전은 위험의 이전도 가져온다."는 전통적인 규율을 연상하게 한다. 채권자가 물건의 소유권을 갖는 순간 위험도 함께 부담하는 것이어서, 물건이 멸실된다고 하더라도 매매대금을 지불해야 하는 것이다. 이를 소유자 위험부담주의(*Res perit domino*)라고 한다.

다만, 본조 제3항 제2문은 제1344-2조에 따를 것과 제1351-1조의 예외를 인정하고 있다. 위험부담의 이론은 크게 채무자부담주의와 채권자부담주의로 준별된다. 그러나 물건이 인도되지 않아 채권자가 즉시 물건의 점유를 획득하지 않을 수도 있다. 따라서 이런 지체의 경우 채무자로 하여금 인도를 하도록 하는 특별 규정이 있다. 제3항 제2문은 매수인 또는 양수인에게 물건이 아직 인도되지 않은 경우, 채무자는 인도의무의 지체에 빠진 날로부터 물건의 위험을 부담할 것을 규정한다. "채무자가 아직 위험을 부담하지 않고 있다면, 물건인도의 지체는 그 위험을 채무자에게 부담시킨다(제1344-2조)." 만약 당사자들이 채무자가 위험을 부담한다는 약정을 하였을 경우에는 본조가 적용되지 않는다. 이 경우는 이미 물건의 인도 전부터 채무자가 위험을 부담하고 있으므로 새삼 이행지체로 인하여 위험이 채무자에게 이전한다고 규율할 필요가 없는 것이다. 그러나 반대로 채무자가 위험을 부담하지 않고 있을 경우에는 비로소 본조가 의미를 가지게 된다. 따라서 본조 제3항 제2문은 "그러나 인도의무의 채무자는 제1344-2조에 따라 … 지체에 빠진 날부터 위험을 '다시 부담한다(retrouver)'"고 규정하고 있는 것이다. 그런데 제1344-2조가 채무자지체에 빠진 자에게 물건의 위험을 부담시키는 근거는 채무자의 이행지체가 물건의 멸실과 관련하여 가지는 인과관계에 있다. 즉 채무자가 물건을 인도하였더라면 물건은 멸실되지 않았을 것이라는 데에 있다. 이러한 이유에서 제1351-1조는 이행불능이 물건의 멸실로 인하여 발생한 경우에 채무자가 채무를 이행하였더라도 물건이 멸실되었을 것임을 증명할 때에는 지체에 빠진 채무자라도 면책된다고 규정한다.

당사자들이 합의에 의해 위험의 이전과 권리의 이전을 분리할 수 있는가? 이에 대해 본조는 규정하고 있지 않지만, 실무상 특히 소유권유보조항이 있는 경우에 있을 수 있다. 파기원이 권리가 이전하면 위험도 이전한다는 본조 제3항에 대해 공적 질서의 성격을 부여할 것 같지는 않다. 대통령에게 제출한 보고서에 의하면, 명백하게 반대하는 언급이 없는 한 계약법 총칙 조문들은 임의규정

이다.[44)]

그런데 권리가 이전하면 위험도 이전한다는 법리가 소비자법에서는 인정되지 않는다는 점에 유의해야 한다.[45)] 전문가와 소비자의 관계에서는 물건이 소비자에게 인도되지 않는 한 위험은 전문가에게 있으며, 소비자 또는 소비자가 지정한 제3자가 물건에 대한 물리적 점유를 취득하여만 인도된 것으로 본다.[46)] 달리 말하면, 소비자에게 인도되기로 한 물건이 운송중인 경우 위험은 전문가에게 있다. 또한 물건의 멸실이 양도인이 보관의무를 해태한 탓인 때(제1197조)에는 본조 제3항이 적용되지 않는다.[47)]

Article 1197 L'obligation de délivrer la chose emporte obligation de la conserver jusqu'à la délivrance, en y apportant tous les soins d'une personne raisonnable.
제1197조 물건을 인도할 채무는 그 물건을 인도할 때까지 합리적인 사람의 모든 주의를 기울여 보관할 채무를 수반한다.

[해제] 본조는 개정 전 제1136조와 제1137조의 규정을 합한 조문이다. 본조는 물건을 인도할 채무가 있는 자에게 그 물건을 보관할 채무도 함께 부담시키고 있다. 물건에 대한 소유권이 계약의 체결에 의하여 채권자에게 이전되었느냐 또는 당사자의 의사나 법률의 규정에 의하여 유예되었느냐는 묻지 않는다.

본조는 개정 전 제1137조보다 그 적용범위가 좁다. 개정 전 제1137조는 물건의 인도의무가 권리의 이전과 관계없이 발생하였기 때문에 임치계약 등에도 적용이 되었지만, 본조는 이전적 효력이 발생하는 양도계약에서의 인도의무와 보존의무에 적용되기 때문이다. 한편 본조와 제1147조를 근거로 하여 개정 후에도 행위채무와 결과채무의 구분이 유지되는 데에는 하등의 문제가 없다.

한편 본조는 물건보관의무의 정도를 판단하는 기준을 선량한 가장(bon père de famille)(개정 전 제1137조 제1항)에서 합리적인 사람(personne raisonnable)으로 변경하였다.[48)49)]

---

44) G. Chantepie et M. Latina, *op. cit.*, n° 536, pp. 487-488.
45) G. Chantepie et M. Latina, *op. cit.*, n° 536, pp. 487-488.
46) 프랑스소비법전 제L.216-4조.
47) O. Deshayes, Th. Genicon et Y.-M. Laithier, *op. cit.*, p. 476.
48) 그 밖에 제601조 제1항, 제627조, 제1374조, 제1728조~제1729조, 제1766조 제1항, 제

Article 1198 Lorsque deux acquéreurs successifs d'un même meuble corporel tiennent leur droit d'une même personne, celui qui a pris possession de ce meuble en premier est préféré, même si son droit est postérieur, à condition qu'il soit de bonne foi.

Lorsque deux acquéreurs successifs de droits portant sur un même immeuble tiennent leur droit d'une même personne, celui qui a, le premier, publié son titre d'acquisition passé en la forme authentique au fichier immobilier est préféré, même si son droit est postérieur, à condition qu'il soit de bonne foi.

제1198조 ① 2인이 동일한 유체동산에 대하여 동일한 사람으로부터 권리를 이중으로 취득하는 경우, 유체동산을 먼저 점유한 자는 선의인 경우에는 그의 권리가 시기에 있어서 나중일지라도 우선한다.

② 2인이 동일한 부동산을 대상으로 동일한 사람으로부터 권리를 이중으로 취득하는 경우, 공정증서의 형식에 의하여 취득권원을 부동산색인에 먼저 공시한 자가 선의인 경우에는 그의 권리가 시기에 있어 나중일지라도 우선한다.

[해제] 본조는 동산과 부동산의 이중양도에 있어서 양수인들 간의 갈등을 규율한다. 개정 전 제1141조가 동산의 이중양도에 대하여만 규정을 두고 있었던 데에 반하여, 본조는 부동산의 이중양도의 경우에 관한 규정을 새로이 포함하고 있다.

본조 제1항은 동산의 이중양도에 대한 규정으로, 개정 전 제1141조를 그대로 따르고 있다. 2인이 동일한 유체동산에 대하여 동일한 사람으로부터 권리를 이중으로 취득하는 동산의 이중매매 상황을 가정해 보자. 프랑스민법전이 취하고 있는 권리변동의 의사주의에 의하면, "시간상 앞서면 권리에서 앞선다(*priore tempore, potior jure*)."는 원칙에 따라 먼저 계약을 체결한 자가 권리를 취득하게 된다. 나중에 권리를 취득한 자는 무권리자로부터 권리를 취득한 것이 되므로 권리를 취득할 수 없다. 프랑스민법전은 동산을 대상으로 하는 물권 변동의 경우 대항요건주의를 취하지 않는다. 다만, "동산의 점유는 권원이 된다."는 선의취득의 규정(제2276조 제1항)에 의해 점유에 대해 일정한 법적 효과를 부여한다.

1880조, 제1962조도 수정되었다.

49) 이러한 변경은 2014. 8. 4.자 여자와 남자의 실질적 평등을 위한 법률 제2014-873호(la loi pour l'égalité réelle entre les femmes et les hommes du 4 août 2014 n° 2014-873) 제26조에 따른 것이다.

그런데 선의취득과 본조 제1항의 관계가 분명하지 않다. 본조 제1항에 의하면, 유체동산을 먼저 점유한 제2양수인이 선의일 경우에는 그의 권리가 시기에 있어서 나중일지라도 제1양수인에 우선하여 보호를 받게 된다. 그렇다면 본항은 이중양도의 제2양수인이 선의취득으로 권리를 취득함을 단지 확인하는 것인지 아니면 이중양도의 경우에 비로소 적용되는 규정으로서 선의취득 이상의 규정인지가 분명하지 않다. 어쨌든 본항은 이중양도의 경우 선의로 점유를 취득한 자를 우선적으로 보호하고 있는 것이다.

부동산의 소유권을 이전하는 증서(acte)와 부동산물권을 창설하는 증서는 그 중요성으로 인하여 부동산등기를 통해 공시되어야 한다.[50] 부동산 등기의 목적은 현재 시점에 부동산의 진정한 소유자가 누구인지 그리고 그의 부동산에 대한 권리의 범위가 어떠한지를 알 수 있게 하는 것이다. 어느 부동산이 팔리면, 공증인은 매도인이 그 부동산의 소유자인지 확인하기 위해 그 부동산의 "소유권의 기원"을 검증할 것이다. 그러나 애석하게도, 매매계약 체결 후 공증인 앞에서의 재현과 부동산등기가 행해지기까지 소요되는 기간을 고려할 때, 제1매매가 부동산에 기입되지 않은 상태에서, 매도인이 동일한 부동산을, 자신의 물건을 연속해서 두 번 양도하거나 각기 다른 두 사람에게 부동산물권을 설정하는 합의를 하는 것이 가능하다. 개정 전 프랑스민법전 하에서 판례는 증서 일자의 선후를 불문하고 자신의 권리를 먼저 공시한 사람을 우대하였다.[51] 즉 동일한 부동산에 대하여 동일한 매도인으로부터 권리를 취득한 여러 매수인들이 경합하는 경우, 먼저 등기한 자를 유효한 권리자로 보았는데, 그가 매매목적물이 이미 매도되었다는 사실을 알았다고 해도 마찬가지이다. 등기하지 않은 제1매수인은, 제2매수인의 선의 여부와 관계없이 대항력이 없고, 제2매수인이 제1매매의 존재를 알고 있다 해도 먼저 등기한 이상 유효한 권리자로 인정되었다.

---

50) 1955년 1월 4일 토지공시제도의 개혁에 관한 데크레 제30-1조 "제28조 제1항에 의하여 공시하여야 할 증서 및 판결을 등기하지 아니한 자는, 동일한 부동산에 관하여 동일한 전권리자로부터 공시의무가 있는 증서 및 판결에 의하여 서로 양립불가능한 권리를 취득하고 그 증서를 등기한 제3자, 우선특권 또는 저당권을 등기한 제3자에 대하여 대항할 수 없다. 그러한 증서 또는 판결은 그것이 공시되었다고 하더라도, 제3자가 원용하는 증서, 판결, 우선특권 또는 저당권이 그보다 먼저 공시되었을 경우 마찬가지로 대항할 수 없다."

51) Civ. 3ᵉ, 10 fev. 2010, n° 08-21.656 : *Bull. civ.* Ⅲ, n° 61; Civ. 3ᵉ, 12 janv. 2011, n° 10-10.667 : *Bull. civ.* Ⅲ, n° 5; Civ. 3ᵉ, 19 juin 2012, n° 11-17.105.

나아가 파기원 제1민사부는 그 부동산이 이전에 체결된 매매계약의 쌍무적 예약의 목적물이었음을 알면서 그 부동산에 대한 매매증서를 작성하였던 공증인에게 과실이 없다고 판시하였다.[52] 이 판결에 따르면 공증인은 그 부동산에 대한 사전계약의 존재를 알았다고 하더라도, 소유자에 의해 이미 매매예약이 체결된 부동산의 매매증서에 대한 수령을 거부할 수 없는 것이다. 파기원은 제2매수인의 악의를 고려하지 않고 공시규정을 객관적으로 적용한 것이었다. 이처럼 악의의 제2양수인까지 보호하는 판례에 대하여는 학설의 비판이 제기되었다.[53] 학자들은 권리자가 아닌 자도 공시를 하면 권리를 취득할 수 있다는 것이니 이는 결국 공시가 일종의 성립요건이 된다는 것을 파기원이 인정한 셈이라고 비판하였다.[54] 원래 부동산의 공시는 진정한 권리자가 권리의 존재를 제3자에게 알리기 위한 방법이었을 뿐인데, 부정한 공모, 사기가 모든 것을 훼손하면서 공시되지 아니한 법률행위에 대항할 수 있게 만들었다는 것이다.

본조 제2항은 학설의 비판을 수용하여, 제2양수인이 먼저 공시를 하는 경우에도 선의인 경우에만 보호받을 수 있다고 규정한다. 요컨대 본항은 부동산의 이중양도에 관한 종전 판례[55]로 되돌아가, 먼저 공시를 한 선의의 자만을 보호한다. 부동산의 경우에도, 동산의 경우와 마찬가지로, 선의로 공시를 한 자가 설령 나중에 권리를 취득했을지라도 우선한다. 동일한 부동산을 대상으로 하는 권리를 동일한 사람으로부터 여러 사람이 순차적으로 취득할 경우, 공정증서에 의한 취득권원을 먼저 부동산등기에 공시한 양수인이 선의일 경우 그의 권리가 시기에 있어 나중일지라도 제1양수인에 우선하는 것이다. 여기서 부동산에 대한 권리란 부동산물권을 말한다. 기본적 물권(용익물권)이든 부수적 물권(담보물권)이든 불문한다.

[심 현 신]

---

52) Civ. 1re, 20 déc. 2012, n° 11-19.682 : *Bull. civ.* Ⅰ, n° 273; *D.* 2013. 391, obs. S. Armani-Mekki et M. Mekki.

53) Pratiques Contractuelles, *op. cit.*, p. 122.

54) O. Deshayes, Th. Genicon et Y.-M. Laithier, *op. cit.*, p. 481.

55) 파기원은 부동산의 이중매매가 문제된 1968년 발레(Vallet) 판결에서, 공시되지 아니한 제1매매를 알았던 제2매수인은 먼저 등기를 갖추었더라도 우선할 수 없다고 판시하였다(Civ. 3e, 22 mars 1968 : *Bull. civ.* Ⅲ, n° 129). 이후 판결에서도 등기를 갖춘 선의의 제2매수인만 보호하는 파기원의 입장은 재차 확인되었다(Civ. 3e, 28 mai 1979, n° 77-14.164).

Section 2   Les effets du contrat à l'égard des tiers
제2절   계약의 제3자효

[해제] 계약의 제3자효에 관한 본절은 계약의 효력을 규율하는 제4장에 속해 있다. 개정 전 프랑스민법전에도 "합의의 제3자효"에 관한 절이 있었는데, "채무의 효력"을 규율하는 장에 속해 있었다.56)

본절의 내용은 개정 전 프랑스민법전과는 많이 다르다. "합의의 제3자효" 절에 규정되어 있던 대위소권과 사해소권57)은 이제 제4편 제3장에 규정되어 있다(제1341조 이하). 대신 다른 새로운 규정들이 본절에 들어왔다. 계약의 대항가능성 원칙이 제1200조에 규정되었고 가장행위와 제3자 행위담보계약, 제3자를 위한 계약에 관한 규정들이 제1201조 이하에 자리잡았다. 개정 전 프랑스민법전이 가장행위를 증거법에서 공정증서와 관련하여 규율하고(제1321조와 제1321-1조) 제3자 행위담보계약과 제3자를 위한 계약은 합의(consentement)를 규율하는 부분에서 다루었던 것에 비해 개선이 이루어졌다.

본절은 2개의 부속절로 이루어져 있다. 제1부속절은 일반규정이 있는 총칙이며, 제2부속절은 각칙으로서 제3자 행위담보계약(제1204조)과 제3자를 위한 계약(제1205조부터 제1209조)을 다룬다.

Sous-section 1   Dispositions générales
제1부속절   총칙

[해제] 계약의 제3자효에 관한 절의 첫 부속절인 본부속절은 "총칙"이며, 4개의 조문으로 구성되어 있다. 계약의 상대성 원칙(제1199조), 계약의 대항가능성(제1200조), 가장행위(제1201조와 제1202조)를 규정하는데, 이 중 가장행위가 총칙에 들어있는 것은 타당하지 않다는 견해58)가 있다.

---

56) 이는 입법자가 채무와 합의를 개념상 혼동하였다는 것을 보여주는 것이었다.
57) 개정 전 제1166조에서 대위소권, 개정 전 제1167조에서 사해소권을 각각 규정하였다.
58) G. Chantepie et M. Latina, *op. cit.*, n° 545, p. 495.

> Art. 1199 Le contrat ne crée d'obligations qu'entre les parties.
> Les tiers ne peuvent ni demander l'exécution du contrat ni se voir contraints de l'exécuter, sous réserve des dispositions de la présente section et de celles du chapitre Ⅲ du titre Ⅳ.
> 제1199조 ① 계약은 당사자 사이에서만 채권관계를 발생시킨다.
> ② 제3자는 본절과 제4편 제3장의 규정에 있는 경우를 제외하고는, 계약의 이행을 요구하거나 또한 이행을 강요당할 수 없다.

[해제] 본조는 계약의 상대효를 규정하고 있다.

먼저 본조 제1항은 계약의 상대효가 적용되는 사람과 사항을 정하고 있다. 관련 주체는, 개정 전 제1165조에서와 마찬가지로, "당사자"이다. 이는 계약성립 당시의 당사자만이 채무를 부담한다는 뜻은 아니다. 계약양수인처럼 계약성립 이후 당사자의 자격을 취득한 사람을 포함하는 표현이다. 그런데 제1항은, 당사자 사이에서만 "효력이 생긴다"고 하였던 개정 전 제1165조와 달리, "채권관계를 발생시킨다"고 규정한다. 이는, 상대성이 계약의 "효력(effet)"에 관한 것이 아니라 계약으로부터 발생한 "채권관계(obligations)"에 관한 것임을 표현한 것이다. 이로써 입법자는 계약이 채권관계를 발생시키는 효력(effet obligationnel du contrat)과 그 밖의 효력을 구분하고자 한 듯하다.[59] 계약으로부터 발생하는 채권관계는 그에 합의한 사람들만 구속한다. 계약 당사자가 아닌 사람을 채권자나 채무자로 만들 수 없다. 달리 말하면 제3자는 계약에 구속될 수 없다.[60] 가령 사원이 회사의 채권자에게 채무를 부담하지 않는 것은 채권자와 계약을 체결한 당사자는 회사이기 때문이다.[61] 하지만 계약의 여타 효력(가령 단체의 창설, 화해에서의 권리의 포기)[62]은 제3자에 의해서도 존중되어야 한다. 그러나 본조의 문언에 따르더라도 종래의 계약을 변경시키는 계약이나 채무양도계약[63]이 상대효를 갖는 점은, 본조의 한계라고 지적하는 견해[64]가 있다.

본조 제2항은 제1항의 원칙으로부터의 논리적 결과를 규정하고 있다. 제3

---

59) G. Chantepie et M. Latina, *op. cit.*, n° 545, p. 494.
60) Civ. 1ʳᵉ, 14 déc. 2016, n° 15-14.270.
61) Civ. 3ᵉ, 8 nov. 2000, n° 95-18.331: *Bull. civ.* 2000, Ⅲ, n° 168.
62) Soc., 20 nov. 2013, n° 10-28.582 : *Bull. civ.* 2013, V. n° 277.
63) 제1327-2조 참조.
64) O. Deshayes, Th. Genicon et Y.-M. Laithier, *op. cit.*, p. 484.

자는 채권자가 아니기 때문에 "계약의 이행을 요구"할 수 없고 채무자가 아니기 때문에 계약의 "이행을 강제받을 수 없다."[65] 계약당사자가 제3자에게 계약외책임을 부담하거나 제3자가 계약당사자에게 계약외책임을 부담할 수는 있다.[66] 그런데 계약외책임은 손해를 배상하게 하는 것이지 채무의 이행을 요구하는 것은 아니므로 위 법리에 대한 예외는 아니다. 나아가 제2항은 "본절[67]과 제4편 제3장[68]"에 규정이 있는 경우를 제외함을 밝히고 있다. 그런데 사실은 실정법상 다른 예외도 존재하기 때문에 법문이 아주 정확한 것은 아니다.[69]

Art. 1200 Les tiers doivent respecter la situation juridique créée par le contrat. Ils peuvent s'en prévaloir notamment pour apporter la preuve d'un fait.

제1200조 ① 제3자는 계약으로 창설된 법적 상황을 존중하여야 한다.

② 제3자는 특히 어떠한 사실을 증명하기 위해 그러한 법적 상황을 원용할 수 있다.

[해제] 제1199조의 해제에서 말했듯이 개정 전 제1165조의 문언은 지나친 바가 있었다. 그래서 학자들은 이를 완화하기 위해 "계약의 대항가능성" 원칙을 도출해내었다.[70] 즉 계약은 "법적 상황"을 창설하는바, 계약당사자는 제3자에게 그 상황을 원용할 수 있고 제3자도 계약당사자에게 그 상황을 원용할 수 있다는 것이다. 본조는 이를 수용하여 원칙으로 인정하였으나, 자세한 규정을 두지는 않았다.

제3자가 계약을 이행할 의무는 없지만(제1199조 제2항), 계약으로부터 발생한 "법적 상황을 존중"하여야 한다. 오래전부터 판례상 인정되어 왔고 이제 본조 제1항에 규정된 이 원칙은 계약의 실효성을 위해 필요하다. 원칙적으로[71]

---

65) Com., 11 avr. 2012, n° 11-16.441.

66) O. Deshayes, Th. Genicon et Y.-M. Laithier, *op. cit.*, p. 484.

67) 본절에 규정된 제3자 행위담보계약과 제3자를 위한 계약은 본조 제2항의 원칙에 대한 수정을 담고 있다.

68) 프랑스민법전 제4편 제3장은 "채권자에게 인정되는 소권"을 규정하고 있다. 대위소권(제1341-1조), 사해소권(제1341-2조), 직접소권(제1341-3조)은 본조 제2항의 원칙에 대한 수정을 담고 있다.

69) O. Deshayes, Th. Genicon et Y.-M. Laithier, *op. cit.*, p. 484.

70) G. Chantepie et M. Latina, *op. cit.*, n° 545, p. 495.

71) 일정한 형식이나 절차를 갖추지 않은 계약은 존중하지 않아도 되는 경우가 있다. G. Chantepie et M. Latina, *op. cit.*, n° 545, p. 495.

당사자들은 계약이 기대하였던 대로의 효력을 가지도록 계약의 존재와 내용을 제3자에게 원용할 수 있다. 그 결과 "계약으로 창설된 법적 상황"을 거스르는 제3자의 요구를 물리칠 수 있다. 가령 채무자는 자신의 채권자에게 (사해의사 없이) 매수인과 이미 매매계약을 체결하였음을 대항할 수 있다. 제3자가 그 계약을 "존중"하지 않음으로 말미암아 계약불이행이 발생한 때에는 제3자는 계약외책임을 부담하게 된다.[72] 본조가 이를 밝히고 있지는 않지만 그에 관하여는 아무런 의문이 없다.[73]

제3자가 계약의 이행을 요구할 수는 없지만(제1199조 제2항), 계약으로부터 발생한 법적 상황을 원용할 수는 있다. 특히 "어떠한 사실을 증명하기 위해" 원용할 수 있다(본조 제2항). 예컨대 국세청이 A의 과세 소득을 산정하거나 보험자가 A의 임금손실 정도를 평가하기 위해 A가 B와 체결한 고용계약을 원용할 수 있다. 그런데 문제는, 제3자가 계약당사자인 B의 계약불이행을 이유로 B에게 계약외책임을 추궁할 수 있는지 여부이다. 본조는 이에 관하여 규정하는 바가 없다. 2008년 법무부안에서는 제3자가 "계약당사자 일방의 책임을 추궁"하기 위해 당사자들에게 계약을 대항할 수 있다는 규정을 두었는데(제138조 제2항), 이에 대해서는 강한 비판이 있어서 결국 채택되지 않았다. 이 문제는 장래 민사책임법 개정시에 다루어지게 될 것이다. 그런데 본조 제2항은 "특히"라는 문구를 사용하고 있기 때문에 사실의 증명을 위한 경우 외에도 법적 상황을 원용할 수 있다는 견해[74]가 있다.

Art. 1201 Lorsque les parties ont conclu un contrat apparent qui dissimule un contrat occulte, ce dernier, appelé aussi contre-lettre, produit effet entre les parties. Il n'est pas opposable aux tiers, qui peuvent néanmoins s'en prévaloir.
제1201조 당사자들이 隱匿契約(contrat occulte)을 숨기려고 假裝契約(contrat apparent)을 체결하는 경우, 이면계약(contre-lettre)이라고 불리는 이러한 은닉계약은 당사자 간에는 효력이 있다. 그러나 은닉계약으로 제3자에게 대항할 수 없지만, 제3자는 이를 원용할 수 있다.

---

72) Civ. 1re, 12 oct. 2004, n° 01-03.213.
73) O. Deshayes, Th. Genicon et Y.-M. Laithier, op. cit., p. 485.
74) O. Deshayes, Th. Genicon et Y.-M. Laithier, op. cit., p. 486.

[해제] 본조와 제1202조는 가장행위(simulation)를 규율한다. 가장행위의 목적은 당사자 사이에 체결된 법적 거래의 실제를 제3자에게 감추는 것이다. 따라서 가장행위를 계약의 제3자효에 관한 절에 둔 것은 적절하다고 평가된다.[75] 가장행위는 동일한 당사자들 사이에 두 개의 계약, 즉 "이면계약(contre-lettre)"이라고 불리는 "은닉계약"과 이를 감추는 "가장계약(contrat apparent)"이 체결되는 것을 전제로 한다.

본조는 은닉계약인 이면계약의 효력에 관하여 규정하고 있다. 제1문은 이면계약이 "당사자 간에는 효력이 있다."고 규정한다. 당사자들의 실제 의사를 담고 있는 것은 이면계약이다. 따라서 당사자들이 표시한 의사보다 당사자들의 실제 의사를 중시하는 프랑스법이 당사자들의 관계에서 이면계약에 효력을 부여하는 것은 당연하다.[76] 또한 은닉행위가 꼭 사기행위(제1202조)인 것은 아니므로 은닉행위가 반드시 무효이어야 할 이유는 없다고 한다.[77]

이면계약의 당사자간 효력과 관련하여서는 다음 두 가지를 유의하여야 한다. 첫째, 이면계약이 당사자간에 효력, 즉 구속력을 갖기 위해서는 그 계약이 적법하게 성립하여야 한다. 은닉계약이라고 해서 유효요건들(제1128조)을 갖추지 않아도 되는 것은 아니다. 그러나 가장계약이 유효요건을 갖추었는지 여부는 이면계약의 효력에 영향을 주지 않는다.[78] 단 요식계약의 방식은 이면계약은 갖추지 않았더라도 가장계약만 준수하면 된다. 둘째, 이면계약이 "당사자 간에 효력을 갖는" 것은 이면계약이 가장계약과 상충되는 한도에서이다. 가령 가액이나 날짜에 관하여만 상충이 있는 때에는 그에 관해서는 이면계약이 효력을 갖고 가장계약은 배척된다. 하지만 나머지 사항에 관하여는 가장계약이 배척되지 않는다. 가장행위의 정도가 매우 심해서 가장계약과 은닉계약이 완전히 다른 경우, 가령 임대차계약을 사용대차로, 매매계약을 증여로 가장한 경우에는 은닉계약에 적용되는 법리를 적용하여야 한다.

본조 제2문은 은닉계약의 제3자에 대한 효력을 규정한다. 첫째, 은닉계약은 "제3자에게 대항할 수 없다." 제1200조 제1항이 규정하는 바와는 달리, 제3

---

75) G. Chantepie et M. Latina, *op. cit.*, n° 555, p. 504.

76) G. Chantepie et M. Latina, *op. cit.*, n° 556, p. 505.

77) O. Deshayes, Th. Genicon et Y.-M. Laithier, *op. cit.*, p. 487.

78) G. Chantepie et M. Latina, *op. cit.*, n° 555, p. 504.

자는 은닉계약에 의해 창설된 법적 상황은 존중할 의무가 없다. 만일 제3자가 이면계약을 알았다면 이면계약을 제3자에게 대항할 수 있는가? 본조는 이에 관하여는 아무런 답을 제시하지 않는다. 둘째, 제3자는 이면계약을 원용할 수 있다. 제3자의 원용권에 대해 본조가 아무런 제약을 가하지 않으므로 제3자는 자신의 이해관계에 따라 당사자에게 가장계약으로 대항할 수도 있고 은닉계약으로 대항할 수도 있다.79) 서로 다른 이해관계를 가진 제3자들 사이에 일어날 수 있는 갈등은 본조가 해결해주지 못한다. 이에 대해서는 은닉계약을 원용하는 제3자보다는 가장계약을 원용하는 제3자를 우대하여야 한다는 견해80)가 있다.

Art. 1202 Est nulle toute contre-lettre ayant pour objet une augmentation du prix stipulé dans le traité de cession d'un office ministériel.

Est également nul tout contrat ayant pour but de dissimuler une partie du prix, lorsqu'elle porte sur une vente d'immeubles, une cession de fonds de commerce ou de clientèle, une cession d'un droit à un bail, ou le bénéfice d'une promesse de bail portant sur tout ou partie d'un immeuble et tout ou partie de la soulte d'un échange ou d'un partage comprenant des biens immeubles, un fonds de commerce ou une clientèle.

제1202조 ① 법원부속공무원이 작성한 양도계약서상의 가액을 증액할 목적으로 하는 모든 이면계약은 무효이다.

② 부동산 매매대금, 영업재산이나 고객권의 양도대금, 임차권의 양도대금의 일부를 은닉할 목적의 계약, 또는 부동산의 전부 또는 일부에 관한 임대차예약수익과 부동산, 영업재산 또는 고객권이 포함된 교환이나 분할에 있어서의 보충금의 전부 또는 일부를 은닉할 목적의 계약도 마찬가지로 무효이다.

[해제] 제1201조가 가장행위 일반에 관한 것인 데 비해, 본조는 양도세에 관한 사기행위라는 특정한 경우를 다루고 있다. 본조는 개정 전 제1321-1조의 문언을 거의 그대로 취하고 있다. 가장행위가 사기성이 있는 때에는 은닉계약과 가장계약을 모두 무효로 하는 제재가 가능하다. 그러나 은닉계약과 가장계약을 모두 무효로 하는 것이 꼭 적절한 제재인 것은 아니다. 세금 관련 사기행

---

79) O. Deshayes, Th. Genicon et Y.-M. Laithier, *op. cit.*, p. 488.
80) O. Deshayes, Th. Genicon et Y.-M. Laithier, *op. cit.*, p. 488.

위에 있어서 본조는 "이면계약"만 무효임을 규정한다. 제2항에서 말하는 "대금의 일부를 은닉할 목적을 가진 계약" 역시 은닉계약만을 가리킨다. 이 두 경우에 가장계약의 구속력을 유지하는 이유는 동일하다. 당사자들의 사기행위를 억제하고 가장계약으로부터 이익을 얻는 당사자가 사기행위를 신고하도록 유도하기 위해서이다.[81)]

Sous-section 2 Le porte-fort et la stipulation pour autrui
제2부속절 제3자의 행위담보계약과 제3자를 위한 계약

[해제] 본부속절은 계약의 제3자효가 드러나는 구체적인 형태인 제3자의 행위담보계약(porte-fort)과 제3자를 위한 계약(stipulation pour autrui)을 규율한다. 개정 전 프랑스민법전에서는 이 두 제도를 합의(consentement)에 관한 절에서 다루었는데(제1119조부터 제1122조), 까딸라초안(제1169조 이하)과 떼레초안(제127조 이하)을 좇아서 계약의 제3자효에 관한 절로 옮긴 것이다. 그런데 제3자를 위한 계약에 대해서는 무려 5개의 조문이 마련된 반면 제3자의 행위담보계약에 관하여서는 중요한 문제들이 불명확한 채로 남아 있다.

> Art. 1203 On ne peut s'engager en son propre nom que pour soi-même.
> 제1203조 누구나 자신을 위하여만 자신의 이름으로 의무부담을 할 수 있다.

[해제] 본조는 타인을 위한 의무부담 금지원칙을 정하고 있다. 개정 전 제1119조는, "누구든지 원칙적으로 자신을 위한 경우에 한하여 자기의 이름으로 의무를 부담하거나 권리를 취득할 수 있다."고 규정하였는데, 본조는 "누구나 자신을 위하여만 자신의 이름으로 의무부담을 할 수 있다."고 규정한다. 타인을 위한 "의무부담"만이 여전히 금지되는 것이다.

개정 전 제1119조는 타인을 위한 계약이 당사자간에 무효임을 정하는 조문으로서 합의(consentement)에 관한 규정으로 편제되어 있었으나, 본조는 계약의 제3자효에 관한 절에 속한다. 그러므로 본조는 제3자가 부담하는 채무를 당사자들이 발생시키는 것을 금지한 제1199조 제1항을 쓸데없이 되풀이하는 조문이

---

81) O. Deshayes, Th. Genicon et Y.-M. Laithier, *op. cit.*, p. 489.

아니다.82)

　　타인을 위한 의무부담의 금지는 제3자 행위담보계약과 모순되지 않는데, 이는 제3자에게 의무를 부담시키지 않기 때문이다(제1204조). 또한 "완전대리"나 "불완전대리"와도 모순되지 않는데, 완전대리의 경우 대리인은 "본인의 이름 및 계산으로" 행위를 하고(제1154조 제1항) 불완전대리의 경우 제3자인 "본인"에게 의무를 부담시키지 않기(제1154조 제2항) 때문이다.

Art. 1204 On peut se porter fort en promettant le fait d'un tiers.

Le promettant est libéré de toute obligation si le tiers accomplit le fait promis. Dans le cas contraire, il peut être condamné à des dommages et intérêts.

Lorsque le porte-fort a pour objet la ratification d'un engagement, celui-ci est rétroactivement validé à la date à laquelle le porte-fort a été souscrit.

제1204조 ① 누구나 제3자의 행위를 약속함으로써 제3자의 행위담보(porter fort)를 할 수 있다.

② 약속한 행위를 제3자가 한다면, 낙약자는 모든 의무를 면한다. 그러하지 아니한 경우에는, 낙약자가 손해배상책임을 질 수 있다.

③ 제3자의 행위담보를 위한 계약이 의무부담에 대한 추인(ratification)을 요하는 경우, 그러한 의무부담은 행위담보가 체결된 날로부터 소급해서 효력이 있다.

　　[해제] 제3자가 부담하는 채무를 당사자들이 발생시키는 것은 금지되지만(제1199조와 제1203조) 제3자의 행위를 약속하는 것은 허용된다. 제3자 행위담보계약이 바로 그러한 계약이며 본조가 그 법리를 정하고 있다.

　　제3자 행위담보계약의 유효성은 계약의 상대효 원칙(제1199조)에 비추어 아무런 문제가 없다. 사실 제3자에게 의무를 부담시키는 것이 아니고 "제3자의 행위"를 약속하는 것이기 때문이다(본조 제1항). 제3자행위담부 약정이나 계약을 통해 상대방에게 의무를 부담하는 자는 낙약자이다. 제3자는 그 계약에 구속되지 않는다.83)

---

82) O. Deshayes, Th. Genicon et Y.-M. Laithier, *op. cit.*, p. 490.

83) 우리나라나 독일법에서 이러한 계약 유형이 가능한지에 대하여는 논란이 있을 수 있다. 사실상 제3자에게 의무를 부담시키는 것이 되기 때문에 무명계약으로도 허용되지 않는다고 볼 수도 있는 반면, 실제 낙약자가 의무를 부담하고 제3자는 의무를 부담하는 것이 아니라서 타인 권리의 매매계약도 가능하듯이 허용될 수 있다고 보기도 한다.

제3자 행위담보계약은 "행위"를 약속하는 것이다. 가장 일반적인 예는 제3자의 합의를 얻는 것인데, 이미 체결된 계약에 대하여 제3자의 추인을 얻는 것을 목적으로 하거나(제3자 추인의 담보계약) 낙약자가 수익자에게 약속한 어떠한 법률행위가 제3자로 인해 체결되는 것을 목적으로 하는 것이다(제3자 계약의 담보계약). 하지만 (가령 다가오는 표결에서의) 기권이나 (제3자인 회사가 일정액의 배당금을 분배하는 것과 같은) 조치, (경업금지약정 등의) 기존계약의 이행 등도 약속할 수 있다. 그 경우에는 제3자 이행의 담보계약이 성립하는 것이며 그렇다고 해서 제3자가 그러한 이행을 강제당하지는 않는다.

제3자 담보계약의 효과는 제3자의 결정에 달려있다. 약속된 행위를 제3자가 하지 않으면 낙약자는 손해배상책임을 질 수 있다(본조 제2항 제2문). 제3자는 아무런 의무를 부담하지 않기 때문에 그가 거절한다고 해서 수익자에 대해 아무런 책임을 지지 않는다. 하지만 제3자의 거절은 곧 낙약자의 채무불이행이 되므로 낙약자는 제3자의 거절로 인한 손해를 수익자에게 배상하여야 한다. 판례에 따르면 낙약자의 채무는 결과채무이다.[84] 그러므로 낙약자는 이행이 외부 원인에 의하여 방해받은 것임을 증명함으로써 책임을 면할 수는 없다. 낙약자의 손해배상책임을 합의에 의해 제한하는 것은 가능하나 제1170조와 제1171조 등을 준수하여야 한다. 제3자의 개성이 중요하지 않은 경우에는, 낙약자가 손해배상책임을 지지 않고 제3자의 행위를 낙약자가 직접 하기로 약정하는 것도 생각해볼 수 있다.[85]

제3자 행위담보계약에서 약속된 행위를 제3자가 하면 낙약자는 모든 채무에서 해방된다(본조 제2항 제1문). 제3자의 행위가 낙약자가 부담하는 채무의 대상이므로 변제가 이루어진 것이며 낙약자의 채무는 소멸한다(제1342조). 예컨대, A(낙약자)가 B(수익자)에게 제3자인 유명 연예인의 출연을 약속한 경우 유명 연예인이 출연에 합의한다면 낙약자는 모든 의무를 면하고 이제 제3자가 의무를 진다.

본조 제3항은 제3자 행위담보계약의 한 유형인 추인의 부담계약(porte-fort de ratification)의 효력이 발생하는 시점을 규정한다. 제3자가 의무부담을 추인한

---

84) Cass. com., 1er avr. 2014, n° 13-10.629 : *Bull. civ.* 2014, Ⅳ, n° 67 : *Contrats, conc. consom.* 2014, comm. 150 obs. L. Leveneur ; *RDC* 2014, p. 347, obs. T. Genicon.

85) O. Deshayes, Th. Genicon et Y.-M. Laithier, *op. cit.*, p. 492.

다면,[86] 그는 행위담보계약이 체결된 날로 소급해서 의무를 부담한다. 이는 떼레초안(제128조 제3항)에 따른 것인데, 수익자 및 그 사이 수익자와 계약을 체결한 사람들의 법적 안정성을 위한 것이다. 소멸시효도 행위담보계약이 체결된 날로부터 진행한다.[87]

하지만 다음과 같은 문제들이 여전히 미결상태로 남아 있다. 첫째, 제1182조에 의하면 추인(confirmation)은 제3자의 권리를 해하지 못하는바, 이를 본조의 추인(ratification)에 유추적용하여 소급효를 제한할 것인가 아니면 소급효를 누구에게라도 주장할 수 있도록 할 것인가? 둘째, 낙약자가 계약을 이미 체결한 경우(제3자 추인의 담보계약)와 아직 협상단계에 있는 경우(제3자 계약의 담보계약)를 구별해야 하는가? 이에 대해서는 추인의 담보계약 이외의 경우에는 소급효가 인정되지 않는다는 견해[88]가 있다. 그에 따르면 낙약자가 자신의 이름과 계산으로 계약을 체결한 경우에만 제3자가 소급효를 주장할 수 있고 아직 협상단계에 있었던 경우에는 소급효를 주장할 수 없다. 대통령에게 제출한 보고서도 같은 취지인 것으로 보인다.[89]

Art. 1205 On peut stipuler pour autrui.

L'un des contractants, le stipulant, peut faire promettre à l'autre, le promettant, d'accomplir une prestation au profit d'un tiers, le bénéficiaire. Ce dernier peut être une personne future mais doit être précisément désigné ou pouvoir être déterminé lors de l'exécution de la promesse.

제1205조 ① 누구나 타인을 위하여 계약할 수 있다.

② 요약자인 계약의 일방당사자는 낙약자인 타방 당사자에게 제3자 즉, 수익자의 이익을 위하여 급부를 이행할 것을 약속하게 할 수 있다. 수익자는 장래의 사람이 될 수도 있지만 구체적으로 지정되거나 약속의 이행시에는 확정될 수 있어야 한다.

[해제] 제3자를 위한 계약은 계약의 상대효 원칙에 대한 예외 가운데 하나이다(제1199조 제2항). 계약당사자들이 약정한 급부를 제3자가 수익자로서 수령할 수 있도록 하기 때문이다. 계약의 제3자효에 관한 조문들 가운데 제3자를 위

---

86) 판례는 추인이 묵시적일 수도 있다고 한다: Ass. plén., 22 avr. 2011, n° 09-16.008.
87) Civ. 1ʳᵉ, 8 juill. 1964 : *Bull. civ.* I , n° 382.
88) G. Chantepie et M. Latina, *op. cit.*, n° 567, p. 518.
89) Rapport au Président de la République의 제1204조에 대한 해설 참조.

한 계약에 관한 규정이 가장 자세하다(본조부터 제1209조까지).[90]

개정 전 프랑스민법전은 제3자를 위한 계약을 원칙적으로 금지하고(제1119조) 예외적으로만 인정하였다(제1121조). 즉 제3자를 위한 계약이 자기 자신의 이익을 위한 계약의 조건이거나 타인에게 하는 증여의 조건인 경우에만 인정했다. 첫 번째 경우, 즉 '자기 자신의 이익을 위한 계약의 조건인 경우'라 함은 요약자도 제3자를 위한 계약으로부터 금전적인 이득을 얻는 경우를 말한다. 가령 매도인이 매매대금의 일부는 자신이 수령하고 나머지는 제3자가 지급받도록 약정한 경우에 그러하다. 낙약자가 제3자의 이익을 위해 약속한 급부를 행하지 않는 경우에는 요약자에게 위약금을 지급하기로 한 경우도 이에 해당한다. 두 번째 경우, 즉 '타인에게 하는 증여의 조건인 경우'라 함은 부담부 증여를 말한다. 증여자가 수증자로 하여금 제3자에게 급부를 할 부담을 지게 하는 것을 말한다. 이에 비추어 볼 때, 피보험자는 보험자에게 보험료를 납부하고 보험자는 피보험자의 사망시에 수익자에게 보험금을 지급할 의무를 부담하는 생명보험은 과연 제3자를 위한 계약으로서 인정될 수 있을 것인가? 피보험자는 아무런 금전적 이득을 얻지 않으므로 위에서 말한 첫 번째 경우에 해당하지 않는다. 그렇다고 피보험자가 보험자에게 무상처분을 할 의사를 가진 것도 아니므로 두 번째 경우에도 해당하지 않는다. 그래서 판례는 요약자가 얻는 이익이 정신적 이익 뿐이라고 해도 제3자를 위한 계약이 허용된다는 입장을 취했다.[91] 본조는 이러한 판례를 받아들여서, 제3자를 위한 계약에 대해 아무런 특별조건을 요구하지 않는다(제1항).

본조 제2항 제1문은 제3자를 위한 계약에 대한 정의규정이다. 제3자를 위한 계약은 계약당사자가 세 명인 계약이 아니라, 세 사람, 즉 두 명의 계약당사자(요약자와 낙약자)와 제3자(수익자)가 관여하는 거래(opération)이다. "제3자의 이익을 위한 급부를 하기로" 하는 약속이 제3자를 위한 계약이다. 그런데 이 정의규정에는 제3자의 "권리"에 대한 언급이 없다. 따라서 다음 두 가지의 생각이 가능하다. 하나는 제3자가 급부수령자로 지정되지만 그는 급부를 요구할 권리는 없으며, 채권은 요약자에게 속하고 요약자만이 채권을 (양도하는 등) 원하는

---

90) 이는 제3자를 위한 계약에 관하여 1804년부터 유지해 온 기존 1개 조항을 양적인 측면에서 대폭 늘린 것이다.

91) Req., 30 avr. 1888, *DP* 1888, 1, 291.

대로 처분할 수 있다는 생각이다. 다른 하나는 제3자측의 의사표시와 상관없이 제3자가 권리를 갖는다는 생각이다. 정의규정은 불명확하지만 제1206조 제1항까지 고려하면 두 번째 생각이 타당한 것으로 보인다.[92]

　　제3자를 위한 계약은 본디 그 개념상 제3자에게 이익을 줄 수 있을 뿐 채무를 지울 수 없다. 그러나 파기원은 "제3자를 위한 계약에서 수익자가 승인하는 경우 일정한 채무를 부담하도록 하는 것도 가능하다."고 판시한 바 있다.[93] 이 경우 승인은 직접청구권과 불가분적으로 연결되어 있는 채무를 부담하는 행위이기도 하다. 본조 제2항의 "제3자의 이익을 위한 급부"라는 표현은 수익자가 채무를 부담하는 것도 가능한지를 분명하게 알려주지 않지만, 기존의 판례를 부정하지는 않는다고 생각된다.[94] 이 때 수익자가 채무를 부담하는 것은 자신의 합의에 의한 것이므로 계약의 상대효에 꼭 반하는 것도 아니다.

　　제3자를 위한 계약은 계약에 일반적으로 요구되는 유효요건(제1128조)을 갖추어야 한다. 가령 약속된 "급부"는 확정적이거나 확정가능해야 한다(제1163조 제2항). 본조 제2항 제2문은 제3자를 위한 계약에 특유한 유효요건을 정하고 있다. 수익자는 장래의 사람도 될 수 있지만 구체적으로 지정되거나 약속의 이행시에는 확정될 수 있어야 한다. 현재는 존재하지 않는 장래의 사람도 수익자가 될 수 있는지 여부는 오랜 논쟁의 대상이었다. 제3자를 위한 계약은 수익자에게 즉각 권리를 부여하는 것이므로 장래의 사람을 수익자로 지정하게 되면 권리자 없는 권리가 만들어지는 셈이다. 그래서 판례는 장래의 사람을 수익자로 지정하는 것을 인정하지 않았으나, 1930년 7월 13일자 법률이 이를 깨뜨렸다. 현재는 프랑스보험법전 제L.132-8조가 "계약자의 자녀 또는 태어날 자녀"를 수익자로 지정할 수 있다고 규정한다. 수익자를 엄밀히 지정하지 않았더라도 보험금을 청구할 수 있는 때에 확정할 수 있으면 되는 것이다. 본조 제2항 제2문은 이와 같은 보험법의 특별규정을 계약법 일반에 도입한 것이라고 할 수 있다.[95]

　　남아있는 문제는 수익자를 지정하는 방법이다. 이는 요약자의 의사에 좌우되어서는 안 되는가 아니면 요약자가 장래 시점에 수익자를 지정할 권리를 갖

---

92) O. Deshayes, Th. Genicon et Y.-M. Laithier, *op. cit.*, p. 493.
93) Civ. 1re, 8 déc. 1987, n° 85-11.769 : *Bull. civ.* I, n° 343.
94) O. Deshayes, Th. Genicon et Y.-M. Laithier, *op. cit.*, p. 494.
95) G. Chantepie et M. Latina, *op. cit.*, n° 570, p. 520.

도록 하는 것이 가능한가? 이에 대해서는 요약자가 종국적으로 수익자를 선택할 권리를 갖도록 할 수 있다는 견해가 있다.

Art. 1206 Le bénéficiaire est investi d'un droit direct à la prestation contre le promettant dès la stipulation.

Néanmoins le stipulant peut librement révoquer la stipulation tant que le bénéficiaire ne l'a pas acceptée.

La stipulation devient irrévocable au moment où l'acceptation parvient au stipulant ou au promettant.

제1206조 ① 제3자를 위한 계약 체결시 수익자는 낙약자에 대하여 급부의 이행을 직접 청구할 권리가 있다.

② 다만, 수익자가 승인의 의사표시를 하기 전까지 요약자는 자유롭게 제3자를 위한 계약을 철회할 수 있다.

③ 제3자를 위한 계약은 그 승인의 의사표시가 요약자 또는 낙약자에게 도달된 때부터는 철회될 수 없다.

[해세] 본소부터 제1209조는 제3자를 위한 계약의 법리를 상세하게 성하고 있는데, 이는 계약의 현대화에 관한 법원칙들[96]의 영향을 받은 것이다. 제3자를 위한 계약의 독창성은 제3자가 의사표시를 할 필요 없이 권리를 즉시 취득할 수 있다는 것인데, 이 점이 개정 전 프랑스민법전에 비해 잘 표현되었다.[97]

본조 제1항은 수익자는 제3자를 위한 계약이 성립하면 즉시 낙약자를 상대로 급부이행청구권을 갖는다는 점을 규정한다.[98] 수익자의 승인(acceptation)의 의사표시는 제3자를 위한 계약을 철회불가한 것으로 만드는 효과를 가질 뿐이다. 수익자는 승인의 의사표시를 하기 전에도 낙약자에게 이행을 청구할 권리가 있다. 이 권리는 낙약자에 대한 권리이지 요약자에 대한 권리가 아니다. 이처럼 수익자는 자신이 당사자로 참여하지 않은 계약에서 이익을 얻기 때문에, 제3자를 위한 계약은 계약의 상대효에 대한 예외이다. 이행청구권은 직접 수익

---

96) 유럽계약법원칙 제6:110조; UNIDROIT의 국제상사계약원칙 제5.2.1조부터 제5.2.6.조

97) 개정 전 제1121조에서 "제3자가 수익의 의사표시를 한 경우에는 낙약자는 제3자를 위한 계약을 철회할 수 없다."고 규정할 뿐이었다.

98) 우리나라에서는 제3자는 계약당사자가 아니라서 제3자를 위한 계약 체결시부터 권리는 없고 오로지 제3자가 낙약자에 대하여 수익의 의사표시를 한 때로부터 직접 낙약자에 대하여 권리를 취득하고 급부청구권을 행사할 수 있다(민법 제539조 제2항).

자에게 귀속되며 요약자로부터 수익자에게 이전되는 것이 아니다. 그러므로 수익자는 요약자의 채권자들과 경합하지 않으며, 요약자의 상속인으로부터 감액청구를 당하지 않는다. 수익자는 승인(acceptation)의 의사표시를 하기 전에도 낙약자를 상대로 이행청구의 소를 제기할 수 있으며 이러한 청구는 묵시적 승인으로서의 효력이 있다. 수익자의 권리는 요약자와 낙약자 사이에 형성된 관계로부터 발생하는 것이므로 낙약자는 수익자의 이행청구에 대해서 요약자를 상대로 갖는 모든 항변으로 대항할 수 있다. 달리 말하면 수익자의 권리는 냑약자와 요약자간의 관계에 의해 좌우된다.[99]

　본조 제2항은 요약자에게 철회권이 있음을 규정한다. 철회는 일방적인 행위이다. 수익자의 권리는 요약자와 낙약자의 계약으로부터 발생하는 것이므로 요약자가 수익자로부터 권리를 빼앗을 권한을 갖는다고 해서 이상할 것이 없다.[100] 철회권은 낙약자가 아니라 "요약자"에게 있으나 이 권한을 행사함에 있어서 낙약자의 동의를 받도록 약정하는 것도 가능하다. 요약자가 마음이 바뀐 때에는 제3자를 위한 계약을 철회하는 방법 말고도 수익자를 자기 자신으로 하거나 다른 수익자를 지정하는 방법(제1207조 제2항)을 사용할 수도 있다.

　나아가 제2항은 수익자의 승인이 있으면 제3자를 위한 계약은 철회불가능한 것이 된다는 점을 규정한다. 하지만 철회와 승인이 동시에 행해진 때에는 어떻게 할 것인가? 그에 대한 답은 본조 제3항과 제1207조 제3항에서 찾을 수 있다. 본조 제3항에 따르면 수익자의 승인의 의사표시가 요약자 또는 낙약자에게 도달한 때부터는 제3자를 위한 계약을 철회할 수 없다. 이는 요약자나 낙약자에게 수익자의 승인이 도달하기만 해도 제3자를 위한 계약이 철회불가능한 것으로 된다는 뜻이다. 그런데 제1207조 제3항은 "철회는 수익자인 제3자 또는 낙약자가 이를 안 때부터 효력을 발생한다."고 규정하고 있다. 제1115조에 규정된 청약의 철회와는 달리, 여기서는 철회의 발신만으로는 제3자의 승인을 가로막기에 충분하지 않다. 낙약자나 수익자가 요약자의 철회를 "실제로 인식"하여야 한다. 본조 제3항과 제1207조 제3항으로부터 도출할 수 있는 결론은 다음과 같다. 수익자의 승인의 의사표시가 요약자나 낙약자에게 도달하기 전에 수익자나 낙약자가 요약자의 철회를 안 때에만 철회가 효력을 갖는다. 요약자나 낙약자

---

99) G. Chantepie et M. Latina, *op. cit.*, n° 575, p. 525.
100) O. Deshayes, Th. Genicon et Y.-M. Laithier, *op. cit.*, p. 496.

가 수익자의 승인의 의사표시를 알았는지 여부는 중요하지 않다. 달리 말하면 요약자의 철회가 효력을 갖는지 여부는, 수익자의 승인의 의사표시가 요약자나 낙약자에게 도달하기 전에 낙약자나 수익자가 그 철회를 알았는지 여부에 달려 있다.[101]

Art. 1207 La révocation ne peut émaner que du stipulant ou, après son décès, de ses héritiers. Ces derniers ne peuvent y procéder qu'à l'expiration d'un délai de trois mois à compter du jour où ils ont mis le bénéficiaire en demeure de l'accepter.

Si elle n'est pas assortie de la désignation d'un nouveau bénéficiaire, la révocation profite, selon le cas, au stipulant ou à ses héritiers.

La révocation produit effet dès lors que le tiers bénéficiaire ou le promettant en a eu connaissance.

Lorsqu'elle est faite par testament, elle prend effet au moment du décès.

Le tiers initialement désigné est censé n'avoir jamais bénéficié de la stipulation faite à son profit.

제1207조 ① 철회는 요약자 또는 그의 사망 이후에는 그의 상속인만이 할 수 있다. 상속인은 수익자에게 그 승인 여부를 최고한 날로부터 3개월의 기간이 경과한 때에만 철회할 수 있다.

② 철회가 새로운 수익자의 지정이 수반되지 않는 경우, 철회는 경우에 따라서 요약자 또는 그의 상속인의 이익으로 한다.

③ 철회는 수익자인 제3자 또는 낙약자가 이를 안 때부터 효력을 발생한다.

④ 철회가 유언으로 행해지는 경우, 철회는 사망시에 효력을 발생한다.

⑤ 최초에 지정된 제3자는 자신의 이익을 위하여 체결된 제3자를 위한 계약의 수혜를 전혀 받지 않은 것으로 된다.

[해제] 본조와 제1208조는 각각 요약자의 철회와 수익자의 승인에 대해서 자세히 규정하고 있다. 본조는 철회(révocation)의 요건과 효과 등에 관하여 규정한다.

철회는 낙약자 또는 수익자를 상대로 하는 일방적 행위이며 요약자만이 할 수 있고(제1206조 제2항) 낙약자는 할 수 없다. 낙약자는 자신이 요약자와 체결한 계약에 구속되므로 일방적으로 의무를 면할 수 없다. 요약자가 사망한 후에

101) O. Deshayes, Th. Genicon et Y.-M. Laithier, *op. cit.*, p. 496.

는 요약자의 상속인이 철회할 수 있다. 그러나 상속인은 수익자에게 그 승인 여부를 최고한 날로부터 3개월의 기간이 경과한 때에만 철회할 수 있다(본조 제1항). 이는 1930년 7월 13일자 법률에 의해 보험분야에서 채택된 해결책[102]을 계약법 일반에 도입한 것이다.

철회시에 요약자는 새로운 수익자를 지정할 수 있는데 그때부터는 새로운 수익자가 낙약자를 상대로 한 이행청구권을 갖는다. 그러나 새로운 수익자를 지정하지 않은 때에는 철회는 경우에 따라서 요약자 또는 그의 상속인의 이익으로 한다(본조 제2항). 달리 말하면 철회시 새로운 수익자를 지정하지 않으면 낙약자는 면책되지 않고 "요약자 자신을 위한 계약"이 되며 요약자의 상속인이 수혜를 받을 수도 있다.

수익자의 승인은 요약자 또는 낙약자에게 도달하는 시점에 제3자를 위한 계약을 철회불가한 것으로 만드는 반면(제1206조 제3항), 요약자의 철회는 "수익자인 제3자 또는 낙약자가 이를 안 때"에 효력을 발생한다(본조 제3항). 철회의 상대방은 수익자 또는 낙약자이다. 그 결과 낙약자에게만 철회를 알리고 비밀리에 수익자를 변경하는 것도 가능하다. 그러나 수익자인 제3자에게 철회를 알리는 경우에는 낙약자에게도 알려야만 낙약자가 이제는 수익자가 아니게 된 제3자에게 선의로 변제하는 것을 피할 수 있다.

철회를 유언으로 하는 때에는 철회가 효력을 발생하는 시점이 달라진다. 그 경우에는 철회의 효력이 "요약자의 사망시에 발생한다"(본조 제4항).[103] 그 경우 수익자나 낙약자가 철회를 알았는지는 불문한다. 하지만 요약자나 낙약자가 이미 수익자의 승인의 의사표시를 수령하였다면 유언에 의한 철회는 할 수 없다.

제5항에서 본조는 철회로 말미암아 "원래 지정된 제3자"는 제3자를 위한 계약의 수혜, 즉 "급부청구권"(제1206조 제1항)을 잃게 된다는 점을 규정한다. 철회는 제3자를 위한 계약의 존재 자체에는 영향을 미치지 않는다.[104] 학설을 충실히 좇아서, 본조는 이러한 권리소멸이 소급적임을 규정한다. 즉 그 제3자는 "자신의 이익을 위하여 체결된 제3자를 위한 계약의 수혜를 전혀 받지 않은 것으로 된다."

---

102) 현재는 프랑스보험법전 제L.132-9조 제3항에 나온다.
103) 이는 유언이라는 행위의 성질 때문이다. 그러므로 요약자가 생전에 철회의 효력이 발생하기를 원한다면 유언이 아닌 방식으로 철회를 하여야 할 것이다.
104) G. Chantepie et M. Latina, *op. cit.*, n° 573, p. 523.

Art. 1208 L'acceptation peut émaner du bénéficiaire ou, après son décès, de ses héritiers. Elle peut être expresse ou tacite. Elle peut intervenir même après le décès du stipulant ou du promettant.

제1208조 승인은 수익자가 하거나 그의 사망 후에는 그의 상속인이 할 수 있다. 승인은 명시적 또는 묵시적으로 할 수 있다. 승인은 요약자나 낙약자의 사망 후에도 할 수 있다.

[해제] 본조는 수익자의 승인(acceptation)의 요건에 관한 규정이다. 본조는 "승인이 행해질 수 있다."는 표현을 사용함으로써 수익자가 자신의 이익을 위한 제3자를 위한 계약을 자유로이 거절할 수 있음을 상기시킴과 아울러 승인의 주체, 방식, 시기에 관하여 차례로 정하고 있다.

승인은 수익자 또는 그의 상속인이 할 수 있다(본조 제1문). 낙약자에게 이행을 청구할 권리는 수익자의 승인 여부와 상관없이 수익자의 자산(patrimoine)에 속하기 때문에 수익자가 사망하면 그 권리는 상속인들에게 이전된다.[105] 권리자가 된 수익자의 상속인들은 제3자를 위한 계약을 승인함으로써 철회불가능한 것으로 만들 권한도 갖는다.

제3자를 위한 계약의 승인에는 아무런 방식이 요구되지 않는다. 제3자를 위한 계약이 제3자를 위한 요약자의 무상양여인 경우에도 마찬가지이다. 본조에 따르면 수익자의 승인은 명시적 또는 묵시적으로 할 수 있다(본조 제2문).

제3자를 위한 계약이 철회되지 않은 한(제1206조 제2항과 제1207조 제3항), 승인은 언제라도 할 수 있다. 수익자의 사망 후에도 할 수 있고 요약자 또는 낙약자의 사망 후에도 할 수 있다(본조 제3문). 사실 요약자가 사망한 후에 수익자가 제3자를 위한 계약의 존재를 알게 되는 경우가 드물지 않다. 요약자와 낙약자의 상속인들은 제3자를 위한 계약에 구속된다. 다만 요약자의 상속인들은 제3자를 위한 계약을 제1207조 제1항에 규정된 절차에 따라 철회할 수 있다.

Art.1209 Le stipulant peut lui-même exiger du promettant l'exécution de son engagement envers le bénéficiaire.

---

105) 그런데 대통령에게 제출한 보고서에 따르면 계약법총칙규정은 원칙적으로 임의규정이므로 "반대의 약정"이 있는 때에는 그러하지 아니하다.

제1209조 요약자 자신도 낙약자가 수익자에게 부담하는 의무를 이행할 것을 낙약자에게 청구할 수 있다.

[해제] 본조는 낙약자가 수익자에 대한 채무를 불이행한 경우의 몇 가지 효과에 대해 규정한다.

본조는 채무를 불이행하는 낙약자를 상대로 이행을 청구할 수 있는 자격을 "요약자"에게도 부여한다. 이는 종래의 확고한 판례[106]를 수용한 것이다. 본조는 요약자 "자신도" 낙약자를 상대로 청구할 수 있다고 함으로써 수익자에게도 같은 권리가 있음(제1206조 제1항)을 상기시킨다. 요약자가 법관에게 청구할 수 있는 것은, 낙약자를 상대로 "수익자에게 의무를 이행"할 것을 명하는 것이다. 즉 본조의 엄밀한 의미는 요약자가 낙약자를 상대로 수익자의 이익을 위해 약속한 급부의 강제이행(제1221조)을 청구할 수 있다는 것이다.

본조는 요약자가 낙약자의 계약불이행에 대해 강제이행 이외의 제재조치, 즉 해제나 손해배상청구를 할 수 있는지에 관하여는 아무런 언급이 없다. 그러나 이를 하지 못할 이유가 없다는 견해[107]가 있다. 그에 따르면 사실 본조에서 다른 제재조치에 관하여 아무런 언급이 없는 것은, 프랑스민법 개정을 앞두고 요약자에게 강제이행이란 구제수단이 인정되는지 여부만이 논쟁의 대상이 되었기 때문이라고 한다.

[이 은 희]

Section 3   La durée du contrat
제3절   계약의 기간

[해제] 개정 전 프랑스민법전은 제3권 제3편에 계약기간에 관한 규정을 두지 않았다. 이는 계약법이 일시적 계약인 매매계약을 모델로 삼고 있는 데서 비

---

106) Civ. 1re, 9 juin 1998, n° 96-10.794.
107) G. Chantepie et M. Latina, *op. cit.*, n° 575, p. 525.

롯하였다. 하지만 현대 계약의 중요한 특징 중 하나는 계속적인 관계를 규율한
다는 것이다. 직업활동과 관련된 유통계약이 그러하고 개인의 본질적 수요를
충족하는 데 필요한 임대차계약이나 소비대차계약도 그러하다. 그리하여 학자
들은 계약의 구속력과 관련하여 예견불능이론, 화폐명목가치의 원칙과 관련하
여 지수화방식 등을 거론하는 등으로 기간의 문제를 다루었다. 기간의 문제를
소홀히 한 개정 전 프랑스민법전과는 달리,108) 특별법에서는 최단기간을 정하
거나 최장기간을 정하는 등의 규율이 행해졌다.

　　민법개정초안들 역시 계약기간은 특별법에서 다룰 문제이지 프랑스민법전
에서 다룰 문제는 아니라고 보았다.109) 그러나 계속적 계약이 점차 실무상으로
나 이론적으로 매우 논란이 많은 분야가 되었기 때문에 2015년 수권법 제8조
제7호는 계약의 기간에 관한 규정을 명확히 할 임무를 정부에 부여하였다. 그
결과 계약의 기간에 관한 본절이 새롭게 추가되었는데, 그 구조와 내용은 비교
입법학회와 앙리까삐땅학회가 2008년 2월에 공동으로 작성한 일반계약원칙110)
을 따랐다. 이로써 계약은 단지 채권관계를 발생시키는 도구이기만 한 것이 아
니라 그 자체로서 보호를 받을 가치가 있는 관계(lien)가 되었다.111)

　　본절은 모두 6개 조로 구성되어 있다. 처음 세 조문은 각각 영구적 계약의
금지(제1210조), 기간의 정함이 없는 계약과 기간의 정함이 있는 계약에 관한 기
본원칙(제1211조와 제1212조)을 규정한다. 뒤의 세 조문은 기간의 정함이 있는
계약의 연장(제1213조), 갱신(제1214조) 및 묵시적 갱신(제1215조)에 관하여 규정
하고 있다.

Art. 1210 Les engagements perpétuels sont prohibés.
Chaque contractant peut y mettre fin dans les conditions prévues pour le contrat
à durée indéterminée.
제1210조 ① 영구적인 의무부담은 금지된다.

---

108) 단지 기한부 채무(Section 2 : Des obligations à terme)에서 채무의 기간에 관한 문제만을
　　고려했다(개정 전 제1185조 이하 참조).
109) 까딸라초안은 계약기간에 관하여 아무런 조문을 두지 않았고 떼레초안은 기간의 정함이
　　없는 계약의 해지에 관한 조문 하나를 두었을 뿐이다.
110) *Principes contractuels communs*, SLC, 2008.
111) O. Deshayes, Th. Genicon et Y.-M. Laithier, *op. cit.*, p. 503.

> ② 각 계약 당사자는 기간의 정함이 없는 계약에 관하여 정한 요건에 따라서 영구적
> 의무부담을 종료시킬 수 있다.

[해제] 본조는 처음으로 계약법총칙에서 "영구적인 의무부담"이 금지됨을
확인하는 조문이다. 종래 실정법상 영구적인 계약의 금지원칙이 존재하는가에
관하여 논란이 있었다. 프랑스민법전 제1780조 제1항(종신고용의 금지), 제1838
조(99년 이상의 법인의 금지), 제1709조(영구적인 임대차 계약의 금지), 제1944조(무
기한 임치의 금지) 또는 제2003조(영구적인 위임의 금지) 등에 근거하여 이 원칙이
존재한다고 보는 견해가 있는가 하면, 그런 원칙은 존재하지 않는다는 견해도
있었다. 본조가 신설됨으로써 그 논쟁은 사라지게 되었으며 이제는 영구적 계
약 금지의 원칙의 의미와 효과에 관한 논의가 행해지고 있다.[112]

본조 제1항은 의무부담(engagement)이라는 단어를 사용하는데 이론적으로
engagement은 채권관계(obligation)를 발생시킬 수 있는 연원이다. 본조는 en-
gagement을 계약(contrat)과 동의어로 사용하는 듯하다.[113] 영구적 의무부담의
금지원칙(principe de prohibition des contrats perpétuels)에 대해서는 두 가지 문제
가 제기된다.

첫 번째 문제는 영구성의 개념이다. '영구적'이라는 것은 '무한'한 것이 아
니라 '기간의 정함이 없는' 것이라고 생각하는 견해[114]가 있다. 이를 뒷받침하
기 위해 판례를 원용할 수도 있을 것이다. 파기원은 영구적 의무부담은 금지되
므로 기간의 정함이 없는 계약에서는 일방적 해지권이 인정되며 일방적 해지권
이 있으면 의무부담의 영구적 성격은 배제된다[115]고 판시한 바 있기 때문이다.
본조 제2항도 같은 내용을 규정하고 있다. 그러나 이처럼 영구성을 '기간의 정
함이 없음'으로 보게 되면 본조와 제1211조는 같은 것을 중복하여 규정하는 셈
이 된다는 비판[116]이 있다.

다른 한편 영구적 의무부담이란 지나치게 장기의 기간을 정한 계약이라고

---

112) O. Deshayes, Th. Genicon et Y.-M. Laithier, *op. cit.*, p. 504.
113) O. Deshayes, Th. Genicon et Y.-M. Laithier, *op. cit.*, p. 504. 하지만 제1106조 제2항에
　　서는 "engagement"이 채무를 가리킨다.
114) G. Chantepie et M. Latina, *op. cit.*, n° 579, p. 528.
115) Com., 25 mars 2014, n° 13-10.696.
116) O. Deshayes, Th. Genicon et Y.-M. Laithier, *op. cit.*, p. 504.

보는 견해[117]가 있다. 이에 따르면 영구성은 상대적인 개념이다. 계약당사자 일방의 의사에 따라 갱신이나 연장이 무한정 가능하고 타방은 아무런 반대를 할 수 없는 경우에는 영구적 계약이라고 해야 한다고 주장한다. 그 밖에 시간적으로 한정된 의무부담이라 할지라도 각 당사자의 기대수명,[118] 생계수단,[119] 법인의 존속기간,[120] 급부목적의 급속한 구식화[121] 등을 고려할 때 당해 계약의 영구성이 인정될 수도 있다고 한다. 그러나 이러한 견해는 계약당사자가 자신의 의무부담으로부터 벗어날 수 있도록 해 줄 필요성이 미약한 때조차 영구성을 인정하게 될 위험이 있다는 비판[122]을 받는다.

두 번째 문제는 법적 금지의 강도(强度)이다. 제1항이 강행규정이라고 하는 견해[123]가 있는가 하면, 영구적 의무부담이라 할지라도 사회적으로든 경제적으로든 유용하거나 개인의 자유에 대한 침해가 사소한 때에는 유효성을 인정해야 한다는 견해[124]도 있다. 사실 영구적 계약금지의 강행규정성에 대한 판단은 영구성을 어떻게 보느냐에 따라서 달라질 수 있다.

제1항에서 정하고 있는 금지원칙을 위반한 데 대한 제재 가운데 가장 강력한 제재는 영구적인 기간을 정한 계약의 무효화일 것이다.[125] 그러나 프랑스민법전은 이 방법을 채택하지 않고 영구적 의무부담의 효력을 기간의 정함이 없는 계약의 효력에 준하여 규율한다. 본조 제2항에 따르면 각 당사자는 "기간의 정함이 없는 계약에 관하여 규정된 요건", 즉 제1211조에 규정된 요건에 따라서 영구적 의무부담을 종료시킬수 있다. 계약을 소급적으로 무효화하지 않고도 영구적 효력은 없애서 각 당사자가 언제든지 그 의무부담으로부터 벗어날 수 있게 하는 것이다.[126]

---

117) O. Deshayes, Th. Genicon et Y.-M. Laithier, *op. cit.*, p. 504.
118) Civ. 3^e, 30 nov. 1983, n° 82-13.223 : *Bull. civ.* 1983, Ⅲ, n° 249.
119) Civ. 1re, 20 mai 2003, n° 00-17.407 : *Bull. civ.* 2003, Ⅰ, n° 124.
120) Civ. 1re, 19 mars 2002, n° 99-21.209.
121) Com., 3 nov. 1992, n° 90-17.632 : *Bull. civ.* 1992, Ⅳ, n° 339.
122) G. Chantepie et M. Latina, *op. cit.*, n° 579, p. 529.
123) G. Chantepie et M. Latina, *op. cit.*, n° 578, p. 528.
124) O. Deshayes, Th. Genicon et Y.-M. Laithier, *op. cit.*, p. 505.
125) Civ. 3e, 15 déc. 1999, n° 98-10.430 : *Bull. civ.* 1999, Ⅲ, n° 242.
126) Civ. 1re, 19 mars 2002, n° 99-21.209.

> Art. 1211 Lorsque le contrat est conclu pour une durée indéterminée, chaque partie peut y mettre fin à tout moment, sous réserve de respecter le délai de préavis contractuellement prévu ou, à défaut, un délai raisonnable.
>
> 제1211조 기간의 정함이 없는 계약이 체결되었을 때에는 각 당사자는 계약에서 예정한 예고기간 또는 이러한 것이 없을 경우 합리적인 기간을 준수하여 언제든지 계약을 종료시킬 수 있다.

[해제] 본조는 기간의 정함이 없는 계약에 관한 기본원칙을 규정한다. 기간의 정함이 없는 계약은 제1212조에서 말하는 기간의 정함이 있는 계약의 반대개념이며, "적어도 일방의 채무들이 시간적 간격이 있는 다수의 급부에 의하여 이행되는" 계속적 이행계약(제1111-1조 제2항)의 범주에 속한다.

본조는 "기간의 정함이 없는" 계약이 유효함을 암묵적으로 인정하고 있다. 제1102조 제1항이 정하는 계약자유의 원칙에 따라서 당사자들은 계약기간을 정하지 않을 자유가 있다.

기간의 정함이 없는 계약은, 기간의 정함이 있는 계약과는 달리, 종기(terme extinctif)가 없다. 그 결과 영구히 지속될 위험이 존재한다.[127] 따라서 최근의 판결이 판시하듯이, "계속적 이행계약에 아무런 기간이 정해지지 않은 때에는 무효가 아니고 기간의 정함이 없는 계약이다. 기간의 정함이 없는 계약의 각 당사자는 정당한 예고기간을 준수하기만 하면 계약을 일방적으로 해지할 수 있다."[128] 그래서 입법자는 기간의 정함이 없는 계약을 종료시키는 방식을 규정하고자 했다. 기간의 정함이 없는 계약의 "각 당사자는 언제든지 계약을 종료시킬 수 있다." 해지권은 일방적 권한이므로 당사자들이 합의할 필요가 없다. 개정 전 프랑스민법전 하에서 판례가 제1736조와 제1780조 제2항으로부터 일반원칙으로서의 일방적 해지권을 도출해내고,[129] 헌법위원회가 그 효력범위를 확대하였던바,[130] 이제 계약법 총칙에 기간의 정함이 없는 계약의 일방적 해지권이

---

127) G. Chantepie et M. Latina, *op. cit.*, n° 582, p. 531.

128) Com., 8 févr. 2017, n° 14-28.232 : *D.* 2017. 678.

129) Civ. 1re, 5 févr. 1985, n° 83-15.895.

130) Cons. const., 9 nov 1999, n° 99-419 : *DC. cons.* 68. 동거계약에 관한 법률(la Loi n° 99-944 du 15 novembre 1999 relative au pacte civil de solidarité)의 위헌 여부를 다룬 이 사건에서 헌법위원회는 (동거) "계약이 당사자의 공통적 법률(loi commune des parties)이라 하더라도, 1789년 인간과 시민의 권리 선언문(la Déclaration des droits de l'homme et du citoyen) 제4조에서 유래한 자유는 기간을 정함이 없는 사적 계약은 계약 당사자

명시된 것이다. 이 권한은 강행적인 것이다. 이 권한이 없다면 영구적 의무부담 금지를 위반하게 될 것이기 때문이다.[131] 각 당사자에게 동일한 권한이 부여되며 이와 달리 약정할 수 없다. 본조는 제1210조와 연결되어 있기 때문에 공적 질서로서의 성격을 갖는다. 만일 당사자 중 일방은 계약을 해지할 수 없게 한다면 이는 개인의 자유를 침해하는 것이다. 계약을 "종료,"[132] 즉 해지할 권한은 당사자의 자유를 위한 것이므로 아무런 요건이 요구되지 않는다. 특히 상대방의 계약불이행을 요건으로 하지 않는다.

각 당사자는 "언제든지" 계약을 종료시킬 수 있다. 기간의 정함이 없는 계약을 체결하는 것은 위험배분의 기술이다. 각 당사자가 계약을 일방적으로 해지할 수 있는 자유를 갖는 데서 오는 (경제적, 금융상, 사회적) 위험을 당사자들이 받아들이는 것이다. 계약을 "언제든지" 종료시킬 수 있다는 것은 각 당사자는 (똑같은 해지권을 갖는) 상대방의 이해관계를 고려할 필요가 없고 자신의 이해관계에 따라 계약으로부터 벗어날 수 있다는 것이다.

계약을 종료시키기로 결정한 당사자는 상대방에게 이를 알려야 하고 계약에서 미리 정한 예고기간을 준수하여야 하며 그러한 기간을 정하지 않은 때에는 합리적 예고기간을 준수하여야 한다. 상대방이 다른 계약을 체결하거나 대처할 여유를 주기 위한 것이다. 개정 전 프랑스민법전하에서 이 예고기간이 강행성을 갖는지가 다투어졌는데,[133] 지금도 예고기간을 약정에 의해 배제할 수 있는지 여부가 확실하지 않다.[134]

중 일방 당사자 또는 상대방에 의해 일방적으로 종료될 수 있음을 정당화하며, 다만 계약 당사자는 계약 파기에 기인한 손해배상을 해야 한다"고 판시하였다. 오늘날 프랑스에서 인권선언문은 헌법적 가치를 지닌 것으로 인식되고 있는데, 헌법위원회는 그 결정에서 입법자에게 규칙 또는 "종료를 허용하고 종료의 통지를 지키는 것과 관련된 구체적인 규범"을 입법화할 것을 함께 권고하였다.

131) O. Deshayes, Th. Genicon et Y.-M. Laithier, *op. cit.*, p. 506.

132) 본조가 "종료(mettre fin)"라는 표현을 쓰고 있는데, 이는 계약불이행으로 인한 해제에 관한 조문(제1229조)에서도 사용된 문구이다. 임대차계약의 해지 등에 있어서는 congé라는 단어가 사용되고 다른 곳에서는 résiliation 라는 단어가 사용되기도 하는데, 본조는 이런 단어들을 사용하지 않았다. 이제 프랑스민법전 하에서 résiliation은 계속적 이행계약을 장래를 향하여 해제하는 것을 가리키는 용어이고(제1229조 제3항), 기간의 정함이 없는 계약의 종료를 가리키는 용어로는 사용되지 않는다. 하지만 특별법(특히 프랑스소비법전 제L.121-42조)에서는 résiliation이 여전히 계약의 종료를 가리키는 용어로 쓰이고 있다.

133) 예고기간이 공적질서에 해당하는 경우는 제외한 논쟁이었다.

134) O. Deshayes, Th. Genicon et Y.-M. Laithier, *op. cit.*, p. 507.

본조는 "합리적" 기간인지 여부를 판단하는 기준에 대해서 규정하는 바가 없다. 우선 재조정에 필요한 시간이 중요한 기준이 된다. 이 때 기간의 정함이 없는 계약의 당사자들은 그 계약이 언제라도 종료될 수 있다는 점을 예상하고 있다는 점을 고려하여야 한다.

본조에서 요구하는 합리적인 기간을 준수하지 않고 해지하는 경우에 적용되는 제재에 대하여도 아무런 규정이 없다. 특히 법관은 손해배상책임을 부과하는 외에 해지의 효력발생일을 (합의된 또는 상당한) 기간이 경과한 후로 미룰 권한이 있는지가 문제될 수 있다.[135]

Art. 1212 Lorsque le contrat est conclu pour une durée déterminée, chaque partie doit l'exécuter jusqu'à son terme.
Nul ne peut exiger le renouvellement du contrat.
제1212조 ① 기간의 정함이 있는 계약이 체결되었을 때에는, 각 계약당사자는 그 기간이 종료될 때까지 계약을 이행하여야 한다.
② 누구도 계약의 갱신을 주장할 수 없다.

[해제] 본조 이하는 기간의 정함이 있는 계약에 관한 조문들인데 "기간의 정함이 있는" 계약은 종기가 있는 계약이다. 계약기간의 종국적인 한계는 영구적 의무부담 금지에 있다.

본조는 계약의 구속력(제1103조)과 계약자유(제1102조 제1항)로부터 파생된 두 가지 원칙을 선언한다. 먼저 본조 제1항은 각 당사자는 기간의 정함이 있는 계약을 기간 만료시까지 이행하여야 함을 규정하고 있는데, 이는 마치 자명한 이치를 규정하는 것처럼 보인다. 현실에서 이 조항이 갖는 의미는 기간이 만료하기 전에 계약을 해지하지 못한다는 것이다. 합의해지(제1193조)나 해지조항의 적용에 의한 해지까지 못한다는 것은 아니며 일방적 해지를 못한다는 것이다. 일방적 해지권한은 기간의 정함이 없는 계약에 특유한 것이며(제1211조) 기간의 정함이 있는 계약에서는 —충분히 중대한 불이행의 경우를 제외하고는(제1224조와 제1226조)— 인정되지 않는다. 대략적으로 말하면 그렇지만 더 정확히 말하자면 본

---

135) 기간의 정함이 없는 일방예약과 관련하여 Com., 27 sept. 2017, n° 16-13.112 : *RDC* 2018, p. 11, obs. T. Genicon; *RTD civ.* 2017, p. 859, obs. H. Barbier.

조 제1항은 특별규정[136)]이 있거나 반대약정이 있는 때에는 적용되지 않는다. 이와 관련하여 2016년 민법개정시에 해약조항(clause de dédit)의 유효요건에 관하여 엄밀하게 규정하지 않은 점을 아쉬워하는 견해[137)]가 있다. 본조는 불이행시에 적용되는 제재에 관하여는 규정하지 않는다. 채무자가 기간만료전에 계약을 파기한 경우에도 채권자는 본조에 따라 강제이행을 청구할 수 있어야 한다는 견해[138)]가 있다. 그 밖의 제재수단들도 요건만 충족된다면 이용할 수 있다고 한다.

기간의 정함이 있는 계약은 기간이 만료하면 더 이상 효력이 발생하지 않으며 상대방에게 이를 예고할 필요도 없다.[139)] 계약자유원칙의 연장선에서 본조 제2항은 "누구도 계약의 갱신을 주장할 수 없다."고 규정한다. 아무도 계약을 체결할 의무가 없듯이(제1102조 제1항) 아무도 갱신청약을 승낙할 의무가 없다. 갱신청약의 내용이 종전 계약과 동일하든 다르든 상관 없다.[140)] 하지만 이와 다른 법률규정이 있거나 약정(제1214조 제1항)이 있는 때에는 본조 제2항이 적용되지 않는다. 개정 전 프랑스민법전 하에서는 갱신거절이 권리남용으로 인정되는 경우가 있었다.[141)] 권리남용이 인정되는 경우 거절자에게 과책이 있는 것이므로 그는 손해배상의무를 부담한다.[142)] 하지만 법관이 갱신을 명할 수는 없는데, 계약갱신이 권리는 아니기 때문이다.

Art. 1213 Le contrat peut être prorogé si les contractants en manifestent la volonté avant son expiration. La prorogation ne peut porter atteinte aux droits des tiers.

제1213조 계약당사자가 계약 기간의 만료 전에 기간 연장에 대한 의사를 표시한 경우에는 계약은 연장될 수 있다. 기간 연장으로 제3자의 권리를 해하지 못한다.

[**해제**] 기간의 정함이 있는 계약의 당사자들은 본래 예정되어 있던 기간만

---

136) 프랑스민법전 제2004조(수임인의 철회권), 1989년 7월 6일자 법률 제12조(주택임차인의 해지권) 등.
137) O. Deshayes, Th. Genicon et Y.-M. Laithier, *op. cit.*, p. 509.
138) O. Deshayes, Th. Genicon et Y.-M. Laithier, *op. cit.*, p. 509.
139) Com., 25 oct. 2017, n° 16-16.839.
140) Com., 6 juin 2001, n° 99-10.768.
141) Com., 8 juin 2017, n° 15-28.355; Com., 20 nov. 2012, n° 11-22.660; Com., 4 jiun 2002, n° 99-13.052.
142) Com., 23 mai 2000, n° 97-10.553.

료를 다른 날짜로 미룰 수 있다. 이들은 계약기간을 단축하거나 미리 종료시킬 수 있으므로(제1193조) 계약을 연장하지 못할 이유는 없다. 이처럼 종기를 합의에 의해 변경하는 것을 "연장(prorogation)"이라고 하며 본조는 이에 관한 조문이다.

계약이 "연장"되기 위해서는 무엇보다 "당사자들이 연장의사를 표시"하여야 한다. 최장 계약기간을 부과하는 법규정이 있는 때에는 이를 위반하지 않아야 한다. 연장은 연장조항으로 미리 정해놓을 수도 있다. 연장조항의 이점은 연장이 일어나는 상황과 요건을 확정한다는 것이다. 원래의 기간을 넘어 계약관계를 유지하는 행동이 과연 묵시적 갱신에 해당하는지가 문제되는 사안에서 연장조항이 존재하면 묵시적 갱신이 아닌 연장으로 판단될 수 있다. 당사자들은 계약 당사자들 중 일방에게 계약을 일방적으로 연장할 수 있는 권한을 부여하기로 합의할 수도 있다. 이 권한은 신의성실에 좇아 행사하여야 한다(제1104조). 그런데 계약 기간 만료로 인해 계약이 종료되어 더 이상 존재하지 않는 계약을 연장할 수는 없으므로 "기간 만료 전에" 연장의 합의가 있어야 한다. 기간이 만료한 후에 하는 합의는 연장이 아니라 새로운 계약이다. 하지만 당사자들이 사후적으로 소급적인 연장을 하는 것을 막을 수는 없다.

연장은 갱신(renouvellement)이나 묵시적 갱신(tacite reconduction)과는 달리 새로운 계약을 성립시키지 않는다. 연장은 원래의 계약의 효력이 시간상 연장되는 것일 뿐이다. 반면 갱신과 묵시적 갱신은 종전계약과 내용이 동일한 새로운 계약이 생기는 것이다(제1214조 제2항, 제1215조). 연장된 계약은 기간의 정함이 있을 수도 있고 없을 수도 있다. 연장시에 다른 변경이 행해질 수도 있지만 그럴 경우 경개가 성립할 위험이 있다(제1329조).

본조 제2문은 "연장은 제3자의 권리를 해할 수 없다."고 규정한다. 제3자가 당사자들에게 계약의 연장으로써 대항할 수는 있지만 당사자들이 제3자에게 계약의 연장을 주장할 수는 없다. 이는 보증인에게 부여된 보호[143]를 모든 제3자에게 부여한 것이다.[144]

---

143) Com., 9 avr. 2013, n° 12-18.019 : Bull. civ. 2013, IV, n° 56.
144) O. Deshayes, Th. Genicon et Y.-M. Laithier, op. cit., p. 512.

Art. 1214 Le contrat à durée déterminée peut être renouvelé par l'effet de la loi ou par l'accord des parties.

Le renouvellement donne naissance à un nouveau contrat dont le contenu est identique au précédent mais dont la durée est indéterminée.

제1214조 ① 기간의 정함이 있는 계약은 법률 또는 당사자의 합의로 갱신될 수 있다. ② 갱신된 계약은 종전의 계약과 동일한 내용을 가지는 새로운 계약이 되지만 그 기간은 정함이 없는 것으로 것으로 한다.

[해제] 기간의 정함이 있는 계약(contrat à durée déterminée)은 기간이 만료하면 당연히 그 효력 발생이 중단되지만, 반드시 계약관계가 종료하여야만 하는 것은 아니다. 본조가 정하는 바에 따라 계약을 갱신하는 것도 가능하다.

본조는 갱신에 관한 정의를 두지 않고 그 양태만을 규정한다. 갱신(renou-vellement)은 '복제(clonage)'에 의해 계약의 기간을 연장하는 것이다. 법률규정이나 갱신조항에 기하여 종전 계약과 동일한 내용의 계약이 이어지는 것이 갱신이다. 그리하여 본조 제1항은 "기간의 정함이 있는 계약은 법률 또는 당사자간의 합의에 의해 갱신될 수 있"음을 규정한다. 법률규정에 의해 계약이 갱신되는 예는 1989년 7월 6일자 법률 제10조에 의한 주택임대차 갱신, 프랑스상법전 제L.145-10조에 의한 상업용 임대차 갱신을 들 수 있다.

당사자간의 합의에 의한 갱신은 두 가지가 있을 수 있다. 하나는 계약이 만료된 후 당사자가 명시적 합의를 통해 새로운 계약을 체결하기로 결정하는 것이며 체결 여부는 당사자들의 자유이다. 다른 하나는 당사자들이 본래의 계약에 갱신조항을 두는 것이다. 가령 "약정기간 만료시 당사자 중 일방이 갱신에 반대하지 않는 한 계약은 갱신된다."는 식의 조항을 두는 것인데, 이 조항은 새로운 계약의 체결을 목적으로 한다는 점에서 연장조항과는 구별된다. 다만 과연 새로운 계약이 성립할 것인지 여부는 갱신조항을 약정하는 단계에서는 불확실하다. 갱신조항이 있다고 해서 당사자들이 새로운 계약을 맺기로 합의한 것은 아니기 때문이다. 당사자 중 누군가가 반대의사를 표시해서 결국 새로운 계약이 성립하지 않을 수도 있다. 따라서 제1212조 제2항이 암시하는 바와 같이, 계약 당사자들이 갱신을 거절하더라도 아무런 책임을 부담하지 않는다는 점을 본조가 분명히 규정하였더라면 좋았을 것이라는 견해[145]가 있다.

　개정 전 조문에 비해 본조가 나은 점은 계약갱신의 효과가 무엇인지를 분명히 규정한다는 것이다. 갱신은 "종전의 계약과 동일한 내용을 갖지만 그 기간은 정함이 없는 새로운 계약을 발생시킨다." 여기서 "새로운 계약"이 종전 계약의 뒤를 잇는데, 이는 다음과 같은 여러 가지 문제를 제기한다. 먼저 적용법률이 문제되는데,[146] 2016년 오르도낭스에서 생긴 규정들은 2016년 10월 1일 이후에 갱신된 계약에 적용되기 때문이다. 둘째, 종전계약과 관련된 담보의 소멸 여부가 문제된다. 셋째, 종전계약의 성립에 있어 하자가 있는 경우 이는 계약갱신으로 치유되는지 여부가 문제된다. 넷째, 당사자의 행위능력이 문제된다. 다섯째, 종전계약의 불이행을 이유로 한 제재를 새로운 계약에 적용할 수 있는지 여부가 문제된다.[147]

　새로운 계약의 "내용"은 "종전계약과 동일"하되 그 기간은 정함이 없는 것으로 한다. 기간의 정함이 있는 계약이 갱신되어 뒤를 잇는 계약이 기간의 정함이 없는 계약이 되는 셈인데, 이는 종래의 판례가 채택하지 않는 경향이 있었던 해결책이었다. 이제는 갱신으로 인한 계약은 기간의 정함이 없는 계약이므로 "각 당사자는 언제든지 그 계약을 종료시킬 수 있다"(제1211조).

　본조는 임의규정이므로 당사자들이 본조와는 다른 합의를 할 수 있다.[148] 당사자들이 본래의 계약에 갱신조항을 두면서 새로운 계약은 종전계약과 내용뿐 아니라 기간도 동일하다고 약정할 수도 있다. 이 경우에는 새로운 계약은 기간의 정함이 있는 계약이므로 제1212조 제2항이 적용된다. 당사자들이 마련한 갱신조항에서, 새로운 계약은 종전계약과는 다른 내용(가령 새로운 가격)을 갖는다고 정할 수도 있고,[149] 종전 계약이 2016년 10월 1일 전에 체결되었고 갱신이 그 이후에 이루어진다면 그 사이에 있었던 민법개정을 고려한 새로운 조건(stipulations)을 포함할 수도 있다.

) G. Chantepie et M. Latina, *op. cit.*, n° 592, p. 542.
) Civ. 3ᵉ, 18 févr. 2009, n° 08-14.160 : *Bull. civ.* 2009, Ⅲ, n° 45.
) Civ. 3ᵉ, 13 mai 2009, n° 08-15.564 : *Bull. civ.* 2009, Ⅲ, n° 103.
) O. Deshayes, Th. Genicon et Y.-M. Laithier, *op. cit.*, p. 514.
) Civ. 3ᵉ, 10 mars 2004, n° 02-14.998 : *Bull. civ.* 2004, Ⅲ, n° 52.

Art. 1215 Lorsqu'à l'expiration du terme d'un contrat conclu à durée déterminée, les contractants continuent d'en exécuter les obligations, il y a tacite reconduction. Celle-ci produit les mêmes effets que le renouvellement du contrat.
제1215조 기간의 정함이 있는 계약이 그 기간이 만료된 후에도, 계약당사자가 계속하여 채무를 이행하는 경우에는 묵시의 갱신이 인정된다. 이것은 계약의 갱신과 동일한 효력이 있다.

[해제] 본조는 묵시적 갱신(tacite reconduction)에 관하여 규정하면서 갱신(renouvellement)이란 개념과 구별을 짓고 있다. 본조는 "기간의 정함이 있는 계약이 만료된 후에도 당사자들이 그 채무를 계속 이행하는 경우"에 묵시적 갱신이 인정된다고 한다. 갱신과 마찬가지로, 묵시적 갱신도 기간의 정함이 있는 계약을 전제로 하고 그 종기에 도달하였음을 전제로 한다. 묵시적 갱신을 갱신과 구별짓는 것은, 더 이상 존재하지 않는 계약으로부터 발생하는 채무를 당사자들이 계속 "이행"한다는 사실로부터 당사자들의 의사의 합치를 인정한다는 점이다.

개정 전 프랑스민법전 하에서 판례150)는 임내차에 관한 세1738조를 일반화하여, 기간의 정함이 있는 모든 계약에 묵시적 갱신을 인정한 바 있다. 판례를 충실히 따른 본조는 이행(exécution), 즉 계약의 만료에도 불구하고 당사자들의 관계가 실제로 유지되고 있다는 점을 강조한다. 달리 말하면 계약이 이미 종료하였는데도 당사자들이 그 계약이 아직 구속력을 가진 듯이 행동한다는 사실로부터 출발하여 새로운 계약을 체결하고자 하는 묵시적 의사가 존재함을 법이 추정하는 것이다. 당사자들 사이에 기존의 "거래관계"가 존재하는 경우 침묵은 승낙으로 받아들여지는 것이다(제1120조). 따라서 기존 계약에서 약정된 조항으로부터 새로운 계약이 도출되거나 기간 만료 후에 체결된 명시적 합의에 의하여 새로운 계약이 성립한 때에는 묵시적 갱신(tacite reconduction)이 아닌 갱신(renouvellement)이다.

본조는 묵시적 갱신을 합의에 의해 배제할 가능성에 관하여는 아무런 규정을 두지 않고 있다. 임대차 사건에서 파기원은 임대인이 임대차가 만료하기 전 또는 만료시에 묵시적 갱신을 배제하는 명시적 의사를 표시하여야만 묵시적 갱

---

150) 특히 Com., 6 juill. 1976, n° 75-12.982 : *Bull. civ.* 1976, Ⅳ, n° 231.

신을 막을 수 있다고 판시한 바 있다.151)

묵시적 갱신은 갱신과 동일한 효과를 발생시킨다(본조 후문). 따라서 종전 계약과 동일한 내용의 새로운 계약이 성립하게 되는데, 이 새로운 계약은 원칙적으로 기간의 정함이 없는 계약이다(제1214조 제2항). 이는 개정 전 프랑스민법전 하에서 판례가 프랑스상법전 제L.134-11조 등을 좇아 취한 입장이었다.152) 하지만 묵시적 갱신은 동일한 조건으로 계약을 체결하고자 하는 의사를 추정하는 것이므로 종전 계약과 동일한 기간으로 갱신되는 것도 생각해 볼 수 있다는 견해153)가 있다.

[송재일·이은희]

Section 4 La cession de contrat
제4절 계약의 양도

[해제] 본절은 계약을 합의에 의해 양도하는 것에 관한 일반규정을 담고 있다. 개정 전 프랑스민법전에는 계약양도에 관한 특별규정은 여럿 있었지만 일반규정은 없었다. 그래서 종래 판례가 계약양도 제도의 윤곽을 기안하였으나 불확실한 영역이 많았다. 이는 계약양도의 실무상 이익에 반하는 것이었다. 계약양도에 관한 조문을 신설한 것은 개정법의 가장 주목할 만한 성과 가운데 하나이다.

본절이 "계약의 양도"라는 표현을 사용한 것은, 관행상 계약의 양도라는 용어가 이미 굳어졌기 때문이었다. 그러나 엄밀한 의미에서 보면, 계약이나 계약당사자가 양도되는 것이 아니다. 또한 계약상 채무나 채권이 양도되는 것도 아니다. 제1216조에 따르면, 양도되는 것은 계약상 지위, 즉 "당사자 자격"이다. 계약의 "양도"는 계약 안에서 사람을 대체하는 것이다.

---

151) Civ. 3e, 13 nov. 1979, n° 78-11.506 : *Bull. civ.* 1979, Ⅲ, n° 199.
152) Civ. 1re, 15 nov. 2005, n° 02-21.366 : *RTD civ.* 2006. 114, obs. J. Mestre et B. Fages. 또한 Com., 8 juin 2017 , n° 15-15.417 참조.
153) G. Chantepie et M. Latina, *op. cit.*, n° 595, p. 544.

본절은 계약이라는 표제가 달린 제3편 제1부속편에 위치하고 있다. 이는 계약의 양도를, 계약의 성립, 계약의 이행, 계약의 불이행과 마찬가지로, 계약의 생애에 있어 있을 수 있는 순간의 하나로서 상정한 것이다. 다른 나라에도 이러한 체제를 취한 경우가 있다.[154] 반면 채권관계에 관한 거래는 제4편에 위치하고 있어서, 계약양도와 채권관계에 관한 거래가 서로 다른 편에 위치하고 있다. 그 결과 계약양도는 단순히 계약상 채권의 양도와 계약상 채무의 이전이 합해진 것으로 단순화될 수 없다. 하지만 계약양도를 규율하는 법리는 채무양도를 규율하는 법리(제1327조 이하)와 아주 유사하다. 계약양도가 바로 채무양도는 아닐지라도, 계약양도는 실제로, 채무 이전의 효력을 가져오기 때문에 그에 대한 규율은 대립하는 당사자들, 특히 채권자의 이익을 보장하고자 한다는 점에서 유사하다. 사실 계약양도의 가장 현저한 효력은 계약상 채무자의 변경이며, 그 법리 구성에 있어서 해결해야 할 주된 어려움도 계약상 채무자의 변경이다. 계약양도가 피양도인의 동의를 요하고(제1216조), 피양도인의 명시적 동의가 없으면 양도인이 면책되지 않음(제1216-1조)은 놀랍게도 채무양도에 적용되는 규율(제1327조와 제1327-1조)과 크게 다르지 않다.

본절은 "계약양도"라는 일반적 표제를 갖고 있지만 사실 본절은 계약을 합의에 의해 양도하는 경우, 즉 당사자들의 의지가 개입되는 계약양도만을 규율한다. 계약 당사자의 자격이 법률규정에 의해 이전하는 경우에는 본절이 적용되지 않는다. 가령, 임차 부동산의 매매에 수반하여 임대차계약이 이전하는 경우(제1743조), 도급의 양수인에게 근로계약이 이전하는 경우(프랑스노동법전 제L.1224-1조), 보험 목적물의 매수인에게 보험계약이 이전하는 경우(프랑스보험법전 제L.121 10조) 또는 양도 계획의 채택에 따른 어려움에 치한 도급계약의 이전의 경우(프랑스상법전 제L.642-7조)에는 본절이 적용되지 않는다. 본절은 법정 양도를 규율하는 규정에 우선할 수 없을 뿐만 아니라, 이론상 그 결함을 보충할 수도 없다.

그런데 합의에 의한 계약양도를 대상으로 하는 법률규정들도 있다. 예를 들면, (반대약정이 없다면, 임대차의 양도를 허용하는) 제1717조, (건축중인 부동산의 매매로부터 발생한 권리와 의무를 매수인이 양도하는 것을 허용하는) 제1601-4조,

---

154) 이탈리아 민법 제1406조, 개정 루마니아 민법 제1315조 이하 참조.

(부동산개발계약으로부터 발생한 권리와 의무를 건축주가 양도하는 것을 허용하고 확정하는) 제1831-3조, (특정 조건 하에서 여행과 숙박의 매매계약의 양도를 허용하고 확정하는) 프랑스여행법전 제L.211-11조, 또는 (편집자의 영업양도시 기재되지 않았다면 저작자의 동의 없이는 편집계약의 양도를 금지하는) 프랑스지적재산권법전 제L.132-16조가 그러하다. 그 법률규정들이 본절의 규정과는 달리 규율하고 있다면 특별법우선의 원칙에 의해 본절의 규정이 배제될 것이다. 하지만 그 법률규정들과 상충되지 않는 본절의 나머지 규정들은 그대로 적용된다.

본절에서의 계약양도는 계약상 지위의 특정승계이다. 따라서 포괄승계가 개입된 양도, 즉 자연인의 (사망에 따른) 또는 법인의 (합병, 분할 또는 분할체제하에서 자산의 부분출자에 따른) 재산의 포괄적 이전에는 본절이 적용되지 않는다.

Article 1216 Un contractant, le cédant, peut céder sa qualité de partie au contrat à un tiers, le cessionaire avec l'accord de son cocontractant, le cédé.

Cet accord peut être donné par avance, notamment dans le contrat conclu entre les futurs cédant et cédé, auquel cas la cession produit effet à l'égard du cédé lorsque le contrat conclu entre le cédant et le cessionnaire lui est notifié ou lorsqu'il en prend acte.

La cession doit être constatée par écrit, à peine de nullité.

제1216조 ① 계약당사자는 당사자로서의 지위를 제3자인 양수인에게 양도할 수 있으나 자신의 계약상대방, 즉 피양도인의 동의를 얻어야 한다.

② 피양도인의 동의는 사전에, 특히 장래의 양도인과 피양도인 사이에 체결된 계약에서 행해질 수 있는데, 이 경우 계약양도는 양도인과 양수인 사이에 체결된 계약이 피양도인에게 통지된 때 또는 피양도인이 그 계약을 안 때에 피양도인에 대하여 효력이 있다.

③ 계약의 양도는 서면으로 체결하여야 하고, 그러하지 아니하면 무효이다.

[해제] 본조는 계약당사자가 당사자 지위를 제3자에게 양도하는 것을 허용한다. 그 거래에는 세 사람이 참여하는데, 양도의 주체인 양도인(cédant), 양도인의 당사자지위를 대체하게 되는 양수인(cessionaire), 그리고 양도된 계약의 계약상대방인 피양도인(cédé)이 그들이다.

본조는 이 거래의 법적 성질이 무엇인지는 말하지 않는다. 개정 전 프랑스민법전 하에서 계약양도의 법적 성질에 관하여 일원론과 이원론이 대립하였다.

일원론(통합론)은 계약양도란 채권양도와 채무양도와는 별개의 독자적인 제도로, 계약관계 즉 계약당사자로서의 지위가 이전한다는 견해155)이다. 이원론(해체론)은 계약양도는 채권양도와 채무양도가 결합된 것으로 채권양도와 채무양도에서 요구되는 요건들을 적용하여 해결할 수 있다고 견해이다.156) 본조는 계약당사자의 지위가 이전된다고 명시함으로써 일원론을 택함을 분명히 하고 있다.

본조 제1항은 계약의 양도에 피양도인의 "동의(accord)"를 요구한다. 이러한 요구는 새로운 것이 아니라, 기존의 판례를 따른 것이다.157) 본항에서 피양도인의 동의를 요구하는 것은 양도인을 면책시키기 위해 요구되는 합의(consentement, 제1216-1조)의 요구와는 구별되어야 한다. 채무 이전의 방식에서와 마찬가지로, 피양도인의 동의는 두 가지로 해석될 수 있는데, 첫째, 피양도인을 양도계약의 당사자로 만들어 양도계약에 대한 틀림없는 합의를 나타낼 수 있고, 둘째, 양도를 가능하게 만들지만 피양도인을 외부에 있게 하는 단순한 허가를 지시할 수도 있다. 전자의 경우 계약양도 계약은 양도인, 양수인, 피양도인 사이의 3자간(tripartie) 계약인 반면, 후자의 경우 계약양도 계약은 3당사자가 아닌 2당사자, 즉 양도인과 양수인 사이에 체결되는 2자간(bipartite) 계약이라는 점에서 큰 차이가 있다.158) 그런데 두 번째 해석은 채무 이전에서와 동일한 이유로 주목해야 하는데, 제2항에서 피양도인의 사전동의를 허용하고 있는 점, 후술하는 바와 같이 피양도인이 양도인의 면책에 합의하지 않는 이상 양수인의 추가라는 효과만 있게 되어 양도인과 양수인이 연대하여 공동채무자가 됨을 고려할 때 2당사자 계약설이 타당하다. 즉 이 경우 계약의 양도계약은 3당사자가 아닌 2당사자, 즉 양도인과 양수인 사이에 체결된다. 계약의 유효요건으로 서면을 요구하고 서면이 없으면 양도계약이 무효로 만드는 본조 제3항은 피양도인의 동의에는 적용되지 않으므로, 피양도인의 동의의 방식은 자유롭다.

피양도인은 계약양도에 대한 동의를 거절할 수 있을까? 만약 양도된 계약

---

155) J. Carbonnier, Les obligations, Thémis, 22ᵉ éd. PUF, p. 200; F. Terré, Ph Simler et Y. Lequette, Droit civil, Les obligations, 11ᵉ éd., Dalloz, 2013, n° 1215.

156) Ghestin et Billet, *Les effets du contrat*, n°ˢ 1047 à 1051; Chr. Jamin et M. Billiau, Cession conventionelle de contrat: la portée du consentement du cédé, D. 1998, Chr. 145.

157) Com., 6 mai 1997, n° 94-16.335: *RJDA* 11/97 n° 1333; Com., 18 déc. 2007, n° 06-15.116: *RJDA* 10/08 n° 979, 1ᵉ espèce; Com., 31 janv. 2012, n° 10-27.603: *RJDA* 5/12 n° 492.

158) O. Deshayes, Th. Genicon et Y.-M. Laithier, *op. cit.*, p. 521.

이 상대방, 즉 양도인의 개성을 고려하여(intuitu personae) 체결되었다면 피양도인이 계약양도를 거절할 수 있음이 확실하다. 그 밖의 경우에는 피양도인의 거절이 권리남용으로 인정되어 그에 기한 손해배상책임이 발생하는지가 문제된다. 피양도인의 동의만으로는 양도인을 면책시키지 않기 때문에 피양도인이 자신의 채무자가 한 명 더 생기는 계약양도를 두려워할 이유는 없다. 그렇다고 해도 권리남용이론이 널리 적용되어서는 안 된다. 피양도인이 동의를 거절한다고 하여 양도인이 제3자와 양도계약을 체결하지 못하는 것은 아니다. 그 양도계약은 피양도인에게 효력이 없기 때문에, 양도인을 면책시키지 않는 계약양도와 유사하다. 양도인이 피양도인에 대하여 채무를 부담하고 양수인에 대한 권리도 취득한다는 점이 두 경우에 동일하다. 그러므로 피양도인이 동의를 거절한다고 해도 양도인이 이의를 제기할 이익이 없는 경우가 대부분일 것이다.

본조 제2항은 계약양도에 관한 피양도인의 동의가, 특히 장래의 양도인과 피양도인 사이에서 미리 주어질 수 있다고 규정한다. 법원에서 이미 인정되었던 이러한 명확성은[159] 중요하다. 이론적 관점에서는 피양도인의 동의를 계약양도에 대한 단순한 허가로 볼 수 있게 하며, 실무적 관점에서는 계약의 양도가능성을 당사자들에게 미리 보장하는 수단을 제공한다. 사전동의는 추후 양도의 목적인 계약 내에 양도가능조항의 형식으로 포함되거나 계약의 체결 후 양도계약이 체결되기 전에 행해질 수도 있다. 특정의 방식이 요구되는 것은 아니다. 이러한 사전 합의가 일단 행해지면, 유효하게 철회할 수 없음이 논리적일 것이다.

비전문가인 계약상대방이나 소비자의 동의 없이도 전문가가 계약을 양도할 수 있도록 하는 계약조항은, 계약양도로 인해 비전문가나 소비자의 권리가 축소될 가능성이 있다면, 부당한 것으로 추정된다(프랑스소비법전 제R.212-2조). 계약양도의 사전동의를 함축하는 계약조항도, 당사자들의 권리와 의무 사이에 상당한 불균형을 발생시킬 것으로 보인다면 약관계약에서 기재되지 않은 것으로 간주된다. 어쨌든, 동의가 사전에 주어진 경우에, 추측하건대 피양도인은 추후 양도의 존재와 양수인의 신분을 알지 못한다. 그러한 이유로, 본조는 "양도인과 양수인 사이에 체결된 계약이 피양도인에게 통지되거나 피양도인이 그 계

---

159) Com., 5 mai 2015, n° 14-15.1386: *RJDA* 10/15 n° 624.

약을 안 때에, 그 양도는 피양도인에 대하여도 효력이 있다."고 규정한 것이다. 반대해석을 하면, 그 양도는 피양도인에게 통지되거나 피양도인이 그 계약을 안 때에 한하여 피양도인에게 효력을 갖는다.[160]

　　본조 제3항은 계약양도의 유효요건으로 서면의 작성을 요구한다. 그러므로 서면으로 작성되지 않은 양도계약은 무효이다. 계약양도 계약은 요식계약(제1109조)이다. 이처럼 서면이 요구되기 때문에 묵시적 계약양도는 불가능하다.[161] 채권양도(제1322조)와 채무양도(제1327조 제2항)에서도 동일한 요건이 요구된다. 특정 형식의 서면이 요구되는 것은 아니므로 계약양도 계약은 공정증서(écrit authentique)뿐만 아니라 사서증서(écrit sous seing privé)에 의하여도 작성될 수 있다. 서면에는 날짜, 서명 그리고 양도의 대상인 계약을 특정하는 기재가 있어야 한다. 계약당사자들은 양도계약의 유효성을 위해서뿐만 아니라 양도계약의 증명을 위해서도 이와 같은 서면 요건을 준수해야 할 것이다. 본조 제3항은, 피양도인의 동의에는 적용되지 않으므로, 피양도인의 동의의 방식은 자유롭다.[162]

Article 1216-1 Si le cédé y a expressément consenti, la cession de contrat libère le cédant pour l'avenir.

A défaut, et sauf clause contraire, le cédant est tenu solidairement à l'exécution du contrat.

제1216-1조 ① 피양도인이 양도인의 면책에 관하여 명시적으로 합의한 경우, 계약의 양도는 장래를 향하여 양도인을 면책시킨다.

② 양도인의 면책에 관한 명시적 합의가 없고 반대의 조항이 없다면, 양도인은 계약의 이행에 대하여 연대하여 책임을 진다.

　[해제] 본조는 계약의 양도에 따른 양도인의 면책 여부에 관한 조문이다. 채무양도와 마찬가지로(제1327-2조 이하 참조), 계약양도는 피양도인이 명시적으로 양도인의 면책에 합의하여야만 양도인을 면책시킨다. 따라서 "면책적" 양도와 "비면책적" 양도를 구분하여야 한다.

---

160) 이런 식의 규정은 채무양도에도 존재한다(제1327-1조).

161) P. Malaurie, L. Aynès, et P. Stoffle-Munck, Les obligations, Defrénois, 9ᵉ éd. 2017, n° 863, p. 483.

162) O. Deshayes, Th. Genicon et Y.-M. Laithier, *op. cit.*, p. 521.

본조 제1항에서 말하는 합의는 양도인을 면책시키는 피양도인의 합의이다. 이 합의는 제1216조에서 요구되는, 계약양도에 관한 피양도인의 동의와는 구별되어야 한다. 즉 계약양도에 관한 피양도인의 동의만으로는 양도인을 면책시키기에 충분하지 않다.

본조의 합의와 전조의 동의는 동시에 이루어질 수도 있고 별개로 이루어질 수도 있다. 본조가 분명하게 규정하고 있지는 않지만, 양도인을 면책시키는 피양도인의 합의를 사전에 하는 것도 가능하다. 계약양도가 있은 후에 면책합의를 하는 것도 가능하다.

피양도인의 명시적인 합의가 있는 경우, 양도인은 "장래를 향하여서만" 면책된다. 이는 다음 두 가지를 명확히 하는 것이다. 첫째, 이미 발생한 채권과 채무는 여전히 양도인에게 남아 있다는 것이다. 둘째, 양도인이 면책된다 해도 그는 계약의 기존의 효력에 의한 책임을 지며,[163] 양수인은 양도 이후의 효력에 대해서만 관련이 있다는 것, 달리 말하면, 양수인은 계약양도 후에 발생하는 채권관계의 당사자(채권자이자 채무자)가 된다는 것이다. 법기술적으로는 계약당사자의 교체이나, 시간적으로 보면 당사자의 승계이기도 하다.[164]

그런데 계약양도에서 "장래를 향하여"라는 문구가 갖는 의미는 채무양도에서의 "장래에"라는 문구(제1327-2조)가 갖는 의미와 다르다는 점에 유의하여야 한다. 채무양도에서는 장래에 신채무자가 양도된 채무의 채무자가 된다. 신채무자가 모든 채무, 즉 채무양도가 있기 전에 발생하였거나 이행기에 도달한 채무의 채무자가 되는 것도 가능하다. 그러나 계약양도에서는 양수인이 계약양도 후의 계약관계에서만 채권자이자 채무자가 되는 것이다.[165] 채무양도와 계약양도는 양도되는 대상이 다르기 때문이다. 계약양수인은 계약을 "취득"하여 그"당사자"가 되는 것이다.[166] 여기서 계약의 기존의 효력과 장래효를 구분할 필요가 있는데 이는 만만치 않은 일이다. 채권관계의 이행기를 기준으로 할 것인가[167]

---

163) 따라서 양도인이 계약양도 이전의 채무를 불이행하는 경우 피양도인은 양도인에 대하여 강제이행청구권 등의 권리를 행사할 수 있다.

164) O. Deshayes, Th. Genicon et Y.-M. Laithier, *op. cit.*, p. 526.

165) 임대차의 양도에 관한 Civ. 3ᵉ, 30 nov. 2017, n° 16-23.498 참조.

166) O. Deshayes, Th. Genicon et Y.-M. Laithier, *op. cit.*, p. 526.

167) 임대차의 양도에 관하여 채무의 이행기를 기준으로 한 Civ. 3ᵉ, 30 nov. 2017, n° 16-23.498 참조.

아니면 채권관계의 성립일을 기준으로 할 것인가? 만일 채권관계 성립일을 기준으로 한다면 그 날은 언제인가? 그 날짜를 결정할 때 급부가 현물로 이행되는 날짜를 고려해야 하는가? 본조는 이에 대해 침묵하고 있어, 계약양도의 당사자들이 스스로 이를 명확히 해야 할 것이다.

　　본조 제2항은, 양도인을 면책하기로 하는 명시적인 합의가 없는 경우 양도인은 피양도인에게 "연대하여 채무를 이행할 책임을" 지며, "이에 반하는 계약조항"이 있는 때에는 그러하지 아니함을 규정한다. 이는 채무양도에서(제1327-2조)와 동일한 규정이다. 계약양도인과 계약양수인이 연대채무의 법리(제1310조 이하)에 의한 책임을 진다고 해서 이미 발생한 이전적 효력이 부정되지는 않는다. 따라서 양수인은 보조적인 공동연대채무자의 역할을 한다. "반대의 계약조항"은 양도인을 부분적으로 면책시키거나 양도인이 연대채무자보다 덜한 책임, 가령 보증채무을 부담함을 승인하는 피양도인의 의사표시로 이해된다.

Article 1216-2 Le cessionnaire peut opposer au cédé les exceptions inhérentes à la dette, telles que la nullité, l'exception d'inexécution, la résolution ou la compensation de dettes connexes. Il ne peut lui opposer les exceptions personnelles au cédant.

Le cédé peut opposer au cessionnaire toutes les exceptions qu'il aurait pu opposer au cédant.

제1216-2조 ① 양수인은 계약의 무효, 동시이행의 항변, 해제, 또는 견련관계 있는 상계 등과 같은 채무에 내재된 항변사유로써 피양도인에게 대항할 수 있다. 양수인은 양도인의 인적 항변사유로써 피양도인에게 대항할 수 없다.

② 피양도인은 양도인에게 대항할 수 있었던 모든 항변사유로써 양수인에게 대항할 수 있다.

　　[해제] 본조는 계약의 양도시 양수인이 대항할 수 있는 사유에 관한 조문이다. 새로운 채권자에게 대항할 수 있는 항변사유가 무엇인가 하는 문제는, 계약양도의 경우 외에도, 대위(제1346조 이하), 채권양도(제1321조 이하), 채무양도(제1327조 이하), 채무참가(제1336조 이하)와 같은 다양한 상황에서 발생한다. 본조는 양수인이 피양도인에게 대항할 수 있는 사유(제1항)와 피양도인이 양수인에게 대항할 수 있는 사유(제2항)에 대해 규정하고 있다.

제1항에 따르면, 양수인은 채무에 내재된 사유로써 피양도인에게 대항할 수 있지만, 채무자의 인적 항변사유로는 피양도인에게 대항할 수 없다. 채무에 내재된 항변은 "계약의 무효,[168] 동시이행의 항변,[169] 해제, 또는 견련관계 있는 상계,[170]" 채무의 시효소멸[171] 등을 들 수 있다. 채무자의 인적 항변으로는 채권자가 채무자에게 기한의 허여, 채무의 면제, 연대의 면제를 해 준 경우 등이 있다.[172]

제2항은, 피양도인은 양도인에게 대항할 수 있었던 모든 항변사유로써 양수인에게 대항할 수 있다고 규정한다.

본조는 양도인이 피양도인에게 대항할 수 있는 사유에 대해서는 침묵하고 있다. 하지만 양도인이 면책되는 경우에는 아무런 문제가 없다. 양도인이 면책되지 않는 경우 양도인은 어떠한 항변사유로 대항할 수 있을까? 양도인은 양도후 피양도인과의 고유한 관계에 기한 항변사유뿐만 아니라 양수인이 대항할 수 있었던 모든 항변사유를 가지고 대항할 수 있다고 보아야 한다.

Article 1216-3 Si le cédant n'est pas libéré par le cédé, les sûretés qui ont pu être consenties subsistent. Dans le cas contraire, les sûretés consenties par le cédant ou par des tiers ne subsistent qu'avec leur accord.
Si le cédant est libéré, ses codébiteurs solidaires restent tenus déduction faite de sa part dans la dette.

제1216-3조 ① 양도인이 피양도인에 의해 면책되지 않는다면, 합의될 수 있었던 담보는 존속한다. 반대의 경우, 양도인이나 제3자에 의해 합의된 담보는 그의 합의가 있어야 존속한다.
② 양도인이 면책된다면, 그의 공동연대채무자들은 채무에서 양도인의 면책부분을 제외한 나머지에 대하여만 책임을 진다.

[해제] 본조는 서로 직접적인 관련이 없는 두 항으로 구성되어 있다. 제1항은 계약 양도가 있기 전에 존재하던 담보의 운명을 규정하고, 제2항은 계약양도

---

168) Req., 5 nov.1889 : S. 1891.1.407.
169) Com., 12 janv. 2010, n° 08-22.000: *Bull. civ.* Ⅳ, n° 2.
170) Com., 4 juin 1996, n° 94-16.306: *RJDA* 12/96 n° 1312.
171) Req., 2 août 1904 : S. 1905.1.185 note Bernard ; Com., 14 déc. 1965: *Bull. civ.* Ⅲ, p. 587.
172) 프랑스민법전 제1324조, 제1328조, 제1346-5조 참조.

가 양도인의 공동연대채무자에게 미치는 효과를 명확히 한다. 이 조항들은 채무양도에 적용되는 규율과 완전히 동일한 내용이므로 제1328-1조에 대한 해제도 참조하기 바란다.

본조 제1항은 계약양수인이 부담하는 채무를 보장하는 담보만을 다룬다. 여기서 다음 두 가지가 문제된다. 첫째, 본항은 계약양수인에게 양도된 채권을 보증하는 담보의 운명에 대해서는 규정하는 바가 없다. 채권양도에서와 마찬가지로(제1321조 제3항) 이 담보는 계약양수인에게 이전되고 계약양수인은 이를 원용할 수 있다고 하여야 한다. 사실 담보는 계약상 채권에 부종하는 것이므로 계약양도가 있다고 해서 담보가 소멸할 이유는 없다. 이는 모든 담보에 해당하는 말이다. 물적 담보든 인적 담보이든, 피양도인이 설정한 담보이든 제3자가 설정한 담보이든 그러하다. 담보설정자의 동의가 없어도 담보가 이전한다. 둘째, 본항은 계약양도인에게 남아있는 채권과 채무, 즉 계약양도 전의 채권과 채무173)를 보증하는 담보의 운명에 대해서는 규정하는 바가 없다. 이 담보는 계약양도의 영향을 받지 않는다고 보아야 한다. 이에 대한 담보설정자의 동의가 요구되지 않는다. 그러므로 오해가 있어서는 안 된다. 피양도인이 계약양도인의 면책에 합의하는 경우 "제3자에 의해 합의된 담보는 그 제3자의 합의가 있어야만 존속"한다는 본항 제2문은, 계약양수인에게 이전된 채무를 보증하는 담보에 관한 규정일 뿐이다.

기존의 담보는 이제 계약양수인이 부담하는 채무를 보증하기 위해 존속하는가? 본항은 이 문제와 관련하여 채무양도에 관한 제1328-1조와 동일한 구분을 하고 있다. 계약양도인이 면책되지 않는 때에 그 담보는 그대로 존속하는바, 이는 계약양도인이 계약양수인과 함께 연대하여 채무를 부담하기(제1216-1조) 때문이다. 반면 계약양도인이 면책되는 때에는 양도인이나 제3자에 의해 합의된 담보는 양도인이나 그 제3자의 합의가 있어야만 존속한다. 채무자가 변경되면 그 담보가 보장해야 하는 위험이 달라지기 때문이다. 2016년 오르도낭스에서 본항은 '양도인에 의해' 합의된 담보에 관하여는 언급하지 않았다. 그래서 그 담보는 (반대의사가 없다면) 양도인의 동의가 없어도 존속한다는 해석이 가능하였다. 하지만 2018년 변경법률이 '양도인에 의해'라는 문구를 본항에 추가함

---

173) 제1216-1조 참조.

으로써 양도인이 제공한 담보도 제3자가 제공한 담보와 동일한 취급을 받게 되었다. 그런데 2018년 변경법률은 이 개정이 "해석적" 성격의 개정임을 밝히고 있다. 이는 결국 소급적이라는 뜻이므로, 오르도낭스 발효 후 2018년 변경법률 시행 전의 기간에 대해서도 양도인에 의해 합의된 담보는 양도인의 동의가 없어도 존속한다는 해석이 불가능하다.[174]

본조 제2항은 계약양도인이 면책되는 경우, 양도인의 공동연대채무자들도 면책됨을 규정한다. 이들은 계약양도인의 면책부분을 제외한 나머지에 대하여만 여전히 책임을 부담한다. 그런데 이러한 해결책은 계약양도 이후의 채무, 즉 당사자가 교체된 채무에만 적용된다.[175] 만일 양도인의 공동연대채무자들이 계약양도 전의 채무로부터도 면책된다고 본다면 그 채무는 계약양도와 관련이 없는데도 면책되는 횡재를 누리게 될 것이기 때문이다. 보증인은 인적 담보를 제공한 자로서 제1항에 따라 존속하는 것으로 합의될 수 있을 뿐이지, 제2항에 따라서 공동연대채무자로서의 책임을 당연히 지는 것은 아니다.

[김 현 진]

Section 5 L'inexécution du contrat
제5절 계약의 불이행

[해제] 개정 전 프랑스민법전은 계약불이행에 대한 법적 규율이 통일적이지 못하였고 또 완결적이지 못하였다. 이것이 프랑스민법전의 중대한 흠 중의 하나였다.[176] 이제 본절이 계약의 불이행에 대하여 통일적으로 규율하고 있다.

본절은 계약불이행의 효과로서 필요한 부분을 현대화하고 또 혁신적인 규정을 두고 있다. 첫째, 계약불이행시 인정될 수 있는 일반적 효과를 열거하여

---

174) O. Deshayes, Th. Genicon et Y.-M. Laithier, *op. cit.*, p. 532.

175) O. Deshayes, Th. Genicon et Y.-M. Laithier, *ibid.*

176) 개정 전 프랑스민법전은 계약불이행의 효과를 한 곳으로 모아 통일적으로 규율하지 못하였다. 예를 들면, 해제는 조건부채무의 해제조건(제1184조)에서, 현실이행의 강제는 예외적으로 "하는 채무와 부작위채무"(제1143조, 제1144조)에서 규정되었다. 그리고 동시이행의 항변권에 대하여는 일반규정이 존재하지 않았다.

규정하고 있다(제1217조). 둘째, 계약불이행과 관련하여 불가항력에 대한 정의규정을 두고 있다(제1218조 제1항). 이 경우 불가항력으로 인한 이행의 방해가 확정적인 경우와 일시적인 경우로 구분하여, 전자의 경우에만 면책과 계약해제의 효과를 부여하고 있다(제1218조 제2항). 따라서 계약불이행의 일반적 효과(제1217조)의 적용을 받는 것은 불가항력에 의하지 않는 계약불이행에 한한다. 셋째, 계약불이행의 경우 판례에 의하여 인정되어 오던 동시이행의 항변권에 대하여 규정을 두고 있다(제1219조 및 제1220조). 넷째, 현실이행의 강제를 계약불이행의 원칙적인 제재로 규정하고 있다(제1221조-제1222조). 다섯째, 대금감액을 불완전계약이행의 일반적 효과로서 규정하고 있다(제1223조). 여섯째, 계약불이행의 효과로서 채권자의 일방적 의사에 의한 해제를 인정하고 있다(제1224조). 개정 전에는 재판상 해제를 원칙적인 것으로 인정하였고 또 당사자의 약정이 있었던 경우에만 해제를 인정하였다.

　선택채무에서의 급부불능(제1307-2조, 제1307-3조) 또는 불가항력에 의한 급부불능(제1307-4조, 제1307-5조) 등 이행불능을 언급하는 조문들이 많이 있기는 하지만, 프랑스민법전은 계약불이행을 유형별로 구분하여 효과를 규정하지 않는다.

　단독행위에 의하여 발생하는 채무의 불이행에 대하여도 본절이 적용된다. 법률행위의 효력은 계약에 관한 규정에 따르도록 하고 있기 때문이다(제1001-1조 제2항). 그러나 법정채무의 불이행에 대하여는 아무런 규정이 없는바, 이에 대해서는 법이 흠결이 있다. 본절이 준용된다고 보아야 할 것이다.

Article 1217 / La partie envers laquelle l'engagement n'a pas été exécuté, ou l'a été imparfaitement, peut :

- refuser d'exécuter ou suspendre l'exécution de sa propre obligation ;
- poursuivre l'exécution forcée en nature de l'obligation ;
- obtenir une réduction du prix ;
- provoquer la résolution du contrat ;
- demander réparation des conséquences de l'inexécution.

Les sanctions qui ne sont pas incompatibles peuvent être cumulées ; des dommages et intérêts peuvent toujours s'y ajouter.

제1217조 ① 채무가 이행되지 않았거나 또는 불완전하게 이행된 당사자는

- 자신의 채무의 이행을 거절하거나 정지할 수 있고
- 채무에 대한 현실이행의 강제를 청구할 수 있고
- 대금감액을 받을 수 있고
- 계약을 해제할 수 있고
- 불이행의 결과에 대한 배상을 청구할 수 있다.
② 양립할 수 있는 제재들은 경합될 수 있다. 손해배상은 언제나 제재에 추가될 수 있다.

[해제] 본조는 계약불이행의 효과와 그 효과의 경합에 대하여 규정하고 있다. 2018. 4. 20자 법률로 본조(제1항 제3호)의 대금감액과 관련하여 "요청하다"(solliciter)라는 용어를 "얻는다"(obtenir)는 용어로 수정하였다. 이는 대금감액권의 행사가 채권자의 일방적 의사(unilatéralisme)에 의한 것임을 명확히 한 것이다.[177]

본조 제1항은 동시이행의 항변권, 현실이행의 강제, 대금감액, 계약의 해제 및 손해배상을 계약불이행의 일반적 효과로서 규정하고 있다. 본항은 부속절이 각 제재에 대하여 상세하게 규정하기에 앞서 이들을 열거하는 통칙적 규정(제1217조)에 해당한다. 따라서 구체적으로 당사자들이 해당 효과를 받을 수 있기 위해서는 추가적인 요건이 필요하다. 첫째, 동시이행의 항변권은 계약불이행의 사실만으로는 부족하고, 그것이 충분히 중대한 것이어야만 한다(제1219조). 또 불안의 항변권은 상대방이 이행하지 않을 것이 명백하고 또 계약불이행의 결과가 충분히 중대한 것이어야 한다(제1220조). 이처럼 동시이행의 항변권이 인정되기 위해서 추가적인 요건을 요구하는 것은 후술하는 바와 같이 이를 행사함에 있어 채무자에 대한 이행최고가 면제되기 때문이다. 둘째, 현실이행의 강제는 채무자에게 드는 이행의 비용과 채권자가 이행으로 누리는 이익 사이에 명백한 불균형이 존재하지 않아야만 한다(제1221조). 셋째, 채권자가 현실이행의 강제(개정 제1221조), 대금의 감액(개정 제1223조), 계약의 해제(제1225조 제2항)와 손해배상의 제재(제1231조)를 행사하기 위해서는 채무자에게 이행최고를 하여야 한다. 다만, 계약불이행이 확정적인 경우에는 그러하지 않다. 또 채권자의 이행최고를 면하게 하는 약정은 사회질서에 반하지 않는 한, 명문의 규정이 있는 경

---

177) O. Deshayes, Th. Genicon et Y.-M. Laithier, *op. cit.*, p. 534.

우뿐만 아니라(제1225조 제2항) 없는 경우에도 얼마든지 인정된다. 한편 이행최
고를 하지 않아도 되는 경우는 우선 동시이행의 항변권(제1219조)의 경우이다.
이 경우는 이행하지 않을 것이 명백하고 또 계약불이행의 결과가 충분히 중대
한 것이어야 인정되기 때문이다. 한편 본항의 채무불이행의 효과 사이에는 우
선순위는 존재하지 않는다. 또 본조는 불완전이행의 효과로서 추완청구권을 인
정하지 않는다는 점이다. 이번 개정에서는 계약각론에서 개별적으로 인정하고
있는 대체물청구권, 추완청구권으로 만족하는 듯하다.

본조 제2항은 양립할 수 있는 제재는 경합할 수 있고 손해배상은 언제나
이에 추가될 수 있다고 규정하고 있다. 본항(제1문)은 계약불이행의 효과가 제
재(sanctions)임을 명시적으로 밝히고 있다. 이는 프랑스민법은 전통적으로 계약
불이행의 효과를 채권자를 위한 구제(remèdes)라는 측면보다는 채무자에 대한
제재라는 측면에서 다루고 있기 때문이다.[178] 또 본항(제1문)에 의하면, 양립할
수 있는 제재는 경합될 수 있다. 채권자는 계약불이행의 효과로서 양립할 수 있
는 제재를 가할 수 있다. 그리고 본항(제2문)은 손해배상은 항상 선택되는 제재
에 추가될 수 있음을 밝히고 있다. 계약불이행에 익하여 손해가 발생한 경우에
는 어떤 제재를 선택하더라도 이를 청구할 수 있다. 요컨대 채권자는 계약불이
행의 효과로서 가장 적합하다고 판단하는 제재를 선택할 수 있는 것이다.

본조의 적용에 대하여는 다음과 같은 제한이 따른다. 첫째, 본조 제1항은
채권자가 모든 제재를 선택할 수 있는 것처럼 규정하고 있지만, 실제로는 제재
사이에 우선순위라든지 주종관계가 존재하여 선택의 범위가 제한될 수 있다는
점이다. 둘째, 본조 제2항은 제재가 경합할 수 있다고 하지만, 경합의 기준, 제
재들 사이의 우선순위, 이느 제재를 배제하는 약정의 효력, 선택된 제재의 변경
여부, 채권자의 과실이 제재의 선택에 미치는 영향 등에 따라 경합 여부가 다를
수 있다. 우선 경합 여부의 기준으로 제재를 선택하는 시점을 들 수 있다.[179]
강제이행, 대금감액 및 동시이행은 계약의 해제와 양립할 수 없다. 이는 전자는
계약의 존속을 예정하지만, 후자는 계약의 소멸을 전제로 하기 때문이다. 또 대
금감액은 채권자가 불완전이행을 수령하는 것을 전제로 하기 때문에, 계약해
제와 양립할 수 없다. 또 경합 여부의 기준으로 부당한 이득(enrichissement in-

---

178) G. Chantepie et M. Latina, *op. cit.*, n° 615, p. 559.
179) G. Chantepie et M. Latina, *op. cit.*, n° 615, p. 562.

justifié)의 발생이라는 기준을 들 수 있다.[180) 예를 들면, 채권자는 채무자에 의한 강제이행(제1221조)과 채권자·제3자에 의한 강제이행(제1222조)을 함께 선택할 수는 없다. 이는 채권자에게 이중의 만족이라는 부당한 이득을 주기 때문이다. 반면에 채권자는 다른 제재를 선택하기에 앞서 채무이행의 정지라는 동시이행의 항변을 선택할 수 있다. 양자 사이에는 부당한 이득이 존재하지 않기 때문이다. 이상의 명백한 경우를 제외하고 제재 사이의 경합 여부는 학설과 판례에 맡겨져 있다고 하겠다.

Article 1218 Il y a force majeure en matière contractuelle lorsqu'un événement échappant au contrôle du débiteur, qui ne pouvait être raisonnablement prévu lors de la conclusion du contrat et dont les effets ne peuvent être évités par des mesures appropriées, empêche l'exécution de son obligation par le débiteur.

Si l'empêchement est temporaire, l'exécution de l'obligation est suspendue à moins que le retard qui en résulterait ne justifie la résolution du contrat. Si l'empêchement est définitif, le contrat est résolu de plein droit et les parties sont libérées de leurs obligations dans les conditions prévues aux articles 1351 et 1351-1.

제1218조 ① 채무자의 통제를 벗어나 계약의 체결 당시에 합리적으로 예견을 할 수 없었고 또 그 효과가 적절한 조치에 의해서 회피될 수 없었던 사건에 의하여 채무자가 자신의 채무이행이 방해받은 경우에는, 계약에 있어서 불가항력이 존재한다.

② 방해가 일시적일 경우에, 방해로 인한 이행의 지연이 계약의 해제를 정당화하지 않는 한 채무의 이행은 정지된다. 방해가 확정적일 경우에는 계약은 당연히 해제되고 당사자들은 제1351조와 제1351-1조에 정해진 요건에 따라 자신들의 채무를 면한다.

[해제] 본조는 불가항력(force majeure)에 대하여 정의를 내리고 또 그 효과를 규정함으로써 종래 불가항력과 관련하여 제기되었던 많은 문제를 명시적인 규정으로 해결하고 있다.[181)

본조 제1항은 불가항력이 인정되기 위한 세 가지 요소를 규정하고 있다.

---

180) O. Deshayes, Th. Genicon et Y.-M. Laithier, *op. cit.*, p. 536.

181) 개정 전에는 불가항력에 관한 규정으로 제1148조가 있었다. 제1148조는 불가항력 또는 우연한 사정에 의하여 채무자가 주는 채무, 하는 채무 또는 부작위채무를 방해받은 경우에는 손해배상책임이 없다고만 규정하였다. 그러나 불가항력의 개념요소가 무엇인지 또 불가항력이 개정 전 제1148조에 규정된 우연한 사정(cas fortuit)과 개정 전 제1147조에 규정된 외부원인(cause étrangère)과 어떠한 관계에 있는지는 본조만으로는 알 수가 없었다.

첫째, 외부성(extériorité)의 요건이다. 이는 사건이 채무자의 통제를 벗어난다는 것을 말한다. 학설은 채무자의 행위, 채무자의 물건, 채무자의 대리인 등이 개입되면 외부성은 인정되지 않는다고 보았다. 그런데 판례는 경우에 따라 외부성의 요건을 요구하기도 하고,[182] 요구하지 않기도 하였다.[183] 본항은 이러한 판례의 혼선에 대하여 종지부를 찍고 있다. 둘째, 예견불가성(imprévisibilité)의 요건이다. 이는 사건이 계약을 체결할 당시에 합리적인 예견이 불가능한 것이었을 말한다. 셋째, 항거불능성(irresistibilité)의 요건이다. 이는 사건의 결과가 적절한 조치에 의하여도 회피될 수 없을 것을 말한다. 항거불능성은 사건의 결과가 불가피하거나(inévitable) 또는 극복할 수 없는(insurmontable) 경우에 인정된다.

본조 제2항은 불가항력의 효과로 이행의 방해(이행불능)가 일시적인 경우(momentané)와 확정적인 경우를 구분하여 규정하고 있다. 우선 이행불능이 일시적인 경우에는 계약은 정지된다(제2항 제1문). 계약이 정지되는 결과 이행은 채무자에게 책임이 없는 지연이 따르게 된다. 이는 종전부터 판례가 인정하여 오던 바를 수용한 것이다. 그러나 판례에 의하면 정지로 인한 이행지연의 상태가 채권자에게 무익할 경우에는 계약해제가 인정된다. 한편 본항에 의하면, 이행불능이 확정적일 경우에는 계약은 당연히 해제되고 당사자들은 제1351조와 제1351-1조가 정하는 요건에 따라 채무를 면하게 된다(제2항 제2문).[184] 확정된 이행불능이 일부인 경우에는 일부해제만 인정된다. 종전에는 계약해제는 법원에 의한 해제가 선언되어야만 하였지만 그렇지 않게 되었다.[185] 우선 제1351조는 본항에 기초하여 이행불능이 불가항력으로 인하여 확정적일 때에는 채무자는 채무를 면한다고 규정하고 있다.[186] 그러나 제1351조에 의하면 채무자가 불능으로 인한 위험을 인수하거나 이미 이행을 지체한 경우에는 그리하지 아니하다. 프랑스민법의 경우 의사주의원칙에 따라 계약이 체결되는 순간 권리의 이전과 함께 위험도 채권자에게 이전된다(제1196조 제3항). 그러나 채무자가 이행

---

182) Civ. 3ᵉ, 15 oct. 2013, n° 12-23.126.
183) Civ. 3ᵉ, 19 avr. 1972, n° 71-10.505.
184) 다만, 이 경우 제1224조 이하의 해제와는 달리 당사자에게 손해배상의무는 발생하지 않는다.
185) Civ. 1ʳᵉ, 13 nov. 2004, n° 13-24.633.
186) 프랑스채권법의 경우 불가항력에 의한 이행불능은 확정적인 것일 경우에는 계약은 당연히 해제됨에 반하여(제1218조 제2항), 우리 민법의 경우 계약은 종료되는 것으로 해석되고 있다(제537조). 계약이 종료된다는 점에서는 동일하다고 할 것이다.

지체에 빠진 상태에서 불가항력이 발생하는 경우에는 위험은 채무자에게 이전되는 것이다(제1344-2조, 제1351조).[187] 다만, 제1351-1조(제1항)은 채무자가 채무를 이행한 경우에도 물건이 멸실되었으리라는 것을 증명하는 경우에는 채무자가 비록 지체에 있었던 경우라도 채무를 면한다고 규정하고 있다. 즉, 위험은 채권자에게 그대로 존속하게 된다.[188] 이 경우 채무를 면한 채무자는 물건에 부착된 권리와 소권을 채권자에게 양도하여야 한다(제1351-1조 제2항). 이 경우에는 채권자에게 채무자에 대한 대상청구권을 인정하는 것이다.

　　본조에 대하여는 종래 학설이 발전시켜서 판례가 인정한 결과채무와 행위채무의 구분이 그대로 유지되는가에 대한 의문이 제기된다. 개정 프랑스민법전은 개정 전과 마찬가지로 결과채무와 행위채무의 구분을 명시적으로는 규정하지는 않는다. 그러나 결과채무와 행위채무의 구분이 근거가 되었던 규정을 그대로 수용함으로써 종전과 동일하게 구분을 인정하고 있는 것으로 보고 있다.[189] 결과채무는 개정 전 제1147조에 근거를 두고 있다. 결과채무란 채무자가 특정한 결과를 달성할 것을 약속하는 채무로서, 약속된 결과(résultat promis)가 발생하지 못한 것이 불가항력에 의한 것임을 증명하지 못하면 약속한 결과(résultat promis)가 발생하지 않았다는 것 자체가 채무자의 과책이 의제(présomption irréfragable)되는 채무를 말한다. 개정 제1231-1조(제1항)가 개정 전 제1147조를 실질적 내용을 그대로 수용함으로써 종전과 동일하게 결과채무가 인정된다고 본다. 한편 행위채무는 특정물보관에 채무자의 선량한 가장의 주의를 요구하는 개정 전 제1137조와 채무자의 과책을 요구하는 개정 전 제1245와 제1302조에 근거를 두고 있다. 행위채무란 채무자가 필요한 모든 수단(tous les moyens nécessaires)을 다하여 일정한 결과를 달성할 것을 약속하는 채무이다. 이 규정들 또한 개정 제1197조, 제1342-5조와 제1351조ㆍ제1351-1조에 의하여 그대로 유지됨으로써 결과채무에 대비되는 행위채무도 여전히 유지되고 있다.

　　본조는 강행규정이 아니어서 사적자치를 배제하지 않는다.[190] 따라서 당사

---

187) 우리 민법의 경우에도 이행지체 중에 발생한 불가항력에 의한 이행불능으로 인한 위험은 채무자에게 이전된다(제392조 본문).
188) 우리 민법의 경우에도 채무자기 이행기에 이행하여도 손해를 멸할 수 없는 경우에는 채권자에게 위험이 이전된다(제392조 단서).
189) O. Deshayes, Th. Genicon et Y.-M. Laithier, *op. cit.*, p. 537.
190) G. Chantepie et M. Latina, *op. cit.*, n° 626, p. 573.

자는 불가항력으로 인한 효과를 약정으로 얼마든지 가중하거나 감경할 수 있
다. 우선 제1351조가 규정하고 있는 바와 같이, 약정으로 채무자가 불가항력으
로 인한 위험을 인수할 수 있다. 또 약정으로 당사자는 이행지체 중 위험을 채
권자에게 귀속시킬 수도 있다.

Sous-section 1　L'exception d'inexécution
제1부속절　동시이행의 항변

[해제] 프랑스민법전은 동시이행의 항변권에 대한 일반적 규정을 두게 되
었다. 개정 전 프랑스민법전에서는 동시이행항변권에 대한 일반규정이 존재하
지 않았고, 몇몇 쌍무계약에서만 인정될 뿐이었다. 예를 들면, 매매(제1612조, 제
1651조 및 제1653조), 교환(제1704조)과 유상임치(제1948조)의 경우가 그러하다.

그런데 판례는 채무가 상호의존성(interdépendance), 견련성(réciprocité) 또는
상관성(corrélativité)이 있음을 근거로 쌍무계약 일반에 동시이행항변권을 인정하
였다. 또 판례는 계약관계가 아닌 쌍무관계(rapports synallagmatiques)에서도 동시
이행항변권을 인정하였다. 그리고 판례는 동시이행항변권의 행사의 효과로 이
행의 정지(suspension de l'exécution) 내지는 계약의 정지(suspention du contrat)라
는 효력을 인정하였다. 이러한 판례를 수용하여 프랑스민법전은 제1219조에서
통상의 동시이행의 항변권에 대하여 또 제1220조는 불안의 항변권에 대하여 규
정하게 되었다. 조문이 언급하고 있지 않지만 동시이행의 항변권은 쌍무관계에
서도 인정된다.[191]

Article 1219 Une partie peut refuser d'exécuter son obligation, alors même que
celle-ci est exigible, si l'autre n'exécute pas la sienne et si cette inexécution est
suffisamment grave.
제1219조 당사자 일방은, 자신의 채무가 이행청구할 수 있는 경우에도, 상대방이 자
신의 채무를 이행하지 않고 또 그 불이행이 충분히 중대한 경우에는, 자신의 채무의
이행을 거절할 수 있다.

---

191) G. Chantepie et M. Latina, *op. cit.*, n° 629, p. 576.

[해제] 본조에 의하면, 동시이행의 항변으로서 당사자 일방은 상대방이 자신의 채무를 이행하지 않고 또 그 불이행이 충분히 중대한 경우에는 자신의 채무가 이행청구할 수 있는 경우에도 채무의 이행을 거절할 수 있다. 본조는 동시이행의 항변권이 발생하기 위한 요건으로 "상대방이 그의 채무를 이행하지 않고" 또 "그 불이행이 충분히 중대한" 것을 요구하고 있다. 본조가 "상대방이 채무를 이행하지 않는 경우"에 일방의 채무를 거절할 수 있다고 규정하는 것은 묵시적으로 양 채무가 상호의존적인 것임을 요구하고 있는 것으로 본다. 그러나 본조는 채무가 쌍무계약에서 발생한 것임을 요구하지는 않는다. 양 채무가 상호의존적이어야 하므로 쌍무관계에 있으면 된다. 또 본조는 상대방의 채무불이행이 중대할 것을 요구하고 있다. 본조가 채무불이행의 중대성을 요구하는 것은 계약해제(제1224조 제1항)의 경우와 동일하게 보는 것이다. 이에 대하여는 비판이 제기되고 있다. 즉, 동시이행의 항변권은 상대방이 채무이행을 하도록 하기 위한 것인데, 중대성의 요건을 요구할 필요가 없다는 것이다.[192] 따라서 문언에도 불구하고 중대성의 요건은 불이행이 경미하지 않는 것으로 이해되어야 한다고 한다. 또 본조는 채무불이행의 다른 제재의 경우와는 달리 채무자에 대한 사전의 이행최고 또는 통지를 요구하지 않는다.[193] 이는 채무자가 이행기에 도달하여 채권자가 이행청구를 하여야 상대방이 이행지체에 빠지지만, 이행청구를 하지 않고 있던 중 자신의 채무와 이행기가 동일하게 되었다면 채권자는 바로 동시이행의 항변권을 행사할 수 있다는 것을 말한다. 한편 본조는 동시이행의 항변권의 행사에 대하여 비례성의 요건을 규정하고 있지는 않다. 그러나 법원의 사후판단에 의하여 비례성이 준수된다고 한다.[194]

본조는 동시이행항변권의 효과로서 당사자는 채무의 이행을 "거절"할 수 있다고 규정하고 있다. "거절"은 제1220조의 "중지"와 동일한 의미이다. 따라서 동시이행항변권은 일시적인 수단이 될 뿐이다. 상대방이 자신의 채무를 다시 이행할 경우에는 계약은 다시 효력을 가지게 되어 일방은 자신의 채무를 이행하여야 한다. 따라서 동시이행항변권의 행사에 의하여 첫째, 계약은 유지되고, 둘째, 채무자는 채무를 면하지 못한다. 요컨대 동시이행항변권의 행사에 의하여

---

192) G. Chantepie et M. Latina, *op. cit.*, n° 629, p. 577.
193) 이른바 존재효과설을 취하고 있다고 볼 수 있다.
194) O. Deshayes, Th. Genicon et Y.-M. Laithier, *op. cit.*, p. 541.

계약은 일시적으로 중지될 뿐이다.

Article 1220 Une partie peut suspendre l'exécution de son obligation dès lors qu'il est manifeste que son cocontractant ne s'exécutera pas à l'échéance et que les conséquences de cette inexécution sont suffisamment graves pour elle. Cette suspension doit être notifiée dans les meilleurs délais.

제1220조 당사자 일방은, 자신의 공동계약자가 이행기에 이행하지 않을 것이 명백하고 그 불이행의 결과가 그에게 충분히 중대한 경우에는, 자신의 채무이행을 정지할 수 있다. 채무이행의 정지는 가장 빠른 기간 내에 통지되어야 한다.

[해제] 본조는 이른바 불안의 항변권을 규정하고 있다. 본조는 매매의 경우 (제1163조)에 인정되던 불안의 항변권을 일반화한 것이다. 본조의 항변권을 "예견된 불이행에 대한 항변권"(exception pour inexécution par anticipation), "불이행 위험에 대한 항변권"(exception pour risque d'inexécution) 또는 "장래불이행에 대한 항변권"(exception pour inexécution à venir)이라고도 부른다.

본조는 상대방이 이행기에 채무를 이행하지 않을 것이라는 엄격한 요건을 규정하고 있다. 이는, 불안의 항변권을 원용하는 것은 당사자가 스스로 재판관이 된다는 것을 의미하므로 그 요건을 엄격하게 요구하던 종전 판례를 수용한 것이다.

본조에서 규정하는 불이행의 결과가 중대할 것이라는 요건이 제1219조의 일반 동시이행의 항변권의 요건인 불이행이 중대한 것과 어떻게 다른지가 문제이다. 이에 대해서는 학설의 언급이 없다.

본조는 제1219조와 마찬가지로 당사자에게 상대방에게 최고를 할 것을 요구하지 않는다. 그러나 본조는 제1219조과는 달리 채무이행의 정지는 가장 빠른 기간내에 통지되어야 한다는 것을 요구하고 있다. 그러나 당사자는 통지의 이유는 밝힐 필요가 없다. 이는 계약의 해제의 경우에 이유를 제시할 것을 요구하고 있는 것(제1226조 제3항, 제4항)과는 대조적이다. 그러나 이에 대해서는 이행을 거절하는 채무자가 이유를 제시하여야만 상대방인 채권자는 불안을 해소하기 위하여 담보를 제공할지 아니면 채무자의 요구가 부당한 경우 소를 제기할지를 결정할 수 있다는 점에서 비판이 제기되고 있다.

본조에 의하면 불안의 항변권 행사의 효력으로 "정지(suspendre)"를 규정하고 있다. 이는 제1219조의 "거절"과 동일한 의미이다. 따라서 계약은 유지되고, 채무자는 채무를 면하지 못한다. 그런데 채무이행 정지의 효력이 어느 때부터 나타나는지는 본조의 규정만으로 명백하지 않다. 본조는 채무이행의 정지는 가장 빠른 기간내에 상대방에게 통지되어야 함을 요구하고 있다(제2문). 따라서 이에 대하여는 두 가지의 해석이 가능하다. 첫째, 당사자가 채무이행을 정지하는 때로부터 정지의 효력이 발생한다는 해석이다. 이 경우 통지는 상대방에게 정지의 효력을 알리기 위한 행위가 된다. 둘째, 통지를 상대방이 수령한 때부터 정지의 효력이 발생한다는 해석이 가능하다. 이 경우 통지는 상대방에게 정지의 효력의 발생하기 위한 요건이 된다. 달리 말하면 통지는 상대방의 "수령을 요하는 행위"(acte réceptice)가 되는 것이다. 이 문제에 대하여는 학설과 판례에 맡겨져 있다고 할 것이다.

Sous-section 2 L'exécution forcée en nature

제2부속절 현실이행의 강제

[해제] 프랑스민법상 현실이행의 강제란 채무자에 의한 자발적 이행(임의이행)이 아닌 넓은 의미로 사용된다. 예를 들면, 채무불이행이 있는 경우 채권자가 채무자를 대신하여 제3자와 계약을 체결하여 채무이행의 만족을 얻거나 또는 법관의 사전허락을 받아 제3자에게 채무의 위반으로 발생한 결과를 제거하게 하는 경우에도 이는 채무자의 의사에 반하여 이행을 실현하는 것으로서 현실이행의 강제이행으로 본다. 또한 불이행의 경우 채권자와 채무자의 합의로 불이행을 해결하는 경우에도 강제이행의 합의가 있다고 한다. 이처럼 프랑스채권법상 현실이행의 강제는 소송상의 이행청구권과는 다른 의미를 갖는다.

개정 전 프랑스민법전은 계약불이행의 구제수단으로 손해배상청구가 원칙이었고, 현실이행의 강제는 예외적인 것이었다. 우선 개정 전 제1142조는 하는 채무 또는 부작위채무는 불이행의 경우 손해배상책임으로 해소된다고 규정하였다. 본조에 의하면 문언상 하는 채무 또는 부작위채무의 불이행에 대하여는 손해배상이 원칙이었다.[195] 이에 대하여 학설은 제1142조에 따라 채무불이행의

---

195) 프랑스민법전 제정 시에는 채무불이행이 있더라도 개인의 의사를 강제하는 것이 어렵다고 보아서 손해배상원칙을 인정한 것으로 보인다.

경우 강제이행이 아니라 손해배상이 원칙이라고 보는 견해와,[196] 강제이행이 원칙이라고 보는 견해가 대립하고 있었다.[197] 한편 판례는 "개성이 중요한 채무(obligation personnelle)"일 경우에만 예외적으로 손해배상을 인정하였고, 제1142조의 하는 채무와 부작위채무의 경우에도 현실이행의 강제를 허용하였다.[198] 그 후 판례는 하는 채무와 부작위채무에 대하여 "계약상 채무를 전혀 이행 받지 못한 당사자는 계약의 이행이 가능한 경우에는 상대방에게 그 이행을 강제할 권능이 있다."고 판시함으로써 현실적 이행의 강제를 원칙적인 것으로 인정하기에 이르렀다.[199]

한편 개정 전 제1142조는 금전채무(obligation monétaire ou de sommes d'ar-gents)와 주는 채무(obligation de transférer la propriété ou autre droit réel)의 불이행에 대하여는 현실적 이행의 강제에 대하여 언급이 없었다. 우선 학설은 금전채무에 대하여는 강제이행이 인정되었다. 이는 금전채무는 어느 경우에도 이행이 가능하고 또 금전 이외의 다른 것으로 이행하는 것을 생각할 수 없기 때문에 강제이행이 가능하다고 보았던 것이다. 또 주는 채무란 물권의 이전을 목적으로 하는 채무를 말하는데, 이 경우 강제이행은 거의 문제되지 않는다. 의사주의의 원칙(principe *solo consensu*)에 따라 의사의 합치만으로 소리간 후하나 빠떼 하는 결과 주는 채무 자체가 발생하지 않거나 또는 발생과 동시에 이행이 되는 것이다(개정 전 제1138조 제1항). 그리고 부동산물권의 이전을 위해 대항등기에 필요한 공정증서를 작성하기로 한 경우는 "주는 채무"가 아니라 "하는 채무"가 발생되므로, 이에 대하여도 현실이행의 강제가 허용되었다. 물론 물권의 이전이 유예되는 경우가 있다. 예를 들면, 장래의 물건에 대한 소유권의 이전이거나 종류물이 특징되기 진인 경우가 그러하다. 진자의 경우에는 문제가 없고, 후자의 경우에는 종류물을 특정하는 "하는 채무"의 불이행의 강제이행이 문제될 뿐이다.개징 후에는 제1221조와 제1222조가 계약불이행의 구제수단으로서 손해배상의 청구가 아닌 현실이행의 강제를 원칙적인 것으로 인정하고 있다. 이러한 이유에서 제1217조(제1항)는 현실이행의 강제(제2호)를 채무자에 대한 제재의 하나

---

196) B. Mercadal, *op. cit.*, n° 704, p. 203.
197) F. Terré, Ph. Simler et Y. Lequette, *op. cit.*, n° 1112, p. 1157; M. Poumarède, *op. cit.*, n° 615, p. 253.
198) Civ., 20 janv. 1953, *JCP* 1953, Ⅱ, 7677, note P. Esmein.
199) Civ. 3ᵉ, 11 mai. 2005, n° 03-21.136; Civ. 1ʳᵉ, 16 janv. 2007, n° 06-13.983.

로서 대금감액(제3호), 계약해제(제4호) 및 손해배상(제4호)에 앞서 규정하게 된 것이다. 그리고 개정 제1221조와 제1222조는 채권자는 현실이행의 강제를 선택하기 전에 먼저 채무자에게 통지를 하여 채무자를 지체에 빠뜨릴 것을 요구하고 있다.

Article 1221 Le créancier d'une obligation peut, après mise en demeure, en poursuivre l'exécution en nature sauf si cette exécution est impossible ou s'il existe une disproportion manifeste entre son coût pour le débiteur de bonne foi et son intérêt pour le créancier.

제1221조 채권자는, 최고를 한 후, 그 이행이 불가능하거나 또는 선의인 채무자의 이행비용과 채권자의 이익 사이에 명백한 불균형이 있는 경우를 제외하고, 현실이행을 청구할 수 있다.

[해제] 본조는 현실이행의 강제의 하나로 "채무자에 의한 현실이행의 강제(exécution en nature directe par le débiteur)"에 대하여 규정하고 있다. 개정 전 프랑스민법전이 채무의 종류를 구분하여 현실이행의 강제를 규율하였던 것에 반하여, 본조는 채무의 종류를 묻지 않고 현실이행의 강제를 인정하고 있다. 본조도 채무의 3분법을 폐기한 개정 프랑스채권법의 논리에 충실하게 따르고 있는 것이나, 본조에 대해서는 2018. 4. 20시 입법에 의치이 채무시를 "선이"이 채무자로 수정하였다. 따라서 채무자에 의한 현실이행의 강제의 요건이 엄격해졌다.

본조는 첫째, 채권자는 채무자에게 최고(mise en demeure)를 하여야 한다. 이는 채권자의 이행을 촉구하는 충분한 내용이 있는 문서에 의하여 한다는 것을 말한다. 그러나 당사자가 최고를 면하는 약정을 한 경우에는 이행기 도래만으로 채무자는 이행지체에 빠진다(제1344조). 둘째, 이행이 가능하여야 한다. 판례가 인정하듯이, 물리적 불능 또는 법률적 불능의 경우에는 이행이 가능하지 않다. 또 채무자의 개성이 요구되는 경우에도 이행이 가능하지 않다. 이는 하는 채무 또는 부작위채무의 경우에 인정된다. 이행불능은 채무자의 과책에 의할 것일 필요가 없다. 다만, 이행불능이 불가항력에 의한 것일 경우에는 채무자는 채무를 면하게 되므로 현실이행의 강제의 문제 자체가 발생하지 않는다. 셋째, 채무자의 이행비용과 채권자의 이익 사이에 불균형이 존재하지 않아야 한다. 종전에도 판례는 현실이행이 엄청난 비용을 초래하는 경우에는 현실이행의 강제를 허용하지 않았었다.[200] 그런데 본조는 양자 사이에 명백한 불균형이 없어야 한다는 새로운 요건을 규정하게 된 것이다. 이는 경제적 상황을 고려한 해결책으로서, 이는 유럽계약법원칙(PECL)과 UNIDROIT의 국제상사계약원칙을 수용한 것이라고 한다.[201]

Article 1222 Après mise en demeure, le créancier peut aussi, dans un délai et à un coût raisonnables, faire exécuter lui-même l'obligation ou, sur autorisation préalable du juge, détruire ce qui a été fait en violation de celle-ci. Il peut demander au débiteur le remboursement des sommes engagées à cette fin.

Il peut aussi demander en justice que le débiteur avance les sommes nécessaires à cette exécution ou à cette destruction.

제1222조 ① 최고를 한 후, 채권자는 합리적인 기간 내에 또 합리적인 비용으로, 스스로 채무를 이행하게 하거나 또는, 법관의 사전허락을 받아, 채무의 위반으로 발생한 결과를 제거하게 할 수 있다. 채권자는 채무자에게 이러한 목적으로 부담한 금액의 상환을 청구할 수 있다.

② 채권자는 채무자가 그 이행 또는 그 제거에 필요한 금액을 사전에 지급할 것을 법원에 청구할 수도 있다.

[매매] 본조는 먼저 제1항의 경우로 "채무자 자신의 자에 의한 현실이행의 강제"를 규정하고 있다.[202] 이 경우 현실이행은 채무자가 하지는 않지만 그로 인한 비용은 채무자가 부담하게 된다. 프랑스민법상 현실이행이란 "협의의 계약의 이행(exécution du contrat *stricto sensu*)"을 말하는 것이 아니라, 약정된 것과 일치하는 급부를 얻을 수 있는 것을 말한다. 따라서 본조는 불이행된 계약상의 채무를 이행할 주체를 일방적으로 채권자나 제3자로 교체할 수 있는 "일방적 교체권(faculté de remplacement unilatéral)"을 허용하는 것이다. 달리 말하면, 본조는 채무자의 교체(remplacement du débiteur)에 의한 현실이행의 강제를 규정하고 있는 것이다.

본조의 현실이행의 주체를 제3자에 의한 것만 인정할 것인지 아니면 채권

---

200) Civ. 3ᵉ, 16 juin 2015, n° 14-14.162 : *RDC* 2015, p. 839.
201) Rapport au Président de la République의 제1221조에 대한 해설 참조.
202) 본조는 개정 전 제1143조와 제1444조를 합하여 또 문구를 일부 수정하여 채무자에 의하지 않은 현실이행의 강제를 규정하고 있다.

자에 의한 것도 허용할 것인지에 대하여는 학설이 대립하고 있다. 그에 따라 채무자교체가 갖는 의미도 달라진다. 우선 본조의 현실이행은 제3자에 의한 현실이행만을 말한다는 견해가 있다.[203] 이 견해에 의하면 본조 제1항의 "채권자는 ⋯ 스스로 채무를 이행하게 ⋯ 할 수 있다."는 문구는 채권자가 제3자로 하여금 채무를 이행하게 하는 경우를 말하는 것이다. 즉, 이 견해에 의하면 채무의 위반으로 발생한 결과를 제거하는 경우이든 그렇지 않은 경우이든 제3자에 의한 현실이행만 인정된다고 한다. 이 견해에 의하면 본조는 "채무자 이외의 제3자에 의한 현실이행의 강제"를 규정하고 있는 것이다. 이에 반하여 채권자는 채무의 위반으로 발생한 결과를 제거하는 경우에는 제3자에 의하여 현실이행을 하지만, 그렇지 않은 경우에는 채권자도 스스로 현실이행을 할 수 있다고 한다.[204] 이 견해에 의하면 본조는 "채무자 이외의 자에 의한 현실이행의 강제"를 규정하고 있는 것이다. 개정 전 제1143조와 제1144조와 개정 후 제1222조를 비교하여 보면, 후자의 견해가 타당하다. 따라서 채권자는 채무자의 비용으로 혹은 채권자가 직접 채무를 이행하거나 혹은 법관의 사전허락을 받아서 제3자에게 채무의 위반으로 발생한 결과를 제거하게 할 수 있다.

본조 제1항(제1문)은 최고를 한 후 합리적인 기간 내에 합리적인 비용으로 스스로 채무를 이행하거나 또는 법관의 사전허락을 받아서 채무의 위반으로 발생한 결과를 제거하게 할 수 있다고 규정하고 있다. 첫째, 채무자에 대하여 지체를 성립시키기 위한 최고가 있어야 한다. 이는 제1221조의 경우와 동일하다. 둘째, 이행이 가능하여야 한다. 셋째, 현실이행의 강제가 합리적인 기간 내에 행사되어야 한다. 이는 채권자에게만 선택권이 일방적으로 인정되기 때문에 그러하다. 기간의 합리성은 채권자와 채무자 각각의 이익을 모두 고려하여야 한다. 우선 채권자의 통지는 합리적인 기간이 경과한 후에만 채권자는 현실이행을 선택할 수 있다. 또 반대로 채무자는 자신의 채권자에 대하여 불이행의 책임에 직면하고 있기 때문에 채권자의 이익도 고려하여 합리적인 기간을 정하여야 한다. 넷째, 현실이행은 합리적인 비용으로 행사되어야 한다. 이 역시 채권자에

---

203) G. Chantepie et M. Latina, *op. cit.*, n° 639, p. 588; F. Chénedé, *op. cit.*, n° 28.122, p. 189.

204) O. Deshayes, Th. Genicon et Y.-M. Laithier, *op. cit.*, p. 553; B. Mercadal, *op. cit.*, n° 709, p. 204.

게만 선택권이 일방적으로 인정되기 때문에 그러하다. 비용이 합리적이지 않을 때에는 채권자는 제1221조에 따라 채무자에 의한 현실이행을 강제하여야 한다. 물론 이 경우 기술한 바와 같이 이행비용과 채권자가 얻을 이익 사이에 현저한 불균형은 없어야 한다. 이상의 요건이 갖추어진 경우 채권자는 스스로 채무를 이행하거나 또는 법원의 사전 허락을 받아 채무자의 의무위반으로 발생한 결과를 제거하게 할 수 있다. 여기서 법원의 사전허락이 필요한 경우란 본항이 규정하듯이 채무자의 의무가 부작위의무일 때 한하는지가 문제이다. 부작위채무에 한한다는 견해와 그렇지 않다는 견해가 대립하고 있다. 후자의 견해에 의하면 수급인의 도급의무를 불완전하게 이행하여 잘못된 건물이 건축된 경우에도 인정될 수가 있다.

본조 제1항(제2문)에 의하면, 채권자는 자신이 지출한 비용의 상환을 채무자에게 요구할 수 있다. 현실이행은 채무자가 하지 않았지만 그 비용은 채무자가 부담하는 것이다. 이는 채무자의 원래의 채무가 금전지급의무로 변경되었음을 말하는 것이다. 비용상환을 위하여 소제기는 반드시 필요한 것은 아니지만 채무자가 이의를 제기하면 비용을 받기 위해서 사실상 소제기를 하게 된다.

본조 제2항에 의하면, 채권자는 소를 제기하여 제1항의 이행 또는 제거에 필요한 비용을 선지불할 것을 법관에게 요구할 수 있다. 채권자가 법원에 채무자에 의한 비용의 선지급을 요구할 경우에는 채권자는 합리적 기간과 비용에 대한 정당성에 대한 우려를 사전에 제거할 수 있다. 법원의 사전허락을 받는 것은 채무자에 대한 비용의 선지불을 받는 것이지 제3자에 의한 강제이행 자체가 사전허락의 대상인 것은 아니다.

Sous-section 3 La réduction du prix

제3부속절 대금의 감액

[해제] 프랑스민법전의 개정 전에는 불완전이행(défaut de conformité)의 경우 대금감액의 제제를 일반적으로 인정하지 않았다. 법관은 불완전이행을 이유로 대금감액을 할 수 없었다. 따라서 채권자는 대금감액 대신에 손해배상으로 만족할 수밖에 없었다.[205] 채무자가 할 손해배상과 상계로 대금감액을 인정하

---

205) Civ. 3ᵉ, 29 janv. 2003, n° 01-02.759 : *Bull. civ.* Ⅲ, n° 23.

는 경우에도 그것은 본질적으로 손해배상의 문제이지 대금감액권의 문제는 아
니었다. 다만, 일정한 전형계약의 경우에는 예외적으로 채권자에게 대금감액권
이 인정되었다. 예를 들면, 부동산매매의 경우 수량이 부족한 경우(제1617조 제2
항)에 대금감액권이 인정되었다. 또 매도인의 하자담보책임(제1641조, 제1642조)
이 발생한 경우에도 그러하였다(제1644조). 또 판례는 상사매매의 경우에는 규
정이 없음에도 불구하고 불완전이행을 이유로 법관에게 대금감액권을 인정하였
다.[206) 그리고 소비자계약에서 불완전이행의 경우에도 소비자에게 대금감액권
을 인정하였다(프랑스소비법전 제L.210-10조).

　　프랑스민법전상의 채권자의 대금감액권은 불완전이행에 대하여 계약의 형
평을 유지하기 위하여 인정된 것이자, 유럽회원국들과 조화를 이루기 위하여
채택된 것이다. 대금감액권이라는 제재는, 채무자의 이행을 기대하는 동시이행
항변권과 계약의 구속력으로부터 벗어나는 해제권의 중간에 위치하는 제재라고
한다.[207) 다만, 대금감액권을 채권자에게 일방적으로 인정하는 데에 대하여는
우려의 목소리가 제기되고 있다.

　　프랑스민법전이 계약불이행의 효과로서 대금감액권을 인정한다는 것은 적
어도 채권의 일반법의 차원에서는 추완청구를 허용하지 않는다는 것을 간접적
으로 말하는 것이다.

　　2018년의 재개정에 의하여 제1223조에서 대금의 감액이 급부의 감액으로
수정되었다. 그러나 제3부속절의 표제는 여전히 대금감액이다. 따라서 제3부속
절에서 대금감액이란 급부감액이라는 의미로 사용되고 있는 것이다.

Article 1223 En cas d'exécution imparfaite de la prestation, le créancier peut,
après mise en demeure et s'il n'a pas encore payé tout ou partie de la pre-
station, notifier dans les meilleurs délais au débiteur sa décision d'en réduire
de manière proportionnelle le prix. L'acceptation par le débiteur de la décision
de réduction de prix du créancier doit être rédigée par écrit.
Si le créancier a déjà payé, à défaut d'accord entre les parties, il peut demander
au juge la réduction de prix.

---

206) Com., 15 déc. 1992, n° 90-19.006 : *Bull. civ.* Ⅳ, n° 421.
207) Rapport au Président de la République의 제3부속절 대금의 감액에 대한 해설 참조.

> 제1223조 ① 급부의 불완전이행의 경우, 채권자는, 최고를 한 후 급부의 전부 또는 일부를 아직 변제하지 않은 경우에는 가장 빠른 기간내에 채무자에게 비례적으로 대금을 감액한 결정을 통지할 수 있다. 채권자의 대금감액의 결정에 대한 채무자의 승인은 문서로 작성되어야 한다.
> ② 채권자가 이미 변제한 경우에는, 당사자들 사이에 합의가 없으면, 채권자는 법원에 대금감액을 청구할 수 있다.

[해제] 본조는 불완전이행의 효과로서 채권자에게 급부감액권을 인정하고 있다. 본조는 2018년 변경법률에 의하여 개정되었다. 2016년 개정시에는 본조는 문언상 채권자에게 대금감액권(réduction du prix)만을 인정하는 것으로 해석되었다. 즉 본조는 채권자의 채무가 금전급부인 경우에만 적용되고 채권자의 채무가 비금전채무일 때에는 적용되지 않는다고 보았다. 그러나 재개정시에 본조의 문언을 '채권자가 급부를 변제하지 않은 경우'라고 수정함으로써 채권자의 급부가 비금전채무이고 또 그것이 가분일 경우에는 본조가 적용될 수 있게 되었다.[208] 즉, 대금감액권이 급부경감권으로 확대되었다.

본조에 대하여는 채권자의 대금감액권이 형성권인지 청구권인지가 문제되었다. 이는 재개정 후에도 여전히 문제로 남아 있다. 2016년 개정시에 본조는 채권자가 대금을 지급하지 않은 경우에는 채권자는 대금을 감액하는 자신의 결정을 채무자에게 통지하며, 채권자가 자신의 대금을 지급한 경우에는 대금의 비례적 감액을 요구(solliciter)할 수 있다는 문언을 가지고 있었다. 그리하여 대금미지급시에는 형성권을, 대금지급시에는 청구권을 인정하는 것처럼 보였다. 본조의 해석에 대해서는 문언에도 불구하고 대금감액권을 청구권으로만 보아야 한다는 견해, 문언에 좇아 대금을 지급한 경우에는 청구권으로, 미지급한 경우에는 형성권으로 보아야 한다는 견해가 대립하였다. 한편 대통령에게 제출한 보고서는 대금감액이 채권자에 의하여 일방적으로 이루어진다는 것(unilatéralisme)을 강조하여 형성권으로 이해하고 있었다.

그런데 재개정 시에 대금미지급시에는 채권자의 감액결정을 통지한다는 규정(제1항 제1문)을 유지하면서 "채권자의 대금감액의 결정에 대한 채무자의

---

208) 그 밖에 재개정으로 제1항과 제2항을 바꾸어 규정하고 또 제1227조의 재개정에 따라 "요청하다"(solliciter)라는 용어를 "얻는다"(obtenir)는 용어로 수정하였다.

승인은 문서로 작성되어야 한다."는 규정(제1항 제2문)을 신설하였고, 대금지급 시에 관하여는 "당사자들 사이에 합의가 없으면"(제2항)이라는 문구를 추가하였 다. 그 결과 대금을 지급한 경우에는 당사자들 사이에 합의가 있어야 하므로 형 성권으로 볼 수 있는 여지가 불식되었다. 그러나 대금미지급의 경우에는 결정 통지에 대하여 채무자의 승인을 받으라고 함으로써 채권자에게 형성권을 부여 한 것인지에 대하여 여전히 논란의 여지가 있다. 후술하는 바와 같이 대금미지 급시 형성권 행사에 대한 증거로서 문서를 작성할 것을 요구하는 것이기 때문 에 형성권으로 보는 데에 방해가 되지는 않는다. 따라서 대통령에게 제출한 보 고서가 밝힌 일방성이란 채권자의 주도로 대금감액이 이루어진다는 의미로 새 겨야 할 것이다.

본조가 규정하는 채권자의 대금감액권이 청구권이냐 형성권이냐에 따라 법원이 관여하는 모습이 달라진다. 대금감액권이 청구권이라면 채권자의 감액 청구를 채무자가 거부할 경우 채권자가 소를 제기하면 법원이 개입하게 된다. 반면 대금감액권이 형성권이라면 채권자의 감액결정을 다투는 채무자가 소를 제기하게 될 것이다. 한편 본조 제1항 제2문이 "채권자의 대금감액의 결정에 대 한 채무자의 승인은 문서로 작성되어야 한다."고 한 것은 채권자의 형성권의 행 사에 대하여 채무자가 문서로 증거를 남겨야 한다는 것을 말할 뿐이라고 한 다.[209] 문서를 증거로 남기지 않은 채무자는 법원에 채권자의 형성권의 행사를 다툴 수 있다.

본조의 대금감액권은 형성권이든 청구권이든 채권자의 주도하에 이루어지 게 된다. 채권자에 의한 불완전이행의 주장이 있어야 본조가 적용될 수 있기 때 문이다. 그러나 이것이 채권자가 급부감액을 하지 않고 계약 해제와 손해배상을 청구하거나 또는 단순히 손해배상만을 청구하는 것을 부정하는 것은 아니다.

본조 제1항은 채권자가 대금을 지급하지 않은 경우를 규정하고 있다. 첫째, 채무의 불완전이행이 있어야 한다. 불완전이행은 질적으로 불완전한 것(défaut de qualité)이든 또 양적으로 불완전한 것(défaut de quantité)이든 이를 묻지 않는 다. 또 불완전이행의 정도도 묻지 않는다. 불완전이행은 중대한 것일 필요가 없 다. 또 불완전이행이 불가항력에 의하여 발생한 경우에도 당연히 급부감액이

---

209) O. Deshayes, Th. Genicon et Y.-M. Laithier, *op. cit.*, p. 563.

인정된다. 불가항력에 관한 규정들(제1218조, 제1351조와 제1351-1조)은 불완전이행의 효과에 대해서는 언급하고 있지 않다. 이들 조문이 규정하는 일시적 정지 또는 확정적 방해로 인한 해제는 불완전이행의 효과와는 부합하지 않기 때문이다. 또 대금감액이 채무자의 책임으로서 인정된 것이 아니기 때문이다. 그리고 대금감액은 손해배상과는 무관하게 인정된다. 따라서 불완전이행에 대하여 채무자에게 귀책성이 있을 때에는 손해배상과 더불어 대금감액이 인정된다. 둘째, 채권자는 자신의 급부의 전부 또는 일부를 지급하지 않아야 한다. 재개정에 의하여 일부 미지급의 경우에도 대금감액권이 인정될 수 있음을 명확히 하였다. 셋째, 채권자는 불완전이행을 한 채무자에게 최고를 하여야 한다. 채권자의 최고에 의하여 채무자에게 불완전이행이 있음을 알려주고 또 보완을 할 기회를 부여하기 위한 것이다. 또한 이는 채권자가 채무자에게 대금감액의 수단을 사용할 수 있음을 사전에 알리는 것이 된다. 넷째, 대금감액권은 불완전이행과 비례적으로 이루어져야 한다. 본항은 대금감액의 시기와 방법에 대하여 규정하고 있지 않다. 대금감액권은 대금공제(soustraction du prix)가 아니라 비율로 결정되는 감액(réduction du prix)이다. 예를 들면, 매도인이 100원에 판 물건이 120원의 가치를 가지고 있었으나, 이행된 급부의 가치가 80인 경우이다. 이 경우 대금감액은 100-66.66[100×(80/120)]원이 된다.[210] 급부감액은 계약체결시를 기준으로 한다. 이는 이행일을 기준으로 하지 않는다. 다섯째, 채권자는 채무자에게 가장 빠른 기간 내에 대금감액의 결정을 통지하여야 한다. 프랑스민법전의 다른 조문들이 기간을 규율할 경우 '합리적인 기간(délai raisonnable)'을 규정하고 있음에 반하여, 본항은 '가장 빠른 기간(meuilleur délai)'이라고 규정하고 있다는 점이 특이하다. 여기서 대금감액의 통지는 채무자의 불완전이행을 성립시기기 위한 이행최고와는 구별된다. 전자가 대금감액의 결정을 통지하기 위한 것이라면, 후자는 채무자에게 완전이행의 기회를 주기 위한 것이다. 한편 본항은 대금감액의 통지를 하는 채권자에게 이유 또는 근거를 제시할 것을 요구하지 않는다. 프랑스민법전은 많은 경우에 이유, 근거를 요구하는 경우가 많다. 예를 들면, 해제의 경우 채무자가 해제를 다툴 경우에는 채권자는 불이행의 중대성의 이유를 제시하여야 한다(제1226조 제3항). 또 기본계약(contrat de cadre)(제1111조)

---

210) O. Deshayes, Th. Genicon et Y.-M. Laithier, *op. cit.*, 561.

의 경우 일방에게 대금결정권이 있을 때에는 분쟁이 발생하면 그 권리자가 그 근거를 제시하여야 한다(제1164조). 그리고 용역계약(contrat de prestation de service)에서 대금을 정한 채권자는 분쟁이 발생할 경우 역시 금액이 타당하다는 이유를 제시하여야 한다(제1165조). 이러한 규정들에 좇아서 본항이 명시적으로 언급을 하고 있지 않지만, 채권자는 대금감액권을 행사할 경우 이유를 설시하여야 한다는 반대의 견해가 있다.[211] 여섯째, 채권자의 대금감액의 결정에 대하여 채무자가 승인을 할 경우 이를 문서로 작성하여야 한다.

본조 제2항은 채권자가 이미 대금을 지급한 경우를 규정하고 있다. 본항은 "당사자들 사이에 합의가 없으면, 채권자는 법원에 대금감액을 요구할 수 있다."고 재개정되어, 대금감액은 당사자 사이의 합의에 의하거나 또는 법원에 의하여 결정됨을 명확히 규정하고 있다. 대금감액은 채무자가 채권자에게 감액된 금액을 상환하는 형식으로 이루어지게 된다. 따라서 본항의 경우에는 채권자의 일방적 형성권을 전제로 사후 통지는 규정하고 있지 않다. 그 밖에 불완전이행, 채권자의 지체부 최고가 있어야 한다는 것은 제1항에서와 전적으로 동일하다. 또 급부감액에서 채권자가 주도권을 갖는다는 것도 역시 마찬가지이다. 왜냐하면 불완전한 이행이 있다는 것은 채권자가 확인하여야 할 것이기 때문이다.

[남 효 순]

Sous-section 4 La résolution
제4부속절 해제

[해제] 해제에 관한 본부속절은 1804년 나폴레옹 민법전과 비교할 때 대변혁이라고 평가될 만큼 크게 개정되었다. 재판상 해제와 해제권 행사의 요건 및 효과 면에서 모두 그러하다. 개정 전 프랑스민법전에서 해제는 독립적인 법적 제도로서가 아니라 쌍무계약에서 해제조건을 설명하면서 함께 다루어졌다. 즉 개정 전 제1184조가 재판상 해제를 규정하였는바, 쌍무계약의 급부가 불이행되

---

211) G. Chantepie et M. Latina, *op. cit.*, n° 644, p. 595; F. Chénedé, *op. cit.*, n° 28.134, p. 192.

면 법원의 판결로 계약을 해제할 수 있다는 일반조항을 두고 있었던 것이다. 개정을 통해 프랑스민법전은 비로소 계약해제를 채무자의 채무불이행에 대한 제재의 하나로서 독립된 법적 제도로 인정하게 되었으며, 해제의 적용범위를 쌍무계약에만 한정하지 않는다.

특히 흥미로운 사실은 해제권을 명문으로 허용하는 법률이 없었음에도 불구하고 파기원이 일찍이 1998년 이래 채권자의 일방적 해제권을 허용하면서 밝힌 요건들이 명문화되었다는 점이다. 핵심은 채권자의 일방적인 해제권이 일정한 형식 요건 하에 인정되었다는 점이고 이는 프랑스민법전 내에서 채무불이행의 체제를 전반적으로 조정한 것과 궤를 같이한다.

> Article 1224 La résolution résulte soit de l'application d'une clause résolutoire soit, en cas d'inexécution suffisamment grave, d'une notification du créancier au débiteur ou d'une décision de justice.
> 제1224조 해제는 해제조항의 적용으로, 또는 충분히 중대한 채무의 불이행이 있는 경우에는 채권자의 채무자에 대한 통지로, 또는 법원의 결정으로 이루어진다.

[해제] 본조는 신설된 조문으로, 해제라는 단일한 개념 하에 해제의 방식들을 열거하고 있다. 즉 해제의 세 방식을 해제 조항에 의한 해제, 채권자의 일방적 해제, 그리고 재판상 해제의 순서로 열거하고 있다. 사실 이 세 가지 해제방식은 이미 인정된 것이었다.[212] 다만, 개정 전 프랑스민법전은 재판상 해제만을 규정하고 있었고, 채권자의 일방적인 해제는 판례에 의하여 인정되었다. 그리하여 실무와 법규와의 괴리를 없애고자 본조를 도입한 것이다.

계약은 첫째, 계약의 내용에서 당사자들이 정한 해제조항이 있다면 그 해제조항의 적용에 의해 해제될 수 있고, 둘째, 해제조항이 없다고 하더라도 충분히 중대한 채무의 불이행이 있는 경우에는 채권자가 채무자에게 해제권 행사를 통지함으로써 해제될 수 있고, 마지막으로 당사자들이 제기한 소송에서 법원이 해제판결을 내림으로써 해제될 수 있다.

해제의 방식 간에 위계질서가 있어서 재판상 해제는 해제조항, 나아가 일방적 해제권의 행사에 의한 해제의 실행의 보조적인 지위에 있다.[213]

---

212) G. Chantepie et M. Latina, *op. cit.*, n° 646, p. 597.

Article 1225 La clause résolutoire précise les engagements dont l'inexécution entraînera la résolution du contrat.

La résolution est subordonnée à une mise en demeure infructueuse, s'il n'a pas été convenu que celle-ci résulterait du seul fait de l'inexécution. La mise en demeure ne produit effet que si elle mentionne expressément la clause résolutoire.

제1225조 ① 해제조항은 불이행시 계약의 해제를 야기할 채무를 명시하여야 한다. ② 불이행의 단순한 사실만으로 계약이 해제된다고 약정하지 않는 한, 해제는 지체부 최고에 따른 이행이 없는 것을 요건으로 한다. 지체부 최고는 해제조항을 명시적으로 언급하여야만 그 효력이 발생한다.

[해제] 본조는 세 가지 해제 방식 중 첫 번째로 해제조항에 의한 해제에 관하여 규정한다. 본조 제1항은 해제조항의 실무를 분명하게 인정하면서, 입법자는 그 계약의 종료 방식을 결정할 당사자들의 계약자유를 보장한다.[214] 그리하여 해제조항에서 이행되지 않으면 해제를 야기하게 될 약속을 지정하도록 요구한다. 이는 일반적으로 해제조항이 "계약으로 발생한 채무 중 어느 하나라도 이행되지 않으면 해제조항을 원용할 수 있다."고 하고 있어 지나치게 그 범위가 넓고 추상적이라는 문제점이 있어 해제조항에 명확한 기준을 부여하기 위한 것이다. 따라서 구체적으로 어떠한 채무의 불이행이 있으면 해제를 할 수 있는지 해제조항에 명시되어 있고, 바로 그 채무가 불이행되어야만 해제조항에 의한 해제가 이루어질 수 있다. 그러나 이에 대해서는 이러한 약속의 지정이 얼마나 구체적인 예견가능성을 채무자에게 추가적으로 제공할 수 있을까에 대해 의문을 제기하는 견해가 있다.[215] 이러한 형식적 요건의 목적은 불이행 결과의 중대함에 대해 채무자의 주의를 환기시키는 데에 있다. 객관적 중요성에 관계없이, 채무자에게 부과된 모든 의무는 해제조항에서 지정될 수 있다. 본조는 가령 주된 채무와 부수적 채무와 같은 채무의 유형에 따른 어떠한 구별도 하지 않는다. 요구되는 것은 채권자로 하여금 해제조항이 적용될 채무를 명확히 하는 것뿐이다. 불이행시 계약의 해제를 야기할 채무는 상세하게 열거되어야 하므로, 해제

213) G. Chantepie et M. Latina, op. cit., n° 646, p. 597.
214) G. Chantepie et M. Latina, op. cit., n° 648, p. 599.
215) Ph. Stoffel-Munck, op. cit., n° 40, p.374.

조항의 채무 리스트는 간략하든 길든 완벽해야 할 것이다.216)

이에 더하여, 본조 제2항은 해제가 되기 위해서는 해제조항을 명시적으로 언급한 최고(mise en demeure), 즉 "기간 내에 채무를 이행하지 않으면 해제조항에 따라 해제한다."는 내용의 통보가 있은 후 최고에도 불구하고 이행이 이루어지지 않을 것을 요한다. 이는 판례가 내린 해결책을 그대로 반영한 것이다. 따라서 해제조항에 명시된 채무의 불이행이 있으면 채권자는 채무자에게 해제조항을 명시하면서 언제까지 불이행된 채무를 이행할 것을 최고하여야 하고, 이러한 지체부 최고에도 불구하고 채무자의 채무불이행이 있으면 비로소 해제조항에 의해 해제의 효력이 발생하는 것이다. 그러나 이는 임의규정으로, 당사자 사이에 채무불이행 사실만으로 해제의 효력이 발생한다고 합의하는 것도 얼마든지 가능하다.

나아가, 채권자는 해제의 의사표시를 통지(notification)하고 채무자가 이를 수령한 날에 해제의 효과가 발생하게 된다(본조 제2항 제2문). 그런데 위의 최고의 효력과 관련하여 의문이 생기는데, 최고가 있은 후 최고에서 언급한 상당한 기간이 채무의 이행 없이 경과하였으나 채무자는 아직 해제의 통지를 수령하지 못하고 있다고 가정하자. 이러한 상황은 채무자에게 매우 불안정한 상황으로 채무자는 채권자의 해제통지를 기다리는 수밖에 없다.217) 그런데 이 통지에는 기간의 제한이 없다. 한편, 이 때 채무자가 비로소 채무의 이행을 하였다고 하더라도 이는 최고의 상당기간이 도과한 후이므로 적법한 이행으로 볼 수 없을 것이다.

Article 1226 Le créancier peut, à ses risques et perils, résoudre le contrat par voie de notification. Sauf urgence, il doit préalablement mettre en demeure le débiteur défaillant de satisfaire à son engagement dans un délai raisonnable.

La mise en demeure mentionne expressément qu'à défaut pour le débiteur de satisfaire à son obligation, le créancier sera en droit de résoudre le contrat.

Lorsque l'inexécution persiste, le créancier notifie au débiteur la résolution du

---

216) O. Deshayes, Th. Genicon et Y.-M. Laithier, *op. cit.*, p. 570.

217) 제1225조에서 이러한 통지의 추가적 단계를 요구함은 역설적으로 법이 보호하고자 하는 그 관계에 매우 난처한 불확실성을 가져온다고 지적하는 견해로, Ph. Stoffel-Munck, *op. cit.*, n° 42, p. 374.

---

contrat et les raisons qui la motivent.

Le débiteur peut à tout moment saisir le juge pour contester la résolution.

Le créancier doit alors prouver la gravité de l'inexécution.

제1226조 ① 채권자는, 자신의 위험과 부담으로, 통지에 의하여 계약을 해제할 수 있다. 긴급한 경우를 제외하고 채권자는 이행하지 아니한 채무자에게 사전에 상당한 기간 내에 그 채무를 이행할 것을 최고하여야 한다.

② 지체부 최고는 채무자가 상당한 기간 내에 그 채무를 이행하지 아니하면 채무자가 계약을 해제할 권리를 가진다는 것을 명시하여야 한다.

③ 채무자의 불이행이 계속되는 경우, 채무자는 채무자에게 계약의 해제와 그 사유를 통지하여야 한다.

④ 채무자는 언제든지 해제에 대한 이의를 법원에 소로 제기할 수 있다. 이 경우 채무자는 불이행의 중대성을 증명하여야 한다.

[해제] 본조는 세 가지 해제 방식 중 채권자 일방의 의사표시에 의한 해제에 관하여 규정한다. 본조는 파기원이 1998년 10월 13일 토크빌(Tocqueville) 판결[218]에서 설시한 요건들을 다소 변형하여 반영하고 있다. 위 판결에 따르면, "계약 일방당사자의 행동의 중대성은 상대방이 자신의 책임으로 계약을 일방적으로 종료시키는 것을 정당화할 수 있다." 제1224조에서 명시한 바와 같이, 일방적 해제권은 채무불이행이 충분히 중대한 경우에만 발생한다. 즉 "충분히 중대한 채무불이행(inexécution suffisamment grave)"의 조건은 일방적 해제의 적법성을 판단함에 있어 결정적이다. 이는 해제를 위한 "중대성이라는 문지방요건"이라고 명명되기도 한다.[219] 그런데 이러한 "충분히 중대한 채무불이행" 요건은 Tocqueville 판결에서 요구한 "처신의 중대성(la gravité du comportement)"과 같은 것인가, 다른 것인가? 이에 대해 같다고 보는 견해[220]와 다르다고 보는 견해[221]가 대립한다.

일방적 해제권을 행사하기 위해서는 지체부 최고(mise en demeure)와 해제

---

218) Civ. 1ʳᵉ, 13 oct. 1998 : *Bull. civ.* I, n° 300; *D.* 1999. 197, note C. Jamin; *S.* 115, obs. Ph. Delebeque; *JCP* 1999. II. 10133, note Rzepecki; *Défrénois* 1999.374, obs. D. Mazeaud; *RTD civ.* 1999. 374, obs. J. Mestre.

219) C. Aubert de Vincelles, *op. cit.*, p. 270.

220) Ph. Stoffel-Munck, *op. cit.*, n° 45, p. 375.

221) A. Aynès, Les remède unliatéraux, in *Réforme du droit des contrats et pratique des affaires*, Ph. Stoffel-Munck(dir.), Dalloz, 2015, p. 120.

의 통지(notification)라는 두 단계의 형식 조건을 갖추어야 한다. 첫째, 채권자는 해제를 하기 전에 사전에 최고해야 하는데, 최고에는 채무자가 상당한 기간 내에 채무를 이행할 것과 만약 이행하지 아니하면 해제권이 발생함이 명시되어야 한다. 사전적 최고의 요구는 일찍이 Tocqueville 판결에서 형성된 절차요건으로, 한편으로는 불이행한 채무자로 하여금 회복할 기회를 주고 다른 한편으로는 최고에도 불구하고 이행하지 않았다는 점에서 불이행의 중대성을 특징짓는 기능을 한다. 그런데 이러한 최고가 반드시 필요한가에 대한 의문이 있다.222) 즉 채무자의 한번의 채무불이행으로 즉시 확정적인 이행불능이 된 경우, 가령 한 유통업자가 자신의 납품업자와 경쟁관계에 있는 자와 계약을 체결하여 독점판매의무를 위반하자 상대방이 본질적 채무의 이행을 중단하겠다는 확정적인 의사를 표명한 경우 사전 최고는 필요 없지 않을까?

둘째, 최고가 있음에도 채무자가 이행을 하지 않으면 채무자는 해제권의 행사를 통지하여야 하는데, 이 통지에는 해제의 사유(motivation)가 명시되어야 한다. 이러한 추가적인 해제의 의사표시의 통지를 요구함은 해제조항에서와 동일한 문제를 야기한다. 최고를 발송한 채권자가 해제 통지를 하고 있지 않은 경우 채무자를 불확실한 상태에 무한정 둘 위험이 있다는 것이다. 다른 한편, 해제 사유의 명시는 왜 필요한가? 법관으로 하여금 사후감독시 그 사유를 확정한다는 기능과 채무자에게 해제사유의 견고함을 알리는 기능을 한다고 생각해 볼 수 있다. 일단 신속하게 계약의 구속력으로부터 벗어나고자 하는 채권자로 하여금 완전하지는 않을지라도 해제사유를 적시하여 해제할 수 있게 하고 사후에 법원에 제소가 되면 법관에게 그 사유를 보충하도록 함이 일방적 해제의 리듬과 부합한다는 점에서223) 후자의 기능을 한다고 보는 것이 나당하다.

법원의 사후감독도 "충분히 중대한 채무불이행" 요건에 근거하여 이루어지게 되고, 이는 다른 말로 채무자가 자신의 위험과 부담으로(risques et périls) 해제권을 행사한다는 것이다. 채무자가 해제에 대한 이의를 법원에 소로서 제소하면, 채무자는 불이행의 중대함을 입증하여야 한다(제4항). 만약 채무자가 불이행의 중대함을 입증하지 못하여 법관에 의해 해제권의 남용이라고 평가되면 법관은 부당하게 종료된 계약에 구속력을 부여하여 그 이행을 명할 것이다. 나아

222) Ph. Stoffel-Munck, *op. cit.*, n° 47, p. 376.
223) Ph. Stoffel-Munck, *op. cit.*, n° 54, p. 379.

가 부당한 해제로 인해 채무자가 입은 손해가 있다면 법원은 채무자에게 손해 배상도 명할 것이다.

Article 1227 La résolution peut, en toute hypothèse, être demandée en justice.
제1227조 어떠한 경우이든 해제는 재판상 청구될 수 있다.

[해제] 본조는 세 가지 해제 방식 중 마지막으로 재판상 해제에 관하여 규정한다. 본조는, 해제는 "어떠한 경우에도" 재판상 청구될 수 있다고 선언함으로써, 프랑스법상 재판상 해제가 여전히 중요함을 보여준다. 하지만 해제를 주도할 주된 역할을 채권자에게 부여한 제1217조를 고려할 때, 재판상 해제가 보충적으로 보인다.[224] 즉 해제조항을 두지 않았거나 통지에 의한 해제를 진행하기를 원하지 않는 채권자에게 재판상 해제는 해제의 한 방식으로 열려 있는 것이다. 제1217조와 "해제는 법원에 청구되어야 한다."고 규정한 개정 전 제1184조 제3항을 비교할 때 재판상 해제의 후퇴는 의심의 여지가 없다. 그리하여 재판상 해제는 점차 감소하여 법원은 사전적으로 해제 판결을 하기보다는, 사후적으로 당사자들에 의한 해제의 실행을 감독하게 될 것으로 예견된다.

본조가 "어떤 경우이든"이라는 문구를 사용하였다고 해서 착각해서는 안 될 점이 있다. 본조는 일반규정이기 때문에 본조와 다른 내용의 특별법이 있는 경우에는 적용되지 않는다. 본조는 계약해제 방식들 간의 관계를 규율하는 정도의 의미만을 갖는다. "어떤 경우이든" 재판상 해제를 청구할 수 있다는 것은 다음 두 가지를 의미한다.[225] 첫째, 채권자가 해제조항을 이용할 수 있는 경우에도 재판상 해제를 청구할 수 있다. 둘째, 채권자는 통지에 의한 해제를 할 수 있는 경우에도 재판상 해제를 청구할 수 있다. 아직 통지에 의한 해제를 하지 않은 채권자는 재판상 해제를 청구할 수 있다. 채권자는 각 방식의 장단점을 비교하여 해제방식을 선택할 것이다.[226] 재판상 해제를 청구한 채권자가 해제조항의 적용을 주장하거나 통지에 의한 해제를 할 수 있는가? 본조는 이에 관하여는 아무런 언급이 없다. 채권자가 해제청구의 소를 제기한 후 새로이 중대

---

224) G. Chantepie et M. Latina, op. cit., n° 661, p. 611.

225) O. Deshayes, Th. Genicon et Y.-M. Laithier, op. cit., p. 580.

226) O. Deshayes, Th. Genicon et Y.-M. Laithier, op. cit., p. 580.

한 행위가 있었고 그로 인해 법원의 결정을 기다릴 수 없는 긴급한 상황이라면 채권자가 계약을 일방적으로 해제할 수 있다고 해도 될 것이라는 견해[227]가 있다.

해제청구는 채권자가 사실심 법원에 제기하며, 채무를 불이행한 채무자에게는 해제소권이 없다.[228] 본조는 재판상 해제청구의 적법성 요건을 특별히 규정하지 않는다. 종전의 판례는 소환장이 최고(mise en demeure)에 해당한다고 보았고[229] 소멸시효기간 외에는 달리 소권행사기간을 부과하지 않았는바, 이러한 판례는 그대로 유지될 것으로 보인다. 해제청구의 인용 여부는 "충분히 중대한 불이행"이 존재하는지 여부에 달려 있다(제1224조). 해제는 계약으로부터 기대되는 효력에 야기할 손해가 인정된다면 부여되는 구제방법이므로, 계약의 불이행이 채무자의 귀책사유에 기하였는지는 중요하지 않다.[230]

제1217조 제2항은 양립할 수 없는 제재의 중첩을 금지한다. 계약해제와 강제이행이 바로 그러한 예이다. 하지만 이 두 제재를 순차적으로 청구할 수는 있는가? 본조는 이 문제에 대해 분명하게 답하지 않는다. 강제이행청구 뒤에 아무런 성과가 없다면 재판상해제 청구를 못할 이유가 없다. 하지만 그 반대로 재판상 해제청구 뒤에 강제이행청구를 할 수 있는가? 재판상 해제청구가 인용되어 종국판결로서 해제가 선고되면 계약이 종료하므로(제1229조 제1항) 강제이행은 불가능하다. 그러나 새로운 소 제기가 허용되는 한, 채권자는 계약해제의 소를 제기한 후라도 강제이행청구의 소를 제기할 수 있다고 해야 한다. 이러한 유연성이 재판상 해제가 통지에 의한 해제보다 우월한 점이다.[231]

당사자들은 재판상 해제를 요구할 권리를 미리 포기할 수 있을까? 전에는 이러한 포기가 인정되었지만,[232] 본조의 규율은 재판상 해제의 가능성을 공적 질서로 승격시킨 것으로 해석될 수 있어, 사전에 재판상 해제의 포기를 약정한 조항은 효력이 없다고 보아야 할 것이다.[233] 만약 부합계약에 재판상 해제의 사

227) O. Deshayes, Th. Genicon et Y.-M. Laithier, op. cit., p. 580.
228) P. Malaurie, L. Aynes et P. Stoffel-Munck, Les obligations, Defrénois, 9e éd. 2017, n° 896.
229) A. Bénabent, Droit des obligations, op. cit., n° 394.
230) G. Chantepie et M. Latina, op. cit., n° 662, p. 611.
231) O. Deshayes, Th. Genicon et Y.-M. Laithier, op. cit., p. 581.
232) Civ. 3e, 3 nov. 2011, n° 10-26.203 : Bull. civ. III, n° 178.
233) G. Chantepie et M. Latina, op. cit., n° 662, p. 611.

전포기 조항이 있다면, 이는 당사자들의 권리와 의무 사이에 중대한 불균형을 가져오는 조항으로 제1171조에 기해 기재되지 않은 것으로 볼 것이다.[234]

Article 1228 Le juge peut, selon les circonstances, constater ou prononcer la résolution ou ordonner l'exécution du contrat, en accordant éventuellement un délai au débiteur, ou allouer seulement des dommages et intérêts.

제1228조 법원은, 사안에 따라, 해제를 확인하거나 선고할 수 있고, 채무자에게 일정한 기간을 허여하여 채무의 이행을 명할 수 있으며, 또는 손해배상만을 명할 수 있다.

[해제] 본조는 해제에 관한 법원의 권한을 규정한다. 당사자들에 의해 재판상 해제가 청구되면, 법원은 선택적으로 해제를 확인 내지 선고할 수도 있고, 채무의 이행을 명할 수도 있다. 후자는 제1221조에 기한 강제이행의 청구로 해결한 것이다. 즉 법원이 해제를 인정 내지 선고할지, 채무의 강제이행을 명할지 여부는 사안에 따라 법관이 결정하는 것이다. 본조가 법관에게 인정한 것이기는 하지만, 해제와 강제이행 사이의 선택이 해제에 관련된 절에 언급된 것은 적절하지 않다는 견해도 있다.[235]

먼저, 해제조항이나 채권자의 통지에 의한 해제의 적절성에 대해 판단할 경우 법원은 해제를 확인한다. 따라서 이 경우 해제의 효력을 발생시키는 것은 해제조항이나 채권자의 일방적 결정이다. 반대로, 재판상 해제의 경우 법원은 해제를 선고하고, 해제의 효력은 법원의 결정에 따른 것이다. 이러한 차이는 바로 제1229조에 규정된 해제의 효력 발생시기와 관련된다. 본조는 명시적으로 제1224조의 내용을 준용하고 있지는 않지만, 묵시적으로 법원으로 하여금 재판상 해제가 청구되면 충분히 중대한 채무불이행이 있는지 여부를 판단하도록 한다. 개정 전 제1184조 하에서 파기원은 사실심 법관에게 채무불이행의 중대성에 대해 평가할 권한을 인정하였었다. 계약 전부의 불이행을 다투는 깃이 아니라면, 채무의 부분적 불이행 여부, 부수적 의무 위반 여부, 채무자의 지체 여부에 대한 법원의 평가가 중요할 것이다.[236] 이전의 판례를 보면, 경제적 상황이나 채무자의 태도와 관련된 사정을 고려하는 것처럼 보이지만, 그 기준이 직접

---

234) O. Deshayes, Th. Genicon et Y.-M. Laithier, *op. cit.*, p. 581.
235) G. Chantepie et M. Latina, *op. cit.*, n° 664, p. 613.
236) G. Chantepie et M. Latina, *op. cit.*, n° 664, p. 614.

적으로 예상되지는 않는다.

한편, 법관은 충분히 중대한 채무불이행에 대한 재판상 제재로서 해제를
확인하거나 선고하는 것을 거절하고, 계약의 이행을 명할 수 있다. 즉 미래의
이행이 여전히 기대될 수 있다면, 본조는 법관으로 하여금 계약을 해제할 권한
을 버리고 계약이행을 위한 일정한 기간을 채무자에게 허여할 권한을 수여한
다. 계약의 이행과 해제는 양립할 수 없는 제재이므로(제1217조), 중첩될 수 없
다. 이와 달리, 불이행이 충분히 중대하고 법관이 명한 이행이 기간 내에 이루
어지지 않는다면 그 계약은 해제될 것이라고 결정한다면 잇달아 이루어질 수
있다. 해제보다 우선적으로 이행을 명하고자 하는 법관은 당사자들로 하여금
이 점에 관하여 토론하도록 하여야 한다.

한편 본조는 채무자에게 허여하는 이행기간의 성질이나 체제에 대해 침묵
하고 있다.237) 이러한 권한을 정당화하는 상황, 최대기간의 존재, 기간의 갱신
가능성과 방법이 금전채무를 위한 제1343-5조 규정과 유기적으로 연결되어 있
는지는 명확하지 않다. 이러한 침묵 속에서, 본조가 개정 전 제1184조 제3항을
상기시키고,238) 이 기간이 개정 전 제1244-1조에 규정된 은혜기간과는 다르다
고 보았던 판례의 태도가239) 유지되어, 이러한 해석은 장래에도 계속될 것으로
예상될 수 있다.240) 이러한 기간을 부여할 가능성을 배제하는 조항의 적법성은
인정되어야 하는데, 그 유효성이 인정되지 않는 해제조항보다 덜 급진적이기
때문이다.

다른 한편, 해제와 손해배상의 관계는 중첩적일 수도 있고 선택적일 수도
있다. 재판상 해제가 청구된 법관은 해제를 인정하거나 선고하는 동시에 채무
자에게 손해배상을 명할 수 있다. 이러한 중첩은 제1217조 제2항에 의해 명시적
으로 허용된다. 이는 각 제재에 고유한 요건이 충족되고 해제로부터의 침해라
는 특수성이 고려되는 경우에만 인정된다. 법관은 해제 없이 손해배상만을 명
할 수 있다. 채무의 중대한 불이행이 인정되지 않거나 그 불이행이 해제조항에
서 예정되어 있지 않아 해제가 인정되지 않고 강제이행이 불가능하다든지, 비

---

237) O. Deshayes, Th. Genicon et Y.-M. Laithier, *op. cit.*, p. 583.

238) G. Chantepie et M. Latina, *op. cit.*, n° 666, p. 614.

239) Civ. 1ʳᵉ, 19 déc. 1984, n° 83-14.083 : *Bull. civ.* I, n° 343,

240) G. Chantepie et M. Latina, *op. cit.*, n° 666, p. 614.

용이 제1221조의 의미에서 명백하게 과도한 경우가 그러하다.[241]

Article 1229 La résolution met fin au contrat.

La résolution prend effet, selon les cas, soit dans les conditions prévues par la clause résolutoire, soit à la date de la réception par le débiteur de la notification faite par le créancier, soit à la date fixée par le juge ou, à défaut, au jour de l'assignation en justice.

Lorsque les prestations échangées ne pouvaient trouver leur utilité que par l'exécution complète du contrat résolu, les parties doivent restituer l'intégralité de ce qu'elles se sont procuré l'une à l'autre. Lorsque les prestations échangées ont trouvé leur utilité au fur et à mesure de l'exécution réciproque du contrat, il n'y a pas lieu à restitution pour la période antérieure à la dernière prestation n'ayant pas reçu sa contrepartie; dans ce cas, la résolution est qualifiée de résiliation.

Les restitutions ont lieu dans les conditions prévues aux articles 1352 à 1352-9.

제1229조 ① 해제는 계약을 종료시킨다.

② 해제는, 경우에 따라, 해제조항에 정해진 조건에 의하여, 혹은 채무자의 통지를 채무자가 수령한 날, 혹은 법원이 정한 날 또는 정함이 없다면 제소된 날에 효력이 발생한다.

③ 교환된 급부가 해제된 계약의 완전한 이행에 의해서만 유용하게 되는 경우 당사자는 받은 것 전부를 반환해야 한다. 교환된 급부가 계약의 상호이행에 따라 유용하게 되는 경우 반대급부를 받지 못한 마지막 급부이전 기간 동안에 수령한 급부의 반환은 발생하지 않고, 이 경우의 해제는 해지에 해당한다.

④ 반환은 제1352조에서 제1352-9조까지 정한 요건에 따라 이루어진다.

[해제] 본조는 해제의 효력에 관한 조문이다. 본조 제1항은 해제는 계약의 효력을 종료시킨다고 규정한다. 해제에 전통적으로 부착된 소급효는 언급되지 않고 이미 판례에 의해 충분히 중대한 채무불이행을 이유로 한 일방적 해제에서 사용되고,[242] 입법자가 계약의 실효에서 선택한[243] "종료"라는 중립적 표현이 사용되고 있다.[244] 이는 떼레초안 제115조 제1항이 "계약의 해제는 당사자들을

---

241) O. Deshayes, Th. Genicon et Y.-M. Laithier, *op. cit.*, p. 584.
242) Civ. 1re, 13 oct. 1998 *Bull. civ.* I, n° 300.
243) 프랑스민법전 제1187조.
244) G. Chantepie et M. Latina, *op. cit.*, n° 669, p. 617.

장래를 향하여 해방시킨다(La résolution du contrat libère les parties pour l'avenir)."
라고 규정하여, 해제의 소급효가 인정되지 않음을 분명히 한 것과 대비된다. 그
런데 본조 제2항 이하를 종합하여 고려할 때 개정 민법은 해제의 소급효를 폐
지한 것으로 보는 견해와,[245] 그럼에도 불구하고 본조가 해제의 소급효에 대한
침묵이 소급효를 폐지한 것으로 확대해석할 수 없다는 견해[246]가 대립한다. 소
급효를 부정하는 견해는 해제의 소급효를 인정하지 않는 유럽계약법원칙 제
9:305조, UNIDROIT의 국제상사계약원칙 제7.3.1조를 반영한 것이라고 한다. 계
약의 효력이 종료한다는 것은, 계약에 의하여 발생한 채무의 효력인 청구력이
없어진다는 의미로 채무자는 채무가 아직 이행되지 않은 경우 더 이상 상대방
에게 채무의 이행을 청구할 수 없다.

본조 제2항은 해제의 효력발생시기에 관한 조문이다. 해제의 효력은 해제
의 방법에 따라, 첫째, 해제조항에 의한 해제의 경우 해제조항에서 예정한 날
에, 둘째, 채무자의 일방적 해제의 경우 채무자의 해제 통지를 채무자가 수령한
날에, 셋째, 재판상 해제의 경우 법원이 정한 날, 또는 정함이 없다면 제소된 날
에 효력이 발생한다. 그런데 재판상 해제의 경우 효력발생일을 법원이 정할 수
있다는 점을 들어 법원이 소급효를 인정할 가능성을 열어두었다고 평가하는 견
해가 있으나,[247] 이는 계약의 해소라는 해제의 효력이 언제 발생하느냐의 논의
로 해제의 효력이 소급하느냐 않느냐의 문제와는 문제의 국면이 다르다는 점에
서 타당하지 않다.

본조 제3항은 해제에 따른 원상회복을 다룬다. 그런데 원상회복의 문제는
해제의 효력에 있어 핵심적인 문제이다. 가령 동시이행의 항변권을 행사하지
않고 먼저 이행을 해버린 채권자의 **급부** 등 해제된 계약에서 이행된 급부는 반
환되어야 하므로 원상회복이 필요하기 때문이다. 그런데 프랑스민법전이 원상
회복을 설명하기 위해 학설과 판례에 의해 전통적으로 인정된 해제의 소급효라
는 법적 의제를 버렸다고 보는 견해는,[248] 원상회복의 근거를 해제의 소급효에

---

245) B. Mercadal, *Réforme du Droit des Contrats, Ordonnance n° 2016-131 du 10 février 2016*, Éditions Francis Lefebvre, 2016, p. 216.
246) O. Deshayes, Th. Genicon et Y.-M. Laithier, *op. cit.*, p. 585.
247) Ph. Stoffel-Munck, *op. cit.*, n° 59, p. 38; G. Chantepie et M. Latina, *op. cit.*, n° 669, p. 618.
248) Rapport au Président du République의 조문 해설은 이를 분명히 한다.

서 찾는 것이 아니라 원상회복은 해제시 법이 특별히 부여한 효과라고 설명한 다.[249]

본항은 해제의 효과로서 원상회복과 관련하여 교환된 급부의 기능에 따라 두 유형으로 나눈다. 어떠한 방법의 원상회복이 이루어져야 하는지의 결정은 일시적 계약과 계속적 이행계약의 구별과 함께 갈 필요는 없고,[250] 교환된 급부 의 효용이 확립되었는지가 그 기준이다. 즉 교환된 급부가 해제된 계약의 완전 한 이행에 의해서만 유용하게 되는 경우에는 당사자는 받은 것 전부를 서로 반 환하여야 하지만, 교환된 급부가 계약의 상호이행에 따라 단계적으로 유용하게 되는 경우에는 상대방으로부터 수령받지 못한 마지막 급부에 앞선 기간 동안 수령한 급부의 반환은 발생하지 않는다. 그리고 이 경우 해제는 해지에 해당하 고, 이러한 해지는 맥락상 분명하게 경계가 설정된 해제의 특수한 경우이다. 이 러한 해지는 일시적 계약뿐만 아니라 계속적 이행계약에도 적용될 수 있고, 다 만 원상회복이 부재한다는 특징을 가질 뿐이다. 가령, 계속적으로 물건이 공급 되고 매달 그 대금이 지급되는 계속적 공급계약에서 매도인이 물건의 공급을 중지하여 매수인이 이를 이유로 계약을 해제한 경우, 물건이 공급되지 아니한 지점 이전에 수령한 물건에 대해서는 원상회복을 할 필요가 없는 것이다. 다시 말하면, 원상회복의 문제는 이제 형식적으로 소급효와 결별하여, 법률이 정한 효력인 것이다. 그런데, 계약의 해제에서 원상회복여부를 결정하는 "교환된 급 부의 효용"이란 기준은 완전히 새롭다. 그러므로 이를 위해서는 계약당사자가 계약에서 정한 목적을 결정하고, 교환된 급부가 이러한 목적에 부합하는지 확 인하여야 할 것이다.[251]

본조 제4항은 이러한 원상회복의 구체적 내용은 제4편 채무총칙의 제5장의 원상회복에 관한 규정에 따르도록 하고 있다. 나아가, 해제와 손해배상과의 관 계에 있어서, 손해배상은 채무자의 구제수단에 항상 추가될 수 있다(제1217조 제 2항).

---

249) C. Aubert de Vincelles, 《La résolution du contrat pour inexécution》, Pour une réforme du droit des contrats(F. Terrè (dir.)), Dalloz, déc, 2008, p. 278.

250) 이에 대해 입법자가 이러한 구분을 유지하지 않았음을 비판하는 견해로, G. Chantepie et M. Latina, op. cit., n° 672, p. 622.

251) B. Mercadal, op. cit., p. 217.

Article 1230 La résolution n'affecte ni les clauses relatives au règlement des différends, ni celles destinées à produire effet même en cas de résolution, telles les clauses de confidentialité et de non-concurrence.

제1230조 해제는, 분쟁의 해결에 관한 조항뿐만 아니라, 비밀유지조항과 경업금지조항과 같이 해제에도 불구하고 효력을 갖기로 한 조항에도 영향을 미치지 않는다.

[해제] 본조는 해제의 영향을 받지 않는 조항을 열거하여, 해제의 효과가 점진적일 수 있음을 규정한다. 무효와 달리, 프랑스민법전은 학설로 인정되었고 떼레초안에서 제안되었던 부분적 해제 개념을 인정하지 않는다.252) 다만 불완전 이행의 경우 부분적 해제와 유사한 결과를 가질 뿐이다. 해제의 소급효는 해제의 필연적인 결과가 아니라, 불이행에 의해 야기된 불균형을 조정하기 위한 우연한 결과일 뿐이라는 점에서,253) 본조는 해제가 영향을 미치지 않는 조항을 열거한다. 나아가 계약 자유의 원칙에 근거하여 해제에도 불구하고 효력을 유지하기로 하는 조항의 효력을 인정한다.

본조는 판례를 받아들였다는 점에서 완전히 혁신적이지는 않지만, 기존 법리를 더욱 명확히 한다. 먼저, 해제가 영향을 미치지 않는 분쟁 해결에 관한 조항이란 관할경합 조항(clauses de compétence juridictionnelle), 전속관할 조항(clauses attributives de juridiction), 중재조항(clauses compromissoires),254) 화해 또는 조정 조항(clauses de conciliation ou de médiation)255)을 의미한다. 다음으로, 더욱 명확하게 해제에도 불구하고 효력을 갖는 조항으로, 본조는 두 개의 예를 든다. 첫 번째 예인 비밀유지조항은 특별한 설명을 요하지 않는데, 계약을 해제하였다고 하더라도 계약에서 비밀을 유지하기로 하였다면 여전히 비밀을 유지하여야 하는 것이다. 이와 달리 두 번째 예는, 계약의 종료가 경업금지조항의 소멸을 가져온다고 하였던 몇몇 파기원 판결256)과 단절된 것이다. 더욱 신중한 이 해결책은, 특히 경업금지조항 기간이 계약기간에 맞춰진 경우 환영받을 것이다. 즉 경업을 금지하기로 하였다면 해제에도 불구하고 경업금지는 그대로 효력을

---

252) G. Chantepie et M. Latina, *op. cit.*, n° 670, p. 619.
253) O. Deshayes, Th. Genicon et Y.-M. Laithier, *op. cit.*, p. 589.
254) Civ. 2ᵉ, 11, janv. 1978 *Bull. civ.* 1978, Ⅱ, n° 13.
255) Civ. 1ʳᵉ, 8 avr. 2009, n° 08-10.866 : *Bull. civ.* Ⅰ, n° 78.
256) 대표적으로 Civ. 1ʳᵉ, 6 mars 1996, n° 93-21.728 : *Bull. civ.* 1996, Ⅰ, n° 118.

갖는다.

　본조가 예시한 조항 외에도 손해배상책임 제한 조항(clauses limitatives responsabilité)과 배상액의 예정 조항(clauses pénales)이 추가될 수 있다.[257] 왜냐하면, 이러한 조항은 해제에도 불구하고 효력을 갖기로 예정되어 있기 때문이다. 그럼에도 불구하고 황금률은, 이러한 조항의 유지가 두 개의 양립불가능한 제재인 해제와 계약의 이행의 중첩으로 귀결되어서는 안 된다는 점이다. 위에 열거된 조항이 이행되지 아니한 급부의 대가로서 이행을 대신하지 않도록 감시해야만 하는 이유이다.

[김 현 진]

Sous-section 5　La réparation du préjudice résultant de l'inexécution du contrat

제5부속절　계약의 불이행으로 인한 손해의 배상

　[해제] 프랑스민법전은 채무불이행만으로 손해배상이 인정된다는 취지의 개정 전 제1145조를 폐지하였다.[258] 그리하여 손해가 '발생'하여야 배상한다는 것을 전제로 하여, 본부속절의 표제를 "계약불이행으로 발생한 손해의 배상"으로 변경하였다. 이로써 손해배상이 채무의 이행을 대신하는 등가이행(l'exécution par équivalent)이 아니라 계약불이행에 대한 제재의 한 수단으로서 손해가 발생하는 것을 전제로 한다는 점을 명백히 밝히고 있다.

　프랑스민법상 손해배상을 발생시키는 채무불이행이란 과책(faute)에 의한 것을 말한다. 이는 행위채무이든 결과채무이든 마찬가지이다.[259] 채무자는 합

---

257) O. Deshayes, Th. Genicon et Y.-M. Laithier, *op. cit.*, p. 589.

258) 프랑스민법전은 용어를 현대화하거나 단순화하면서 손해배상에 관한 개정 전 제1146조-1155조의 규정들을 대부분 수용하였다. 다만, 개정 전 제1152조는 3개의 항으로 분리되어 제1231-5조가 되었고, 개정 전 제1154조는 금전채무에 관한 특별규정인 제1343-2조로 이동되었고, 개정 전 제1155조는 불필요한 규정이라고 보아 삭제되었다. 또 제1231-3조와 제1231-4조는 불이행이 중대한 과책에 의하여 발생한 경우를 기망의 경우와 동일시하는 판례를 수용하였다. 이상의 점을 제외하고는 계약불이행으로 인한 손해배상은 개정 전 프랑스민법전과 원칙적으로 동일하다.

259) 전자의 경우에는 채권자가 증명하여야 하고, 후자의 경우에는 의제된다.

리적인 사람(personne raisonnable)의 주의를 다하는 것을 약속함으로써 경과책의 경우에도 손해배상책임을 지게 된다. 이를 계약상 과책의 단일성(unité de la faute contractuelle)이라고도 한다.[260] 과책은 그 정도 내지는 중대성에 따라 몇 가지로 분류된다. 경과책(faute légère) 또는 단순과책(faute simple),[261] 중과책(faute lourde)과 고의(maufaise foi, dol) 또는 고의적 과책(faute dolosive)이 있다. 이상의 과책은 손해배상책임을 발생시키는 데에는 차이가 없지만, 고의적 과책과 중과책의 경우에는 손해배상의 범위가 넓어진다는 점에서 차이가 있다. 프랑스민법은 개별 계약이나 거래에서 과책의 단일성에 대한 예외를 규정하여 특별한 개념의 과책의 경우에만 손해배상책임을 인정하는 경우가 있다. 예를 들면, 의도적 과책(faute intenionelle),[262] 중대한 과책(faute grave), 변명할 수 없는 과책(faute inexécusable), 인적 과책(faute personnelle) 또는 영리적 과책(faute lucrative)의 경우에만 손해배상책임을 인정하는 경우가 있다.[263]

채무불이행으로 인한 손해배상책임이 발생하기 위해서는 채무자가 지체에 있어야 하고(제1231조), 불가항력이 존재하지 않아야 하고(제1231-1조), 손해는 입은 손신과 상실한 이익(제1231-2조)으로서 예견가능한 것(제1231-3조)이어야 한다. 채무자에게 중대한 과책 또는 의도적 과책이 있는 경우에는 직접적인 손해(제1231-4조)까지 배상하여야 하므로, 배상의 범위가 넓어진다. 즉, 상당인과관계에 있는 "즉각적이고 직접적인"(immédaite et directe) 손해까지도 배상하여야 한다. 그리고 위약금(제1231-5조)과 금전채무의 불이행으로 인한 손해(제1231-6조와 제1231-7조)에 대하여는 특칙이 있다.

손해배상책임에 관한 규정은 장차 민사책임(responsabilité civile)을 개정할 때에 다시 개정된다고 한다.[264] 손해배상책임의 내용은 기의 변화기 없을 것이고, 체계만 바뀌게 된다. 민사책임은 계약책임(responsabilité contractuelle)과 불법

---

260) *Jurisclasseur*, Droit à la réparation, Conditions de la responsabilité contractuelle, Fait générateur, Inexécution imputable au débiteur, J.-Ch. Saint-Paul, n° 20, p. 7.
261) 경과책과 단순과책을 동일한 의미로 보는 것이 일반적이지만, 이를 굳이 다르게 보는 견해도 있다.
262) 엄밀한 의미에서 의도적 과책이란 상대방에게 손해를 가할 의도로서 하는 과책을 말한다.
263) Jurisclasseur, *op. cit.*, n° 21, p. 7; F. Terré, Ph. Simler et Y. Lequette, *op. cit.*, n° 592, p. 645.
264) G. Chantepie et M. Latina, *op. cit.*, n° 674, p. 623.

행위책임(responsabilité délictuelle) 내지 계약외책임(responsabilité extracontractuelle)으로 구성될 것이다. 양자는 손해의 원인이 되는 행위의 존재, 손해의 발생, 인과관계의 요건이 필요하다는 점에서 동일하다. 유일한 차이는 계약책임의 경우 손해발생의 원인이 계약 내지는 계약상 채무라는 것이다. 따라서 민사책임의 개정 시에 그에 관한 일반적 규정을 둔 후 계약책임과 계약외책임에 고유한 규정을 두게 될 것이다. 이는 불법행위책임과 계약책임의 동일성(unité de la responsabilité civile)을 전제로 하는 것이다.[265] 이는 2006년에 있었던 담보법의 개정시에 채무법에 속하는 인적 담보와 물권법에 속하는 물적 담보를 한 곳으로 모아서 개정한 것과 유사하다고 볼 수 있다.

Article 1231 A moins que l'inexécution soit définitive, les dommages et intérêts ne sont dus que si le débiteur a préalablement été mis en demeure de s'exécuter dans un délai raisonnable.

제1231조 불이행이 확정적이지 않는 한, 채무자가 합리적인 기간 내에 이행할 것을 사전에 최고 받은 경우에만 손해배상의 의무가 있다.

[해제] 본조는 개정 전 제1146조의 전반부를 수용한 규정이다.[266]

채무자에게 손해배상책임이 발생하기 위해서는 채권자가 채무자에게 최고(mise en demeure)를 하여 채무자를 지체에 빠뜨리는 행위가 필요한지에 대하여는 학설과 판례가 명확하지 않았다. 파기원 상사부의 판결은 지연배상이든 전보배상이든 이행최고를 요구하였고,[267] 파기원 민사1부는 이행최고를 지연배상의 경우에만 요구하였고,[268] 파기원 혼성부(Chambre mixte)는 계약불이행이 불확정적인 경우에만 이행최고가 필요하다고 하였다.[269] 본조는 파기원 혼성부의 판결을 수용하여, 불이행이 확정적인 경우와 그렇지 않은 경우를 구별하여, 전자의 경우에는 최고가 필요 없고 후자의 경우에만 필요하다고 규정하게 된 것이다.[270]

---

265) G. Chantepie et M. Latina, *op. cit.*, n° 679, p. 628.
266) 개정 전 제1146조의 후반부는 최고의 형식(forme de la mise en demeure)에 관한 규정으로 개정 후에는 채무자지체(제3부속절 제1관)에 관한 제1344조로 이동되어 규정되고 있다.
267) Com., 28 mai 1996, n° 94-17.076 : *Bull. civ.*, Ⅳ, n° 145.
268) Civ. 1ʳᵉ, 6 mai 2003, n° 00-17.383.
269) Ch. mixte, 6 juill. 2007, n° 06-13.823.

본조에 의하면, 불이행이 불확정적인 경우에는 최고가 필요하다고 한다. 채권자는 이행최고를 함으로써 채무자의 사실(état de fait)상의 지체에서 법적 (état de droit)인 지체로 전환시키는 것이다. 종전 판례는 부작위채무의 불이행의 경우에는 채권자의 최고가 필요 없다고 하였다.271) 이는 개정 전 제1145조가 부작위채무의 경우에는 그 위반이 있는 것만으로 손해배상책임이 있다고 규정하였기 때문이다. 개정에 의하여 제1145조는 삭제되었다. 따라서 부작위채무의 불이행의 경우에도 계약채무의 불이행에 관한 일반원칙에 따르게 되어, 채권자는 채무자에게 최고를 하여야 한다.272) 이상의 최고는 채무자의 채무가 행위채무냐 결과채무냐에 관계없이 하여야 하는 것이다.

한편 불이행이 확정적인 경우에는 채권자가 지체부 최고를 할 필요가 없이 채무자에게 손해배상책임이 인정된다. 즉, 이행최고는 이행이 가능하고 유익한 경우에만 필요한 것이다. 불이행이 확정적이라는 것은 채무자가 확정적으로 이행을 거절하였거나 또는 객관적으로 불능이거나 효용이 없게 된 경우까지를 포함한다.273)

Article 1231-1 Le débiteur est condamné, s'il y a lieu, au paiement de dommages et intérêts soit à raison de l'inexécution de l'obligation, soit à raison du retard dans l'exécution, s'il ne justifie pas que l'exécution a été empêchée par la force majeure.

제1231-1조 채무자는, 손해가 발생한 경우에는, 이행이 불가항력에 의하여 방해받은 것임을 증명하지 못하는 경우에는, 채무의 불이행으로 인하여 또는 이행의 지체로 인하여 손해배상의 책임을 진다.

[해제] 본조는 개정 전 제1147조와 동일한 취지의 규정이다. 다만, 본조는 개정 전 제1147조상의 '외부원인(cause étrangère)'을 '불가항력(force majeure)'이라는 용어로 변경하여 규정하고 있다.274) 그러나 그 의미는 완전히 동일하다.

---

270) G. Chantepie et M. Latina, *op. cit.*, n° 675, p. 625.
271) Civ. 1re, 10 mai 2005, n° 02-15.910; Civ. 1re, 31 mai 2007, n° 05-19.978.
272) O. Deshayes, Th. Genicon et Y.-M. Laithier, *op. cit.*, p. 591.
273) O. Deshayes, Th. Genicon et Y.-M. Laithier, *op. cit.*, p. 592.
274) 본조는 외부원인을 불가항력이라는 용어로 대체함으로써, 외부원인이 채무자에게 귀책되지 않고 또 채무자의 고의에 의한 것이 아니어야 한다는 개정 전 제1147조상의 불필

한편 '불가항력'에 대한 정의는 제1218조(제1항)에 따른다. 본조는 개정 전 제1147조와 마찬가지로 결과채무와 관련하여 중요한 의미가 있다.

본조는 채무자는 이행이 불가항력에 의하여 방해받은 것임을 증명하지 못하는 경우에는 채무불이행 또는 이행의 지체로 인한 손해배상책임이 있다고 규정하고 있다. 본조는 제1231조에 이어서 손해배상책임 발생의 소극적 요건으로서 채무불이행이 불가항력에 의한 것이 아님을 요구하고 있다. "채무불이행으로 인한 손해"란 전보배상(dommages et intérêts compensatoires)을, 또 "이행의 지체로 인한 손해"란 지연배상(dommages et intérêts moratoires)을 말한다.[275]

본조의 반대해석에 의하면 채무불이행이 확정적이고 또 그것이 불가항력에 의한 것일 경우에는 채무자는 손해배상책임이 없다. 이 경우 계약은 자동적으로 해제(제1218조 제2항)된 상태에서 손해배상책임이 발생하지 않는다.

Article 1231-2 Les dommages et intérêts dus au créancier sont, en général, de la perte qu'il a faite et du gain dont il a été privé, sauf les exceptions et modifications ci-après.

제1231-2조 채권자에게 지불하여야 하는 손해배상은, 이하에서 예외나 변경이 있는 경우를 제외하고, 일반적으로 채권자가 입은 손실과 상실한 이익으로 한다.

[해제] 본조는 제1231-3조와 제1231-4조와 더불어 손해배상의 범위에 대하여 규정하고 있다. 본조는 개정 전 제1149조를 그대로 수용한 규정이다.

우선 본조는 손해는 "입은 손실(perte subise)"과 "상실한 이익"(perte du gain)임을 규정하고 있다. 본조가 손해를 "입은" 손실과 "상실"한 이익으로 국한하는 것은 손해가 "확실한(certain)" 것임을 요구하는 것이다. "확실한 손해"란 "잠재적 손해"(préjudice éventuel)"의 반대되는 개념이다. 확실한 손해의 배상이라고 하여 "미래의 손해"(préjudice futur) 또는 "기회의 상실"(perte de chance)을 배제하는 것은 아니다. "기회의 상실"의 경우 법관은 손해가 현실화될 가능성(probabilité)을 판단하여 손해를 산정한다. 예를 들면, 채권자가 200이라는 이익을 얻을 확률이 50%이면, 채무자는 기회의 상실로서 100을 배상하여야 한다.

프랑스민법전은 불법행위책임의 경우에 배상하여야 할 손해의 성질에 대

요한 문언을 삭제하였다.

275) G. Chantepie et M. Latina, *op. cit.*, n° 675, p. 624.

하여 아무런 규정을 두고 있지 않기 때문에, 본조는 불법행위의 손해배상에도 적용된다.[276] 다만, 계약불이행으로 인한 손해의 경우에는 제1231-3조가 규정하는 바와 같이 손해의 예견가능성이라는 요건이 추가된다.

Article 1231-3 Le débiteur n'est tenu que des dommages et intérêts qui ont été prévus ou qui pouvaient être prévus lors de la conclusion du contrat, sauf lorsque l'inexécution est due à une faute lourde ou dolosive.

제1231-3조 채무자는, 불이행이 중대한 과책 또는 의도적인 과책에 의한 것인 경우를 제외하고, 계약의 체결시에 예상하였거나 또는 예상할 수 있었던 손해배상만 책임을 진다.

[해제] 본조에 의하면, 채무자는 계약의 체결시에 예상하였거나 또는 예상할 수 있었던 손해를 배상하여야 한다.[277] 본조는 계약책임에 관한 규정으로서 불법행위로 인한 손해배상책임에는 적용이 되지 않는다.[278]

채무자가 배상할 손해란 계약체결시에 예상하였거나 예상할 수 있었던 손해이다. 이는 계약의 당사자가 계약체결시에 계약을 통하여 얻을 수 있는 이익과 계약을 이행하지 못하게 되었을 때에 처할 위험을 스스로 판단하기 때문이다.[279] 배상할 손해란 채무불이행시에 예상하였거나 예상할 수 있었던 손해가 아니다.

예상가능한 손해란 "통상적으로"(normalement) 또는 "합리적으로"(raisonnablement) 예상된 손해를 말한다. 그리고 예상가능한 손해란 그 원인뿐 아니라 범위도 예상가능한 손해를 말한다. 예를 들면, 운송인이 운송물의 가치를 몰랐을 때에는 그 가치 전부를 배상할 필요가 없고, 동일한 크기의 운송물의 통상적인 가치만을 배상하면 된다. 이는 운송인이 운송물의 실제의 가치를 알았더라면 운송을 거부하였거나 또는 그 위험의 대가로 더 많은 운임을 요청하였을 것이기 때문이다. 예상가능한 손실과 이익으로서 그것이 정신적인 것이든 물질적 것이든, 현재의 것이든 장래의 것이든 이를 모두 배상하는 원칙을 완전배상(réparation intérgrale du préjudice)의 원칙이라고 한다.[280] 손해가 예상할 수 있었

---

276) G. Chantepie et M. Latina, *op. cit.*, n° 681, p. 630.
277) 본조는 개정 전 제1150조와 본질적으로 동일한 규정이다.
278) G. Chantepie et M. Latina, *op. cit.*, n° 683, p. 633.
279) G. Chantepie et M. Latina, *ibid.*

던 것임은 채권자가 증명하여야 한다.

본조는 불이행이 중대한 과책 또는 의도적 과책에 의한 것인 경우에는 본 조가 적용되지 않음을 규정하고 있다. 이 경우에는 제1231-4조가 적용된다. 개 정 전 제1150조가 의도적 과책의 경우만을 제외하였던 반면에, 본조는 중대한 과책의 경우도 제외한다. 이는 판례를 수용한 것이다.[281]

본조에 의하여 채무자가 배상하여야 할 손해는 약정이 있으면 이에 의하여 제한을 받게 된다. 그러나 "본질적 채무의 실질을 박탈하는 약정은 기재하지 아 니한 것으로 본다."는 제1170조의 원칙에 비추어 볼 때, 상한액이 너무 낮은 약 정은 배제될 수 있다. 현재 학설은 신체적 손해(dommages corporels)에 대하여는 배상을 제한하지 못한다는 데에 일치하고 있다.

> Article 1231-4 Dans le cas même où l'inexécution du contrat résulte d'une faute lourde ou dolosive, les dommages et intérêts ne comprennent que ce qui est une suite immédiate et directe de l'inexécution.
> 제1231-4조 계약의 불이행이 중대한 과책 또는 의도적인 과책으로 인한 것일 경우에 도 손해배상은 불이행으로 인한 즉각적이고 직접적인 결과인 손해만을 포함한다.

[해제] 제1231-3조는 예견가능한 손해의 배상만을 인정하지만, 중과책 또 는 고의적 과책이 있는 경우에는 직접적인 손해가 예견가능하지 않은 경우에도 배상하여야 한다. 본조에 의하면 불이행이 채무자의 중대한 과책 또는 의도적 과책으로 인한 것일 경우에는 불이행으로 인한 즉각적이고 직접적인 손해까지 배상하여야 한다. 본조는, 의도적 과책에 한정하였던 개정 전 제1151조와 달리, 중과책의 경우에도 직접적 손해의 배상의무를 부과한다. 직접적인 손해란 예견 가능성이 없더라도 사실과 손해 사이의 인과관계(lien de causalité)가 인정되는 손해를 말한다. 즉, 본조는 상당인과관계설(théorie de la causalité adéquate)을 규 정하고 있는 것이라고 한다.[282] 직접적 손해란 채무불이행을 주된 원인으로 인 하여 발생하는 모든 손해를 말한다. 의도적 과책이나 중대한 과책이 있을 경우 채무자는 법정상한액(plafond légal)과 약정상한액(plafond conventionnel)의 제한

280) B. Mercadal, *op. cit.*, n° 751, p. 221.
281) Civ., 29 juin 1932. *DP.* 1933. 1. 49.
282) G. Chantepie et M. Latina, *op. cit.*, n° 686, p. 634.

을 받지 않고,[283] 직접적 손해의 범위에 포함된다면 예견하지 못한 손해까지도 배상하여야 한다.

본조가 "직접적인 손해만"을 배상한다고 규정하고 있는 것은 간접적 손해는 여하한 경우에도 배상이 되지 않는다는 것을 말한다. 간접적 손해는 상당인 과관계가 없는 손해이기 때문이다.

본조는 중대한 과책과 의도적 과책이 무엇인지에 대하여는 정의를 내리고 있지 않다. 판례에 의하면, 중대한 과책이란 "사기에 근접하고 채무자의 계약적 임무의 달성에 비적합성을 드러내어 극단적인 중대성을 띤 행위"(caractérisée par un comportement d'une extrême gravité, confinant au dol et dénotant l'inaptitude de son débiteur à l'accomplissement de sa mission contracutelle)"에 의한 과책을 말한다.[284] 또 의도적 과책이란 "상대방 계약자를 해할 의사에 의한 것이 아닐지라도 채무자가 의도적으로 계약채무를 이행하기를 거절(lorsque, de propos délibéré, le débiteur se refuse à exécuter ses oblligations contractuelles, même si ce refus n'est pas dicté par l'intention de nuire à son cocontractant)"하는 과책을 말한다.[285]

Article 1231-5 Lorsque le contrat stipule que celui qui manquera de l'exécuter paiera une certaine somme à titre de dommages et intérêts, il ne peut être alloué à l'autre partie une somme plus forte ni moindre.

Néanmoins, le juge peut, même d'office, modérer ou augmenter la pénalité ainsi convenue si elle est manifestement excessive ou dérisoire.

Lorsque l'engagement a été exécuté en partie, la pénalité convenue peut être diminuée par le juge, même d'office, à proportion de l'intérêt que l'exécution partielle a procuré au créancier, sans préjudice de l'application de l'alinéa précédent.

Toute stipulation contraire aux deux alinéas précédents est réputée non écrite.

Sauf inexécution définitive, la pénalité n'est encourue que lorsque le débiteur est mis en demeure.

제1231-5조 ① 계약으로 채무를 이행하지 않은 당사자가 배상금의 명목으로 일정한 금액을 지급할 것을 약정한 경우에는, 이보다 많거나 적은 금액은 상대방에게 지급될

---

283) Civ. 1ʳᵉ, 24 févr. 1993 : *Bull. civ.* 1993. Ⅰ, n° 88; Com., 9 juill. 2002, *D.* 2002, p, 836.
284) Com., 3 avr. 1990, n° 88-14.871 : *Bull. civ.* Ⅳ, n° 108 (프랑스연극협회 사례).
285) Civ. 1ʳᵉ, 4 févr. 1969 : *Bull. civ.* Ⅰ, n° 60 (Faurecia사례).

수 없다.

② 그러나 법관은, 합의된 위약금이 명백히 과다하거나 과소인 경우에는, 직권으로 이를 감액 또는 증액할 수 있다.

③ 채무가 부분적으로 이행된 경우에는, 부분적 이행이 채권자에게 가져올 이익에 비례하여 합의된 위약금은 법관에 의하여 직권으로 감액될 수 있고, 제2항의 적용은 영향을 받지 않는다.

④ 제2항 및 제3항에 반하는 약정은 기재되지 않은 것으로 본다.

⑤ 불이행이 확정적인 경우를 제외하고, 위약금은 채무자가 지체에 빠진 경우에만 부과된다.

[해제] 본조는 위약금약정(clause pénale, clause de pénalité)에 관한 규정이다. 본조는 위약금에 관한 개정 전 제1230조, 제1231조, 제1152조를 통합하여 한 조문으로 두게 된 것이다.[286]

본조에 의하면 위약금약정이란 손해배상으로 일정금액을 지급하는 약정을 말한다.[287] 위약금약정은 사회질서에 반하지 않는 한 당연히 계약자유의 원칙에 따라 그 효력이 인정된다. 그러나 법은 일정한 경우 위약금약정을 배제하기도 한다. 첫째, 소비자의 계약불이행에 관한 위약금약정이 명백한 불균형(déséquilibre significatif)을 초래할 때는 효력을 부정한다. 둘째, 상법전은 전문가 사이의 계약일지라도 명백한 불균형을 초래하는 위약금약정은 무효로 한다(프랑스상법전 제L.442-6조 I). 셋째, 프랑스민법전은 부합계약의 경우 불균형을 초래하는 위약금약정을 무효로 한다(제1171조).

위약금약정에는 위약벌약정(clause punitive)과 배상액약정(clause forfaitaire, clause forfaitaire d'indemnisation)이 있다. 전자는 손해가 발생하지 않더라도 계약불이행 자체를 벌하는 약정이고, 후자는 손해배상이 있을 경우에 인정되는 약정이라는 점에 차이가 있다.[288] 따라서 전자의 경우에는 채무자는 약정금액을 지급하는 외에 계약불이행으로 인한 손해까지도 배상하여야 한다. 그리고 후자의 경우에는 손해가 발생하여야 적용될 수 있다. 그런데 본조 제1항은 "배상금

---

286) 폐지된 규정들은 대부분 무익한 규정이거나 당연한 규정이었기 때문이라고 한다.
287) 개정 전 제1226조에 따르면, 위약금약정이란 합의의 이행을 담보하기 위하여 불이행이 있을 경우 당사자가 무엇인가를 주기로 하는 약정을 말하였다. 본조는 개정 시에 삭제되었다.
288) Civ. 3ᵉ, 5 déc. 1984. n° 83-11.788 : *Bull. civ.* Ⅲ, n° 207.

으로 일정액을 지급"할 것을 약정하는 경우라고만 규정하고 있어, 위약벌약정을 말하는 것인지 아니면 배상액약정을 말하는 것인지가 명백하지 않다. 본조 제2항이 법관의 조정권을 인정한다는 점에서는 배상액약정이라고 볼 여지가 있기는 하지만 그래도 본조가 어느 약정을 말하는지는 명확하지 않다.[289]

본조 제1항은 "채무를 이행하지 않는"것을 명백한 요건으로 규정하고 있기 때문에, 위약금약정은 계약의 불이행과 관련이 없이 당사자들이 하는 약정들과는 구분이 된다. 예를 들면, 매매의 일방예약의 동결보상(indemnité d'immobilisation stipulée dans les promesses uniltatérales de vente), 장래건물의 매매의 사전계약의 보증금(garantie dans un contrat préliminaire de vente d'immeuble à construire),[290] 해약약정(clause de dédit) 등과는 구별된다. 한편 위약금약정과 현실강제의 이행의 관계가 문제된다. 개정 전 제1228조와 제1229조(제2항)에 의하면, 채무의 강제이행과 위약금약정에 의한 손해배상은 동시에 요구할 수 없었다. 개정 후에는 위약금약정에 의한 손해배상도 현실이행의 강제와 병합될 수 있게 되었다.[291] 그 근거는 다음과 같다. 첫째, 개정에 의하여 위 두 규정은 삭제되었다. 둘째, 제1217조(제2항)에 의하면 손해배상은 언제나 다른 제재와 병합될 수가 있다.

위약금은 일괄액(somme forfaitaire)으로 정해졌으므로, 당사자뿐만 아니라 법관도 원칙적으로 위약금을 증액 또는 감액할 수는 없다. 다만, 예외적인 경우 법관은 위약약정금에 대한 조정권을 가지게 된다. 본조 제2항에 의하면, 법관은 합의된 위약금이 명백히 과다거나 과소인 경우에는 직권에 의하여 이를 감액 또는 증액할 수 있다.

본조 제3항에 의하면, 채무가 부분적으로 이행된 경우에는 합의된 위약금은 부분적 이행이 채권자에게 가져올 이익에 비례하여 법관에 의하여 직권으로 감액될 수 있다. 따라서 위약금이 과다할 경우 법관은 이를 감액한 후, 이행이 부분적이라는 이유로 다시 감액할 수 있다. 이는 본조 제3항이 법관의 조정권을 인정하는 제2항의 적용을 배제하지 못하게 하고 있기 때문이다. 반대로 위약금이 과소할 경우 이를 증액한 후, 이행이 부분적이라는 이유로 다시 감액할 수가

289) O. Deshayes, Th. Genicon et Y.-M. Laithier, *op. cit.*, p. 597.
290) Civ. 3ᵉ, 28 mars 1990. n° 88-12..820 : *Bull. civ.* Ⅲ, n° 86.
291) G. Chantepie et M. Latina, *op. cit.*, n° 690, p. 640.

있다고 하겠다. 요컨대 제2항이 먼저 적용이 된 후 제3항이 적용될 수 있다.

본조 제4항에 의하면, 제2항 및 제3항에 반하는 약정은 기재되지 않은 것으로 본다. 본항에 의하여 불기재로 간주되면 위약금약정의 효력이 문제된다. 프랑스민법전은 이에 불기재의 간주의 효력에 대하여 명시적인 규정을 두고 있지 않다. 학설은 실효되는 것으로 본다

본조 제5항에 의하면, 당사자의 약정에 의한 위약금도 계약불이행에 대한 제재로서 인정되는 것이므로, 불이행이 확정적인 경우를 제외하고는 채무자가 이행지체에 빠진 때에만 인정된다. 한편 최고에 의한 지체를 면제시키는 당사자의 약정은 효력이 인정된다.292) 이는 약정은 기재되지 않은 것으로 본다는 본조 제4항은 본항에는 적용되지 않기 때문이다.293) 따라서 지체면제조항에 대해서는 의사자치를 인정하는 것이다.

Article 1231-6 Les dommages et intérêts dus à raison du retard dans le paiement d'une obligation de somme d'argent consistent dans l'intérêt au taux légal, à compter de la mise en demeure.

Ces dommages et intérêts sont dus sans que le créancier soit tenu de justifier d'aucune perte.

Le créancier auquel son débiteur en retard a causé, par sa mauvaise foi, un préjudice indépendant de ce retard, peut obtenir des dommages et intérêts distincts de l'intérêt moratoire.

제1231-6조 ① 금전채무의 변제를 지체함으로 인한 손해배상책임은 최고를 받은 때부터 법정이율의 이자에 의한다.

② 제1항의 손해배상은 채권자가 어떠한 손실도 증명할 의무를 부담함이 없이 책임이 있다.

③ 채권자는, 지체 중인 자신의 채무자가 자신의 고의에 의하여 지체와 무관한 손해를 발생시킨 경우에는, 지연손해와 구별되는 손해배상을 받을 수 있다.

[해제] 본조와 제1231-7조는 약정 금전채무의 이행지체로 인한 손해배상을 규율한다. 이에 관한 법리는 약정 현물채무(obligations de nature)에는 적절하지 않으므로, 본조와 제1231-7조는 "금전채무에 대한 특칙"이라는 제목의 부속절

---

292) Civ. 3ᵉ, 9 juin 1999, n° 97-20.977, *RJDA* 10/99, n° 1044.
293) B. Mercadal, *op. cit.*, n° 756, p. 223.

(제1343조 이하)에 포함시키는 것294)이 적절하였으리라는 견해295)가 있다.

　　본조 제1항은 약정 금전채무의 이행지체로 인한 손해배상은 지체된 날로부터 법정이율(taux légaux)에 의한 이자라고 규정하고 있다. 물론 지연이자에 대하여 약정이율이 있을 때는 이에 따른다. 지연이자는 이행기부터가 아니라 최고에 의하여 이행지체에 빠진 때로부터 실제 변제가 이루어진 날 사이의 지연기간에 대한 이자가 된다. 그러나 제1344조가 규정하고 있는 바와 같이, 이행기의 도래만으로 지체에 빠지는 것으로 약정한 경우에는 그러하지 않다. 한편 지연이자는 이행지체의 기산점부터 발생한다는 원칙은, 손해배상의 판결을 명하는 경우에는 적용되지 않는다(제1231-7조). 본조 제1항은 채무자의 과책이 없는 경우에도 법정이율의 이자를 배상하여야 함을 암시하고 있다.

　　본조 제2항은 지연손해의 배상은 채권자가 어떠한 손실도 증명하지 않는 경우에도 발생한다고 규정하고 있다. 이는 금전채무의 경우 채권자에게 손해가 발생하였음이 의제(présomption irréfragable)되는 것임을 말하는 것이다. 따라서 법관은 지연이자에 대하여 채권자에게 특별한 손해라고 해서 이에 대한 증명을 요구할 수 없고 또 반대로 채권자에게 법정이율에 의한 지연배상을 거부할 수도 없다. 물론 학설 중에는 법정이율에 의한 손해는 최저손해가 된다고 주장하는 견해가 있기는 하다.

　　본조 제3항에 의하면, 채권자가 이행을 지체한 채무자의 고의에 의하여 이행지체와 무관한 손해를 입은 경우에는 지연손해와 구분되는 손해배상을 받을 수 있다. 이 경우 채권자는 채무자의 고의와 특별손해의 발생을 증명하여야 한다.

Article 1231-7 En toute matière, la condamnation à une indemnité emporte intérêts au taux légal même en l'absence de demande ou de disposition spéciale du jugement. Sauf disposition contraire de la loi, ces intérêts courent à compter du prononcé du jugement à moins que le juge n'en décide autrement.

En cas de confirmation pure et simple par le juge d'appel d'une décision allouant une indemnité en réparation d'un dommage, celle-ci porte de plein droit intérêt au taux légal à compter du jugement de première instance. Dans les autres cas, l'indemnité allouée en appel porte intérêt à compter de la décision

---

294) 가령 개정 전 제1154조의 내용은 현행 프랑스민법전에서는 제1343-1조에 규정되어 있다.
295) O. Deshayes, Th. Genicon et Y.-M. Laithier, *op. cit.*, p. 599.

d'appel. Le juge d'appel peut toujours déroger aux dispositions du présent alinéa.

제1231-7조 ① 어떠한 경우에도 손해배상판결은 청구 또는 판결의 특별한 정함이 없는 경우에도 법정이율의 이자를 포함한다. 법률의 반대규정이 있는 경우를 제외하고, 이자는 법관이 달리 정하지 않는 한 판결이 선고된 때부터 발생한다.

② 항소법원의 법관이 손해배상을 명하는 판결을 단순히 인용할 경우, 손해배상은 당연히 1심법원의 판결이 있는 때부터 법정이율의 이자를 포함한다. 그 밖의 경우에는 항소법원이 명하는 손해배상은 항소원의 판결이 있는 날부터 이자를 포함한다. 항소법원의 법관은 여전히 본항의 규정을 따르지 않을 수 있다.

[해제] 본조는 개정 전 제1153-1조와 완전히 동일한 규정이다. 지연이자는 지체된 때부터 발생한다는 제1231-6조 제1항의 원칙은 손해배상의 판결을 명하는 경우에는 적용되지 않는다. 본조 제1항에 의하면, 손해배상을 명하는 판결은 당사자의 청구 또는 판결에 특별한 정함이 없는 경우에도 법관이 달리 정하지 않는 한 판결이 선고된 날부터 법정이율의 이자가 발생한다.

따라서 본조 제2항(제1문)에 의하면, 항소법원의 법관이 손해배상을 명하는 결정을 단순히 인용할 경우에도 손해배상은 당연히 1심법원의 판결이 있는 날부터의 법정이율의 이자가 발생하게 되는 것이다. 그러나 본조 제2항(제2문)에 의하면 그 밖에 항소법원이 명하는 손해배상은 항소법원의 판결이 있는 날부터의 이자를 포함한다. 물론 본조 제2항(제3문)에 의하면 항소법원의 법관은 본항의 규정을 따르지 않을 수 있다고 하여 예외를 허용하고 있다.

[남 효 순]

Sous-titre Ⅱ La responsabilité extracontractuelle
제2부속편 계약외책임

[해제] 개정 전 프랑스민법전에서는 우리 민법상의 불법행위책임에 대해 제3권 제4편 제2장에서 규정하고 있었다. 즉, 개정 전의 제3권은 '재산권을 취득하는 다양한 방법'이라는 표제 하에서 그 제4편의 표제를 '합의 없이 성립하는 의무'라고 한 뒤, 제4편 제1장에서는 준계약(quasi-contrats)에 대해 규정하고, 제2장에서는 불법행위(délits)와 준불법행위(quasi-délits)에 대해 규정하였다. 준계약은 우리 식의 사무관리와 비채변제에 대한 프랑스식의 용례이며, 불법행위는 과책(faute)에 의한 불법행위를 가리키고 준불법행위는 태만(négligence)에 의한 불법행위를 지칭하는 프랑스식의 용례로 설명될 수 있다. 아울러, 개정 전 제3권 제4편乙(bis)에서는 제조물책임(responsabilité du fait des produits défectueux)에 대해 규정하고 있었다.

그러나 이와 같은 제3권 제4편 및 제4편乙(bis)의 형식체계는 2016년 개정을 통하여 다소의 변화를 맞이한다. 우선, 제3권의 표제는 변화가 없으나 그 제3편에서 '채권관계의 발생연원'(sources d'obligations)이라는 표제 하에서 3개의 부속편을 두고 있다. 제1부속편에서는 '계약'(contrat)에 대해 규정하면서 특히 계약총론으로서 계약의 성립, 계약의 해석, 계약의 효력에 대해 규정하고 있으며, 본부속편에서는 '계약외책임'이라는 표제 하에서 다시 3개의 장을 나누어 '일반 계약외책임', '제조물책임', '생태손해의 회복'에 대해 각각 규정하고 있다. 그리고 종전의 준계약에 대해서는 제3부속편에서 다시 3개의 장을 나누어 '사무관리', '비채변제', '부당이득'에 대해 규정하고 있다.

Chapitre I La responsabilité extracontractuelle en général

제1장 일반 계약외책임

[해제] 본장에서는 '계약외책임'에 대해 규정하고 있다. 본장에서는 2016년 8월 8일의 법률 제2016-1087호에 의하여 2016년 개정 전 제1382조 내지 제1386조의 규정 내용을 그대로 답습하고 있으나, 조문의 위치만 제1240조 내지 제1244조로 이전하고 있다. 2016년 개정 이전에는 제1382조 내지 제1386조의 규정과 관련하여 '불법행위와 준불법행위'라는 표제를 사용하였으나 개정 프랑스 민법전에서는 '일반 계약외책임'이라는 표제를 사용하고 있는 점만이 특이사항이라고 할 수 있다.

Article 1240 Tout fait quelconque de l'homme, qui cause à autrui un dommage, oblige celui par la faute duquel il est arrivé à le réparer.

제1240조 타인에게 손해를 야기하는 인간의 모든 행위는 과책으로 손해를 발생한 자로 하여금 그 손해를 배상할 의무를 발생시킨다.

[해제] 우리 민법 제750조의 규정과 내용면에서 유사한 것으로 평가할 수 있는 본조의 규정은 불법행위책임의 성립에 있어서는 사람의 행위로 인한 책임 발생이 원칙임을 밝히고 있다. 그리고 사람의 행위 중에서도 손해의 원인이 된 행위자의 '과책'(faute)이 제재의 대상임을 밝히고 있다. 본조의 규정은 "누구도 타인을 해할 권리를 가지고 있지 않다."는 1798년의 인권선언의 원칙을 반영한 것이라고 할 수 있으며, 프랑스 헌법위원회는 동 규정에 의한 책임을 헌법적 가치가 있다고 판단하기도 하였다. 따라서 동 규정은 사람의 행위로 인한 불법행위책임 일반규정이라고 할 수 있으나, 그럼에도 불구하고 프랑스 파기원은 본조의 규정을 표현의 자유의 남용에 대한 제재의 근거로는 삼을 수 없다고 판단하기도 하였다.

한편, 본조의 규정에서 말하는 '과책'(faute)의 개념정의에 대해서는 다양한 해석이 가능하나, 대체로 '위법한 행위'(fait illicite)로 이해함이 일반적이다. 다만, 견해에 따라서는 이를 행위에 있어서의 실수나 결핍으로 이해하기도 한다. 주의할 점은 오늘날 프랑스법에서는 민사과책을 객관화시키고 있다는 점이다. 즉, 일어나지 않았어야 할 부적절한 행위 또는 사실이 있었다는 것만으로 과책의 존부를 판단한다는 것이다. 즉, 민사과책의 인정에 있어서는 행위자가 스스로 부적절한 행위를 한다는 점에 대한 인식을 가질 필요가 없다는 점에서 그와 같은 인식까지 요구하는 형사과책과 차이점이 있다고 할 수 있다. 따라서 프랑스법에서는 이러한 과책의 객관화로 인하여 과책의 유형을 다시 나눌 필요도 있게 된 것이라고 한다. 학설상 전통적으로 '선험적 의무의 결함'(manquement à une obligation préexistante)으로 이해되는 과책은 합리적인 인간을 기준으로 하여 추상적인 방법으로 평가한다고 이해하며, 작위에 의한 과책과 부작위에 의한 과책이 모두 성립할 수 있다고 이해된다. 유형면에서는 다시 고의적 과책과 비고의적 과책으로 나누기도 한다.

다른 한편, 우리 법에서는 채무불이행책임과 불법행위책임의 경합을 인정하는 것이 다수설과 판례의 태도이나 프랑스법에서는 두 책임의 경합을 인정하지 않는다. 따라서 두 책임의 적용영역을 엄격히 나누고자 하며, 그 기준은 계약관계의 존부를 기준으로 한다. 특히, 계약체결상의 과실책임에 대해서도 계약책임을 물을 수 있는 것으로 하는 입법례가 없지 않으나, 종래 프랑스에서는 계약체결 이전단계에서 발생한 손해에 대한 배상책임은 계약외책임으로서 우리식의 불법행위책임에 해당한다고 이해하였다. 그 이유는 계약체결 이전에 발생한 손해배상과 관련하여 피해자와 책임의 주체 상호간에는 어떠한 계약적 구속 관계도 없는 타인의 관계이기 때문이라고 하였다.[1]

> Article 1241 Chacun est responsable du dommage qu'il a causé non seulement par son fait, mais encore par sa négligence ou par son imprudence.
> 제1241조 누구나 자신의 행위로 인하여 야기된 손해뿐만 아니라 자신의 태만 또는 부주의로 인하여 야기된 손해에 대해서도 책임을 져야 한다.

[해제] 본조의 규정 또한 우리 민법 제750조의 규정과 유사한 것으로 평가할 수 있다. 2016년 개정 이전에는 프랑스민법전 제1382조(현행 제1240조)의 규

---

1) 제1112조 제2항에 대한 해제 참조.

정이 불법행위(délits)에 대한 규정으로 설명되어 왔으며, 제1383조(현행 본조)의 규정은 준불법행위(quasi-délits)에 대한 규정으로 설명되어 왔다. 그리하여 불법행위책임은 선량한 관리자의 주의를 위반하여 '의도적으로 타인에게 손해를 가한 경우'(고의적 과책으로 칭하기도 하였음)에 대한 책임을 지칭하는 것으로 이해하는 한편, 준불법행위는 그와 같은 의도적 과책 또는 고의적 과책이 아니라 단순한 실수 또는 태만이나 부주의에 의하여 타인에게 손해를 가한 경우에 대한 책임을 지칭하는 것으로 이해하여 왔다. 즉, 2016년 개정 전 제1382조는 우리 민법 제750조의 고의에 의한 불법행위, 개정 전 제1383조는 우리 민법 제750조의 과실에 의한 불법행위에 각각 대비되는 개념으로 설명될 수도 있다. 요컨대, 개정 전 제1383조는 준불법행위책임에 대한 근거 규정이었던 것이다. 이처럼 2016년 개정 이전에는 '사람의 행위' 중 고의적인 과책은 불법행위로, 비고의적 과책으로서의 '실수 또는 태만이나 부주의'는 준불법행위로 지칭되었다는 점에서 차이가 없지는 않았으나, 민사책임의 성립에 있어서는 차이가 없다고 할 수 있다. 다만, 2016년 개정 이전에도 제1382조(현행 제1240조)의 규정 내용의 명료함으로 인하여 제1383조(현행 본조)의 규정은 중언적 규정에 불과하다는 평가와 함께 제1383조가 제1382조에 포섭될 수 있으므로, 로마법의 낡은 유물로서 불법행위와 준불법행위를 구별하는 방식을 고수하는 것은 불필요하다는 지적도 있었다. 그러나 2016년의 개정으로 인하여 이러한 기존의 구별방식은 그 의미가 퇴색되었다고 평가할 수도 있다. 즉, 위에서도 언급한 바와 같이 2016년 프랑스민법전 개정 이전에는 불법행위책임에 대한 장의 표제가 '불법행위와 준불법행위'(des délits et des quasi-délits)였으나, 2016년의 개정에 의하여 본장의 표제를 '일반 계약외책임'으로 개정하였기 때문이다.

Article 1242 On est responsable non seulement du dommage que l'on cause par son propre fait, mais encore de celui qui est causé par le fait des personnes dont on doit répondre, ou des choses que l'on a sous sa garde.

Toutefois, celui qui détient, à un titre quelconque, tout ou partie de l'immeuble ou des biens mobiliers dans lesquels un incendie a pris naissance ne sera responsable, vis-à-vis des tiers, des dommages causés par cet incendie que s'il est prouvé qu'il doit être attribué à sa faute ou à la faute des personnes dont il est responsable.

Cette disposition ne s'applique pas aux rapports entre propriétaires et locataires, qui demeurent régis par les articles 1733 et 1734 du code civil.

Le père et la mère, en tant qu'ils exercent l'autorité parentale, sont solidairement responsables du dommage causé par leurs enfants mineurs habitant avec eux.

Les maîtres et les commettants, du dommage causé par leurs domestiques et préposés dans les fonctions auxquelles ils les ont employés ;

Les instituteurs et les artisans, du dommage causé par leurs élèves et apprentis pendant le temps qu'ils sont sous leur surveillance.

La responsabilité ci-dessus a lieu, à moins que les père et mère et les artisans ne prouvent qu'ils n'ont pu empêcher le fait qui donne lieu à cette responsabilité.

En ce qui concerne les instituteurs, les fautes, imprudences ou négligences in- voquées contre eux comme ayant causé le fait dommageable, devront être prouvées, conformément au droit commun, par le demandeur, à l'instance.

제1242조 ① 누구나 자신의 행위에 의하여 야기된 손해뿐만 아니라, 그의 책임 하에 있는 자의 행위 또는 자신의 관리 하에 있는 물건으로 인하여 야기된 손해에 대해서도 책임을 진다.

② 그러나 어떠한 명목의 여하를 불문하고, 화재가 발생한 부동산 또는 동산의 전부 또는 일부를 보유하는 자는 화재가 그 자신의 과책 또는 그의 책임 하에 있는 자의 과책으로 인한 것임이 증명된 때에 한하여, 당해 화재로 인하여 발생한 손해에 대하여 제3자에게 책임을 진다.

③ 전 항의 규정은 소유자와 임차인 사이의 관계에 대해서는 적용되지 않으며, 이는 민법 제1733조 및 제1734조에 의하여 규율된다.

④ 부모는 그들이 친권을 행사하는 범위 내에서는 그들과 주거를 같이하는 미성년자녀에 의해 야기된 손해에 대해 연대하여 책임을 진다.

⑤ 가사고용인 및 사용자는 그들이 사용하는 영역에서 가사피용인 및 피용자에 의해 발생한 손해에 대해 연대하여 책임을 진다.

⑥ 교사와 장인(匠人)은 그들의 감독 하에 있는 동안에 학생과 견습생에 의해 발생한 손해에 대해 연대하여 책임을 진다.

⑦ 부모와 장인(匠人)이 이러한 책임을 발생시키는 행위를 억제할 수 없었다는 사실을 증명하지 못하는 한 이상에서 언급한 책임이 발생한다.

⑧ 교사의 책임과 관련하여, 그들을 상대로 하여 손해를 야기한 것으로 주장되는 과책·부주의·태만은 일반법의 원칙에 따라 소송에서 원고가 이를 입증해야 한다.

[해제] 본조에서는 본인의 행위가 아닌 타인의 행위 또는 물건에 의하여 발생된 손해에 대해 민사책임을 지는 일련의 경우에 대해 규정하고 있다. 즉, 자신의 책임 하에 있는 자의 행위로 인한 손해에 대한 감독자의 책임, 자신의 관리 하에 있는 물건으로 인한 손해에 대한 관리자의 책임, 자신이 보유하는 부동산의 화재로 인한 손해에 대한 보유자의 책임, 미성년자의 행위로 인한 손해에 대한 부모의 책임, 견습생의 행위로 인한 손해에 대한 장인의 책임, 피용자의 행위로 인한 손해에 대한 사용자의 책임, 학생의 행위로 인한 손해에 대한 교사의 책임 등에 대해 규정하고 있다. 다만, 본조에서 상정하고 있는 사람이나 물건 이외의 다른 사람의 행위나 물건으로 인한 손해에 대한 민사책임에 대해서는 별도의 규정 또는 특별법에서 규정하고 있음에 주의할 필요가 있다. 그와 같은 경우 본조의 규정과 특별규정 사이의 관계가 문제될 수 있는데, 본조는 일반규정으로서 특별규정들에 대해 보충적인 관계에 있다고 할 수 있다. 예컨대, 자동차손해배상보장법이나 제조물책임에 관한 규정이 본조 제1항에 근거한 물건의 관리자의 책임에 우선하여 적용된다는 것이다. 다만, 그럼에도 불구하고 본조 제1항의 규정이 본조 제2항의 규정과는 어떤 관계인지에 대해서는 학설과 판례가 제1항을 우선시키고 제2항을 삭제할 필요가 있다는 입장을 취하고 있다. 또한, 본조 제1항의 규정과 이하에서 살펴볼 제1243조의 동물보유자의 책임이나 제1244조의 건물소유자의 책임과의 관계에서도 일반규정과 특별규정의 관계라는 점에 대해서는 의문이 크지 않으나, 그 운용의 면에 있어서 이러한 특별규정을 우선시할 필요가 있는지에 대해서는 학설상 견해의 대립이 있다.

한편, 본조에서 이와 같이 다양한 책임발생의 경우를 상정하고 있는 것은 프랑스법이 타인의 행위 또는 물건에 의한 민사책임과 관련하여 일반원칙을 가지고 있지 않음을 반증하는 것이라고 평가할 수도 있다. 같은 맥락에서 프랑스 파기원도 이미 오래전에 본조의 규정은 제한적이고 엄격하게 해석되어야 한다고 판시하기도 하였기 때문이다.[2] 그러나 오늘날에는 1991년 파기원 전원합의체의 판결[3]로 인하여 타인의 행위 또는 물건에 의한 민사책임과 관련한 일반원칙이 프랑스민법에도 존재하며 그 구체적인 근거는 본조 제1항이라고 이해되고 있다. 즉, 본조 제1항에서는 책임의 주체의 관리 하에 있는 사람 또는 물건으로

---

2) Civ. 2ᵉ, 15 fév. 1956 : *D.* 1956, p. 410.
3) Ass. plén., 29 mars 1991 : *JCP* 1991, 21673.

인하여 발생한 손해에 대한 책임을 규정하고 있는데, 프랑스법원은 특히 본항의 규정에 따른 책임을 무과실책임에 가깝게 운영하고 있다는 점에서 특징적이다.[4] 그리하여 본조 제1항에 근거하여 책임성립을 추정하기도 한다. 다만, 본조 제1항의 규정을 무과실책임에 가깝게 운영한다고 하더라도 피해자는 자신에게 발생한 손해에 대해서는 여전히 증명책임을 부담한다.

다른 한편, 본조 규정의 해석 적용에 있어서는 다음과 같은 점에도 주의할 필요가 있다. 우선, 본조 제1항에서는 물건의 '관리자'(garde)라는 개념이 등장하고 있는데, 동 개념의 이해와 관련하여서는 다양한 설명이 가능하나, 현재 프랑스의 지배적인 학설과 판례상으로는 두 가지 유형의 관리자를 인정하고 있다. 즉, '구조상의 관리'(garde de la structure)와 '행위상의 관리'(garde du comporte‐ment)를 구별할 필요가 있다는 것이다. 만약 관리자가 스스로 자신의 관리하에 있는 물건으로 인하여 타인에게 손해가 발생하는 것을 실질적으로 방지하여야 하는 지위에 있다면 관리자의 지위를 인정함에 있어서 어려움이 없을 것이다. 그러나 물리적으로 물건을 관리하는 자라 하더라도 물건에 대한 실질적인 방호조치를 기대하기 어려운 경우에는 관리자의 지위를 인정하기가 어려울 것이며, 이 때에는 구조상의 관리자가 관리자로 된다.[5]

다음으로, 본조 제2항에서는 화재를 야기한 부동산이나 동산의 '보유자'(détenteur)라는 개념이 사용되고 있는데, 동 개념이 본조 제1항의 관리자와 같은 개념인지가 의문일 수 있다. 즉, 본조 제1항에서의 관리자는 물건에 대해 사실상 지배를 하는 자를 말하는지 아니면 물건의 관리와 관련하여 소유권이나

---

4) 본조 제1항이 물건에 의한 민사책임과 관련한 일반원칙으로 자리매김할 수 있는 초석을 다진 것은 이미 오래전의 테펜(Teffaine)사건으로 거슬러 올라 갈 수 있다. 즉, 1896년의 프랑스 파기원 판결(Civ., 16 juin 1896 : DP 1897, Ⅰ, p. 433)에서는 예인선의 보일러가 폭발하여 인부가 사망한 사건에서, 예인선의 소유자의 책임을 본조 제1항에 근거하여 인정하면서 피해자인 망인의 상속인이 피고인 예인선 소유자의 과책을 증명할 필요가 없다고 하였던 것이다. 그리고 그 이유로는 폭발사고가 보일러에 하자가 있었기 때문이라고 하면서 예인선의 소유자가 보일러 제조자의 과책을 증명하거나 하자의 비정상적 사정을 증명한다고 하더라도 면책될 수 없다고 하였다.

5) 예컨대, 인화성 물질의 운송을 위탁받은 운송인이 그 물건의 적재과정에서의 관리를 소홀히 하여 물건이 폭발한 경우에는 운송인에게 관리자의 지위를 인정함에 있어서 어려움이 없으나, 그와 같은 잘못이 없었음에도 불구하고 인화성 물질 자체의 하자로 인하여 자연발생적으로 폭발이 있었다면 운송인에게 관리자의 지위를 인정하기 어려우며, 이 경우에는 해당 물질의 하자 발생을 제어할 수 있었던 자가 구조상의 관리자로서 책임을 진다는 것이다.

임차권과 같이 일정한 권원을 가지는 자를 가리키는지가 의문이라고 할 것이나, 프랑스 파기원은 이와 관련하여 일관된 태도를 보이지는 않는다고 평가된다. 나아가, 파기원은 농기구의 모터에서 촉발된 불똥으로 인한 화재에 대해서도 본조 제2항을 적용할 수 있다고 한다는 점에서[6] 물건 자체의 화재에 대해서만 본 규정이 적용되는 것은 아니라고 할 것이다.

다음으로, 교사의 책임은 본조 제8항의 규정에 의하여 과책주의에 입각하고 있으나, 부모나 장인의 책임은 이와는 달리 과책의 존재가 추정된다. 반면, 가사고용인이나 사용자의 책임과 관련하여서는 '과책의 존재가 간주되므로' 가사고용인이나 사용자는 가사피용인이나 피용자의 행위에 대해 당연책임 또는 무과실책임을 지며, 그에 대한 면책가능성이 전혀 인정되지 않는다고 한다. 우리 민법의 태도와 관련하여 한 가지 주목할 만한 점은 사용자책임의 성립에 있어서 피용자에 대해서도 불법행위책임을 물을 수 있는지의 여부이다. 물론 우리 법에서도 피용자의 행위가 불법행위를 구성할 필요가 없다는 견해가 있기는 하나, 우리 학계에서의 일반적인 이해의 태도에 의하면 피용자의 행위가 불법행위의 요건을 충족하여야 하고, 이럴 경우 피용자와 사용자가 피해자에 대해 공동으로 책임을 질 수도 있게 된다. 반면, 프랑스에서는 2000년의 파기원 전원합의체 판결[7]에 의하여 피용자가 사용자의 지시에 따라 자신의 직무범위를 넘지 않는 범위에서 행위를 하였으나 이로 인하여 타인에게 손해를 가한 경우, 피용자 자신은 피해자에 대해 손해배상책임을 지지 않는다고 하였다는 점이다. 즉, 프랑스에서는 피용자의 직무수행상 과책에 대해서는 피용자의 불법행위책임을 물을 수 없으며, 본조 제5항의 사용자책임만이 문제된다.

Article 1243 Le propriétaire d'un animal, ou celui qui s'en sert, pendant qu'il est à son usage, est responsable du dommage que l'animal a cause, soit que l'animal fût sous sa garde, soit qu'il fût égaré ou échappé.
제1243조 동물의 소유자 또는 동물을 사용하는 자는 그 사용 중에 동물이 야기한 손해에 대하여 동물이 자신의 관리 하에 있었는지 또는 동물이 길을 잃었는지, 도망을 한 것인지의 여부를 불문하고 책임을 진다.

---

6) Ass. plén., 25 févr. 1966 : *D.* 1966, 389.
7) Ass. plén., 25 févr. 2000 : *Bull. civ.*, 2004, n° 2.

[해제] 본조의 규정은 동물의 소유자 또는 점유자의 책임에 대해 규정하고 있다. 다만, 본조에서는 어떠한 동물의 소유자 또는 점유자가 책임을 지는지에 대해서는 언급을 하고 있지 않다. 그러나 판례는 동물의 유형을 묻지 않는 것으로 이해된다. 즉, 말이나 소 같은 가축 이외에도 비둘기나 벌의 활동에 대해서도 책임을 물은 경우가 있다. 다만, 주인이 없는 동물에 대해서는 본조의 적용이 배제된다고 한다. 따라서 책임의 주체는 1차적으로 소유자라고 할 수 있으며, 관리대상인 동물에 대해서만 책임을 진다고 할 수 있다. 그러므로 자신이 소유하는 토지에 서식하는 사냥용 동물이 타인에게 손해를 입혔다고 하여 본조의 규정이 적용될 수는 없으며, 이 경우에는 제1240조의 규정이 적용될 수 있을 뿐이다. 즉, 토지소유자의 과책이 전제가 되어야 한다는 것이다. 반면, 동물이 야생상태에 있다고 하여 본조의 적용이 배제되는 것은 아니며, 사소유권의 객체가 되는 한 그 소유자는 본조의 적용을 받는다고 한다.

한편, 본조에서는 책임의 주체와 관련하여 동물의 소유자 이외에 동물을 사용하는 자도 상정하고 있는데, 이 후자의 경우로는 수의사에게 맡겨진 동물 또는 편자를 바기 위하여 말을 맡은 편자공 등을 예로 들기도 한다. 다만, 동물을 빌린 사람도 본조의 적용을 받는지에 대해서는 견해의 대립이 있다. 이와 관련하여 프랑스법원은 본조의 적용을 위해서는 동물에 대해 지배력을 행사하는 자이어야 한다고 한다. 즉, 동물이 타인에게 손해를 가하는 것을 저지할 수 있는 가능성 및 감독의무가 있는 자이어야 한다는 것이다. 본조의 규정 또한 무과실책임의 일종에 해당하나, 피해자가 동물로 인한 위험을 승낙한 경우에는 더 이상 본조에 근거하여 책임을 물을 수는 없다고 한다.

다른 한편, 본조에서는 동물의 관리자도 책임의 주체가 될 수 있는 것으로 규정하고 있는데, 그렇다면 본조의 규정과 물건의 관리자에 관한 제1242조 제1항의 관계가 문제될 수 있다. 이는 제1242조 제1항의 규정이 일반규정이고 본조의 규정이 특별규정인 것으로 이해될 수 있기 때문에 더욱 그러하다. 그러나 물건의 관리자에 관한 법리가 동물의 관리자에 대해서도 그대로 적용될 수 있으며, 현실적인 운용의 면에서도 그러하다고 이해함이 일반적이다. 다만, 동물의 관리자는 동물의 소유자로부터의 관리권한의 이전에 대한 증명이 없더라도 책임을 질 수 있다는 점에서 물건의 관리자의 책임과 차이가 있다. 아울러, 동물의 관리자는 그 개념의 적용에 있어서도 어려움이 발견되는데, 예컨대 경주용

말의 경우에는 마주, 조련사, 기수 중 누가 관리자로 되는지가 의문일 수 있다는 것이다.

Article 1244 Le propriétaire d'un bâtiment est responsable du dommage causé par sa ruine, lorsqu'elle est arrivée par une suite du défaut d'entretien ou par le vice de sa construction.

제1244조 건물의 소유자는 건물의 붕괴가 보존상의 결함 또는 건축상의 하자로 인하여 발생한 때에는 그 붕괴로 인하여 발생한 손해에 대하여 책임을 진다.

[해제] 본조의 규정은 건물이 붕괴된 경우의 건물소유자의 책임에 대해 규정하고 있다. 우선, 건물은 사람의 작용에 의한 부동산으로서의 건축물을 지칭하므로 나무나 토지 또는 기초공사가 수반되지 않은 공작물은 본조의 규정에 따른 건물에는 포함되지 않는다. 프랑스법원은 "건물이라 함은 그 적용된 자재의 종류를 불문하고 항구적으로 토지에 부합된 부동의 건축물의 성격을 지닌 공작물"로서 그와 같은 공작물(ouvrage)에 대해서만 본조가 적용된다고 한다.[8] 다음으로, 본조는 건물의 붕괴를 전제로 하나 건물의 붕괴정도가 건물의 전부에 해당하는 것인지 아니면 일부에 그치는 것이어도 족한 것인지는 문제되지 않는다. 다만, 본조의 적용은 붕괴(ruine)를 전제로 하므로 건물의 붕괴와 무관하게 건물로 인하여 손해가 발생한 경우에는 본조가 적용되지 않으며,[9] 경우에 따라서는 제1242조 제1항(개정 전 제1384조 제1항)이 적용될 따름이다. 즉, 건물도 물건이라는 점에서 건물의 붕괴로 인한 손해는 제1242조의 적용대상일 수 있다. 그러나 본조가 제1242조와 비교하여 특별규정으로서의 의미를 지니는 부분은 법문상으로도 그 요건 중의 하나로서 '건물의 붕괴'를 들고 있다는 점이며, 프랑스 파기원도 같은 맥락에서 건물의 신축 또는 건물의 철거 과정에서 손해가 발생한 경우에는 본조의 규정이 아닌 제1242조가 적용된다고 판단하기도 하였다. 아울러, 본조의 요건이 충족되는 경우에는 제1242조 제1항은 적용되지 않는다는 원칙을 엄격히 유지하기도 하였다.[10] 본조에서는 이와 같은 건물의 붕괴가 '보존상의 결함'이나 '건축상의 하자'로 인한 것이어야 함을 명시하고 있

---

8) 예컨대, Civ. 2ᵉ, 19 oct. 2006, nº 05-14.525.

9) 예컨대, Civ. 2ᵉ, 3 mars 1993 : *Bull. civ.* Ⅱ, 1993, nº 86.

10) Civ., 4 août 1942 : *D.C.* 1943, p. 1.

다. 그리고 피해자는 건물의 붕괴가 이러한 건물의 보존상의 결함에 기인한 것이라는 점에 대해서도 증명하여야 한다.[11] 그리고 이러한 점이야말로 제1242조 제1항의 운용과 비교하여 본질적인 차이가 발견되는 부분이라고 한다.

한편, 프랑스민법전 제정 당시에는 본조의 규정이 피해자의 피해구제를 위하여 유익한 근거규정이 되기도 하였다고 한다. 특히 본조에서는 건물의 소유자로 하여금 어떠한 면책의 가능성도 열어두고 있지 않기 때문에 더욱더 그러하다고 할 수 있다. 그러나 제1242조 제1항의 규정 의미가 재발견됨으로 인하여 본조의 규정취지가 저감되었다고 평가되기도 한다. 특히, 본조의 규정에 의할 경우 제1242조 제1항과는 달리 피해자가 건물의 붕괴사실 및 그 원인으로서의 건물의 보존상의 결함에 대해 증명책임을 부담한다는 점에서 그러하다고 한다. 아울러, 본조의 규정에서는 책임의 주체로서 건물의 소유자만을 책임의 주체로 상정하고 있으므로 건물의 붕괴에 대해 책임이 있다고 할 수도 있는 건물의 점유자에 대한 책임의 근거로는 작용할 수 없는지가 의문일 수 있으나, 프랑스 파기원은 이 점에 대해서도 소유자만이 책임의 주체이며 임차인과 같은 점유자는 본조의 규정에 근거해서는 책임을 지지 않는다는 점을 분명히 하기도 하였다.[12] 다만, 2000년의 파기원 판결로 이러한 태도는 더 이상 유지되지 않는다.[13] 다만, 학설상으로는 종래 본조 규정의 해석·적용에 있어서 한계가 있으며, 그 규정실익이 크지 않다는 다양한 비판이 제기되어 왔고, 따라서 현재에는 거의 사문화된 규정으로 평가되기도 한다.

---

11) Civ. 3e, 4 juin 1973 : *Bull. civ.* Ⅲ, 1973, n° 397.
12) Civ. 28 jan. 1936 : *D.H.* 1936, p. 148.
13) Civ. 2e, 23 mars 2000 : *Bull. civ.* Ⅱ, 2000, n° 54.

Chapitre II La responsabilité du fait des produits défectueux

제2장 제조물책임

[해제] 제조물책임에 관한 규정은 1998년 5월 19일 법률에 의해 프랑스민법전에 도입되었으며, 총 18개의 조문으로 구성되어 있었다. 그런데 2016년 개정 이전에는 제조물책임에 관한 규정들에 대해서 별도의 독립한 편(titre IVbis : 제4편乙)을 두어 규정하고 있었기에 이를 불법행위책임과는 별개의 독립한 책임으로 이해하여야 하는지에 대해 논란이 있었다. 2016년 개정에서는 제조물책임에 대해서도 계약외책임의 하나로 규정하게 되었다.

본장은 제1245조 내지 제1245-17조에서 제조물책임에 대해 규정하고 있다. 구체적인 내용은 2016년 8월 8일의 법률 제2016-1087호에 의하여 개정 전 제1386-1조 내지 제1386-18조의 규정 내용을 그대로 답습하고 있다.

> Article 1245 Le producteur est responsable du dommage causé par un défaut de son produit, qu'il soit ou non lié par un contrat avec la victime.
> 제1245조 제조업자는 제조물의 결함으로 인하여 발생한 손해를, 피해자와의 계약관계의 존재유무와 관계없이, 배상하여야 한다.

[해제] 본조는 제조물의 결함으로 인한 손해에 대해서는 제조업자가 당연히 책임을 진다는 일반원칙을 천명하고 있다. 즉, 제조물책임은 제조물을 유통시킴으로 인한 위험에 대해 책임을 묻는 제도로서 소위 '위험이론(théorie de risque)'에 입각한 책임이라는 것이다. 환언하면, 이는 손해를 유발한 제조물에는 결함이 존재한다는 것을 추정한다는 의미이기도 하다. 따라서 제조물의 결함으로 인하여 피해를 입은 자는 제조업자의 과책을 증명할 필요가 없으며, 제조업자는 불가항력과 같은 사유가 손해발생의 원인이었음을 증명하지 못하는 한 그 책임을 면할 수 없게 된다. 즉, 본조와 같이 피해자에게 증명책임을 경감시키는 것이 가능한 것은 제1245-10조와 같은 규정이 이를 뒷받침하고 있기 때

문이라는 평가도 있다. 또한, 본조의 규정은 제조물책임의 적용과 관련하여 손
해배상청구권자인 피해자와 제조물책임의 주체 사이의 법률관계의 성질을 묻지
않는다는 점에서 의미가 있다. 즉, 양자 사이에 계약관계가 존재할 필요가 없음
을 분명히 한다는 점에서 계약책임과 불법행위책임의 경합을 인정하지 않는 프
랑스법에서 두 책임을 구별할 필요가 없게 된다는 것이다. 다만, 제1245-5조에
서 규정하는 바와 같이, 제조물책임은 제조 및 이와 유사한 행위를 업으로 하는
자에 대해서만 책임을 물을 수 있다는 점에서 그 적용범위에 있어서의 제한은
있다.

Article 1245-1 Les dispositions du présent chapitre s'appliquent à la réparation
du dommage qui résulte d'une atteinte à la personne.
Elles s'appliquent également à la réparation du dommage supérieur à un
montant déterminé par décret, qui résulte d'une atteinte à un bien autre que le
produit défectueux lui-même.
제1245-1조 ① 본장의 규정은 인신에 대한 침해로 인하여 발생한 손해배상에 적용
된다.
② 본장의 규정은 또한 결함 있는 제조물 자체 이외의 재산에 대한 침해로 발생한 것
으로서 데크레에 의해 정해진 금액을 초과하는 손해배상에 적용된다.

[해제] 본조는 제조물책임의 적용범위에 대해 규정하고 있다. 특히, 제조물
책임의 성립과 관련한 요건으로서 제조물책임에 의해 배상될 수 있는 손해의
유형을 규정하고 있다. 우선, 손해는 인신에 관한 것일 수 있을 뿐만 아니라 재
산에 대한 것일 수 있음을 천명하고 있다. 즉, 본조에서는 모든 유형의 손해가
배상대상이 될 수 있음을 밝힌다. 따라서 물질적인 손해 이외에 정신적인 손해
까지도 배상대상이 될 수 있다고 한다. 예컨대, 제조물의 결함으로 인하여 아끼
던 물건에 손해가 발생한 경우에는 소위 그 물건에 대한 '애정손해'(préjudice
d'affection)에 대해서도 배상을 받을 수 있다고 한다. 아울러, 여기서의 손해를
입은 재산의 개념에는 개인적 용도의 재산도 포함된다고 함으로써 그 용도를
묻지 않는다. 그리고 이러한 규정태도는 유럽지침의 포섭범위보다도 크다고 이
해되기도 한다.
　다만, 본조에서는 제조물책임에 근거한 배상대상에서 제외되는 두 가지의

예외를 규정하고 있다. 그 하나는 본조 제2항에서 규정하는 바와 같이 제조물 그 자체에 대한 손해이다. 즉, 이러한 제조물자체에 대한 손해는 계약 당사자 사이에서는 하자담보책임이나 계약부적합을 이유로 한 채무불이행책임 등에 근거하여, 계약 당사자 아닌 자들 사이에서는 일반불법행위책임에 근거하여 각각 배상을 받을 수 있다는 것이다. 요컨대, 제조물책임은 제조물의 결함으로 인하여 제조물 주변의 사람이나 물건이 손해를 입은 경우에 대해서만 적용될 수 있다.

다른 하나는 제조물 이외의 재산에 대한 손해로서 데크레에서 정한 금액을 초과하지 않는 손해이다. 한편, 최초 프랑스민법전에 제조물책임을 도입하던 때에는 손해액에 대한 제한은 두지 않았다. 그러나 이러한 규정태도는 유럽지침에 반하는 것이어서 유럽사법법원의 제재가 있었고, 이에 2004년 12월 9일 법에 의하여 본조 제2항의 규정을 개정하여 일정액 이상의 손해가 발생할 것을 요건으로 하였다. 2005년 2월 11일의 데크레 제2005-113호에 의하면 500유로 이하의 손해는 제조물책임의 적용대상이 아니다.

Article 1245-2 Est un produit tout bien meuble, même s'il est incorporé dans un immeuble, y compris les produits du sol, de l'élevage, de la chasse et de la pêche. L'électricité est considérée comme un produit.

제1245-2조 제조물이라 함은, 비록 부동산에 부합되었을지라도, 토지의 산출물·축산물·수렵물 및 수산물을 포함한 모든 동산이다. 전기는 제조물로 본다.

[해제] 본조는 제조물의 개념에 대해 정의하고 있다. 우선, 제조물의 개념에는 부동산은 포함되지 않으며 동산만이 제조물이라는 것이다. 부동산을 제조물의 개념에서 제외한 이유는 제1792조 이하에서 건축인의 책임에 대한 엄격한 규정들을 두고 있기 때문이라고 설명되기도 하는데, 특히 제1792-4조에서는 건축을 위하여 사용되는 부분의 제조자도 건축인과 연대하여 책임을 지도록 하고 있다. 한편, 동산인 경우에는 그것이 원재료에 해당하는 것이건 가공된 것이건 불문하고 모두 제조물로 볼 수 있음을 천명하고 있다. 또한, 합성물의 일부를 구성하는 구성요소도 제조물에 해당할 수 있으며, 부동산 자체는 제조물이 아니나 시멘트나 벽돌과 같이 부동산에 부합되어 부동산을 구성하는 요소는 제조물에 해당할 수 있다. 더 나아가, 제조물은 산업의 영역에 구애받지 않는다. 즉,

광물과 같은 토지로부터의 산출물이건, 축산물이건 수렵물이건 불문한다. 전기 그 자체도 제조물로 본다는 것도 명문화하고 있다. 따라서 본조에서는 제조물의 개념을 상당히 광범위하게 규정하는 것으로 평가할 수 있다(제1245-11조에 의하면, 인체의 구성부분 또는 인체의 산출물도 제조물에 해당할 수 있다). 한편, 소프트웨어와 같은 무체물이 제조물에 해당한다고 볼 수 있는지에 대해서는 우리나라에서와 마찬가지로 견해의 대립이 있다. 다만, 소프트웨어를 제조물로 보는 것이 일반적인 태도이며, 이는 무체물이나 권리에 대해서도 물건성을 인정함으로써 물건의 개념 자체가 다른 나라에서의 물건의 개념과 다르다는 점에서 기인하는 차이라고 평가할 수도 있다.

Article 1245-3 Un produit est défectueux au sens du présent chapitre lorsqu'il n'offre pas la sécurité à laquelle on peut légitimement s'attendre.

Dans l'appréciation de la sécurité à laquelle on peut légitimement s'attendre, il doit être tenu compte de toutes les circonstances et notamment de la présentation du produit, de l'usage qui peut en être raisonnablement attendu et du moment de sa mise en circulation.

Un produit ne peut être considéré comme défectueux par le seul fait qu'un autre, plus perfectionné, a été mis postérieurement en circulation.

제1245-3조 ① 제조물이 정당하게 기대할 수 있는 안전성을 결여하는 경우 본장에서 의미하는 결함이 있다.

② 정당하게 기대할 수 있는 안전성을 평가함에 있어서 제반사정 및 특히 제조물의 표시, 합리적으로 기대되는 제조물의 용도와 제조물이 공급된 시기를 고려해야 한다.

③ 제조물이 공급된 이후에 보다 완전한 다른 제조물이 공급되어졌다는 사실만으로 덩해 제조물에 결함이 있다고 볼 수는 없다.

[해제] 본조는 제조물의 결함에 대하여 정의하고 있다. 즉, 결함은 제조물로부터 일반적으로 기대할 수 있는 '안전성의 결여'를 의미한다는 것이다. 비록 결함이라는 개념이 모호한 면이 있기는 하나, 프랑스에서는 제조물의 사용자로 하여금 물리적인 측면에서의 안전성을 담보하지 못하는 경우(예컨대, 타이어의 방수기능 결함이라든가 B형 간염백신의 부작용 등)뿐만 아니라 정신적인 측면에서의 안전성을 담보하지 못하는 경우(예컨대, 어린이에게 악영향을 미치는 중독성 있는 비디오게임 등)도 제조물의 결함이 있는 것으로 이해함이 일반적이다. 다만,

여기서의 결함은 제조물의 위험성을 의미하는 것이므로, 제1245-1조에서도 규정하는 바와 같이 예컨대, 작동이 제대로 되지 않는 프린터와 같이 안전성과는 관련이 없는 제조물 자체의 통상적인 성상결여는 제조물의 결함에 해당하지 않는다. 이러한 사정은 우리 법에서와 마찬가지로 불완전이행을 이유로 한 채무불이행책임 또는 하자담보책임의 적용대상이라고 할 수 있다.

한편, 안전성의 결여에 관한 판단은 '추상적이고 객관적으로(abstraite et objective)' 이루어져야 하는 것으로 규정하고 있다. 즉, 본조 제2항에서는 제조물이 안전성을 갖추었는지를 판단함에 있어서 "제조물에 대한 소개나 제조물의 용도 그리고 제조물의 유통시기와 같은 제반사정"을 종합적으로 고려하도록 규정하고 있기 때문이다. 즉, 훌라후프와 같이 위험하지 않은 장난감이라고 하더라도 갑작스런 파손으로 인하여 이용자인 어린이가 상처를 입었다면 제조물의 결함이 인정될 수 있다.[1] 아울러, 그 자체가 위험한 물건이라고 하더라도, 결과적으로 초래된 위험이 고려의 대상인 제조물로부터 기대할 수 있는 정도를 상회하는 비정상적인 정도의 것인 경우에도(예컨대, 사냥용 총기류의 탄약이 폭발하여 사냥꾼이 부상을 입은 경우) 결함이 인정될 수 있다. 이처럼 제조물의 결함은 내적인 것으로서 제조상, 설계상 또는 정보제공상의 결함이어야 한다고 이해된다는 점에서 우리나라에서의 해결방안과 큰 차이는 발견되지 않는다.

다른 한편, 본조 제3항에서는 최초 제조물이 시장에 공급된 이후에 더 나은 제품이 시장에 유통된다고 하여 기존에 유통된 제조물에 결함이 있는 것으로 판단해서는 안 된다고 규정하고 있다. 이러한 규정 태도는 본조 제2항의 규정 내용과도 궤를 같이하는 내용이라고 평가할 수 있다. 요컨대, 기술의 진보가 이루어졌다고 하여 기존의 제품에 결함이 있는 것으로 결론지을 수 없다는 것이다.

Article 1245-4 Un produit est mis en circulation lorsque le producteur s'en est dessaisi volontairement.

Un produit ne fait l'objet que d'une seule mise en circulation.

제1245-4조 ① 제조물은 제조업자가 자발적으로 출시하였을 때 공급된다.
② 제조물은 단 한번 공급의 대상이 될 뿐이다.

---

1) Civ. 1re, 17 jan. 1995 : *Bull. civ.* I, n° 43.

[해제] 본조는 제조물책임의 적용대상인 제조물이기 위해서는 시장에 공급된 것이어야 함을 밝히고 있다. 제1245-15조에서는 제조물책임의 제척기간을 시장에 공급된 때로부터 10년이라고 규정하고 있다는 점에서 제조물의 공급시점은 제조업자의 책임의 개시시기라고 할 수도 있다. 그리고 유럽지침에서는 제조물의 공급과 관련한 규정이 없다는 점에서 프랑스법의 규정태도는 특징적이라고 평가할 수 있다. 본조에서는 제조업자가 자발적으로 시장에 유통시킨 경우에 제조물의 공급이 있은 것으로 규정하고 있다. 따라서 제조물이 절도에 의하여 시장에 유통되었다고 하여 이를 제조업자에 의한 제조물의 공급이 있은 것으로는 볼 수 없다. 적어도 공급이라고 하기 위해서는 누군가에게 제조물에 대한 점유를 사실상 이전하고자 하는 의도가 있었어야 한다는 것이다. 요컨대, 제조물이 즉각적인 소유권이전의 대상이 되었을 필요는 없으나, 적어도 제조물을 시장에 출시하고자 하는 제조업자의 의사는 전제가 되어야 한다. 따라서 창고에 저장하거나 운송의 대상이 된 물건이라면 법상 요구되는 시장공급의 요건을 충족한 것으로 볼 수 있을 것이다.

한편, 본조 제2항에서는 제조물의 공급은 1회에 한하여 인정되는 것으로 규정하고 있는데, 이는 제조업자가 자발적으로 제조물을 공급한 최초의 시점이 제조물책임의 개시시기임을 밝히는 근거라고 이해된다. 제조물이 수차에 걸쳐 전득된 경우, 최초 시장에 출시한 행위가 제조물의 공급행위이며, 이때부터 제조물책임의 제척기간이 기산된다는 것이다.

Article 1245-5 Est producteur, lorsqu'il agit à titre professionnel, le fabricant d'un produit fini, le producteur d'une matière première, le fabricant d'une partie composante.

Est assimilée à un producteur pour l'application du présent chapitre toute personne agissant à titre professionnel :

1° Qui se présente comme producteur en apposant sur le produit son nom, sa marque ou un autre signe distinctif ;

2° Qui importe un produit dans la Communauté européenne en vue d'une vente, d'une location, avec ou sans promesse de vente, ou de toute autre forme de distribution.

Ne sont pas considérées comme producteurs, au sens du présent chapitre, les personnes dont la responsabilité peut être recherchée sur le fondement des articles 1792 à 1792-6 et 1646-1.

제1245-5조 ① 완성품의 제조자, 원재료의 생산자, 부품의 제조자가 업으로 하는 경우 제조업자가 된다.

② 다음 각 호의 업을 하는 자도 본장의 적용을 받는 제조업자로 본다.

1. 제조물에 성명, 상표, 기타 식별 가능한 기호를 사용하여 자신을 제조업자로 표시한 자

2. 매매 예약의 존부를 불문하고 매매, 임대, 기타 모든 형태의 유통을 목적으로 유럽공동체로 제조물을 수입한 자

③ 제1792조 내지 제1792-6조 및 제1646-1조에 따라 책임을 지는 자는 본장의 제조업자로 보지 않는다.

[해제] 본조는 제조물책임의 주체인 제조업자의 범주에 대해 규정하고 있다. 우선, 완성품을 제조하거나 원재료를 생산한 자 그리고 부품을 제조한 자는 제조자에 해당할 수 있으나, 이들 중에서도 이러한 행위를 업으로 하는 자만이 제조물책임의 주체로 된다. 그리고 본조 제2항에서는 제조업자에 준하는 두 부류의 자에 대해서도 규정하고 있다. 그 하나는, '제조물에 성명, 상표, 기타 식별 가능한 기호를 사용하여 자신을 제조업자로 표시한 자'인데, 대체로 대량으로 물건을 공급하는 공급업자가 이에 해당한다. 다른 하나는 '매매 예약의 존부를 불문하고 매매, 임대, 기타 모든 형태의 유통을 목적으로 유럽공동체로 제조물을 수입한 자'인데, 이러한 수입업자에는 유럽공동체 내에서만 영업을 하는 수입업자만 포함되는 것은 아니며, 유럽 이외의 나라에서 수입된 제조물에 대해서도 제조물책임을 물을 수 있다.

한편, 본조 제3항에서는 '제1792조 내지 제1792-6조 및 제1646-1조에 따라 책임을 지는 자'는 제조업자로 간주하지 않는데, 이들은 소위 건축업 관련 종사자들로서 직접 건축을 하거나 신축건물을 판매하는 자 등과 같이 건축행위에 관련된 일련의 자들을 가리킨다. 그런데 이들을 제조업자에 포함시키지 않는 이유는 제1792조 내지 제1792-6조 및 제1646-1조에 따른 책임 자체가 무과실책임의 일종인 하자담보책임에 해당하기 때문에 특별히 제조물책임에 의한 피해자보호의 필요성이 크지 않기 때문이라고 평가할 수도 있다. 그리고 이러한 태도는 부동산을 제조물에 포함시키지 않고 있는 현행의 규정 태도에도 부합한다

고 평가된다.

> Article 1245-6 Si le producteur ne peut être identifié, le vendeur, le loueur, à l'exception du crédit-bailleur ou du loueur assimilable au crédit-bailleur, ou tout autre fournisseur professionnel, est responsable du défaut de sécurité du produit, dans les mêmes conditions que le producteur, à moins qu'il ne désigne son propre fournisseur ou le producteur, dans un délai de trois mois à compter de la date à laquelle la demande de la victime lui a été notifiée.
> Le recours du fournisseur contre le producteur obéit aux mêmes règles que la demande émanant de la victime directe du défaut. Toutefois, il doit agir dans l'année suivant la date de sa citation en justice.
> 제1245-6조 ① 제조업자가 확정될 수 없는 경우에는, 리스업자 또는 이와 유사한 임대인을 제외하고, 매도인, 임대인, 기타 직업적 공급자는 제조물의 안전성의 결여에 대해서 제조업자와 동일한 책임이 있으나, 피해자의 청구가 그에게 통지된 날로부터 3월 내에 자신의 공급업자 또는 제조업자를 지시한 경우에는 그러하지 아니하다.
> ② 제조업자에 대한 공급업자의 구상은 결함의 직접적인 피해자의 청구와 동일한 규정에 따른다. 다만 공급업자는 자신에게 소가 제기된 날로부터 1년 내에 구상권을 행사하여야 한다.

　　[해제] 본조는 제조업자 이외에도 제조물의 매도인이나 임대인 그리고 제조물의 공급업자도 제조물책임을 지는 것으로 규정하고 있다. 본조에서는 제조물의 매도인을 책임의 주체로 상정하고 있는데, 이는 제조물의 결함으로 인한 손해에 대해 매도인이 일차적으로 제조물의 상업화와 관한 위험을 인수하게 한 것으로 평가할 수 있다. 그리고 제조업자를 알 수 없는 경우에 한하여 매도인 및 공급업자 등이 책임을 지게 한다는 점에서 매도인이나 공급업자의 책임은 2차적인 책임으로 평가할 수 있다. 한편, 본조는 공급업자가 제조물책임을 진 경우에는 제조자를 상대로 구상권을 행사할 수 있게 하고 있다는 점에서도 특징적이다. 아울러 피해자의 청구가 있은 날로부터 일정한 기간 내에 제조물의 공급업자 등에 대한 정보를 제공한 경우에는 면책가능성이 인정된다. 한편, 공급업자의 책임이 2차적인 책임인지에 관한 그간의 학설상 대립을 극복하기 위하여 2006년 4월 5일 법률에 의하여 개정된 프랑스민법전의 태도는 공급업자의 책임이 부수적 책임 또는 2차적 책임에 해당한다는 것을 보다 분명히 하고 있

다고 평가되기도 한다.

> **Article 1245-7** En cas de dommage causé par le défaut d'un produit incorporé dans un autre, le producteur de la partie composante et celui qui a réalisé l'incorporation sont solidairement responsables.
>
> **제1245-7조** 다른 물건에 부속된 제조물의 결함으로 인한 손해가 발생한 경우에는 부속물의 제조업자와 부속을 실행한 제조업자는 연대하여 배상할 책임이 있다.

　　[해제] 본조는 부속물을 제조한 자도 제조업자에 해당할 수 있음을 밝히고 있다. 그러나 부속물의 제조업자는 단독으로 제조물책임을 지지 않고 부속행위를 실행하여 합성물을 제조한 자와 연대하여 책임을 지는 것으로 하고 있다. 다만, 제1245-10조에서 규정하는 바와 같이 부속물의 결함이 그 부속물이 부속된 제조물의 설계에 기인하거나 그 합성물 제조업자의 지시에 기인하는 경우, 부속물의 제조업자는 부속물의 결함에 대해 더 이상 책임을 지지 않는다.

> **Article 1245-8** Le demandeur doit prouver le dommage, le défaut et le lien de causalité entre le défaut et le dommage.
>
> **제1245-8조** 청구권자는 손해, 결함, 결함과 손해 사이의 인과관계를 증명하여야 한다.

　　[해제] 본조는 제조물책임의 성립요건 및 증명책임에 대해 규정하고 있다. 즉, 제조물책임이 성립되기 위해서는 제조물의 결함이 있어야 하며, 피해자가 손해를 입어야 하고, 제조물의 결함과 피해자가 입은 손해 사이의 인과관계가 있어야 한다는 것이다. 그리고 이상과 같은 요건이 모두 충족되었음에 대한 증명책임도 원칙적으로는 손해배상청구권자인 피해자가 부담한다는 것이다.[2] 그러나 증명책임과 관련하여서는 피해자가 제조물의 유통과정에서의 결함이 존재할 것을 증명할 필요가 없다고 이해함이 일반적이나, 손해가 제조물의 안전성의 결여에 기인한 것이라는 점에 대한 증명책임은 피해자가 부담한다는 것이다. 다만, 이에 대한 증명이 용이하지는 않은데, 그 이유는 인과관계가 존재할 개연성에 대한 증명만으로는 충분하지 않고, 인과관계의 존재에 대해 증명하여야 하기 때문이라고 한다. 따라서 손해의 발생에 제조물이 관여하였다는 사정

---

2) Civ. 1re, 4 févr. 2015 : *JurisData*, n° 2015-001593.

의 증명만으로는 충분하지 않다고 한다.

한편, 본조의 규정 태도는 혈액제재의 결함으로 인한 손해배상책임의 성립 및 증명책임에 관한 프랑스 파기원의 태도와 다소 배치되는 것으로 평가될 수 있다. 즉, 종래 프랑스 파기원은, 혈액제재의 결함으로 인한 손해를 입은 피해자는 혈액제재의 사용 이후에 병증에 감염되었다는 사실과 자신에게 고유한 감염원인이 없었다는 사실만 증명하면 족하고, 제조업자가 혈액제재에 결함이 없음을 증명하여야 하는 것으로 판시한 경우가 있었기 때문이다.3) 그러나 그 이후의 파기원 판결에서는 "제조물의 결함으로 인한 손해배상책임의 성립요건과 관련하여서는 피해자가 그에 대한 증명책임을 부담하나 그와 같은 증명은 추정에 의하여 이루어질 수도 있다.4)"고 함으로써 본조의 규정태도와 마찬가지로 증명책임에 관한 기본원칙을 고수하면서도 그 엄격한 적용을 완화하고 있다고 평가할 수 있다. 요컨대, 프랑스에서는 사람의 건강과 관련한 제품의 결함으로 인한 제조물책임의 성립에 있어서는 그 증명책임의 부담과 관련하여 일반원칙에 대한 다소의 예외가 인정되는 것으로 평가할 수 있다.

Article 1245-9 Le producteur peut être responsable du défaut alors même que le produit a été fabriqué dans le respect des règles de l'art ou de normes existantes ou qu'il a fait l'objet d'une autorisation administrative.

제1245-9조 제조물이 그 당시의 기술규정 또는 규범을 준수하여 생산되었거나 행정허가의 대상이었다고 하더라도 제조업자는 결함에 대하여 책임을 질 수 있다.

[해제] 제조물책임이 무과실책임이라고 하나, 그렇다고 하여 제조업자의 면책사유가 인정되지 않는 것은 아니다. 그리고 이러한 면책사유는 대체로 제조물로부터 현실화된 위험을 실제로는 제조업자가 초래하지 않았다는 것을 증명하는 사정들이다. 그러나 본조에서는 제조업자의 면책사유와 관련하여 고려되지 않는 사정에 대해 규정하고 있다. 즉, 제조업자가 관련 기술규범을 준수하였다거나 행정청의 허가를 얻어서 제조하였다는 사정을 들어 면책될 수 없다는 것이다. 환언하면, 관련 기술규정을 준수하였다고 하여 제조물의 위험이 존재하지 않는 것은 아니라는 취지를 명문화한 것으로서, 제조물책임이 위험책임이라

---

3) Civ. 1re, 17 juill. 2001 : *Bull. civ.* I , n° 234; Civ. 1re, 9 mai 2001 : *Bull. civ.* I , n° 130.
4) Civ. 1re, 22 mai 2008 : *D.* 2008, 2897.

는 것을 다시 한 번 천명한 규정이라고 설명되기도 한다. 본조의 규정은 기존의 확립된 프랑스법원의 태도를 그대로 수용한 것으로 평가된다. 즉, 행정절차를 통하여 유통을 위한 검사를 마치고 허가를 득하였다고 하더라도 문제가 된 공구의 안전장치가 불충분하여 사고가 발생한 경우에 대해 민사책임을 인정한 경우라든가,[5] 기술규범을 준수하였다고 하더라도 어린이의 사망사고의 원인이 된 제품을 시장에 유통한 수입업자의 민사책임이 인정된다[6]고 판단한 선례들이 있었다는 것이다.

Article 1245-10 Le producteur est responsable de plein droit à moins qu'il ne prouve :

1° Qu'il n'avait pas mis le produit en circulation ;

2° Que, compte tenu des circonstances, il y a lieu d'estimer que le défaut ayant causé le dommage n'existait pas au moment où le produit a été mis en circulation par lui ou que ce défaut est né postérieurement ;

3° Que le produit n'a pas été destiné à la vente ou à toute autre forme de distribution ;

4° Que l'état des connaissances scientifiques et techniques, au moment où il a mis le produit en circulation, n'a pas permis de déceler l'existence du défaut ;

5° Ou que le défaut est dû à la conformité du produit avec des règles impératives d'ordre législatif ou réglementaire.

Le producteur de la partie composante n'est pas non plus responsable s'il établit que le défaut est imputable à la conception du produit dans lequel cette partie a été incorporée ou aux instructions données par le producteur de ce produit.

제1245-10조 ① 제조업자는 다음 각 호의 사항을 증명하지 못하는 한 당연히 책임을 진다.

1. 제조업자가 제조물을 공급하지 않았다는 사실

2. 여러 사정을 고려하여, 손해의 원인이 된 결함이 제조물을 공급한 당시에 존재하지 않았거나 공급한 이후에 발생하였다고 볼 수 있는 사실

3. 제조물이 판매, 또는 모든 형태의 유통을 위한 것이 아니었다는 사실

4. 제조물이 공급된 당시의 과학·기술의 수준으로는 결함의 존재를 발견할 수 없었다는 사실

---

5) Civ. 1re, 27 jan. 1998 : *Bull. civ.* I, n° 33.
6) T.G.I. de Versailles, 11 mars 2004 : *C.C.C.*, 2004, n° 146, obs. G. Raymond.

5. 제조물의 결함이 강행법규를 준수함에 기인하였다는 사실

② 부속물의 제조업자는 결함이 그 부속물이 부속된 제조물의 설계에 기인하거나 그 제조물 제조업자의 지시에 기인한다는 사실을 증명한 경우에도 책임을 지지 않는다.

[해제] 본조는 비록 제조물책임이 무과실책임이기는 하나, 일정한 경우에 있어서는 면책가능성이 인정된다는 것을 밝히고 있다. 그리고 이러한 면책사유는 그 대부분이 제조물로부터 현실화된 위험을 실제로는 제조업자가 초래하지 않았다는 것을 증명하는 사정들이다. 한편, 본조의 규정은 제조물의 결함이 존재한다는 추정을 전제로 하여 제조자로 하여금 스스로 면책사유를 증명하게 한다는 점에서 의미가 있다고 한다. 구체적으로 본조 제1항에서는 다섯 가지의 사정을 제조업자의 면책사유로 상정하는 한편, 제2항에서는 합성물의 경우에 있어서 부품 또는 부속물의 제조자가 면책될 수 있는 경우를 상정하고 있다. 어느 경우에 해당하건 면책사유의 존재에 대한 증명책임은 제조업자가 부담한다.

구체적인 면책사유로서 우선 본조 제1항 제1호에서는 제조업자가 제조물을 유통시키지 않은 사정을 들고 있는데, 이는 제조업자가 자발적으로 제조물을 시장에 유통시키지 않은 경우이어야 한다. 다음으로, 제1항 제2호에서는 손해의 원인이 된 결함이 제조물을 공급한 당시에 존재하지 않았거나 공급한 이후에 발생하였다고 볼 수 있는 사정을 들고 있는데, 이는 비록 그 증명이 용이하지는 않으나, 제조업자가 손해를 발생시킨 결함의 원인자가 아니라는 것을 증명할 수 있는 사정을 말한다. 어느 경우에 해당하건, 제조물이 유상으로 유통되었는지 아니면 무상으로 유통되었는지와 같은 사정도 고려의 대상이 되지 않는다. 따라서 시험용으로 제공된 샘플의 결함으로 인한 손해에 대해서도 제조물책임을 면하지 못한다는 것이다. 다음으로, 제1항 제3호에서는 제조물이 판매 또는 다른 형태의 공급이나 유통을 목적으로 제조된 것이 아니라는 사정을 상정하고 있는데, 이는 제1호의 규정내용과 유사한 면이 있는 규정내용으로서 제조물의 출시가 제조업자의 행위에 기인한 것이 아니라는 것을 증명할 수 있는 사정을 말한다. 그리고 본조 제2항에서는 합성물의 경우에 있어서는 합성물 자체의 설계상 결함이 있거나 합성물 제조자의 지시상 결함이 있다는 사정을 증명하는 경우, 합성물의 부품 또는 부속물의 제조자가 면책될 수 있는 것으로 규정하고 있다. 이상과 같은 사정들은 제조물로 인한 위험을 제조업자가 초래하

지 않았다는 것을 증명할 수 있는 사정들이다.

한편, 개발위험(risque de développement)과 같은 경우는 제조업자가 스스로 초래한 위험이라는 점에서 위에서 검토한 면책사유와는 차이가 있다. 즉, 본조 제1항 제4호에서는 제조업자가 자신이 제조한 제조물에 존재하는 결함을 발견할 수 없었던 경우에 대해서도 면책가능성을 인정한다는 점에서 다른 유형의 면책사유와 비교하여 특수성이 인정된다. 특히, 개발위험에 해당한다는 점에 대한 증명책임 또한 제조업자가 부담한다. 개발위험에 대한 면책은 제1245-3조 제2항 및 제3항의 규정취지와 마찬가지로 기술의 진보가 이루어졌다고 하여 기존의 제조물에 결함이 있는 것으로 결론지을 수 없다는 인식과 궤를 같이한다고 평가할 수 있다. 프랑스법원에 의하면, 개발위험에 해당하는지를 판단함에 있어서는 제조물이 시장에 유통될 당시에 접근할 수 있는 최고의 과학기술수준을 기준으로 하여야 한다. 따라서 제조자의 주관적 인식에 기초하는 것이 아니라, 과학계에서 일반적으로 알려져 있는 객관적 기술상황을 기준으로 판단하여야 한다. 아울러, 제1245-11조에서도 규정하는 바와 같이 인체에 손해가 발생하는 경우에는 개발위험을 이유로 한 면책이 인정되지 않는다.

다른 한편, 본조 제1항 제5호에서는 '제조물의 결함이 강행법규를 준수함'으로 인하여 발생한 경우에도 제조업자가 면책될 수 있음을 규정하고 있다. 그리고 이러한 사정에 대해서도 제조업자가 증명하여야 한다. 동호에 의한 면책사유는 고려 대상인 제조업자에게 결함에 대한 비난가능성이 없다는 점에서 정당성이 인정될 수 있다. 즉, 강행법규에 구속되었기 때문에 제조물의 결함에도 불구하고 면책될 수 있다는 것은 제조물이 기술규범을 준수하여 생산되었다거나 행정청의 허가를 얻어 생산되었다고 하여 그 결함에 대해 면책되지 않는다는 것과는 분명히 구별될 수 있는 상황이라고 할 수 있다. 소위 '공권력에 의한 행위(fait du prince)'는 위험부담을 면하게 해 준다는 것이다.

Article 1245-11 Le producteur ne peut invoquer la cause d'exonération prévue au 4° de l'article 1245-10 lorsque le dommage a été causé par un élément du corps humain ou par les produits issus de celui-ci.

제1245-11조 신체의 일부에 의하여 또는 신체의 적출물에 의하여 손해가 발생한 경우에는 제조업자는 제1245-10조의 제4호에 규정된 면책사유를 원용할 수 없다.

[해제] 우선, 본조는 신체의 일부나 신체로부터의 적출물도 제조물에 해당할 수 있음을 밝히고 있다는 점에서 의미가 있다. 즉, 모든 동산은 제조물에 해당할 수 있다는 원칙의 연장선상에 있는 규정이라고 할 수 있다. 다른 한편, 본조에서는 신체에 손해가 발생한 경우에는 소위 '개발의 위험'을 이유로 한 책임의 감면이 인정되지 않음을 밝히고 있다는 점에서 의미가 있다. 그리고 이러한 규정태도는 의약품의 사용으로 인하여 에이즈나 간염에 감염된 사례들에 대한 프랑스법원의 태도를 반영한 것으로 평가할 수 있다.

한편, 개정 전 제1386-12조 제2항에서는 소위 '관찰의무'(obligation de suivi)에 대해 규정하고 있었다. 그러나 이러한 관찰의무는 유럽지침에 반하는 것으로 판단되었고, 따라서 2004년 12월 9일 법률에 의하여 제1386-12조에서 삭제되었다.

Article 1245-12 La responsabilité du producteur peut être réduite ou supprimée, compte tenu de toutes les circonstances, lorsque le dommage est causé conjointement par un défaut du produit et par la faute de la victime ou d'une personne dont la victime est responsable.

제1245-12조 제조물의 결함과 피해자 또는 피해자의 책임 하에 있는 자의 과책이 공동으로 손해발생의 원인이 된 경우에는, 제반사정을 고려하여, 제조업자의 책임은 감면될 수 있다.

[해제] 본조는 제1245-10조에서 상정하고 있는 면책사유 이외의 제조업자의 면책사유에 대해 규정하고 있다. 구체적으로는 피해자의 과책과 피해자의 책임 하에 있는 자의 과책으로 인하여 손해가 발생한 경우를 상정하고 있는데, 실무적으로는 피용자의 행위나 미성년자녀의 행위에 의하여 손해가 발생한 경우가 대표적인 사례라고 할 수 있다. 그리고 이러한 경우들에 있어서는 법문의 표현대로 제반사정을 고려하여 제조업자의 책임이 일부 경감되거나 완전히 면책될 수도 있다. 한편, 본조의 규정은 면책사유와 관련한 기존의 확립된 태도를 반영한 것으로 평가된다. 즉, 피해자의 과책은 책임주체의 손해배상책임을 경감시키거나 면책시키는 사유가 된다는 것이 전통적인 프랑스 학설·판례의 태도이기 때문이다. 다만, 민사책임 일반원칙이 적용되는 경우와는 달리 본조에서는 제조자의 책임이 완전면책이 되는 경우와 단순히 경감될 수 있는 경우를 구분

할 수 있는 기준을 제시하고 있지 않다는 점에서 문제의 여지가 있다고 평가되기도 한다. 왜냐하면, 일반법상의 원칙에 의할 경우, 피해자의 과책이 불가항력에 준하는 것인 경우에는 제조자의 책임이 완전히 면책될 수도 있으나 피해자의 과책이 불가항력에 준하는 것이 아닌 경우에는 제조자의 책임이 경감될 수 있을 뿐이기 때문이라고 한다.

> Article 1245-13 La responsabilité du producteur envers la victime n'est pas réduite par le fait d'un tiers ayant concouru à la réalisation du dommage.
> 제1245-13조 피해자에 대한 제조업자의 책임은 손해의 발생에 기여한 제3자의 행위가 있다고 하여 경감되지 않는다.

　　[해제] 본조는 제1245-9조와 마찬가지로 제조업자의 면책사유와 관련하여 고려되지 않는 사정에 대해 규정하고 있다. 즉, 기술규범의 준수나 행정청의 허가를 얻어 제조하였다는 사정이 제조물책임의 면책사유로 작용할 수 없듯이 제3자의 행위가 개입되었다고 하여 제조업자의 제조물책임이 경감될 수 없다는 것이다. 따라서 본조의 규정 또한 제조물책임이 위험책임이라는 것을 천명한 규정으로 이해된다. 예컨대, 제조자나 수입업자가 제조물의 검사를 위탁하였는데, 그와 같은 위탁사무를 처리한 검사관 또는 검사기관의 과책이 있다고 하여 제조업자나 수입업자의 책임이 경감되지 않는다. 즉, 제3자의 행위는 제조물로부터 발생한 위험과 비교할 때 그 성격이 중립적일 수 있다는 것이다. 그러나 대체로 이러한 경우에는 제3자와 제조자가 연대책임을 질 수도 있을 것이며, 구상권의 행사를 통하여 최종적인 책임의 분배가 이루어질 것이다. 환언하면, 제조물의 결함이 인정되는 이상 제조업자의 책임은 인정될 수 있으며, 필요한 경우 제조업자가 손해를 발생시킨 제3자를 상대로 구상권을 행사할 수 있는 가능성은 별개의 문제로서 인정될 수 있다는 것이다. 본조의 규정 또한 제3자의 행위가 게재되었다고 하여 손해배상책임의 일부를 면하게 하지 않는다는 기존의 확립된 원칙에 부합하는 태도라고 평가된다.

> Article 1245-14 Les clauses qui visent à écarter ou à limiter la responsabilité du fait des produits défectueux sont interdites et réputées non écrites.

Toutefois, pour les dommages causés aux biens qui ne sont pas utilisés par la victime principalement pour son usage ou sa consommation privée, les clauses stipulées entre professionnels sont valables.

제1245-14조 ① 제조물의 결함으로 인한 책임을 배제하거나 제한하는 조항은 금지되며 기재되지 않은 것으로 본다.

② 다만, 주로 피해자의 개인적인 용도 또는 소비에 사용되는 것이 아닌 재산에 야기된 손해에 관한 사업자들 사이의 약정조항은 유효하다.

　　[해제] 제조물책임은 위험책임의 일종으로서 제조물을 시장에 유통시킴으로 인하여 초래될 수 있는 위험에 대해 관련인들에 대해 책임을 묻는 제도라는 점에서 '공적 질서(ordre public)'에 해당하는 제도로 이해되고 있다. 본조의 규정은 제조물책임에 관한 규정들이 이러한 강행규정적 성격을 지닌 규정이라는 점에 입각하여, 계약당사자들이 제조물책임을 감면하는 약정을 하지 못하게 한다는 점에서 의미가 있다. 그리고 그 규정 형식의 면에서는 제1항에서 원칙을 천명하고 제2항에서는 원칙에 대한 예외를 인정하고 있다. 한편, 제조업자의 책임을 경감 또는 면책하는 약정은 기재되지 않은 것이라고 규정하고 있으나 당사자의 행위 전체를 무효로 하는 것이 아니라 강행규정에 반하는 개별 약정만을 무효로 하고 있다는 점도 주의할 필요가 있다. 즉, 면책약정의 효력을 문제삼는 '기재되지 않은 것으로 본다'는 표현은 전통적으로 소비자법의 영역에서 인정되어 온 제재방식으로서 일종의 상대적 무효에 유사하다고 할 수 있다. 따라서 금지규정에 위반하여 무효라고 할 수 있는 약정이라 하더라도 소비자가 계약으로부터 얻을 수 있는 이익을 상실하게 하지는 못한다는 것이다. 다른 한편, 선분식업인 또는 사업자 상호간에는 제조물책임에 대한 면책약정이 가능한 것으로 예외를 인정하고 있으나, 그럼에도 불구하고 제조물이 사업자의 개인적인 용도나 소비를 위하여 사용되는 경우에는 이러한 예외가 인정되지 않는다. 다만, 제조물이 개인적 용도와 직업적 용도를 겸유하는 경우에는 어떻게 처리할 것인지가 해석상 문제로 될 수 있다고 한다. 아울러, 본조 제2항에서 상정하고 있는 이러한 예외는 '재산에 대한 손해'에 국한된다는 점도 주의할 필요가 있다.

Article 1245-15 Sauf faute du producteur, la responsabilité de celui-ci, fondée sur les dispositions du présent chapitre, est éteinte dix ans après la mise en circulation du produit même qui a causé le dommage à moins que, durant cette période, la victime n'ait engagé une action en justice.

제1245-15조 제조업자에게 과책이 있는 경우를 제외하고는, 본 장의 규정에 따른 제조업자의 책임은 손해를 야기한 제조물이 공급된 때로부터 10년이 지나면 소멸하나, 피해자가 이 기간 동안 소송을 제기한 경우에는 그러하지 아니하다.

[해제] 본조는 제조물책임의 존속기간에 대해 규정하고 있다. 그리고 이와 같이 존속기간을 둔 이유는 "제조물이 시간의 경과로 인하여 마모될 수 있으며, 보다 엄격한 안전관련 규범들이 제정될 수 있을 뿐만 아니라 과학기술적 지식이 진전되는 상황 하에서" 제조자로 하여금 기간의 제한 없이 책임을 지게 하는 것이 지나친 조치라는 취지의 유럽의회 지침을 반영한 것이라고 한다. 아울러, 존속기간의 제한을 둠으로써 제조자의 책임보험 가입을 용이하게 할 수 있다는 점도 고려되었다고 한다. 한편, 본조에서는 제조물책임의 존속기간 이외에도 책임의 기산점에 대해서도 규정하고 있다. 즉, 제조물이 시장에 유통된 날로부터 10년이 경과하면 제조업자는 더 이상 제조물의 결함으로 인한 손해에 대해 책임을 지지 않는다. 따라서 본조에서 정하는 기간은 기간의 중단이나 정지가 인정되지 않는 제척기간으로 이해함이 일반적이다. 다만, 본조에서 정하는 기간 내에 피해자가 소송을 제기한 경우에는 이후 기간이 만료되더라도 이미 제기된 소송에는 영향을 미치지 않는다. 한편, 주목할 부분은 제조업자에게 과책이 있는 경우를 제외하고 제척기간이 적용된다고 규정하고 있는 부분이다. 즉, 이와 관련하여서는 두 가지의 해석이 가능할 수 있는데, 우선 피해자가 제조업자에게 과책이 있음을 증명하는 경우에는 제조물이 유통된 날로부터 10년이 경과한 경우라 하더라도 제조업자는 여전히 제조물책임을 진다는 것이다. 다음으로, 본조의 규정은 일반원칙에 대한 예외를 규정한 것으로서, 제조업자에게 과책이 있는 경우에는 민사책임 일반원칙에 따라 제조업자의 책임을 물을 수도 있다고 이해하기도 한다.

Article 1245-16 L'action en réparation fondée sur les dispositions du présent chapitre se prescrit dans un délai de trois ans à compter de la date à laquelle le demandeur a eu ou aurait dû avoir connaissance du dommage, du défaut et de l'identité du producteur.

제1245-16조 본장의 규정에 따른 손해배상청구권은 청구권자가 손해, 결함 및 제조업자를 알았거나 알 수 있었던 날로부터 3년의 시효로 소멸한다.

[해제] 본조는 제조물의 결함으로 인한 손해배상청구권의 소멸시효에 대해 규정하고 있다. 제1245-15조에서 규정하는 바와 같이 피해자가 제조업자의 책임을 추급할 수 있는 기간과는 별도로, 피해자가 청구권을 행사할 수 있는 기간 또한 일정한 제약이 따른다는 것이다. 따라서 이 후자의 기간은 전자와는 달리 시효기간이라고 한다. 본조에서는 피해자가 "손해, 결함, 제조업자의 신원"을 알았거나 알 수 있었던 경우에 시효가 기산된다고 규정하고 있는데, 피해자가 이 세 가지 요소를 모두 알았거나 알 수 있었던 때로부터 3년의 소멸시효가 기산된다. 본조의 기간은 시효기간이므로 제1245-15조에서 정하는 제척기간과는 달리 일반원칙에 따라 그 기간의 정지나 중단이 인정된다. 요컨대, 피해자는 제조물이 유통된 날로부터 10년 내에 그리고 위 세 가지 요소를 알았거나 알 수 있었던 날로부터 3년 내에만 제조업자를 상대로 제조물책임을 물을 수 있다.

Article 1245-17 Les dispositions du présent chapitre ne portent pas atteinte aux droits dont la victime d'un dommage peut se prévaloir au titre du droit de la responsabilité contractuelle ou extracontractuelle ou au titre d'un régime spécial de responsabilité.

Le producteur reste responsable des conséquences de sa faute et de celle des personnes dont il répond.

제1245-17조 ① 본장의 규정은 손해를 입은 피해자가 계약책임과 계약외책임 또는 특수한 책임제도에 근거하여 주장할 수 있는 권리의 행사에 영향을 미치지 않는다.
② 제조업자는 자신 및 그의 책임 하에 있는 자의 과책의 결과에 대하여 책임이 있다.

[해제] 본조는 피해자가 제조물책임에 근거하여 손해배상청구권을 행사할 수 있다고 하더라도, 제조물책임이 아닌 다른 유형의 민사책임에 근거하여 제조업자에게 손해배상책임을 물을 수 있는 것으로 규정하고 있다. 이는 민사책

임 상호간의 경합을 원칙적으로 인정하지 않는 프랑스법의 태도에 비추어 특이한 규정이며, 또한 제조물책임에 관한 규정이 강행규정이라고 하면서도 피해자로 하여금 손해배상책임의 근거에 대한 선택권을 인정한다는 점에서 피해자에 대한 관계에서는 강행규정으로 기능하지 않는다고 평가할 수도 있다. 따라서 본조의 규정이 법리적인 측면에서 볼 때 문제가 없는 것은 아니나, 피해자로 하여금 제조물책임의 도입 이전부터 누리던 권리행사의 가능성을 제한하지 않는다는 인상을 줌으로써 제조물책임제도의 도입과 관련하여 의회의 승인을 용이하게 하기 위한 규정이었다고 설명되기도 한다. 특히, 제1245-10조 제1항 제4호에서 개발위험을 제조자의 면책사유로 인정하는 것은 종전의 법상황과 비교하여 소비자에게 더 불리한 요소로 볼 수 있는데, 그 이유는 종래 물건의 하자담보책임이 문제되는 상황에서도 개발위험의 항변은 인정되지 않았기 때문이다. 따라서, 본조의 규정은 이러한 소비자에 불이익한 상황에 대한 보완책으로서의 의미를 가진다고 할 수 있다. 한편, 본조 제2항에서는 제조업자가 자신의 행위나 피감독자의 행위에 대해서도 책임을 지는 것으로 규정하고 있는데, 이는 피해자가 제조업자를 상대로 제조물책임을 묻거나 아니면 과책주의에 입각한 일반민사책임을 선택적으로 물을 수 있음을 규정한 것으로 설명된다.

[박 수 곤]

Chapitre Ⅲ La réparation du préjudice écologique
제3장 생태손해에 대한 배상

[해제] 프랑스민법전은 제3권 제3편 제2부속편에 '생태손해에 대한 배상'에 관한 장(본장)을 신설하였다. 여기서 생태손해는 환경에 대한 손해(dommages causés à l'environnement)를 말하는 것으로서, 생태계의 구성요소나 기능, 인간이 환경으로부터 누릴 수 있는 집단적 이익에 대해 무시할 수 없는 침해를 구성하는 손해를 말한다. 이러한 생태손해는 환경을 통해 일어난 손해(dommages causés par le biais de l'environnement)와 달리, 개인적 이익과 직접 관련이 없어 법적 처리에 고유한 어려움이 있다.

기존에 프랑스환경법전에서는 '생태손해'라는 개념을 사용하지 않고 '환경손해'라는 표현을 사용하고 있었고, 환경 자체에 대한 침해라는 의미에서 강학상 '순수생태손해(préjudice écologique pur)'라는 표현을 사용하는 경우가 있을 뿐이었다. 그러던 중 「환경손해의 예방 및 회복에 관한 환경책임에 대한 2004. 4. 21. 유럽연합 의회 및 이사회의 2004/35/CE 지침」[1]에서 '생태손해'의 개념이 일반화되었고, 프랑스에서는 국내법을 정비하면서, 「환경책임 및 환경분야의 공동체법에 대한 다양한 적용조항에 관한 2008. 8. 1.자 법률 제2008-757호」[2]와 「환경에 관한 손해의 예방 및 회복에 관한 2009. 4. 23.자 데크레(décret) 제2009-468호」[3]를 입법하였다. 이후 「생물 다양성, 자연 및 경관 회복을 위한 2016. 8. 8. 법률 제2016-1087호(Loi n° 2016-1087 du 8 août 2016 pour la reconquête de la biodiversité, de la nature et des paysages)」에 의하여 프랑스민법전에 '생태손해(préjudice écologique)'의 개념을 도입하면서, '생태손해에 대한 배상'에

---

1) 정식명칭은 「Directive 2004/35/CE of the European Parliament and of the Council of 21 April 2004 on environmental liability with regard to the prevention and remedying of environmental damage」이다.

2) 정식명칭은 「LOI n° 2008-757 du 1er août 2008 relative à la responsabilité environnementale et à diverses dispositions d'adaptation au droit communautaire dans le domaine de l'environnement (1)」이다.

3) 정식명칭은 「Décret n° 2009-468 du 23 avril 2009 relatif à la prévention et à la réparation de certains dommages causés à l'environnement」이다.

관한 장을 신설한 것이다.

> Article 1246 Toute personne responsable d'un préjudice écologique est tenue de le réparer.
> 제1246조 생태손해에 대해 책임이 있는 자는 누구나 그 손해를 배상할 책임이 있다.

　　[해제] 본조는 자연인과 법인을 불문하고, 생태손해를 야기한 자는 누구나 그 손해를 배상할 책임이 있다고 규정한다. 프랑스민법전은 이 경우 책임을 부담하는 자를 사업자에 한정하지 않는다.

　　이와 달리, 프랑스환경법전에서는 프랑스환경법전의 규정들이 자연인, 공법인·사법인으로서 사업적·계속적으로 영리·비영리의 경제적인 행위를 하거나 실제적으로 통제하는 자, 즉 사업자(professionnelle)에게 적용됨을 명시하고 있다(프랑스환경법전 제L160-1조). 프랑스환경법전의 영역에서 수범자는 사업적·계속적으로 행위하는 자이나, 법인일 필요는 없고, 그 행위가 영리적일 것도 요구하지 않는다. 사업자이기만 하면 자연인이거나 비영리적 행위의 주체라도 프랑스환경법전에 따라 손해를 배상할 책임을 부담할 수 있다.

> Article 1247 Est réparable, dans les conditions prévues au présent titre, le préjudice écologique consistant en une atteinte non négligeable aux éléments ou aux fonctions des écosystèmes ou aux bénéfices collectifs tirés par l'homme de l'environnement.
> 제1247조 생태계의 구성요소나 기능, 인간이 환경으로부터 누릴 수 있는 집단적 이익에 대해 무시할 수 없는 침해를 구성하는 생태손해는 본편에서 규정하는 요건에 따라 배상받을 수 있다.

　　[해제] 본조는 생태계의 구성요소나 기능에 대한 현저한 침해뿐 아니라, 집단적 이익(intérêt collectif)에 대한 현저한 침해에 대한 손해를 회복하거나 전보하도록 규정하고 있다. 본조의 규정이 있다고 하더라도 개인적 이익에 대한 침해로 손해를 입은 경우 민사책임법 일반원칙에 따라 배상을 청구하는 것은 여전히 가능하다.

　　환경 자체에 대한 침해로 발생한 손해의 경우 특정인의 생명·건강이나 재산에 대한 직접적 침해가 없는 경우가 많기 때문에, 기존에 불법행위의 틀 안에서 어떻게 구제할 것인지가 문제되어 왔다. 불법행위법은 원래 개인에게 독점적으로 귀속되는 권리·이익의 침해에 대한 구제를 목적으로 하는 것이기 때문이다. 이에 따라 피침해이익의 공공화(公共化) 논의가 대두되었고, 프랑스민법전은 집단적 이익의 개념을 도입하게 되었다.

본조 및 프랑스환경법전 제L141-2조는 집단적 이익을 그 보호법익을 규정하고 있는바, 집단적 이익은 사익과 공익의 중간에 위치하는 것이라고 설명된다. 그러나 집단적 이익과 개별적 이익, 일반적 이익의 구별이 반드시 명확한 것은 아니다. 집단적 이익에는 그 집단이나 단체를 구성하는 개인의 개별적 이익과 개인의 개별적 이익으로 환원할 수 없는 이익 모두가 포함되지만, 생태손해의 경우 집단적 이익과 일반적 이익의 차이가 미묘하기 때문이다. 다만, 집단적 이익은 각 개인의 개별적 이익의 총합을 넘어선 개념으로서, 어느 누구의 이익이 아닌 일반적인 이익 내지 공공의 이익에 가깝다고 보는 것이 다수의 견해로 보인다.[4]

여기서 법률이 특정한 법적 주체에게 소를 제기할 권리를 부여하였다고 볼 것인지 혹은 집단적 이익의 존재에 의해 손해의 속인성(屬人性) 요건이 충족되었다고 볼 것인지에 대해 견해가 대립한다. 이는 결국 손해배상청구의 요건으로 손해의 속인성을 요하는지 여부에 대한 문제이다. ① 손해의 속인성을 요구하는 학설은 이를 손해의 요건으로서만 요구하는 견해[5]와 실체법과 절차법의 두 가지 측면에서 검토하는 견해[6]로 나뉜다. ② 손해의 속인성을 요구하지 않는 견해[7]에서는 소송의 원고가 환경손해의 피해자에 해당한다고 볼 수 있는지 여부 및 소익 이익이라는 측면에서 집단손해 내지 집단적 이익을 검토한다. 한편, ③ 민법상 배상의 대상이 되는 손해의 새로운 유형으로서 객관적 손해를 인정하거나,[8] 사법상 환경에 대한 권리를 인정할 것을 제안하는 견해[9]도 있다

---

4) G. Viney et P. Jourdain, *Les conditions de la reponsabilité civilie*, 3e éd, LGDJ, 2008, n° 411.

5) J. Carbonnier, *Droit civil, les biens, les obligations*, PUF, 2004, n° 1121.

6) Ph. Brun, *Responsabilité civile extracontractuelle*, 2e éd, Litec, 2009, n° 528.

7) Ph. Malaurie, L. Aynès et Ph. Stoffel-Munck, *Les obligations*, 5e éd., Defrénois, 2011, n° 241.

8) C. Dreveau, 《Réflexions sur le préjudice collectif》, *RTD civ.*, 2011, pp. 257 et s; O. Berg, 《Le dommage objectif》, in *Études offertes à Geneviéve Viney*, LGDJ, 2008, pp. 64 et s.

다만 최근의 학설은 집단손해 자체를 정의하려고 하기보다는 이른바 집단손해라고 불리는 손해를 유형화하는 경향이 있으며, 판례 또한 환경손해와 관련하여서는 민사책임의 성립요건으로서 손해의 속인성과 소송요건을 명확하게 구별하지 않는 것으로 보인다.[10]

이하에서 살펴볼 바와 같이 소송의 원고적격이 비영리사단법인 중 환경단체에 대해서도 인정된다는 점에서, 집단적 이익의 인정은 생태손해의 배상 가능성을 열어둔 것이라고 볼 수 있다. 여기서 생태손해의 배상을 위한 침해는 현저한(non négligeable) 침해일 것을 요건으로 한다.

집단적 이익의 침해에 대하여는 형사법원에 고소를 할 수도 있고, 형사고소를 하지 않고 민사법원에 손해배상을 청구하는 것도 가능하다.[11] 본장은 민사법원에 생태손해에 대한 배상을 할 경우에 관하여 규율하는 것이다.

Article 1248 L'action en réparation du préjudice écologique est ouverte à toute personne ayant qualité et intérêt à agir, telle que l'Etat, l'Agence française pour la biodiversité, les collectivités territoriales et leurs groupements dont le territoire est concerné, ainsi que les établissements publics et les associations agréées ou créées depuis au moins cinq ans à la date d'introduction de l'instance qui ont pour objet la protection de la nature et la défense de l'environnement.

제1248조 국가, 생물다양성관리청, 지방자치단체와 그 지역과 관계된 지방자치단체의 집단, 공공기관 및 자연과 환경의 보호를 목적으로 하는 비영리사단으로서 소가 제기된 날로부터 적어도 5년 전에 설립되거나 인가된 단체와 같이, 소를 제기할 자격과 이익을 가진 자는 누구나 생태손해의 배상을 위한 소를 제기할 수 있다.

[해제] 본조는 생태손해배상청구의 소에 있어 청구권자를 규정하고 있다. ① 국가, ② 생물다양성관리청, ③ 지방자치단체와 그 지역과 관계된 지방자치단체의 집단, ④ 공공기관 및 ⑤ 자연과 환경의 보호를 목적으로 하는 비영리사단으로서 소 제기일로부터 역산하여 적어도 5년 전에 설립되거나 인가된 단체

---

9) V. Rebeyrol, 《L'affirmation d'un "droit à l'environnement" et la réparation des dommages environnementaux》, in G. Viney (dir.), *Revue juridique de l'Environnement*, Defrenois, 2010, n°s 115 et s.
10) Civ. 3e, 26 sept. 2007 : *Bull. civ.* Ⅲ, n° 155; *Civ.* 1re, 18 sept. 2008 : *JCP* 2008, Ⅱ.
11) Civ. 2e, 7 dec. 2006, n° 05-20.297.

와 같이, 소를 제기할 자격과 이익을 가진 자는 누구나 생태손해의 배상을 위한 소를 제기할 수 있다. 본조에 규정된 청구권자는 예시적이며, 학설은 사업자나 향토공동체(communauté autochtone)도 원고가 될 수 있다고 보고 있다. 여기서 소를 제기할 자격과 이익의 문제는 결국 집단적 이익에 대한 검토와 맞닿아 있다.[12] 민사소송의 원칙적인 형태는 실체법상 이익의 귀속주체인 개별적인 법익의 주체가 소송의 당사자가 되는 것이나, 본조는 이익의 귀속주체와 소송의 당사자가 분리될 수 있는 경우를 규정하는 것이다.

프랑스에서는 일찍이 환경 분야에서 단체소송[13]의 제기가 판례상 인정되어 왔으나, 그에 대한 입법화는 1970년대 들어 공해 및 환경문제가 심각해지고 환경단체의 활동이 활발해짐에 따라, 1976년 프랑스환경법전에 환경보호단체의 인가 및 인가단체에 의한 단체소송의 제기를 명문으로 규정함으로써 이루어졌다. 또한 1995년에는 단체의 인가요건을 완화하고 행정소송에서 인가된 단체에 대한 자격을 추정하며, 환경단체가 개인의 손해배상청구를 대위행사할 수 있도록 하였다. 인가를 받은 비영리사단은 그 보호의 목적으로 하고 있는 집단적 이익을 직·간접적으로 침해하고, 자연 및 환경 보호, 생활환경 개선, 물·공기·토양·명승·경관 보호 등 환경 보호, 도시 계획, 오염 및 생활방해, 원자력 안전이나 방사선으로부터 보호를 목적으로 하는 법률규정을 위반하는 행위에 대해, 민사소송(action civile)의 형태로 책임을 부담할 자에 대해 소를 제기할 수 있다(프랑스환경법전 제L142-2조). 파기원은 환경침해가 해당 단체의 정관에 규정된 집단적 이익의 옹호와 관련성이 있을 경우 원고적격을 인정하고 있는 것으로 보인다.[14] 다만, 원고가 되기 위해서는 그 자신의 소를 제기할 자격과 이익을 입증하여야 하며, 특정한 생태손해에 대한 배상을 청구하기 위해 설립된 비영

---

12) L. Neyret, 《La consécration du préjudice écologique dans le code civil》, *Recueil Dalloz*, 2017, p. 924; N. Leblond, 《Le Préjudice écologique》, *JurisClasseur Responsabilité civile et assurance*, fasc. 112, 2018, n° 4.

13) 프랑스에서 환경소송은 집단적 이익에 대한 침해로 인한 손해를 회복시키거나 전보하도록 규정하고 있으므로, 엄밀히 말하자면 '단체소송'이라는 용어는 정확한 것이 아니며, 일부 문헌에서는 이를 '공동대표소송(action en représentation conjointe)'으로 표현한다. 그러나 해당 소송을 진행한 당사자만이 피해에 대한 보상을 청구할 수 있다는 점, 환경보호단체 등의 원고적격을 인정하였다는 점에서 단체소송이라는 용어가 상대적으로 적합하며 직관적으로도 이해하기 쉽다는 점에서 단체소송으로 표기하였다.

14) Civ. 2ᵉ, 7 dec. 2006, n° 05-20.297.

리사단에 대해서는 원고적격이 인정되지 않는다. 프랑스민법전은 남소를 방지하기 위하여, 비영리사단의 경우 소 제기일로부터 역산하여 적어도 5년 전에 설립되거나 인가되었을 것을 규정하고 있다.

Article 1249 La réparation du préjudice écologique s'effectue par priorité en nature.

En cas d'impossibilité de droit ou de fait ou d'insuffisance des mesures de réparation, le juge condamne le responsable à verser des dommages et intérêts, affectés à la réparation de l'environnement, au demandeur ou, si celui-ci ne peut prendre les mesures utiles à cette fin, à l'Etat.

L'évaluation du préjudice tient compte, le cas échéant, des mesures de réparation déjà intervenues, en particulier dans le cadre de la mise en œuvre du titre Ⅵ du livre Ier du code de l'environnement.

제1249조 ① 생태손해에 대한 배상은 원상회복을 우선으로 한다.

② 원상회복조치가 법적으로나 사실적으로 불가능하거나 불충분한 경우, 법원은 배상책임자에게 환경의 원상회복에 충당되는 손해배상금을 원고에게 지급하게 하거나, 원고가 이러한 조치를 취할 수 없는 경우에는 국가에게 지급하도록 명할 수 있다.

③ 손해의 평가는 필요한 경우, 특히 프랑스환경법전 제1권 제6편이 적용되는 범위 내에서 이미 이루어진 원상회복조치를 고려하여야 한다.

[해제] 본조는 생태손해에 있어 손해배상의 방법을 규정하고 있다. 프랑스민법상 일반 불법행위의 경우 민사책임의 효과로서 원상회복을 명할 수 있다는 규정은 존재하지 않는다. 그러나 생태손해에 대한 배상과 관련하여 본조 제1항은 배상책임자에게 원상회복을 명하는 것이 원칙임을 밝히고 있다. 환경침해에 대한 원상회복은 파괴되거나 악화된 환경의 기능을 복구하는 조치이다.

· 생태손해에서의 진정한 피해자는 환경 그 자체이며, 피해자와 손해배상을 받게 되는 주체는 일치하지 않는다. 프랑스에서는 종래 손해배상으로 피해자가 받은 돈의 사용처는 피해자의 자유로운 선택에 달려있다고 보아왔다(배상금 자유사용의 원칙).[15][16] 그러나 생태손해에 대한 손해배상의 경우 진정한 피해자(자

---

15) G. Viney et P. Jourdain, *Les effets de la responsabilité*, 2ᵉ éd., LGDJ, 2001, n° 39; P. Jourdain, 《Le dommage écologique et sa réparation》, in G. Viney et B. Dubuisson (dir.), *Les responsabilités environnementales dans l'espace européen*, LGDJ, 2006, n°ˢ 56 et s.

연환경 자체)와 손해배상을 받을 자(예를 들어 환경보호를 위해 일하는 비영리사단
이나 지방자치단체 등)가 괴리되어 있다는 점, 환경의 공공재로서의 성격 등을
고려해 볼 때, 손해배상금의 용도를 손해배상을 받는 자의 자유로운 선택에 맡
기는 것이 타당한가에 대해 의문이 생기게 되었고, 학설은 환경 자체에 대한 침
해에 대해 지급된 배상금은 자연환경의 복구와 보전에 충당하여야 한다고 보았
다.17) 이에 본조 제2항은 손해배상금을 환경의 원상회복에 충당할 것을 규정하
였다.

　본조 제2항 전단에 따라 원상회복조치가 법적으로나 사실적으로 불가능하
거나 불충분한 경우에는 배상책임자로 하여금 원고에게 그 회복에 필요한 손해
배상금을 지급하게 하는데, 이는 원고가 환경회복을 위해 필요한 조치를 취할
수 있는 능력이 있음을 전제로 하는 것이다. 따라서 원고가 이러한 조치를 취할
수 없는 경우에는 같은 항 후단에 따라 피고는 국가에게 원상회복을 위한 손해
배상금을 지급하게 된다.

　원상회복이 불가능한 경우는 크게 3가지로 나눌 수 있다. 우선 ① 일정한
생물이 멸종한 경우와 같이 법적·사실적 장애에 의해 손해배상의 방법으로서 원
상회복을 선택할 수 없는 경우가 있다.18) 또한 프랑스에서는 법원이 일반법원
과 행정법원으로 나뉘기 때문에, ② 민사법원 권한의 한계로 인해 원상회복을
명하는 것이 제한되기도 한다(공권력의 분리).19) 민사법원에서는 행정명령을 위
반하지 않아야 하기 때문이다.20) 경우에 따라 ③ 프랑스환경법전 제L511-1조
이하에 규정된 시설이 침해의 주체로서 환경오염을 일으킨 경우, 이러한 시설
은 행정적 감독 하에 놓여있기 때문에 법원이 원상회복을 명할 수 없게 되기도
한다.

　본조 제3항은 손해의 평가는 필요에 따라 프랑스환경법전 제1권 제6편에
따른 원상회복조치를 고려하여야 한다고 규정한다. 그러므로 행정적인 조치가

16) Cour d'appel de Rennes, 19 déc. 1997 : *Rev. dr. Rur.*, n° 279, janv. 2000, p. 42은 "원
　고들은 손해배상으로 받은 금원의 사용을 자유롭게 할 수 있으며, 법원은 원고가 수령
　한 손해배상금의 용도를 증명하도록 의무를 부과할 수 없다."고 판시하였다.
17) P. Jourdain, *op. cit.*, n° 35.
18) P. Jourdain, *op. cit.*, n° 25.
19) M. Prieur, *Droit de l'environnement*, 5ᵉ éd., Dalloz, 2004, nᵒˢ 1164 et 1179.
20) Trib. Conflits, 23 mai 1927 : *S.* 1927, p. 94.

이루어진 경우 민사절차에서도 이를 고려할 필요가 있다.

일반적인 경우 프랑스 민법은 손해에 대한 구제로 원상회복(réparation en nature)과 금전배상(réparation pecuniaire, réparation en argent)을 이용한다. 파기원은 배상방법의 선택이 사실심 법관의 전권에 속한다고 본다.[21] 그런데 원상회복의 방법에 따르든 금전배상의 방법에 따르든 환경손해의 배상에는 몇 가지 어려움이 있다. 금전배상에 의한 구제방법을 택할 경우의 어려움, 즉 손해액 평가의 어려움과 손해배상금의 귀속 및 사용용도의 문제는 원상회복의 방법을 택하면 대부분 해결된다. 그러나 배상방법으로 원상회복을 택하는 것이 항상 가능한 것은 아니다. 민사법원이 행정법원의 영역을 침해할 수 없으며, 손해가 돌이킬 수 없는 것이어서 원상회복이 불가능한 경우도 있기 때문이다. 생태손해의 경우 한순간에 손해가 발생하는 경우도 있지만, 공장에서의 일상적인 오염물질 배출 등으로 인해 침해가 점진적으로 발생하는 경우도 적지 않다. 이 경우 실질적으로 손해라고 할 만한 것이 발생하기 전에 침해가 누적되어 왔다고 할 것이고, 이는 미래의 손해 또한 야기한다. 따라서 프랑스민법전은 원상회복을 원칙으로 하되, 행위의 중단 및 금지, 손해확산방지를 위한 조치를 취하도록 규정하고 있다.

생태손해의 경우 일반적 침해와 달리 손해액을 시장가치로 평가하기 어려운 경우가 많다. 또한 완전배상의 원칙(principe de la réparation intégrale) 하에서 생태손해에 대한 금전배상이 가능할 수 있는지도 문제된다. 역으로, 생태손해에 대한 배상의 어려움이 완전배상 원칙의 배제를 정당화할 수 있는지도 검토할 필요가 있다.

금전적 평가가 어려운 비재산적 손해의 경우, 예를 들어 명예나 사생활의 침해, 인격권 침해의 등의 경우에도 금전배상이 인정되기 때문에, 생태손해도 이와 같이 볼 수 있다는 견해가 있다. 그러나 다수의 견해는 생태손해에 대한 배상은 사람에 대해 발생한 비재산적 손해에 대한 배상과는 다른 것으로 파악한다. 사람에 대해 발생한 비재산적 손해에 대한 배상은 피해자에게 만족을 주는 반면, 생태손해에 있어서 피해자라고 할 수 있는 환경은 배상에 의해 만족을 느낄 수 없다는 점, 생태손해에 대한 배상은 전보배상으로서의 성격을 넘어 손

---

21) G. Viney et P. Jourdain, *op. cit.*(*2001*), n° 39; P. Jourdain, *op. cit.*, n° 32.

해를 초래한 자에게 제재를 준다는 점에서 차이가 있다는 것이다.

생태손해에 대한 금전배상이 정당화된다고 하더라도, 배상가액을 어떻게 산정할 것인가의 문제가 남는다. 손해액의 산정과 관련하여서는 ① 환경침해로 인해 생태계에서 감소한 자원의 종류와 개체 수를 기준으로 하거나,[22] 가정적 시장(marché hypothéque)을 상정하여 천연자원의 사용가치 내지 존재가치를 경제적으로 평가하고 이에 따라 손해액을 산정하는 방법, ② 재생산의 잠재력과 환경자원의 침해에 주목하여 오염된 면적에 따라 손해액을 산정하는 방법[23] 등이 논의된다. 또한 ③ 비가역적 손상의 경우 환경을 복구하고 생물을 재증식하는 것이 불가능하므로, 관리를 담당하는 조직이 부담하게 되는 환경관리비용을 기준으로 산정하여야 한다고 보기도 한다.[24] 한편, 판례는 원고가 제시한 산정방법이 부적절하다고 하더라도, 법원은 이를 기각할 것이 아니라 재량에 따라 손해액을 산정하여야 한다고 본다.[25]

Article 1250 En cas d'astreinte, celle-ci est liquidée par le juge au profit du demandeur, qui l'affecte à la réparation de l'environnement ou, si le demandeur ne peut prendre les mesures utiles à cette fin, au profit de l'Etat, qui l'affecte à cette même fin.

Le juge se réserve le pouvoir de la liquider.

제1250조 ① 이행강제금의 경우, 법원은 원고로 하여금 이를 환경의 회복을 위해 충당하게 하거나 또는 원고가 이러한 목적을 위해 필요한 조치를 취할 수 없는 경우에는 국가로 하여금 같은 목적을 위해 충당하도록 그 금액을 확정한다.

② 법원은 이행강제금을 확정할 권한을 갖는다.

[해제] 본조 제1항에서 규정하고 있는 이행강제금은 법원이 이행의무자인 원고에게 이행을 간접적으로 촉구함으로써 원상회복 및 손해배상이 장기간 이루어지지 않는 것을 방지하기 위하여 부과하는 것이다. 이와 같이 부과된 이행강제금은 환경의 회복을 위해 충당하도록 그 목적이 엄격하게 제한된다. 법원

---

22) G. Martin, 《L'indemnisation du préjudice écologique》, in *L'indemnisation, Collection des Taravaux de l'association Henri Capitant de amis de la culture juridique française*, t. 54, Société de législation comparée, 2008, p. 445.

23) Crim., 23 mars 1999, n° 98-81.564.

24) P. Jourdain, *op. cit.*, n° 36.

25) Crim., 22 mars 2016, n° 13-87.650.

은 원고로 하여금 이행강제금을 환경의 회복을 위해서 직접 충당하게 하거나, 원고가 이러한 목적을 위해 필요한 조치를 취할 수 없는 경우에는 국가로 하여금 환경의 회복을 위하여 충당하도록 한다.

본조 제2항은 이러한 이행강제금을 확정할 권한이 법원에게 부여되어 있음을 규정하고 있다. 이에 따라 앞서 살펴본 생태손해의 배상을 위한 손해배상 방법의 확정, 손해액의 평가뿐 아니라 이행강제금의 확정 권한 또한 법원에게 있게 된다.

Article 1251 Les dépenses exposées pour prévenir la réalisation imminente d'un dommage, pour éviter son aggravation ou pour en réduire les conséquences constituent un préjudice réparable.
제1251조 손해의 임박한 실현을 방지하거나, 손해의 확산을 피하거나 또는 그 결과를 감소시키기 위하여 지출한 비용은 배상가능한 손해에 해당한다.

[해제] 본조는 손해의 산정과 관련하여 배상가능한 손해의 범위를 규정하고 있다. 본조에 따라 손해의 임박한 실현을 방지하기 위해, 또는 손해의 확산을 피하거나 손해로 인한 결과를 감소시키기 위해 지출한 비용 또한 생태손해의 피고가 배상하여야 할 손해의 범위에 포함된다.

Article 1252 Indépendamment de la réparation du préjudice écologique, le juge, saisi d'une demande en ce sens par une personne mentionnée à l'article 1248, peut prescrire les mesures raisonnables propres à prévenir ou faire cesser le dommage.
제1252조 생태손해에 대한 배상과는 별도로, 법원은 제1248조에서 규정된 자의 청구가 있는 경우 손해를 방지하거나 중단시키는 데 필요한 합리적인 조치를 명할 수 있다.

[해제] 법원은 이미 발생한 손해의 배상을 명할 수 있고, 진행 중인 침해를 중단시키는 데 필요한 합리적인 조치를 명할 수 있을 뿐 아니라, 장래 예상되는 손해를 예방하기 위해 필요한 합리적인 조치 또한 명할 수 있다. 이는 생태손해의 배상과 관련하여 발생할 수 있는 인과관계의 입증, 손해액의 산정 및 피해자

의 부재(不在)라는 문제를 일정 부분 해소하는 기능을 가지고 있다.[26]

중단 및 예방조치는 손해의 발생원인 자체를 없애고, 손해가 증가하거나 새로운 손해가 발생하는 것을 방지함으로써, 비용이 많이 발생하게 될 사후적 배상액을 사전에 절감하는 효과를 낳는다. 따라서 엄밀한 의미에서의 원상회복은 아니나 그의 연장선상에 있다고 볼 수 있다.[27]

여기에는 전통적으로 두 가지 의문이 있어왔다. 첫째로 ① 민사법원이 행정기관이나 행정의 통제에 속하는 내용을 판결할 수 없다는 점에서 손해발생의 예방과 불법침해행위의 중단을 명할 수 있는지에 대한 문제이다. 결론적으로 말하자면, 민사법원에서 손해발생의 예방이나 불법침해행위의 중단을 명한다고 하더라도 공권력 분리원칙에 대한 침해로 보아서는 안 되며, 오히려 행정적 통제를 보완하는 것으로 보아야 할 것이다. 둘째로 ② 민법의 영역에서는 이미 발생한 침해에 의한 손해의 회복을 목적으로 하여야 한다는 점에서 예방원칙의 도입이 의문시되기도 하였다.[28] 이에 대해 민사책임의 원칙은 반사회적인 행위에 대한 전통적인 억제적(dissuasion) 기능뿐 아니라 새로운 예방적(anticipation) 기능을 가지고 있다고 하면서, 적극적으로 미래의 손해를 예방하기 위한 조치를 취할 것이 요구된다는 점에서 미래에 대한 책임(responsabilité de l'avenir)을 인정해야 한다는 견해가 제기되고 있다.[29] 본조는 이러한 예방원칙을 인정한 것이며, 프랑스환경법전 또한 현재의 과학적·기술적 식견을 고려하여 환경에 심각하고 돌이킬 수 없는 손실의 위험을 예방하는 것을 목적으로 하는 실효적이고 균형 잡힌 조치의 채택을 지연해서는 안 된다고 하여, 일반원칙의 하나로서 예방원칙(principe de précaution)을 규정하고 있다(프랑스환경법전 제L110-1조).

[정 다 영]

---

26) D. Mazeaud, 《Responsabilité civile et précaution》, *RCA*, 2001, n° 20.

27) M.-E. Roujou de Boubée, *Essai sur la notion réparation*, LGDJ, 1974, pp. 195 et s.

28) P. Jourdain, *op. cit.*, n° 10; D. Mazeaud, *op. cit.*, n° 27; G. Viney et P. Jourdain, *op. cit.(2001)*, n° 39.

29) C. Tibierge, 《Avenir de la responsabilité, responsabilité de l'avniré》, *Recueil Dalloz*, 2004, pp. 577 et s.

Sous-titre III   Autres sources d'obligations
제3부속편   채권관계의 다른 발생연원

　　[해제] 제3편의 첫머리에 있는 제1100조 제1항은 채권관계의 발생연원으로서 세 가지, 즉 법률행위, 법적 사실, 법률을 규정하는바, 제1부속편에서는 법률행위 중 대표격인 계약[1]을 규율하고 제2부속편과 본부속편에서는 법적 사실을 규율한다.[2] 본부속편은, "채권관계의 다른 발생연원"이라는 표제를 가지고 있는바, 이는 제2부속편에서 규율하는 계약외책임을 제외한 법적 사실을 가리킨다(제1100-2조 제2항).

　　그런데 본부속편의 첫머리에 있는 제1300조는 '준계약'만을 정의하고, 준계약에 속하는 사무관리(제1301조 내지 제1301-5조), 비채변제(제1302조 내지 1302-3조), 부당이득(제1303조 내지 제1303-4조)에 관한 규정을 차례로 둘 뿐이다. 이는 준계약 이외에도 "채권관계의 다른 발생연원"이 있을 수 있는가 하는 의문을 불러일으킨다. 이에 대해 대통령에게 제출한 보고서는 그렇다고 답하고 있다. 본부속편의 제목을 "준계약"이 아닌 "채권관계의 다른 발생연원"으로 한 것은 바로 그 때문이라고 한다.[3]

　　준계약 이외의 발생연원으로는 "법정채권관계"라고 불리는 것들을 생각할 수 있다. 그 대표적인 예는 부양채권관계와 법정지역권이다. 또한 무권대리의 상대방이 최고권을 행사한 후 본인의 확답이 없어서 대리인이 그 행위를 할 권한을 부여받은 것으로 보게 되는 때에는(제1158조 제2항), 본인과 제3자 사이에 법정채권관계가 발생한다고 보는 견해[4]도 있다.

---

1) 제1100-1조 제2항 참조.
2) 개정 전 프랑스민법전에서는 제3권 제4편 '합의 없이 성립하는 의무'(engagements qui se forment sans convention)에 제1장 '준계약'(quasi-contrats)과 제2장 '고의에 의한 불법행위와 준불법행위'(délits et quasi-délits)를 두고 있었다.
3) 까딸라초안은 채권관계 발생원인 중 법률에 의한 것은 개별규정에 맡겨두고 그 외의 발생원인은 법률행위인 계약과 법률사실인 준계약 및 민사책임으로 구성하고 있었는데(제1101조 내지 제1101-2조), 떼레초안은 준계약의 개념을 폐기하고 '그 밖의 채무 발생원인'으로서 비채변제·부당이득·사무관리 규정을 두었다. 프랑스민법전은 중간적인 해결을 도모한 것이라고 볼 수 있다.
4) O. Deshayes, Th. Genicon et Y.-M. Laithier, *op. cit.*, p. 609.

Article 1300 Les quasi-contrats sont des faits purement volontaires dont il résulte un engagement de celui qui en profite sans y avoir droit, et parfois un engagement de leur auteur envers autrui.

Les quasi-contrats régis par le présent sous-titre sont la gestion d'affaire, le paiement de l'indu et l'enrichissement injustifié.

제1300조 ① 준계약은 전적으로 자발적인 행위로서, 아무런 권리 없이 이득을 얻은 자에게 의무를 발생시키고, 그 행위자에게 때로는 타인에 대한 의무를 발생시킨다.

② 본 부속편에서 규정하는 준계약에는, 사무관리, 비채변제 및 부당이득이 있다.

[해제] 본조는 제3편의 규율대상인 "채권관계의 다른 발생연원들" 가운데 하나인 준계약(quasi-contrats)만에 관한 규정이다. 하지만 준계약 개념이 과연 유용한 것인지에 대해서는 논란이 있다.[5] 개념은 그에 따른 법리가 있을 때에 실익이 있는 것인데 준계약이란 개념은 그렇지가 않기 때문이다. 프랑스민법전에는 준계약에 공통되는 규율이 전혀 없다. 사무관리에 대한 규율, 비채변제에 대한 규율, 부당이득에 대한 규율이 있을 뿐이다. 물론 비채변제와 부당이득에는 공통되는 논리가 있기 때문에 공통되는 기제를 발견힐 수는 있다. 하지민 이 준계약들에 대한 조문들은 따로이 각 장에 자리잡고 있다. 부부재산 해소 시의 상환(récompenses matrimoniales)이나 첨부로 인한 보상(indemnité d'accession)과 같은 특별한 기제의 성질을 준계약이라고 할 수도 있을 것이다.[6] 그러나 '준계약'이라는 개념은 이론적 포장일 뿐 이들이 각각의 기제로서 존재한다는 사실에는 변함이 없다.[7]

본조 제1항은 준계약을 정의함에 있어 까딸라초안 제1327조의 문언을 채택하였다. 그런데 사부관리, 비채변제, 무당이늑, 이 셋을 쏘괄하는 개념을 성의한다는 게 간단하지 않다.[8]

모든 준계약의 공통점은 바로 권리 없이 받은 이익을 반환할 의무인데, 사무관리에서는 본인에게 이익반환의무가 부과되는 것은 아니므로 사실 준계약의

---

5) G. Chantepie et M. Latina, *op. cit.*, n° 703, p. 654.

6) 본조 제2항은 본부속편에서 규정하는 준계약에는 사무관리, 비채변제 및 부당이득이 있다고 규정한다. 본조 제2항에서 규정하는 것은 예시규정으로 그 이외의 무명 준계약이 있을 수 있다는 것이 일반적인 견해이다.

7) G. Chantepie et M. Latina, *op. cit.*, n° 703, p. 654.

8) G. Chantepie et M. Latina, *op. cit.*, n° 702, p. 652.

개념에 꼭 들어맞지는 않는다.[9] 사무관리의 본질은, 관리자 측의 관리계속의무와 주의의무 및 관리자가 체결한 의무부담을 이행할 본인 측 의무에 있다. 본인이 관리자에게 비용을 상환하거나 손해를 배상하여야 하는 경우도 있지만 그런 의무가 항상 발생하는 것은 아니며 "때로는" 발생한다.[10] 관리자가 행한 행위가 관리자에게 아무런 비용을 발생시키지 않은 때에는 관리자에게 아무런 손해가 없기 때문이다.[11] 그러나 어쨌든 본인의 비용상환의무는 사무관리를 준계약에 속하도록 하는 의무이다.

본조의 준계약 개념이 거짓 당첨통지를 준계약이라고 판단한 종전의 판례를 배척하는 것인지에 관하여 논란이 있다. 2002년 9월 6일 판결에서 파기원 혼합부는 복권을 조직한 자가 당첨이 우연에 달려있다는 점을 밝히지 않은 채 특정인에게 당첨후보군임을 알린 경우 그는 개정 전 제1371조(준계약)에 기하여 경품을 인도할 의무가 있다고 판시하였다.[12] 사실 이 사안에 적합한 권리발생연원은 계약외책임이다. 그러나 계약외책임에 근거하는 경우 법원은 피해자가 입은 손해를 곧 손해배상액으로 인정해야 하는데, 이는 광고성 복권(lotterie publicitaire)에 대한 억제력이 미약하다. 복권조직자와 통지의 상대방 사이에 계약이 존재한다고 본 판결[13]도 있었다. 그러나 그들 사이에 의사의 합치가 있다고 보는 것은 지나치게 인위적인데 특히 프랑스는 표시된 의사보다 내심의 의사를 중시하는 법제이기 때문이다. 단독행위를 근거로 한 판결[14]도 있었으나 단독행위에 대해서는 논란이 많기 때문에 이를 근거로 활용하는 판결은 드물다. 그래서 대법관들은 부당이득반환소권(action *de in rem verso*)에 관한 판례법리가 만들어진 이후로 "잠자는 미녀"처럼 보이던 준계약에 주목하게 된 것이었다. 하지만 거짓 당첨통지는 '전적으로 자발적인 행위'라는 것 말고는 준계약이라고 볼 근거가 미약하다.[15] 더구나 본조는 개정 전 제1371조에 비해 좁은 준계

---

9) G. Chantepie et M. Latina, *op. cit.*, n° 723, p. 667.
10) 준계약의 개념을 뒤집으면 사무관리의 개념이 된다. 사무관리는 순전히 자발적인 행위로서 그 행위자에게 타인에 대한 의무를 (언제나) 발생시키고 권리 없이 이득을 얻은 자에게 때로 의무를 발생시킨다.
11) G. Chantepie et M. Latina, *op. cit.*, n° 704, p. 656.
12) Ch. mixte, 6 sept. 2002, n° 98-22.981.
13) Civ. 1re, 12 juin 2001, n° 98-20.309 : *Bull. civ.* I , n° 174.
14) Civ. 1re, 28 mars 1995, n° 93-12.678 : *Bull. civ.* I , n° 150.
15) G. Chantepie et M. Latina, *op. cit.*, n° 703, p. 655는 대법관들이 거짓 당첨통지가 준계

약 개념을 규정한다. 그래서 일부 학자들은 이제 거짓당첨통지는 준계약으로
다룰 수 없으며 민사책임에서 다루어야 한다고 주장한다.16) 앞서 사무관리가
준계약의 개념에 들어맞지 않는다고 말했는데, 거짓 당첨통지가 준계약 개념에
들어맞지 않는 것도 그와 비슷하다.17) 자발적인 행위인 거짓 당첨통지는 그 행
위자에게 (경품인도)의무를 발생시킬 뿐 그로 인해 이익을 얻는 자에게는 아무런
의무를 발생키지 않는 것이다. 사무관리가 본조의 기준을 충족시킨다는 점을 프
랑스민법전이 명시하고 있는 마당에, 거짓 당첨통지를 준계약에 포섭시키는 것
이 불가능하지 않다. 그래서 일부 학자들은 "적법한" 자발적인 행위만이 준계약
이 될 수 있다고 할 것을 주장하였는데, 이 제안은 프랑스민법전 개정시에 채택
되지 않았다. 결론적으로 말하면 파기원은 적어도 민사책임에 대한 개정18)이 있
기 전까지는 거짓 당첨통지를 준계약으로 보는 입장을 유지할 것이다.

Chapitre I La gestion d'affaires
제1장 사무관리

[해제] 프랑스민법전은 본장을 '채권관계의 그 밖의 발생연원'(제3부속편)
중 제1장으로 독립시켜서 사무관리(gestion d'affaire)에 관한 규정을 두고 있다.19)
사무관리에 관한 규정은 다음과 같이 기본적으로 개정 전 제1372조 이하의
규율을 유지하고 있다.20) 첫째, 사무관리에 있어서 입법자의 관심은 여전히 타
인사무에 부당하게 개입하는 것을 두둔하지 않으면서 동시에 이타주의를 단념
시키지 않는 데 있다. 둘째, 이론적 관점에서 보면 사무관리는 여전히 위임계약
의 영향권에 있다. 사실 사무관리는 준위임계약이다. 즉 관리자는 수임인으로서

약 개념에 들어맞지 않는다는 것을 모르지는 않을 것이라고 한다.
16) F. Chénedé, Les quasi-contrats, *JCP* 2015, n° 3.
17) G. Chantepie et M. Latina, *op. cit.*, n° 703, p. 656.
18) 2017년 3월 13일에 발표된 민사책임개정안은, 이익을 얻거나 절약을 할 목적으로 하는 고의적인 과책에 대해서는 민사벌금의 제재를 가한다고 규정하고 있다.
19) 개정 전 프랑스민법전에서는, 준계약에 관한 장 안에 절 구분 없이 사무관리와 비채변제에 관한 규정을 두고 있었다.
20) G. Chantepie et M. Latina, *op. cit.*, n° 705, p. 657.

의 모든 의무를 부담하며(제1301조) 사무관리를 본인이 추인한 때에는 위임의 효력을 갖는다(제1301-3조). 셋째, 사무관리는, 비채변제나 부당이득과는 달리 이익반환의무가 주된 효과가 아님에도 불구하고, 여전히 준계약으로 분류되어 있다.

판례 법리를 조문화한 규정(제1301-4조)과 새롭게 둔 규정(제1301-5조)도 있다. 그런데 프랑스민법전이 사무관리 규정과 대리규정의 관계를 명확히 정하지 않은 점에 대해 아쉬워하는 견해가 있다.

Article 1301 Celui qui, sans y être tenu, gère sciemment et utilement l'affaire d'autrui, à l'insu ou sans opposition du maître de cette affaire, est soumis, dans l'accomplissement des actes juridiques et matériels de sa gestion, à toutes les obligations d'un mandataire.

제1301조 타인의 사무를 아무런 의무 없이 의식적으로 그리고 유용하게 관리한 사람은, 그 사무의 본인이 모른다면 또는 반대하지 않는다면, 관리에 관한 법률행위 및 사실행위를 수행함에 있어서 수임인으로서의 모든 의무를 부담한다.

[해제] 본조는 사무관리를 정의하고 그 주된 효과를 제시하는 기본 규정이다.[21] 사무관리에 대한 정의는 개정 전 제1372조와 거의 비슷하지만 몇 가지 요소가 추가되었다.[22] 그런데 사무관리에 대한 본조의 정의에 사무관리의 모든 요건이 포함되어 있지는 않다. 본조 이하의 조문들에도 사무관리의 요건에 해당하는 것들이 규정되어 있다.[23]

사무관리의 요건은 두 주체, 즉 관리자와 본인에 관한 요건들과 행위에 관한 요건으로 나누어 볼 수 있다. 먼저 주체에 관한 요건들을 살펴본다. 그중 관리자에 관한 요건은 다음 두 가지이다. 하나는 아무런 의무가 없어야 한다는 것이고 다른 하나는 의식적으로 하여야 한다는 것이다. 개정 전 제1372조는 사무관리는 "자발적"이어야 함을 규정하였는데, 본조는 이를 "아무런 의무 없이 의식적으로"라는 표현으로 대체하였다.

---

21) O. Deshayes, Th. Genicon et Y.-M. Laithier, *op. cit.*, p. 614.
22) (개정 전 조문과 비교하여) 추가된 점은, 사무관리가 본인에게 유용해야 한다는 점과 사무관리는 법률행위일 수도 있고 사실행위일 수도 있다는 점이다.
23) G. Chantepie et M. Latina, *op. cit.*, n° 706, p. 658.

사무관리에 해당하려면 관리자가 "아무런 의무 없이" 한 관리행위이어야 한다. 달리 말하면 관리자는 그 행위를 하든 말든 자유인데 "자발적으로" 하였어야 한다. 관리자에게 계약[24]이나 법률에 의해 부여된 의무가 있다면 사무관리 법리가 적용될 수 없다.

여기서 대리인이 자신에게 주어진 권한을 유월하여 행위를 한 때에 사무관리법리가 적용될 수 있는지 하는 문제가 제기된다.[25] 대리인이 자신에게 주어진 권한을 넘어서 행위한 경우에는 권원 없이 개입한 것이므로 결국 "아무런 의무 없이" 한 셈이다. 따라서 사무관리에 해당하는 듯이 보인다. 그런데 제1156조는 자칭 대리인이 행한 행위는 표현대리에 해당하는 경우 외에는 본인을 구속하지 못함을 규정하고 있다. 나아가 제1156조는 사무관리에 해당하는 때에는 본인이 "관리자가 그의 이익을 위하여 약정한 의무를 이행할"[26] 의무가 있을 수 있다는 점에 대하여 아무런 언급이 없다. 하지만 제1156조가 사무관리를 명시적으로 언급하지 않았다고 하여 권한유월의 경우에 준계약법리를 적용하지 못할 이유는 없다.[27] 그 근거는 다음과 같다. 첫째, 준계약법리를 적용하지 않는다면 자신의 권한을 유월한 대리인을 권한 없이 행위한 자보다 더 매정하게 대우하는 셈이 될 것이다. 둘째, 자칭 대리인이 자신에게 당해 행위를 할 권한이 없다는 점을 모를 수가 있는데, 이는 사무관리의 경우와 상황이 비슷하다. 특히 제1156조는 권한의 유월뿐 아니라 권한이 없는 경우도 규율하고 있으므로, 권한유월의 경우뿐 아니라 권한의 부존재의 경우에 대해서도 사무관리가 성립할 수 있는지에 관하여 침묵하는 셈이다. 그런데 권한 없이 행위를 한 사람이 사무관리의 요건을 갖춘 때에 사무관리를 주장할 수 있다는 점은 자명하다. 특히 대리인이 능력을 상실함으로써 대리인의 권한이 소멸한 때(제1160조) 또는 이해충돌이 있는 경우(제1161조)에도 본인과 대리인 사이에 사무관리가 성립할 수 있다.

프랑스민법전은 제1153조 이하에 대리에 관한 규정을 두면서 최고권을 도입하여 자칭 대리인과 행위를 한 사람은 그 자칭 대리인이 그 행위를 할 권한이

---

24) Com., 16 nov. 1976, n° 74-13.681 : *Bull. civ.* Ⅳ, n° 291.

25) Civ. 3ᵉ, 3 juin 1987, n° 85-18.650 : *Bull. civ.* Ⅲ, n° 115; Civ. 3ᵉ, 16 oct. 2013, n° 12-20.881 : *Bull. civ.* Ⅲ, n° 131.

26) 제1301-2조.

27) G. Chantepie et M. Latina, *op. cit.*, n° 710, p. 661.

있는지 여부를 확인하여 줄 것을 본인에게 요구할 수 있도록 하고 있다(제1158조). 기간 내에 본인의 확답이 없으면 대리인이 그 행위를 할 권한을 부여받은 것으로 보며, 그 결과 본인은 그 행위로 인한 채무를 직접 부담하게 된다. 하지만 이 경우에도 본인과 자칭 대리인 사이에 사무관리가 성립할 수 있다.

관리자는 아무런 의무 없이 타인의 사무에 개입함에 있어서 타인의 사무임을 "알고" 개입해야 한다. 이 요건은 개정 전 제1372조에도 있던 요건이다. 사무관리는 관리자가 타인의 사무를 관리한다는 점 및 사무본인의 이익을 위해 행위한다는 점을 인식하고 있는 때에만 성립한다. 가령 자기 소유라고 생각한 토지에 대해 관리행위를 한 사람이 자신이 착각한 것을 알고 진정한 소유자에게 비용을 상환받고자 사무관리를 주장할 수는 없다.[28] 한편 제1301-4조는 타인의 사무를 부담하는 것이 관리자 자신에게도 이익이 된다고 해서 사무관리규정의 적용이 배제되지는 않음을 규정한다.

사무본인에 관한 요건은 모를 것 또는 반대하지 않을 것이다. 본조는 관리행위는 본인이 알지 못하거나 반대하지 않는 상태에서 행해져야 함을 규정한다. 개정 전 제1372조가 사무관리를 '본인이 알든 모르든' 성립할 수 있는 것으로 규정하였던 것과 다르다. 하지만 본인이 반대하려면 관리자의 행위를 알아야 하기 때문에 사실 법리가 달라진 것은 없다. 결론적으로 말하면, 관리행위가 본인의 동의를 얻어서 행해진 경우 또는 본인의 반대에도 불구하고 행해진 경우에는 사무관리가 성립하지 않는다. 본인의 동의가 있었다면 위임이 성립할 것이고, 본인이 반대하는 경우에는 아무리 그에게 이익이 되는 관리행위라 하더라도 거절하는 사람에게 제공할 수는 없는 노릇이기 때문이다.

본인이 관리행위를 알고도 침묵한 때에는 묵시적 위임이 성립하고 그 결과 사무관리는 배제되는가? 개정 전 프랑스민법전 하에서 학설은 사무본인이 침묵한 것만으로는 묵시적 승낙이 성립할 수 없다고 하였다. 그러나 이제 제1120조가 "특별한 상황"에서 침묵이 승낙으로 평가될 수 있음을 규정한다. 누군가가 자기의 이익을 위해 행한 행위에 대해 본인이 알고도 침묵하는 것은 바로 제1120조에 규정된 "특별한 상황"에 해당한다고 본다면 묵시적 위임이 성립하고

---

28) 이 때 그가 부당이득의 반환을 청구할 수 있는지(제1301-5조)도 확실하지 않다. 왜냐하면 제1303-2조는 손실자 자신의 이익을 위해서 한 행위로부터 손실이 발생한 때에는 배상이 인정되지 않음을 규정하기 때문이다.

사무관리는 성립할 수 없다.[29]

나아가 본인이 관리행위를 할래야 할 수 없는 때(부재시 또는 긴급시)에만 사무관리가 성립할 수 있는가 하는 문제가 있다. 이를 긍정한 파기원판결이 존재하며,[30] 제1301조 제1항[31]이 그러한 요건을 내포하고 있다는 견해[32]가 있다.

행위에 관한 요건은 사실행위 또는 법률행위일 것(본조)과 유용한 행위일 것(본조와 제1301-2조)이다. 사실행위도 사무관리에 해당할 수 있다는 점은 그에 관한 명시적 규정이 없던 개정 전 프랑스민법전 하에서 인정되어온 바이다.[33] 그러나 사실행위까지 사무관리에 포함시킨 것은 논리적으로는 모순이라는 견해[34]가 있다. 위임은 원칙적으로 법률행위만을 대상을 하는데 사무관리는 사실행위인 경우에도 준위임계약이 가능하게 되기 때문이다. 법률행위의 경우 보존행위와 관리행위가 사무관리행위에 해당한다는 점은 분명하다. 문제는 관리자가 처분행위를 할 수 있는지 여부이다. 이에 대해서는 모든 유형의 법률행위가 가능하다는 견해[35]가 있다. 중요한 것은 당해 행위의 유용성 여부이기 때문이라고 한다. 처분행위의 경우에는 법원이 유용성의 판단을 더 엄격히 할 것이라고 한다.

본조는 행위가 유용하였어야 함을 명시한다. 유용성을 판단하는 시점에 대해서는 아무런 규정이 없으므로 법원은 행위시를 기준으로 유용성을 판단할 것으로 예상된다.[36] 관리자가 사무관리의 효과를 주장하는 시점보다는 행위시를 기준으로 하는 것이 관리자에게 유리하기 때문이다. 행위를 할 때에 유용하였다면 기대했던 성과를 결국 거두지 못하였더라도 상관없다.[37] 가령 타인의 생

---

29) G. Chantepie et M. Latina, *op. cit.*, n° 713, p. 663.

30) 이 사건의 원고인 은행이 고객의 동의 없이 고객의 소권을 양도한 후 사무관리를 주장하였다. 그런데 은행은 "고객이 스스로 행위를 할 수는 없었다고 합리적으로 생각된다는 점"을 증명하지 못했고 그대로 두었다가 고객에게 닥칠 수 있는 위험이 매우 중대하다는 점을 밝히지도 못했다고 하여 청구를 기각하였다(Com., 12 janv. 1999, 96-11.026 : *Bull. civ.* Ⅳ, n° 7, *RTD civ.* 1999. 830, obs J. Mestre).

31) 관리자는 사무의 본인이 사무관리를 할 수 있을 때까지 관리를 계속할 의무가 있음을 규정하는 조문이다.

32) G. Chantepie et M. Latina, *op. cit.*, n° 714, p. 663.

33) A. Bénabent, n° 445 et 446.

34) G. Chantepie et M. Latina, *op. cit.*, n° 715, p. 663.

35) G. Chantepie et M. Latina, *op. cit.*, n° 715, p. 664.

36) G. Chantepie et M. Latina, *op. cit.*, n° 716, p. 664.

37) Civ. 1re, 25 nov. 2003, n° 02-14.545.

명이나 재산을 구조하고자 한 사람이 성공하지 못하였더라도 구조과정에서 입은 손해를 배상받을 수 있어야 할 것이다. 사실 엄밀히 말하자면 중요한 것은 당해 행위의 유용성이라기보다는 시의적절성이다.[38]

사무관리는 위임과 같은 채권관계를 발생시킨다. 본조는 사무관리를 준위임계약으로 보아, 위임관계에 준하도록 하고 있다.

Article 1301-1 Il est tenu d'apporter à la gestion de l'affaire tous les soins d'une personne raisonnable ; il doit poursuivre la gestion jusqu'à ce que le maître de l'affaire ou son successeur soit en mesure d'y pourvoir.

Le juge peut, selon les circonstances, modérer l'indemnité due au maître de l'affaire en raison des fautes ou de la négligence du gérant.

제1301-1조 ① 관리자는 사무관리에 대해서 합리적인 사람으로서의 모든 주의를 기울일 의무를 부담한다. 관리자는 사무의 본인 또는 그 승계인이 사무를 관리할 수 있을 때까지 관리를 계속하여야 한다.

② 법원은 사정을 참작하여 관리자의 과책 또는 태만을 이유로 본인에게 부담하는 배상액을 경감할 수 있다.

[해제] 본조는 개정 전 제1373조부터 제1375조까지에 들어있던 규정을 단하나의 조문으로 통합한 규정이다. 본조는 관리자에게 반드시 부과되는 두 가지 의무, 즉 성실의무와 관리계속의무를 정하고 있다. 그러나 잊지 말아야 할 것은 관리자는 수임인으로서의 모든 의무를 부담한다는 것이다(제1301조). 따라서 관리자는 자신의 관리행위를 보고할 의무도 부담한다.[39]

본조 제1항 제1문은 개정 전 제1374조 제1항과 거의 동일하다. 관리자는 사무관리에 대해서 합리적인 사람으로서의 모든 주의를 기울일 의무를 부담한다. 이타적 행위라고 해서 관리상의 태만이나 과책이 용서되지 않는다. 게다가 관리행위를 시작한 이상 중단할 수 없다. 관리자는 사무의 본인 또는 그 승계인이 사무를 관리를 할 수 있을 때까지 관리를 계속하여야 한다. 따라서 관리자가 관리행위시 과책을 범하였거나 관리행위를 무단으로 중단한 때에는 관리자는 본인 또는 그 상속인에게 계약외책임을 진다. 이는 본조 제2항이 함의하는 바

---

38) G. Chantepie et M. Latina, *op. cit.*, n° 716, p. 664.
39) G. Chantepie et M. Latina, *op. cit.*, n° 719, p. 665.

이다.

본조 제2항은 개정 전 제1374조 제2항에서와 마찬가지로, 관리자가 범한 과책을 이유로 본인에게 지급해야 하는 배상액을 감경할 권한을 법관에게 준다. 사무관리는 부분적으로라도 이타적인 동기에서 행해지기 때문에 그러한 권한이 부여되었다. 개정 전 조문과 달라진 점은 다음 두 가지이다. 첫째, 법관이 참작할 수 있는 "사정"을 확대하였다. 개정 전 제1374조는 법관이 참작할 수 있는 사정을 '관리자가 사무를 인수하게 된 사정'에 한정하였는데, 본조에는 그러한 한정이 없다. 둘째, 관리자의 성실의무뿐 아니라 관리계속의무에 대해서도 법관의 감경권한이 적용된다.[40]

Article 1301-2 Celui dont l'affaire a été utilement gérée doit remplir les engagements contractés dans son intérêt par le gérant.

Il rembourse au gérant les dépenses faites dans son intérêt et l'indemnise des dommages qu'il a subis en raison de sa gestion.

Les sommes avancées par le gérant portent intérêt du jour du paiement.

제1301-2조 ① 자신의 사무를 유용하게 관리 받은 자는, 그의 이익을 위하여 관리자가 약정한 의무를 이행해야 한다.

② 본인은 자신의 이익을 위하여 지출한 비용을 관리자에게 상환하고, 그 관리로 인하여 관리자가 입은 손해를 배상한다.

③ 관리자가 먼저 지급한 금액에는 지급일부터 이자가 발생한다.

[해제] 본조는, 개정 전 제1375조와 마찬가지로, 본인은 관리자가 약정한 "의무부담을 이행"해야 함을 규정한다. 개정 전 조문과 비교하여 새로운 점은 다음 두 가지이다. 첫째, 관리자가 먼저 지급한 금액에는 지급일부터 이자가 발생한다는 점을 규정한다(제3항). 이는 수임인에 관한 제2001조를 관리자에게 확대적용한 판례를 프랑스민법전에 수용한 것이다.[41] 둘째, 개정 전 제1375조는 본인은 관리자가 본인의 '이름으로' 약정한 의무를 이행하여야 한다고 규정하였는데, 본조 제1항은 본인은 관리자가 본인의 '이익을 위하여' 약정한 의무를 이행하여야 한다고 규정한다.[42] 그 결과 다음과 같은 차이가 생긴다.

---

40) G. Chantepie et M. Latina, *op. cit.*, n° 721, p. 666.
41) Civ. 1ʳᵉ, 12 juin 1979, n° 77-15.516 : *Bull. civ.* 1979, Ⅰ.

개정 전에는, 관리자가 본인의 이름과 계산으로 계약을 체결하였다면(제1의 경우) 본인만이 의무를 부담하고,[43] 관리자가 의사표시를 본인의 이름으로 하지 않은 경우에는(제2의 경우)[44] 관리자만이 제3자에게 의무를 부담하였다.[45] 제1의 경우에 사무관리가 성립한다면 본인은 관리자가 본인의 이름으로 체결한 채무를 제3자에게 이행해야 했다(완전대리). 제2의 경우에는 사무본인이 관리자가 제3자에게 지급해야 하는 금액을 상환하여야 했다(불완전대리). 즉 본인은 본인의 이름으로 제3자에게 부담하는 의무는 자신이 이행해야 하고, 관리자가 관리자의 이름으로 계약을 체결한 때에는 관리자가 지출한 금액을 상환해야 했다.

그러나 본조 하에서는, 본인은 관리자가 본인의 이름으로 약정한 급부뿐만 아니라 본인의 '이익을 위하여' 약정한 모든 급부를 이행하여야 한다.[46] 사실 관리자가 의사표시를 본인의 이름으로 하지 않은 경우에 제3자는 사무관리임을 모를 수도 있고, 제3자는 (본인이 관리자의 행위를 추인하지 않음으로써) 아무런 청구를 못하게 되는 것보다는 관리자라도 자신에게 의무를 부담하는[47] 편을 원할 것이라고 추정할 수도 있다. 그러나 본조 제1항은 제3자가 (본인의 이익을 위해 체결된 유용한 계약임을 증명하면) 본인에게 직접 청구할 수 있게끔 하는 조항이다.[48] 그렇다면 관리자 자신은 의무를 부담하지 않는가(제1해석) 아니면 제3자는 그 계약이 본인의 이익을 위하여 체결된다는 사실을 몰랐더라도 두 명의 채무자, 즉 관리자와 본인에게 이행을 청구할 수 있는가(제2해석)? 이에 대해서는 견해의 대립이 있다. 개정 전 제1375조에서와 마찬가지로 제3자는 본인에 대해서만 권리를 갖는다는 견해[49]가 있는가 하면, 제3자를 두텁게 보호하기 위해 제2해석을 취해야 한다는 견해[50]가 있다.

---

42) G. Chantepie et M. Latina, *op. cit.*, n° 722, p. 666.

43) Clv. 1ʳ, 14 janv. 1959, *D.* 1959. 106

44) 관리자 자신의 계산으로 계약을 체결하였는지 본인의 계산으로 계약을 체결하였는지는 불문한다.

45) Civ. 1ʳᵉ, 10 févr. 1982, 81-10.436 : *Bull. civ.* I. 67.

46) G. Chantepie et M. Latina, *op. cit.*, n° 722, p. 667.

47) 이는 제1154조 제2항에 규정된 불완전대리의 논리이다.

48) O. Deshayes, Th. Genicon et Y.-M. Laithier, *op. cit.*, p. 617은, 그렇게 해석하지 않는다면 본조 제1항과 본조 제2항이 규정하는 바(지출된 비용의 상환)가 아무런 차이가 없게 될 것이라고 한다.

49) O. Deshayes, Th. Genicon et Y.-M. Laithier, *op. cit.*, p. 617.

50) G. Chantepie et M. Latina, *op. cit.*, n° 722, p. 667.

본조 제2항에서는 본인은 자신의 이익을 위하여 지출한 비용을 관리자에게 상환(rembourse)해야 하고, 그 관리로 인하여 관리자가 입은 손해를 배상(indemnise)해야 한다고 규정한다. 즉 본인에게는 비용상환의무와 손해배상의무가 발생한다.

관리자에게 상환하여야 하는 비용은 어떻게 평가하여야 하는가? 개정 전 프랑스민법전 하에서는 화폐명목가치의 원칙에 따라서 지출일 기준으로 평가된 비용을 토대로 상환금액이 산정되었다. 본조 역시 본인이 사무관리자에게 부담하는 채무가 가치채무(dette de valeur)임을 명시하지 않기 때문에 화폐명목가치의 원칙을 적용해야 할 것인가? 프랑스민법전은 부당이득에 관한 신설조문에서 화폐명목가치의 원칙을 채택하지 않는다(제1303-4조). 또한 전통적으로 부당이득반환청구권자인 손실자보다 사무관리자를 우대하였는데, 이는 사무관리자는 손실자에게는 없는 이타적 정신이 있기 때문이었다. 따라서 손실자를 사무관리자보다 우대하는 결과가 되는 것은 이해하기 힘든 일이다. 그러므로 제1303-4조를 사무관리에 유추적용하는 것이 타당하다는 견해[51]가 있다.

"배상(indemnisation)"이란 용어를 상환(remboursement)과 같은 뜻으로 사용하였던 개정 전 제1375조와 달리, 본조 제2항은 피해자가 입은 손해를 배상한다는 뜻으로 '배상'이란 말을 사용한다. 즉 본조는 관리자가 사무관리 중에 입은 손해를 배상할 의무를 명시한다.[52]

본조는 관리자가 본인에게 보수를 청구할 수 있는지에 관하여는 침묵하고 있다. 파기원은 관리자가 비용상환과 손해배상에 더하여 자신의 노무에 대한 보수를 청구할 수는 없다고 판시하였지만[53] 하급심법원의 판결은 그와 다른 경우가 종종 있었다. 그리하여 까딸라초인은 보수는 청구할 수 없다는 점을 명시하였는데 프랑스민법전은 이를 채택하지 않았다. 하지만 본조 제2항은 비용상환과 손해배상만을 규정하고 있으므로 그러한 보수는 청구할 수 없다는 점을 암시하고 있다.[54] 보수청구권을 인정함으로써 사무관리를 촉진하기보다는 (비용상환청구권과 손해배상청구권을 인정함으로써) 사무관리를 단념하지 않도록 하

---

51) O. Deshayes, Th. Genicon et Y.-M. Laithier, *op. cit.*, p. 617.
52) G. Chantepie et M. Latina, *op. cit.*, n° 723, p. 667.
53) Com., 15 déc. 1992, n° 90−19.608 : *Bull. civ.* IV, n° 415.
54) O. Deshayes, Th. Genicon et Y.-M. Laithier, *op. cit.*, p. 617.

는 입장을 채택한 것이라고 볼 수 있다.[55]

사실 관리자가 한 행위 가운데에는 본인이 제3자에게 이행할 의무를 부담하지 않는 행위, 본인에게 아무런 비용이나 손해가 발생하지 않는 행위도 있을 수 있다. 그 경우에는 본인은 관리행위로 인한 이익을 얻으면서도 관리자에게 아무런 의무를 부담하지 않는다.[56]

> Article 1301-3 La ratification de la gestion par le maître vaut mandat.
> 제1301-3조 사무관리를 본인이 추인한 때에는 위임의 효력을 갖는다.

[해제] 본조는 확립된 판례를 수용한 조문이다. 사실 본조는, 추인자로부터 사전에 권한을 부여받지 않은 채 행해진 행위의 추인에 관한 제1156조 제3항을 다시 중복하여 규정하는 셈이다.[57]

그러나 제1301-2조 바로 다음에 위치하고 있기 때문에 사무관리에서 일어날 수 있는 여러 경우들을 종합적으로 볼 수 있게 해주는 장점이 있다. 관리자가 본인의 이름으로 체결하지 않았더라도 본인의 이익을 위하여 체결한 행위라면 본인은 그 행위에 구속된다는 점[58]을 고려할 때, 본조는 본인의 이익에 부합하지 않는 행위의 경우에 적용될 듯하다. 즉 추인은 제1301-1조의 영역 밖에 있는 행위들을 대상으로 행해질 것이다.[59] 그러므로 본인이 추인하면 관리행위가 본인에게 유용한지 여부는 따질 필요가 없다.[60]

추인에 의해 본인은 그 행위에 대해 동의하는 것이며 그 행위의 결과를 책임지겠다는 의사를 표현하는 것이다.[61] 사무관리를 본인이 추인하면 이제 그 상황은 위임계약에 의해 규율된다. 여기서 위임이란 판례가 인정하는 바와 같이[62] '장래를 위한 위임'(mandat pour l'avenir)이 아니라 '실행된 위임(mandat

---

55) G. Chantepie et M. Latina, *op. cit.*, n°724, p. 668.
56) G. Chantepie et M. Latina, *op. cit.*, n° 718, p. 665.
57) O. Deshayes, Th. Genicon et Y.-M. Laithier, *op. cit.*, p. 618.
58) 제1301-2조에 대한 해제 참조.
59) 어떤 사무에 관하여 관리자가 적절한 행위뿐 아니라 적절하지 않은 행위도 한 경우, 본인은 도리나 명분상 당해 거래 전체를 유효하게 하는 쪽을 선택할 수도 있을 것이다. 이 때 관리자의 적절하지 않은 행위가 추인의 대상이 될 것이다.
60) G. Chantepie et M. Latina, *op. cit.*, n°725, p. 668.
61) G. Chantepie et M. Latina, *op. cit.*, n° 725, p. 668.
62) Com., 31 janv. 2006, n° 03-16.280.

exécuté)'을 의미한다.63) 이는 제3자에 대해서뿐만 아니라 관리자에게도 안정성을 부여하게 된다. 관리자는 그 행위로 인한 의무부담으로부터 완전히 면책되기 때문이다.64)

제1156조와 마찬가지로 본조는 추인이 소급효를 갖는지 여부를 밝히지 않는다.65)

Article 1301-4 L'intérêt personnel du gérant à se charger de l'affaire d'autrui n'exclut pas l'application des règles de la gestion d'affaires.

Dans ce cas, la charge des engagements, des dépenses et des dommages se répartit à proportion des intérêts de chacun dans l'affaire commune.

제1301-4조 ① 타인의 사무를 부담하는 것이 관리자에게 개인적인 이익이 되더라도 사무관리에 관한 규정의 적용을 배제하지 아니한다.

② 이 경우에 의무, 비용, 손해의 부담은 공통의 사무에 대한 각자의 이익에 비례하여 분배된다.

[해제] 본조는 개정 전 프랑스민법전에는 없던 규정으로서 판례를 수용한 것이다.66) 판례는 관리자 자신이 해당 사무에 대해 어떠한 이해관계를 가지고 있다고 해서 사무관리 규정의 적용이 배제되지는 않는다고 하여, 사무관리의 동기가 오로지 이타적인 의도일 필요는 없다는 점을 오래전부터 인정하고 있었다.67)

본조 제1항은, 그 문언만을 보면 관리자가 완전히 개인적인 의도에서 행위한 경우, 가령 관리자가 자기 자신의 사무를 관리한다고 생각하고 실제로는 타인의 사무를 관리한 경우에도 사무관리를 인정하는 듯이 보인다.68) 하지만 의무, 비용, 손해의 부담은 "각 이익에 비례하여" 분배됨을 규정하는 본조 제2항이 있기 때문에 그러한 해석은 불가능하다. 본조 제2항은 그 사무가 본인과 관

---

63) B. Mercadal, n° 910, p. 229.
64) O. Deshayes, Th. Genicon et Y.-M. Laithier, *op. cit.*, p. 618.
65) 제3자의 행위담보계약이 의무부담에 대한 추인을 목적으로 하는 경우에는 그러한 의무부담은 행위담보약정이 체결된 날로 소급하여 효력이 있다(제1204조 제3항).
66) O. Deshayes, Th. Genicon et Y.-M. Laithier, *op. cit.*, p. 619.
67) Com., 16 nov. 1976, n° 74-13.681; Civ. 1re, 12 janv. 2012, n° 10-24.512.
68) 프랑스에 부당이득법리가 존재하지 않던 시절에는 이러한 행위도 사무관리로 인정되었다. O. Deshayes, Th. Genicon et Y.-M. Laithier, *op. cit.*, p. 619.

리자에게 '공동이익의 사무'(affaire d'intérêt commun)인 것을 전제로 하기 때문이다. 판례의 사안에서도 볼 수 있듯이 본조의 규율은 특히 사실혼관계에 유용하게 적용될 것이다.

나아가 본조 제2항은 공동이익이 존재하는 때에는 사무관리의 법리가 약간 수정된다는 점을 규정한다.[69] 즉 관리행위로부터 본인만 이익을 얻는 원칙적인 경우에는 "의무, 비용, 손해의 부담"이 본인에게만 주어지지만, 공동이익이 존재하는 때에는 각자의 이익에 비례하여 분배된다.

Article 1301-5 Si l'action du gérant ne répond pas aux conditions de la gestion d'affaires mais profite néanmoins au maître de cette affaire, celui-ci doit indemniser le gérant selon les règles de l'enrichissement injustifié.
제1301-5조 관리자의 행위가 사무관리의 요건을 충족시키지 못하지만 사무의 본인에게 이익이 되는 경우에는 본인은 부당이득의 규정에 따라서 관리자에게 배상하여야 한다.

[해제] 본조는, 사무관리의 요건을 충족시키지 못한 경우 보충적으로 부당이득제도에 의거한 구제가 가능함을 규정하는데, 개정 전 프랑스민법전에는 없었고 까딸라초안(제1329-1조)에서 처음 등장한 조문이다.[70]

사무관리의 요건들 가운데 하나라도 갖추지 못한 때에는 관리자는 "부당이득" 규정에 따른 배상청구를 도모할 수 있다. 물론 제1303조 이하에 규정된 부당이득의 요건이 증명되어야 배상받는 것인데 아마 그 요건을 갖추는 경우는 많지 않을 것이다. 가령 관리자가 아무런 의무 없이 관리한 게 아니어서 사무관리가 적용되지 않는 경우에는 부당이득도 원용할 수 없다. 문제삼는 이득은 관리자의 의무를 발생시키 계약이나 법률 등에 기한 이득이기 때문이다. 본인이 반대하는데도 관리하여서 사무관리가 적용되지 않는 경우에는 제1303-2조에 부딪히게 될 것이다. 즉 관리자가 타인의 사무에 부당하게 간섭하였다는 점에서 과책을 범하였다거나(제1303-2조 제2항), 자신의 이익을 위해서만 관리행위를 하였다(제1303-2조 제1항)는 이유로 배상이 배제될 것이다. 그런데 관리자가 자

---

69) G. Chantepie et M. Latina, *op. cit.*, n° 712, p. 662.
70) 본조는 판례 법리를 명문화한 것은 아니다.

신의 사무를 관리한다고 믿고(선의로) 타인의 사무를 관리한 경우에도 부당이득에 기한 배상청구를 할 수 없는지가 문제된다.[71] 관리자가 행위 당시에는 본인에게 유익하도록 행위를 하지 않았는데 결과적으로 본인에게 이익이 된 경우에는 본조가 적용되어야 할 것이다.[72]

본조는, 부당이득은 사무관리와 비채변제의 요건들이 충족되지 않을 때에 적용된다는 '보충성의 원칙'의 일환이라고 할 것이다.[73] 다른 한편으로 본조는 3개의 준계약, 즉 사무관리, 비채변제, 부당이득 사이에는 본질적인 통일성이 있음을 보여주는 조문이기도 하다.

[이 은 희]

---

71) 제1352조 이하에서 규정하는 급부반환을 청구할 권리는 인정될 수 있지만 이는 반환해야 할 물건이 존재함을 전제로 한다.

72) O. Deshayes, Th. Genicon et Y.-M. Laithier, *op. cit.*, p. 620.

73) G. Chantepie et M. Latina, *op. cit.*, n° 706, p. 659는, 사무관리나 비채변제 반환의 요건이 충족되지 않을 때에 비로소 부당이득이 적용되는 점을 가리켜 부당이득의 '일반조항(une clause générale)'적 성격이라고 한다.

Chapitre Ⅱ Le paiement de l'indu
제2장 비채변제

[해제] 프랑스민법전은 제3편 채권관계의 연원(Titre Ⅲ : Des sources d'obli-gations), 제3부속절 채권관계의 다른 발생연원(Sous-titre Ⅲ : Autres sources d'obligations), 제2장에서 비채변제(Chapitre Ⅱ : Le paiement de l'indu)에 대하여 규정하고 있다. 종래 프랑스에서는 우리 법과 달리 민법전에 부당이득반환에 관한 일반규정을 두지 않았다. 부당이득이 문제되는 경우 중 비채변제로 인한 경우만을 사무관리와 함께 준계약(les quasi-contrats) 하에서 규율하고 있을 뿐이었다. 그러나 민법전에 일반적인 부당이득 규정이 없다는 것은 실무상 문제 상황에 효율적으로 대처하기 어렵다는 문제를 초래하였다. 이에 대한 반성으로 개정 프랑스민법전은 제3장 부당이득(Chapitre Ⅲ : L'enrichissement injustifié)을 별도로 신설하였다.[1] 그리고 종래 변제(개정 전 제1275조)와 준계약(개정 전 제1376조 내지 제1381조)하에서 산재하던 비채변제에 관한 규정을 본장에 재편하여 규율하고 있다.[2] 개정 전 프랑스민법전 하에서는 일반적 부당이득에 관한 규율이 없었기 때문에 종래 부당이득상의 문제를 비채변제에서 해결하기도 하였다. 그러나 개정 민법전이 원칙적으로 양자를 구별하여 편제하였다는 점에서 부당이득과 비채변제는 별개의 체제 하에서 운용되게 되었다.

비채변제에 관한 개정은 개정 전 규정을 형식적으로 독립된 장으로 구성한 것 이외에는 비교적 경미하다. 개정 전 프랑스민법전에서는 7개의 규정(변제 1개, 비채변제 6개)을 두고 있었으나(개정 전 제1235조, 제1376조 내지 제1381조), 개정 후에는 4개의 규정을 두고 있다(제1302조 내지 제1302-3조). 비채변제의 요건은 개정 후에도 개정 전과 마찬가지로, 변제자의 변제가 있을 것, 그리고 채무의 부존재(자연채무의 존재)하거나 변제자의 착오가 있을 것이다.

비채변제에 관한 장의 첫 규정인 제1302조는 비채변제에 관한 기본규정이다. 그리고 이는 개정 전에는 변제에 관한 절에서 규정하였던 조문(제1235조)을

---

1) 이에 대한 자세한 사항은 이 책 제1303조 이하의 해제 참조.
2) G. Chantepie et M. Latina, *op. cit.*, n° 726, p. 669.

본장으로 옮긴 것이다. 비채변제 반환을 지칭하고 있던 'répétition'이라는 용어는 'restitution'으로 바뀌었는데, 이는 제1352조 이하에 반환관계에 관한 총칙규정이 마련된 것을 반영한 것이다.

비채변제는 변제자(*solvens*)와 수령자(*accipiens*) 사이에 채무가 존재하지 않는 경우에 성립하는데, 이는 크게 객관적 비채변제와 주관적 비채변제로 구분된다. 객관적 비채변제(l'indu objetif)란 채무가 객관적으로 존재하지 않는 비채변제를 말한다. 변제자가 채무의 부존재 여부를 알았는지와 무관하다. 반면, 주관적 비채변제(l'indu subjectif)는 객관적 비채변제와 달리 채권자에게 채권이 존재하는 경우의 비채변제를 말한다. 이러한 주관적 비채변제는 다시 변제자가 채무자이지만 변제수령자가 진정한 채권자가 아닌 경우(능동적 주관적 비채변제, 주관적 비채변제 제1유형)와 채무자 아닌 자(타인)가 진정한 채권자인 변제수령자에게 변제한 경우(수동적 주관적 비채변제, 주관적 비채변제 제2유형)로 세분된다.3)

제1302-1조와 제1302-2조는 개정 전 제1376조와 제1377조를 이어받은 규정이다. 각각의 규정이 객관적 비채변제와 주관적 비채변제를 규정하고 있는 점은 개정 전과 마찬가지인데 제1302-2조는 보다 명확하게 규정하였다. 주관적 비채변제는 다시 두 유형으로 나눌 수 있는데, 그중 한 유형(제1유형)은 제1302-1조가 규정하는 것으로 볼 수 있고, 또 하나의 유형(제2유형)은 타인채무의 비채변제에 관한 제1302-2조이다.

제1302-3조는 비채변제의 효과에 대하여 규정하고 있는데, 비채변제 반환관계를 제4편 제5장 급부반환(Les restitution, 제1352조 내지 제1352-9조)에 관한 규율에 따를 것을 규정하고 있다. 프랑스민법전은 계약의 무효, 실효, 해제의 효과에 관한 규정을 한 곳으로 모아 비채변제와 함께 반환관계로서 규율하고 있다.

Article 1302 Tout paiement suppose une dette ; ce qui a été reçu sans être dû est sujet à restitution.

---

3) F. Chénedé, *op. cit.*, n° 33.31; B. Fages, *Droit des obligations*, 8e éd., LGDJ, 2018, n° 469, p. 404; G. Chantepie et M. Latina, *op. cit.*, n° 734, p. 674 et n° 736, p. 676; 또한 견해에 따라서는 객관적 비채변제를 절대적 비채변제라고 하고, 주관적 비채변제를 상대적 비채변제라고 하기도 한다(A. Bénabent, *Droit des obligations*, 15e éd, LGDJ, 2016, n° 460, p. 353 참조).

> La restitution n'est pas admise à l'égard des obligations naturelles qui ont été volontairement acquittées.
>
> 제1302조 ① 모든 변제는 채무를 전제로 한다. 따라서 의무 없이 수령된 것은 반환의 대상이 된다.
>
> ② 반환은 임의로 이행한 자연채무에 대하여는 인정되지 않는다.

[해제] 본조는 비채변제의 의미와 그 효력에 관한 규정이다. 본조는 객관적으로 채무가 없음에도 변제가 이루어진 경우인 객관적 비채변제에 관한 규정이다.[4] 본조의 내용은 문구를 약간 손질한 것 외에는 개정 전 제1235조와 거의 동일하다.[5] 달라진 점을 보면 우선, 개정 전 규정에서 비채변제 반환을 지칭하고 있던 "répétition"이라는 용어가 "restitution"으로 바뀌었다. 이것은 제1302-3조가 반환의 범위에 대해서 제1352조 이하에 따른다고 한 점에서 분명한 바와 같이 비채변제와 계약 소멸 후의 반환관계를 의미하는 "반환(restitutions)"의 총칙규정이 마련된 것에 대응한다. 그리고 본조 제2항의 "payé(변제된)"이라는 용어가 "reçu(수령된)"으로 변경되었다. 이와 같이 본조는 변제에 관한 부분에서 비채변제에 관한 장의 첫머리로 이동되면서, 비채변제 반환만을 규율하는 규정으로 다듬어진 바, 적절한 수정으로 평가된다.[6]

본조 제1항에서는 변제는 채무를 전제로 한다는 점과 채무를 전제로 하지 않은 비채변제는 반환의 대상이 된다는 것을 규정하고 있다. 비채변제의 의미를 이해를 위하여 변제(paiement)의 의미를 명확히 하는 것이 필요하다. 변제란 의무 있는 급부의 자발적 이행을 말하며(제1342조), 이는 채무(dette)를 전제한다(본조 제1항 전단). 따라서 채무가 없음에도 이루어지는 변제, 즉 의무 없는 급부의 이행은 비채변제가 되는 것이다. 채무가 없는 변제가 행해지는 경우는 처음부터 채무가 존재하지 않는 경우뿐 아니라, 일부가 과도하게 변제된 과잉변제의 경우, 그리고 소멸시효의 완성 등으로 원래는 존재하고 있던 채무가 소

---

4) F. Chénedé, *op. cit.*, n° 33.31, p. 176; B. Fages, *op. cit.*, n° 469, p.404; G. Chantepie et M. Latina, *op. cit.*, n° 734, p. 674 et n° 736, p. 676).

5) 본조의 입법자는 비채변제는 채무를 전제하지 않는 채무 없는 변제라는 점을 확실히 하기 위하여 기존의 변제하다(payé)라는 동사를 수령하다(reçu)라는 동사로 개정하였다. G. Chantepie et M. Latina, *op. cit.*, n° 727, p. 670.

6) O. Deshayes, Th. Genicon et Y.-M. Laithier, *op. cit.*, p. 621; G. Chantepie et M. Latina, *op. cit.*, n° 727, p. 670

멸한 경우가 모두 해당된다.[7] 이와 같이 원래 변제는 채무를 전제하는 것임에
도 불구하고 채무 없이 변제가 이루어진 것은 변제수령자에게는 의무가 없는
변제를 수령하는 것에 대하여 어떠한 원인도 없다는 것을 의미한다. 따라서 이
러한 경우에는 변제수령자는 원인 없이 수령한 변제액을 반환하여야 하는 것
이다(본조 제1항 후단).[8] 그리고 비채변제의 소권은 견해에 따라서 변제자와 변
제수령자 사이에서 행해진 수익의 이전에 관한 계약에 기한 것으로 해석하기
도 한다.[9]

　　본조 제2항은 비채변제가 자연채무인 경우에 대한 규율이다. 변제자가 임
의로 이행한 자연채무는 비채변제반환의 대상이 될 수 없음을 규정하였다. 이
와 같이 비채변제반환에 임의로 이행한 자연채무를 배제하고 있는 이유는 무엇
인가? 이는 이러한 변제자와 수령자의 관계에서 변제자가 임의로 이행한 비채
변제가 자연채무에 기초한 경우에는 채무(dette)는 없지만 수령자가 그 이익을
향유하도록 하는 것이 타당하다고 할 수 있기 때문이다.[10]

　　주지하는 바와 같이 본조 제2항에서의 자연채무(obligations naturelles)를 정
의하기는 쉽지 않다. 이와 관련하여 특히 자연채무와 제1100조 제2항에서의 타
인에 대한 도의적 의무(devoir de conscience envers autrui)[11] 사이의 관계가 문제
되어 왔다. 제1100조 제2항은 타인에 대한 도의적 의무를 자발적으로 이행하거
나, 또는 도의적 의무를 이행할 것을 약속하는 경우에도 채권관계가 발생할 수
있다고 규정하는데, 이에 따르면 도의적 의무는 민사상의 의무가 아니지만, 이
를 자발적으로 이행하거나 또는 이행의 약속을 통하여 민사상 채무로 전환되게
된다. 이때의 타인에 대한 도의적 의무 개념에 자연채무가 합치되어야 하는 것
인지 아니면 자연채무의 정의가 독자적으로 이루어질 수 있는지의 문제되는 것
이다. 이에 대하여는 논란의 여지는 있지만, 개정 프랑스민법전은 최근 다수의
학자가 주장하는 바에 따라 자연채무를 도의적 의무에서 발생한 것으로 정의하

---

7) V. Forti, 《Quasi-contrats》, *Jurisclasseur Synthèse*, Lexisnexis, 2020, n° 24.
8) G. Chantepie et M. Latina, *op. cit.*, n° 728, pp. 670-671.
9) G. Chantepie et M. Latina, *op. cit.*, n° 729, p. 671.
10) 법적 의무가 아닌 도의적(도덕적 또는 윤리적) 의무에 적합한 급부에 대하여 비채변제
　　가 행해진 경우 반환청구를 부정하는 다른 입법례로는 독일민법 제814조, 스위스채무
　　법 제63조 제2항 그리고 우리 민법 제744조의 도의관념에 적합한 비채변제가 있다.
11) 이에 대한 자세한 사항은 이 책 제1100조 해제 참조.

는 태도를 취하는 것으로 보인다. 물론 양자를 다르게 정의한다고 하는 견해도 가능하다. 이 경우 도의적 의무를 이행하기로 약속하는 경우에 민사상의 채무로 변경된다는 규정(제1100조 제2항)의 적용 범위와 자연채무의 변제로 인하여 비채변제반환이 불가한 경우의 적용 범위(본조 제2항)가 달라지게 될 것이다. 그러나 그렇게 되면 도의적 의무의 이행에 대한 약속을 하였음에도 민사상 채무를 발생시키지 못하고 비채변제로 반환되지 못하는 경우도 존재하게 될 것이다. 이러한 결과는 논리적으로 정당화될 수 없다는 점에서, 본조에서 규정하는 자연채무는 제1100조 제2항에서의 타인에 대한 도의적 의무와 동일하게 해석하는 것이 일반적이다.12) 이와 같이 본조 제2항에 해당하는 대표적인 자연채무의 예로는 법에 의하여 인정되는 부양의무의 대상이 아닌 형제·자매에 대한 원조의무 또는 시효로 소멸한 채무가 있다.13)

    한편, 본조 제2항의 임의성(volontairement)이 무엇을 의미하는지 여부가 문제된다. 즉, 도의적 채무임을 알면서도 변제를 하는 경우에 임의성이 인정되는지, 아니면 강제성이 없이 자유로이 이행하기만 하면 임의성을 인정할 수 있는지 여부가 그것이다. 전자의 경우에는 채무의 부존재에 대한 인식이 필요하지만, 후자의 경우에는 그러하지 않다. 이에 관하여 판례는 혹은 채무 없음을 알고 변제하는 인식이 있어야 임의성이 인정된다고 하는 경우도 있었고,14) 반대로 채무의 시효가 완성된 사실을 모른 경우에도 임의성이 인정된다고 하는 경우도 있었다.15) 이를 종합해 보면, 임의성이란 원칙적으로 채무자에게 채무 없음을 알면서도 변제한다는 인식이 있어야 하는 것을 말하지만, 예외적으로 시효가 완성된 채무의 경우에는 이러한 인식이 없더라도 강제성만 없으면 임의성이 인정되는 것으로 해석된다.16)

---

12) O. Deshayes, Th. Genicon et Y.-M. Laithier, *op. cit.*, p. 621; Rapport au Président de la République; G. Chantepie et M. Latina, *op. cit.*, n° 730, pp. 671-672.

13) G. Chantepie et M. Latina, *op. cit.*, n° 730, p. 672.

14) Civ. 1re, 12 juill, 1994, n° 92-13.375.

15) Com. 1re juin 2010, n° 09-14.353.

16) F. Chénedé, *op. cit.*, n° 33.21.

Article 1302-1 Celui qui reçoit par erreur ou sciemment ce qui ne lui est pas dû doit le restituer à celui de qui il l'a indûment reçu.

제1302-1조 자신에게 지급되어야 할 것이 아닌 것을 착오로 또는 알면서도 부당하게 수령한 자는 이를 지급한 자에게 반환하여야 한다.

[해제] 본조는 채무가 객관적으로 부존재한 객관적 비채변제(l'indu objetif)에 관한 규정이다. 객관적 비채변제란 채무 자체가 존재하지 않는 경우의 비채변제를 말한다.[17] 이는 변제자와 수령자 모두에 대한 관계에서 비채변제인 경우라고 설명할 수도 있다. 객관적 비채변제는 변제자와 변제수령자 사이에서 문제되는데, 그 예로는 의료보험및가족수당기관(assurance maladie ou d'allocations familiales)이 권리자가 아닌 자에게 변제하는 경우, 정지조건이 성취되지 않았음에도 채무를 변제한 경우, 또는 시효로 소멸한 채권에 대한 변제 등이 있다.[18] 본조에 따라 착오(erreur)로 또는 알면서(sciemment) 자신에게 지급되지 않아야 할 것을 부당하게 수령한 경우, 이를 지급한 자에게 반환하여야 하는 것이다. 본조는 개정 전 제1376조에서도 규정되어 있었는데, 종전의 "의무가 있다(s'oblige à)"라는 표현이 "하여야 한다(doit)"라고 개정되었을 뿐 그 내용이 종전과 거의 동일하다.

또한 본조의 적용범위에는 객관적 비채변제 이외에도 채무가 존재하는 주관적 비채변제 가운데에서 변제자는 채무자이지만 변제수령자가 진정한 채권자가 아닌 경우(능동적 주관적 비채변제, 주관적 비채변제 제1유형)도 포함한다.[19] 이는 본조와 제1302-2조를 종합적으로 해석한 결과이다. 제1302-2조가 타인채무의 비채변제(수동적 주관적 비채변제, 주관적 비채변제 제2유형)를 명시적으로 규율하고 있으므로, 채무자가 채권자 이외의 자에게 변제를 하는 경우는 본조의 규율을 받을 수밖에 없다는 점을 근거로 하는 것이다.[20] 따라서 채권자가 아님에도 불구하고 착오로 또는 이를 알면서 자신에 대하여 채무가 없는 것을 수령한 자는 그가 부당하게 지급 받은 것을 변제자에게 반환하여야 한다.

---

17) O. Deshayes, Th. Genicon et Y.-M. Laithier, *op. cit.*, p. 622.
18) G. Chantepie et M. Latina, *op. cit.*, n° 733, p. 674.
19) Rapport au Président de la République; G. Chantepie et M. Latina, *op. cit.*, n° 734, p. 674.
20) G. Chantepie et M. Latina, *op. cit.*, n° 734, p. 674.

본조는 개정 전과 마찬가지로 변제자에게 착오가 있었는지를 묻지 않는다. 본조에서의 착오는 변제수령자의 착오를 말할 뿐이다. 1993년 4월 2일 파기원은 전원합의체판결로 계약의 무효 또는 해제에 기하여 반환되는 경우를 제외하고 객관적 비채변제의 경우에는 변제자는 채무의 부존재라는 요건 외에는 "어떠한 다른 증거도 필요로 하지 않는다."고 판시하였다.[21] 이번 개정은 이러한 파기원의 태도를 확고히 한 것이다.[22] 반면, 능동적 주관적 비채변제(주관적 비채변제 제1유형)에 대해서는 개정 전부터 객관적 비채변제와 같이 변제자의 착오가 불필요하다고 주장하는 견해도 있다.[23]

Article 1302-2 Celui qui par erreur ou sous la contrainte a acquitté la dette d'autrui peut agir en restitution contre le créancier. Néanmoins ce droit cesse dans le cas où le créancier, par suite du paiement, a détruit son titre ou abandonné les sûretés qui garantissaient sa créance.

La restitution peut aussi être demandée à celui dont la dette a été acquittée par erreur.

제1302-2조 ① 착오 또는 강요로 타인의 채무를 이행한 자는 채권자에 대하여 그에 대한 반환소권을 행사할 수 있다. 그러나 그 권리는 변제로 인하여 자신의 증서를 훼멸하거나 자신의 채권을 담보하는 담보를 포기한 경우에 소멸한다.

② 반환은 착오로 채무를 이행 받은 자에게도 청구될 수 있다.

[해제] 본조는 비채변제의 유형 가운데에서 주관적 비채변제에 관한 것이다. 본조는 개정 전 제1377조[24]를 개정한 것인데, 주관적 비채변제 중에서도 채권자에게 채권이 존재하나 착오 또는 강요로 인하여 채무자 아닌 자가 진정한 채권자인 변제수령자에게 변제한 경우(수동적 주관적 비채변제 또는 주관적 비채변제 제2유형)에 관한 규정이다.[25] 채권자가 정당하게 거절한 경우가 아니면 채

---

21) Ass. plén., 2 avr. 1993, n° 89-15.490.
22) O. Deshayes, Th. Genicon et Y.-M. Laithier, *op. cit.*, p. 622.
23) G. Chantepie et M. Latina, *op. cit.*, n° 735, p. 676.
24) 개정 전 프랑스민법전 제1377조 ① 착오로 인하여 자신을 채무자로 믿고 채무를 이행한 자는 채권자에 대하여 반환을 청구할 권리를 가진다. ② 그러나 채권자가 변제로 인하여 채권증서를 훼멸한 경우에는 진정한 채무자에 대하여 변제한 자의 구상권이 있는 때를 제외하고 그 권리는 소멸한다.
25) 이는 우리 민법상 타인 채무에 대한 비채변제에 관한 제745조에 해당한다. 민법 제745

무 없는 자에 의해서도 변제될 수 있다는 점에서(제1342-1조), 본조가 전제하는 타인채무에 대한 변제도 정당한 것이다.[26]

　본조 제1항은 수동적 주관적 비채변제의 경우에 반환청구권이 인정되기 위한 요건에 관한 것이다. 이에 대해서는 개정 전에 판례법리를 확인하는 두 가지 개정사항이 있다. 먼저 첫 번째 개정사항으로는 수동적 주관적 비채변제가 인정되는 요건에 관한 것이다. 개정 전 제1377조에서 규정한 주관적 비채변제 유형은 변제자가 착오로 비채변제한 경우만을 의미하는 것이었다. 그러나 판례는 명문의 규정이 없음에도 불구하고 그 해당 범위를 강요된 경우에까지 확대하였다.[27] 그리고 이러한 판례법은 프랑스민법전의 개정으로 본조 제1항 1문에서 승인되었다. 두 번째 개정사항 역시 판례법리를 반영하기 위한 것이다. 이는 변제수령자, 즉 진정한 채권자가 변제가 완료됨에 따라 채권에 관한 증서를 폐기한 경우에 관한 것이다. 판례는 개정 전 제1377조가 주관적 비채변제에서 반환청구가 불가능한 사유로 변제수령자가 그 증서를 훼멸시킨 경우만을 규정하고 있음에도 불구하고, 그가 변제의 완료로 담보를 포기한 경우까지 이를 포함시켰다. 변제수령자가 담보를 포기한 것은 스스로 자신의 권리를 회복할 기회를 심각하게 박탈한 것이기 때문이었다. 본조 제1항 2문은 판례가 인정한 반환청구가 불가능한 새로운 사유를 명문으로 승인하였다.[28]

　본조 제2항은 수동적 주관적 비채변제가 행해진 경우(주관적 비채변제 제2유형)에 변제자가 가지는 구상권에 관한 것이다. 본조 제2항은 변제자가 채무를 이행받은 자에 대하여 비채변제반환을 청구할 수 있다고 규정하고 있다. 본조 제2항은 개정 전 제1377조 제2항을 개정한 것이다. 본조 제2항은 까딸라초안(제1332조)과 떼레초안(제4조 제2항)에서부터 등장하였다. 그러나 이번 개정으로 종전보다 그 해석이 더 모호해졌다는 비판이 제기된다.[29] 그 이유로는 첫째, 개정 전 제1377조 제2항이 변제수령자가 채권증서를 훼멸한 경우에 예외적으로 구상

조 (타인의 채무의 변제) ① 채무자 아닌 자가 착오로 인하여 타인의 채무를 변제한 경우에 채권자가 선의로 증서를 훼멸하거나 담보를 포기하거나 시효로 인하여 그 채권을 잃은 때에는 변제자는 반환을 청구하지 못한다.

26) G. Chantepie et M. Latina, *op. cit.*, n° 736, p. 675.
27) Com. 5 mai 2004, n° 02-18.066.
28) Civ. 1er 5 déc. 1995, n° 93-17.487.
29) O. Deshayes, Th. Genicon et Y.-M. Laithier, *op. cit.*, p. 623.

권이 있음을 규정하고 있었던 반면, 개정된 본조 제2항이 구상권을 행사할 수 있다는 점만을 별개의 항에 떼어놓음으로써 채권증서의 훼멸이나 담보의 포기 외의 경우에도 구상권의 행사가 일반적으로 가능한 것으로 해석될 수 있다는 문제점 때문이었다. 본항은 변제수령자에 대한 변제자의 구상과 진정한 채무자에 대한 변제수령자의 재구상의 번거로움을 막기 위한 고려에서 입법되었을 뿐, 그 구상권을 일반화하기 위한 것은 아니기 때문에 일반적인 구상권을 인정하는 것과 같은 개정 태도에 대해서 비판하는 것이다. 둘째, 변제자가 진정한 채무자에 대해 가지는 구상권의 법적 성질에 대한 해석상의 어려움 때문이다. 종래 파기원은 이 구상권의 법적 성질을 비채변제라고 하기도 하고,[30] 부당이득이라고 하기도 하였으며,[31] 이는 사무관리라고 하는 태도를 취하기도 하였다.[32] 이는 구상권이라는 법률용어를 어떤 단어로 쓰는지와 관련된 것이었다. 개정 전 제1377조는 어원상 반환청구에 대한 원인이 있음을 전제하는 용어인 "반환(répétition)"을 사용하여 "반환할 권리(droit de répétition)"라고 하였으나, 2015년 오르도낭스안(projet d'ordonnance)에서는 학설이나 판례에서 불분명하게 논의되던 구상권의 법적 성질에 대하여 중립적인 용어인 "상환(remboursement)"으로 변경되었다가, 2016년 개정 프랑스민법전에서는 최종적으로 원인을 전제하지 않고 그 결과만을 가리키는 "반환(restitution)"이라는 용어가 채택된 것이다.[33] 이에 대하여 채권법 개정을 위한 2016년 오르도낭스에 대하여 대통령에게 제출된 보고서에서는 본조 제2항은 종전부터 구상권의 성질에 대하여 부당이득을 지지한 판례를 승인한 것이라고 하였으나,[34] 개정 프랑스민법전에서 비채변제반환에 "반환(restitution)"을 채택한 입법자의 의도는 제1303조 이하의 부당이득(L'enrichissement injustifié)에 관한 규율을 배제하고자 하는 것일 뿐 그 요건상 채무를 착오로 이행 받은 자에게 청구할 수 있다고 규정하였다는 점에서

---

30) Civ. 1er, 9 mars 2004, n° 01-16.269.
31) Civ. 1er, 4 avril 2001, n° 98-13.285.
32) Civ. 1er, 12 janv. 2012, n° 10-24.512.
33) 입법자가 의도한 "répétition"과 "restitution"의 의미상 차이에 대해서는 Rapport au Président de la République의 제1302조 해설 참조.
34) Rapport au Président de la République의 제1302-2조 제2항 해설에서도 제2항은 착오로 이행을 받은 채무의 채권자에 대하여 변제자에게 직접소권을 인정하는 것에 찬성하면서 종전부터 구상권의 성질에 대하여 부당이득을 지지한 판례를 승인한 것이라고 하고 있다.

그 성질을 부당이득이 아니라 비채변제로 보아야 한다는 것이다.[35] 그러나 구
상권의 법적 성질이 무엇이든 간에 본조 제2항은 변제자가 변제수령자에게 비
채변제반환소권을 행사하지 않고 바로 진정한 채무자에게 청구할 수 있도록 구
상관계를 간략하게 처리하기 위한 규정이라는 것에는 견해가 일치되어 있다.

Article 1302-3 La restitution est soumise aux règles fixées aux articles 1352 à 1352-9.

Elle peut être réduite si le paiement procède d'une faute.

제1302-3조 ① 반환은 제1352조 내지 제1352-9조에서 정한 규율에 따른다.
② 반환은 변제가 과책으로 인하여 행해진 경우에 경감될 수 있다.

[해제] 본조는 비채변제의 효과에 관한 규정이다. 비채변제에 관한 개정 규
정은 기본적으로 종래의 규율(개정 전 제1235조·제1376조·1377조)을 유지하고 있
지만, 효과인 반환관계에 관한 규정은 별도로 두고 있는 것이다. 본조는 비채변
제의 반환관계에 관한 준용 규정이다. 본조 제1항은 비채변제의 반환관계의 규
율을 위하여 제4편 제4장 제1352조에서 제1352-9조에서 규성하고 있는 계약이
무효, 실효, 해제되는 경우의 급부반환(restitution)에 관한 규정을 본조의 비채변
제반환에 준용하는 태도를 취하고 있다.[36] 급부반환에 관한 제4편 제4장의 규
정 역시 이번 개정을 통하여 신설된 것이다. 개정 전 프랑스민법전에서는 급부
반환에 관한 일반규정이 없었고 관련규정이 민법전의 여러 곳에 분산되어 있었
다. 이것만으로는 반환관계 일반을 제대로 규율하기 어려웠기 때문에 문제가
발생하는 부분은 판례에 의하여 보충되고 있었다. 이와 같이 계약이 무효, 실
효, 또는 해제되었을 때의 급부의 반환관계에 관하여 민법전 곳곳에 흩어져 있
었던 여러 규정을 프랑스민법전 제4편 제4장이라는 하나의 독립된 장에 새로
편제하게 된 것이다. 그 결과 비채변제의 반환관계에 대하여 규정하고 있던 개
정 전 제1378조에서 제1381조까지의 규정은 민법전에서 삭제되었다.[37]

---

35) O. Deshayes, Th. Genicon et Y.-M. Laithier, *op. cit.*, p. 623; G. Chantepie et M. Latina, *op. cit.*, n° 739, p. 678. 손실자에게 다른 소권이 인정되거나 그 소권에 시효 등
과 같은 법적 장애가 있을 경우에는, 손실자는 부당이득에 근거한 소권을 가지지 못한
다(제1303-3조)는 원칙을 부당이득의 보충성 원칙이라고 한다.
36) G. Chantepie et M. Latina, *op. cit.*, n° 741, p. 680.
37) G. Chantepie et M. Latina, *op. cit.*, n° 741, p .680.

본조 제1항의 준용에 따르면, 비채변제로 물건이 인도된 경우와 금전이 인도된 경우, 그리고 용역이 행해진 경우로 나뉘게 된다. 첫째, 비채변제로 물건이 인도된 경우에는 원물이 반환되어야 하고, 원물반환이 불가능한 경우에만 반환일을 기준으로 산정된 가액의 반환이 인정된다(제1352조). 이 경우 물건의 인도로 인하여 수령자가 취득한 과실 및 사용수익은 수령자의 선의·악의를 불문하고 반환되나(제1352-3조), 수령자가 선의인 경우에는 청구일부터, 수령자가 악의인 경우에는 변제일로부터 반환된다(제1352-7조). 이는 개정 전 제1378조와 크게 다르지 않다. 예외적으로 가액반환이 인정되는 경우에도 선의로 물건을 수령하여 그 물건을 매각한 자는 매각대금을 반환하면 된다(제1352-2조 제1항). 물건의 가액이 매각대금을 상회하는지 여부를 묻지 않고 대금만 반환하면 되는 것이다. 이는 개정 전 제1380조가 규율한 내용과 동일하다. 반대로 악의로 물건을 수령한 경우에는 수령자는 반환일의 가액이 매각대금을 상회하는 때에는 그 가액을 반환하여야 한다(제1352-2조 제2항). 개정 전 제1380조는 악의의 수령자에 대하여는 규정을 두지 않아 해석상 의문이 제기되었으나 제1352-2조 제2항이 이를 명문화하였다. 물건의 반환과 관련하여 물건에 대한 필요비 및 유익비의 반환이 가능한지 문제된다. 개정 전 제1381조에 따르면 필요비 및 유익비는 물건의 보존을 위하여 필요한 경우에 한하여 악의의 점유자에 대해서도 반환될 수 있었다. 그러나 개정법 하에서는 필요비 및 보존과 관련이 없는 유익비의 반환까지도 인정된다. 다만, 유익비는 반환일을 기준으로 산정한 가치증가의 한도 내에서 계산된다(제1352-5조). 둘째, 비채변제로 금전이 지급된 경우도 있다. 이 경우에는 법정이율에 따른 이자와 금전수령자가 납부한 세금을 포함하여 반환받을 수 있고(제1352-6조), 수령자가 선의일 경우에는 청구일 이후의 이자와 사용수익이 반환되어야 하나, 수령자가 악의일 경우에는 금전 이외에 변제일 이후의 법정이율의 이자가 함께 반환된다(제1352-7조). 마지막으로 용역이 반환되는 경우도 있다. 이 경우에는 수령자는 수령한 용역을 반환할 수는 없다. 따라서 그 가액을 반환하여야 한다. 용역의 반환가액은 용역이 제공된 날을 기준으로 산정된다(제1352-8조).[38]

본조 제2항은, 비채변제가 과책에 의한 경우에는 반환범위가 경감될 수 있

---

38) 이에 대한 자세한 사항은 이 책의 제4편 채권관계의 일반적 규율, 제4장 급부반환(restitution)의 해제 참조.

다고 규정한다. 동항이 비채변제의 효과인 반환관계를 제1352조 이하 규정에 맡기는 제1항 바로 다음에 위치한 점을 고려할 때, 비채변제 반환에 한하여 적용되는 특칙이라고 할 것이다. 이는 또한 부당이득에 관하여 손실자의 과책에 대한 제재가 불인정이 아닌 감액으로 된 것(제1303-2조)과 동일한 취지의 규정이다. 본조 제2항은 변제자가 과책이 있는 경우에 관한 비채변제 반환관계에 관한 규정이다. 본조 제2항에 따라 변제자의 과책으로 인하여 변제된 경우에도 법원이 이를 참작하여 반환액을 감액할 수 있게 된 것이다. 이 경우 변제자에게 과책이 있는지 여부뿐 아니라 과책의 경중까지도 참작할 수 있게 되었다는 점에서 법원은 종전보다 더욱 융통성 있는 판단을 할 수 있게 되었다.[39] 본조 제2항은 실제로 경감에 대한 어떠한 기준도 제시하지 않기 때문에 실무상 모든 판단이 사실심 법관의 재량에 달려있기 때문이다.

종래 판례에 따르면 채무 자체가 존재하지 않은 객관적 비채변제의 경우에는 변제자의 과책이 있어도 반환청구가 가능하나, 채무 자체는 존재하나 채무자 아닌 자가 착오 또는 강요로 타인(채무자)의 채무를 변제한 경우인 주관적 비채변제의 경우에는 변제자의 과책이 있을 때 비채변제반환이 인정되지 않았다. 또한 판례는 변제자가 범한 과책의 경중, 그리고 과책으로 인하여 발생한 예상하지 못한 손해 등을 고려할지에 대해서도 일관되지 못한 입장을 취하고 있었다. 그러나 2010년의 파기원 판결에서는 종전의 주관적 비채변제와 객관적 비채변제에 따른 판례의 구분을 폐지하고 두 경우 모두 변제자의 과책 여부를 불문하고 비채변제반환이 가능함을 설시하고, 변제자의 과책으로 변제수령자가 입은 손해에 대한 배상액을 비채변제 반환액으로부터 공제하였다.[40] 본조 제2항은 이러한 2010년의 파기원 판결을 명문으로 확인한 것이다.[41]

본조 제2항의 개정으로 인하여 더 이상 불법행위책임 규정에 기하여 변제자의 과책으로 인한 손해액을 산정하지 않고 반환액을 경감시킬 수 있게 되었다. 이는 결과적으로는 차이가 없어 보일지라도 매우 중요한 기술적 차이를 낳는다. 불법행위책임에 있어서는 완전배상이 이루어져야 하는 것과 달리, 본조 제2항에 의한 감액은 과책으로 인한 손해액이 반드시 감액되어야 하는 것도 아

---

39) Rapport au Président de la République의 제1302-3조 제2항 해설 참조.
40) Civ. 1re, 17 fév. 2010, n° 08-19.789.
41) G. Chantepie et M. Latina, *op. cit.*, n° 742, p. 681.

니고, 그로 인한 손해가 반드시 증명되어야 하는 것도 아니기 때문이다. 또한 본조 제2항의 적용으로 과책의 정도에 따라 다른 액수의 반환을 인정함에 따라 이 규정은 과책 있는 변제자를 제재하는 민사적 벌금의 역할을 할 수도 있다.42)

그런데 본조 제2항은 단순히 금전반환액의 감액을 의미하는 것만은 아니다. 본조 제2항은 비채변제의 대상이 물건의 인도인 경우에 당해 목적물을 반환하는 경우에도 역시 적용되는 것이다. 반환의 대상이 되는 목적물이 종류물인 경우에는 그 양을 감축하는 방식으로 해석한다. 다만, 반환의 대상이 되는 목적물이 특정물인 경우에 특정물의 반환을 경감한다는 것을 상정하기는 쉽지 않기 때문에 변제자와 변제수령자 사이의 법정 공유관계가 성립하는 것으로 해석한다.43)

[권 철·김은아]

---

42) O. Deshayes, Th. Genicon et Y.-M. Laithier, *op. cit.*, p. 625.
43) O. Deshayes, Th. Genicon et Y.-M. Laithier, *op. cit.*, p. 626.

Chapitre Ⅲ L'enrichissement injustifié
제3장 부당이득

[해제] 1804년에 제정된 프랑스민법전에는 이번 개정 전까지 부당이득 일반에 관한 규정이 존재하지 않았다. 이미 위에서 소개한 바와 같이, 개정 전 프랑스민법전은 준계약이라는 표제 아래 사무관리와 비채변제에 관한 규정만을 두고 있었다. 다만 개별규정으로 부동산의 첨부나 상속 등과 관련하여 부당하게 취득한 이득의 반환을 규정하는 조문은 두고 있었다(예컨대, 제554조, 제555조, 제862조 등). 프랑스민법전이 시행된 후 한동안은 판례에서도 부당이득제도를 인정하지 않았다. 19세기 중반의 판례는 부당이득에 해당되는 사안을 사무관리로 해결하였다. 프랑스의 판례에서 부당이득을 독자적인 제도로 인정한 것은 "누구도 원인 없이 타인을 침해하여 이득을 누릴 수 없다"(*nul ne peut s'enrichir sans cause aux dépens d'autrui*)는 원칙의 근거 하에 내려진 1892년 6월 12일 파기원 판결이었다[이른바 부디에 판결(arrêt Boudier)].[1] 이론적인 배경에는 다음과 같은 내용이 있었다는 것을 간단하게 부언한다. 부진정 사무관리(gestion d'affaire anormale)로 인정되고 있던 손실자의 이득자에 대한 보상청구가 부당이득을 기초로 인정되게 된 것은, 오브리(Aubry)와 로(Rau)가 짜하리에(Zachariae)의 저서를 불어로 번역한 것, 그리고 오브리와 로가 부당이득반환소권(action *de in rem verso*)을 총재산(patrimoine) 사이의 균형을 보장할 필요성에 따라 이론구성하려고 한 것이 계기가 되었다.[2] 부디에 판결은 부당이득반환소권(action *de in rem verso*)에 대해서 "*de in rem verso* 소권은 타인의 손실로 이득하는 것을 금지하는 형평의 원칙에서 유래한 것인데, 우리법에는 이것을 규정하는 법문이 전혀 존재하지 않아서 그 행사는 정해진 요건에 따르는 것은 아니다. 이 소권이 인정되기 위해서는 원고가 희생 또는 개인의 행위에 의하여 피고에게 가져다준 이익의 존재를 주장입증하면 충분하다."고 판결하였다. 이 판결내용은 파기원

---

1) G. Chantepie et M. Latina, op.cit., n° 743, pp. 682-683
2) 프랑스의 부당이득반환 소권(action *de in rem verso*)에 관하여는, 위 제1300조 해제 마지막 단락도 참조.

제3민사부 1972년 1월 26일 판결에서 다음과 같이 보다 명확하게 판시되었다. 즉 "*de in rem verso* 소권은 그 사람 개인의 행위이며 그 사람에게 손실을 발생시킨 바의 행위에 의하여, 타인의 총재산(patrimoine)에 가치를 유입시킨 자에게 인정된다."이는 오브리(Aubry)와 로(Rau)의 견해에 큰 영향을 받은 것이다.[3] 한편 판례가 부당이득의 근거로 드는 형평은 막연한 개념이기 때문에 부당이득의 소권을 제한할 필요가 있었던바, 판례는 '정당한 원인'(juste cause)이라는 개념을 요구하게 되었고, 다른 한편으로 다른 소권이 인정되는 손실자에게는 부당이득반환 소권(action *de in rem verso*)을 인정할 수 없다는 이른바 '보충성의 원칙'(principe de subsidiarité)을 요구하게 되었다.[4]

이번 개정으로 프랑스민법전에 드디어 부당이득반환소권(action *de in rem verso*)에 관한 규정을 두게 되었다(제1303조 내지 제1303-4조). 부당이득은 기존에 학설과 판례에서 준계약 개념에 포함하여 파악하던 것을 이번 개정에서 비로소 명문으로 규정한 것이다. 다만 그 용어로는 '원인없는 이득(enrichissement sans cause)'이 아닌 '부당이득(enrichissement injustifié)'이 채용되었다. 이것은 계약의 유효요건으로서 '꼬즈(cause)'가 자취를 감춘 것에 대응한다.[5]

제1303조는 부당이득(enrichissement injustifié)에 관한 원칙규정이다. 제1303-1조와 제1303-2조(제1항)는 수익의 부당성 요건에 관하여 규정한다. 제1303-1조는 제1303조가 언급하는 부당성에 대하여 설명하고, 제1303-2조(제1항)는 부당성이 배제되는 경우에 대하여 규정하고 있다. 제1303-3조는 부당이득반환 소권의 보충성 요건(condition de subsidiarité)에 관하여 정한다. 제1303-4조는 배상의 내용 및 범위에 관한 규정이다.

Article 1303 En dehors des cas de gestion d'affaires et de paiement de l'indu, celui qui bénéficie d'un enrichissement injustifié au détriment d'autrui doit, à

---

3) Aubry et Rau, *Cours de droit civil français d'après la méthode de Zachariae*, t. 6, 4e éd., 1873, §. 573, p. 231.
4) 이 명칭도 오브리(Aubry)와 로(Rau)가 처음으로 사용한 것에서 비롯되었다.
5) 프랑스 계약법상 원인(cause)은 계약의 유효요건으로서 대가(contrepartie)라는 의미를 갖는다. 그러나 부당이득에서의 '원인없는 이득'은 법적 권원이 없음을 의미하므로, 계약법에서 원인 개념을 더 이상 사용하지 않기로 하였다 해서 부당이득에 관한 명칭을 변경할 필요가 없다는 견해도 있었다.

celui qui s'en trouve appauvri, une indemnité égale à la moindre des deux valeurs de l'enrichissement et de l'appauvrissement.

제1303조 사무관리 및 비채변제 이외의 경우, 타인을 해하여 부당한 이득을 받은 자는 그것에 의하여 손실을 입은 자에 대하여 이득과 손실 중 보다 적은 가액에 상당하는 배상을 하여야 한다.

[해제] 본조는 부당이득(enrichissement injustifié)에 관한 원칙규정이다. 본조와 제1303-1조는 부당이득에 관한 종전의 법리를 체계화한 것으로서, 까딸라 초안과 떼레초안은 '꼬즈(cause)' 개념의 사용 여부를 제외하고는 종전의 법리에 따른 동일한 원칙을 선언한다.[6] 비록 '꼬즈(cause)'라는 개념이 더 이상 사용되지는 않지만, 일부 학자들은 본조에 의한 부당이득은 꼬즈가 없는 이득을 반환하도록 하는 일반 원칙으로서의 성격을 갖고, 비채변제나 사무관리는 그에 대한 특별 적용의 성격을 갖는다고 본다.[7] 본조의 첫머리는('사무관리 및 비채변제 이외의 경우') 부당이득이 준계약 중의 일반법이라는 것을 확인한다. 다른 준계약인 비채변제와 사무관리 규정을 특별법으로 하고 부당이득 관련 규정은 이들이 적용되지 않는 경우에 비로소 기능한다는 것을 보여주고 있다는 것이다.[8]

본조에 의하면 부당이득이 성립하기 위해서는 이득과 손해에 상관관계(enrichissement et appauvrissment corrélatifs)가 있을 것이 요구된다. 부당이득은 재산의 가치가 타인에게 이전되는 것, 다시 말해서 이득자가 이익을 얻었을(bénéficié) 것을 전제로 한다. 그러한 이익은 적극재산의 증가뿐만 아니라 채무의 소멸이나 비용의 회피와 같은 소극재산의 감소를 포함한다. 이는 또한 돈을 받지 못하거나 용역의 대가를 받지 못한 것과 같은 손실자를 전제로 한다. 이득과 손실과의 인과관계는 전통적으로 직접적인 경우, 즉 재산이 직접 손실자로부터 이득자로 이전되는 경우뿐만 아니라 간접적인 경우, 즉 중간 매개를 통해서 가치가 이전되는 경우에도 인정된다. 전술한 부디에(Bourdier) 사건은 비료상이 농부에게 비료를 공급하였는데 농부가 그 비료대금과 차임을 지급하지 못한 상태에서 퇴거를 당하게 되자, 소유자가 토지의 점유를 회복하면서 토지의 수

---

6) 까딸라초안 제1336조, 제1337조 및 떼레초안 제10조 참조.
7) V. J. Carbonnier, *Droit civil, t. 2*, PUF, 2004, n0 1223; F. Zenati-Castaing, T. Revet, *Cours de droit civil. Contrats Théorie générale. Quasi-contrats*, PUF, 2014, n° 238.
8) O. Deshayes, Th. Genicon et Y.-M. Laithier, *op. cit.*, p. 628

확물로부터 이익을 얻었고, 그 수확물은 비료상이 공급한 비료로 인해 도움을 받은 경우에 관한 것이었다. 판례는 이처럼 직접적인 재산의 이전이 없던 경우에도 소유자가 비료상의 손해로 인하여 이득을 얻었다고 보았다.

또한 본조는 부당이득의 관념을 직접 원용하면서 이중의 한도(double pla-fond)에 의한 '배상'(indemnité)을 원칙적 효과로 하고 있다. 우선 '이중 한도의 원칙'은 부당한 이득을 받은 자는 손실자의 손실과 이득자의 이득 중 적은 가액을 배상하여야 한다는 것인데, 판례 법리에 의해 인정되고 있었다.9) 본조에서는 이를 받아들인 것이다. 이에 비하여 악의의 이득자인 경우에는 제1303-4조에서 기존의 판례와는 다른 규율을 정하고 있다.

그리고 본조에서는 학설과 판례에서 많이 사용되고 있던 '반환'(restitution)이라는 용어를 쓰지 않은 것이 특징적이다. 이러한 태도는 부당이득반환소권(action *de in rem verso*)이, 이득의 반환이 아니고 손실의 보상을 도출하는 소권이라는 이해에 친화적이라고 할 것이다.

Article 1303-1 L'enrichissement est injustifié lorsqu'il ne procède ni de l'accomplissement d'une obligation par l'appauvri ni de son intention libérale.

제1303-1조 이득은 그것이 손실자에 의한 채무의 이행 또는 손실자의 무상양여 의사로 이루어지는 것이 아닌 경우에는 부당한 것이 된다.

[해제] 본조는 부당이득의 성립요건으로서 제1303조가 언급하고 있는 이득의 부당성에 대하여 설명한다.10) 본조는 기존에 프랑스에서 인정되어 온 부당이득의 법리를 그대로 규정하는 것이지만, '원인이 없는 이득(enrichissement sans cause)'이라는 표현 대신 '부당(injustifié)' 이득이라는 표현을 사용함으로써, 합의에 의한 것이든, 또는 법률에 의한 것이든 관계없이, 어떠한 법적 권원(titre juridique)이 있는 경우에는 부당이득반환소권이 부정된다는 점을 명시한다. 또한, 본 규정은 어떤 이득이 단지 부당한(injuste) 경우가 아니라 이를 정당화할 수 없는(injustifié) 경우에만 부당이득이 성립한다는 점을 강조하는 의미를 갖는다. 즉, 과거에는 계약의 불균형으로 일방에게 과도한 이득이 발생하는 등 부당(injuste)

---

9) Civ. 1re, 19 janv. 1953, *D*. 1953. 234.; Civ. 1re, 15 févr. 1973, *D*. 1975. 509.

10) G. Chantepie et M. Latina, *op. cit.*, n° 746, p. 684.

한 경우에도 부당이득 법리를 적용할 것인가 하는 문제가 제기되었으나, 본조의 규정으로 인하여 어떠한 법적 권원도 없는 경우에만 부당이득이 적용된다는 점이 명확해졌으므로, 더 이상 그러한 문제는 제기되지 않는다. 즉, 재산적 가치의 이전을 정당화할 수 있는 법적 권원이 있으면 그것이 도덕적으로 부적절(moralement dérangeant)하다고 하더라도 부당이득이 성립하지 않는다.11)

본조는 이와 같이 부당이득반환소권(action *de in rem verso*)의 성립을 방해하는 법적 권원으로서 '채무의 이행'과 '무상양여의 의사'를 들고 있다. 먼저, 이득은 '채무의 이행'으로 인한 것이 아니어야 하는데, 이와 관련하여서는 몇 가지 문제가 제기된다. 먼저, 채무(obligation)가 채권자와 채무자 사이 관계에서의 협의의 채무를 의미하는 것인지, 아니면 그 밖의 법적인 성격의 의무(devoir de nature juridique)를 모두 포함하는 것인지에 관한 문제이다. 입법자는 채무의 발생원인에 대해서는 아무런 규정을 하고 있지 않지만, 종래 이는 합의에 의한 것, 법적인 것 또는 판례에 의한 것을 모두 포함하는 것으로 해석되어 왔다. 그러한 해석에 의할 경우, 법적인 의무의 이행이 무엇인지에 대해서는 다시 해석을 요한다. 예컨대, 시효기간의 경과로 채무가 소멸함으로써 얻은 이익은 채무의 이행으로 인한 결과는 아니지만 법적으로 정당화된다. 이에 대해 부당이득을 인정하는 것은 시효제도 자체를 부정하는 것이 되기 때문이다. 따라서 다른 모든 준계약에서와 마찬가지로, 손실자의 '온전히 자발적 의사에 의한(fait purement volontaire, 제1300조 참조) 것이 아닌 이상, 본 규정상의 '채무의 이행'이 무엇을 의미하는지에 대해서는 적절한 해석을 할 필요가 있다.12) 자연채무에 대해서는 1302조 제2항에서 규정한다. 다음으로, 채무의 이행이 손실자가 아니라 제3자에 의해서 이루어진 경우에도 부당이득을 인정할 것인지의 문제이다. 예컨대, 임차인이 공사업자를 고용하여 임차목적물의 가치를 증가시키는 공사를 하고 대금을 지급하지 않은 경우, 공사업자가 소유자를 상대로 가치증가분에 대해 부당이득을 구할 수 있는가? 판례는 임차계약에서 계약기간 종료시 소유자가 가치증가분을 취득하도록 되어 있는 경우에는 이를 취득할 정당한 권원이 있다고 보아 부당이득을 인정하지 않는다.13) 이는 손실자가 아닌 제3자와의

---

11) O. Deshayes, Th. Genicon et Y.-M. Laithier, *op. cit.*, p. 629.
12) O. Deshayes, Th. Genicon et Y.-M. Laithier, *op. cit.*, pp. 629-630.
13) Civ. 3ᵉ, 28 mai 1986, n° 85-10.367; Civ 3ᵉ, 27 févr. 2008, n° 07-10.222; Com., 16

계약에 의해서도 정당성이 인정될 수 있음을 보여주는 것이다. 따라서 임차계약상 가치증가분의 취득에 관한 아무런 약정이 없었다면 부당이득이 인정될 수 있다. 나아가, 이득자와 제3자 사이에 아무런 계약이 없는 경우, 즉 공사업자가 상대방에게 제공한 재화와 서비스로 상대방과 생계를 같이하는 여동생이 이득을 얻은 경우에도 마찬가지로 보아야 할 것이다.[14] 마지막으로, 도덕적인 의무에서도 채무가 발생할 수 있는지도 문제된다. 파기원은 "자녀의 부모에 대한 도덕적 의무는, 효(孝, piété filiale)에 의하여 요구되는 범위를 초과하여 무상으로 제공된 급부가 자녀의 손실과 그로 인한 부모의 이득을 실현하는 한도에서, 부모에 대한 도움과 지원에 대해서도 자녀가 배상을 구할 수 있도록 하는 것을 배제하지 아니한다."고 판시한 바 있다.[15] 즉, 도덕적 의무의 이행은 법적인 의무의 이행과 달리 부당이득이 될 수 있다는 것이다. 판례는 이에 따라 자녀가 부모 생전에 부모에게 지급한 금원에 관해 부모의 사망 후 부당이득으로 상속재산으로부터의 배상을 구하는 경우, 그 금원 지급이 일반적인 효의 범위를 초과하는 것인지, 이로써 자녀에게 특별한 손실을 가져오거나 부모에게 이득을 가져왔는지를 구체적으로 검토하여 배상 여부를 정하고 있다.

본조는 또한 이득이 손실자의 무상양여의 의사에 의한 경우 부당이득을 인정하지 않는다. 무상양여의 의사표시는 가족관계,[16] 특히 내연관계(concubins)[17]에서의 증여에 관한 사안에서 문제된다.[18] 이득과 손해가 부당한 것임은 배상을 구하는 손실자가 이를 입증해야 한다.

Article 1303-2 Il n'y a pas lieu à indemnisation si l'appauvrissement procède d'un acte accompli par l'appauvri en vue d'un profit personnel.

L'indemnisation peut être modérée par le juge si l'appauvrissement procède d'une faute de l'appauvri.

---

déc. 2014, n° 13–24.943.

14) O. Deshayes, Th. Genicon et Y.-M. Laithier, *op. cit.*, p. 630.

15) Civ. 1re, 12 juill. 1994, n° 92-18.639 : *Bull. civ.* I, n° 250; Civ 1re, 23 janv. 2001, n° 98-22.937 : *Bull. civ.* I, n° 9; Civ. 1re, 3 nov. 2004, n° 01-15.176 : *Bull. civ.* I, n° 248.

16) Civ. 1re, 19 janv. 1988, n° 85-17.618.

17) Civ. 1re, 20 janv. 2010, n° 08-13.400.

18) G. Chantepie et M. Latina, *op. cit.*, n° 748, p. 686.

제1303-2조 ① 손실이 개인적 이익을 위하여 손실자가 한 행위로부터 발생된 경우에는 배상은 인정되지 아니한다.
② 손실이 손실자의 과책으로 인하여 발생된 경우에는 배상은 법원에 의하여 경감될 수 있다.

[해제] 본조는 제1303-3조와 함께 부당이득에 따른 배상의 제한에 관해 규정한다. 부당이득의 요건을 충족하는 경우에도 그에 대한 배상은 도덕적이거나 법적인 이유로 제한될 수 있고, 입법자는 주로 떼레초안에 따라 종전에 판례에서 인정되던 제한사유를 입법화하였는데, 그중 본조는 손실자에 관한 사유에 대해 규정하고 있다. '손실의 원인'과의 중복이 지적되던 손실자의 주관적 태양에 관한 두 요건('개인적 이익의 부존재'와 '과책의 부존재')은 꼬즈(cause) 개념과의 관계가 단절되면서[19] 본조에 일괄적으로 규정되었다.

먼저, 본조 1항은 손실자가 개인적인 이익을 위하여 한 행위에 대해서는 부당이득을 구할 수 없다고 규정한다. 판례는 개인적인 이익을 위하여 그의 의사(initiative)와 위험(risques et périls)하에 행위를 한 사람은 이득자에게 보상을 요구할 수 없다고 판시해 왔는데, 본조는 이를 명문화한 것이다. 이는 개인적인 이익을 위하여 행동한 경우, 제3자의 이득은 우연한 효과에 불과하여 그와 무관하다고 보아야 하며, 그러한 행동으로 인해 자신이 아닌 타인이 이익을 얻을 위험을 예상하고 이를 알면서 행동하였을 것을 전제로 한다는 데에 근거한다.[20] 이러한 경우의 대표적인 사례로는 자신의 이익을 위하여 제방을 설치함으로써 이웃들이 이익을 얻은 경우나, 더 높은 속도의 인터넷을 사용하기 위하여 자신의 비용으로 전화선을 연장함으로써 이웃들이 함께 인터넷망에 접속하는 이익을 얻게 된 경우[21] 등이 거론된다. 다만 본조는 종전에 판례에서 명시하던 '자발적 의사(initiative spontanée)'나 '손실자의 위험(ses risques et périls)'과 같은 표현은 사용하지 않고 있다. 이와 관련된 특별한 사례로는 Fragonard 판결이 있는데, 위 판결에서 파기원은 그림의 매수인이 복구작업과 자신의 능력을 이용해서 그림의 출처와 가치를 발견하게 된 경우, 매매계약이 사후적으로 무효가 되

---

19) Ph. Remy, Des autres sources d'obligations, in *Pour une réforme du régime général des obligations*, F. Terré (dir.), Dalloz, 2013, p. 45.
20) O. Deshayes, Th. Genicon et Y.-M. Laithier, *op. cit.*, p. 632.
21) G. Chantepie et M. Latina, *op. cit.*, n° 751, p. 688.

면 증가한 가치에 대해 부당이득반환소권을 행사할 수 있다고 하였다.[22]

본조 제2항은 손실자의 과책으로 손실이 발생한 경우에 관하여 규정한다. 예컨대 차량 수리공이 수리를 요구받지도 않은 브레이크를 교체한 경우, 이론상으로는 수리공에게 부당이득이 인정될 수도 있지만 이를 인정한다면 바람직하지 않은 행동을 유발하게 된다. 때문에 판례는 손실자의 과책에 의한 경우는 부당이득을 인정하지 않았고, 본조 2항은 이러한 태도를 명문화한 것이다. 다만 판례는 최근까지도 개정 전 제1371조와 그에 대한 법리를 적용하여 반환소권은 손실자의 과책으로 인한 경우 성립하지 않는다고 판시해 왔는데,[23] 본항은 책임 자체는 성립하지만 이를 경감할 수 있다고 규정한다는 점에서 차이가 있다.[24] 본조는 이번 개정으로 손실자의 과책과 관련한 종전의 판례상의 혼선을 정리하고,[25] 손실이 손실자의 과책으로 인하여 발생된 경우에는 배상은 법원에 의하여 경감될 수 있다고 하여 법관에게 재량권을 부여하고 있다. 과책의 정도에 대해서는 언급이 없는데, 이 점은 법관의 평가권능에 맡기는 취지라고 해석된다. 평가권능을 강조한다면 배상액이 없다고 판단하는 것이 가능한지에 대해서는 찬반 논의가 있다.[26]

---

22) Civ. 1re, 25 mai 1992, n°s 90-18.222, 90-18.814 : *Bull. civ.* I, n° 165. 위 사안에서 매수인은 5만 프랑을 주고 그림을 산 뒤 복구작업을 하여 위 그림이 유명화가인 Fragonard의 작품임을 밝혀내고 이를 루브르 박물관에 515만 프랑에 팔았는데, 이후 매도인이 그림에 대한 성질의 착오로 계약을 취소한 뒤 자신이 판매한 금액과 매수인이 루브르에 재매도한 금액의 차액의 반환을 구하자, 매수인은 자신의 작업으로 인한 손실과 그로 인한 차액을 부당이득으로 구하였다. 이에 대해 매도인측은, 매수인의 작업은 개인적인 이익(intérêt personnel)을 위한 것이므로 부당이득이 배제된다고 주장하였지만, 파기원은 개인적 이익 역시 매매계약이 무효가 되면 소급적으로 소멸한다고 판시하였다.

23) Civ. 1re, 19 mars 2015, n° 14-10.075.

24) G. Chantepie et M. Latina, *op. cit.*, n° 752, p. 689.

25) 초기의 판례는 손실자에게 과책이 있을 경우 부당이득의 소를 인정하지 않았다. Civ., 11. juill. 1889 : *S.* 90. 1. 97. 그 후 20세기말에 판례가 변경되어, 손실자가 범하는 과책의 경중에 따라 다른 결과를 인정하였다. Civ. 1re, 15. dec. 1998 : *D.* 1999. 425; Civ. 1re, 27. nov. 2008 : *Bull. civ.* I, n° 272, *D.* 2009. 1122. 한편 파기원의 상사부는 손실자의 과실만 있으면 부당이득의 소를 부정하였다. Com. 14 oct. 2014. n° 13-22.894.

26) 사실심 법관은 과책의 정도를 참작하여 수익자에게 배상을 명하지 않을 수도 있다는 견해가 있다. F. Chénedé, *op. cit.*, n° 34.71, p. 234. 다른 한편, 문언상 사실심 법관에게는 전면적으로 면제하는 권한은 존재하지 않는다는 견해도 있다. B. Mercadal, *op. cit.*, n° 925, p. 236.

한편 손실자의 과책이 있는 경우 재량권을 부여하고 있는 부당이득에 관한 본조 제2항은 비채변제에 관한 제1302-3조 제2항과 같은 취지의 규정이다. 이 것은 부당이득의 법리에 일관성을 부여하기 위한 것이다.[27]

> Article 1303-3 L'appauvri n'a pas d'action sur ce fondement lorsqu'une autre action lui est ouverte ou se heurte à un obstacle de droit, tel que la prescription.
> 제1303-3조 손실자에게 다른 소권이 인정된 때 또는 그 소권이 시효 등과 같은 법적 장애가 있을 경우에는 손실자는 부당이득에 근거한 소권을 가지지 아니한다.

[해제] 본조는 부당이득반환소권의 보충성 요건(condition de subsidiarité)에 관하여 정하고 있다. 경합하는 소권(action concurrente)이 있을 경우에는 부당이 득의 소가 인정되지 않는 것을 전통적으로 부당이득의 '보충성의 원칙'이라고도 부른다. 판례에 의하면 "원고는 계약, 준계약, 불법행위 또는 준불법행위로 인 한 어떠한 소권도 행사할 수 없는 경우에만 부당이득반환소권(action *de in rem verso*)을 행사하는 것이 인정된다."[28] 이러한 판례법리는 action *de in rem verso* 가 실정법질서를 해쳐서는 안 된다고 하는 보충성의 원칙으로 학설상 대체로 지지되어 왔다.[29] 이를 수용하여 본조를 두게 된 것이다.

본조의 보충성은 두 가지의 의미를 갖는다. 첫째로, 손실자가 수익자에 대 하여 만족을 얻을 수 있는 다른 유효한 소권을 가지고 있지 않아야 한다. 다른 유효한 소권인 법적 수단이 존재할 경우에는 부당이득의 소는 인정되지 않는 다. 둘째로, 손실자가 수익자에 대하여 갖는 다른 소권이 법률적 장애가 있는 경우가 아니어야 한다. 본조는 법률적 장애로 시효(prescription)를 들고 있는데, 장애는 시효에 한하지 않는다. 판례는 법정기간 내에 일정한 형식을 준수하지

---

27) O. Deshayes, Th. Genicon et Y.-M. Laithier, *op. cit.*, p. 633
28) Civ., 12. mai 1914, *S*. 1918. 1. 41; Civ. 2ᵉ, mars 1915, *D*. 1920. 1. 102.
29) 이러한 보충성의 원칙은 프랑스법의 큰 특징이라고 할 수 있는데, 이에 대한 비판론이 없었던 것은 아니다. 유력한 비판론으로 Ph. Rémy, Le principe de subsidiarité de l'action *de in rem verso* en droit français, in *L'enrichissement sans cause*, colloque Rome, 24 et 25 octobre 2003, Fac. dr. et sc. soc. Poitiers, LGDJ, 2007을 예로 들 수 있 는데, 이 논문에서는 보충성 원칙의 문제점을 분석하고 유해성을 지적하면서 구체적 인 해결책을 제시하였다.

못하여 소권이 소멸하거나, 실효로 소권이 소멸한 경우 또는 기판력에 의하여 소를 제기하지 못하거나 기타 법률적 장애가 있는 경우 부당이득의 소를 인정하지 않고 각하한다.[30] 이에 대한 반대해석상, 사실상 장애(obstacle de fait)로 인하여 첫 번째 소권을 행사하지 못하였을 경우에는 부당이득반환 소권을 행사할 수 있다. 또한 보충성의 원칙에서 의미하는 '다른 유효한 소권'은 제3자에 대한 소권인지 이익자에 대한 소권인지를 불문한다. 따라서 판례에서도 인정한 바와 같이, 손실자가 제3자에게 부당이득을 청구할 수 있었으나, 제3자가 지급불능 상태에 있어서 그를 상대로 청구하는 데에 사실상 장애가 있었던 경우, 그 제3자로부터 이득을 받은 사람을 상대로 부당이득을 구할 수 있다.[31]

Article 1303-4 L'appauvrissement constaté au jour de la dépense, et l'enrichissement tel qu'il subsiste au jour de la demande, sont évalués au jour du jugement. En cas de mauvaise foi de l'enrichi, l'indemnité due est égale à la plus forte de ces deux valeurs.

제1303-4조 비용발생일에 확인된 손실 및 청구일에 존재하는 것으로 확인된 이득은 판결일을 기준으로 산정된다. 이득자가 악의인 경우에는 배상하여야 할 금액은 두 가액 중 큰 가액에 상당하는 것으로 하여야 한다.

[해제] 본조는 배상의 내용 및 범위에 관한 규정이다. 위에서 살펴본 요건에 관한 여러 규정은 세부적으로는 판례법을 수정하고 있지만 내용은 비교적 온건하다. 그러나 신설된 본조는 배상의 내용 및 범위에 관하여 큰 변화를 가져오고 있다. 우선 본조 제1문은 "비용발생일에 확인된 손실 및 청구일에 존재하는 것으로 확인된 이득"이라고 규정하여, 손실과 이득의 확정일에 관해서는 종전 판례상의 원칙을 수용하였다. 다만 그 손실 및 이득의 가액을 어느 시기를 기준으로 평가 또는 산정할 것인지가 문제가 되는데, 종전의 판례는 손실 및 이득의 확정과 산정은 손실의 발생일(Casier 사건)[32] 및 이득의 청구일을 기준으로 하도록 하고 있었다. 그러나 손실은 비용발생일을 기준으로 하고, 이득은 청구

---

30) Civ. 3ᵉ, 29 avr. 1971, n° 70-10.415. O. Deshayes, Th. Genicon et Y.-M. Laithier, *op. cit.*, p. 635.

31) O. Deshayes, Th. Genicon et Y.-M. Laithier, *op. cit.*, p. 634

32) Civ. 1ʳᵉ, 15 févr. 1973, n° 68-13.698 : *Bull. civ.* 1973, Ⅰ, n° 61.

일을 기준으로 산정한다면 화폐의 가치를 생각할 때 손실자에게 불리한 결과를 초래할 수 있다.33) 때문에 판례는 상황을 고려하여 특히 이혼과 같은 경우 그 가치의 평가의 시기를 달리 판단해 왔는데, 본조는 손실과 이득을 "판결일을 기준으로 산정한다."고 규정하여 그 산정 기준을 모두 판결일로 변경하였다. 본조는 이득·손실의 유무 평가와 그에 대한 금전 평가를 각각 다른 시점에서 한다는 뜻을 명확하게 하고 있다. 판례 법리에 대한 학설의 비판을 받아들여 개혁을 한 것이라고 할 수 있다.34) 이로써 손실의 발생일 또는 이득의 청구일과 손실·이득의 산정일인 판결일 사이에 가액이 변할 수 있으므로, 부당이득반환의무는 가치채무(dette de valeur)가 되는 것이다.35)

　　두 번째 문장은 악의의 이득자에 대하여, 제1303조에서 규정하는 '이중 한도의 원칙'(règle de double plafond)을 뒤집어서 이득과 손실의 두 가치 중 '보다 큰 가액'의 배상을 부과하고 있다. 이는 개정 전 제1378조 및 급부 반환의 원칙에 관한 프랑스민법전 제1352-7조, 제1352-2조 제2항과 궤를 같이한다. 이로써 법관은 한편으로 손실자의 과책을 다른 한편으로 수익자의 악의를 참작하여 배상의 범위를 정할 수 있게 되어 타당한 해결책을 내릴 수 있다고 한다.36) 반대 해석에 의하여 '보다 적은 가액'의 보장(제1303조)은 선의이득자에 적용되는 규율이 된다.

[권 철·조인영]

---

33) O. Deshayes, Th. Genicon et Y.-M. Laithier, *op. cit.*, p. 636.
34) O. Deshayes, Th. Genicon et Y.-M. Laithier, *op. cit.*, p. 636.
35) G. Chantepie et M. Latina, *op. cit.*, n° 755, p. 692.; F. Chénedé, *op. cit.*, n° 34.51, p. 233; 한편, 사무관리(제1301-2조 제2항)의 경우에는 가치채무를 인정하지 않고 그 비용을 배상하도록 되어 있고, 특히 용역을 제공한 경우에는 제1352-8조를 유추적용하여 용역제공일을 기준으로 가치를 평가하도록 하고 있는데, 사무관리자는 타인을 위하여 행동하였으므로 손실자보다 유리한 대우를 받아야 함에도 그와 같이 규정하는 것은 불합리하므로, 사무관리에 관해서도 본조와 같이 규정해야 한다는 견해로는 O. Deshayes, Th. Genicon et Y.-M. Laithier, *op. cit.*, p. 636 참조.
36) F. Chénedé, *op. cit.*, n° 34.61, p. 234.

Titre Ⅳ Du régime général des obligations
제4편 채권관계의 일반적 규율

[해제] 프랑스민법전에 채권관계의 일반적 규율(Du régime général des obligations)에 관한 본편이 새로이 도입되었다. 개정 전 프랑스민법전의 계약상 채무에 대한 조문을 비계약상 채무에 관하여 유추적용할 수밖에 없던 구조적 문제점을 본편의 도입으로 해결한 것이다. 따라서 프랑스민법전은 채권관계가 계약상 또는 비계약상 발생한 것인지 구분하지 않고 모든 채권관계에 본편에 있는 조문을 직접 적용한다.

본편은 제1장 채무의 태양(Les modalités de l'obligation), 제2장 채권관계에 관한 거래(les opérations sur obligations), 제3장 채권자에게 허용된 소권(les actions ouvertes au créancier), 제4장 채무의 소멸(l'extinction de l'obligation), 제5장 급부반환(restitutions)으로 이루어져 있다.

Chapitre I Les modalités de l'obligation
제1장 채무의 태양

[해제] 본장은 채무의 태양을 규정하고 있다. 제1절에서 조건부 채무(l'obli-gation conditionelle), 제2절에서 기한부 채무(l'obligation à terme), 제3절에서 다수의 채권관계(l'obligation plurale)를 규정하고 있다.

Section 1 L'obligation conditionnelle
제1절 조건부 채무

[해제] 조건부 채무(l'obligation conditionnelle)에 관한 본절은 개정 전 프랑스민법전 제3편 계약채무총론(Titre Ⅲ: Des contrats ou des obligations conven-tionnelles en général)에 위치한 정지조건부 계약상 채무(l'obligation contractée sous une condition suspensive)에 관한 조문들을 새로 만들어진 제4편 하에 재편성한 것이다. 개정 전 프랑스민법전에서 조건에 관한 조문들은 계약채무 하에 위치하고 있었으므로, 비계약상 채무의 경우 계약상 채무에 관한 조문들을 유추적용할 수밖에 없었다. 개정으로 제4편이 새로 편성됨에 따라 비계약상, 계약상 채무를 구분하지 않고 조건부 채무에 관한 본절이 직접 적용된다.

Article 1304 L'obligation est conditionnelle lorsqu'elle dépend d'un événement futur et incertain.

La condition est suspensive lorsque son accomplissement rend l'obligation pure et simple.

Elle est résolutoire lorsque son accomplissement entraîne l'anéantissement de l'obligation.

제1304조 ① 채무가 장래의 불확실한 사실의 성부에 의존하는 경우에는 조건부 채무라고 한다.

> ② 조건이 그 성취로 단순 채무가 되는 경우에는 정지조건이라고 한다.
> ③ 조건이 그 성취로 채무가 소멸하는 경우에는 해제조건이라고 한다.

[해제] 본조는 조건을 정의한 뒤 조건의 종류로 정지조건과 해제조건을 규정하고 있다. 개정 전 제1168조와 동일하게 본조 제1항은 장래의 불확실한 사실에 의존하는 채무를 조건부 채무로 정의하고 있다. 조건부 채무는 ① 장래(future)의 ② 불확실(incertain)한 사실의 성부(événement)에 의존하는 채무를 의미하며, 불확실성(incertitude)과 장래성(future)은 조건을 정의하는 핵심적 표지이다. 조건이 되기 위하여 불확실성과 장래성 이외에도 공서양속에 반하지 않아야 하고 발생가능하여야 하고 외부성이 있어야 한다는 학설도 존재하지만 프랑스민법전은 장래성과 불확실성만을 명시적으로 조건의 개념표지로 규정하고 있다.

본조 제1항은 채무가 사실에 "의존(dépend)"하는 것으로 규정하고 있다. 개정 전 제1170조, 제1172조 및 제1184조는 조건을 합의의 양태(modalité de la convention)로 제1168조, 제1173조, 제1174조, 제1176조, 제1177조, 제1181조 및 제1183조는 채무의 양태(modalité de l'obligation)로 혼재하여 규정하고 있었던 것과 비교하여, 개정 프랑스민법전은 조건이 채무의 양태라는 점을 통일하여 명확히 보여주고 있다. 즉, 조건의 성취나 불성취로 계약 자체가 아닌 채무의 양태가 변화하는 것이다.

불확실성은 어떤 사실이 성취될 수도 실패할 수 있다는 점을 의미하므로, 어떤 사실이 성취될 것이 확실하고 다만 언제 성취되는지를 모르는 경우라면 그 사실은 제1305조 상의 기한(terme)이다. 파기원 역시 어떤 사실이 기한이 아니라고 판단할 때 매번 "그 사실이 실현될 날짜가 불확실할 뿐만 아니라 그 실현 여부가 불확실하기 때문에"라는 표현을 사용하고 있다. 실현여부가 불확실하다는 것은 기한과 조건을 구별하는 기준이며, 불확실성은 실패할 수 있음을 내포한다. '사람이 죽는다'는 사실은 반드시 이루어지기 때문에, 즉 실패할 수 없기 때문에 불확실성이 존재하지 않아 조건이 아닌 기한이다. 그러나 '사람이 암으로 죽는다'는 사실은 실패할 수 있기 때문에 불확실성이 존재하여 조건이 될 수 있다.

개정 전 프랑스민법전과 2016년 프랑스민법전 모두 불확실성이 객관적이어야 하는지 주관적이어야 하는지 명시하고 있지 않다. 파기원은 당사자들이 위험을 감수하기로 한 객관적 현실을 반영하여 판단하는 입장으로 보인다.[1] 실제로 프랑스 법원은 "배의 출발일 이후 환어음을 지불한다"는 조항이 조건인지 기한인지를 판단하는 기준으로 객관적 사실의 성취가 불확실한지를 사용하였다. 법원은 위 판례에서 배가 출발한다는 사실이 조건에 해당한다고 판단하였는데, 배가 출발할 것이 절대적으로 확실하지 않았다는 점을 논거로 제시하였다. 파기원은 "연간 영화관 관람객수가 38만 명 이하라면 비용을 부담하겠다."는 조항을 기한으로 판단한 항소심을 파기하면서, "연간 영화관 관람객 수가 38만 명 이하라는 것"은 "그 사실이 실현될 날짜가 불확실할 뿐만 아니라 그 실현 여부가 불확실하다."고 판시하였다. 프랑스민법전은 불확실성이 객관적인지 주관적인지에 대하여 개정 전 프랑스민법전과 동일하게 침묵하고 있으므로 객관적으로 불확실한 점을 고려하는 파기원의 입장은 앞으로도 동일할 것으로 보인다.[2]

조건이 장래의 사실이라는 점은 명문의 규정만 본다면 개정 과정에서 변하지 않았다. 그러나 개정 전 프랑스민법전 제1181조 제1항은 '이미 현실적으로 발생하였으나 당사자들에게 알려지지 않은 사실'도 정지조건의 한 종류로 규정하고 있었으며, 그 채무는 계약한 날 효력이 발생하는 것으로 규정하고 있어서 이 경우 조건부 채무는 계약할 당시부터 단순 채무가 되었다. 위 조문에 따라 개정 전에는 현재의 사실도 당사자들에게 알려지지 않았다면 조건이 될 수 있었다. 그러나 현재의 사실이 조건이 될 수 있다는 것은 조건의 장래성과 모순이 발생한다는 비판도 존재하였다. 게다가 개정 전 프랑스민법전은 해제조건의 한 종류로 '이미 현실적으로 발생하였으나 당사자들에게 알려지지 않은 사실'을 규정하고 있지 않아 대칭성이 없다는 비판도 존재하였다. 그런데 개정으로 '이미 현실적으로 발생하였지만 당사자들에게 알려지지 않은 사실'이 조건으로 규정되었던 조항은 개정 프랑스민법전에서 삭제되었다.

장래의 불확실한 '사실'의 성부에 의존하여야 조건으로 정의될 수 있어, 당사자의 일방적인 '의사'에만 전적으로 의존하는 수의조건(condition potestative)의 경우 프랑스민법전상 조건으로 볼 수 없다. 사람의 죽음과 같이 장래의 확실한 사실 역시 프랑스민법전상 조건이 아니다. 조건이 장래의 불확실한 사실에 의

---

[1] O. Deshayes, Th. Genicon et Y.-M. Laithier, *op. cit.*, p. 645.
[2] O. Deshayes, Th. Genicon et Y.-M. Laithier, *op. cit.*, p. 645.

존하는 것과 달리, 기한(terme)은 장래의 확실한(certain) 사실에 의존하므로, 불확실성은 조건과 기한을 구분하는 중요한 기준이 된다.

본조 제2항은 조건을 그 성취로 단순채무가 되는 정지조건을, 본조 제3항은 그 성취로 채무가 소멸하는 해제조건으로 구분하고 있다. 개정 전 프랑스민법전에서는 조건에 관하여 서술함에 있어 사실이 발생(arrivera)하거나 사실이 발생하지 않거나(n'arrivera pas)라고 하여 '발생'이라는 단어를 사용하였으나(개정 전 제1168조, 제1040조, 제1178조, 제1177조), 프랑스민법전에서는 사실이 성취(accomplissement)하거나 사실이 실패(défaillance)하는 것으로 서술하여 성취와 실패라는 단어로 통일하였다는 점은 눈여겨 볼 만하다(제1304조, 제1304-3조, 제1304-6조, 제1304-7조).

개정 전 제1175조는 "모든 조건은 당사자들이 사실상 원하고 의도하는 바에 따라 성취되어야 한다."고, 개정 전 제1177조는 "채무가 사건이 일정한 기간 내에 발생되지 않는 것을 조건으로 하는 계약에 의하여 성립한 경우, 당해 사건이 발생하지 않은 채 그 기간이 경과하였다면 당해 조건은 성취된 것으로 본다."고 규정하고 있었으나, 개정으로 위 조문들은 모두 삭제되었다. 위 조문들의 삭제로 법관이 당사자들의 의도를 해석하여 판단할 수 있는 재량이 결과적으로 넓어졌다고 평가된다.[3]

개정 전 제1177조는 "확정된 기간이 없는 경우에는 사건이 불발생이 확정된 경우에 한하여 당해 조건은 성취된 것으로 본다."고 규정하고 있었는데 이 조문 역시 개정으로 삭제되었다. 개정 전 제1177조의 삭제로 정해진 기간이 없는 경우에는 의무부담이 영구적이 될 수 있는지가 문제된다. 그러나 제1210조에서 영구적 의무부담을 금지하고 있으므로 확정된 기간이 없고 그동안 사실이 발생하지 않을 것을 규정하고 있는 조건부 채무라도 영구적 의무부담의 속성을 가지지 않는다[4]

Article 1304-1 La condition doit être licite. A défaut, l'obligation est nulle.
제1304-1조 조건은 적법하여야 한다. 그렇지 않으면, 채무는 무효가 된다.

3) O. Deshayes, Th. Genicon et Y.-M. Laithier, *op. cit.*, p. 646.
4) O. Deshayes, Th. Genicon et Y.-M. Laithier, *op. cit.*, p. 647.

[해제] 본조는 조건은 적법하여야 하며 그렇지 않으면 채무가 무효가 되는 점을 규정하고 있다. 개정 전 제1172조는 '불능이거나(impossible) 선량한 풍속 (bonne moeur)에 반하거나 법률로 금지되는 것'에 관한 조건은 무효이며, 이 조건에 의존하는 약정도 무효로 한다고 서술하고 있었는데 이를 '적법(licite)하여야' 한다는 단어로 바꾼 것이다. 이는 개정 전 제1172조에서 '선량한 풍속에 반하거나 법률로 금지되는 것'이라는 구체적 서술과 비교하여 '적법하여야' 한다는 포괄적 단어를 사용하는 것으로 개정한 점은 눈여겨볼 만하다. 본조가 조건은 적법하여야 한다고 규정한 취지는 제1162조가 "계약은 그 조항에 의하여도 공적 질서에 반할 수 없고 계약당사자들이 그 동기를 인식하였는지 여부와 관계없이 그 목적에 의하여서도 공적질서에 반할 수 없다"고 규정한 취지와 일치한다.

개정 전 제1172조는 불능인(impossible) 조건과 선량한 풍속에 반하거나 법에서 금지되는 것에 관한 조건(이하 '불법조건')을 동시에 규정하고 있었다. 불능인 조건은 그 사실이 실현될 수 없는 반면, 불법조건은 실현은 가능하나 이것이 법률로 금지되거나 선량한 풍속에 반한다는 점에서 완전히 다른 개념이다. 구체적으로 개정 전 제1172조는 "불능이거나 선량한 풍속에 반하거나 또는 법률에 의하여 금지되는 모든 조건은 무효이며 이러한 조건은 합의 자체를 무효로 한다"고 규정하였는데, '내 손가락이 하늘을 만진다면'과 같은 불능인 조건은 이에 의존하는 합의 자체를 무효로 만들었다. 불능인 조건은 성취 자체가 불가능한 것인데, 정지조건이라면 조건의 성취가 불가능하므로 채무는 발생하지 않을 것이고, 해제조건이라면 채무가 소멸하지 않을 것인데 불능인 조건에 의존하는 합의 전체를 무효로 하는 것이 어떠한 실효성이 있는지에 대한 비판도 존재하였다. 개정으로 불능인 조건을 무효로 하는 조문은 삭제되었다.

조건이 적법하지 않을 경우 본조에 따라 그 채무는 무효가 된다. 제1179조는 절대적 무효와 상대적 무효를 구분하는데, 본조는 그 무효가 절대적인지 상대적인지 침묵하고 있다. 따라서 본조에 따른 무효가 절대적인지 상대적인지 여부가 문제된다. 일반론에 따라 일반적 이익을 보호하고자 하는 목적을 가진 규정을 위반한 경우에는 절대적 무효(제1179조 제1항), 개인적 이익을 보호하고자 하는 목적만을 가진 규정을 위반한 경우는 상대적 무효(제1179조 제2항)가 될 것이다. 조건이 적법하여야 한다는 것은 개인적 이익만을 보호하는 규정이 아니므로 일반적 이익을 보호하고자 하는 목적을 가진 규정으로 해석되므로 본조에 따른 무효는 절대적 무효라 할 것이다.

그리고 본조에 따라 채무는 무효가 되는데, 채무가 무효가 됨에 따라 계약 역시 무효가 되는지 여부는 제1184조 제1항에 따라 판단될 것이다. 그에 따르면, "무효원인이 하나 또는 수개의 계약조항에만 영향을 미치는 경우에는 해당 조항이 당사자 쌍방 또는 일방의 의무부담에 있어서 결정적인 요소이었던 때에만 행위 전체를 무효로 한다." 따라서 조건부 채무가 의무부담에 있어서 결정적인 요소인지 여부가 채무의 무효에 따른 계약 무효 여부를 결정하게 될 것이다.

Article 1304-2 Est nulle l'obligation contractée sous une condition dont la réalisation dépend de la seule volonté du débiteur. Cette nullité ne peut être invoquée lorsque l'obligation a été exécutée en connaissance de cause.

제1304-2조 그 성취가 채무자의 의사에만 의존하는 조건하에 약정된 채무는 무효가 된다. 채무자가 그 사유를 알고 채무를 이행한 경우에는 채무의 무효를 주장할 수 없다.

[해제] 본조는 그 성취가 채무자의 의사에만 의존하는 조건 하에 약정된 채무를 무효로 하며 채무자가 그 원인을 알고 채무를 이행한 경우 무효를 주장할 수 없다고 규정하고 있다. 이는 수의조건(la condition potestative), 즉 성취가 채무자의 의사에만 의존하는 조건에 관한 조문이다. 개정 전 제1170조, 제1171조, 제1174조에서 규정하던 수의조건을 하나의 조문으로 축약하여 본조를 만든 것이다.

개정 전 프랑스민법전은 조건이 당사자의 의사에 의존하는 정도에 따라 우성조건(les conditions causelles), 수의조건(les conditions potestatives), 혼성조건(les conditions mixtes)으로 구분하고 있었다.[5] 우성조건은 조건의 성취 또는 불성취가 제3자의 의사를 포함한 우연한 사실에만 의존하는 조건으로 법률행위 당사자가 이를 좌우할 수 없는 조건(개정 전 제1169조)을 의미한다. 예컨대 "누구도 목적물을 제공하지 않는다면 내가 제공하겠다."라는 조건이 우성조건에 해당할 것이다. 반면 수의조건은 조건의 성취나 불성취가 당사자의 일방 또는 타방의

---

5) O. Deshayes, Th. Genicon et Y.-M. Laithier, *op. cit.*, p. 651.

힘에 의하여 발생되거나 저지될 수 있는 사건에 의존하게 되는 경우로(개정 전 제1170조), 이는 다시 단순수의조건(condition simplement potestative)과 순수수의조건(condition purement potestative)으로 구분된다. 단순수의조건은 조건인 사실의 성부가 당사자 의사 이외에 당사자에 의한 외형적 행위의 실행이 필요한 반면 순수수의조건은 조건의 사실의 성부가 오로지 당사자의 의사에만 의존한다는 점에서 차이점이 존재한다. 예컨대 "당신이 내일 이곳에 온다면"이라는 조건은 당사자의 의사외에 온다라는 행위가 필요하므로 단순수의조건에 해당할 것이며, "당신이 원한다면" 또는 "내가 원한다면"이라는 조건은 행위가 필요 없이 의사에만 의존하므로 순수수의조건에 해당할 것이다. 순수수의조건인 경우 채무자측의 순수수의조건에 따라 체결된 채무는 법적 구속력을 인정할 필요가 없어 개정 전 프랑스민법전에서는 이를 무효로 규정하고 있었다. 혼성조건은 사건의 발생이 계약당사자 일방의 의사 및 제3자의 의사에 의존하는 조건으로(개정 전 제1171조), "당신이 A와 결혼하면 건물을 증여하겠다."는 조건이 혼성조건에 해당할 것이다. 개정으로 인하여 수의조건, 우성조건, 혼성조건이라는 단어가 모두 삭제되었지만 채무자의 의사에만 의존하는 순수수의조건이 무효라는 점에서는 동일하다.

　　본조에 따르면 성취가 채무자의 의사에만 의존하는 조건 하에 약정된 채무는 무효가 된다. 이를 풀어서 설명한다면 조건의 성취가 오로지 채무자의 의사에만 의존하는 경우에 채무가 무효가 되는 것이므로, 만약 조건의 성취가 채무자의 의사뿐만 아니라 다른 요소에도 영향을 받는 경우라면 무효로 할 수 없다는 뜻도 내포하고 있다. 불확실성은 그 사실의 발생여부를 당사자들이 당시에 알 수 없다는 점에서 불확실하다는 것인데, 조건의 성취에 대한 통제가 한 당사자에 의하여 가능하다면 이는 더 이상 불확실한 것이 아니게 되는 것이다. 그러므로 조건은 최소한 일부분만이라도 당사자들의 통제를 벗어난 외부성의 요소를 가지고 있어야 한다.

　　본조에 따른 채무의 무효가 절대적인지 상대적인지에 관하여 본조는 침묵하고 있다. 조건의 성취가 채무자의 의사에만 의존하는 조건하에 약정된 채무를 무효로 하는 본조의 취지가 채권자를 보호하는 것이므로 상대적 무효라고도 볼 수 있다면, 채권자만이 수의조건을 이유로 본조에 따른 무효를 주장할 수 있

게 된다.6)

채무자가 그 사유를 알고 실행한 경우 그 무효를 주장할 수 없다는 본조 제2문은 개정으로 신설된 조문이다. 제1182조 제3항은 "계약의 무효사유를 알 면서 한 계약의 임의이행은 추인에 해당한다."고 규정하고 있다. 채무자가 그 사유를 알고 실행한 경우 무효를 주장할 수 없다는 것은 계약의 임의이행으로 추인에 해당하는 것으로 해석될 수 있다.

Article 1304-3 La condition suspensive est réputée accomplie si celui qui y avait intérêt en a empêché l'accomplissement.
La condition résolutoire est réputée défaillie si son accomplissement a été provoqué par la partie qui y avait intérêt.
제1304-3조 ① 정지조건은 그에 대하여 이해관계를 가졌던 자가 성취를 방해한 때 성취된 것으로 본다.
② 해제조건은 그에 대하여 이해관계를 가졌던 당사자에 의해 성취된 때 성취되지 아니한 것으로 본다.

[해제] 본조 제1항은 정지조건은 이해관계를 가진 자가 성취를 방해한 경우 조건이 성취된 것으로 보고, 본조 제2항은 해제조건의 경우 이해관계를 가진 당사자에 의해 조건이 성취된 경우 성취되지 아니한 것으로 본다고 규정하고 있다. 개정 전 제1178조의 내용이 본조 제1항에서 그대로 유지되고 있다. 다만, 본조 제2항은 개정으로 인하여 신설된 조항이다.

개정 전 제1178조는 "조건부채무를 부담하는 채무자가 조건의 성취를 방해한 때에는 조건은 성취된 것으로 본다."고 규정하여 주체를 '채무자'로 한정하여 규정하고 있었는데, 개정으로 그 주체가 채무자에서 이해관계를 가졌던 자로 확장되었다. 개정 전에는 정지조건이 경우만 규정하였다면 개정으로 해제조건이 불성취까지 규정하고 있어 개정 전에 비하여 조문의 완결성을 갖추었다.

조건의 성취에 대하여 이해관계를 가졌던 자가 성취를 방해하거나 성취되게 하는 것은 이해관계를 가졌던 자의 의사와 행동에 따라 조건의 불확실성이 변화하게 되는 결과가 된다. 판례는 성취를 방해한 행위 이외에 '조건이 실제로

---

6) O. Deshayes, Th. Genicon et Y.-M. Laithier, *op. cit.*, p. 654.

불성취될 것'을 요구하고 있다. 따라서 정지조건의 경우에 채무자가 성취를 방해하고자 하는 의도를 표현한 것만으로는 조건이 성취된 것으로 보기에는 부족하고 실제로 불성취되어야 조건이 성취된 것으로 주장할 수 있다.[7]

본조는 간접적으로 조건을 신의성실에 따라 성취하도록 노력할 의무를 부과하는 것처럼 보인다. 예컨대 '은행으로부터 대출을 받으면' 물건을 매수하겠다는 정지조건부 채무인 경우 매수인이 은행으로부터 대출신청 자체를 하지 않거나, 은행에 비상식적으로 낮은 금리를 요구하여 대출이 거부되었을 경우 매도인은 본조에 따라 조건 성취에 이해관계를 가졌던 매수인이 성취를 방해한 것으로 보고 성취를 의제하여 물건의 매수를 청구할 수 있기 때문이다.

> Article 1304-4 Une partie est libre de renoncer à la condition stipulée dans son intérêt exclusif, tant que celle-ci n'est pas accomplie ou n'a pas défailli.
> 제1304-4조 당사자는 자신의 배타적 이익을 위하여 약정된 조건이 성취되지 아니하였거나 이미 성취될 수 없게 되지 아니하는 한 자유롭게 포기할 수 있다.

[해제] 본조는 개정으로 신설된 조항으로 조건의 포기에 관한 규정이다. 실정법(droit positif)이 "당사자는 자신의 배타적 이익을 위하여 약정된 조건이 성취되지 아니하였거나 이미 성취될 수 없게 되지 않는 한 자유롭게 포기할 수 있다."고 규정함으로써 개정전 규정을 더 확고히 하였다.[8] 만약 조건이 모든 당사자를 위한 경우라면 다른 당사자가 동의하지 않는 한 그 조건을 자유롭게 포기할 수 없다. 다만 당사자들의 합의로 계약을 변경하는 것은 가능하므로, 본조에 따르지 않고 합의로 조건을 포기하는 것 또한 가능하다. 기한에 관한 제1305-3조 역시 기한이 한 당사자를 위한 경우에 다른 당사자의 동의 없이 기한을 포기할 수 없음을 규정하고 있다

개정 전 프랑스민법전이 우성조건, 혼합조건, 수의조건을 구별한 것과 달리 이제 더 이상 이들을 개념적으로 구분하지 않는다. 다만, 개정 전 프랑스민법전에서는 별도로 정의되지 않았던 일방의 배타적 이익을 위하여 규정된 조건(이하 '편무조건', conditions unilatérales)을 개념적으로 도입하였다. 편무조건의 도입은 비교적 최근의 일로 오래되지는 않았다. 편무조건의 불확실성이 존재하는

---

7) G. Chantepie et M. Latina, *op. cit.*, n° 777, p. 708.
8) G. Chantepie et M. Latina, *op. cit.*, n° 780, p. 710.

한 그 배타적 이익을 받는 당사자는 계약의 효력을 즉시 발생시키기 위하여 조건을 포기할 수 있는 것이다. 배타적 이익을 받는 당사자가 조건을 포기한 것이므로 상대방에게는 불이익이 없으며, 계약은 순수하고 단순(pure et simple)하게 되며 불확실성이 예상보다 빨리 해소되는 것뿐이다.

본조는 조건의 포기를 규정하였다는 점뿐만 아니라 '조건이 성취되거나 성취될 수 없게 되지 않는 한' 자유롭게 포기할 수 있다는 점을 규정한 점에서 의미가 있다. 조건의 포기는 해제조건의 성취, 정지조건의 불성취를 면제하는 효과를 내제하고 있다. 그런데 '조건이 성취되거나 성취될 수 없게 된다면' 조건은 포기될 수 없다는 것이다. 즉 성취 및 성취될 수 없게 된 이후에 조건은 '포기'와 같은 변경이 불가능하다.

그런데 조건이 성취되었거나 성취될 수 없게 된 이후에도 조건의 포기가 가능할까? 예컨대 건물에 대한 특정한 허가를 2개월 내에 받으면 그 건물을 구매하겠다고 약정한 경우를 가정하여 보자. 특정한 허가를 2개월 내에 받는 것은 매수인의 배타적 이익을 위한 것이다. 만약 건물의 소유자가 특정한 허가를 2개월 내에 받을 수 없게 되었을 경우 제1304-6조 제3항은 "정지조건이 성취되지 않는다면, 채무는 전혀 존재하지 않았던 것으로 본다."고 규정하고 있으므로 이 조문에 의해 채무는 전혀 존재하지 않았던 것이 된다. 그런데 매수인이 자신의 배타적 이익을 위하여 규정된 2개월 내에 허가를 받는다는 부분을 포기하고 그 건물을 사겠다고 하는 것은 이미 제1304-6조 제3항에 의하여 전혀 존재하지 않게 된 채무에 대한 조건을 포기하는 것으로 볼 수 있다. 이 경우 조건이 성취될 수 없게 된 경우에도 조건을 포기할 수 있다는 논리에 따르면 존재하지 않는 채무가 조건의 포기로 부활하는 것처럼 보일 수 있다. 이에 대하여 학설은 양 당사자가 합의한 경우에는 조건이 성취되었거나 성취될 수 없게 되었더라도 당연히 조건을 포기할 수 있으며, 당사자가 계약을 하면서 조건의 포기가 조건의 성취되었거나 성취될 수 없게 된 이후에도 가능하다는 것을 계약의 일부로 규정하는 것을 막을 이유는 없다고 본다.[9]

조건이 성취될 수 없게 된 이후 조건을 포기할 수 없다는 점은 2018년 변경법률에 따라 새롭게 포함된 부분이다. 이는 정지조건의 경우 조건이 성취되지 않는 경우 채무가 전혀 존재하지 않았던 것이 되는데(제1304-6조 제3항), 성

---

9) O. Deshayes, Th. Genicon et Y.-M. Laithier, *op. cit.*, p. 661.

취될 수 없게 된 이후 조건을 포기하게 되어 단순채무가 될 수 있다면 전혀 존재하지 않았던 채무가 부활하는 것처럼 볼 수 있다는 문제점을 반영한 것이다. 본조에 따라 당사자가 그의 배타적 이익을 위하여 약정한 조건을 포기한 경우에 정지조건의 경우 채무가 전혀 존재하지 않는 상태로 확정될 것이며(제1304-6조 제3항), 해제조건의 경우라면 조건부 채무가 조건 없는 단순 채무가 될 것이다(제1304-7조 제1항).

Article 1304-5 Avant que la condition suspensive ne soit accomplie, le débiteur doit s'abstenir de tout acte qui empêcherait la bonne exécution de l'obligation ; le créancier peut accomplir tout acte conservatoire et attaquer les actes du débiteur accomplis en fraude de ses droits.

Ce qui a été payé peut être répété tant que la condition suspensive ne s'est pas accomplie.

제1304-5조 ① 정지조건이 성취되기 전에는, 채무자는 채무의 성실한 이행을 방해하는 모든 행위를 하여서는 안 된다. 채권자는 모든 보존행위를 할 수 있고 그의 권리를 침해하여 행해진 채무자의 행위를 다툴 수 있다.

② 정지조건이 성취되지 아니하는 한 변제된 것은 반환될 수 있다.

[해제] 본조 제1항은 정지조건이 성취되기 전 채무자가 채무의 성실한 이행을 방해하는 모든 행위를 하여서는 안 된다는 성실의무를 규정하고 있다. 개정 전 제1180조의 내용이 본조 제1항에서 유지되고 있다. 채권자는 보존행위를 할 수 있으며 채무자는 채무의 적정수행을 방해하는 행위를 할 수 없다는 것이 본조 제1항의 취지이다. 제1104조 제1항 "계약은 신의성실에 좇아 이행하여야 한다."는 원칙이 구체적으로 구현된 조항이 본조 제1항인 것이다. 개정 전 프랑스민법전은 채권자는 보존행위를 할 수 있을 뿐 채권자가 그의 권리를 해치는 채무자의 행위를 다툴 수 있다는 규정은 존재하지 않았다. 채권자가 그의 권리를 침해하여 행해진 채무자의 행위를 다툴 수 있다고 한 부분은 개정으로 신설된 부분이다.

본조 제1항은 채무자는 정지조건이 성취되기 전까지 채무의 성실한 이행을 방해하는 모든 행위를 금지하고 있다. 예컨대 정지조건부 채무를 부담하는 매도인은 매매목적물을 제3자에게 매도하는 것은 금지되며 정지조건부 채무와 양립불가능한 제3자와의 계약을 체결하여서도 안 된다.

　본조 제2항은 정지조건의 경우 성취되지 아니하는 동안에는 변제한 것은 반환될 수 있다고 규정하고 있다. 기한에 관한 제1305-2조 제2항은 기한 전에 미리 변제된 것은 반환될 수 없다고 명시적으로 규정하고 있다는 점에서 기한과 조건의 다른 점이기도 하다. 기한은 채무의 존재에 영향을 주는 것이 아니므로 이미 변제된 것은 반환될 수 없는 것이다. 그러나 정지조건은 성취되지 않는 한 채무 자체가 존재하지 않는 것이므로 반환이 가능하다. 정지조건이 성취하는 경우 소급효가 존재하지 않음에도 본조 제2항 해석상 변제된 것은 반환될 수 없을 것이다.

Article 1304-6 L'obligation devient pure et simple à compter de l'accomplissement de la condition suspensive.

Toutefois, les parties peuvent prévoir que l'accomplissement de la condition rétroagira au jour du contrat. La chose, objet de l'obligation, n'en demeure pas moins aux risques du débiteur, qui en conserve l'administration et a droit aux fruits jusqu'à l'accomplissement de la condition.

En cas de défaillance de la condition suspensive, l'obligation est réputée n'avoir jamais existé.

제1304-6조 ① 채무는 정지조건이 성취된 때로부터 단순채무가 된다.

② 그러나 당사자들은 조건의 성취를 계약일로 소급하는 것으로 정할 수 있다. 채무의 목적인 물건은 채무자의 위험으로 계속 남으며, 채무자는 조건이 성취될 때까지 물건을 관리하며 과실을 취득할 권리를 가진다.

③ 정지조건이 성취되지 않는 경우에는, 채무는 전혀 존재하지 않았던 것으로 본다.

　[해제] 본조 제1항은 정지조건의 성취로 채무는 단순 채무가 된다는 정지조건 성취의 효과를, 본조 제2항은 당사자들이 조건의 성취를 계약일로 소급하는 것으로 정할 수 있다는 당사자 자치의 원칙을 이야기하며, 다만 그 경우에도 채무의 목적인 물건은 채무자의 위험으로 계속 남으며 채무자가 조건이 성취될 때까지 과실을 취득할 권리를 가진다는 점을, 본조 제3항은 정지조건이 성취되지 않는다면 채무는 존재하지 않았던 것으로 본다는 원칙을 규정하고 있다. 본조는 조건에 관한 개정으로 인한 가장 큰 변화이기도 하다. 개정 전 제1179조는 조건이 성취되면 계약한 날로 소급하여 효력을 가진다 규정하여 정지조건의 성

취는 소급효를 원칙으로 하였다. 그런데 개정으로 정지조건의 성취는 소급효를 인정하지 않는 것을 원칙으로 하기로 변경된 것이다. 예컨대 소유권의 이전은 조건이 성취된 때 이전될 것이다.

다만 예외로 본조 제2항은 당사자들이 조건의 성취를 계약일로 소급하는 것으로 정할 수 있도록 하였다. 이 경우 위험부담의 문제가 남는데, 그 물건은 채무자의 위험으로 계속 남으며 채무자는 조건이 성취될 때까지 물건을 관리하며 과실을 취득할 권리를 가지게 된다. 채무자가 여전히 조건이 성취될 때까지의 위험을 부담하고 과실을 취득하는 것은 합의로 인한 소급효를 제한하는 것처럼 보인다. 프랑스민법전은 개정 전 제1182조에서 자세히 규정하고 있던 위험부담에 관한 법리 중 일반 법리인 "채무의 목적인 물건은 채무자의 위험으로 계속 남으며 채무자는 조건이 성취될 때까지 물건을 관리하며 과실을 취득할 권리를 가진다."는 부분만을 남겨 두었다.

본조 제3항은 조건의 불성취에 관하여 규정하고 있으며 개정으로 신설된 조항이기도 하다. 조건의 불성취로 채무가 존재하지 않게 되는 경우 계약의 효력은 제1186조, 제1187조에 따라 판단될 것이다. 제1186조 제1항은 계약의 본질적 요소 중 하나가 소멸한 경우 계약은 실효하는 것으로 규정하고 있으며 제1187조는 계약의 실효는 계약을 종료시키는 것으로 규정하고 있다. 즉, 조건의 불성취로 채무가 존재하지 않았던 것으로 보게 되는 경우 계약의 본질적 요소 중 하나가 소멸되었는지 여부에 따라 실효 여부가 결정될 것이다.

Article 1304-7 L'accomplissement de la condition résolutoire éteint rétroactive-ment l'obligation, sans remettre en cause, le cas échéant, les actes conservatoires et d'administration.

La rétroactivité n'a pas lieu si telle est la convention des parties ou si les prestations échangées ont trouvé leur utilité au fur et à mesure de l'exécution réciproque du contrat.

제1304-7조 ① 해제조건의 성취는 채무를 소급하여 소멸시키지만, 보존행위와 관리행위에는 영향을 미치지 아니한다.

② 당사자가 비소급효를 합의한 경우 또는 계약의 상호적 이행에 따라 교환된 급부가 효용이 있었던 경우에는 소급효가 발생하지 않는다.

[해제] 본조는 해제조건 성취의 효과에 관하여 규정하고 있다.

본조 제1항은 해제조건의 성취는 채무를 소급하여 소멸시킨다고 규정하여 정지조건 성취의 효과와 달리 소급효가 원칙임을 명시하고 있다. 다만 소급하는 경우에도, 보존행위와 관리행위에는 영향을 미치지 아니한다. 개정 전 프랑스민법전의 태도와 비교하여 본다면 정지조건의 경우 소급효의 원칙을 포기하였고, 해제조건의 경우에는 소급효 원칙을 유지하였다.

제1304-6조가 정지조건의 경우 조건이 성취되지 않는 경우를 규정하고 있는 데 반하여, 본조에는 해제조건의 경우 조건이 성취되지 않는 경우에 관한 규율이 누락되어 있다. 해제조건 성취의 소급효의 원칙을 유지하면서 해제조건이 성취되지 않는 동안 과실이 누구에게 귀속되어야 하는지에 대하여 침묵하고 있다. 개정 과정에서 해제조건이 성취한 경우 "채권자는 성취 전에 수령한 과실은 반환을 면한다."는 조문을 포함하는 것에 대하여 논의가 존재하였지만, 최종적으로 프랑스민법전은 해제조건이 성취되었을 경우 과실의 귀속에 대하여 규정하고 있지 않다. 학설은 정지조건의 위험부담 법칙이 해제조건에도 유효하게 적용된다고 주장한다. 만약에 물건이 해제조건의 성취 전에 멸실된다면, 이는 매도인의 위험으로 남아 있다는 것이다. 그러나 해제조건의 경우 조건이 성취되지 않는 경우 채무 소멸의 가능성이 사라진다고 볼 수 있다. 해제조건부 채무는 이미 존재하고 있기 때문이다. 그리고 해제조건이 성취된 경우 이미 변제된 급부의 반환문제는 제1352-3조와 1352-7조에 따라 해결될 수 있다.

본조 제2항은 당사자가 비소급효를 합의한 경우 또는 계약의 상호이행에 따라 교환된 급부가 효용이 있었던 경우에는 비소급효를 규정하여 소급효 원칙이 예외를 규정하고 있다. 본조 제2항은 제1229조 제3항과 동일한 규율을 채택하고 있다. 해제에 관한 제1229조 제3항은 "계약의 상호이행에 따라 교환된 급부가 효용이 있던 경우 반대급부를 받지 못한 마지막 급부이전 기간 동안에 수령한 급부의 반환은 발생하지 않고, 이 경우의 해제는 해지에 해당한다."고 규정하고 있다. '교환된 급부의 효용'이란 기준은 완전히 새로운 개념으로 교환된 급부가 효용이 있는지 여부는 계약당사자가 계약에서 정한 목적을 결정하고, 교환된 급부가 이러한 목적에 부합하는지 여부에 따라 결정될 것이다.

[이 주 은]

Section 2   L'obligation à terme
제2절   기한부 채무

[해제] 본절은 기한부 채무에 관하여 규정하고 있다. 조건(condition)에 관해서는 제1304조가 정지조건과 해제조건을 규정하고 있는 것과는 달리, 제1305조는 기한(terme) 관하여 규정하면서 시기(terme suspensif)만을 정하고 종기(terme extinctif)를 정하지 않는다. 즉, 본절에서 종기(terme extinctif)를 규정하지 않는 대신에 제1212조에서 계약의 기간(durée du contrat)을 규정하고 있다. 한편, 제1305-1조는 당사자간에 기한이 합의되지 않은 경우에 법원에게 기한을 확정할 수 있는 권한을 주는 규정을 신설하였다. 또한 제1305-5조는 채무자가 기한의 이익을 상실한 경우에도 채권자가 연대채무자, 보증인을 포함한 공동채무자에게 채무자의 기한이익 상실을 가지고 대항하지 못한다는 규정을 두었다. 제1305-1조와 제1305-5조는 모두 종전의 파기원 판례의 태도를 성문화한 것으로 해석되고 있다.

Article 1305 L'obligation est à terme lorsque son exigibilité est différée jusqu'à la survenance d'un événement futur et certain, encore que la date en soit incertaine.
제1305조 그 사실의 일자가 확정적이지 않더라도 장래의 확실한 사실이 발생할 때까지 채무의 이행을 청구할 수 없을 때, 채무는 기한부 채무가 된다.

[해제] 본조는 기한부 채무의 정의에 대한 규정이다. 개정 전 제1185조는 기한(terme)은 채무(engagement)를 유예하는 것이 아니라 채무의 이행을 유예한다고 규정하는 데 그치고 있었다. 이에 비해 본조는 기한(terme)의 요건 및 효력을 규정하고 있다. 즉, 기한의 요건에 관해서는 '장래의 확실한 사실이 발생할 것'을 요하고 있고, 그 효력에 관해서는 '채무의 이행을 청구할 수 없다'고 정하고 있다.

까딸라초안에서는 시기와 종기를 함께 두는 방안이 제시되었지만, 프랑스민법전은 종기(terme extinctif)가 채무의 청구가능성과 관련되지 않는다는 점을 들어 종기를 별도로 규정하지 않았다.[10] 예를 들어, 보증인의 보증채무 또는 임대료 지급채무의 경우에 기간이 종료된다고 하더라도 채권자는 이미 발생한 채무의 이행을 청구할 수 있는데, 이를 보더라도 종기는 채무의 청구가능성과는 관련되지 않는다는 것이다.[11]

한편, 기한에서의 '확실성(certitude)'의 의미에 관하여 파기원은 한때 주관적 확실성(certitude subjective)을 의미하는 것으로 해석하기도 하였으나, 이런 경우 조건과 기한의 경계를 모호하게 한다는 문제가 제기되어, 현재 파기원은 객관적으로 확실한지를 기준으로 조건과 기한을 구분하고 있다.[12] 또한, 기한으로 정한 사건 발생이 객관적으로 확실할 것을 요구하더라도, 그 구체적인 상황까지 확실해야 하는 것은 아니다. 예를 들어 당사자의 사망은 그 구체적인 상황까지는 확실하지 않더라도 객관적으로 확실한 사건이기 때문에 기한을 정한 것이라고 볼 수 있다.

Article 1305-1 Le terme peut être exprès ou tacite.
A défaut d'accord, le juge peut le fixer en considération de la nature de l'obligation et de la situation des parties.
제1305-1조 ① 기한은 명시적 또는 묵시적일 수 있다.
② 당사자의 합의가 없으면, 법원은 채무의 성질과 당사자의 상황을 고려해서 기한을 확정할 수 있다.

[해제] 본조는 신설규정이다. 제1항은 기한을 명시적으로 정함은 물론 묵시적으로도 정할 수 있다고 정하고 있다. 개정 전 프랑스민법전은 기한을 묵시적으로도 정할 수 있다고 명시하지는 않았지만 해석상으로는 이를 인정하고 있었다. 한편, 묵시적인 기한은 채무의 성질로부터 인정되기도 하고, 당사자의 암묵적인 의도에 의해서도 인정되는 것으로 해석된다.[13]

제2항은 당사자 사이에 합의가 없는 경우 법원이 기한을 확정할 수 있다고 규정한다. 법원이 기한을 정하는 것은 이미 대차(prêt)와 관련하여 제1900조와

---

10) G. Chantepie et M. Latina, *op. cit.*, n° 794, p. 722.
11) O. Deshayes, Th. Genicon et Y.-M. Laithier, *op. cit.*, p. 676.
12) G. Chantepie et M. Latina, *op. cit.*, n° 795, p. 723; Civ. 1re, 13 avr 1999. n° 97-11.156.
13) G. Chantepie et M. Latina, *op. cit.*, n° 797, p. 725.

제1901조에서 규정하고 있는데, 본조에서 법원이 기한을 확정할 수 있도록 한
것은 제1900조와 제1901조를 확장한 것으로 해석된다.14) 파기원 판례 역시 "약
정된 기한이 없으면, 매도인이 매매목적물을 인도할 합리적인 기한을 결정할
권한이 하급심 법원에 있다."고 함으로써 법원이 기한을 확정할 수 있다는 결론
을 내려왔다.15) 한편, 본조에서 '당사자의 합의가 없으면'의 의미는, 당사자간에
합의가 없는 것(un défaut d'accord)을 말하는 것이 아니다. 왜냐하면 법원은 당
사자 사이에 예정하지 않았던 기한을 부과할 수는 없기 때문이다.16) 이에 따라
본조는 당사자들이 기한의 시점(point)에 대해 합치하지 않는 경우에 법원이 기
한을 정한다는 것으로 해석된다. 법원이 본조에 따라 기한을 정할 수 있는 경우
로는 첫째, 당사자들이 묵시적으로 기한의 원칙을 정하였거나 기한이 채무의
본질에서 유래될 때, 둘째, 기한의 결정이 명확히 당사자 간의 장래의 합의로
미루어진 때를 들 수 있다.17)

Article 1305-2 Ce qui n'est du qu'à terme ne peut être exigé avant l'échéance;
mais ce qui a été payé d'avance ne peut être répété.
제1305-2조 기한에 이행되어야 하는 것은 이행기 전에는 이행이 청구될 수 없다. 그
러나 이행기전에 변제된 것은 반환될 수 없다.

[해제] 본조는 개정 전 제1186조와 마찬가지로 기한의 효력을 규정하고 있
다. 첫째, 채권자는 기한이 도래하기 전에는 채무자의 변제를 강제할 수 없다.
이에 따라 기한이 도래하기 전인 채무는 상계(compensation)할 수 없고(제1347-1
조), 기한이 도래하지 않은 채무에 대해서는 시효가 진행되지 않는다(제2233조
제3항). 둘째, 기한이 도래하기 전이라도 채무자가 미리 변제하였다면 이를 반
환받을 수 없다. 왜냐하면, 기한이 도래하기 이전이라도 채무 자체는 이미 존재
하고 기한은 오직 채권자의 청구가능성에만 영향을 미치기 때문이다.18)
또한, 기한 전에 변제한 채무자는 기한의 만료전에 반환을 요구하더라도 반환

---

14) G. Chantepie et M. Latina, *op. cit.*, n° 798, p. 726.
15) Com., 12 nov 2008, n° 07-19.676.
16) O. Deshayes, Th. Genicon et Y.-M. Laithier, p. 677.
17) G. Chantepie et M. Latina, *op. cit.*, n° 798, p. 726.
18) O. Deshayes, Th. Genicon et Y.-M. Laithier, *op. cit.*, p. 678.

받을 수 없는데, 채무자가 실수로 변제한 경우에도 반환받을 수 없는 것은 마찬가지이다.[19)]

Article 1305-3 Le terme profite au débiteur, s'il ne résulte de la loi, de la volonté des parties ou des circonstances qu'il a été établi en faveur du créancier ou des deux parties.

La partie au bénéfice exclusif de qui le terme a été fixé peut y renoncer sans le consentement de l'autre.

제1305-3조 ① 채권자 또는 당사자 쌍방의 이익으로 정하는 것이 법률, 당사자의 의사 또는 제반사정에 기인되지 않는 경우에는, 기한은 채무자의 이익이 된다.

② 자신의 배타적 이익으로 기한이 설정된 당사자는 상대방의 동의없이 이를 포기할 수 있다.

[해제] 본조는 기한이익의 귀속 및 포기에 관한 규정이다. 개정 전 제1187조는 기한이익이 당사자간 약정 또는 제반사정에 의해 명확히 정해지지 않은 한 채무자에게 있다고 추정(présomption)하였다. 이에 비해 본조 제1항은 이와 같은 추정 규정을 삭제하고 채권자, 채무자, 당사자 쌍방 모두가 각각 기한이익을 가질 수 있음을 명시하고 있다. 여기서 본조는 채권자에게만 배타적인 이익이 되는 경우까지 명시하고 있다는 점에서 개정 전 프랑스민법전과 차이를 보인다.

본조 제2항은 기한이익의 포기에 관하여 신설된 규정으로서, 배타적으로 기한의 이익을 받는 당사자는 상대방의 동의 없이 기한이익을 포기할 수 있음을 명시하고 있다. 이런 내용은 개정 전 프랑스민법전에 규정되어 있지는 않았지만 이미 해석상으로 인정되어 왔다. 본항은 소극적으로 말하면 채권자 또는 채무자가 상대방의 동의 없이 기한이익을 포기할 수 있고, 적극적으로 말하면 기한의 이익을 받는 채무자는 채권자로 하여금 즉시 변제를 받을 것을 강제(contraindre)할 수 있다는 점을 의미한다.[20)]

---

19) O. Deshayes, Th. Genicon et Y.-M. Laithier, *op. cit.*, p. 678.
20) O. Deshayes, Th. Genicon et Y.-M. Laithier, *op. cit.*, p. 680.

Article 1305-4 Le débiteur ne peut réclamer le bénéfice du terme s'il ne fournit pas les sûretés promises au créancier ou s'il diminue celles qui garantissent l'obligation.

제1305-4조 채무자는 채권자에게 약속한 담보를 제공하지 않거나 채무에 관한 담보를 감소시킨 경우, 기한의 이익을 주장할 수 없다.

[해제] 본조는 기한이익의 상실에 관해서 규정한다. 개정전 프랑스민법전 제1188조는 '채무자가 채권자에게 계약상 제공한 담보(sûretès)를 감소시킬 때'에는 기한이익을 주장할 수 없다고 하였다. 이에 비해 본조는 채무자가 '채무에 관한 담보(celles qui garantissent l'obligation)'를 감소시키는 경우라고 함으로써, 계약상 담보 이외에도 법정 담보(sûretès légales) 또는 재판상 담보(sûretès judici-aires)를 감소시킨 경우도 기한이익 상실사유에 해당하는 것으로 해석된다.21) 또한 채무의 발생과 동시에 발생하는 담보는 물론 채무의 발생에 후행하는 담보를 감소시킨 경우도 기한이익 상실사유에 해당하는 것으로 해석된다.22) 한편, 본조는 기한이익 상실사유로서 채무자가 채무에 관한 담보를 감소시키는 것 이외에 채무자가 채권자에게 약속한 담보를 제공하지 않는 경우를 추가하였다.

한편, 프랑스에서는 기한이익 상실사유에 관해서 민법전이 아닌 다른 법률에서도 규정을 두고 있다. 가령 프랑스상법전 제L.643-1조는 재판상 청산결정(jugement de liquidation judiciaire)은 기한이익 상실을 가져오는 것으로 규정하고 있다. 또한, 당사자 간의 합의에 의해서 기한이익을 상실시키는 사유를 정할 수 있다. 다만 법률로 당사자간 합의를 제한하는 경우가 있는데, 예를 들어, 프랑스상법전 제L.622-29조에서 재판상 보전 및 회생절차의 개시결정(jugement d'ouverture d'une procédure de sauvegarde ou de redressement judiciaire)은 기한이익의 상실을 가져오지 않는 것으로 규정하면서, 이와 모순되는 약정은 효력이 없는 것으로 정하고 있다.23)

마지막으로, 본조는 기한이익의 상실에 따른 효력을 규정하고 있지는 않지만 기한이익이 상실되면 채권자는 채무자에게 즉시 변제를 요구할 수 있다고

---

21) O. Deshayes, Th. Genicon et Y.-M. Laithier, *op. cit.*, p. 681.
22) O. Deshayes, Th. Genicon et Y.-M. Laithier, *op. cit.*, p. 681.
23) O. Deshayes, Th. Genicon et Y.-M. Laithier, *op. cit.*, p. 682.

해석된다.

Article 1305-5 La déchéance du terme encourue par un débiteur est inopposable à ses coobligés, même solidaires et à ses caution.

제1305-5조 채무자의 기한의 이익의 상실은 다른 공동채무자에 대해서는 주장하지 못하고, 그가 연대채무자와 보증인인 경우에도 마찬가지이다.

[해제] 본조는 연대채무자를 포함한 공동채무자(coobligés)는 다른 채무자가 담보 관리를 하면서 발생한 기한이익상실의 불이익을 받을 수 없다는 점을 규정하였다. 본조는 파기원 판례의 태도를 성문화한 것으로서,[24] 기한이익의 상실이라는 불이익이 개인적인 사유라는 점을 감안한 것이다. 다만 공동채무자가 기한이익상실의 불이익을 받더라도 다른 공동채무자가 기한 전에 변제하는 것은 가능하다. 가령, 기한의 이익을 상실한 채무자가 빠른 시일내에 청산할 가능성이 엿보인다면, 공동채무자는 기한 전에 변제하고 나서 기한의 이익을 상실한 채무자를 상대로 소송을 제기할 이익이 있기 때문이다.[25]

한편, 본조에서 말하는 공동채무자(coobligés)는 공동채무자(codébiteur)는 물론 보증인(caution)을 포함한 개념이다. 이 점을 분명히 하기 위해서 2018년 변경법률은 본조 말미에 'et à ses caution'를 추가하였다. 본조에서 보증인을 공동채무자(coobligés)에 포함시킨 것은 파기원 판례의 태도를 따른 것으로 평가된다.[26]

한편, 본조는 당사자 간의 약정에 의해 배제될 수 있다. 파기원 판례도 공동채무자는 다른 공동채무자의 기한이익 상실이 있는 경우 채권자가 자신에게도 대항할 수 있다는 약정을 할 수 있다고 판단해 왔다.[27]

[이 상 헌]

---

24) Com., 15 juin 2011, n° 10-18.850.

25) O. Deshayes, Th. Genicon et Y.-M. Laithier, *op. cit.*, p. 683.

26) G. Chantepie et M. Latina, *op. cit.*, n° 805, p. 731. Com., 8 mars 1994, n° 92-11.854는 "주채무자의 기한이익 상실은 반대의 약정이 없는 한 보증인에게 대항할 수 없다."고 판시하였다.

27) Civ. 1ʳᵉ, 30 oct 1984, n° 82-14.062.

Section 3　L'obligation plurale
제3절　다수의 채권관계

[해제] 프랑스민법전은 "다수의 채권관계"(L'obligation plurale)로서 제1부속절에 다수의 목적(La pluralité d'objets)과 제3부속절에 다수의 주체(La pluralité d'objets)에 대하여 규정하고 있다. 여기서 다수의 채권관계란 반드시 채권관계가 다수가 존재한다는 것을 말하는 것이 아니다. 다수의 목적의 경우는 급부는 다수이더라도 채무가 하나로서 성립한다. 이에 반하여 다수의 주체의 경우는 수인의 채권자·채무자가 공동채권자(codébiteurs)·공동채무자(codébiteurs)로서 존재하므로 다수의 채권관계가 성립하는 것이다.

그 결과 우선 다수의 급부의 경우는 다수의 급부가 존재하는 하나의 채무가 성립한다. 그러나 임의채무의 경우는 채무자가 대용권을 행사할 경우에 대용급부가 채무의 목적이 될 수 있다는 의미에서 다수란 용어가 사용될 뿐이다.

Sous-section 1　La pluralité d'objets
제1부속절　다수의 목적

[해제] 개정 전 프랑스민법전은 '다수의 목적'이라는 절에서 선택채무만을 규정하였다. 학설은 그 외에 병합채무와 임의채무도 다수의 목적과 관련하여 설명하였다. 이 경우 목적 또는 채무가 다수인지의 여부에 대하여는 단수의 채무가 성립한다는 견해와 다수의 채무가 성립한다는 견해가 대립하였다. 2016년 프랑스민법전은 "다수의 목적"이라는 부속절하에 병합채무와 임의채무도 함께 규율하고 있다. 이 경우 목적 또는 채무가 다수인지에 대하여는 개정 후에도 여전히 학설이 대립하고 있다.

다수의 목적에 관한 규정들을 살펴보면, 급부에 대하여는 다수(prestations)를 사용하지만, 목적은 단수(objet)로 사용하고 있다. 따라서 급부가 다수이고 목적은 단수라는 것을 전제로 규정하고 있다고 볼 수 있다. 첫째, 병합채무(제1306조)의 경우에는 다수의 급부에 대하여 하나의 채무가 성립하는 것으로 규정하고 있다. 급부는 복수이지만 하나의 목적과 하나의 채무가 성립하는 것이다. 둘째, 선택채무(제1307조 이하)의 경우에도 급부가 다수임을 전제로 하나의 목적에 대하여 하나의 채무가 성립함을 규정하고 있다. 다수의 급부에 대하여 선택권을 행사하여 하나의 급부를 이행하는 것이다. 셋째, 임의채무의 경우(제1308조) 하나의 급부와 목적에 대하여 하나의 채무가 성립하나, 채무자가 대용권을 행사할 경우 다른 급부도 채무의 목적이 될 수 있음을 규정하고 있다. 이 점에서 복수의 목적이 하나의 채무의 목적이 되었다고도 볼 수 있다. 요컨대 병합채무의 경우는 다수의 급부에 대하여 하나의 목적과 하나의 채무가 성립하고, 선택채무의 경우는 선택권을 행사하기 전에는 복수의 급부에 대하여 하나의 목적과 하나의 채무가 성립하나 선택권의 행사 후에는 하나의 급부와 목적에 대하여 채무가 이행되고 또 임의채무의 경우에는 대용권을 행사하기 전에는 하나의 급부와 목적을 대상으로 하나의 채무가 존재하지만 대용권을 행사 후에는 대용급부도 목적이 될 수가 있다는 점에서 다수의 급부와 다수의 목적으로 하는 채무라고 볼 수 있다.

Paragraphe 1　L'obligation cumulative
제1관　병합채무

> Article 1306 L'obligation est cumulative lorsqu'elle a pour objet plusieurs pre-stations et que seule l'exécution de la totalité de celles-ci libère le débiteur.
> 제1306조 채무가 다수의 급부를 목적으로 하고 그 전부의 이행만으로 채무자를 면책시키는 경우에는 병합급부의 채무라고 한다.

[해제] 본조는 다수의 급부(또는 목적)에 대하여 하나의 채무가 성립하는 병합채무를 규율하고 있다. 본조는 채권법 개정 시에 신설된 조문이다.

본조는 강학상으로 인정되어 오던 병합채무를 신설한 것이지만, 특별한 의미가 있는 것은 아니라고 한다. 병합채무는 존재하는 다수의 급부에 대하여 당사자가 어느 하나의 급부를 선택하거나 대용할 권리가 없다는 점에서 선택채무 또는 임의채무와 구별된다. 한편 병합채무는 다수의 급부에 대하여 각각 하나의 채무가 성립하는 '다수의 채무(pluralité d'obligations)'와 구별된다. 병합채무의 경우 다수의 급부가 목적이므로 채무자가 어느 급부만을 이행하면 원칙적으로 '일부변제(paiement partiel)'가 되어, 채권자는 그 수령을 거절할 수 있다. 이에 반하여 다수의 채무는 채무가 다수 성립하는 경우이다. 다수의 채무의 경우에는 어느 급부를 이행하면 그것은 해당 채무를 이행하는 것이 되고 또 해당 채무의 '전부변제(paiement complet)'가 되는 것이다. 따라서 채권자는 그 수령을 거절할 수 없다.28) 당사자 사이에 병합채무가 성립하는지 아니면 다수의 채무가 성립하는 것인지는 당사자의 의사에 달려있다. 본조가 규정하는 병합채무의 경우 그 이행에 있어서 특별히 문제될 것은 없다. 본조는 다수의 '급부 전부'를 이행하여야만 채무자가 면책된다고 규정하고 있다. 이는 전부 이행되어야 완전히 면책된다는 것을 말하는 것으로서, 일부 이행을 허용하지 않는 것은 아니다.

　본조의 병합채무는 여러 가지 채무의 양태와 결합하여 성립될 수 있다. 본조의 급부는 동종의 목적일 필요가 없다. 그런데 본조는 '급부 전부의 이행만으로 채무자를 면책시킨다.'고 규정하고 있어, 이를 문언해석을 하면 병합채무의 모든 급부가 동일한 양태이어야 한다고 볼 수도 있다. 그렇게 되면 병합채무가 조건부채무인 경우 모든 급부가 조건부이어야 하고, 병합채무가 기한부일 경우에는 모든 급부가 동일한 기한을 가지고 있어야 한다고도 할 수 있다. 그러나 본조는 급부가 동일한 태양인 경우를 상정하여 규정하는 것일 뿐 태양이 다른 급부가 목적이 될 수 있는 것을 부정하는 것은 아니다. 따라서 병합채무의 어느 급부는 기한부이고 다른 급부는 조건부일 수가 있는 것이다.

Paragraphe 2　L'obligation alternative
제2관　선택채무

　[해제] 본관은 선택채무의 의의(제1307조), 선택권(choix)의 귀속과 행사(제1307-1조), 급부불능(후발적 불능)이 선택권에 미치는 영향(제1307-2조 내지 제1307-5조)에 대하여 규율하고 있다.

Article 1307 L'obligation est alternative lorsqu'elle a pour objet plusieurs pre-stations et que l'exécution de l'une d'elles libère le débiteur.

---

28) O. Deshayes, Th. Genicon et Y.-M. Laithier, *op. cit.*, p. 686.

> 제1307조 채무가 복수의 급부를 목적으로 하고 그중 어느 하나의 급부의 이행으로 채무자를 면책시키는 경우에는 선택채무라고 한다.

[해제] 본조는 개정 전 제1189조와 다음의 점에서 차이가 있다. 첫째, 개정 전에는 급부가 물건의 인도인 경우를 대상으로 하여 규정했지만, 개정 후에는 물건 이외의 급부 일반에 대하여 규정하고 있다. 둘째, 개정 전에는 급부의 대상으로 두 개의 물건을 상정하였지만, 개정 후에는 둘 이상의 급부를 대상으로 하고 있다. 그러나 여전히 개정 제1307조는 하나의 급부에 대하여 선택권이 있는 경우만을 규정하고 있다는 점에 개정 전과 다를 바가 없다. 즉, 선택 후 급부가 불능이 되는 경우 채무자는 다른 급부 중의 하나를 이행하여야 한다(제1307-3조)거나 또는 채권자는 다른 급부 중의 하나로 만족하여야 한다(제1307-4조)고 하여, 하나의 급부에 대하여 선택권이 있는 경우만을 규정하고 있다.

본조는 선택채무의 의의를 규정하고 있다. 선택채무란 채무가 다수의 급부를 목적으로 하고 그중 어느 하나의 급부의 이행으로 채무자를 면책시키는 채무를 말한다고 한다. 예를 들면, 도급인이 도급의 대가로 3,000유로 또는 그에 해당하는 주식을 주는 급부 중 하나를 선택하여 이행하면 도급인이 채무를 면하게 되는 경우에 선택채무가 성립한다. 또 위임인이 수임인에게 수임의 대가로 금전을 지급하거나 건물을 사용하게 하는 경우에도 선택채무가 성립한다.

본조의 선택채무는 채무자가 어느 급부를 선택하여 이행하는 단계에서 문제된다는 데에 특징이 있다. 즉, 본조는 채무가 다수의 급부를 목적으로 하여 성립하는 경우에 인정된다고 한다. 이는 선택권의 행사는 채무를 성립시키는 것과는 무관하고, 채무를 이행하는 단계의 문제라는 것을 말하는 것이다.[29] 달리 말하면, 선택채무는 다수의 급부를 목적으로 하는 채무에서 어느 급부를 선택하여 이행하는 단계의 문제인 것이다. 바로 이러한 이유에서 다른 나라와는 달리 프랑스민법전에는 선택의 소급효를 인정하는 규정이 존재하지 않는다. 또한 급부불능이 선택권의 행사에 미치는 영향과 관련하여 원시적 불능을 규정하지 않고

---

29) 프랑스민법전의 경우 선택채무란 다수의 급부가 채무의 목적이 되어 성립하지만, 선택권자인 채무자 또는 채권자가 이행할 급부를 선택하면 채무자가 이를 이행하여야 하는 채무를 말한다. 즉, 선택채무는 채무의 성립단계가 아니라 이행단계에서 문제가 된다. 이에 반하여 우리 민법의 경우 선택채무는 다수의 급부가 선택적으로 채무의 목적인 채무를 말하여, 선택채무는 채무의 성립단계에서 문제된다.

후발적 불능에 대해서만 규정하고 있는 것이다(제1307-2조 내지 제1307-5조).

Article 1307-1 Le choix entre les prestations appartient au débiteur.

Si le choix n'est pas exercé dans le temps convenu ou dans un délai raisonnable, l'autre partie peut, après mise en demeure, exercer ce choix ou résoudre le contrat.

Le choix exercé est définitif et fait perdre à l'obligation son caractère alternatif.

제1307-1조 ① 급부의 선택권은 채무자에게 속한다.

② 선택권이 합의된 시기 또는 합리적인 기간 내에 행사되지 않을 경우에는, 상대방은, 최고를 한 후, 그 선택권을 행사하거나 계약을 해제할 수 있다.

③ 선택권의 행사는 확정적이고 채무에 선택적 성격을 상실시킨다.

[해제] 본조는 선택권에 관한 규정이다. 본조는 선택권의 귀속자가 누구인지(제1항), 선택권의 행사시기와 선택권자가 선택권을 행사하지 않을 경우의 효과(제2항) 그리고 선택권을 행사한 경우의 효과(제3항)에 대하여 개정 전 프랑스민법전보다 상세하게 규정하고 있다.

본조 제1항에 의하면 급부의 선택권은 채무자에게 있다. 개정 전 제1190조(제1항)는 선택권이 명시적으로 채권자에게 부여되지 않는 경우에는 선택권은 채무자에게 있다고 규정하였었다. 본조 제1항은 당사자의 계약으로 채권자에게도 선택권을 부여하는 것을 방해하지 않는다. 본항은 강행규정이 아니기 때문이다.

본조 제1항은 선택권이 제3자에게도 부여되는 경우에 대하여는 침묵을 지키고 있다. 개정 전 제1190조도 선택권은 계약의 당사자인 채무자 또는 채권자가 갖는 것을 전제로 규정하였다는 점에서 마찬가지라고 할 것이다. 또 개정 후에도 본조 외에 제1307-1조 제2항, 제1307-3조와 제1307-4조에서 역시 양당사자에게 선택권이 있는 경우만을 상정하여 규정하고 있다. 제3자가 선택권을 갖는 경우는 선택채무가 성립하지 않는다는 견해도 있다. 그러나 당사자 약정으로 제3자가 선택권을 갖는 것도 얼마든지 가능하다고 할 것이다. 이는 종전 판례에서도 인정되고 있었다.

본조 제2항은 개정 프랑스민법전에 신설된 규정이다. 본항을 살펴보기 전에 먼저 검토하여야 할 것이 있다. 본항은 선택권의 행사기간이 있는 동안 선택채무는 어떠한 상태에 놓이는지에 대하여 침묵을 지키고 있다. 이는 행사기간 이 경과한 후에 선택권이 행사되지 않는 경우에도 마찬가지의 문제가 발생한 다. 이에 대해서는 선택권이 행사되지 않는 동안 선택채무의 효력이 정지된다 거나 또는 시기가 도래하지 않은 선택채무가 성립한다고 하는 견해가 있다. 우 선 본항은 선택권은 약정된 시기 또는 합리적인 기간 내에 행사하여야 되는 권 리임을 전제로 하고 있다. 선택권은 무제한적인 권리가 아니라 그 행사기간이 있는 제한적 권리임을 밝히고 있다. 본항에 대하여는 선택권의 행사와 불행사 를 구분하여 살펴볼 필요가 있다. 우선 선택권의 행사는 합의된 시기 또는 합리 적인 기간내에 있어야 한다. 여기서 합리적 기간인지의 여부는 다른 규정들(청 약의 기간에 관한 제1116조, 우선협약의 기간에 관한 제1123조, 기간의 정함이 없는 계약에 관한 제1211조 등)의 경우와 마찬가지로 그 판단은 법관의 사후 통제에 속한다. 법관은 이행할 급부의 성질, 규모나 복잡성 등을 고려하여 합리적 기간 인지의 여부를 판단하게 된다. 선택권의 행사는 명시적으로 또 묵시적으로도 행사될 수 있다. 채무자는 채무의 이행전에 명시적으로 의사를 표시하여 선택 권을 행사할 수 있다. 또 급부를 이행히여 선택권의 행시를 묵시적으로도 행사 될 수 있다. 후자의 경우 채무자가 어느 급부를 이행한다는 것은 그 급부를 선 택하였다는 것을 전제로 하기 때문이다.

본조 제2항에 의하면 선택권자가 기간 내에 선택권을 행사하지 않을 경우 상대방은 우선 최고를 하여야 한다. 본조는 최고의 절차에 대하여는 언급을 하 고 있지 않다. 종전에 선택권의 기능에 '변제의 담보' 기능을 인정하는 견해에 의하면, 채무자가 선택권자인 경우에는 급부의 이행이나 채권자에 대한 최고를 요한다고 보았다. 반대로 채권자가 선택권사인 성우에는 이러한 절차가 없이 급부를 선택하는 것만으로 행사될 수 있다고 보았다. 그러나 본조는 상대방에 대하여 최고할 것을 규정하고 있다. 그리고 상대방이 선택권자에게 최고를 한 다는 것은 선택권자를 지체에 빠뜨린다는 것을 의미한다. 선택권자에게 선택권 행사의 지체에 빠진 후에야 비로소 상대방에게 선택권이 이전되고 또 해제권이 발생한다고 볼 것이다. 따라서 상대방은 선택권자에게 최고를 하면서 자신이 선택권 또는 해제권을 행사한다는 것을 최고하여야 한다.[30] 상대방에게 선택권

---

30) 채무자지체 또는 채권자지체에서는 최고란 변제 또는 수령의 최고인 것과 달리 본조 의 mise en demeure는 선택권의 행사 또는 계약해제에 대한 최고가 된다.

이 발생하는지 또는 해제권이 발생하는지는 종전 선택권자에게 중요한 이해관계가 있는 사항이므로 그러하다고 할 것이다.

　　본조 제2항은 상대방은 선택권을 행사하거나 계약을 해제할 수 있다고 한다. 여기서 상대방에게는 선택권 또는 해제권에 대한 선택권이 발생한다고 할 것이다. 또한 본항은 선택권자가 반드시 채무자인 경우만을 상정하지 않는다고 할 것이다. 첫째, 선택권이 상대방에게 이전될 수 있다. 이는 선택권의 이전은 원래의 선택권자뿐 아니라 상대방에게도 이익이 된다는 것을 의미한다. 즉, 채무자가 이행할 급부, 따라서 채권자가 수령할 급부를 선택하는 것이 채무자와 채권자 모두에게 이익이 된다는 것을 의미하는 것이다. 둘째, 상대방에 해제권이 발생할 수 있다. 해제권을 부여하는 근거는 급부의 선택은 채무의 이행단계의 문제이기 때문이다. 상대방에게 선택권이 아니라 해제권의 발생도 인정한다는 것은 상대방에게 계약의 구속력으로부터 벗어날 수 있는 길을 열어주는 것이 된다. 즉, 채무자가 선택권자임에도 불구하고 선택권을 행사하지 않는다는 것은 채무자로부터 채무의 이행을 기대할 수가 없다는 것을 말하고, 이러한 경우에는 채권자에게 무의미하게 계속 채무자에게 채무이행을 최고하게 하는 것보다는 오히려 해제권을 부여하는 것이 더 낫다고 할 것이다. 또 상대방에게 해제권이 인정되는 것은 선택권의 행사가 의무적 성질도 갖는다고 보기 때문이다. 즉, 선택은 권한이기도 하지만 의무적 속성도 갖는다. 따라서 선택의무의 불이행 자체만으로 선택의무의 불이행의 중대성의 요건(제1224조)을 갖춘다는 것을 말한다.[31] 즉, 선택의무의 중대한 위반이 있는 것이 된다. 상대방이 해제권을 행사할 경우에는 해제의 일반법리에 따라야 한다. 즉, 해제권자는 상대방에게 해제를 통지하여야 하고, 해제의 효과는 통지를 받은 날 발생하게 된다(제1229조 제2항).

　　본조 제3항은 선택권의 행사는 확정적이고 채무의 선택적 성격을 소멸시킨다고 규정하고 있다. 선택권을 행사하면 선택된 급부가 채무의 목적이 된다. 이를 분설하면, 첫째, 선택권의 행사가 확정적이라고 하는 것은 선택권자가 생각을 바꾸어 이행할 급부의 선택을 취소하거나 또는 다른 급부를 선택할 수 없다는 것을 말한다.[32] 더더욱 그 상대방도 선택된 급부에 대하여 그의 의사로서 변

---

31) G. Chantepie et M. Latina, *op. cit.*, n° 815, p. 738.
32) Civ. 1ʳᵉ, 3 juin. 1966, *Bull. civ.* 1966, Ⅰ, p. 329.

경할 수 없다. 둘째, 선택권의 행사는 선택채무의 선택적 성격을 소멸시킨다는
것은 선택된 급부를 목적으로 하는 단순채무(obligation pure et simple)가 성립한
다는 것을 말한다. 즉, 선택된 급부가 채무의 목적으로서 이행되어야 한다는 것
을 말한다.

한편 본조는 선택권 행사의 소급효에 대하여는 아무런 언급을 하고 있지
않다. 개정 전에는 선택채무는 선택을 정지조건으로 보는 견해가 있었다. 정지
조건을 달성하는 경우 소급효가 있었기 때문에, 이는 선택에 소급효를 인정하
는 것과 같았다.[33) 그러나 개정 후에는 선택권의 행사를 정지조건이라고 본다
고 하더라도 정지조건을 규율하는 제1304-6조가 정지조건의 성취에 소급효를
인정하지 않기 때문에, 선택권의 행사에 소급효를 인정할 수는 없다. 그렇다면
프랑스민법전이 선택권 행사의 소급효를 규정하지 않는 이유는 어디에 있는 것
일까? 이는 선택채무를 이행단계에서 규율한다는 것의 논리적 귀결로서 소급효
를 인정할 수 없기 때문이라고 할 것이다. 즉, 선택채무는 다수의 급부를 목적
으로 한다는 규정(제1307조)에 반하는 것이 되기 때문이다. 선택채무는 선택적
으로 성립하는 채무가 아닌 것이다. 선택의 소급효가 없기 때문에 선택채무의
성립에는 아무런 영향을 미치지 않는다. 그러면 당사자가 선택권의 행사에 소
급효를 인정하는 합의를 할 수 있는지가 문제이다. 물론 본조가 강행규정이 아
니므로 얼마든지 당사자가 임의로 소급효를 부여할 수도 있다고 할 것이다. 그
러나 그 경우 선택채무는 단순채무로서 성립한다고 할 것이다.[34)

Article 1307-2 Si elle procède d'un cas de force majeure, l'impossibilité
d'exécuter la prestation choisie libère le débiteur.
제1307-2조 선택된 급부의 이행불능이 불가항력으로 인한 것일 경우에는 이는 채무
자를 면책시킨다.

[해제] 본조는 선택된 급부의 이행불능이 불가항력에 의한 것일 경우에는
채무자는 채무를 면한다고 규정하고 있다. 본조는 개정에 의하여 새로 신설된
규정이다. 본조가 신설된 이유는 선택채무는 이행단계의 문제이기 때문에 이행

---

33) Huc, *Commentaire théorique et pratique du Code civil*, t. 7 1re éd., Cotillon, 1985, n°
291, p. 390 par G. Chantepie et M. Latina, *op. cit.*, n° 813, p. 736.
34) 이 경우 우리 민법에서와 같이 선택채무는 성립시부터 단순채무가 된다.

단계에서 발생한 후발적 이행불능을 규율하기 위한 것이다.

후술하는 제1307-3조 및 제1307-4조가 선택권의 행사 전에 급부불능이 발생한 경우를 규율하고 있다면, 본조는 불가항력에 의한 이행불능이 선택권의 행사 후에 발생한 경우를 규율하고 있다. 본조는 제1307-1조에 의하여 선택에 의하여 선택채무는 선택적 성격을 상실하여 단순채무가 된 것을 전제로 하여, 불가항력에 의한 후발적 이행불능이 채무자를 면책시킨다고 규정하고 있는 것이다. 한편 후발적 이행불능에 대하여 어떠한 책임관계가 발생하는지는 이행불능에 관한 제1281조 제2항, 제1351조와 제1351-1조에 따라 법률관계가 정해진다. 또 본조는 급부불능이 불가항력이 아니라 채무자 또는 채권자의 과책에 의하여 발생한 경우에 대하여는 규율하고 있지 않다. 이에 대해서는 본조의 마지막 부분에서 설명한다.

본조는 우선 제1218조 제2항에 의하여 보충을 요한다. 제1218조 제2항 제1문에 의하면 불가항력으로 방해가 일시적일 경우에는 그로 인한 이행의 지연이 계약의 해제를 정당화하지 않는 한 채무의 이행은 정지될 뿐이다. 또 이 경우 불가항력은 당사자의 과실을 요하지 않으므로 채무자는 이행지연의 책임을 지지 않는다. 그러나 이행지연이 계약의 해제를 정당화할 경우에는 이행불능이 되어 채무자는 면책된다. 한편 제1218조 제2항 제2문에 불가항력으로 방해가 확정적일 경우에는 계약은 해제되고 당사자들은 제1351조와 제1351-1조가 정하는 요건에 따라 채무를 면한다.

본조가 채무자는 채무를 면한다고 하는 것은 제1351조와 제1351-1조에 따른 것이다. 우선 제1351조에 의하면, 불가항력에 의한 이행불능이 확정적인 것일 경우 그 부분에 한하여 채무자는 채무를 면하게 된다. 일부불능인 경우에는 그 부분에 한하여 채무를 면하고 잔존부분에 대하여 채무를 면하지 못한다. 그러나 불가항력에 의한 이행불능이 확정적인 것이어서 전부불능이 발생한 경우에는 채무자는 채무 전부를 면하게 된다. 이 경우 쌍무계약에서 상대방의 채무의 운명은 어떻게 되는지가 문제이다. 이것이 이른바 반대급부위험의 문제이다. 프랑스민법전의 경우 채무자는 계약의 체결과 동시에 권리이전의 효력(제1196조 제1항)이 발생하는 의사주의를 취하고 있기 때문에 급부위험은 상대방에게 이전된다. 따라서 채권자는 반대급부를 이행하여야 한다. 즉, 반대급부위험의 문제는 발생하지 않는 것이다. 그러나 이행불능이 확정적인 것일지라도 채무자가 이행불능의 위험을 인수하였거나 또는 이행지체 중에 이행불능이 발생하였을 경우에는 채무자는 채무를 면하지 못한다(제1351조). 후자의 경우 이행지체 중에는 채무자가 급부위험을 인수하게 되기 때문이다(제1344-2조). 그러나 이행불능이 이행하여야 할 물건의 멸실로 발생한 경우, 이행을 지체한 채무자라도 채무가 이행되었더라도 멸실이 마찬가지로 발생하였을 것임을 증명하면 채무를 면하게 된다(제1351-1조 제1항). 이 경우 채무자는 그 물건에 부속된 권리와 소권을 그의 채권자에게 양도할 의무를 부담한다(제1351-1조 제1항).

본조는 선택된 급부의 이행불능이 채무자 또는 채권자의 과책에 의하여 발생한 경우는 규율하고 있지 않다. 이는 채무불이행의 일반법리로 해결되어야 한다.[35] 첫째, 채무자의 과책에 의하여 이행불능이 발생한 경우에는 채무를 면하지 못한다. 이는 본조의 반대해석(interprétaion *a contrario*)으로도 명백하다. 채무자에게는 손해배상책임이 발생하게 된다. 이 경우 채무자의 손해배상은 소멸한 급부를 기준으로 산정한다. 둘째, 반대로 선택된 급부의 이행불능이 채권자의 과책에 의하여 발생한 것일 경우에는 채무자는 채무를 면한다. 쌍무계약의 경우 채무자는 상대방에게 반대급부를 청구할 수 있다.

Article 1307-3 Le débiteur qui n'a pas fait connaître son choix doit, si l'une des prestations devient impossible, exécuter l'une des autres.

제1307-3조 자신의 선택을 알리지 않은 채무자는 어느 급부가 불능이 된 경우에는 다른 급부 중의 하나를 이행하여야 한다.

[해제] 본조는 제1307-4조와 함께 선택권의 행사 이전에 급부불능이 발생한 경우를 규율하고 있다. 또 본조는 선택권이 채무자에게 있는 경우를 규율하고 있다. 본조는 개정 전 제1193조 제1항에 기초하고 있다.

본조에 의하면 자신의 선택을 알리지 않고 있던 채무자는 어느 급부가 불능이 된 경우에는 다른 급부 중 하나를 이행하여야 한다.[36] 여기서 '자신의 선

---

35) G. Chantepie et M. Latina, *op. cit.*, n° 818, p. 740; O. Deshayes, Th. Genicon et Y.-M. Laithier, *op. cit.*, p. 690.

36) 개정 전 제1193조 제1항는 선택급부가 2개의 급부에 대하여 선택채무가 성립한 경우를 전제로 하여 단순채무가 성립한다고 규정하였었다. 그러나 선택급부는 3 이상인 경우도 있으므로 본조는 채권자가 다른 급부로 만족하여야 한다고 규정하고 있다.

택을 알리지 않은' 경우란 채무자가 선택권을 행사하지 않은 경우를 말한다. 이 경우 선택권의 행사기간이 경과하였느냐는 묻지 않는다. 그러나 채무자가 선택권의 행사전에 채권자의 최고에 의하여 선택권행사가 지체가 된 경우에는, 선택권은 채권자에게 이전되는 결과(제1307-1조 제2항) 그 후에는 제1307-4조의 규율을 받게 된다.

　본조는 불능의 원인이 채무자의 과책에 의한 것이든 불가항력에 의한 것이든 이를 묻지 않는다. 어느 경우이든 채무자의 선택권은 보호를 받을 수 없기 때문이다. 이 경우 채무자는 다른 급부 중 하나를 이행하여야 한다. 그리고 본조가 다른 급부 중 하나를 이행하여야 한다고 규정하고 있는 것은 어느 경우나 불능인 급부는 이제 채무의 목적에서 제외된다는 것을 말한다. 이상의 경우 선택권은 잔존하는 나머지 급부에 존속하게 된다는 것을 의미한다. 그 결과 채무자는 불능인 급부를 채권자에게 강요할 수 없고 또 그 급부의 불능을 이유로 채무를 면할 수도 없는 것이다.[37] 또 채권자는 선택권을 가지고 있지 않기 때문에 불능에 의하여 아무런 불이익도 발생하지 않는다.[38] 한편 채무자는 불가항력에 의하여 불능이 된 급부에 대하여는 면책된다(제1307-5조).

　한편 본조는 급부가 채권자의 과책에 의하여 불능이 된 경우에 대하여는 침묵하고 있다. 이 경우에는 채무자의 선택권을 영향을 받지 않는다고 할 것이다. 그렇지 않으면 채권자가 자신의 과책으로 인하여 채무자의 선택권을 부당하게 박탈하는 결과가 발생하기 때문이다. 따라서 첫째, 채무자는 불능이 된 급부를 선택하여 채무를 면한다. 쌍무계약인 경우 채무자는 채권자에 대하여는 반대급부를 청구할 수 있다. 물론 이 경우 채무자는 채권자에 대하여 손해배상책임을 지지 않는다. 둘째, 채무자는 불능이 되지 않은 다른 급부를 선택하여 이행할 수도 있다. 이 경우 불능이 된 급부에 대하여는 과책을 범한 채권자에 대하여 어떤 책임을 물을 수 있는지가 문제이다. 명문의 규정은 없지만, 채무자가 다른 급부를 선택하였다는 것은 불능이 된 급부가 비록 이행의 단계이기는 하지만 채무의 목적이 되지 않았다는 것을 의미하므로, 채무자는 채권자에 대하여 불법행위책임을 물을 수 있다고 보아야 할 것이다.

---

37) O. Deshayes, Th. Genicon et Y.-M. Laithier, *op. cit.*, p. 691.
38) G. Chantepie et M. Latina, *op. cit.*, n° 819, p. 741.

Article 1307-4 Le créancier qui n'a pas fait connaître son choix doit, si l'une des prestations devient impossible à exécuter par suite d'un cas de force majeure, se contenter de l'une des autres.
제1307-4조 자신의 선택을 알게 하지 않은 채권자는 어느 급부가 불가항력으로 불능이 된 경우에는 다른 급부 중의 하나로 만족하여야 한다.

[해제] 본조는 제1307-3조와 함께 선택권의 행사 이전에 급부불능이 발생한 경우를 규율하고 있다. 또 본조는 선택권이 채권자에게 있는 경우에 대하여 규율하고 있다.

본조에 의하면, 자신의 선택을 알리지 않은 채권자는 어느 급부가 불가항력의 결과 이행이 불능이 된 경우에는 다른 급부 중 하나로 만족하여야 한다. 본조가 다른 급부 중 하나로 만족하여야 한다고 규정하는 것은 불능인 급부는 채무의 목적에서 제외되고, 그의 선택권은 다른 급부에 존속한다는 것을 말한다. 그 결과 채권자는 다른 급부 중의 하나에 대하여 선택권을 행사하여야 하는 것이다. 한편 급부가 불가항력에 의한 불능이 된 경우에는, 채무자는 해당 급부에 대하여는 면책된다(제1307-5조).

한편 본조는 제1307-3조와 달리 '불가항력에 의한 급부불능'에 대하여만 규율하고 있다. 본조는 채권자의 과책에 의하여 급부가 불능인 경우에 대하여는 침묵하고 있다. 그러나 우선 급부불능이 채권자의 과책에 의한 것일 경우에는 불능이 된 급부에 대하여는 채권자의 선택권이 사라진다. 그리고 채권자는 자신의 귀책에 의하여 소멸된 급부에 대하여 채무자에 대하여 책임을 져야 한다. 이 경우 어떠한 책임을 져야 하는지가 문제이다. 즉, 급부가 소멸하였을지라도 선택채무의 목적이었기 때문에 채무불이행책임을 져야 하는가? 아니면 선택권이 사라진 결과 소멸된 급부는 채무의 목적이 될 수 없기 때문에 채권자는 불법행위책임을 져야 하는가? 이 경우 제1307-3조의 경우와 마찬가지로 명문의 규정은 없지만, 채권자가 다른 급부를 선택하여야 한다는 것은 불능이 된 급부가 채무의 목적이 되지 않았다는 것을 말하는 것이므로, 과책이 있는 채권자는 채무자에 대하여 불법행위책임을 져야 한다고 보아야 할 것이다. 물론 본조는 임의규정이다. 따라서 당사자들은 채권자의 선택권이 소멸하지 않는다고 규정할 수도 있다. 이 경우 채권자는 불가항력에 의하여 불능이 된 급부를 선택하여 급부받을 수 없게 되고 자신의 반대급부는 이행하여야 한다.

한편 본조는 채무자의 과책에 의하여 급부가 불능인 경우에 대하여도 역시 침묵하고 있다. 개정 전 제1194조 제3항은 채권자는 잔존 급부를 청구하거나 불능인 급부의 가액을 청구할 수 있다고 규정하였다. 이는 채권자의 선택권이 영향을 받지 않는다는 것을 의미하는 것이었다. 그렇지 않으면, 채무자의 과책에 의하여 채권자의 선택권이 부당하게 박탈되는 결과가 발생하기 때문이다. 개정 후에는 이와 같은 명문의 규정이 존재하지 않는다. 그러나 불능인 급부는 채무의 목적에서 제외되지 않고, 채권자의 선택권은 여전히 불능인 급부에 대하여도 존속하게 된다고 할 것이다. 그 결과 첫째, 채권자는 불능인 급부를 선택하여 채무자에게 급부의 불능으로 인한 손해배상청구권을 행사할 수 있다.[39] 둘째, 채권자는 불능이 되지 않은 다른 급부도 선택할 수도 있다. 이 경우 채무자는 자신의 과책에 의하여 불능이 된 급부에 대하여는 타인에게 책임을 묻는 것은 있을 수 없다고 할 것이다. 따라서 당연히 채권자에게도 손해배상을 청구할 수 없는 것이다.

Article 1307-5 Lorsque les prestations deviennent impossibles, le débiteur n'est libéré que si l'impossibilité procède, pour chacune, d'un cas de force majeure.
제1307-5조 급부들이 불능이 된 경우, 불능이 각각에 대하여 불가항력으로 인하여 발생한 경우에만 채무자는 면책된다.

[해제] 본조는 개정 전 제1195조와 동일한 취지의 규정이다. 그리고 본조는 제1307-3조와 제1307-4조와 마찬가지로 선택권의 행사가 이루어지기 전에 불가항력에 의하여 급부불능이 발생한 경우에 해당한다. 제1307-5조는, 선택권이 채무자(제1307-3조)에게 또는 채권자(제1307-4조)에게 있었는가를 묻지 않고 채무자의 면책에 대하여 규정하고 있다.

본조는 급부의 불능이 각각 불가항력으로 인하여 발생한 것일 때에 한하여 채무자는 면책된다고 규정하고 있다. 여기서 채무자가 면책된다고 하는 것은 바로 면책된 급부에 대하여는 선택권이 사라졌다는 것을 의미한다. 본조는 제

---

39) G. Chantepie et M. Latina, *op. cit.*, n° 820, p. 742; O. Deshayes, Th. Genicon et Y.-M. Laithier, *op. cit.*, p. 693.

1307-3조와 제1307-4조가 규정하는 법적 효과의 전제 내지는 근거가 되는 규정이다. 즉, 제1307-3조가 선택권이 채무자에게 있는 경우에는 면책이 되는 불능인 급부에 대한 선택권이 소멸되고 다른 급부 중 하나를 선택하여 이행하여야 한다고 규정하고 있는 것은 바로 소멸된 급부에 대하여 선택권이 사라졌기 때문이다.[40] 또한 제1307-4조가 선택권이 채권자에게 있는 경우에는 채권자는 채무자가 면책이 되는 불능인 급부에 대한 선택권은 사라지고 역시 다른 급부 중 하나를 선택하는 데에 만족하여야 한다고 규정하고 있는 것은 역시 소멸된 급부에 대하여 선택권이 사라졌기 때문이다.

다른 한편 모든 급부가 불가항력에 의하여 불능이 된 경우에는 계약은 당연해제된다(제1218조 제2항).

Paragraphe 3 L'obligation facultative
제3관 임의채무

> Article 1308 L'obligation est facultative lorsqu'elle a pour objet une certaine prestation mais que le débiteur a la faculté, pour se libérer, d'en fournir une autre.
> L'obligation facultative est éteinte si l'exécution de la prestation initialement convenue devient impossible pour cause de force majeure.
> 제1308조 ① 채무가 특정의 급부를 목적으로 하지만 채무자가 면책되기 위하여 그것과 다른 급부를 제공할 권리를 갖는 경우에는 임의채무라고 한다.
> ② 본래 합의된 급부를 이행하는 것이 불가항력의 원인으로 불능이 된 경우에는 임의채무는 소멸한다.

[해제] 본조도 개정 전 강학상으로 인정되던 임의채무를 새로 도입한 규정이다. 임의채무는 채무자에게 본래 채무의 목적인 급부를 다른 급부로 대체할 수 있는 대용권(또는 보충권)이 있다는 점에 그 특징이 있다.

본조 제1항에 의하면, 임의채무는 채무가 특정의 급부를 목적으로 하지만 채무자가 면책되기 위하여 그것과 다른 급부를 제공할 권리를 갖는 경우라고 한다. 이처럼 임의채무는 특정의 급부가 처음부터 채무의 목적이지만, 채무자는

---

40) O. Deshayes, Th. Genicon et Y.-M. Laithier, *op. cit.*, p. 693.

해당 급부 대신에 다른 급부를 제공할 수 있는 권리가 있는 채무를 말한다. 즉, 채무자는 본래의 급부만 이행할 의무가 있지만(*in obligatione*), 다른 급부를 대신 이행할 수 있는 권리가 인정된다(*in facultate solutionis*). 이 경우 채무의 목적이 되는 급부를 "본래의 급부"(prestation principale ou à titre principal)'라 하고, 이를 대신하는 다른 급부를 "예비적 급부"(prestation subsidiaire ou à titre subsidiaire)라 한다. 이런 의미에서 본래의 급부와 예비적 급부 사이에는 일종의 서열이 존재한다고도 한다.[41] 본항에 의하면, 대용권은 채무자에게만 존재한다. 따라서 채권자는 채무자에 대하여 목적인 급부 이외의 다른 급부를 요구할 권리가 없다. 대용권이 없는 일반 채무의 경우 채무자가 약정된 급부와는 다른 급부를 이행할 수는 없다. 그러나 채권자가 이를 유효한 변제로 수령하는 것은 별개의 문제이다. 이 경우는 합의에 의하여 채무가 소멸하는 것은 아니다, 이 경우 임의채무가 성립해서 그런 것은 아니고, 채권자가 급부에 대한 변제를 변경하는 합의를 했기 때문이다. 한편 본항의 대용권은 채무자의 일방적인 의사에 의하여 행사된다. 대용권의 행사에 대하여 정당한 이유를 증명하여야 인정되고 채무자가 대체급부를 선택할 수 있는 온전한 자유가 있는 것이 아니라는 견해가 있다. 그러나 대용권은 정당한 이유가 없더라도 행사할 수 있는 권리라고 할 것이다. 다만, 권리의 행사에 따르는 제한은 받게 되어, 권리남용이나 신의칙에 반하지 않아야 된다. 또 채무자가 본래의 급부를 이행하지 않아 채무불이행이 되는 경우에도 대용권을 행사하여 다른 급부를 이행할 수 있다. 한편 본래의 급부가 채무자의 과책에 의하여 불능이 된 경우에는 채무자는 대용급부를 이행하여 채무를 면할 수 있는지가 문제이다. 본항에 의하면 채무자는 채무를 면하기 위하여 본래의 급부와 다른 급부를 할 권리를 가진다고 규정하고 있기 때문에, 발생한 손해배상의무를 면하기 위해서도 당연히 대용권이 인정된다고 한다. 다른 한편 임의채무는 본래의 급부와는 다른 급부로 이행하는 것이 허용되는 대물변제(dation en paiement)와 유사하다. 그러나 대물변제는 채권자와 채무자의 합의가 있어야만 인정되지만, 임의채무의 경우에는 채무자에게 대용권이 인정된다는 점에 차이가 있다. 또한 임의채무의 대용권은 선택채무의 선택권이 채무자에게 있다는 것과 유사하다. 채무자에게 일방적인 권리가 인정된다는 점에서 그러하

---

41) G. Chantepie et M. Latina, *op. cit.*, n° 823, p. 744.

다. 그러나 선택권은 채무의 목적인 된 복수의 급부 중에서 이행할 급부를 정할 수 있는 권리인 반면에, 대용권은 채무의 목적인 급부를 예비적으로 다른 급부로 정할 수 있는 권리이다. 즉, 임의채무는 채무가 성립할 때부터 하나의 급부가 목적이 된다는 점에서 선택채무와 중요한 차이가 있다. 임의채무의 경우 대용권은 채무자에게 주어진 하나의 가능성에 지나지 않기 때문에 대용권이 인정된다고 해서 대용급부가 처음부터 임의채무의 목적인 것은 아니다. 임의채무의 경우 채무자가 다른 급부를 제공하기로 할 경우에만 대용급부도 종국적으로 채무의 목적이 될 수 있을 뿐이다. 이러한 이유에서 임의채무는 변제의 태양 중의 하나로 이해되기도 한다.[42]

본조 제2항에 의하면, 본래 합의된 급부를 이행하는 것이 불가항력의 원인으로 불능이 된 경우에는 임의채무는 소멸하게 된다. 대용권이란 채무자가 면책되기 위하여 인정되는 권리이어서 불가항력의 경우는 급부할 채무 자체가 소멸하게 되므로 임의채무는 당연히 소멸하게 되는 것이다. 물론 이 경우 불가항력에 의한 이행불능은 확정적인 것이어야 한다. 제1351조가 적용된 결과이다. 그러나 채무자가 불가항력의 위험을 인수하거나 이행지체 중에 있을 때는 채무의 소멸로 인한 위험은 채무자에게 있게 된다.[43] 이 경우에는 채무자의 채무는 소멸하지 않는다. 본항은 임의규정이기 때문에 본래의 급부가 불가항력으로 소멸한 경우에도 채무자에게 대용권을 허용하는 약정은 얼마든지 성립할 수 있다.

[남 효 순]

Sous-section 2 La pluralité de sujets

제2부속절 다수의 주체

[해제] 본부속절은 '다수의 주체'라는 표제하에 제1관의 연대채권관계(l'obli-gation solidaire)[44]와 제2관의 불가분급부채권관계(l'obligation à prestation in-

---

42) F. Chénedé, *op. cit.*, n° 41.131, p. 256.

43) 자세한 것은 제1218조, 제1351조와 제1351-1조의 해제를 참조.

44) obligation은 '채무'를 의미하기도 하고, 채권과 채무를 모두 포함하는 '채권관계'를 의미하기도 한다. 본부속절에서는 채권과 채무를 포함하는 개념으로서 '채권관계'로 번

divisible)에 대해 규정하고 있다. 이는 채권자 또는 채무자 중 한쪽이 다수인 경우의 법률관계를 규율하는 것이다.[45] 조문 체계를 살펴보면, 프랑스민법전은 먼저 제1309조에서 분할채권관계를 기본 원칙으로 선언한 뒤, 제1관(연대채권관계) 중 제1310조에서 연대채권관계의 성립을 규정한다. 이후 제1311조와 제1312조에서 연대채권에 대하여, 제1313조 내지 제1319조에서 연대채무에 대하여 규정한다. 그리고 제2관(불가분급부채권관계)의 제1320조에서 불가분급부채권관계를 규정하는데, 이는 개정 전 불가분채권관계(l'obligation indivisible)에 해당하는 것이다.

본부속절에 해당하는 채권관계는 발생 시부터 다수인 경우와 한쪽 당사자의 사망으로 다수의 상속인들이 그를 상속한 경우처럼 후발적으로 다수가 된 경우[46]를 포함한다. 그러나 주채무에 대한 인적 담보(garantie)[47]와 같은 복수의 별개 채무는 이에 해당하지 않는다. 인적담보는 주채무자의 공동채무자가 아니라, 채권자에 대하여 주채무자가 부담하는 채무와 별개의 채무(obligation distinct)

역한다.

45) 본부속절은 '수인의 채권자 및 채무자'에 관한 우리 민법 제3편 제3절과 같이 채권자 또는 채무자가 다수인 경우에 대해 규정한다. 다만, 우리 민법은 다수 당사자의 법률 관계를 분할채권관계, 불가분채권과 불가분채무, 연대채무, 보증채무로 나누어 규정하는 반면, 프랑스민법전은 연대채권관계와 불가분급부채권관계로 구분하여 규정하는 차이가 있다. 따라서 우리 민법상 연대채권에 대해서는 명문의 규정이 없고 연대채무에 관한 규정이 유추적용될 뿐이나, 프랑스민법전에서는 명문의 규정에 따라 규율된다. 또한 우리 민법은 보증채무를 수인의 채권자와 채무자에 관한 절에서 규율하나, 프랑스 민법은 제4권의 담보(Livre Ⅳ Des sûretés)에 관한 규정에서 규율한다.

46) 전자의 예로는 한 명의 매도인에 대해 두 명의 공동매수인이 대금지급 채무를 부담하는 경우나 한 명의 매수인에 대해 두 명의 공동매도인이 대금지급채권을 갖는 경우가 있고, 후자의 예로는 피상속인의 예금채권에 대해 수인의 상속인이 반환채권을 갖는 경우 등을 들 수 있다.

47) 예컨대, 프랑스법상 인적담보의 한 유형인 독립보증(la garantie autonome, 제2321조)은 통상의 보증(cautionnement)과 달리 주채무에 대한 부종성이 인정되지 않는다. 프랑스민법전 제2321조 제1항에 의하면 독립보증은 보증인이 제3자가 부담하는 채무에 대하여 채권자의 일차적인 요구나 합의된 방식에 따라 일정한 금원을 지급하기로 하는 의무를 말하며, 제2항에 의하면 독립보증인은 수익자의 명백한 남용이나 사해(abus ou de fraude manifestes du bénéficiaire)의 경우 또는 수익자와 본래 채무자(le donneur d'ordre)가 이를 공모한 경우에는 책임을 지지 아니한다. 또한 동조 제3항에서는 독립적 보증인은 보증대상 채무(l'obligation garantie)에 대해서 어떠한 항변도 할 수 없고, 제4항에서는 반대 합의가 있는 경우가 아닌 한, 이러한 담보는 보증대상 채무에 따르지 아니하도록 하고 있다. 이는 영미법상의 보증(warranty)과 유사하게 주채무와 별도의 담보책임을 부담하도록 하는 것이다.

를 부담하는 것이기 때문이다.[48][49]

Article 1309 L'obligation qui lie plusieurs créanciers ou débiteurs se divise de plein droit entre eux. La division a lieu également entre leurs successeurs, l'obligation fût-elle solidaire. Si elle n'est pas réglée autrement par la loi ou par le contrat, la division a lieu par parts égales.

Chacun des créanciers n'a droit qu'à sa part de la créance commune ; chacun des débiteurs n'est tenu que de sa part de la dette commune.

Il n'en va autrement, dans les rapports entre les créanciers et les débiteurs, que si l'obligation est solidaire ou si la prestation due est indivisible.

제1309조 ① 수인의 채권자 또는 채무자 사이의 채권관계는 그들 사이에 당연히 분할된다. 채권관계가 연대인 경우일지라도, 그들의 상속인 간에는 마찬가지로 분할이 일어난다. 분할이 법이나 계약으로 다르게 정해지지 않는 경우, 분할은 균등하게 일어난다.

② 각 채권자는 공동채권 중 자기부분에 대해서만 권리가 있다. 각 채무자는 공동채무 중 자기부담부분만을 부담한다.

③ 다만, 수인의 채권자와 채무자 사이에서 채권관계가 연대이거나 부담하는 급부가 불가분인 때에는 그러하지 아니하다.

[해제] 본조는 개정법에서 신설된 규정으로, 복수의 주체가 있을 경우 채권관계는 분할된다는 본부속절의 기본 원칙을 선언한다. 이 규정은 떼레초안 제44조와 제45조의 영향을 받은 것이다. 떼레초안 제44조는 '복수의 채권자와 채무자의 채권관계는 적극적 또는 소극적으로 공동이다(activement ou passivement conjointe).'라고 하고, 제45조는 '공동채권관계(l'obligation conjointe)는 채권자와 채무자들 사이에서 분할된다.'라고 규정하고 있었다. '공동채권(créances conjointes)' 분할의 원칙과 효과는 개정 전 프랑스민법전에도 존재하였는데, 개정 프랑스민법전은 떼레초안에 따라 공동채무(dette conjointes)에 대해서도 이 원칙과 효과를 유지하기로 한 것이다. 다만 종전에 개념상으로 인정되어 오던 '공동채권관계(l'obligation conjointe)'라는 용어는 불명확성을 피하기 위하여 최

---

48) O. Deshayes, Th. Genicon et Y.-M. Laithier, *op. cit.*, p. 695.

49) 다만 프랑스민법전 제2298조는 연대보증인(le cautionnement solidaire)에 대해서는 연대채무에 관한 원칙이 적용됨을 명시하고 있다.

종 개정 민법전에는 사용되지 않았다.50)51)

본조 제1항에 의하면, 분할은 인원수에 비례하여 동일한 비율로 이루어진 다. 그 효과로서 본조 제2항에 의하면 각 채권자는 공동채권 중 자기의 부분에 대해서만 권리를 갖고, 각 채무자는 공동채무의 자기 부담부분에 대해서만 채 무를 부담한다. 그러나 본조 제1항 제3문에 규정된 바와 같이, 법이나 계약으로 달리 정하는 경우는 제1항에 따른 분할의 원칙이 적용되지 않으므로, 해당 법률 관계에 관하여 법률과 계약이 정하는 바를 먼저 살펴보아야 한다. 학설에 의하 면, 이때 '계약으로 다르게 정'하는 경우는 당사자 사이의 합의에 있어서 경제 적 이해관계를 살펴서 판단해야 하므로, 예컨대, 두 명의 매수인이 하나의 물품 매매계약을 체결하면서 한 명이 그 물품의 60%를, 다른 한 명이 40%를 소유하 기로 했다면, 매수인들은 물품대금 채무 역시 그와 동일한 비율로 부담해야 한 다고 한다.52) 판례 또한 1명의 물상보증인(caution hypothécaire)과 2명의 보증인 (cautions) 사이에서 보증인들이 물상보증인에 대해 전적인 상환의무를 부담한다 는 약정을 체결한 경우에는 분할에 관한 별도의 약정이 있는 것으로 판시한 바 있다.53)

한편, 본조 제1항 제2문에 의하면, 본래 채권관계가 연대성을 가지고 있었 다고 하더라도, 그 채권이나 채무의 상속인들 사이에서는 채권이나 채무가 분 할된다.54) 연대채무자나 연대채권자의 상속인들이 연대성을 지니지 않는다는

---

50) O. Deshayes, Th. Genicon et Y.-M. Laithier, *op. cit.*, p. 695.

51) 우리 민법 제408조(분할채권관계) 역시 "채권자나 채무자가 수인인 경우에 특별한 의 사표시가 없으면 각 채권자 또는 각 채무자는 균등한 비율로 권리가 있고 의무를 부담 한다"고 하여 공동채권관계에서는 균등 분할이 원칙임을 선언하고 있다.

52) O. Deshayes, Th. Genicon et Y.-M. Laithier, *op. cit.*, p. 696.

53) Com., 11 juin 1991, n° 89-18.857.

54) 프랑스법과 달리, 우리 민법 제1006조는 "상속인이 수인인 때에는 상속재산은 그 공유 로 한다"고 규정하고 있을 뿐, 연대채권관계에서 상속인들이 본래 채무자 또는 연대채 무자들과 구체적으로 어떤 관계에 있는지에 대해서는 명문의 규정을 두고 있지 않다. 학설은 연대채무의 경우 공동상속인들에게 연대적으로 귀속한다는 합유설과 채권관계 가 불가분적인 것이면 공유관계가 생기지만 가분적인 것이면 당연히 분할된다는 공유 설이 대립하고 있으나, 실무상으로는 상속지분에 한하여 본래 채무와 연대관계에 있는 것으로 처리하고 있다. 예컨대, 피상속인의 채무 2,700만원에 대해 피고 甲, 乙이 연대 보증을 하였는데 피상속인이 사망하여 甲, 丙, 丁, 戊가 각 600만원, 900만원, 600만 원, 600만원씩을 상속하였다면, 주문은 "원고에게, 피고 甲, 乙은 연대하여 2,700만원 을, 위 피고들과 연대하여 위 돈 중 피고 丙은 900만원을, 피고 丁, 戊는 각 600만원을

점은 개정 전 프랑스민법전에서는 명확하지 않았고, 개정 전 제1219조, 제1220조, 제1223조를 종합하여 이를 추론할 수 있을 뿐이었으나, 프랑스민법전은 이를 명시한 것이다.55) 이에 따라, 연대채무의 상속인은 채권자에게 자신의 상속분에 해당하는 채무만을 변제하면 된다.56) 예컨대, 200만원의 연대채무를 부담하는 공동연대채무자 중 1명이 사망하여 자녀 2명이 그를 상속하였다면, 채권자는 각 상속인에게 100만원씩만을 청구할 수 있을 뿐, 200만원을 청구할 수 없다.57) 또한 피상속인의 채무를 변제한 상속인은 피상속인의 공동 연대채무자에게 그의 채무 분담 부분에 대한 상환을 청구할 수 있으며,58) 공동 연대채무자의 상속인들은 분할채무를 부담하므로, 그중 한 명에 대한 행위 역시 일반적인 효과에 따라 오직 상속인이 부담하는 부분에 대해서만 효과를 갖는다. 시효중단에 관한 제2245조 제1항은 공동연대채무자 1인에 대한 소송제기, 강제집행, 채무자에 의한 채무승인으로 인한 시효의 중단은 다른 공동 연대채무자들과 그 상속인들에 대해서도 시효중단의 효력이 있다고 하면서도, 제2항에서는 연대채무자의 상속인 중 1인에 대한 시효중단이나 채무승인은 채무가 분할가능한 이상 저당채권의 경우에도 다른 공동상속인들에 대하여 시효중단의 효력이 없고, 이러한 시효중단이나 채무승인은 다른 공동채무자들에 대해서도 해당 상속인의 부담부분에 대해서만 시효중단이 있다고 규정하고 있는데, 이러한 제2245조의 내용은 본조에서 규정하는 상속인에 대한 분할채무 원칙이 적용된 예라고 할 수 있다. 반면 본래의 다른 연대채권자나 연대채무자들 사이의 연대성은 그대로 유지된다.59)

각 지급하라."가 된다(사법연수원, 민사실무 Ⅱ, 2018, 84면 참조).

55) O. Deshayes, Th. Genicon et Y. M. Laithier, *op. cit.*, p. 698.
56) G. Chantepie et M. Latina, *op. cit.*, n° 827, p. 749; Civ. 1re, 10 fév. 1993, n° 91-14.865 et 91-15.736 : *Bull. civ.* Ⅰ. n° 72; Civ. 1re, 19 mars 1996, n° 94-13.884 : *Bull. civ.* Ⅰ, n° 146.
57) 만일 그 상속인 중 한 명은 단순 승인을 하고 다른 한 명은 한정승인(concurrence de l'actif net)을 하였는데, 적극재산이 부족하여 채권자가 한정승인을 한 당사자로부터는 아무런 변제를 받지 못하였다고 하더라도, 채권자는 단순승인을 한 상속인에게 전체 채무의 이행을 구할 수 없고, 단순승인을 한 상속인은 상속재산의 한도 내에서만 피상속인의 채무를 지급할 의무가 있다는 판례로, Civ. 1re, 3 déc. 2002, n° 00-13.785 et n° 00-13.788 : *Bull. civ.* Ⅰ, n° 298.
58) G. Chantepie et M. Latina, *op. cit.*, n° 827, p. 750.
59) Civ. 1re, 10 mai 1988, n° 86-15.278 : *Bull. civ.* Ⅰ, n° 140; Civ. 3e, 19 fév. 2014, n° 12-17.263 : *Bull. civ.* Ⅲ, n° 28.

본조 제3항에 의하면, 채권관계 분할의 원칙은 전부 채권관계(obligation "au tout")에는 적용되지 않는다. 전부 채권이란 복수의 채권자 중 한 명이 전체의 변제를 요구하고 수령할 수 있는 권리를 말하고, 전부 채무란 복수의 채무자 중 한 명이 전체를 변제하여야 하는 의무를 의미하는데, 이에 대해서는 본조 및 이후의 규정(연대채권관계에 관한 제1310조 이하 및 불가분급부채권관계에 관한 제1320조 이하)이 적용된다. 전부 채권관계 중 연대채권관계는 분할이 가능하지만 바람직하지 않은 경우이므로 임의적인 성격을 갖는데 불과하지만, 불가분채권관계는 급부의 목적상 분할이 불가능한 경우이므로 필수적으로 전부 채권관계일 수밖에 없다. 세 번째로 상정 가능한 전부 채권관계는, 음악가들이 각자 다른 악기를 연주하는 경우와 같이 복수의 당사자들이 하나의 전체 채무에 대해서 각자 다른 급부를 부담하는 '집합적(collective)' 채권관계인데, 이에 대해서는 명문의 규정이 없고, 불가분급부채권관계를 유추 적용해야 한다는 학설이 있다.[60][61]

한편, 동일한 손해에 대한 공동의무자의 배상채무와 관련하여, 종래 판례는 '부진정연대채무(obligation *in solidum*)'라는 개념을 사용하여 공동채무자의 전체 채무(l'obligation du tout)성을 인정해 왔다. 부진정연대채무는 성질상 연대채무와 차이가 없지만, 연대는 추정되지 않고 명시적으로 약정되어야 한다는 개정 전 제1202조의 원칙을 위반하지 않으면서도 연대성을 인정하기 위하여 판례상 고안된 것으로,[62] 일반 공동불법행위자, 자동차사고에서의 운전자와 관리자(gardien), 상린관계에서의 비정상적인 제반 손해(troubles anormaux du voisinage)[63]에 대한 공사도급인(maître de l'ouvrage)과 수급인(entrepreneur) 등의 경우 이러한 부진정연대채무를 부담하는 것으로 인정되어 왔다.[64] 부진정연대채무에 대해서는 통상

---

60) O. Deshayes, Th. Genicon et Y.-M. Laithier, *op. cit.*, p. 697.

61) 이 경우에 대한 법의 흠결과 불가분급부채권관계의 적용가능성에 대해서는 L. Andreu, L'obligation à prestation indivisible dans le nouveau doir des obligation, in L. Andreu et V. Forti, *Le nouveau régime général des obligations*, Dalloz, coll.《Thème et commentaires》, 2016, p. 62 참조. O. Deshayes, Th. Genicon et Y.-M. Laithier, *op. cit.*, p. 697 각주 188)에서 재인용.

62) F. Terré, Ph. Simler, Y. Lequette et F. Chénedé, Les obligations : Précis Dalloz, 12ᵉ éd., 2018, n° 1388, p. 1402, M. Mignot, *JurisClasseur Civil Code*, Art. 1309 à 1319-Fasc. 30 : Régime général des obligations-Modalités de l'obligation-Pluralité de sujets obligation《in solidum》, n° 1에서 재인용.

63) 프랑스에서는 상린(相隣)관계에서의 소음, 공해, 악취 등으로 인한 각종 피해를 상린관계에서의 제반 손해의 문제로 다루고 있다.

적으로 연대채무와 동일한 원칙이 적용되나, 부진정연대채무자는 연대채무자들과는 달리 상호대리(représentation réciproque) 관계에 있지 않으므로 연대채무의 부수적인 효과는 발생하지 아니한다.[65] 판례 역시 "민사상 불법행위로 인한 손해배상에 있어서, 공동불법행위자들은 부진정연대채무관계에 있고, 그 결과 각 채무자는 전체 손해를 지급할 의무가 있으나, 이로 인해 상호 대리 관계가 도출되는 공동이해관계를 형성하는 것은 아니다.[66]"고 판시한 바 있다. 그 결과 채권자의 부진정연대채무자 중 1인에 대한 이행최고나 시효의 중단은 연대채무와 달리 해당 채무자에 대한 상대적인 효력만 인정된다.[67] 그러나 본조가 이에 대한 별도의 규정을 두지 않고 분할의 원칙을 규정하는 이상, 이러한 판례의 태도가 유지될지 여부는 불명확하다. 다만, 2017. 3. 13.자 민사책임법개정안 (L'avant-projet de réforme de la responsabilité civile présenté le 13 mars 2017) 제 1265조는 "다수의 사람이 같은 손해에 대해 책임이 있는 경우에는 피해자에 대한 손해배상을 연대하여 부담한다."라고 규정하고 있는데, 이 규정이 채택된다면 부진정연대채무는 법정연대채무로 대체될 것이다.[68]

Paragraphe 1 L'obligation solidaire
제1관 연대채권관계

[해제] 연대채권관계와 관련하여 개정 전 프랑스민법전의 기본적인 내용은 그대로 유지되었으나, 구조적으로는 변화가 있었다. 먼저 종전의 조문이 이동 내지 변경한 경우이다. 구체적으로, 제1313조는 개정 전 제1200조,[69] 제1203조,[70] 제1204조[71]를, 제1317조는 개정 전 제1213조 내지 제1215조[72]를 포함하

---

64) M. Mignot, *op. cit.*, n° 17-18.

65) M. Mignot, *op. cit.*, n° 33.

66) Civ. 2e, 9 janv. 1958, n° 2.186 : *Bull. civ.* Ⅱ, n° 36; Civ., 1re, 3 févr. 2011, n° 09-71.179.

67) M. Mignot, *op. cit.*, n° 57, 59.

68) O. Deshayes, Th. Genicon et Y.-M. Laithier, *op. cit.*, p. 698.

69) 개정 전 제1200조는 수인의 채무자가 동일한 목적물에 대하여 각각 채무 전부를 이행할 의무를 부담하고, 수인의 채무자 중 1인의 변제가 다른 채무자도 면책시키는 경우에 채무자들의 연대가 있는 것으로 한다고 규정하고 있었는데, 이는 제1313조 제1항에서 동일한 원칙을 규정하는 것으로 개정되었다.

70) 개정 전 제1203조에 의하면 연대특약에 의한 채무의 채권자는 그의 선택에 좇아 어떤

는 것으로 재구성되었다. 또한 개정 전 제1209조[73]가 혼동에 관한 제1349-1조로, 시효중단에 관한 제1206조[74]는 제2245조로 이동하였다.

한편, 조문이 삭제된 경우도 있다. 개정 전 제1201조는 소극적 연대[75]에서 동일한 채무에 대해 변제 의무를 다르게 부담하는 경우, 즉 1인의 채무자는 단순채무를 부담하고 다른 채무자는 조건부채무만을 부담하거나, 1인의 채무자가 다른 채무자에게는 허여되지 않은 기한을 부여받는 등과 같이 1인의 채무자가 다른 채무자와 별도로 동일 목적물에 대한 이행의무를 부담하는 경우에도 연대채무로 될 수 있다는 원칙을 규정하고 있었는데, 개정 법에서는 위 규정이 삭제되었지만 그 원칙은 여전히 인정된다.[76] 그러나 개정 전 제1212조[77]에 해당하는 조문은 현재 삭제되었고, 그 적용 여부도 불명확하다.[78]

채무자에 대하여도 이행청구를 할 수 있으며, 이 경우 이행청구를 받은 채무자는 분별의 이익으로 채권자에게 대항할 수 없도록 규정되어 있었는데, 이는 개정 후 제1313조 제2항 1문에서 동일한 원칙을 규정하는 것으로 개정되었다.

71) 개정 전 제1204조는 수인의 채무자 중 1인에 대한 이행청구는 채권자가 다른 채무자에 대하여 동일한 청구를 하는 것을 방해하지 않는다고 규정하고 있었는데, 이는 개정 후 제1313조 제2항 제2문에서 동일한 원칙을 규정하는 것으로 개정되었다.

72) 개정 전 제1213조는 채무자들 사이에서의 연대채무의 분할원칙을, 개정 전 제1214조는 채무의 전부를 변제한 연대채무자의 다른 연대채무자의 부담부분에 대한 구상청구권과 변제자력이 없는 상환의무자에 대한 다른 채무자들의 부담 부분의 비율에 따른 분담 원칙을, 개정 전 제1215조는 채권자가 연대채무자 1인에 대하여 연대소권을 포기한 경우, 무자력자의 부담부분은 연대의 면제를 받은 채무자까지 포함하여 모든 채무자들 사이에서 각자의 부담부분의 비율로 분배된다는 원칙을 규정하고 있었는데, 이는 개정 후 프랑스민법전 제1317조로 일원화되었다.

73) 개정 전 제1209조는 연대채무자 중의 1인이 채권자의 단독상속인이 되거나 채권자가 연대채무자 중의 1인의 단독상속인이 된 경우, 채무와 채권은 당해 채무자의 부담부분과 당해 채권자의 이익부분의 한도에서 혼동으로 소멸한다고 규정하고 있었다.

74) 개정 전 제1206조는 연대채무자 중 1인에 대한 청구는 모든 연대채무자에 대하여 시효중단의 효력이 있다고 규정하고 있었다.

75) 프랑스에서는 다수의 채권자를 적극적 연대(la solidarité active) 관계로, 다수의 채무자를 소극적 연대(solidarité passive) 관계로 설명한다.

76) O. Deshayes, Th. Genicon et Y.-M. Laithier, *op. cit.*, p. 701.

77) 개정 전 제1212조는 정기금채무의 지분금 또는 이자채무에 있어서 연대채무자 1인의 부담부분을 유보없이 분할적으로 수령한 채권자는, 분할지급이 10년간 계속된 경우가 아닌 한, 이행기에 도달한 지분금 또는 이자에 한하여 연대권을 상실하며, 이행기가 도래하지 않은 지분금 또는 이자 및 원본에 대하여는 연대권을 상실하지 않는다고 규정하고 있었다.

78) G. Chantepie et M. Latina, *op. cit.*, n° 830, p. 752.

Article 1310 La solidarité est légale ou conventionnelle ; elle ne se présume pas.
제1310조 연대에는 법정연대 또는 약정연대가 있다. 이는 추정되지 않는다.

[해제] 본조는 연대채권관계의 성립요건을 규정한다. 본조는 다수의 채권자를 전제로 한 적극적 연대(la solidarité active)와 다수의 채무자를 전제로 한 소극적 연대(solidarité passive)에 모두 적용되며, 그 기본적인 효과는 전자의 경우 제1311조와 제1312조에, 후자의 경우 제1313조 내지 제1319조에 규정되어 있고, 나머지는 제1305-5조(기한이익의 상실 : déchéance du terme), 제1342-9조(집행권원의 임의교부 : remise volontaire du titre), 제1347-6조(상계 : compensation), 제1350-1조(채무면제 : remise de dette), 제1349-1조(혼동 : confusion), 제1335조(경개 : novation), 1385-4조(재판종결을 위한 선서 : serment décisoire) 등에 분산되어 있다.

연대(solidarité)의 개념에 관하여는 종래부터 이론의 다툼이 있었다. 일부 학자들은 연대는 분할을 허용하지 아니하므로 공동채무자들 사이에는 전체로서 하나의 채무만이 성립하고, 주체는 복수여도 채권관계는 하나만이 있을 뿐이라고 주장하였으나, 다수설은 채무는 하나이지만 동일한 채무에 대하여 다수의 채권관계(plusieurs obligation)가 성립한다는 견해를 취하였다. 반면 이원설(une conception dualiste de l'obligation solidaire)에 의하면 연대는 본래 분할이 원칙인 공동채권관계(l'obligation conjointe)에 각 채권자가 전체 채권을 지급받거나 각 채무자가 전체 채무를 지급하도록 하는 연대성이 추가(s'ajouter)되는 것으로서, 주체의 수만큼 채권관계가 존재하며, 특히 공동채무자는 각자 부담부분을 지급할 의무와 다른 공동채무자의 지급을 보증하는 이종의 의무를 부담하는 것이라는 견해를 취하였는데, 떼레초안은 이원설을 취하고 있었다. 그러나 프랑스민법전은 '연대성이 (본래 분할채권의 성격에) 추가된다'는 부수성에 관한 규정을 삭제하였고, 대통령에게 제출한 보고서 역시 그중 어떠한 이론도 취하고 있지 않음을 명시하고 있다.[79]

본조는 개정 전 제1197조[80]와 제1202조[81]를 대체하는 것으로서, 두 가지

---

79) O. Deshayes, Th. Genicon et Y.-M. Laithier, *op. cit.*, p. 701; G. Chantepie et M. Latina, *op. cit.*, n° 824, pp. 745-746, n° 831, p. 752.

80) 개정 전 제1197조에서는 채무는, 증서에 의하여 명시적으로 수인의 채권자가 각각 채

측면에서의 변화를 보여준다. 첫째, 개정 전 제1197조는 권리증서(titre), 즉 합의
(convention)가 있는 경우 채권자들 사이의 연대에 대해서만 규정하였으나, 제
1319조에 의해 그 외의 경우에도 연대가 성립할 수 있다는 점이 명확해졌다. 둘
째, 종전의 제1197조는 적극적 연대에 대해, 제1202조는 소극적 연대에 관하여
명확성(caractère exprès)의 요건, 즉 이를 명시적으로 언급할 것을 요구하고 있었
으나,[82] 이제 종전의 규정은 삭제되었으므로, 묵시적 합의로도 연대가 인정될
수 있다. 그러나 연대는 추정되지 아니하므로, 그러한 묵시적 합의 자체는 인정
되고 증명되어야 한다.[83] 다만, 판례상 상사채권관계는 연대로 추정된다.[84]

　　본조에 따른 법정연대채무의 예로는 회사의 정관작성 시 발기인 등의 연
대책임(1840조), 집행진의 연대책임(제1847조 및 제1850조), 가사유지채무 및 자녀
양육 채무에 대한 배우자 간의 연대책임(제220조), 동거계약의 일방 배우자가 일
상가사를 위해서 체결한 계약에 대한 연대책임(제515-4조), 미성년자가 일으킨
손해에 대한 함께 거주하는 부모의 연대책임(제1242조 제4항), 프랑스국세기본법
전 제1709조 및 제1754조에 따른 연대납세의무, 프랑스상법전 제221-1조, 프랑
스민법전이 새로이 규정한 계약양도시 연대채무에 관한 제1216-1조와 채무양
도시 연대채무에 관한 제1327-2조, 채권양도시 양도인과 양수인의 양도비용 연
대채무에 관한 제1324조 제3항 등 다수의 경우가 있다. 그러나 다수의 법률에서
소극적 연대, 즉 법정연대채무를 규정하고 있는 것과 달리, 적극적 연대, 즉 연
대채권에 관하여는 법률이 이를 연대관계로 규정하고 있는 경우가 없다.[85]

　　　권 전부의 변제를 청구할 권리가 있고 채권자 중 1인에 대한 변제로 인하여 채무자가
　　면책되는 것으로 약정되었다면 비록 채무이행으로 인한 이익이 다수의 채권자간에 분
　　배·분할될 수 있다 하더라도, 채권자들 사이에서 연대성을 지닌다고 하여 약정 연대
　　의 성립에 관한 내용을 규정하고 있었다.
81) 개정 전 제1202조 제1항은 연대는 추정되지 않고 명시적으로 약정되어야 한다고 하면
　　서, 제2항에서 법률에 의하여 당연연대로 되는 경우에는 제1항의 적용이 배제된다고
　　하여 약정연대와 법정연대의 성립에 관한 내용을 규정하고 있었다.
82) Civ. 1ʳᵉ, 27 avr. 2004 n° 01-10.347 : *Bull. civ.* 2004, I , n° 121; 다만 파기원은 소극적
　　연대에 대해서는 종전 1201조에도 불구하고 엄숙한 형식을 요구하지 않고 채권관계를
　　발생시키는 권원증서상 명확하고 필수적인 경우 당사자의 의사를 법관이 파악하여 연
　　대성을 인정해 왔으므로(Civ. 1ʳᵉ, 3 déc. 1974, n° 73-14.188 : *Bull. civ.* Ⅲ, n° 14; Civ.
　　3ᵉ, 26 janv. 2005, n° 03-11646 등), 사실상 개정 전후로 근본적인 차이가 없다.
83) O. Deshayes, Th. Genicon et Y.-M. Laithier, *op. cit.*, p. 700; G. Chantepie et M.
　　Latina, *op. cit.*, n° 832-833, pp. 753-754.
84) Com., 27 sept. 2005, n° 03-18.738.

Article 1311 La solidarité entre créanciers permet à chacun d'eux d'exiger et de recevoir le paiement de toute la créance. Le paiement fait à l'un d'eux, qui en doit compte aux autres, libère le débiteur à l'égard de tous.

Le débiteur peut payer l'un ou l'autre des créanciers solidaires tant qu'il n'est pas poursuivi par l'un d'eux.

제1311조 ① 채권자 사이의 연대성은 각 연대채권자에게 채권 전부의 변제를 요구하고 수령할 수 있게 한다. 그들 중 1인에 대해 이루어진 변제는 채무자를 모든 연대채권자에 대해 면책시키고, 변제를 수령한 채권자는 다른 연대채권자에게 이를 분급해야 한다.

② 채무자는 연대채권자 중 1인으로부터 이행청구[86]를 받지 않는 한 어느 연대채권자에게나 변제할 수 있다.

[해제] 본조는 개정 전 제1197조와 제1198조[87]를 대체하여 적극적 연대(연대채권)의 효과를 보다 명확히 규정한다. 적극적 연대는 은행에서 부부 혹은 부자간 공동으로 계좌를 개설하는 경우와 같이 채무자가 하나의 급부를 이행할 의무를 수인의 채권자에게 부담하는 경우에 발생한다.[88][89]

연대성은 이행해야 할 급부가 성질상 가분일 때만 발생하고, 동물의 인도

---

85) M. Mignot, *JurisClasseur Civil Code*, Art. 1309 à 1319-Fasc. 20 : Régime général des obligations-Pluralité de sujets de l'obligation-obligation solidaire(이하 'JurisClasseur-Fasc. 20'이라 함), n° 2.

86) poursuivre(명사형은 poursuite로, 제1313조 및 제1315조에서도 마찬가지로 사용되고 있다)는 프랑스어로 통상 '소송을 제기하다'는 의미를 갖지만 '추구한다'는 의미도 있기 때문에, 법문상으로는 'poursuivi/poursuite'가 그중 재판상 청구(민사소송법전 제30조)를 의미하는지 또는 이행지체를 가져오는 이행청구(제1344조)를 의미하는지가 명확하지 않으나, 종래의 통설은 재판상 재판의 청구를 모두 포함하는 것으로 해석하고 있다. M. Mignot, JurisClasseur-Fasc. 20, n° 57. 따라서 여기에서는 '이행청구'로 번역한다.

87) 개정 전 제1198조 제1항은 채무자는 연대채권자 중의 1인이 변제에 앞서 그에게 이행청구를 하지 않은 한 연대채권자 누구에게나 변제할 수 있다는 원칙을, 제2항은 연대채권자 중 1인만에 의하여 행해진 채무면제는 당해 채권자의 이익부분에 한하여 채무자를 면책시킨다는 내용을 규정하고 있었다.

88) 반면 공동수급체가 단순히 공동명의의 계좌를 계설한 것만으로는 연대성이 추정되지 않는다는 판례로는 Civ. 1er, 16 juin 1992, n° 90-18.209.

89) 우리 민법에는 연대채무에 관한 규정만 있을 뿐 연대채권에 대해서는 명시적인 규정이 없고, 실무에서는 경우에 따라 연대채무에 관한 내용을 유추적용하고 있을 뿐이나, 프랑스민법전에서는 연대채권에 대하여도 별도의 명시적인 규정을 두고 있다는 점에서 우리 민법과 차이가 있다.

의무와 같이 급부가 객관적으로 불가분인 경우, 즉 분할 이행(exécution frac-tionnée)의 목적이 되지 아니하는 경우에는 채무자는 자신이 고른 채권자 한 명에게 급부 전체를 이행할 수밖에 없으므로 연대채권관계에 해당하지 아니한다. 이와 같이 채무자가 본래 가분인 채권 전체를 채권자 중 한 명에게만 변제할 수 있도록 함으로써 여러 채권자에게 분할해서 변제해야 하는 불편을 없애고 비용을 절약할 수 있다는 점에서, 적극적 연대는 채무자의 이익을 위한 제도라고 할 수 있다.[90]

본조 제1항에 의하면 각 연대채권자는 채무자에게 채권 전부의 변제를 요구하거나 수령할 수 있다.[91] 그러나 채권자 중 1인이 채무자를 상대로 이행청구를 하였다면 채무자의 선택권은 제한되고, 채무자는 그에게만 변제하여야 한다. 이는 개정 전 제1198조와 동일하다. 본조 제1항 후문에 의하면 변제를 수령한 채권자는 자신의 종국적인 향유부분[92]을 제외하고는 다른 채권자들에게 자신이 수령한 급부를 반환해야 하는데, 이는 결국 변제를 수령한 채권자가 지급불능상태에 빠지거나 신의에 반하여 행동할 경우에 대한 위험부담을 다른 연대채권자들이 부담하게 하는 것이라 할 수 있다[93]. 한편, 연대채권자 중 1인이 채무자로부터 일부 변제만을 수령한 경우 나머지 공동연대채권자들에게 분급해야 하는 부분이 구체적으로 얼마인지에 관해 법문상으로는 명백히 규정되어 있지 않지만, 그러한 경우 연대채무에 관한 제1317조 제2항과 마찬가지로 채권자는 자신의 향유부분에 대해서는 직접 수령할 권리가 있고, 이를 초과하는 부분에 한해서만 다른 채권자들에게 분급할 의무를 부담한다고 보아야 한다.[94] 그 밖에 연대채권의 효과에 관한 규정으로는 개정 전 제1198조 2항에 해당하는 제1350-1조 제2항과 개정 전 제1365조[95]에 해당하는 제1385-4조 제2항이 있다.

---

90) G. Chantepie et M. Latina, *op. cit.*, n° 835, p. 756.

91) 채무자의 도산절차에서 각 연대채권자가 채권전부를 신고할 수도 있다는 판례로 Com., 20 mars 2001, n° 98-13.961.

92) 제1309조에 의해 다른 법률이나 약정이 없는 한 각 채권자의 권리분은 균등한 것으로 추정된다.

93) G. Chantepie et M. Latina, *op. cit.*, n° 835, p. 756.

94) M. Mignot, JurisClasseur-Fasc. 20, n° 93, 94.

95) 개정 전 제1365조는 선서는 그것을 요구한 자 자신의 이익 또는 불이익 혹은 그의 상속인 및 승계인의 이익 또는 불이익에 관계된 것에 한해서만 증명력이 있되, 연대채권자의 1인이 채무자에게 요구한 선서는 그 채권자의 지분에 한해서만 채무자를 면책시킨다고 규정하고 있었다.

본조는 채권자가 단독으로 채무불이행을 원용하거나 이를 이유로 계약해제, 손해배상, 대금감액 등을 단독으로 청구할 수 있는지에 대해서는 명시적으로 규정하지 않고 있다. 제1219조의 동시이행항변권과 같은 경우에는 채권자 중 1인이 이를 행사하더라도 의무의 이행을 정지시킬 뿐 다른 채권자에게 어떤 해를 끼치는 것이 아니므로 단독으로 주장하는 것이 가능하지만, 계약의 해제나 대금감액 등과 같이 1인이 행사할 경우 다른 사람들에게도 그 결과를 강요하게 되는 경우의 경우에는 단독 청구가 어렵다고 볼 것이다.[96] 손해배상과 관련하여서는 만일 한 연대채권자가 그에게 고유한 인적 손해의 배상을 요구하는 경우라면 다른 채권자들의 동의를 구할 이유가 없지만,[97] 배상을 청구하는 손해가 모든 채권자들과 관련된 것이라면 논리적으로 함께 행사하는 것이 타당하다.[98]

　　본조 제2항에 의하면 채무자는 연대채권자 중 그가 선택한 1인에 대해 채권전부를 이행할 수 있다. 한편, 제1345조에 의하면 채권자가 이행기에 정당한 이유 없이 자신이 받아야 할 변제를 수령하기를 거절하거나 자신의 행위로 이를 방해하는 경우 채무자는 채권자에게 변제를 수령하거나 채무이행을 허락할 것을 최고할 수 있고, 제1345-1조에 의하면 채권자의 수령지체가 2개월 내에 종료되지 않는 경우 채무자는 금전이나 물건을 공탁하고 이를 채권자에게 통지하면 면책되는데, 개정 프랑스민법전은 연대채권의 경우 채무자가 위 규정에 따라 공탁을 하게 되면 연대채권자 중 1명에게만 통지해도 되는지 혹은 전체 연대채권자 모두에게 통지해야 하는지에 대해서는 명시적으로 규정을 두고 있지 않다. 다만, 학설상으로는 법률행위의 상대적 효력에 관한 제1199조 제1항의 원칙을 적용하여 모든 연대채권자들에게 통지하여야 한다는 견해가 있다.[99]

---

96) O. Deshayes, Th. Genicon et Y.-M. Laithier, *op. cit.*, p. 703 ; Civ., 1re, 22 mars 2012, n° 09-72.792.

97) 복수의 합의의 불가분성(l'indivisibilité)이 인정된다고 하더라도 공동계약자들은 각자의 인적 피해에 대해 단독으로 배상을 요구할 수 있다는 판례로, Civ., 1re, 22 mars 2012, n° 09-72.792.

98) Civ., 1re, 27 juin 2006, n° 04-12.249.

99) M. Mignot, JurisClasseur-Fasc. 20, n° 58.

> Article 1312 Tout acte qui interrompt ou suspend la prescription à l'égard de l'un des créanciers solidaires, profite aux autres créanciers.
> 제1312조 연대채권자 중 1인이 시효를 중단 혹은 정지하는 모든 행위는 다른 연대채권자에게도 효력이 있다.

[해제] 제1311조가 개정 전 제1197조와 제1198조에 따라 적극적 연대의 일반적인 효과를 규정한다면, 본조는 그 부수적 효과인 시효중단(interrompt) 및 정지(suspend)에 관하여 규정한다. 개정 전 제1199조는 시효 중단에 관하여서만 규정하고 있었는데, 본조는 까딸라초안에 따라 시효 정지에 관한 내용도 규정하고 있다. 프랑스 민법 개정 과정에서는 특칙이 있는 경우 해당 주제와 관련된 규정은 각 해당 주제 부분에서 다룬다는 떼레초안에 따라서 연대성의 부수적 효과에 관한 규정도 각 해당 주제 부분으로 분산되었으나, 시효 정지에 관한 본 규정만은 연대채권관계에 대한 제1관에 그대로 남아 있게 되었다.100) 참고로, 소극적 연대에 있어서의 시효정지에 관한 내용은 제2245조에 규정되어 있다.

시효중단 행위의 예로는 소송제기(demande en justice, 제2241조), 보전처분 및 강제집행(제2244조), 채무승인(제2240조)이 있다. 시효정지는 채권자의 권리행사를 방해하거나 불행사를 정당화하는 사유가 발생할 경우 자동적으로 인정되는데, 그러한 예로는 소권행사 불능(impossibilité d'agir, 제2234조), 미성년자 혹은 성년후견(minorité our tutelle des majeurs, 제2235조), 채권자와 1인의 채무자 사이에 존재하는 혼인관계나 동거계약(제2236조), 한정상속(제2237조) 등이 대표적이다. 특정 행위로 인한 시효 정지의 예로는 중재나 조정절차 신청, 참가절차 계약의 체결(conclusion d'une convention de procédure participative, 제2238조),101) 증거보전결정(measure d'instruction présentée avant tout procès, 제2239조) 등이 있다.102) 그러나 학설 중에는 본조의 규정은 제2238조나 제2239조와 같이 시효정지 사유가 모든 채권자들에게 공통적으로 관련되는 경우에만 적용되고, 특정 채권자들과만 관련되는 나머지 경우에는 본조가 적용되지 않는다는 견해103)도 있다.

100) G. Chantepie et M. Latina, op. cit., n° 834, p. 755.
101) 참가절차 계약이란 제2062조 내지 제2068조에 규정된 절차로서, 당사자들이 분쟁을 합의에 의하여 종료할 수 있도록 하는 자체적인 타협 절차를 의미한다.
102) O. Deshayes, Th. Genicon et Y.-M. Laithier, op. cit., p. 704.
103) M. Mignot, JurisClasseur-Fasc. 20, n° 107.

　한편, 제1314조는 소극적 연대에 관하여 연대성의 부수적 효과로서 연대채무자 중 1인에 대한 이행최고는 모든 연대채무자들에 대해 효력이 있다고 명시적으로 규정하고 있으나, 적극적 연대에 관하여서는 이러한 명시적인 규정을 두고 있지 않다. 따라서 적극적 연대의 경우 해당 채권자가 다른 채권자들의 향유 부분에 대해 위임이나 사무관리에 기해 최고를 한 경우가 아닌 한, 연대채권자 1인에 의한 이행 최고는 제1199조 제1항에 따라 해당 채권자의 향유 부분에 대한 상대적인 효력만 있다고 보아야 한다.[104) 반대로 1인의 연대채권자에 대한 채권자지체의 경우에는 개정 전 제1207조를 유추적용하여 전체 채무자에 대해서도 효력이 있다고 보는 것이 통설적인 견해이다.[105)

Article 1313 La solidarité entre les débiteurs oblige chacun d'eux à toute la dette. Le paiement fait par l'un d'eux les libère tous envers le créancier.

Le créancier peut demander le paiement au débiteur solidaire de son choix. Les poursuites exercées contre l'un des débiteurs solidaires n'empêchent pas le créancier d'en exercer de pareilles contre les autres.

제1313조 ① 채무자 사이의 연대성은 그들 각자에 대해 채무전부를 부담하게 한다. 그들 중 1인이 한 변제는 모두를 채권자에 대해 면책시킨다.

② 채권자는 그가 선택한 연대채무자에게 변제를 청구할 수 있다. 어느 연대채무자 1인에 대한 이행청구는 채권자가 다른 연대채무자에게 이행청구를 하는 것을 방해하지 않는다.

　[해제] 본조는 개정 전 제1200조, 제1203조, 제1204조에 규정되어 있던 소극적 연대(연대채무)의 원칙적 효과를 떼레초안 제49조, 제50조에 따라 한 개의 규정으로 압축한 것이다. 본조 제1항은 개정 전 제1200조를 승계하여 연대채무자 각자가 전부에 대해 채무를 부담하고 그중 1인의 변제가 다른 공동연대채무자들 역시 면책시킨다는 원칙을 규정한다.[106) 본조 제2항에 의하면 채권자는 변제를 청구할 채무자를 선택할 수 있다. 본조 제2항에는 개정 전 제1203조와 달리 "채무자가 분할의 이익을 주장하는 경우를 제외하고"라는 표현이 삭제되

---

104) M. Mignot, JurisClasseur-Fasc. 20, n° 106.

105) M. Mignot, JurisClasseur-Fasc. 20, n° 106.

106) O. Deshayes, Th. Genicon et Y.-M. Laithier, *op. cit.*, p. 705; G. Chantepie et M. Latina, *op. cit.*, n° 837, p. 757.

었지만, 제1항에서 채무자는 전체 채무를 부담한다고 규정하고 있으므로, 그러한 규정은 더 이상 필요하지 않은 것일 뿐, 개정 전후로 실질적인 내용에 변경이 있는 것은 아니다. 채권자는 한 채무자에게 변제를 청구함과 동시에, 또는 그와 같이 변제를 청구하고 난 이후에 순차적으로 다른 채무자에게도 변제를 청구할 수 있다.107)108) 이와 같이 연대채무는 채무자 중 한 명이 지급불능에 빠지더라도 채권자가 자력이 있는 다른 채무자에게 변제를 청구함으로써 보호받을 수 있다는 점에서 담보(garantie)와 유사한 측면이 있다.109)110)

본조가 연대성의 원칙적 효과를 규정한다면, 연대성 자체보다는 공동연대채무자 중 한 명의, 또는 한 명에 대한 행위의 효과가 다른 채무자들과의 관계에 미치는 부수적 효과도 존재한다. 이러한 부수적 효과는 공동 연대채권자나 공동 연대채무자가 나머지 채권자나 채무자를 대리하는 것으로 추정된다는 공동채무자간의 상호대리(représentation mutuelle) 개념으로 설명되기도 하는데,111) 부수적 효과에 관한 규정은 프랑스민법전 개정 과정에서 본조가 아닌 민법의 다른 규정으로 재배치되거나 삭제되었다. 즉, 지체 중 물건의 멸실에 관한 개정 전 제1205조112)는 삭제되고, 대신 연대채무의 불이행이 공동채무자 중 일부의 귀책사유로 인한 경우에 관한 제1319조가 그러한 경우를 규율한다. 시효중단의 효과가 공동 연대채무자들에게 연장된다는 개정 전 제1206조 역시 삭제되었으나, 시효에 관한 제2245조가 이를 규율하며, 공동 연대채무자에 대한 이자 청구는 다른 연대채무자들에게도 효과가 있다고 규정한 개정 전 제1207조113)는 제

---

107) 개정 전 제1204조도 마찬가지로 규정하고 있었다.
108) 이는 "채권자는 어느 연대채무자에 대하여 또는 동시나 순차로 모든 연대채무자에 대하여 채무의 전부나 일부의 이행을 청구할 수 있다."고 규정하고 있는 우리 민법 제414조와 동일하다.
109) G. Chantepie et M. Latina, *op. cit.*, n° 837, p. 58.
110) 다만 이 경우 연대채무자들의 내부적 분담 부분과 구상관계에 대해서는 우리 민법과 프랑스민법전이 다르게 규정하고 있는데, 이는 이후 제1317조 해제 부분에서 상술한다.
111) O. Deshayes, Th. Genicon et Y.-M. Laithier, *op. cit.*, pp. 705-706.
112) 개정 전 제1205조 제1항에 의하면 채무의 목적물이 수인의 연대채무자 1인 또는 수인의 과책으로 인하여 또는 연대채무자 1인 또는 수인의 이행지체 중에 멸실되었다 하더라도 다른 연대채무자는 당해 물건의 가액을 지급할 의무가 있고, 제2항에 의하면 채권자는 물건의 멸실에 대하여 과책이 있는 채무자뿐만 아니라 이행지체에 빠진 채무자에 대하여 손해배상을 청구할 수 있다.
113) 개정 전 제1207조는 연대채무자 중 1인에 대한 이자의 청구는 모든 연대채무자에 대하여 효력이 있다고 규정하고 있었다.

1314조로, 재판 종결을 위한 선서에 관한 개정 전 제1365조는 제1385-4조로 재배치되었다.

소극적 연대성의 부수적 효과인 시효 중단과 관련하여, 제2245조는 소송제기(demande en justice), 강제집행신청(acte d'exéutton forcée), 채무승인과 같은 시효중단 행위가 다른 채무자에게도 효과를 미친다고 규정한다. 반면 시효 중단이 아닌 정지에 대해서는 제2238조나 제2239조에서도 연대채무자에 대해 그 효과가 미친다는 규정이 없다. 그러나 시효 정지에 대해서도 마찬가지로 1인에 대한 효과가 나머지 채무자들에게 미친다고 봄이 상당하다. 예컨대 채권자가 1명의 공동연대채무자에 대해 조정신청을 한 경우에는 명문의 규정이 없더라도 판례상 1인의 연대채무자에 대한 시효 정지의 효과가 나머지 연대채무자들에게도 미치는 것으로 인정되어야 할 것이다.114)

Article 1314 La demande d'intérêts formée contre l'un des débiteurs solidaires fait courir les intérêts à l'égard de tous.

제1314조 어느 연대채무자 1인에 대한 이자의 청구는 모든 연대채무자에 대해 이자를 발생시킨다.

[해제] 본조는 개정 전 제1207조를 반영하여, 연대채무의 부수적 효과로서 1인에 대한 이자 청구의 효과를 규율한다. 즉, 채권자는 모든 연대채무자에게 연대채무의 이행을 청구하지 않았더라도, 그중 1인에게만 이행을 청구하였다면 모두에게 이자를 청구할 수 있다.115) 1900. 4. 7. 개정 전의 제1153조는 금전채무 불이행을 이유로 지연이자를 청구하기 위해서는 법원에 채무의 변제를 청구하노록 하고 있었다. 그러나 이후에는 오랫동안 그러한 규정이 존재하지 아니하였고, 개정 전 제1153소116)는 금전채무의 지연이자는 집행관 최고나 충분한 촉구 행위 시에 발생한다고 규정하고 있었으므로, 본조는 개정 전 제1207조가

---

114) O. Deshayes, Th. Genicon et Y.-M. Laithier, *op. cit.*, p. 706.

115) 우리 민법 제416조 역시 "어느 연대채무자에 대한 이행청구는 다른 연대채무자에게도 효력이 있다."고 규정하고 있으므로, 프랑스 민법과 같은 결론에 도달한다.

116) 개정 전 제1153조 제2항은 금전지급 채무의 이행지체로 인한 손해배상은 법률에 의하여 일정한 시점부터 당연히 기산되는 경우를 제외하고는, 당해 금액의 지급을 위한 공식최고 또는 채무 이행을 촉구하기에 충분한 내용을 담고 있는 우편문서와 같은 공식 최고에 준하는 행위가 있는 날로부터 계산된다고 규정하고 있었다.

오랫동안 해석되어 온 것과 마찬가지로, 이자의 '청구'뿐만 아니라 공동연대채무자 중 한 명에 대해 지연이자를 발생시키는 모든 행위는 다른 공동 연대채무자들에 대해서도 동일한 효과를 가져온다는 의미로 이해되어야 한다는 것이 통설적 견해이다.[117]

그러나 공동연대채무자들이 동일한 채무에 대해 분담분을 달리하는 경우, 특히 그중 한 명만 기한이익을 받는 경우에는 본조가 적용되지 않는다. 기한이익을 받는 공동채무자는 지연이자를 지급할 의무가 없고, 기한의 만기가 되었을 때 채권자가 새로이 지체를 통지하지 않아도 지연이자가 발생할 뿐이다. 기한이익을 받는 연대채무자가 기한의 만기에 다른 공동채무자들에게는 이미 발생한 지연이자를 부담하는지가 문제될 수 있는데, 이자 채무가 주 채무에 수반한다는 점에서는 그렇게 볼 여지도 있지만, 채무를 아직 변제할 의무조차 없던 채무자에게는 변제 지연에 따른 이자가 발생하지 않는다고 보아야 할 것이다.[118]

Article 1315   Le débiteur solidaire poursuivi par le créancier peut opposer les exceptions qui sont communes à tous les codébiteurs, telles que la nullité ou la résolution, et celles qui lui sont personnelles. Il ne peut opposer les exceptions qui sont personnelles à d'autres codébiteurs, telle que l'octroi d'un terme. Toutefois, lorsqu'une exception personnelle à un autre codébiteur éteint la part divise de celui-ci, notamment en cas de compensation ou de remise de dette, il peut s'en prévaloir pour la faire déduire du total de la dette.

제1315조 채권자로부터 이행청구를 받은 연대채무자는 무효 또는 해제와 같은 모든 공동채무자에게 공통되는 항변과 자신의 인적 항변으로 채권자에게 대항할 수 있다. 그는 기한의 허여와 같은 다른 공동채무자에게 고유한 항변으로 채권자에게 대항할 수 없다. 그러나 다른 공동채무자의 인적 항변으로 그의 부담 부분이 소멸하는 경우, 특히 상계 또는 면제의 경우에는, 연대채무자는 채무 전부에서 그 부분을 공제하기 위하여 이를 주장할 수 있다.

[**해제**] 본조는 개정 전 제1208조[119]를 대체하는 규정이다. 개정 전 제1208조

---

117) O. Deshayes, Th. Genicon et Y.-M. Laithier, *op. cit.*, p. 707.
118) O. Deshayes, Th. Genicon et Y.-M. Laithier, *op. cit.*, p. 707.
119) 개정 전 제1208조 제1항은 채권자로부터 이행청구를 받은 연대채무자는 당해 채무의 성

는 항변을 채무 자체의 성질에 기한 항변, 인적 항변(exceptions qui sont person-
nelles120)), 그리고 공통의 항변이라는 세 가지로 분류하면서, 이행청구를 받은
채무자는 타인의 고유한 항변을 주장할 수 없다고 하였고, 위 규정상 이행청구
를 받은 채무자는 채무 자체의 성질과 관련된 것을 포함하는 공통 항변과 자신
의 인적 항변만을 원용할 수 있다는 것이 일반적인 해석이었다.121) 그러나 본조
는 개정 전 제1208조보다 간명하게 항변을 공통 항변과 고유 항변의 2가지로
분류하여, 공통 항변은 모든 채무자가 원용할 수 있지만, 고유 항변은 해당 채
무자만이 원용할 수 있도록 하고 있다. 이러한 분류 방법에 대해서는, 프랑스민
법전상 채무의 내재적인 성질에 따른 항변의 개념이 유지되고 있음에도122) 내
재적 성질에 따른 항변을 구분하지 않은 것은 입법상의 실수라는 비판도 제기
된다.123) 다만, 공통의 항변에 해당하는지 여부는 관련 법 규정을 먼저 검토하
여야 한다. 예컨대 2008. 12. 18.자 개정 프랑스상법전 제L.622-26조는 채무조정
절차(la procédure collective)124)에서 신고되지 않은 채권은 공동채무자에게도 똑
같이 주장할 수 없다고 규정하는데, 그 경우 채무의 신고 흠결은 공통의 항변이
된다.125)

공통 항변의 대표적인 사유로는 무효와 해제가 있다. 반대급부의 결여
(defaut de contrepartie)를 이유로 한 계약의 무효, 또는 목적이나 조항의 불법성
을 원인으로 한 무효, 채무불이행을 원인으로 한 해제 등이 그러한 예이다. 나
아가 전체 채무자에 대한 채무면제, 변제, 이행불능으로 인한 채무의 소멸의 경
우나 경개,126) 재판종결 선언127) 등도 공통 항변을 주장할 수 있는 사유에 해당

질에 기인하는 모든 항변, 자기의 인적 항변 및 모든 채무자에게 공통되는 항변으로 채
권자에게 대항할 수 있다는 원칙을, 제2항은 연내채무자는 나른 연내채무자에게 고유한
인적항변으로 채권자에게 대항하지 못한다는 원칙을 규정하고 있었다.
120) 해당 채무자에게 고유한 항변을 의미하는 것으로 '고유한 항변'으로 번역하는 경우도 있
으나 여기서는 원문에 가깝게 인적 항변으로 번역한다.
121) G. Chantepie et M. Latina, op. cit., n° 839, p. 759.
122) 제1216조의 계약양도(cession de contrat), 제1324조의 채권양도(cession de créance), 제
1328조의 채무양도(cession de dette), 제1346-5조의 대위(subrogation) 등의 규정에서
'채무에 내재된 항변(les exception inhérentes à la dette)'이라는 개념이 사용되고 있다.
123) G. Chantepie et M. Latina, op. cit., n° 840, p. 761.
124) 우리법의 회생절차와 유사하나, 채무자의 지급불능 사유가 발생하지 않더라도 자체적인
합의로 채무조정 효과가 발생할 수 있도록 한다는 점에서 일반적인 회생절차와 차이가
있다.
125) G. Chantepie et M. Latina, op. cit., n° 839, p. 760.

한다.128)129)

본조는 무효에 대해서 아무런 구별을 하고 있지 않지만, 종래 판례는 절대적 무효와 상대적 무효를 구분하여 후자만을 인적 항변으로 인정해 왔다.130) 반대급부의 결여나 불법성을 원인으로 한 무효와 같이 공동연대채무자 전체에 동일하게 관련되는 사유의 경우에는 절대적 무효로서 그러한 사유가 공통 항변이 된다는 점을 쉽게 인정할 수 있다.131) 그러나 공동채무자 중 한 명의 무능력이나 그중 한 명의 합의의 하자와 같은 상대적 무효 사유의 경우에는 공통 항변에 해당하는지 여부에 관하여 이론이 있을 수 있다.132) 제1181조 제1항에 의하면, 상대적 무효사유는 해당 법률에 의하여 보호를 받는 사람만이 주장할 수 있으므로 이를 고유의 인적 항변으로 볼 수 있으나, 해당 공동채무자의 청구에 따라 그 무효성이 선언된 이후에는 다른 채무자들도 상대적 무효사유를 원용할 수 있다고 보아야 할 것이다.133) 그러나 한 가지 물건에 대한 소유권 이전 계약과 관련하여서는 별도의 고찰을 요한다. 예컨대, 만일 연대채권자인 매수인 중 한 명이 합의의 하자를 이유로 무효를 주장한다면, 나머지 매수인들은 그의 부담 부분에 대한 채무를 면하게 된다. 이 때 매도인은 무효가 된 부분에 해당하는 소유권을 여전히 가지고 있게 되는데, 그 물건의 인도의무는 매수인들에게는 불가분 급부에 해당하므로, 나머지 매수인들이 나머지 대금을 지급하더라도 물

---

126) 제1335조 제1항에 의하면 채권자와 어느 공동연대채무자 사이에 합의한 경개는 다른 공동연대채무자의 채무를 면하게 하는 효력이 있다.

127) 제1385-4조 제4항에 의하면 연대채무자 중 1인에게 요구된 재판종결을 위한 선서는 공동채무자의 이익이 된다.

128) O. Deshayes, Th. Genicon et Y.-M. Laithier, *op. cit.*, p. 708.

129) 우리 민법상으로는 이행청구(제416조), 경개(제417조), 상계(제418조), 면제(제419조), 혼동(제420조), 소멸시효(제421조), 채권자지체(제422조)의 7가지 경우에 한하여 1인의 연대채무자에 대한 행위가 다른 연대채무자에게도 절대적인 효력을 가진다고 규정하고 있다(단, 상계할 채권이 있는 연대채무자가 상계하지 아니한 때나 면제, 혼동, 소멸시효의 경우는 그 채무자의 부담 부분에 한하여 절대적인 효력이 있다).

130) G. Chantepie et M. Latina, *op. cit.*, n° 841, p. 763.

131) O. Deshayes, Th. Genicon et Y.-M. Laithier, *op. cit.*, p. 708.

132) 우리 민법 제415조는 "어느 연대채무자에 대한 법률행위의 무효나 취소의 원인은 다른 연대채무자의 채무에 영향을 미치지 아니한다."고 하여 상대적 무효의 경우 다른 연대채무자에게는 영향이 없음을 명시적으로 규정하고 있으나, 프랑스 민법상으로는 그러한 규정이 없기 때문에 이러한 논란이 발생하는 차이가 있다.

133) O. Deshayes, Th. Genicon et Y.-M. Laithier, *op. cit.*, p. 709.

건을 인도받지 못하는 상황이 발생할 수 있다. 이러한 상황을 피하기 위해서, 한 가지 물건에 대한 소유권이전계약의 경우에는 연대채무자 중 한 명이 고유 항변을 행사하면 전체가 무효가 되도록 해야 한다는 견해도 있다.134)

반면 본조 제2문에 의하면 채무자는 자신에 대한 채무 면제(제1346-5조)나 기한 유예(제1324조) 등 자신의 고유한 항변 외에 다른 채무자의 고유한 항변은 주장할 수 없다. 그러나 법은 절충적 입장을 취하여, 그 경우에도 다른 공동채무자의 고유한 항변으로 그의 부담 부분이 소멸하는 경우에는 그 채무자의 부담 부분의 소멸을 이유로 공동 채무 전체에서 이를 공제할 것을 주장할 수 있도록 하고 있는데, 본조 제3문이 바로 그러한 원칙을 선언한다. 본조 제3문은 연대채무자 중 일인에 대한 채무 면제, 혼동, 상계 등의 효과를 설명하며,135) 개정 전 제1294조136)상으로는 불분명하였던 채무자 1인의 상계의 효과에 관하여 명시적 규정을 마련하였다는 점에서 의미가 있다. 개정 전 제1294조는 공동연대채무자가 다른 공동채무자에 관한 상계를 이유로 항변을 원용하는 것을 허락하지 않았고, 공동채무자가 상계를 이익으로 원용했을 경우에만 그 연대채무가 소멸하여 공동채무자 또한 이를 원용할 수 있는 것으로 규정하고 있었다. 즉 해당 채무자가 상계권을 행사하여 채무가 소멸하였을 때만 다른 채무자들도 채무로부터 해방되었던 것이다. 그러나 본조에 의하면 연대채무자는 다른 채무자의 상계권을 대신 행사할 수 있고, 다만 그 경우 채무 전체로부터 해방되는 것이 아니라 공동채무자의 부담 부분에 대해서만 해방된다는 점에서 차이가 있

---

134) G. Chantepie et M. Latina, *op. cit.*, n° 841, p. 764.

135) 이 경우 연대채무자 1인에 대해 발생한 사유가 그 부담부분에 대하여 다른 연대채무자들에게도 효력을 미친다는 점은 이미 다른 조문에도 명시되어 있다. 예컨대, 제1328-1조 제2항은 채무양도인이 면책되는 경우에는, 그의 연대채무자는 원채무자의 부담부분을 공제한 나머지 부분에 대해 여전히 채무를 부담한다고 규정하고 있고, 제1347-6조 제2항은 공동 연대채무자는 채무 전부에서 이 1인의 부담부분을 소멸시키기 위하여 제3자와 당초 채무자 사이에 이루어진 상계를 주장할 수 있다고 규정하고 있으며, 제1349-1조 제1항은 수인의 채무자 또는 수인의 채권자 사이에 연대가 있고, 혼동이 그들 중 1인에게만 발생한 경우에는, 다른 채권자 또는 채무자에 대해 자기 부담부분에 대하여만 채권관계의 소멸이 이루어진다고 규정한다. 또한 제1350-1조 제1항은 연대채무자 중 1인과 합의된 채무면제는 그의 부담부분에 한하여 다른 연대채무자를 면책시킨다고 규정한다.

136) 개정 전 제1294조 제1항에 의하면 보증인은 주채무자의 채권에 의한 상계로 채권자에게 대항할 수 있으나, 제2항에 의하면 주채무자는 보증인의 채권에 의한 상계로 채권자에게 대항할 수 없고, 제3항에서는 연대채무자 또한 다른 공동채무자의 채권에 의한 상계로 채권자에게 대항할 수 없도록 하고 있었다.

다.137)138)

한편, 본조는 채무자가 항변권을 행사할 수 있다고 규정하고 있을 뿐, 이를 행사할 의무가 있는지 여부에 대해서는 명시적으로 규정하고 있지 않다. 그러나 항변권을 행사할 수 있는 채무자는 자신과 공동채무자들의 이익을 위해서 이를 행사하여야 하고, 만일 채무자가 항변권을 행사하였다면 채무를 변제하지 않아도 되었을 것임에도 그러한 항변권을 행사하지 아니한 채 채무를 변제하였다면, 해당 채무자는 다른 채무자들에게 사무관리나 부당이득반환에 기한 구상권을 행사할 수 없다는 견해가 있다.139) 위 견해에 의하면, 채무자가 다른 공동채무자에게 채권자에게 대항할 수 있는 항변사유가 있다는 것을 알고 있을 경우에만 항변권 행사 의무가 있다고 보는 것은 부당하므로, 공동연대채무자들은 제1104조의 신의성실의 원칙이나 제1194조의 형평의 원칙에 따라 자신의 인적 항변을 다른 채무자들에게도 고지할 의무가 있다고 한다.140)

Article 1316 Le créancier qui reçoit paiement de l'un des codébiteurs solidaires et lui consent une remise de solidarité conserve sa créance contre les autres, déduction faite de la part du débiteur qu'il a déchargé.

제1316조 공동연대채무자 중 1인으로부터 변제를 수령하고 그에게 연대의 면제를 동의해 준 채권자는 채무자의 부담부분 중 면책된 부분을 제하고 다른 공동연대채무자에 대해 채권을 보유한다.

[해제] 본조는 연대의 면제에 관한 규정이다. 연대의 면제는 채무자에게 채무 자체를 면제시켜주는 것이 아니라 단지 채무의 연대를 면제해 주는 행위라는 점에서, 채무자를 채무 자체로부터 해방시켜주는 효과를 갖는 채무 면제(제1350조 및 제1350-1조)와는 구별된다. 연대를 모든 연대채무자들에 대해 면제해 준다면 결국 그 채무는 분할 채무가 되어 각 연대채무자는 각자의 부담 부분만

---

137) O. Deshayes, Th. Genicon et Y.-M. Laithier, *op. cit.*, p. 710.
138) 상계의 절대적 효력에 관한 우리 민법 제418조 제2항 역시 마찬가지로 규정한다.
   민법 제418조(상계의 절대적 효력) ① 어느 연대채무자가 채권자에 대하여 채권이 있는 경우에 그 채무자가 상계한 때에는 채권은 모든 연대채무자의 이익을 위하여 소멸한다.
   ② 상계할 채권이 있는 연대채무자가 상계하지 아니한 때에는 그 채무자의 부담부분에 한하여 다른 연대채무자가 상계할 수 있다.
139) M. Mignot, JurisClasseur-Fasc. 20, n° 70.
140) M. Mignot, JurisClasseur-Fasc. 20, n° 70.

을 변제하면 되고, 한 연대채무자에 대해서만 연대를 면제해 준다면 연대의 면제를 받은 채무자만이 그의 부담 부분에 한하여 채무를 변제할 의무를 부담하게 된다.

연대를 면제받은 채무자 외의 나머지 연대채무자들은 채권자에 대하여 여전히 연대채무를 부담한다. 개정 전 제1210조[141]는 그러한 원칙을 명시적으로 규정하고 있었다. 그에 비해 본조는 "연대의 면제를 동의해 준 채권자는 … 다른 공동연대채무자들에 대해 채권을 보유한다(conserver sa créance contre les autres)."고 하고 있으므로, 본조의 규정만으로는 종전과 동일한 원칙이 적용되는지 여부가 명확하지 않다. 그러나 같은 규정상 채권자는 (연대가 면제된) 채무자의 부담 부분을 제하고 다른 공동연대채무자에게 전체 채권을 보유하는 것으로 되어 있으므로, 나머지 채무자들 사이의 연대성은 유지된다고 보아야 한다.[142]

다만 본조는 규정상 채권자가 자기의 부담부분을 변제한 채무자를 연대로부터 면제시켜준 경우에만 적용된다. 개정 전 제1210조는 일부 변제와 그에 대한 연대 면제가 함께 이루어져야 한다는 점에 대해 규정하지 않고, 연대 면제의 경우 나머지 채무자들이 여전히 연대성을 지닌다고만 규정하고 있었으나, 본조는 개정 전 제1210조와 달리 채무자 중 1명에 의한 일부 변제와 그에 대한 연대 면제가 모두 존재해야 한다는 것을 명시한 것이다.[143] 이러한 요건을 충족하는 경우, 즉 채권자가 공동채무자의 분할 부담(part devise) 부분을 변제받거나 그 분할 부담 부분이 다른 방법으로 소멸하고, 또한 채권자가 그 채무자의 연대를 면제한 경우, 다른 채무자들은 소멸한 그 부담 부분을 공제한 범위에서 채권자에 대해 연대채무를 부담한다. 그러나 이와 반대로 채권자가 변제를 받거나 그 채무자의 부담 부분이 달리 소멸하지 아니한 상태에서 어느 한 채무자에 대해 연대를 면제해 주기로 합의하였다면, 다른 연대채무자들은 여전히 채무 전체에 대한 연대채무를 부담한다.[144] 이러한 해결책은 다른 연대채무자들에게 불리한

141) 개정 전 제1201조에 의하면 채권자가 연대채무자 1인에 대하여 연대면제를 하였다 하더라도 다른 연대채무자에 대하여는 연대소권을 잃지 않으나, 이 경우 연대면제를 받은 채무자의 부담부분은 공제하여야 한다.

142) O. Deshayes, Th. Genicon et Y.-M. Laithier, *op. cit.*, p. 711.

143) 우리 민법 제419조는 "어느 연대채무자에 대한 채무면제는 그 채무자의 부담부분에 한하여 다른 연대채무자의 이익을 위하여 효력이 있다."고 하여 변제여부와 관계없이 면제만으로 부담부분에 한하여 절대적 효력이 발생하는 것으로 하고 있으므로 프랑스 개정 전 및 개정 후 민법과 모두 차이가 있다.

것처럼 보일 수 있으나, 어차피 공동채무자는 전체를 변제한 뒤 다른 채무자들에게 그 분담분의 반환을 구할 수 있고, 뒤에서 살펴보는 바와 같이 제1317조 제3항에 의하면 그중 1명이 지급불능인 경우에는 연대가 면제된 채무자를 포함하여 나머지 채무자들에게 지급불능 부분의 배분을 청구할 수 있기 때문에 실제에 있어서는 특별히 연대채무자에게 불리하다고 볼 수 없다.[145]

Article 1317 Entre eux, les codébiteurs solidaires ne contribuent à la dette que chacun pour sa part.

Celui qui a payé au-delà de sa part dispose d'un recours contre les autres à proportion de leur propre part.

Si l'un d'eux est insolvable, sa part se répartit, par contribution, entre les codébiteurs solvables, y compris celui qui a fait le paiement et celui qui a bénéficié d'une remise de solidarité.

제1317조 ① 공동연대채무자 사이에서 그들은 각자 자기부담부분에 한하여 채무를 분담한다.

② 자기부담부분을 넘어서 변제한 공동연대채무자는 다른 공동연대채무자에 대하여 그들의 고유한 부담부분에 비례하여 구상할 수 있다.

③ 공동연대채무자 중 1인이 자력이 없는 경우, 그의 부담부분은 변제를 하였거나 연대 면제의 이익을 받은 자를 포함하여 자력이 있는 공동연대채무자들 사이에 그 분담분에 따라 분배된다.

[해제] 본조부터 제1319조까지는 연대채무자 사이의 내부관계에 관한 규정이다. 이 중 본조는 개정 전 제1213조 내지 제1215조를 재구성한 것으로, 다수의 채무자가 채무에 대하여 종국적으로 부담하는 부분에 대하여 종래에도 개념상 인정되었지만 법으로는 명시되지 않던 '분담분(contribution)'이라는 용어를 사용하고 있다.

본조 제1항은 공동채무자가 종국적으로 자기 부담 부분에 해당하는 채무만을 부담한다는 원칙을 선언한다. 채무자들 사이의 각 부담 부분은 제1309조에 따라 동등한 것을 원칙으로 하되,[146] 약정이나 법률로 채무자들 사이의 분담 부

---

144) G. Chantepie et M. Latina, *op. cit.*, n° 842, p. 765.

145) O. Deshayes, Th. Genicon et Y.-M. Laithier, *op. cit.*, p. 712.

146) 우리 민법 제424조는 "연대채무자의 부담부분은 균등한 것으로 추정한다."는 명문의 규정을 두고 있다.

분을 다르게 규정하는 것도 물론 가능하다.[147) 뒤에서 살펴볼 제1318조나 제 1319조가 바로 법률로 연대채무자들 사이의 부담부분을 다르게 규정하고 있는 예인데, 이에 대해서는 해당 부분에서 상술한다.

본조 제2항은 개정 전 제1214조에 규정되어 있던 내용으로, 채무자가 자기 부담부분을 초과하여 변제한 경우 다른 연대채무자를 상대로 그 부담 부분에 비례하여 구상권을 행사할 수 있음을 규정한다.[148) 이에 따르면 채무자가 전체 채무를 변제하였더라도 다른 채무자들 중 한 명에게 그의 부담부분을 초과하는

---

147) Com., 11 juin 1991, n° 89-18.857, *Bull. civ.* Ⅳ, n° 215는 "1214조와 제2033조에 따라 보증인이 수인인 경우 채무를 이행하고 다른 보증인들에게 반환을 구하는 보증인은 각자의 부담부분에 한해 반환을 구해야 하고, 채권자에 대해 보증인들 사이의 분배를 달리하는 채무의 부담에 관한 동 규정은 불법이 아니다."고 판시한 바 있다.

148) 우리 민법 제425조 제1항도 "어느 연대채무자가 변제 기타 자기의 출재로 공동면책이 된 때에는 다른 연대채무자의 부담부분에 대하여 구상권을 행사할 수 있다."고 규정하고 있다. 다만 우리 민법상으로는 '출재로 공동면책이 된 때'라고만 규정되어 있고, 프랑스 민법과 같이 '자기의 부담부분을 넘어서'라는 규정이 없기 때문에 그 구체적인 구상 범위가 달라진다. 예컨대, 1,000만원의 채무에 대해서 4명이 연대채무자가 이를 지급하기로 하였는데, 그중 1명이 200만원을 변제하였다면 프랑스법상 그는 자신의 부담부분인 250만원을 초과하여 변제한 것이 아니므로 구상권을 행사할 수 없지만, 우리법상으로는 이러한 제한이 없으므로 나머지 채무자들에게 200만원의 1/4에 해당하는 50만원씩을 구상할 수 있다. 다만 연대보증인의 경우에는 민법 제448조 제2항(주채무가 불가분이거나 각 보증인이 상호연대로 또는 주채무자와 연대로 채무를 부담한 경우에 어느 보증인이 자기의 부담부분을 넘은 변제를 한 때에는 제425조 내지 제427조의 규정을 준용한다)에 따라 자기의 부담 부분을 넘어서 변제할 것을 요한다. 판례 역시 "연대보증인들 사이의 내부관계에서는 연대보증인 각자가 자신의 분담금액을 한도로 일부 보증을 한 것과 같이 볼 수 있어서 그 분담금액 범위 내의 출재에 관한 구상관계는 주채무자만을 상대로 해결할 것을 예정하고 있는 반면, 연대채무자들 사이에서는 연대채무자 각자가 행한 모든 출재에 관하여 다른 연대채무자의 공동부담을 기대하는 것이 보통이다. 그리하여 민법은 연대보증인 중의 한 사람이 공동면책을 이유로 다른 연대보증인에게 구상권을 행사하려면 '자기의 부담부분을 넘은' 변제를 하였을 것을 그 요건으로 규정하였으나(제448조 제2항), 연대채무자 중의 한 사람이 공동면책을 이유로 다른 연대채무자에게 구상권을 행사하는 데 있어서는 그러한 제한 없이 '부담부분'에 대하여 구상권을 행사할 수 있는 것으로 규정하고 있다(제425조 제1항). 따라서 연대채무자 사이의 구상권행사에 있어서 '부담부분'이란 연대채무자가 그 내부관계에서 출재를 분담하기로 한 비율을 말한다고 봄이 타당하다. 그 결과 변제 기타 자기의 출재로 일부 공동면책되게 한 연대채무자는 역시 변제 기타 자기의 출재로 일부 공동면책되게 한 다른 연대채무자를 상대로 하여서도 자신의 공동면책액 중 다른 연대채무자의 분담비율에 해당하는 금액이 다른 연대채무자의 공동면책액 중 자신의 분담비율에 해당하는 금액을 초과한다면 그 범위에서 여전히 구상권을 행사할 수 있다고 보아야 한다(대법원 2013. 11. 14. 선고 2013다46023 판결)."고 판시하고 있다.

채무 전체의 구상을 청구하는 것은 금지된다. 이를 허용할 경우 공동채무자들 사이의 구상권 행사가 무한정 반복되기 때문이다.[149] 따라서 채무자는 이를 분할하여 청구할 수 있을 뿐이고, 이 때 분할 상환 청구는 위임이나 사무관리 등의 인적상환청구권이나 제1346조에 근거한 변제자대위에 기하여 행사할 수 있다.[150] 또한 본조 제2항은 공동채무자가 전체 채무를 변제한 경우뿐만 아니라 자기의 부담 부분을 초과하여 변제한 경우에도 적용되는데, 이와 관련하여 채무자의 초과 변제 부분이 다른 채무자의 부담 부분을 초과하지 않는다면 초과 부분 전체에 대해 구상권을 행사할 수 있는지가 문제될 수 있다. 예컨대, 본래 3명의 연대채무자가 1,200만원의 채무를 부담하는데 그중 1명이 600만원을 변제하였다면, 변제한 채무자는 나머지 채무자 중 1명에게 200만원{=(600만원 - 본래의 부담 부분인 400만원)}에 대한 구상권을 행사할 수 있는지, 아니면 나머지 2명에게 각 100만원(=200만원÷2명)씩만을 청구할 수 있는지 하는 것이다. 본조의 규정만으로는 명확하지 않지만, 각자의 부담 부분에 "비례하여" 청구할 수 있다는 점에서, 각 채무자에게 이를 분할하여 청구함이 옳다는 견해가 있다.[151] 이러한 경우에 의하면 앞서 본 사례에서는 나머지 채무자들에게 각 100만원씩만을 청구할 수 있을 것이다.

본조 제3항은 공동채무자 중 1인이 자력이 없는 경우를 규율한다. 이는 개정 전 제1215조[152]와 떼레초안 제53조를 따른 것으로, 공동채무자의 무자력 부분은 이미 변제한 채무자나 연대를 면제받은 채무자를 모두 포함하여 공동채무자 사이에 재분배된다. 즉, 수동적 연대(연대채무)에서는 채무자 중 1명의 지급불능의 상태가 발생하더라도 채권자는 자력이 있는 다른 채무자를 상대로 이를 청구함으로써 보호받을 수 있고, 채무자들은 무자력 채무자의 부담 부분을 추가로 분담하게 되어 각자가 부담하는 부분이 결과적으로 가중된다.[153][154] 이때

---

149) O. Deshayes, Th. Genicon et Y.-M. Laithier, *op. cit.*, p. 713.

150) O. Deshayes, Th. Genicon et Y.-M. Laithier, *op. cit.*, p. 713.

151) O. Deshayes, Th. Genicon et Y.-M. Laithier, *op. cit.*, p. 714.

152) 개정 전 제1215조에서는 채권자가 연대채무자 1인에 대하여 연대소권을 포기한 경우, 만일 다른 공동채무자 중 1인이 변제자력이 없는 때에는 무자력자의 부담부분은 채권자에 의하여 이전에 연대의 면제를 받은 채무자까지 포함하여 모든 채무자들 사이에서 각자의 부담부분의 비율로 분배되도록 하고 있었다.

153) G. Chantepie et M. Latina, *op. cit.*, n° 846, p. 767.

154) 우리 민법 역시 제427조에서 프랑스법과 동일한 원칙을 규정하고 있는데, 다만 우리 민

자력이 있는 공동채무자가 다른 공동채무자에 대하여 행사하는 상환청구권 역시 위임이나 사무관리에 근거한 인적상환청구권이나 제1346조에 근거한 변제자대위로 볼 수 있고, 공동채무자들 사이에 상환청구가 무한정 반복되지 않도록 하기 위해서 상환청구권은 각 공동채무자의 부담 부분에 대하여 분할하여 행사하여야 한다.[155] 다만 본조 제3항에서는 '변제를 하거나 면제를 받은 사람을 포함하여'라고 규정하고 있으나, 이는 경개(제1335조)로 이익을 받은 자나 채무양도(제1328-1조)의 경우를 모두 포함하는 것으로 해석해야 할 것이다.[156]

Article 1318 Si la dette procède d'une affaire qui ne concerne que l'un des codébiteurs solidaires, celui-ci est seul tenu de la dette à l'égard des autres. S'il l'a payée, il ne dispose d'aucun recours contre ses codébiteurs. Si ceux-ci l'ont payée, ils disposent d'un recours contre lui.

제1318조 채무가 공동연대채무자 중 1인만이 관련된 사무에서 발생한 경우, 그 1인만이 다른 공동연대채무자의 관계에서 채무를 부담한다. 그가 채무를 변제한 경우, 그는 다른 공동채무자에게 어떠한 구상권도 없다. 다른 공동연대채무자가 채무를 변제한 경우, 이들은 그에 대하여 구상권이 있다.

[**해제**] 본조는 부수적 연대채무자(codébiteur solidaire adjoint)의 내부적 부담 부분에 관하여 규율한다. 부수적 연대채무자란 비록 그가 채무를 발생시키는 사무와 관련이 없더라도 질적으로 연대채무자의 성격을 지니고, 직접적인 인적 이해관계 없이도 채권자에게 추가 채무자로 제공되는 사람을 말하는데, 부수적 연대채무자는 다른 채무자들을 상대로 전적인 구상권(recours en contribution in-

---

법은 연대의 면제를 받은 채무자가 무자력일 경우의 위험부담을 나머지 연대채무자들이 아닌 채권자가 부담하도록 하여, 프랑스법과 정반대의 태도를 취하고 있다는 점에 주의할 필요가 있다.

민법 제427조(상환무자력자의 부담부분) ① 연대채무자 중에 상환할 자력이 없는 자가 있는 때에는 그 채무자의 부담부분은 구상권자 및 다른 자력이 있는 채무자가 그 부담부분에 비례하여 분담한다. 그러나 구상권자에게 과실이 있는 때에는 다른 연대채무자에 대하여 분담을 청구하지 못한다.

② 전항의 경우에 상환할 자력이 없는 채무자의 부담부분을 분담할 다른 채무자가 채권자로부터 연대의 면제를 받은 때에는 그 채무자의 분담할 부분은 채권자의 부담으로 한다.

155) G. Chantepie et M. Latina, *op. cit.*, n° 846, p. 767.
156) O. Deshayes, Th. Genicon et Y.-M. Laithier, *op. cit.*, p. 714.

tégral)을 행사할 수 있다.157) 부수적 연대채무관계는 주로 대여(prêt)와 관련하여 많이 발생하는데, 부부가 공동차주로 금원을 대출받은 뒤 그 자금을 그중 1인의 단독 명의로 부동산을 구입하는데 사용하는 경우나, 부부가 공동차주로 대출을 받아 공동 명의로 부동산을 구입함에 있어서 제3자에 해당하는 일방 배우자의 부모가 그 대출금의 상환을 담보하기 위하여 부수적 연대채무자가 되는 경우 등이 그러한 예이다.158) 파기원 또한 차주의 아들과 며느리가 차용금의 상환을 담보하기 위하여 연대채무자가 된 경우,159) 부부가 공동계좌를 개설하였는데 1 인만이 그 자금을 사용한 경우,160) 사실상 1인만이 사용하는 부동산에 대해 공동임차인으로 차임을 연대하여 부담하기로 한 경우,161) 회사의 이사나 직원이 회사의 이익을 위하여 연대채무를 부담하기로 한 경우162) 등 다수의 사례에서 부수적 연대채무를 인정한 바 있다.

개정 전 제1216조163)는 이해관계가 없는 공동채무자는 이해관계 있는 채무자와의 관계에서 보증인으로만 취급된다고 규정하고 있었는데, 본조는 보증인과 주채무자의 관계와 같이 부수적 연대채무자에 대해 다른 채무자가 내부적으로는 채무를 최종적으로 부담하도록 하면서도, 보증(cautions)이라는 표현을 삭제하였다. 이는 보증(cautionnement)에 있어서 입법자가 담보(garantie)의 자율성을 강화하여, 당사자들간의 합의로 보증과는 별개의 부수적 연대채무(solidarité passive adjointe)를 창설할 수 있음을 보여주는 것이다.164) 이 때 실제 구체적 사안에 있어서 연대채무자와 연대보증인의 구분은 사실심 판사의 전권에 속한다.165) 학설은 연대채무자와 연대보증인을 구분하기 위해서는 일부라도 그 금

---

157) O. Deshayes, Th. Genicon et Y.-M. Laithier, *op. cit.*, p. 715.
158) M. Mignot, *JurisClasseur Civil Code*, Art. 1309 à 1319-Fasc. 10 : Régime général des obligations-Pluralité de sujets de l'obligation-obligation solidaire(이하 'JurisClasseur-Fasc. 10'이라 함), n° 78, p. 30.
159) Civ. 1ʳᵉ, 21 juill. 1987, n° 85-16.126.
160) Com., 8 févr. 2005, n° 02-16.967.
161) Civ. 3ᵉ, 12 janv. 2017, n° 16-10.324.
162) Civ. 1ʳᵉ, 22 mai 1991, n° 89-20.107; Civ. 1ʳᵉ, 19 oct. 1999, n° 96-16.532.
163) 개정 전 제1216조에 의하면 연대채무에 의하여 구성된 거래행위가 연대채무자 중 1인에만 관계된 때에는 당해 채무자는 다른 공동채무자에 대하여 채무 전부에 대한 상환의무를 부담하며, 이 경우 이들 다른 공동채무자는 그 채무자를 위한 보증인으로 간주된다.
164) G. Chantepie et M. Latina, *op. cit.*, n° 844, p. 766.
165) Civ. 1ᵉʳ, 17 nov. 1999, n° 97-16.335. 이 사건에서 법원은 갑이 채권자에게 을의 채무를 상환하기로 하면서 "연대하여(avec solidarité)"라는 문구를 삽입한 경우 갑이 연대보증인

원을 사용하였는지 여부를 검토해야 하며, 해당 채무로부터 직접 이익을 받은 적이 없다면 보증인에 불과하다고 한다.[166] 본조에 따라 채무에 이해관계 있는 채무자는 이해관계 없는 부수적 연대채무자들과의 관계에 있어서 채무 전체에 대한 책임을 진다. 따라서 그가 변제를 요구받은 경우에는 다른 채무자들에게 상환을 요구할 수 없지만, 반대로 다른 채무자들은 이해관계 있는 채무자에게 전체의 구상을 청구할 수 있다.[167]

Article 1319 Les codébiteurs solidaires répondent solidairement de l'inexécution de l'obligation. La charge en incombe à titre définitif à ceux auxquels l'inexécution est imputable.

제1319조 공동연대채무자는 채무불이행에 대하여 연대하여 책임을 진다. 그 책임은 채무불이행에 귀책사유가 있는 공동연대채무자에게 종국적으로 귀속된다.

[해제] 본조는 이번 프랑스민법전 개정과정에서 신설된 규정이다. 개정 전 제1205조는 채무불이행 중 연대채무자의 과책으로 인한 멸실의 경우만을 다루 었으나, 위 규정은 개정 과정에서 삭제되었고 떼레호안에 따라 공동연대채무자 들의 연대성이 채무불이행에까지 미친다는 본조의 일반 규정으로 대체되었다.

본조 제1문에 의하면 공동연대채무자는 채무 전체를 변제할 의무가 있으므 로 채무불이행에도 마찬가지로 연대하여 책임을 진다. 뿐만 아니라 공동연대채 무자는 약정에 의한 손해배상이나 계약의 소멸에 따르는 급부반환도 연대하여 지급할 책임이 있다.[168] 이러한 원칙에 의하면 공동연대채무자는 어떠한 위반 행위가 다른 채무자에 의해 행해졌다는 이유로 채권자에 대해 자신의 배상책임 을 부정할 수 없다.

그러나 본조 제2문에 의하면 채무자들 사이의 내부적인 분담분(contribution) 은 귀책성(imputabilité)에 따라 달라지고, 손해배상이나 급부반환에서 채무자들 사이의 내부적인 채무 분담은 불이행에 책임이 있는 자에게 확정적으로 부과된 다.[169] 이에 따라 판사는 내부적인 관계에서는 각 채무자들의 책임을 달리하거

이 아니라, 개정 전 제1216조 상의 연대채무자라고 판시하였다.

166) M. Mignot, JurisClasseur-Fasc. 10, n° 78.

167) O. Deshayes, Th. Genicon et Y.-M. Laithier, *op. cit.*, p. 715.

168) Com., 3 oct. 2006, n° 04-14.611, *Bull. civ.* Ⅳ, n° 04-14.611.

나 불이행 정도를 달리 배분할 수 있다.[170] 그러나 실제로는 연대채무에 있어서 어느 한 채무자에게 채무불이행의 전적인 귀책성이 인정되는 사례를 찾기 어렵다. 연대채무자들은 각자가 전체를 변제할 책임이 있기 때문에 이행 결여나 이행지체는 모두에게 귀책사유가 인정되기 때문이다.[171] 따라서 실제로 귀책성의 구별이 쉬운 경우는 성질상 하자있는 급부 이행의 경우를 들 수 있다. 예컨대, 甲과 乙이 丙과 지붕공사계약을 체결하면서 연대채무를 부담하기로 하였는데, 甲이 공사를 하다가 지붕을 망가뜨려 병에게 100만원의 손해를 입혔다면, 甲과 乙은 丙에게 100만원의 연대채무를 부담하지만, 甲과 乙 사이에서는 내부적으로 甲이 100만원의 채무를 전적으로 부담하는 경우가 그러한 예이다.[172] 한편, 본 규정에 의하여 귀책사유가 있는 채무자가 전적으로 부담하는 손해는 채무불이행으로부터 발생되는(consécutif a l'inexécution) 손해로 제한되어야 하고, 당초의 약정 급부에 해당하는, 채무불이행과 불가분(consubstantiel)의 관계에 있는 손해는 본래 그 급부에 대해서 채무자들이 연대책임을 부담하는 것이므로 본 조의 적용 대상에서 제외되어야 한다.[173] 특별한 조항이나 약정이 없는 한, 두 채무자 사이의 계약관계에 관한 연대성은 이 계약과 관련한 불법행위책임에 확장되지 않는다.[174]

만일 급부의 성질상 잘못된 이행의 결과 채권자가 대금감액청구권(제1223조)을 취득한다면, 해당 채무자는 다른 공동채무자에 대해서 하자있는 급부에 대한 분담분의 상환이 아니라, 대금 차액의 변제만을 청구할 수 있다.[175]

연대채무의 채무불이행으로 인한 책임에 연대의 효력이 미친다는 본조와 같은 규정은 연대채권에 관해서는 존재하지 않는다. 따라서 연대채권자는 채무의 이행에 있어서만 각자 채권전부의 이행을 청구할 수 있고, 손해배상채권에 관해서는 원칙적으로 자기부분에 비례한 부분에 대해서만 청구할 수 있다. 파기원은 연대채권자인 공동대주 1인이 제3자의 과책으로 채무자에게 빌려준 대

---

169) G. Chantepie et M. Latina, *op. cit.*, n° 844, p. 767.
170) Comp. Civ. 1re, 21 févr. *D.* 1956. 285 ; *JCP* 1956, Ⅱ. 9200, obs Blin.
171) O. Deshayes, Th. Genicon et Y.-M. Laithier, *op. cit.*, p. 716.
172) O. Deshayes, Th. Genicon et Y.-M. Laithier, *op. cit.*, p. 716.
173) O. Deshayes, Th. Genicon et Y.-M. Laithier, *op. cit.*, p. 717.
174) Civ. 3e, 5 mai 2004, n° 03-10.201.
175) O. Deshayes, Th. Genicon et Y.-M. Laithier, *op. cit.*, p. 717.

출금을 회수할 수 없게 된 경우에 공동대주 중 1인은 자기부분에 관한 손해만을 청구할 수 있다고 판시한 바 있다.176)

[조 인 영]

Paragraphe 2 L'obligation à prestation indivisible
제2관 불가분급부채권관계

[해제] 본관은 개정 전 일곱 조문(제1217조~제1219조, 제1222조~제1225조)을 제1320조 단 한 조문으로 통합하여 불가분급부채권관계를 규율한다. 개정 전 프랑스민법전의 많은 조문이 개정 민법전에서 사라질 수 있었던 이유는, 무엇보다 채권관계의 가분성에 관한 조문들(제1217조~제1221조)이 제1309조로 대체되었기 때문이다. 게다가 불가분적 계약에 관한 제1186조가 신설되었기 때문에 종전처럼 판례가 불가분채권관계에 관한 조문을 활용하여 계약집단(ensembles de contrats)에 관한 분쟁을 해결할 필요가 없게 되었다.177)

전반적으로 개정 전 프랑스민법전과 비교했을 때 실질적으로는 큰 변화가 없다고 여겨지고 있지만, 용어상으로는 변화가 있다. 개정 전에 사용되던 불가분채권관계(obligation indivisible)라는 용어가 불가분급부채권관계(obligation à prestation indivisible)로 바뀌었기 때문이다. 이 용어는 채권관계가 불가분인 것이 아니라 급부가 불가분이라는 점을 명확히 드러내 주기 때문에 전보다 더 정확성이 있다고 평가된다.178) 그런데도 불가분급부채권관계를 "주체가 수인인 경우"라는 제2부속절에 둔 것은, 채권자나 채무자가 수인인 경우에 비로소 그 채권관계의 양태를 구분할 실익이 있기 때문이다.

Article 1320 Chacun des créanciers d'une obligation à prestation indivisible, par nature ou par contrat, peut en exiger et en recevoir le paiement intégral, sauf à

---

176) Civ. 1re, 27 juin 2006, n° 04-12.249.

177) Jean-Baptiste Seube et al., *Pratiques Contractuelles — Ce que change la réforme du droit des obligation*, Editions Legislatives, 2016, p. 198.

178) O. Deshayes, T. Genicon, Y.-M. Laither, *op. cit.*, p. 718.

> rendre compte aux autres ; mais il ne peut seul disposer de la créance ni recevoir le prix au lieu de la chose.
> Chacun des débiteurs d'une telle obligation en est tenu pour le tout ; mais il a ses recours en contribution contre les autres.
> Il en va de même pour chacun des successeurs de ces créanciers et débiteurs.
> 제1320조 ① 성질 또는 계약으로 불가분인 급부를 목적으로 하는 채권관계의 각 채권자는 전부의 변제를 청구하여 수령할 수 있으며, 다른 채권자에게 정산하여야 한다. 그러나 채권자는 단독으로 그 채권을 처분하거나 물건을 대신하여 대금을 수령할 수 없다.
> ② 이러한 채권관계의 각 채무자는 그 전부에 대해 채무를 부담한다. 그러나 다른 채무자에게 그들의 부담부분을 구상할 권리가 있다.
> ③ 위 채권자와 채무자의 각 상속인에 대하여도 마찬가지이다.

[해제] 제1309조가 규정하는 바와 같이, 수인의 채무자 또는 채권자가 있는 경우에는 분할채권관계가 원칙이다. 하지만 채무자가 이행해야 할 채무가 불가분급부인 때에는 일부이행이 불가능하다.

본조 제1항은 불가분성은 급부의 성질 또는 당사자들의 약정에 의하여 성립된다고 명시한다. 성질상의 불가분성은 급부의 성질상 그 일부를 이행하는 것이 불가능한 경우를 말한다. 가령 공동매도인들이 부담하는 특정물인도의무는 불가분채무이다. 전통적인 예는 말을 인도할 의무이다. 말을 매매한 경우 말을 분할하여 인도한다는 것은 불가능하다. 공동매도인이나 공동임대인이 부담하는 담보책임도 불가분채무이다.

계약상의 불가분성은 약속된 급부가 분할이행이 가능한 것이기는 하지만 당사자들이 한꺼번에 이행될 것을 합의한 경우를 말한다. 계약 당사자들은 성질상은 분할이 가능한 급부에 관하여 불가분성을 약정할 수 있는 권한이 있다. 성질상의 불가분성은 목적물의 성질에 의해 자명하게 부과되는 것인 반면, 계약상의 불가분성은 당사자들이 채권관계에 대한 규율을 변형할 수 있게 허용하는 도구이다. 계약상의 불가분성은, 연대성과 마찬가지로, 주로 담보기능을 수행한다. 따라서 계약상의 불가분성은 그 약정에 따른 이익을 받는 채권자만이 원용할 수 있고 포기할 수도 있다.

불가분채권자가 수인인 경우(prestation activement indivisible) 각 불가분채권

자들은 채권 전부에 대한 변제를 청구하여 수령할 수 있으며 자신의 공동채권 자들에게 그 일부를 내어줄 의무를 부담한다(제1항 제1문). 채권의 불가분성은 불가피하게 준공유관계를 발생시킨다. 준공유의 결과는 공동채권자 중 1인이 단독으로 불가분채권을 처분할 수 없다는 것이다. 특히 연대채권과 마찬가지로, 어느 불가분채권자가 단독으로 채권 전체를 양도한다든가 채무 전부를 면제할 수는 없고 단지 자신의 몫만 면제할 수 있다. 또한 어느 불가분채권자가 단독으로 대물변제를 승낙함으로써 채권을 변경할 수는 없다(제1항 제2문).

본조 제2항은 불가분채무자가 수인인 경우(prestation passivement indivisible)에 관한 규정이다. 그에 따르면 각 불가분채무자들은 채무 전부를 변제할 의무가 있으며 자신의 공동채무자들에게 그 일부를 구상할 수 있다. 이는 변제자대위에 근거한 것이다. 변제자는 자기 몫뿐 아니라 동시에 나머지 불가분채무자들의 몫을 면하게 해 준 것이기 때문이다.

불가분채권자의 각 상속인은 전부의 이행을 청구할 수 있고, 불가분채무자의 각 상속인은 전부를 변제할 의무가 있다(제3항).

[이 은 희]

Chapitre Ⅱ Les opérations sur obligations
제2장 채권관계에 관한 거래

[해제] 본장은 종래 프랑스민법전에 산재하거나 해석상으로만 인정되고 있었던 채권관계에 관한 여러 거래행위를 개정을 통하여 정리하여 규율하고 있다는 점에서 큰 의미를 가진다. 본장에서 규율되는 채권관계에 관한 거래에는 첫째로 채권양도(제1절), 둘째로 채무양도(제2절), 셋째로 경개(제3절), 넷째로 채무참가(제4절)가 있다. 본장의 채권관계에 관한 거래(les opérations sur obligations)라는 표제는 이번 개정을 통하여 처음 프랑스민법전에 편입된 것이다. 프랑스민법전은 채권관계의 거래(opérations)의 정의에 관하여 별도로 규율하고 있지 않고, 제1절부터 제4절까지의 규율을 통하여 해당 거래행위를 열거하고 있을 뿐이다. 그러나 이 개념은 프랑스민법전의 개정 전부터 자주 이용되었다. 학설은 채권관계의 원인을 결정함에 있어서 계약상 발생하는 각각의 채권관계를 법적 거래 전체에서 분별하여 추상적으로 탐구해야 한다고 하면서 계약에서 발생하는 채권관계와 그보다 큰 범주의 거래를 분별하고 있었으며,[1] 또한 채권양도, 경개 또는 채무참가와 같이 원채권관계의 당사자가 아닌 제3자의 개입으로 채권관계가 이전하거나 별도의 채권관계가 성립하는 법률행위를 설명할 때에도 거래 개념을 이용하고 있었다.[2] 오늘날 상사법상 금융에 관한 규율에서 주로 사용되기도 하는 거래는 소비대차와 그에 기초한 여러 담보계약이 형성하는 거래관계 전체를 의미할 때 이용되기도 한다.[3] 프랑스민법전이 거래의 정의를 명시하고 있지는 않지만, 프랑스민법전상의 태도로 비추어 볼 때 채권관계에 관한 거래는 당사자들이 이미 존재하는 채권관계를 이전하는 방식으로(채권양도 또는 채무인수), 또는 새로운 채권관계의 발생시키는 방식으로(경개 또는 채무참가) 당사자들이 이미 존재하는 채권관계를 동산화하는 법률행위(actes juridiques)

---

1) H., L. Mazeaud, J. Mazeaud et F. Chabas, *Leçons de droit civil*, t. Ⅱ, vol. 1er, *Obligations, théorie générales*, 9e éd., par F. Chabas, Montchrestien, 1998, n° 263, p. 265.
2) H., L. Mazeaud, J. Mazeaud et F. Chabas, *op. cit.*, n° 1234, p. 1258 et n° 1255, p. 1259.
3) O. Deshayes, Th. Genicon et Y.-M. Laithier, *op. cit.*, p. 420.

를 의미하는 것으로 해석된다.4)

Section 1 La cession de créance
제1절 채권양도

　　[해제] 개정 전 프랑스민법전에서는 매매에 관한 규정에서 채권양도를 규
율하고 있는 것이 특징이었다(제1689조 이하). 그로 인하여 채권양도란 매매계약
을 통하여 채권의 소유권을 이전하는 것으로 여겨졌고, 이 경우 채권은 마치 물
건과 같이 취급되었다. 채권의 이전은 그 채권에 관하여 작성된 증서를 양도인
과 양수인 사이에서 교부를 통하여 이루어지는 것이었다(제1689조). 제3자에 대
한 관계에서는 양수인이 집행관에 의한 통지를 통하여 채무자에게 채권의 이전
을 통지하거나, 채무자가 공정증서로서 양수인에 대하여 이를 승낙한 경우에
채권양도로써 제3자에게 대항할 수 있었다(제1690조).5) 그런데 프랑스의 채권양
도는 당사자 사이에서는 효력이 있는 반면, 제3자에게 대항하기 위하여 엄격한
대항요건을 갖추어야 한다는 어려움이 있었다. 이러한 어려움을 해소하고자 담
보목적의 채권양도에 한하여 대항요건의 불편을 완화하는 제도가 신설되기도
하였다.6)

---

4) O. Deshayes, Th. Genicon et Y.-M. Laithier, *op. cit.*, p. 723.

5) C. Ophèle, 《Cession de crèance》, *Rép. civ.*, Dalloz, 2008, n° 20 et n° 136.

6) 다이이(*Dailly*) 양도는 프랑스법상 담보목적의 채권상도를 말한디. 이는 채권에 대힌
담보신탁으로서 기업에 대한 은행의 신용을 권장하기 위하여 제정된 1981년 1월 2일
법률(Loi n° 81-1 du 2 janvier 1981 fecilitant le crédit aux entreprises)에 의한 양도로,
프랑스에서는 이를 제안한 상원 의원의 이름을 따서 1981년 1월 2일 **법률**에 따른 담보
목적의 채권양도를 통상 다이이 양도라 부른다. 현재 1981년 1월 2일 법률은 폐지되고,
그 내용은 통화금융법전으로 편입되었다(프랑스통화금융법전 제L.313-23조에서부터
제L.313-35조까지). 다이이 양도는 첫째, 양도인과 채무자의 상사 또는 민사상의 영업
활동으로 인하여 발생한 채권을 대상으로 하고, 둘째, 양도인의 신용획득을 목적으로
하며, 셋째, 프랑스에서 인가를 받은 금융기관인 양수인에게 양도증서를 포함하는 명
세서를 교부함으로써 행해진다(프랑스통화금융법전 제L.313-23조 이하). 다이이 양도
를 통하여 채권이 담보목적으로 양도되는 경우에, 양도되는 채권의 소유권은 양수인에
게 이전된다(프랑스통화금융법전 제L.313-24조 제1항). 이 경우 채권은 그 종속된 권
리와 함께 담보목적으로 이전되고, 채권의 발생일인지 이행기인지 청구가능일인지 관

2016년 오르도낭스에 의한 개정으로 채권관계에 관한 거래(opérations)에 관한 장(chapitre)에 채권양도에 관한 규정이 포함하게 되었다. 이로써 채권양도에 관한 규정은 이제 더 이상 매매에 관한 편(제6편 제8장)에 속하지 않고 채권에 관한 제3권 제4편 채권관계의 일반적 규율에 편입하게 되었다. 개정 전 프랑스민법전은 채권양도를 매매에 위치시킴으로써 채권의 양도를 물건으로 취급하여 이를 매매할 수 있는 것으로 처리했던 반면, 개정 프랑스민법전은 채권이 관계라는 점을 고려하여 채권관계에 관한 법률행위의 하나로 규율하게 된 것이다. 이로써 채권양도는 채권관계의 이전을 목적으로 하는 의사의 합치, 즉 계약(contrat)으로 명시되었다.[7] 그리고 양도인의 통지와 채무자의 승낙이라는 대항요건에 관한 제1690조는 더 이상 채권양도에 적용되지 않고, 개정 프랑스민법전에 의하여 당사자 사이에서는 증서의 작성일자에 채권이 이전되며(제1323조 제1항), 채권의 이전은 그때부터 제3자에게 대항할 수 있게 되었다(제1323조 제2항 전단). 주의할 점은 종래 채권양도의 대항요건에 관하여 적용되던 제1690조가 아예 삭제된 것은 아니라는 것이다. 제1690조는 본편의 채권양도의 규율에 의하여 지명채권양도의 경우에만 적용이 배제될 뿐 민사회사의 지분의 양도(제1865), 채권에 관한 공유합의(제1873-2조), 합자회사의 지분의 양도(프랑스상법전 제L.221-14조), 유한회사의 지분의 양도(프랑스상법전 제L.223-17조) 등과 같이 제1690조가 적용되는 여러 규정에서 여전히 존속하고 있다.[8] 또한 제1701-1조가 "제1689조에서 제1691조 및 제1693조는 본법전 제1321조에서 제1326조까지 규율되는 채권양도에는 적용되지 않는다."고 함에 따라, 매매에 관한 규율 중 상속 대상이 되는 권리의 양도 및 계쟁 중의 권리의 양도에서의 철회권을 규율하는 제1691조에서 제1701조까지의 규정은 채권양도와 별개로 개정 후에도 여전히 유효하다.[9]

계없이 금융기관에 의해 명세서에 날인된 날부터 그 양도를 제3자, 즉 다른 양수인 또는 양도인의 채권자에게 대항할 수 있다(프랑스통화금융법전 제L.313-27조). 우리 법과 비교하여 주목할 만한 점은 다이이 양도는 대상이 되는 채권이 영업활동에 기한 것에 한정된다는 점이다.

7) G. Chantepie et M. Latina, *op. cit.*, n° 853, p. 775.
8) O. Deshayes, Th. Genicon et Y.-M. Laithier, *op. cit.*, p. 727.
9) O. Deshayes, Th. Genicon et Y.-M. Laithier, *op. cit.*, p. 725.

Article 1321 La cession de créance est un contrat par lequel le créancier cédant transmet, à titre onéreux ou gratuit, tout ou partie de sa créance contre le débiteur cédé à un tiers appelé le cessionnaire.

Elle peut porter sur une ou plusieurs créances présentes ou futures, déterminées ou déterminables.

Elle s'étend aux accessoires de la créance.

Le consentement du débiteur n'est pas requis, à moins que la créance ait été stipulée incessible.

제1321조 ① 채권양도는 양도인이 채무자에 대한 자신의 채권 전부 또는 일부를 유상 또는 무상으로 양수인이라 불리는 제3자에게 이전하는 계약이다.

② 채권양도는 현재 또는 장래의, 확정되었거나 확정될 수 있는, 하나 또는 수개의 채권을 대상으로 한다.

③ 채권양도는 채권에 종속된 권리에도 미친다.

④ 채권이 양도될 수 없다고 약정한 것이 아니면, 채무자의 동의는 요구되지 않는다.

[해제] 본조는 채권자가 정해져 있는 지명채권양도에 관한 정의와 기능, 그 객체, 효력 범위 및 요건에 관한 규정이다(이하에서는 '채권양도'라고 한다).

본조 제1항은 채권양도의 정의에 관한 규정이다. 본항은 채권양도가 계약임을 명시하고 있다. 계약은 양도인과 양수인 사이에서 체결된다. 제1항은 명문으로 양수인을 제3자(tiers)라고 규정하고 있지만, 이는 기존의 채권관계 내의 지위를 가리키는 것일 뿐이다.[10] 즉, 프랑스의 채권양도는 양도인과 양수인 사이의 계약이라는 점에서 우리 법과 마찬가지로 2자간 계약이고, 채권양도의 당사자가 아닌 채무자의 동의가 원칙적으로 필요하지 않다(동조 제4항의 반대해석).[11]

개정 전에는 채권양도를 해석함에 있어 이를 양도인과 양수인 사이에 채권을 이전하기로 하는 합의(convention)라고 보는 것이 일반적이었다.[12] 그러나 프랑스민법전의 개정으로 법문상 명시적으로 계약(contrat)이 되었다. 이는 2016년 개정으로 인하여 계약의 정의가 새로워졌다는 점과 관계가 있다. 개정 전 프랑

---

10) O. Deshayes, Th. Genicon et Y.-M. Laithier, *op. cit.*, p. 728.

11) O. Deshayes, Th. Genicon et Y.-M. Laithier, *op. cit.*, p. 728; G. Chantepie et M. Latina, *op. cit.*, n° 854, p. 775.

12) 대표적으로 H., L. Mazeaud, J. Mazeaud et F. Chabas, *op. cit.*, n° 1255; C. Ophèle, *op. cit.*, n° 1.

스민법전에 따르면 계약은 1인 또는 수인이 1인 또는 수인에 대하여 주는 채무, 하는 채무 또는 부작위 채무를 발생시키는 합의로 정의되었다(개정 전 제1101조). 그에 따르면 계약은 채무를 발생시키는 합의를 의미할 뿐이었다. 그러나 프랑스민법전은 계약을 채무의 발생, 변경 이전 또는 소멸시키는 것을 목적으로 하는 2인 또는 수인 사이의 의사의 합치라고 정의하였고(제1101조), 이에 따라 채권양도는 계약임이 명문으로 확인된 것이다.13)

양도계약은 무상 또는 유상으로 체결될 수 있다. 즉 채권양도는 매매뿐 아니라 증여, 교환 등의 방식으로 행해질 수 있다. 양도계약은 무상으로도 체결될 수 있다는 점에서 양도계약 자체는 매매와는 구별된다.14) 이 때문에 채권양도는 기능적으로 중립적이라고 할 수 있다.15) 또한 채권양도가 양도인과 양수인 사이의 계약이나, 그 자체가 어떠한 별개의 전형계약이 아니라는 점을 주의할 필요가 있다. 따라서 채권양도는 계약의 상대방이 존재하는 계약, 즉 매매, 증여, 교환, 신탁 그 밖에 회사에 대한 출자와 같은 다른 계약을 이용하여 행해진다. 그러한 경우 채권양도는 이를 위해 이용된 당해 계약의 성질을 갖는다. 따라서 이 경우 채권양도는 이를 위해 이용된 계약의 요건을 충족해야 한다. 예컨대 채권의 증여는 증여규정의 적용형식이라는 요건을 충족해야 한다(제931조). 마찬가지로 채권의 매매도 매매규정에 있어서의 매매가액의 확정과 같은 요건을 충족해야 한다(제1591조).16)

본조 제2항은 채권양도의 대상에 관한 규정이다. 채권양도는 채권의 일부 또는 전부를 대상으로 하거나 수개의 채권을 대상으로 할 수도 있으며, 양자를

---

13) O. Deshayes, Th. Genicon et Y.-M. Laithier, *op. cit.*, p. 57; G. Chantepie et M. Latina, *op. cit.*, n° 853, p. 775.

14) 1804년 프랑스 제정 민법전 초안의 기초자들은 채권양도는 인도와 담보의 방법을 제외하면 매매와 다르지 않다고 하면서, 매매에 관한 제5편 중 제7장에 채권과 기타 무형의 권리의 이전에 채권양도를 포함시키고 있었다(M. Portalis, in P-A. Fenet, *Recueil complet des travaux préparatoires du code civil, t. 14,* Videcoq, 1827, p. 149). 그러나 이와 같이 개정 전부터 채권양도가 매매계약상 편제되어 규율되고 있을지라도, 개정 전부터 양도계약은 매매와 다른 것으로 해석되었다(O. Deshayes, T. Genicon et Y.-M. Laithier, *op. cit.*, p. 728).

15) O. Deshayes, Th. Genicon et Y.-M. Laithier, *op. cit.*, p. 728.

16) O. Deshayes, Th. Genicon et Y.-M. Laithier, *op. cit.*, p. 729. 위 문헌과 같은 해석을 보면 프랑스에서는 물권행위 개념이 인정되지 않음에도 불구하고, 이와 반대로 이를 인정하고 준별하는 우리 법에서 채권양도를 매매와 같은 원인행위와 구별하여 준물권행위로 해석하는 것과 마찬가지의 결과를 낳고 있음을 알 수 있다.

결합하여서도 가능하다. 달리 제한하는 규정이 없으면 여러 채무자에 대한 복수의 채권의 양도가 동일한 증서로 행해질 수 있다. 본조 제2항에 따르면 채권양도는 현재 또는 장래의, 그리고 확정된 또는 확정가능한 채무를 대상으로 한다. 이에 대해서는 몇 가지 주의할 점이 있다. 첫째, 장래채권의 양도는 이미 판례에 의해 승인된 것이었다.[17] 다만, 이는 유상양도인 경우에만 인정되는 것이어서, 장래 발생할 재산의 증여는 허용되지 않는다. 둘째, 채권양도는 원칙적으로 확정된 채권을 대상으로 하되, 현재 확정되지 않았더라도 적어도 확정할 수 있는 것이어야 한다. 셋째, 장래채권이 양도가능하다는 것은 실현이 불확정적인 채권의 양도가 가능하다는 것을 의미하는 것이 아니다.[18] 물론, 불확실한 채권이 장래채권인 경우는 많다. 마지막으로, 장래채권의 양도가능성에 관한 본조가 제1163조를 단순히 확인하는 것은 아니다. 즉 제1163조가 발생하여 현존하는 채무가 장래의 급부에 관한 것일 수 있다는 내용임에 반하여, 본조 제2항은 장래채권의 양도는 장래의 채권을 대상으로 함을 규율하고 있다.

본조 제3항은 채권양도의 효력의 범위에 관한 규정이다. 채권양도는 양도인이 가지는 채권을 양수인에게 이전하는 것을 말한다. 통상 채권양도는 매매계약과 같은 다른 전형계약을 이용하여 행해진다는 점에서 이를 통하여 계약의 이전적 효력이 발생한다(제1196조 제1항).[19] 그런데 채권양도의 효력이 어디까지 미치는지 문제된다. 프랑스민법전은 이때 채권양도의 효력은 채권에 종속된 권리에도 미친다고 규정하고 있다. 사실 본조 제3항은 개정 전에 채권양도에 관하여 적용되던 제1692조를 개정한 것이다. 그런데 제1692조가 채권에 종속된 권리를 보증, 우선특권, 저당권 등으로 예시했던 것과 달리 본조 제3항은 채권에 종속된 권리에 관하여 예시하지 않고 있다. 그럼에도 불구하고 양도되는 채권의 변제를 담보하기 위한 여러 담보(sûreté), 계약 또는 불법행위에 기한 손해배상소권, 중재조항 등은 여전히 그 예가 된다고 해석된다. 이에 대하여 반대되는 약정을 체결할 수 있는지에 관하여 학설은 본조 제3항이 이를 명시적으로 규정하지 않지만 반대약정도 가능한 것으로 해석하고 있다.[20]

---

17) Civ. 1ʳᵉ, 20 mars 2001, n° 99-14.982.
18) 실현이 불확실한 채권(créances éventuelles)은 일반적으로는 장래 채권이지만, 반드시 그러한 것은 아니다. 또한 이는 조건부 채권도 아니고 기한부 채권도 아니며, 그 발생이 잠재적인 채권을 의미한다(C. Ophèle, op. cit., n° 69).
19) G. Chantepie et M. Latina, op. cit., n° 860, pp. 780-781.

본조 제4항은 채권양도에 채무자의 동의가 필요한지에 관한 규정이다.[21) 전통적인 해석으로는 채권양도에 채무자의 동의가 필요하지 않았다. 채무자는 양도계약에 있어서는 제3자이기 때문이다. 그러나 이에 대해 본조 제4항은 새로운 예외를 인정하였다. 즉 원칙적으로 채권양도에 채무자의 동의는 필요하지 않으나, 당사자 사이에서 채권양도를 금지하기로 한 채권의 양도에는 예외적으로 채무자의 동의가 필요하다.[22) 이 규정은 우선 개정법이 양도금지 약정을 전제로 하고 있다는 점에서 채권양도금지약정의 유효성을 인정하고 있음을 나타내는 규정이라고 해석할 수 있다. 그런데 그 해석에 관해서는 몇 가지 어려움이 있다. 즉 동조의 요건이 자세하지 않아 해석상 양도인의 동의가 예외적으로 필수적인 경우가 확실하지 못함에도 불구하고 이 규정을 통하여 채무자가 일종의 거부권을 행사할 수 있는 위험을 야기하기 때문이다. 또한 채무자의 동의가 필요한 범위에서 양도계약이 3자간 계약이 되는 것이 아닌가 하는 의문을 낳는다.[23) 그 밖에도 채무자가 채권양도에 동의하면 양수인이 채무자에게 대항할 수 있는데(제1324조), 이로 인하여 양도와 채권양도에 대한 동의가 완전히 동시에 있을 것이 요구된다. 왜냐하면 채무자는 채권양도 사실과 양수인의 존재를 동의할 때에 비로소 알게 되는 것이기 때문이다. 이러한 해석을 통하여 양도와 동시에 대항력이 발생한다는 점에서 대항력의 발생이 지체되는 위험은 방지되지만, 반대로 사전 동의가 논리적으로 허용되지 않게 된다. 사전에는 양도 사실뿐 아니라 양수인이 누구인지도 알 수 없기 때문에 동의가 불가능하기 때문이다. 다만, 본항은 모든 채권양도에 채무자의 동의를 요하는 것이 아니라 양도금지약정이 있는 경우에만 예외적으로 필요하다고 규정하여 원칙적으로 채무자의 동의로 인한 해석상의 어려움을 축소시키고 있다.[24)

---

20) O. Deshayes, Th. Genicon et Y.-M. Laithier, *op. cit.*, p. 732.

21) O. Deshayes, Th. Genicon et Y.-M. Laithier, *op. cit.*, p. 732.

22) O. Deshayes, Th. Genicon et Y.-M. Laithier, *op. cit.*, p. 732.

23) O. Deshayes, Th. Genicon et Y.-M. Laithier, *op. cit.*, p. 733. 이에 대하여는 이러한 경우에도 3자간의 계약은 아니라고 해석하는 것이 일반적이다(G. Chantepie et M. Latina, *op. cit.*, n° 858, pp. 778-779).

24) O. Deshayes, Th. Genicon et Y.-M. Laithier, *op. cit.*, p. 734.

Article 1322 La cession de créance doit être constatée par écrit, à peine de nullité.
제1322조 채권의 양도는 서면으로 확인되어야 하고, 그러하지 아니하면 무효이다.

[해제] 본조는 채권양도계약의 형식요건에 관한 규정이다. 전술한 바와 같이 프랑스민법전의 개정 전에는 채권양도가 이용하는 계약의 유효요건을 갖추어야 채권양도가 유효하다고 해석되고 있었다. 예컨대 매매계약을 통한 채권양도의 경우에는 가액에 관하여 상대방과 합의가 있으면 그 합의만으로 매매계약이 성립되었다. 다만, 무상으로 채권이 양도된 경우 증여계약이 성립되었고, 증여계약의 요식성 때문에 공증인 앞에서 작성되지 않는 경우에 이를 무효로 볼 뿐이었다(제931조). 이렇게 개별 계약의 유효요건을 갖추어야 한다는 것 외에는 채권양도에 관하여 어떠한 형식요건도 요구하지 않았다. 물론 개정 전의 해석에 의해서도 서면은 양도의 증거로서 필수적이었다. 1,500유로를 초과하는 사항에 대하여는 공증인의 면전에서 또는 사서증서로 작성되어야 하고 이에 대해서만 증명력이 인정되었기 때문이었다(개정 전 제1341조 및 데크레 제2004-836호 제56조 및 제59조).[25]

그런데 본조는 채권양도계약은 서면으로 확인되어야 하며, 서면으로 확인되지 않으면 무효임을 규정한다. 이러한 형식요건에 관한 규율은 개정 전 프랑스민법전에는 존재하지 않던 새로운 규율이다. 채권양도는 이 규정에 따라 요식계약이 되었다.[26] 또한 이 규정은 기존의 채권양도의 대항력 규율을 깨뜨리는 규정이기도 하다. 개정 전과 달리 대항요건이라는 형식이 없거나 그것이 확실하지 않더라도, 서면의 일자부터 제3자에게 대항할 수 있기 때문(제1323조 참조)이다. 이는 2006년 프랑스민법전 개정이 권리질권에 관한 규정에서 취한 태도와 동일하다(제2356조). 이때의 무효의 성질에 대하여 상대적 무효로 보아야 한다는 견해와 이를 절대적 무효(ad validitatem)로 보는 견해로 대립되나, 절대적 무효로 보는 견해가 더 많다.[27]

25) L. Cadiet, 《Cession de créance》, *JurisClasseur. Civil code*, Art. 1689 à 1695, fasc. 20, LexisNexis SA 2014, n° 49s.
26) O. Deshayes, Th. Genicon et Y.-M. Laithier, *op. cit.*, p. 736.
27) 본조가 이를 분명하게 규정하는 것은 아니지만 이때의 무효를 상대적 무효로 보아야 한다는 견해로는 O. Deshayes, Th. Genicon et Y.-M. Laithier, *op. cit.*, p. 737이 있고,

서면의 내용에 관하여는 프랑스민법전에서 따로 규정하고 있지 않으나, 당사자의 신분, 법률행위의 성질, 당사자의 서명, 서면의 작성일자가 필요한 것으로 해석되기도 한다. 그중 서면의 일자는 당사자 사이에서는 유효성을 증명하며, 제3자에 대하여는 대항력의 기준이 된다는 점에서 중요한 의미를 가진다(제1323조 참조). 또한 작성 일자가 기재되지 않은 서면이라도 원칙적으로 그 효력은 유효하며, 다만, 그 일자의 증명을 다툴 수 있을 뿐이다.

그런데 2016년 개정된 프랑스민법전에서는 채권양도에 관한 규정과 함께 증거에 관한 규율도 개정되었다. 프랑스민법전에 따르면 증거는 법률이 달리 규정한 경우 이외에는 원칙적으로 모든 방법에 의하여 제출될 수 있게 되었지만(제1358조), 1,500유로를 초과하는 법률행위에 대해서는 여전히 사서증서 또는 공정증서에 의해서만 증명될 수 있다(제1359조). 따라서 프랑스민법전이 채권양도에 관하여 서면주의를 채택하였다고 하더라도, 증거규정과 함께 해석하여 보면 1,500유로를 초과하는 금액의 채권을 양도하기 위해서는 여전히 사서증서와 공정증서가 필요하다. 그러한 점에서 개정된 프랑스민법전의 시행으로 인하여 프랑스의 채권양도의 실무에 큰 변화가 온 것은 아닌 것으로 보인다.

Article 1323 Entre les parties, le transfert de la créance s'opère à la date de l'acte.

Il est opposable aux tiers dès ce moment. En cas de contestation, la preuve de la date de la cession incombe au cessionnaire, qui peut la rapporter par tout moyen.

Toutefois, le transfert d'une créance future n'a lieu qu'au jour de sa naissance, tant entre les parties que vis-à-vis des tiers.

이를 절대적 무효로 보아야 한다는 견해로는 Ph. Malaurie et L. Aynès, *Droit des obligations*, 8ᵉ éd., LGDJ, 2016, n° 1418; G. Chantepie et M. Latina, *op. cit.*, n° 859, p. 780; L. Cadiet, «cession de créance», *JurisClasseur. Civil code*, Art. 1689 à 1695, fasc. 30, LexisNexis SA 2014, n° 5이 있다.

프랑스법상 무효는 절대적 무효와 상대적 무효가 있다. 프랑스민법전은 제1179조에서 일반적 이익의 보호를 위한 목적을 가진 규정 위반의 효력에 대하여는 절대적 무효로 하고(동조 제1항), 개인적 이익의 보호를 위한 목적을 가진 규정 위반의 효력에 대하여 상대적 무효(동조 제2항)로 한다. 양자는 위반의 대상이 되는 목적에서 차이가 있을 뿐 아니라 무효를 원용할 수 있는 자 및 추인가능성 여부에도 차이가 있다(제1180조 및 제1181조). 이에 대하여 자세한 사항은 이 책 제1179조의 해제 참조.

제1323조 ① 당사자 사이에서는 채권의 이전은 증서의 일자에 이루어진다.
② 채권의 이전은 그때부터 제3자에게 대항할 수 있다. 다툼이 있는 경우 그 일자에
대한 증명책임은 양수인에게 있으며, 양수인은 모든 방법으로 이를 제출할 수 있다.
③ 그러나 장래채권의 이전은 당사자 사이에서뿐 아니라 제3자에 대해서도 그 발생
일자에 이르러서야 이루어진다.

[해제] 본조 제1항과 제3항은 당사자 사이에서의 채권의 이전에 관한 효력
의 발생 시점에 관한 규정이다. 본조 제1항에 의하면 채권양도계약에 의해 당사
자 사이에서 채권은 증서의 일자에 이전한다. 이로써 양수인은 양도인에 대한
관계에서 제1322조에 의하여 요구되는 서면행위를 한 날부터 채무자의 채권자
가 된다. 이는 제1196조 제1항에 따른 "계약의 이전효"에 의한 것이다. 우리 법
과 달리 물권행위와 채권행위, 채권계약과 물권계약, 준물권계약 등의 구분이
없는 프랑스에서는 매매, 교환, 증여 등의 계약에 목적물에 대한 물권을 이전시
키는 효력, 즉 계약의 이전효가 있다고 한다.[28] 이에 대하여는 장래채권의 양도
에 관한 예외가 인정된다. 즉 본조 제3항에 의하면 장래채권이 양도되는 경우에
는 증서의 일자가 아니라, 장래채권의 발생일에 이르러서야 채권이 이전된다.
또한 채권양도가 당사자의 의사, 물건의 성질 또는 법률의 규정에 의하여 유예
되는 경우(제1196조 제2항)에는, 이전할 채권이 존재하여 채권의 이전이 가능하
게 된 시점에 이전된다.[29]

본조 제2항과 제3항은 제3자에 대한 대항력의 부여 시점에 관한 규정이다.
본조 제2항에 따르면, 채권양도에 있어서 채권의 이전은 양도증서의 일자부터
제3자에게 대항할 수 있다. 이 규정은 프랑스민법전의 개정으로 지명채권양도
에 통지와 승낙이라는 대항요건을 요구하는 제1690조가 더 이상 적용되지 않게
되면서, 제3자에 대한 대항력의 순위를 부여하기 위하여 새롭게 입법된 규정이
다.[30] 이렇게 채권양도에서 대항요건을 폐지한 이유는 그러한 대항요건의 구비

---

28) 이 책 제1196조의 해제 참조.
29) O. Deshayes, Th. Genicon et Y.-M. Laithier, *op. cit.*, p. 739.
30) 전술한 바와 같이 프랑스민법전 제1690조는 2016년 오르도낭스에 의하여 이제는 상속
대상이 되는 권리의 양도 및 계쟁 중의 권리의 양도에 적용될 뿐이다(Chapitre Ⅷ : Du
transport de certains droits incorporels, des droits successifs et des droits litigieux). 따
라서 이들 권리의 양도를 제3자에게 대항할 수 있기 위해, 여전히 대항요건으로서의
통지와 승낙이 필요하다.

가 양수인에게 과중한 부담이 되기 때문이었다.

본조는 채무자의 지위에 관한 규정이 아니다. 이는 채권양도에 대하여 대항할 수 있는 제3자에 관한 규정이다. 프랑스민법전 개정 전에 파기원 판결은, 제1690조에서의 제3자는 "양도행위의 당사자가 아니라, 여전히 채권자인 양도인과 이해관계 있는 자를 말한다."고 판시하였는데, 이러한 해석은 개정 후에도 여전히 유효하다.31)

본조 제2항은 제3자에 대한 관계에서 채권이 이전되는 일자(date)의 증명에 관한 규정이다. 프랑스민법전의 개정으로 제3자에 대한 채권양도의 대항력에 관한 증서상의 일자는 당사자 사이에 있어서 언제부터 채권양도가 유효한지를 결정하는 역할을 하기 때문에, 이제는 대항력을 갖추기 위하여 어떠한 방식이나 형식이 필요하지 않다. 이러한 증명 규정은 결과적으로 양수인이 대항력을 취득하는데 유리하게 작용한다.32) 즉, 양도일자는 개정 전과 비교하여 결정적인 역할을 하게 되고, 이 때문에 프랑스민법전은 양도일자를 서면으로 작성하도록 요구하기에 이른다(제1322조). 또한 개정 전 제1328조33)의 사서증서의 효력과는 달리, 서면으로 작성된 증서는 그 일자가 확정적인 것이 아니더라도 제3자에 대하여 대항력이 있다. 그리고 본조 제2항에 따라 일자가 정확함에 대한 증명은 사실상 모든 방법으로 제출될 수 있다. 계약에 참조되는 증언이나 전자적 메시지상의 일자는 증서에 기재된 양도일자를 확정하는 역할을 한다. 이러한 본조 제2항은 프랑스민법전의 개정으로 채권양도에서 제3자에 대한 대항요건이 필요 없게 되었으므로, 양수인이 부담하는 증명책임의 범위를 줄이기 위하여 규정되었다.34) 일자의 주장을 위한 서면, 증언, 전자우편 등의 어떠한 증거방법도 절대적인 증명이 되지 못한다. 일자의 증명은 매 경우에 법원이 결정하기 때문이다, 다만 서면이 공정증서에 의하여 작성되거나 사서증서에 의하여 작성되더라도 그것이 등록된다면, 이는 확정일자로서 양수인에게 다툼의 여지 없는 증거가 될 수 있을 뿐이다(제1377조). 반대로, 그 일자에 대하여 다툼의 여

---

31) Civ. 1re, 4 juin 2014, n° 13-17.077.
32) O. Deshayes, Th. Genicon et Y.-M. Laithier, *op. cit.*, p. 739.
33) 개정 전 제1328조 사서증서는 그것이 등기된 날로부터, 서명한 자가 사망한 날로부터 또는 그 주요 내용을 공무원에 의하여 작성되고 날인된 조서 또는 재산목록과 같은 문서로 확인된 날로부터 제3자에게 대항할 수 있다.
34) O. Deshayes, Th. Genicon et Y.-M. Laithier, *op. cit.*, p. 740.

지가 있는 경우 본조 제2항에 따라 그 증명책임은 양수인에게 있다.

Article 1324 La cession n'est opposable au débiteur, s'il n'y a déjà consenti, que si elle lui a été notifiée ou s'il en a pris acte.

Le débiteur peut opposer au cessionnaire les exceptions inhérentes à la dette, telles que la nullité, l'exception d'inexécution, la résolution ou la compensation des dettes connexes. Il peut également opposer les exceptions nées de ses rapports avec le cédant avant que la cession lui soit devenue opposable, telles que l'octroi d'un terme, la remise de dette ou la compensation de dettes non connexes.

Le cédant et le cessionnaire sont solidairement tenus de tous les frais supplémentaires occasionnés par la cession dont le débiteur n'a pas à faire l'avance. Sauf clause contraire, la charge de ces frais incombe au cessionnaire.

제1324조 ① 채권양도는 채무자의 사전동의가 없는 경우에, 그에게 통지되었거나 이를 승낙한 경우에만 그에게 대항할 수 있다.

② 채무자는 무효, 동시이행의 항변, 해제, 견련관계가 있는 채무의 상계 등 채무 자체에 내재된 항변으로써 양수인에게 대항할 수 있다. 또한 채무자는 그에게 채권양도가 대항할 수 있기 전에 양도인과의 관계에서 발생한 기한의 유예, 면제, 견련관계가 없는 채무의 상계 등으로 대항할 수 있다.

③ 양도인과 양수인이 양도로 인하여 발생한 추가비용을 연대하여 부담하며, 채무자가 미리 지급할 필요가 없다. 반대약정이 있는 경우를 제외하고, 그 비용은 양수인이 부담한다.

[해제] 본조 제1항은 채무자에 대한 채권양도의 효력, 즉 대항력에 관한 규정이다. 전술한 바와 같이 제1323조는 제3자에 대한 대항력에 관한 규정이고, 채무자에 대한 대항력에 관하여는 본조 제1항에서 규율하고 있다.[35) 즉, 본조 제1항에 의하면 채권양도에 대한 채무자의 사전동의가 없는 때에는 채무자에게 채권양도가 통지되었거나 채무자가 이를 승낙한 경우에만 양수인은 채무자에 대하여 대항할 수 있다. 이를 위하여 양도를 인식하였다거나 채권자가 변경되었음에 대한 지각을 확인할 만한 행위 또는 사건이 요구된다. 본조 제1항은 이를 단순한 통지(notification) 또는 양도행위에 대한 승낙(prise d'acte)만으

---

35) 개정 전 프랑스민법전에서는 제1690조에서 양자 모두를 규율하였다.

로 족한 것으로 규정한다. 이는 개정 전 프랑스민법전에 비하여 완화된 것이다. 개정 전 프랑스민법전에서는 양수인이 채무자에 대하여 집행관에 의하여 통지(signification)하는 경우와 채무자의 공정증서에 의한 승낙(acceptation)이 있는 경우에 채권양도의 대항력이 인정되었기 때문이다(제1690조).36) 이에 반하여 프랑스민법전은 이때의 통지를 집행관에 의한 통지가 아니라 단순한 통지(notification)만으로 가능하도록 하였다. 따라서 이제 통지는 단순한 서신, SMS와 같은 모든 방법에 의하여 행해질 수 있다.37) 이러한 점에서 본조 제1항은 채권양도에 대항요건을 규율하던 제1690조에의 공정증서에 의한 승낙을 대체하는 대항요건으로서 양도에 대한 승낙(prise d'acte)을 규율하고 있다고 할 것이다.38) 이는 기존의 공정증서에 의한 승낙, 인가(approbation), 추인(ratification)과 달리 채권양도에 대한 승인(reconnaissance)을 의미한다. 이는 변경된 상황을 확인하고 그 효과를 인정한다는 채무자의 의사가 요구된다는 점에서 채권자의 변경에 대한 단순한 인식만을 의미하는 것이 아니다. 이에 관하여 본조 제1항이 어떠한 요건을 들고 있지 않기 때문에, 채무자의 승낙은 공정증서 또는 사서증서와 같은 서면으로도 가능하고 심지어 구두로도 가능하다. 그리고 예컨대 양수인에게 행해진 자발적 변제 또는 양수인에게 도달한 채무면제의 청구와 같이 채권양도의 존재를 전제로 하는 다른 행위가 있으면, 양도에 대한 인식을 인정할 수 있다.39) 이는 개정 전 프랑스민법전 상 채무자의 승낙이 공정증서에 의하여야 하는 것과

---

36) 개정 전 프랑스민법전 하에서는 제1690조 상의 대항요건을 갖추지 못하고 채무자가 채권양도를 단순히 인식하였을 뿐인 경우에는 그에 대하여 채권양도를 대항할 수 없었다(Civ. 1re, 22 mars 2012, n° 11-15.151).

37) 이는 개정 전 제1691조에 따른 해석이다. 이때 채무자는 통지 및 승낙이 없는 한 자신이 다른 방도로 채권양도의 사실을 알고 있다고 하더라도 소구된 채권이 이미 제3자에게 양도되어 버린 것이라는 주장으로 대항할 수 없다(Civ., 20 juin 1938 : *Gaz. Pal.* 1938. 2. 432).

38) 개정 전 제1690조 상의 "acceptation"이 종래부터 공정증서에 의한 승낙이라고 번역되어 왔으나 그 의미는 우리 민법 제450조의 대항요건인 관념의 통지로서의 승낙과 다른 것이었고, 오히려 개정 프랑스민법전 제1324조 제1항의 "prise d'acte"가 양도행위에 대한 채무자의 승인이라는 점에서 우리 민법 제450조에서의 승낙에 더 가깝다. 따라서 부득이하지만, "acceptation"는 종래의 용례에 따라 승낙으로, "prise d'acte"는 우리 민법상의 대항요건으로서의 승낙과 부합한다는 점에서 역시 승낙으로 번역하되, 괄호에 원어를 넣음으로써 구분함을 일러둔다. 이는 집행관에 의한 통지인 "signification"과 단순한 통지인 "notification"의 번역의 경우도 마찬가지이다.

39) O. Deshayes, Th. Genicon et Y.-M. Laithier, *op. cit.*, p. 745.

대비된다. 본조 제1항의 채무자에 대한 대항력에는 예외가 존재한다. 즉 채무자의 사전동의가 있는 경우에는 대항요건의 구비 없이도 양수인은 채무자에게 대항할 수 있는 것이다. 이에 대하여는, 전술한 제1321조 제4항의 양도금지약정과 관련하여 생각할 문제가 있다. 양도금지약정이 체결된 채권에 대한 양도에 채무자가 동의한 경우에는, 그 동의로써 채무자에게 대항할 수 있다. 이러한 동의가 양도시에 있었던 경우에는 이와 같이 해석하는 데에 문제가 없으나, 양도 이전에 양도에 동의한 경우에는 채무자에게 대항할 수 없고, 일반적인 양도와 마찬가지로 채무자에게 대항하기 위해서는 통지나 승낙을 요한다고 해석해야 할 것이다.[40] 채무자에 대한 대항요건을 구비하는 일자가 중요한 이유는 다음과 같다. 첫째, 그 일자 전에 양도인에게 행해진 변제가 유효하다(제1342-3조).[41] 둘째, 채무자는 그 일자 전에 채무자와 양도인 사이의 관계에서 발생한 항변(채무면제, 상계 등)으로 양수인에게 대항할 수 있다.[42] 반면에 그 일자는 제3자에 대한 대항력에는 어떠한 영향도 미치지 않는다(제1323조).[43] 본조 제1항의 대항력에 관한 규율은 개정 전 프랑스민법전 하의 대항요건에 관한 해석과 마찬가지로 공적 질서에 관한 것이 아니라는 것이 일반적이다.[44]

본조 제2항은 채무자가 가지는 항변의 대항력에 관한 규정이다. 원칙적으로 채권양도의 대항력을 구비한 때부터 양수인은 모든 제3자 및 채무자에 대한 관계에서 채권의 진정한 권리자가 된다. 이 때문에 채무자는 대항요건을 갖춘 시점부터 양수인에 대하여 자신이 가지는 항변으로 대항할 수 있게 된다.[45] 본조 제2항은 이때의 항변을 채무에 내재하는 항변과 양도인과의 관계에서 발생하는 항변으로 구분한다. 채무에 내재하는 항변으로는 양수인에게 항상 대항할 수 있다. 그 예로는 무효, 동시이행의 항변, 해제, 견련관계가 있는 채무의 상계가 있다(전단). 다만, 채무자는 양도인과의 관계에서 일정한 요건 하에서 발생한 항변으로 양수인에 대하여 대항할 수 있다. 즉 채권양도가 대항력을 갖추기 전에 발생한 항변만을 채무자가 양수인에게 대항할 수 있는 것이다. 이때의 항변

---
40) O. Deshayes, Th. Genicon et Y.-M. Laithier, *op. cit.*, p. 745.
41) 이는 개정 전 제1691조에 따른 해석이다.
42) 본조 제2항이 이에 관하여 규율한다. 이하 상술한다.
43) O. Deshayes, Th. Genicon et Y.-M. Laithier, *op. cit.*, p. 747.
44) O. Deshayes, Th. Genicon et Y.-M. Laithier, *op. cit.*, p. 746.
45) C. Ophèle, *op. cit.*, n° 279.

으로는 기한의 유예, 면제, 견련관계가 없는 채무의 상계가 있다(후단). 따라서 일단 채권양도에 대한 통지(notification) 또는 승낙(prise d'acte)으로 채무자에게 양도가 대항력을 갖춘 경우에는, 양도인은 더 이상 채권의 권리자가 아니기 때문에 채권양도가 대항력을 갖추기 전에 발생한 항변이어야 한다는 요건은 당연한 것이다. 한편 상계항변에 관하여는 종래부터 특별히 취급되고 있었다. 개정전 제1295조에서 이의를 유보하지 않고 양도를 공정증서의 방식으로 승낙(acceptation)한 채무자는 상계로써 양수인에게 대항할 수 없다고 규정하고 있었던 것이다.46) 프랑스민법전의 개정으로 개정 전 제1295조도 제1347-5조로 개정되어 상계항변의 유보 없이 채무자가 이를 승낙(prise acte)하는 것만으로 채무자가 양도인에게 대항할 수 있었던 상계의 항변으로 양수인에게 대항할 수 없게되었고, 상계항변의 유보를 위하여 더 이상 공정증서 방식의 승낙(acceptation)까지는 필요하지 않게 되었다. 다만, 이때의 상계의 항변은 견련관계가 없는 채무에 관한 상계만을 의미하는 것이 일반적이다.47)

본조 제3항은 채권양도의 비용에 관한 규정으로, 개정 전에는 없던 새로운 내용이다. 이는 증서의 작성 비용, 통지 비용 등과 같이 양도 자체의 비용에 관한 것이 아니라, 양도로 인하여 채무자의 이행에 추가되는 비용의 부담에 관한 규정이다.48) 채권양도로 인하여 채무자가 외국은행에 지급하여야 하는 경우나, 채권의 일부양도로 두 명의 채무자에게 변제해야 하는 경우와 같이 채무양도로 인해 채무자의 이행비용이 증가될 수 있다. 채권의 양도로 인하여 채무자로서는 양도행위에 관여하지 않았음에도 불구하고 이행을 위한 비용이 증대되는 결과가 발생한다. 이러한 경우에 채무자가 이행을 위한 추가적인 비용까지 부담하는 것은 불합리하다는 사고를 바탕으로 신설된 규정이다.49) 따라서 양도로

---

46) 이 규정은 구 일본 민법 제468조(2018년 개정으로 폐지됨)를 거쳐 우리 민법 제451조 제1항 이의를 보류하지 아니한 승낙 제도가 되었다. 프랑스 민법상 이의를 유보하지 아니한 승낙은 그 대상이 상계항변에 제한되고 있음에 반하여, 구 일본 민법과 우리 민법은 이때 이의를 보류하지 아니한 승낙의 대상이 되는 항변에 제한이 없다는 점에 큰 차이가 있다.

47) O. Deshayes, Th. Genicon et Y.-M. Laithier, *op. cit.*, p. 748; G. Chantepie et M. Latina, *op. cit.*, n° 869, p. 789. 프랑스에서의 견련관계 없는 상계는 법정상계의 요건 중에서 동일한 계약에서 발생한 상호대립성을 가지지 못한 상계를 의미한다.

48) O. Deshayes, Th. Genicon et Y.-M. Laithier, *op. cit.*, p. 748.

49) 이를 견해에 따라서는 채권양도의 중립성(neutralité)으로 이해하기도 한다. 금전채권을 양도하는 경우와 같이 채권양도의 채무자 입장에서는 누가 채권자인지 크게 문제가

인한 추가비용은 양도인과 양수인이 연대하여 부담한다. 이때 채무자는 이 추가비용을 선이행할 필요까지는 없다. 즉, 이 규정은 채무자가 처음 예상했던 이행비용보다 비용이 더 드는 경우 채권의 이행을 거절할 수 있음을 의미할 뿐이다.[50] 그러나 채무자가 선이행하였다면 양수인과 양도인에게 그 비용의 반환을 청구할 수 있다. 반대의 약정이 없다면, 이때의 추가비용은 양도인과 양수인 사이에서 종국적으로 양수인이 부담한다.[51]

Article 1325 Le concours entre cessionnaires successifs d'une créance se résout en faveur du premier en date ; il dispose d'un recours contre celui auquel le débiteur aurait fait un paiement.

제1325조 하나의 채권에 대하여 연속된 양수인 사이에 경합이 있는 경우에는, 일자가 가장 앞선 자가 우선한다. 그는 채무자로부터 이미 변제를 받은 자에 대하여 상환청구권을 가진다.

[해제] 본조는 하나의 채권에 연속하는 수인의 양수인이 경합하는 경우에 그 순위를 정하는 규정이다. 본조는 다음과 같은 의미가 있다. 첫째, 이 규정은 전술한 제1323조의 원칙에 따른 것이다. 따라서 채권양도는 양도 일자부터 대항력이 있고, 먼저 양수받은 자가 우선하는 것으로 정하고 있다(본조 전단). 둘째, 양수인들 사이에서 먼저 양수받은 자는 채무자로부터 선의로 이미 변제받은 다른 양수인에게 상환청구권을 가진다(본조 후단). 사실 프랑스에서는 채권이 이중으로 이전된 경우에 양수인 및 권리자의 경합에 관하여는 이미 일관된 해결책을 내놓고 있었다. 즉 파기원은 담보목적의 채권양도인 다이이(*Dailly*) 양도[52]가 있는 경우 양수인과 내위채권자의 경합에 있어서 양도 일자

되지 않는다는 점에서 채권양도에는 중립성이 있다고 평가된다는 것이다. 그리고 이러한 채권양도의 중립성 때문에 채권자의 변경으로 변제비용이 달라져서는 안 된다는 것이다(G. Chantepie et M. Latina, *op. cit.*, n° 870, p. 789).

50) G. Chantepie et M. Latina, *op. cit.*, n° 870, p. 789.

51) G. Chantepie et M. Latina, *op. cit.*, n° 870, p. 789.

52) 프랑스의 담보목적의 채권양도, 즉 다이이(*Dailly*) 양도를 법정하고 있는 통화금융법전에서도 채권은 그 종속된 권리와 함께 담보목적으로 이전되고, 채권의 발생일인지 이행기인지 청구가 가능한 날인지 관계없이 금융기관에 의해 명세서에 날인된 날부터 그 양도를 제3자, 즉 다른 양수인 또는 양도인의 채권자에게 대항할 수 있다고 규정하고 있다(프랑스통화금융법전 제L.313-27조).

및 대위변제 일자를 조회하여 우선하는 일자를 가진 자가 권리를 취득하는 것으로 보았다.[53] 또한 담보법 개정 시에 입법자는 채권의 권리질권은 증서의 일자부터 제3자에게 대항할 수 있다는 태도를 취하였다(제2361조).[54] 채권양도의 경우에도 본조에서 이러한 기존의 태도와 동일한 입장을 취하는 것이다.[55] 이때 양수인으로부터 양도통지를 받거나 이를 승낙한 채무자(제1324조)로부터 먼저 변제받은 자는 선의의 채권자이므로, 진정한 권리자인 제1양수인은 이와 같이 먼저 변제받은 자에게 비채변제에 기한 반환청구가 가능한 것이다. 만약 채권이 금전채권이 아니어서 원물반환이 불가능한 경우에는 가액반환을 할 수 있다.[56]

Article 1326 Celui qui cède une créance à titre onéreux garantit l'existence de la créance et de ses accessoires, à moins que le cessionnaire l'ait acquise à ses risques et périls ou qu'il ait connu le caractère incertain de la créance.

Il ne répond de la solvabilité du débiteur que lorsqu'il s'y est engagé, et jusqu'à concurrence du prix qu'il a pu retirer de la cession de sa créance.

Lorsque le cédant a garanti la solvabilité du débiteur, cette garantie ne s'entend que de la solvabilité actuelle ; elle peut toutefois s'étendre à la solvabilité à l'échéance, mais à la condition que le cédant l'ait expressément spécifié.

제1326조 ① 채권을 유상으로 양도하는 자는 양수인이 자신의 위험과 손실로 인수하거나 채권의 불확실성을 안 때를 제외하고 채권과 그에 종속된 권리의 존재를 담보한다.

② 양도인은, 채무자의 자력을 담보하기로 한 경우에 채권의 양도로 취득할 수 있는 가액의 범위에서만, 채무자의 자력을 담보할 뿐이다.

③ 양도인이 채무자의 자력을 담보한 경우에는, 그 담보는 현재의 자력에 한한다. 그러나 양도인이 이를 명시적으로 표시한 때에는 이행기의 자력에 미친다.

[해제] 본조는 채권의 하자 또는 채무자의 자력에 대하여 양도인이 양수인에게 부담하여야 할 담보책임에 관한 규정이다. 프랑스민법전 개정 전의 해석으로는 무상양도가 이루어진 경우에는 양도인에게 담보책임을 인정하지 않았지

---

53) Com., 19 mai, *Bull. civ.* Ⅳ, n° 190.
54) 제2361조 현재 또는 장래의 채권을 목적으로 하는 권리질권은 서면이 작성된 날로부터 당사자 간에 효력이 발생하고 제3자에게 대항할 수 있다.
55) O. Deshayes, Th. Genicon et Y.-M. Laithier, *op. cit.*, p. 750.
56) O. Deshayes, Th. Genicon et Y.-M. Laithier, *op. cit.*, p. 749.

만, 유상양도가 있는 경우에는 제1693조에서 제1695조까지의 규정을 통하여 양도인이 양수인에 대하여 제3자의 추탈에 대한 담보책임을 부담하도록 하고 있었다.[57] 이러한 담보책임이 규정된 이유는 개정 전 프랑스민법전 하에서 채권양도가 채권의 매매와 같이 취급됨에 따라 채권의 하자 또는 채무자의 자력에 관한 매도인의 담보책임을 인정할 필요성이 있기 때문이었다.[58] 본조도 매매와 같은 유상계약에 의한 채권양도의 경우에 담보책임이 필요하다고 함으로써 개정 전 프랑스민법전의 태도를 유지하고 있다.

본조 제1항은 채권 및 그에 부종하는 권리의 존재에 대한 담보책임에 관한 규정이다. 개정 전 제1693조는 담보 없이 행해진 양도의 경우에도 양도인에게 이전될 때까지의 "채권"의 존재를 담보하게 하였다. 나아가, 본조 제1항은 그에 대한 "부종적 권리"까지도 담보하는 것으로 새로이 규율하였다.[59] 다만, 제1693조가 "이전 시의 채권의 존재"를 담보하는 것과 달리 본조 제1항은 그 시점에 관한 자세한 내용을 삭제하였다. 또한 제1324조의 해석에 따라 채무자가 양도를 통지(notification)할 때까지 양도인과의 인적 관계에서 발생한 모든 항변으로 양수인에게 대항할 수 있다는 점에서, 양도인은 그 통지 시의 채권의 존재를 담보해야 하는 것으로 해석된다.[60] 그러나 양수인이 자신의 위험과 손실(risques et périls)로 인수하거나 채권의 불확실성을 안 때에는 이러한 담보책임을 지지 않는다(본항 후단). 이는 판례에 의해 승인된 담보책임의 예외 요건이다.[61]

본조 제2항과 제3항은 채무자의 자력에 대한 담보책임을 내용으로 한다. 이 규정 역시 개정 전 제1694조와 제1695조에서 정하고 있던 내용을 가져온 것이다. 개정 전 제1693조는 법정의 담보책임에 관한 것인 반면, 개정 전 제1694조 및 제1695조는 약정의 담보책임에 관한 것이었다.[62] 본조 제2항 및 제3항노 이와 마찬가지로 양도행위에서 자력을 담보하기로 약정한 경우에만 인정된다.[63]

---

57) C. Ophèle, *op. cit.*, n° 228.

58) G. Chantepie et M. Latina, *op. cit.*, n° 874, p. 791.

59) 채권에 종속된 권리의 존재에 대한 담보책임은 판례에 의해 오랫동안 인정되어 왔다. Req., 23 oct. 1895 : *DP* 1896. 1. 122.

60) G. Chantepie et M. Latina, *op. cit.*, n° 874, p. 792.

61) Req., 17 nov. 1875 : *S.* 1876, 1, 33.

62) C. Ophèle, *op. cit.*, n° 247.

63) O. Deshayes, Th. Genicon et Y.-M. Laithier, *op. cit.*, p. 752.

본조 제2항은 그 범위에 대하여 양도로 얻을 수 있는 가액의 범위에서 채무자의 자력을 담보하는 것으로 정하고 있다. 따라서 양도인과 양수인 사이에서 명목상 1,000유로의 채권을 800유로에 양도하였다면, 본항의 규정으로 양도인은 800유로만큼의 담보책임만을 부담하게 된다.[64] 제3항 본문은 자력의 기준에 관하여 장래가 아니라 현재의 자력에 한하는 것으로 규정한다. 다만, 예외적으로 양도인이 이를 명시적으로 표시한 때에만 채무자의 이행기의 자력을 담보한다(제3항 단서).

[김 은 아]

Section 2 La cession de dette
제2절 채무양도

[해제] 본절은 총 5개의 조문을 두고 있다. 제1327조부터 제1328-1조가 이에 해당한다. 채무양도[65]에 관한 조문은 프랑스민법전에서 신설되었다. 그러나 개정 전 프랑스민법전 하에서도 채무양도에 관한 조문은 없었으나 학자들 사이에서는 계약자유의 원칙에 의해 당사자들의 합의로 채무를 양도하는 것이 가능한지에 대하여 논의가 있었다.[66]

채무양도는 동일한 채권관계에 채무양수인이 들어오는 것이다. 동일한 채권관계에 신채무자가 들어와서 원채무자가 채무를 면하는 경우와 신채무자에더하여 원채무자가 채무자로서 존속하는 경우가 있다. 채무양도의 경우 채무의

---

64) G. Chantepie et M. Latina, *op. cit.*, n° 876, p. 793.

65) 우리 민법에는 채무양도 제도는 없고 이와 유사한 제도로 채무인수 제도가 있다.

66) 3자간 채무양도가 유효하다는 데에 찬성하는 입장은, V. F. Terré, Ph. simler et Y. Lequette, *Droit des obligaions*, Dalloz, 11ᵉ éd. 2013, n° 1305, 1308; J. Carbonnier, *Droit civil*, t. 4, *Les obligations*, PUF, 22ᵉ éd. 2000, n° 322. 반대하는 입장은, Ph. Malaurie, L. Aynès et Ph. Stoffel-Munck, *Les obligaions*, LGDJ, 7ᵉ éd. 2015, n° 1444; J. Ghestin, M. Billiau et G. Loiseau, *Le régime des créances et des dettes*, LGDJ, 2005, n° 376. 판례연구는, V. L. Andreu, *Du changement de débiteur*, Dalloz, coll. "nouv. Bibl. de thèses", 2010, n° 71 이하.

동일성이 인정된다. 이 점에서 이전의 채무와는 다른 새로운 채무로 채무가 교체되는, 채무자 변경에 의한 경개(novation)나 '경개효 있는 채무참가(délégation novataire)'와 다르다. 신채무자가 채권자와 원채무자 사이에 발생한 항변을 원용할 수 있고(제1328조), 기존 담보가 유지되는 것(제1328-1조)도 채무의 동일성이 유지된다는 채무양도의 특성에서 설명이 가능하다.

채무양도로 인해서 신채무자는 원채무자의 책임이었던 채무를 혼자 책임(면책적 채무양도)지거나 원채무자와 연대하여 책임(병존적 채무양도)을 져야 한다. 이렇게 신채무자가 채권이 아닌 채무를 양도받으려는 이유는 무엇일까? 신채무자가 간접적으로 원채무자에게 증여를 하려는 경우, 채무를 양도받는 대신 별개의 계약에서 정해진 만기에 원채무자로부터 돈을 상환받기로 하는 경우(이 경우 원채무자의 채권자에 대한 채무가 신채무자에 대한 상환의무로 변경된다), 채무를 양도받는 대신 원채무자에 대해 부담하고 있던 신채무자의 채무를 소멸시키려는 경우, 원채무자의 자산인 재산이 신채무자에게 이전되어 이에 부가된 채무를 부담하는 경우 등이 있을 수 있다.[67]

채무참가는 담보를 유지할 수 있고 항변의 대항력이 인정될 수도 있다는 점에서 채무양도와 가장 유사한 기능을 한다(제1336조 이하 참조).[68] 채무참가는 이미 잘 알려진 익숙한 제도이고 당사자들이 합의에 의해 그 효과를 수정할 수 있는 유연성이 있기 때문에 당사자들에게 채무양도보다 채무참가가 더 매력적일 수도 있다. 또한 채무참가는 참가채무자가 새로운 의무를 부담하는데 반해 채무양도에서의 채권자는 제1328조에 의해 채무에 내재된 항변으로 대항받을 수 있기 때문에 채권자 입장에서는 채무양도가 채무참가보다 위험성이 크다고 할 수 있다.[69] 그 밖에 채권자와 신채무자 사이에 계약에 의한 채무사의 변경 또는 추가, 신채무자와 원채무자 사이의 내부적 상환 약정, 제3자가 채권자에게 채무를 변제하기로 하는 약정 등을 통해서도 채무양도와 유사한 효과를 얻을 수 있다.

---

67) O. Deshayes, Th. Genicon et Y.-M. Laithier, *op. cit.*, 2ᵉ éd., p. 754.
68) 채무참가는 반드시 참가지시인, 참가채무자, 참가채권자 3인의 동의를 필요로 하는 3자간 법률행위이고, 반대약정이 없는 한 참가지시인과 참가채무자 관계 또는 참가지시인과 참가채권자 관계에서 발생한 항변으로 참가채권자에게 대항할 수 없다고 조문에 명시되어 있는 점에서 차이가 있다.
69) G. Chantepie et M. Latina, *op. cit.*, n° 877, p. 759.

Article 1327 Un débiteur peut, avec l'accord du créancier, céder sa dette.
La cession doit être constatée par écrit, à peine de nullité.

제1327조 ① 채무자는 채권자의 동의를 얻어 자신의 채무를 양도할 수 있다.
② 양도는 서면으로 확인되어야 하고, 그러하지 아니하면 무효이다.

[해제] 본조 제1항은 채무양도를 하기 위해서는 채권자의 동의가 필요하다고 규정하고 있다. 그러나 프랑스민법전은 채무양도계약의 방식에 관하여 명확히 규정하고 있지 않기 때문에 채무양도계약을 3자간계약으로 해석하는 견해와 2자간계약으로 해석하는 견해로 나뉜다.[70] 3자간계약설에 의하면, 본조에는 나타나지 않지만, 채무양도는 3자간의 계약이라고 한다.[71] 즉, 원채무자(débiteur originaire, 양도인), 신채무자(débiteur substitué, 양수인), 채권자(créancier, 피양도인)가 채무자의 변경과 원채무자의 면책을 합의하는 계약이고, 본 조문의 채권자의 동의는 채권자의 합의를 의미한다. 채무양도가 유효하기 위해서는 세 당사자 모두의 합의가 있어야 하며, 이러한 점에서 채권양도의 성립요건과는 구분이 된다. 이 견해에 의하면, 채권자의 동의가 없는 경우, 원채무자와 신채무자 사이의 계약은 무효이므로 채무양도로서의 효력은 없고 내부적으로 채무의 양도가 될 수 있을 뿐이라고 한다. 이에 반하여 2자간계약설에 의하면, 채무양도는 원칙적으로 원채무자와 신채무자 사이의 계약으로 성립하며, 채권자가 원채무자의 면책에 합의하지 않는 이상 신채무자의 추가라는 효과만 있게 되어, 채무양도에 의하여 원채무자와 신채무자가 병존하여(cumulativement) 존재하게 된다고 한다. 2자간계약설은 본조의 채권자의 동의는 원채무자와 신채무자 사이의 채무양도를 가능하게 하는 단순한 허락이라고 한다. 2자간계약설은 이러한 해석이 본조의 문언에 가장 부합하고, 원채무자를 면책하기로 합의하는 것도 아닌데 채무양도계약에 채권자의 합의까지 요하는 것은 너무 과하다는 것이다. 더욱이 제1327-1조에서 규정하는 것처럼 채권자의 사전동의도 가능한데 3자간계약설에 의하면 채권자가 내용도 모르고 있을지 여부도 확실치 않은 채무양도계약을 한다는 것

---

70) 우리 민법은 제453조에서 채권자와 신채무자의 계약에 의한 채무인수를, 제454조에서 원채무자와 신채무자 사이의 계약에 의한 채무인수를 규정하고 있고, 학설은 명문규정은 없지만 채권자, 원채무자, 신채무자의 3자계약에 의해서도 채무인수가 가능하다고 한다.

71) G. Chantepie et M. Latina, *op. cit.*, n° 879.

은 상정하기 어렵다는 것을 근거로 한다.[72] 2자간계약설이 드는 이러한 근거 외에도 다음과 같은 점을 고려해 보면 채무양도계약은 2자간 계약으로 해석하는 것이 타당할 것이다. 즉, 제1327-1조는 채무양도가 채권자에게 통지되거나 채권자가 안 날로부터 채무양도의 대항력이 생긴다고 규정하고 있는데, 이는 2자간계약인 채권양도와 동일한 구조이고(제1324조 참조), 채권자가 계약의 당사자라면 이미 채무양도 사실을 알고 있으므로 이를 통지할 필요도 없다. 제1328조는 '채권자에게 대항할 수 있다'고 규정하고 있는데, 채권자가 계약의 당사자라면 '대항한다'는 용어는 적절하지 않다. 제1328-1조 제2항은 원채무자를 채무양도인이라고 표현하고 있어 채무양도가 2자간계약임을 전제로 하고 있다.

채권자는 채무양도에 동의하거나 동의를 거절할 수 있다. 채무자가 누구인지에 따라 채무이행의 내용이 달라지는, 채무자의 개성이 중시되는 채무(*intuitus personae*, 악기 연주와 같은 경우)의 경우에는 채권자가 동의를 거절하는 것이 당연할 것이다. 그러나 그 외의 경우에 채권자가 동의를 거부할 때 얻을 수 있는 이익이 있는지 의문이다. 채권자가 원채무자의 면책에 대해 추가로 명시적인 동의를 하지 않는 한 채무양도로 인헤 채무자가 하나 더 추가되는 효과만 있기 때문이다. 악의적인 동의 거절의 경우 권리남용으로 제재할 수도 있겠지만, 채권자가 동의를 거부하는 경우에도 채무자는 제3자와 사이에 제3자가 그 채무를 종국적으로 부담하는 것으로 합의할 수 있기 때문에, 실제로 채권자의 동의 거절이 크게 문제되는 일은 없을 것이다.

본조는 채권자의 동의가 없는 경우에 그 효과에 대해서는 규정하고 있지 않다. 3자간계약설에 의하면 동의가 없으면 양도계약도 체결되지 않은 것이 된다. 2자간계약설에 의하면 채권자의 동의 이선에도 양노계약은 유효하나 법에 의한 효력이 발생하지 않게 된다. 채권자의 동의 거부의사가 명확해지면 양도계약은 무효 또는 취소의 원인이 될 것이다. 그러나 당사자의 의사에 저촉되지 않는 범위에서 이를 다른 법률행위로 전환하여 해석할 수 있을 것이다. 채무자들은 채무양도를 하고자 하였으나 채권자의 동의 거부로 채무를 양도하지 못하게 된 경우, 적어도 채무자들 사이에서는 의도했던 효과를 얻게 하는 것이 신채무자가 채권자의 동의거부를 이유로 쉽게 자신의 의무를 회피하려는 시도를 막

---

72) O. Deshayes, Th. Genicon et Y.-M. Laithier, *op. cit.*, pp. 753-754, 756-757.

을 수 있다. 2자간계약설에 의하면, 원채무자와 신채무자가 진정한 의미의 채무양도계약을 하려는 의사를 명시적으로 밝힌 경우에만 채권자의 동의가 없을 때 법률행위 전체가 무효가 된다.

본조 제2항은 2018년 변경법률에 의해 새로 추가된 것으로 2016년 프랑스민법전에는 없었다. 위 조항은 2018. 10. 1. 이후 체결된 채무양도계약에만 적용되고, 2016. 10. 1.부터 2018. 9. 30. 사이에 체결된 채무양도계약은 구두 합의로 체결된 것도 유효하다.

채권양도와 계약양도는 2016년 프랑스민법전에서부터 서면작성을 요구하는 요식계약(contrat solennel)으로 규정되었는데, 입법자들은 채무양도에도 같은 형식을 적용하고자 한 것 같다. 그러나 낙성계약인 경개, 채무참가, 위임 등 채무양도를 대체할 수 있는 다른 제도들과 오히려 균형이 맞지 않고, 이러한 요식성 때문에 채무양도를 더 이용하지 않게 될 것이라는 비판을 받는다.[73]

서면에 기재할 내용과 서면으로 작성되지 않은 경우에 대한 효과는 채권양도에서와 마찬가지이다(제1322조 참조). 서면의 형식에는 아무런 제한이 없기 때문에, 공정증서뿐 아니라 사서증서에 의한 것도 모두 유효하다. 3자간계약설에 의하면 채권자의 동의도 서면으로 작성되어야 할 것이다.

채무양도에 대한 조문 중 채무의 일부 양도에 대해 규정하고 있는 조문은 없다(채권양도는 제1321조에서 일부 양도에 대해서도 규정하고 있다). 그러나 당사자들은 당연히 채무 일부에 대해서 양도계약을 체결할 수 있다. 원채무자가 면책되는 경우, 원채무자는 양도되지 않은 채무 부분에 대해 책임을 지고, 신채무자는 양도받은 채무에 대해 단독으로 책임을 진다. 병존적 채무양도의 경우에는, 원채무자는 양도되지 않은 채무 부분에 대해서는 단독으로 책임을 지고, 양도된 부분은 신채무자와 연대하여 책임을 지게 된다.[74]

Article 1327-1 Le créancier, s'il a par avance donné son accord à la cession et n'y est pas intervenu, ne peut se la voir opposer ou s'en prévaloir que du jour où elle lui a été notifiée ou dès qu'il en a pris acte.
제1327-1조 채권자는, 양도에 대해 사전동의를 하고 또한 양도에 개입하지 않은 경

---

73) G. Chantepie et M. Latina, *op. cit.*, n° 882, p. 800.
74) O. Deshayes, Th. Genicon et Y.-M. Laithier, *op. cit.*, p. 759.

우에는 채무양도가 그에게 통지된 날 또는 그가 안 날로부터만 채무양도의 대항을 받거나 이를 주장할 수 있다.

[해제] 본조는 채무양도에 대한 대항력에 관한 조문이며, 언제부터 채무자가 채권자에게 채무양도를 대항하거나 채권자가 채무양도를 원용할 수 있는지에 대하여 규정하고 있다. 본조는 2016년 프랑스민법전에 '양도에 대해 사전동의를 하거나 또는'으로 규정되어 있었지만, 학자들은 2018년 변경법률 이전에도 '또는'은 '또한'의 오기로 해석하고 있었다.

본조는 채권자가 양도에 대해 사전동의를 하고 양도에 개입하지 않은 경우에도 채무양도가 가능하다는 것을 나타낸다. 그리고 본조에 의하면, 채권자가 채무양도에 대해 사전동의를 하였고 그 이후에 양도에 대해 개입하지 않은 경우, 채권자에게 채무양도가 통지되거나 채권자가 채무양도에 대해 안 날로부터는 채권자는 채무양도를 다른 당사자들에게 주장할 수 있고, 반대로 다른 당사자들로부터 채무양도의 대항을 받을 수 있다.

한편 본조의 반대해석에 의하면, 채권자가 채무양도에 대해 사전동의를 하였으나 다시 동의를 하거나 원채무자를 면책하기 위해 채무양도에 개입한 경우에는 그 때로부터 채권자에게도 채무양도의 효과가 발생한다.

채권자는 사전에 동의를 하면서 양도 시기, 양도 가능한 채무, 신채무자의 자격 등을 제한할 수도 있다.

3자간계약설은 채권자도 양도계약의 당사자로 보기 때문에 채권자에 대해 '대항한다'는 표현은 적절치 않고, 오히려 제3자에 대한 대항력에 관해서는 아무런 규정이 없다고 비판한다.[75]

Article 1327-2 Si le créancier y consent expressément, le débiteur originaire est libéré pour l'avenir. A défaut, et sauf clause contraire, il est tenu solidairement au paiment de la dette.
제1327-2조 채권자가 원채무자의 채무면제에 대해 명시적으로 합의한 경우, 원채무자는 장래를 향해 채무를 면한다. 면제에 관한 명시적인 합의의사표시가 없고 또 반대조항이 없는 경우, 원채무자는 채무의 변제에 대해 연대하여 책임이 있다.

75) G. Chantepie et M. Latina, *op. cit.*, n° 884, pp. 801-802.

[해제] 본조는 채무양도가 원채무자에게 미치는 효과에 대해 규정하고 있다. 그 효과는 채권자가 원채무자를 면책시킨다는 의사표시를 명시적으로 하였는지 여부에 따라 달라진다. 본조 제1문은 채권자가 명시적으로 원채무자에게 채무면제의 의사표시를 한 경우, 즉 면책적 채무양도(cession libératoire) 또는 완전 채무양도(cession parfaite)를, 제2문은 명시적으로 채무면제의 의사표시를 하지 않은 경우, 즉 병존적 채무양도(cession cumulative) 또는 불완전 채무양도(cession imparfaite)를 규정한다.

본조 제1문의 의사표시는 제1327조에서 요구되는 채무양도에 대한 의사표시와는 다른 것으로, 채무의 이전의 결과로 원채무자를 면제한다는 의사가 있어야 한다. 그러나 채권자가 원채무자를 면책시킨다는 의사표시를 명시적으로 한 경우에는 제1327조의 채무양도에 대한 동의도 함께 한 것으로 보아야 한다. 면제는 채권자와 원채무자 사이에 의사표시의 합치를 요구하는 계약이다.76) 본조의 의사표시는 채무양도에 필수적인 것은 아니다. 면제의 의사표시는 명시적이어야 하고 상황에서 추론할 수 있는 묵시적인 의사표시는 포함되지 않기 때문에 채권자가 단순히 채무양도에 대해서만 의사표시를 한 경우 채무자의 면책을 고려할 필요는 없다.

본조는 채권자가 언제 이러한 채무면제의 의사표시를 하여야 하는지에 대해서는 규정하고 있지 않다. 채무양도에 대해 동의할 때 원채무자에 대한 채무면제 의사표시를 함께 하는 경우가 많겠지만, 면책의 의사표시는 채무양도 이전과 이후에도 가능하다. 채권자가 채무양도에 먼저 동의하고 그 후 원채무자의 면책의 의사표시를 하게 되면 원채무자가 면책되지 않은 채 채무양도가 되었다가 채권자가 면책의 의사표시를 한 때로부터 면책적인 채무양도로 변경된다. 그러나 면책적 채무양도였다가 병존적 채무양도로 변경되는 것은 불가능하다. 제1327-1조에서처럼 채무양도 이전에 본조의 동의를 하는 것도 가능하지만, 신채무자의 자력 등에 대해 알지 못하는 상태에서 면책적 채무양도에 대해서 사전동의를 하는 것은 채권자에게 너무 위험이 클 것이다.77)

본조는 면책은 장래에 대해서만 효력이 있다고 규정하고 있다. 면책은 소급효가 없기 때문에 원채무자가 이전에 일부 변제를 하였다면 그 부분은 변제로서

---

76) 우리 민법에서는 면제는 단독행위이다.

77) G. Chantepie et M. Latina, *op. cit.*, n° 881, p. 799.

유효하고, 미변제된 부분만이 신채무자에게 양도된다. 그러나 당사자들 사이에 이미 변제된 부분까지 포함하여 채무 전부를 양도하는 계약을 할 수도 있다. 그렇게 되면 이미 변제된 부분에 대해서는 신채무자가 원채무자에게 상환할 의무를 부담하게 될 것이다. 따라서 위 규정이 결정적인 것은 아니며 당사자들의 의사가 무엇인지를 파악하는 것이 중요하다. 의심스러울 경우에는 미변제된 채무부분만이 신채무자에게 이전된다고 해석해야 할 것이다. 한편, 계약양도에서 당사자들의 교체가 '장래에' 효과가 있다는 표현은, 계약양도에서는 양도 후에 발생한 채권과 채무만이 양도인을 구속하기 때문에 본조와는 다른 의미를 가진다.

본조 제2문은 채권자의 명시적인 의사표시가 없고 반대조항이 없는 경우, 원채무자는 신채무자와 연대책임을 지도록 규정하고 있다. 이러한 채무양도는 채무를 이전시키지 않으며, 단지 연대채무자를 발생시키는 효과가 있을 뿐이다. 오르도낭스의 초안에서는 원채무자를 신채무자의 보증인으로 규정하였으나 최종적으로 신채무자와 연대하여 채무를 부담하는 것으로 규정하였다. 이러한 규정은 원채무자의 채무에 제1310조 등을 적용할 수 있어 그 범위가 명확해지고, 채권자 입장에서는 원채무자의 채무와 동일한 채무를 부담하는 신채무자가 추가될 뿐이어서 채무양도로 인해 전혀 손해를 입지 않는다는 장점이 있다. 그러나 아래에서 보는 것과 같이 원채무자의 보증인적 성격이 완전히 사라진 것은 아니다.[78]

얼핏 보기에는 원채무자와 신채무자가 연대책임을 진다는 것과 채무가 이전된다는 것이 양립불가해 보이고, 결국 병존적 채무양도는 채무의 이전효과가 없는 것이 아닌가 하는 의문이 생길 수 있다. 그러나 원채무자가 연대책임을 진다고 해도 채무양도 후에는 신채무자가 본래의 채무자가 된다. 원채무자는 연대하여 채무를 부담하지만 채무에 대해 최종적인 의무를 지지는 않는다. 본조에 규정되어 있지 않지만, 원채무자가 채권자에게 변제한 경우 신채무자에게 상환을 요구할 수 있을 것이다. 따라서 원채무자가 부담하는 연대책임은 이미 신채무자에게 이전된 채무의 변제에 대한 보증으로서 기능을 한다.

본조는 '반대조항'에 대해 누가 이러한 조항을 작성해야 하는지, 그 대상은 무엇인지에 대해 명확히 규정하고 있지 않다. 당사자들은 원채무자와 신채무자가 연대하지 않는 것으로 약정할 수도 있다. 이러한 경우 채무자들은 채무의 분

---

78) O. Deshayes, Th. Genicon et Y.-M. Laithier, *op. cit.*, pp. 763-764.

할을 규정하고 있는 제1309조에 따라 의무를 부담할 것이다. 원채무자가 부수적인 의무만 부담하는 것으로 약정할 수도 있고 인적담보로서 보증인이 되는 것으로 약정할 수도 있다. 채권자에 대한 원채무자의 채무 범위를 제한하는 경우에는 채권자의 합의 없이는 채권자에 대해 효력이 없다. 채권자가 일방적으로 반대조항을 정할 수도 있다. 채권자는 원채무자를 면책할지를 선택할 수 있기 때문에 그 중간 상태에 놓이게도 할 수 있을 것이다.

Article 1328 Le débiteur substitué, et le débiteur originaire s'il reste tenu, peuvent opposer au créancier les exceptions inhérentes à la dette, telles que la nulité, l'exception d'inexécution, la résolution ou la compensation de dettes connexes. Chacun peut aussi opposer les exceptions qui lui sont personnelles.
제1328조 신채무자와 여전히 의무를 지는 원채무자는, 무효, 동시이행의 항변, 해제 또는 견련관계 있는 채무의 상계 등과 같은 채무에 내재된 항변으로 채권자에게 대항할 수 있다. 또한 각자는 자신의 인적 항변으로 대항할 수 있다.

[해제] 본조는 병존적 채무양도의 원채무자와 채무양수인인 신채무자가 채권자에 대해 항변할 수 있는 방법에 대해 정하고 있다. 면책적 채무양도에 대해서는 규정하고 있지 않으므로 아래에서 보는 것과 같이 해석에 의해 이러한 법의 흠결을 보충해야 한다.

병존적 채무양도의 경우, 채무가 신채무자에게 이전되거나 채무자가 변경되는 것이 아니라 채무자가 한 명 추가되는데, 이러한 형태는 제1338조 제1항의 단순채무참가(délégation simple)를 떠올리게 한다. 그러나 참가채무자는 참가지시인과 참가채권자 사이의 채무와는 독립된 채무를 부담한다는 점에서 채무양도와 구별된다. 병존적 채무양도의 경우에도 채무자는 둘이지만 신채무자의 채무는 새로운 것이 아니고, 제1327-2조에 의해 원채무자와 신채무자가 연대채무를 부담하는데, 항변과 관련하여 다음과 같은 문제가 있다. 먼저, 연대채무(제1315조)는 발생시부터 복수인 채무를 규율하기 위한 것이기 때문에 채무양도 이후에 채무자가 두 명이 됨으로써 연대채무를 부담하게 되는 경우에 그대로 적용될 수 없다. 병존적 채무양도에서도 면책적 채무양도에서처럼 항변의 발생시기를 고려하여야 하는데 이것은 연대채무제도와는 맞지 않는다. 또한, 원채무자가 신채무자와 연대채무를 진다고 해도 본래의 연대채무라기보다는 보증에 가깝기 때문에, 신채무자는 원채무자의 항변을 모두 원용할 수 없지만, 원채무자는 신채무자의 항변을 모두 원용할 수 있어야 할 것이다.

본조에 의하면, 각 채무자들은 채무에 내재된 항변과 자신의 인적 항변을 원용할 수 있다. 반대로 해석하면, 원채무자와 신채무자는 상대방의 인적 항변을 원용할 수 없게 된다. 연대채무에 관한 제1315조에 의하면, 공동채무자 중 한 명의 인적 항변으로 그의 채무 부분이 소멸하면, 다른 채무자들도 전체 채무 중 그 부분을 면제받기 위해 위 인적 항변을 원용할 수 있다고 규정하고 있다. 본조에는 이러한 규정이 없기 때문에 문언 그대로 해석하게 되면, 원채무자는 신채무자에게 허가된 채무 감액이나 신채무자와 채권자 사이에서 발생한 견련관계 없는 채무의 상계를 원용할 수 없다. 결과적으로 원채무자는 신채무자가 전부 또는 일부 면제되는 경우에도 전체 채무를 부담해야 하는 것이다. 반대로 채권자가 채무양도 이전에 원채무자에게 기한을 유예(제1324조 제2항에 따라 기한유예를 인적 항변으로 보는 경우)하여 주었는데 신채무자가 이를 원용할 수 없게 되면 신채무자에 대해서만 기한이 있는 채무가 된다.[79] 본조의 이러한 흠결로 법률관계 해석이 모호해진다는 비판이 있고, 이러한 불합리한 결과를 회피하기 위해 '내재적인 항변'의 범위를 확대하여 해석하여야 한다.[80]

면책적 채무양도의 경우, 신채무자는 원채무자를 대체한다. 본조는 제1324조 제2항의 채권양도에 관한 항변과 같은 형식이고 같은 의미이다. 채권양도와 마찬가지로 신채무자는 무효, 동시이행의 항변, 해제, 견련관계 있는 채무의 상계 등과 같은 채무에 내재된 항변으로 채권자에게 대항할 수 있다. 그러나 제1324조 제2항은 채무자가 채권양도 이전에 원채권자와 관계에서 발생한 기한의 유예, 면제, 견련관계 없는 채무의 상계 등으로 채권양수인에게 대항할 수 있다고 규정하고 있는데 반해, 본조는 "채무양도가 있기 전에" 채권자와 원채무자 사이에 존재하였던 항변에 대하여 규정하고 있지 않다. 따라서 이렇게 흠결된 부분은 해석으로 보충하여야 한다. 즉, 신채무자는 채무양도가 있기 전부터 채권자와 원채무자의 관계에서 존재하였던 항변사유로 항변할 수 있다. 예를 들어, 채무양도 이전에 채권자가 원채무자에 대해 기한을 유예하는 데 동의한 경우, 신채무자도 이를 원용할 수 있다. 채무양도가 이전적 성격을 가지기 때문

---

79) G. Chantepie et M. Latina, *op. cit.*, n° 887, p. 804.

80) O. Deshayes, Th. Genicon et Y.-M. Laithier, *op. cit.*, pp. 766-767.

에, 채무양도 이전에 발생한 항변이 원채무자의 인적 항변이라도 신채무자에게 이전된다고 해야 한다.

　　본조에 따라 각자 자신의 인적 항변으로 대항할 수 있으므로, 신채무자는 채무양도 이후 채권자와 신채무자 사이에 발생한 항변으로 당연히 대항할 수 있다.

　　한편, 제1315조(연대채무)와 제1324조(채권양도)에도 항변에 대한 규정이 있는데, 제1315조는 공통의 항변과 인적 항변으로 구분하여, 공통의 항변으로 무효와 해제를, 인적 항변으로는 기한유예, 상계, 면제를 들고 있고(제1315조 해제 참조), 제1324조는 본조와 동일하게 내재적 항변으로 무효, 동시이행의 항변, 해제, 견련관계 있는 채무의 상계를 들고 있다. 제1315조에 규정된 항변과 본조 및 제1324조의 항변을 동일한 의미로 해석할 수 없고, 위 예시로부터 내재적 항변에 대한 일반적인 정의를 추론해 내기도 어렵다.[81] 또한 내재적 항변과 인적 항변에 대한 구분이 잘못되었다는 견해도 있다.[82]

Article 1328-1 Lorsque le débiteur originaire n'est pas déchargé par le créancier, les sûretés subsistent. Dans le cas contraire, les sûretés consenties par le débiteur originaire ou par des tiers ne subsistent qu'avec leur accord.
Si le cédant est déchargé, ses codébiteurs solidaires restent tenus déduction faite de sa part dans la dette.
제1328-1조 ① 원채무자가 채권자에 의해 면책되지 않은 경우에, 그 담보는 존속한다. 반대의 경우에는, 원채무자 또는 제3자가 제공한 담보는 그의 동의가 있는 경우에만 존속한다.
② 채무양도인이 면책되는 경우에는, 그의 연대채무자는 그의 부담부분을 공제한 나머지 부분에 대해 여전히 채무를 부담한다.

　　[해제] 본조 제1항은 담보에 관하여, 제2항은 면책적 양도의 경우 원채무자의 연대채무자의 채무 부담부분에 관하여 각 규정하고 있다. 2018년 변경법률에서 제1항에 "원채무자 또는"이 추가되었다.

　　본조 제1항은 병존적 채무양도인지 면책적 채무양도인지에 따라 구분하여

---

81) O. Deshayes, Th. Genicon et Y.-M. Laithier, *op. cit.*, p. 708, p. 747.
82) G. Chantepie et M. Latina, *op. cit.*, n° 888, p. 805.

보아야 한다. 우선 병존적 채무양도의 경우, 원채무자의 담보는 존속한다. 원채무자가 면책받는 것이 아니라 기존에 존재하였던 채권관계에 신채무자가 합류한 것에 불과한 모습이기 때문이다. 따라서 인적 담보, 물적 담보 모두 존속하며, 원채무자가 제공한 담보이든 제3자가 제공한 담보이든 모두 존속한다. 채권자 입장에서 원채무자와 그에 대한 담보를 함께 보유하는 것이 불리할 것이 없고, 담보설정자의 입장에서도 이전과 달라진 점이 없기 때문에 크게 불리하지 않을 것이다. 담보제공자로서는, 신채무자가 채무를 부담하게 되어 자신이 제공한 담보가 실행될 가능성이 더 낮아지고, 제1327-2조의 '반대조항'으로 원채무자의 의무를 부수적인 것으로 약정하게 되면 신채무자의 채무불이행의 경우에만 담보가 실행될 것이기 때문에 오히려 더 유리한 위치에 놓이게 된다. 이에 반하여 면책적 채무양도의 경우, 원채무자나 제3자가 제공한 담보는 그들의 동의가 있는 경우에만 유지된다. 채무자의 변경으로 담보가 실행될 위험이 변경되기 때문에 제3자가 제공한 담보에 대해서는 동의를 요할 필요가 있다. 제3자의 동의는 적어도 채무양도 시까지 이루어져야 한다. 제3자의 담보에 관한 동의가 채무양도 전에 이루어진 경우에는 그 담보는 존속하며, 제3자의 동의가 채무양도 이후에 이루어진 경우에는 담보가 존속하는 것이 아니라 소멸했다가 새로운 담보가 설정된 것으로 보아야 한다. 인적 담보의 경우에도 새로운 계약서 작성 등이 필요하지 않다. 이에 반해, 원채무자가 제공한 담보(논리적으로 물적 담보만 가능하다)에 대해서는 동의를 요할 필요가 크지 않다. 원채무자는 채무양도 계약의 당사자이므로 신채무자를 선택할 수 있고 채무양도로 인한 위험을 평가할 수 있다. 이러한 이유로 본조에도 불구하고 원채무자가 제공한 담보는 반대조항이 없는 경우에는 유지된다고 해석하는 견해가 있다.[83)84)]

 본조 제2항에 의하면, 채무양도에 의해 원채무자가 면책되는 경우라도 다른 연대채무자들은 면책되지 않고 원채무자가 면책된 부담부분에 대해서만 채무가 감액된다. 이때 본조 제2항의 본문에서는 제1항과 달리 원채무자(débiteur originaire)가 아니라 채무양도인(채무양도인)이라고 규정하고 있으나, 제1327조 제1항에서 전술한 바와 같이 양자는 동일하다. 이 규정은 연대채무자 중 1인에

---

83) O. Deshayes, Th. Genicon et Y.-M. Laithier, *op. cit.*, p. 769.

84) 우리 민법에서는 원채무자가 설정한 담보권은 채권자와 신채무자 사이의 계약에 의한 채무인수의 경우에 소멸하지만, 원채무자와 신채무자 사이의 계약 또는 채권자·원채무자·신채무자의 3자계약에 의한 채무인수의 경우에는 소멸하지 않는다.

대한 채무 감면에 대한 규정(제1350-1조)과 동일하다. 이러한 방법이 논리적으로 필연적인 것은 아니다. 경개의 경우처럼 공동채무자를 면책할 수도 있다(제1335조 제1항). 그러나 이렇게 되면 채권자는 원채무자를 면책하려 하지 않을 것이다. 신채무자가 원채무자를 대신하여 다른 연대채무자와 연대채무를 부담하게 할 수도 있다. 그러나 이 경우에 다른 연대채무자는 자신이 선택하지 않은 신채무자가 변제력이 없는데도 그와 연대책임을 부담하게 되는 위험성이 있을 수 있다. 본조에 의하더라도 원채무자의 연대채무자 중 1인이 변제하지 못하는 경우에 원채무자가 그 부분에 대해 책임을 부담하는지 문제된다. 긍정하는 견해가 있다.[85]

신채무자와 다른 연대채무자와의 관계도 문제된다. 채무양도로 인해 원채무자가 채무를 면하고 채무가 이전되기 때문에 신채무자는 다른 연대채무자와 연대하여 채무를 부담하여야 할 것이다.

[정 윤 아]

Section 3 La novation
제3절 경개

[해제] 경개는 채권양도 및 채무양도와 달리 채권관계의 이전에 관한 것이 아니다. 경개는 소멸하는 구채무를 발생하는 신채무로써 대체하는 효력을 가진다는 점에서 앞선 채권양도 및 채무양도와 구별된다.

프랑스민법전에는 경개의 효과에 관한 기본원칙이 언급되어 있다. 기존 담보의 취급에 관한 조문(제1334조), 복수적 채권관계나 보증과 관련된 경개의 효과에 관한 조문(제1335조)이 그러하다. 그러나 경개의 채무소멸효에 따른 그 밖의 다른 결과는 프랑스민법전에 분명히 명시되지 않았다. 대표적인 예가 신채무의 채무자가 구 채권관계에서 기인한 항변으로 대항할 수 없다는 원칙이다. 이는 명시되지 않았음에도 경개를 통하여 발생한 신채무가 구 채권관계에 구속

---

85) O. Deshayes, Th. Genicon et Y.-M. Laithier, *op. cit.*, p. 770.

되지 않는다는 점에서 분명하다.

2016년 개정에 있어서 주요한 특징 중 하나는 경개에 포함되어 있던 채무참가(délégation)에 관한 규정이 독립된 절(제4절)로 구성되었다는 점이다. 다만, 채무참가 중 채권자가 채무자의 채무를 면제해 주는 완전채무참가는 경개적 효력을 갖는다(제1332조). 또한 채권자 변경에 의한 경개를 채무자가 미리 승낙할 수 있도록 한 점도 특기할 만하다(제1333조).

Article 1329 La novation est un contrat qui a pour objet de substituer à une obligation, qu'elle éteint, une obligation nouvelle qu'elle crée.

Elle peut avoir lieu par substitution d'obligation entre les mêmes parties, par changement de débiteur ou par changement de créancier.

제1329조 ① 경개란 그로 인해 소멸하는 채무를 그로 인해 발생하는 신채무로 대체하는 것을 목적으로 하는 계약이다.

② 경개는 동일한 당사자 간에 채무의 대체, 채무자의 변경 또는 채권자의 변경에 의해 발생할 수 있다.

[해제] 본조는 경개의 개념과 유형을 규정한다. 본조 제1항이 경개에 대해 '계약'으로서 성격을 규정한 것은, 제1101조에서 계약을 "채무를 발생, 변경, 이전 또는 소멸시키는 것을 목적으로 하는 2인 또는 수인 사이의 의사의 합치"로 정의한 것에 비추어 타당하다. 따라서 경개는 채무의 소멸과 발생이라는 효과를 동시에 야기하는 계약으로서, 제1128조에서 규정된 유효요건들을 구비해야 한다. 계약당사자들은 특히 계약체결능력이 있어야 하고, 자유롭게 승낙할 수 있어야 하며, 경개에 대해 이해해야 한다. 경개계약이 무효라면, 어떤 효과도 발생하지 않았던 것으로 추정되고, 아울러 구채무는 모든 효력을 회복한다. 경개가 구채무를 신채무로써 대체할 것을 '목적으로 하는' 계약이라는 점과 관련해, 계약의 목적과 채무의 목적 사이에 혼란이 있었으나 경개는 '그로 인해 소멸하는 채무를 그로 인해 발생하는 신채무로 대체하는' 효과를 갖는다고 간단히 설명되었다.[86] 계약의 목적 개념은, 계약의 내용인 채무의 목적 및 인과관계가 융합된 체계와 그 논의의 평면을 달리하는 것이다.

본조 제2항은 개정 전 제1271조를 계승하여 "동일한 당사자 간에 채무의

---

86) G. Chantepie et M. Latina, *op. cit.*, n° 895, p. 810.

대체, 채무자의 변경, 또는 채권자의 변경에 의한" 경개를 할 수 있도록 경개의
세 가지 유형을 규정한다. 이 가운데 후자의 두 가지 경개에는 세 주체가 개입
되는데, 그렇다고 이들 모두의 승낙이 반드시 요청되는 것을 의미하지는 않는
다. 즉 채권자 변경의 경우 채무자의 승낙이 항상 요청되지만 미리 승낙할 수
있는 반면(제1333조), 채무자 변경의 경우 구채무자의 승낙은 필요하지 않다(제
1332조). 한편, 동일한 당사자 사이에 채무의 대체에 의한 경개에 대해서 그 대
상을 명확하게 규정하고 있지 않다. 즉, 본조 제2항은 신채무가 구채무와 어떻
게 달라야 하는지 그리고 그것이 경개의 독립한 조건을 이루는지 여부에 대해
언급하지 않는다. 채무의 발생원인이 다르거나 채무 목적에 중요한 변경이 있
는 경우 대체하는 채무의 신규성 요소를 충족한다는 점은 분명하다. 그러나 신
채무가 구채무와 단지 부차적인 점에서만 다른 경우, 예컨대 기한, 조건 등 형
식의 제거, 채무의 원본 또는 이자 금액의 변경을 경개로 파악할 수 있는지는
분명하지 않다.

이와 관련해 채무자 또는 채권자 변경에 의한 '주관적 경개'와 달리, 동일
한 당사자 사이에 '객관적 경개'를 할 때 구채무와 신채무 사이에 어느 정도의
변경이 요구되는지 여부가 종전에도 문제되었다. 즉 양 채무 간의 차이가 사소
하다면 경개가 성립할 수 없는지 또는 그것이 당사자들의 의사에 있어 변명할
수 없는 결함이 되는지 여부가 논란이 되었다. 종전의 판례는 이와 관련하여
"당사자들의 의사에도 불구하고, 채무 금액의 변경은 경개를 특징짓기에 충분
하지 않다."라고 함으로써 경개의사 이외에 채무의 중요한 변경(*l'aliquid novi*)을
요구하여 비판을 받았다.[87] 학설은 이 문제에 대해 통일되지 않았다. 개정 프랑
스민법전 하에서도 그 논쟁은 계속되고 있다. 계약의 자유를 강조하는 입장에
서는 당사자들이 명시적으로 어떤 채무를 다른 채무로써 대체하고자 하는 이상
경개가 인정되어야 한다거나, 본조 제2항은 개정 전 프랑스민법전[88]과 달리 당
사자들을 구속했던 채무를 대체하는 채무가 더 이상 새로울 것을 요구하지 않
는다고 주장한다.[89] 그러나 다른 입장에서는, 채무의 대체에 의한 경개는 최소

---

87) Civ. 1re, 20 nov 1967, *Bull. civ.* I, n° 335 : C. 1969. 321, note N. Gomaa; 그리고 Civ.
   1re, 23 janv 2001, n° 98-17.414.
88) 개정 전 제1271조 제1호는 "채무자가 그 채권자와 구채무에 갈음하여 신채무를 약정함
   으로써 구채무가 소멸된 경우"를 규정하고 있었다.
89) G. Chantepie et M. Latina, *op. cit.*, n° 896, p. 811.

한의 중대성을 초과하는 변경이 요구된다거나, 채무의 '신규성'은 본조 제1항에서 규정하고 있는 경개의 일반적 정의에 의해 요구되며, 경개는 충분히 중요하고 객관적인 신규성을 전제로 한다고 주장한다.[90]

Article 1330 La novation ne se présume pas; la volonté de l'opérer doit résulter clairement de l'acte.

제1330조 경개는 추정되지 않는다. 경개를 실행하려는 의사는 그 행위에 명백히 드러나야 한다.

[해제] 본조는 개정 전 제1273조를 계승한 것이다. 경개는 어떤 채무를 다른 채무로써 대체하는 효과를 갖기 때문에 중요하고, 본래 채무가 무효가 아닌 한 소멸하는 채무에 기한 항변을 채무자가 주장하지 못하도록 단절하기 때문에 새로운 행위이다.[91] 따라서 구채무를 신채무로 대체하려는 의사는 명백하여야 한다. 그러나 이로 인해 특별한 형식이 요구되지는 않으며, 경개의사(animus novandi)가 명시적일 것도 요구되지 않는다.[92] 최근 파기원도 "경개의사는 추정되지 않더라도, 경개의사가 확실하고 약정한 사실로부터 드러나는 한 형식적인 용어로 명시될 필요는 없다"라고 판시함으로써,[93] 종전의 판례를 유지하고 있다.[94] 이처럼 경개의사가 추정되지는 않지만, 묵시적으로도 이루어질 수 있다. 다만 경개적 채무참가의 경우 그러하지 아니한데, 제1337조 제1항이 참가지시자를 면책시키려는 참가채권자의 의사가 문서로부터 명시적으로 드러날 것을 요구하기 때문이다.[95] 그런데 다른 채무를 대체하지 않고 존재하는 채무를 단순히 변경하거나 보충하거나 병존해서 부담하기로 하는 것과 같이 다양한 결합이 가능하기 때문에, 경개의사가 명시적으로 드러나지 않는 경우 종종 이를 발견하는데 어려움이 있다.[96] 그러나 본조는 경개의사가 실재해야 한다는 점을

---

90) Muriel Fabre-Magnan, *Droit des obligations 1 — Contrat et engagement unilatéral*, 4e éd., Puf, 2016, n° 643, p. 694, n° 646, p. 696.

91) G. Chantepie et M. Latina, *op. cit.*, n° 899, p. 814.

92) O. Deshayes, Th. Genicon et Y.-M. Laithier, *op. cit.*, p. 774.

93) Civ. 3e, 19 oct 2017, n° 16-22.608.

94) Civ. 3e, 15 janv 1975, n° 73-13.331 : *Bull. civ.* Ⅲ, n° 16.

95) G. Chantepie et M. Latina, *op. cit.*, n° 899, p. 814.

96) G. Chantepie et M. Latina, *op. cit.*, n° 899, p. 814.

규정하고 있다. 어떠한 거래가 경개적 성격을 갖지 않으며, 경개의사가 불명확한 때에는 구채무가 유지되는 것으로 해석되어야 한다.[97]

경개는 계약이므로, 법률행위(acte juridique)에 대한 증명원칙을 전적으로 따르게 되지만, 경개의사는 법적 사실(fait juridique)이므로 사실에 대한 일반법의 원칙을 따르게 된다.[98] 경개계약이 1,500유로 이상의 금액을 목적으로 하는 경우라면 문서로써 증명되어야 한다(제1359조). 반면 경개의사는 법적 사실이기 때문에, 모든 방법에 의해 자유롭게 증명될 수 있다. 따라서 제1330조에서 사용된 '행위(acte)'라는 용어는 문서(*instrumentum*)가 아닌 행위/작용(*negotium*)과 관련이 있기 때문에, 경개의사를 원인사실(des faits de la cause)로부터 추론하는 것이 불가능하지 않다. 결국 경개의사는 사실심 법관의 최종적인 판단에 달려있는데, 판례를 체계화하기는 어렵다.[99]

Article 1331 La novation n'a lieu que si l'obligation ancienne et l'obligation novelle sont l'une et l'autre valables, à moins qu'elle n'ait pour objet déclaré de substituer un engagement valable à un engagement entaché d'un vice.

제1331조 경개는 구채무와 신채무가 모두 유효하여야만 발생할 수 있으나, 경개가 하자 있는 채무를 유효한 채무로 대체할 것을 목적으로 명시한 때에는 그러하지 아니하다.

[해제] 본조는 유효한 채무들의 인과적 소멸과 발생에 대해 원칙과 예외의 형식으로 규정한다. 경개의 특징적인 효과는 구채무 소멸과 신채무 발생의 결합에 있고, 이를 '대체적'이라고 부른다. 따라서 신채무가 발생하는 경우 본래 채무와 전적으로 무관할 수 없다. 신채무는, 구채무가 소멸하였기 때문에, 또한 구채무가 소멸되도록 하기 위해 발생된 것이다. 구채무의 소멸은 발생하는 채무의 궁극원인(cause finale)일 뿐 아니라 작용원인(cause efficiente)이다. 이 원칙은 본조에서 명시적으로 인정된다.[100] 입법자는 프랑스민법전 개정 과정에서 '꼬즈(cause)' 개념이 소멸되었으므로 본조로 인하여 '꼬즈' 개념에 대한 검토가

---

97) O. Deshayes, Th. Genicon et Y.-M. Laithier, *op. cit.*, p. 774.
98) O. Deshayes, Th. Genicon et Y.-M. Laithier, *op. cit.*, p. 774.
99) G. Chantepie et M. Latina, *op. cit.*, n° 899, p. 815.
100) G. Chantepie et M. Latina, *op. cit.*, n° 898, p. 813.

지속되는 것을 피하고자 했지만, 본조는 실질적으로 여전히 꼬즈에 의해서 설명되고 있다.[101)

판례는 개정 전 제1271조와 제1131조[102)의 결합으로부터, "경개는 신채무에 의해 대체되는 구채무가 유효한 경우에만 발생한다"라고 판시하였다.[103) 구채무가 유효하지 않았다면, 경개를 발생시키는 효과는 사라지고 신채무는 발생하지 않는 것이 논리적 귀결이다.[104) 그러므로 신채무자는 구채무의 무효를 주장할 수 있었다. 이는 신채무자가 자신의 채무에 구채무의 결함을 전이시키는 측면에서 구채무의 무효를 주장하는 것이 아니라 경개계약의 당사자로서 계약의 원인을 이루는 구채무의 무효를 주장하는 것이다.[105) 또한 본조는 명시하고 있지 않지만, 구채무가 경개의 합의 당시에 사실상 이미 소멸했던 경우 또는 신채무가 이행불능으로 된 경우 동일한 이유로 경개의 불발생을 인정해야 한다.[106) 나아가 종전 판례는, 신채무가 합의해지(résiliation amiable)에 의해 소멸한 경우 구채무는 회복되어야 한다고 판시한 바 있지만, 이러한 태도가 확립된 것은 아니었다.[107) 마찬가지로 신채무 또는 구채무가 해제(résolution)된 경우도 동일한 문제가 있다.[108)

그러나 본조는 예외적으로 "하자있는 채무를 유효한 채무로 대체할 것을 목적으로 명시하는" 경우에 당사자들이 경개를 이용할 수 있도록 규정하고 있다. 특히 구채무가 상대적 무효인 경우에 이러한 경개를 무효행위의 추인(제1182조)으로 볼 수 있는지와 관련해 견해의 다툼이 있다. 인정하는 견해에 따르면,[109) 무효인 사정을 알면서 채무자와 채권자가 무효인 구채무를 신채무로써 대체하기로 하는 목적을 명시하는 행위는 추인에서 요구되는 채무의 목적과 계

---

101) G. Chantepie et M. Latina, *op. cit.*, n° 898, pp. 813-814.
102) 개정 전 제1131조는 "원인이 없는 채무 또는 허위의 원인이나 불법적 원인에 기한 채무는 아무런 효력을 가질 수 없다."고 규정하였다.
103) Civ. 1re, 7 nov 1995, n° 92-16.695 : *Bull. civ.* 1995, I , n° 387.
104) O. Deshayes, Th. Genicon et Y.-M. Laithier, *op. cit.*, p. 775.
105) O. Deshayes, Th. Genicon et Y.-M. Laithier, *op. cit.*, p. 775.
106) Civ. 3re, 29 oct 1968 : *Bull. civ.* 1968, III, n° 429.
107) Com., 30 nov 1983 : *Bull. civ.* 1983, IV, n° 337. 반대입장의 판시로는, Civ., 10 févr 1958 : *Bull. civ.* 1958, I , n° 87.
108) O. Deshayes, Th. Genicon et Y.-M. Laithier, *op. cit.*, p. 776.
109) O. Deshayes, Th. Genicon et Y.-M. Laithier, *op. cit.*, p. 776; M. Fabre-Magnan, *op. cit.*, n° 641.

약에 영향을 주는 하자를 적시하는 행위에 해당하며, 이러한 경개는 직접적인 추인의 방법이 된다고 주장한다. 부정하는 견해에 따르면,110) 추인은 무효를 주장할 수 있는 권리를 포기하는 행위이기 때문에, 추인받은 채무는 그대로 존속하는 점에서 경개와 구별된다고 한다. 따라서 추인된 채무는 합법화의 문제로서 치유되는 것도 아니고, 경개의 문제로서 유효한 채무에 의해 대체되는 것도 아니라고 이해한다. 한편 추인을 인정하는 견해에 따르더라도 구채무가 절대적 무효인 경우, 추인은 불가능하다(제1180조 제2항). 본조가 구별하여 규정하고 있지는 않지만, 경개는 당사자 사이에서 무효인 경우에만 검토되어야 한다.111)

반대로 신채무가 무효이면 경개는 더 이상 일어나지 않는다. 따라서 파기원의 판결112)과 마찬가지로 본래 채무는 소멸하지 않고 이행되어야 한다.113)

Article 1332 La novation par changement de débiteur peut s'opérer sans le concours du premier débiteur.
제1332조 채무자 변경에 의한 경개는 구채무자의 협력 없이 실행될 수 있다.

[해제] 본조는 개정 전 제1274조를 계승하고 있다. 채무자 변경에 의한 경개의 경우에 구채무자의 승낙은 필수적이지 않을 뿐만 아니라 구채무자가 모르는 사이 경개가 이뤄지는 것도 가능하다.114) 이는 채권자가 정당하게 거절한 경우가 아니면 채무 없는 자에 의해 변제가 이뤄질 수 있다고 규정한 제1342-1조의 규율과도 일치한다. 제3자가 타인의 채무를 변제할 수 있는 경우, 그는 제3자로서 그 채무를 변제할 의무를 동일하게 부담할 수 있고, 그 결과 구채무자를 면책할 것을 요구함으로써 채권자가 신채무자를 수락하는 경개의 한 모습(l'expromissio)이다. 신채무자의 약정에 의해 자신의 채무를 변제할 의무를 면하게 되는 채무자로서는 이를 거부할 아무런 이유가 없다.115)

이와 달리 채무양도에 있어서는 양도에 대한 구채무자의 합의가 필수적이

---

110) G. Chantepie et M. Latina, *op. cit.*, p. 814.
111) O. Deshayes, Th. Genicon et Y.-M. Laithier, *op. cit.*, p. 776.
112) Civ. 1ʳᵉ, 8 juill 1975, n° 74-10.269 : *Bull. civ.* Ⅰ, n° 228; Com. 4 févr 1992, n° 90-12.609 : *Bull. civ.* Ⅳ, n° 60.
113) G. Chantepie et M. Latina, *op. cit.*, p. 814.
114) O. Deshayes, Th. Genicon et Y.-M. Laithier, *op. cit.*, p. 778.
115) G. Chantepie et M. Latina, *op. cit.*, p. 813.

다(제1327조). 또한 당사자들이 완전채무참가(경개적 채무참가; délégation nova-toire)를 실행하고자 할 때에는, 모든 채무자들의 승낙이 요구된다(제1337조). 즉, 참가지시자(délégant)의 지위에 있는 구채무자는 제3자에게, 참가채권자(délé-gataire)가 그 신채무자를 수락하고 당해 채무에 대해 참가지시자를 명시적으로 면제하기 전에, 참가채권자와 신채무를 약정한 참가채무자(délégué)가 될 것을 요구하게 된다. 따라서 경개적 채무참가는 세 당사자의 합의를 필요로 한다.

Article 1333 La novation par changement de créancier requiert le consentement du débiteur. Celui-ci peut, par avance, accepter que le nouveau créancier soit désigné par le premier.

La novation est opposable aux tiers à la date de l'acte. En cas de contestation de la date de la novation, la preuve en incombe au nouveau créancier, qui peut l'apporter par tout moyen.

제1333조 ① 채권자 변경에 의한 경개는 채무자의 합의를 필요로 한다. 채무자는 구채권자가 신채권자를 지정하는 것을 미리 승낙할 수 있다.

② 경개는 행위일로부터 제3자에게 대항할 수 있다. 경개의 일자에 다툼이 있는 경우, 그에 대한 증명책임은 신채권자에게 있고 그는 모든 방법으로써 이를 증명할 수 있다.

[해제] 본조는 채권자 변경에 의한 경개를 규율하는 규정이다. 개정 전 제1271조 제3호를 계승한 본조 제1항은 구채권자가 신채권자를 미리 지정할 수 있는 경우를 추가하여 규정되었다. 채권자 변경에 의한 경개는 실제적인 효용에 대하여 계속해서 의문이 제기되어 왔다, 채권양도가 더욱 간명한 방법으로 당사자들이 거래를 통해 추구하는 목적을 달성할 수 있게 할 뿐만 아니라 채무자의 승낙이 필요한 채권자 변경에 의한 경개와 달리 채권양도는 채무자의 승낙을 필요로 하지 않기 때문이다.[116]

본조 제1항은 채무자 변경에 의한 경개(제1332조)와 달리 채무자의 합의를 요구한다. 경개가 채무자에게 새로운 채무관계를 발생시키기 때문에, 채무자의 합의는 필수불가결한 것으로 이해된다.[117] 즉 합의 없이 채무자에게 제3자에

---

116) G. Chantepie et M. Latina, *op. cit.*, n° 897, p. 812.
117) O. Deshayes, Th. Genicon et Y.-M. Laithier, *op. cit.*, p. 779.

대한 의무를 부담시킬 수는 없다. 계약의 상대효 원칙의 적용이 이와 관련된다. 따라서 채권자 변경에 의한 경개는 필연적으로 3면 계약이지만, 그 채무자는 심지어 새로운 채권자의 신원을 알지 못한 채로 미리 승낙할 수도 있다. 이것이 까딸라초안에 의해 제안된 본조 제1항의 의미인데, 입법자는 채권양도와 선택적으로 활용가능한 '채권관리의 효과적 수단'으로 경개를 미리 설정할 수 있도록 하였다.[118]

본조 제2항은 다른 관점에서 까딸라초안의 제안을 반영하여 경개의 대항력 발생 기준일과 증명책임에 대해 규정한다.[119] 이에 따르면 제3자는 경개의 일자 전에 대항할 수 있는 행위를 증명하지 못하면, 구채권에 대하여 유효하게 획득한 권리를 주장할 수 없게 된다.[120] 채권자 변경에 의한 경개를 제3자에게 대항할 수 있기 위해서 어떤 형식도 요구되지 않는다. 경개의 일자는 법적 사실의 문제이기 때문에, 그 증명책임은 예컨대 구채권에 대한 권리를 가진 당해 채권자와 분쟁이 있는 '신채권자'의 부담이 되며, 그는 모든 방법으로 증명할 수 있다.[121]

Article 1334 L'extinction de l'obligation ancienne s'étend à tous ses accessoires. Par exception, les sûretés d'origine peuvent être réservées pour la garantie de la nouvelle obligation avec le consentement des tiers garants.
제1334조 ① 구채무의 소멸은 모든 종된 권리에 그 효력을 미친다.
② 예외적으로, 구채무의 담보는 보증하는 제3자의 합의가 있으면 신채무의 담보로 유보될 수 있다.

[해제] 본조는 종된 권리에 대한 경개의 효력을 규정한다. 본조 제1항은 오로지 "종물은 주물에 따른다."는 원칙을 적용하여 처리한다.[122] 채무가 소멸하면서, 구채무의 변제를 보증하기 위해 채권자에게 제공되었던 물적 또는 인적 담보를 포함해 모든 종된 권리들은 그것과 운명을 같이 한다.[123] 종된 권리들이 소

---

118) G. Chantepie et M. Latina, *op. cit.*, p. 812.
119) G. Chantepie et M. Latina, *op. cit.*, p. 812.
120) O. Deshayes, Th. Genicon et Y.-M. Laithier, *op. cit.*, p. 780.
121) G. Chantepie et M. Latina, *op. cit.*, p. 812.
122) G. Chantepie et M. Latina, *op. cit.*, n° 901, p. 816.
123) 이에 대하여 독립적 보증(제2321조)은 예외가 된다는 견해가 있다. 이는 독립적 보증 제도의 특징을 이루는 독립성과 모든 항변의 대항불가성 때문이라고 설명한다. O.

멸하는 채무보다 오래 존속해서, 신채무에 당연히 부착되어질 어떠한 이유도 없다. 정확히 말해서 경개의 효과는 이전이 아니라 대체이다.[124] 나아가 '종된 권리'를 보다 폭넓게 파악하는 견해에 따르면, 본조 제1항의 규율범위는 소멸하는 채무의 규범적인 내용을 구성하는 합의관할조항, 경쟁금지조항, 배상액예정조항, 해제조항 등 계약상 여러 약정들로 확대될 수 있다고 한다.[125] 또한 구채무에 영향을 미칠 수 있었던 하자를 신채무에 대하여 더 이상 원용할 수 없다. 구채무가 절대적 무효인 경우를 제외하고 경개는 하자를 제거하기 때문이다.[126]

　　본조 제2항은 개정 전 제1278조, 제1279조, 및 제1280조의 규율을 축약해서 대체하고 있다. 이런 규율방식은 몇 가지 보완을 필요로 한다. 우선 제3자의 담보를 유보하기 위해서 그들의 합의를 필요로 한다면, 구채무자가 제공한 담보를 유보하기 위해서도 마찬가지로 구채무자의 합의를 필요로 한다.[127] 이것은 구채무의 채무자가 경개의 당사자이든지 또는 그의 협력 없이 경개가 이뤄지든지(제1332조) 상관없이 적용된다. 어떤 담보든지 계약상 조항으로 설정자의 합의 없이는 경개에서 유지될 수 없다. 다음으로 본조 제1항과 달리 당사자들의 의사는 적어도 개정 전 프랑스민법전의 규정에서와 같이 물적 담보에 관해서는 그 이전을 허용하는 것일 수 있다.[128] 이러한 물적 담보는 신채무의 변제를 보증하기 위해서 이전될 수 있다. '유보된' 물적 담보는 그 후 신채무를 보증하지만 본래 담보의 범위, 특성들과 순위를 유지한다. 이때 이해관계 있는 당사자들, 특히 신채무의 변제를 보증하기로 한 보증인들의 합의가 있어야 한다. 한편 제3자에 의해 제공된 인적 담보와 관련해서는, 그 유보의 범위를 정하기가 더 어렵다.[129] 이전에도 보증인의 합의는 실질적으로 새로운 담보의 설정과 같은

Deshayes, Th. Genicon et Y.-M. Laithier, *op. cit.*, p. 782. 그러나 반대약정이 없는 한 녹립적 보증의 수반성이 부인되는 점에서 의문이 있다(제2321조 제4항).

124) G. Chantepie et M. Latina, *op. cit.*, p. 816.

125) O. Deshayes, Th. Genicon et Y.-M. Laithier, *op. cit.*, p. 782.

126) M. Fabre-Magnan, *op. cit.*, n° 649.

127) O. Deshayes, Th. Genicon et Y.-M. Laithier, *op. cit.*, pp. 782-783.

128) 2015년 2월 오르도낭스안에서는 '물적' 담보만 유보될 수 있었다. 최종안에서는 관련된 '구채무의' 담보가 된다. 이러한 변경은 신채무에 대한 보증인의 제공과 함께 보증의 이전을 또한 허용한 것처럼 보인다. 보증의 '유지'를 위해서, 경개에 의해 발생한 채무의 변제를 보증하도록 설정하는 새로운 계약을 체결해야 하는 것은 개정 전에도 받아들여졌기 때문에, 권리 성질의 변경이 문제된다. 대통령에게 제출한 보고서에서도 제1334조의 변경 이유를 명백히 밝히지 않았다. G. Chantepie et M. Latina, *op. cit.*, p. 816.

효력이 있다고 인정되었다. 인적 담보에 대해서 물적 담보에서 예정되고 고려된 것과 동일한 원칙이 오늘날에도 반복된다. 인적 담보는 특히 채무의 상한과 같은 구채무의 제한을 유지하고, 그 유효성은 신채무에서 평가되지 않았다. 요컨대, 인적담보에서 언급되는 모든 유보 하에서 본조는 이전의 규율을 변경하지 않는다.130)

여기서 두 가지 주의할 점은 다음과 같다. 담보의 유지가 경개의 요건인 경우에, 그에 동의할 설정자의 거절은 명시적으로 경개의 발생을 방해한다.131) 개정 전 제1281조는 신채무에 동의할 공동연대채무자 또는 보증인의 거절의 경우에 이런 원칙을 명시적으로 규정하고 있었고, 본 규정에서 되풀이하고 있지 않지만 확실히 유지된다. 법정 담보가 본 규정에서 언급되고 있지 않다 하더라도 마찬가지로 그 유보가능성을 의심할 필요는 없다.132) 우선특권과 관련해, 설정자가 빠져있다고 하더라도 그러한 유보가 실행될 수 있는 경개에서 당사자들의 약정에 의해서 이루어지게 된다.

> Article 1335 La novation convenue entre le créancier et l'un des codébiteurs solidaires libère les autres.
> La novation convenue entre le créancier et une caution ne libère pas le débiteur principal. Elle libère les autres cautions à concurrence de la part contributive de celle dont l'obligation a fait l'objet de la novation.
> 제1335조 ① 채권자와 어느 공동연대채무자 사이에 합의한 경개는 다른 공동연대채무자의 채무를 면하게 한다.
> ② 채권자와 보증인 사이에 합의한 경개는 주채무자의 채무를 면하게 하지 않는다. 이러한 경개는 그 목적이 되었던 채무의 보증인의 부담부분 한도에서 다른 보증인의 채무를 면하게 한다.

[해제] 본조는 연대성 및 보증과 관련한 경개의 효과에 관한 규정이다. 본조 제1항은 경개의 효과가 모든 공동연대채무자의 면책으로 확장되도록 함으로써, 개정 전 제1281조 제1항과 동일한 원칙을 규정한다. 연대채권관계에 관한

---

129) O. Deshayes, Th. Genicon et Y.-M. Laithier, *op. cit.*, p. 783.
130) O. Deshayes, Th. Genicon et Y.-M. Laithier, *op. cit.*, p. 784.
131) O. Deshayes, Th. Genicon et Y.-M. Laithier, *op. cit.*, p. 784.
132) O. Deshayes, Th. Genicon et Y.-M. Laithier, *op. cit.*, p. 784.

제1315조에서 말하는 항변의 분류에 따르면, 경개는 모든 공동채무자에게 "공통되는" 항변으로 보아야 한다. 이는 채무면제에 있어서 나머지 공동연대채무자들은 면제를 받은 공동연대채무자의 부담부분만큼만 채무를 면하는 것(제1350-1조)과 다르다. 이와 달리 다른 공동연대채무자들이 신채무를 부담할 것을 조건으로, 채권자가 경개에 합의하는 것도 가능하다. 이는 동일한 당사자들 사이에 채무변경에 의한 경개의 경우에만 적용되는데, 다른 공동연대채무자들의 승낙을 기다려 공동연대채무자 중의 1인과 합의함으로써 이루어질 수 있다.[133] 또한 연대면제의 합의로서(제1316조), 어떤 공동연대채무자와 그의 부담부분에 대하여만 경개를 합의하는 것도 가능하다. 이 경우에 다른 공동연대채무자들은 경개에 합의한 연대채무 당사자의 부담부분만큼 감축된 공동의 채무를 부담하게 된다. 이러한 규율은 채무면제의 경우(제1350-1조) 또는 변제를 수반하는 연대면제의 경우(제1316조)와 동일하다.[134] 또한 이 규정은 채권자와 공동연대채무자 중 1인 사이에 약정한 경개만을 규율하고 있지만, 구채무자의 협력 없이 이루어질 수 있는 채무자 변경에 의한 경우에도 동일하게 적용되어야 한다. 즉 채권자가 제3자의 부담으로 신채무를 발생시키는 대신 연대채무의 수멸을 수락한 경우, 원칙적으로 구채무의 모든 공동연대채무자들은 면책된다.[135]

본조 제2항은 채권자와 보증인 간에 체결된 경개가 주채무자의 채무를 면하게 하지 않는다고 규정한다. 이러한 규율은 개정 전 프랑스민법전에 규정되어 있지는 않았지만, 종된 권리의 소멸은 주된 권리의 소멸을 야기하지 않는다는 원리로서 이미 적용되고 있었다(혼동에 대한 제1349-1조 제2항, 채무면제에 대한 제1350-2조).[136] 반면 이러한 경개는 그 경개의 이익을 받는 보증인의 부담부분의 한도에서 다른 보증인들이 채무를 면하게 한다. 이는 보증인 중의 1인에게 합의한 채무면제의 경우에 적용되는 규율과 동일하다(제1350-2조 제3항). 이 문제에 대한 판례의 입장은 명확하지 않다.[137]

[김 태 훈]

---

133) O. Deshayes, Th. Genicon et Y.-M. Laithier, *op. cit.*, p. 785.
134) O. Deshayes, Th. Genicon et Y.-M. Laithier, *op. cit.*, p. 785.
135) O. Deshayes, Th. Genicon et Y.-M. Laithier, *op. cit.*, pp. 785-786.
136) O. Deshayes, Th. Genicon et Y.-M. Laithier, *op. cit.*, p. 786.
137) G. Chantepie et M. Latina, *op. cit.*, p. 817.

Section 4 La délégation
제4절 채무참가

[해제] 개정 전 프랑스민법전은 경개에 관한 절에 속하는 제1275조와 제
1276조에서 채무참가(la délégation)에 관하여 간접적으로 규정하고 있는데 프랑
스민법전은 채무참가에 관한 절을 제4절(제1336조 내지 제1340조)로 신설하였
다.138) 개정 전 프랑스민법전 하에서도 채무참가가 학설에 의해 인정되었으나,
규정 내용이 충분하지 않아 구체적인 내용에 관하여 많은 논쟁이 있어 왔다. 그
런데 법개정에 의해 프랑스민법전에 채무참가에 대한 조항들이 신설된 결과,
채무참가에 관한 기왕의 논쟁은 상당 부분 해결되었다. 법개정 과정에서 채무
참가의 법적 성질에 관하여 논의가 이루어졌는데, 프랑스민법전은 제1336조 제
1항에서 채무참가를 계약(contrat)이 아니라 거래(opération)라고 규정함으로써,
채무참가가 참가지시자(délégant), 참가채권자(délégataire), 참가채무자(délégué)
등 세 당사자 간의 합의에 의한 거래에 해당한다는 점을 명확히 하였다.

채무참가는 채무참가의 결과 제3자가 채무를 부담하게 된다는 점에서 우리
민법상 채무인수와 상당히 유사하다. 그러나 채무인수에 있어서는 기존의 채무
가 동일성을 유지하면서 채무자로부터 채무인수인에게로 이전하는 데 반해, 채
무참가의 경우에는 참가지시자의 채무가 이전하는 것이 아니라 참가채무자가
새로운 채무를 취득한다는 점에서, 양자는 분명하게 구분된다.

Article 1336 La délégation est une opération par laquelle une personne, le
délégant, obtient d'une autre, le délégué, qu'elle s'oblige envers une troisième,
le délégataire, qui l'accepte comme débiteur.
Le délégué ne peut, sauf stipulation contraire, opposer au délégataire aucune
exception tirée de ses rapports avec le délégant ou des rapports entre ce dernier
et le délégataire.
제1336조 ① 채무참가는 다른 자로부터 허락을 얻어낸 채무지시자, 제3자인 참가채

---

138) O. Deshayes, Th. Genicon et Y.-M. Laithier, *op. cit.*, p. 787.

권자에 대하여 채무를 부담하려는 참가채무자인 다른 자, 참가채무자를 채무자로서 승낙하려는 참가채권자에 의한 거래를 말한다.
② 참가채무자는 반대의 약정이 없는 한, 자신과 참가지시자와의 관계 또는 참가지시자와 참가채권자의 관계에서 발생하는 어떠한 항변으로 참가채권자에 대하여 대항할 수 없다.

[해제] 본조 제1항은 채무참가의 개념에 관하여 규정하고 있다. 본항에 의하면 채무참가란 참가지시자, 참가채권자에 대하여 채무를 부담하려는 참가채무자와 참가채무자를 채무자로 승낙하려는 참가채권자에 의한 거래를 의미한다.[139] 그렇기 때문에 채무참가가 성립하기 위해서는 참가지시자, 참가채무자, 참가채권자 등 세 당사자 사이에 의사합치(un accord de volontés)가 있을 것이 요구된다.[140] 구체적으로 채무참가는 참가지시자가 참가채무자인 다른 자로부터 채무참가에 대한 허락을 얻어내는 것(obtient d'une autre)에서 시작한다. 이때 참가채무자에게는 또 다른 제3자인 참가채권자에 대하여 채무를 부담하겠다는 의사(s'oblige envers une troisième)가 필요하고, 참가채권자에게는 참가채무자를 채무자로 승낙하겠다(accepte comme débiteur)는 의사가 있어야 한다. 세 당사자의 이러한 의사가 합치되어 채무참가가 성립하게 되는 것이다. 그렇기 때문에 채무참가의 효과 역시 참가지시자와 참가채무자, 참가지시자와 참가채권자, 참가채무자와 참가채권자 간에서 모두 발생한다.[141]

본조 제2항은 채무참가의 대표적인 특징 중 하나인 항변불가 원칙에 관하여 규정하고 있다. 본항에 의하면 참가채무자는 채무참가를 함에 있어서 달리 정하지 아니하는 한 기존의 채무관계 -즉, 참가채무자와 참가지시자 간의 관계 또는 참가지시자와 참가채권자 간의 관계- 에서 발생하는 항변사유를 가지고 참가채권자에게 대항할 수 없다. 이는 채무참가가 기왕의 채무를 이전하는 것이 아니라, 참가채권자와 참가채무자의 사이에 새로운 채권관계를 성립시키는 제도인 점에서 기인한다. 그러나 본항은 '반대의 약정이 없는 한(sauf stipulation contraire)'이라는 문구를 추가함으로써, 채무참가의 당사자들이 항변불가 원칙

139) G. Chantepie et M. Latina, op. cit., n° 905, p. 819, 거래의 의미에 대해서는 이 책 제4편 제2장 채권관계의 거래(les opérations sur obligations)에 관한 해제 참조.
140) G. Chantepie et M. Latina, op. cit., n° 906, p. 820.
141) O. Deshayes, Th. Genicon et Y.-M. Laithier, op. cit., p. 791.

에 대한 예외조항을 두는 것을 허용하였다. 그에 따라 채무참가의 당사자들은 항변불가 원칙에 대한 예외를, 일반적으로(incertaine) 허용할 수도 있고, 필요에 따라서는 특정한 항변에 한하여(certaine) 허용할 수도 있다.142) 이처럼 채무참가는 참가채권자에게 새로운 채무를 발생시키는 데 의의가 있고 그 결과 참가채무자의 항변권을 제한하는 것이 논리적인데, 본항은 이 점을 명확히 하면서도 당사자들이 항변권의 허용범위를 자유롭게 정할 수 있도록 함으로써, 채무참가의 활용성을 한층 배가시켰다.

> Article 1337 Lorsque le délégant est débiteur du délégataire et que la volonté du délégataire de décharger le délégant résulte expressément de l'acte, la délégation opère novation.
> Toutefois, le délégant demeure tenu s'il s'est expressément engagé à garantir la solvabilité future du délégué ou si ce dernier se trouve soumis à une procédure d'apurement de ses dettes lors de la délégation.
> 제1337조 ① 참가지시자가 참가채권자의 채무자이고 참가지시자를 면책시키려는 참가채권자의 의사가 행위로부터 명시적으로 드러나는 때에는 채무참가는 경개의 효력을 갖는다.
> ② 그러나 참가지시자가 참가채무자의 장래의 자력을 담보하는 것으로 명시적으로 표시하거나 참가채무자가 채무참가 당시 채무정리절차에 있는 경우 참가지시자는 채무를 계속 부담한다.

[해제] 본조 제1항은 완전채무참가(délégation parfaite)에 관하여 규정하고 있다. 완전채무참가는 경개효의 채무참가(délégation novataire)라고도 하는데, 참가채무자가 참가지시자의 참가채권자에 대한 채무를 소멸시키기 위하여 참가채권자에 대하여 새로운 채무를 부담하는 형태의 채무참가를 의미한다.143) 이러한 완전채무참가가 성립하기 위해서는 참가지시자를 면책시키려는 참가채권자의 의사가 행위(l'acte)에서 명시적으로 드러날 것이 요구된다. 완전채무참가가 성립하면 경개(novation)의 효력이 발생하고, 그 결과 채무자가 기존 채무자인 참가지시자에서 참가채무자로 교체되는데, 본항은 이 점을 명확히 하였다.

---

142) G. Chantepie et M. Latina, *op. cit.*, n° 909, p. 822.
143) O. Deshayes, Th. Genicon et Y.-M. Laithier, *op. cit.*, p. 791.

그러나 면책되는 당사자의 의사나 참가채권자의 보호 측면에서 참가지시자의 면책효가 제한될 필요가 있다. 프랑스민법전은 참가지시자의 면책효가 부정되는 예외에 관한 조항으로 본조 제2항을 두고 있다. 본항은 참가지시자가 기존의 채무를 계속 부담하게 되는 사유로서 두 가지 경우를 인정하고 있다. 첫 번째는 참가지시자가 참가채무자의 장래의 자력을 담보하기로 명시적으로 표시한(expressément) 경우이다. 이 경우 참가지시자가 기존의 채무를 계속 부담하도록 한 것은, 참가지시자가 참가채무자의 자력을 담보하겠다는 의사를 명시적으로 표시한 것에, 참가채무자가 채무변제를 할 수 없을 때에는 참가지시자 자신이 채무를 부담한다는 의사가 포함되어 있다고 볼 수 있기 때문이다. 두 번째는 참가채무자가 채무참가 당시 채무정리절차(une procédure d'apurement de ses dettes)에 있었던 경우이다. 참가채무자가 채무정리절차에 있는 경우에는 참가채무자로부터의 온전한 채무이행을 기대하기 어려운데, 프랑스민법전은 이러한 점을 고려하여 해당사유를 참가지시자가 기존의 채무를 계속 부담하게 되는 또 다른 경우로 규정한 것이다. 그리고 여기에서의 채무정리절차에는 협의의 집단절차(procécure collective)뿐만 아니라 찬가채무자의 채무가 정리되고 있는 경우가 모두 포함된다.144)

Article 1338 Lorsque le délégant est débiteur du délégataire mais que celui-ci ne l'a pas déchargé de sa dette, la délégation donne au délégataire un second débiteur.
Le paiement fait par l'un des deux débiteurs libère l'autre, à due concurrence.
제1338조 ① 참가지시자가 참가채권자의 채무자이지만 참가채권자가 참가지시자의 채무를 면책시키지 않을 경우에 채무참가는 참가채권자에게 제2채무자를 제공한다.
② 두 채무자 중 한 사람이 한 변제는 그 범위에서 다른 채무자를 면책시킨다.

[해제] 본조는 불완전채무참가(délégation imparfaite)에 관한 규정이다. 불완전채무참가는 참가채권자가 참가채무자를 새로운 채무자로 받아들이면서도 참가지시자의 참가채권자에 대한 기존 채무를 면제시켜 주지 않는 형태의 채무참가를 말한다. 이처럼 참가지시자가 면책되지 않기 때문에 불완전채무참가가 있

144) O. Deshayes, Th. Genicon et Y.-M. Laithier, *op. cit.*, p. 792.

는 경우 참가지시자와 참가채무자 모두는 참가채권자에 대해 채무를 부담하게 된다. 이러한 의미에서 불완전채무참가를 경개효 없는 채무참가(délégation non novataire)라고도 한다.

본조 제1항은 참가지시자가 참가채권자의 채무자이지만 참가채권자가 참가지시자의 채무를 면책시키지 않는 형태의 채무참가인, 이른바 불완전채무참가를 하는 경우 참가지시자의 참가채권자에 대한 기존 채무가 면책되지 않는다는 점을 규정하고 있다, 즉, 본항은 참가채권자에게 제2의 채무자(second débiteur)를 제공한다고 규정함으로써, 참가지시자가 제1의 채무자로서 남게 됨을 명확히 하고 있다.[145] 그런데 제2의 채무자를 제공한다는 것이, 기존의 채권관계와 새로운 채권관계가 동일한 채권관계라는 것을 뜻하지는 않는다. 양 채권관계는 발생연원이 다르고, 채무액 역시 다를 수 있다. 앞서 제1336조 제2항이 참가채무자는 참가지시자와 참가채권자 간의 기존 채권관계에서 발생하는 항변으로써 참가채권자에게 대항할 수 없다고 규정한 것도 그러한 취지에서이다. 게다가 참가지시자와 참가채무자 간에 연대채무관계에 있지도 않다. 이와 관련하여 참가지시자와 참가채무자 간에 채무 이행에 있어서 선후관계가 있는지가 문제된다. 그러나 본항이 참가채권자가 제2채무자를 제공받는다고만 할 뿐이지, 참가지시자와 참가채무자 중 누가 먼저 이행해야 하는지에 대해 별도로 정하고 있지는 않으므로, 참가채권자는 자신의 선택에 따라 참가지시자와 참가채무자 중 누구에게든 청구할 수 있다.

본조 제2항은 참가지시자와 참가채무자 중 한 사람이 변제하는 경우 다른 채무자도 경합하는 범위에서 채무를 면하게 된다고 규정하고 있다. 본항이 위와 같이 규정하고 있는 것은 기존 채무와 새로운 채무가 참가채권자를 만족시킨다는 점에서 상호 연결되어 있기 때문이다.

Article 1339 Lorsque le délégant est créancier du délégué, sa créance ne s'éteint que par l'exécution de l'obligation du délégué envers le délégataire et à due concurrence.
Jusque-là, le délégant ne peut en exiger ou en recevoir le paiement que pour la part qui excèderait l'engagement du délégué. Il ne recouvre ses droits qu'en

---

) O. Deshayes, Th. Genicon et Y.-M. Laithier, *op. cit.*, p. 793.

exécutant sa propre obligation envers le délégataire.

La cession ou la saisie de la créance du délégant ne produisent effet que sous les mêmes limitations.

Toutefois, si le délégataire a libéré le délégant, le délégué est lui-même libéré à l'égard du délégant, à concurrence du montant de son engagement envers le délégataire.

제1339조 ① 참가지시자가 참가채무자의 채권자인 경우에 그의 채권은 참가채무자가 참가채권자에게 채무를 이행하는 경우에 같은 범위에서 소멸한다.

② 그때까지 참가지시자는 참가채무자의 참가채권자에 대한 채무를 초과하는 부분에 대하여만 변제를 요구하거나 수령할 수 있다. 참가지시자는 참가채권자에 대한 자신의 고유한 채무를 이행하는 경우에만 참가채무자에 대하여 자신의 권리를 상환받는다.

③ 참가지시자의 채권의 양도 또는 압류는 동일한 한도에서만 효력을 갖는다.

④ 그러나 참가채권자가 참가지시자를 면책시킨 경우에는 참가채무자 자신도 그 액수의 한도에서 참가지시자에 대하여 면책된다.

[해제] 본조 제1항은 참가지시자가 참가채무자에 대해 채권을 가지고 있는 경우에 단순히 적법한 채무참가가 있었다는 사실만으로 참가지시자의 위 채권이 소멸하지는 않고, 참가채무자가 참가채권자에게 채무를 실제로 이행하여야(par l'exécution de l'obligation) 비로소 참가지시자의 위 채권이 같은 범위에서(à due concurrence) 소멸한다고 규정하고 있다. 개정 전 프랑스민법전은 참가지시자가 참가채무자의 채권자일 때 채무참가의 효력으로 참가지시자의 참가채무자에 대한 채권이 즉시 소멸하는지에 관하여 명확한 규정을 두지 않고 있었다. 그로 인해 참가지시자가 참가채무자의 채권자인 경우 채무참가가 성립하기만 하면 참가채무자의 위 채권이 즉시 소멸하는지 그렇지 않으면 참가채무자가 채무를 실제로 이행하여야만 소멸하는지에 대하여 견해대립이 있었다. 그런데 본항이 신설됨으로써 위 쟁점은 명확히 정리되었다.

본조 제2항 전문에 의하면 채무참가가 성립하는 경우 참가지시자의 참가채무자에 대한 채권행사는 원칙적으로 정지되고, 참가지시자는 참가채무자의 참가채권자에 대한 채무를 초과하는 부분에 한하여 변제를 요구하거나 수령할 수 있다. 그렇기 때문에 이 경우 참가지시자는 위 범위 이내에서만 참가채무자에게 소구할 수 있다. 다만, 참가지시자가 자신의 고유한 채무를 이행한 경우 참가지시자의 참가채무자에 대한 채권을 더 이상 정지시킬 필요가 없어진다. 프랑스민법전은 본항 후문을 두어 참가지시자가 참가채권자에 대한 자신의 고유한 채무를 이행한 경우에는 참가채무자로부터 자신의 채권을 이행받을 수 있도록 하였다.

본조 제3항은 참가지시자의 채권이 양도되거나 압류되는 경우 동일한 한도에서만 효력을 갖는다는 점을 규정하고 있다. 즉, 본항은 채무참가가 성립하더라도 참가지시자가 자신의 참가채무자에 대한 채권을 양도하거나 참가지시자의 일반채권자가 위 채권을 압류하는 것 자체를 원천적으로 금지하지는 않고 있다. 다만, 본항은 채권양도나 압류의 효력을 참가지시자가 제2항에 따라 위 채권을 행사할 수 있는 범위에 한하여 인정하고 있다.

본조 제4항은 제1항에 대한 예외조항에 해당한다.[146] 본항에 의하면 참가채권자가 참가지시자를 면책시킨 경우(a libéréle délégant), 참가채무자 자신도 참가지시자에 대하여 같은 금액의 범위로(à concurrence du montant) 면책된다. 완전채무참가가 성립하는 경우 참가지시자의 참가채권자에 대한 채무는 제1337조 제1항에 의해 면책되므로, 참가채무자도 제1339조 제4항에 의해 참가지시자가 면책되는 한도에서 참가지시자에 대하여 면책된다. 반면, 불완전채무참가의 경우에는 채권자의 참가지시자에 대한 채권이 존속하므로(제1337조 제2항), 달리 참가채권자가 참가지시자를 면책하지 않는 한 본조 제4항은 적용되지 않고, 참가채무자가 참가채권자에게 채무를 실제로 이행한 경우에 본조 제1항에 따라 같은 범위에서 소멸하게 된다.

Article 1340 La simple indication faite par le débiteur d'une personne désignée pour payer à sa place n'emporte ni novation, ni délégation. Il en est de même de la simple indication faite, par le créancier, d'une personne désignée pour recevoir le paiement pour lui.

제1340조 채무자가 다른 자로 하여금 자신을 대신하여 변제를 하도록 하는 단순한 지시는 경개의 효력도, 채무참가의 효력도 없다. 채권자가 다른 자로 하여금 자신을 위하여 변제를 수령하도록 하는 단순한 지시도 마찬가지이다.

---

146) O. Deshayes, Th. Genicon et Y.-M. Laithier, *op. cit.*, p. 794.

[해제] 본조는 경개에 관한 절에 속하던 개정 전 프랑스민법전 제1277조와 동일한 취지의 규정이다. 본조는 채무자가 다른 자로 하여금 자신을 대신하여 변제하도록 하는 단순한 지시(la simple indication)나, 채권자가 다른 자로 하여금 자신을 위하여 변제를 수령하도록 하는 단순한 지시는 채무참가에 해당하지 않고, 그렇기 때문에 경개의 효력 역시 인정되지 않는다는 점을 명확히 하고 있다. 지시를 받았다는 사실이 곧 지시를 받은 자가 자신이 채무자가 되는 것을 승낙하였다는 것을 의미하지는 않으므로, 채무자가 다른 자에 대하여 자신을 대신하여 변제하도록 단순히 지시하였다는 사실만으로는 경개나 채무참가의 효력이 인정될 수는 없다. 이러한 점은 채권자가 다른 자로 하여금 자신을 위하여 변제를 수령하도록 하는 단순한 지시의 경우에도 마찬가지이다.147)

[정 준 호]

---

147) O. Deshayes, Th. Genicon et Y.-M. Laithier, *op. cit.*, pp. 797-798.

Chapitre Ⅲ Les actions ouvertes au créancier
제3장 채권자에게 허용된 소권

[해제] 본장은 '채권자에게 허용된 소권(Les actions ouvertes au créancier)'에 대하여 규정하고 있다. 본장은 제1341조에서 계약으로 인해 채권자가 기본적으로 가지게 되는 채무이행에 대한 권리를 규정하고 있으며, 제1341-1조 이하에서는 일정한 경우에 채권자가 제3자에게도 영향을 미칠 수 있는 권리행사에 대해 다루고 있다. 그중에서도 제1341-1조, 제1341-2조는 각각 대위소권(代位訴權), 사해소권(詐害訴權)으로, 채권자의 권리를 보전하기 위하여 채권자가 행사할 수 있는 소권을 정하고 있다. 이들은 개정 전 프랑스민법전에서 제3자에 대한 합의의 효력(l'effet des conventions à l'égard des tiers)이라는 절 아래, 계약의 상대효(l'effet relatif du contrat)를 원칙규정으로 하는 제1165조 본문 이하에서 원칙에 대한 예외가 되는 경우로 규정되고 있었던 것이다.

Article 1341 Le créancier a droit à l'exécution de l'obligation ; il peut y contraindre le débiteur dans les conditions prévues par la loi.
제1341조 채권자는 채무이행에 대한 권리를 가진다. 그는 법률이 정한 요건에 따라 이에 대하여 채무자를 강제할 수 있다.

[해제] 본조는 개정 전 프랑스민법전에서 규정하고 있지 않았던 조문으로, 당연하다고 여겨지는 '채권자는 채무이행에 대한 권리가 있음'을 명시한다. 본조는 이후 제4장에서의 변제, 즉 '의무 있는 급부의 임의적 이행'에 관한 규정들(제1342조 이하)에 앞서, 이러한 '이행(exécution)'은 채권자에게 주어진 권리라고 정의하고 있다. 그리고 법률이 정한 요건에 따라 강제할 수 있다고 하여, 권리행사의 근거를 명확하게 하였다.

그러나 다수의 학자들은 이 조문이 분명한 사실의 원칙을 신설한 것이지만, 큰 의미를 갖지 않는다고 본다. 그 이유로는 이미 채권자가 채무를 이행하지 않는 채무자에게 자신의 채권을 실행할 수 있음을 규정하고 있는 프랑스민사집행절차법전 제L.111-1조와 (현실) 이행의 강제에 관한 권리를 인정하고 있는 프랑스민법전 제1221조가 있음을 들고 있다. 다만, 대통령에게 제출한 보고서에서도 언급된 바와 같이, 채권자는 채무이행에 관한 권리를 가진다는 원칙을 프랑스민법전 안에서 확인함으로써 입법자가 위 원칙에 상징적인 효력을 부여하고 있다고 한다.[1]

채권자가 계약의 현실 이행을 청구하는 경우에 본조에서 말하는 '법률에서 정한 요건들'에 따라야 하는데, 이는 바로 제1221조에서 정하는 요건을 고려해야 하는 것으로 이해된다. 제1221조에서의 정하는 요건은 첫째, 지체부최고를 할 것, 둘째, 이행이 불가능하지 않을 것, 셋째, 채무자의 이행비용과 채권자를 위한 이익 사이에 명백한 불균형이 존재하지 않을 것이다.

이렇게 채권자에게 주어진 채무이행에 대한 권리는, 채권자의 방해가 있는 채무를 채무자가 제1345-1조 및 제1345-2조에 따라 이행하거나, 법원이 제1228조에 따라 계약의 해제에 우선하여 채무의 이행을 명할 권한을 가지게 되는 경우에는 제한되는 것으로 본다.[2]

Article 1341-1 Lorsque la carence du débiteur dans l'exercice de ses droits et actions à caractère patrimonial compromet les droits de son créancier, celui-ci peut les exercer pour le compte de son débiteur, à l'exception de ceux qui sont exclusivement rattachés à sa personne.

제1341-1조 채무자의 재산적 성격의 권리와 소권의 행사에 있어서 그의 태만이 채권자의 권리를 위태롭게 하는 경우, 채권자는 채무자의 일신에 전속하는 권리와 소권을 제외하고 그의 채무자를 위하여 이를 행사할 수 있다.

[해제] 본조에서 규정하고 있는 내용은 간접소권 또는 대위소권이라고 불리며, 우리의 채권자대위권에 대응되는 것으로 이해한다. 다수의 학설은 대위소권(l'action oblique)의 기본적인 내용은 바뀌지 않았다고 평가하며, 개정을 통해 기존의 조문을 보완하였고 이러한 보완에는 대위소권의 요건과 범위, 효과에 있어서 그동안의 판례의 태도를 반영했다고 본다. 본조가 개정 전 조문과 비교하여 달라진 점은 다음과 같다.

---

 1) G. Chantepie et M. Latina, *op. cit.*, p. 831.
 2) O. Deshayes, Th. Genicon et Y.-M. Laithier, *op. cit.*, p. 800.

첫째, 대위의 대상이 채무자의 모든 권리와 소권에서 재산적 성격(caractère patrimonial)을 가진 종류로 한정되었다는 것이다. 대위소권은 채권자가 변제받을 기회를 높이기 위한 채무자의 재산 회복 또는 보호를 목적으로 하기 때문에, 채무자 대신에 행사되는 권리와 소권은 필수적으로 재산의 측면을 가져야 함을 반영한 것이다. 다만, 개정 전의 규정과 다름없이 금전상의 결과가 발생하더라도 일신 전속적인 것을 대상으로 할 수는 없다. 이때의 '일신에 전속한', '재산적 성격'을 갖는 권리와 소권에 대한 개념과 기준은 명확히 밝히지 않고 있으며 이를 법원의 판단에 맡기고 있다.[3]

둘째, 대위소권의 요건을 '채무자의 태만이 채권자의 권리를 위태롭게 하는 경우'로 명시하였다. 태만(carence)이라는 표현은 이미 판례에서 사용되고 있었는데, 채무자의 불이행(défaut)은 완전한 불행사(inaction)만이 아니라, 권리를 일단 행사한 후에 사후적으로 소홀히 한(négligée ultérieurement) 경우에도 기인할 수 있음을 나타낸 것으로 볼 수 있다[4]. 또한, 태만에 의해 훼손되어야 하는 것이 채권자의 '권리'가 아닌 개정 전 조문과 같이 채권자의 '이익(intérets)'이라고 했을 경우에 대위소권의 행사가 확장되는 문제를 고려하여 채권자의 '권리'라고 명시하였다고 해석한다. 파기원은 채권자의 권리가 위태롭다는 것이 채무자의 무자력(insolvabilité)을 필요로 하는 것은 아니며, 의도적(délibérée)으로 채무를 이행하지 않겠다는 채무자의 의사로 채권자의 권리가 위험(en péril)에 빠질 수 있다고 한다.[5] 이러한 표현이 대위소권을 보조적인 권리로 해석할 수 있는 근거가 된다고 주장하는 견해도 존재하는데, 나아가 이들은 대위소권의 목적이 채권의 회수를 용이하게 하는 것이 아니라 채권의 효력상실을 피하는 데에 있으므로, 채권자는 자신의 채권을 변제받을 수 있는 다른 소권(action)을 가지고 있다면 대위소권보다는 그것을 먼저 행사해야 한다고 설명한다.[6] 그러나 이에 반대하는 학설도 있으며, 파기원 또한 다른 수단이 있더라도 대위소권의 요건만 갖추어지면 이를 행사할 수 있다는 입장을 취하고 있다.

셋째, '채무자를 위하여(pour le compte de son débiteur)' 행사한다는 문구의

---

3) G. Chantepie et M. Latina, *op. cit.*, pp. 832-833.
4) O. Deshayes, Th. Genicon et Y.-M. Laithier, *op. cit.*, p. 802.
5) Civ. 1re, 23 mai 2006, n° 05-18.065.
6) G. Chantepie et M. Latina, *op. cit.*, p. 834.

삽입이다. 그동안 다수의 학설은 채권자가 '채무자의 이름으로' 채무자의 권리
와 소권을 행사한다고 여겼는데, 이 경우 제3채무자(피고)는 채무자를 상대로
원용할 수 있는 방어수단을 채권자에게 행사할 수 있다는 점과 대위소권의 이
익으로 채무자의 재산이 모든 채권자들에 공동담보가 된다는 점을 설명할 수
있다. 다만, 일부의 견해는 채권자와 제3채무자(피고) 간의 판결이 채무자에 관
한 기판력의 부재를 설명할 수 있도록 '채권자 자신의 이름으로' 행사하는 것이
라고 보아야 한다고 주장하기도 하였지만 결국 개정 조문은 채권자가 '채무자
를 위하여'라고 하여 앞선 설명들을 이끌어낼 수 있게 되었다.[7]

한편, 대위소권을 통해 회복한 금전은 채무자의 재산에 산입될 것이므로
채권자 모두에 이익이 되고, 소를 제기한 채권자가 이에 대한 우선권을 가지지
는 않는다. 이와 관련하여 대위소권을 행사한 채권자에게 채무자의 재산으로
회복된 금액에 대한 변제의 우선권을 부여하는 문제에 대해 학설상 논의가 이
루어지고, 나아가 까딸라초안 및 떼레초안에서는 이를 반영하였으나, 결과적으
로 프랑스민법전에는 이를 받아들이지 않았다.[8]

Article 1341-2 Le créancier peut aussi agir en son nom personnel pour faire
déclarer inopposables à son égard les actes faits par son débiteur en fraude de
ses droits, à charge d'établir, s'il s'agit d'un acte à titre onéreux, que le tiers
cocontractant avait connaissance de la fraude.

제1341-2조 채권자는 또한 자신의 권리를 해하려는 채무자가 한 행위가 자신에게 대
항할 수 없는 것임을 선언하게 하기 위하여, 자신의 이름으로 소를 제기할 수 있으며,
유상행위인 경우에는 계약의 상대방인 제3자가 해함에 대해 알고 있었음을 증명해야
한다.

[해제] 우리의 채권자취소권에 대응하고, 사해소권(l'action paulienne)으로
명명되는 본조는 앞선 제1341-1조와 마찬가지로 그동안의 학설과 판례의 태도
를 반영하여 기존의 조문을 보완했다는 평가를 받는다. 개정 전 제1167조와 비
교하면, 본조에 '채권자에게 대항력이 없는 것임을 선언하게 하기 위해 소를 제
기할 수 있다.'는 표현이 추가되었는데, 이는 사해소권의 효과를 사해행위의 무

---

7) O. Deshayes, Th. Genicon et Y.-M. Laithier, *op. cit.*, pp. 804-805.

8) G. Chantepie et M. Latina, *op. cit.*, p. 832.

효가 아닌 수익자가 채무자와의 행위를 (사해소권을 행사한) 채권자에게 대항하지 못하는 것이라고 명문화한 것이다.

사해소권의 행사로 인한 효과는 채권자와 수익자 사이에만 미치며, 다른 채권자들 간 또는 채무자와 수익자 사이에서는 미치지 않는데, 이러한 사해소권의 상대적 효력은 판례의 확고한 입장이다. 따라서 소에 참가하지 않는 다른 채권자들은 사해소권을 행사한 채권자가 얻게 된 대항불가능성의 이익을 받지 못한다.

또한, 본조에서는 계약의 상대방인 제3자의 인식(connaissance)에 대한 채권자의 증명책임을 유상행위에 한정한다고 명시하였는데, 이 역시 그동안의 판례에서 채무자의 행위를 유·무상행위로 나누고, 무상행위의 경우는 채무자의 사해행위 증명으로 충분하다고 인정해왔던 대로 규정된 것이다.[9]

한편, 개정 전 제1167조 제2항에서는 상속편, 부부재산계약 및 부부재산제편에서 정한 바에 따라 사해소권을 행사하도록 규정하고 있었는데, 이는 개정으로 삭제되었다. 개정 전 제1167조를 일반규정이라고 보았듯이, 본조 또한 프랑스민법전에서 정하는 개별규정[10]에 해당하지 않는 경우에 적용할 수 있는 일반조항이라고 이해된다.[11]

사해행위로 인해 채무자의 무자력의 위험이 악화되어야 하는지에 관하여, 판례는 채권자가 채무자의 특정재산에 대한 특정한 권리의 이익이 있을 경우, 사해행위가 그 재산의 가치를 떨어뜨리거나 그의 권리실행을 불가능하게 함을 증명하는 것으로 충분하다는 태도를 견지하고 있다.

Article 1341-3 Dans les cas déterminés par la loi, le créancier peut agir directement en paiement de sa créance contre un débiteur de son débiteur.
제1341-3조 법률이 정하는 경우, 채권자는 그의 채무자의 채무자에게 자신의 채권의 변제를 직접 청구할 수 있다.

[해제] 본조는 개정을 통해 새롭게 들어온 조문으로 직접소권(l'action di-

9) G. Chantepie et M. Latina, *op. cit.*, p. 838.
10) 프랑스민법전 제622조, 제779조, 제882조, 제1397조 제9항, 제1447조, 제1476조, 제1542조를 대표적인 예로 들 수 있다.
11) O. Deshayes, Th. Genicon et Y.-M. Laithier, *op. cit.*, p. 807.

recte)의 근거가 된다. 그동안 채권자가 채무자를 대위하지 않고 제3채무자에게 직접 권리를 행사할 수 있도록 일정한 경우를 개별조문12)으로 규율해 왔다. 본조는 직접소권에 관하여 새로이 규정하는 바는 없으며 직접소권의 존재를 법적으로 확인하는 규정이다.

다만, 이러한 청구는 법으로 정하는 경우에만 할 수 있다고 하여, 법원이나 당사자의 의사에 의한 직접소권의 발생을 배제하는 것처럼 해석될 수도 있다. 이에 대하여 새로운 직접소권이 법원에 의하여 인정될 수 있는지는 불분명하다고 보는 견해가 있다. 다만, 직접소권은 대위소권과 비교하여 채권자가 채무자의 다른 채권자들과 경합하는 위험 없이 자신의 채무자의 채무자에게 직접 청구할 수 있고, 이는 결과적으로 채권자 평등의 원칙에 반하게 되는데, 본조는 이러한 예외를 입법자가 정할 수 있도록 정당화하고 있음에 의미가 있다.13)

한편, 대통령에게 제출한 보고서에서 확인할 수 있는 것처럼 본조가 '손해배상책임(en responsabilité)'이나 '담보책임(en garanti)'이 아닌 '변제(en paiement)'에 한하고 있음을 유의해야 한다. 이는 법원의 판단에 영향을 주지 않도록 하기 위함이라고 설명되는데, 소유권이전계약에서 처초매도인에 대한 전득자의 손해배상책임의 청구 또는 담보 책임의 청구가 본조의 직접소권에 해당하지 않음을 말하는 것이다.14)

[김 태 희]

---

12) 대표적인 예로 프랑스민법전 제1798조의 건축공사의 도급인에 대한 노무자의 직접소권, 프랑스보험법전 제L.124-3조의 보험사에 대한 사고피해자의 직접소권, 하도급법에서 규정하는 도급인에 대한 하수급인의 공사비 직접소권 등이 있다. 사고피해자의 직접소권은 1804년 프랑스민법전에 따로 규정되고 있지 않았으나 판례에서 먼저 인정되고 후에 입법화된 경우에 해당한다.

13) O. Deshayes, Th. Genicon et Y.-M. Laithier, *op. cit.*, pp. 810-811.

14) G. Chantepie et M. Latina, *op. cit.*, p. 840.

Chapitre Ⅳ L'extinction de l'obligation
제4장 채무의 소멸

[해제] 채무의 소멸에 관한 본장은 제1절(변제), 제2절(상계), 제3절(혼동), 제4절(채무면제), 제5절(이행불능)의 총 5개의 절로 이루어져 있다.

개정 전 프랑스민법전에도 채무의 소멸에 관한 장(제3편 제5장)이 있었는데, 현행 프랑스민법전과 다음과 같은 차이가 있다. 첫째, 개정 전 제1234조는 각 절의 내용에 들어가기에 앞서 변제, 경개, 채무면제, 상계, 혼동, 물건의 소멸 등을 채무의 소멸원인으로 열거하였으나 본장에는 채무의 소멸원인에 대해 개괄적으로 소개하는 조문이 존재하지 않는다. 둘째, 종래 채무의 소멸에 관한 장에 속하였던 세부적 내용이 민법전의 다른 부분으로 이동하였다. 가령 계약의 무효에 관한 규정들(개정 전 제1304조 내지 제1314조)은 계약의 해제 요건에 관한 부분으로 이동하였다. 또한 경개는 채권관계에 관한 거래(les opérations sur obligations)의 장으로 이동하였다. 이를 가리켜 본장이 소위 긴축 처치를 받았다는 평가도 있다.[1] 하지만 위와 같은 형식적 변화는 전면적 개정이라기보다는 단순한 수정에 가깝다고 본다. 형식상의 개정이 아니라 실질적인 내용의 변화를 파악하기 위해서는 세부적으로 살펴보아야 할 것이다.

다음에서는 채권자에게 채권의 직접적 만족을 제공하는 변제, 간접적 만족을 주는 상계, 그리고 혼동, 채무면제, 이행불능과 같이 채권자의 만족 없이 채무가 소멸하는 경우에 관하여 고찰하고자 한다.

Section 1 Le paiement
제1절 변제

[해제] 종래 프랑스민법전은 변제(paiement)를 채무소멸의 가장 일반적인

---

1) G. Chantepie et M. Latina, *op. cit.*, n° 928, p. 841.

방법으로 소개하였다. 개정 전 프랑스민법전은 채무소멸의 원인을 열거하면서 변제를 제일 처음 언급하는 조문을 두었을 뿐이다. 그런데 프랑스민법전은 변제에 관한 절을 별도로 두어 변제의 개념을 정의하였다. 제4편 채권관계의 일반적 규율(régime général des obligations)의 제4장 채무소멸(L'extinction de l'obligation)에서 변제는 제1절인 본절에 위치하고 있다.

변제는 채권자를 만족시키는 급부를 제공하는 것으로서 개정된 프랑스민법전에서 변제에 관한 절은 네 개의 부속절(sous-section)로 나뉜다. 채무변제 전체에 적용되는 총칙 규정인 제1부속절 뒤로 금전채무의 특칙, 지체, 변제자대위에 관한 부속절이 이어진다. 본절에서 주목할 만한 새로운 규정은 다음과 같다. 변제의 증거자유의 원칙(제1342-8조), 금전채무변제장소의 변경(제1343-4조), 채권자지체의 도입(1345조 이하)과 법정대위의 일반적 인정(제1346조)이 그것이다.

Sous-section 1 Dispositions générales

제1부속절 일반 규정

[해제] 본부속절은 변제 전체에 적용되는 총칙규정으로서 변제에 관하여 중요한 변화를 가져온 조문들이 규정되어 있다. 먼저 제1342조는 변제의 정의에 관한 신설규정이며, 제1343조는 제3자에 의한 변제가 원칙적으로 유효함을 인정한다. 제1342-8조는 변제의 증명자유의 원칙을 규정한다.

Article 1342 Le paiement est l'exécution volontaire de la prestation due.
Il doit être fait sitôt que la dette devient exigible.
Il libère le débiteur à l'égard du créancier et éteint la dette, sauf lorsque la loi ou le contrat prévoit une subrogation dans les droits du créancier.
제1342조 ① 변제란 의무가 있는 급부의 임의적 이행이다.
② 변제는 채무의 이행기가 이르면 즉시 이루어져야 한다.
③ 법률 또는 계약으로 채권자의 권리에 대하여 대위를 규정한 경우를 유보하고, 변제는 채무자를 채권자에 대하여 면책시키고 채무를 소멸시킨다.

[해제] 종래 변제의 정의는 프랑스민법전에 존재하지 않았지만 개정 전 제1235조에서 "의무 없이 변제된 것은 반환의 대상이 된다."고 하였기에 변제의

요건은 추론될 수 있었다.[2] 따라서 변제를 정의하는 것이 유용한가에 관해 때때로 논쟁이 있었다.[3] 변제 총칙의 첫 번째 규정인 본조는 개정 전 제1235조를 대체하여 변제가 행해져야 하는 시점 및 그 면책적 효과에 대해 언급하기 전에 변제의 개념을 명확하게 하는 역할을 하고 있다.

본조 제1항에서 변제는 작위채무인가 부작위채무인가 또는 주는 채무인가 하는 채무인가를 불문하고 채무의 임의적 이행으로 정의된다.[4] 여기서 명확히 표현하는 바에 따르면 변제는 "의무 있는" 급부의 "임의적(volontaire)" 이행이다. 의무 있는 급부를 임의적으로 성취하지 않는 한 변제는 행해진 것이 아니고 채무는 소멸하지 않는다.[5]

"임의적"이라는 형용사의 존재는 두 가지를 의미한다. 첫째, 임의적이지 않은 채무의 이행, 즉 착오에 의한 이행은 변제가 아니고 급부반환(restitution)의 대상이 된다(제1302-2조)는 효과를 발생시킨다. 둘째, 변제는 채무를 이행할 의사 없이는 이루어지지 않으며, 이를 근거로 변제의 법적성질을 법률행위로 볼 수 있다는 견해[6]도 있다.

"급부(prestation)"라는 단어에 붙어 있는 "의무 있는(due)"이라는 형용사 또한 급부의 두 가지 특징을 나타낸다. 첫째, 만약 급부가 "의무 있는" 것이 아니라면 당연히 변제가 이루어진 것이 아니기에 의무 없이 변제된 것은 반환청구의 대상이 된다. "모든 변제는 채무(dette)를 전제한다."고 한 개정 전 제1215조는 이것을 명시적으로 고려하였던 것이다. 이 원칙은 개정 프랑스민법전의 변제에 관한 절에서 다시 채용되지 않았으나 비채변제에 대한 절 안에서 동일한 내용이 유지되었다(제1302조). 둘째, 이행기에 있지 않은 채무라 하여도 변제할 수 있다. 미리 변제된 것은 반환될 수 없다고 하는 제1305-2조는 이를 뒷받침한다.[7]

본조 제2항은 명시적으로 채무의 이행기에 변제할 의무가 있다고 하였다.

---

2) B. Mercadal, *Réforme du droit des contrats*, Francis Lefebvre, 2018, n° 1134.
3) G. Chantepie et M. Latina, *op. cit.*, n° 931, p. 843.
4) G. Chantepie et M. Latina, *op. cit.*, n° 931, p. 843.
5) 프랑스민법전 제1342조 제3항에서 대위변제는 채무를 존속시키고 변제자가 채권자를 대위하게 된다는 내용도 변제의 새로운 정의에 따라 당연히 도출되는 것으로 보는 견해에, B. Mercadal, *op. cit.*, n° 1134.
6) O. Deshayes, Th. Genicon et Y.-M. Laithier, *op. cit.*, p .814.
7) O. Deshayes, Th. Genicon et Y.-M. Laithier, *op. cit.*, p. 814.

이에 따르면, 장래의 특정한 사건이 발생하였을 때로 채무이행을 연기하도록
하는 기한이 없는 경우, 급부의 이행은 채무의 이행기에 즉시 이루어져야 한다.
물론 본조에서 채무자가 채무가 이행기에 이르면 즉시 이행하라고 했다 하여
도, 원칙적으로 미리 변제하는 것을 막을 이유는 없다. 특히 기한이 채무자의
이익을 위한 것일 때에는 채무자는 기한의 이익을 거절할 수 있고 채무가 이행
기에 이르기 전에도 변제할 수 있다. 변제는 "채무가 이행기에 이르면 즉시 행
해져야 한다."는 표현은 변제가 이행기에 이른 때에 "즉시" 채무자가 지체에 빠
진다고 해석될 수도 있겠으나, 채무자는 원칙적으로 최고를 받아야 지체에 빠
질 수 있다(제1344조 이하).[8]

　　변제로 인하여 채무 그 자체가 소멸하므로 변제의 면책적 효과는 계약 당
사자 외의 사람들에게도 영향을 미친다. 채무의 소멸과 함께 채무에 부착되어
있던 물적·인적 부담이 사라지기 때문이다. 본조 제3항은 대위라는 전제를 유
보한 채로 이러한 효과를 인정한다. 대위는 채권자에 대해서는 채무자를 면책
시키지만 변제자 대위의 한도 내에서는 채권과 그에 부속한 담보물권이 변제자
에게 이전된다. 이때 채권자의 일신전속적 권리는 제외된다(제1346-4조).[9]

Article 1342-1 Le paiement peut être fait même par une personne qui n'y est
pas tenue, sauf refus légitime du créancier.
제1342-1조 변제는 채권자가 정당하게 거절한 경우가 아니면 채무 없는 자에 의해
이루어질 수 있다.

　　[해제] 변제자는 변제를 행하는 자로서, 통상 채무자 또는 그 대리인이 변
제자가 된다. 개정 전 제1236조는 이해관계 있는 제3자에 의해서도 변제가 행해
질 수 있음을 인정하였다. 채무자에 의해 행해지지 않은 변제이더라도 채권의
목적을 달성한 때에는 채권자는 그 변제를 수령해야 한다.

　　본조는 채무자가 아닌 제3자에 의해 실현된 변제라는 예외적 상황에 대해
서 다루고 있다. 실무에서는 제3자가 그가 지지 않은 채무의 변제의 부담을 떠
안는 경우가 많이 일어난다. 전통적으로 채무를 지는 채무자와 변제의 행위자

---

8) O. Deshayes, Th. Genicon et Y.-M. Laithier, *op. cit.*, p. 814.
9) G. Chantepie et M. Latina, *op. cit.*, n° 935, p. 846.

인 변제자(*solvens*)를 구분하는 것도 이 때문이다. 변제자는 채권자와의 관계가 무엇인지를 따지지 않고, 채권자에게 채무를 변제하는 자일 뿐이다.

본조는 개정 전 제1236조 내지 제1237조의 내용을 종합하면서 추상적인 내용을 단순화하였다. 개정 전 제1236조는 이해관계 있는 제3자와 그렇지 않은 제3자를 구분하였지만 본조는 그러한 구분 없이 채무자 아닌 자에 의한 채무변제를 인정하였다.[10] 다만 본조는 하나의 예외를 인정하는데, 채권자가 채무자 아닌 변제자에게 정당한 거절을 하였을 때는 변제의 효력을 부정한다. 이때 "정당한" 거절은 종전의 방식을 통해 그대로 해석할 수 있을 것인데, 채권자가 채무자 자신의 이행에 이익을 가지는 때에 그러할 것이다. 채권자와 채무자 간에 제3자에 의한 변제가 불가능하다고 합의한 경우에도 그러하다. 반대로, 채무자만이 제3자의 변제를 반대하는 경우에는 정당한 이유가 있다고 해도 제3자가 행한 변제의 효력을 부정할 수 없을 것으로 보인다.

개정 전 제1236조 제2항은 변제가 대리인에 의해 행하여지는 것을 고려한 규정이었다. 프랑스법은 전통적으로 채무자 외의 다른 사람이 하는 변제의 효력에 대해 우호적이었다. 개정 전 제1236조 또한 몇 가지 예외적인 요건을 유보하고서 이해관계 없는 모든 자들에 의해 채무자가 면책될 수 있다고 규정하였기 때문이다. 채무에 이해관계 없는 제3자에 의해 행해진 변제에 장애가 될 것으로 전제되는 것은, 오직 채무자 개인에 의해 이행되는 것에 이해관계를 가지는 '하는 채무'뿐이었다.

개정된 조문은 옛 규정을 개정하여 "변제는 채무 없는 자에 의해 행해지는 것도 가능하다."는 원칙을 긍정한다. 그러나 채권자의 "정당한 거절"이라는 한계를 두었는데, 이때의 채무는 채무자 자신에 의해 성취되어야 하는 것에 이익을 가지는 '하는 채무'임이 전제되었다고 볼 수 있다. 또한 제3자에 의한 이행을 금지하는 조항을 계약 내용에 포함하는 경우도 정당한 거절이 가능할 것이며, 만약 그와 같은 조항을 두지 않은 경우에도 제3자에 의한 이행이 채권자가 기대한 만족을 방해하게 될 성질의 채무라면 채무자 아닌 자의 변제를 금한다고 볼 수 있을 것이다.[11]

---

10) 프랑스법의 전통적 태도도 그러하였으며 개정으로 이를 재확인하였다고 한다. G. Chantepie et M. Latina, *op. cit.*, n° 937, p. 847.

11) O. Deshayes, Th. Genicon et Y.-M. Laithier, *op. cit.*, p. 816.

채무자 아닌 자의 변제가 채권자가 기대한 만족을 제공하나 그의 이익을 해할 경우 어떠한 기준으로 채권자의 거절을 허용할 수 있을 것인가 하는 의문이 제기된다. 가령 계약을 해지시키고자 하였던 채권자가 제3자에 의한 변제 제공을 반대할 수 있는가? 모든 것은 판례가 "정당한" 거절이라는 요건을 해석하는 방식에 달려 있을 것이다. 순전히 객관적인 방식으로 정당성을 평가하면, 즉 의무 있는 급부와 제3자에 의한 제공 간의 부합성만을 고려하는 방식에 의하면 채권자에게 변제를 수령할 의무가 부과될 것이다. 그러나 좀 더 주관적으로 정당성을 평가하면, 즉 채권자의 권리의 이행에 제3자가 개입하는 것이 의미하는 혼란을 고려한다면 채권자가 변제의 제공을 거절하고 해제하는 것을 허용할 것이다.[12]

Article 1342-2 Le paiement doit être fait au créancier ou à la personne désignée pour le recevoir.

Le paiement fait à une personne qui n'avait pas qualité pour le recevoir est néanmoins valable si le créancier le ratifie ou s'il en a profité.

Le paiement fait à un créancier dans l'incapacité de contracter n'est pas valable, s'il n'en a tiré profit.

제1342-2조 ① 변제는 채권자 또는 변제를 수령하기로 지정된 자에게 이루어져야 한다.

② 변제를 수령할 자격이 없는 자에게 이루어진 변제라도 채권자가 이를 추인하거나 이로부터 이익을 받은 경우에는 효력이 있다.

③ 계약 체결 능력이 없는 채권자에게 이루어진 변제는 그가 이로부터 이익을 받지 않은 경우에는 효력이 없다.

[해제] 변제수령자(*accipiens*)는 변제를 받는 자이다. 원칙적으로 변제를 받는 자는 채권자나 그 대리인이다. 제3자에 행해진 변제는 "잘못 변제한 자는 두 번 변제한다."는 격언에서 말하듯, 채무자를 면책시키지 못한다. 변제의 행위자, 즉 변제자가 채무자와 동일인이 아닐 수 있는 것처럼 변제를 받는 변제수령자도 채권자가 아닐 수 있다는 것이 프랑스민법의 전통적인 해석으로서 개정 전 제1239조 내지 제1241조에 이미 나타나 있었다.

---

12) O. Deshayes, Th. Genicon et Y.-M. Laithier, *op. cit.*, p. 817.

대개 변제수령자와 채권자는 동일인이다. 일반적으로 변제는 채권자에게, 즉 변제 시에 채권자의 자격을 가진 자에게 이루어져야 한다. 그 때 채권자가 원래부터 자격이 있었는지 또는 상속 또는 약정에 의한 양도를 통해 채권을 이전받았는지는 중요하지 않다. 그러나 채권자가 행위능력이 있어야 변제의 효력이 인정된다(본조 제3항).

본조 제1항은 채권자에게 변제를 하지 않고 권한을 가진 제3자에게 실행될 수 있다고 하여, '변제를 받도록 지정된 사람'에게 변제를 할 수 있음을 덧붙인다. 이는 개정 전 제1239조에서 설명한 채권자의 대리인을 가리킨다.

본조 제2항은 변제를 받을 자격이 없는 변제수령자에 대해 규정한다. 변제가 채권자도 그의 대리인도 아닌 자에게 행해졌다면 변제는 무효이고 채무자를 면책시킬 수 없다는 개정 전 프랑스민법전의 태도는 여기서 묵시적으로 다시 채용되었다. 본항은 "수령할 자격이 없었던 자에게 행한 변제는 채권자의 추인이 있거나 채권자가 이익을 얻은 경우에는 유효하다."고 하여 개정 전 제1239조의 두 가지 예외를 제외하고는 자격 없는 자에게 행해진 변제는 무효임을 확언한다.[13]

본조 제3항은 제한능력자인 채권자에게 행한 변제의 효과를 설명한다. 법적으로 계약체결능력이 없는 채권자에 행한 변제는 "효력이 없다." 즉 제한능력자에게 행해진 변제는 원칙적으로 상대적 무효이다. 그러나 채권자가 변제로부터 이익을 받은 경우에는 그러하지 않다. 이러한 결론은 개정 전 제1241조의 내용과 같다.[14]

Article 1342-3 Le paiement fait de bonne foi à un créancier apparent est valable.
제1342-3조 외관상 채권자에 대해 선의로 행해진 변제는 유효하다.

[해제] 개정 전 제1240조는 "채권의 점유자에 대하여 선의로 행해진 변제는, 그 이후에 점유자가 변제 결과를 추탈 당한 경우라 하더라도, 유효하다."고 하였다. 이것은 변제자의 자격에 관한 소송으로부터 변제의 행위자를 보호하기

---

13) G. Chantepie et M. Latina, *op. cit.*, n° 943, p. 850.
14) O. Deshayes, Th. Genicon et Y.-M. Laithier, *op. cit.*, p. 819.

위한 것이다.[15] 이 규정을 이해하기 위해서 학설은, 점유(possession)를 권원이 있는 것처럼 행동한 사실이라고 보아 개정 전 제1240조는 외관이론이 적용된 예라고 해석하였다.[16] 이때 변제를 유효하게 하는 점유자의 요건은 통상 변제 수령자에 의한 일반적이고 정당한 착오로 발생한 외관에 대한 신뢰라고 해석되었다.

본조는 판례의 적용을 통해 개정 전 제1240조를 재구성함으로써 조문의 내용을 현대화시켰다. 먼저 조문의 용어에 변화가 있었다. '점유(possession)', '점유자(possesseur)', '추탈(évincé)'과 같은 물권법상의 용어가 종전에 이미 법적 해석을 통하여 그러한 용어를 대체할 수 있었던 직접적인 설명, 즉 외관(l'apparence)으로 대체된 것이다. 그리하여 본조는 "선의로 외관상 채권자에게 행해진 변제는 유효하다."고 하였다. 이와 같은 변화는 채권의 점유라는 요건을 포기하면서 외관이론을 확고히 한 것으로, 외관이론은 선의(bonne foi)라는 요건과 결부되어 변제의 일반법 안으로 들어온 것이라고 평가하는 견해가 있다.[17] 그러나 변제를 선의의 점유자에 행하면 유효하다는 개정 전 프랑스민법전상의 내용은 그 점유자가 '외관상 채권의 적격자'이며 '누가 보아도 그가 채권자'임을 의미하는 것으로,[18] 이미 '외관상 채권자'를 뜻하고 있던 것이므로 용어적 변화가 있었을 뿐 종래 규정의 적용영역이나 기본정신에는 수정이 없다고 볼 수 있다.[19] "채권의 점유자"를 "외관상 채권자"로 대체한 것은 문구 자체로는 변제의 효력요건을 변경한 것이나, 점유자에 요구되던 조건을 고려할 때, 외관상 채권자는 대부분 외관상 권리를 가진 자로 제3자에게 나타나는 점유자의 경우와 혼합된다. 요컨대 개정으로 인한 변화는 실제적이기보다는 형식적인 것에 가깝다.[20]

제3자의 변제가 잘못 방향을 잡았으니 유효한 변제가 되기 위해서는 두 가지 요건이 필요하다. 첫째, 변제자는 선의여야 한다. 즉 주관적으로 변제수령자가 수령할 권리가 없었음을 몰랐어야 한다. 여기서 조문은 법원에 상당히 광범위한 해석의 여지를 남겨둔 것으로 보인다. 지금까지 판례는 변제자의 선의를

---

15) G. Chantepie et M. Latina, *op. cit.*, n° 944, p. 851.
16) G. Chantepie et M. Latina, *op. cit.*, n° 944, p. 851.
17) G. Chantepie et M. Latina, *op. cit.*, n° 944, p. 851.
18) M. Planiol, *Traite elementaire de droit civil*, t. 2, LGDJ, 8ᵉ éd., 1921, n° 416.
19) O. Deshayes, Th. Genicon et Y.-M. Laithier, *op. cit.*, p. 820.
20) B. Mercadal, *op. cit.*, n° 1140.

요구하였는데, 이는 수령자의 채권자 자격에 대해 착오로 인하여 신뢰를 가졌던 것을 의미한다.[21] 만약 외관(apparence)이 정당한 신뢰와 긴밀하게 관련되었음을 인정한다면, 이것은 변제자의 정당한 착오의 증명과 관련되어야 할 것인데, 착오는 그의 신중하지 못함 또는 태만함으로부터 유래된 것이 아니어야 한다.[22]

둘째, 변제수령자가 외관상 채권자의 자격을 가져야 한다. 즉 객관적으로 그가 채권의 적격자(titulaire)로 보여야 한다. 변제자가 행한 착오는 불가피(invincible)한 것이어야 하는가? 이 질문은 외관이론에서 전통적으로 제기된 것인데, 여기서는 부정적으로 답해야 할 것이다. 변제의 안전성을 위해서는 정당한 신뢰로 족하다. 그러므로 변제자가 그 수령자를 채권자로 여겼던 동일한 상황에서 다른 사람도 그러했을 것임이 인정되면 족한 것이고 진정한 채권자를 발견하기 위한 어떤 수단도 달리 존재하지 않음을 증명해야 하는 것은 아니다.[23] 외관상 채권자에 대한 변제의 유효성은 채무자의 면책을 의미한다. 그렇다고 하여 변제수령자가 그가 수령한 것을 보유할 수 있음을 의미하는 것은 아니다. 그러므로 부당이득의 법리에 따라, 외관이 인정된다면, 변제자는 부당한 변제에 의해 면책될 것이고 한편 진정한 채권자는 변제자가 아닌 수령자에게 부당이득 법리에 근거하여 반환을 청구할 수 있을 것이다(제1303조). 외관이 결여되었다면, 변제자는 면책되지 못할 것이며 종국적으로 비채변제 반환의 소를 제기할 수 있을 것이다.[24]

Article 1342-4 Le créancier peut refuser un paiement partiel même si la prestation est divisible.

Il peut accepter de recevoir en paiement autre chose que ce qui lui est dû.

제1342-4조 ① 채권자는 급부가 가분적일 경우에도 일부변제를 거절할 수 있다.

② 채권자는 본래의 내용과 다른 물건의 변제로 수령할 것을 승낙할 수 있다.

[해제] 원칙적으로 채권자는 약속된 채무의 이행을 정확히 만족시키는 변

---

21) Req., 27 janv.1862 : *DP* 1862.1.225; *S*. 1862. 1. 588.
22) G. Chantepie et M. Latina, *op. cit.*, n° 944, p. 852.
23) O. Deshayes, Th. Genicon et Y.-M. Laithier, *op. cit.*, p.820.
24) G. Chantepie et M. Latina, *op. cit.*, n° 944, p. 852.

제를 수령해야 한다. 그러므로 변제와 채무 간에는 완벽한 동일성이 존재해야 한다. 개정 전 제1243조 내지 1244조는 이러한 원칙에 따라 채권자는 정해진 목적과 다른 물건을 수령하거나 또는 일부변제를 수령하도록 강제되지 않는다고 하였다. 그러나 몇 가지 예외가 인정되었는데, 첫째, 대물변제(dation en paiement), 둘째, 당사자의 의사에 따른 일부변제의 수령, 셋째, 법원에서 소위 은혜기간(délai de grâce)[25] 중 일부변제의 이행을 명하는 경우가 있었다.

본조 제1항은 소위 변제의 분할불가능성(indivisibilité) 원칙을 밝히고 있다. 변제란 정해진 급부의 이행으로서 채무자를 면책시키고 채무를 소멸시킨다고 하는 제1342조의 정의에 비추어, 다음과 같은 두 가지 상황으로 나누어 볼 수 있다. 먼저 부작위채무와 같이 분할이 불가능한 급부인 때에는 변제의 분할은 생각할 수 없다. 반대로 채무가 실질적으로 분할 가능할 때, 채무자는 분할하여 이행할 수 있는가? 본조 제1항은 "채권자는 급부가 분할가능하다 하더라도 분할변제를 거절할 수 있다."고 명확히 하여, 개정 전 제1244조에서 밝힌 원칙을 다시 채용하였다. 변제는 채권자에 의해 정해진 완전성을 지녀야 하는바, 이것은 금전채무와 같은 분할 가능한 급부인 경우에도 마찬가지이다.

본조 제2항은 채권자가 "본래의 내용과 다른 물건의 변제로 수령할 것을 승낙할 수 있다."고 긍정하고 있다. 변제는 본래의 급부를 이행하는 것이므로 채무자는 다른 급부의 이행을 주장할 수 없음은 명백하다. 실제 제공한 물건이 본래 제공하였어야 했던 물건보다 우월한 가치를 가지는가 여부는 중요하지 않다. 그럼에도 본조는 합의된 급부와 다른 급부의 이행을 변제라는 이름으로 승낙할 수 있다고 하는데, 채권자는 대물변제를 승낙하는 것도 거절하는 것도 자유이다. 개정 전 제1243조는 "제공된 목적물의 가액이 같거나 그 이상인 경우에도" 수령을 강제당하지 않는다고 하였는데, 이 문구는 개정 프랑스민법전에서 채용되지 않았지만 기존의 해석과 크게 달라진 것은 없다고 보인다.[26] 대물변

---

25) 은혜기간(delai de grâce)은 법원이 채무자의 상황과 채권자의 필요 등 제반 상황을 고려하여 2년이 넘지 않는 범위에서 이행기가 도래한 채무의 이행기를 연장하거나 분할하도록 하는 제도이다. 종래 은혜기간(dalai de grace)에 관한 개정 전 제1244-1조 내지 제1244-3조가 개정된 프랑스민법전에서는 변제에 관한 절에서 삭제되었는데, 이는 변제 일반에 고유한 규정으로부터 거리가 멀기 때문이라고 한다. N. Dissaux, Ch. Jamin, *Projet de réfomre du droit des contrats du régme général et de la preuve des obligations*, Dalloz, 2015, p. 179.

26) O. Deshayes, Th. Genicon et Y.-M. Laithier, *op. cit.*, p. 821.

제란 처음 합의되었던 것과 다르게 변제하는 것을 허용하는 것으로, 원래의 변제의 조건을 새로운 변제의 조건이 대체하게 된다. 대물변제의 법적성질은 오랫동안 논쟁의 대상이 되었는데, 변제의 한 방법으로 생각되기도 하고 객체의 변경에 의한 경개(novation)로 간주되기도 한다. 어쨌든 대부분의 학자들은 원래의 채무를 변경하기 위한 채권자와 채무자 간의 자발적 승낙에 근거한다는 점에서 대물변제가 약정적 성질(nature conventionnel)을 가진다는 점에는 동의하는데,[27] 본조가 이러한 사실을 암묵적으로 긍정하였다고 볼 수 있다.

요컨대, 종래 당사자의 승인을 요건으로 하여 판례에 의하여 인정되던 대물변제를 민법전에서 명시적으로 인정한 것에 본조의 의의가 있다. 그러나 본조는 대물변제의 요건과 효과를 확정하지 않았기 때문에 이는 향후 법원에 의해 정해질 것으로 예상된다.[28]

Article 1342-5 Le débiteur d'une obligation de remettre un corps certain est libéré par sa remise au créancier en l'état, sauf à prouver, en cas de détérioration, que celle-ci n'est pas due à son fait ou à celui de personnes dont il doit répondre.
제1342-5조 특정물 인도 채무의 채무자는 목적물의 훼손이 채무자 또는 채무자가 책임져야 할 사람의 행위에 의한 것이 아님을 증명하면 채권자에게 그 상태로 인도함으로써 면책된다.

[해제] 통상 변제의 목적은 채무의 유형에 따라 구분될 수 있다. 가령 경업금지나 비밀유지 의무와 같은 부작위채무의 경우, 변제는 경쟁적 행위를 하거나 비밀을 누설하는 행위를 하지 않는다는 부작위로써 이루어질 것이다. 그러나 '하는 채무'는 실질적으로 정해진 급부를 완성할 것을 의미하므로, 변제가 물건의 인도를 의미할 때는 다소 복잡한 상황이 된다. 지금까지 이 문제는 상호보완적인 두 가지 원칙을 제시하는 개정 전 제1245조 및 제1246조에 의해 다루어졌다. 본조는 특정물 인도 지체 중 훼손에 관한 것이다. 이는 변제의 불변성(immutabilité)에 관한 것으로서[29] 개정 전 제1245조를 대체하는데, 이러한 개정

---

27) G. Chantepie et M. Latina, *op. cit.*, n° 948, pp. 855-856.

28) B. Mercadal, *op. cit.*, n° 1142.

29) G. Chantepie et M. Latina, *op. cit.*, n° 947, p. 854.

으로 인하여 물건의 인도에 관한 법리가 이전보다 불명확하게 되었다고 평가되기도 한다.[30] 개정 전 프랑스민법전에서는 물건이 어떤 상태로 변제되어야 하는가에 대한 대답으로서 두 가지 논점, 첫째, 종류물의 경우 변제 시의 품질에 관한 것, 둘째, 특정물 인도 시 물건의 훼손에 관한 것에 답하고 있었으나 현행 프랑스민법전은 두 번째 논점에 대해서만 답하고 있다. 개정 전 제1246조의 내용은 제1166조에서 다른 내용으로 대체되었다. 제1166조는 "급부의 품질이 계약상 확정되지 않았거나 확정될 수 없는 경우, 채무자는 급부의 성질, 관행, 반대급부의 가액을 고려하여 당사자들의 적법한 기대에 부합하는 품질의 급부를 제공하여야 한다."고 하는데 이는 UNIDROIT의 국제상사계약원칙으로부터 영향을 받은 것이다.[31]

종류물 공급의 품질 기준에 대해 다음과 같은 의문이 있을 수 있다. 첫째, 급부의무 있는 물건이 종류물이고, 그 종류만이 특정되었을 때, 변제시 어떠한 품질을 기준으로 요구할 수 있는가? 개정 전 제1246조는 "만약 채무가 종류에 의해서만 지정된 물건이라면, 채무자는 면책되기 위하여 최상급의 물건을 제공할 의무는 없다; 그러나 가장 나쁜 물건을 제공해서는 안 된다."고 하였다. 종류물 공급채무에 관한 이 규정이 삭제됨으로 인해 종류물에서 제공되어야 할 품질은 물건의 견본의 제공에 의해, 또는 제1166조에 제시된 기준에 따라 판단될 수 있다. 요컨대 종류물은 제1166조에서 말하는 "당사자들의 정당한 기대에 상응하는 품질의 급부"를 채무자가 제공하여야 한다고 해석된다.[32]

특정물 인도시 물건의 훼손가능성도 문제될 수 있다. 즉 당사자가 인도되어야 할 목적물을 지정하였고 인도되어야 할 물건의 품질에 어떠한 개입이 있을 것으로 예상되지 않을 경우, 그 물건이 채무의 발생 시점 이후 어떠한 이유로 훼손될 가능성을 염두에 두어야 한다. 본조는 훼손된 물건의 인도로 변제되는 상황을 규정하고자 하였는데, 사실상 이는 당사자 간에 목적물 훼손의 위험을 할당하는 방식을 취하고 있다.[33] 원칙적으로 특정물의 경우 "현 상태대로"

---

30) O. Deshayes, Th. Genicon et Y.-M. Laithier, *op. cit.*, p. 822.

31) UNIDROIT의 국제상사계약원칙 제1:105조 급부의 품질이 계약에 의해 확정되거나 지정되지 않은 때, 당사자는 상황에 맞게 합리적인(raisonable) 품질의, 최소한 중등 품질의 급부를 제공해야 한다. N. Dissaux, Ch. Jamin, *op. cit.*, p. 61.

32) O. Deshayes, Th. Genicon et Y.-M. Laithier, *op. cit.*, p. 822; B. Mercadal, *op. cit.*, n° 1144.

물건을 인도하는 것이 채무자를 면책시킨다고 하여 물건의 훼손은 채권자(매수인)의 부담이 된다.[34]

개정 전 제1245조는 "사실행위 또는 과책"이라고 하였으나 본조는 "사실행위"만 명시하였다. 그러나 이러한 차이로는 기존의 해석에 어떤 변화도 없을 것으로 보인다.[35] 목적물 훼손의 증명책임은 채권자에게 지워질 것이다. 그리고 훼손의 사실이 증명되면 훼손이 채무자의 사실행위 또는 그가 책임져야 할 사람의 행위에 의한 것이 아님을 채무자가 증명해야 할 것으로 보인다. 이때 훼손의 원인이 밝혀지지 않음을 증명하는 것으로도 면책될 수 있을 것인가? 이 점에서 본조와 이행불능에 대한 규정들(제1351조 내지 제1351-1조) 간의 경미한 차이가 나타난다.[36]

개정 전 제1245조는 훼손이 이행지체 중에 발생하였을 때에는 물건의 훼손은 채무자의 부담이 된다고 하였으나 2016년 프랑스민법전에서는 이 내용을 삭제하였다. 그러나 비록 본조가 채무자의 인도 지체 중의 훼손을 전제하지 않았더라도, 이것은 이행지체 중의 위험부담을 정하는 제1344-2조에 의해 해결된다고 해석된다.[37] 이에 따르면 이행지체 시의 훼손에 관한 내용을 본조에서 채용하지 않았다고 하여 기존의 해석을 수정할 필요는 없다. 사실 물건을 정해진 때에 인도하였다면 불가항력으로 야기된 훼손도 피할 수 있었을 것이므로 채무자의 사실행위에 책임을 돌릴 수 있다고 인정하는 것도 가능하다.[38] 이와 같은 해석은 물건 훼손의 경우와 물건 멸실의 경우를 규율하는 제도의 일관성을 유지하는 데 그 장점이 있다.

본조의 "특정물 인도 채무의 채무자"와 "채권자"는 상당히 광범위하게 해석될 수 있다. 이론적으로는 물건을 사용하고 보관하는 내용의 계약, 즉 사용대차, 임대차 등에도 적용될 수 있기 때문이다. 그러나 프랑스민법전에서는 위와 같은 유형의 계약에 관하여 특별 규정을 두는 경우가 대부분이므로[39] 본조는

---

33) O. Deshayes, Th. Genicon et Y.-M. Laithier, *op. cit.*, p. 822.
34) 개정 전 제1245조는 이보다 더 명확하게, "변제기의 현상대로" 물건을 인도하는 것이라 하였다.
35) O. Deshayes, Th. Genicon et Y.-M. Laithier, *op. cit.*, p. 823.
36) 이행불능 관련 규정들은 물건의 멸실이 불가항력으로 인한 것일 때 채무자를 면책시키며, 채무자는 불가항력의 존재를 적극적으로 증명해야 한다고 하였다.
37) B. Mercadal, *op. cit.*, n° 1143.
38) O. Deshayes, Th. Genicon et Y.-M. Laithier, *op. cit.*, p. 822.

무엇보다 소유권의 양도 또는 취득과 관련한 계약에 적용된다.[40]

> Article 1342-6 A défaut d'une autre désignation par la loi, le contrat ou le juge, le paiement doit être fait au domicile du débiteur.
> 제1342-6조 법률, 계약 또는 법원에 의하여 달리 정함이 없으면 변제는 채무자의 주소에서 행해져야 한다.

[해제] 본조 및 제1342-7조는 제1342조에서 규율된 변제의 양태(modalité)를 규정한다. 이 간단한 조문들은 변제의 장소와 변제비용의 부담이라는 주제에 대해 명확한 해법을 제시한다.

변제의 장소란 채무자가 의무 있는 급부를 이행해야 하는 장소로서, 개정 전 제1247조는 여러 경우를 나열한 후, "이 경우가 아니면, 변제는 채무자의 주소에서 행해져야 한다."고 규정하였다. 이에 따르면 변제란 채권자가 받으러 가야 하는 것으로, 지참하는(portable) 것이 아니다. 본조는 보충적 규정으로서 이 마지막 방식을 받아들였다.[41]

그러나 개정에 의하여 다음 두 가지 변화가 있있다. 첫째, 개정 전 세1247조에서 규정하고 있던 특별한 경우들이 프랑스민법전에서 사라져, 이제 변제는 '법률, 법원 혹은 약정에 의한 다른 지정이 없을 때에' 채무자의 주소에서 행해진다. 그러므로 특정물 급부 시, 변제 장소는 채무성립 시 물건이 있었던 장소가 아니라 원칙적으로 채무자의 주소이다. 그러나 법률의 침묵이 그것을 금지하는 것이라고는 볼 수 없으므로, 당사자는 그와 같은 내용을 합의 또는 승낙할 수 있을 것이다. 둘째, 금전채무에 대한 특별규정이 도입된 것이다. 금전채무의 변제장소는 채권사의 주소이다(제1343-4조).[42]

> Article 1342-7 Les frais du paiement sont à la charge du débiteur.
> 제1342-7조 변제의 비용은 채무자의 부담으로 한다.

---

39) 임대차의 경우 제1732조, 사용대차의 경우 제1882조 내지 제1884조, 위탁의 경우 제1933조 참조.
40) O. Deshayes, Th. Genicon et Y.-M. Laithier, *op. cit.*, p. 822.
41) G. Chantepie et M. Latina, *op. cit.*, n° 950, p. 857.
42) G. Chantepie et M. Latina, *op. cit.*, n° 950, p. 857.

[해제] 이 규정은 개정 전 제1248조의 내용을 다시 취하고 있기에 특별히 주목할 부분은 없다. 변제의 비용을 채무자의 부담으로 하는 것이 규정의 내용인데, 이것은 면책의 이익을 채무자가 가지고 있기 때문이라고 설명될 수 있을 것이다. 채무자는 급부의 이행에 필요한 모든 비용, 특히 우편발송비용, 어음, 수표 등 변제의 방법과 관련한 여타의 수수료 등을 부담한다. 이는 임의변제의 비용에 한하는 것으로, 강제집행의 비용은 프랑스민사소송법전 제L.111-8조의 특별규정에 따른다.

본조는 보충 규정이므로 당사자가 비용의 분담에 대해 달리 합의하는 것도 여전히 가능하다.[43]

Article 1342-8 Le paiement se prouve par tout moyen.
제1342-8조 변제는 모든 방법에 의해 증명된다.

[해제] 1804년 프랑스민법전은 변제는 채무를 소멸시킨다고 말할 뿐이었기에 변제의 법적성질에 관한 논의도 활발히 이루어졌다. 변제를 법률행위로 간주하는 견해는 변제가 사실상 채무를 행하는 채무자와 그 변제를 수령하는 채권자 간의 합의로부터 유래한다고 보았다. 이에 반대하는 견해는 변제의 효과는 채무자와 채권자 간의 자발적 승인이 아니라 법률에 의하여 정해진다고 하여 변제를 사실행위로 보았다. 특히 변제의 증명방법과 관련하여 변제의 법적성질이 활발히 논의되었는데, 만약 변제가 법적 사실(le fait juridique)이라면 그 증거는 모든 수단으로써(par tout moyen) 증명이 가능하나, 법률행위로 간주된다면 그렇지 않다. 전통적으로 판례는 변제를 법률행위로 간주했던 것으로 보이는데, 서면증거를 요구하여 왔다.[44] 그럼에도 불구하고 비교적 최근의 파기원 판결은 그와 다른 태도를 취하여 증거의 자유를 인정하였기에[45] 법원이 변제를 법적 사실로 판단하였다고 해석되기도 하였다. 본조는 "변제는 모든 수단에 의해 증명된다."고 선언하면서, 판례의 불확실성에 종지부를 찍었다. 비록 본조가 변제의 법적성질에 대한 논란에는 참여하지 않고 있으나 증거 자유의 원칙을

---

43) G. Chantepie et M. Latina, *op. cit.*, n° 951, p. 858.
44) Civ. 3ᵉ, 27 fév. 2008, n° 07-10.222.
45) Civ. 1ʳᵉ, 6 juil. 2004, n° 01-14.618.

받아들인 것은 분명하다. 영수증과 같은 서면증거에 어떤 명시적인 이익도 주지 않고 있기 때문이다. 그러나 법관이 서면증거와 그 외의 증거에 대해 증거로서의 가치 평가를 하는 것은 가능할 것이다.[46]

Article 1342-9 La remise volontaire par le créancier au débiteur de l'original sous signature privée ou de la copie exécutoire du titre de sa créance vaut présomption simple de libération.

La même remise à l'un des codébiteurs solidaires produit le même effet à l'égard de tous.

제1342-9조 ① 채권자가 임의로 사서증서의 원본 또는 채권의 집행권원 사본을 교부하는 것은 채무면책으로 단순 추정된다.

② 공동연대채무자 중 1인에 대한 제1항의 교부는 전체 채무자에 대해 동일한 효력이 있다.

[해제] 입법자는 채무의 증명과 채무자의 면책에 관한 조문인 개정 전 제1282조 내지 제1284조를 본조로 대체하였다. 개정 전 프랑스민법전은 입증책임의 분담과 관련하여 제1282조 및 제1283조 제1항에서, 채권자가 사서증서 원본이나 집행권원 사본을 임의 교부한 때, 다시 말하면 채권자가 채무자에게 증거로 기능할 수 있는 서면을 교부한 때 채권자가 채무자를 면책시킨 것으로 추정하였다. 반면, 본조는 개정 전 프랑스민법전의 사서증서 원본(부인 불가능한 추정)과 집행사본(단순 추정)의 구분을 포기하면서 단순 추정의 원칙을 택하였다. 그러므로 원본을 지닌 채권자는 언제든지 반대증거를 제시할 수 있다.[47]

본조 제1항에 의하면, 채권자의 채무자에 대한 사서증서 원본의 임의교부는, 이 경우 예전에 그러하였던 것처럼 더 이상 채권의 소멸 또는 채무자의 면책의 종국적 증거가 되지 못하고 단순추정을 받을 뿐이다. 그러므로 채권자는 채무자에 대한 면책이 없었음을 증명할 수 있을 것이다. 본조 제2항은 채권자가 공동연대채무자 중 1인에게 임의로 채권의 집행권원 사본 또는 사서증서 원본을 교부한 경우 공동연대채무자 전체에 대한 면책으로 단순 추정의 효과가 있다고 규정하고 있다.[48]

---

46) G. Chantepie et M. Latina, *op. cit.*, n° 955, p. 860.
47) G. Chantepie et M. Latina, *op. cit.*, n° 954, p. 859.
48) G. Chantepie et M. Latina, *op. cit.*, n° 954, p. 860.

Article 1342-10 Le débiteur de plusieurs dettes peut indiquer, lorsqu'il paie, celle qu'il entend acquitter.

A défaut d'indication par le débiteur, l'imputation a lieu comme suit : d'abord sur les dettes échues ; parmi celles-ci, sur les dettes que le débiteur avait le plus d'intérêt d'acquitter. A égalité d'intérêt, l'imputation se fait sur la plus ancienne ; toutes choses égales, elle se fait proportionnellement.

제1342-10조 ① 수개의 채무에 대한 채무자는 변제시에 그가 변제하고자 하는 채무를 지정할 수 있다.

② 채무자의 지정이 없는 경우 다음과 같이 충당된다. 이행기가 도래한 채무; 이 중 변제의 이익이 채무자에게 가장 큰 채무. 변제의 이익이 같은 경우에는 이행기가 가장 먼저 도래한 채무에 충당된다. 모든 것이 동일하면, 채무의 비율에 비례하여 충당된다.

[해제] 본조는 개정 전 제1253조 및 제1256조에서 명시한 직접적인 해결책을 다시 취한다.[49] 본조는 채무자가 변제할 때 수개의 채무 중에 어떤 것을 변제하는 것인지 선택할 수 있게 하였다. 그러므로 채무자는 우선적으로 어떤 채무를 변제하는지를 그의 이익에 따라 선택할 자유를 가진다. 가장 비용이 많이 드는 채무를 우선할 수도 있고 이행기가 가장 먼저 도래할 채무를 선택할 수 있다. 그러나 채무자의 자유는 다른 채권자를 해하려는 목적으로 변제가 행해지는 것이 분명한 경우를 제외하고 인정되어야 한다.[50]

본조 제1항은 채무자의 선택이 어떻게 표시되어야 하는지는 규정하지 않는다.[51] 명시적으로 표현하지 않은 경우에도 다른 요소를 고려하여 추론할 수 있을 것이다. 만약 채무자가 채권자가 선택한 충당의 방법이 포함된 영수증을 받아들인 때에는 이와 같은 충당을 묵시적으로 합의한 것으로 간주되므로, 일반법에 따라 의사표시의 하자를 채무자가 수상할 수 있는 경우를 제외하고는 반대할 수 없을 것이다.

본조 제2항은 채무자의 정함이 없는 경우의 변제 순서를 정한다. 채무는 이행기가 도래한 채무와 미도래한 채무라는 두 가지 범주로 나뉜다. 둘 중에서는 항상 이행기가 도래한 채무가 먼저 변제되는 것으로 간주한다. 이행기가 도

---

49) O. Deshayes, Th. Genicon et Y.-M. Laithier, *op. cit.*, p. 831.
50) G. Chantepie et M. Latina, *op. cit.*, n° 956, p. 861.
51) G. Chantepie et M. Latina, *op. cit.*, n° 957, p. 862.

래한 채무 중에는 채무자가 가장 많은 이익을 가질 수 있는 채무의 변제에 충당된다. 변제가 충당되는 순서를 채무자가 정하지 않은 때이므로 이익의 유무에 대해서는 법원이 판단한다.52) 채무자의 이익은 원칙적으로 채무의 유상성을 고려하여 판단되므로 지급이 유예된 이익 및 담보와 연결된 부담도 고려된다. 동일한 이익이 있다고 판단된 수개의 채무 중에서는 가장 오래된 채무에 먼저 충당된다.53)

Sous-section 2 Dispositions particulières aux obligations de sommes d'argent

제2부속절 금전채무에 대한 특별규정

[해제] 채권법개정에 의해 프랑스민법전에는 금전채무에 관한 다양한 규정들이 변제의 절 안에 독립된 부속절로서 도입되었다. 종래 금전대차채무에 인정되었던 화폐명목가치의 원칙이 금전채무 일반에 대해 인정되었고(제1343조) 이자부 금전채권에 관한 일반원칙이 도입되었다(제1343-1조 내지 1343-2조).

오랫동안 프랑스에서 이자채권에 대한 법적 해석은 종교적, 경제적, 정치적 고려 사이에서 갈등을 겪는 특수한 상황에 있었으나 점진적으로 이자에 대한 제한이 강화되는 방향으로 진전되어 왔으며, 프랑스 혁명과 프랑스민법전 제정에 의해 그 제한은 더욱 명확해졌다고 한다.54) 이자부채권에 대한 일반원칙으로서 본부속절에 자리가 마련된 규정은 일부변제의 충당과 이자율(제1343-1조), 복리의 문제(제1343-2조)에 관한 것이다.

그 외 제1343-3조 내지 제1343-4조는 금전채무변제에 특화된 변제의 방식을 규정한다. 제1343-5조는 개정 전 제1244-1조에서 제1244-3조까지의 은혜기간의 요건 등에 관한 내용을 거의 바꾸지 않고 받아들인 것이다.

---

52) G. Chantepie et M. Latina, *op. cit.*, n° 958, p. 862.
53) 이때 "가장 오래된(la plus ancienne) 채무"는 채무의 성립시기를 기준으로 하는가, 아니면 채무의 이행기를 기준으로 하는가? 채무의 이행기가 먼저 도래한 경우 채권의 소멸시효도 먼저 완성되므로 채무의 이행기를 기준으로 해야 할 것이다.
54) G. Chantepie et M. Latina, *op. cit.*, n° 964, p. 867.

Article 1343 Le débiteur d'une obligation de somme d'argent se libère par le versement de son montant nominal.

Le montant de la somme due peut varier par le jeu de l'indexation.

Le débiteur d'une dette de valeur se libère par le versement de la somme d'argent résultant de sa liquidation.

제1343조 ① 금전채무의 채무자는 명목상 금액의 지급에 의하여 면책된다.

② 정해진 금액은 물가연동지수에 의해 변동될 수 있다.

③ 가치채무의 채무자는 청산으로 산정된 금액의 지급에 의해 면책된다.

[해제] 본조 제1항은 화폐명목가치의 원칙을 규정한다. 화폐의 명목가치원칙이란 하나의 화폐단위는 같은 시점에서는 언제나 동일한 채무변제의 가치를 가진다는 것이다. 이 원칙 하에서 금전채무자는 채무의 발생 시점 이후로 통화의 평가절상 혹은 평가절하가 있더라도, 변제시에 채권의 명목 금액에 상응하는 화폐단위의 양을 지급함으로써 면책된다. 개정 전 프랑스민법전에서 이 규율은 금전대차에만 적용되었다(개정 전 제1895조). 그러나 본조는 이를 일반규정으로 채택하여 "금전채무의 채무자는 명목상 화폐의 급부에 의하여 면책된다." 고 하였다.[55]

화폐명목가치의 원칙은 채권자에게는 금전가치 하락의 위험을, 채무자에게는 금전가치 상승의 위험을 지게 한다. 따라서 당사자들은 금액으로 표시된 금전채권의 양이 물가연동지수에 따라 변화하도록 정할 수 있다. 본조 제2항은 "정해진 금액은 물가연동지수에 의해 변동할 수 있다."고 하여 이를 긍정한다. 물가연동의 조건은 프랑스통화금융법전 제L.112-1조 이하에 의해 정해진다.[56]

본조 제3항은 처음으로 '가치채무(dette de valeur)'라는 표현을 프랑스 조문 내에 들어왔다. 가치채무란 금액의 형태료 종국적으로 확정되지 않은 금전채무를 의미한다. 이 경우 채권자는 청산(liquidation)의 순간에, 정해진 가치에 상응하는 양의 금전을 받을 것이 보장된다. 정해진 가치는 청산이 있으면 금액이라는 형식으로 확정되고 금액이 일단 정해지면 그에 상응하는 금전의 지급에 의해 채무자는 다른 금전채무와 마찬가지로 채무로부터 해방된다.[57]

---

55) O. Deshayes, Th. Genicon et Y.-M. Laithier, *op. cit.*, p. 832.

56) O. Deshayes, Th. Genicon et Y.-M. Laithier, *op. cit.*, p. 832.

57) O. Deshayes, Th. Genicon et Y.-M. Laithier, *op. cit.*, p. 833.

Article 1343-1 Lorsque l'obligation de somme d'argent porte intérêt, le débiteur se libère en versant le principal et les intérêts. Le paiement partiel s'impute d'abord sur les intérêts.

L'intérêt est accordé par la loi ou stipulé dans le contrat. Le taux de l'intérêt conventionnel doit être fixé par écrit. Il est réputé annuel par défaut.

제1343-1조 ① 금전채무가 이자를 발생시킬 때, 채무자는 원본과 이자를 지급함으로써 면책된다. 일부변제는 이자에 먼저 충당된다.

② 이자는 법률에 의해 인정되거나 계약에 의해 정해진다. 약정이자율은 서면에 의해 정해져야 한다. 달리 정함이 없는 경우 연이율로 간주된다.

[해제] 본조 제1항은 이자채무가 발생한 때 채무자는 원본 및 발생한 이자를 변제해야 면책될 수 있음을 명시하고 나서 일부변제가 이자에 먼저 충당된다고 덧붙인다. 이로써 개정 전 제1254조에서 규정하던 이자를 발생시키는 금전채무의 충당원칙, 즉 원본과 이자를 지급하면 채무자는 면책되며 일부변제는 이자에 먼저 충당된다는 원칙이 유지되었다. 이 규정은 공적 질서(ordre public)에 관한 조항은 아니므로 당사자는 변제 전 또는 변제시에 일부변제가 원본에 먼저 충당될 것 또는 양쪽 모두에 부분적으로 충당될 것을 약정할 수 있다.[58]

본조 제2항은 약정이율은 서면에 의하여야 한다고 규정하였다. 개정 전 제1907조의 "법률이 금지하지 않은 경우 약정이자는 법정이자를 초과할 수 있다."는 내용이 생략되었으나 이로써 이자에 관한 일반법상 원칙에 어떤 변화가 발생하지는 않을 것이다 이자 약정에 관한 당사자의 자유가 명백히 인정되기 때문이다.[59] 한편으로 제2항은 법률이나 약정에 의해 다른 기간을 정하지 않았을 때는 연이율로 간주된다는 내용을 추가하였다.

Article 1343-2 Les intérêts échus, dus au moins pour une année entière, produisent intérêt si le contrat l'a prévu ou si une décision de justice le précise.

제1342-2조 이행기가 도래한 이자는, 최소한 일년분에 해당하여야 하며, 계약으로 정하였거나 법원의 결정에 의해 정하는 경우 이자를 발생시킨다.

---

58) O. Deshayes, Th. Genicon et Y.-M. Laithier, *op. cit.*, p. 834.
59) O. Deshayes, Th. Genicon et Y.-M. Laithier, *op. cit.*, p. 835.

[해제] 본조는 복리(anatocisme)의 제한된 인정에 관한 개정 전 프랑스민법상의 규칙을 재구성하여 받아들였다. 복리는 이행기에 도달한 이자가 다시 원금이 되는 것, 즉 원본화된 이자가 다시 이자를 발생시키는 방법을 말한다. 본조에 의하면 이자를 원금으로 환원하는 것은 판결에 의해 요구되었거나 소위 '복리의 합의'에 의해 규정되었어야 한다.[60] 그러나 개정 전 제1155조가 삭제되어 최소한 두 달 분의 차임과 같은, 이행기에 도달한 수입의 원본화 가능성은 사라졌다. 이자의 원본화는 최소한 일년간 정해진 이자 위에 가능하다.

본조는 다음과 같은 의미를 가진다. 첫째, 이행기의 이자는 그것이 일년 이상 발생한 때에만 원본화하는 것으로 규정하는바, 3분기 혹은 2분기마다의 원본화를 금지한다. 둘째, 본조는 개정 전 제1154조에 의한 해석을 그대로 유지한다. 셋째, 이자의 원본화는 법원의 결정으로부터 나올 수 있다. 법관은 당사자가 이자의 원본화를 요구하지 않았거나, 심지어 거부한 때에도 이자의 원본화를 받아들일 것을 촉구할 수 있다. 사법적 결정에 대해 본조가 요구하는 유일한 요건은 복리의 실행을 확정하는 것이다.[61]

Article 1343-3 Le paiement, en France, d'une obligation de somme d'argent s'effectue en euros.

Toutefois, le paiement peut avoir lieu en une autre monnaie si l'obligation ainsi libellée procède d'une opération à caractère international ou d'un jugement étranger. Les parties peuvent convenir que le paiement aura lieu en devise s'il intervient entre professionnels, lorsque l'usage d'une monnaie étrangère est communément admis pour l'opération concernée.

제1343-3조 ① 프랑스에서 금전채무의 변제는 유로화로 이루어진다.

② 그러나 채무가 국제적 성격의 거래 또는 외국 판결로 인한 것일 때 변제는 다른 통화로 이루어질 수 있다. 관련 거래에 외화의 사용이 통상적으로 인정되는 때 전문 직종 간의 변제의 경우에는 외국 통화로 변제할 것을 합의할 수 있다.

[해제] 2016년 오르도낭스에 의한 채권법 개정시 본조의 내용은 본래 "프랑스에서 금전채무의 변제는 유로화로 이루어진다. 그러나 국제 계약 또는 외

---

60) G. Chantepie et M. Latina, *op. cit.*, n° 967, p. 870.
61) G. Chantepie et M. Latina, *op. cit.*, n° 967, p. 871.

국의 판결에 의해 다른 외국의 통화로 변제하기로 한 경우에는 변제가 다른 외국의 통화로 이루어질 수 있다."는 것이었다. 국제계약 혹은 외국 판결에 의하는 때에만 프랑스에서 외국 통화로 이루어지는 변제를 허용하였으나 2018년 변경법률에 의해 본조의 내용은 위와 같이 변경되었다. 본조는 통화를 사용하는 경제활동의 제한을 목적으로 한 것이 아니기 때문에 유로화를 원칙으로 하더라도 다른 통화로 이루어진 변제의 예외적 인정을 위해 입법자가 신속하게 개입한 것이다.[62]

본조 제1항은 민법전에 기존에 없던 규정을 들여왔다. 프랑스에서 금전채무의 변제는 유로화, 즉 적법하게 통용되는 화폐로 이루어진다는 것이다. 판례는 '적법하게 통용되는 화폐로 변제할 채무'를 인정하여 왔으므로 개정에 의해 새로운 방식을 규정한 것은 아니다.[63] 본조는 프랑스에서 금전채무의 변제를 유로화로 이루어지도록 하므로, 당사자가 금전채무의 변제는 의무적으로 외화로 이루어진다고 하는 소위 "다른 통화 약정"을 원칙적으로 금한다. 판례는 이러한 약정을 절대적 무효로 판단한 바 있다. 그러나 본조의 반대해석에 의하면 외국에서의 변제는 프랑스에서 통용되는 것과 다른 통화로 이루어지는 것도 가능하다. 그러므로 당사자는 외국에서 변제하기로 정하면 본조의 적용을 피할 수 있다.[64]

본조 제2항은 채무가 국제적 성격의 거래 또는 외국 판결로 인한 것일 때 유로화가 아닌 통화로 변제할 수 있다고 한다. 법 개정 전에도 판례는 국제적 거래에서 외국통화로 변제하는 것을 인정하였다. 개정법은 기존의 판례 내용을 받아들인 것인데, 2018년 변경법률은 "국제 계약(contrat international)"을 "국제적 성격의 거래(une opération à caractère international)"로 수정함으로써 국제사법적 의미에서의 거래임을 밝히고자 하였다. 이에 그치지 않고 제2항은 외국통화로써 변제하는 방식이 허용되는 요건을 추가하였다. 제2항 후문은 전문과 달리 국제적 성격의 거래일 것을 요하지 않으면서 첫째, 당사자가 전문직종일 것, 둘째, 관련 거래에 외화의 사용이 통상적으로 인정될 것, 이 두 가지 요건을 갖추면 유로화가 아닌 통화로 변제하는 것이 가능하다고 한다.

---

62) O. Deshayes, Th. Genicon et Y.-M. Laithier, *op. cit.*, p. 839.
63) O. Deshayes, Th. Genicon et Y.-M. Laithier, *op. cit.*, p. 838.
64) O. Deshayes, Th. Genicon et Y.-M. Laithier, *op. cit.*, p. 839.

Article 1343-4 A défaut d'une autre désignation par la loi, le contrat ou le juge, le lieu du paiement de l'obligation de somme d'argent est le domicile du créancier.

제1343-4조 법률, 계약 또는 법원에 의하여 달리 정함이 없으면, 금전채무의 변제 장소는 채권자의 주소이다.

[해제] 본조는 금전채무에 대한 특칙으로서 채무변제의 일반규정인 제1342-6조에 대한 특칙이다. 변제는 원칙적으로 채무자의 주소에서 행해져야 하지만 금전채무의 변제장소는 반대의 법률이나 법원, 계약의 정함이 없을 때 채권자의 주소이다. 이와 같은 차이점은 대통령에게 제출한 보고서에 따르면, 은행통화(수표, 계좌이체, 신용카드에 의한 변제)의 일반화와 관련된 기술적인 이유로 설명된다.

금전채무의 경우, 변제 장소에 관한 법원의 판결에 의하거나 법률 혹은 계약의 지정이 없으면 채무자는 채권자의 주소에서 변제하여야 한다(지참채무). 지금까지는 그 반대의 원칙이 우선되었다. 개정 전 제1247조 제3항은 변제는 채무자의 주소에서 행해져야 한다고 규정하였기 때문이다(추심채무). 제1651조는 현실매매의 경우에 매수인은 상품의 인도 장소에서 변제해야 한다고 하여 예외를 인정하고 있으나 금전채무에 대해서는 그러하지 않다.[65]

돈이나 수표를 받기 위해 채무자 주소지로 이동하는 채권자의 이미지는 이제 현실과 잘 맞지 않은 낡은 것이 되었다. 오늘날 원거리 변제수단의 발전으로 인해 금전채무에 있어서 변제장소의 특칙이 등장한 것이다. 본조는 기술 발전의 결과로 신중하게 해석되어야지, 채무자에 유리한 것으로 해석되어서는 안 된다.[66]

법률, 계약, 법원에서 변제의 다른 장소를 정하는 것이 가능하나, 계약으로 변제장소를 달리 정하는 합의는 묵시적으로 가능하여, 반드시 명시적인 조항을 포함할 것을 요하지 않는다.[67]

---

65) G. Chantepie et M. Latina, *op. cit.*, n° 971, p. 874.
66) O. Deshayes, Th. Genicon et Y.-M. Laithier, *op. cit.*, p. 842.
67) O. Deshayes, Th. Genicon et Y.-M. Laithier, *op. cit.*, p. 843.

Article 1343-5 Le juge peut, compte tenu de la situation du débiteur et en considération des besoins du créancier, reporter ou échelonner, dans la limite de deux années, le paiement des sommes dues.

Par décision spéciale et motivée, il peut ordonner que les sommes correspondant aux échéances reportées porteront intérêt à un taux réduit au moins égal au taux légal, ou que les paiements s'imputeront d'abord sur le capital.

Il peut subordonner ces mesures à l'accomplissement par le débiteur d'actes propres à faciliter ou à garantir le paiement de la dette.

La décision du juge suspend les procédures d'exécution qui auraient été engagées par le créancier. Les majorations d'intérêts ou les pénalités prévues en cas de retard ne sont pas encourues pendant le délai fixé par le juge.

Toute stipulation contraire est réputée non écrite.

Les dispositions du présent article ne sont pas applicables aux dettes d'aliment.

제1343-5조 ① 법원은 채무자의 상황 및 채권자의 필요를 고려하여 의무 있는 금전채무의 변제를 2년의 한도 내에서 연기하거나 분할하도록 할 수 있다.

② 특별이유를 설시하는 결정으로, 법원은 연기된 이행기에 해당하는 금전에 최소한 법정이자만큼 감축된 이자가 발생하거나, 변제가 우선적으로 원본에 충당될 것을 명할 수 있다.

③ 법원은 채무자가 변제를 용이하게 하거나 담보하기 위한 적절한 행위를 이행할 것을 조건으로 이러한 조치를 명할 수 있다.

④ 법원의 결정은 채권자에 의해 제기된 집행절차를 정지시킨다. 법원이 정한 기간 중에는, 이행지체로 인한 이자의 인상 또는 위약금이 부과되지 않는다.

⑤ 모든 반대의 약정은 기재되지 않은 것으로 간주된다.

⑥ 본조의 규정은 부양의무에는 적용되지 않는다.

[해제] 본조는 사법적 은혜기간, 즉 사실심법원에서 "채무자의 상황 및 채권자의 필요를 고려하여" 허용하는 변제기간과 관련된 규정으로, 개정 전 제1244-1조 내지 제1244-3조를 크게 변경하지 않고 재구성하였다.[68] 'prescrir'를 'ordonner'로 한다든지 'au moins égal'을 'qui ne peut être inférieur'로 대신하는 정도의 차이가 있을 뿐, 입법자는 유예기간에 관한 개정 전 프랑스민법전의 규정을 크게 변경하지 않았다. 그러므로 개정 전 민법을 적용하던 때 법원에서 취하던 해결책은 유지되어야 할 것으로 보인다.[69]

---

68) O. Deshayes, Th. Genicon et Y.-M. Laithier, *op. cit.*, p. 844.

본조는 공적 질서(ordre public)에 관한 규정으로서 제5항이 이를 뒷받침한다. 사실심 법원은 유예기간을 허여할 기회를 평가할 수 있는 권한을 가진다.[70] 본조의 적용범위는 개정전과 마찬가지로 금전채무에 그 적용범위가 한정되어 있다. 그러나 조문의 위치를 볼 때 그 적용범위가 넓어졌다고 보는 견해도 있다. 개정 전 제1244-2조 및 제1244-3조가 위치하였던 곳은 변제의 일반규정 부분이었지만, 본조는 금전채무에 대한 특별규정에 대한 표제 아래 위치하고 있으므로 은혜기간에 관한 법원의 결정의 효력은 약정채무, 불법행위채무를 막론하고 모든 유형의 금전채무에 미친다는 것이다.[71] 다만 전통적으로 제외되었던 부양채무는 여전히 제외된다.

[이 지 은]

Sous-section 3 La mise en demeure

제3부속절 지체

[해제] 개정 전 프랑스민법전은 이행지체, 즉 채무자지체에 대해서만 규정을 두었다. 그리고 그 규율은 체계적이지 못하였다. 우선 채무자지체에 대한 규정이 프랑스민법전의 여러 곳에서 산재해 있었다. 개정 전 제1139조는 이행지체의 요건인 최고의 형식을, 제1153조(제1항, 제2항)는 금전채무의 이행지체의 효과를, 또한 제1302조는 이행지체 중 목적물이 멸실한 경우의 급부위험의 부담에 대하여 규정하고 있었다. 한편 채권자지체와 관련된 규정으로 제1257조가 있었지만, 본조는 변제제공 및 공탁의 효과를 규정할 뿐 이들을 채권자지체의 효과로 규정하지는 않았었다.

개정된 프랑스민법전은 지체에 관하여 독자적이고도 체계적인 규율을 두고 있다. 첫째, 개정 프랑스민법전은 지체(mise en demeure)에 대하여 독자적으로 제3부속절(Sous-section 3)을 할애하고 있다. 이는 개정 전과 다른 첫 번째 중요한 변화이다. 둘째, 개정 프랑스민법전은 지체로서 채무자지체와 채권자지체를 구

---

69) G. Chantepie et M. Latina, *op. cit.*, n° 972, pp. 874-875.

70) G. Chantepie et M. Latina, *op. cit.*, n° 973, p. 875.

71) G. Chantepie et M. Latina, *ibid.*

분하여 규율하고 있다. 이것이 두 번째 변화이다. 제1관(Paragraphe 1, 제1344조-제1344-2조)이 채무자지체(La mise en demeure du débiteur) 그리고 제2관(Paragraphe 2, 제1345조-제1345-3조)이 채권자지체(La mise en demeure du créancier)에 관한 규율이다. 전자가 전통적인 채무자지체를 체계화한 것이라면, 후자는 채권자지체를 신설한 것이다.

개정 프랑스채권법상 mise en demeure는 여러 곳에서 동사구인 mettre en demeure와 동사의 수동태인 mis en demeure와 함께 사용되고 있다. 우선 제4편에서 채무자지체(제1344조-제1344-2조)와 채권자지체(제1345조-제1345-3조)에서 사용되고 있고 또 제3편에서 계약불이행(제1221조, 제1222조 제1항, 제1223조, 제1225조, 제1226조 제1항·제2항, 제1231조, 제1231-5조 제5항, 제1231-6조 제1항)에서 사용되고 있다. 또한 그 외에 제3편에서 계약의 이전적 효력(제1196조 제3항)과 제4편에서 선택채무(제1307-1조)와 변제자대위(제1346-4조 제2항)에서도 사용되고 있다. 이러한 용어들이 의미하는 바는 각각 사용되는 문맥에 따라 최고행위, 최고 또는 지체를 의미한다.[72]

---

72) "demeure"는 라틴어 "mora"에서 온 용어로서 지체("retard")를 의미한다. 그런데 demeure가 일부가 되어 mettre en deumeure 또는 mise en demeure로 사용될 때는 여러 가지 의미를 갖는다. 우선 mettre en deumeure라는 동사구로 사용될 경우에는 최고하는 행위를 의미한다. mettre en deumeure의 사전적 정의는 "어느 사람이 잊어버렸다거나 몰랐다는 것을 주장하지 않도록 하기 위해, 그에게 일정한 채무를 이행하여야 하는 기한이 다가온다거나 경과하였음을 집행관최고 또는 다른 방법으로 통지하는 것을 말한다"(Faire, par sommation ou autrement, qu'une personne soit avertie que le terme où elle doit remplir une certaine obligation approche ou est passé, en sorte qu'elle ne puisse en alléguer l'oubli ou l'ignorance). 제1226조(제1항)의 채권자에 의한 최고행위와 제1345조(제1항)의 채무자에 의한 최고행위가 이에 해당한다. 이러한 최고행위는 그 형식을 불문하는데, sommer는 mettre en demeure 중의 하나인 집행관에 의한 최고행위를 말한다. 또 mettre en demeure가 수동태로 사용되어 être mis en demeure가 될 때에도 원칙적으로 최고를 받는 것을 의미하는바, 제1231조의 경우가 그러하다. 그런데 mettre en demeure가 mis en demeure라는 용어로서 형용사적으로 사용되는 경우 최고를 받아 지체에 빠진다는 의미를 갖기도 한다. 위약금에 관한 제1231-5조(제5항), 채무자지체에 관한 제1344조 또 위험이전에 관한 제1351조와 제1351-1조(제1항)에서 사용되고 있다.

한편 mise en demeure라는 명사구로 사용될 때는 여러 가지 의미를 갖는다. 첫째, 최고를 의미한다. 이러한 의미의 최고는 선택채무(제1307-1조)에서 사용되고 있다. 이 경우 최고는 선택권자가 선택권을 행사하지 않는 경우 상대방이 선택권 또는 해제권을 행사하겠다고 통지하는 것을 말한다. 이 경우 최고는 채무불이행을 성립시키기 위한 최고와는 아무런 상관이 없다. 둘째, 상대방을 지체에 빠뜨리기 위해 최고하는 것을

Paragraphe 1 La mise en demeure du débiteur
제1관 채무자지체

[해제] 채무자지체와 관련해서는 두 가지 중요한 논점이 있다. 첫째, 채무자지체의 요건인 최고의 형식에는 어떠한 것이 있고, 둘째, 채무자지체의 효과는 무엇인가 하는 것이다. 개정 프랑스민법전은 채무자지체와 관련하여 세 조문(제1344조-제1344-2조)만을 두고 있다. 제1344조는 최고의 형식을 규정하여 첫째 문제를 해결하고 있다. 또 둘째 문제와 관련하여 제1344-1조는 법정의 금전채무의 이행지체의 효과인 지연이자의 발생을 규정하고, 제1344-2조는 물건인도의무의 지체의 효과인 위험의 부담에 대하여 규정하고 있다. 그 밖의 채무자지체의 효과에 대해서는 계약의 불이행(l'inexécution du contrat)에 관한 절(제3장 제5절)에서 채무자지체를 포함한 계약불이행의 효과로서 규정하고 있다.73) 즉, 채권자는 최고를 한 후 채무자에게 현실이행을 강제하거나(제1221조), 채무자 이외의 자에 대하여 현실이행을 강제하거나(제1222조 제1항), 대금감액권을 행사하거나(제1223조), 계약을 해제하거나(제1226조 제1항·제2항), 손해배상을 청구하거나(제1231조) 또 위약금을 청구할 수 있다(제1231-5조 제5항).74) 이 중 불완전

말한다. 즉, 이를 지체부최고라 부를 수 있다. 이 경우 최고란 집행관최고(sommation), 충분한 촉구를 담은 문서(acte) 또는 이행기의 도래의 형태로 독촉(interpellation)을 말한다(Cornu, *op. cit.*, 326). 집행관최고(sommation)는 최고(mise en demeure)의 한 종류가 될 뿐이다. 이러한 의미의 최고는 현실이행의 강제(제1221조, 제1222조 제1항, 제1223조), 대금감액(제1223조), 해제(제1225조 제2항, 제1226조 제1항·제2항), 손해배상(제1231조, 제1231-6조 제1항), 변제자대위(제1346-4조 제2항)에서 사용되고 있다. 또 최고는 채권자지체에 관한 규정(제1345-3조)에서도 사용되고 있다. 다른 한편 mise en demeure가 "mise en demeure par le créancier" 또는 "mise en demeure par le débiteur"로 사용될 경우, 전자는 채권자에 의한 최고를 후자는 채무자에 의한 최고를 가리킨다. 이 용어는 강학상 사용될 뿐 개정 프랑스채권법에서는 사용되지 않는다. 셋째, 최고의 상대방이 지체에 빠지는 상태를 말한다. "mise en demeure du débiteur"(제1관의 표제, 제1344조 제1항)의 채무자지체와 "mise en demeure du créancier"(제2관의 표제)의 채권자지체의 경우가 그러하다. 또 지체는 위험의 이전(제1196조 제3항), 채무자지체(제1344조, 제1344-1조와 제1344-2조)와 채권자지체(제1345조 제2항, 제1345-1조 1항, 제1345-2조)에 관한 규정에서도 사용되고 있다. 이러한 의미의 mise en demeure는 최고를 가리키는 mise en demeure와는 구분되어야 한다.

73) 이행지체뿐만 아니라 불완전이행의 효과인 대금감액권이 발생하기 위해서도 최고가 필요하다.

74) 계약불이행의 효과로서 동시이행의 항변권을 행사하는 경우에는 최고가 필요없다(제

이행의 효과인 대금감액권의 행사를 제외하면, 모두 채무자지체의 효과와 관련
된 것이라고 볼 수 있다. 한편 이상의 채권자의 최고는 채무자에게 한 번 더 이
행의 기회를 주기 위한 것이고 다른 한편으로 채권자는 더 이상 기다릴 수 없다
는 것을 통지하는 의미를 갖는다(제1231조 제1항 참조).

Article 1344 Le débiteur est mis en demeure de payer soit par une sommation
ou un acte portant interpellation suffisante, soit, si le contrat le prévoit, par la
seule exigibilité de l'obligation.

제1344조 채무자는 집행관최고나 충분한 촉구를 담은 문서에 의하여 또는 계약이 이
를 정하는 경우에는 이행기도래만에 의하여 변제의 지체에 빠진다.

[해제] 본조는 채무자지체를 성립시키기 위한 최고의 방식을 규정하고 있
다. 본조는 개정 전 제1139조, 제1146조 및 제1153조에 산재해 있던 최고의 방
식을 통합하여 한 조문으로 규정한 것이다. 또 개정 전 제1139조는 주는 채무에
대해서만, 제1146조는 모든 채무에 대하여 그리고 제1153조는 금전채무에 대해
서만 최고의 방식을 각각 다르게 규정하고 있었지만, 본조는 모든 채무에 대하
여 동일하게 적용되는 최고의 방식을 규정하고 있는 것이다.

본조는 무엇보다도 개정 전 제1139조와 제1146조에 기초하여 최고의 형
식을 규정하고 있다. 본조에 의하면, 집행관최고에 의하거나 충분한 촉구를
담은 문서에 의하거나 또는 계약으로 정한 경우 이행기도래만으로 채무자는
지체에 빠지게 된다. 따라서 최고(mise en demeure)의 형식에는 첫째, 집행관
최고가 있다. 집행관최고는 재판 외에서 집행관이 통지를 하는 것이다. 이는 공
정력이 있는 가장 확실한 통지이지만 비용이 많이 드는 단점이 있다. 둘째, 충
분한 촉구를 담은 문서에 의한 최고가 있다.[75] 문서가 아닌 단순한 구두에 의
한 형식도 가능한지에 대해서는 견해가 대립하고 있다. 이를 긍정하는 견해도
있지만, 채무불이행의 효과를 발생시키기 위해서는 단순한 구두로는 불가하다

1219조 참조).
75) 개정 전 제1139조는 "집행관최고에 준하는 행위"를 규정하였다. 판례는 이행명령, 재
    판권이 없는 법원에의 소제기 등을 "집행관최고에 준하는 행위"로 보았다. 그 후 판례
    는 "충분한 촉구를 담은 문서"도 집행관최고에 준하는 행위로 보아서 최고의 효력을
    인정하였다.

는 견해도 있다. 증명책임의 부담 때문에 채권자는 사실상 문서에 의한 최고를 하게 된다고 한다.[76] 셋째, 당사자의 약정에 의한 이행기도래가 있다. 즉, 당사자가 이행기도래만으로 채무자가 지체에 빠진다는 자동최고조항(clause de mise en demeure automatique)을 두고 있는 경우이다.[77] 전술한 바와 같이, 최고는 채권자가 채무자에게 이행의 기한을 부여하는 것이기 때문에, 최고의 행위를 면하게 하는 조항이 있어야만 자동최고조항이 인정된다. 자동최고조항이 성립하기에 충분한 당사자의 의사가 있는지에 대하여는 최종적으로 법관이 판단하게 된다. 이러한 자동최고조항은 해제의 경우 해제조항과 그 기능이 유사하다(제1225조 제2항 참조).

Article 1344-1 La mise en demeure de payer une obligation de somme d'argent fait courir l'intérêt moratoire, au taux légal, sans que le créancier soit tenu de justifier d'un préjudice.
제1344-1조 금전채무의 변제의 지체는 채권자가 손해를 증명할 의무를 부담함이 없이 법정이율의 지연이자를 발생시킨다.

[해제] 본조는 채무지체의 효과로서 법정의 지연이자에 대해서만 규정하고 있다. 본조는 개정 전 제1153조와 동일한 취지의 규정이다. 본조는 금전채무의 변제의 지체의 경우에는 "법정이율의 지연이자"(l'intérêt moratoire au taux légal)가 발생하며 또 채권자는 손해를 증명할 의무를 부담하지 않는다고 규정하고 있다.

본조의 적용범위와 관련하여, 제1231-6조와 비교할 필요가 있다. 제1231-6조는 "약정의"(de nature contractuelle) 금전채무의 이행지체에 대하여 규정하고 있다. 따라서 본소는 "계약외석"(de nature extracontractuelle)인 법정의 금전채무의 이행지체에 대하여 규정하고 있는 것으로 해석된다.[78] 본조는 제1231-6조와 비교하여 두 가지 점에서 문언에 차이가 있다. 첫째, 제1231-6조(제1항)는 금전채무의 "지연으로 인한 손해배상(dommages et intérêts dus à raison du retard)"이

---

76) O. Deshayes, Th. Genicon et Y.-M. Laithier, *op. cit.*, p. 846.
77) 이는 이른바 "이행기는 채권자에 대신하여 최고한다."는 법언에 해당한다.
78) G. Chantepie et M. Latina, *op. cit.*, n° 979, p. 880; O. Deshayes, Th. Genicon et Y.-M. Laithier, *op. cit.*, p. 848.

"법정이율의 이자(l'intérêt au taux légal)"라고 규정하고 있다. 이에 반하여 본조
는 지연으로 인한 손해배상이라는 용어를 사용하지 않고, 단지 "법정이율의 지
연이자"가 발생한다고만 규정하고 있다. 둘째, 제1231-6조(제3항)는 채무자가
지연(지체)으로 인하여 고의로 지체와 무관하게 손해를 발생시킨 경우에는 채권
자는 지연이자와 구분되는 손해배상을 청구할 수 있다고 규정하고 있다. 이에
반하여 본조는 이러한 취지의 규정을 두고 있지 않다. 따라서 이상의 문언의 차
이에 비추어 보면, 법정금전채무의 지체의 경우에는 채권자는 법정이율의 이자
이상의 지연손해의 배상을 받을 수 있고 또 채무자의 고의에 의해 지체와 무관
하게 발생시킨 손해를 증명하면 지연손해와 구분되는 손해의 배상을 받을 수
있는지가 문제이다. 이상의 두 문제에 대하여 법정금전채무를 약정금전채무와
달리 취급할 이유가 없다고 보는 것이 통설이다.[79]

> Article 1344-2 La mise en demeure de délivrer une chose met les risques à la charge du débiteur, s'ils n'y sont déjà.
> 제1344-2조 물건인도의 지체는, 위험이 아직 채무자의 부담이 아닌 경우, 그 위험을 채무사에게 부담시킨다.

[해제] 본조는 채무자의 물건인도의무의 지체에 따른 물건위험의 부담 내
지는 이전에 대하여 규정하고 있다. 본조는 개정 전 제1138조(제2항)에 기초하
여 위험을 물건인도의무의 지체에 빠진 채무자에게 부담시키고 있다. 그런데
본조는 제1138조(제2항)와 다른 점이 있다. 개정 전 제1138조는 지체에 빠진 채
무자가 위험을 부담한다는 것을 소유권이전의무와 관련하여 규정하였지만, 본
소는 물선인노의 지제와 관련하여 규정하고 있다는 것이다. 본조는 더 이상 물
건인도의무와 소유권이선 따라서 물건위험의 이전을 연계시키지 않는다. 개정
전 제1138조에 의하면, 물건을 인도할 채무는 당사자의 의사만으로 완성되고(제
1항) 그 결과 물권을 인도할 채무는 채권자를 소유자로 만들고 또 물건의 위험
을 채권자의 부담으로 한다(제2항). 이를테면, 물건을 인도할 채무는 "소유권을
이전할 채무"(obligation de transférer de la propriété)의 이행을 위하여 필수불가결
한 요소로서, 그 이행은 소유권의 이전과 물건위험의 이전의 효과를 동시에 가

---

79) O. Deshayes, Th. Genicon et Y.-M. Laithier, *op. cit.*, p. 848.

저오는 것으로 해석되었다. 그런데 본조는 물건인도의무와 소유권이전 따라서 물건위험의 이전을 연계시키고 있지 않다. 이러한 변화는 계약체결의 효력을 규율하는 개정 제1196조에서 비롯되는 것이다. 제1196조(제1항)에 의하면, 계약의 체결시에 소유권 또는 기타 권리의 이전의 효력이 발생한다. 또 개정 제1196조(제3항 제1문)에 의하면. 소유권의 이전은 물건위험의 이전을 수반한다. 즉, 계약의 체결시에 소유권이 이전되고 또 물건위험도 당연히 이전되는 것이다. 따라서 채무자에게 남는 물건인도채무는 더 이상 소유권의 이전과 그에 따른 물건위험의 이전과는 아무 관계가 없게 되는 것이다.

본조는 위험이 채무자에게 없는 경우에는, 물건인도의 지체는 그 위험을 채무자에게 부담시킨다고 규정하고 있다. 즉, 본조는 물건인도의 지체와 위험이전의 관계에 대하여 규정하고 있는 것이다. 본조의 적용범위는 개정 전 제1138조보다 더 넓다. 전술한 바와 같이, 개정 전 제1138조는 소유권이전의무와 물건위험을 연계시켰다. 그러나 본조는 소유권의 이전과 관계없이 물건인도의무가 지체되고 있는 모든 경우에 물건위험을 규정하고 있다.[80] 예를 들면, 본조는 사용대차와 임치의 경우 채무자가 부담하는 물건의무의 지체뿐만 아니라, 계약의 해제 또는 무효에 의하여 발생하는 물건의 반환의무의 지체에도 적용이 된다. 해제 또는 무효의 경우 소유권은 처음부터 이전되지 않았던 것이 되지만, 물건을 반환하는 자가 물건인도의무를 지체하는 경우에는 물건의 위험은 지체자가 부담하게 되는 것이다.

본조는 채무자가 위험을 부담한다는 약정을 하였을 경우에는 본조는 적용되지 않는다.[81] 이 경우는 이미 물건인도 전부터 채무자가 위험을 부담하고 있으므로 새삼 이행지체로 인하여 위험이 채무자에게 이전한다고 규율할 필요가 없는 것이다. 따라서 채무자가 위험을 부담하지 않고 있을 경우에만 본조가 의미를 가지게 된다. 본조의 규율에 따라서, 제1196조(제3항 제2문)는 그러나 인도의무의 채무자는 제1344-2조에 따라 ⋯ 지체에 빠진 날부터 위험을 "다시 부담한다."(retrouve la charge)고 규정하고 있는 것이다.

본조가 채무자지체에 빠진 자에게 물건의 위험을 부담시키는 근거는 채무자의 물건인도의무의 지체와 물건의 멸실 사이의 인과관계에 기초하고 있

---

80) O. Deshayes, Th. Genicon et Y.-M. Laithier, *op. cit.*, p. 849.

81) O. Deshayes, Th. Genicon et Y.-M. Laithier, *ibid.*

다.[82] 즉, 본조의 근거는 채무자가 물건을 인도였더라면 물건은 멸실되지 않았을 것이라는 데에 있다. 이러한 이유에서 제1196조는 제1351-1조의 예외를 허용하여, 개정 제1351-1조는 이행불능이 물건의 멸실로 인하여 발생한 경우에 채무자가 채무를 이행하였더라도 물건이 멸실되었을 것임을 증명할 때에는 지체에 빠진 채무자라도 면책이 된다고 규정하고 있는 것이다.

Paragraphe 2   La mise en demeure du créancier
제2관   채권자지체

[해제] 프랑스민법전은 개정 전에는 채권자지체를 알지 못하였다. 채권자지체와 간접적으로 관련이 있는 규정을 두고 있었을 뿐이다. 변제의 제공과 공탁(des offres de paiement et de la consignation)에 관한 것이 그것이었다(개정 전 제1257조, 프랑스민사소송법전 제1246조 이하). 그러나 이를 채권자지체라고 부르지는 않았다. 그러나 2016년 개정 후에는 채권자지체도 채무자지체와 함께 지체의 일부로서 규정하게 되었다. 이는 프랑스민법전의 획기적인 개혁이라 할 수 있다.[83]

채권자지체에 관한 프랑스민법전의 특징은 첫째, 채권자의 수령지체에 직면한 채무자에게 채무로부터 면책될 수 있는 보다 단순하고 신속한 수단을 부여하고 있다는 점이다. 개정 전에는 공탁이나 기탁이 가능한 채무의 경우에만 또 채권자 또는 법관이 이를 유효한 것으로 인정할 경우에만 채무자는 면책될 수 있었다. 그러나 개정에 의하여 채무자는 최고를 한 후 2개월이 경과하면 원칙적으로 면책될 수 있게 되었다. 둘째, 채권자지체를 공탁이 가능한 채무에 대해서뿐만 아니라 그 외의 모든 채무에 대하여도 인정하고 있다는 점이다.[84]

프랑스민법전은 채권자지체의 효력을 단계적으로 구분하여 규정하고 있다.[85] 그에 따라 요구되는 요건도 다르다. 첫째, 채무자에게 이자발생이 정지되고 채권자에게 위험이 이전되기 위해서(제1345조 제2항) 채무자의 최고가 필요한 단계이다(제1345조 제1항). 이른바 1단계의 채권자지체이다. 둘째, 채무자를

---

82) O. Deshayes, Th. Genicon et Y.-M. Laithier, *op. cit.*, p. 849.

83) 프랑스의 채권자지체에 관한 입법은 스위스채무법의 영향을 받은 것이라고 한다(G. Chantepie et M. Latina, *op. cit.*, n° 980, p. 882).

84) O. Deshayes, Th. Genicon et Y.-M. Laithier, *op. cit.*, p. 741.

85) F. Chénedé, Le nouveau droit des obligations et des contrats, Dalloz, 2016, n° 44.61.

종국적으로 면책시키기 위해서(제1345-1조 제3항 및 제1345-2조), 채무자의 최고 (제1345조 제1항)뿐 아니라 그 후 2개월의 경과(제1345-1조 제1항)가 필요한 단계 이다. 나아가 일정한 채무에 따라 채무자의 공탁과 보관(제1345-1조 제1항 및 제2 항)도 요구된다. 이것이 2단계의 채권자지체이다.

　　채권자지체를 규율하게 된 것은, 변제는 채무자에게 과하여진 의무일 뿐만 아니라 채무이행으로 책임을 면할 수 있는 권리이기도 하다는 점에서 비롯된 것이다. 그러나 프랑스민법전은 채권자지체의 효과로서 채무자에게 손해배상청 구권을 인정하지는 않는다.

Article 1345 Lorsque le créancier, à l'échéance et sans motif légitime, refuse de recevoir le paiement qui lui est dû ou l'empêche par son fait, le débiteur peut le mettre en demeure d'en accepter ou d'en permettre l'exécution.

La mise en demeure du créancier arrête le cours des intérêts dus par le débiteur et met les risques de la chose à la charge du créancier, s'ils n'y sont déjà, sauf faute lourde ou dolosive du débiteur.

Elle n'interrompt pas la prescription.

제1345조 ① 채권자가, 이행기에 정당한 이유 없이 자신이 받아야 할 변제를 수령하 기를 거절하거나 자신의 행위로 이를 방해하는 경우에는, 채무자는 채권자에게 변제 를 수령할 것과 또는 그 이행을 허락할 것을 최고할 수 있다.

② 채권자의 지체는 채무자가 부담할 이자의 발생을 중단시키고, 위험이 아직 채권자 의 부담이 아닌 경우에는, 채무자의 중대한 또는 고의적 과책이 아닌 한, 물건의 위험 을 채권자에게 부담시킨다.

③ 채권자지체는 시효를 중단시키지 않는다.

[해제] 본조에 의하면, 채권자지체란 채권자가 이행기에 또 정당한 이유 없 이 자신이 받아야 할 변제를 수령하기를 거절하거나 자신의 행위로 이를 방해 하는 것을 말한다. 본조는 채권자지체의 요건으로서 채무자의 최고(제1항)를 규 정하고 있다. 그리고 본조는 채권자지체의 효과로서 물건위험의 부담과 이자정 지(제2항)와 시효(제3항)를 규정하고 있다. 이는 1단계의 채권자지체의 효과로 서, 채권자지체의 즉시효(effets immédiats)라고 부른다.[86]

---

86) G. Chantepie et M. Latina, *op. cit.*, n° 987, p. 886.

본조 제1항은 채무자가 채권자에게 변제를 수령할 것과 또는 그 이행을 허락할 것을 최고하여야 한다고 규정하고 있다. 본항은 채무자가 최고하여야 한다고만 규정할 뿐 그 형식에 대하여는 규정하고 있지 않다. 따라서 채무자는 집행관에 의한 최고를 할 수도 있지만,[87] 채권자에게 수령을 촉구하는 의사를 담은 문서로 하는 것으로 족하다고 할 것이다.[88] 본항에 의하면, 채권자지체가 인정되기 위해서는 세 가지 상황이 존재하여야 한다. 첫째, 채무가 이행기에 있어야 한다. 이행기라고 규정되어 있지만, 기한의 이익이 채무자만을 위한 경우에는 채무자는 기한의 이익을 포기할 수 있으므로(제1305-3조 참조), 채무자는 기한이 도래하기 전에도 사전변제(paiement anticipé)를 할 수 있다. 그러나 기한이 채권자 또는 채무자와 채권자의 이익을 위한 것인 경우에는 채무자는 기한전의 변제를 할 수 없다(개정 전 제1258조 제4호 참조). 본항은 기한의 이익이 누구를 위한 것인지에 따른 구분을 하지 않고 있지만, 이상의 구별은 당연한 것으로 보아야 한다. 따라서 후술하는 바와 같이, 기한이 채무자와 채권자의 이익 또는 채권자의 이익을 위하여 있음에도 불구하고 채무자가 사전변제를 하는 경우에는 채권자는 수령을 거절할 정당한 이유가 있게 된다. 둘째, 채권자가 자신이 받아야 할 변제의 수령을 거절하거나 자신의 행위로 채무자가 변제하려는 것을 방해하여야 한다. 채권자지체가 성립하려면 채권자에 의한 두 가지 방해가 있어야 하는데, 하나는 변제수령의 거절이고 다른 하나는 변제의 방해이다. 양자는 동일한 효과를 초래한다는 점에서 동일하게 취급되고 있다.[89] 전자의 예를 들면, 채권자가 채무의 내용에 좇은 변제가 아니라는 핑계로 변제수령을 거절하는 경우이다. 후자의 예를 들면, 채권자가 변제에 필요한 서류나 정보를 채무자에게 제공하지 않거나, 채무자를 변제의 장소에 접근하는 것을 허용하지 않거나, 추심채무(obligation quérable)임에도 채권자가 추심하러 오지 않는 경우이다. 셋째, 채권자가 정당한 이유 없이 변제의 수령을 거절하거나 자신의 행위로 채무자가 변제하려는 것을 방해하여야 한다. 이러한 이유에서 채무자의 최고, 공탁 또는 기탁에 드는 비용을 채권자가 부담하게 되는 것이다(제345조-3조). 채무자가 일부의 변제를 한 경우에는 채권자의 수령거절은 정당성을 가지게 된

---

87) G. Chantepie et M. Latina, *op. cit.*, n° 985, p. 885.
88) O. Deshayes, Th. Genicon et Y.-M. Laithier, *op. cit.*, p. 742.
89) G. Chantepie et M. Latina, *op. cit.*, n° 982, p. 883.

다. 이상과 같은 방해가 있을 경우 채무자는 채권자에게 변제를 수령할 것과 또는 변제이행을 허락할 것을 최고할 수 있다. 이 경우 채무자의 최고는 채권자의 최고와 마찬가지로 확인과 경고의 의미를 갖지만, 채권자지체의 경우는 수령거절의 확인이고 또 이행을 허락하라는 경고이다.90)

본조 제2항과 제3항은 채무자의 최고만으로 발생하는 효과를 규정하고 있다. 이 효력은 최고 후 2월의 기간이 경과하여야만 발생하는 효력(제1345-1조 제2항)과는 다르다. 이를 채권자지체의 즉시효라고 한다. 즉시효에는 다음과 같이 세 가지가 있다.

본조 제2항에 의하면, 채권자지체는 채무자가 부담할 이자의 발생을 중단시킨다. 여기서 이자란 '지연배상의 이자(intérêt moratoire)'뿐만 아니라 '전보배상의 이자(intérêt rémunératoire)'도 포함한다.91) 이는 동일한 최고가 채권자가 하는 경우에는 채무자지체의 효과로서 이자를 발생시키지만, 채무자가 하는 경우에는 채권자지체의 효과로서 이자발생을 중지시킨다.92) 둘째, 물건의 위험이 아직 채권자의 부담이 아닌 경우에는 채무자의 중한 또는 고의적 과책이 아닌 한 채권자지체에 의하여 위험을 채권자에게 부담시킨다(제1345조 제2항). 본항은 물건의 위험이 채권자의 부담이 아닌 경우 채무자가 물건의 인도의무를 부담하고 있더라도 채권자지체로 인하여 물건의 위험이 채권자에게 이전된다는 것을 규정하고 있다. 그런데 채무자가 물건의 위험을 부담하는 경우란 흔하지 않고 또 대부분의 경우 채권자가 위험을 부담하고 있기 때문에, 본항은 그렇게 실익이 있는 규정은 아니라고 한다. 본항이 규정하고 있듯이 물건이 채무자의 중대한 또는 고의적 과책에 의하여 멸실된 경우에는 물건의 위험은 채권자에게 이전되지 않는다. 따라서 물건이 채무자의 과책 없이 또는 경과책에 의하여 멸실된 경우에는 물건의 위험은 채권자에게 이전된다.

본조 제3항에 의하면, 소극적 효과로서 채권자지체는 시효를 중단시키지 않는다. 이는 채무자의 채권자에 대한 최고는 필연적으로 채무자가 자신의 채무를 승인한다는 것을 전제로 하고 있지만, 채권자가 지체에 빠진 경우에는 채권자는 어떠한 형태로든 시효중단의 이익을 받을 수 없다는 것을 말한다. 본항

---

90) G. Chantepie et M. Latina, *op. cit.*, n° 985, p. 885.
91) O. Deshayes, Th. Genicon et Y.-M. Laithier, *op. cit.*, p. 742.
92) G. Chantepie et M. Latina, *op. cit.*, n° 987, p. 886.

은 채권자에 의한 시효이익의 주장(제2248조)을 배제하기 위한 규정이다. 따라서 채권자지체에 의하여 시효가 중단되지 않으므로 채무자는 채권자가 변제의 수령을 계속하여 거절할 경우에는 시효기간이 경과된 후에 공탁된 금전이나 보관된 물건을 회수하면 된다.

　본조 제2항과 제3항에는 규정되어 있지는 않지만, 채권자지체의 보다 일반적인 효과가 있다. 즉, 채무자지체가 중단된다는 것이다.[93] 채권자지체가 채무자에게 이자의 발생을 중단시키고 또 채권자에게 물건의 위험을 이전시킨다는 것은 채무자지체의 중단을 논리적으로 전제로 하고 있기 때문이다. 또 채권자지체의 효과로서 채권자는 동시이행의 항변권을 주장할 수도 계약을 해제할 수도 없게 된다.[94]

Article 1345-1 Si l'obstruction n'a pas pris fin dans les deux mois de la mise en demeure, le débiteur peut, lorsque l'obligation porte sur une somme d'argent, la consigner à la Caisse des dépôts et consignations ou, lorsque l'obligation porte sur la livraison d'une chose, séquestrer celle-ci auprès d'un gardien professionnel.

Si le séquestre de la chose est impossible ou trop onéreux, le juge peut en autoriser la vente amiable ou aux enchères publiques. Déduction faite des frais de la vente, le prix en est consigné à la Caisse des dépôts et consignations.

La consignation ou le séquestre libère le débiteur à compter de leur notification au créancier.

제1345-1조 ① 방해가 지체로부터 2개월 내에 종료되지 않은 경우에는, 채무자는 채무가 금전을 대상으로 하는 때에는, 예금공탁금고에 공탁하거나 또는 채무가 물건의 인도를 대상으로 하는 때에는 전문기탁인에게 물건을 기탁할 수 있다.
② 물건의 기탁이 불가능하거나 과다한 비용이 드는 경우에는, 법원은 물건의 임의매각 또는 공매를 허가할 수 있다. 매각비용을 공제한 후, 매각대금은 예금공탁금고에 공탁된다.
③ 공탁 또는 기탁은 채권자에게 그 통지가 있는 때로부터 채무자를 면책시킨다.

　[해제] 본조는 채무자가 금전지급의무 또는 물건인도의무를 지고 있는 경우 채권자지체에 의한 채무의 면책과 그 요건을 규정하고 있다. 제1345조(제2

93) O. Deshayes, Th. Genicon et Y.-M. Laithier, *op. cit.*, p. 743.
94) O. Deshayes, Th. Genicon et Y.-M. Laithier, *ibid.*

항·제3항)가 채권자지체의 즉시효를 규정하고 있다면, 본조는 제1345-2조와 함께 채무면책(본조 제3항)이라는 채권자지체의 연장효(effets différés)를 규정하고 있다.[95]

본조 제1항에 의하면, 방해가 지체에 빠진 때로부터 2개월 내에 종료하지 않는 경우, 채무자는 채무가 금전을 대상으로 하는 때에는 예금공탁금고(Caisse des dépôts et consignations)에 공탁할 수 있다. 여기서 지체란 채권자지체를 말한다. 또 예금공탁금고는 금전뿐만 아니라 유가증권도 포함하여 예금공탁금고가 독점적으로 공탁을 받는다(프랑스통화금융법전 제L.518-17조 이하). 또 채무가 물건의 인도를 대상으로 하는 때에는 전문기탁인에게 물건을 기탁할 수 있다(본조 제1항). 전문기탁인이란 물건의 임치를 전문적으로 하는 사람으로서 해당 물건의 귀속자를 위하여 기탁하는 기탁관리자(séquéstre)를 말한다(제1955조 이하 참조). 본항이 규정하는 공탁 또는 기탁에 대해서는 사전에 법원의 허가를 받을 필요가 없다. 개정 전에는 채무자가 집행관을 통해 현실제공(offre réelle)을 하고, 채권자가 이를 수령하지 않으면 채무자가 공탁을 하고 그리고 공탁을 채권자 또는 법관이 유효한 것으로 인정할 경우에만 종국적으로 채무자가 면책되었다(개정 전 제1257조 및 제1258조). 그러나 개정에 의하여 이러한 단계는 폐지되었다. 그 대신 본항은 채권자가 지체에 빠진 지 2개월의 기간의 경과를 요구한다.

본조 제2항은 물건급부의무의 경우 물건의 기탁이 불가능하거나 비용이 과다할 경우에 대하여 규정하고 있다. 본항에 의하면, 이 경우 법원은 물건의 임의매각 또는 공매를 허가할 수 있고(제1문), 매각경비를 공제한 후 매각대금은 예금공탁금고에 공탁하여야 한다(제2문). 물건이 식료품이거나 기타의 동산이어서 채권자가 지체할 경우 멸실될 위험이 있을 경우에는 어떻게 되는지가 문제이다. 제1657조에 의하면, 이러한 경우 채무자인 매도인의 이익으로 매매는 당연히 해제된다.

본조 제3항에 의하면, 공탁 또는 기탁은 채권자에게 그 통지가 있는 때로부터 채무자를 면책시킨다. 통지는 예금공탁금고 또는 전문기탁인이 채권자에게 사후통지를 하게 된다. 본항은 통지의 형식과 그 내용에 대하여는 아무런 규정을 하지 않는다. 채권자가 금전 또는 물건을 어디에서 누구로부터 수령하여

---

95) G. Chantepie et M. Latina, *op. cit.*, n° 988, p. 887.

야 하는지를 알게 하는 통지면 족하다고 할 것이다. 한편 본항이 채무자를 면책시키는 것은 채권자에게 직접 이행한 것은 아니지만 채권자에게 이행한 것으로 간주하기 때문이다. 다시 말하면, 예금공탁금고와 전문기탁인이 변제를 수령하기로 지정된 사람(제1342-2조 제1항)이라고 보기 때문이다.[96] 또 쌍무계약의 경우 채무자는 채권자에 대하여 반대급부를 청구할 수 있다.

Article 1345-2 Lorsque l'obligation porte sur un autre objet, le débiteur est libéré si l'obstruction n'a pas cessé dans les deux mois de la mise en demeure.

제1345-2조 채무가 다른 객체를 대상으로 한 경우, 채무자는 그 방해가 지체로부터 2개월 내에 중단되지 않는다면 면책된다.

[해제] 본조는 채무의 객체가 금전 또는 물건이 아닌 경우 채무자가 면책받는 것에 대하여 규정하고 있다. 본조는 개정에 의하여 새로 들어온 규정이다. 본조가 규정하는 채무가 이른바 작위채무와 부작위채무에 해당한다. 이러한 채무는 공탁이나 기탁 자체가 불가능하다. 따라서 본조는 방해가 지체로부터 2개월 내에 중단되지 않는다면 바로 채무자는 면책된다고 규정하고 있는 것이다. 여기서 지체란 채권자지체를 말한다.

본조는 두 가지 점에서 제1345-1조와는 다르다. 첫째, 공탁기관 등이 채권자에 대하여 통지하는 것을 요구하지 않는다(제1345-1조 제3항 참조). 따라서 채무자는 예금공탁금고 등에 의한 사후통지의 절차가 없이도 채무를 면하게 된다. 둘째, 채무자는 자신의 채무를 제공하지 않고서도 면책된다. 즉, 채무자가 면책되는 것은 더 이상 채무를 이행하지 않아도 된다는 것을 말한다. 이는 제1345-1(제3항)의 경우 예금공탁금고 또는 전문기탁인에게 공탁 또는 기탁을 함으로써 이행이 간주되어 면책되는 것과 구별되는 것이다.

본조에 대하여는 두 가지 문제가 발생한다. 우선 채무자의 최고의 증서에 관한 문제이다. 이는 증거에 관한 제1353조(제2항)에 따라, 채무자는 변제 또는 채무의 소멸을 발생시키는 사실을 입증해야 한다. 즉, 채무자는 자신이 변제제공을 하였음과 또 이에 의하여 채무가 소멸되었음, 즉 채권자의 방해에 의하여 면책되었음을 입증하여야 한다. 입증할 사실은 상황에 따라 해결된다.[97] 첫째,

---

96) G. Chantepie et M. Latina, *op. cit.*, n° 988, p. 887.

채무의 이행을 위하여 채권자측이 정보를 제공하여야 할 경우에는 채무자는 채권자에게 이를 행할 것을 최고하였음을 증명하여야 한다. 예를 들면, 건축인이 도급인의 건축안에 대한 승인을 하여야 하거나 또는 고객이 화가가 도색할 색을 정해주어야 하는 경우가 이에 해당한다. 이 경우 채무자가 채권자의 침묵을 입증할 필요는 없고, 채권자가 이에 대한 정보를 제공하였음을 증명하여야 한다. 둘째, 채무자가 이행장소에 접근할 수 없는 방해를 받는 경우에는 채무자는 2월 동안 채권자의 방해가 있었음을 증명할 수는 없다. 다만, 채무자는 집행관을 대동하여 채무이행지의 장소가 잠겨져 있음을 증명하는 것으로 족하다. 그러나 채무가 이행될 날을 정하기 위해 채권자에게 요청할 수 있고, 채권자의 응답이 없을 경우에는 채권자에게 사전최고를 하고 2개월의 종기에 이행을 준비할 수 있다. 어쨌든 채무자가 2월 동안 채권자의 방해가 있었다는 것을 증명하지 못하는 한, 이상의 절차를 취한 채무자는 최소한 채무자에게 요구되는 주의를 다하였다는 것, 즉 선의였다는 것은 증명하는 것이 된다.

본조에 대하여는 채무자면책에 따르는 효력이 무엇인가 하는 문제가 있다. 편무계약의 경우는 아무런 문제가 없지만, 쌍무계약의 경우 채권자는 반대급부의무를 면하는지 아니면 반대급부의무를 여전히 부담하는지가 문제이다. 이 경우 채무자뿐만 아니라 채권자도 면책된다고 한다.[98] 다만 그 법리가 무엇인지에 대해서는 견해가 대립하고 있다. 하나는 쌍무계약 전부가 해제된다는 견해이다.[99] 채무자는 채무수령을 하지 않은 채권자에게 손해배상을 청구할 수 있는데, 이는 도급계약에 관한 제1793조가 도급인은 수급인에게 도급가액을 지급하지 않고 손해배상의무를 진다는 규정과 부합한다는 이유이다. 다른 하나는 위험부담의 문제로 해결한다는 견해이다.[100] 종래 프랑스민법전의 개정 전에는 이 문제는 원인론(théorie de la cause)의 일부였다, 일방의 채무가 소멸하면 원인이 상실되는 경우에 해당하였다. 그러나 개정 후에는 이 문제는 제1186조(제1항)에 해당한다고 한다. 즉, 제1186조(제1항)에 따르면 유효하게 성립한 계약이

97) O. Deshayes, Th. Genicon et Y.-M. Laithier, *op. cit.*, pp. 855-856.
98) G. Chantepie et M. Latina, *op. cit.*, n° 988, p. 888; F. Chénedé, *op. cit.*, n° 44.63; O. Deshayes, Th. Genicon et Y.-M. Laithier, *op. cit.*, p. 855.
99) G. Chantepie et M. Latina, *op. cit.*, n° 988, p. 888; O. Deshayes, Th. Genicon et Y.-M. Laithier, *op. cit.*, p. 857.
100) F. Chénedé, *op. cit.*, n° 44.63.

본질적 요소를 상실한 경우에는 실효가 된다. 채무자의 채무의 면책에 의하여 쌍무계약은 본질적 요소를 상실하게 되는 이상 쌍무계약의 효력은 실효된다는 것이다. 이 경우에는 손해배상청구가 인정되지 않는다. 요컨대 채권자지체의 효과로서 손해배상을 인정하지 않는다는 점에서는 후자의 견해가 타당하다.

본조에 대하여는 제1345-3조가 적용되지는 않는다. 채무자가 공탁이나 기탁을 하지 않았기 때문이다.

Article 1345-3 Les frais de la mise en demeure et de la consignation ou du séquestre sont à la charge du créancier.

제1345-3조 최고, 공탁 또는 기탁의 비용은 채권자의 부담으로 한다.

[해제] 본조는 채권자지체에 드는 비용을 채권자에게 부담시키고 있다. 본조는 개정 전 제1260조와 동일한 취지의 규정이다. 다만, 개정 전 제1260조는 현실제공과 공탁의 비용은 그것이 유효한 경우에는 채권자의 부담이 된다고 규정하였지만, 본조는 현실제공과 공탁이 유효할 것을 명시적으로 규정하고 있지는 않다. 그러나 본조는 채권자가 성당하지 않은 이유로 변제수령을 거절하거나 변제이행을 허락하지 않는 경우에만 채권자지체를 인정하기 때문에, 묵시적으로 이를 요구하고 있다고 한다.[101]

본조가 채권자지체의 비용을 약정이 없을 경우 채권자에게 부담시키는 것은 변제의 비용을 채무자에게 부담시키는 제1342-7조와 같은 취지라고 한다. 달리 말하면, 변제에 소요되는 통상의 비용은 채무자가 부담한다면, 채권자가 정당한 이유없이 변제수령을 거절하여 발생한 최고, 공탁 또는 기탁의 비용은 채권자가 부담하여야 하는 것이다. 그러나 공탁 또는 기탁하는 동안 발생하는 비용은 채권자가 부담하지만, 채무자가 금전을 공탁기관에 이체하거나 또는 물건을 기탁기관에 맡기는 데에 드는 비용은 채무자가 부담한다. 이는 채무자의 통상의 변제비용에 해당한다고 볼 수 있기 때문이다.[102]

[남 효 순]

---

101) O. Deshayes, Th. Genicon et Y.-M. Laithier, *op. cit.*, p. 857.
102) O. Deshayes, Th. Genicon et Y.-M. Laithier, *op. cit.*, p. 857.

Sous-section 4   Le paiement avec subrogation

제4부속절   변제자대위

[해제] 본부속절에서 규율되고 있는 변제자대위는 물적 대위(subrogation réelle)가 아니라 인적 대위(subrogation personnelle)이다. 변제자대위란 채무자 아닌 제3의 자(tierce personne)가 채무를 변제하거나 또는 변제에 필요한 비용을 빌려주어 변제가 일어나게 하는 경우 변제자인 제3의 자에게 채권자의 권리를 이전시키는 것을 말한다. 프랑스민법전은 변제자대위를 대위를 시키는 채권자 또는 채무자의 관점에서 기술하고 있다. 변제자는 대위를 당하는(être subrogé) 자로서, 피대위자라고 한다. 이러한 이유에서 대위를 시키는 채권자 또는 채무자를 "대위지시인"(subrogeant), 변제자를 피대위자(subrogé)라고 부른다.103) 프랑스민법전은 변제자를 제3의 자(tierce personne)(제1346-1조)라 부르고 대위에 의하여 이전되는 채권에 대하여 담보권을 설정하였던 자(제1346-4조 제2항)와 피대위자와 양립할 수 없는 권리를 주장하는 자(제1346-5조 제2항) 등은 제3자(tiers)라고 부른다.

프랑스민법전의 경우 법정대위이든 합의대위이든 피대위자가 채권자의 권리를 취득하게 하는 것을 대위(subrogation)라고 한다.104) 그런데 이 경우 대위는 채권자에게 변제하는 자에 한해서만 인정되지 않고, 금전을 채무자에게 빌려주어 채무자가 채권자에게 변제하도록 하는 경우에도 금전의 대주를 위하여도 대위를 인정하고 있다. 즉, 피대위자는 채권자 또는 채무자에 대하여 변제를 하게 된다.105) 프랑스민법전은 후자의 경우에도 궁극적으로 대차계약에서 차용된 금전을 채무자가 채권자에게 변제한다는 점을 고려하여 이 경우에도 변제자대위

---

103) 그러나 우리 민법의 경우에는 변제자대위를 변제를 한 자의 관점에서 기술하기 때문에 변제자를 대위자라고 부른다(제480조, 제401조, 제402조). 이러한 치이는 마치 채무가 이전되는 경우를 프랑스민법전은 양도인의 관점에서 채무양도로 우리 민법은 인수인의 관점에서 채무인수로 기술하는 것과 유사하다고 할 것이다.
104) 우리 민법의 경우 법정대위(제481조)와 채권자의 승낙에 의한 임의대위(제480조)를 구분하고 있다. 후자의 경우 채권자의 승낙이란 권리가 이전된다는 데에 대한 승낙을 말하는 것이고 권리이전을 발생시키는 의사를 말하는 것은 아니라고 한다. 더더욱 채권자와의 합의를 의미하는 것은 아니다. 그러나 프랑스민법전의 경우에는 대위의 효과로서 채권자의 권리가 피대위자에게 이전되는 데에 채권자와 피대위자, 채무자와 피대위자 또는 채무자와 채권자 사이의 합의(convention)가 있어야 된다고 한다. 이 경우 합의는 권리이전에 대한 합의로서 계약과 동일한 의미를 갖는다.
105) 우리 민법의 경우에는 변제자는 채권자에게만 변제한다.

라고 부른다. 합의대위는 채무자가 주도하는 경우에는 채무자와 채권자의 협력에 의한 합의대위(제1346-2조 제1항)와 채권자의 협력없는 경우에는 채무자와 피대위자와의 합의에 의한 합의대위(제1346-2조 제2항)가 있다. 전자의 경우 변제자인 피대위자의 의사도 필요하다고 보는 경우에는 3면계약이 성립한다는 견해가 있다.

프랑스민법전은 개정 전과 비교하여 변제자대위와 관련하여 몇 가지 변화가 있다. 첫째, 법정대위를 일반적으로 인정하고 있다(제1346조). 개정 전에는 법정대위를 법이 정하는 경우에 한하여 제한적으로만 인정하였다. 둘째, 대위의 효과로서 즉시대항력(opposabilité immédiate)을 인정하고 있다(제1346-4조). 개정 전에는 대위의 효과에 대하여 명시적인 규정을 두지 않았었다. 셋째, 채무자가 피대위자에 주장할 수 있는 항변에 대하여도 규율하고 있다(제1346-5조).

개정 후에도 변제자대위는 다음과 같은 기본적 성격을 유지하고 있다. 첫째, 개정 후에도 변제자대위를 여전히 채무의 소멸원인 중의 하나인 변제의 절(제4절)에서 규율하고 있다. 변제자대위의 효과로서 채권의 이전이 발생하고 또 특히 채권자이 주도에 의한 합의변제자대위의 경우에는 실제 기래계에서 채권양도의 대용으로서 행하여진다는 점에서는 채권양도와 유사하다. 이러한 점에서는 채권양도와 마찬가지로 "채권에 대한 거래"(opérations sur les obligations)(제2장)에서 규율할 수도 있었다. 그러나 변제자대위는 변제에 수반하여 변제와 동시에 채권이 이전되는 것일 뿐 채권양도와 같은 독립적인 거래가 아니라는 점에서 변제의 절에서 규율하게 된 것이다. 이 점에서 채권자의 주도에 의한 합의대위의 경우에도 채무자에 대한 대항력이 인정되기 위해서 채무자에 대한 통지 절차를 요구하지 않는다.[106][107] 둘째, 개정 후에도 대위를 법정대위(subrogation légale)(제1346조)와 합의대위(subrogation conventionnelle)(제1346-1조 및 제1346-2조)를 구분하여 규정하고 있다. 이는 개정 전 제1249조가 성시를 명시적으로 구별하던 전통을 그대로 계승한 것이다. 제1346-1조는 채권자의 주도에 의한 것으로서 변제자의 이익을 위한 합의대위이고, 제1346-2조는 채무자의 주도에 의한 것으로서 변제에 필요한 대금을 빌려주는 대주를 위한 대위이다.

---

106) G. Chantepie et M. Latina, *op. cit.*, n° 994, p. 894-5.
107) 우리 민법은 법정대위가 아닌 임의대위의 경우 채권양도의 절차에 관한 규정을 준용하고 있다(제480조 제2항).

> Article 1346 La subrogation a lieu par le seul effet de la loi au profit de celui qui, y ayant un intérêt légitime, paie dès lors que son paiement libère envers le créancier celui sur qui doit peser la charge définitive de tout ou partie de la dette.
>
> 제1346조 대위는, 변제의 정당한 이익이 있는 자가 변제를 하여 채무의 전부 또는 일부를 확정적으로 부담하는 채무자를 채권자에 대하여 면책시키는 때부터, 법률의 효력만으로 변제자의 이익을 위하여 발생한다.

　　[해제] 본조는 법률의 규정에 의한 법정대위를 규율하고 있다. 개정 전 제1251조는 법정대위가 인정되는 경우를 제한적으로 열거하고 있었다. 개정 전 제1251조에 의하면, 자기 자신도 채권자인 자로서 선취특권 또는 저당권으로 우선권을 가진 다른 채권자에게 변제한 자(제1호), 부동산에 대하여 저당권을 가졌던 채권자에 대한 변제를 위하여 부동산의 취득대금을 사용한 부동산매수인(제2호), 타인과 공동으로 또는 타인을 위하여 채무를 변제할 의무가 있는 자로서 변제할 이익이 있는 자(제3호), 자기의 재산으로 상속재산의 채무를 변제한 한정상속인(제4호), 자신의 비용으로 상속재산의 부담이 될 장례비용을 변제한 자(제5호)의 5가지 경우에 한하여 법정대위를 인정하였다. 그러나 본조는 개정 전 제1251조 제3호에 기초하며 법정대위를 확대하여 적용하고 있던 판례를 수용하여, 법정대위를 일반적으로 인정하게 된 것이다. 다시 말하면, 본조는 개정 전 제1251조 제3호상의 변제할 이익을 변제할 정당한 이익으로 개정하여, 정당한 이익이 있는 모든 변제자에게 법정대위를 인정하게 된 것이다. 따라서 본조의 법정대위는 특별법상의 법정대위에도 적용된다. 그러나 개정 후에도 이러한 특별법정대위는 폐지되지 않고 그대로 유지되고 있다. 특히 프랑스보험법전(제L.121-12조 내지 제L.131 2조)에 의한 보험자의 법정대위가 그러하다.

　　본조에 의한 법정대위가 인정되기 위해서는 변제자에게 "변제할 정당한 이익"이 있어야 한다. 이는 변제에 대한 이익을 말하는 것이고 대위에 대한 이익을 말하는 것이 아니다. 정당한 이익을 요구하는 것에는 두 가지의 기능이 있다. 때로는 두 기능이 중복되기도 한다. 첫째, 변제할 필요성과 유용성을 이유로 자동적으로 대위를 변제자에게 허용하는 것이 객관적으로 정당할 경우에만 한정하기 위한 것이다. 예를 들면, 보증인, 연대채무자, 자신의 비용으로 상속재산의 계산으로 장례비용을 변제하는 자이다. 그런데 정당한 이익의 존재 여부는 최종적으로 법관이 판단한다. 법관의 판단 여부에 따라 법정대위의 범위가 달라진다. 정당한 이익을 완화해서 해석하면 父가 子의 채무를 변제하는 경우와 같이 도덕적 이익이 있는 것만으로도 법정대위를 허용하여 범위가 넓어질 것이고, 반대로 엄격한 해석을 하면 개정 전 제1251조가 정하는 경우와 같이 정당한 이익을 개별적인 이익으로 보아 법정대위의 범위가 좁아지게 될 것이다. 어느 경우이든 정당한 이익의 존재 여부는 객관적으로 판단될 것이다. 이 경우 증명책임의 문제는 발생하지 않는다. 둘째, 변제자가 채권자에게 변제한 후 채무자를 괴롭힐 의도로만 하는 것을 방지하기 위한 것이다. 이 경우 변제자의 변제의도를 주관적으로 평가하여 법정대위를 허용하지 않게 된다. 이 경우에는 증명책임이 변제자와 채무자 중 누구에게 있는가 하는 문제가 있다. 악의에 의한 변제가 아니라는 증명책임이 변제자에게 있는지 아니면 변제자의 악의에 대한 증명책임이 채무자에게 있는지가 문제이다. 본조의 문언만으로 본다면 마치 전자가 타당한 듯하지만, 후자가 타당하다고 할 것이다. 따라서 변제자에게 정당한 이익이 없다는 것에 대한 증명책임은 채무자에게 있다. 채무자가 변제자가 정당하지 않은 주관적인 이유로 법정대위를 이용한다는 것을 증명하여야 한다고 할 것이다.[108]

Article 1346-1 La subrogation conventionnelle s'opère à l'initiative du créancier lorsque celui-ci, recevant son paiement d'une tierce personne, la subroge dans ses droits contre le débiteur.

Cette subrogation doit être expresse.

Elle doit être consentie en même temps que le paiement, à moins que, dans un acte antérieur, le subrogeant n'ait manifesté la volonté que son cocontractant lui soit subrogé lors du paiement. La concomitance de la subrogation et du paiement peut être prouvée par tous moyens.

제1346-1조 ① 합의대위는, 제3의 자로부터 변제를 받는 채권자가 채무자에 대한 자신의 권리에 대하여 변제자를 대위시키는 경우에, 채권자의 주도로 일어난다.

② 합의대위는 명시적이어야 한다.

③ 합의대위는 변제와 동시에 합의되어야 하나, 대위지시인이 사전에 문서로써 변제

---

108) O. Deshayes, Th. Genicon et Y.-M. Laithier, *op. cit.*, p. 860.

시에 자신의 계약상대방이 자신을 대위한다는 의사를 표시한 경우에는 그러하지 아니하다. 대위와 변제가 동시에 있었다는 사실은 모든 방법으로 증명될 수 있다.

[해제] 본조는 "채권자의 주도에 의한" 채권자와 변제자 사이의 합의대위 (subrogation conventionnelle *ex parte creditoris*, subrogation à l'initiative du créancier)에 대한 규정이다. 본조는 개정 전 제1250조(제1호)에 기초하여, 종전과 마찬가지로 채권자와 변제자의 합의라는 요건과 변제와 대위의 동시성의 요건을 재차 규정하고 있다.

본조 제1항의 합의대위는 변제를 시키는 채권자의 주도하에 변제자와의 사이의 합의에 의하여 성립한다. 본항에서, "채권자의 주도하에" 합의대위가 일어난다는 것은 소극적으로는 채무자의 동의가 필요 없다는 것을 말하고, 적극적으로는 채권자가 변제자를 대위시킨다는 것을 말한다. 채권자가 제3의 자(une tierce personne)에 의하여 변제를 받으면 채권자의 채무자에 대한 권리는 그에게 이전된다.[109] 본항의 합의대위가 성립하기 위해서는 아래의 두 가지 요건이 갖추어져야 한다.

본조 제2항에 의하면, 합의대위는 명시적이어야 한다. 본항의 채권자와 변제자 사이의 합의대위는 특별한 형식을 요하지 않는다. 대위지시인인 채권자가 자신의 권리를 변제자에게 취득시키고자 하는 명시적인 의사표시가 있으면 족하다. 그 외에는 합의대위에는 어떠한 형식과 절차도 요구되지 않는다. 이 점이 채권양도와 다른 점이다. 합의대위는 반드시 문서로 할 필요는 없고 구두로도 얼마든지 가능하다. 실제로는 증명의 문제를 해결하기 위해 문서로 작성되는데, 흔히 이 합의는 채권자가 변제자에게 교부하는 영수증 위에 합의대위를 기재하는 방식으로 이루어진다. 이 영수증을 '대위영수증'(quittance subrogatoire)이라고 부른다.[110] 그러나 명칭에도 불구하고 영수증 자체가 합의대위를 의미하는 것은 아니다.

본조 제3항에 의하면, 대위합의는 변제와 동시에 있어야 한다. 변제에 의하

---

109) 제3의 자(une tierce personne)란 변제를 하는 자를 말한다. 이에 반하여 제3자(tiers)(제1346-4조 제2항, 제1346-5조 제2항)란 피대위자와 양립할 수 없는 지위를 갖는 다른 채권자 또는 채권양수인 등을 가리킨다.

110) G. Chantepie et M. Latina, *op. cit.*, n° 996, p. 896.

여 채권이 소멸하기 때문에, 합의대위는 변제의 사후에는 있을 수는 없다. 그러나 대위지시인이 사전문서로써 변제시에 자신의 계약상대방, 즉 변제자가 자신을 대위한다는 의사를 표시하는 경우에는 그러하지 아니하다(본조 제3항 제1문). 이는 종전부터 인정되어오던 판례를 수용한 것이다.[111] 그러나 이 경우에도 대위는 변제와 동시에 발생한다. 한편 합의대위와 변제의 동시성은 모든 방법으로 증명될 수 있다(본조 제3항 제2문). 이는 개정에 의하여 신설된 규정이다. 합의대위와 변제의 동시성은 사실문제로서 법관의 전권사항이다.[112] 증명책임은 합의대위를 주장하는 변제자가 부담한다. 판례에 의하면, 대위가 기재된 대위영수증이 존재한다는 사실을 증명하는 것만으로 증명책임을 다한 것이 되지 않는다.[113]

Article 1346-2 La subrogation a lieu également lorsque le débiteur, empruntant une somme à l'effet de payer sa dette, subroge le prêteur dans les droits du créancier avec le concours de celui-ci. En ce cas, la subrogation doit être expresse et la quittance donnée par le créancier doit indiquer l'origine des fonds.

La subrogation peut être consentie sans le concours du créancier, mais à la condition que la dette soit échue ou que le terme soit en faveur du débiteur. Il faut alors que l'acte d'emprunt et la quittance soient passés devant notaire, que dans l'acte d'emprunt il soit déclaré que la somme a été empruntée pour faire le paiement, et que dans la quittance il soit déclaré que le paiement a été fait des sommes versées à cet effet par le nouveau créancier.

제1346-2조 ① 자신의 채무를 변제하기 위하여 금전을 차용하는 채무자가 채권자의 협력을 얻어 대주에게 채권자의 권리를 대위시키는 경우에도, 대위는 마찬가지로 발생한다. 이 경우 대위는 명시적이어야 하고 채권자가 교부하는 영수증에는 자금의 출처를 기재하여야 한다.

② 채무의 변제기가 도래하였거나 그 기한이 채무자의 이익을 위한 것이라는 조건하에, 대위는 채권자의 협력없이도 합의될 수 있다. 차용문서와 영수증은 공증인의 면전에서 작성되어야 하며, 차용문서에는 변제를 위해 금전이 차용되었음을 기재하여야 하며 또 영수증에는 새로운 채권자가 변제를 위하여 교부한 금전에 의하여 변제가 이루어졌음을 기재하여야 한다.

---

111) Com., 1re 29 jan. 1991, *Bull. civ.* 1991, Ⅳ, n° 48.
112) O. Deshayes, Th. Genicon et Y.-M. Laithier, *op. cit.*, p. 862.
113) Civ. 1re, 10 nov. 2005, n° 04-10.103.

[해제] 본조는 이른바 변제를 위하여 금전을 대여하는 대주를 위하여 인정되는 "채무자의 주도에 의한" 대위(subrogation *ex parte creditoris*, subrogation à l'initiative du débiteur)에 관한 규정이다. 즉, 본조는 채무자의 주도에 의하여 채권자와의 합의에 의한 합의대위(본조 제1항)와 채권자의 협력없이 대주와의 합의에 의한 합의대위(본조 제2항)에 대하여 규정하고 있다. 개정 전 프랑스민법전(제1250조 제2호)은 채권자의 협력이 없는 합의대위만 규정하였지만, 본조는 채권자의 협력이 있는 합의대위(제2항)를 신설하였다. 따라서 본조도 제1346-1조와 마찬가지로 법정대위가 아닌 합의대위에 대하여 규정하고 있는 것이다. 본조는 개정 전 제1250조(제2호)에 기초하고 있다.

본조는 채무자가 변제자를 대위시키는 것이다. 본조의 대위는 실익도 있는 만큼 위험도 크다. 우선 실익을 살펴보면, 변제를 위하여 금전을 대여하는 대주는 변제를 받는 채권자의 권리를 취득하는 실익이 있다. 특히 대주는 채권자의 담보권을 취득하는 실익이 있다. 또 채무자는 채권자에 대한 채무를 대주에 대한 채무로 전환함으로써 이자의 부담을 낮출 수 있는 실익이 있다. 대위의 효과에 관한 규정(제1346-4조 제2항)에 의하면, 대주가 채무자와 새로운 이자에 대한 합의를 하지 않은 경우에는 대주는 채무자에게 최고한 날로부터 법정이자에 대한 권리만을 갖는다. 즉, 채무자가 채권자에게 부담하는 이자는 합의에 의한 약정이자였다면 대주에 대해서는 그보다 낮은 법정이자를 부담하게 된다. 이에 반하여, 대주를 위한 대위는 다른 채권자에게 위험한 것이기도 하다. 채무자가 변제와는 무관하게 대주와 대차계약을 체결한 후 변제를 하지 않으면서도 채권자의 담보권을 대주에게 취득시켜 다른 채권자를 해할 위험이 있다. 이러한 위험을 방지하기 위하여 제정 당시부터 프랑스민법전은 채권자의 협력이 필요없는 경우에는 두 가지 사항을 요구하였던 것이다. 첫째, 차용문서와 영수증은 공증인의 면전에서 공증받아야 하였다. 이로써 채무자와 대주가 체결하는 소비대차계약이 확정일자를 갖춤으로써 당사자들은 소비대차를 부정할 수가 없게 되었다. 둘째, 차용문서에는 채무자가 차용한 금전이 채권자에게 변제를 하기 위한 것이라는 것과 변제자의 영수증에는 변제된 금전의 출처를 기재하여야 하였다. 또 대주를 위한 합의대위는 채무자가 대주로부터 금전을 차용하여 기한이 도래하지 않은 채권자의 채무를 변제할 경우에는, 채권자는 변제기 전에 변제를 강요받게 되는 불이익을 받게 된다. 이러한 위험에 대비하기 위하여 개정 프랑스민법전은 후술하는 바와 같이 채무의 변제기와 기한의 이익에 관한 규정을 두게 되었다.

한편 본조의 합의대위에 대주와의 합의가 필요한지에 대하여는 견해가 대립하고 있다. 제1항의 "채무자는 … 대주에게 채권자의 권리를 대위하게" 한다는 문언상 피대위자인 대주의 합의는 필요하지 않다.[114] 이에 반하여 채권자의 협력이 필요 없는 제2항의 경우에는 대주의 합의가 필요하다.[115]

본조 제1항은 대주를 위한 "채무자의 주도에 의한 합의대위"로서 채권자의 협력이 있는 경우를 규정하고 있다. 채권자의 협력이 있다는 것은 채권자와의 합의하에 대위가 이루어진다는 것을 말한다. 따라서 본항은 채권자에 대한 자신의 채무를 변제하기 위하여 대주로부터 금전을 차용하는 채무자가 대주에게 채권자의 권리를 대위하도록 채권자의 협력, 즉 합의를 얻어 합의대위를 하는 경우이다(본조 제1항 제1문).

본조 제1항이 채권자의 협력을 요구하는 것은 사기에 의한 합의대위를 예방하기 위한 것이다. 또 본항의 채권자의 협력을 요구하는 합의대위는 본조 제2항의 경우와는 달리 채무의 변제기가 도래하였거나 또 그 기한이 채무자의 이익을 위한 것을 요구하지 않는다. 달리 말하면, 채권자의 협력을 요구한다는 것은 채권자는 변제기가 도래하지 않은 사전변제의 경우에는 대위를 거절할 수 있다는 것을 말한다.

한편 본조 제1항은 합의대위가 명시적인 것이어야 한다는 것을 규정하고 있고, 채권자가 교부하는 영수증에 자금의 출처를 기재할 것을 요구하고 있다(제2문). 이는 본항의 합의대위는 채무자와 채권자의 합의만으로는 부족하다는 것을 말하는 것이다. 본조 제2항이 채무자의 사용문서와 영수증이 공증인의 면전에서 작성되고, 차주의 차용문서에는 변제를 위해 금전이 차용되었음을 명시할 것을 요구하지만, 제1항은 채권자의 영수증에는 변제를 위하여 차용된 금전에 의하여 변제가 이루어졌음을 기재할 것을 요구하지 않는다. 이는 아마도 채권자의 협력이 있기 때문에 사기의 위험성을 방지할 수 있기 때문이라고 볼 수 있다. 한편 본항은 차용문서와 영수증을 공증인의 면전에서 작성하는 절차를

114) G. Chantepie et M. Latina, *op. cit.*, n° 998, p. 898; O. Deshayes, Th. Genicon et Y.-M. Laithier, *op. cit.*, p. 867.

115) G. Chantepie et M. Latina, *op. cit.*, n° 998, p. 899.

요구하지 않으나 마찬가지로 필요하다고 할 것이다.

본조 제1항의 "채무자의 주도에 의한 대위"는 제1346-1조에 의한 "채권자의 주도에 의한 합의대위"와는 달리 대위와 변제의 동시성에 대하여는 명시적으로 언급하지 않고 있다. 종전에 판례는 채무자가 대주로부터 금전을 차용하고 대주가 영수증을 교부하면서 금전의 출처를 명시하는 것만으로는 대위가 일어나지 않고, 피대위자가 스스로 변제를 하여야 한다고 하였다.[116] 그런데 본항은 채무자와 채권자의 합의가 명시적이어야 하고 또 채권자가 교부하는 영수증에는 자금의 출처를 기재하는 것만으로 가능하다고 한다. 즉, 실제로 채무자가 대주에게서 차용한 금전을 채권자에게 변제하였는지는 묻지 않는 것처럼 보인다. 이 점이 본조 제2항의 채권자의 합의가 없는 경우에는 "변제를 위하여 교부된 금전에 의하여 변제가 이루어졌음을 기재하여야 한다."는 것과 다른 점이다. 그러나 사전에 합의대위에 의해 변제가 있을 경우에 채무소멸의 효과를 과거로 소급시킨다는 것은 생각할 수 없다는 점에서 동시성의 요건이 배제되어야 할 이유가 없다고 하여, 입법의 불비라고 한다.[117]

본조 제2항은 대주를 위한 "채무자의 주도에 의한 합의대위"로서 채권자의 협력이 없이 대주와 합의하는 경우를 규정하고 있다. 예를 들면, 자신의 부동산에 1번과 2번 저당권을 설정해준 채무자가 있다고 가정해보자. 채무자가 1번 저당권의 피담보채권을 변제하기 위하여 대주로부터 금전을 빌리면서 채권자와의 합의가 없이도 대주와의 합의만으로 1번 저당권을 이전키기 위해서 본항의 합의대위를 할 수 있다. 여기서 채권자의 협력이 없다는 것은 채권자의 의사가 관여하지 않는다는 것을 말한다. 본항의 채권자의 협력이 없는 대위가 일어나기 위해서는 반드시 두 가지 실질적 요건과 형식적 요건이 갖추어져야 한다.[118] 첫째, 실질적 요건으로 채무의 변제기가 도래하였거나 그 기한이 채무자의 이익을 위한 것이어야 한다(제1문). 본항은 채권자가 변제기 전에 변제를 강요받게 되는 불이익이 발생하지 않게 하기 위하여 신설된 규정이다. 따라서 채무의 변제기가 도래하지 않았거나 또는 기한이 채권자 또는 채권자와 채무자의 이익을 위한 경우에는 채권자의 협력이 있어야 하고(제1348-2조 제1항) 그의 협력 없이

---

116) Civ., 13. juin 1914 : *DP*. 1916. 1. 41.

117) O. Deshayes, Th. Genicon et Y.-M. Laithier, *op. cit.*, p. 868.

118) G. Chantepie et M. Latina, *op. cit.*, n° 999, p. 899.

는 대위가 허용될 수 없다. 둘째, 차주의 차용문서와 채권자의 영수증은 공증인의 면전에서 작성되어야 한다(본조 제2항 제2문). 이는 개정 전 제1250조(제2호)와 동일하다. 즉, 그리고 차주의 차용문서에는 변제를 위해 금전이 차용되었음을 명시하여야 하고 또 채권자의 영수증에는 변제를 위하여 차용된 금전에 의하여 변제가 이루어졌음을 기재하여야 한다(본조 제2항 제2문). 이러한 형식의 결여는 대위를 무효로 하지는 않는다. 형식은 제3자에 대하여 대항하기 위해 필요한 것이다.[119]

Article 1346-3 La subrogation ne peut nuire au créancier lorsqu'il n'a été payé qu'en partie ; en ce cas, il peut exercer ses droits, pour ce qui lui reste dû, par préférence à celui dont il n'a reçu qu'un paiement partiel.
제1346-3조 대위는, 채권자가 일부만 변제받은 경우에는, 채권자를 해할 수 없다. 이 경우 채권자는 일부의 변제만을 받은 자에 우선하여 자신에게 변제가 남은 부분에 대하여 자신의 권리를 행사할 수 있다.

[해제] 본조는 제1346-4조와 제1346-5조와 더불어 변제자대위의 효과에 대하여 규정하고 있다. 그리고 본조는 일부대위에 관한 규정으로서, 개정 전 제1252조와 동일한 규정이다.

본조의 일부변제가 있을 경우에는, 대위의 효과는 제1346-4조에 따라 변제한 범위 내에서만 발생한다. 즉, 피대위자뿐만 아니라 채권자도 변제받지 못한 부분에 대하여 채무자에 대하여 권리를 갖는다. 이 경우 양자의 관계가 문제가 된다. 본조에 의하면 변제자의 대위는 일부의 변제만을 받은 채권자를 해할 수가 없다고 한다. 즉, 채권자는 피대위자에 우선하여 자신에게 변제되지 않은 부분에 대하여 자신의 권리를 행사할 수 있다.

한편 본조에 대하여는 채권자가 피대위자에 우선권을 갖는 근거가 무엇인지가 문제이다. 본조는 채권자의 이익에 반하지 않는 조건에서만 변제자의 대위를 인정하려는 채권자의 묵시적 의사에 기초하고 있다고 볼 수도 있다. 그러나 본조는 법정대위뿐만 아니라 채무자의 주도에 의한 변제와 채권자의 주도에 의한 대위의 모든 경우에 적용되는 것이므로, 채권자의 의사에서 근거를 찾을

119) G. Chantepie et M. Latina, *op. cit.*, n° 999, p. 900.

수는 없다. 본조는 채권자는 채무자에 의하여 일부변제가 있는 경우보다 열악한 지위에 있어서는 안 된다는 일반적인 이념에 근거하고 있다고 한다.[120] 본조는 강행규정이 아니어서, 채권자는 우선권을 포기하여 피대위자에게 우선권을 양보할 수도 있다.[121]

　　본조에 의하면, 채권자와 피대위자 사이에서 채권자의 우선권이 인정된다. 예를 들면, 채권자를 위하여 저당권이 설정된 부동산을 매도하는 경우, 제3의 자가 저당채무를 변제하는 때에는 일부변제를 받은 채권자는 피대위자에게 우선하여 저당권을 행사하여 환가액으로부터 변제를 받을 수 있다. 그러나 피대위자에게 전혀 우선권이 인정되지 않는 경우가 있다. 예를 들면, 보험자(또는 제3의 자), 피보험자와 배상책임자가 있는 경우에, 보험자가 피보험자에게 손해의 일부를 배상한 경우이다. 이 경우에는 피해자인 피보험자가 배상책임자로부터 완전히 배상을 받은 후에만 피대위자인 보험자는 배상책임자에게 권리를 행사할 수 있다.[122] 이 경우에는 피대위자가 채무자의 재산에 대하여 일반담보권을 가지고 있기 때문에, 채권자가 전부 변제를 받은 후에만 피대위자는 채무자에 대한 청구가 허용된다. 이러한 원칙은 본조에도 불구하고 여전히 존재한다고 할 것이다.

Article 1346-4 La subrogation transmet à son bénéficiaire, dans la limite de ce qu'il a payé, la créance et ses accessoires, à l'exception des droits exclusivement attachés à la personne du créancier.

Toutefois, le subrogé n'a droit qu'à l'intérêt légal à compter d'une mise en demeure, s'il n'a convenu avec le débiteur d'un nouvel intérêt. Ces intérêts sont garantis par les sûretés attachées à la créance, dans les limites, lorsqu'elles ont été constituées par des tiers, de leurs engagements initiaux s'ils ne consentent à s'obliger audelà.

제1346-4조 ① 대위는 그 수익자에게, 그가 변제한 범위에서, 채권자의 일신에 전속하는 권리를 제외하고, 채권과 그 종된 권리를 이전시킨다.

② 그러나 피대위자는 새로운 이자에 대하여 채무자와 합의를 하지 않는 경우에는 최

---

120) O. Deshayes, Th. Genicon et Y.-M. Laithier, *op. cit.*, p. 869.
121) G. Chantepie et M. Latina, *op. cit.*, n° 1001, p. 901; O. Deshayes, Th. Genicon et Y.-M. Laithier, *op. cit.*, p. 870.
122) Civ. 1re 2 nov. 2005, n° 03-10.909.

고를 한 때부터 법정이자에 대한 권리만을 갖는다. 이 이자는 채권에 부속된 담보권에 의해 담보되고, 그 담보권이 제3자에 의하여 설정된 것일 경우에는, 제3자가 그 이상을 부담하기로 합의하지 않은 경우에는, 처음의 약속의 범위 내에서 담보된다.

[해제] 본조는 변제자대위의 주된 효력, 즉, 변제를 받은 채권자의 권리가 대위의 수익자 즉, 피대위자에게 이전되는 효력과 그 범위를 규정하고 있다. 본조는 세부적인 사항에 대하여 판례를 수용하는 것을 제외하고는 개정 전과 거의 동일하다.

본조 제1항에 의하면, 첫째, 변제자대위는 이전효를 갖는다. 변제자대위에 의하여 채권자의 권리가 피대위자에게 이전된다. 이전효는 채권양도에 관한 것과 거의 동일하다. 그런데 채권양도의 경우에는 일정한 경우 채권자는 채권과 그 종된 권리의 존재와 채무자의 자력을 담보한다(제1326조 참조). 그러나 변제자대위의 경우에는 이러한 규정이 없으므로 채권자는 이러한 담보의무를 부담하지 않는다고 할 것이다. 둘째, 변제자대위로 인한 권리이전의 범위는 피대위자의 변제의 범위이다. 피대위자가 일부변제를 하였을 경우에는 일부대위에 의하여 변제한 만큼만 이전의 효력을 받는다. 그러나 실제로는 별도의 회계관리에 관한 합의를 통해서 여러 변제의 비용과 수수료 등을 채무자로부터 받게 된다고 한다. 셋째, 변제자대위에 의하여 이전되는 권리는 채권이다. 피대위자는 대위에 의하여 채권자가 된다. 대위에 의하여 이전된 채권은 종전과 동일한 특성(caractère), 질(qualité)과 흠(défaut)을 갖는다. 예를 들면, 이전된 권리는 상사적 성격, 민사적 성격, 계약적 성격 또는 비계약적 성격을 잃지 않고, 동일한 시효의 적용을 받는다. 그리고 채권의 이전은 후술하는 바와 같이 변제의 순간부터 제3자에게 대항할 수 있는 결과(제1345-5조), 대위에 의하여 종전 채권자는 채권자의 지위를 상실한다. 따라서 피대위자만이 채권을 행사할 수 있다. 따라서 종전의 채권자가 변제자의 채권을 행사하기 위해서는 특별한 수임이 있어야 한다. 그러나 본조는 피대위자가 채무자 사이의 관계에서 개인적인 구상권(recours personnel)을 갖는 것을 배제하지는 않는다. 이 경우 개인적 구상권과 대위로 인한 권리는 경합한다.[123] 넷째, 변제자대위에 의하여 채권과 함께 그 부

---

123) 대위에 의하여 채무자에 대하여 갖는 권리를 대위구상권(recours subrogatoire)이라고 부른다(Deshayes, Th. Genicon et Y.-M. Laithier, *op. cit.*, p. 872).

속적인 권리도 이전된다. 이는 채권양도의 경우(제1322조 이하)와 동일하다. 종된 권리로서 손해배상청구권, 담보책임상의 권리 또는 유치권, 저당권과 같은 물적 담보와 보증(caution), 협력장(lettre d'intention)과 같은 인적 담보가 포함된다. 다만, 예외적으로 그 성격상 독립적 보증(garantie autonome)은 제외된다. 그러나 부속적 권리의 제한이 따른다. 채권자의 일신에 전속하는 종된 권리는 변제자에게 이전되지 않는다. 개정 전에는 이와 같은 규정이 없었지만, 이는 종전부터 인정되던 것이다. 예를 들면, 사기에 의한 무효소권은 변제자에게 이전되지 않는다.

본조 제2항에 의하면, 피대위자는 새 이자에 대하여 채무자와 합의를 하지 않은 경우에는 최고를 한 때부터 법정이자에 대한 권리만을 갖는다(제1문). 여기서 최고란 피대위자가 채무자에게 최고하는 것을 말한다. 첫째, 피대위자는 종전 채권자와 채무자 사이에 있었던 약정이자를 채무자에 대하여 요구하지 못한다. 채권자의 권리가 이전된다는 점에서 본다면 종전의 약정이자를 받을 수 있다고 보아야 하지만 만일 그 약정이자가 법정이자보다 높다면 부당이득을 얻는 것이 된다.124) 따라서 피대위자는 채무자와 이자에 대하여 새로운 합의가 없을 경우에는 법정이자에 대한 권리만을 갖는다. 그러나 후술하는 바와 같이, 채권에 부속된 담보권이 제3자가 설정한 것일 경우에는 법정이자가 발생하지 않고 약정대로 이자가 발생하게 된다. 둘째, 이자는 피대위자가 채무자에게 최고한 때부터 발생한다. 종전 판례는 변제일 이후의 법정이자에 대한 권리를 갖는다고 하였다.125) 그러나 본항은 변제일이 아니라 피대위자가 최고한 날부터 법정이자에 대한 권리를 인정한다. 물론 피대위자와 채무자는 최고를 면제하는 약정을 할 수 있다. 그런데 피대위자와 채무자가 새롭게 이자를 합의할 경우, 이자의 발생 시기는 어떻게 되는지가 문제이다. 이에 대하여 당사자들의 합의가 없다면, 변제자대위의 효과는 변제가 있는 날로부터 발생한다면 그 때부터 이자도 발생한다고 보아야 할 것이다.126) 셋째, 이자는 채권에 부속된 담보권에 의해 담보되고, 그 담보권이 제3자에 의하여 설정된 것일 경우에는 제3자가 그 이상에 대하여 합의하지 않는 한 처음에 약속된 범위 내에서 담보된다(제2문).

124) G. Chantepie et M. Latina, *op. cit.*, n° 1002, p. 902.
125) Civ. 1ʳᵉ 29 oct. 2002, n° 00-12.703.
126) O. Deshayes, Th. Genicon et Y.-M. Laithier, *op. cit.*, p. 873.

그런데 대위 당시 이자는 피대위자와 채무자의 합의에 의해 새로 정해질 수도 있다는 사실에 비추어 보면, 약정이자가 채권에 부속된 담보권에 의해 담보된다고 하는 것은 당연한 귀결이 아니라고 볼 수도 있다. 그러나 애초부터 담보권은 채권과 그 이자를 담보하였던 것이므로 대위 후에도 당연히 담보하여야 한다고 할 것이다. 한편 채권에 부속된 담보권이 제3자에 의하여 설정된 것일 경우에는 제3자가 그 이상에 대하여 합의하지 않는 한 처음에 약속된 범위 내에서 담보된다.

Article 1346-5 Le débiteur peut invoquer la subrogation dès qu'il en a connaissance mais elle ne peut lui être opposée que si elle lui a été notifiée ou s'il en a pris acte.

La subrogation est opposable aux tiers dès le paiement.

Le débiteur peut opposer au créancier subrogé les exceptions inhérentes à la dette, telles que la nullité, l'exception d'inexécution, la résolution ou la compensation de dettes connexes. Il peut également lui opposer les exceptions nées de ses rapports avec le subrogeant avant que la subrogation lui soit devenue opposable, telles que l'octroi d'un terme, la remise de dette ou la compensation de dettes non connexes.

제1346-5조 ① 채무자는 대위를 안 때로부터 이를 원용할 수 있으나, 대위는 채무자에게 통지되었거나 채무자가 이를 안 때에만 그에게 대항할 수 있다.

② 대위는 변제시부터 제3자에게 대항할 수 있다.

③ 채무자는 무효, 동시이행의 항변권, 해제 또는 견련관계 있는 채무 사이의 상계와 같은 채무에 내재하는 항변으로 피대위자인 채권자에게 대항할 수 있다. 채무자는 대위가 자신에게 대항할 수 있기 전에 대위지시인과의 관계에서 발생한 항변, 즉 기한의 부여, 채무의 면제 또는 견련관계 없는 채무간의 상계와 같은 항변으로 채무자에게 대항할 수 있다.

[해제] 본조는 대위의 대항력에 대하여 규정하고 있다. 첫째, 채무자가 채권자에게 대위를 주장할 수 있는 대항력이다(제1항 전단). 둘째, 채무자에게 통지가 된 후의 채무자에 대한 대항력이다(제1항 후단). 셋째, 피대위자의 제3자에 대한 대항력이다(제2항). 넷째, 채무자의 피대위자에 대한 대항력이다(제3항). 본조는 채권양도의 경우 제3자에 대한 항변에 관한 규정(제1323조) 및 채무자의 항변에 관한 규정(제1324조)과 대동소이한 규정인데, 이는 대위와 채권양도의 이전적 효력이 근본적으로 같기 때문이다.[127] 그러나 이것이 그 대항력의 요건

도 동일하여야 한다는 것을 말하는 것은 아니다.

본조 제1항에 의하면, 채무자는 대위의 사실을 안 때로부터 대위를 원용할 수 있고, 대위는 채무자에게 통지되었거나 채무자가 이를 안 때에만 그에게 대항할 수 있다. 본항은 법정대위(제1346조)와 채권자의 주도에 의한 합의대위(제1346-1조)의 경우에만 적용된다. 이 경우에는 대위에 의한 권리의 이전에 대해서 채무자는 제3자의 위치에 있기 때문에, 이러한 절차가 필요한 것이다. 그런데 본항은 채권양도의 대항력에 관한 제1324조를 염두에 두고 있지만, 제1324조와 동일하게 규정하지는 않는다. 즉, 채권양도의 경우에는 채무자가 사전합의를 하지 않은 경우에는 양도사실을 통지받거나 이를 안 때에만 대항할 수 있다고 규정하고 있다(제1324조 제1항). 대위의 경우에는 우선 법정대위(제1346조)와 채권자의 주도에 의한 합의대위(제1346-1조)에서는 채무자가 사전동의를 한다는 것은 있을 수 없기 때문에 채무자에게 통지를 하거나 채무자가 이를 안 때만을 규정하여야 한다. 또 대위가 채무자의 주도하에 이루어진 경우에는 이는 채무자가 채권양도에 대하여 사전동의를 한다는 것과 다르고 또 채무자에게 통지를 하거나 채무자가 이를 안 때라는 것을 생각할 수 없기 때문이다. 한편 본항은 채무자가 대위의 사실을 안 때에도 채무자는 대위를 원용할 수 있다고 규정하고 있다. 이 경우 채무자는 종전 채권자의 청구에 대하여 변제를 거부할 수 있다.

본조 제2항은 피대위자의 제3자에 대한 대항력을 규정하고 있다. 대항력의 시점은 변제시이다. 본항은 제3자에 대한 대항력이 인정되기 위해서 하여야 할 절차에 대하여는 아무런 규정을 두고 있지 않다. 제3자에 대항하기 위하여 채권양도의 경우와 같은 대항절차를 요구하지 않는다.[128] 제3자란 피대위자와 양립할 수 없는 권리를 주장하는 자를 말한다. 즉, 제3자의 의미는 채권양도에서의 제3자와 완전히 동일하다. 한편 제3자는 대위가 발생한 후에는 대위를 반박할 수 없으므로, 대위의 시점은 그에게 중요한 의미를 갖는다. 그 증명책임에 대하여는 명시적인 규정을 두고 있지 않다. 이는 채권양도의 경우(제1323조 제2항)와 동일하다고 할 것이다. 따라서 채권양도의 경우와 마찬가지로 그 증명책임은 피대위자에게 있다고 할 것이고, 피대위자는 모든 방법으로 이를 증명하여야 한다.

---

127) Rapport au Président de la République의 제1346-5조에 대한 해설 참조.
128) G. Chantepie et M. Latina,, *op. cit.*, n° 994, p. 895.

　　본조 제3항은 채무자의 피대위자에 대한 대항력을 규정하고 있다. 피대위자에 대한 대항력은 항변의 종류가 무엇이냐에 따라 달리 규율하고 있다. 본항은 채권양도에서의 채무자의 양수인에 대한 대항력에 관한 규정(제1324조 제2항)과 완전히 동일하다. 첫째, 채무자는 이전된 채권에 대한 내재적인 항변으로 피대위채권자에게 대항할 수 있다. 본항이 규정하고 있는 바와 같이, 무효, 동시이행의 항변권, 해제 또는 견련관계가 있는 채무의 상계 등이다. 그 밖에 소멸시효의 항변도 있다. 이러한 항변은 그 발생시기가 대위가 있기 전이냐 아니면 후이냐를 구분하지 않는다. 둘째, 채무자는 이전된 채권에 대한 내재적인 항변이 아닌 항변으로서 대위를 시키는 자와의 관계에서 발생한 항변을 피대위자에게 대항할 수 있다. 여기서 대위지시인이란 채권자 주도에 의한 대위에서의 종전 채권자를 말한다. 이는 대위가 발생하기 전에 종전 채권자가 채무자에게 발생시킨 항변을 말한다. 예를 들면, 기한의 부여, 채무의 면제 또는 관련되지 않는 채무의 상계와 같은 항변이 이에 해당한다. 한편 채권양도의 경우에는 채무자가 채권양도의 사실을 이의 없이 승낙한 때에는 양도인에게 대항할 수 있었던 상계의 항변을 더 이상 양수인에게 대항할 수 없음을 규정하고 있다(제1347-5조). 변제자대위에서는 이러한 취지의 규정을 두고 있지 않다. 그러나 이는 입법의 불비로서, 채권양도와 변제자대위를 달리 보아야 할 이유가 없다고 한다.129)

[남 효 순]

Section 2　La compensation
제2절　상계

　　[해제] 본절은 '상계(compensation)'에 대하여 정하고 있으며, 이하의 부속절은 각각 일반규정과 특별규정으로 나뉜다. 상계는 법정 상계(compensation légale), 재판상 상계(compensation judiciaire), 합의 상계(compensation conventionnelle)로

---

129) O. Deshayes, Th. Genicon et Y.-M. Laithier, *op. cit.*, p. 877.

나누어 볼 수 있다. 상계에는 두 가지 기능이 있는데, 그중 하나는 두 채무의 동시 이행에 따른 채무 소멸이라는 간이화된 변제의 기능이다. 제1347조 제2항 및 제1347-1조에서 규정하는 당사자의 원용가능성, 확정성(liquidité)과 청구가능성(exigibilité)은 상계라는 제도가 간이화된 변제의 구조를 취하고 있음을 보여준다. 상계의 또 다른 기능은 담보적 기능으로서, 이는 원칙적으로 상계의 부수적인 효과에 불과하지만, 채무가 견련관계에 있을 경우 확정성이나 청구가능성이 없더라도 상계를 기각하지 못하도록 한 제1348-1조나 장래 또는 현재의 상호 대립하는 모든 채무를 상계에 의해 소멸시키기로 하는 합의를 할 수 있도록 한 제1348-2조가 적용되는 경우에는 상계의 담보적 기능이 강화될 수 있다.

Sous-section 1   Règles générales

제1부속절   일반규정

[해제] 본부속절은 법정 상계의 요건, 상계의 당사자 간의 효과로 상계 효력의 발생시점과 상계충당, 상계의 제3자에 대한 효과로 채권양도의 경우와 보증인 및 공동연대채무자의 상계 주장 등을 내용으로 하는 상계에 관한 일반규정으로써 법정 상계에 관련한 총 8개의 조문으로 구성되어 있다.

Article 1347 La compensation est l'extinction simultanée d'obligations récip-roques entre deux personnes.

Elle s'opère, sous réserve d'être invoquée, à due concurrence, à la date où ses conditions se trouvent réunies.

제1347조 ① 상계는 두 사람 사이에 서로 대립하는 채무가 동시에 소멸하는 것을 말한다.

② 상계는 원용됨을 조건으로, 그 요건이 충족된 날에 대등액의 한도에서 발생한다.

[해제] 본조는 '법정 상계(compensation légale)'에 관한 규정으로 조문에서 직접 언급하고 있지 않으나 상계가 법률에 의해 발생한다는 이유로 이와 같이 부르고 있다. 본조는 개정 전 조문인 제1289조와 마찬가지로 상계의 정의를 선언적으로 표현하고 있으며, 법정 상계의 전형적인 요소인 채무의 동시소멸 효과와 두 사람의 채무 사이에 상호대립성을 들고 있다.[130] 2016년 개정으로 본조

제2항에 "상계는 원용됨을 조건으로"라는 문구가 추가되었는데 이는 상계가 자동적으로 이루어지는 것인지 아니면 당사자 중 일방이 이를 원용해야 하는 것인지에 관한 전통적인 논의에 그동안 프랑스민법전이 취하여 온 해법과는 다른 형식이다. 개정 전 제1290조에서는 "채무자가 이를 알지 못했다 하더라도 법률의 효력에 의하여 당연히 발생한다."고 하여 상계의 자동효를 명시하였는데, 이는 오해의 여지를 남겼으며, 다른 관점에서 세워진 여러 원칙들, 특히 상계적상의 채무를 변제할 가능성, 공동연대채무자에 의한 상계의 대항불가능성과 양립하기 어려웠다. 따라서 조문에 명시되어 있음에도 불구하고 실제로는 오류가 있다고 여겨졌고, 파기원은 재판상 상계의 원용이 없는 경우에 상계를 포기하는 것으로 보아, 상계의 요건이 충족된 후에도 사후적으로 상계를 포기할 가능성뿐만 아니라 상계 포기의 소급효를 이끌어내었다.131) 결국 판례에서 채무자 중 1인의 원용이 있어야 상계의 효력을 향유할 수 있다고 인정한 것이다.132)133) 그리고 개정을 통하여 이러한 '법정 상계에서의 원용'을 조문으로 명시하게 되었다. 본조의 개정으로 인한 변화에 맞춰 상계에 관련한 일련의 조문들이 수정되지는 않았으며, 2018년 변경법률을 통하여 제1347-6조와 같은 일부의 개정이 이루어졌을 뿐이다. 상계가 이루어지는 시점을 제외하고는 서로 대립하는 채무의 당사자들 이외에 상계를 원용할 권리 있는 자가 누구인지, 원용의 형식은 어떠한지가 불명확하다는 점에서 해석상 의문을 제기하는 견해도 존재하며, 이러한 점에서 개정된 본조가 그동안의 상계에 관한 논의를 종결시키지는 못하였다고 한다.134) 다만, 원용의 형식과 관련하여 특별한 형식이 존재하지 않는다고 보며, 상계 주장의 의사를 통지하거나 법적인 청구를 필요로 하는 것은 아니라고 한다.135)

Article 1347-1 Sous réserve des dispositions prévues à la sous section suivante, la compensation n'a lieu qu'entre deux obligations fongibles, certaines, liquides

---

130) O. Deshayes, Th. Genicon et Y.-M. Laithier, *op. cit.*, p. 878.
131) G. Chantepie et M. Latina, *op. cit.*, pp. 913-914.
132) O. Deshayes, Th. Genicon et Y.-M. Laithier, *op. cit.*, p. 879.
133) G. Chantepie et M. Latina, *op. cit.*, p. 913.
134) O. Deshayes, Th. Genicon et Y.-M. Laithier, *op. cit.*, p. 881.
135) O. Deshayes, Th. Genicon et Y.-M. Laithier, *op. cit.*, p. 880.

et exigibles.

Sont fongibles les obligations de somme d'argent, même en différentes devises, pourvu qu'elles soient convertibles, ou celles qui ont pour objet une quantité de choses de même genre.

제1347-1조 ① 이하의 부속절에서 정하는 규정의 유보 하에, 상계는 동종(同種)이며, 확실하며, 확정적이고, 청구가능한 두 채무 사이에서만 발생한다.

② 금전채무가 다른 종류의 통화인 경우에도 환전할 수 있으면 동종이고 또는 같은 종류의 물건의 일정량을 그 목적으로 하는 것도 역시 동종이다.

[해제] 본조는 개정 전 제1291조와 마찬가지로 상계 가능한 채무의 요건에 관한 규정이다. 제1347조의 법정 상계는 상계의 요건들을 확인한 후 이들 채무의 상계에 장애가 없는지를 살핀다. 따라서 본조는 이에 적용하기 위한 4가지의 병합적인(cumulative) 채무의 요건을 제시하고 있다. 2016년 개정을 통하여, 기존의 판례[136]에서 인정하고 있던 기준인 채무의 존재에 대한 확실성(certaine)이 추가되었다.[137]

금액이 확정적인(liquide) 채무란 금액이 정해진 이외에도 금전으로 평가될 수 있거나 이러한 평가를 위한 모든 요소가 갖추어져 있는 것을 의미한다. 판례는 재판상 산정(chiffrée)되어야 하는 계약외 책임에 대한 손해배상채권은 확정적이지 않다고 보는[138] 한편, 임대차계약에서 정한 해약금(indemnité de résiliation)은 이의를 제기하지 않는 한 그 금액에서 결정되므로 확정적인(liquide) 채무에 해당한다[139]고 보았다.

프랑스민법전은 동종성(fongible)과 관련하여, 개정 전 제1291조 제2항에서 '다툼이 없이 시장시세표에 따라 가격이 정해지는 곡물과 소비재의 급부'를 본고 제2항에서의 '금전채무'로 대체하였고, 다른 화폐로 지정되는 경우에도 환전이 가능하다면 동종이라는 표현을 사용함으로써 현대의 경제현실을 개정에 반영하였다.[140] 즉, 채무가 금전이고, 다른 외화라면 환전가능한 경우 내지 같은

---

136) Com., 18 févr 1975, n° 73-14.041.

137) O. Deshayes, Th. Genicon et Y.-M. Laithier, *op. cit.*, p. 882.

138) Civ. 3ᵉ, 23 mai 2013, n° 11-26.095.

139) Civ. 3ᵉ, 4 janv 2006, n° 04-18.642., comp. Com., 24 mars 2015, n° 13-23.791 et 13-25.106.

140) 다만, 개정을 통해 모든 경우에 공정시세(cours officiel)의 적용을 일반화하여 개정 전의

종류의 물건 일정량을 목적으로 하는 채무를 동종성이 있다고 표현한 것이다. 판례에서는 금전채무와 사용대차물의 반환급부[141] 또는 용역급부의 공여[142])는 성질(nature)이 다르므로 동종성이 있지 않다고 본다. 다만, 두 채무의 성질이 달라 동종성이 없는 경우에도 양 당사자 간의 합의로 이를 금전으로 평가한 후 상계할 수 있다고 한다.[143]

Article 1347-2 Les créances insaisissables et les obligations de restitution d'un dépôt, d'un prêt à usage ou d'une chose dont le propriétaire a été injustement privé ne sont compensables que si le créancier y consent.
제1347-2조 압류할 수 없는 채권 및 임치물, 사용대차물 또는 소유자가 부당하게 침탈당한 물건의 반환채권은, 채권자가 이에 동의하는 경우에만 상계할 수 있다.

[해제] 본조는 제1347-1조의 예외로, 본조에서 열거된 특정의 채무는 존재의 확실성(certaine), 금액의 확정성(liquide), 동종성(fongible), 청구가능성(exigible)을 구비하더라도 상계로 소멸이 이루어지지 않고, 채권자의 동의가 있는 경우에만 상계가 가능하다. 이는 채권자 또는 제3자의 보호를 고려하여, 채무자가 물건의 반환이나 금전의 지급을 회피하기 위한 상계의 활용을 막기 위한 취지의 규정이다. 개정 전 제1293조에서 이미 언급했던 세 가지의 경우를 재구성한 것이며, 부양료를 원인으로 하는 압류금지채권에 한하여 상계를 금지하였던 것에서 모든 압류금지채권으로 그 범위를 확장하여 규정하고 있다. 본조 마지막에 "채권자가 동의한 경우에만 상계할 수 있다."는 표현은 앞서 언급한 상계할 수 없는 채권에 관한 내용이 채권자의 이익에 따라 정해진 규정임을 드러내고 있으니 이러한 표현은 개정 전 프랑스민법전에서 규정하고 있지 않았으나 판례에서 인정하고 있었다. 채권자가 상계에 동의한 경우, 상계가 이루어진 날짜에 대하여는 침묵하고 있는데, 이를 동의한 날로 보면 압류금지의 수혜자가 상계에 관한 소급의 이익을 누리지 못하게 한다는 점에서 지적을 받을 수 있으므로 두 채권이 청구가능하게 된 날로 인정하는 것이 정당화된다는 견

조문을 유지할 수도 있었을 것이라는 견해도 존재한다(O. Deshayes, Th. Genicon et Y.-M. Laithier, *op. cit.*, p. 883).
141) Civ. 1re, 10 juin 1987, n° 85-14.119.
142) C.A. Paris, 18 nov 2005, n° 04-2261.
143) Civ. 1re, 10 juin 1987, n° 85-14.119.

해[144]도 있다.

Article 1347-3 Le délai de grâce ne fait pas obstacle à la compensation.
제1347-3조 은혜기간은 상계에 방해가 되지 않는다.

[해제] 본조는 개정 전 제1292조의 "terme de grâce"를 "délai de grâce"로 대체하여 표현을 현대화하고 있으며, 은혜기간은 상계를 저지하지 않는다고 하는 내용 자체는 동일하다. 이 때의 기간(délai)은 법원이 허여한 변제의 기간은 강제 집행만을 정지시키며, 채무의 이행에는 영향을 미치지 않는다고 하는 제1343-5조에 따른다. 은혜기간은 법원에서 자력이 없는 채무자를 위해 부여한 것이므로, 변제의 수단이 되는 상계를 저지하기 위해 이러한 은혜기간을 원용하는 채무자를 특별히 보호할 필요는 없다는 점에 본조의 취지가 있다.[145]

Article 1347-4 S'il y a plusieurs dettes compensables, les règles d'imputation des paiements sont transposables.
제1347-4조 상계할 채무가 다수인 경우에는 변제충당규정이 준용된다.

[해제] 본조는 개정 전 제1297조를 대체하며, 준용 규정에 해당하는 조문은 제1342-10조, 제1343-1조이다. 즉, 일방 또는 쌍방 당사자가 상대방에 다수의 채무를 상계로 소멸하게 하는 경우 제1342-10조, 제1343-1조에 따른다는 것이다. 개정을 통해 일부 표현이 변경되고, 법정변제충당의 규정만을 준용하였던 것에서 지정변제충당에까지 그 준용범위가 넓혀진 것으로 해석된다.

모든 상계는 다수의 채무를 전제로 하므로, "상계할 채무가 다수인 경우"라는 개정 후의 표현은 적절하지 못하고, 오히려 개정 전 제1297조의 "상계 가능한 다수의 채무가 동일인에게 귀속하는 경우"라는 표현이 더 명료하다는 평가를 받는다.[146] 개정 조문은 일방당사자가 타방당사자에 대한 채권을 상계하기 위하여, 상계 요건을 충족하는 최소한의 두 채무의 채무자인 경우에 조문을 적용하는 것이라고 이해해야 한다.

---

144) O. Deshayes, Th. Genicon et Y.-M. Laithier, *op. cit.*, p. 884.
145) G. Chantepie et M. Latina, *op. cit.*, p. 910.
146) O. Deshayes, Th. Genicon et Y.-M. Laithier, *op. cit.*, p. 886.

제1342-10조는 변제충당규정으로, 제1항에서 "…채무자는 변제 시에 그가 변제하고자 하는 채무를 지정할 수 있다."고 하여 지정변제충당, 즉 어떠한 채무에 대하여 변제가 충당되어야 하는지는 우선적으로 채무자에게 달려있다고 정하며, 제2항에서 "채무자의 지정이 없는 경우" 법정변제충당의 순서에 따른다고 정하고 있다. 그러나 상계에 관하여 변제충당을 준용하는 것이 완전히 명확한 해결방법이라고 보기는 어렵다는 견해도 있다. 이러한 견해에 의하면, 제1347조가 상계의 원용을 요하는 것으로 개정되었다고 하더라도, 상계는 여전히 채무 이행이 아니라 채무의 존재 상태에서 비롯된 채무 해방 원인이므로 변제충당규정과는 양립이 어려운 측면이 있다. 또한 상계의 원용시에 소급적으로 명시되는 채무자의 의사는 변제시에 명시되는 채무자의 의사와는 다르고, 특히 상계는 상계할 수 있는 다수의 채무에 대한 채무자뿐만 아니라 그 상대방에 의해서도 원용될 수 있다는 점에서도 변제충당과 차이가 있다.[147] 또한 지정 및 법정변제충당규정에 관한 제1342-10조는 개정 전 제1256조의 개정조문인데, 제1256조는 개정 조문인 제1342-10조와는 달리, 채무자에 의한 충당이 없는 경우 적용될 수 있는 규정이었다. 따라서 개정을 통해 제1342-10조 제2항에서 정한 법정변제충당규정만이 상계에 적용된다고 명시하는 편이 더 바람직했을 것이라고 보는 견해도 있다.[148] 또한 본조가 "상계할 채무가 다수인 경우"에만 적용되므로, 이러한 표현에 일부 변제시 원본과 이자에 대한 충당의 원칙을 정하고 있는 제1343-1조 제1항의 준용을 추가하여야 한다. 따라서 상계에 변제충당규정을 준용하는 것과 관련하여, 판례에서 상계에 의한 일부변제에 이자가 우선하여 충당됨을 선언함으로써 이러한 문제를 해결해야 할 것으로 본다.[149][150]

Article 1347-5 Le débiteur qui a pris acte sans réserve de la cession de la créance ne peut opposer au cessionnaire la compensation qu'il eût pu opposer au cédant.

제1347-5조 채권양도에 이의를 유보함이 없이 승낙을 한 채무자는 양도인에게 대항할 수 있는 상계로 양수인에게 대항할 수 없다.

---

147) O. Deshayes, Th. Genicon et Y.-M. Laithier, *op. cit.*, p. 886.
148) O. Deshayes, Th. Genicon et Y.-M. Laithier, *op. cit.*, p. 886.
149) O. Deshayes, Th. Genicon et Y.-M. Laithier, *op. cit.*, p. 887.
150) G. Chantepie et M. Latina, *op. cit.*, p. 915.

[해제] 본조는 개정 전 제1295조의 개정 조문으로, 개정 전 조문에서의 "이의없이 단순한 승낙(Accepter purement et simplement)"이라는 표현은 "이의의 유보가 없는 승낙(pris acte sans réserve)"으로 개정되었다.

본조는 채권양도를 규정하는 제1324조 제2항과 함께 살펴야 하고, 이에 따르면 상계할 수 있는 채권의 양도는 채권양도가 통지(notification)나 승낙(prise d'acte)에 의해 채무자에게 대항력을 가지면 채무자는 채무에 내재한 항변[151]과 상계에 있어서는 견련관계 있는 채무의 상계를 제외하고는 더 이상 양수인에게 대항할 수 없다. 그리고 채무자가 양도인과의 관계에서 발생한 견련관계가 없는 채무의 상계[152]는 채권양도의 통지, 승낙 이전에 상계의 요건이 충족되어야 양수인에게 대항할 수 있다. 즉, 양도인은 양수인에게 견련관계 있는 채무의 상계 및 통지 이전에 상계의 요건을 충족하는 경우의 견련관계 없는 채무의 상계로 대항할 수 있으나, 이러한 방어의 수단은 채무자가 본조에서 말하는 이의 유보가 없는 승낙을 한 경우에 사라지게 되는 것이다. 여기서의 이의의 유보가 없는 승낙은 채무자가 채권양도의 사실을 받아들이고, 양수인을 자신의 새로운 채권자로 인정함을 밝히는 것이며, 이러한 경우, 채무자는 항변의 이익을 포기하는 것으로 간주한다.[153][154]

Article 1347-6 La caution peut opposer la compensation de ce que le créancier doit au débiteur principal.

Le codébiteur solidaire peut se prévaloir de la compensation de ce que le créancier doit à l'un de ses coobligés pour faire déduire la part divise de celui-ci du total de la dette.

제1347-6조 ① 보증인은 채권자가 주채무자에게 부담하는 채무에 대한 상계로 대항할 수 있다.

② 공동 연대채무자는 채무 전부에서 어느 공동채무자의 부담 부분을 소멸시키기 위하여 채권자가 그 공동채무자에 진 채무의 상계를 주장할 수 있다.

---

151) 채무에 내재한 사유의 예로 무효와 동시이행항변을 들 수 있다.
152) 제1324조 제2항에서는 이외에도 채무자가 양도인과의 관계에서 발생한 기한의 유예, 면제 등을 들고 있다.
153) G. Chantepie et M. Latina, *op. cit.*, p. 912.
154) O. Deshayes, Th. Genicon et Y.-M. Laithier, *op. cit.*, p. 888.

[해제] 본조는 개정 전 제1294조의 개정조문으로서 상계의 제3자에 대한 효과, 그중에서도 보증인과 공동 연대채무자가 상계로 대항할 수 있다는 규정이다.

2016년 개정시 본조 제1항은 "보증인은 채권자와 주채무자 사이에 이루어진 상계로 채권자에게 대항할 수 있다."는 문언을 갖고 있었다. 여기서 '이루어진(intervenue) 상계'라는 표현을 사용한 것은, 제1347조에서 상계에 당사자의 '원용'이라는 요건을 요구하게 되면서, 보증인이 채권자 또는 주채무자에 의해 상계가 원용되어 있는 경우에만 상계로 대항할 수 있다는 점을 조문에 반영한 것이었다.

2016년 개정시 본조 제2항은 "공동 연대채무자는 채무 전부에서 자신의 부담부분을 소멸시키기 위하여 채권자와 공동채무자 사이에 이루어진 상계를 주장할 수 있다."는 문언[155]을 갖고 있었는데, 여기에서도 '이루어진 상계'라는 표현이 사용되어 이미 효력이 발생한 상계를 상정하고 있었다. 제2항은, 연대채무자가 다른 공동채무자의 상계를 원용하는 것을 금지했던 개정 전 제1294조 제3항이 제1315조로 개정되면서 다른 연대채무자의 고유한 항변인 상계로 그의 부담부분을 소멸시킬 때 채무에서 그 부분을 공제하기 위해 연대채무자는 이를 원용할 수 있게 된 것을 반영하는 조항이었다.

그러나 2016년 개정을 통하여 해소되지 않은 문제가 있었다. 그것은 바로, 채권자와 채무자 사이의 상계를 당사자들 간에 누구도 주장하지 않는 경우 보증인이 주장할 수 있는가 하는, 예전부터 제기되어 온 문제이다. 공동 연대채무자의 경우에도 마찬가지로 그가 다른 공동 채무자가 주장하지 않은 상계를 원용하여 그 공동채무자의 부담 부분을 줄일 수 있는가 하는 의문이 있었다. 보증인과 공동 연대채무자가 상계를 원용할 수 있는 범위가 불명확하다는 점에 대한 문제가 제기되어 2018년 변경법률을 통해 본소가 다시 개정되었다. 그 결과 보증인이 주채무자 또는 그의 채권자가 주장하지 않았던 상계를 주장할 가능성을 두었다. 그런데 입법자가 보증인 또는 공동채무자에 의한 상계의 대항가능성 문제에만 집중한 탓에, 상계에 원용을 필요로 하는 새로운 체제에서 발생하

---

155) Le codébiteur solidaire peut se prévaloir de la compensation intervenue entre le créancier et l'un de ses coobligés pour faire déduire la part devise de celui-ci du total de la dette.

는 여러 문제들에 관한 자세한 해결책을 제시하지 않았다는 점에서 아쉬움을
남긴다.

Article 1347-7 La compensation ne préjudicie pas aux droits acquis par des
tiers.
제1347-7조 상계는 제3자가 취득한 권리를 해하지 않는다.

　　[해제] 본조는 제3자의 권리보호와 관련하여, 채권양도에 대한 상계의 대
항을 규정한 개정 전 제1295조와 압류에 대한 상계의 대항을 규정한 개정 전 제
1298조를 개정한 조문에 해당한다. 즉, 채권양도 통지 이후의 채권과 제3자의
압류가 있은 후에 취득한 채권은 상계로 대항할 수 없다는 것이다. 이때의 압류
는 특정 채권자의 이익을 위하여 법에서 정한, 채권을 처분할 수 없게 하는 모
든 유형의 압류에 적용된다고 본다. 프랑스민법전 개정으로 이를 설명하는 예
시들은 삭제되었고, 상계는 제3자가 취득한 권리를 해하지 않는다는 표현만이
남았으나 조문이 가지는 의미는 개정 전과 크게 달라지지 않았다.[156]

　　상계 가능 여부는 제3자가 권리를 취득한 때를 기준으로 상계의 요건이
충족되었는지에 따라 판단한다. 그러나 제3자의 권리 취득 시점에 상계의 요건
이 충족되지 않았더라도 견련관계에 있는 채무의 경우에는 제1348-1조에 따라
채무자가 상계로 대항하는 것을 막지 못하는데, 프랑스상법전 제L.622-7조 제1
문에서도 이에 대하여 규정하고 있다.

　　　　　　　　　　　　　　　　　　　　　　　　　　　　[김　태　희]

---

156) G. Chantepie et M. Latina, *op. cit.*, pp. 912~913.

Sous-section 2　Règles particulières

제2부속절　특별규정

[해제] 본부속절은 상계에 관한 제1부속절 일반규정에 대한 특별규정을 담고 있다. 일반규정과 충돌이 있는 경우 특별규정이 우선하며, 충돌이 없는 경우 일반규정과 특별규정 모두 적용된다. 신설된 본부속절은 이전부터 판례상 법리로 존재하였던 것을 규정하는바, 재판상 상계(compensation judiciaire, 제1348조), 견련채무 상계(compensation des dettes connexes, 제1348-1조), 합의 상계(compensations conventionelle, 제1348-2조)에 관한 세 조문으로 구성되어 있다. 견련성(connexité)에 관하여는 여전히 명시적으로 정의하고 있지 않다.

Article 1348 La compensation peut être prononcée en justice, même si l'une des obligations, quoique certaine, n'est pas encore liquide ou exigible. A moins qu'il n'en soit décidé autrement, la compensation produit alors ses effets à la date de la décision.

제1348조 채무 중 하나가 확정적이지 않거나 청구가능하지 않더라도 확실하기만 하다면 법원에 의해 상계가 선고될 수 있다. 판결에서 달리 정하지 않았다면 상계는 판결일에 효력을 발생한다.

[해제] 본조는 판례상 인정되던 재판상 상계가 개정으로 공식적으로 입법화된 조문이다. 개정 전 프랑스민법전은 재판상 상계를 규정하고 있지는 않았지만, 오랫동안 재판상 상계는 판례상 인정되어 왔다. 제1348조로 입법화되기 전 재판상 상계는 프랑스민사소송법전 제70조, 제564조에 근거하여 행해졌는데,[157] 개정으로 신설되었다. 본조는 법원에 의해서 선고될 수 있는 재판상 상계에 관하여 규정하고 있다. 재판상 상계는 채무 중 하나가 확실성(certaine)만 있다면 청구가능성(exigible)과 확정성(liquide)이 결여되더라도 법원에 의해 선고될 수 있다.

재판상 상계는 청구가능성이 없어도 가능하다. 본조 신설 이전에는 당사자가 가진 기한의 이익을 법원이 박탈할 수 없다는 근거로 청구가능성이 존재

---

157) O. Deshayes, Th. Genicon et Y.-M. Laithier, *op. cit.*, p. 895

하지 않는 경우에는, 개정 전 제1188조(현행 제1305-4조)의 경우와 같이 기한의 이익을 채무자가 주장할 수 없는 경우가 아닌 한 재판상 상계는 이루어지지는 않았다.[158] 그런데 본조의 신설로 법원은 채권자의 채권청구시 청구가능하지 않은 채무라도 그 존재를 이유로 재판상 상계로 채권자의 청구를 기각할 수 있게 되었다. 다만 본조는 재판상 상계의 효력발생일을 법원이 달리 정할 수 있도록 하여, 기한의 이익을 받는 자를 위하여 효력발생일을 조정할 수 있도록 하였다.

　재판상 상계를 위하여 본조는 확실성을 요구하고 있을 뿐, 법정 상계의 다른 요건들인 두 채무의 상호대립성(réciprocité), 동종성(fongibilité)이 재판상 상계에 있어 필요한지에 관하여는 침묵하고 있다. 그런데 본조는 상계에 관한 특별규정하에 편성되어 있고, 일반규정에 대한 특별규정으로 청구가능성과 확정성이 없어도 상계가 가능하다고 규정하고 있다. 특별규정이 일반규정과 명시적으로 충돌하여 우선 적용되지 않는 한, 상계에 관한 일반규정은 적용된다고 보아야 할 것이다. 그렇다면 본조에서는 확정성과 청구가능성이 결여되어도 확실하다면 재판상 상계가 가능하다고 규정하고 있을 뿐이므로, 법정 상계의 요건인 상호대립성이나 동종성은 일반규정으로 돌아가 충족되어야 상계가 가능하다고 보아야 할 것이다.[159]

　재판상 상계는 법원이 정한 날짜에 효력을 발생하며, 별다른 명시가 없다면, 판결일에 효력을 발생한다. 재판상 상계는 효력이 발생할 날을 판결로 정할 수 있다는 점에서, 두 채무가 상계의 요건을 갖춘 날에 효력을 발생하는 제1347-1조상의 법정 상계와는 차이가 있다. 재판상 상계는 법정 상계와 동일한 효력을 발생하도록 효력을 소급하도록 정할 수 있지만, 이는 판결에서 그 날짜를 정한 경우에 한하고, 명시하지 않았다면 판결일에 효력이 발생하기 때문에 상계 요건을 갖춘 날에만 효력이 발생되는 법정 상계와 그 차이가 존재한다.

　본조는 법원에 의해 재판상 상계가 '선고될 수 있다(peut être)'고 규정함으로써, 법관이 재판상 상계를 선택할 수 있는 재량이 있음을 명시하고 있다.[160] 후술할 제1348-1조의 견련채무 상계의 경우에는 "법원은 상계를 기각할 수 없

158) O. Deshayes, Th. Genicon et Y.-M. Laithier, *op. cit.*, p. 896.
159) O. Deshayes, Th. Genicon et Y.-M. Laithier, *op. cit.*, pp. 896-897.
160) O. Deshayes, Th. Genicon et Y.-M. Laithier, *op. cit.*, p. 897.

다."고 규정하고 있어, 상계에 대한 재량이 법원에 존재하지 않다는 점에서 재
판상 상계와 견련상 상계는 차이가 있다.

Article 1348-1 Le juge ne peut refuser la compensation de dettes connexes au
seul motif que l'une des obligations ne serait pas liquide ou exigible.

Dans ce cas, la compensation est réputée s'être produite au jour de l'exigibilité
de la première d'entre elles.

Dans le même cas, l'acquisition de droits par un tiers sur l'une des obligations
n'empêche pas son débiteur d'opposer la compensation.

제1348-1조 ① 법원은 채무 중 하나가 확정되지 않거나 청구가능하지 않다는 이유만
으로 견련관계에 있는 채무의 상계를 기각할 수 없다.

② 이 경우, 상계는 채무 중 더 앞선 채무의 변제기일에 이루어진 것으로 본다.

③ 이와 동일한 경우, 채무 중 하나에 대한 제3자의 권리 취득은 그 채무자가 상계로
대항하는 것을 방해하지 않는다.

[해제] 본조는 견련채무 상계를 규정하고 있다. 본조 제1항은 채무가 견련
관계에 있다면 법원은 확정성 또는 청구가능성이 없더라도 견련채무 상계를 기
각할 수 없다는 것을 규정하고 있다. 즉 '상계를 기각할 수 없다는 것'은 재판상
상계와 달리 법관의 상계에 관한 재량이 견련채무의 경우 없음을 의미한다. 견
련채무 상계 역시 새로 도입된 개념은 아니며, 이전 판례상 인정되던 효과를 개
정으로 본조로 명문화하여 도입한 것이다.[161]

구체적으로 본조 제1항에 따라 견련채무의 경우 법관은 확정성 및 청구가
능성이 없다는 이유로 견련채무 상계를 부정할 수 없다. 재판상 상계와 마찬가
지로 확정성과 청구가능성이 없다 하더라도 확실성이 있는 한 법관은 견련채무
상계를 하여야 한다. 본조 역시 법정 상계의 다른 요건인 상호대립성과 동종성
에 관하여 침묵하고 있는데, 본조가 특별규정편에 속한 점, 상계의 일반규정편
은 특별규정편과 충돌하지 않는 한 적용된다는 점에 비추어, 상호대립성과 동
종성은 견련채무 상계를 위하여 필요하다. 즉 법관은 법정 상계의 요건인 채무
의 상호대립성(réciprocité) 및 확실성(certitude)을 판단하게 되고, 상호대립성 및
확실성의 부존재로 상계를 기각할 수 있다.

---

161) O. Deshayes, Th. Genicon et Y.-M. Laithier, *op. cit.*, p. 898.

견련성은 법정 상계의 요건이 아니며, 프랑스민법전은 견련성의 개념을 정의하고 있지는 않다. 그러므로 이전의 판례상 견련성에 관한 법리가 계속 적용된다.162) 판례는 일반적으로 같은 계약에서 발생한 상호대립되는 채무(불이행을 포함하여)는 견련성이 있다고 보고 있다. 계약으로부터 직접 발생하는 채무와 그 계약의 불이행으로 인한 계약상 손해배상채무는 견련성이 존재한다고 인정된다. 별개의 계약에서 발생한 채무도 동일한 사고에서 발생한 두 보상채무 사이에는 견련성이 존재한다. 그러나 계약에 근거한 채무와 불법행위로 인한 채무는 견련성이 존재하지 않는다.163)

본조 제2항은 견련채무 상계는 채무 중 더 앞선 채무의 변제기일에 효과가 발생한다고 규정하고 있다. 이 역시 견련채무 상계는 효과발생일을 판사가 임의로 정할 수 없다는 점에서 판결로 상계 효과일을 달리 정할 수 있다는 재판상 상계와 차이가 존재한다. 더 앞선 채무 변제기일에 효과가 발생한다고 규정하고 있는 점 역시 이미 파기원에 의하여 인정되어 오던 법리이다.164) 더 앞선 채무의 변제기일에 상계의 효과가 발생한다는 것은 변제의 지체를 배제할 수 있다는 의미이다.

본조 제3항은 제3자가 권리를 취득하더라도 채무자가 상계로 대항하는 것을 방해하지 못한다고 규정하여 견련채무의 이익을 강하게 보호하고 있다. 본조 제2항은 견련채무 상계의 효과는 더 앞선 채무의 변제기일에 발생하는 것으로 규정하고 있기 때문에, 제3자의 권리취득이 더 앞선 채무의 변제기일보다 앞선다면 일반규정인 제1347-7조에 따라 제3자의 권리가 침해될 수 없는 것이 원칙일 것이다. 그러나 본조 제3항은 특별규정으로 견련채무 상계의 경우 견련채무자의 이익을 제3자보다 더 보호하여 제3자가 권리취득을 하더라도 채무자로 하여금 상계할 수 있는 이익을 보호하는 것이다.

Article 1348-2 Les parties peuvent librement convenir d'éteindre toutes obligations réciproques, présentes ou futures, par une compensation ; celle-ci prend effet à la date de leur accord ou, s'il s'agit d'obligations futures, à celle de leur

---

162) O. Deshayes, Th. Genicon et Y.-M. Laithier, *op. cit.*, p. 898.
163) O. Deshayes, Th. Genicon et Y.-M. Laithier, *op. cit.*, p. 898.
164) O. Deshayes, Th. Genicon et Y.-M. Laithier, *op. cit.*, p. 899.

> coexistence.
> 제1348-2조 당사자는 장래 또는 현재의 상호 대립하는 모든 채무를 상계에 의해 소멸시키는 합의를 자유로이 할 수 있다. 그 효력은 그들이 합의한 날 또는 장래 채무인 경우에는 그 채무가 상호성립한 날에 발생한다.

[해제] 본조는 상호대립하는 채무의 합의에 의한 상계를 규정하고 있다. 본조 역시 개정으로 신설된 조항이다. 구체적으로 당사자는 장래 또는 현재의 상호 대립하는 모든 채무를 상계에 의해 소멸시키는 합의를 자유로이 할 수 있으며 상계의 효력 역시 합의한 날, 또는 장래채무의 경우 상호성립한 날에 발생하도록 할 수 있다. 본조는 '장래 또는 현재'의 상호 대립하는 모든 채무라고 하여 장래와 현재의 채무를 구분하지 않고 함께 규정하고 있다. 본조는 계약상 사적 자치를 규정한 제1102조에서 그 정당성을 찾을 수 있으며, 법정 상계 또는 재판상 상계가 불가능한 경우에 유용성이 있는 조문이다.[165]

합의에 의한 상계는 다른 상계에 비하여 당사자에 의해 자유롭게 정해질 수 있다. 당사자는 상호대립되는 현재 또는 장래의 '모든' 채무를 존재가 확실하지 않아도, 동종성이 없어도, 변제기에 도달하지 않아도, 합의 상계로 소멸시킬 수 있다. 합의에 의한 상계는 자유로이 할 수 있다고 규정하고 있으나 사적자치의 원칙하에 공적 질서(order public)의 한도 안에서 가능한지 여부에 관하여는 의견이 갈리고 있다.[166][167] 제1348-2조가 규정하고 있는 합의 상계 요건은 오로지 상호대립성뿐이며 공적 질서에 반하지 말아야 한다는 규정은 존재하지 않으므로 공적 질서에 반하지 말아야 한다는 제한이 없다는 주장도 존재한다. 조문은 그에 관하여 침묵하고 있으나, 프랑스노동법전 제L.3251-1조에 따라 급여는 근로자에 대한 채권으로 사용자는 상계가 불가능하므로, 근로계약서에 합의 상계 조항이 규정되어 있더라도 합의 상계는 불가능할 것이다.

상계는 상호대립되는 채무를 소멸시키는 메커니즘인데, 당사자는 동종성과 같이 법정 상계의 요건이 충족되지 않았더라도 합의로 상호대립되는 채무를 상

---

165) G. Chantepie et M. Latina, *op. cit.*, n° 1030, p. 925.
166) G. Chantepie et M. Latina, *op. cit.*, n° 1031, p. 926.
167) O. Deshayes, Th. Genicon et Y.-M. Laithier, *op. cit.*, p. 902.

계로 소멸시킬 수 있다. 다만 상호대립하는 채무에만 합의 상계가 가능하다. 이론상 합의 상계는, 첫째 현재 상호대립되는 채무가 법정 상계의 요건이 결여된 경우에 합의 상계로 그 채무를 즉시 소멸시키고 싶어하는 경우, 둘째 이미 성립하였거나 성립하지 않은 채무를 추후 상계로 소멸시키고 싶은 경우, 셋째 채무에 견련성을 부여하여 연관된 채무가 상계로 소멸할 수 있도록 하는 세 가지의 경우로 구분될 수 있다.168) 처음 두 경우는 본조가 장래 또는 현재의 상호대립되는 채무를 상계로 소멸한다고 규정한 점에서 본 조에 명시적으로 규정되어 있지만, 마지막 경우는 본조에 명시적으로 그 효력 등에 관하여 규정되어 있지 않다.

현재 상호대립되는 채무를 합의로 즉시 상계하고 싶은 경우는 법정 상계의 요건이 결여되어 있는 경우일 것이다(법정 상계의 요건에 관하여는 제1347-1조에 상세히 규정되어 있다). 본조는 상호대립성만을 요구하고 있으나, 채무는 확정성(liquide)을 최소한 갖추고 있어야 할 것이다. 그렇지 않고서는 채무의 상계액수에 관하여 정할 수 없기 때문이다.169) 내재적으로 견련관계가 없더라도 합의에 의한 견련관계를 양당사자가 합의하는 경우 부여할 수 있다는 학설이 존재한다.170) 구체적으로 합의에 의한 상계는 합의에 의한 견련성을 부여한다고 보는 것이다. 이전의 판례법은 명확하지 않으나 본조 역시 그에 관한 해결책을 부여하고 있지는 않다.

합의에 따른 상계의 효력은 본조 제2문에 따라 합의한 날에 발생하거나 그 대상이 장래 채무인 경우에는 그 채무가 성립한 날에 발생하므로 상계의 효과가 소급하여 발생하지 않는다. 본조는 상계의 효력발생에 관하여 구체적으로 두 가지 경우를 구분하고 있다. 원칙적으로 합의상계는 합의일에 효과가 발생하며, 합의일보다 더 빠른 날짜에 효과가 발생할 수는 없다. 합의한 날에 상계의 효력이 발생하는 경우 제1101조가 말하는 채권을 소멸시키는 것을 목적으로 하는 의사의 합치에 해당한다.171) 두 번째로 당사자들은 상호대립성이 없는 경우에는 상계가 불가능하며, 다만 장래 상호대립성이 발생하는 때 상계의 효과가 발생한다. 본조는 자유로이 상계의 합의를 할 수 있다고 하나, 제3자를 해할

---

168) O. Deshayes, Th. Genicon et Y.-M. Laithier, *op. cit.*, p. 901.
169) O. Deshayes, Th. Genicon et Y.-M. Laithier, *op. cit.*, p. 901.
170) O. Deshayes, Th. Genicon et Y.-M. Laithier, *op. cit.*, p. 904.
171) G. Chantepie et M. Latina, *op. cit.*, n° 1032, p. 927.

가능성이 존재하므로 합의에 의한 상계는 위와 같이 효과 발생일에 관하여 소급효가 존재하지 않는 제한된 효과만이 부여된다.172)

[이 주 은]

Section 3 La confusion
제3절 혼동

[해제] 본절은 혼동에 대하여 규정하고 있다. 이는 물권관계에 관한 것이 아니라 채권관계의 혼동에 관한 규정이다. 혼동에 관한 개정법은 개정 전 프랑스민법전(제1300조에서 제1301조까지)의 내용과 크게 다르지 아니하나, 개정 전 규정을 상세히 하는 데 중점을 두고 있다.

> Article 1349 La confusion résulte de la réunion des qualités de créancier et de débiteur d'une même obligation dans la même personne. Elle éteint la créance et ses accessoires, sous réserve des droits acquis par ou contre des tiers.
> 제1349조 혼동은 동일한 채무에 대하여 채권자와 채무자의 지위가 동일한 주체에 결합함으로써 발생한다. 혼동은 채권과 그 종속된 권리를 소멸시키나, 그 권리가 제3자가 취득하거나 제3자에 대한 것인 경우에는 그러하지 아니하다.

[해제] 본조는 채권관계의 소멸 사유 중 하나인 혼동의 정의에 관한 규정이다. 혼동은 예컨대 상속에 의하여 피상속인의 채권이 채무자인 상속인에게 이전되는 경우와 같이 채권자와 채무자의 지위가 동일한 주체로 귀속함으로써 일어나는 것으로 혼동으로 인하여 채무가 소멸한다.

본조는, 개정 전 제1300조와 달리, 혼동의 효력에 관하여 명시한다. 혼동은 채권과 그 종속된 권리를 소멸시킨다(제2문 전단). 이때 채권과 함께 혼동으로 소멸되는 채권의 종속된 권리는 주로 변제의 담보를 위한 담보(sûreté)를 의미한

---

172) G. Chantepie et M. Latina, *op. cit.*, n° 1032, p. 927.

다. 이는 종물은 주물에 따른다는 원칙에 기한 것이다.[173] 다만, 이에 대하여는
예외가 있다. 그 권리를 제3자가 취득하거나, 제3자에 대한 권리인 경우에는 혼
동이 발생하지 않는다. 여기에서의 제3자에는 질권채권자, 양수인, 대위변제자
등이 있다.[174] 이는 프랑스민법전의 개정 전부터 혼동의 절대적 효력을 부인하
는 파기원의 판시에 영향을 받은 것이다.[175] 이 판결에서는 혼동에 의한 채권의
소멸이 상대적 효력을 가진다고 판시하였다. 다른 판결에서도 임차인이 재산을
취득함으로 인하여 임대인의 지위를 갖게 되더라도 전차인은 여전히 그에 대하
여 대항할 수 있다고 하여 제3자에 대한 권리가 존재하는 경우 채권의 소멸은
그에 대한 관계에서 상대적 효력을 가진다고 하였다.[176]

Article 1349-1 Lorsqu'il y a solidarité entre plusieurs débiteurs ou entre plu-
sieurs créanciers, et que la confusion ne concerne que l'un d'eux, l'extinction
n'a lieu, à l'égard des autres, que pour sa part.
Lorsque la confusion concerne une obligation cautionnée, la caution, même soli-
daire, est libérée. Lorsque la confusion concerne l'obligation d'une des cautions,
le débiteur principal n'est pas libéré. Les autres cautions solidaires sont libérées
à concurrence de la part de cette caution.
제1349-1조 ① 수인의 채무자 또는 수인의 채권자 사이에 연대가 있고, 혼동이 그들
중 1인에게만 발생한 경우에는, 다른 채권자 또는 채무자에 대해 자기 부담부분에 대
하여만 채권관계의 소멸이 이루어진다.
② 혼동이 주채무에 관한 것일 경우에는, 보증인은 그가 연대보증인인 경우에도 면책
된다. 혼동이 보증인 중 1인의 채무에 대한 것일 경우에는, 주채무자는 면책되지 않
는다. 다른 연대보증인은 혼동으로 소멸하는 보증인의 부담부분에 한하여 면책된다.

[해제] 본조는 혼동의 효력이 어디까지 미치는지에 관한 규정이다.
본조 제1항은 (공동)연대채무자 또는 연대채권자 사이에서 채권자 또는 채

---

173) O. Deshayes, Th. Genicon et Y.-M. Laithier, *op. cit.*, p. 905.
174) F. Chénedé, *Le nouveau Droit Des Obligations et Des Contrats, Consolidations-Inno-
vations-Perspectives*, Dalloz, 2016, n° 44.201.
175) Req., 11 mai 1926 : *DH* 1926, 314; Civ. 1ʳᵉ, 8 déc. 1965 : *Bull. civ.* I, n° 690; D. 1967,
407, note R. Savatier; 그러나 이러한 판례의 태도가 혼동으로 인하여 채권이 진정으로
소멸하는 것을 의미하는지에 대해서 의문이 제기되기도 한다(O. Deshayes, Th. Genicon
et Y.-M. Laithier, *op. cit.*, p. 906).
176) Civ. 3ᵉ, 2 oct. 2002, n° 00-16.867.

무자와의 혼동이 그들 중 1인에게만 발생한 경우에, 타인에 대한 자기 부담부분만큼만 채무가 소멸된다고 규정한다. 프랑스민법전은 개정 전 제1301조 제3항의 입장을 원칙적으로 따르면서 그 내용을 상세히 하고 있다. 이에 따라 프랑스민법전에서는 수인의 연대채무자뿐 아니라 수인의 채권자가 연대한 경우도 포함하는 것으로 개정되었다.177)

본조 제2항은 혼동과 보증에 관한 규정이다. 그에 따르면 주채무가 혼동으로 인하여 소멸하는 경우에 주채무자는 면책된다. 그가 연대보증인인 경우도 마찬가지이다. 이 규정은 개정 전 프랑스민법이 혼동이 채무와 그에 종속된 권리를 소멸시킨다는 규정을 달리 말한 것에 불과하다. 반면, 보증인 1인의 채무에 관하여 혼동이 있는 경우 주채무자는 채무를 면하지 않고, 다른 연대보증인은 혼동으로 소멸하는 보증인의 부담부분에 한하여 면책될 뿐이다. 이러한 프랑스민법전은 보증인 1인과 합의한 채무면제에 관한 제1350-2조의 경우에서의 태도와 동일하다.178)

Section 4 La remise de dette
제4절 채무면제

[해제] 본절은 채무면제에 대하여 규정하고 있다. 개정 전 프랑스민법전에서는 채무면제에 관한 정의규정을 두고 있지 않고, 단지 채무면제의 증거와 면제추정에 관한 내용을 담고 있었다(개정 전 제1282조에서 제1288조까지). 프랑스민법전은 채무면제의 정의규정을 신설하여 이를 계약으로 정하는 것을 특징으로 한다. 이는 계약의 정의에 관한 규정과 관련이 있다. 개정 전 프랑스민법전상 계약은 채무의 발생을 목적으로 하는 것만을 의미하였으나, 프랑스민법전에 따르면 계약은 채권의 발생뿐 아니라 변경, 이전 그리고 소멸까지도 그 목적으로 할 수 있게 되었기 때문이다(제1101조).179) 다만, 그렇다고 하여 개정 전 프

177) O. Deshayes, Th. Genicon et Y.-M. Laithier, *op. cit.*, p. 907.
178) G. Chantepie et M. Latina, *op. cit.*, n° 1038, p. 930.
179) O. Deshayes, Th. Genicon et Y.-M. Laithier, *op. cit.*, p. 908.

랑스민법전에서의 채무면제의 법적 성질이 우리 민법과 같이 채권자의 단독행위였던 것은 아니다. 개정 전에도 채무면제는 합의(convention)로 해석되었기 때문이다. 그러한 점에서 채무면제가 계약으로서 정의된 것은, 개정법상 계약의 정의(제1101조)를 새로이 하면서 채무면제도 계약에 포함된다는 것을 확인하는 것에 지나지 않는다.

Article 1350 La remise de dette est le contrat par lequel le créancier libère le débiteur de son obligation.
제1350조 채무면제는 채권자가 채무자를 면책시키는 계약이다.

[해제] 본조는 채무면제에 관한 정의규정이다. 프랑스민법전은 개정 전과 달리 채무면제를 채권자와 채무자 사이의 채무를 면제하는 계약으로 정의한다.[180] 따라서 채무면제에는 채권자가 변제를 받지 못하더라도 채무자의 채무를 면하게 한다는 채권자와 채무자 사이의 의사의 합치가 필요하다. 프랑스의 채무면제를 이해하기 위하여 다음과 같은 점을 주의해야 한다. 먼저 본조는 명시적으로 채권관계의 소멸효를 적시하지 않음에도 불구하고, 채무면제로 인하여 채권관계의 소멸효를 전제로 한다는 점을 주의해야 한다. 채무면제가 채권관계의 소멸효를 전제로 한다는 것은 채무면제에 관한 규정이 채권관계의 소멸에 관한 장(chapitre)에 포함되어 있다는 점에서 당사자 사이에서 채권관계를 소멸시키는 원인이 된다는 점에서뿐 아니라, 제3자의 이익을 위하여 채무가 소멸하지 않는 법률행위(예컨대 변제자대위, 프랑스민법전 제1342조 참조)와도 양립할 수 없다는 점을 통해서도 알 수 있다. 또한 채무면제는 유언을 통한 재산의 무상양여(libération)와 같은 제도와 구별된다는 점도 기억해야 한다.[181] 채무면제는 채권관계의 소멸에 내한 채권자와 채무지의 의사의 합치가 필요한 계약이지만, 유언은 계약이 아니며 유언에 의한 무상양여는 수증자의 승낙만을 필요로 하기 때문이다.

---

180) O. Deshayes, Th. Genicon et Y.-M. Laithier, *op. cit.*, p. 908; G. Chantepie et M. Latina, *op. cit.*, n° 1040, p. 932.
181) O. Deshayes, Th. Genicon et Y.-M. Laithier, *op. cit.*, p. 908.

Article 1350-1 La remise de dette consentie à l'un des codébiteurs solidaires libère les autres à concurrence de sa part.

La remise de dette faite par l'un seulement des créanciers solidaires ne libère le débiteur que pour la part de ce créancier.

제1350-1조 ① 연대채무자 중 1인과 합의된 채무면제는 그의 부담부분에 한하여 다른 연대채무자를 면책시킨다.

② 연대채권자 중 1인만에 의해 행해진 채무면제는 그 채권자의 향유부분에 한하여 채무자를 면책시킨다.

[해제] 본조 제1항은 연대채무자 중 1인에 대한 채무면제의 효력 범위에 관한 규정이다. 개정 전 제1285조 제1항은 채무자가 다른 연대채무자에 대한 권리를 명시적으로 유보하지 않는 한 연대채무자 1인에 대한 채무면제로 다른 연대채무자를 면책시키고 있었다. 따라서 기존의 태도에 따르면 연대채무자 1인에 대한 채무면제의 합의는 면제액 전체에 대하여 다른 연대채무자에 대하여 효력이 있었다. 그러나 프랑스민법전은 이러한 채무면제의 효력을 다른 연대채무자에게 미치게 하면서도 채무면제의 범위를 그 부담부분으로 한정시키는 입장으로 변경하였다.

그 결과 다른 연대채무자 각자는 면제가 행해진 자를 위한 부담부분을 공제하고 남은 부분만을 변제할 책임이 있다. 이는 상계나 면제와 같이 다른 연대채무자에 인적 항변이 그의 부담부분을 소멸시키는 경우, 연대채무자는 채무의 전부에서 그 부담부분을 공제하게 하기 위하여 이를 원용할 수 있다고 규정하는 연대채권관계에서의 제1315조와 일관된 입장이기도 하다.[182]

본조 제2항은 연대채권자 중 1인에 대한 채무면제의 효력범위에 관한 규정이다. 연대채권자 중 1인이 채무면제의 합의를 하는 경우, 그 채권자의 향유부분에 한하여 채무자를 면책시킨다. 이러한 프랑스민법전의 태도는 개정 전 프랑스민법전의 연대채권에 관한 개정 전 제1198조 제2항이 채무면제에 관한 규정으로 이동하여 통합된 것일 뿐이어서 개정 전 프랑스민법전의 결론과 다르지 않다.[183]

---

182) O. Deshayes, Th. Genicon et Y.-M. Laithier, *op. cit.*, p. 909.

183) O. Deshayes, Th. Genicon et Y.-M. Laithier, *op. cit.*, p. 909; G. Chantepie et M. Latina, *op. cit.*, n° 1043, p. 935.

> Article 1350-2 La remise de dette accordée au débiteur principal libère les cautions, même solidaires.
>
> La remise consentie à l'une des cautions solidaires ne libère pas le débiteur principal, mais libère les autres à concurrence de sa part.
>
> Ce que le créancier a reçu d'une caution pour la décharge de son cautionnement doit être imputé sur la dette et décharger le débiteur principal à proportion. Les autres cautions ne restent tenues que déduction faite de la part de la caution libérée ou de la valeur fournie si elle excède cette part.
>
> 제1350-2조 ① 주채무자에 대한 채무면제는 보증인을 면책시키며, 그가 연대보증인인 경우에도 마찬가지이다.
>
> ② 연대보증인 중 1인과 합의된 면제는 주채무자를 면책시키지 못하나, 그의 부담부분에 한하여 다른 연대보증인을 면책시킨다.
>
> ③ 채권자가 보증인으로부터 그의 보증의 면책을 위하여 수령한 것은 채무의 변제에 충당되어야 하고, 주채무자를 그 부담부분에 따라 면책하게 한다. 다른 보증인들은 면책된 보증인의 부담부분을 공제하고 남은 부분에 대하여만 책임이 있고, 제공된 가액이 그 부담부분을 초과하는 경우에는 그 가액을 공제하고 남은 부분에 대해서만 책임이 있다.

[해제] 본조는 주채무에 보증계약이 체결된 경우 채무면제의 효력 범위에 관한 규정이다.

본조 제1항은 주채무자와 채무면제의 합의가 있는 경우에 관한 것으로, 개정 전 제1287조 제1항을 명확히 하기 위해 개정된 것이다. 본조 제1항에 의하면 주채무자에 대한 채무면제는 보증인을 면책시킨다. 그리고 이는 단순 보증인이 아니라 연대보증인인 경우에도 마찬가지이다. 이러한 태도는 보증의 부종성과 관련이 있다(제2290조). 보증인은 주채무자보다 중한 책임을 지지 않기 때문에 주채무자가 채권자와 채무면제를 합의한 경우에도 보증인은 이러한 면제의 이익을 얻게 되기 때문이다. 또한 이러한 주채무에 대한 면제는 채무에 내재한 항변에 해당하여 보증인은 주채무자에 대한 면제로 채권자에게 대항할 수 있다(제2313조).[184] 다만, 주채무자가 도산한 경우에 채권자와 면제를 합의한 경우와 같이 주채무자에 대하여 도산절차가 개시된 경우에는 예외가 인정된다.[185]

---

184) O. Deshayes, Th. Genicon et Y.-M. Laithier, *op. cit.*, p. 910.
185) O. Deshayes, Th. Genicon et Y.-M. Laithier, *op. cit.*, p. 910.

본조 제2항은 보증인 중 1인과 합의한 채무면제의 효력 범위에 관한 규정이다. 본항은 특히 연대보증인에 대하여 규정하고 있는데, 단순한 보증인의 경우에도 마찬가지이다. 연대보증인 중 1인과 합의된 면제는 주채무자의 채무를 면하게 하지 못하나, 그의 부담부분에 한하여 다른 연대보증인의 채무를 면하게 한다. 후단은 개정 전 제1287조 제3항의 해석상의 어려움을 제거하기 위하여 규정된 것으로, 혼동에 관한 제1349-1조 제2항의 규율과 결론을 같이 한다.186) 본조 제2항 단서는 보증인 중 1인이 합의한 채무면제에 관하여도 보증인의 채무를 면하게 함으로써 동일한 태도를 취하고 있다.

본조 제3항은 보증인이 일부변제한 후에 면책의 이익을 받게 된 경우 채권관계 소멸의 효력 범위에 관한 규정이다. 채권자가 보증인으로부터 그의 보증의 면책을 위하여 수령한 것은 채무의 변제에 충당되어야 하고, 주채무자를 그의 부담부분에 따라 면책시키며(전단), 이에 대하여 남은 부분에 대하여 채무를 면제한다. 개정 전 제1288조에 규정되어 있던 것을 본조에서 규정하고 있다. 따라서 다른 보증인들은 면책된 보증인의 부담부분을 공제하고 남은 부분에 대해서만 책임이 있고, 만약 제공된 가액이 그 부담부분을 초과하는 경우에는 그 가액을 공제하고 남은 부분에 대해서만 책임이 있다(후단). 이 규정은 채권자에게 이행된 일부 변제로 다른 보증인이 이익을 얻고, 그 이익의 범위는 주채무자의 채무에 대하여 변제로 충당되는 경우에만 적용된다. 본항을 통하여 채무의 일부를 변제한 보증인의 출재액이 자신의 부담부분을 초과하는 경우에도 다른 보증인의 채무가 면책될 수 있다는 것이 명확하게 되었다. 그리고 여기에서 면책되는 부분은 실제로 보증인이 출재한 액수만큼을 의미한다. 따라서 이 경우 면책된 보증인의 부담부분만큼만 다른 보증인들이 면책되어야 하는 것은 아니나. 즉, 일부 변제한 보증인의 실제 출재액과 그의 부담부분 중 큰 부분에 대하여 다른 보증인들은 채무를 면하게 되는 것이다.187)

[김 은 아]

---

186) O. Deshayes, Th. Genicon et Y.-M. Laithier, *op. cit.*, p. 907; G. Chantepie et M. Latina, *op. cit.*, n° 1046, p. 937.

187) O. Deshayes, Th. Genicon et Y.-M. Laithier, *op. cit.*, p. 911.

Section 5 L'impossibilité d'exécuter
제5절 이행불능

[해제] 불가항력은 이른바 '위험이론(théorie des risques)'이 적용되는 원인으로서, 제1351조와 제1351-1조는 제1218조 제2항, 제1196조 제3항과 함께 위험부담 원칙의 근거가 된다.[188] 또한 불가항력은 실질적으로 계약불이행의 경우이지만, 채무자의 의사와 상관없이 발생하기 때문에, 채무자가 어떤 귀책한 행위를 했거나 약속을 위반한 데 대한 제재를 채권자에게 인정할 수 없다. 따라서 프랑스민법전도 마찬가지로 채무소멸의 원인의 하나로 불가항력을 규정한다.[189]

본절은 개정 전 프랑스민법전에서 '인도해야 할 물건의 멸실(De la perte de la chose due)'이라는 표제의 절에 규정되었던 제1302조와 제1303조를 다소 변경하여 계승하는 새로운 절이다. 채무의 일반체계의 편에 규정되어 있던 이행불능을 채권관계소멸의 장에 규정하였는데[190] 이는 타당한 개정으로 평가된다.[191] 채무는 계약, 준계약, 불법행위 등 그 발생원인을 막론하고 불가항력적인 사건으로 인해 이행이 불가능하게 될 수 있기 때문이다. 그러나 최근의 판례에 따르면 금전채무는 불가항력에 의해 영향을 받지 않는다. 현물로 배상하도록 판결 가능성이 있을지라도, 손해를 야기한 자가 부담하는 채무는 대개의 경우 피해자에 대해 금전배상을 하는 것이다. 다시 말해, 계약외책임으로부터 발생한 채무는 대개의 경우 금전이므로, 반드시 그렇다고 할 수는 없더라도 제1351조와 제1351-1조에 관련된 것은 본질적으로 계약상 급부이다. 따라서 계약상 불가항력에 대해 다루는 제1218조와 불가항력에 의한 이행불능의 경우에 채

---

188) Muriel Fabre-Magnan, *Droit des obligations 1 -Contrat et engagement unilatéral*, 4ᵉ éd., PUF, 2016, n° 669.

189) M. Fabre-Magnan, *op. cit.*, n° 665.

190) 프랑스민법전에서 이행불능(L'impossibilité d'exécuter)은 불가항력에 의해 면책되는 경우로 접근하는데, 이는 우리 민법상 주로 귀책사유 있는 채무불이행의 한 유형으로서 이행불능을 규율하는 것과는 다르다. 그래서 개정 프랑스민법전은 이행불능을 채무가 소멸하는 사유로서 채무총칙에 규정하는 반면, 불가항력에 의해 면책되지 않는 이행불능은 계약불이행(L'inexécution du contrat)이라는 포괄적 개념에 포함되어 제1219조 내지 제1231-7조에서 정하는 채무자에 대한 제재를 발생시키는 것으로 규율되고 있다.

191) G. Chantepie et M. Latina, *op. cit.*, n° 1047, p. 938.

무의 소멸을 다루는 제1351조, 제1351-1조 사이의 규정 위치에 따른 부조화는 이 원칙들의 이해를 어렵게 만든다.[192]

제1351조는 급부의 이행불능이 불가항력에 의해 발생하고 그것이 확정적인 경우에 '그 부분에 한하여' 채무자가 면책된다는 원칙을 규정한다. 이 원칙은 일시적 방해의 경우에 이행이 정지되는 효과만을 부여하는 제1218조와 함께 이해되어야 한다. 어떤 경우에는 채무자에 대한 면책이 이행할 수 없었던 일부 급부의 정도로 단지 일부분에 그칠 수 있다.[193] 채무자가 그 사유발생 이전에 불가항력의 위험을 부담하기로 했거나 이행지체 중이었던 경우에는 이 채무면책의 원칙은 적용되지 않는다. 반면 이행지체 중이었더라도 인도해야 할 목적물의 멸실이 몇몇 다른 사람의 수중에서도 발생했을 것임을 채무자가 증명할 수 있다면, 예외적으로 채무자는 면책될 것이다. 결론적으로, 제1351조와 제1351-1조는 하나의 원칙, 두 개의 예외, 그리고 예외들 중의 하나에 대한 예외를 규정한다.[194]

> Article 1351 L'impossibilité d'exécuter la prestation libère le débiteur à due concurrence lorsqu'elle procède d'un cas de force majeure et qu'elle est définitive, à moins qu'il n'ait convenu de s'en charger ou qu'il ait été préalablement mis en demeure.
> 제1351조 급부 이행의 불능은 불가항력에 의해 발생하고 확정적인 경우에 그 한도에서 채무자를 면책시키지만, 채무자가 이를 부담하기로 약정했거나 이미 이행을 지체한 경우에는 그러하지 아니하다.

[해제] 본조는 이른바 멸실한 물건은 소유자의 위험이 된다는 원칙(*res perit domino*)을 규정하는데, 재무자가 인도할 것을 최고 받았음에도 불구하고 매우 오랜기간 지체하여 그 물건을 보존한 경우에만 위험은 채무자에게 이전한다.[195] 또한 본조 본문은 계약상 불가항력을 다루고 있는 제1218조에 대응된다. 사실상 이 두 조항은, 제1351조가 본래 계약상 또는 법률상 모든 급부에 대해 적용되기에 적합한지 해석상 의문이 있을지라도 상호 보완적이다. 이행불능이

---

192) G. Chantepie et M. Latina, *op. cit.*, n° 1047, p. 938.
193) G. Chantepie et M. Latina, *op. cit.*, n° 1048, p. 939.
194) G. Chantepie et M. Latina, *op. cit.*, n° 1048, p. 939.
195) M. Fabre-Magnan, *op. cit.*, n° 669, pp. 717-718.

단지 '확정적'일 것을 요건으로 채무자의 채무를 면한다면, 이것은 제1218조 제2항에 따라서 방해가 '일시적'일 경우에는 '채무의 이행은 정지'되기 때문이다. 그러므로 제1218조는 제1351조를 보충한다. 반대로 채무의 면책이 '그 한도에서'만 발생한 것이 명백한 경우, 제1351조가 제1218조를 보충한다. 급부가 가분적일 경우, 채무자는 이행불능에 의해 실질적으로 손상된 부분만 채무를 면한다. 달리 말하자면, 채무자의 면책은 단지 부분적일 수 있는데, 이때는 제1218조를 적용하지 않는다. 그렇지만 두 규정을 유기적으로 해석하는 것은 여전히 쉽지 않다. 제1218조는 사실상 방해가 확정적인 경우 그 계약 자체는 당연히 해제된다는 것을 명확히 한다. 계약의 기반이 결국 확정적인 방해로 사라진다면, 채무의 어떤 부분도 남을 수 없기 때문이다. 따라서 이 두 규정을 조화시키기 위해서는, 급부 일부의 확정적 방해의 경우에 그 계약은 해소되지 않는다고 해석해야 한다. 계약은 존속하지만 일부 불능인 채무에 대한 상대방의 급부는 그 부분의 비율로 감축된다. 분할가능한 모든 급부에 적용되는 이상, 대금감액의 제재는 이러한 효과를 줄 수 있다.196) 그렇지만 채무 일부의 이행은 여전히 채권자에게 이익이 되어야 한다. 그렇지 않다면 자신의 급부를 회복하게 되는 것은 당연해제를 통해서이다.197)

　　채무자의 면책은 두 가지 경우에 발생하지 않는다. 우선, 채무자가 불가항력에 대해 책임을 지기로 합의한 경우, 즉 자신의 채무로 삼은 경우이다. 계약상 이러한 약정은 대개의 경우 이행 도중에 발생하는 방해가 무엇이든지 채무자가 결과를 인수하는 보증 조항의 형태를 취하는데, 이때 불가항력의 특성을 띠는 경우를 포함한다. 이때 채무자는 확정적인 불가항력에 의해서도 채무를 면하지 못하고, 이는 불이행에 대한 제재를 발생시킨다. 이러한 예외는 계약분야에 적합한 것으로 보인다.198)

　　둘째, 채무자가 불가항력의 발생에 앞서 이행의 최고를 받아 이행지체에 있는 경우 더 이상 채무의 면책은 발생하지 않는다. 이는 제1196조 제3항 제2문에서 규정한 채무자가 지체에 빠진 날로부터 위험을 다시 부담하게 되는 경우

---

196) 임대차에 관한 프랑스민법전 제1722조 역시, "물건이 부분적으로 파손된 경우 임차인은 상황에 따라서 대금의 감액을 청구하거나 또는 임대차 자체의 해지를 청구할 수 있다." 고 규정하고 있다.

197) G. Chantepie et M. Latina, *op. cit.*, n° 1049, pp. 939-940.

198) G. Chantepie et M. Latina, *op. cit.*, n° 1050, p. 940.

를 불가항력에 의해서도 채무자가 면책되지 않는 사유의 하나로 재확인한 것이다. 급부 이행의 요구를 받은 채무자는 더 이상 불가항력의 배후로 피할 수 없다. 이는 채무자가 지체없이 이행했더라면 불가항력을 직면하지 않았을 것이라는 관념에 기초한다. 지체에 빠뜨리는 최고는 계약이 물건의 소유권을 이전하는 효과를 갖는 경우 계약상의 문제로서 특히 중요하다. 의사주의를 취하고 있는 프랑스민법의 경우 위험의 이전은 원칙적으로 소유권 이전 당시, 다시 말해 계약 체결 시에 발생하고, 그 목적물을 점유하고 있지 않더라도 멸실의 위험을 인수해야 하는 것은 매수인이다. 하지만 매도인이 목적물의 인도를 지체한 경우, 매수인은 자신의 선택에 좇아 매도인에게 위험을 이전하기 위해 이행의 최고를 할 수 있다. 이때 발생한 불가항력은 매도인의 채무를 면하게 하지 않고, 오히려 매도인에게 과책을 부과할 것이다.[199]

Article 1351-1 Lorsque l'impossibilité d'exécuter résulte de la perte de la chose due, le débiteur mis en demeure est néanmoins libéré s'il prouve que la perte se serait pareillement produite si l'obligation avait été exécutée.

Il est cependant tenu de céder à son créancier les droits et actions attachés à la chose.

제1351-1조 ① 이행불능이 인도해야 할 물건의 멸실로 발생한 경우, 이행을 지체한 채무자라도 채무가 이행되었더라도 멸실이 마찬가지로 발생하였을 것임을 증명하면 채무를 면한다.

② 다만 채무자는 그 물건에 부속된 권리와 소권을 그의 채권자에게 양도할 의무를 부담한다.

[해제] 본조는 이행지체 중에 불가항력이 발생한 경우 채무자에게 개정 전 제1302조 제2항에서 규정했던 방이방법을 제공한다.[200] 본조는 먼저 채무자가 지체에 빠진 날로부터 위험을 다시 부담하게 되는 경우를 불가항력에 의해서도 채무자가 면책되지 않는 사유의 하나로 재확인한다. 나아가 소유권 이전 계약의 경우에 지체에 빠진 채무자라도 위험부담으로부터 벗어나게 되는 제외사유

---

199) G. Chantepie et M. Latina, *op. cit.*, n° 1050, pp. 940-941.

200) 종래 'cas fortuits'를 'force majeure'와 구별해서 '우연한 사정'으로 구별하는 견해에 따르면, 이는 채무자의 활동, 사업 등 내부적 사정과 관련이 있다고 하면서 화재를 예로 든다. 그러나 판례는 두 가지 의미를 동일시한다.

를 규정한 제1196조 제3항 제2문을 구체화하고 있다. 이행지체 중이더라도, 채무자는 '채무가 이행되었더라도 멸실이 발생하였을 것'임을 증명하는 데 성공한다면 채무를 면할 수 있을 것이다. 사실상 이것은, 물건이 채권자의 수중에 있었다고 하더라도 멸실이 마찬가지로 발생하였을 것임을 채무자가 증명해야 한다는 것을 의미한다. 예컨대, 물건이 채무자의 창고로 옮겨붙은 화재로 인해 파괴되었다면, 채무자는 채무를 면하지 못할 것이다. 반면, 채권자와 채무자가 같은 도시에 살았고, 화재가 전 도시를 덮쳤다면, 목적물이 채무자 또는 채권자의 수중에 있었는지는 중요하지 않고 채무자는 채무를 면하게 된다.201) 본조 제1항의 규율은 물건의 사용 또는 소지에 관한 계약에도 부합한다. 즉 임대인이 임대된 물건의 인도를 지체하고 있던 중 그 물건이 멸실되었다면, 그는 이미 물건을 인도했더라도 마찬가지로 멸실되었을 것이라는 점을 증명함으로써 자기 채무의 면책을 위해 본조를 원용할 수 있다.202)

　　한편 위의 두 사안에서 목적물은 멸실되었다. 그러나 채무를 면한 채무자는 채권자가 예컨대 물건이 멸실된 경우 예정된 보험금을 수익할 수 있도록 '물건에 부속된 권리와 소권을 그의 채권자에게 양도'하여야 한다. 즉 채권자는 채무자에 대하여 대상청구권을 갖는데, 이는 채무자가 불가항력에 의해 채무를 면하더라도 본래 채권자에게 귀속되어야 할 권리를 양도해야 한다는 것이므로 동일하게 제1351조에도 적용된다고 새겨야 한다.203) 본조 제2항은 명백히 소유권 이전형이 아닌 계약에는 부적합하다. 물건에 부속된 권리와 소권을 채무자가 채권자에게 양도하도록 강제하는 것은 실질적으로 소유권 이전 이후에만 가능하고, 가령 임대인이 물건의 멸실을 이유로 임대된 물건에 관한 권리와 소권을 임차인에게 이전하는 경우는 상상하기 어렵기 때문이다.204)

[김 태 훈]

---

201) G. Chantepie et M. Latina, *op. cit.*, n° 1051, p. 941.
202) O. Deshayes, Th. Genicon et Y.-M. Laithier, *op. cit.*, p. 914.
203) G. Chantepie et M. Latina, *op. cit.*, n° 1051, p. 941.
204) O. Deshayes, Th. Genicon et Y.-M. Laithier, *op. cit.*, p. 914.

Chapitre V Les restitutions
제5장 급부반환

　　[해제] 개정 전 프랑스민법전은 급부반환[1]에 관한 일반규정이 없었고 관련 규정이 물권법(제549조, 제550조), 무효법, 준계약법(제1376조, 제1377조)에 흩어져 있었다. 프랑스민법전은 급부반환의 발생원인에 대하여는 무효(제1178조 내지 제1185조), 실효(제1186조 내지 제1187조), 해제(제1224조 내지 제1230조), 비채변제(제1302조 내지 제1302-3조)에서 개별적인 규정을 두고 그 효과에 대해서는 제1352조 이하에서 일반적인 규정을 두고 있다. 따라서 급부반환의 발생원인이 무엇이든지 본장의 규율을 받게 된다.[2]

　　급부반환에 관하여 떼레초안은 비채변제의 구조에 결부시켰고 까딸라초안은 계약의 무효·해제에 따른 급부반환에 관한 규정을 제안하였다.[3] 개정작업에서는 이 두 가지 중 어느 하나를 택하지 않고 하나의 독립된 장으로 급부반환을 규율하였다.[4]

　　이와 같이 급부반환이 계약의 무효·해제에 반드시 결부되는 것이 아닌 만큼, 계약의 무효·해제와 별도로 급부반환청구를 할 필요가 있는가 하는 문제가 제기된다. 종전에는 당사자가 계약의 무효·해제만 주장하고 별도로 급부반환에 대해 주장하지 않아도 법원은 급부반환을 선고할 수 있었다.[5] 계약의 무효화소권과 함께 명시적으로 급부반환 소권을 함께 청구할 필요가 있다고 주장하는 견

---

1) 계약의 무효, 취소, 해제 시 원상회복과 비채변제반환(répétition de l'indu)을 통합하여 'restitution'으로 규율하고 있다. 비채변제반환이 문제되는 법률관계에서도 타인의 채무이거나, 과거에 채무가 있었거나, 채무의 외양이 있는 등 채무를 전제로 하고 있으므로 급부반환에 포섭할 수 있다. 침해부당이득반환과도 구별할 필요가 있다는 의미에서, 급부반환으로 번역하여 사용하는 것이 타당하다고 판단된다.

2) G. Chantepie et M. Latina, *op. cit.*, n° 1053, p. 943.

3) G. Chantepie et M. Latina, *op. cit.*, n° 1053, p. 943.

4) 급부반환은 계약의 소멸의 경우에 국한되지 않고 원물 상속관계, 유보조항의 위반에 따른 감액, 수임인의 반환, 점용권 종료에 따른 반환, 소비대차·임대차·소비임치 등의 종료에 따른 반환 등 넓은 영역에 있어서 달리 특별규정이 없으면 일반적으로 적용될 수 있다. O. Deshayes, Th. Genicon et Y.-M. Laithier, *op. cit.*, p. 918.

5) Civ. 3ᵉ, 29 janv. 2003, n° 01-03.185.

해도 있지만, 다수설은 급부반환은 법이 계약의 효력 소멸에 자동적으로 부착하는 효력이므로 통상 법원이 이에 관해서도 선고하여야 할 것이라고 설명한다.[6]

급부반환의 근거에 관하여 최근 파기원은 급부반환은 부당이득과 관계가 없다고 설시하였다.[7] 그리하여 급부반환의 근거를 계약의 해소에 따른 소급효에서 찾는 견해도 있으나, 무효와 달리 실효와 해제는 반드시 소급효가 있는 것이 아니라는 문제가 있다.[8] 이에 대해서 계약의 무효·해제는 유효하게 체결된 계약에 부착된 법적 효력을 제거하는 것이고 급부반환은 계약의 이행에 의해 발생한 실질적인 효과를 제거하는 것이라고 하면서 반드시 소급효가 있는 경우에만 급부반환이 인정되는 것은 아니라고 설명한다.[9]

급부반환이 문제되는 상황은 두 가지로 대별할 수 있다. 계약이 무효, 실효, 해제되는 경우와 같이 쌍방의 급부반환이 문제되는 경우와 비채변제반환과 같이 일방의 급부반환이 문제되는 경우이다. 프랑스민법전은 이들 두 경우를 구별하지 않고 모두 적용되는 일반규정을 두었다.

계약의 무효는 계약이 유효요건을 갖추지 않은 경우로 당사자가 합의로 이를 확인하거나 법원에서 이를 선언하여야 한다(제1178조 제1항). 무효인 계약은 존재하지 않은 것으로 되고(동조 제2항) 이미 이행한 급부는 급부반환 규정에 따라 반환하여야 한다(동조 제3항).

계약의 실효는 유효하게 성립된 계약이 그 본질적 요소 중 하나가 소멸한 경우이다(제1186조 제1항). 여러 개의 계약이 동일한 거래를 이루는 경우 그중 필수적인 또는 결정적인 성격을 갖는 하나의 계약이 소멸하는 경우에도 마찬가지이다(동조 제2항). 이 경우에는 상대방이 합의 당시 여러 개의 계약이 운용되는 사실을 알아야 한다(동조 제3항). 계약의 실효는 계약을 종료시키고 급부반환을 발생시킬 수 있다(제1187조 제1항, 제2항).

계약의 해제는[10] 당사자가 합의한 해제조항에서 지정한 의무를 이행하지

---

6) G. Chantepie et M. Latina, *op. cit.*, n° 1053, p. 943, 각주 8; O. Deshayes, Th. Genicon et Y.-M. Laithier, *op. cit.*, p. 919.

7) Civ. 1[re], 24 sept. 2002, n° 00-21278.

8) G. Chantepie et M. Latina, *op. cit.*, n° 1054, p. 945.

9) G. Chantepie et M. Latina, *op. cit.*, n° 1054, p. 945.

10) 해제의 경우 채무불이행의 악의가 변제수령의 악의와 동일시되는 것은 아니다. 무효의 경우 예컨대 사기로 인한 무효인 경우 물건을 위법하게 교부하게 하는 것이므로 본장의 악의의 개념에 근접하게 된다. 계약자가 계약의 하자를 알고 합의를 하였던 경우도

않거나(제1225조 제2항) 중대한 채무의 불이행이 있는 경우 최고 후 해제통지를 통해 이루어진다(제1226조 제1항). 중대한 채무의 불이행이 있는 경우에는 법원의 결정으로 해제를 할 수도 있다(제1224조, 제1227조). 해제는 계약의 효력을 종료시키고 급부반환이 이루어진다(제1229조 제1항, 제4항).

채무가 없는 상황에서 변제된 급부는, 자연채무(제1100조)가 있지 않는 한, 반환되어야 한다(제1302조 제1항, 제2항). 변제가 과책으로 인한 경우에는 반환이 경감될 수 있다(제1302-3조 제2항). 해제조건성취의 경우에 채무가 소급적으로 소멸하고(제1304-7조 제1항) 급부는 반환되어야 한다.

본장의 급부반환 규정이 적용되지 않는 영역의 예로는 매매목적물의 숨겨진 하자로 인한 담보책임,11) 매매목적물의 추급으로 인한 담보책임(제1630조 이하), 급부불균형으로 인한 무효(rescision, 제1674조 이하), 환매(제1659조, 제1673조)12) 등이 있다. 이러한 영역에 있어서도 규정의 흠결이 있는 경우에는 본장의 급부반환 규정이 보충적으로 적용될 여지는 있다.13) 새로운 규정이 시행되기 이전에 체결된 계약에 새로운 규정이 적용되는지 여부에 대하여는 논란이 있다. 이 규정이 법정 효력을 의도한다는 측면에서 계약의 체결 시기를 묻지 않고 급부반환원인이 시행 이후에 발생하였다면 규정의 적용을 긍정하는 견해가 있다.

Article 1352 La restitution d'une chose autre que d'une somme d'argent a lieu en nature ou, lorsque cela est impossible, en valeur, estimée au jour de la restitution.
제1352조 금전 이외의 물건의 반환은 원물로 하여야 하고, 원물반환이 불가능한 경우에는 반환일에 산정된 가액으로 하여야 한다.

[해제] 본조는 금전 이외의 물건에 대하여 원물반환원칙을 규정하고 있다. 개정 전 프랑스민법전에서도 부동산이나 유체동산의 반환은 원물로 하도록 규정되어 있었다(제1379조). 다만, 개정 전에는 수령자가 악의이거나 그의 과책으

마찬가지이다. 또한 매수인이 특정시기까지 변제를 잘 하다가 중대한 재정상 어려움을 이유로 변제를 중단한 경우 그 중단시부터 악의라고 보아야 한다. O. Deshayes, Th. Genicon et Y.-M. Laithier, *op. cit.*, p. 920.
11) Civ. 1re, 21 mars 2006, n° 03-16307; Civ. 1re, 30 sept 2008, n° 07-16.876.
12) O. Deshayes, Th. Genicon et Y.-M. Laithier, *op. cit.*, p. 919.
13) O. Deshayes, Th. Genicon et Y.-M. Laithier, *op. cit.*, p. 919.

로 물건이 멸실·훼손된 경우에 가액반환을 하도록 한 반면 본조는 원물반환이 불가능한 경우에 가액반환을 하도록 규정하고 있다.

급부의 목적물이 특정물일 경우에는 이를 그대로 반환하여야 하지만, 종류물인 경우에는 수령한 물건 그대로 반환할 필요는 없고 이와 같은 종류의 물건을 반환하면 된다.14) 따라서 종류물이 대상이 된 경우에는 원칙적으로 급부반환의무가 불능이 될 수는 없다.

채권자가 원물반환을 받을 권리가 있는 경우에 가액반환을 받도록 강제하는 것이 가능한가? 파기원은 가액반환을 받도록 할 수 있다고 판단하였다. 정유회사와 배타적 공급계약을 체결하였다가 계약이 종료된 후 갱신을 거절하고 시설의 반환도 거절한 사안에서, 주유소 주인은 대차한 연료탱크를 원물로 연료공급회사에게 반환할 책임이 있는 것이 아니라 단지 그 잔여 가치의 반환으로 족하다고 보았다.15) 원물반환채무는 연료의 판매상에게 값비싼 작업을 부과하고, 이는 연료탱크의 수명을 고려할 때 기술적 필요성에 의해 정당화되지 않는다고 판시하였다. 또한 단독주택 건축계약이 무효가 된 경우 이미 이루어진 건축물을 철거하는 것이 그것을 초래한 무질서와 불이행의 중대함에 비례하는 제재인지 검토하여야 한다고 판시하였다.16)

채권자가 원물반환을 받을 수 있음에도 가액반환을 청구하는 것이 가능한지도 문제된다. 제1352-4조 제2항에서 "채권자는 본래의 내용과 다른 물건의 변제로 수령할 것을 승낙할 수 있다."라고 규정하고 있는데, 채무자가 다른 변제를 할 때 채권자가 이를 승낙하여 수령할 수 있는 것이지, 채권자가 본래와 다른 급부를 청구할 수 있다고 해석할 수는 없다는 점에서 채권자의 가액반환청구권은 인정되지 않는다고 설명한다.17)

물건이 변경된 경우에는 채권자가 원물반환 대신 가액반환을 청구할 수 있는지의 문제에 관하여는 변경된 상태를 되돌려 원물반환을 하는 것이 가능한지여부를 고려하여 판단하여야 할 것이다.18)

---

14) O. Deshayes, Th. Genicon et Y.-M. Laithier, *op. cit.*, p. 923.
15) Com., 18 févr 1992, n° 87-12.844.
16) Civ. 3ᵉ, 15 oct 2015, n° 14-23.612.
17) O. Deshayes, Th. Genicon et Y.-M. Laithier, *op. cit.*, p. 925.
18) O. Deshayes, Th. Genicon et Y.-M. Laithier, *op. cit.*, p. 925. 물건이 제3자에게 매각된 경우에는 제1352-2조에서 명시적인 규정을 두고 있는데, 반환자가 선의인 경우 매각

　　또한 물건이 다른 물건에 부합된 경우에 원물반환을 허용할 것인가에 관하여 부합에 관한 제565조에 의하여 규율하자는 견해가 있으나 이 규정은 부합물의 소유권 귀속에 관한 내용이기 때문에 적용하기가 적절하지 않고 독자적인 법리를 발달시킬 필요가 있다고 지적한다.[19]

　　한편 원물급부에 용역이 결합된 경우[20] 용역급부반환에 관한 제1352-8조에 따라 가액반환을 할 것인지 아니면 원물반환을 할 것인지 문제된다. 이에 대하여 원물반환을 완전히 부정한다면 채무자가 무자력인 경우 채권자는 돈을 받을 수 없다는 문제점이 있음을 지적하며 원물반환을 인정하여야 한다는 견해가 있다.[21]

　　원물반환의 불가능에는 물건의 (자발적 또는 우발적) 멸실과 같은 물리적 불가능과 그 물건에 대한 제3자의 권리의 존재와 같은 법률적 불가능이 있다. "채무자의 비용과 채권자를 위한 이익 사이에 명백한 불균형이 있는 경우" 원물반환이 불가능한 경우로 보아 가액반환이 허용되는가? 이행불능에 관하여는 명시적으로 이러한 경우에 채무의 현실이행을 청구할 수 없다고 규정하고 있다(제1221조). 본조에서는 이러한 규정을 두고 있지 않으므로 가액반환은 허용되지 않고 원물반환을 하여야 하는 것으로 해석하는 견해가 있다.[22]

　　가액반환 시 가치 산정을 하는 기준 시점에 대하여 종전 판례는 무효가 되는 행위를 한 시점을 기준으로 보았다.[23] 개정 민법전은 반환일을 기준으로 한다고 명시하고 있다. 실제에 있어서는 반환일과 가장 가까운 재판시를 기준으로 한다.[24]

　　가액반환 시 가치를 평가하는 기준은 무엇인가? 반환할 목적물에 대하여 당사자 사이에 합의한 가격인가 아니면 실제적 가치(시장가격)인가? 파기원은 자동차의 숨겨진 하자가 문제가 되어 계약을 해제한 사안에서 당사자가 합의한 가격은 지나치게 높은 금액이라고 판단하고 매매 당시 실제적 가치를 기준으로

　　대금을 반환하면 되고 악의인 경우에는 반환일의 가액을 반환하여야 한다.
　19) O. Deshayes, Th. Genicon et Y.-M. Laithier, *op. cit.*, p. 924.
　20) 예컨대 환풍기를 설치하는 경우를 생각해 볼 수 있다. 환풍기 물품 가격 이상으로 설치 비용이 소요될 수 있다.
　21) O. Deshayes, Th. Genicon et Y.-M. Laithier, *op. cit.*, p. 925.
　22) O. Deshayes, Th. Genicon et Y.-M. Laithier, *op. cit.*, p. 923.
　23) Com., 14 juin 2005, n° 03-12339.
　24) *JurisClasseur. Civil code*, Art. 1352 à 1352-9, par Valerio Forti, n° 24.

하여야 한다고 판시하였다.[25] 가액반환의 취지는 원물반환과 같은 상태를 만드는 것이므로 합의된 가격이 아니라 시장 가격이 기준이 되어야 한다고 하면서도, 시장 가격을 도출할 수 있는 최근 시중의 매매가격을 파악하는 것이 쉽지 않은 경우가 많다는 점을 지적하는 견해가 있다.[26]

> Article 1352-1 Celui qui restitue la chose répond des dégradations et détériorations qui en ont diminué la valeur, à moins qu'il ne soit de bonne foi et que celles-ci ne soient pas dues à sa faute.
> 제1352-1조 물건을 반환하는 자는 물건의 가액을 감소시킨 손상과 훼손에 대해 책임이 있으나, 반환의무자가 선의이고 손상과 훼손이 반환의무자의 과책에 기인하지 않은 경우에는 그러하지 아니하다.

[해제] 본조는 물건이 훼손된 경우 선의이고 과책이 없는 반환의무자는 책임을 면한다는 내용을 담고 있다. 이는 개정 전 프랑스민법전 규정과 같은 내용이다. 반환의무자의 선의 여부에 따라 책임을 달리하는 태도에 대하여는 급부반환의 제재적 성격에 그 근거를 두고 있다고 한다. 그러나 급부반환이 배상의 성격을 가지는 것은 아니고, 배상책임과 급부반환의무는 병존할 수 있다.

여기서 손상과 훼손이 예외적인 가치감소나 사고에 국한되는지 아니면 통상적인 사용으로 인한 마모[27]도 포함하는지 문제된다. 양자의 구별이 명확하지 않기 때문에 후자를 제외하는 경우에는 분쟁이 빈발할 가능성이 높다는 이유에서 모두 포함된다는 견해가 있다. 그러나 손상과 훼손은 목적물의 완전성에 대한 물리적 침해로 보아야 하고,[28] 파기원도 통상적인 사용으로 인한 마모는 제외하였다.[29] 매매계약의 해제로 인한 소급효는 물건의 사용 결과 발생한 가치

---

25) Civ. 1re, 8 mars 2005, n° 02-11.594.
26) O. Deshayes, Th. Genicon et Y.-M. Laithier, *op. cit.*, p. 927. 특히 특정물의 경우에는 동일한 물건의 거래를 찾기 어렵기 때문에 최근 가격을 인용하는 데에도 어려움이 있다.
27) 통상적인 마모(노후화)의 경우에도 두 가지 종류가 있을 수 있는데, 하나는 시간의 경과에 따른 자연스러운 마모이고, 다른 하나는 물건의 사용에 따른 마모이다. 예컨대 책이 오래되어 색이 바래게 되는 것이 전자에 해당하고 책을 긴 세월 동안 읽는 과정에서 책이 조금씩 훼손되는 것이 후자에 해당한다. O. Deshayes, Th. Genicon et Y.-M. Laithier, *op. cit.*, p. 930.
28) O. Deshayes, Th. Genicon et Y.-M. Laithier, *op. cit.*, p. 930.
29) Civ. 1re, 8 mars 2005, n° 02-11.594(원고가 46,000프랑을 주고 피고로부터 중고자동차

하락 부분을 매도인에게 배상하는 것이고 단순히 물건이 노후된 것은 포함하지 않는다고 판시하였다. 판례의 입장을 2가지로 구별하여 숨은 하자로 인한 담보책임을 물어 해제하는 경우에는 통상적인 마모를 배상하지 않지만, 채무불이행으로 인한 매매계약의 해제로 인한 급부반환 시에는 통상적인 마모도 배상한다고 설명하는 견해도 있다.[30]

본조의 경우 물건 전체가 파괴(destruction)된 경우도 포함되는지 문제된다. 훼손과 파괴는 정도의 차이에 불과하고 질적인 차이는 없다는 점에서 파괴도 포함된다는 견해가 있다. 이를 제1352조와 결부시켜 본다면, 반환의무자가 선의인 경우에는 원물반환뿐만 아니라 가액반환도 면제된다. 목적물의 4/5가 훼손된 경우와 전체가 상실된 경우를 달리 취급할 이유가 없으므로 이와 같이 보는 것이 타당하다고 볼 수 있다.[31]

반환의무자가 선의이고 손상과 훼손이 반환의무자의 과책에 기하지 않은 경우에는 반환의무자는 목적물의 손상과 훼손에 대하여 책임이 없다. 반환의무자의 선의는 추정되지만, 목적물의 손상과 훼손이 과책에 의하지 않은 것이라는 부분은 반환의무자가 증명하여야 한다. 반환의무자가 선의인 경우에도 과책이 있는 때에는 원물반환에 갈음하는 전보배상을 하여야 한다.[32] 이는 목적물이 전부 멸실된 경우에도 마찬가지이다. 그러한 과책이 없었더라도 훼손 등이 발생하였을 것이라는 사정이 있다면 반환의무자의 책임은 인정되지 않는다고

를 구입하였는데 긴급심리법관에 의해 지명된 감정인에 따르면 이 자동차는 전에 중대한 사고를 입었고 수리가 어려운 상황이었다. 이에 원고는 숨겨진 하자를 이유로 자동차 매매 계약을 해제한 사안이다. 원심 법원은 당사자 간 합의된 가격을 근거로 피고가 원고에게 77,000프랑을 지급하라고 판결하였지만 파기원은 합의된 금액이 과다한 것이고, 급부반환금액은 합의된 가격이 기준이 아니라 매매 당시 해당 물건의 실제 가치를 기준으로 산정하여야 한다는 이유로 이 부분을 파기하였다. 원고의 자동차 사용에 따른 손해에 대하여 원심법원은 당사자 간 합의된 가격이 실제 가치를 넘는 경우에는 이는 배상할 필요가 없다고 판단하였으나 파기원은 이는 법적 근거가 없는 것이고 그러한 사용이 물건의 가치를 저하시키는 경우-노후(vétuste)로 인한 것은 배상에서 제외하고-에는 배상이 된다고 보았다); *JurisClasseur Civil Code* art. 1352 à 1352-9(Forti, Valerio), n° 32.

30) F. Chénedé, *Le nouveau droit des obligations et des contrats*, Dalloz, 2016, n° 45-12.

31) O. Deshayes, Th. Genicon et Y.-M. Laithier, *op. cit.*, p. 928. 수리비와 가치하락 중 어느 부분을 인정하여야 하는가의 문제에 대하여도 전부 멸실의 경우 가액반환을 규정하고 있으므로 일부 훼손의 경우에도 수리비가 아니라 가치하락분을 인정하는 것이 타당하다고 설명한다. O. Deshayes, Th. Genicon et Y.-M. Laithier, *op. cit.*, p. 932.

32) O. Deshayes, Th. Genicon et Y.-M. Laithier, *op. cit.*, p. 929.

설명한다.(제1351-1조 제1항 참조)

반환의무자는 언제부터 과책이 있는 것인가? 목적물을 수령한 이후의 문제를 가지고 소급하여 반환의무자의 과책을 인정하기는 어렵고, 목적물을 수령할 때 자신에게 권리가 없었다는 점을 알지 못하여 반환의무자가 선의로 인정된다면 통상 과책은 부정된다. 목적물을 더 이상 원하지 않아 그것을 파괴하는 경우에도 이를 과책으로 보기는 어렵다. 소유자는 자신의 물건을 처분할 수 있기 때문에 자신의 물건을 손괴하는 것도 허용되기 때문이다.[33] 반환의무자가 자신이 반환의무를 부담할 수 있다는 점을 인식한 후에 비로소 과책이 인정될 수 있다.[34]

목적물에 숨겨진 하자가 있는 경우에는 매도인은 받은 대금을 반환하여야 하고 목적물의 사용이익은 받지 못한다.[35] 프랑스민법전 제1647조 제1항에서도 하자 있는 물건이 그 나쁜 품질로 인하여 멸실된 때에는 매도인의 부담으로 한다고 규정하고 있다. 매수인이 제3자의 권리 주장에 의하여 물건의 권리를 박탈(éviction)당한 경우에도 마찬가지로 매도인이 이에 따른 손해를 부담하여야 한다(제1626조).

책임을 진다(répond)는 것의 의미에 대하여 손해배상책임을 진다는 해석이 있으나[36] 가액을 감소시켰다(qui en ont diminué la valeur)는 것에 중점을 두어 가액 감소 부분의 반환으로 해석하는 견해[37]도 있다.

Article 1352-2 Celui qui l'ayant reçue de bonne foi a vendu la chose ne doit restituer que le prix de la vente.
S'il l'a reçue de mauvaise foi, il en doit la valeur au jour de la restitution lorsqu'elle est supérieure au prix.
제1352-2조 ① 선의로 물건을 수령하여 매각한 자는 매각대금만을 반환하여야 한다. ② 악의로 물건을 수령한 자는, 반환일의 가액이 매각대금보다 큰 경우에는 반환일의 가액을 부담한다.

[해제] 본조는 반환의무자가 반환하여야 하는 물건을 매각한 경우에 대하

33) O. Deshayes, Th. Genicon et Y.-M. Laithier, *op. cit.*, p. 931.
34) O. Deshayes, Th. Genicon et Y.-M. Laithier, *op. cit.*, p. 929.
35) Civ. 1re. 21 mars 2006, n° 03-16307 et 03-16.075.
36) G. Chantepie et M. Latina, *op. cit.*, n° 1064, p. 954.
37) O. Deshayes, Th. Genicon et Y.-M. Laithier, *op. cit.*, p. 928.

여 선의인 경우에는 매각대금을 반환하고 악의인 경우에는 매각대금과 반환일
의 가액 중 큰 금액을 지급하도록 정하고 있다. 이는 개정 전 제1380조와 동일
한 규정이다.

원 매매계약 시의 대금이 아니라 매수인이 목적물을 다시 매각한 대금을
반환하도록 하고 있다. 이는 매수인이 매각으로 이득을 본 경우에는 그 이득을
반환하여야 하지만, 매각으로 손해를 본 경우에는 이를 배상할 필요 없이 매각
한 대금만 반환하면 된다는 내용이다.[38] 종전 판례는 원 매매계약 시를 기준으
로 한, 목적물의 실제 가액을 반환하도록 판시한 바 있다.[39]

여기서 채무자의 선의, 악의의 시점에 대하여 문제가 제기된다. 가령 채무
자가 선의로 수령하였다가 악의로 매각한 경우에는 선의로 보아야 하는가, 악
의로 보아야 하는가? 매매계약은 유효한데 대금지급의무의 불이행으로 계약이
해제된 경우는 어떠한가? 이에 대하여 목적물을 수령할 당시를 기준으로 선의
여부를 판단하여야 한다고 설명하는 견해가 있다. 이에 대해 하자를 알게 된 후
에는 선의가 중단된다고 보아야 하고 급부반환자의 악의는 (목적물을 수령한) 원
계약일 또는 급부반환의무가 있음을 안 날을 기준으로 평가되어야 한다는 비판
이 있다.[40] 유상계약에서 계약체결시 합의된 반대급부가 헛되거나(illusoire) 미
미하여(dérisoire) 무효가 되는 경우에(제1169조) 매수인이 이를 다시 매각한 대금
이 이보다 상당히 높은 경우에는 매수인이 악의라고 평가할 수 있다.

보험의 목적이 된 목적물이 파괴 또는 훼손이 되어 보험자에 대한 보험금
채권이 발생한 경우, 제1351-1조 제2항의 유추적용에 의하여, 매도인은 보험자
에 대하여 직접 보험금을 청구할 수 있다.[41] 이는 매수인의 무자력 위험을 방지
히기 위힌 것이다.

---

38) G. Chantepie et M. Latina, *op. cit.*, n° 1065, p. 956.
39) Civ. 1ʳᵉ, 16 mars 1999, n° 97-12.930(X 부인이 1991. 12. 20. 자신의 토지 위에 있는 나
무들을 Thébault 회사에 매도하고 동 회사가 1992. 5. 1. 나무를 벌채하였다. X 부인은
나무의 매매가격이 지나치게 헐값이라는 이유로 매매의 무효화 소를 제기하고 나무들
의 시장가와 매매가격 사이의 차액의 배상과 토지의 원상회복의 지연에 따른 사용이
익손해의 배상을 청구하였다. 항소심 법원은 이를 인용하면서 차액 배상에 대하여는
청구시부터, 사용이익손해 배상에 대하여는 판결시부터 이자를 지급하도록 판결하였
다. 파기원은 원심법원의 결론이 타당하다고 판단하고 피고의 상고를 기각하였다).
40) G. Chantepie et M. Latina, *op. cit.*, n° 1066, p. 957.
41) O. Deshayes, Th. Genicon et Y.-M. Laithier, *op. cit.*, p. 934.

Article 1352-3 La restitution inclut les fruits et la valeur de la jouissance que la chose a procurée.

La valeur de la jouissance est évaluée par le juge au jour où il se prononce.

Sauf stipulation contraire, la restitution des fruits, s'ils ne se retrouvent pas en nature, a lieu selon une valeur estimée à la date du remboursement, suivant l'état de la chose au jour du paiement de l'obligation.

제1352-3조 ① 급부반환은 물건이 산출한, 과실과 사용수익 가액을 포함한다.

② 사용수익 가액은 법원에 의해 판결 선고일을 기준으로 평가한다.

③ 반대약정이 없는 경우, 과실이 원물로 존재하지 않는 때에는 채무변제일의 물건의 상태에 좇아 상환일에 산정한 가액에 따라 과실의 급부반환이 이루어진다.

[해제] 본조는 물건이 산출한 과실과 사용수익의 반환에 관한 규정이다. 우선 과실에 대하여 보면, 종전에 파기원은 급부반환의 근거에 따라서 반환 여부를 달리 판단하였다. 계약 해제의 경우에는 이를 계약 소멸의 법적 결과로 간주하여 선의·악의 여부를 불문하고 과실을 반환하도록 하였다.[42] 그러나 계약 무효의 경우에는 악의인 경우에만 반환하도록 하였다.[43] 개정 전 프랑스민법전에 따르면 선의의 점유자는 과실을 취득하였으므로(제549조) 무효 소송이 제기되기 전까지 기간에 해당하는 과실에 대하여 선의의 매수인은 반환의무가 없었다.

그러나 이제 본조에 의해 계약의 종류나 급부반환의 근거를 묻지 않고 반

---

42) Civ. 3ᵉ, 22 juill 1992, n° 90-18.667 (원고는 피고에게 토지를 매각하고 대금의 일부는 나중에 수령하기로 하였으나 피고가 결국 잔금을 지급하지 않아 매매계약의 해제 및 손해배상을 청구한 사안이다. 원심에서는 선의인 매수인은 해제 청구 시부터만 과실을 반환하면 된다고 판시하였으나 파기원은 해제의 효과는 매매 전의 상태로 회복시키는 것이므로 선의의 매수인도 과실 전부를 반환하여야 한다고 판단하였다); Civ. 3ᵉ, 29 juin 2005, n° 04-12.987(Pétroles Shell 회사(매도인 회사)는 1989. 3. 17. 상업 및 주거 용도로 사용되는 부동산에 대한 자신의 지분을 Le Petit Martigny 부동산 회사(매수인 회사)에 매도하였다. 매수인 회사는 1989. 5. 9. Tours plaisance에게, 1995년 X에게 이를 임대하였다. 매수인 회사는 1993. 6. 21. 매도인 회사를 상대로 위 계약의 해제의 소를 제기하였고 1998. 2. 9. 결정에 의해 매매계약이 해제되었고 매도인 회사는 매수인 회사를 상대로 매매목적물로부터 발생하였거나 향후 발생할 차임의 지급을 구하는 소를 제기하였다. 항소법원은 매도인 회사의 차임 지급 청구를 인용하였고 파기원은 이에 대한 매수인 회사의 상고를 기각하였다).

43) Com., 14 mai 2013, n° 12-17.637(피고는 2000년 원고의 서명을 위조하여 원고가 가진 주식을 양도하였고 이는 2005년과 2008년 순차 다른 사람에게 양도되었다. 법원은 2000년 주식 양도를 무효라고 선고하였지만 2005년과 2008년 양도는 유효하다고 보았다).

환의무자는 물건의 과실을 반환하여야 한다. 즉 계약이 매매인지, 임대차인지, 소비대차인지를 구별하지 않고, 급부반환의 근거가 무효인지, 실효인지, 해제인지를 묻지 않고 과실을 반환하도록 규정하였다.[44]

다만, 반환의무자가 선의인 경우에는 반환청구일부터, 악의인 경우에는 급부일부터 반환일까지 발생한 과실을 반환하여야 한다(제1352-7조). 이는 반환의무자가 선의인 경우에는 반환청구를 받을 때까지 과실을 취득할 수 있다는 의미가 되고, 이는 결국 물건의 선의 점유자는 과실수취권을 가진다는 제549조의 내용과 일치한다. 또한 반환의무자가 악의인 경우에 급부일부터 과실을 모두 반환하여야 한다는 것도 악의 점유자에게 과실수취권을 부정하는 제549조의 내용과 일치한다.[45]

이와 같이, 본조에서 과실과 사용수익의 반환 원칙을 선언하고, 다른 한편 제1352-7조에서 반환액 결정에 있어서는 선의자의 과실수취권을 사실상 인정하고 있어서, 일종의 착시(trompe l'œil)를 초래하고 있다.[46]

과실의 의미에 관하여는 천연과실, 인공과실, 법정과실을 모두 포함한다. 천연과실은 토지나 동물로부터 자연적으로 산출되는 것이고(제583조 제1항), 인공과실은 경작 등 인간의 노동에 의하여 산출되는 과실이다(제583조 제2항 참조). 차임, 이자, 정기금 등 물건의 용익이나 금전을 제공한 대가로 정기적으로 받는 과실은 법정과실이다(제584조).

사용수익에 대하여도 과실과 같이 보아 사용수익의 가액을 반환하도록 규정하고 있다.[47] 이 규정은 부동산뿐만 아니라 동산에도 적용되고 원물반환뿐만

---

44) G. Chantepie et M. Latina, *op. cit.*, n° 1068, p. 959.

45) 우리 민법에는 제201조(선의 점유자의 과실수취권 인정한다)와 제748조(부당이득시 선의의 이득자는 현존하는 과실을 반환하여야 한다)의 조화로운 해석 문제가 있다. 우리 판례는 매매계약의 취소된 경우 선의의 매수인에게 제201조가 적용되어 과실수취권이 인정되고 선의의 매도인에게도 제587조 유추적용에 의해 내금의 운용이익 내지 법정이자의 반환이 부정된다고 판단하였다(대법원 1993. 5. 14. 92다45025 판결).

46) G. Chantepie et M. Latina, *op. cit.*, n° 1072, p. 966.

47) 이는 파기원의 종전 판례를 변경하는 내용이다. 종전에 파기원은 부동산 매매계약이 무효가 된 경우 매도인은 매수인이 그동안 해당 부동산을 점유하여 얻은 이익에 대한 배상을 얻을 수 없다고 판결하였다(Ch. mixte, 9 juill 2004, n° 02-16.302) 또한 계약 해제의 경우에도 같은 취지로 판결하였다(Civ. 1re, 15 mai 2007, n° 05-16.926). 다만, 임대차 계약이 무효가 된 경우에는 그 사용수익을 사실심이 전권으로 평가하여 반환하도록 판결하였다(Ch. mixte, 9 nov 2007, n° 06-19508). 이러한 차이의 이유에 대하여는, 목적물의 사용수익이 매매에 있어서는 단순히 부차적인 혜택에 불과하지만, 임

아니라 가액반환 시에도 적용된다. 가액반환의 산정기준은 "해당 물건이 산출할 수 있었던 과실의 경제적 가치"이다.[48] 가액 평가의 기준일은 판결 선고일이다. 이는 사용수익일이 아니라 반환일에 근접한 것으로서 통상 채권자에게 유리하게 작용한다.

과실에 대하여는 원물반환이 원칙이다. 종류물은 항상 원물반환이 가능하다. 원물반환이 불가능한 경우에는 가액반환을 할 수 있다. 상환일을 기준으로 평가하는데 이는 반환일, 재판일, 재판선고일과 같은 의미이다.[49] 금전의 경우에는 명목액에 대하여 제1352-7조에 따라 변제 시 또는 청구 시로부터 이자를 더하여 반환하면 되는 것이고 상환일을 기준으로 그 가액을 산정할 필요가 없다.[50]

변제 이후 목적물의 상태가 악화될 수 있는데 목적물을 수령한 날을 기준으로 한 목적물의 상태에 따라 과실을 반환하여야 한다. 이는 종전 판례의 입장을 채택한 것이다.[51] 이에 따르면, 매수한 토지 위에 건물을 신축하여 그 건물로부터 발생한 사용이익은 토지의 매수인이 취득한다. 토지의 매수 당시 토지의 상태를 기준으로 판단하여야 하기 때문이다.

반대약정을 하는 것도 가능하다(제3항). 이는 급부반환의 보충적 성격을 명시한 유일한 규정이다. 과실반환을 하지 않도록 하거나, 해제의 원인을 제공한 계약자만 과실을 반환하도록 약정할 수 있다.

과실을 아직 수취하지 않은 경우에는 이를 반환하는 문제 자체가 성립하지 않는다. 과실을 수취한 다음 아직 이를 소비하지 않은 경우에도 수취한 당시에 수취할 권한이 있었다면 이를 반환하지 않아도 된다.

Article 1352-4 Les restitutions dues à un mineur non émancipé ou par un majeur protégé sont réduites à hauteur du profit qu'il a retiré de l'acte annulé.
제1352-4조 친권이 해방되지 않은 미성년자나 피보호성년자가 부담하는 반환의무는, 그가 무효로 된 행위로부터 얻은 이익을 한도로 감축된다.

대차에 있어서는 임대인이 부담하는 채무의 목적이 되기 때문이라고 설명하고 있다. *JurisClasseur Civil Code*, art. 1352 à 1352-9(Forti, Valerio), n° 28.

48) *JurisClasseur. Civil code*, Art. 1352 à 1352-9, par Valerio Forti, n° 29.

49) *JurisClasseur. Civil code*, Art. 1352 à 1352-9, par Valerio Forti, n° 30.

50) O. Deshayes, Th. Genicon et Y.-M. Laithier, *op. cit.*, p. 939.

51) Civ. 1re, 20 juin 1967: JurisData n° 1967-700227.

[해제] 본조는 인(人)에 관한 부분이 아니라 급부반환 부분에서 미성년자의 반환범위를 정하고 있다. 본조의 적용범위는 무효로 된 행위에 국한된다. 본 장의 다른 규정이 계약의 해제, 실효, 비채변제 등에 일반적으로 적용되는 것과 구별되는 점이다. 본조는 개정 전 프랑스민법전(제1312조)과 같은 내용을 담고 있으나, 그 적용범위를 종전의 피후견성년자에서, 특정후견이나 보좌(curatelle)를 받는 자까지 포함하여, 피보호성년자 전반으로 확대하였다. 그러나 급부가 미성년자 등에 이루어진 경우에 한하여 적용되고 급부가 부모, 보호자 등에게 이루어진 경우에는 적용되지 않는다.[52] 미성년자나 피보호성년자가 기망(dol)을 한 경우에도 본조의 적용이 배제된다.[53]

2018년 변경법률 제16조에 의한 재개정에 의하여 '피보호성년자에게(à un majeur protégé)'가 '피보호성년자에 의해(par un majeur protégé)'로, '이익에 비례하여(à proportion du profit)'가 '이익을 한도로(à hauteur du profit)'로 각각 변경되었다. 이로써 의미가 더 명확하게 되었다.

본조가 적용되는 경우 미성년자와 피보호성년자의 반환의무는 무효화된 행위로부터 얻은 이익을 한도로 감축된다. 법원은 해당 계약이 미성년자나 피보호성년자의 이익으로 귀속되었는지 여부를 확인하여야 한다.[54] 증명책임은 상대방이 부담한다고 보는 견해가 있다.

Article 1352-5 Pour fixer le montant des restitutions, il est tenu compte à celui qui doit restituer des dépenses nécessaires à la conservation de la chose et de celles qui en ont augmenté la valeur, dans la limite de la plus-value estimée au jour de la restitution.

제1352-5조 급부반환금액을 정하기 위해서는, 반환일에 산정된 가치증가분을 한도로 하여, 물건의 보존에 필요한 비용과 물건의 가치를 증가시킨 비용을 반환하여야 하는 것을 고려하여야 한다.

[해제] 본조는 반환의무자가 물건의 보존에 필요한 비용을 지출한 경우 이를 반환금액 산정시 포함하여야 한다는 내용을 가지고 있다. 개정 전 프랑스민

---

52) Civ. 1re, 18 janv. 1989, n° 87-12.019.
53) Civ. 1re, 12 nov. 1998, n° 97-13.248.
54) Civ. 1re, 5 avr. 1978, n° 76-14.924.

법전에서는 물건의 보존을 위한 필요비와 유익비를 반환하도록 규정하고 있었지만(제1381조) 선의의 매수인은 사용수익을 반환할 필요가 없었기 때문에 매도인 또한 사용에 소요되는 비용을 매수인에게 지급할 필요가 없었다(부동산회사인 SCI가 지방자치단체로부터 토지를 임차하여 그 위에 주거용 건물을 신축하여 다수의 사람들에게 매도하였다. 지방자치단체장이 토지 임차를 종료하는 통지를 하자 건물의 매수인들이 SCI와 매도증서의 공증인인 원고에게 매매대금의 반환을 청구하였다. 원심법원은 SCI와 공증인에게 매매대금지급과 함께 그동안 해당 건물에 발생하였던 재산세를 반환하라고 명하였으나 파기원은 재산세는 부동산의 과실을 취득하는 자가 부담하여야 한다고 판단하여 매수인이 선의이어서 소유자와 같이 차임을 수령할 수 있으므로 매수인들이 재산세도 부담하여야 한다고 판단하고 원심판결을 파기하였다).[55]

개정 프랑스민법전에서는 반환의무자의 선의 여부를 묻지 않고, 가치증가분을 한도로 하여 물건의 보존과 개량에 필요한 비용을 반환할 것을 규정하고 있다. 물건의 과실 및 사용수익 가액을 반환하도록 하기 때문에(제1352-3조) 물건의 보존에 필요한 비용도 반환받는 것이 논리적이다. 보존을 위해 지출한 비용은 가치증가와 관련되지 않고 가치감소를 막기 위한 것이기 때문에 가치증가분을 한도로 반환된다는 내용이 적용되지 않는다고 보아야 한다.[56]

반환의무자의 비용과 결부된 가치증가 또는 개선(amélioration)이 반환금액의 상한으로서 고려된다. 또한 반환의무자의 적극적인 관리로 인한 개선은 반환 대상에서 제외된다. 가치증가분과 비용의 평가 시기는 서로 상이하다. 가치증가분은 반환일을 기준으로 하는 반면 비용은 그 지출시를 기준으로 하여 평가한다. 비용이 실제로 유익하게 사용되었는가 여부는 문제가 되지 않는다.[57] 보존에 필요한 모든 비용이 급부반환의 대상이 된다.

Article 1352-6 La restitution d'une somme d'argent inclut les intérêts au taux légal et les taxes acquittées entre les mains de celui qui l'a reçue.

제1352-6조 금전 급부반환은 법정이율에 따른 이자와 금전수령자가 납부한 세금을 포함한다.

---

55) Civ. 1re, 9 nov. 2005, n° 01-16.382.

56) *JurisClasseur. Civil code*, Art. 1352 à 1352-9, par Valerio Forti, n° 40.

57) *JurisClasseur. Civil code*, Art. 1352 à 1352-9, par Valerio Forti, n° 40.

[해제] 본조는 금전 급부반환시 이자와 세금까지 포함하여 반환하여야 한다는 내용을 담고 있다. 금전채무는 그 성질상 원물 반환과 가액 반환의 구별이 의미가 없다. 금전 급부반환시 그 '명목'금액을 반환하면 된다.[58] 원물 반환이 불가능한 경우에 반환일을 기준으로 한 가액반환을 하여야 하는데(제1342조), 금전채무는 이와 달리 보아야 하고, 제1343조 제1항에서도 금전채무의 채무자는 명목액 지급으로 책임을 면한다고 규정하고 있다.

물건을 반환하는 경우에는 과실을 반환하여야 하고, 금전을 반환하는 경우에는 이자를 반환하여야 한다. 물건을 반환하는 경우에는 물건의 사용수익에 해당하는 과실을 반환하여야 하지만, 금전 반환 시에는 법정이율에 따른 이자를 반환하면 된다. 실제로 금전을 투자하여 어떤 수익을 올렸는지 여부는 묻지 않는다.[59] 매매계약의 무효 시 매도인은 법정이율에 따른 이자를 반환하면 되지만, 매수인은 수령한 차임 또는 차임 상당액을 반환하여야 한다.

우리 민법은 법정 이율을 연 5%의 고정이율로 하고 있지만, 프랑스는 정부가 공시하는 변동금리로 하고 있다. 프랑스통화금융법전 제L.313-2조에 따라 전년도 12개월의 월평균 국채수익률(13주 고정)을 평균하여 산출하고 이것을 데크레로 공시하여 법정이율로 하고 있었으나, 2014. 8. 20. 이 규정이 개정되어, 경제부 장관이 유럽은행의 리파이낸스(재금융) 금리와 프랑스 금융기관의 실무금리를 고려하여 6개월마다 법정이율을 공시한다.[60]

세금 반환 부분은 이번에 새로 들어온 것으로 여기서 세금은 부가가치세를 의미한다. 매도인이 매수인으로부터 지급받은 부가가치세를 반환하고 매도인은 국세청으로부터 세금을 반환받아야 한다. 이는 종전 판례의 내용을 반영한 것이다(COGESAT 회사가 Man-Roland 회사로부터 인쇄기를 매수하였는데 매매계약을 취소하고 Man-Roland을 통해 지급한 부가가치세의 반환을 청구하였다. 원심법원은 매도인이 부가가치세를 국세청으로부터 반환받은 다음에야 매수인은 이에 대한 반환을 청구할 수 있다고 판시하였으나 파기원은 이러한 원심법원의 판결을 파기하였다).[61] 이 규정이 강행규정인가 여부에 대하여는 제1352-3조 제3항과 마찬가

---

58) Civ. 1re, 7 avr. 1998, n° 96-18.790.

59) 개정 전 제1381조는 물건의 보존을 위해 지출된 필요비와 유익비를 반환하도록 규정하였다.

60) 구체적인 산정방법은 데크레로 정한다. 판결 확정 후 2개월(경락결정선고시는 4개월)이 지나면 5%의 가산금리가 붙는다(프랑스통화금융법전 제L.313-3조).

지로 당사자의 약정으로 변경할 수 있다는 견해와 그러한 내용을 명시하고 있지 않으므로 변경할 수 없다는 견해가 있다.

Article 1352-7 Celui qui a reçu de mauvaise foi doit les intérêts, les fruits qu'il a perçus ou la valeur de la jouissance à compter du paiement. Celui qui a reçu de bonne foi ne les doit qu'à compter du jour de la demande.

제1352-7조 악의로 수령한 자는, 변제 시부터의 이자, 수취한 과실 또는 사용수익의 가액을 반환하여야 한다. 선의로 수령한 자는 청구일로부터만 이를 반환하면 된다.

[해제] 본조는 제1352-3조와 제1352-6조를 보충하는 것으로 종래 판례의 입장을 반영하여[62] 악의로 물건을 수령한 자는 변제 시부터의 이자, 과실, 사용수익을 반환하고 선의로 수령한 자는 청구일부터 반환하도록 규정하고 있다. 여기서 선의와 악의를 구별하는 이유는 악의인 경우에는 처음부터 이자, 과실, 사용수익 등을 반환하여야 하는 것을 알고 있었으나 선의인 경우에는 그 청구시부터 이를 알았다고 볼 수 있기 때문이다.

선의 및 악의의 개념에 대하여는 물권법 관련 규정인 제550조에서 규율한다. 즉 "점유자가 그 하자를 알지 못하는 소유권이전권원(un titre translatif de propriété)에 의해 소유자로서 점유한 경우에는 선의"이고 "점유자는 소유권이전

---

61) Com., 26 juin 1990, n° 88-17.892.

62) Com., 28 avr. 2005, n° 02-21.585 (Plymouth 회사는 1983.9.6. 특허권(n. 83 14438) 신청을 하였는데 Samex 회사는 이러한 신청이 자신의 특허권(n. 76 12758)을 침해하였다고 제소하였고 1991. 11. 7. Samex가 권리자라는 판결을 받았다. 그러나 Plymouth는 1992. 2. 14. Samex를 상대로 Samex의 특허권(n. 76 12758)이 무효이고 자신의 특허에 대한 사용료 상당의 금전지급을 구하는 청구를 하였고 항소법원은 Samex는 1991. 11. 7. 판결에 의해 자신에게 정당한 권원이 있다고 믿은 선의의 점유자라는 이유로 과실에 해당하는 사용수익 반환청구를 기각하고 사용수익 반환 소송의 확정시인 1995. 7. 5.부터 이를 반환할 의무가 있다고 판단하였다. 그러나 파기원은 점유자는 소유자의 청구시부터 계산하여 사용수익을 반환하여야 하므로 1991. 11. 7. 이후의 사용수익 상당액도 반환하여야 한다고 판단하고 원심 판결을 파기하였다); Civ. 3ᵉ, 7 juill. 2004, n° 01-17.446(부동산 매매 이후에 홍수가 발생하여 부동산이 훼손되어 매수인은 숨은 하자 내지 사기를 이유로 하여 매매의 무효를 주장하였다. 항소심은 숨은 하자로 인하여 계약 무효가 된다고 판단하였으나 파기원은 매도인이 홍수를 방지하기 위해 노력하였지만 이를 막지 못하였다는 이유로 항소심의 판결을 파기하였다. 이 경우 법정이자의 발생은 민법전 제1153조 제3항에 따라 공식최고가 있는 날로부터 기산하여 발생하는 것인데 항소심은 이를 법원에 청구한 때로부터로 해석한 반면 파기원은 매매계약의 무효를 주장한 날부터 기산하여야 한다고 판단하였다).

권원의 하자를 안 때부터 선의가 중단된다."

부동산 매매의 급부불균형(매매대금이 시가보다 7/12 이상의 차이를 보이는 경우)에 의해 무효가 되는 경우에 급부불균형 매매의 무효규정인 제1682조 제2항에 의해 반환청구를 한 날부터 과실을 반환하면 된다.

Article 1352-8 La restitution d'une prestation de service a lieu en valeur. Celle-ci est appréciée à la date à laquelle elle a été fournie.
제1352-8조 용역급부의 반환은 가액으로 한다. 가액은 용역급부가 제공된 일자를 기준으로 평가한다.

[해제] 본조는 용역급부 반환에 관한 규정이다. 종래 파기원은 용역 급부를 부당이득의 한 유형으로 보았지만, 프랑스민법전은 이를 급부반환의 한 유형으로 규정한다. 위임계약, 도급계약,[63] 조합계약[64]에서 용역 급부가 이루어지고, 임대차계약에서도 목적물의 사용·수익은 용역 급부이다.[65] 종래 용역 급부 반환을 계약 해소의 소급효와 결부시키는 논의가 있었으나 오늘날에는 소급효 인정과 관계 없이 용역 급부반환을 인정하는 데 문제 없다고 설명되고 있다.[66]

용역 급부는 가액으로 반환한다. 이 가액은 그 급부의 가액을 의미하고 급부로 인한 결과의 가액이 아니다. 통합된 일련의 계약이 무효가 된 경우 각각 제공한 급부를 고려하여 반환액을 정하고 통합에 따른 혜택은 고려할 것이 아니다(X는 농업경영을 하며 부화하는 칠면조 알 생산 계약을 S회사와 체결하고 이를 C회사가 승계하였다. 이 계약이 무효가 되어 항소심은 전체 계약에 대하여 계약이 있기 이전으로 되돌리는 취지에서, C회사에 대하여 X가 계약이행으로 제공한 급부로 X가 입은 이익을 전체로 판단하여 그 금액을 X에게 지급하라는 판결을 선고하였다. 파기원은 이를 파기하고 개별 급부에 대하여 이익을 판단하여 그 가액을 반환하여야 한다고 판결하였다).[67]

---

63) Civ. 1ʳᵉ, 18 nov. 2009, n° 08-19.355.
64) Civ. 1ʳᵉ, 12 juill. 2012, n° 11-17.587.
65) 상담, 교육, 간호, 운송 등도 용역에 해당한다. 그러나 선박 건조, 보석 세공과 같은 물건 제작 또는 생산은 용역에 해당하지 않는다. O. Deshayes, Th. Genicon et Y.-M. Laithier, *op. cit.*, p. 945.
66) O. Deshayes, Th. Genicon et Y.-M. Laithier, *op. cit.*, p. 945.
67) Civ. 1ʳᵉ, 10 déc. 2014, n° 13-23.903.

가액 평가 방법에 대하여는 별다른 규정이 없다. 용역을 제공하는 자의 이행비용이 아니라 용역이 가지고 있는 객관적인 효용이 기준이 된다.[68] 이는 수령자의 주관적인 효용과 구별되는 개념으로 예컨대 강의의 경우 평균적인 학생을 기준으로 평가된다. 따라서 이 가액은 용역 급부를 위하여 지급한 '대금'이나 용역 급부에 소요된 '비용'과 항상 일치하는 것은 아니다. 부당이득의 경우 이득과 손해라는 두 가지 상한을 기준으로 하는 것과 구별되는 점이다.[69]

가액은 용역을 제공한 날을 기준으로 산정한다. 금전이 아닌 물건을 반환하는 경우(제1352조)와 마찬가지로 반환일을 기준으로[70] 하자는 견해도 있었으나, 물건의 경우에는 다시 이를 활용하여 가치를 창출할 수 있으나 용역은 원물반환이 애초부터 불가능하고, 일단 이루어진 용역은 반환일에 다시 활용하는 것이 가능하지 않으므로 제공 시를 기준으로 하여야 한다.[71] 통상 용역의 가치평가는 그 제공한 날에만 가능하다.[72]

Article 1352-9 Les sûretés constituées pour le paiement de l'obligation sont reportées de plein droit sur l'obligation de restituer sans toutefois que la caution soit privée du bénéfice du terme.

제1352-9조 채무변제를 위하여 설정한 담보는 당연히 급부반환채무를 위한 것으로 이전되지만, 보증인은 기한의 이익을 상실하지 않는다.

[해제] 본조는 급부반환이 인정되는 경우 기존 채무를 위한 담보의 처리에 관한 것이다. 이는 개정 전 프랑스민법전에는 없었던 규정이다. 종래 파기원은 금전소비대차계약이 무효가 되는 경우 소비대차 채무의 변제를 위해 설정된 보

---

68) O. Deshayes, Th. Genicon et Y.-M. Laithier, *op. cit.*, p. 946.
69) O. Deshayes, Th. Genicon et Y.-M. Laithier, *op. cit.*, p. 946.
70) 가공의 경우에도 재료의 소유자는 가공을 한 날이 아니라 상환일을 기준으로 수공비를 상환하고 완성된 가공물을 청구할 수 있다(제570조).
71) O. Deshayes, Th. Genicon et Y.-M. Laithier, *op. cit.*, p. 947.
72) O. Deshayes, Th. Genicon et Y.-M. Laithier, *op. cit.*, p. 946. 물건의 경우에는 부동산과 같이 시간이 지남에 따라 가액이 올라갈 수도 있고 자동차와 같이 가액이 내려갈 수도 있다. 인간의 노동을 그 본질로 하는 용역의 경우에는 그 제공 시점에 실현되어 소멸하는 것이고 그 잔존물을 평가하는 것은 특별한 의미가 없다. 예컨대 과외를 한 경우, 그 과외를 한 당시의 가치가 중요한 것이지 그것이 나중에 과외를 받은 학생의 인생에 어떻게 영향을 주었는지는 용역 가액의 평가에 도움이 되지 않는 것이다.

증은 소멸하지 않고 이미 지급된 급부반환의무를 담보한다고 판단하였고,[73] 이를 저당권[74]과 연대채무[75]의 경우에까지 확대하였다. 본조에 의해 이제 질권과 독립적 보증(garantie autonome)까지 확장되었다.

본조는 채무 발생의 근거가 되는 계약을 소비대차에 국한하지 않는다. 또한 급부반환의 이유에 관하여도 계약의 무효뿐만 아니라 실효나 해제도 포함한다.[76] 즉 원칙적으로 모든 종류의 계약의 무효, 실효, 해제 시 그 인적, 물적 담보는 반환의무의 변제를 위해서도 유지된다는 것이다.

종래에는 이러한 내용의 근거가 무엇인지 의문이 제기되었으나, 본조에 의하여 그러한 근거가 마련되었다. 본조가 강행규정인지 여부는 장래 법원의 판단을 요한다.

보증인의 경우 기한의 이익을 상실하지 않는다. 보증인이 애초에 가지고 있었던 혜택이 급부반환으로 인하여 상실하는 것은 맞지 않다는 점에서 타당한 것이라는 지적이 있다.

[김 기 환]

---

73) Civ. 1ʳᵉ, 29 oct. 2002, n° 99-20.450(X는 Y부인이 은행으로부터 받은 주택담보대출 각 35만 프랑과 10만 프랑에 대하여 보증을 하였으나 대출계약이 무효가 됨에 따라 자신의 보증채무 또한 소멸한다고 주장하였으나 파기원은 이러한 경우 대출계약의 무효에 따른 급부반환의무가 소멸될 때까지 보증채무는 유지된다고 판시하였다).

74) Civ. 3ᵉ, 5 nov. 2008, n° 07-17.357(콘소시움 Z는 매도인으로부터 토지를 매입하고 이에 저당권을 설정하고 BNP 파리바 은행으로부터 대출을 받았는데 Z의 발기인들의 출자의무불이행에 따라 토지의 매매계약 및 자금조달계약을 해제하였다. 항소심 법원은 이러한 해제의 결과 매도인은 자신이 수령한 대금은 은행에 반환할 의무를 부담한다고 판결하면서도 저당권은 유지되지 않는다고 판단하였지만 파기원은 이를 파기하고 저당권이 유지된다고 판결하였다).

75) Civ. 1ʳᵉ, 5 juill 2006, n° 03-21.142(항소심 법원은 X부부가 농업은행으로부터 부담하고 있었던 소비대차가 무효가 됨에 따라 X부인이 농업은행에게 약 58,000유로 및 1999. 10. 14.부터의 법정이자를 지급하라는 판결을 하였다. 파기원은 처음 소비대차계약 당시 X부부가 연대하여 공동계정으로 대출을 받았다면 소비대차계약이 무효가 됨에 따라 연대채무 또한 소멸하지만 소비대차의 무효로 인한 급부반환의무에 대하여는 여전히 부부가 연대하여 채무를 부담한다고 판단하였다).

76) *JurisClasseur. Civil code*, Art. 1352 à 1352-9, par Valerio Forti, n° 61.

TITRE Ⅳ Bis De la preuve des obligations
제4편의乙 채무의 증거

　　[해제] 채무의 증거라는 제목을 가진 본편은 총칙(제1장)·증거방법의 허용
(제2장)·증거의 여러 방법(제3장)으로 구성되어 있다. 본편은 개정 전 프랑스민
법전의 제3편 제6장(채무 및 변제의 증거)을 대체한다. 프랑스에서 증거법은 민
법이나 민사소송법뿐만 아니라 특별 규정에서도 산재하는데, 본편은 이들에 관
한 일반규정의 의미를 가지는 것으로 해석된다.[1]

　　프랑스 증거법은 전통적으로 모순되는 두 개의 목적인 진실성(vérité)과 안
전성(sécurité)을 조화시켜야 하는 과제를 가지고 있는데, 프랑스민법전의 증거
법은 법적인 안정성을 위해서 본질적인 개정에까지는 이르지 않은 것으로 평가
된다.[2] 그러면서도 프랑스민법전은 증거계약을 새로이 규정하고, 서증에 관한
규정을 현대화하였으며, 총칙·증거방법의 허용·여러 가지 증거방법의 재정립
등의 변화를 이끌어 냈다.

---

1) G. Chantepie et M. Latina, *op. cit.*, n° 1083, p. 974.
2) G. Chantepie et M. Latina, *op. cit.*, n° 1085, p. 976.

Chapitre I Dispositions générales
제1장 총칙

[해제] 본장은 총칙이라는 제목 하에 증명책임, 법률상 추정, 증거계약 및 기판력, 민사소송법과의 관계를 규정하고 있다. 개정 전 프랑스민법전과 비교하여 가장 큰 변화는 법률상 추정의 개념에 복합추정(présomption mixte)을 새로 도입하면서 법률상 추정을 단순추정, 복합추정, 절대적 추정으로 분류한 점, 증거계약의 유효성을 정면으로 인정한 데 있다. 다만 본장은 제목과는 달리 증거에 관한 진정한 일반 원칙을 규율하고 있지는 않는 것으로 평가된다.[1]

Article 1353 Celui qui réclame l'exécution d'une obligation doit la prouver. Réciproquement, celui qui se prétend libéré doit justifier le paiement ou le fait qui a produit l'extinction de son obligation.

제1353조 ① 채무의 이행을 청구하는 자는 채무를 증명해야 한다.
② 반대로, 면책을 주장하는 자는 변제 또는 채무의 소멸을 발생시켰던 사실을 증명해야 한다.

[해제] 본조는 개정 전 제1315조와 동일한 내용을 규정하고 있다. 본조는 증명책임에 관한 규정임을 명시하지는 않으면서 두 개의 분명한 상황을 규정하는 것으로 만족한다. 즉, 제1항에 따르면 계약상 채무의 이행을 청구하는 자는 계약의 존재, 성질 및 범위를 증명해야 한다고 해석된다. 제2항에 의하면 채권자가 채무의 존재를 증명하면, 채무자가 채무의 변제 또는 다른 소멸원인 또는 항변(상계, 소멸시효, 불가항력)을 증명해야 하는 것으로 해석된다.

한편, 본조는 이행소송은 물론이고 손해배상소송(action en indemnisation)의 경우에도 적용된다고 해석된다.[2] 가령, 정보제공의무의 채권자는 정보제공의무의 존재를 증명해야 하고, 채무자는 그가 정보를 제공했다는 것을 증명해야 한다. 파기원 역시 정보제공의무의 채무자는 본조에 근거하여 그가 의무를 이행

---

1) G. Chantepie et M. Latina, *op. cit.*, n° 1086, p. 977.
2) F. Chénedé, *op. cit.*, p. 360.

했다는 증거를 제시해야 한다고 해석한다.[3] 이와 같이 본조는 그 적용범위를 해석에 맡김으로써 조문 자체가 불확실성을 가지고 있다는 지적을 받는다.[4]

또한, 본조에 대해서는 증명책임과 증명의 위험(risque de la preuve)과의 관계를 명확히 하고 있지 않다는 지적을 받는다.[5] 즉, 증명책임은 소송에서 누가 증거를 제공해야 하는지를 당사자들에게 제시하는 것임에 반하여, 증명의 위험은 당사자 중 누가 증거의 부재에 따라 손해를 입을지를 결정짓는 것이라는 점에서 차이를 가지지만 본조는 이에 대해서 명확하게 규정을 하고 있지는 않다.

Article 1354 La présomption que la loi attache à certains actes ou à certains faits en les tenant pour certains dispense celui au profit duquel elle existe d'en rapporter la preuve.

Elle est dite simple, lorsque la loi réserve la preuve contraire, et peut alors être renversée par tout moyen de preuve ; elle est dite mixte, lorsque la loi limite les moyens par lesquels elle peut être renversée ou l'objet sur lequel elle peut être renversée ; elle est dite irréfragable lorsqu'elle ne peut être renversée.

제1354조 ① 법률이 특정한 행위나 특정한 사실을 확실한 것으로 인정함으로써 부여하는 추정은 추정의 존재로 인하여 이익을 받은 자에 대하여 증거를 제시하는 것을 면제시킨다.

② 법률이 반대사실의 증거를 유보하고 모든 증거방법에 의해 번복될 수 있을 경우 단순추정이라 한다. 법률이 번복할 수 있는 방법 또는 번복할 수 있는 대상을 제한할 경우 복합추정이라 한다. 번복할 수 없을 경우 절대적 추정이라 한다.

[해제] 개정 전 제1349조는 법률상 추정(présomption légal)과 함께 재판상 추정(présomptions judiciaires)을 두고 있었는데, 개정 프랑스민법전은 제1354조에서 증명책임과 관련하여 법률상 추정을 규정하고, 제1382조에서 증거방법 중 하나로서 재판상 추정을 규정하고 있다.[6] 즉, 법률상 추정은 법원의 평결을 가져올 수 있는 상황 또는 사실을 선택할 수 있도록 하지 못한다는 점에서 증명의 방법으로 볼 수는 없다.[7] 구체적인 규정이 법률상 추정에 해당하는지 여부는

---

3) Civ. 1re, 25 févr. 1997, n° 94-19685.
4) G. Chantepie et M. Latina, *op. cit.*, n° 1094, p. 982.
5) O. Deshayes, Th. Genicon et Y.-M. Laithier, *op. cit.*, p. 952.
6) G. Chantepie et M. Latina, *op. cit.*, n° 1098, p. 988.
7) G. Chantepie et M. Latina, *op. cit.*, n° 1100, p. 990.

그 규정에서 추정(présomption) 또는 추정하다(présumer)가 사용되는 것을 보고 결정할 수 있다. 또한 사실로 간주된다(réputé)는 것(예를 들어, 프랑스민법전 제221조 제2항, 제666조, 제1402조)도 법률상 추정과 유사한 것으로 해석된다.[8]

개정 전 제1352조 제1항은 '법률상 추정은 증거의 존재로 이익이 되는 사람을 모든 증명에서 면제한다(dispense de toute prevue).'고 규정하고 있었지만, 본조 제1항은 특정한 행위나 특정한 사실의 증거를 제시하는 것을 면제하는 것으로 규정한다. 개정된 본조는 특정한 행위나 특정한 사실을 증명할 증거를 제시할 필요는 없지만, 모든 증명에서 면제되는 것은 아니고 여전히 증명해야 할 대상이 있다는 점에서 개정 전 프랑스민법전과 차이를 보이는 것이다.[9]

본조 제1항에서 특정한 행위의 증거를 제시하는 것을 면제하는 예로서, 임차인은 임차인 부담으로 좋은 상태의 목적물을 인도받은 것으로 추정된다는 것(프랑스민법전 제1731조), 채권을 표상하는 증서를 반환하는 것은 채무자의 면책을 추정하게 한다는 것(프랑스민법전 제1342-9조)을 들 수 있다. 한편 본조 제1항에서 특정한 사실의 증거를 제시하는 것을 면제하는 예로서, 인법(droit des personnes),[10] 친족법,[11] 물권법[12]에서 찾아볼 수 있다. 학설은 제1항에서의 법률(la loi)의 의미에 관해서 판례법에 근거한 추정도 인정하는 것으로 보고 있다.[13]

제2항은 법률상 추정을 단순추정(présomption simple), 복합추정(présomption mixte)및 절대적 추정(présomption irréfragable)으로 구분하고 있다. 개정 전 제1352조 제2항은 법률상 추정의 기준도 제시하지 않은 채 법률상 추정의 상황만을 혼란스럽게 규정한 것에 비하여,[14] 본항은 법률상 추정을 세 가지로 세분화하여 규정하고 있는 것이다.

단순추정은 '법률에 의하여 반대 증거가 유보되어 있는 경우', '모든 증거

---

8) G. Chantepie et M. Latina, *op. cit.*, n° 1101, p. 991.
9) G. Chantepie et M. Latina, *op. cit.*, n° 1104, p. 993.
10) 예를 들어, 실종의 추정(프랑스민법전 제112조).
11) 예를 들어, 태아의 포태 추정(프랑스민법전 제311조).
12) 예를 들어, 타인을 위해 점유를 개시할 때 동일인 명의로 점유하는 것으로 추정(프랑스민법전 제2257조).
13) G. Chantepie et M. Latina, *op. cit.*, n° 1101, p. 990; O. Deshayes, Th. Genicon et Y.-M. Laithier, *op. cit.*, p. 954.
14) G. Chantepie et M. Latina, *op. cit.*, n° 1106, p. 994.

방법으로 번복될 수 있는 경우', '반대 증거를 허용하는 경우'를 말한다. 단순추정은 증거에 관한 처분의 단순화라는 추정제도의 기능을 수행하고 있다. 그 예로는 프랑스민법전 제2274조의 선의(bonne foi)의 추정을 들 수 있다.

복합추정은 법에 의하여 번복할 수 있는 방법을 제한하거나 또는 번복될 수 있는 대상을 제한한다. 복합추정은 단순추정과 절대적 추정의 중간의 자리를 가진다. 복합추정은 개정 프랑스민법전에 새로 규정된 것으로서 반대사실의 증거제시가 가능하다는 점에서 단순추정과 유사한 반면에, 제시될 수 있는 반대사실의 증거가 아주 엄격한 틀 속에서 제한된다는 점에서 단순추정과 차이가 있다.[15] 그 예로는 프랑스민법전 제313조(부성의 추정은 아이의 출생증서에 아버지가 등장하지 않거나 아이가 이혼 후 300일 이후에 태어난 경우에는 배제될 수 있다)를 들 수 있다.

절대적 추정은 번복될 수 없는 경우로서, 프랑스민법전 제1355조(기판력)가 가장 좋은 예이다. 개정 전 제1352조에서는 절대적 추정이 자백 또는 재판종결을 위한 선서로 번복될 수 있다고 규정하였지만 본항에서는 그것이 삭제되었다. 이런 점에서 본항에서의 절대적 추정은 '완전히' 절대적인 추정(absolument irréfragables)이라고 할 수 있다.[16]

Article 1355 L'autorité de la chose jugée n'a lieu qu'à l'égard de ce qui a fait l'objet du jugement. Il faut que la chose demandée soit la même ; que la demande soit fondée sur la même cause ; que la demande soit entre les mêmes parties, et formée par elles et contre elles en la même qualité.
제1355조 기판력은 판결의 목적이 된 것에 대해서만 발생한다. 소송물은 동일하여야 하고, 청구는 동일한 원인에 기초해야 하며, 동일한 당사자 사이에 관한 것이어야 하고, 동일한 자격을 가신 당사자들에 의하여, 그리고 당사자들에 대하여 형성되어야 한다.

[해제] 기판력에 대해서 절대적 추정을 두는 이유에 관해서, 전통적으로 판결이라고 하는 것이 진실(vérité)한 것이라는 생각에 기초를 둔 것이었지만, 최근에는 재판 상황에서 법원이 가지는 기능에 기초를 둔 것이라는 견해도 제시되

15) G. Chantepie et M. Latina, *op. cit.*, n° 1108, p. 995.
16) G. Chantepie et M. Latina, *op. cit.*, n° 1110, p. 997.

어 있다.[17] 파기원은 이른바 세사레오(Cesareo) 판결에서 '첫 번째 청구에 관련된 순간부터 그가 본질적으로 기반으로 삼는 모든 방법을 제시할 책임이 있다.'고 함으로써,[18] 기판력이 가진 의미를 설명하기도 한다.

　　본조는 개정 전 제1351조와 같은 내용으로, 동일한 목적, 동일한 원인, 동일한 당사자 사이에 기판력이 미친다고 함으로써, 기판력이 미치는 조건을 제시하고 있다. 기판력에 관해서는 프랑스민사소송법전 제480조에서도 규정하고 있지만 '동일한 목적'이나 '동일한 원인'에 대한 언급은 없다. 이런 점에서 프랑스에서는 두개의 규정간의 관계에 관한 해석문제가 남아 있다고 한다.[19]

Article 1356 Les contrats sur la preuve sont valables lorsqu'ils portent sur des droits dont les parties ont la libre disposition.

Néanmoins, ils ne peuvent contredire les présomptions irréfragables établies par la loi, ni modifier la foi attachée à l'aveu ou au serment. Ils ne peuvent advantage établir au profit de l'une des parties une présomption irréfragable.

제1356조 ① 증거에 관한 계약은 당사자가 자유로운 처분권을 가진 권리에 대한 것일 경우 유효하다.

② 그러나, 이는 법률에 의해 성립한 절대적 추정에 반할 수 없고, 자백이나 선서에 붙은 신뢰를 변경할 수 없다. 그것은 더욱이 당사자 일방의 이익을 위해 절대적 추정을 성립시킬 수 없다.

　　[해제] 프랑스민법전은 증거계약의 유효성을 정면으로 규정하고 있다. 개정 전 프랑스민법전에서도 증거계약의 유효성에 관해서 명시하는 규정은 없었지만 판례와 해석상으로는 이미 증거계약이 인정되어 오고 있었다.[20]

　　본조에서 말하는 증거계약은 제2항에서 규정한 것을 제외하고는 증명책임, 증명대상, 증명방법에 관하여 제한을 두고 있지 않아서 그 범위가 아주 광범위한 것으로 해석된다.[21] 이에 따라 증명책임을 전환하는 합의, 증명의 대상을 변경하는 합의, 법률행위 또는 법적 사실(actes ou de faits jurisdiques)을 입증하기

---

17) G. Chantepie et M. Latina, *op. cit.*, n° 1115, p. 1002.
18) Ass. plén., 7 Juill. 2006, n° 04-10.672.
19) G. Chantepie et M. Latina, *op. cit.*, n° 1114, p. 1001.
20) G. Chantepie et M. Latina, *op. cit.*, n° 1116, p. 1003.
21) O. Deshayes, Th. Genicon et Y.-M. Laithier, *op. cit.*, p. 956.

위한 증거 방법을 정하는 합의도 가능하다.

먼저, 증명책임을 전환하는 합의가 유효하다는 것에 대해서는 이미 파기원
이 인정해 오고 있다. 즉, 유상임치 계약의 예금자가 수치인이 수단채무를 충족
시키지 못하고 있음을 입증하는 증명책임을 부담하기로 합의하는 경우,[22] 재난
시점에 확인한 손해가치를 합의하는 경우[23]를 들 수 있다.

증명의 대상을 변경하는 합의로는, 예를 들어, 공급자가 물건인도 사실을
증명하는 대신에, (매수인)이 송장을 받은 날로부터 예정된 기간이 종료했을 때
에도 주장이 없으면 인도사실이 증명된 것으로 합의하는 것을 들 수 있다.[24]

법률행위 또는 법적 사실(actes ou de faits jurisdiques)을 입증하기 위한 증거
방법을 정하는 합의로는, 예를 들어, 법률행위의 존재를 증명하는 데 있어서 서
면을 요구하지 않기로 하는 합의를 들 수 있다.[25] 그리고 반대로, (법률의 정함
이 없는 경우에도) 서면증거가 요구된다는 합의를 할 수도 있다. 법적 사실을 증
명하는 데 있어서도 증거 방법을 정하는 합의가 가능한데, 예를 들어 소비량 또
는 청구금액을 증명하는 증거는 소비명세서 또는 통신명세서로 한다는 합의도
가능하다.[26]

본조 제1항은 증거계약이 당사자가 자유로운 처분을 할 수 있는 권리에 대
해 적용됨을 분명히 하고 있다. 이와 같은 내용은 1989년 11월 8일자 Crédicas판
결에서 나온 것이다.[27] 증거계약을 할 수 있는 '자유롭게 처분할 수 있는 권리'
는 임의규정은 물론이고, 강행규정에서도 발생할 수 있다. 다만 강행규정에서
발생한 '자유롭게 처분할 수 있는 권리'는 지위의 열우성 내지 의존성의 상황이
종료한 때로부터 권리처분이 가능한 것으로 해석된다.

본조 제2항은 증거계약에 대한 세 가시의 예외를 규정하고 있다. 첫째, 증
거계약은 법에 의해 성립된 절대적 추정(예를 들어 기판력)에 반할 수 없다. 직접
적인 절대직 추징 또는 간접적인 절내석 추성(예를 들어, 절대직 추정을 단순추정
으로 표시한 경우)에 반하는 증거계약은 본조에 의하여 배제된다.[28] 둘째, 당사

---

22) Civ. 1re, 30 oct. 2007, n° 06-19.390.
23) Civ. 1re, 24 févr. 2004, n° 02-14.005.
24) O. Deshayes, Th. Genicon et Y.-M. Laithier, *op. cit.*, p. 957.
25) O. Deshayes, Th. Genicon et Y.-M. Laithier, *op. cit.*, p. 957.
26) O. Deshayes, Th. Genicon et Y.-M. Laithier, *op. cit.*, p. 957.
27) Civ. 1re, 8 nov. 1989, n° 86-16.196 et 86-16.197.

자의 자백 또는 선서에 붙은 신뢰를 변경하지 못한다. 이는 자백과 선서의 증명력이 계약자유의 원칙에서 배제된다는 의미를 가진다.[29] 이는 자백과 선서는 개인의 양심에서 나온다는 점에서 당사자간의 협상 대상이 되는 것은 아니라는 점에 근거한다.[30] 셋째, 당사자에게 이익이 되는 절대적 추정을 성립시키지 못한다. 이에 따라 당사자간의 증거계약은 반대증거로 번복될 수 있어야 한다.

이 밖에 해석상으로 증거계약을 제한하는 사정으로는 다음을 들 수 있다. 증거계약은 증거와 관련된 절대적인 규칙(위조문서과 관련된 경우)에 위반할 수는 없다. 또한 증거계약은 제1363조에서 금지하는 '그 자신에게 권리를 부여하는 것'일 수는 없다.[31] 또한, 프랑스소비법전상 소비자(또는 비전문가)에게 손해가 되도록 증명책임을 전환하는 계약조항은 남용인 것으로 절대적 추정된다(프랑스소비법전 제R.212-1조, 제R.212-2조). 만일 부합계약이 대상이 되는 경우에는 남용의 통제는 프랑스민법전 제1172조의 규율을 받는다.[32]

Article 1357 L'administration judiciaire de la preuve et les contestations qui s'y rapportent sont régies par le code de procédure civile.
제1357조 증명에 관한 재판상 처분과 그에 대한 이의는 민사소송법전으로 규율된다.

[해제] 증거법은 실체법과 절차법의 교차점에 존재한다. 증거에 관한 문제는 소송 이외의 상황에서뿐만 아니라 소송에서도 발생할 수 있기 때문이다. 그래서 민사사건에 대한 법적 규율은 프랑스민법전과 프랑스민사소송법전에 나뉘어 규정되어 있다. 본조가 "증명에 관한 재판상 처분과 그에 대한 이의"는 민사소송법전으로 규율된다고 하는 이유는 바로 그 때문이다.

프랑스민사소송법전 제7편(제132조 이하)은 증명에 관한 재판상 처분(L'administration judiciaire de la preuve)이라는 제목 하에 네 개의 부속편, 즉 제1부속편 증거물(les pièces), 제2부속편 증거심리조치(les mesures d'instruction), 제3부속편 문서증거와 관련된 이의(les contestations relatives à la preuve littérale), 제4부속

---

28) O. Deshayes, Th. Genicon et Y.-M. Laithier, *op. cit.*, p. 959.
29) O. Deshayes, Th. Genicon et Y.-M. Laithier, *op. cit.*, p. 959.
30) O. Deshayes, Th. Genicon et Y.-M. Laithier, *op. cit.*, p. 959.
31) O. Deshayes, Th. Genicon et Y.-M. Laithier, *op. cit.*, p. 960.
32) O. Deshayes, Th. Genicon et Y.-M. Laithier, *op. cit.*, p. 964.

편 재판상 선서(le serment judiciaire)로 구성되어 있다.[33] 이 중 제3부속편과 제4부속편은 프랑스민법전과 관련이 있는 주제이다. 증거의 허용가능성, 증명력, 재판상 처분이 프랑스민법전에서 따로이 다루어지기 때문이다. 그러므로 증명에 관한 재판상 처분에 있어서 법관의 직권에 관한 민사소송법전의 규정들을 참조하여야 한다.

　　본조는 증거법의 총칙의 내용으로서 공정성(loyauté)의 원칙에 대해서는 규정을 두고 있지 않다. 공정성은 당사자는 상대방이 모르는 가운데 획득한 증거를 사용할 수 없다는 점을 내용으로 한다. 예를 들어, 고용주는 피용자 모르게 실현된 발언 등을 사용할 수 없다. 파기원 역시 화자 모르게 기록되고 보존된 전화통화 기록은 증거를 정당화할 수 없게 만드는 부당한 것이라고 보고 있다.[34] 다만, 이와 같은 공정성의 원칙은 카탈라초안에는 포함되었지만 그 원칙이 가진 불확실성으로 인해서 프랑스민법전에는 채택되지 않았다.[35]

---

33) G. Chantepie et M. Latina, *op. cit.*, n° 1126, p. 1011.

34) Civ. 2ᵉ, 7 oct. 2004, n° 03-12.653.

35) G. Chantepie et M. Latina, *op. cit.*, n° 1127, p. 1012.

Chapitre II L'admissibilité des modes de preuve
제2장 증거방법의 허용

[해제] 개정 전 제1341조는 1,500유로의 금액을 초과하는 모든 사항(toutes choses)에 대해서는 사서증서 또는 공정증서가 작성되도록 규정함에 따라, 법률행위와 법적 사실(faits juridiques)을 구분하여 취급하지 않았다. 이와 관련하여, 프랑스의 파기원과 학설은 사실의 증명은 자유로운 방법에 의하되, 그중에서 1,500유로의 가치를 초과하는 법적 사실 내지 법률행위의 증명은 서면으로 한다고 해석하고 있었다.[1] 이에 비하여 본장은 증거의 자유를 원칙규정(제1358조)으로 표현하고, 그 예외로서 특정한 법률행위에 대해서는 문서로 된 증거가 필요하다는 점을 밝히고 있다(제1359조). 이 밖에도 문서로 된 증거에 대한 수정 또는 완화규정(제1360조부터 제1362조)까지 두고 있다.

Article 1358 Hors les cas où la loi en dispose autrement, la preuve peut être apportée par tout moyen.
제1358조 법률이 달리 규정하는 경우를 제외하고, 증거는 모든 방법으로 제출될 수 있다.

[해제] 개정 전 제1341조는 일정한 금액을 초과하는 사항에 관해서는 문서를 작성하도록 하였고, 다만 채권이 준계약, 불법행위, 준불법행위에 의해 발생하거나, 당사자 일방이 문서를 취득할 수 있는 물리적, 윤리적 가능성(possibilité matérielle ou morale)이 없거나, 우연한 사고 또는 불가항력으로 문서를 분실한 때에는 그에 대한 예외를 인정하였다(제1348조 제1항). 이에 비해 본조가 원칙적으로 증거자유의 원칙을 채택하였음을 선언함에 따라, 증명의 대상이 법적 사실이건 법률행위이건 구분하지 않고 모든 방법으로 증명할 수 있다고 해석된다.[2] 또한, 본조는 법률행위의 제3자도 모든 방법으로 법률행위를 증명할 수 있

---

1) G. Chantepie et M. Latina, *op. cit.*, n° 1128, p. 1013.
2) O. Deshayes, Th. Genicon et Y.-M. Laithier, *op. cit.*, p. 964.

는 것으로도 해석된다.3)

　　본조에서 말하는 '모든 방법'의 증거는 문서, 증언, 추정, 자백 및 선서를 포함한다. 또한, 본조에 의한 증거자유의 원칙은 '법률이 달리 규정하는 경우'에 그 적용이 배제된다. 법률상 증거의 자유의 원칙이 배제되는 가장 중요한 예로서, 데크레가 정한 금액을 초과하는 법률행위를 문서로 해야 하는 것(제1359조)과 증거방법을 제한하려는 목적으로 증거계약을 체결하는 경우(제1356조)를 들 수 있다. 또한, 본조에도 불구하고 판례법은 불공정한(déloyal) 증거를 불법으로 간주하는 등 증거자유의 원칙은 일정한 제한을 가지는 것으로 해석된다.4)

Article 1359 L'acte juridique portant sur une somme ou une valeur excédant un montant fixé par décret doit être prouvé par écrit sous signature privée ou authentique.

Il ne peut être prouvé outre ou contre un écrit établissant un acte juridique, même si la somme ou la valeur n'excède pas ce montant, que par un autre écrit sous signature privée ou authentique.

Celui dont la créance excède le seuil mentionné au premier alinéa ne peut pas être dispensé de la preuve par écrit en restreignant sa demande.

Il en est de même de celui dont la demande, même inférieure à ce montant, porte sur le solde ou sur une partie d'une créance supérieure à ce montant.

제1359조 ① 데크레가 정한 총액을 초과하는 금액이나 가액에 관한 법률행위는 사서증서 또는 공정증서에 의해서만 증명될 수 있다.

② 법률행위는 그 금액 또는 가액이 데크레상의 총액을 초과하지 않더라도 그 법률행위를 성립시키는 문서에 추가하거나 대항하기 위해서는 다른 공정증서 또는 사서증서에 의해서만 증명될 수 있다.

③ 제1항에 규정된 기준을 초과하는 채권의 채권자는 자신의 청구액을 감축함으로써 문서에 의한 증명을 면제받을 수 없다.

④ 이 총액을 초과하는 채권의 미불금 또는 일부 금액에 대한 청구가 이 총액보다 적은 채권자에 대해서도 마찬가지이다.

　　[해제] 본조는 개정 전 제1342조부터 제1346조의 규정을 단순화하였다.

　　본조 제1항은 데크레에 정한 총액(현재 1,500유로)을 초과하는 법률행위는

---

3) O. Deshayes, Th. Genicon et Y.-M. Laithier, *op. cit.*, p. 964.
4) O. Deshayes, Th. Genicon et Y.-M. Laithier, *op. cit.*, p. 964.

사서증서 또는 공정증서에 의해서만 증명할 수 있도록 규정한다. 이에 따라, 일단 1,500유로를 초과하는 법률행위의 입증을 위해서 모든 다른 증거방법이 원칙적으로 배제된다. 본조에서의 법률행위는 계약이던 일방행위(acte unilateral)이던 합동행위(acte conjontif)이든 묻지 않는다.[5] 일방행위의 경우 행위자에게 중요한 의미를 가지므로 유효한 행위가 되기 위한 형식성을 요구하는데, 이로 인해서 법률상 일방행위에 요구되는 유효성 형식 속에 증거로서의 문서 형식이 포함되는 결과가 된다.[6] 본조는 법률행위 당사자 및 그와 꼬즈를 공통으로 하는 자에게만 적용되고 제3자에게는 적용되지 않아서 제3자는 자유롭게 증거를 제시할 수 있다.[7] 이에 따라 누가 제3자에 속하는지를 두고 실무상으로 논란이 되는 경우가 있다. 유가증권의 배서인(cessionnaires)은 유가증권의 양도인 또는 발행인의 지위를 가진다는 점에서 법률행위의 당사자로 취급된다.[8] 이와는 달리 유류분을 가진 상속인은 사망한 피상속인의 승계자로서 가장 증여(donation déguisée)가 있다는 사실에 대해서는 제3자로 취급된다. 이에 따라 유류분을 가진 상속인은 모든 증거방법으로 증명할 수 있다.[9]

본조 제1항에서 데크레가 정한 총액을 초과하는 금액이나 가액에 관한 법률행위의 증명을 위해 허용되는 문서는 공정증서 또는 사서증서이다. 본항에 관해서 프랑스 파기원은 법률행위의 존재뿐 아니라 그 내용을 증명하는 데 있어서도 서면을 필요로 하는 것으로 해석한다.[10] 하지만 법률행위의 유효성, 이행 및 소멸에 대해서는 문서를 요구하지 않는 것으로 해석된다.[11] 이에 따라 의사 합치의 하자(les vices du consentement), 불법적인 목적, 변제, 계약의 불이행, 사기 등 법률행위에 영향을 미치는 사항들은 사실(faits)로서 취급되어 모든 증거에 의한 증명이 가능하다.[12]

본조 제2항은 법률행위가 그 금액 또는 가액이 데크레상의 총액을 초과하

---

5) O. Deshayes, Th. Genicon et Y.-M. Laithier, *op. cit.*, p. 966.
6) G. Chantepie et M. Latina, *op. cit.*, n° 1140, p. 1022.
7) O. Deshayes, Th. Genicon et Y.-M. Laithier, *op. cit.*, p. 966.
8) G. Chantepie et M. Latina, *op. cit.*, n° 1145, p. 1028.
9) G. Chantepie et M. Latina, *op. cit.*, n° 1145, p. 1028.
10) G. Chantepie et M. Latina, *op. cit.*, n° 1143, p. 1026; Civ. 2ᵉ, 13 mai. 2003, n° 03-10.964.
11) O. Deshayes, Th. Genicon et Y.-M. Laithier, *op. cit.*, p. 965.
12) G. Chantepie et M. Latina, *op. cit.*, n° 1143, p. 1026.

지 않더라도 그 법률행위를 성립시키는 문서에 추가하거나 대항하기 위해서는 다른 공정증서 또는 사서증서에 의해서만 증명될 수 있다고 규정한다. 본항은 모든 방법으로 문서에 추가하거나 대항할 수 있는 제3자에게는 적용되지 않는 다.13) 본항에서 법률행위를 성립시키는 문서에 '추가(outre)'한다는 의미는, 법률 행위 당사자들이 논란이 되는 법률행위의 문서에 나와있지 않은 조항(clauses)의 존재에 관하여 합의했었는지를 증명하려고 할때 비어있는 부분을 채우고자 하 는 경우를 의미하는 것이다.14) 또한 법률행위를 성립시키는 문서에 '대항 (contre)'한다는 의미는, 문서상의 법률행위가 가장된 것이라거나 문서상의 조항 이 당사자의 합의에 따른 것이 아니라는 등의 주장을 하는 경우를 의미한다. 이 는 공정증서 또는 사서증서에 의해 법률행위가 성립될 때, 그 문서를 다투기 위 해서는 다른 공정증서 또는 사서증서가 필요함을 의미한다.15) 한편, 본항은 증 거방법에 있어서의 우선순위를 보여준다. 즉, 법률행위를 성립시키는 문서에 추 가하거나 대항하기 위해서는 또 다른 문서가 필요하다는 점에서 추정, 증언 등 의 증거방법은 문서와 동등한 지위에 있지 않은 것이다.16)

　　본조 제3항은 제1항을 회피하는 행위에 대해서 규정하고 있다. 데크레싱의 총액을 초과하는 채권자가 그의 청구를 감축하여 청구하더라도 문서에 의한 증 명이 필요하다. 한편, 개정 전 제1342조는 채권금액을 산정함에 있어서 원본과 이자를 합하도록 하였으나, 개정법에서는 반영되지 않았다. 이에 따라 프랑스민 법전에서는 법률행위의 성립 시점의 금액을 기준으로 데크레상의 총액을 초과 하는지 여부를 결정하는 것으로 해석된다.17) 또한 개정 전 제1345조는 동일한 채무자에 대한 여러 개의 채권의 각 가액이 데크레 상의 총액을 초과하지 않지 만 여러 개의 채권의 각 가액을 합한 금액이 데크레 상의 총액을 초과하는 경우 증언에 의한 증기를 허용하지 않았다. 하지만 2016년 프랑스민법전에는 그 내 용이 반영되지 않았다. 이에 따라 동일한 채무자에게 여러 개의 채권을 가진 채 권자는 각 채권의 금액이 데크레의 기준을 초과하지 않는 경우 서면에 의한 증 거를 제시하지 않아도 되는 것으로 해석된다.18)

---

13) O. Deshayes, Th. Genicon et Y.-M. Laithier, *op. cit.*, p. 966.
14) G. Chantepie et M. Latina, *op. cit.*, n° 1147, p. 1030.
15) O. Deshayes, Th. Genicon et Y.-M. Laithier, *op. cit.*, p. 966.
16) G. Chantepie et M. Latina, *op. cit.*, n° 1143, p. 1026.
17) O. Deshayes, Th. Genicon et Y.-M. Laithier, *op. cit.*, p. 967.

　　본조 제4항도 제1항을 회피하는 행위에 대해서 규정하고 있다. 즉, 기준 금액을 초과하는 채권의 잔액 또는 일부 금액을 청구하는 경우에도 공정증서 또는 사서증서에 의한 증명이 필요하다. 즉, 문서 증거에 의한 증명 여부를 결정하는데 있어서 결정적인 것은 채권의 금액이지 청구금액은 아닌 것으로 규정하는 것이다.[19]

Article 1360 Les règles prévues à l'article précédent reçoivent exception en cas d'impossibilité matérielle ou morale de se procurer un écrit, s'il est d'usage de ne pas établir un écrit, ou lorsque l'écrit a été perdu par force majeure.

제1360조 전조에 규정된 원칙은 문서를 획득하는데 있어서 물리적 또는 윤리적으로 불가능한 경우, 문서를 작성하지 않는 것이 관습인 경우 또는 문서가 불가항력으로 멸실된 경우에는 예외로 적용하지 않는다.

　　[해제] 본조는 공정증서 또는 사서증서에 의한 증명에 대한 예외를 세 가지로 규정한다. 개정 전 제1348조 제1항은 채무가 준계약, 불법행위, 준불법행위로 발생할때, 법률행위의 문서를 획득할 물리적, 도덕적 가능성이 없을 때, 우연한 사정 또는 불가항력으로 문서의 증서를 분실했을 때에 문서를 통한 증명에 예외를 인정하고 있었다. 본조는 프랑스민법전 제1358조 이하에서 모든 방법에 의한 증명방법을 원칙으로 하면서 문서에 의한 증명방법을 예외로 하되(제1359조), 또다시 그에 대한 예외를 규정하는 형식을 취하고 있다.

　　본조에서 문서에 의한 증명방법의 예외로 규정하는 것은 세 가지이다. 그중 첫째는 문서를 획득하는데 있어서의 물리적 또는 윤리적인 불가능성인데, 여기서 윤리적인 불가능성은 주로 가족, 친구관계 등을 의미한다. 다만, 여기서도 윤리적인 관계가 있다는 것만으로는 부족하고 그것이 어떻게 서면성립을 방해하는지를 보여주어야 한다.[20]

　　둘째, 문서를 작성하지 않는 것에 대한 관습이 있는 경우에는 문서에 의한 증명방법을 요구하지 않는다. 프랑스 파기원도 문서에 의한 증거방법을 획득하는 것이 관습상 불가능한 경우에는 문서에 의한 증거방법을 요구하지 않는다고

---

18) O. Deshayes, Th. Genicon et Y.-M. Laithier, *op. cit.*, p. 967.
19) O. Deshayes, Th. Genicon et Y.-M. Laithier, *op. cit.*, p. 967.
20) O. Deshayes, Th. Genicon et Y.-M. Laithier, *op. cit.*, p. 968.

판단하고 있다.[21] 여기서 '법적 관습'은 문서를 작성하지 않는다는 것에 관한 것임을 의미하고, 이 예외를 정당화시켜주는 것은 문서를 작성하는 것이 불가능하다는 데 있다.[22] 본조는 관습이 직업적일 것을 요하는지, 당사자 사이에 오랜 기간 계속되는 관습이어야 하는지에 관한 규정은 두고 있지는 않지만 파기원은 이를 긍정하고 있다.[23]

셋째, 문서가 불가항력으로 멸실된 경우에도 문서에 의한 증명을 요하지 않는다. 그 취지는 당사자가 문서를 증거로 제시하지 못하는 것을 비난할 수 없는 상황이 발생하기 때문이다. 또한, 문서가 멸실된 것이 외부적인 요인에 기인한 것이거나, 예견할 수 없었던 경우임을 요하지 않는다.[24] 다만, 당사자가 과실로 증거를 멸실한 경우에는 모든 증거방법을 제시하는 것을 허용하지 않는다.

Article 1361 Il peut être suppléé à l'écrit par l'aveu judiciaire, le serment décisoire ou un commencement de preuve par écrit corroboré par un autre moyen de preuve.
제1361조 문서는 재판상 자백, 재판종결을 위한 선서 또는 다른 증거로 보충된 서증의 단서로 내체될 수 있다.

[해제] 본조는 제1359조에 규정된 문서가 재판상 자백, 재판종결을 위한 선서 또는 서증의 단서로 대체될 수 있음을 규정한다. 이들 세 가지 방법은 문서와 마찬가지로 법률행위를 증명하거나 법률행위를 성립시킨 문서를 공격하기 위해서 사용된다. 이 중에서 재판상 자백과 재판종결을 위한 선서는 문서와 동등한 완결적인(parfaites) 증거인데 반하여 서증의 단서는 그 자체로는 완결적인 증거는 아니라고 해석된다.[25]

첫째, 재판상 자백은 문서의 부재에 내체한 방법으로 규정되어 있다. 이는 이미 프랑스 파기원에서 인정되어 오던 것이다.[26] 一누의 재판외 자백은 문서가 요구되는 경우에는 배제된다는 점에서(제1383-1조) 재판상 자백과는 차이가

21) Com., 22 mars. 2011, n° 09-72.426.
22) O. Deshayes, Th. Genicon et Y.-M. Laithier, *op. cit.*, p. 968.
23) Civ. 1re, 16 juill. 1987, n° 85-17.347.
24) G. Chantepie et M. Latina, *op. cit.*, n° 1156, p. 1034.
25) G. Chantepie et M. Latina, *op. cit.*, n° 1161, p. 1037.
26) Com., 18 févr. 2003, n° 99-11.225.

있다.[27]

둘째, 재판종결을 위한 선서도 문서의 부재에 대체한 방법으로 규정되어 있다.

셋째, 본조에 새로 규정된 방법으로서 '서증의 단서'를 들 수 있는데 그 정의에 관해서는 제1362조에서 정의하고 있다. 서증의 단서가 문서를 대체하려면 다른 수단(파기원은 다른 수단으로 사실의 추정,[28] 증언,[29] 재판외 선서[30]를 들고 있다)으로 증거를 보충하여야 한다. 서증의 단서가 '다른(autre)' 증거를 필요로 한다는 의미는, 서증의 단서와 물리적으로 외부(extérieur)에 있는 증거를 말한다기보다는 서증의 단서와는 다른 증거를 말하는 것으로 해석된다.[31] 파기원은 서증의 단서를 보충하는 데 충분한지 여부를 판단하는 권한은 전적으로 법원에 있다고 보고 있다.[32]

Article 1362 Constitue un commencement de preuve par écrit tout écrit qui, émanant de celui qui conteste un acte ou de celui qu'il représente, rend vraisemblable ce qui est allégué.

Peuvent être considérés par le juge comme équivalant à un commencement de preuve par écrit les déclarations faites par une partie lors de sa comparution personnelle, son refus de répondre ou son absence à la comparution.

La mention d'un écrit authentique ou sous signature privée sur un registre public vaut commencement de preuve par écrit.

제1362조 ① 법률행위를 다투는 상대방 또는 법률행위가 대리되는 자로부터 나오는 모든 문서는 주장을 신빙성있게 만듦으로써 서증의 단서를 구성한다.

② 법원은 당사자 일방이 직접 출석하여 이루어진 진술, 답변의 거절 또는 재판 결석을 서증의 단서와 동등한 것으로 인정할 수 있다.

③ 공정증서 또는 사서증서로 된 공적장부에 대한 기재는 서증의 단서의 효력이 있다.

[해제] 본조는 개정 전 제1347조와 유사하게 서증의 단서를 규정한다. 서증

---

27) O. Deshayes, Th. Genicon et Y.-M. Laithier, *op. cit.* p. 970.

28) Com., 5 févr. 1991, n° 89-16.333.

29) Civ. 1re, 24 mai. 2017, n° 16-14.128.

30) Civ. 1re, 29 oct. 2002, n° 00-15.834.

31) G. Chantepie et M. Latina, *op. cit.*, n° 1164, p. 1040.

32) Civ. 1re, 4 oct. 2005, n° 02-13.395.

의 단서는 다른 증거에 의해 보충됨으로서 문서를 대체한다는 점에서 문서와 동등한 것으로 취급되고, 문서에 의한 증명에 대한 예외라고 해석되지는 않는다.[33]

본조 제1항은 서증의 단서의 정의를 규정하고 있고, 제2항과 제3항으로 서증의 단서를 확장하는 규정을 두고 있다. 제1항에 의하면 서증의 단서는 세 가지의 요소를 가지는데, 첫째, 서증의 단서는 문서여야 한다(편지, 송장, 국내등기부, 사본, 이메일 등). 동항은 '모든 문서'라고 함으로써 아주 유연한 태도를 취하고 있어서, 숫자, 글자 또는 서명이 된 짤막한 기재 등 문서에 정식 요건이 결여된 경우도 많다.[34] 둘째, 법률행위를 다투는 상대방 또는 그에 의해 법률행위가 대리되는 사람으로부터 나와야 한다. 여기서 '나온다(émanant)'라는 표현은 법률행위를 다투는 상대방이 직접 작성하지 않아도 되는 것을 의미하고, 단지 그 서면을 그에게 귀속(imputer)시킬 수 있으면 된다는 것을 말한다.[35] 여기서 법률행위를 주장하는 당사자나 제3자에게서 나오는 서면은 서증의 단서가 될 수 없다.[36] 예를 들어, 대차의 존재를 증명해야 하는 사안에서, 금융기관이 제시한 서면은 서증의 단서가 되지 않는다.[37] 셋째, 주장을 신빙성 있게 만들어야 한다. 여기서 말하는 '주장'은 '1,500유로를 초과하는 법률행위'를 말하는 것으로 해석된다. 1,500유로 이하의 법률행위나 법적 사실을 증명하는 것은 모든 증거방법으로 가능하다는 점에서 서증의 단서를 요구할 필요가 없기 때문이다.[38] 서증의 단서가 주장을 신빙성있게 만드는지에 관한 판단은 파기원의 통제를 벗어나서 하급심 법원에 있다.[39]

본조 제2항은 개정 전 제1347조 제2항에서 유래하는데, 당사자가 직접 출석하여 한 진술, 답변의 거절 또는 재판결석을 서증의 단서와 동등한 것으로 규정한다. 즉 동항은 서증의 단서가 서면으로 이루어져야 한다는 것에 대한 예외로서,[40] 구두의 진술, 거절 또는 침묵을 서증과 동등하게 인정한다는 점에서 의

33) G. Chantepie et M. Latina, *op. cit.*, n° 1162, p. 1038.
34) O. Deshayes, Th. Genicon et Y.-M. Laithier, *op. cit.* p. 972.
35) O. Deshayes, Th. Genicon et Y.-M. Laithier, *op. cit.* p. 972.
36) O. Deshayes, Th. Genicon et Y.-M. Laithier, *op. cit.* p. 972.
37) O. Deshayes, Th. Genicon et Y.-M. Laithier, *op. cit.* p. 972.
38) G. Chantepie et M. Latina, n° 1168, p. 1142.
39) Civ. 1ʳᵉ, 21 oct. 1997, n° 95-18.787.
40) G. Chantepie et M. Latina, *op. cit.*, n° 1167, p. 1041.

미를 가진다. 하지만 본항은 구두의 진술, 거절 또는 침묵을 서증의 단서로 '인정할 수 있다(peuvent être considérés)'라고 하고 있을 뿐이어서, 법원만이 서증의 단서로 인정할지 여부를 결정할 수 있는 것으로 해석된다.[41]

제1항에서 본 바와 같이 서증의 단서는 법률행위를 다투는 상대방 또는 법률행위가 대리되는 자로부터 나와야 한다는 점에서 제3자가 작성한 서면은 서증의 단서가 될 수 없다. 하지만 본조 제3항은 이에 대한 예외를 규정하고 있다. 개정 전 제1336조는 공적장부(registres publics)의 사본(transcription)이 서증의 단서가 되려면 공증원본(minutes du notaire)이 멸실될 것과 그 멸실의 원인이 특정한 사고(accident particulier)에 기인할 것을 요구하였으나, 본항은 그 요건을 단순화하였다.[42] 즉, 동항에 의하면 공정증서로 되어있건 또는 사서증서로 되어있건 공적장부(예를 들어, 등기소의 공적장부)에 대한 기재(mention)가 서증의 단서가 된다. 다툼이 있는 것과 충분한 관계가 있는 서증의 단서를 인정할 것인지에 대한 판단은 법원의 전권에 속한다.[43]

[이 상 헌]

---

41) O. Deshayes, Th. Genicon et Y.-M. Laithier, *op. cit.* p. 973.
42) O. Deshayes, Th. Genicon et Y.-M. Laithier, *op. cit.* p. 973.
43) O. Deshayes, Th. Genicon et Y.-M. Laithier, *op. cit.* p. 972.

Chapitre Ⅲ Les différents modes de prevue
제3장 여러 가지 증거 방법

[해제] 본장은 여러 가지 증거 방법을 다루고 있다. 입법자는 기존의 전통적인 다섯 가지 증거 방법을 유지하고 있고 개정에 의해서도 바뀌지 않았다. 그것은 서증, 증언, 추정, 자백, 선서이다. 이 중 서증 부분이 가장 내용이 많다.[1]

프랑스민사소송법전은 제7편 "증거의 사법적 처리"에서, 재판출석(comparution personnelle, 제184조 이하), 증인신문(enquête, 제204조 이하), 감정(expertise, 제263조 이하)에 대한 규정도 두고 있다. 재판출석과 증인신문은 각각 자백과 증언으로 귀착된다.[2] 감정의 경우에는 증언은 아니지만 법원의 심증을 강화하는 제3자의 진술이라는 점에서 증언과 유사점이 있다. 따라서 프랑스민사소송법전은 프랑스민법전의 증거방법에 추가하여 다른 증거방법을 규정하고 있지는 않고, 단지 이를 처리하기 위한 절차적 틀을 명확히 하고 있을 뿐이다.

증거 방법의 수를 다섯 가지로 한정하지 않는다고 하더라도, 증거방법 사이의 간격이 매우 협소하기 때문에 어떤 합리적인 증거가 프랑스민법전에서 규정한 범주에 해당하지 않게 되는 것은 어려울 것이다. 초자연, 신명재판(ordalie), 사법적 결투에서의 증거는 사실상 오래전에 사라졌지만, 기술적(technologique) 증거가 종종 문외한에게는 이러한 증거 이상으로 난해한 성격을 가진다는 점에서 이러한 증거와 유사성을 가지고 있다.[3]

Section 1 La preuve par écrit
제1절 서증

[해제] 본절은 문서 증거, 즉 서증에 대한 내용을 담고 있다. 서증에 관한

---

1) O. Deshayes, Th. Genicon et Y.-M. Laithier, *op. cit.*, p. 975.
2) G. Chantepie et M. Latina, *op. cit.*, n° 1169, p. 1043.
3) G. Chantepie et M. Latina, *op. cit.*, n° 1169, p. 1043.

규정은 종전 30개 정도의 조문에서 19개의 조문으로 그 수가 줄어들었다. 이는 내용을 압축하고 불필요한 규정을 삭제하고 조문을 재배열한 결과이다. 예컨대 개정 전 제1333조의 척대(taille)[4]에 관한 규정은 삭제하였다.[5] 공정증서나 사서증서에 표시된 해설적 성격(en termes énonciatifs)을 가지는 내용도 증명력을 가진다는 개정 전 제1320조의 내용도 유용성이 없다고 판단하여 삭제하였다. 가장행위와 무효행위추인에 대한 규정은 다른 부분(제1201조와 제1182조)으로 이동하였다. 서명 및 필적의 부인에 관한 규정은 논리적으로 구성하기 위하여 하나로 통합하였다(제1373조).

또한 공정증서의 특별한 증명력은 공무수행자가 직접 행위하였거나 확인한 것과 관련된 기재에 국한하도록 명시하여 내용을 명료하게 하였다.[6] 개정 전에는 사서증서의 증명력을 공정증서의 증명력과 비교하면서 규정하였으나 이제 독자적으로 규정하고 있다.

Sous-section 1 Dispositions générales
제1부속절 총칙

[해제] 본부속절은 개정 전 제1316조부터 제1316-4조까지의 내용을 대부분 수용하였다. 전자정보 및 전자서명의 증거능력을 인정하는 이 조문들은 이미 2000년 3월 13일 법률에 의해 프랑스민법전에 들어와 있었다.[7]

Article 1363 Nul ne peut se constituer de titre à soi-même.
제1363조 누구도 자신과 관련하여 문서를 작성할 수는 없다.

[해제] 본조는 파기원이 기존에 설시한 바를 민법전 규정으로 만든 것이다.[8] 본조의 적용범위에 관해 두 가지 해석이 제기된다. 하나는 편파성 위험을 이유로 당사자 일방이 만든 모든 증거의 증거능력을 부정하는 것이고, 다른 하

---

4) 외상 판매시 금을 그어 가격을 표시하는 막대기를 의미한다.
5) G. Chantepie et M. Latina, *op. cit.*, n° 1170, p. 1044.
6) G. Chantepie et M. Latina, *op. cit.*, n° 1170, p. 1045.
7) G. Chantepie et M. Latina, *op. cit.*, n° 1171, p. 1045.
8) Soc., 24 juin 1976, n° 74-15.044.

나는 본조를 제한적으로 해석하여 문서에 국한하여 본조를 적용하는 것이다. 본조가 서증에 관한 절에 위치하고 있고, 증거(preuve)가 아니라 문서(titre)라는 표현을 사용하고 있다는9) 점에서 문서에 국한하여 적용하는 것이 타당하다.10)

본조의 원칙의 기원은 개정 전 제1329조와 제1331조였는데 이는 상인과 개인의 장부 및 가정 내 문서에 의해서 자신의 주장을 증명하는 것을 제한하는 규정이다. 이것이 포티에(Pothier)와 조베르(Jaubert)에 의해 현재의 모습으로 내용이 확대되었다.11) 개정 전에도 장부에 관하여 상인 사이에 한하여는 증거로 사용할 수 있었다. 판례는 고법에서와 마찬가지로 일방적 서면이 방증(indice)으로서의 효력을 가질 수 있다고 판단하였다.12) 또한 파기원은 변제는 법적 사실이라는 이유로 채무자가 일방적으로 작성한 문서에 의해 변제를 증명하는 것이 가능하다고 판시하였다.13)

파기원은 본조는 법률행위의 증명에만 적용된다고 판단한다.14) 누구도 자신과 관련하여 문서를 작성할 수는 없다는 원칙은 법적 사실(faits juridiques)의 증명에는 적용되지 않는다고 판시하였다. 사실의 증명은 자유로이 할 수 있다는 원칙을 그 근거로 한다. 즉 법률행위를 증명하기 위하여 자신이 작성한 문서를 증거로 할 수는 없지만 다른 경우에는 자신에 대한 문서로 증명할 수 있다는 것이다.

한편 증거의 충실성(공정성) 원칙에 대하여는 명문의 규정이 없지만 파기원이 이를 채택하고 있다.15) 증거의 자유 원칙은 법률이 정한 틀 내에서 적용되어야 할 것이다.16)

1,500유로를 초과하는 금전채무 또는 그러한 가치의 법률행위는 문서로 증명되어야 하는데, 이 경우에도 본조에 의해 당사자가 일방적으로 만든 문서로 증명하는 것은 금지된다. 다만, 원본에 대하여 이사가 발생하는 분쟁과 같이 법률행위에 해당하긴 하지만 자신에 대한 문서로 증명할 필요가 있는 경우에도

---

9) G. Chantepie et M. Latina, *op. cit.*, n° 1173, p. 1047.
10) O. Deshayes, Th. Genicon et Y.-M. Laithier, *op. cit.*, p. 976.
11) G. Chantepie et M. Latina, *op. cit.*, n° 1173, p. 1047.
12) Civ. 1re, 6 oct. 1958 : D. 1958. 747; Civ. 1re, 7 mars 2000, n° 98-12.397.
13) Civ. 3e, 30 mai 2013, n° 12-17.641.
14) Civ. 1re, 17 mars 2016, n° 14-23.312. G. Chantepie et M. Latina, *op. cit.*, n° 1172, p. 1047에서도 마찬가지로 설명하고 있다.
15) Civ. 2e, 7 oct. 2004, n° 03-12.653.
16) G. Chantepie et M. Latina, *op. cit.*, n° 1172, p. 1047.

본조가 여전히 적용되는지 의문이 있다.

본조는 증거에 관한 계약이 가능한지에 관하여는 언급이 없지만, 제1356조에 의하여 당사자 일방에게 절대적 추정(présomption irréfragable)을 주는 계약은 할 수 없다. 계약으로 단순추정을 하는 것은 가능하다. 본조에서 효력이 없다고 규정하는 자신에 대한 문서는 제1359조의 의미의 문서는 아니다.[17] 증명이 자유로운 경우에는 더 유연한 규율이 적용된다. 법관은, 이러한 문서가 받아들여지는 경우에도 그 조작의 위험을 고려하여 의심을 가지고 증거의 가치와 사실관계를 심리하여야 한다.[18]

Article 1364 La preuve d'un acte juridique peut être préconstituée par un écrit en la forme authentique ou sous signature privée.

제1364조 법률행위의 증거는 공정증서 또는 사서증서의 형태로 사전에 작성될 수 있다.

[해제] 본조는 제1359조 제1항을 반복하는 것으로서, 선언적 의미를 가지고 있다. 공정증서와 사서증서가 신뢰성(la fiabilité)과 책임성(l'imputabilité)의 조건을 충족한다. 이를 통해 나중에 있을 수 있는 권리의 존재에 대한 다툼을 대비할 수 있다.[19] 공정증서 또는 사서증서가 아닌 다른 방법에 의한 증명이 가능한지에 관하여는 제1358조 내지 제1362조를 참조하여야 한다. 여기서 공정증서의 경우 문서뿐만 아니라 공정행위에까지 확대할 수 있는지는 의문이 있다.[20] 상업장부(les registres des commercants)와 가정의 문서(papiers domestiques)는 그 작성자에게 유리한 증명에는 사용될 수 없고 작성자에게 불리한 증거로는 사용될 수 있다(제1378-1조).

Article 1365 L'écrit consiste en une suite de lettres, de caractères, de chiffres ou de tous autres signes ou symboles dotés d'une signification intelligible, quel que

---

17) O. Deshayes, Th. Genicon et Y.-M. Laithier, *op. cit.*, p. 978.
18) O. Deshayes, Th. Genicon et Y.-M. Laithier, *op. cit.*, p. 978.
19) 이들 서류는 법원의 전권을 제한하는 특별한 증거력을 가진다. O. Deshayes, Th. Genicon et Y.-M. Laithier, *op. cit.*, p. 979.
20) G. Chantepie et M. Latina, *op. cit.*, n° 1175, p. 1049.

soit leur support.

제1365조 문서는 그 매체가 무엇이든 간에 상관없이 일련의 글자, 문자, 숫자, 또는 이해할 수 있는 의미를 가진 모든 다른 기호나 표상으로 이루어진다.

[해제] 본조는 문서의 정의에 대한 것이다. 1804년 나폴레옹 민법전 제정 당시에는 종이에 기록하는 것이 필연적으로 여겨졌기 때문에 별도로 문서의 개념을 정의할 필요를 느끼지 못하였다.[21] 그러나 통신의 발달로 인하여 전자문서를 문서로 인정할 요구가 증대되었고 유럽연합의 압력으로 결국 이를 인정하게 되었다. 그에 따라 문서의 개념을 정의할 필요가 생기게 되었다.

파기원 판례는 직업채권의 양도 또는 질권설정의 승낙은, 그 완전성 (intégrité) 및 책임성(imputabilité, 문서의 내용을 문서의 서명자가 작성한 것으로 보아 그에게 법적 책임을 추궁할 수 있는지 여부)을 증명할 수 있다면, 모든 매체에 의하여 작성될 수 있고 이는 팩스에 의한 것도 포함한다는 입장이었다.[22] 개정 전 프랑스민법전은 이러한 판례를 반영하여 이에 관한 규정을 신설하였고(제 1316조) 개정 프랑스민법전은 이를 거의 그대로 받아들였다. 전자우편물(courriel électronique),[23] 캡처화면(une capture d'écran)[24]의 경우에도 본조의 문서에 해당한다. 암호문자의 경우에는 누구나 쉽게 해독할 수 있는 경우를 제외하고는 이해가능성(intelligibilité)의 요건을 갖추지 못하여 본조의 문서가 되지 못한다.

전자문서의 출력물은 항상 복사본이고 원본은 화면으로만 볼 수 있다. 그리고 그 원본에 해당하는 파일(fichier informatique)조차도 저장장소의 파괴 등의 경우를 대비하여 여러 서버에 분산하여 저장된다. 따라서 원본과 그 복사본을 구별하기가 어렵게 된다.[25]

Article 1366 L'écrit électronique a la même force probante que l'écrit sur support papier, sous réserve que puisse être dûment identifiée la personne dont il émane et qu'il soit établi et conservé dans des conditions de nature à en

---

21) G. Chantepie et M. Latina, *op. cit.*, n° 1176, p. 1050.
22) Com., 2 déc. 1997, n° 95-14.251.
23) Soc., 25 sept. 2013, n° 11-25.884.
24) Com., 8 déc. 2015, n° 14-18.228.
25) G. Chantepie et M. Latina, *op. cit.*, n° 1177, p. 1051.

garantir l'intégrité.

제1366조 전자문서는, 그것을 작성한 사람의 동일성을 정당하게 확인할 수 있고 또한 그것의 완전성을 담보하는 성질의 조건으로 작성되고 보존된다면, 종이매체상의 문서와 같은 증명력을 가진다.

[해제] 본조는 개정 전 제1316-1조와 제1316-3조의 내용을 결합하여 전자문서는 일정한 요건 하에서 종이문서와 동일한 증명력을 가진다고 규정하고 있다. 그 요건은 작성한 사람의 동일성을 정당하게 확인할 수 있고(책임성), 당사자 또는 제3자의 수정 가능성을 배제하고 성질상 그것의 완전성을 담보할 수 있는 조건으로 작성되고 보존되어야 한다는 것이다(신뢰성).

전자문서와 전자서명은 이러한 조건을 충족하는 경우에 한해 효력이 있는데 이는 특별한 보안 기준을 충족하지 못한 전자문서로 법률행위를 증명하는 것을 제한하는 것이다. 전자문서가 이러한 신뢰성을 갖추었는지 여부는 그 생산자가 증명하여야 한다.[26] 이를 충족하지 못한 경우 기껏해야 불완전한 증거만 될 수 있을 뿐 법률행위를 증명하기 위한 완전한 증거는 되지 못한다. 사실의 증명에 대하여는 자유롭게 할 수 있다.

Article 1367 La signature nécessaire à la perfection d'un acte juridique identifie son auteur. Elle manifeste son consentement aux obligations qui découlent de cet acte. Quand elle est apposée par un officier public, elle confère l'authenticité à l'acte.

Lorsqu'elle est électronique, elle consiste en l'usage d'un procédé fiable d'identification garantissant son lien avec l'acte auquel elle s'attache. La fiabilité de ce procédé est présumée, jusqu'à preuve contraire, lorsque la signature électronique est créée, l'identité du signataire assurée et l'intégrité de l'acte garantie, dans des conditions fixées par décret en Conseil d'Etat.

제1367조 ① 법률문서의 완전성을 위해 필요한 서명은 그 서명자를 지시한다. 서명은 그 문서에서 발생하는 채무에 대한 그의 동의를 표시한다. 서명이 공무수행자에 의해 행해진 경우에는 그것은 그 문서에 공증력을 부여한다.

② 전자적 서명은 그것이 결합되는 문서와의 관계를 담보하는 신뢰할 만한 동일성 확

---

26) G. Chantepie et M. Latina, *op. cit.*, n° 1181, p. 1053.

인 절차를 사용하여 이루어져야 한다. 국사원의 데크레에서 정해진 조건으로, 전자서명이 이루어지고 서명자의 동일성이 보증되고 문서의 완전성이 보장되는 경우에는 반대증거가 있기까지 절차의 신뢰성은 추정된다.

[해제] 본조는 개정 전 제1316-4조와 같은 내용이다. 서명은 법률문서의 완성을 위해 필요하다. 서명이 없는 경우에도 제1362조의 서증은 될 수 있다.

본조 제1항은 서명에 대한 규정이다. 서명은 그 문서로부터 발생한 채무에 대한 당사자의 동의를 표시하는 것이기 때문에 이는 추가적인 서식(formule)이 없이도 서명자에게 그 법률문서에 의해 발생한 모든 효과를 부여한다. 여기서 문서(acte)를 형식에 관계 없이 구두에 의한 것까지 포함하는 모든 법률행위(제1101-1조 제1항)로 확대하여 볼 수 있는가? 이는 부정되어야 한다.[27] 공정증서나 사서증서와 같은, 문서로 한정하여 보아야 한다.

서명은 서명자와 동일성을 확인하고, 합의가 이루어지고 의무부담에 동의하였음을 표현하는 것이다. 서명이 서명자의 동일성을 확인할 수 있다면 가독성이 없어도 무방하다(상당수 서명이 읽을 수 없는 것이다). 이니셜(initiales), 십자(croix), 기호(signe)는 서명자의 동일성을 확인할 수 없기 때문에 서명으로 인정되지 않는다.[28]

파기원은 문서 내용이 작성되기 전에 서명을 하는 백지서명(blanc-seing)도, 일정금액 이상의 사항은 문서로 작성되어야 한다는, 개정 전 제1341조(현 제1376조)에 따라 공정증서 또는 사서증서로 작성된 반대증거가 없다면, 마치 내용이 먼저 작성되고 서명이 이루어진 것과 같이 증명력을 가진다고 판시하였다.[29] 서명자가 문서 내용의 기안자와 다른 것도 가능하다.[30] 공무수행자가 한 서명은 문서에 공증력(l'authenticité)을 부여한다.

본조 제2항은 전자서명에 대한 규정이다. 전자서명은 2001. 3. 30. 데크레에서 규정된 안전성이 확보되었다면 본조에 의해 그 신뢰성이 추정된다. 신뢰성의 추정이 이루어지면, 이를 다투는 사람이 서명의 위조를 증명하여야 한다. 반대로 신뢰성의 추정이 성립하지 않는 경우에는 문서의 내용을 주장하는 사람

---

27) O. Deshayes, Th. Genicon et Y.-M. Laithier, *op. cit.*, p. 982.
28) O. Deshayes, Th. Genicon et Y.-M. Laithier, *op. cit.*, p. 982.
29) Civ. 1ʳᵉ, 16 sept. 2010, n° 09-69.530.
30) O. Deshayes, Th. Genicon et Y.-M. Laithier, *op. cit.*, pp. 982, 983.

이 문서의 신뢰성을 증명하여야 한다.[31]

> **Article 1368** A défaut de dispositions ou de conventions contraires, le juge règle les conflits de preuve par écrit en déterminant par tout moyen le titre le plus vraisemblable.
>
> **제1368조** 반대의 규정 또는 합의가 없는 한, 법원은 모든 방법에 의해 가장 개연성 있는 문서를 결정하여 서증에 관한 분쟁을 해결한다.

[해제] 본조는 개정 전 제1316-2조를 자구수정만 하고 그대로 반영하고 있다. 모든 문서는 그 매체에 관계 없이 효력을 지닌다는 내용이 이로부터 도출된다. 서증 사이에 서열이 없고 법원이 전권으로 이를 판단한다.[32] 다만, 당사자 사이의 합의에 의하여 증거판단에 관한 법원의 권한을 제한할 수 있다. 이는 증거에 관한 계약을 규율하는 규정인 제1356조가 여기에 적용된다는 의미이다. 전자문서가 종이문서와 동등한 증거력을 가진다는 점이 제1365조, 제1366조에 이어 본조에 의하여 다시 확인되고 있다.

Sous-section 2 L'acte authentique
제2부속절 공정증서

[해제] 공정증서에 관하여 개정 전에는 6개 조문으로 구성되었으나 이제는 3개로 단축되었다. 이 규정은 공증력 부여를 위한 조건(제1369조), 공정증서의 사서증서로의 전환(제1370조), 공정증서의 특별한 증명력(제1371조)을 그 내용으로 하고 있다.

가장행위에 관한 내용은 간접적으로만 증거와 관련이 있는데, 정당하게도 계약의 제3자에 대한 효력에 할당된 절로 위치가 변경되었다(제1201조). 개정 전 제1320조는 증서에 표시된 내용이 예시적 성질(terme énonciatif)을 가지는 경우에도 약정내용과 직접적 관련을 가진다면 당사자 사이에 증명력을 가진다는 내용이었는데, 이제는 그 내용이 미미하게 축소되어 사실상 삭제되었다.[33]

---

31) O. Deshayes, Th. Genicon et Y.-M. Laithier, *op, cit.*, p. 983.
32) O. Deshayes, Th. Genicon et Y.-M. Laithier, *op, cit.*, p. 984.
33) G. Chantepie et M. Latina, *op. cit.*, n° 1186, p. 1056.

Article 1369 L'acte authentique est celui qui a été reçu, avec les solennités requises, par un officier public ayant compétence et qualité pour instrumenter.
Il peut être dressé sur support électronique s'il est établi et conservé dans des conditions fixées par décret en Conseil d'État.
Lorsqu'il est reçu par un notaire, il est dispensé de toute mention manuscrite exigée par la loi.

제1369조 ① 공정증서는 문서작성의 권한과 자격을 가진 공무수행자에 의하여 필요한 정식절차를 갖추어 작성된 것을 말한다.
② 공정증서는 국사원의 데크레에 정한 요건으로 만들어지고 보존된 경우에는 전자적 형태로 작성될 수 있다.
③ 공정증서가 공증인에 의해 작성된 경우에는 법률에 의해 요구되는 모든 수기 기재가 면제된다.

[해제] 본조는 공정증서를 정의하고(제1항), 공정증서가 전자적 형태로 작성될 수 있음을 정하고(제2항), 공증인 문서의 경우 수기기재가 면제된다는 점을 규정하고 있다(제3항). 이는 기존의 제1317조와 제1317-1조를 결합하여 규정한 것이나.

본조 제1항은 공정증서의 정의에 관한 내용이다. 어떤 문서가 공정증서가 되기 위해서는 권한(compétence)과 자격(qualité)이 있는 공무수행자(officier public)에 의해 정식절차에 따라 접수되어야 한다. 우선 공무수행자의 자격(qualité)에 관하여 보면, 국가로부터 공정증서 작성의 권한을 부여받은 자를 의미한다.[34] 공정증서 작성이 부차적인 권한인 경우도 가능하다. 무적격(incapacité)은 무자격과 구분되는 것이지만 공무수행자가 당사자와 이해 충돌의 가능성이 있어 편파성의 우려가 있는 경우에는 본조에 포함되는 것으로 볼 수 있다. 공정증서 작성 권한을 부여받은 자로 집행관(huissiers de justice)과 등기관(greffiers titulaires), 법관(juges)을 들 수 있다.[35] 1945. 11. 2. 오르도낭스(n° 45-2590)에 의해 공증인도 공정증서를 작성할 수 있는 자격을 가진다. 파기원은 오래전부터 중재인(arbitre)의 결정도 공정증서의 가치를 가진다고 판단하고 있다.[36] 중재인

---

34) *JurisClasseur Civil Code* Art. 1369 à 1371, par Isabelle Pétel-Teyssié, n. 8.
35) *JurisClasseur Civil Code* Art. 1369 à 1371, par Isabelle Pétel-Teyssié, n. 12, 15.
36) Req., 7 janv. 1857 : *DP* 1857, 1, p. 406; Civ. 2e, 12 déc. 1990 : *Rev. arb.* 1991, p. 317 [각 *JurisClasseur Civil Code* art. 1369 à 1371(Pétel-Teyssié, Isabelle), n° 6에서 재인용].

은 당사자의 수임인이고, 중재에 있어서 법관과 같은 역할을 한다는 점을 근거로 들고 있다. 파기원은 감정인(experts et autres techniciens)의 서류(procès-verbaux)도 공정증서로 본다.[37) 이에 대하여는 감정인의 서류가 법원을 기속하는 것이 아니며 감정인이 공적 권능을 행사하는 것도 아니라는 비판이 있지만, 공정증서가 법원을 기속하여야 하는 것은 아니며 감정인이 재판부의 위임을 받아 업무를 수행하는 것이므로 공정증서로 보는 것에 문제가 없다고 설명하고 있다.[38)

사법경찰관이 작성한 서류는 형사상 증거능력이 없으며 민사절차에 있어서도 공정증서의 효력을 가지지 않는다. 또한 공무수행자가 자기 자신을 위한 공정증서 작성을 할 수는 없다. 국사원(Conseil d'État)은 행정공무원의 공정증서 작성 권능을 부인하였다.[39) 이는 민사절차상 서류에 더 강한 증명력을 부여한다는 의미는 아니고, 권력분립의 원칙에 기인하는 것이다. 다만, 도지사(préfet), 지방자치단체의 장(maire) 및 부단체장(adjoint), 민적관(officier d'état civil), 외교관, 영사, 군사 기관장, 선장, 아동사회구조기관장(고아원장)은 예외적으로 공정증서를 작성할 수 있는 자격이 있다(제48조, 제59조, 제62조 제5항, 제73조, 제93조, 제348-3조).

권한(compétence) 요건을 보면, 공정증서 작성이 공무수행자가 부여받은 기능에 속하여야 하고 공정증서 작성의 권한범위 내의 행위이어야 한다. 해당 문서를 작성하는 공무수행자와 가까운 사람이 연루된 행위나 그 공무수행자 자신의 개인적 이해와 관계된 행위에 조력하는 것은 금지되고 이에 위반하여 작성된 공정증서는 무효이다.[40) 그리고 토지관할에 속하는 것이어야 한다.

정식절차(solennité) 요건에 관하여 보면, 객관적 기준으로 프랑스에서 법률상 정해진 방식에 따라 공정증서가 작성되어야 한다. 공증인이 작성한 공정증서의 경우 당사자, 서명자, 공증인, 서명장소, 서명일자가 기재되어야 하며, 가독성이 있어야 하고, 날짜는 문자로 기재되어야 하고, 약어는 의미를 해설하여야 한다는 추가 요건이 있다.[41) 주관적 기준으로 거래당사자가 실제로 출석하

---

37) Civ., 13 janv. 1902 : *DP* 1903, 1, p. 317[*JurisClasseur Civil Code* art. 1369 à 1371 [Pétel-Teyssié, Isabelle), n° 18에서 재인용].

38) *JurisClasseur Civil Code* Art. 1369 à 1371, par Isabelle Pétel-Teyssié, n. 18.

39) *JurisClasseur Civil Code* Art. 1369 à 1371, par Isabelle Pétel-Teyssié, n. 20.

40) Civ. 1ʳᵉ, 31 oct. 2012, n° 11-25.789 : *Bull. civ.* I, n° 223; G. Chantepie et M. Latina, *op. cit.*, n° 1192, p. 1060.

고 공무수행자가 이를 직접 확인하여야 한다. 공무수행자의 서명이 결여된 문서는 공증성을 상실한다.[42] 공증인이 작성하는 공정증서의 경우 두 명의 공증인이 증서 낭독 및 서명을 확인하여야 한다. 공증인의 서명이 결여된 공증인 문서는 절대적 무효이다.

공정증서의 매체(support)는 원본(minute)문서이어야 한다. 예외적으로 법률규정이 있는 경우 공증인이 확인을 필한 사본(brevet)으로 할 수 있다. 2000. 3. 13. 법률(n° 2000-230)은 전자방식으로 작성된 공정증서를 허용하였고 2005. 8. 10. 데크레(n° 2005-973)는 공증인에게도 이를 허용하였다. 증서는 완전성과 가독성을 유지하는 조건으로 보존되어야 하고 공증인회(Conseil supérieur du notariat)가 통제하는 중앙 공증인 문서 보관소(minutier central)에 등록되어야 한다.[43]

본조 제2항에 관하여 보건대, 공증성의 개념은 유연한 성질을 가지고 있어 원거리에서 전자적 매체로 공정증서를 작성하는 것도 가능하다. 이는 개정 전 제1317조 제2항을 변경 없이 그대로 반영한 것이다.

본조 제3항에 관하여 본다. 공증인이 작성한 공정증서는 다른 경우에 비하여 그 공증력이 높아지므로 수기 기재가 제공하는 것으로 간주되었던 보호를 공증인이 대신하는 결과, 수기 기재가 면제된다. 예컨대 "당사자 일방만이 상대방에게 일정금액의 지급 또는 대체물의 양도를 약정하는 내용의 사서증서는 의무를 부담하는 자의 서명과 함께 금액 또는 수량을 구성하는 모든 문자와 숫자가 그에 의하여, 기재되는 경우에만 증명력이 인정된다."(제1376조 1문) 의무부담자가 직접 작성한다면 그 수단은 중요하지 않고 펜, 키보드, 터치스크린 등이 모두 가능하다.[44] 이러한 경우에도 공증인이 작성한 공정증서로 작성되었다면 수기 기재가 면제된다. 사서증서에 있어서 번호시기 기입힌 경우에는 마찬가지의 규율이 적용된다(제1374조 제3항).

Article 1370 L'acte qui n'est pas authentique du fait de l'incompétence ou de l'incapacité de l'officier, ou par un défaut de forme, vaut comme écrit sous

41) *JurisClasseur Civil Code* Art. 1369 à 1371, par Isabelle Pétel-Teyssié, n. 49.
42) G. Chantepie et M. Latina, *op. cit.*, n° 1196, p. 1063.
43) *JurisClasseur Civil Code* Art. 1369 à 1371, par Isabelle Pétel-Teyssié, n. 45.
44) G. Chantepie et M. Latina, *op. cit.*, n° 1197, p. 1064.

signature privée, s'il a été signé des parties.

제1370조 공무수행자의 무권한 또는 무적격으로 인하여 또는 형식의 결여에 의하여 공증성이 없는 문서가 당사자에 의해 서명이 된 경우에는 사서증서로서의 효력이 있다.

[해제] 본조는 하자 있는 공정증서의 효력에 대하여, 개정 전 제1318조의 내용을 다시 규정한 것이다. 하자 있는 공정증서는 원칙적으로 무효이다. 그러나 모든 하자가 문서를 무효로 만드는 것은 아니고 공서에 반하거나 본질적 성격을 갖는 형식을 위반하였거나 법률이 규정 위반 시 문서의 무효를 정하고 있는 경우 무효가 된다. 문서가 무효가 되는 경우 증서의 공증력뿐만 아니라 문서의 해당 부분과 문서 전체가 무효가 된다. 문서에 표시된 법률행위는 원칙적으로는 계속 유효하게 남아있지만,[45] 예외적으로 의사표시가 그 문서로 행해지거나 당사자의 의사표시에서 문서가 무효가 되면 그 법률행위도 무효가 된다는 내용이 있거나 소송상 행위의 경우에는 해당 법률행위도 무효가 될 수 있다.

본조는 하자 있는 공정증서가 예외적으로 사서증서로서 효력을 가지는 경우를 규정하고 있다. 공무수행자의 무권한 또는 무능력의 사실이나 형식의 하자로 인해 공정증서로서의 효력은 없지만, 당사자의 서명이 기재된 경우이다. 당사자 일방의 서명만 있는 경우에는 사서증서로서의 효력도 없다. 다만, 그 서명을 한 당사자에 불리한, 서증의 단서(commencement de preuve par écrit)로는 사용될 수 있다.[46]

공무수행자가 무권한·무능력이긴 하지만 그의 역할에 속하는 범위에서 문서를 수령하거나 작성하여야 한다. 또한 문서는 원본(minute)이어야 하고 사본(brevet)으로 작성한 증서는 본조의 적용이 되지 않는다. 또한, 공증인 증서의 경

---

45) Civ. 1re, 28 oct. 2003, n° 01-02.654 (X가 1993. 6. 9. populaire de la Loire 은행으로부터 200만 프랑을 6개월간 연 9.1% 이율로 대여하였다는 공증인 증서에 대여자의 대리인 서명이 결여되었다. X가 원금만을 상환하자 은행은 이자상환을 청구하는 소를 제기하였다. 항소법원은 문서의 무효가 그 문서의 내용이 되는 법률행위에는 미치지 않고, X만이 서명한 본 문서가 서증의 단서가 될 수 있고, 이는 대여금액, 기간, 이율, 근저당등기, 보증가입신청을 적시한 X가 은행에 보낸 서신에 의해 보충될 수 있다고 설시하였다. 파기원은 항소법원의 의견을 받아들여 상고를 기각하였다); G. Chantepie et M. Latina, op. cit., n° 1198, p. 1064.

46) Civ. 1re, 28 oct. 2003, n° 01-02.654; G. Chantepie et M. Latina, op. cit., n° 1198, p. 1065.

우 공증인의 서명은 누락되지 않아야 한다.

　무권한(incompétence)은 토지관할이 없는 경우(l'incompétence territoriale)만을 의미하고, 사물관할을 벗어난 행위(l'incompétence attribution)는 본조에 해당하지 않는다.47) 집행관이 부동산 매매계약 서류를 접수한 경우와 같이 사물관할 밖의 행위를 한 경우에는 본조가 적용되지 않고 사서증서로서의 효력도 가지지 않는다. 무능력(incapacité)의 경우에도 당사자의 서명이 있는 경우 본조에 의해 사서증서로서의 효력을 가질 수 있다. 예컨대 공무수행자가 당사자와 혈족관계에 있는 경우가 이에 해당한다. 그러나 이러한 경우에도 공증인이 사기의 방법으로 개입하였거나, 공무수행자가 스스로 해당 행위에 이해관계가 있는 때에는 본조가 적용되지 않고 사서증서로서의 효력을 가질 수 없다. 형식의 결여(défaut de forme)는 자격 없는 증인이 참여하였거나 공증인이 원본을 사용하지 않은 경우를 말한다. 표현대리나 무권대리와 같은 대리권한의 하자는 본조의 형식의 하자에 해당하지 않는다.48)

Article 1371 L'acte authentique fait foi jusqu'à inscription de faux de ce que l'officier public dit avoir personnellement accompli ou constaté.
En cas d'inscription de faux, le juge peut suspendre l'exécution de l'acte.
제1371조 ① 공정증서는, 공무수행자가 직접 실행하거나 확인하였다고 한 것에 대해 허위기재확인이 있을 때까지 증명력을 가진다.
② 허위기재확인의 경우에는 법원은 증서의 집행을 정지할 수 있다.

　[해제] 본조 제1항은, 공정증서가 작성되면 그 안에 포함된 법률행위의 존재, 문서의 내용에 대하여 증명력을 가짐을 규정한다. 법률행위의 존재에 관하여 허위기재확인(inscription de faux) 시까지 증명력을 가진다는 점에 관하여는 별다른 의문이 없다. 법률행위가 공무수행자에 의하여 비로소 실행되는 경우가 있고(통지, 판결, 혼인) 이미 이루어진 행위가 단지 확인되는 경우가 있다(매매, 부부재산계약).49)

　그러나 의사표시의 하자 없이 이루어졌다는 것에 대하여는 증명력이 없다.

47) *JurisClasseur Civil Code* Art. 1369 à 1371, par Isabelle Pétel-Teyssié, n. 34, 78, 80.
48) *JurisClasseur Civil Code* Art. 1369 à 1371, par Isabelle Pétel-Teyssié, n. 82.
49) *JurisClasseur Civil Code* Art. 1369 à 1371, par Isabelle Pétel-Teyssié, n. 93.

즉 의사표시가 공무수행자 앞에 행하여졌다는 점은 확실하지만, 착오, 사기, 강박의 존재는 알 수 없고 표시자의 마음 상태도 평가할 수 없다. 따라서 허위기재확인 절차에서 법률행위에 무효 원인이 있다는 점을 보여줄 필요는 없다.[50]

증서의 내용에 관하여 보면, 이는 공무수행자가 언급한 부분에 국한하여 증명력을 갖는데, 감정서류에서는 감정인 회의 날짜, 회의에 출석한 사람들의 이름, 거기서의 진술에 대하여 증명력을 가지고, 감정 결론에 대하여는 증명력을 가지지 않는다.[51] 법원의 결정에서는 거기서 지시한 내용, 소송절차에서 발생한 사실과 진술, 당사자의 출석과 심문에 관한 언급, 특별권한의 정당화 사유, 법원에서의 자백에 대하여 증명력을 가지고, 법원의 결론은 증명력을 가지지 않는다.

허위기재확인은 공무수행자의 확인 내용이 허위인 경우, 공정증서의 내용 자체가 위조나 변조가 된 경우에 할 수 있다. 허위기재확인청구가 되면 문서의 집행이 정지될 수 있고, 그러한 경우 문서의 집행력과 증명력도 정지된다. 허위기재확인에 대하여 본안심사를 한 후에 판결단계에서 기각판결이 되면 기판력이 발생한다. 방법상 차이가 있을 뿐 같은 내용의 허위를 주장하는 경우에는 새로운 원인이라고 할 수 없고 기판력에 의하여 차단된다. 이러한 청구에 대하여 인용 판결이 된 경우에는 문서의 모든 가치가 상실되고 이는 제3자에 대하여도 효력을 가진다. 등록된 원본(minute)도 제거되어야 한다. 문서의 부수적 부분이 허위인 경우에는 문서전체가 무효로 되는 것은 아니다.

허위기재확인을 하지 않고 반대증명을 하는 것도 가능하다.[52] 이 경우 문서 전체의 제거 없이 해당 부분만 효력을 상실시키는 것도 가능하다. 이것이 허위기재확인과의 중대한 차이점이다. 그러나 공무수행자의 정직성에 대하여 허위를 주장할 수는 없다. 공무수행자가 한 형식 및 확인사실의 정확성, 증서에서 구체화된 법률행위의 존재에 대하여 그 허위를 뒷받침하는 중대한 상황이 있는 경우에는 허위기재확인을 하여야 하고 이 경우 반대증명절차는 중단된다. 반대증명절차의 대상은 공무수행자가 아닌 사람의 허위진술, 허위표시, 형식적 과오이다. 허위표시는 실제보다 매매가격을 낮게 기재한 경우, 매수인을 가명으로 한 경우, 공무수행자가 탐지할 수 없는 서명위조를 하여 인지를 한 경우가 있

---

50) *JurisClasseur Civil Code* Art. 1369 à 1371, par Isabelle Pétel-Teyssié, n. 94.
51) *JurisClasseur Civil Code* Art. 1369 à 1371, par Isabelle Pétel-Teyssié, n. 96.
52) *JurisClasseur Civil Code* Art. 1369 à 1371, par Isabelle Pétel-Teyssié, n. 118.

다. 공무수행자가 알지 못하는 허위는 허위기재확인의 대상이 아니라 허위표시
에 해당한다.

허위표시를 증명하는 것은 당사자 간에는 자유로운 증명이 아니고 서증으
로 하여야 하는 것이 원칙이다.[53] 제3자에 대하여는 모든 방법으로 증명할 수
있다. 가명인지 여부는 증서에 기재된 당사자를 기준으로 판단한다. 재산의 유
효한 매수인은 허위의 매수인에 대하여 모든 방법으로 허위표시를 증명할 수
있다. 허위표시가 위법 또는 사기 목적인 경우 문서에 의한 반대증명을 하지 않
아도 된다.

형식적 과오(erreur matérielle)는 법률행위의 실행(예컨대, 계산의 착오)이나
문서 작성(예컨대, 이름의 생략) 과정에서 실수로 발생하고 내용상 일반적으로
명백하여 추가적인 다툼 없이 단순 수정으로 해결될 수 있는 부정확함이다.[54]
형식적 과오가 공정증서에 포함된 경우 허위기재확인 없이 정정할 수 있다.[55]
매도할 재산의 지정에 관한 당사자의 의사표시에 있어 그것이 정확히 지정이
되었는지 여부는 공무수행자가 확인할 대상에 포함되지 않는다. 형식적 과오의
증명은 자유로운 증명에 의하지 고 통상 문서에 의할 것을 요구한다. 문서 자
체로 형식적 과오를 알아내는 것도 가능하고 증언과 추정에 의해 발생한 의혹
을 증서로 보강하는 것도 가능하다.

본조 제2항에 따르면 허위기재확인청구가 된 경우에는 법원은 증서의 집행
을 정지할 수 있다. 개정 전에는 주된 부분의 허위 기재의 경우에는 형사법원에
기소(accusation)가 됨에 의하여 증서의 집행의 정지되고, 부수적 부분의 허위 기
재는 제반사정을 고려하여 집행 정지 여부를 (민사)지방법원이 판단하도록 하였
으나(제1319조 제2항), 본조에 의하여 그러한 구별 없이 법원이 집행 정지 여부
를 판단할 수 있도록 하였다. 이는 주된 부분의 허위 기재에 대하여도 1973. 12.
17. 데크레의 시행일부터 (민사)지방법원에서 판단할 수 있게 되었다는 점을 반
영한 것이다.[56]

공정증서의 허위기재가 드러난 경우 공무수행자는 프랑스형법전 제441-4

---

53) *JurisClasseur Civil Code* Art. 1369 à 1371, par Isabelle Pétel-Teyssié, n. 122.
54) G. Cornu, *Vocabulaire juridique*, 12ᵉ éd., p. 648.
55) *JurisClasseur Civil Code* Art. 1369 à 1371, par Isabelle Pétel-Teyssié, n. 125.
56) G. Chantepie et M. Latina, *op. cit.*, n° 1204, p. 1069.

조에 의해 15년 이하의 징역과 225,000유로 이하의 형벌을 받을 수 있다. 반대로 신고자가 허위 증명을 실패한 경우 그는 프랑스민사소송법전 제305조에 의해 10,000유로 이하의 벌금을 받을 수 있고, 명예에 대하여 법의 심판을 받은 해당 공무수행자에게 손해배상을 하여야 한다. 1973년 개정 이후로 허위기재확인절차는 그 존엄성(majesté)을 상실하고 특정한 정식절차(solennité)가 있는지를 보는, 필적감정(vérification d'écriture)과 유사하게 되었다.

[김 기 환]

Sous-section 3   L'acte sous signature privée

제3부속절   사서증서

[해제] 프랑스민법전이 사서증서(l'acte sous signature privée)에 관한 정의규정을 두고 있지는 않다. 그러나 사서증서는 일반적으로 '공무원의 개입 없이, 당사자들의 서면만으로, 의무 또는 면책 기타 법적 사실의 증거에 관하여 상술하는 것'을 의미하는 것으로 이해된다.

사서증서가 유효하기 위해서는 다음 세 가지 조건을 갖추어야 한다. 첫 번째는 일반적인 조건인데, 증서가 당사자들의 서명에 의하여 작성되었어야 한다는 것이다. 이는 제1367조에 의해 부여되고 제1370조에 의해 재강조된 것이다. 다른 두 가지는 구체적인 조건인데, '복수 원본'이 작성되어야 한다는 것(제1375조)과 의무에 대한 언급이 채무자 자신에 의해 이루어져야 한다는 것(제1376조)이 그것이다.[57]

Article 1372 L'acte sous signature privée, reconnu par la partie à laquelle on l'oppose ou légalement tenu pour reconnu à son égard, fait foi entre ceux qui l'ont souscrit et à l'égard de leurs héritiers et ayants cause.
제1372조 상대방에 의해 승인되거나 법률상 승인된 사서증서는 사서증서에 서명한 당사자, 그들의 상속인과 승계인 사이에서 증명력이 인정된다.

---

57) G. Chantepie et M. Latina, *op. cit.*, n° 1206, p. 1070.

[해제] 본조는 사서증서(l'acte sous signature privée)의 증명력(la force pro-bante)에 관한 규정이다. 본조에 의해 인정되는 사서증서의 증명력은 단순히 사서증서의 존재(exicetente)에 국한되는 것이 아니라 사서증서에 기재된 내용(contenu) 자체에 대해서도 미친다.[58][59] 또한 사서증서는 프랑스민법전상 완전한 증거방법 중 하나에 해당하기 때문에, 서면증거가 예외적으로 요구되는 경우는 공정증서(l'acte authentique)와 같은 지위를 가지게 된다. 즉, 사서증서만으로도 프랑스민법전상 충분한 서면증거가 된다. 그러나 공정증서의 경우에 사서증서에는 없는 특유의 강한 증명력이 인정된다는 점에서 양자는 분명한 차이가 있다. 앞서 제2부속절에서 살펴본 것처럼 공정증서의 경우에는 증명력이 원본에 대하여도 미치고, 허위기재확인(inscription de faux) 절차를 거쳐야 증명력이 부정된다. 반면, 사서증서의 경우에는 원본에 대해 증명력이 미치지 않고, 허위기재확인 절차를 거치지 않고도 사서증서의 기재나 서명에 대한 증명력을 부인할 수 있다(제1373조).[60] 사서증서에 포함된 내용의 부정확성을 증명하기 위해 허위기재확인 절차를 거칠 필요도 없다.

본조에 의하면 상대방이 사서증서의 진정성립을 인정하거나 법률에 의해 사서증서의 진정성립이 인정된 경우에, 사서증서는 사서증서에 서명한 당사자들 사이뿐만 아니라, 당사자들의 상속인 또는 승계인과의 사이에서도 증명력이 인정된다. 이는 진정성립이 인정된 사서증서의 증명력이 미치는 주관적 범위에 관한 내용이다.

Article 1373 La partie à laquelle on l'oppose peut désavouer son écriture ou sa signature. Les héritiers ou ayants cause d'une partie peuvent pareillement désavouer l'écriture ou la signature de leur auteur, ou déclarer qu'ils ne les connaissent. Dans ces cas, il y a lieu à vérification d'écriture.

제1373조 상대방은 사서증서의 필적 또는 서명이 자신의 것이 아니라고 부인할 수 있다. 일방 당사자의 상속 또는 승계인도 작성자의 필적 또는 서명이 아니라고 부인하거나 알지 못한다고 주장할 수 있다. 이 경우 필적 감정을 하게 된다.

---

58) O. Deshayes, Th. Genicon et Y.-M. Laithier, *op. cit.*, p. 991.
59) G. Chantepie et M. Latina, *op. cit.*, n° 1209, p. 1072.
60) O. Deshayes, Th. Genicon et Y.-M. Laithier, *op. cit.*, p. 991.

696 개정 프랑스채권법 해제

[해제] 본조는 사서증서의 증명력을 다투는 방법에 관한 규정이다. 본조는 동일한 취지로 규정하고 있던 개정 전 제1323조, 제1324조의 내용을 유지하면서 그 표현만을 일부 변경한 것이다.[61] 앞서 살펴본 것처럼 사서증서의 경우에 공정증서와 달리 그 증명력이 원본에 대해 미치지 않으므로, 허위기재확인 절차 없이도 사서증서의 증명력에 대해 다툴 수 있다. 사서증서의 증명력에 대해 다투는 것은, 구체적으로 사서증서의 필적이나 서명에 대한 부인 또는 부지의 형태로 이루어진다. 본조 제1문에 의하면 사서증서의 상대방은 사서증서의 필적이나 서명을 부인할 수 있는데, 여기에서의 부인은 사서증서의 명의인만이 할 수 있으므로, 제3자의 서명이 허위임을 주장하는 경우에는 본조 제1문이 적용되지 않는다. 사서증서의 상대방이 이의를 제기하지 않는 경우에는 사서증서가 진정하게 성립하였음을 묵시적으로 인정한 것으로 볼 수 있다.[62] 사서증서의 증명력이 미치는 주관적 범위와 사서증서의 증명력을 다툴 수 있는 주체가 일치하는 것이 논리적이다. 실제로 본조 제1, 2문은 사서증서에 기재된 필적이나 서명에 대해 부인 또는 부지할 수 있는 주체를, 사서증서의 증명력의 주관적 범위에 관한 규정인 제1372조와 일치시키고 있다.[63]

한편, 본조에서 정한 바에 따라 사서증서의 증명력이 다투어지는 경우 사서증서의 증명력은 잠정적으로 박탈된다. 이는 임시적인 상황으로서, 사서증서의 증명력은 민사집행법 제287조 이하에서 정한 필적감정에 의해 최종적으로 판단된다. 법원은 사서증서의 증명력이 다투어지는 경우 증명력의 인부에 대해 먼저 판단해야 한다. 필적감정 결과 사서증서의 진정성에 의문이 있는 경우에 사서증서는 증명력을 영구적으로 상실한다.

Article 1374 L'acte sous signature privée contresigné par les avocats de chacune des parties ou par l'avocat de toutes les parties fait foi de l'écriture et de la signature des parties, tant à leur égard qu'à celui de leurs héritiers ou ayants cause.
La procédure de faux prévue par le code de procédure civile lui est applicable.

61) O. Deshayes, Th. Genicon et Y.-M. Laithier, *op. cit.*, p. 993.
62) O. Deshayes, Th. Genicon et Y.-M. Laithier, *op. cit.*, p. 993.
63) O. Deshayes, Th. Genicon et Y.-M. Laithier, *op. cit.*, p. 993.

Cet acte est dispensé de toute mention manuscrite exigée par la loi.

제1374조 ① 각 당사자별 변호사들 또는 전체 당사자에 대한 변호사가 연서한 사서증서에는 당사자들의 필적과 서명에 대해 증명력이 인정된다. 이는 당사자들의 상속인 또는 승계인들에게도 동일하다.

② 민사소송법전에 규정된 허위기재확인절차를 이러한 사서증서에 적용할 수 있다.

③ 이러한 사서증서에서는 법률상 요구되는 자필 기재가 모두 면제된다.

[해제] 본조는 2011. 3. 24. 법률 제2011-331호로 제정된 「변호사가 연서한 문서에 관한 법률」상의 조문을 프랑스민법전이 수용한 것이다. 변호사가 연서한 사서증서에 일반적인 사서증서와 다른 증명력이 인정되는 것은, 변호사가 연서하였다는 행위 자체가 갖는 법적 성질에서 기인하는 것이 아니라, 법에서 특별한 증명력을 인정하고 있기 때문이다. 만약 본조와 같은 근거조항이 없었다면 변호사가 연서한 문서라 하더라도 일반적인 사서증서와 동일한 정도의 증명력만이 인정되었을 것이다.[64]

본조 제1항에 의하면 각 당사자별 변호사가 각각 연서하거나(각자대리) 전체 당사자를 위한 변호사가 연서한 경우(공동대리) 사서증서의 필적과 서명에 대한 증명력이 인정된다. 변호사가 연서한 사서증서의 경우에는 일반적인 사서증서와 달리 원본의 존재에 대해서도 증명력이 인정된다.[65] 그러나 사서증서에 기재된 내용(contenu)에 대한 증명력은 변호사가 연서한 사서증서와 일반적인 사서증서 사이에 차이가 없다. 그렇기 때문에 공정증서와 달리 변호사가 연서한 사서증서의 경우 반대증거가 있을 때까지만 기재된 내용에 대한 증명력이 인정된다.[66] 본항이 인정하는 일련의 증명력은 당사자들의 상속인이나 승계인에게도 동일하게 적용된다.

본조 제2항은 민사소송법전이 정한 허위기재확인 절차가 적용될 수 있다고 규정하고 있다. 즉, 변호사가 연서한 사서증서의 증명력을 박탈하기 위해서는 프랑스민법전 제1373조 제3문이 정한 필적감정 절차가 아니라, 민사소송법전상 허위기재확인 절차가 필요하다.[67]

---

64) O. Deshayes, Th. Genicon et Y.-M. Laithier, *op. cit.*, p. 994.
65) O. Deshayes, Th. Genicon et Y.-M. Laithier, *op. cit.*, p. 994.
66) O. Deshayes, Th. Genicon et Y.-M. Laithier, *op. cit.*, p. 994.
67) O. Deshayes, Th. Genicon et Y.-M. Laithier, *op. cit.*, p. 995.

본조 제3항에 의하면 변호사가 연서한 사서증서의 경우에는 법률에 의해 요구되는 자필기재가 모두 면제된다. 이는 사서증서에 연서한 변호사는 필적 및 서명에 대한 진정성 외에도 당사자들의 신원을 보장하는 것으로 가정된다는 점에 기인한 것으로 보인다.[68]

Article 1375 L'acte sous signature privée qui constate un contrat synallagmatique ne fait preuve que s'il a été fait en autant d'originaux qu'il y a de parties ayant un intérêt distinct, à moins que les parties ne soient convenues de remettre à un tiers l'unique exemplaire dressé.

Chaque original doit mentionner le nombre des originaux qui en ont été faits. Celui qui a exécuté le contrat, même partiellement, ne peut opposer le défaut de la pluralité d'originaux ou de la mention de leur nombre.

L'exigence d'une pluralité d'originaux est réputée satisfaite pour les contrats sous forme électronique lorsque l'acte est établi et conservé conformément aux articles 1366 et 1367, et que le procédé permet à chaque partie de disposer d'un exemplaire sur support durable ou d'y avoir accès.

제1375조 ① 쌍무계약을 확인하는 사서증서는 작성된 유일한 증서를 제3자에게 교부하기로 (당사자들이) 합의하지 않는 한, 이익이 다른 당사자 수만큼 원본이 작성된 경우에만 증거가 된다.

② 각 원본에는 작성된 원본의 수를 기재하여야 한다.

③ 계약을 일부만이라도 이행한 당사자는 원본의 수가 부족하거나 그 수가 기재되지 않았다는 주장으로 대항할 수 없다.

④ 전자문서 형태의 계약은 그 계약이 제1366조와 제1367조에 따라 작성 및 보존되고, 그 절차가 지속가능한 매체로 된 사본을 처분할 수 있도록 각 당사자에게 접근이 허용된 경우에는 복수 원본의 요구가 충족된 것으로 본다.

[해제] 본조는 개정 전 프랑스민법전 제1325조의 내용을 단순화하면서 이를 일부 개선하였다.[69]

본조 제1항에 의하면 쌍무계약(contrat synallagmatique)을 확인하는 사서증서의 경우, 쌍무계약의 당사자들 사이에 유일하게 작성하는 사서증서를 제3자에게 교부하기로 합의하지 않는 한, 이익을 달리하는 당사자의 수와 동일한 개수

---

68) O. Deshayes, Th. Genicon et Y.-M. Laithier, *op. cit.*, p. 995.
69) O. Deshayes, Th. Genicon et Y.-M. Laithier, *op. cit.*, p. 996.

로 원본이 작성된 경우에 한하여 증거가 될 수 있다. 이처럼 본항은 이른바 복수 원본(double original) 원칙을 채택하고 있는데, 이는 증거평등을 보장하고 증명력이 잘못 인정되는 것을 막기 위한 목적에서이다. 본항이 '당사자의 수'가 아니라 '이해관계가 다른 당사자(parties ayant un intérêt distinct)의 수'만큼 원본을 작성해야 한다고 정하고 있으므로, 이해관계가 동일한 집단인 경우에는 집단 전체에 대해 하나의 원본만 작성하면 된다.[70]

본조 제2항에 의하면 쌍무계약을 확인하는 사서증서인 경우에는 각 원본에 작성된 원본의 수를 기재하여야 한다. 이는 개정 전 프랑스민법전 제1325조에도 포함되었던 내용인데, 작성된 원본의 개수가 기재되어 있지 않거나 기재된 원본의 개수가 사실과 다른 경우에는, 제시된 사서증서는 사서증서로서의 효력이 발생하지 않는다.[71]

그렇지만 본조 제3항에 의하면 쌍무계약을 확인하는 사서증서가 본조 제1항 또는 제2항이 정한 요건을 충족하지 못하였더라도, 계약내용 중 일부라도 이행한 당사자(celui qui a exécuté le contrat, même partiellement)는 더 이상 원본 수의 부족(제1항)이나 원본 개수의 미기재 또는 잘못된 기재를 이유로 사서증서를 제출한 자에게 대항하지 못하게 된다.[72]

본조 제4항은 전자문서의 형태로 된 계약서에 인정되는 예외에 관하여 규정하고 있다. 본항에 의하면 전자문서의 형태로 계약이 체결된 경우에 해당 계약서가 제1366조 및 제1367조에 의하여 작성 및 보존되고, 각 당사자가 계약서를 열람하거나 지속가능한 형태로 사본을 작성할 수 있는 경우에는 복수 원본(une pluralité d'originaux)의 요구가 충족된 것으로 간주된다.

Article 1376 L'acte sous signature privée par lequel une seule partie s'engage envers une autre à lui payer une somme d'argent ou à lui livrer un bien fongible ne fait preuve que s'il comporte la signature de celui qui souscrit cet engagement ainsi que la mention, écrite par lui-même, de la somme ou de la quantité en toutes lettres et en chiffres. En cas de différence, l'acte sous signature privée

70) O. Deshayes, Th. Genicon et Y.-M. Laithier, *op. cit.*, p. 996.
71) O. Deshayes, Th. Genicon et Y.-M. Laithier, *op. cit.*, p. 997.
72) O. Deshayes, Th. Genicon et Y.-M. Laithier, *op. cit.*, pp. 997-998.

> vaut preuve pour la somme écrite en toutes lettres.
> 제1376조 당사자 일방만이 상대방에게 일정금액의 지급 또는 대체물의 양도를 약정하는 내용의 사서증서는 의무를 부담하는 자의 서명과 함께 금액 또는 수량을 구성하는 모든 문자와 숫자가 그에 의하여, 기재되는 경우에만 증명력이 인정된다. 양자가 다른 경우 사서증서는 문자로 기재된 금액에 증명력이 있다.

[해제] 본조는 사서증서의 내용이 당사자 일방만이 상대방에 대하여 금전 기타 대체물을 지급하기로 약정한 경우에 관한 규정이다. 쌍무계약이 아닌 경우에는 복수원본에 관한 조항인 제1375조가 적용되지 않으므로, 당사자들은 1개의 원본만 작성하면 된다. 이때 금전 기타 대체물의 지급의무를 부담하기로 한 당사자가 원본을 가지고 있지 않는 경우, 채권자에 의해 의무의 내용이 가중될 수 있다. 이에 본조는 채무자의 서명 외에도, 금액 또는 수량을 구성하는 모든 문자(lettres)와 숫자(chiffres)가 의무를 부담하는 자에 의해 기재되어 있을 것을 요구한다. 또한 문자로 기재한 수와 숫자가 상이한 경우가 있을 수 있는데 본조는 문자로 기재한 수가 우선한다는 점을 명확히 하고 있다.[73]

> Article 1377 L'acte sous signature privée n'acquiert date certaine à l'égard des tiers que du jour où il a été enregistré, du jour de la mort d'un signataire, ou du jour où sa substance est constatée dans un acte authentique.
> 제1377조 사서증서는 사서증서가 등록된 날, 서명인이 사망한 날 또는 사서증서의 실체가 공정증서 안에서 확인된 날에 제3자에 관해 확정일자를 취득한다.

[해제] 본조는 사서증서의 제3자에 대한 확정일자 취득일에 관하여 규정하고 있다. 개정 전 프랑스민법전 제1328조는 사서증서를 가지고 제3자에 대하여 대항할 수 있는 날로서, 사서증서가 등록된 날, 사서증서의 서명자가 사망한 날, 사서증서가 공무수행자가 작성한 증서로 확인된 날을 두고 있었다. 본조는 이를 개정하여, 등록된 날과 사망한 날은 유지하되 맨 뒷부분을 그 내용이 공정증서로 확인된 날로 변경하였다. 단순히 공정증서로 확인되는 것에 그치지 않고 사서증서의 본질적 요소가 공정증서로 확인될 것을 요하고 있는 것에 주

---

73) O. Deshayes, Th. Genicon et Y.-M. Laithier, *op. cit.*, pp. 999-1001.

의할 필요가 있다.

개정 전 프랑스민법전에서는 제3자에게 대항할 수 있다는 표현을 사용하고 있었던 데 반해, 본조는 확정일자를 얻는다는 표현을 사용하고 있다. 사서증서의 경우 그 작성일을 허위로 하거나 변조할 가능성이 있기 때문에 해당 내용이 확실한 경우에 한하여 제3자에 대하여 대항할 수 있도록 하는 것이 본조의 취지이다.[74] 본조에서 원용된 사건이 발생한 경우에는 확정일자가 취득되지만 그렇지 않은 경우에는 작성일을 제3자에게 주장하는 측에서 증명책임을 부담하고 법원이 전권으로 다르게 판단할 수 있다.

Sous-section 4 Autres écrits
제4부속절 그 밖의 문서

[해제] 본부속절 자체는 새로운 것이나, 내용상으로는 개정 전 프랑스민법전에서 사서증서에 관한 관에 들어있던 제1330조 내지 제1332조의 규정을 채택하고 있다. 본부속절을 둠으로써 개정 전 프랑스민법전보다 나아진 것은 그 밖의 문서(autres écrits)는 사서증서와 동등하지 않고, 완전한 증거로서 기능하지 못한다는 점을 분명히 한 것이다. 그 밖의 문서의 증명력은 제한적이다. 직업인이 보유하거나 작성해야 하는 장부와 서류는 해당 직업인과 기재된 당사자에 한하여 증명력이 인정된다. 그 결과 위 장부나 서류는 그 외의 다른 사람들에 대해서는 증명력이 인정되지 않는다.[75]

Article 1378 Les registres et documents que les professionnels doivent tenir ou établir ont, contre leur auteur, la même force probante que les écrits sous signature privée ; mais celui qui s'en prévaut ne peut en diviser les mentions pour n'en retenir que celles qui lui sont favorables.

제1378조 직업인이 보유하거나 작성해야 하는 장부와 서류는 작성자에 불리한 경우에는 사서증서와 동일한 증명력을 갖는다. 그러나 그것을 이용하는 자는 그에게 유리한 부분만을 취하기 위해 기재를 분리할 수 없다.

---

74) O. Deshayes, Th. Genicon et Y.-M. Laithier, *op. cit.*, p. 1002.
75) G. Chantepie et M. Latina, *op. cit.*, n° 1229, p. 1086.

[해제] 본조는 공정증서나 사서증서에 해당하지는 않지만 법률에 의해 특정한 증명력을 가지는 문서 중 하나인, 직업인에게 보유하거나 작성할 것이 요구되는 장부와 서류에 관한 규정이다. 본조는 개정 전 제1330조를 현대화한 것으로서, 개정 전 제1330조에서 '상인(merchands)' 및 '장부(registres)'라고 규정하던 것을, 각각 '직업인(professionnels)' 및 '장부와 서류(registres et documents)'로 개정하였다.76)77)

본조는 다음 두 가지 증거규칙을 제시하고 있다. 첫째, 직업인이 보유하거나 작성해야 하는 장부나 서류는 사서증서와 동일한 증명력을 가진 증거로 이용할 수 있다는 것이다. 이 증거규칙은 장부나 서류에 기재된 내용(contenu)을 특히 염두에 둔 것이다. 둘째, 본조에 따라 장부나 서류를 증거로 이용하는 경우 장부나 서류에 기재된 내용 전부가 증거를 구성한다는 것이다.78)

Article 1378-1 Les registres et papiers domestiques ne font pas preuve au profit de celui qui les a écrits.

Ils font preuve contre lui :

1° Dans tous les cas où ils énoncent formellement un paiement reçu ;

2° Lorsqu'ils contiennent la mention expresse que l'écrit a été fait pour suppléer le défaut du titre en faveur de qui ils énoncent une obligation.

제1378-1조 ① 가정의 장부와 문서는 작성자에게 유리한 증거가 되지 못한다.

② 그것들은 다음 각 호의 경우에 작성자에게 불리한 증거가 된다.

1° 변제의 수령을 엄격하게 밝히고 있는 모든 경우 ;

2° 그것들이 채무를 드러내는 데에 유리한 증서의 흠결을 보충하기 위하여 그 문서가 작성되었다는 명백한 언급을 포함하는 경우.

[해제] 본조는 개정 전 프랑스민법전 제1331조의 규정내용을 유지하면서, 증서(titre)를 증거(preuve)로 수정하는 등 표현만 일부 변경하였다. 가정의 장부나 문서(registres et papiers domestiques)에는 일지(carnets), 통장(agendas), 전표(feuilles) 등 사인이 작성한 모든 종류의 서류가 포함된다. 한편, 제1363조에서는 누구든 자신에 관한 문서를 작성할 수 없다고 규정하고 있어, 본조가 제1363조

---

76) O. Deshayes, Th. Genicon et Y.-M. Laithier, *op. cit.*, p. 1004.

77) G. Chantepie et M. Latina, *op. cit.*, n° 1230, p. 1087.

78) O. Deshayes, Th. Genicon et Y.-M. Laithier, *op. cit.*, p. 1004.

와 중복된다고 볼 여지가 있다. 그러나 제1363조와 달리 본조는 문서가 되지 않는 것에 그치지 않고 그 증명력까지 상실된다고 규정하고 있으므로, 별도의 존재의미를 갖는다. 이러한 규정내용은 다소 극단적인 측면이 있고, 법원이 이러한 서류에서 작성자에게 유리한 요소를 끌어낼 수 있다는 종전의 판례와도 배치된다. 이에 자유로운 증명이 허용된다면 이러한 문서가 증거의 단서를 보충할 수 있다는 견해도 있다.[79)]

한편, 직업적으로 작성한 장부나 서류가 그 작성자의 이익에 반하는 경우에는 다음 두 가지 경우에 증거로 인정될 수 있다. 첫째는 공식적으로 변제 수령을 진술하는 경우이고, 둘째는 채무자의 이익을 위하여 증서가 없는 것을 보충하기 위하여 그 문서가 작성되었다는 명시적인 언급이 있는 경우이다.

Article 1378-2 La mention d'un paiement ou d'une autre cause de libération portée par le créancier sur un titre original qui est toujours resté en sa possession vaut présomption simple de libération du débiteur.

Il en est de même de la mention portée sur le double d'un titre ou d'une quittance, pourvu que ce double soit entre les mains du débiteur.

제1378-2조 ① 채권자에 의해 원본에 변제 또는 다른 면책 원인이 기재되고 그가 원본을 계속 점유하고 있는 경우 그 기재는 채무자의 면책을 위한 단순추정이 된다.
② 부본을 채무자가 소지하는 한, 증서 또는 영수증의 부본에 그 기재가 있는 경우에도 같다.

[해제] 본조는 사서증서 원본에 변제 또는 다른 면책원인이 기재된 때 채무소멸의 단순추정이 어떠한 경우에 인정될 수 있는지에 관한 규정이다.

본조 제1항에 의하면 채권자에 의하여 원본에 변제 기타 면책원인이 기재되고 채권자가 원본을 계속 점유하고 있는 경우 그 기재에 의해 채무자 면책은 단순추정된다.

본조 제2항에 의하면 사서증서의 부본이나 영수증의 부본에 변제 기타 면책원인이 기재되어 있고 채무자가 해당 부본을 소지하고 있는 경우 동일하게 채무자 면책이 단순추정된다.

---

79) O. Deshayes, Th. Genicon et Y.-M. Laithier, *op. cit.*, p. 1005.

Sous-section 5 Les copies

제5부속절 사본

Article 1379 La copie fiable a la même force probante que l'original. La fiabilité est laissée à l'appréciation du juge. Néanmoins est réputée fiable la copie exécutoire ou authentique d'un écrit authentique.

Est présumée fiable jusqu'à preuve du contraire toute copie résultant d'une reproduction à l'identique de la forme et du contenu de l'acte, et dont l'intégrité est garantie dans le temps par un procédé conforme à des conditions fixées par décret en Conseil d'État.

Si l'original subsiste, sa présentation peut toujours être exigée.

제1379조 ① 신뢰할 수 있는 사본은 원본과 동일한 증명력을 가진다. 신뢰할 수 있는 지는 법원의 판단에 의한다. 그럼에도 불구하고 집행정본 또는 공정증서 정본은 신뢰할 수 있다고 간주된다.

② 증서의 형식 또는 내용이 동일하게 복사된 모든 사본은 국사원 데크레에 따른 절차에 의한 기간 동안 무결성이 보장되고, 반대사실이 증거가 있기 전까지 신뢰할 수 있는 증거로 추정된다.

③ 만약 원본이 남아 있다면, 그 제출은 항상 요구될 수 있다.

[해제] 본조는 사본의 증명력에 관한 규정이다. 본조 제1항에 의하면 신빙성이 인정되는 사본에 대해서는 원본과 동일한 증명력이 인정된다. 이때 사본의 신빙성은 법원이 판단할 사항이나, 집행정본 또는 공정증서 정본의 경우에는 신빙성이 있는 것으로 법률상 간주되는 반면, 사인이 만든 사본은 신빙성의 존재가 간주되지 않는다.[80]

본조 제2항에 의하면 증서의 형식 또는 내용이 동일하게 복사한 모든 사본은 반대사실의 증거가 있기 전까지 신뢰할 수 있는 증거로 추정된다. 여기에서의 추정은 법률상 추정이므로, 사서증서를 증거로 사용하려는 자의 부담이 크게 경감된다. 이때 사본증거는 원본과 그 형태 및 내용에서 모두 동일할 것이 요구되는데, 원본이 없는 경우라면 이 부분 판단은 원본 복제 과정에 대한 신뢰성에 좌우된다. 증서의 형식 또는 내용이 동일하게 복사한 사본의 무결성은 국

---

80) O. Deshayes, Th. Genicon et Y.-M. Laithier, *op. cit.*, p. 1009.

사원 데크레에서 정한 요건에 부합하는 절차에 따른 기간 동안 보장된다.[81]

본조 제3항에 의하면 원본이 존재하는 경우에는 원본의 제출이 항상 요구될 수 있다.

Sous-section 6 Les actes récognitifs
제6부속절 확인증서

Article 1380 L'acte récognitif ne dispense pas de la présentation du titre original sauf si sa teneur y est spécialement relatée.

Ce qu'il contient de plus ou de différent par rapport au titre original n'a pas d'effet.

제1380조 ① 확인증서는 그 내용이 원본과 특별히 관련된 경우를 제외하고는 원본의 제시가 면제되지 않는다.

② 확인증서는 그것이 원본에 대하여 추가되거나 변경된 내용을 가지는 경우 효력이 없다.

[해제] 본조는 확인증서(l'acte récognitif)의 증명력에 관한 규정이다. 확인증서는 이전 서면에 대한 대체물을 만드는 것인데 원본 자체를 복사한 사본과는 차이가 있다.

본조 제1항에 의하면 확인증서의 내용이 원본과 특별한 관련이 있는 경우에는 원본 내용이 확인증서에 구체적으로 기재되어 있지 않는 한 확인증서를 제출한 자의 원본 제시의무가 면제되지 않는다. 즉, 원본 내용이 확인증서에 구체적으로 기재되어 있는 경우를 제외하고는 원본의 제시 없이 확인증서만 제출하여서는 확인증서에 증명력이 인정되지 않는다.[82]

본조 제2항에 의하면 확인증서에 원본의 내용이 추가되거나 변경된 경우에는 확인증서의 증명력이 인정되지 않는다.

[정 준 호]

---

81) O. Deshayes, Th. Genicon et Y.-M. Laithier, *op. cit.*, p. 1011.
82) O. Deshayes, Th. Genicon et Y.-M. Laithier, *op. cit.*, p. 1012.

Section 2 La preuve par témoins
제2절 증인에 의한 증거

[해제] 프랑스민법전에서 서증(제1절) 다음에 두 번째로 규정된 증거방법은 증인에 의한 증거이다. 개정 전에는 증언증거(preuve testimoniale)에 관하여 8개의 규정이 있었으나(개정 전 제1341조부터 제1348조까지), 본절은 단 하나의 조문을 두고 증인에 의한 증거(preuve par témoins)의 원칙을 규정한다.

Article 1381 La valeur probante des déclarations faites par un tiers dans les conditions du code de procédure civile est laissée à l'appréciation du juge.
제1381조 민사소송법전의 요건에 따라 제3자가 행한 진술의 증명력은 법원의 판단에 따른다.

[해제] 증언은 제3자가 자신이 개인적으로 아는 대상을 진술하는 것이다. 증언은 내재한 취약성으로 불신을 야기할 수 있음에도, 실무상 자주 이용된다. 증인에 의한 증거방법은 증거방법이 자유로울 때(제1358조) 또는 서증의 단서를 보충함으로써(제1361조) 이용된다. 본조는 민법전과 민사소송법전을 연결하고 증언의 요건과 증명력을 규정한다.[83]

증거편 개정 이유 중 하나는 프랑스민법전의 규정을 1970년 개정된 프랑스민사소송법전과 조화시키는 것이다. 증언 증거의 허용과 증명력은 프랑스민법전에서 규율하고, 증언의 절차 문제는 프랑스민사소송법전이 규율한다.[84] 본조는 증언의 요건에 관하여는 민사소송법전의 규정을 따라야 한다고 선언할 뿐 어떠한 내용도 규정하지 않는다. 증언의 요건으로는 증언의 방식과 증인적격이 문제된다.

먼저 증언의 방식에 관하여 본다. 프랑스민사소송법전상 증언은 증인진술서로 작성되거나 증인신문의 방식으로 행해진다(제199조 제2문). 1973년 이래,

---

83) G. Chantepie et M. Laina, *op. cit.*, n° 1244, p. 1101.
84) G. Chantepie et M. Latina, *op. cit.*, n° 1245, p. 1101.

서면에 의한 증언은 구두 증언과 절차적으로 대등하다고 간주되는 절차적 요건[85]을 갖추면 구두 증언과 동일한 효력이 있다. 증인진술서는 당사자 또는 법관의 요청에 의해 작성·제출되는데(민사소송법전 제200조 제1항), 작성자를 확인할 수 있는 서면을 첨부하여야 한다.[86] 법원은 증인진술서를 그 내용과 직접 관련이 있는 당사자에게 통지한다(민사소송법전 제200조 제2항). 또한 법원은 증인진술서 작성자를 언제든지 신문할 수 있다(민사소송법전 제203조).[87] 증인신문은 시간의 제약으로 제한될 수 있으나, 작성자를 직접 신문할 가능성은 증언을 통한 법원의 확신에 영향을 준다.[88]

다음으로 증인적격에 관하여 본다. 증인이란 절차의 제3자로, '우연히 혹은 일부러 사실 또는 법률행위가 이루어진 곳에 있던 자'이다.[89] 역사적으로 증언법은 증인의 정직성과 공정성을 담보하고 사실에 관한 완벽한 인식을 확보하는 방향으로 발전되었다.[90] 이에 따라, 형사상 증언할 권리의 행사 금지형을 선고받은 자(프랑스형법전 제131-26조 제4호)[91]와 증언무능력자(프랑스민사소송법전 제205조 제1항)는 증인이 될 수 없다. 나아가 이혼 소송과 별거소송에서 당사자의 직계비속은 증인이 될 수 없다(민사소송법전 제205조 제2항).[92]

본조의 핵심은 프랑스민사소송법전 제199조 이하의 제3자 증언의 증명력

---

85) 프랑스민사소송법전 제202조 제3항은 증인진술서에 진술자가 재판상 제출을 위한 목적으로 작성되었고 작성자가 허위의 진술에 대하여 형사처벌이 고지되었다는 내용이 담길 것을 요구한다. 동조 제4항은 증언자가 작성일, 서명 및 그 내용을 수기로 작성, 기재하고 서명이 담긴 신분확인증서의 원본, 사본을 첨부하도록 한다. 구두 증언의 경우에도 증인의 성명, 생년월일, 주소, 출생지, 주소 및 직업 등을 진술하여야 하고(프랑스 민사소송법전 제210조), 법관은 증인의 선서과정에서 위증의 벌을 경고한다(프랑스민사소송법전 제211조 제1항).

86) G. Chantepie et M. Latina, *op. cit.*, n° 1245, p. 1101.

87) 우리 민사소송법에서도 유사한 규정이 있다(민사소송법 제310조 제2항).

88) G. Chantepie et M. Latina, *op. cit.*, n° 1246, p. 1102.

89) G. Chantepie et M. Latina, *op. cit.*, n° 1247, p. 1102.

90) G. Chantepie et M. Latina, *op. cit.*, n° 1247, p. 1102.

91) 자연인이 일정 범죄로 형을 선고받는 경우 법원은 주형과 함께 법정 증언할 권리를 제한하는 부가형을 선고할 수 있다. 부가형으로 선고되는 공민권, 친족법, 민사상 권리 행사금지 제한의 대상은 법정 증언할 권리 외에도 선거권, 피선거권, 소송대리권, 후견인이 될 자격 등이 있다(프랑스형법전 제131-26조).

92) 프랑스 판례는 자녀의 의미를 확대하여 자녀의 배우자 및 자녀의 동거인도 증인이 될 수 없다고 해석한다(자녀의 배우자에 관한 판례로는 Civ. 2e, 18 nov. 1987, n° 86-16.285, 자녀의 동거인에 대한 판례로는 Civ. 2e, 10 mai 2001, n° 99-13.833).

이다.[93] 본조는 기존 판례에 따라 사실심 법원이 재량으로 증언의 증명력을 판단하도록 규정한다.[94] 사실심 법원은 위증, 주관성, 오류의 위험을 형량하여, 증언의 증명력을 판단한다.[95]

프랑스민사소송법전 제202조 제2항은 증인이 성명, 출생지와 생년월일, 주소 및 직업을 기재하여 증인진술서를 작성하도록 규정하는데, 이를 기재하지 않은 증인진술서는 절차적 요건을 갖추지 못한 것이어서 아무런 효력이 없다고 보아야 할까? 이에 대하여 법원은 이를 충족하지 못하는 서면 증언이 아무런 증명력이 없다고 추론되어서도 아니 되고, 이 경우에도 증명력은 사실심 법원의 판단에 따른다고 판시하였다.[96]

Section 3 La preuve par présomption judiciaire
제3절 재판상 추정에 의한 증거

[해제] 본절은 세 번째 증거방법인 재판상 추정에 의한 증거를 규율한다. 본절의 표제는 재판상 추정이나, 전통적으로 이를 사실상 추정이라고 칭하였다.[97] 일정한 법률행위의 증명에는 서증이 필요하므로(제1359조), 주로 법적 사실이 재판상 추정의 대상이 된다.

Article 1382 Les présomptions qui ne sont pas établies par la loi, sont laissées à l'appréciation du juge, qui ne doit les admettre que si elles sont graves, précises et concordantes, et dans les cas seulement où la loi admet la preuve par tout moyen.

제1382조 법률에 의하여 성립되지 않은 추정은 법원의 판단에 따른다. 법원은 추정이 중요하고 명확하며 정합하고, 법률이 모든 방법에 의한 증거를 허용하는 경우에만 이를 인정하여야 한다.

---

93) O. Deshayes, Th. Genicon et Y.-M. Laithier, *op. cit.*, p. 1014.
94) Civ. 3e, 28 janv. 2014, n° 12-29.561.
95) G. Chantepie et M. Latina, *op. cit.*, n° 1248, p. 1104.
96) Civ. 1re, 14 déc. 2004, n° 02-20.652.
97) Thibault Douville, *op. cit.*, p. 422.

[해제] 본조는 개정 전 제1353조를 현대화한 것이다.

법률에 의하여 성립되지 않은 추정은 제1354조 소정의 법률상 추정과 대비하여 이해하여야 한다. 법률에 의하여 성립되지 않은 추정은 법원이 확실한 간접사실로부터 확실하지 않은 문제된 사실의 개연성을 추론하는 과정으로, 증거방법의 하나이다. 예를 들어, 불법행위로 인한 손해배상책임과 관련하여, 청소부가 주사기에 찔려 HIV 바이러스에 감염된 결과와 쓰레기를 밖에 둔 건물관리인의 과실 사이에 시간적 선후관계가 존재하고 다른 명확한 감염 원인이 존재하지 않으므로, 서로 인과관계가 있다고 추정된다.[98]

진술, 진술서, 조서, 송장, 명세서, 녹음, 사진 등 법관의 심증을 형성하는 단서는 제한되지 않고 다양하다.[99] 본조 전문의 취지는 이러한 자료의 증명력의 판단이 법원에 일임된다는 것이다. 개정 전 제1353조의 '법원의 성실함과 명료함에서'라는 표현은 개정으로 삭제되었으나, 근본 원칙은 변하지 않았다.[100] 법원은 사실상 추정의 증명력을 판단할 재량이 있다. 사실상 추정의 기제는 매우 구체적인 방식으로 작동하므로,[101] 법원의 판단 재량에 맡기는 것이 타당하다. 그러나 파기원은 종종 B형 간염에 대한 예방접종 소송에서 사실심 법원의 판단 재량을 제한하여, 사실상 추정을 통제하고자 한다. 파기원은 특정 환경, 시간적 근접, 이전 건강상태와 병력의 부존재가 "예방접종의 하자의 존재를 성립하는 중요하고 명확하며 정합하는 추정을 구성하지 않는다."고 판시하였다.[102] 이는 파기원이 사실심 법원으로 하여금 구체적 사안에서 사실상 추정을 엄격히 판단하도록 통제한 것이라고 평가된다.[103]

재판상 추정은 개정 전 제1353조에서와 마찬가지로 다음 두 가지 제한을 받는다. 첫째, 법원은 오직 '추정이 중요하고 명확하며 정합하는 경우' 이를 인정하여야 한다는 것이다(본조 후문 전단). 문언상, '중요, 명확, 정합'이라는 요건이 적극적 그리고 중첩적으로 충족하여야 하는 것처럼 보인다. 그러나 프랑스민법

---

98) Civ. 2ᵉ, 2 juin 2005, n° 89-13.584.

99) G. Chantepie et M. Laina, *op. cit.*, n° 1251, p. 1106; O. Deshayes, Th. Genicon et Y.-M. Laithier, *op. cit.*, p. 1015.

100) G. Chantepie et M. Latina, *op. cit.*, n° 1252, p. 1107.

101) 전자기 전류 문제에서 사실상 추정을 인정하지 않은 판례로는 Civ. 3ᵉ, 18 mai 2011, n° 10-17.645.

102) Civ. 1ʳᵉ, 26 sept. 2012, n° 11-17.738.

103) G. Chantepie et M. Latina, *op. cit.*, n° 1253, p. 1108.

전 개정 전부터 파기원은 이 요건을 완화하여, 당사자가 그 존부를 다투는 경우 사실심 법원은 모호함과 불명확성이 없음을 판단하면 족하다고 하여,[104] 마치 소극적 요건이 없다는 것을 확인하면 되는 것처럼 판시하였다. '정합한다'는 요건은 추정의 단서가 복수일 것을 요구하는 것처럼 보인다.[105] "한 명의 증언은 무효인 증언이다."라는 법언을 증거의 단서에 적용하면, 법원은 하나의 단서에 기초하여 사실인정을 할 수 없다고 볼 여지가 있다. 그러나 판례는 항상 하나의 단서에 기초한 재판상 추정도 신빙성이 있다면 충분하다고 판시하였다.[106]

둘째, 재판상 추정은 법률이 모든 방법에 의한 증거를 허용하는 경우'에만' 가능하다(본조 후문). 이 두 번째 요건은 프랑스민법전이 원칙적으로 모든 방법에 의한 증거를 허용하고 있으므로(제1358조), 법률행위의 증명에 서증이 필요한 경우를 제외하면 실제로 의미 있는 요건은 아니다.[107]

개정 전 프랑스민법전에는 "당해 법률행위에 대하여 사해행위 또는 기망을 원인으로 한 항변이 없어야 한다."는 요건도 있었으나, 이는 적용범위가 모호하다는 비판이 있어 삭제되었다.

Section 4 L'aveu
제4절 자백

[해제] 본절은 자백의 일반적 정의와 재판외 자백 및 재판상 자백의 각 특징을 보여주는 세 개의 조문을 둔다. 본절은 자백의 일반적 정의(제1383조)를 규정한 것 외에 개정에 의해 큰 영향을 받지 않았다.

Article 1383 L'aveu est la déclaration par laquelle une personne reconnaît pour vrai un fait de nature à produire contre elle des conséquences juridiques.
Il peut être judiciaire ou extrajudiciaire.

---

104) Civ. 3e, 28 nov. 1972, n° 71-12.044.
105) G. Chantepie et M. Latina, *op. cit.*, n° 1252, p. 1107.
106) 특히 Civ. 3e, 28 nov. 1972, n° 71-12.044 참조.
107) O. Deshayes, Th. Genicon et Y.-M. Laithier, *op. cit.*, p. 1016.

제1383조 ① 자백은 누구든지 자신에게 불리한 법적 결과를 초래할 수 있는 사실을 진실한 것으로 인정하는 진술이다.
② 자백은 재판상 또는 재판외에서 이루어질 수 있다.

[해제] 본조는 자백의 정의(제1항)와 자백의 종류(제2항)를 규정한다.

모든 진술이 자백은 아니다. 본조 제1항은 자백의 법적 정의를 신설하였다. 이 정의는 학설이 오랫동안 제안하고 파기원이 채택한 것이다.[108] 법률이 별도의 형식을 요구하지 아니하여, 판례는 자백이 서면이나 구두진술의 형태로 명시적 또는 묵시적으로 이루어질 수 있음을 인정한다.[109] 계약으로 자백의 증명력을 변경하는 것은 허용될 수 없으므로, 당사자들이 자백의 법적 정의를 유효하게 변경하는 것은 불가능하다.[110]

자백의 첫 번째 요소는 '자발성'이다. 이 요건은 명시적인 규정은 없으나 자백의 본질상 당연하다. 따라서 행위자는 자백행위로 초래되는 결과를 인식하여야 한다. 몇몇 학자들은 진술자가 자신에게 불리한 사실을 인정하는 우발적 진술도 자백에 포함시킨다. 그러나 자백은 '분명하게' 이루어져야 한다. 구법 하에서 파기원은 자백은 진술자의 의사에 따라 분명하게 이루어져야 한다고 판시하였다.[111] 단순한 침묵은 자백이 아니나, 사실심 법원은 침묵을 불분명하지 않은 묵시적 자백으로 인정하려 한다.[112] 이는 재판 과정에서 당사자가 특정 쟁점 사실에 대하여 석명 받기 때문이다.[113] 한편, 계약의 이행으로부터 계약의 체결에 관한 묵시적 자백을 도출할 수 있을까. 계약의 이행으로부터 당사자의 인식을 파악할 수 있으나, 이러한 경우 묵시적 자백을 도출할 수 있는지는 의문이다.[114]

자백의 두 번째 요소는 자백의 주체이다. 자백은 '자백의 결과에 반하는 자

108) Civ. 1re, 13 nov. 2003, n° 00-18.564; Civ. 2^e, 13 juill. 2000, n° 99-10.477; Civ. 1re, 26 mai 1999, n° 97-16.147.
109) O. Deshayes, Th. Genicon et Y.-M. Laithier, *op. cit.*, p. 1017.
110) O. Deshayes, Th. Genicon et Y.-M. Laithier, *op. cit.*, p. 1018.
111) Civ. 3^e, 4 mai 1975, n° 75-10.452.
112) Civ. 1re, 6 mars 1996, n° 94-11.108(사실심 법원은 혈액 검사 명령 불응으로부터 도출한 사실상 추정의 증명력을 평가할 수 있다).
113) G. Chantepie et M. Laitna, *op. cit.*, n° 1257, p. 1110.
114) G. Chantepie et M. Latina, *op. cit.*, n° 1261, p. 1257.

가' 하여야 한다. 아래 재판상 자백에 관한 제1383-2조는 '당사자 일방'을 자백의 주체라고 규정하지만, 이 조항은 '누구든지' 자백할 수 있다고 규정한다.[115] 자백의 주체는 소송의 결과와 이해관계가 있고, 이 점에서 증언의 주체와 구별된다. 이해관계가 복합적으로 관련된 경우에는 조금 복잡하지만, 이해관계가 있더라도 당해 소송에서 진술의 결과가 불리하게 작용하는 당사자가 아닌 자가 한 진술은 자백이 아니다. 예를 들어, 거래처 기업이 한 하자품에 책임 인정은 생산자를 구속하지 않는다.[116]

자백의 주체에 관하여는 대리인의 이해충돌 문제가 제기될 수 있다. 성년후견인 내지 미성년자의 법적 대리인이 한 진술은, 성년후견인 내지 미성년자에 불리한 자백으로서의 가치가 없다.[117] 이는 단지 모든 방법의 증거가 허용되는 경우, 추정의 단서로 받아들여질 뿐이다.[118] 프랑스민법전 제1383-2조는 "재판상 자백은 법원에서 당사자 또는 그로부터 위임받은 특별대리인이 한 진술이다."라고 규정하여, 대리인의 자백을 전적으로 배제하지는 않는다.[119] 그러나 대리인은 자백의 대상사실을 정확히 알지 못할 수 있어 프랑스민법전은 특별대리인만이 자백할 수 있다고 자백의 주체를 제한한다.[120]

자백의 세 번째 요소는 자백의 대상이다. '사실'만이 자백의 대상이 되고, 권리, 법규 또는 계약의 성격 등은 자백의 대상이 아니다. 판례 및 학설은 재판상 자백과 재판외 자백을 불문하고 전통적으로 사실의 자백과 권리의 자백의 구별하였기에, 이 개념은 새로운 것이 아니다.[121] 이와 같이 구별하는 이유는 다음 두 가지이다. 첫째, 절차적으로 사실만이 당사자에 의한 증거의 대상이 되고, 권리는 법원의 법 적용의 대상이 되기 때문이다. 둘째, 근본적으로 당사자는 자백이라는 범주에서 법원의 임무인 법률요건에 대하여 판단할 수 없다.[122]

통상 당사자는 법원이 적용하여 주기를 바라는 법률요건을 지정하여 서면

---

115) 이는 재판외 자백의 경우 그 진술자가 소송의 당사자가 아니기 때문으로 보인다.

116) Civ. 3e, 6 janv. 1999, n° 97-12.300.

117) Civ. 1re, 2 avr. 2008, n° 07-15.820 (성년후견인에 관한 판례); Civ. 1re, 15 déc. 1982, n° 81-14.981 (미성년자에 관한 판례).

118) Civ. 1re, déc. 1982, préc.

119) G. Chantepie et M. Latina, *op. cit.*, n° 1258, p. 1112.

120) G. Chantepie et M. Latina, *op. cit.*, n° 1258, p. 1112.

121) G. Chantepie et M. Latina, *op. cit.*, n° 1260, p. 1112.

122) Com., 6 déc. 1990, n° 88-15.784.

을 제출하므로,123) 자백은 당사자가 단순히 법률요건의 충족을 기대하면서 사실을 진술하는 것을 넘어선다. 그리하여 권리자백과 사실의 자백을 구별하는 것은 쉽지 않다. 상사 임대차의 임차인 요건이 충족되었다124)는 당사자의 진술은 사실의 자백이 아니다.125) 건물의 점유가 사실의 문제이더라도, 상사 임대차 계약의 존부와 효력은 권리의 대상이다.126) 나아가 법원은 당사자가 사실을 인정하였다 하여 그를 구속하는 권리자백을 도출하여서는 아니 된다. 예를 들어, 통행로의 소유자가 묵시적으로 한 승낙이 권리자백의 일종인 지역권의 자백을 구성하는 것은 아니다.127) 권리를 부여하는 것은 법률요건이 적용되는 마지막 단계이다.128)

마지막으로 자백은 사실을 '진실한 것으로' 인정하는 것이다. 증거에 관한 제4편의 각 규정 중 자백 외에 증거와 진실 사이에 명확한 관련을 둔 다른 규정은 없다.129) 진실에 대한 추구는 증거법의 대원칙으로, 특히 자백과 관련이 있다.130) 자백의 증명력이 높은 것은 이러한 진실성에 기인한다.131) 특히 재판상 자백은 진실의 절대적 시연을 보장하거나 적어도 "당사자들은 자신의 주장에 관한 진실을 알고 있다."는 법언에 부합한다.132)

본조 제2항은 자백이 행해진 절차에 따라 재판상 자백과 재판외 자백으로 구별한다. 아래 제1383-1조와 제1383-2조에서 이에 관한 자세한 설명이 이어진다.

Article 1383-1 L'aveu extrajudiciaire purement verbal n'est reçu que dans les cas où la loi permet la preuve par tout moyen.

---

123) G. Chantepie et M. Latina, *op. cit.*, n° 1260, p. 1112.
124) 프랑스상법전은 공장, 영업용 임대차에 관한 규정을 두고 있다(프랑스상법전 제L.145-1조 이하).
125) Com., 27 janv. 2015, n° 13-25.302.
126) Com., 13 déc. 1983, n° 82-11.635.
127) Civ. 3ᵉ, 27 avr. 1988, n° 86-17.472.
128) G. Chantepie et M. Latina, *op. cit.*, n° 1260, p. 1112.
129) 프랑스민법전 제1362조와 제1368조는 '개연성 있는(vraisemblable)'이라는 문구를 사용하는 것과 비교된다[G. Chantepie et M. Latina, *op. cit.*, n° 1261, cité note 1, p. 1112].
130) G. Chantepie et M. Latina, *op. cit.*, n° 1260, p. 1112.
131) G. Chantepie et M. Latina, *op. cit.*, n° 1261, p. 1114.
132) G. Chantepie et M. Latina, *op. cit.*, n° 1261, p. 1114.

Sa valeur probante est laissée à l'appréciation du juge.

제1383-1조 ① 순전히 구두인 재판외 자백은 법률이 모든 방법에 의한 증거를 허용하는 경우에만 받아들여진다.

② 그 증명력은 법원의 판단에 따른다.

[해제] 본조는 재판외 자백에 관한 규정이나, 본조에서는 재판외 자백의 정의에 관한 아무런 규정을 두고 있지 아니하다. 결국 제1383-2조의 재판상 자백에 해당하지 않는 제1383조를 충족하는 진술이 재판외 자백이 된다.[133] 소송 외에서 행해진 진술, 자백으로 원용된 당해 소송과 다른 소송 중에 행해진 진술, 또는 소송 내이지만 법원의 면전 밖에서 행해진 진술이 재판외 자백의 예이다.[134] 본조 제1항은 재판외 자백의 허용 범위에 관한 것이고, 제2항은 재판외 자백의 증명력에 관한 내용이다.

본조 제1항은 서면으로 이루어진 재판외 자백과 구두로 이루어진 재판외 자백을 구별하여 그 허용범위를 달리 판단한다. '순전히 구두'인 자백은 '법률이 모든 방법에 의한 증거를 허용하는 경우에만' 제출될 수 있다. '하는 경우에만 (que dans les cas où)'이라는 제한 규정은 증명의 자유에 관한 제1358조에 저촉되는 면이 있으나, 증명의 자유를 본질적으로 변경하지 않는다.[135] 재판외 구두 자백은 제1359조에 따라 특정금액을 초과하여 서증이 필요한 법률행위일 경우에만 배제될 뿐이다. 판례는 종종 신빙성이 문제되는 서증의 단서를 '순전히 구두인 재판외 자백'으로 보충하는 것을 허용한다.[136]

본조 제2항은 재판외 자백의 증명력에 관한 내용이다. 개정 전 제1355조는 재판외 자백의 증명력에 관한 아무런 규정을 두지 않았다. 그러나 개정 전 프랑스민법전하에서도 판례는 사실심 법원이 그 면전 외에서 행해진 자백의 신빙성을 판단할 전권이 있다고 판시하였다.[137] 즉 법원은 재판외 자백이 어떤 형태로 이루어졌는지 상관없이 그 증명력을 판단할 전권이 있어, 진술된 사실이 정확하고 관련이 있는지를 판단할 수 있다고 하였다.[138] 재판상 자백과 달리 법원은

---

133) G. Chantepie et M. Latina, *op. cit.*, n° 1262, p. 1115.

134) O. Deshayes, Th. Genicon et Y.-M. Laithier, *op. cit.*, p. 1019.

135) O. Deshayes, Th. Genicon et Y.-M. Laithier, *op. cit.*, p. 1019.

136) Civ, 1ʳᵉ, 29 oct. 2002, n° 00-15.834.

137) Civ, 1ʳᵉ, 28 oct. 1970, n° 65-13.778.

재판외 자백에 구속되지 않는다. 이 점에서 형사절차의 자백과 재판외 자백은 유사한 측면이 있다.139)

본조는 재판외 자백의 분리가능성 및 철회가능성에 대해 언급하지 않는다. 분리가능성에 관하여, 판례는 재판상 자백의 불가분성에 관한 제1383-2조 제3항을 재판외 자백에 적용하지 않고, 사실심 법원에 재판외 자백을 가분 또는 불가분으로 판단할 수 있는 권한을 인정하였다.140) 이는 법원이 구체적으로 믿을 만한 진술의 일부를 채택할 수 있도록 한 것이다.141)

재판외 자백의 철회가능성에 관하여는 파기원이 지금까지 명백하게 밝힌 적이 없다. 철회의 유효성을 최종적으로 판단하는 권한은 자백의 가치를 최종적으로 평가하는 것처럼 사실심 법원에 속하는 것으로 해석할 수 있을 것이다.142)

Article 1383-2 L'aveu judiciaire est la déclaration que fait en justice la partie ou son représentant spécialement mandaté.

Il fait foi contre celui qui l'a fait.

Il ne peut être divisé contre son auteur.

Il est irrévocable, sauf en cas d'erreur de fait.

제1383-2조 ① 재판상 자백은 법원에서 당사자 또는 그로부터 위임받은 특별대리인이 한 진술이다.

② 재판상 자백은 이를 한 자에게 불리하게 증명력이 있다.

③ 재판상 자백은 그 당사자에게 불리하게 분리될 수 없다.

④ 재판상 자백은 사실의 착오를 제외하고, 철회될 수 없다.

[해제] 재판상 자백에 관한 규정은 2016년 개정으로 큰 변화가 없다.

본조 제1항은 제1383조 제1항에 규정한 자백의 일반적 정의를 보완하면서, 재판상 자백은 '법원'에서 당사자 또는 그로부터 위임받은 '특별대리인'이 한 진술이라고 덧붙인다.

---

138) Civ, 1ʳᵉ, 28 oct. 1970, préc.; Civ. 1ʳᵉ, 11 juill. 2001, n° 99-19.566.

139) G. Chantepie et M. Latina, *op. cit.*, n° 1264, p. 1116.

140) Civ. 1ʳᵉ, 11 juill. 2001, n° 99-19.566.

141) O. Deshayes, Th. Genicon et Y.-M. Laithier, *op. cit.*, p. 1020.

142) O. Deshayes, Th. Genicon et Y.-M. Laithier, *op. cit.*, p. 1020.

우선 '법원'의 의미에 관하여 본다. 법원은 관할권이 있어야(compétent) 한다.[143] 다만, 토지관할이 없는 법원에서 이루어진 자백은 자백의 요건을 충족한다.[144] 당해 소송에서 이루어진 진술만이 재판상 자백이 되고, 이전 소송이나 형사소송에서 행해진 진술은 배제된다.[145] 파기원은 동일 당사자 사이의 다른 소송에서 한 사실의 자백은 재판상 자백이 아니고 구속력이 없다고 판시한 바 있다.[146] 자백이 변론절차에서 구두로 이루어진 경우, 법원은 당사자의 분명한 진술을 조서에 기재하여야 한다. 판결이유에 어떤 진술에 관한 짧은 기재가 있다고 해서 유효한 재판상 자백이 있다고 평가할 수 없다.[147]

다음으로 다른 요건인 '특별대리인'의 의미에 관하여 본다. 이번 개정으로, 개정 전 제1356조의 '이러한 목적으로 선임된 대리인'이 '특별한 위임을 받은 대리인'으로 변경되었다. 일반적으로 변호사는 소송절차에서 법원 및 상대방에 대하여 본인에게 불리한 사실을 인정할 수 있는 특별대리권을 부여받는다는 점을 고려한 것이다.[148] 이를 반대해석하면 일반적 권한이 있는 수임인의 진술은 재판상 자백이 될 수 없다.

본조 제2항은 재판상 자백의 효력에 관한 규정이다. 재판상 자백은 재판외 자백과 달리 법원의 관여가 있으므로, 그 진술이 면전에서 이루어진 법원을 구속한다. '증명력(foi)'을 수식하는 '전적인(plein)'이란 형용사를 삭제한 외에는 개정 전 제1356조와 동일하다. 자백의 인적 효력에 관하여 보면, 재판상 자백은 자백을 행한 당사자 및 그 포괄승계인에게 불리하게 작용하나, 소송당사자가 아닌 제3자를 구속하지는 않는다.[149] 자백의 증명력에 관하여 보건대, 서증이 필수적인 경우라도[150] 자백한 사실은 확실한 것으로 추정되고 다른 증거에 의해 탄핵되지 않는다.[151] 그러나 법원은, 진술이 재판상 자백의 정의와 요건에 부합하고 주장사실과 관련이 있는지를 판단하고 필요한 경우 진술을 해석하므

143) G. Chantepie et M. Latina, *op. cit.*, n° 1268, p. 1117.
144) G. Chantepie et M. Latina, *op. cit.*, n° 1268, p. 1117.
145) G. Chantepie et M. Latina, *op. cit.*, n° 1263, p. 1118.
146) Com., 23 sept. 2014, n° 13-21.405.
147) Soc., 22 mars 2011, n° 09-72.323.
148) G. Chantepie et M. Latina, *op. cit.*, n° 1267, p. 1117.
149) G. Chantepie et M. Latina, *op. cit.*, n° 1271, p. 1119.
150) 제1361조 참조.
151) Civ. 1re, 28 janv. 1981, n° 79-14.501.

로, 이는 미세하게 조정된다.[152] 또한, 자백은 증거방법의 일종이기에 법률행위의 형식요건[153] 결여를 보충할 수도 없다.[154] 계약서 없이 수기 메모만 작성된 경우, 당사자가 이를 유효한 계약서라고 자백하더라도, 계약서 흠결의 흠은 보충되지 않는다.[155]

본조 제3항에 따라, 재판상 자백은 "그 당사자에게 불리하게 분리될 수 없다." 이 규정은 불리한 사실을 더 구체적으로 인정하거나 그 인정을 탄핵하는 복수의 진술을 대상으로 한다.[156] 이때 진술을 분리하여 일부만을 사실로 받아들일 수 있을까 아니면 당사자의 진술 전체로만 받아들여야 할까. 프랑스민법전은 법원에 자백 중 일부 진술을 분리하여 받아들일 수 있는 재량을 부여하지 않는다. 진술은 전체로서 받아들여져야 한다. 납득하기 어렵거나 유리하지 않다는 이유로 어떤 부분을 제외하는 것은 불가능하다. 예를 들어, 대여를 개인적으로 동의한 것이 아니라 회사의 이사로서 동의한 것이라는 피고의 자백은 불가분적이다.[157]

본조 제3항은 복합 자백과는 구별된다. 복합 자백이란 당사자에게 유리한 별개의 다른 사실을 추가하면서 상대방이 원용한 모든 사실을 시인하는 진술이다.[158] 예컨대, 채무자가 채무의 존재를 시인하면서 이를 이미 변제하였다고 주장하는 경우이다.[159] 자백의 성격이 유지된다면, 본조 제3항이 규정하는 원칙이 적용될 여지가 있다.[160] 그러나 복합 자백을 이루는 두 진술은 서로 연관되지만 서로 물리적 그리고 시간적으로 구별된다. 만일 당사자가 추가한 주장사실이

---

152) G. Chantepie et M. Latina, *op. cit.*, n° 1263, p. 1115; O. Deshayes, Th. Genicon et Y.-M. Laithier, *op. cit.*, p. 1017.

153) 제1172조 제2항 참고. 증여, 혼인계약, 저당권설정 등이 프랑스민법선상 요식계약에 해당한다.

154) G. Chantepie et M. Latina, *op. cit.*, n° 1271, p. 1119.

155) Civ. 1ʳᵉ, 20 avi. 2009, n° 08-11.616.

156) G. Chantepie et M. Latina, *op. cit.*, n° 1263, p. 1121.

157) Com., 4 janv. 1967.

158) G. Chantepie et M. Latina, *op. cit.*, n° 1263, p. 1121.

159) G. Chantepie et M. Latina, *op. cit.*, n° 1263, p. 1121.

160) O. Deshayes 등은 이러한 측면을 강조하여 '주요사실과 종전의 효과를 약화시키는 추가사실을 동시에 수반하는 자백은 불가분적이다'라고 주장하나(O. Deshayes, Th. Genicon et Y.-M. Laithier, *op. cit.*, p. 1022), 이 글에서는 G. Chantepie 등과 판례의 입장에 따라 복합 자백의 경우 불가분성을 적용하지 않는다고 판단한다. 우리나라 판례도 후자의 입장이다.

사실이 아닌 경우 앞서 한 자백의 효력은 부정될까? 이에 대하여 판례는 "자백의 불가분성은 당사자 일방이 부인한 사실이 다른 어떤 증거 없이 자백에 의하여 성립된 경우에만 적용된다."라고 판시하였다.[161] 그 의미는 자백의 불가분성 원칙을 완화하여 법원은 내심의 확신에 따라 판단할 수 있다는 것이다. 상대방이 추가진술한 대금의 변제나 물건의 반환이 허위이거나 부정확하다는 증거가 제시된 경우, 파기원은 자백된 주요사실을 분리하여 자백만을 확실한 것으로 인정한다.[162]

  본조 제4항에서 재판상 자백은 '철회될 수 없다'고 규정한다. 철회불가능성은 실제로 자백이 표시된 때부터 존재하며, 상대방의 원용과 무관하다.[163] 이러한 철회불가능성의 실제적인 의미는 첫 기일 또는 앞선 기일에 서면으로 이루어진 재판상 자백이 변론종결 당시의 구두 진술로 번복되지 않는다는 것이다.[164] 본항은 '사실의 착오'를 예외로 둔다. 법률의 착오와 달리 사실의 착오가 있었음을 증명하는 경우 철회가 허용된다. 당사자가 계쟁 중인 사건과 무관한 청구서를 그가 청구하는 채무의 변제로 혼동하여 채무 변제 사실을 자백한 경우를 예로 들 수 있다.[165]

[강 윤 희]

Section 5 Le serment
제5절 선서

  [해제] 본절은 증거방법으로서의 선서에 대하여 규정하고 있다. 본절에서 말하는 선서는 재판상 선서(serment judiciaire)로서, 당사자 중 일방이 법원 앞에

---

161) Civ. 1re, 28 nov. 1973, n° 72-12.521.
162) Civ. 1re, 2 avr. 2014, n° 13-11.242.; Civ. 1re, 31 oct. 2012, n° 11-15.462; Civ. 1re, 30 oct. 2006, n° 04-17.098.
163) G. Chantepie et M. Latina, *op. cit.*, p. 1118. 우리나라에서도 마찬가지로서, 이를 '선행자백'이라 한다.
164) O. Deshayes, Th. Genicon et Y.-M. Laithier, *op. cit.*, pp. 1022-1023.
165) Civ. 1re, 17 mai 1988, n° 86-19.341.

서 일정한 형식에 따라 자신에게 유리한 사실의 진실성을 인정하는 진술을 말한다. 이는 재판관, 변호사, 집행관, 공증인 및 일정한 직위의 공무원 등이 직무를 수행하기에 앞서 선언하는 약속 선서(serment promissoire)와 구별된다. 따라서 선서라는 표현을 사용하고 있지만, 프랑스민법전에서의 선서는 우리 민사소송법에서의 선서와는 전혀 다른 개념임을 유의하여야 한다.

종래 선서가 주로 종교적인 측면에서 활용되었다는 점, 실무상 이는 거의 사용되지 않고 있다는 점166)에서 프랑스에서 선서에 관한 규정을 폐지하여야 한다는 견해 또한 유력하였다.167) 그러나 엄격한 형식 및 절차에 따른 증거방법으로서 가치가 있다는 점, 기존의 증거방법에 영향을 주지 않을 필요가 있다는 점에 초점을 맞추어, 2016년 개정에도 불구하고 프랑스민법전은 선서에 관한 절을 그대로 유지하고 있다.

Article 1384 Le serment peut être déféré, à titre décisoire, par une partie à l'autre pour en faire dépendre le jugement de la cause. Il peut aussi être déféré d'office par le juge à l'une des parties.
제1384조 선서는 일방 당사자가 타방 당사자에게 대상판결이 선서의 내용에 따르도록 재판종결을 위한 방편으로 요구할 수 있다. 선서는 또한 법원이 직권으로 당사자들 중 일방에게 요구할 수도 있다.

[해제] 본조 전문은 재판종결을 위한 선서(serment décisoire)를, 후문은 직권에 의한 선서(serment défére d'office)를 규정하고 있다. 재판종결을 위한 선서는 이하의 제1부속절에서, 보충적 선서는 제2부속절에서 다루고 있는바, 본조는 이에 대한 예고적 성격을 띠고 있다. 본조는 개정 전 제1357조를 재구성한 것이다.

선서는 일방 당사자 또는 법원이 타방 당사자에게 요구하는 것으로서, 프랑스민사소송법전(Code de procédure civile) 제317조 이하의 절차에 따라 하여야 한다. 그러므로 당사자 일방이 자신의 주장이 진실함을 입증하기 위해 자발적으로 하는 선서는 허용되지 않는다.168)

본조 전문에서 규정하는 재판종결을 위한 선서란 일방 당사자가 타방 당사

---

166) Rapport au Président de la République의 제5절 선서에 관한 해설 참조.
167) 떼레초안 제185조.
168) G. Chantepie et M. Latina, *op. cit.*, n° 1275, pp. 1122-1123.

자에게 요구하거나 반대요구하는 선서를 가리키고, 후문에서 규정하는 직권에 의한 선서는 법원의 직권에 의해 당사자가 행하는 선서를 가리킨다. 법원의 직권에 의한 선서는 보충적으로만 활용되며, 재판종결을 위한 선서와 연속적으로 고려되어야 한다. 즉, 일방 당사자가 타방 당사자에게 선서를 요구하거나 반대요구하지 않을 경우에, 비로소 법원은 재량에 따라 당사자들 중 1인에게 선서를 요구할 수 있다.

재판종결을 위한 선서와 직권에 의한 선서는 그 효력에 있어서도 차이가 있다. 재판종결을 위한 선서의 경우 이를 요구받은 당사자가 선서를 할 경우 선서를 요구받아 수행한 당사자의 이익이 되며, 선서를 요구받은 당사자가 선서를 하지 않은 경우 선서를 요구한 당사자의 이익이 된다. 즉 재판종결을 위한 선서의 경우 일방의 이익이 되어 소송을 종결하는 효력이 있다. 반면, 직권에 의한 선서의 경우, 법원은 선서의 내용에 구속되지 않고 재량에 따라 판단할 수 있다.

Sous-section 1   Le serment décisoire
제1부속절   재판종결을 위한 선서

Article 1385 Le serment décisoire peut être déféré sur quelque espèce de contestation que ce soit et en tout état de cause.
제1385조 재판종결을 위한 선서는 어떠한 종류의 분쟁이나 어떠한 사유의 경우에도 요구될 수 있다.

[해제] 본조 및 제1385-1조는 증거의 여러 방법 중 하나로서, 그리고 민사소송절차의 일부로서 재판종결을 위한 선서의 범위를 규정하고 있다. 본조는 개정 전 제1358조에 재판종결을 위한 선서는 분쟁의 종류나 유형을 불문하고 어떠한 사유의 경우에도 요구될 수 있다는 내용을 추가한 것이다.

재판종결을 위한 선서는 소송의 본질, 소송물의 물권성 또는 채권성이나 분쟁의 중요성과 무관하게 요구될 수 있다. 또한 재판종결을 위한 선서는 항소심에서도 요구될 수 있다.[169] 뿐만 아니라 재판종결을 위한 선서는 그 사유를

---

169) G. Chantepie et M. Latina, *op. cit.*, n° 1279, pp. 1125–1126.

가리지 않고 요구될 수 있다. 그러나 당사자 개인이 처분할 수 없는 권리에 대한 것이나, 임대차계약170)과 같이 법률이 규정한 특정한 경우에는 재판종결을 위한 선서를 요구할 수 없다.

본조의 문언만을 볼 경우 선서는 사전적(事前的)인 증거를 요구하지 아니하며, 절차 중 언제라도 사용될 수 있으므로, 일방 당사자는 다른 증거가 없거나 불충분한 경우에도 타방 당사자에게 선서를 요구할 수 있는 것으로 자칫 읽힐 수 있다. 그러나 실무에서 법원은 선서가 용인될 수 있는 경우 그 선서를 명하고, 그에 따라 인정되는 관련 사실로써 청구의 당부를 판단하는바, 법원이 일방 당사자의 선서 요구에 대해 허가를 할 재량권을 가지고 있는가 하는 점이 문제된다. 이에 대해 프랑스 법원은 프랑스민사소송법전 제317조의 해석을 우선시하여, 해당 시점에 요구된 선서가 판결의 결론 내지 이유를 제시하는지 여부에 따라 법원이 선서의 필요성을 판단한다고 판시하였다.171)

Article 1385-1 Il ne peut être déféré que sur un fait personnel à la partie à laquelle on le défère.
Il peut être référé par celle-ci, à moins que le fait qui en est l'objet ne lui soit purement personnel.
제1385-1조 ① 재판종결을 위한 선서는 요구를 받은 당사자의 개인적 사실에 대하여만 요구될 수 있다.
② 재판종결을 위한 선서의 대상이 된 사실이 요구받은 자에게 순전히 개인적인 것이 아닌 한, 그 선서를 요구받은 자는 반대요구할 수 있다.

[해제] 본조는 민사소송에서 재판종결을 위한 선서의 범위를 규정하고 있으며, 이는 개정 전 제1359조와 제1362조를 결합한 것이다.

본조 제1항은 재판종결을 위한 선서를 요구하는 일방 당사자는 타방 당사자에게 그의 개인적인 사실에 관한 선서만을 요구할 수 있다고 규정하고 있다. 선서는 요구받은 당사자의 개인적 사실의 영역에 제한되어야 한다. 개정 전 프랑스민법전의 경우 선서의 대상이 되는 사실이 당사자 쌍방에 관한 것일 것을 요하였으나, 개정을 통하여 선서를 요구받은 당사자의 개인적 사실과만 관련될

---

170) 프랑스민법전 제1715조.
171) Civ. 3^e, 10 mars 1999, n° 97-15.474; Soc., 5 juin 1996, n° 93-42.588.

수 있다고 규정하였다. 선서는 다른 사람으로 하여금 하게 할 수 없고, 당사자가 직접 겪은 사실에 관한 것이어야 한다.172)173) 따라서 상속인이라고 하더라도 피상속인이 체결한 계약에 기한 채무의 존부에 대하여 선서할 수 없다.174) 소송대리인은 특별한 수권을 받지 않는 한 선서를 할 수 없으나,175) 법정대리인은 선서를 할 수 있다고 본다.176) 이는 선서가 원칙적으로 개인적인 사실에 대한 것으로서, 당사자의 이익을 위한 것이라는 점에 기인한다.177)

본조 제2항은 만약 일방 당사자가 요구한 선서의 내용이 타방 당사자에게 순전히 개인적인 것이 아닐 경우, 심지어 쌍방 당사자에게 공통되는 것일 경우에도, 타방 당사자는 역으로 처음 선서를 요구하였던 자에게 선서를 반대요구할 수 있다는 점을 규정하고 있다.

> **Article 1385-2** Celui à qui le serment est déféré et qui le refuse ou ne veut pas le référer, ou celui à qui il a été référé et qui le refuse, succombe dans sa prétention.
>
> **제1385-2조** 선서를 요구받은 자가 선서를 거부하거나 선서를 요구한 자에게 반대요구하기를 원하지 않는 경우 또는 선서를 반대요구받은 자가 선서하기를 거부한 경우 각각의 주장은 인정되지 않는다.

[해제] 본조는 당사자가 요구받거나 반대요구받은 선서를 거부할 경우의 효과에 대하여 다루고 있다. 우선 선서를 요구받은 자가 선서하기를 거부한 경우, 선서를 요구받은 자의 해당 사실과 관련된 주장은 인정하지 않는다. 선서를 요구받은 자는 선서를 요구한 자에게 선서를 반대요구할 수도 있는데, 이 경우에는 선서를 반대요구받은 자의 행동에 따라 당사자 주장의 인정 여부가 결정된다. 즉, 선서를 반대요구받은 자가 선서하기를 거부한 경우 서서를 반대요구

---

172) C. Demolombe, *Traité des contrats ou des obligations conventionnelles en général*, t. 6, A. Lahure, 1876, n° 604.
173) 프랑스민사소송법전 제317조.
174) G. Chantepie et M. Latina, *op. cit.*, n° 1281, p. 1127.
175) 프랑스민사소송법전 제322조.
176) Civ. 2ᵉ, 6 mai 1999, n° 97-16.761; Com. 22 nov. 1972, n° 71-10.574; Com. 20 oct. 2009, n° 06-16.852.
177) G. Chantepie et M. Latina, *op. cit.*, n° 1280, pp. 1126-1127.

받은 자, 즉 최초에 선서를 요구한 자의 주장은 이유 없다고 본다.

본조를 통해 그의 주장이 인정되지 않게 된 당사자는 자신이 선서하지 못한 사실과 다른 사실을 주장할 수 없게 된다. 이를 통해 본조는 선서에 증명의 효과가 있음을 간접적으로 규정하고 있다.

선서는 주장된 사실에 대한 증거가 없는 경우 당사자 중 한 편이 선서하도록 함으로써 그의 양심에 호소하는 것이다. 선서를 요구받은 자는 ① 진실하게 선서를 하거나 위증의 위험을 감수하고 거짓으로 선서를 함으로써 재판을 종결시킬 수 있다. 또는 ② 선서하기를 거부하고 상대방의 주장을 인정할 수도 있다. 마지막으로 ③ 상대방에게 선서를 반대요구할 수도 있다. 상대방에게 선서를 반대요구할 경우, 최초 선서를 요구하였던 자는 그러한 반대요구에 따라 자신이 선서를 하거나 선서하기를 거부하는 것을 택하여야 하며, 그에 따라 재판의 결과가 좌우된다.[178] 선서는 일시와 장소를 정하여 하여야 한다. 이는 선서가 요구되거나 반대요구된 사실을 공식화하고, 허위 선서한 자에 대하여 형사처벌을 가할 수 있도록 하기 위함이다(프랑스민사소송법전 제319조). 거짓으로 선서를 한 것이 드러날 경우 3년 이하의 징역 또는 45,000유로 이하의 벌금에 처한다(프랑스형법전 제434-17조). 선서에 근거한 재판에 대한 항소는 허용되지 않으나, 선서가 거짓임이 밝혀진 경우에는 재심을 청구할 수 있다(프랑스민사소송법전 제595조 제4호).

Article 1385-3 La partie qui a déféré ou référé le serment ne peut plus se rétracter lorsque l'autre partie a déclaré qu'elle est prête à faire ce serment.
Lorsque le serment déféré ou référé a été fait, l'autre partie n'est pas admise à en prouver la fausseté.

제1385-3조 ① 재판종결을 위한 선서를 요구하거나 반대요구한 당사자는 다른 당사자가 그 선서를 할 준비가 되었음을 진술하는 경우에는 더 이상 철회할 수 없다.
② 요구되거나 반대요구된 재판종결을 위한 선서가 이루어진 경우, 다른 당사자는 그것이 거짓임을 증명하지 못한다.

[해제] 본조는 선서의 집행력이 절대적임을 규정한 것으로서, 개정 전 제1363조와 제1364조를 결합한 것이다.

---

178) G. Chantepie et M. Latina, *op. cit.*, n° 1283, pp. 1128-1129.

본조 제1항은 선서를 요구하거나 반대요구한 경우, 그 철회의 시기를 규정하고 있다. 즉, 선서를 요구하거나, 선서를 요구받은 자로서 타방당사자에게 반대요구한 경우, 그러한 선서를 요구받거나 반대요구받은 자가 해당 선서를 할 준비가 되었음을 진술하기 전까지는, 선서의 요구자 또는 반대요구자는 원래의 요구 또는 반대요구를 철회할 수 있다.

본조 제2항은 재판종결을 위한 선서가 이루어진 경우, 다른 당사자는 그것이 거짓임을 증명할 수 없다는 점을 규정하고 있다. 이에 따라 재판종결을 위한 선서는 소송을 실질적으로 종료하는 효과를 가지며, 법원은 선서의 내용인 사실에 대하여 모든 재량을 잃게 된다.[179]

Article 1385-4 Le serment ne fait preuve qu'au profit de celui qui l'a déféré et de ses héritiers et ayants cause, ou contre eux.

Le serment déféré par l'un des créanciers solidaires au débiteur ne libère celui-ci que pour la part de ce créancier.

Le serment déféré au débiteur principal libère également les cautions.

Celui déféré à l'un des débiteurs solidaires profite aux codébiteurs.

Celui déféré à la caution profite au débiteur principal.

Dans ces deux derniers cas, le serment du codébiteur solidaire ou de la caution ne profite aux autres codébiteurs ou au débiteur principal que lorsqu'il a été déféré sur la dette, et non sur le fait de la solidarité ou du cautionnement.

제1385-4조 ① 재판종결을 위한 선서는 이를 요구한 자, 그의 상속인 및 승계인에게 유리하거나 불리한 증거로 쓰인다.

② 연대채권자 중 1인이 채무자에게 요구한 재판종결을 위한 선서는 그 연대채권자의 향유부분에 한하여 채무자를 면책시킨다.

③ 주채무자에게 요구된 재판종결을 위한 선서는 보증인도 면책시킨다.

④ 연대채무자 중 1인에게 요구된 재판종결을 위한 선서는 공동채무자의 이익이 된다.

⑤ 보증인에게 요구된 재판종결을 위한 선서는 주채무자의 이익이 된다.

⑥ 제4항 및 제5항의 경우에, 공동연대채무자 또는 보증인의 선서는 그것이 연대 또는 보증의 사실에 관한 것이 아니고, 채무에 관하여 요구되었을 경우에 한하여 다른 공동채무자 또는 주채무자의 이익이 된다.

---

179) Civ. 3ᵉ, 22 févr. 1978, n° 76-13.705.

[해제] 본조는 채무와 관련하여 재판종결을 위한 선서의 효력이 미치는 범위를 규정하고 있으며, 개정 전 제1365조를 그대로 활용하고 있다.

본조 제1항은 재판종결을 위한 선서에 원칙적으로 상대적인 효과만 있음을 규정하고 있다. 구체적으로는 선서를 요구한 자, 그의 상속인 및 승계인에게 유리하거나 불리하게 법원에서 사실인정을 위해 필요한 자료가 된다. 유의할 점은 상속인은 피상속인의 경험적 사실에 대해 선서할 수는 없지만, 피상속인이 선서한 사실은 상속인에게도 그대로 인정된다는 것이다.

본조 제2항은 연대채권자 중 1인이 채무자에게 요구한 재판종결을 위한 선서는 그 연대채권자의 향유부분에 한하여 채무자를 면책시킨다는 점을 명시하고 있다. 연대채권자 중 1인이 채무자에게 선서를 요구한 경우 이는 실질적으로 채권의 해당 지분에 대한 처분적 효과가 있기 때문에, 자신 외의 다른 연대채권자의 향유부분에 대하여는 채무자를 면책시킬 수 없다.

그러면서도 본조 제3항은 주채무자에게 요구된 재판종결을 위한 선서는 보증인도 면책시킨다는 점을 확인하고 있다. 주채무와 보증채무의 관계에 있어서는 보증채무의 부종성이 그대로 적용되어 주채무자가 선서를 하여 주채무 자체가 존재하지 않게 된 경우에는 보증채무도 존속할 수 없으므로 보증인도 면책된다.

뿐만 아니라, 본조 제5항은 보증인이 재판종결을 위한 선서를 한 경우에도 주채무자의 이익이 된다고 규정하고 있다. 그러나 보증인이 자신이 해당 채무를 보증하였다는 사실을 선서한 경우에는 주채무자의 이익이 되지 않는다.[180] 즉, 보증인이 주채무의 존부나 액수에 관하여 선서한 경우에 한하여 주채무자의 이익이 되는 것이다.

이와 유사하게 본조 제4항에 따라 연대채무에서 연대채무자 중 1인이 선서를 한 경우 원칙적으로 모든 연대채무자를 위한 이익이 되는바, 이는 본조 제2항과 대비하여 살펴보아야 한다. 연대채권자 중 1인이 채무자에게 선서를 요구한 경우에는 그의 향유부분에 한하여만 채무자를 면책시키지만, 연대채무자 중 1인이 채무의 존부나 그 액수에 관하여 선서한 경우에는 공동채무자의 이익이 된다. 본조 제6항은 이와 같이 공동연대채무자나 보증인의 선서가 공동채무자

---

180) G. Chantepie et M. Latina, *op. cit.*, n° 1286, p. 1130.

나 주채무자의 이익이 되기 위해서는, 선서의 내용이 채무 자체에 관한 것이어야 한다는 점을 명확히 하고 있다. 따라서 공동연대채무자가 자신이 연대채무를 부담하였다는 사실에 대해 선서한 경우에는 공동채무자의 이익이 되지 않는다.

Sous-section 2   Le serment déféré d'office
제2부속절   직권에 의한 선서

Article 1386 Le juge peut d'office déférer le serment à l'une des parties.
Ce serment ne peut être référé à l'autre partie.
Sa valeur probante est laissée à l'appréciation du juge.
제1386조 ① 법원은 당사자들 중 1인에게 선서를 직권으로 요구할 수 있다.
② 그 선서는 다른 당사자에게 반대요구될 수 없다.
③ 그 선서의 증명력은 법원의 평가에 따른다.

[해제] 본조 및 제1386-1조는 직권에 의한 선서(serment défére d'office)를 규정하고 있다. 본조는 선서가 법원에 의해 직권으로 요구될 수 있다는 제1384조 후문을 다시 한 번 확인하고 있다. 이는 개정 전 제1366조와 제1368조를 결합하여 규정한 것이다.

직권에 의한 선서는 예컨대 법원이 소송의 당부 판단은 정한 상태에서, 즉 채권 내지 채무 자체는 존재한다고 인정한 상태에서 구체적인 채권액 내지 채무액을 정할 때에 활용할 수 있다.[181] 직권에 의한 선서는 법원이 민사소송절차에서 전면에 나서서 소송의 신속을 도모하기 위해 증거방법으로 선서를 요구한다는 점에서, 법원의 소송경제 추구 의무[182]에 따른 것이다. 다만, 이러한 직권에 의한 선서를 요구할지 여부는 법원의 자유재량사항이다. 법원은 직권으로 당사자들 중 일방에게 선서를 요구할 수 있다. 이러한 법원의 재량판단은 해당 심급에서의 판단이 최종적이며, 당사자는 법원이 직권에 의한 선서를 요구하지 않았음을 이유로 항소할 수 없다.

본조 제1항은 법원이 재량에 따라 직권에 의한 선서를 요구할 당사자를 선택할 수 있다는 점을 규정하고 있다.[183] 직권에 의한 선서의 상대방은 반드시

---

181) G. Chantepie et M. Latina, *op. cit.*, n° 1288, pp. 1131-1132.
182) 프랑스민사소송법전 제147조.

당사자 중 일방에 한하므로, 법원은 당사자 쌍방에게 공동 선서를 요구할 수 없다. 다만, 법원이 양 당사자에게 직권에 의한 선서를 순차적으로 요구하는 것은 가능하다.

본조 제2항에 따라 선서를 요구받은 일방 당사자는 자신이 선서를 하거나 하지 않을 수 있을 뿐, 타방 당사자에게 선서를 반대요구할 수 없다. 이 점에서 직권에 의한 선서는 재판종결을 위한 선서와 상이하다.

본조 제3항은 직권에 의한 선서의 증명력을 규정하고 있다. 법원은 그 재량에 따라 직권에 의한 선서를 요구할 수 있으며, 그 선서의 증명력 또한 법원의 재량에 따라 판단한다. 직권에 의한 선서는 재판상 하나의 증거로서 역할을 할 뿐이며, 선서의 증명력에 대하여 구속력이 없다는 점에서 보충적 선서(serment supplétoire)라고도 불리고, 이 점에서 선서로 인해 재판종결의 효과를 가져오는 재판종결을 위한 선서(serment décisoire)와 구별된다.

Article 1386-1 Le juge ne peut déférer d'office le serment, soit sur la demande, soit sur l'exception qui y est opposée, que si elle n'est pas pleinement justifée ou totalement dénuée de preuves.

제1386-1조 법원은 청구나 그에 대항하는 항변이 전적으로 정당화되지 않거나 증거가 완전히 결여된 것이 아닌 경우에만 직권으로 선서를 요구할 수 있다.

[해제] 본조는 법원이 직권에 의한 선서를 요구할 수 있는 조건을 규정하고 있다. 청구원인이나 항변이 이미 증거에 의해 충분히 뒷받침된 경우 법원은 직권에 의한 선서를 요구할 수 없다. 청구나 항변이 그 주장 자체로 이유 없다고 판단될 경우에도 법원은 직권에 의한 선서를 요구할 수 없다. 또한 다른 증거가 없는 경우에 직권에 의한 선서만으로 일정한 사실관계를 인정할 수도 없다.[184] 직권에 의한 선서는 보충적인 역할만을 하기 때문이다. 따라서 법원은 일정한 사실을 인정하기 위해 그 사실을 입증할 수 있는 증거를 제시하고, 직권으로 선서를 요구하는 것을 정당화하여야 한다.[185] 결과적으로 직권에 의한 선서는 소송의 결과에 결정적인 영향을 미치지 않으며, 불완전한 증거의 형태로

---

183) O. Deshayes, Th. Genicon et Y.-M. Laithier, *op. cit.*, p. 1031.
184) Civ. 1re, 28 oct. 1975, n° 74-11.524.
185) Civ. 1re, 4 oct. 1988, n° 87-16.743.

써만 활용될 수 있다.186)

　당사자는 직권에 의한 선서에 따른 판결에 대해 항소할 수 있다. 이 점에서
도 직권에 의한 선서는 재판종결을 위한 선서와 구별된다.

　다만 직권에 의한 선서라고 하더라도, 당사자가 거짓으로 선서한 경우에는
이에 대하여 형사적 처벌을 가할 수 있음은 재판종결을 위한 선서와 동일하다
(프랑스민사소송법전 제319조, 프랑스형법전 제434-17조).

[정　다　영]

---

186) G. Chantepie et M. Latina, *op. cit.*, n° 1291, p. 1133.

참고문헌

1. 개정법 해설서

A. Bénabent, *Droit des obligations*, 15e éd., LGDJ, 2016.

G. Chantepie et M. Latina, *La réforme du droit des obligations*, Dalloz, 2018.

F. Chénedé, *Le nouveau droit des obligations et des contrats*, Dalloz, 2016.

G. Cornu, *Vocabulaire juridique*, 12e éd., Puf, 2018.

O. Deshayes, Th. Genicon et Y.-M. Laithier, *Réforme du droit des contrats, du régime général et de la preuve des obligations*, LexisNexis, 2018.

N. Dissaux et Ch. Jamin, *Projet de Réforme, Du droit des contrats, du régime général et de la preuve des obligations*, Dalloz, 2015.

Th. Douville, *La réfrome du droit des contrats, du régime général et de la preuve des obligations*, Gualino, 2018.

Ph. Dupichot, Regards(Bienveillants) sur le Projet de réforme du Droit français des contrats, Projet de Réforme du Droit des contrats: Regards croisés, *Dossier, Droit & Patrimoine*, n° 247, mai 2015.

M. Fabre-Magnan, *Droit des obligations 1, Contrat et engagement unilatéral*, 4e éd., Puf, 2016.

B. Fages, *Droit des obligations*, 8e éd., LGDJ, 2018.

M. Julienne, *La régime géneral des obligations après la réforme*, LGDJ, 2017.

M. Latina et G. Chantepie (dir.), *Projet de réforme du droit des contrats, du régime général et de la preuve des obligations. Analyses et proposition*, Dalloz, 2015.

Ph. Malaurie, L. Aynès et Ph. Stoffel-Munck, *Droit des obligations*, LGDJ, 2016.

B. Mercadal, *Réforme du droit des contrats*, Editions Francis Lefebvre, 2016.

L. Neyret, *La consécration du préjudice écologique dans le code civil*, Recueil Dalloz, 2017.

C. Renault-Brahinsky, *L'essentiel de la Réforme du Droit des obligations*, 1re éd., Gaulino, 2016.

J.-B. Seube, et al., *Pratiques contractuelles − Ce que change la réforme du droit des obligations*, Editions Legislatives, 2016.

Ph. Stoffel-Munck(dir.), *Réforme du droit des contrats et pratique des affaires*, Dalloz, 2015.

2. 기타 개정관련 자료

(1) 대통령에게 제출한 보고서

Rapport au Président de la République relatif à l'ordonnance n° 2016-131 du 10 février 2016 portant réforme du droit des contrats, du régime général et de la preuve des obligations, *Journal Officiel de la Publique Française* du 11 février 2016. https://www.legifrance.gouv.fr/affichTexte.do?cidTexte=JORFTEXT000032004539 (2020. 8. 25. 최종방문)

(2) 까딸라(Catala)초안

http://www.justice.gouv.fr/art_pix/RAPPORTCATALASEPTEMBRE2005.pdf (2020. 8. 25. 최종방문)

(3) 떼레(Terré)초안

F. Terré (dir.), *Pour une réforme du droit des contrats*, Dalloz, coll. «Thèmes et commentaires», déc. 2008.

F. Terré (dir.), *Pour une réforme du régimes général des obligations*, Dalloz, coll. «Thèmes et commentaires», avr. 2013.

(4) 주석서(JurisClasseur)

L. Cadiet, «Cession de créance», *JurisClasseur Civil Code*, Art. 1689 à 1695, fasc. 20.

V. Forti, «Quasi-contrats», *Jurisclasseur Synthèse*.

V. Forti, «Quasi-contrats», *JurisClasseur Civil Code*, Art. 1300, Fasc. unique.

V. Forti, «Régime général des obligations-Restitutions», *JurisClasseur Civil Code*, art. 1352 à 1352-9, Fasc. unique.

N. Leblond, «Le Préjudice écologique», *JurisClasseur Responsabilité civile et Assurance*, Fasc. 112.

M. Mignot, «Régime général des obligations-Pluralité de sujets de l'obligation-Principe de division», *JurisClasseur Civil Code*, Art. 1309 à 1319, Fasc. 10.

_____, «Régime général des obligations-Pluralité de sujets de l'obligation-Principe de division», *JurisClasseur Civil Code*, Art. 1309 à 1319, Fasc. 20.

_____, «Régime général des obligations-Pluralité de sujets de l'obligation-obligation solidaire», *JurisClasseur Civil Code*, Art. 1309 à 1319, Fasc. 30.

C. Ophèle, «Cession de crèance», *Rép. civ.*, Dalloz, 2008.

I. Pétel-Teyssié, *JurisClasseur Civil Code*, art. 1369 à 1371, Fasc. unique.

J.-C. Saint-Paul, «Droit à réparation. − Conditions de la responsabilité contractuelle», *JurisClasseur Responsabilité civile et Assurances*, Fasc. 171-10.

M. Storck, «Obligations conditionnelles − Résolution judiciaire», *JurisClasseur Civil Code*, Art. 1184, Fasc. 10.

3. 프랑스 민법전과 그 개정시안에 관한 국내문헌

김기환, "2016년 프랑스 채권법 개정에서 상계 규정의 변화", 비교사법 제24권 제2호, 한국비교사법학회, 2017.

_____, "프랑스 민법상 은혜기간", 비교사법 제25권 제2호, 한국비교사법학회, 2018.

_____, "법률관계 유형에 따른 법정이율 기준", 서울대학교 법학 제61권 제1호, 서울대학교 법학연구소, 2020.

김은아, "개정 프랑스민법전에서의 채권양도", 아주법학 제12권 제3호, 아주대학교 법학연구소, 2018.

김현진, "개정 프랑스 채권법상 계약의 해제·해지", 민사법학 제75호, 한국민사법학회, 2016.

_____, "프랑스 민법상 꼬즈(Cause)는 사라졌는가? − 개정 프랑스민법전상 계약의 내용(contenue) − ", 법학연구 제20권 제1호, 인하대학교 법학연구소, 2017.

_____, "개정 프랑스 민법상 지체 − 이행지체와 수령지체 − ", 서울대학교 법학 제59권 제3호, 서울대학교 법학연구소, 2018.

_____, "프랑스민법상 계약양도", 비교사법 제27권 제3호, 한국비교사법학회, 2020.

_____, "프랑스 민법상 예견불능(imprévision)조항 − 코로나 19를 계기로 − ", 법조 제69권 6호, 법조협회, 2020.

남궁 술, "프랑스 개정 민법에서의 전자계약에 관한 고찰", 법학논총 제34권 제2호, 한양대학교 법학연구소, 2017.

_____, "2016 개정 프랑스 민법에서의 신의칙의 지위", 법학논총 제35권 제4호, 한

양대학교 법학연구소, 2018.

_____, "프랑스 개정 민법에서의 계약당사자의 자율성 연구 - EU 사법과 비교하여 - ", 비교사법 제26권 제1호, 한국비교사법학회, 2019.

남효순, "프랑스민법상 '채무참가를 시키는 제도'(채무참가제도)(Délégation)", 민사법학 제71호, 한국민사법학회, 2015.

_____, "프랑스채권법의 개정과정과 계약의 통칙 및 당사자 사이의 효력에 관하여", 민사법학 제75호, 한국민사법학회, 2016.

_____, "개정 프랑스민법상의 계약불이행의 효과 - 제1217조-제1223조, 제1231조-제1231-7조 - ", 비교사법 제24권 제3호, 한국비교사법학회, 2017.

_____, "개정 프랑스민법전(채권법)상의 계약의 제3자에 대한 효력 - 계약의 상대효, 제3자행위의 담보계약 및 제3자를 위한 계약을 중심으로", 비교사법 제25권 제1호, 한국비교사법학회, 2018.

_____, "개정 프랑스민법전(채권법)상의 비채변제와 (협의의) 부당이득", 저스티스 제164호, 한국법학원, 2018.

_____, "개정 프랑스민법전상의 채무의 목적과 급부에 대한 규율 - 개정 프랑스민법전 제1306조-제1308조 - ", 아주법학 제12권 제3호, 아주대학교 법학연구소, 2018.

_____, "프랑스민법전상 선의점유자의 과실수취권(제549조·제550조)과 개정 채권법(제3권 제4편 제5장)상 반환관계에서의 과실반환의무 - 프랑스민법전상 반환관계와 부당이득의 관계 - ", 저스티스 제177호, 한국법학원, 2020.

안문희, 「프랑스 민사소송에서의 증거법에 관한 연구」, 사법정책연구원 연구총서, 2017.

이은희, "개정 프랑스민법전상 계약의 무효", 비교사법 제24권 제2호, 한국비교사법학회, 2017.

_____, "개정 프랑스민법전상 급부반환", 법학연구, 제28권 제1호, 충북대학교 법학연구소, 2017.

_____, "개정 프랑스민법상 행위능력", 강원법학 제54권, 강원대학교 법학연구소, 2018.

_____, "프랑스민법상 불가항력에 의한 이행불능", 서울대학교 법학 제59권 제3호, 서울대학교 법학연구소, 2018.

_____, "프랑스민법상 불가분채권관계", 민사법학 제89호, 한국민사법학회, 2019.

이주은, "개정 프랑스민법상 조건부채무 (l'obligation conditionelle)", 아주법학 제12권 제3호, 아주대학교 법학연구소, 2018.

이지은, "프랑스채권법상 계약의 체결", 민사법학 제75호, 한국민사법학회, 2016.

_____, "개정 프랑스민법상 일방예약 – 일방예약 위반의 제재를 중심으로", 서울법학 제25권 제1호, 서울시립대학교 법학연구소, 2017.

_____, "프랑스민법상 우선교섭협약", 재산법연구 제34권 제2호, 한국재산법학회, 2017.

_____, "개정 프랑스민법상 변제 – 변제의 당사자와 목적을 중심으로 – ", 아주법학 제12권 제3호, 아주대학교 법학연구소, 2018.

정다영, "개정 프랑스 민법상 사무관리, 비채변제 및 부당이득", 재산법연구 제34권 제3호, 한국재산법학회, 2017.

_____, "부당이득과 비채변제의 관계에 대한 연구 – 2016년 개정된 프랑스 채권법 체계와의 비교를 중심으로 – ", 민사법의 이론과 실무 제21권 제1호, 민사법의 이론과 실무학회, 2017.

_____, "프랑스와 한국의 사무관리법제에 관한 비교법적 연구", 법과정책연구 제18권 제2호, 한국법정책학회, 2018.

_____, "환경손해의 공·사법적 구제에 관한 연구 – 프랑스에서의 논의를 중심으로 -", 법과정책연구 제19권 제3호, 한국법정책학회, 2019.

_____, "프랑스 민사소송에서 재판상 선서에 관한 연구", 법학논고 제70집, 경북대학교 법학연구원, 2020.

한불민사법학회, 「개정 프랑스민법전(채권법) 번역 및 해제 – 제3권 제3편(채무의 발생원인)」, 법무부연구용역 보고서, 2017.

_____, 「프랑스민법전 번역 및 해제 – 제3권 제4편, 제4편의 乙」, 법무부연구용역 보고서, 2018.

신·구 조문표

편	프랑스민법전 조문	개정 전 조문	편	프랑스민법전 조문	개정 전 조문
제3편	1100	1101, 1235, 1302, 1370	제4편	1304	1168, 1183
	1100−1			1304−1	1172, 1173
	1100−2	1370		1304−2	1170, 1174
	1101	1101		1304−3	1178
	1102			1304−4	
	1103	1134 al.1		1304−5	1180
	1104	1134 al.3		1304−6	1179, 1182 al.1
	1105	1107		1304−7	1183
	1106	1102, 1103		1305	1185
	1107	1105, 1106		1305−1	
	1108	1104, 1196, 1964		1305−2	1186
	1109			1305−3	1187
	1110			1305−4	1188
	1111			1305−5	
	1111−1			1306	
	1112			1307	1189
	1112−1			1307−1	1190, 1191
	1112−2			1307−2	1193 al.1
	1113			1307−3	1193 al.1
	1114			1307−4	1194 al.1, al.2
	1115			1307−5	1193 al.2, 1194 al.1, al.3, 1195
	1115			1308	
	1117			1309	1220
	1118			1310	1202
	1119			1311	1197, 1198 al.1
	1120			1312	1199
	1121			1313	1200, 1203, 1204
	1122			1314	1207
	1123			1315	1208

1124			1316	1210
1125	1369−1		1317	1213, 1214, 1215
1126	1369−2		1318	1216
1127	1369−3		1319	
1127−1	1369−4		1320	1217, 1218, 1219, 1222, 1223, 1224, 1225
1127−2	1369−5		1321	
1127−3	1369−6		1322	
1127−4	1369−7		1323	1690
1127−5	1369−8		1324	1690
1127−6	1369−9		1325	
1128	1108		1326	1693, 1694, 1695
1129			1327	
1130	1109		1327−1	
1131			1327−2	
1132	1110 al.1		1328	
1133			1328−1	
1134	1110 al.2		1329	1271
1135			1330	1273
1136			1331	
1137	1116		1332	1274
1138			1333	1271 al.4
1139			1334	1278, 1279
1140	1112 al.1, 1113		1335	1281
1141			1336	1275
1142	1111		1337	1276
1143			1338	1275
1144	1304 al.2		1339	
1145	1123		1340	1277
1146	1124		1341	
1147	1125		1341−1	1166
1148			1341−2	1167
1149	1305, 1306, 1307, 1308		1341−3	
1150	1313		1342	1234, 1235

1151	1311, 1312	1342−1	1236, 1237, 1238
1152	1304 al.3	1342−2	1239, 1241
1153		1342−3	1240
1154		1342−4	1243, 1244
1155		1342−5	1245, 1246
1156		1342−6	1247
1157		1342−7	1248
1158		1342−8	
1159		1342−9	1282
1160		1342−10	1253,1255,1256
1161		1343	
1162	1131, 1133	1342−1	1254
1163	1126, 1129, 1130	1343−2	1154, 1155
1164		1343−3	
1165		1343−4	1247
1166	1246	1343−5	1244−1, 1244−2, 1244−3
1167		1344	1139, 1146
1168	1118	1344−1	1153 al.1, al.2
1169		1344−2	1302
1170		1345	
1171		1345−1	1257
1172		1345−2	
1174	1108−1	1345−3	1260
1175	1108−2	1346	1249, 1251
1176	1369−10	1346−1	1250 1°
1177	1369−11	1346−2	1250 2°
1178	1117	1346−3	1252
1179		1346−4	
1180		1346−5	
1181		1347	1289, 1290
1182	1115, 1338	1347−1	1291
1183		1347−2	1293
1184		1347−3	1292
1185		1347−4	1297
1186		1347−5	1295

1187				1347−6	1294
1188	1156			1347−7	1295, 1298
1189	1161			1348	
1190	1162			1348−1	
1191	1157			1348−2	
1192				1349	1300
1193	1134 al.2			1349−1	1301
1194	1135			1350	1282, 1283, 1284, 1286
1195				1350−1	1198 al.2, 1285
1196	1138			1350−2	1287
1197	1136, 1137			1351	1302 al.1, al.3, al.4
1198	1141			1351−1	1302 al.2, 1303
1199	1165			1352	1379
1200				1352−1	1379
1201	1321			1352−2	1380
1202	1321−1			1352−3	
1203	1119			1352−4	1312
1204	1120			1352−5	1380, 1381
1205	1121			1352−6	
1206	1121			1352−7	1378
1207				1352−8	
1208				1352−9	
1209			제4편 의乙	1353	1315
1210				1354	1350, 1352
1211				1355	1351
1212				1356	1316−2
1213				1357	
1214				1358	1348 al.1
1215				1359	1341, 1343, 1344
1216				1360	1348
1217				1361	1347 al.1
1218	1148			1362	1336, 1347 al.2, al.3
1219				1363	
1220				1364	
1221	1142			1365	1316

1222	1143, 1144		1366	1316-1, 1316-3
1223	1644		1367	1316-4
1224	1184 al.1		1368	1316-2
1225	1184 al.2		1369	1317, 1317-1
1226			1370	1318
1227	1184 al.3		1371	1319
1228	1184 al.3		1372	1322
1229			1373	1323, 1324
1230			1374	
1231	1146 al.1		1375	1325
1231-1	1147		1376	1326
1231-2	1149		1377	1328
1231-3	1150		1378	1329, 1330
1231-4	1151		1378-1	1331
1231-5	1152, 1230, 1231		1378-2	1332
1231-6	1153		1379	1334, 1348 al.2
1231-7	1153-1		1380	1337
1240	1382		1381	
1241	1383		1382	1353
1242	1384		1383	1354
1243	1385		1383-1	1355
1244	1386		1383-2	1356
1245	1386-1		1384	1357
1245-1	1386-2		1385	1358, 1360
1245-2	1386-3		1385-1	1359, 1362
1245-3	1386-4		1385-2	1361
1245-4	1386-5		1385-3	1363, 1364
1245-5	1386-6		1385-4	1365
1245-6	1386-7		1386	1366, 1368
1245-7	1386-8		1386-1	1367
1245-8	1386-9			
1245-9	1386-10			
1245-10	1386-11			
1245-11	1386-12			
1245-12	1386-13			

1245-13	1386-14
1245-14	1386-15
1245-15	1386-16
1245-16	1386-17
1245-17	1386-18
1246	
1247	
1248	
1249	
1250	
1251	
1252	
1300	1371
1301	1372
1301-1	1373, 1374, 1375
1301-2	1375
1301-3	
1301-4	
1301-5	
1302	1235
1302-1	1376
1302-2	1377
1302-3	
1303	1371
1303-1	
1303-2	
1303-3	
1303-4	

찾아보기

[집필진]

강윤희 판사(사법연수원)

권 철 교수(성균관대학교 법학전문대학원)

김기환 교수(충남대학교 법학전문대학원)

김은아 법학박사(서울대학교)

김현진 교수(인하대학교 법학전문대학원)

김태훈 법학석사(서울대학교 대학원 법학과 박사과정)

김태희 법학석사(경희대학교 대학원 법학과 박사과정)

남궁술 교수(경상대학교 법과대학)

남효순 교수(서울대학교 법학전문대학원)

박수곤 교수(경희대학교 법학전문대학원)

송재일 교수(명지대학교 법과대학)

이상헌 변호사(서울지방변호사회 변호사)

이은희 교수(충북대학교 법학전문대학원)

이주은 변호사(법무법인 클라스)

이지은 교수(숭실대학교 법과대학)

정다영 교수(충남대학교 법학전문대학원)

정윤아 판사(서울북부지방법원)

정준호 변호사(쿠팡 주식회사)

조인영 임상교수(서울대학교 법학전문대학원)

개정 프랑스채권법 해제

초판발행   2021년 1월 30일

엮은이   한불민사법학회
펴낸이   안종만 · 안상준

편 집   심성보
기획/마케팅   조성호
표지디자인   이미연
제 작   우인도 · 고철민 · 조영환

펴낸곳   (주) 박영사
              서울특별시 금천구 가산디지털2로 53, 210호(가산동, 한라시그마밸리)
              등록 1959. 3. 11. 제300-1959-1호(倫)
전 화   02)733-6771
f a x   02)736-4818
e-mail   pys@pybook.co.kr
homepage   www.pybook.co.kr
ISBN   979-11-303-3757-9 93360

* 파본은 구입한 곳에서 교환해 드립니다. 본서의 무단복제행위를 금합니다.
* 저자와 협의하여 인지첩부를 생략합니다.

정 가   49,000원